北京通州物流产业园区
BEIJING TONGZHOU LOGISTICS INDUSTRIAL PARK

打造陆上物流航母

北京通州物流产业园区是北京市有关部门于2002年1月22日批准成立的市级开发区，是北京市商业物流发展规划确定的三大物流基地之一，是北京市2003年60项重点建设工程之一。

根据<<北京市2002-2010年商业物流发展规划>>，以及园区的区位优势和交通条件，园区主要依托天津港、京津塘高速路和城市六环路，建成集内陆口岸功能、货物集散功能、配送功能、流通加工功能、商品检验功能、物流信息服务功能于一体的“以商品流通业为主的大型综合现代物流基地”，最终发展成公路-海运国际货运枢纽型物流园区。

LOGISTICS INDUSTRIAL PARK

中国·北京·通州　　电话：010-60591166　传真：010-60592288　网址：www.bjtzlip.com

- 会员代表大会
  - 理事会
    - 常务理事会
      - 会长、副会长
        - 秘书长、副秘书长
          - 专业委员会
            - 物流技术与装备专业委员会
            - 政府与企业采购专业委员会
            - 生产资料市场专业委员会
            - 托盘专业委员会(筹)
            - 二手车市场专业委员会(筹)
            - 医药物流专业委员会(筹)
          - 秘书处职能部门
            - 办公室
            - 会员部
            - 行业事务部(法律事务部)
            - 国际合作部
            - 科技信息部
            - 培训部
            - 事业发展部
            - 网络事业部
            - 会展部
            - 研究室
            - 财务资产部
            - 人事工作部
          - 实体单位
            - 北京中物联物流规划研究院
            - 北京中物联培训认证中心
            - 北京中物联会展有限公司
            - 北京博凯迪科技发展有限责任公司
            - 《中国物流与采购》杂志社
            - 中国物流与采购网(中国物流联盟网)

1 《中国物流与采购》杂志(半月刊),是中国物流与采购联合会主管主办的面向国内外公开发行的会刊

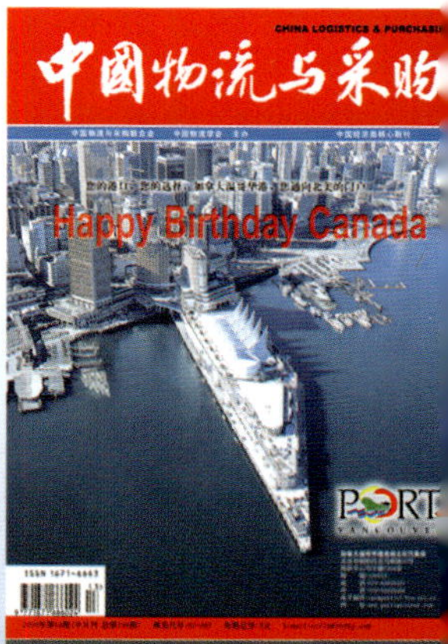

2 《中国物流年鉴》由中国物流与采购联合会组织编纂

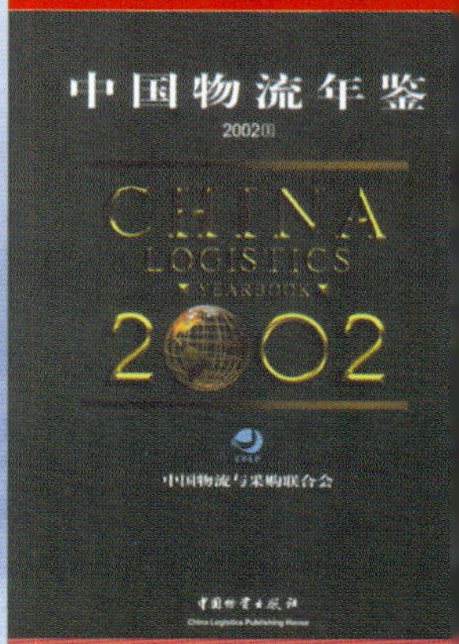

3 《中国物流发展报告(2002)》(红皮书)

4 中国物流与采购网是联合会门户网站

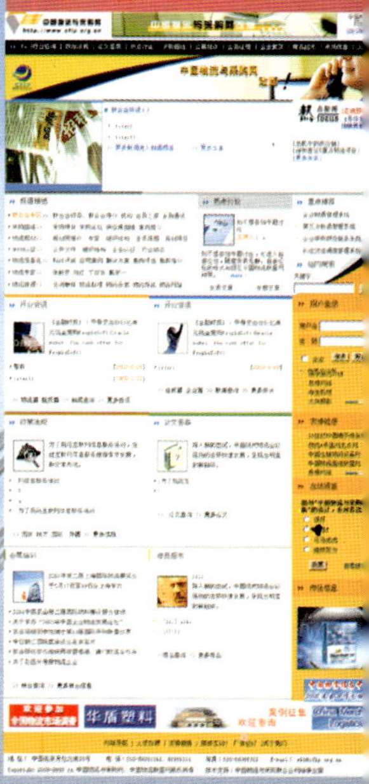

2957 传真(Fax):86-10-68391256 68391388 68391350 68391415 68392774 网址(Website):www.chinawuliu.com.cn

有限公司物资供应处

近年来，物资供应处注重以信息化带动提升物流现代化建设，逐步完善了物资管理信息系统，开发使用了网上结算系统；建立了物资价格动态资料信息库，实现了对物资采购价格及供应价格的实时监控；加强物资质检建设，提高质检资质，所属物资检验所作为国家计量认证实验室及山东省注册商检实验室，2002年又被中石化股份公司正式批准冠名为“中国石化油（套）管质量监督检验中心”，成为油田检测行业高资质的质检机构之一。坚持走“一业为主、多元开发”之路，多种经营事业蓬勃发展：所辖物华实业总公司生产的“峰峦”牌重晶石粉质量高、服务好，成功打入蒙古市场；华信木业公司生产的“瑞创”牌家具产品也走出国门，与澳大利亚、新西兰等国销售商签订了长期供货合同。

经过近40年的发展，物资供应处已经造就了一支经验丰富的物流专业化队伍，建立并完善了一整套科学合理的业务流程，与国内外数千家供货厂商建立起了良好的业务协作关系，树立了良好的信誉和形象。跨入新世纪，物资供应处的决策者们站得更高看得更远。目前，物资供应处正在全力打造自身核心竞争力，胜利物流园区的规划建设已经启动，物流、资金流、信息流“三流合一”的物资供应与管理信息平台开发进展顺利。不久的将来，物资供应处作为黄河三角洲最大的物资集散地，将凭借雄厚的实力建设设施先进、品种齐全、管理科学的现代物流中心，朝专业化管理、市场化经营、社会化服务的发展方向阔步前进。

ZHONG GUO SHI HUA
SHENG LI YOU TIAN

一年一度的产品定货会

物华实业总公司石粉厂供应蒙古的“峰峦牌”的重晶石粉

环境幽雅的无锡培训中心

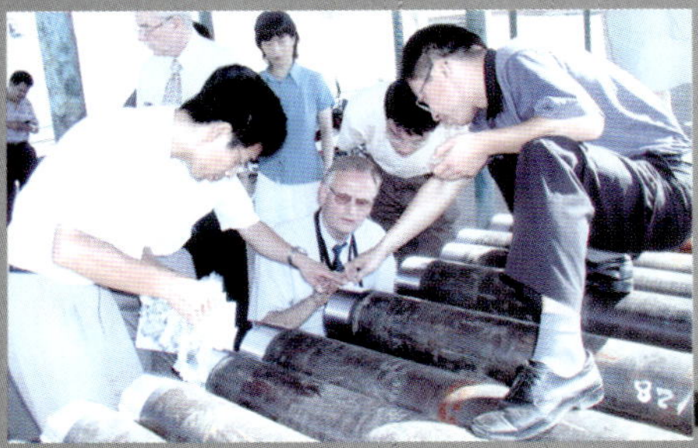
物资检验技术人员同国外专家交流

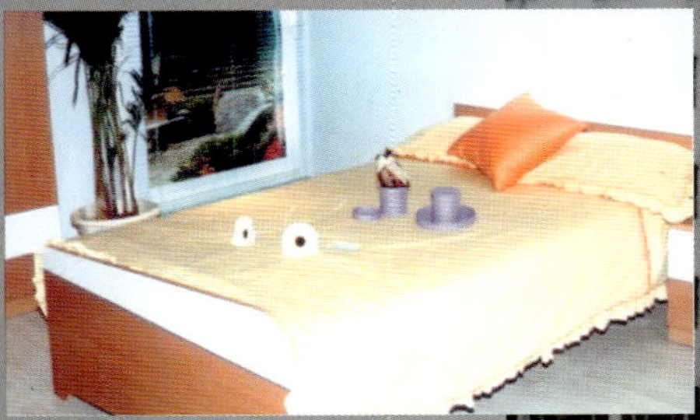
华信木业公司生产的“瑞创”家具获第五届北京国际家具展民用家具银奖

地址：山东省东营市西四路377号
邮编：257024
电话：0546-8553718
传真：0546-8555623

承百年邮政优势

中邮物流有限责任公司（简称中邮物流公司）成立于2003年1月18日，注册资本2亿元人民币。公司下设31个省级子公司，是一家集仓储、封装、配送、加工、理货、运输和信息服务于一体的现代化综合性物流企业。

公司以一体化精益物流、同城配送、货运代理、分销与邮购等四大板块为主要业务发展方向，依托和发挥中国邮政"两网三流"的资源优势和"百年邮政"的良好信誉，坚持"至诚至信，精益求精"的经营理念，采用先进物流运作模式和技术手段，努力为客户提供个性化、量体裁衣的各类完善的物流服务。

（一）战略目标

以市场需求为导向、以客户为中心、以信息技术为支撑、以邮政网络为依托，坚持高起点、优质服务的基本思路。努力构建现代化的社会公用物流服务平台，实现实物、信息、资金三流的高度融合，逐步成为国内"精益物流"的龙头企业；建成一批适应第三方物流要求的配送中心，逐步成为全国较大的物流配送网络体系，逐步向企业供应链推进，最终成为企业供应链的参与、组织和整合者。

2003年，公司预计收入将达到32亿元，比去年翻一番；到2005年，力争实现业务收入80亿元的奋斗目标。

（二）市场定位

围绕市场和客户的要求，以多批次、高时效、高附加值、小批量、小体积、小重量的物品为主，重点为IT（电子、电信）医药、出版、汽车配件、高档消费品、烟草、电子商务等行业的国内外大中型制造企业、品牌流通企业和电子商务企业提供定制化的、高层次精益物流服务。

（三）公司架构

按照"母公司—子公司—分公司"的框架，在全国范围内逐步建立起以"中邮物流"为统一品牌的体制先进、结构合理、组织有序、运行高效的组织管理体系。

（四）基础网络

公司积极采取依托中国邮政品牌、资源的基本发展战略，通过整合、重组、改造，在全国逐步建立起统一的市场营销体系、业务运营体系和物流监控体系。

1．覆盖全国、遍布城乡的实物网络

中国邮政通过推行先进的邮政网络运行体制，在全国大中城市建有201个较大规模的邮件处理中心，覆盖全国2300多个县级以上城市。邮件处理场地4300万平方米，经整合后，约有300万平方米的场地可以做物流仓储库或物流集散中心。能够承担物流的处理、储存、配送等服务。

经过长期的发展建设，中国邮政已经形成一个由飞机、火车、汽车等不同运输工具组成的庞大的干线运输网。拥有邮路2.1万余条，310多万公里。拥有遍布全国城乡、规模强大、品牌统一的营销和投递网。

航空邮路:以邮政自办航空为主体，民航委办为补充，省际间一级航空邮路1022条。主要承担省会至首都、省会至省会、省会至主要城市之间的邮件运输。其中，邮政自办航空以上海为中心，开通10条自办航空邮路，对有特殊需要的客户可以实行包机运输。

铁路运输：主要承担各省会以上和省会之间及主要城市之间的邮件运输，全国177条（一级112条）铁路邮路和535辆邮政专用车厢，在全国形成一个巨大的干线运输网，为客户提供迅捷、准确、安全、方便的邮件与物流运输。

公路运输：中国邮政具有国内较强的公路运输能力，遍布全国的运输网络。拥有一级自办汽车邮路269条（快速夜班邮路61条），各类邮运车辆4.6万台。确保了邮件及物流产品及时、准确地运送到用户手中。

营销投递网络：现有营业局所6.7万处，投递局所4万多处，投递人员12万多人，投递用机动车辆1.5万台。邮政的营销、投递网，不论是经营规模还是服务范围在国内物流配送行业中都是位居首位。

2．功能完善、安全便捷的信息平台

采用先进ATM交换技术，覆盖全国31个省（区、市）236个城市的邮政信息网络广域网平台已经基本建设完成。该骨干网络系统可以实时提供数据、语音和图象信息的传输。其中，邮政金融子系统已经实现了全国范围内的异地存取业务，并与国家银联卡工程实现对接，成为全国较大的零售金融服务网。

基于邮政综合信息网的电子邮政网络包括网上支付系统、认证系统以及网上超市等，初步实现了全网统一调度、全程跟踪、信息反馈以及客户的网上咨询、订货、查询和支付等功能，是先进的电子商务网。

此外，中邮物流目前已投入使用的专业化物流信息系统（"CNPL"），在邮政大网的支持下，开通了全国所有地市，有力支持了邮政全国性一体化物流项目的顺利运作。

创精益物流品牌

业务版块：

■ 一体化物流业务：就是为企业提供全方位、系统化的综合性物流服务。是指将客户的采购、生产、销售等过程的实物流和信息流予以综合考虑并进行系统化、整体化的物流。目前，中邮物流的一体化物流重点在手机、医药、化妆品、汽车零配件、烟草等行业（或产品）。

■ 同城（区域）配送业务：是中邮物流的基础性业务。是在同城（或区域）范围内开展的商品配送服务。其中包括批发商到零售店（或销售商），销售商、电子商务网站及其它远程销售商到用户的商品配送服务。目前该项业务已经在全国范围内开展。

■ 货运代理业务：货运代理业务是中邮物流四大业务版块之一，是中邮物流公司重点发展的新型业务。它是指代理客户办理各种交运手续的服务。目前邮政部分地区已经开办了国际、国内海运、空运等多种形式的货代业务。其中包括订舱服务、代报关、保税、移关等内容。此外，邮政还结合自身特点，充分发挥邮政网络资源优势，本着“互惠互利，共同发展”的原则，与铁路、航空、公路、海运等企业进行广泛合作，为其提供货物揽收和到站货物的地面配送服务。

■ 分销与邮购业务：分销邮购是利用邮政邮购原有品牌，充分发挥邮政的网络优势和末端配送优势，根据市场需求而开展的商品代理业务。该业务以“分销+配送”为形式，以“经营渠道、要数分销、项目管理、质量监控”为思路，紧密连接上游客户和下游终端，逐步实现中邮物流商流、物流互动的局面。分销与邮购的主要服务方式是根据客户需求开展的B-B、B-C的分销覆盖服务，包括客户开发、订单要数、即时配送、货款结算、产品宣传等。

中邮物流有限责任公司

地址：北京市海淀区增光路55号紫玉写字楼11层
邮编：100037
电话：010-68458899
传真：010-68477555
网址：www.cnpl.com.cn

CHINA SHIPPING LOGISTICS CO., LTD

中海集团物流有限公司
CHINA SHIPPING LOGISTICS CO., LTD

茅士家个人简介

茅士家，男，1950年3月出生，高级工程师，中共党员。1976年毕业于上海海运学院，现任中国海运集团总裁助理、中海集团物流有限公司副董事长、总经理，并兼职上海海运学院客座教授、中国物流与采购联合会副会长、中国国际货运代理协会常务理事、中国管理科学学会高级会员、上海市航海学会常务理事、上海市国际货代协会常务理事、美国船级社（ABS）理事等

主要业绩和研究方向：长期从事海运方面工作，无论在哪个岗位工作，始终以自强不息的精神不断提高自身素质和工作能力，在实践工作中，充分发挥自身优势和聪明才智，尽职尽责做好本职工作。作为中海集团物流的总经理，不断拓宽经营思路和业务渠道，使公司生产经营得到了长足的发展。为了实现中海集团物流跨越式发展，通过企业重组，积极引入现代物流管理理念、管理技术和组织形式，大力开拓市场，重点加强第三方物流特别是项目物流的营销，已成功地与"健力宝"、"海信"、"济南重汽"、"陕西重汽"等国内知名企业建立了良好的业务合作关系，并取得了较好的效果和相应的效益，受到了上级领导的高度赞扬，也引起了国内外业界的广泛关注和重视。公司先后被评为全国34家原国家经贸委重点联系的物流企业和上海市首批重点物流企业之一，2002年"中国航务周刊"和"中国交通报"均将中海集团物流评为年度"国内10大新锐综合物流企业"。在《中国航务周刊》国内物流企业综合服务排行榜中名列第1名。

曾在各种报刊、杂志刊载过具有价值性的论著多篇。其中《中海集团物流成功运作健力宝物流项目的实践与体会》曾被《水运管理》等多家刊物登载，还入选《中国现代化建设研究文库》，并获中国管理科学学会"21世纪中国现代化建设理论与实践论文评选"二等奖。

《中国物流发展与现状》、《把握市场机遇，发展现代物流—中海集团的发展与展望》等论文不仅在杂志、报刊上刊登，而且还被收入到第四界青岛国际物流高峰论坛论文集中。

百分之百投入　百分之百满意

中海集团物流有限公司，注册资金5亿元人民币，是中国海运（集团）总公司直属的专业从事综合物流的国有大型企业，是上海市首批重点物流企业，是国家重点联系的34家大型综合物流企业之一。

中海物流总部在上海，下设北方、华北、山东、华东、福建、华南、海南和中西部等八个区域公司，全国设有200余个服务网点，覆盖沿海各口岸和内陆中心城市，形成了从南到北、从沿海到内陆纵横交叉的立体服务网络体系。

中海物流拥有上海－天津、上海－青岛、昆明－广州等跨省市的公路快运线路和东北内陆的“中海一号”线、冷藏班列等铁路服务，形成了完善的运输网络。此外，中海物流在全国几十个口岸建立的仓库面积达20余万平方米，冷藏保温库达1万平方米，近期在上海浦东外高桥地区投资建设的物流中心已被列入国家重点技术改造项目。

中海物流的业务涉及全国大陆所有省、直辖市和自治区，服务内容包括仓储、分拨、运输（海运、汽运、铁路）及超市配送等多环节、多层次服务，在国内快速流通品物流领域积累了丰富经验。

中海物流为客户提供一站式的综合性物流供应链管理，信息应用技术和基本物流服务功能有机结合，卓有成效地整合了供应链的各个环节，从产品制造商到最终用户，使物流服务达到了“零缺陷”。

目前，已成功开发了健力宝、海信电器、陕西重汽、济南重汽、鞍山商贸、本溪钢铁、美克家具、锦湖食品、扬材动力、光明乳业、蒙牛乳业、东山绿沅、红塔仁恒等物流项目。其中健力宝、海信电器项目开创了国内快速流通品物流的先河。

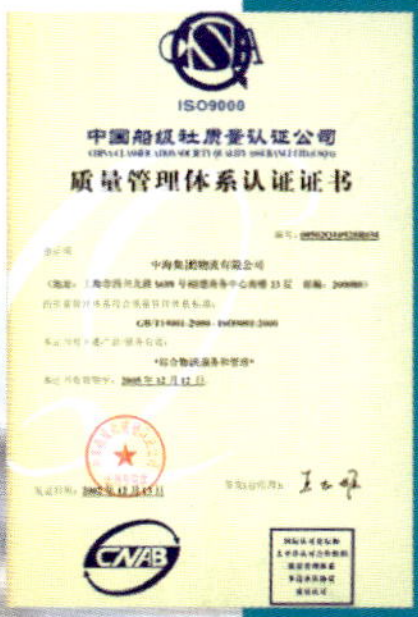

中海物流24小时免费服务热线：800-820-1556，欢迎垂询

公司网址：www.csl.cn
联系电话：021-65951122
传　　真：021-65955230
邮　　编：200082
总部地址：上海市东大名路908号金岸大厦21层

有物流的地方就有中海集团物流

中海北方物流有限公司	大连市中山区港湾街2-1号深业大厦18楼H座	电话：0411-2702345	传真：0411-2702935
中海华北物流有限公司	天津市塘沽区新港二号路三号新港中学综合楼	电话：022-6670666	传真：022-66706601
中海山东物流有限公司	青岛市香港西路67号光大国际金融中心10楼	电话：0532-3888856	传真：0532-3866795
中海华东物流有限公司	上海市虹口区东长治路760号晟隆大厦四层	电话：021-65466666	传真：021-65461206
中海福建物流有限公司	厦门市湖滨北路78号兴业银行大厦21楼	电话：0592-5065656	传真：0592-5070666
中海华南物流有限公司	深圳市蛇口太子路1号新时代广场14楼	电话：0755-26826166	传真：0755-26820494
中海海南物流有限公司	海口市龙昆北路2号帝豪大厦21层2105室	电话：0898-68554500	传真：0898-68554530
中海中西部物流有限公司	重庆市江北区建新北路65号外贸大厦15楼	电话：023-89018781	传真：023-89019696

北京物资学院

BEIJING MATERIALS INSTITUTE

学院设施齐全的教学楼

北京物资学院建于1980年，先后隶属于原国家物资局、物资部、国内贸易部，1998年划归北京市管理。固定资产11235万元，各种仪器设备总价值1000余万元，现已完成校园局域网一期工程，二期正在加紧建设，拥有北京市重点实验室——物流系统与技术实验室，建有英国路透社微波传送系统的证券期货模拟实验室。

学院现有物流系等7个系，设有4个教学部和2个教育学院，设有物流管理等16个本专科专业和3个硕士点。师资力量雄厚，专任教师254人，其中教授15人，副教授87人，讲师110余人，享受政府特殊津贴专家9人。学院汇集着大量国内著名的物流专家学者，仅从1998年开始，就承担了20余项省部级研究项目，出版十余部专著，其中《物流学概论》曾获1999年物流宝供促进奖。

党委书记 刘木春

早在20世纪80年代初，学院就开始设立储运管理专业，是国内较早涉足物流领域教学与研究的专业院校，1994年开始招收物流管理专业本科生，已为我国的物流事业培养了大批专业人才。为适应流通业发展的新形势和突出学院的专业特色及办学优势，2001年学院成立了物流系，是全国高等院校中成立较早的物流系。物流管理专业是学院的特色专业，在2002年被北京市教委评为重点建设学科。

2002年10月24日，北京市物流系统与技术实验室揭牌仪式在北京物资学院举行。其前身物流研究中心在全国物流领域的诸多方面居于领先地位，逐渐成为全国物流理论研究中心、物流教学实践中心和全国物流信息中心。物流系统与技术重点实验室是国内首家物流实验室，是国内首家采用西门子德马泰克有限公司国际物流设备的实验室，积极参与国际、国内学术交流，与德国、澳大利亚、日本、香港及台湾地区的物流学者密切合作，形成了产、学、研三位一体的新的科研体制。

院长 陈宏

欢迎垂询

地址：北京市通州区西富河园

邮编：101149

电话：010-89534628

传真：010-89534661

新加坡物资学院访问北京物资学院

教育部专家在物流研究中心指导工作

学院优美的风景

辽宁省交通高等专科学校物流管理实务专业

辽宁省交通高等专科学校是一所省属的理工类普通高校。50多年来，经过几代人的不懈努力，积累了丰富的办学经验，现已成为培养交通行业高级应用性人才的基地，具有很高的社会声誉。现有两个教育部批准的试点专业，省级试点专业。2002年被确定为国家重点建设的高职高专院校。

学校占地面积50.4万平方米，建筑面积16.5万平方米。校园建筑别致，绿树成荫，学习、生活、娱乐设施齐全。学校师资力量雄厚，现有教职工555人，专职教师263人，其中：硕士、博士研究生91人，教授、副教授123人。

学校2003年面向全国18个省、区招生，全日制在校生近5000人。近年来，毕业生以其扎实的理论功底、较强的实践动手能力和吃苦耐劳的敬业精神受到用人单位的好评和欢迎，就业率连续多年位居全省同类院校前列。

“十六大”召开以来，学校认真落实“三个代表”重要思想的要求，以全面建设小康社会为动力，进一步深化教育教学改革，全面推进综合素质教育，以教学质量求生存，以专业特色求发展，弘扬“厚德、笃学、实践、创新”的精神，正在为创办条件优良、特色鲜明、国内一流的高等职业教育示范校而努力奋斗。

图一：校长—孙秋玉女士

图二：辽宁省交通厅副厅长 葛方(左) 学校党委书记 吕国栋(右)

伴随着经济全球化的进程，现代信息网技术日臻完善与普及，现代物流已快速发展成为一个充满生机与活力的新型产业。我校审时度势，与时俱进，通过对我国现代物流发展前景与学校办学条件、科研能力的分析，于2001年率先开办了三年制物流管理实务专业。目前，已有在校生220人（且2003年计划招生160人），物流与经济信息技术实践教学中心（一期）已投入使用，与沈阳运输集团公司、大连交通运输集团公司、辽宁北方仓储配货有限公司、沈阳双辰一城快运有限公司等多家知名物流企业建立了长期稳定的校外实习基地。学校的办学宗旨是把学生培养成为掌握现代化物流管理理论知识和物流实用技术，具有较强的实践能力、综合管理能力、信息获取和信息综合分析能力以及观察、组织、协调能力的高级应用性专门人才。为构筑产学研一体化的人才培养模式，学校于2002年取得了英国皇家物流与运输学会物流与运输四级认证（辽宁地区）培训考证点，成立了“交通经济与现代物流研究中心”，并力争将研究中心办成物流产业界的沙龙，办成物流企业之家，办出品牌效应。

欢迎社会各界与我们广泛联系、真诚合作、共谋发展。

LIAO NING SHENG JIAO TONG GAO DENG ZHUAN KE XUE XIAO

电话：024－89708409 024－89708411
传真：024－89872497 E－mail：YYL1208@sohu.co

托普集团为主投资组建的“炎黄在线物流”是为国内外IT产品制造商和经销商提供通关运输、仓储配送、售后服务、客户管理、市场调研等物流服务的第三方物流企业。着重运用电子商务手段发展物流系统，构建完善的物流服务网络，建立开放式的物流信息系统和开放的物流业务经营体系，建设以浙江嘉善物流中心、西南物流中心和上海物流中心为核心的辐射全国多个省市的物流网络；向客户提供实时、准确、可靠和高效的物流增值服务，协助客户赢得市场、提高经济效益，为业界提供物流职业教育与技术培训。

炎黄在线物流在IT产业的物流服务和第三方物流服务开创了全新的模式，被中国物流与采购联合会命名为“中国物流实验基地”

实验基地授牌仪式

中国物流实验基地

炎黄在线物流

物流教育与培训基地

Http://coll.chinese.com Email: coll@topgroup.com

COLL 炎黄在线物流

Chinese Online Logistics

吉林省华航汽车物流有限公司

简 介

吉林省华航汽车物流有限公司（简称华航物流），是吉林省华航实业集团的全资子公司，现有员工500余名，3个汽车仓储分拨中心，4个双层车运输服务队，200余辆双层运输车，资产近2亿元，核心业务是商品汽车整车物流业务。

1.现代化仓储分拨。 公司现代化仓储、分拨中心设施配置齐全，完善，拥有国内先进的装车平台，可同时执行32辆双层运输车装车任务。年仓储、分拨汽车能力超过20万辆次，24小时提供仓储分拨服务。2002年公司开发应用了仓储服务管理系统（WMMS），实现了商品车仓储服务的现代化管理。2002年9月，德国大众公司管理专家弗勒里希·罗法福斯先生和一汽-大众销售服务部部长朱耀明先生一行，对公司服务工作进行了视察，弗勒里希先生欣然题辞：这是我在中国所见过的最好仓库。朱耀明先生题辞是：友好合作，共同发展。对公司服务工作给予了充分肯定和高度评价。

2.高效化运输服务。 华航物流公司目前拥有4个运输车队，运输双层车超过200辆，累计提供汽车运输服务里程超过3千万公里，具有很强的运输服务能力，是一汽大众和天津丰田的主要商品车承运商和合作伙伴。业务遍布全国20个省、市和地区，享有很高的服务声誉。

3.信息化网络支持。 为加强物流服务管理，提高服务管理的技术水平，改进服务质量，华航物流公司建设了先进的物流管理系统（CATM），系统采用一系列先进的科学技术，如GPS、INTERNET、GIS等，所有技术的应用，为公司的物流服务管理提供了有效的技术支持和辅助。

4.四位一体的销售服务。 华航物流公司是中国东北地区规模较大的专业化汽车物流和销售服务企业。同时，他也是具有小汽车进口经营权的企业，在全国主要城市设有汽车销售服务分支机构，到目前为止，已累计销售各种汽车2万余辆。其中包括日本丰田轿车、德国奔驰汽车等国外名牌汽车200余辆。

5.业务拓展与展望。 2003年年末前新增双层运输车200辆，其中9月份100辆用于哈飞和广州风神市场，目前自有资金和银行信贷资金已全部到位，正积极组织打造双层车箱。后100辆也将在此100台进入市场后，立即组织资金购买投放。在未来的发展中，公司将继续以客户的眼光关注市场，根据客户的需求去经营市场，把满足客户需求作为公司服务目标，随着中国汽车工业的发展，把公司办成国内领先，国际一流的汽车物流服务供应商。

地　址：吉林省长春市绿园区兴安路7-11号　　邮　编：130011

电　话：0431-7091230　　传　真：0431-7099991

免费服务热线电话：800-846-8656

中国邮政EMS

中国邮政EMS开办于1980年，目前已成为中国快递业发展的重要力量。业务规模不断扩大，业务品种也从传统的国际、国内特快专递业务、同城特快专递业务、电子信函业务扩大到适应市场需求的国际、国内收件人付费业务、特快专递代收货款业务、特快专递礼仪业务、实物传递物品派送业务、特快送款业务等。同时还为用户提供代客报关、代客仓储、代上保险、代发广告等附加服务。

中国邮政EMS业务具有的网点众多，覆盖面广，传递迅速，信誉良好，以及独具特色的服务上门，代收货款，海关驻局，清关便捷等优势使其在竞争日益激烈的中国快递市场中占有重要地位和作用。邮政自主航空集散式网络运输使北京、上海、广州等10个城市的EMS邮件次日递率大大提高。现已建成的约200个快件处理中心和8个海关快件监管中心，使特快专递业务处理能力得到不断加强。业务通达范围也在逐步扩大，其中国内特快专递业务覆盖近2000城市，国际特快专递业务通达全球200多个国家和地区。全国共有284个城市实现生产处理计算机化，计算机查询网络覆盖全国。"185"特服号作为全国EMS统一接入电话，依托邮政综合计算机网为用户提供包括业务咨询、上门揽收、邮件查询、客户投诉、指挥调度等在内的全方位服务。

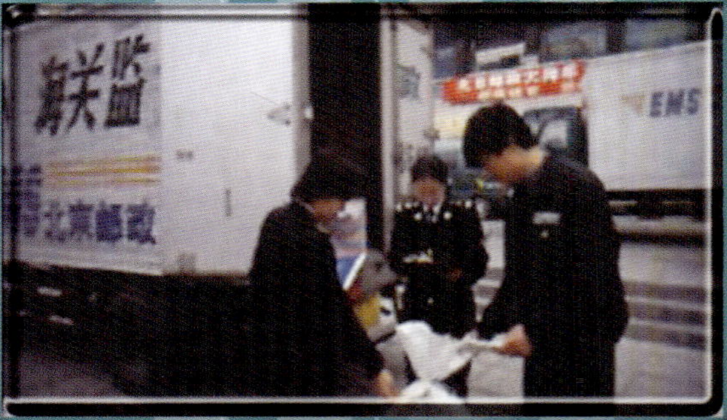

地　址：北京宣武区永安路173号
邮　编：100050
电　话：010-63184284
传　真：010-63187173

SIFT RMIT UNIVERSITY

上海对外贸易学院澳曼特国际商学院

SIFT-RMIT University International Business School

上海对外贸易学院澳曼特国际商学院“物流管理”专业

SIFT-RMIT

上海对外贸易学院澳曼特国际商学院（SIFT-RMIT International Business School）是经上海市有关部门批准，由上海对外贸易学院（Shanghai Institute of Foreign Trade, SIFT）与澳大利亚皇家墨尔本理工大学（Royal Melbourne Institutc of Technology,RMIT University）合作建立的附属于上海对外贸易学院的中外合作二级学院，学院院址设在上海对外贸易学院古北校区内。

上海对外贸易学院澳曼特国际商学院“物流管理”专业设有本科和硕士研究生两个层次。

“物流管理”本科项目。该项目是上海对外贸易学院在原运输经济学基础上经与澳大利亚皇家墨尔本理工大学（以下简称RMIT大学）合作发展起来的中外合作专业。经有关部门学位办“1999（95）号”文批准，于2000年9月开始正式招生。办学范围包括计划外“专升本”项目（学生毕业时可获得RMIT大学授予的商科—运输与物流管理学士学位）和学制为四年的计划内本科项目（学生毕业时可获得上海对外贸易学院管理学学士学位和RMIT大学授予的“商科—运输与物流管理“学士学位Bachelor of Business-Transport and Logistics Management）。

从已经毕业的专升本项目学生的就业情况看，毕业生大多就业于国营、外资或中外合资的运输、物流或制造企业，如东方国际、中外运、马士基、柏灵顿、TNT、西门子、通用电气等。物流本科项目于2002年通过了国务院学位办组织的评审。

物流管理硕士项目。经有关部门学位办（2002）95号文批准，上海对外贸易学院澳曼特国际商学院于2003年起开办“物流管理”硕士项目。该项目面向物流、跨国生产、运输、货运代理、国际贸易等企业，为企业培养具有现代物流管理思想，具有较强内部管理和外部协调能力、高级规划和决策能力的中高级物流管理人才。学员毕业后可获得RMIT大学授予的“商科—物流管理”硕士学位（Master of Business-Logistics Management）。

为保持与物流实践的联系，上海对外贸易学院澳曼特国际商学院还致力于校企联合，与国际知名物流企业建立长期的合作关系。近期学院正式聘任TNT亚太区的两位高级经理为我院“物流管理”专业的客座教授并与TNT正式签署协议，为学生提供专业实习岗位和基地。此外，学院正在建设中的“电子商务与物流实验室”第一期项目将于2003年9月投入使用。学生不仅可以借助实验条件在虚拟世界里亲身体验物流实践，而且可以在实验室内完成一定的项目开发实验，进一步提高学生实际经营物流业务的水平和能力。学院的“物流研究所”承接来自政府、企业的各种相关研究课题和项目，服务于社会。

地　址：上海市古北路620号　　邮　编：200336
电　话：021-62748250转482-520分机　　传　真：021-62598118
E-mail：ibssiftb@online.sh.cn　　网　址：www.shift.edu.cn

天津市物流货运中心

TIANJIN WULIU HUOYUN ZHONGXIN

LOGISTICS

总经理　程进祥

（高级经济师　经济学硕士）

天津市物流货运中心是国家有关部门批准建设的公路主枢纽重点交通基础设施项目。始建于 1998 年 10 月，于 2001 年 8 月 18 日正式开业。

天津市物流货运中心座落于天津市东丽区外环线与金钟河大街交口北侧，占地约 128000 平方米，已建成规模宏大的天津配载城、大型停驻车场、集装箱及散装货物堆存场、大型仓储库、欧式高台库及快运中转库和涉外宾馆、综合业务主副楼、公路信息交易大厅等物流综合服务系统。现有资产 1.4 亿，是目前全国规模较大、实力较强、设施较好、功能齐备的物流企业之一。天津市物流货运中心已成功通过 ISO9001：2000 国际质量管理体系认证。2002 年被天津市政府命名为“天津物流七大形象工程之一”并被天津市政府授予“质量、价格”信得过、“守合同、重信用”单位等称号。

国家和天津市重点交通基础设施建设单位

主楼全景

配载城内景

大型停驻车场

信息交易大厅

仓库内景

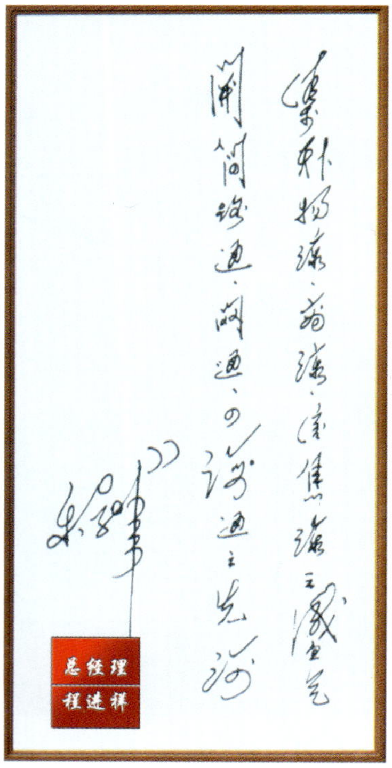

集天下物流、商流、信息流之盛气

开人间路通、网通、四海通之先河

欢迎垂询

地址：天津市东丽区外环线与金钟河大街交口北侧

电话：022-26150283　26320322

（招商电话）022-26755579

邮编：300241

网址：www.transonline.com.cn/tjftis/index.jsp

北京昊鼎物流科技公司是由我国著名物流学家、吴清一教授发起创办的专门为各界提供物流咨询和物流解决方案的高科技企业。

核心业务

咨询

企业供应链物流系统整合与管理咨询
企业配送中心、物流中心的建设与管理
企业物流信息系统与信息技术的导入
第三方物流企业的管理与运营
企业物流系统诊断与评估
电子商务物流系统整合

培训

物流证书培训
企业物流培训
物流研究生在职学历教育

规划

区域物流发展规划
物流企业发展规划
物流园区、物流中心的战略规划
配送中心、自动仓库规划与设计
企业物料搬运系统规划与设计
物流管理信息系统规划设计
电子商务物流系统规划

成功案例

联合国内以及美国、德国、日本等国的战略合作伙伴，昊鼎物流科技依托实力雄厚的物流专家、顾问团队，为社会各界提供全面的物流规划与咨询服务。

北京空港物流园区战略规划
北京五元物流中心规划
营口港物流园区总体规划
东莞松山湖科技园物流园区规划

云南邮政物流发展规划
安徽烟草集团物流系统规划
恒基B2B直销网物流系统规划
穗影物流有限公司物流解决方案
新疆新特药民族药公司配送中心规划
营口港物流园配送中心总体规划
营口港物流园冷藏物流中心总体规划
营口港物流园集装箱货场总体规划

北京数码物流港物流软件市场调研分析
立体仓库计算机规划软件系统的开发

技术产品

公司集多年的物流规划理论研究和物流系统规划实际经验，向业界提供物流系统规划设计系列软件产品。

1. 配送中心布局与规划软件（DCLS）

配送中心布局规划软件（DCLS）是为物流系统规划设计人员开发的微机版本的配送中心布局规划软件。该软件可以根据用户的业务需求，进行配送中心的需求分析、规模设计、区域设置、总平面布局和各功能区域详细设计，并自动生成总体规划报告和CAD布局图。是对配送中心进行分析、规划和布局的有效工具。

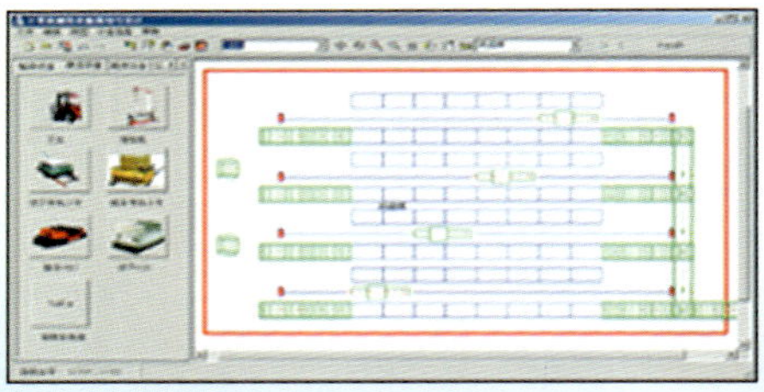

2. 钢结构货架计算机辅助设计（RCS）软件

钢结构货架计算机辅助设计（RCS）软件是为物流系统集成或货架生产企业专门开发的微机版本计算机辅助设计软件。该软件可以根据用户的需求，进行仓库的货架布局和设计，并自动生成设计报告、CAD图、零部件清单和报价清单。

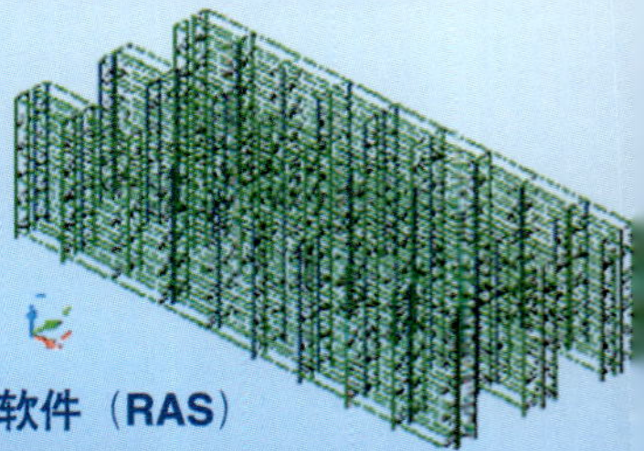

3. 货架有限元分析软件（RAS）

钢结构货架有限元分析软件（RAS）系统是为国内物流设备企业专门开发的微机版本货架有限元分析软件。该软件可以计算目前立体仓库设计中常遇到的各种结构货架的强度、刚度和稳定性等。

HEADTEAM

地址：北京市海淀区学院路30号方兴大厦716室　邮政编码：100083　网址：www.headteam.com.cn
电话：010-82384142/43/44　传真：010-82384140　电子邮箱：tliustb@vip.sina.com

中国物流年鉴

2003（上）

CHINA LOGISTICS YEARBOOK 2003

CFLP

中国物流与采购联合会

中国社会出版社

China Society Press

《中国物流年鉴》(2003)编委会

刘　凯　北方交通大学教授
齐晓敏　中铁现代物流股份有限公司董事长
邬　跃　北京物资学院物流系主任
李允杰　中国石化集团高级工程师
汪　鸣　国家发展和改革委员会综合运输研究所副所长
何铁夫　原中国物资流通协会物流技术专业委员会副主任
何明珂　北京工商大学商学院党总支书记、教授
吴清一　北京科技大学教授、物流研究所所长
吴润涛　中国社科院技术经济研究所研究员
吴耀华　山东省物流工程中心主任
宋远方　中国人民大学工商管理学院副院长、教授
陈文玲　国务院研究室综合司副司长、研究员
陈　冲　信息产业部计算机产业推进司副司长
陈自业　中国民用航空协会副秘书长
陈嘉良　大田-联邦快递有限公司副总裁
张　勇　中国仓储协会秘书长
张文杰　北方交通大学教授、博导
张智文　国家科技部高新司自动化处处长、博导
张晓萍　清华大学教授
张炳华　中国集装箱总公司总经理
周　云　中国机械工程学会物流分会秘书长
茅士家　中海集团物流有限公司总经理
洪水坤　中国物资储运协会会长、中国物资储运总公司总经理
钟荣钦　台湾物流协会秘书长
赵文澄　国家邮政局邮电文史中心党委书记、原科学研究规划院副院长
郁庆华　上海市医药股份有限公司副董事长、上海医药物流中心有限公司董事长兼总经理
徐天亮　华中科技大学管理学院教授
索沪生　中海集团物流有限公司副总经理
唐志喜　广西南宁市商业贸易局党委书记、局长
梁智敏　香港物流协会主席
梁海山　海尔集团副总裁

常金荣　北京福田物流有限公司总经理
董峰贵　中国铁道物资流通协会理事长
程进祥　天津市物流货运中心总经理
翟学魂　快步易捷(广州)信息服务有限公司首席执行官
谢德华　中国物资出版社总编辑
靳　伟　北京科技大学物流研究所副所长
缪立新　清华大学深圳研究生院物流研究中心主任
黎炳森　纵横物流服务有限公司董事总经理
鞠颂东　北方交通大学经济管理学院教授、博导

特别支持单位

国际商业机器中国有限公司(IBM)
北京空港物流园区
中国石化胜利油田有限公司物资供应处
中国外运股份有限公司
吉林北方延边物流网络有限公司

《中国物流年鉴》(2003)编辑成员

主　　编	丁俊发 中国物流与采购联合会常务副会长
副 主 编	余　平 《中国物流与采购》杂志社社长、总编辑
编辑部主任	余　平(兼)
策划总监	王青道
编辑部副主任	刘卫战　杨建国　丁　翔
编　　辑	方平生　张　弘　徐向国　徐小青 洪海平　和　晴　崔启斌　郭翠霞
发行部主任	杨建国(兼)
广告部主任	丁　翔(兼)　沈　阳
广告部成员	孟　飞　黄淑芬　刘　霞　周　帆　曹　真 崔　浩　刘　斌　王　鹏　刘建强　李　征 祁　钰　吴玉花　王　丽
美术编辑	张　凡
排　　版	徐素云
设　　计	捷通世纪广告有限公司
电　　话	编辑中心:010-68391593 客服中心:010-68392798 办 公 室:010-68391634
网　　址	www.56cul.com www.Chinawuliu.com.cn

前 言

跨入新的世纪,中国现代物流业以强劲的态势快速发展,呈现出明显的新趋势。

一、政府推动力度加大,但没有形成合力

现代物流业在国际上已成为与高科技产业、金融业并驾齐驱的朝阳产业,引起了各级领导、各级政府、各界人士的高度重视。国家领导人明确指出要把现代物流业作为国民经济重要产业与新的经济增长点,并列入了"十五"规划;全国已有20多个省市30多个中心城市做出或正在制订物流发展规划,有的已进入实施阶段;原国家经贸委已把现代物流与连锁经营、电子商务一起作为推进流通现代化的三大重点,并准备出台相关产业政策。新成立的商务部拟加大推进力度;国家发改委正在着手制订中国物流业发展总体规划;国家标准化委员会已决定成立全国物流标准化技术委员会;国家科技部已把"电子商务与现代物流示范工程"作为"十五"重大科技攻关项目;国家教育部已同意在大学开设物流专业;财政部、铁道部、交通部、信息产业部、国家民航总局等都从自身业务出发,把发展现代物流摆上了议事日程。

中国的现代物流业需要政府的推动,这几年这种推动力明显加大,但许多部门各自为战,并没有形成合力。在不少省市,有的是计划部门牵头,有的是交通部门牵头,有的是经贸部门牵头,浪费了人力、物力、财力,反而会阻碍物流业的发展。国家与各地方政府都应设立协调小组,就像一个交响乐团一样,需要总指挥。

二、物流发展的地域性、行业性特点明显,呈不均衡发展

均衡是相对的,不均衡是绝对的,物流业的发展也是一样。目前中国物流业发展地域性、行业性特点十分明显。从地域讲,东部起步最早、发展最快、规模最大,特别是长江三角洲、珠江三角洲与环渤海地区。中部落后于东部,但好于西部。从总体讲,东部已处于发展阶段,而中西部则处于起步阶段。从行业讲,物流需求大的主要是中外合资与外商独资企业、连锁企业、日用化工品行业、家电行业、烟草行业、医药行业、汽车行业等等。

三、城市作为物流重要结点开始强化,但综合物流水平不高

城市是商流、物流、信息流、资金流和人流的中心,并以此影响和带动农村的发展,不管这个城市是工业城市、商贸城市或旅游城市,都必须形成一个点线面结合的综合物流体系,城市本身就是一个重要物流结点。现代物流对中心城市经济发展有以下七个方面的影响:第一,城市作为工业集中地,物流业发展可以降低生产成本,提高市场竞争力。物流业也是走新型工业化之路的强大支撑。第二,城市物流环境的优劣,是引进内外资的重要条件,是能否进入全球采购系统的重要条件。第三,城市作为一个人口居住的集中地,物流水平是人们生产质量的重要标志之一。第四,城市物流的发展,可以起到对周边城市的辐射作用和对农产品物流的带动作用。第五,物流业作为一个新兴的服务业,可以带动产业结构调整,增加就业,提高城市化率。第六,城市物流发展是进出口贸易能否正常进行与加速发展的重要条件。第七,降低物流成本在城市GDP中的比重,是这个城市综合实力、竞争力、经济效率与宏观调控力的体现。但从总体讲，目前除少数城市以外，综合物流仍处于低水平。

四、跨国物流企业在中国实行“抢滩战略”，物流业已成为外资与民间资本投资热点

中国物流市场很大，但中国物流业比较落后，加上中国加入 WTO 的承诺，这就给跨国物流公司进入中国物流市场一个非常有利的时机。这几年，世界前 10 强物流公司纷纷进军中国，除特批独资的以外，纷纷成立中外合资物流企业，迅速在大城市布点，抢占中国物流市场。如美国联邦快递与天津大田集团合作，于 1999 年共建大田联邦快递有限公司，业务已扩展到中国 210 个城市，经营额每年以 30%速度上升。世界 500 强中，近 400 家在中国投资了 2 000 多个项目，国际上 50 家最大零售企业三分之二已进入中国，这些集团纷纷在中国设立采购中心，使与采购相关的物流业快速起步。目前物流业已成为外资与国内民间资本投资的热点之一。

五、传统运输与仓储企业向第三方物流企业加快转型，工商企业物流管理有所加强，但物流需求增长慢于供给增长

传统国有运输企业与仓储企业加大了自身改革力度，向现代企业制度迈进，有的已经上市。在物流市场激烈的竞争下，实行资产重组与流程再造，加速向第三方物流企业转型，如中远、中外远、中海、中铁、中邮、中储等等，或整体改造提升为物流企业；或整合内部物流资源，组建物流公司；或与外方组成中外合资物流公司。一些大中型工业与流通企业也开始重视企业采购与物流系统的改造，如青岛海尔、上海大众、长春一汽、中石化、北京联想、上海华联、山东三联等等，都将成为工商物流业发展的带头羊。以大田物流、宝供物流为代表的民营物流企业快速发展。

但要明确指出的是，由于长期以来中国企业走的是一条“大而全”、“小而全”的模式，目前工商企业物流的需求增长要慢于物流企业供给的增长。而物流企业供给的增长从总体讲又是低水平、小规模的，在许多方面满足不了物流需求的需要。

六、用信息化、标准化带动物流现代化有所推进，但差距很大

信息网络技术是现代物流的基础，也可以说是第一要素。中国物流企业与国外物流企业的差距，最大的在两个方面，一是信息网络技术落后；二是服务理念太差。这几年，信息网络技术普遍受到重视，企业物流信息平台推进速度较快，社会公共物流信息平台也在规划建设，已涌现了一批优秀案例。但由于主观认识差异与实际困难（如缺乏资金等），这项工作差距很大，需要有一个过程才能解决。

标准化对物流业的发展生命攸关，没有标准化，物流全过程与供应链全过程将无法进行，将加大物流运作成本，而使现代物流失去意义。目前各部门都有一些行业标准，但国家标准少，且各项标准之间往往不可连接。物流标准既包括物流硬件标准，也包括物流软件标准，这项工作已到了非常迫切的程度，而各部门的互相扯皮已影响了这一进程。

七、物流人才工程已经启动，但人才短缺短期内难于解决

物流人才是全国短缺人才之一，据初步结算，到 2010 年，高级物流人才需求量为 20–30 万，加上中级、初级物流人才数量很大。如何解决，一是学历教育。目前已启动大学本科与研究生教育以及大中专教育，有的城市已试点职业高中，目前全国已有 47 所大学设物流专业或物流专业方向。二是继续教育。就是对在职人员开展培训，或取得国外国内设立的资格证书，或短期培训证书。三是上岗资格培训，即持证上岗。这需要带动部门规范，需要一个过程。

物流人才包括研究人才、管理人才、规划设计人才与操作人才，都十分紧缺，目前企业要招聘一个物流总监肯定比招聘一个总经理要难得多，物流人才的短缺是一个客观事实，不可能靠短期的努力就可以解决。

这几年中国物流业发展有人认为太快、太乱，对各地规划物流园区也提出了许多异议，认为可能引发新一轮经济泡沫等等。我认为看问题要看大局，看主流，要一分为二。问题的确不少，但属于发展中的问题，可以预防，可以避免，可以克服，这需要政府、企业、中介机构形成合力，需要学习国外的先进理念、管理模式与先进技术，需要结合中国的实际走自己的路。小平同志讲既要解放思想，又要实事求是，这也是中国物流业发展的方针。

为了让国内外了解中国物流与发展的基本概况，让中国政府部门、经济界、企业界、科技界、教育界、理论界有一本关于物流的工具书，以便加快中外合作与交流，在大家的关怀与努力下，终于出版了《中国物流年鉴》(2002)，分上下二册，填补了国内空白，引起了国内外的广泛关注。为了编辑出版好《中国物流年鉴》(2003)，我们广泛听取意见，结构上作了较大改动，内容上进一步充实，但由于物流的全国信息统计系统尚未建立，加上编写人员收集资料有一定的局限性，缺陷与错误在所难免，望读者见谅。我们在今后的编撰中将加倍努力，使这本《中国物流年鉴》越办越好。

丁俊发

2003年8月8日

《中国物流年鉴》(2003)

CHINA LOGISTICS YEARBOOK

目 录

第三部分 物流网络与结点

第四部分 物流技术与装备

第五部分 采购与供应链管理

第六部分 物流教育与研究

广告目录

第一部分

物流综合概要

党和国家领导论物流

江泽民同志论物流

“由于长期受计划经济的影响,‘重生产、轻流通’的观念烙印很深,这也是影响经济发展的一个重要原因。发展社会主义经济,搞好流通极为重要,是消费通过流通来决定生产,只有现代流通方式才能带动现代化的生产,大规模的流动方式才能带动大规模生产。因此,要大力支持和推动连锁经营、集中配送等现代流通方式,推动经济发展,提高竞争力。”

——2002 年 2 月 25 日在省部级主要领导干部“国际形势与 WTO”专题研究班上的讲话

朱镕基同志论物流

“积极发展第三产业特别是现代服务业。加快发展金融、会计、咨询、法律服务等行业。逐步推行连锁经营、物流配送、代理制、电子商务等组织形式和服务方式。”

——2002 年 3 月 5 日在九届全国人大五次会议上的政府工作报告

李岚清同志论物流

“我们要大力发展连锁经营、物流配送、电子商务等现代流通方式,把社会化大生产的全过程紧密连接起来,大大提高经济运行效率。这是生产力发展的要求,也是适应加入世界组织后参与国际竞争的迫切需要”。

——2002 年 4 月 5 日在中共中央党校学员班上的讲话

吴仪同志论物流

“没有流通的现代化,就没有真正意义上的社会主义市场经济,国民经济整体素质和运行效率也就不可能得以提高。”“现在一些地方出现‘物流中心’热的苗头,都想把本地建成区域性、全国性甚至国际性的物流中心,实际上这是不可能的,反而有可能延误流通现代化的进程。”

——2002 年 1 月 21 日上海召开的全国推进流通现代化工作现场会上讲话

“适应我国加入世贸组织和经济发展的新形势,进一步提高口岸工作效率,对于我国参与全球经济合作与竞争,增强企业国际竞争力,营造良好的贸易投资环境,发展现代物流业,支持扩大出口都具有重要作用。”

——2002 年 5 月在视察上海口岸工程时的讲话

无论国际形势如何变化, 中国都将坚持改革开放不动摇, 坚持积极合理有效利用外资方针不动摇, 保持吸收外资法律法规和政策的连续性,为外商创造良好的投资环境,实现平等互利、共同发展的合作目标。

吴仪对跨国公司在华投资提出以下希望和建议:

(一)重视技术创新和技术投入,积极引进国际先进技术,不断提升产品的科技含量和附加值。

(二)积极参与国有企业改组、改造。

(三)把地区总部搬到中国来。

(四)积极向中国西部地区投资。

(五)希望跨国公司投资设立出口采购中心、物流企业和投资于配套产业。

——2002 年 9 月 19 日吴仪在北京主持召开跨国公司对华投资座谈会上的讲话

有关物流政策法规

中华人民共和国政府采购法

（2002 年 6 月 29 日第九届全国人大常委会第二十八次会议通过）

第一章 总 则

第一条 为了规范政府采购行为，提高政府采购资金的使用效益，维护国家利益和社会公共利益，保护政府采购当事人的合法权益，促进廉政建设，制定本法。

第二条 在中华人民共和国境内进行的政府采购适用本法。

本法所称政府采购，是指各级国家机关、事业单位和团体组织，使用财政性资金采购依法制定的集中采购目录以内的或者采购限额标准以上的货物、工程和服务的行为。

政府集中采购目录和采购限额标准依照本法规定的权限制定。

本法所称采购，是指以合同方式有偿取得货物、工程和服务的行为，包括购买、租赁、委托、雇用等。

本法所称货物，是指各种形态和种类的物品，包括原材料、燃料、设备、产品等。

本法所称工程，是指建设工程，包括建筑物和建筑物的新建、改建、扩建、装修、拆除、修缮等。

本法所称服务，是指除货物和工程以外的其他政府采购对象。

第三条 政府采购应当遵循公开透明原则、公平竞争原则、公正原则和诚实信用原则。

第四条 政府采购工程进行招标投标的，适用招标投标法。

第五条 任何单位和个人不得采用任何方式，阻挠和限制供应商自由进入本地区和本行业的政府采购市场。

第六条 政府采购应当严格按照批准的预算执行。

第七条 政府采购实行集中采购和分散采购相结合。集中采购的范围由省级以上人民政府公布的集中采购目录确定。

属于中央预算的政府采购项目，其集中采购目录由国务院确定并公布；属于地方预算的政府采购项目，其集中采购目录由省、自治区、直辖市人民政府或者其授权的机构确定并公布。

纳入集中采购目录的政府采购项目，应当实行集中采购。

第八条 政府采购限额标准，属于中央预算的政府采购项目，由国务院确定并公布；属于地方预算的政府采购项目，由省、自治区、直辖市人民政府或者其授权的机构确定并公布。

第九条 政府采购应当有助于实现国家的经济和社会发展政策目标，包括保护环境，扶持不发达地区和少数民族地区，促进中小企业发展等。

第十条 政府采购应当采购本国货物、工程和服务。但有下列情形之一的除外：

（一）需要采购的货物、工程或者服务在中国境内无法获取或者无法以合理的商业条件获取的；

（二）为在中国境外使用而进行采购的；

（三）其他法律、行政法规另有规定的。

前款所称本国货物、工程和服务的界定，依照国务院有关规定执行。

第十一条 政府采购的信息应当在政府采购监督管理部门指定的媒体上及时向社会公开发布，但涉及商业秘密的除外。

第十二条 在政府采购活动中，采购人员及相关人员与供应商有利害关系的，必须回避。供应商认为采购人员及相关人员与其他供应商有利害关系的，可以申请其回避。

前款所称相关人员，包括招标采购中评标委

员会的组成人员，竞争性谈判采购中谈判小组的组成人员，询价采购中询价小组的组成人员等。

第十三条　各级人民政府财政部门是负责政府采购监督管理的部门，依法履行对政府采购活动的监督管理职责。

各级人民政府其他有关部门依法履行与政府采购活动有关的监督管理职责。

第二章　政府采购当事人

第十四条　政府采购当事人是指在政府采购活动中享有权利和承担义务的各类主体，包括采购人、供应商和采购代理机构等。

第十五条　采购人是指依法进行政府采购的国家机关、事业单位、团体组织。

第十六条　集中采购机构为采购代理机构。设区的市、自治州以上人民政府根据本级政府采购项目组织集中采购的需要设立集中采购机构。

集中采购机构是非营利事业法人，根据采购人的委托办理采购事宜。

第十七条　集中采购机构进行政府采购活动，应当符合采购价格低于市场平均价格、采购效率更高、采购质量优良和服务良好的要求。

第十八条　采购人采购纳入集中采购目录的政府采购项目，必须委托集中采购机构代理采购；采购未纳入集中采购目录的政府采购项目，可以自行采购，也可以委托集中采购机构在委托的范围内代理采购。

纳入集中采购目录属于通用的政府采购项目的，应当委托集中采购机构代理采购；属于本部门、本系统有特殊要求的项目，应当实行部门集中采购；属于本单位有特殊要求的项目，经省级以上人民政府批准，可以自行采购。

第十九条　采购人可以委托经国务院有关部门或者省级人民政府有关部门认定资格的采购代理机构，在委托的范围内办理政府采购事宜。

采购人有权自行选择采购代理机构，任何单位和个人不得以任何方式为采购人指定采购代理机构。

第二十条　采购人依法委托采购代理机构办理采购事宜的，应当由采购人与采购代理机构签订委托代理协议，依法确定委托代理的事项，约定双方的权利义务。

第二十一条　供应商是指向采购人提供货物、工程或者服务的法人、其他组织或者自然人。

第二十二条　供应商参加政府采购活动应当具备下列条件：

（一）具有独立承担民事责任的能力；

（二）具有良好的商业信誉和健全的财务会计制度；

（三）具有履行合同所必需的设备和专业技术能力；

（四）有依法缴纳税收和社会保障资金的良好记录；

（五）参加政府采购活动前三年内，在经营活动中没有重大违法记录；

（六）法律、行政法规规定的其他条件。

采购人可以根据采购项目的特殊要求，规定供应商的特定条件，但不得以不合理的条件对供应商实行差别待遇或者歧视待遇。

第二十三条　采购人可以要求参加政府采购的供应商提供有关资质证明文件和业绩情况，并根据本法规定的供应商条件和采购项目对供应商的特定要求，对供应商的资格进行审查。

第二十四条　两个以上的自然人、法人或者其他组织可以组成一个联合体，以一个供应商的身份共同参加政府采购。

以联合体形式进行政府采购的，参加联合体的供应商均应当具备本法第二十二条规定的条件，并应当向采购人提交联合协议，载明联合体各方承担的工作和义务。联合体各方应当共同与采购人签订采购合同，就采购合同约定的事项对采购人承担连带责任。

第二十五条　政府采购当事人不得相互串通损害国家利益、社会公共利益和其他当事人的合法权益；不得以任何手段排斥其他供应商参与竞争。

供应商不得以向采购人、采购代理机构、评标委员会的组成人员、竞争性谈判小组的组成人员、询价小组的组成人员行贿或者采取其他不正当手段谋取中标或者成交。

采购代理机构不得以向采购人行贿或者采取其他不正当手段谋取非法利益。

第三章 政府采购方式

第二十六条 政府采购采用以下方式：

(一)公开招标；

(二)邀请招标；

(三)竞争性谈判；

(四)单一来源采购；

(五)询价；

(六)国务院政府采购监督管理部门认定的其他采购方式。

公开招标应作为政府采购的主要采购方式。

第二十七条 采购人采购货物或者服务应当采用公开招标方式的，其具体数额标准，属于中央预算的政府采购项目，由国务院规定；属于地方预算的政府采购项目，由省、自治区、直辖市人民政府规定；因特殊情况需要采用公开招标以外的采购方式的，应当在采购活动开始前获得设区的市、自治州以上人民政府采购监督管理部门的批准。

第二十八条 采购人不得将应当以公开招标方式采购的货物或者服务化整为零或者以其他任何方式规避公开招标采购。

第二十九条 符合下列情形之一的货物或者服务，可以依照本法采用邀请招标方式采购：

(一)具有特殊性，只能从有限范围的供应商处采购的；

(二)采用公开招标方式的费用占政府采购项目总价值的比例过大的。

第三十条 符合下列情形之一的货物或者服务，可以依照本法采用竞争性谈判方式采购：

(一)招标后没有供应商投标或者没有合格标的或者重新招标未能成立的；

(二)技术复杂或者性质特殊，不能确定详细规格或者具体要求的；

(三)采用招标所需时间不能满足用户紧急需要的；

(四)不能事先计算出价格总额的。

第三十一条 符合下列情形之一的货物或者服务，可以依照本法采用单一来源方式采购：

(一)只能从惟一供应商处采购的；

(二)发生了不可预见的紧急情况不能从其他供应商处采购的；

(三)必须保证原有采购项目一致性或者服务配套的要求，需要继续从原供应商处添购，且添购资金总额不超过原合同采购金额百分之十的。

第三十二条 采购的货物规格、标准统一，现货货源充足且价格变化幅度小的政府采购项目，可以依照本法采用询价方式采购。

第四章 政府采购程序

第三十三条 负有编制部门预算职责的部门在编制下一财政年度部门预算时，应当将该财政年度政府采购的项目及资金预算列出，报本级财政部门汇总。部门预算的审批，按预算管理权限和程序进行。

第三十四条 货物或者服务项目采取邀请招标方式采购的，采购人应当从符合相应资格条件的供应商中，通过随机方式选择三家以上的供应商，并向其发出投标邀请书。

第三十五条 货物和服务项目实行招标方式采购的，自招标文件开始发出之日起至投标人提交投标文件截止之日止，不得少于20日。

第三十六条 在招标采购中，出现下列情形之一的，应予废标：

(一)符合专业条件的供应商或者对招标文件作实质响应的供应商不足三家的；

(二)出现影响采购公正的违法、违规行为的；

(三)投标人的报价均超过了采购预算，采购人不能支付的；

(四)因重大变故，采购任务取消的。

废标后，采购人应当将废标理由通知所有投标人。

第三十七条 废标后，除采购任务取消情形外，应当重新组织招标；需要采取其他方式采购的，应当在采购活动开始前获得设区的市、自治州以上人民政府采购监督管理部门或者政府有关部门批准。

第三十八条　采用竞争性谈判方式采购的，应当遵循下列程序：

(一)成立谈判小组。谈判小组由采购人的代表和有关专家共三人以上的单数组成，其中专家的人数不得少于成员总数的三分之二。

(二)制定谈判文件。谈判文件应当明确谈判程序、谈判内容、合同草案的条款以及评定成交的标准等事项。

(三)确定邀请参加谈判的供应商名单。谈判小组从符合相应资格条件的供应商名单中确定不少于三家的供应商参加谈判，并向其提供谈判文件。

(四)谈判。谈判小组所有成员集中与单一供应商分别进行谈判。在谈判中，谈判的任何一方不得透露与谈判有关的其他供应商的技术资料、价格和其他信息。谈判文件有实质性变动的，谈判小组应当以书面形式通知所有参加谈判的供应商。

(五)确定成交供应商。谈判结束后，谈判小组应当要求所有参加谈判的供应商在规定时间内进行最后报价，采购人从谈判小组提出的成交候选人中根据符合采购需求、质量和服务相等且报价最低的原则确定成交供应商，并将结果通知所有参加谈判的未成交的供应商。

第三十九条　采取单一来源方式采购的，采购人与供应商应当遵循本法规定的原则，在保证采购项目质量和双方商定合理价格的基础上进行采购。

第四十条　采取询价方式采购的，应当遵循下列程序：

(一)成立询价小组。询价小组由采购人的代表和有关专家共三人以上的单数组成，其中专家的人数不得少于成员总数的三分之二。询价小组应当对采购项目的价格构成和评定成交的标准等事项作出规定。

(二)确定被询价的供应商名单。询价小组根据采购需求，从符合相应资格条件的供应商名单中确定不少于三家的供应商，并向其发出询价通知书让其报价。

(三)询价。询价小组要求被询价的供应商一次报出不得更改的价格。

(四)确定成交供应商。采购人根据符合采购需求、质量和服务相等且报价最低的原则确定成交供应商，并将结果通知所有被询价的未成交的供应商。

第四十一条　采购人或者其委托的采购代理机构应当组织对供应商履约的验收。大型或者复杂的政府采购项目，应当邀请国家认可的质量检测机构参加验收工作。验收方成员应当在验收书上签字，并承担相应的法律责任。

第四十二条　采购人、采购代理机构对政府采购项目每项采购活动的采购文件应当妥善保存，不得伪造、变造、隐匿或者销毁。采购文件的保存期限为从采购结束之日起至少保存 15 年。

采购文件包括采购活动记录、采购预算、招标文件、投标文件、评标标准、评估报告、定标文件、合同文本、验收证明、质疑答复、投诉处理决定及其他有关文件、资料。

采购活动记录至少应当包括下列内容：

(一)采购项目类别、名称；

(二)采购项目预算、资金构成和合同价格；

(三)采购方式，采用公开招标以外的采购方式的，应当载明原因；

(四)邀请和选择供应商的条件及原因；

(五)评标标准及确定中标人的原因；

(六)废标的原因；

(七)采用招标以外采购方式的相应记载。

第五章　政府采购合同

第四十三条　政府采购合同适用合同法。采购人和供应商之间的权利和义务，应当按照平等、自愿的原则以合同方式约定。

采购人可以委托采购代理机构代表其与供应商签订政府采购合同。由采购代理机构以采购人名义签订合同的，应当提交采购人的授权委托书，作为合同附件。

第四十四条　政府采购合同应当采用书面形

式。

第四十五条 国务院政府采购监督管理部门应当会同国务院有关部门，规定政府采购合同必须具备的条款。

第四十六条 采购人与中标、成交供应商应当在中标、成交通知书发出之日起30日内,按照采购文件确定的事项签订政府采购合同。

中标、成交通知书对采购人和中标、成交供应商均具有法律效力。中标、成交通知书发出后,采购人改变中标、成交结果的,或者中标、成交供应商放弃中标、成交项目的,应当依法承担法律责任。

第四十七条 政府采购项目的采购合同自签订之日起7个工作日内，采购人应当将合同副本报同级政府采购监督管理部门和有关部门备案。

第四十八条 经采购人同意,中标、成交供应商可以依法采取分包方式履行合同。

政府采购合同分包履行的,中标、成交供应商就采购项目和分包项目向采购人负责，分包供应商就分包项目承担责任。

第四十九条 政府采购合同履行中，采购人需追加与合同标的相同的货物、工程或者服务的,在不改变合同其他条款的前提下，可以与供应商协商签订补充合同，但所有补充合同的采购金额不得超过原合同采购金额的百分之十。

第五十条 政府采购合同的双方当事人不得擅自变更、中止或者终止合同。

政府采购合同继续履行将损害国家利益和社会公共利益的,双方当事人应当变更、中止或者终止合同。有过错的一方应当承担赔偿责任,双方都有过错的,各自承担相应的责任。

第六章 质疑与投诉

第五十一条 供应商对政府采购活动事项有疑问的,可以向采购人提出询问,采购人应当及时作出答复,但答复的内容不得涉及商业秘密。

第五十二条 供应商认为采购文件、采购过程和中标、成交结果使自己的权益受到损害的,可以在知道或者应知其权益受到损害之日起7个工作日内,以书面形式向采购人提出质疑。

第五十三条 采购人应当在收到供应商的书面质疑后7个工作日内作出答复，并以书面形式通知质疑供应商和其他有关供应商，但答复的内容不得涉及商业秘密。

第五十四条 采购人委托采购代理机构采购的,供应商可以向采购代理机构提出询问或者质疑,采购代理机构应当依照本法第五十一条、第五十三条的规定就采购人委托授权范围内的事项作出答复。

第五十五条 质疑供应商对采购人、采购代理机构的答复不满意或者采购人、采购代理机构未在规定的时间内作出答复的，可以在答复期满后15个工作日内向同级政府采购监督管理部门投诉。

第五十六条 政府采购监督管理部门应当在收到投诉后30个工作日内,对投诉事项做出处理决定，并以书面形式通知投诉人和与投诉事项有关的当事人。

第五十七条 政府采购监督管理部门在处理投诉事项期间，可以视具体情况书面通知采购人暂停采购活动,但暂停时间最长不得超过30日。

第五十八条 投诉人对政府采购监督管理部门的投诉处理决定不服或者政府采购监督管理部门逾期未作处理的，可以依法申请行政复议或者向人民法院提起行政诉讼。

第七章 监督检查

第五十九条 政府采购监督管理部门应当加强对政府采购活动及集中采购机构的监督检查。

监督检查的主要内容是：

(一)有关政府采购的法律、行政法规和规章的执行情况；

(二)采购范围、采购方式和采购程序的执行情况；

(三)政府采购人员的职业素质和专业技能。

第六十条 政府采购监督管理部门不得设置集中采购机构,不得参与政府采购项目的采购活动。

采购代理机构与行政机关不得存在隶属关系或者其他利益关系。

第六十一条　集中采购机构应当建立健全内部监督管理制度。采购活动的决策和执行程序应当明确，并相互监督、相互制约。经办采购的人员与负责采购合同审核、验收人员的职责权限应当明确，并相互分离。

第六十二条　集中采购机构的采购人员应当具有相关职业素质和专业技能，符合政府采购监督管理部门规定的专业岗位任职要求。

集中采购机构对其工作人员应当加强教育和培训；对采购人员的专业水平、工作实绩和职业道德状况定期进行考核。采购人员经考核不合格的，不得继续任职。

第六十三条　政府采购项目的采购标准应当公开。

采用本法规定的采购方式的，采购人在采购活动完成后，应当将采购结果予以公布。

第六十四条　采购人必须按照本法规定的采购方式和采购程序进行采购。

任何单位和个人不得违反本法规定，要求采购人或者采购工作人员向其指定的供应商进行采购。

第六十五条　政府采购监督管理部门应当对政府采购项目的采购活动进行检查，政府采购当事人应当如实反映情况，提供有关材料。

第六十六条　政府采购监督管理部门应当对集中采购机构的采购价格、节约资金效果、服务质量、信誉状况、有无违法行为等事项进行考核，并定期如实公布考核结果。

第六十七条　依照法律、行政法规的规定对政府采购负有行政监督职责的政府有关部门，应当按照其职责分工，加强对政府采购活动的监督。

第六十八条　审计机关应当对政府采购进行审计监督。政府采购监督管理部门、政府采购各当事人有关政府采购活动，应当接受审计机关的审计监督。

第六十九条　监察机关应当加强对参与政府采购活动的国家机关、国家公务员和国家行政机关任命的其他人员实施监察。

第七十条　任何单位和个人对政府采购活动中的违法行为，有权控告和检举，有关部门、机关应当依照各自职责及时处理。

第八章　法律责任

第七十一条　采购人、采购代理机构有下列情形之一的，责令限期改正，给予警告，可以并处罚款，对直接负责的主管人员和其他直接责任人员，由其行政主管部门或者有关机关给予处分，并予通报：

（一）应当采用公开招标方式而擅自采用其他方式采购的；

（二）擅自提高采购标准的；

（三）委托不具备政府采购业务代理资格的机构办理采购事务的；

（四）以不合理的条件对供应商实行差别待遇或者歧视待遇的；

（五）在招标采购过程中与投标人进行协商谈判的；

（六）中标、成交通知书发出后不与中标、成交供应商签订采购合同的；

（七）拒绝有关部门依法实施监督检查的。

第七十二条　采购人、采购代理机构及其工作人员有下列情形之一，构成犯罪的，依法追究刑事责任；尚不构成犯罪的，处以罚款，有违法所得的，并处没收违法所得，属于国家机关工作人员的，依法给予行政处分：

（一）与供应商或者采购代理机构恶意串通的；

（二）在采购过程中接受贿赂或者获取其他不正当利益的；

（三）在有关部门依法实施的监督检查中提供虚假情况的；

第七十三条　有前两条违法行为之一影响中标、成交结果或者可能影响中标、成交结果的，按下列情况分别处理：

（一）未确定中标、成交供应商的，终止采购活动；

（二）中标、成交供应商已经确定但采购合同尚未履行的，撤销合同，从合格的中标、成交候选人中另行确定中标、成交供应商；

（三）采购合同已经履行的，给采购人、供应商造成损失的，由责任人承担赔偿责任。

第七十四条　采购人对应当实行集中采购的政府采购项目，不委托集中采购机构实行集中采购的，由政府采购监督管理部门责令改正；拒不改正的，停止按预算向其支付资金，由其上级行政主管部门或者有关机关依法给予其直接负责的主管人员和其他直接责任人员处分。

第七十五条　采购人未依法公布政府采购项目的采购标准和采购结果的，责令改正，对直接负责的主管人员依法给予处分。

第七十六条　采购人、采购代理机构违反本法规定隐匿、销毁应当保存的采购文件或者伪造、变造采购文件的，由政府采购监督管理部门处以2万元以上10万元以下的罚款，对其直接负责的主管人员和其他直接责任人员依法给予处分；构成犯罪的，依法追究刑事责任。

第七十七条　供应商有下列情形之一的，处以采购金额千分之五以上千分之十以下的罚款，列入不良行为记录名单，在一至三年内禁止参加政府采购活动，有违法所得的，并处没收违法所得，情节严重的，由工商行政管理机关吊销营业执照；构成犯罪的，依法追究刑事责任：

(一)提供虚假材料谋取中标、成交的；

(二)采取不正当手段诋毁、排挤其他供应商的；

(三)与采购人、其他供应商或者采购代理机构恶意串通的；

(四)向采购人、采购代理机构行贿或者提供其他不正当利益的；

(五)在招标采购过程中与采购人进行协商谈判的；

(六)拒绝有关部门监督检查或者提供虚假情况的。

供应商有前款第(一)至(五)项情形之一的，中标、成交无效。

第七十八条　采购代理机构在代理政府采购业务中有违法行为的，按照有关法律规定处以罚款，可以依法取消其进行相关业务的资格，构成犯罪的，依法追究刑事责任。

第七十九条　政府采购当事人有本法第七十一条、第七十二条、第七十七条违法行为之一，给他人造成损失的，并应依照有关民事法律规定承担民事责任。

第八十条　政府采购监督管理部门的工作人员在实施监督检查中违反本法规定滥用职权，玩忽职守，徇私舞弊的，依法给予行政处分；构成犯罪的，依法追究刑事责任。

第八十一条　政府采购监督管理部门对供应商的投诉逾期未作处理的，给予直接负责的主管人员和其他直接责任人员行政处分。

第八十二条　政府采购监督管理部门对集中采购机构业绩的考核，有虚假陈述，隐瞒真实情况的，或者不作定期考核和公布考核结果的，应当及时纠正，由其上级机关或者监察机关对其负责人进行通报，并对直接负责的人员依法给予行政处分。

集中采购机构在政府采购监督管理部门考核中，虚报业绩，隐瞒真实情况的，处以2万元以上20万元以下的罚款，并予以通报；情节严重的，取消其代理采购的资格。

第八十三条　任何单位或者个人阻挠和限制供应商进入本地区或者本行业政府采购市场的，责令限期改正；拒不改正的，由该单位、个人的上级行政主管部门或者有关机关给予单位责任人或者个人处分。

第九章　附　则

第八十四条　使用国际组织和外国政府贷款进行的政府采购，贷款方、资金提供方与中方达成的协议对采购的具体条件另有规定的，可以适用其规定，但不得损害国家利益和社会公共利益。

第八十五条　对因严重自然灾害和其他不可抗力事件所实施的紧急采购和涉及国家安全和秘密的采购，不适用本法。

第八十六条　军事采购法规由中央军事委员会另行制定。

第八十七条　本法实施的具体步骤和办法由国务院规定。

第八十八条　本法自2003年1月1日起施行。

关于加快发展我国集装箱运输的若干意见

（国经贸运行[2002]203号）

各省、自治区、直辖市、计划单列市及新疆生产建设兵团经贸委（经委、交委）、交通厅（局）外经贸委（厅）、各铁路局（广铁集团）、直属检验检疫局、广东海关分署、天津、上海海关特派办、各直属海关：

集装箱运输以其高效、便捷、安全的特点成为交通运输现代化的重要形式。近年来，我国集装箱运输基础设施显著改善，市场化进程明显加快，对外开放逐步扩大，企业规模不断壮大，服务质量日益提高。“九五”期间，我国港口集装箱吞吐量年均增长幅度达30%，集装箱化率和“门到门”运输比重明显提高。我国的集装箱运输虽然有了长足发展，但还不能完全满足经济发展的需要，与国外发达国家水平相比，还存在较大差距，如运输方式之间缺乏有机衔接、多式联运发展缓慢、沿海与内陆地区发展不平衡、口岸环境有待进一步改善、内贸集装箱发展水平较低、市场秩序亟待规范、信息化管理水平不高等。

目前，我国经济面临着良好的发展环境和机遇，加快发展集装箱运输对促进经济贸易发展、改善经济结构和运输结构具有十分重要的意义。要积极采取有效措施，逐步缩小我国与国外、沿海与内地、外贸与内贸集装箱运输的差距，加强多种运输方式间的有机衔接，改善宏观政策环境，建立规范的市场秩序，促进我国集装箱运输的持续快速健康发展。现就有关问题提出以下意见，请遵照执行。

一、建立高效、统一的管理和协调工作机制

各主管部门要转变职能、简化程序、减少审批、提高效率。部门之间要加强联系与沟通，建立情况通报制度和决策协商机制，坚决打破集装箱运输市场的部门分割和地方保护，加强各部门、各地区之间的协调与合作。国家经贸委将会同有关部门加强对全国集装箱运输工作的综合组织与协调，及时研究解决工作中存在的问题。各地经贸委或综合交通管理部门要会同有关部门建立必要的协调机制，做好本地区集装箱运输发展的组织协调工作。

二、逐步完善集装箱运输政策法规体系

各有关部门要认真清理现行的政策性文件，废止不利于集装箱运输发展的有关规定。根据我国市场经济和集装箱运输发展的实际情况，依据世界贸易组织规则和国际惯例，制定符合我国集装箱运输发展的政策法规。政策法规的制定要以服务货主为导向，面向全社会各种所有制形式的企业，鼓励内陆地区和内贸集装箱运输发展。注意各相关法律、法规及部门规章之间的衔接，体现政策法规的长远性、一致性和稳定性，同时加强监督，加大对违法行为的处罚力度，维护政策法规的严肃性。

三、进一步规范集装箱运输市场秩序

积极采取有效措施，建立竞争有序、协调统一的集装箱运输市场。加强执法和监督，制止超载运输，确保运输安全。铁路集装箱运输要加快改革开放步伐，适应集装箱运输市场发展要求，规范收费管理，加强信息系统的建设，保证运输的时效性。公路集装箱运输要提高市场准入的技术条件加强运营组织建设，规范道路收费管理。鼓励企业间联合与重组，促进规模化经营。水路集装箱运输要进一步与国际接轨，改善运输服务，鼓励内、外贸集装箱运输资源的综合利用，实现内、外贸集装箱运输市场的一体化。加强船代和货代市场的规范与管理。

四、提高口岸查验效率，改善口岸服务环境

各口岸查验部门要从促进经济贸易发展的大局出发，增强责任感和工作主动性，在有效监管的同时，进一步提高服务意识，为集装箱运输发展提供良好的环境。认真贯彻落实《国务院办公厅关于进一步提高口岸工作效率的通知》(国办发明电[2001]38 号)精神，借鉴国际先进经验，改革口岸作业流程，完善运行机制和办事程序，加快查验速度，减少开箱比例，提高查验准确率，降低口岸查验成本，减轻货主负担。采用先进的科技手段加强监管，广泛应用网络信息技术，尽快实现口岸各部门信息共享，实现口岸管理信息化。大力支持多式联运和内陆集装箱场站的建设和运行，简化内陆报关手续，鼓励转关运输，支持国内港口开展国际集装箱中转运输业务，积极创造条件，支持内、外贸集装箱同船运输，合理利用资源，促进内、外贸集装箱运输的共同发展。

五、大力推动集装箱多式联运发展

加强铁路、公路和水路的协调与合作，促进集装箱多式联运的发展。充分发挥沿海港口在集装箱多式联运中的枢纽作用，利用港口设施，加快铁路港站建设，完善港口集疏运系统。加强铁路与其他运输方式的协调与合作，充分发挥铁路运输的优势，强化中西部地区与沿海主要港口之间的铁路集装箱运输通道的作用。完善水路集装箱运输干支线网络，重视发展内支线和内河集装箱运输。充分挖掘长江集装箱运输的潜力和优势，完善配套基础设施，加强沿海港口、铁路和公路运输与长江的衔接，促进长江的集装箱运输发展。

六、促进内贸集装箱运输快速发展

在保持外贸集装箱运输快速稳定发展的同时，要积极调整运输结构，鼓励国内货主采用集装箱运输，培育内贸集装箱运输市场，实现各种运输方式的协调发展。进一步提高铁路在内贸集装箱运输发展中的地位和作用，逐步采用国际标准，加强运输组织建设，建立快速运输系统。公路内贸集装箱运输要大力发展快速货运系统，降低集装箱运输车辆过路过桥收费标准，扩大运输规模。水路内贸集装箱运输要充分发挥沿海和长江优势，加快内贸集装箱码头和装备建设，利用外贸集装箱运输发展的经验和条件，促进内贸集装箱运输快速发展。

七、合理规划建设集装箱运输基础设施

交通基础设施的规划与建设要充分考虑各种运输方式之间的有机衔接，提高运输资源的综合使用效率。重点建设以沿海枢纽港口为龙头，向内陆地区延伸的铁路和内河集装箱运输通道。加快中西部地区集装箱运输基础设施建设，特别是要建设一批多种运输方式相结合的场站设施，强化多式联运功能。充分利用现有设施，实现运输资源的合理配置，进一步完善集装箱多式联运网络。

八、加强集装箱运输支持保障系统建设

加强集装箱运输信息化建设，规范统一信息处理的流程。重视集装箱多式联运信息的统计和发布工作，为企业提供信息服务。建立和完善符合国际惯例的集装箱运输标准体系，加快集装箱运输标准化进程。加强在集装箱多式联运领域的国际合作与交流，鼓励沿海与内地在集装箱多式联运领域的合作。促进产、学、研相结合，采取多种形式开展专业培训，提高集装箱运输从业人员素质。

中华人民共和国国家经济贸易委员会
中华人民共和国铁道部
中华人民共和国交通部
中华人民共和国对外贸易经济合作部
中华人民共和国海关总署
中华人民共和国国家质量监督检验检疫总局

2002 年 4 月 10 日

关于开展试点设立外商投资物流企业工作有关问题的通知

（中华人民共和国对外贸易经济合作部　2002年6月20日）

为促进国际贸易及现代物流业的对外开放和健康发展，现拟在国内部分地区开展外商投资物流业的试点工作。为明确试点阶段外商投资物流业的条件和程序，现将试点设立外商投资物流企业的有关问题通知如下：

一、外商投资物流企业应为境外投资者以中外合资、中外合作的形式设立的，能够根据实际需要，选择对货物的运输、仓储、装卸、加工、包装、配送、信息处理以及进出口等环节实施有机结合，形成比较完整的供应链，为用户提供多功能一体化服务的外商投资企业（以下简称："外商投资物流企业"）。

二、允许境外投资者采用中外合资、中外合作形式投资经营国际流通物流、第三方物流业务。

三、申请设立外商投资物流企业的投资者必须具备如下条件：

（一）拟设立从事国际流通物流业务的外商投资物流企业的投资者应至少有一方具有经营国际贸易或国际货物运输或国际货物运输代理的良好业绩和运营经验，符合上述条件的投资者应为中方投资者或外方投资者中的第一大股东。

（二）拟设立从事第三方物流业务外商投资物流企业的投资者应至少有一方具有经营交通运输或物流的良好业绩和运营经验，符合上述条件的投资者应为中方投资者或外方投资者中的第一大股东。

四、设立的外商投资物流企业必须符合如下要求：

（一）注册资本不得低于500万美元；

（二）从事国际流通物流业务的外商投资物流企业中境外投资者股份比例不得超过50%；

（三）有固定的营业场所；

（四）有从事所经营业务所必须的营业设施。

五、经批准，外商投资物流企业可经营下列部分或全部业务：

（一）国际流通物流业务：进出口业务及相关服务，包括自营或代理货物的进口、出口业务，接受委托为出口加工企业提供代理进出口业务；提供海运、空运、陆运进出口货物的国际货物运输代理业务。

（二）第三方物流业务：道路普通货物的运输、仓储、装卸、加工、包装、配送及相关信息处理服务和有关咨询业务；国内货运代理业务；利用计算机网络管理与运作物流业务。

外商投资物流企业拟从事道路普通货物的运输业务及利用计算机网络管理与运作物流业务的，需经有关部门依据现行法律法规批准。

六、设立外商投资物流企业，应向拟设立企业所在地的省、自治区、直辖市、计划单列市对外贸易经济主管部门提出申请，并提交以下材料：

（一）申请书；

（二）可行性研究报告；

（三）本规定第四条规定的合营各方投资者的资格证明或者有关说明文件；

（四）中外方投资者的法律证明文件及资信证明；

（五）合同、章程；

（六）董事会或联合管理机构成员及主要管理人员名单及简历；

（七）工商行政管理部门出具的企业名称预核准通知书；

（八）企业营业场所证明；

（九）对外贸易经济主管部门要求的其他材料。

七、设立外商投资物流企业应按照下列程序

进行：

省、自治区、直辖市、计划单列市对外贸易经济主管部门自收到申请材料之日起10个工作日内，依据本规定提出初审意见，并将初审意见报国务院对外贸易经济主管部门批准；

国务院对外贸易经济主管部门收到申请材料后，在30个工作日内做出是否批准的书面决定，符合规定的，颁发外商投资企业批准证书；不符合规定的，退回申请，书面通知申请人并说明理由。

从事国际流通物流业务的外商投资物流企业应在外商投资企业批准证书颁发之日起10日内到国务院对外贸易经济主管部门办理《中华人民共和国国际货物运输代理企业批准证书》。

八、外商投资企业扩大经营范围从事物流业应按照本通知规定的程序办理。

九、外商投资物流企业的经营期限一般不得超过20年。

经原批准机关批准，外商投资物流企业可以延长经营期限。

十、外商投资物流企业可按现行有关规定申请在国内其他地方设立分公司。分公司的经营范围不应超出外商投资物流企业的经营范围。

十一、外商投资物流企业应严格遵守国家外商投资方面的有关法律、法规以及按照其经营范围遵守交通运输、国际货物运输代理及电信方面的有关行业管理的法律法规，对其违法、违规行为将依照相应法律、法规予以相应处罚。

十二、试点地区由外经贸部规定。目前暂在北京、天津、上海和重庆四个直辖市；浙江、江苏、广东三省及深圳经济特区进行试点。

十三、香港、澳门、台湾地区的投资者在大陆投资试点设立物流企业，参照本通知的精神办理。

十四、本通知自下发之日起30日后施行。

关于促进连锁经营发展的若干意见

（国务院体改办 国家经贸委 2002年8月12日）

连锁经营已成为当今商品流通业中最具活力的经营方式,目前在我国零售业、餐饮业等服务行业中普遍应用。但是由于发展时间短,现阶段我国连锁经营的总体水平仍然较低，突出表现是企业规模偏小、规范化程度不高。为了适应我国加入世贸组织后更加激烈的市场竞争，不断提高流通产业的组织化程度和现代化水平，引导消费和规范市场经济秩序，必须采取切实有效措施促进连锁经营的发展。为此,提出以下意见。

一、充分认识促进连锁经营发展的重要意义

连锁经营是通过对若干零售企业实行集中采购、分散销售、规范化经营,从而实现规模经济效益的一种现代流通方式,主要有直营连锁、特许连锁、自由连锁等类型。实行统一采购、统一配送、统一标识、统一经营方针、统一服务规范和统一销售价格等是连锁经营的基本规范和内在要求。促进连锁经营发展对我国生产、流通、消费以及整个国民经济发展具有重要意义。

首先,发展连锁经营,通过规模化采购和网络化销售连接大批生产者和千家万户的消费者,可以有效衔接产需,是发展大流通,带动大生产的重要措施。没有连锁经营等现代流通体系的建立,就不可能发展现代化大工业和社会主义市场经济。其次,发展连锁经营,有利于优化流通业态结构,提供质优价廉的商品和方便快捷的服务，引导促进消费,培育保护内需,促进国民经济持续快速健康发展。第三,发展连锁经营,有利于提高流通的组织化程度,实现经营行为的标准化和规范化,净化市场环境,防止假冒伪劣商品进入流通领域,强化税收征管，是整顿和规范市场经济秩序的重要治本之策。第四,加入世贸组织后3年内,我国将基本取消对外资参与佣金代理、批发、零售在地域、股权、数量等方面的限制，取消对外资参与特许经营的限制,流通领域必将出现更加激烈的竞争。发展连锁经营,扩大经营规模,提高企业国际竞争力,是新形势下我国应对国际竞争，参与国际合作与竞争的重要举措。各地区、各部门要进一步提高认识，高度重视发展连锁经营工作。

二、采取切实措施,促进连锁经营发展

（一）深化改革,积极培育一批主业突出、经营规模大、具有国际竞争力的大型连锁集团

要按照建立现代企业制度的要求,加快连锁经营企业公司制改革步伐，完善法人治理结构，突出经营主业,增强创新能力,提高核心竞争力。鼓励连锁经营企业以资本为纽带,建立母子公司体制的直营连锁网络,或通过商品、品牌、商号、配送、管理技术等联结方式发展特许经营网络。鼓励相同业态或经营内容相近的连锁经营企业通过兼并、联合等形式进行重组,实现低成本扩张和跨地区发展。对通过兼并、收购等发展连锁经营的企业,被兼并、收购企业所在地政府及有关部门要给予积极支持。对资产质量好、经营机制规范、成长性强的连锁经营企业,要鼓励其上市。

（二）统筹规划,加快物流配送体系建设

要做好规划与标准制订等基础工作，积极扶持连锁经营企业配送中心的建设，鼓励引进和自主开发先进物流管理技术,努力实现仓库立体化、装卸搬运机械化、商品配货电子化,加快建立高效率的配送体系，提高连锁经营企业商品统一采购和集中配送的比例。积极改造传统的运输和仓储

企业，挖掘现有物流网络设施潜力，发展面向广大中小企业的社会化物流配送企业。对具备条件的大型物流配送中心的建设，要纳入国家重点技术改造项目范围。有关部门要对与物流配送中心相配套的基础设施建设予以扶持。公安、交通、城市管理部门要对物流配送中心符合条件的送货车辆尽可能提供市区通行、停靠的便利。

（三）加强管理，提高连锁经营企业规范化水平

要按照连锁经营标准化、专业化的要求，建立连锁经营企业规范的作业标准和管理手册，连锁经营企业总部要强化对门店经营行为的监管和约束，杜绝不规范的商业行为。进一步推进和完善连锁经营企业网点销售系统、管理信息系统的建设，推广客户关系管理和供应链管理技术，加快连锁经营企业信息化建设步伐，推广品类管理、电子标牌、防损防盗等现代管理方法和手段。抓紧培养熟悉现代流通规则、方式、管理及技术的高素质人才，积极开展连锁经营从业人员培训。要进一步培育连锁经营行业组织，加强行业自律。

（四）进一步扩大对外开放，促进连锁经营企业在竞争中发展壮大

要认真总结近年来商业对外开放的经验教训，抓住我国加入世贸组织的有利时机，不断完善商业利用外资的管理法规，根据加入世贸组织的承诺，加快商业对外开放步伐。要提高商业利用外资的质量和水平，引进、学习和消化跨国连锁集团先进的经营理念、经营模式和管理技术。要注重加大利用外资改造传统商业的力度，大力推进传统商业向现代商业的转变。鼓励和推动有条件的大型连锁经营企业"走出去"，建立我国自己的跨国连锁经营企业。

（五）推动连锁经营向多领域和深层次发展

要进一步拓宽发展连锁经营的行业范围，除零售业和餐饮服务业外，要鼓励电脑软件、汽车销售及租赁、汽车配件及维修、房地产中介、家政服务、旅游等新兴服务业以及铁路、邮政、电讯、石化、烟草等经营比较集中的行业积极探索和推行连锁经营。在继续发展直营连锁的同时，积极、规范发展特许经营，鼓励企业学习借鉴国外特许经营的管理经验和技术，运用特许经营的模式实现规模化经营，努力培育民族特许品牌，形成规范化、可复制、易扩张、能够实施有效监管的特许经营体系。

三、为发展连锁经营创造良好的外部环境

（一）简化行政审批手续，建立健全市场准入机制

工商、卫生、环保、质检、消防等部门要进一步提高工作效率，简化审批手续，缩短审批时间。

连锁经营企业设立全资或控股的配送中心和门店，可持总部出具的文件，直接到所设机构所在地工商行政管理机关申请登记注册，免予办理工商登记核转手续。工商行政管理机关对连锁经营企业经营范围，原则上按企业章程核定，其中按行业大类核定的，应在经营范围中注明"法律、行政法规和国务院决定的前置审批项目除外"字样。

连锁经营企业经营烟草、药品、书籍、报刊、音像制品，代售邮票、信封、明信片、电话卡、代办公用电话等业务，可由总部向审批机关申请办理有关批准文件（或许可证）。总部取得批准文件（或许可证）后，门店不需再办理相应批准文件（或许可证），可由总部（或委托门店）持加盖总部印章的批准文件（或许可证）复印件，向门店所在地有关部门备案，并由门店向所在地工商行政管理机关办理相关登记即可。有关部门在办理连锁经营企业经营上述商品或服务的批准文件（或许可证）时，对不同地区和系统内外的所有企业要一视同仁，不得歧视。对连锁经营企业要求设立非企业法人门店和配送中心的，门店所在地政府及有关部门要予以支持，不得设置障碍。

（二）实行统一纳税，促进连锁经营企业跨区域发展

对省内跨区域经营的直营连锁企业，经省（自治区、直辖市、计划单列市）税务部门会同同级财政部门审核同意后，可由总部向其所在地主管税务机关在省（自治区、直辖市、计划单列市）内统一申报缴纳增值税。对市（地）、县内跨区域经营的直

营连锁企业,经市(地)、县税务部门会同同级财政部门审核同意后,可由总部向其所在地主管税务机关在市(地)、县内统一申报缴纳增值税。

对连锁企业省内跨区域设立的直营门店,凡在总部领导下统一经营、与总部微机联网、并由总部实行统一采购配送、统一核算、统一规范化管理,并且不设银行结算账户、不编制财务报表和账簿的,由总部统一缴纳企业所得税。

各省、自治区、直辖市财政部门要及时制定统一纳税后所属地区间财政利益调整办法,使连锁企业门店所在地的财政利益在纳税地点变化后不受影响。

(三)减少对连锁经营企业的重复检查,严格收费管理

工商、环保、质检、城管、物价等部门要依法行政,加强协调,推行多部门组织的联合检查,减少对连锁经营企业的多头和重复检查。要根据连锁经营企业的特点,强化总店的管理责任,并把检查的重点放在总部和配送中心。各有关部门要严格收费管理,规范收费制度,公开收费标准。严禁向连锁经营企业乱摊派、乱收费。行政执法部门按规定收取的各种费用(包括罚没收入),要严格实行“收支两条线”。

四、切实加强对发展连锁经营工作的领导

各地区、各部门要按照本意见要求,统筹规划,分类指导,做好组织协调,并结合实际制定促进连锁经营发展的具体实施办法,把有关政策和措施真正落到实处;要着力打破部门分割和地区封锁,改革各种不合理的行政审批制度,为连锁经营健康发展创造良好环境。要加快制订连锁经营方面的法律法规。要力争通过几年的努力,显著提高连锁经营的规模化和规范化水平,初步形成连锁经营在我国商业、服务业组织形式和经营方式中的主体地位,积极推进流通现代化,促进国民经济持续快速健康发展。

全国连锁经营“十五”发展规划

（国经贸厅贸易[2002]137号）

推进连锁经营是我国流通领域带有方向性的一项改革。自20世纪90年代以来，连锁经营在我国显示出强大的生命力和发展潜力。特别是“九五”期间，连锁经营在开拓市场、扩大销售、促进产销结合、规范流通秩序、满足消费需求、吸纳就业等方面，发挥了重要作用。“十五”时期是我国国民经济和社会发展的重要时期，加快推进连锁经营的发展，对于改善流通结构，进一步提高流通产业的组织化程度和现代化水平，适应我国加入世贸组织的新形势，促进国民经济健康发展，具有重要的作用和意义。

一、“九五”期间连锁经营发展的基本情况

“九五”期间，各地以“经营规模化、管理规范化”为重点，开展了卓有成效的工作，推动了连锁经营持续、健康、快速地发展。

（一）连锁企业成为拉动消费增长的重要力量

国家统计局对限额以上的连锁企业调查表明，“九五”末期，商品批发、零售、餐饮业连锁企业1 092个，其中批发零售业870个，餐饮业222个；门店数21 388个，其中直营店15 021个，加盟店6 367个；销售额1 554.5亿元，比上年同期增长44.25%；零售额1 276.4亿元，比上年同期增长47.59%，占同期全社会批发零售贸易和餐饮业零售总额(26 794.9亿元)的4.76%，增幅是当年全社会消费品零售总额增幅的4倍多。

（二）东部地区发展快于中西部

东部沿海地区的北京、上海等地，连锁经营发展速度、规模和水平要明显高于其他地区。如北京市2000年商品批发、零售、餐饮业有连锁企业114个，门店1 808个，零售额209亿元，占全市批发零售贸易和餐饮业零售总额的19%；上海市2000年有连锁企业70个，门店4 695个，零售额365亿元，占全市批发零售贸易和餐饮业零售总额的24%，成为连锁经营发展最快的地区。虽然中西部地区和中小城镇连锁经营也有所发展，但与东部发达地区相距甚远。

（三）业态种类日益多样化

“九五”期间，超市是连锁经营的主力业态，专业店、专卖店、便利店也有了一定程度的发展。随着国外连锁企业的进入，大型综合超市、仓储式商店发展较快，其中大型综合超市在部分大城市的竞争日益激烈。

（四）特许经营开始发展

“九五”期间，随着直营店管理日益规范和成熟，特许经营开始发展。特许经营在零售业和餐饮业发展较快，并逐步向其他业种渗透。同时，特许经营的形式也日益多样化，从直接特许向合资特许、区域特许和复合特许发展。

（五）多种所有制连锁企业共同发展

“九五”期间，国有企业仍然是连锁经营的主体，集体、私营、股份制、外资等其他经济成分连锁企业所占比重呈现出逐年增长的趋势。国外零售集团进入国内的速度加快，美国、法国、德国、英国等国家的著名商业企业都已经采用连锁经营的方式在我国投资建店。

“九五”期间，连锁经营的发展在取得显著成绩的同时，还存在许多问题，突出表现在两个方面，一是企业经营规模小。到2000年底，全国连锁企业平均拥有店铺数量不足20个，连锁企业销售额占全社会批发零售贸易和餐饮业零售总额的比重不到5%，连锁企业的规模效益尚未充分发挥。二是规范化水平低。统一采购、统一配送比重不

高,大多数连锁企业还没有形成一个完善的、规范化运作的经营管理体制,信息系统建设滞后,管理的科技含量较低,这些都制约了连锁企业的发展。造成上述问题的原因,除了企业经营管理理念落后,缺乏规范化管理制度外,更主要的是现行行政管理体制制约了连锁经营跨地区和跨行业发展,影响了连锁经营规模的扩大。这些问题需要在发展过程中逐步加以解决。

二、指导思想和发展目标

(一)指导思想

"十五"时期我国连锁经营发展的指导思想是:以邓小平理论和江泽民同志"三个代表"重要思想为指导,建立畅通、高效的流通体系,以提高连锁经营质量和连锁企业竞争力为核心,着重提高连锁经营的规模化和规范化程度。加快连锁企业的结构调整,推动企业的联合、兼并、重组;加快连锁企业信息化建设;大力发展集中配送;打破部门、地区封锁,促进连锁经营企业跨地区发展;加强宏观引导和法规、标准建设;培育一批主业突出、核心竞争力强、跨地区发展、初步具有国际竞争力的大型连锁企业集团。

(二)发展目标

经过五年的努力,初步确定连锁经营在商业和服务业中的主体地位,连锁经营销售额、连锁企业数和门店数都有较大幅度的增长。到"十五"末期,全国连锁企业门店数达到10万个,销售额达到7 000亿元,年均递增约35%,占全社会批发零售贸易和餐饮业零售总额的比重达到20%左右。年销售额在50亿元以上的连锁企业达到20户,销售额在20–50亿元的连锁企业达到40户,培育5–10户主业突出、核心竞争力强、跨地区发展、初步具有国际竞争力的大型连锁企业集团。

三、主要任务

为实现"十五"期间的发展目标,要加强连锁经营的规划,进一步提高连锁企业管理水平,重点推进欠发达地区连锁经营发展,扩大连锁经营行业范围,加快连锁企业改革,培育一批大型连锁企业,树立知名连锁品牌,提高利用外资水平。具体任务如下:

(一)重点推进中西部及其他欠发达地区连锁经营发展

鼓励有条件的连锁企业,利用成熟的经营管理技术和市场拓展经验,积极向中西部及其他欠发达地区延伸,通过兼并、联合、重组、参股控股或通过输出商标、商号和经营管理技术等方式发展特许经营,整合社会商业和服务业资源,把中西部和其他欠发达地区的企业纳入现有的连锁企业体系中,减少过度竞争和资源浪费,带动这部分地区连锁经营的发展。

(二)继续扩大连锁经营的行业范围

要在总结经验的基础上,进一步拓展连锁经营的行业范围。一是在石化、烟草、图书报刊、医药、电信等行业中,推行商品或服务的连锁经营;二是在软件开发、汽车销售、商品租赁、房地产中介、教育培训、旅游等新兴服务业中发展连锁经营;三是鼓励工业生产企业利用、整合自己的销售渠道、经营网点或与流通企业联合,发展连锁经营;四是加快餐饮业特别是中式快餐连锁店的发展,提高传统产业的整体水平。

(三)加强规划,促进业态结构的合理化和多样化

要继续坚持以"为民、便民、利民"为指导思想,以中等收入的工薪阶层为主体顾客,以满足人民群众基本生活需求为经营宗旨,以大众化生活用品和"菜篮子"食品为主体商品,积极推进与人民生活密切相关的食品超市的发展,努力提高生鲜食品经营比重;要努力发展具有综合化服务功能的便利店,积极探索便利店在我国不同地区的经营发展模式;在做好规划的基础上,合理发展符合中国国情的现代大型综合超市;大力发展有特色的专业店和专卖店;推进传统百货店利用连锁经营组织形式进行改造和功能创新;有计划地控制大卖场(Hypermarket)和仓储式商店(Warehouse)的盲目发展,城市商业规划中要对这些业态发展的地域、面积和数量做出明确规定。

(四)严格规范、积极稳妥地发展特许经营

在加强特许经营法规建设的基础上,逐步引

导特许经营向更多的行业和领域发展，要以这些行业中有自主知识产权、核心竞争力强、知名度高、管理基础好的企业为依托，推动特许经营的发展，提高行业整体素质和服务水平；积极利用和开发民族品牌，形成规范化、可复制、易扩张、能够实施有效监管的特许经营体系；鼓励实力较强的企业通过区域特许等方式，引进国际著名特许品牌，学习借鉴其成功经验和模式，缩短与国际先进水平的差距。

（五）培育一批大型连锁企业

为应对我国加入世贸组织面临的国际化竞争，鼓励连锁企业充分发挥资本运营、资源配置、技术创新和市场开拓等方面优势，以资产、品牌、经营技术等资源为纽带，通过股份制改造、兼并联合、参股控股、重组等方式，培育5—10户主业突出、核心竞争力强、跨地区发展、初步具有国际竞争力的大型连锁企业集团，成为国内知名的连锁品牌。地方政府部门也要为大型连锁企业集团的发展清除体制障碍，提供政策支持。

（六）加快国有连锁企业的改革，培育和发展多元化投资主体

对国有独资的大型连锁企业实行规范的公司制改造，完善法人治理结构，建立现代企业制度，增强企业创新能力。对国有中小连锁企业，通过股份合作制、承包、租赁、出售等多种方式的改革，进一步"放开搞活"，并通过发展特许经营、自由连锁等方式，促进他们加盟大型连锁企业集团，提高在社区商业竞争中的能力。

（七）加强物流配送中心的建设和管理，逐步提高统一采购和统一配送的比例

大型连锁企业要重视配送中心建设，根据企业的经营状况合理确定配送中心规模，提供安全可靠、高效率的配送体系。积极发展社会化的第三方物流配送中心，充分利用和整合现有物流资源，通过资产联合、重组和专业化改造等途径，打破行业界限和地区封锁，满足各类连锁企业的需要，形成社会化的高效运转的配送网络。

（八）进一步提高连锁企业的经营管理水平

一是深入开展连锁经营管理理论和现代营销技术的研究，推广先进的经营理念、营销技术和管理方法；二是在完善企业时点销售系统（POS）、管理信息系统（MIS）的基础上，开发和应用客户关系管理、供应链管理、财务核算管理系统，加快连锁企业的信息化建设；三是按照连锁经营标准化、专业化的要求，逐步建立完善的经营管理体系和作业标准，加强对企业经济活动的计划与成本控制，不断提高管理水平和经济效益。

（九）进一步扩大对外开放，促进连锁企业在竞争中发展

内资连锁企业积极引进和吸收国际先进的连锁经营技术和管理经验，通过各种形式的对外交流和合作，全面提高连锁企业的经营管理水平。

四、实施规划的主要政策措施

（一）建立健全法律法规

为适应我国加入世贸组织的需要，研究制定相关的法律法规，为国际连锁集团进入中国市场做好法律准备。组织制定连锁经营管理、技术和服务的标准、规范。

（二）继续协调和落实促进连锁经营发展的有关政策

各地区有关部门要针对连锁经营发展中的新情况和新问题，制定推动连锁经营发展的新政策，特别是鼓励连锁企业做大做强和跨地区、跨行业发展的政策措施。各级政府应结合当地情况，在拓宽连锁企业融资渠道，打破地区、部门封锁和行业垄断等方面给予积极支持。

（三）加强人才培训，提高从业人员素质

各地流通主管部门和连锁企业要制定培训计划，采取多种形式和渠道，坚持理论教育与实践培训相结合，基础培训与专业培训相结合，上岗培训与轮岗培训相结合。加强连锁经营理论研究，建立连锁教育培训基地。

（四）大力发展连锁经营中介组织

随着政府行政管理职能的转变，积极发挥行业中介组织在沟通、协调、服务、监督和行业自律等方面的作用。行业中介组织要广泛联系广大连锁企业，为提高连锁企业的经营管理水平做出积

极贡献。

“十五”期间，是我国流通领域逐步实现经营规模化、管理现代化的时期，连锁经营既有良好的发展条件，又面临着日趋激烈的竞争。各级政府有关部门和连锁企业一定要认清形势，增强紧迫感，充满信心，抓住连锁经营发展的历史机遇，推动连锁经营的发展再上一个新台阶。

"十五"商品流通行业结构调整规划纲要

（国经贸贸易[2002]773号）

为适应不断变化的消费需求，应对加入世贸组织的新形势，迎接国际竞争和挑战，根据党的十五届四中、五中全会和《中华人民共和国国民经济和社会发展第十个五年计划纲要》精神，提出《"十五"期间商品流通行业结构调整规划纲要》，以加强宏观引导，加快促进我国商品流通现代化发展，提高商品流通行业对国民经济增长的贡献率。

一、现状与形势

（一）行业发展和结构调整现状

"九五"期间，我国商品流通行业坚持为人民生活服务，为生产建设服务的根本宗旨，市场加快发展，商品流通规模不断扩大，社会消费品零售总额年均增长10.6%。城乡居民收入不断提高，城镇居民人均可支配收入和农村居民家庭人均纯收入年均分别增长5.7%和4.7%。消费结构发生明显变化，2000年人均消费中食品支出比重分别比1995年下降9.4%和7.2%，用于医疗保健、交通运输及文化教育方面的支出比重则分别增长8.5%和6.9%，恩格尔系数逐步降低。结构调整取得了积极的成果，流通产业所有制结构、组织结构和业态结构得到调整优化，经营主体多元化进一步发展，多种经济成分充分竞争、共同发展的流通格局基本形成；传统营销方式逐步得到改造，超市、便利店、专卖店、仓储式商场、购物中心等新型业态成长迅速，电子商务的兴起，已经成为商品市场中新的增长点。2001年全国限额以上商品批发、零售、餐饮业实行连锁经营的企业已发展到1 124家，门店达21 784个，实现销售额2 139.8亿元，同比增长37.7%，占同期限额以上批发零售贸易和餐饮业零售总额的5.7%；2001年，全国限额以上批发零售贸易、餐饮业中股份合作制企业及股份公司近3 000家，已有70多家流通企业成为上市公司，一批适应现代化大生产的流通集团企业正在成长起来。

流通体制改革和流通领域的结构调整使我国商品流通业得到快速发展，但发展水平总体上还不适应国民经济发展的需要，商品流通产业仍是国民经济中的薄弱环节，商品流通产业化的水平还比较低，与发达国家相比还有很大差距。从整体上看，目前我国商品流通业结构问题仍然十分突出：一是流通企业规模偏小，组织化程度低，市场经营主体仍处于零散状态。2000年全国主要273户大型零售商场商品零售额实现1 072.8亿元，仅占全社会消费品零售总额的3.8%，而美国前15户流通企业的销售额占其全国销售额的20%以上。二是业态发展不平衡，现代营销技术的利用仍处于起步阶段。国内相当一部分连锁企业仍不具有现代意义上的连锁经营企业的竞争实力，与国际大型连锁集团的规模相差悬殊；传统批发业萎缩，物流中心、配送中心和仓储建设等投资不足，制约着零售业的整体发展水平。三是城乡市场差距有所扩大。在2000年社会消费品零售总额中，城市实现零售额同比增长10.6%，农村实现零售额同比增长8.3%，城乡增幅相差2.3个百分点。四是现代化管理技术和设备水平不高，高科技成果在流通方式上的应用滞后。五是从业人员素质有待提高，精通流通业务、懂得现代管理的职业经理人员缺乏，流通理论研究和流通技术应用力量薄弱。

（二）面临的形势

"十五"期间国家将继续实施扩大内需、促进经济增长的政策。国内消费需求将随城乡居民收入的提高不断升级，同时工业、农业等生产行业面向消费结构变化所进行的调整，将在"十五"期间继续推进，商品结构逐步得以优化。"十五"期间，我国国内生产总值(GDP)年均将增长7%左右,到2005年人均国内生产总值将达到9 400元,居民消费率提高到50%,恩格尔系数进一步下降。城镇居民的住房、医疗、保健、娱乐、旅游、轿车、信息化产品和服务需求将呈快速增长趋势,农村消费中商品化消费比重提高,耐用消费品消费将加速增长。加入世贸组织,新的贸易规则将逐步引入,我国社会主义市场经济法律法规体系也将进一步得到调整和完善;开展全国整顿和规范市场经济秩序工作有利于尽快打破行业分割、部门垄断和地区封锁的局面,市场优化配置资源的机制越来越成熟,流通在国民经济中的作用越来越重要,我国商品流通将面临更为广阔的发展空间。

同时也要看到,经济全球化趋势增强,世界经济增长速度放缓,跨国公司全球购并和扩张,以及全球经济结构调整步伐不断加快,国际竞争日趋激烈。经济发达国家产业加速向技术密集和知识密集型方向发展,现代管理技术、物流技术、自动化技术、信息技术已广泛应用于跨国流通企业的经营管理和全球采购业务中。随着发达国家市场的饱和,跨国公司进行扩张和转移的需求十分迫切。加入世贸组织后几年内,商品流通业将形成全新的对外开放格局,开放的领域涵盖了分销服务的全过程,既包括批发服务和零售服务,也包括与销售有关的代理服务,还包括特许经营服务以及售后服务等其他销售服务;允许进入我国市场的企业不仅包括国外知名大型零售企业,还包括生产和加工企业,开放方式也将从试点转入全面开放,国内市场竞争将更加激烈,并日趋国际化。加入世贸组织,有利于吸引外资、引进新型商业业态和现代企业管理方式及先进的管理理念。同时,我国商品流通业也将面临新的挑战,国内流通企业将会受到更大的冲击,部分企业面临生存危机。

"十五"期间,机遇和挑战并存,只有加快我国流通业结构的战略性调整,努力提高流通产业的现代化水平和国际竞争水平,才能迅速改变我国流通的落后状况;才能适应国内消费需求结构的变化,降低流通成本,有效扩大内需,更好地发挥流通对生产的引导作用和对国民经济的拉动作用。

二、指导思想和主要目标

(一)指导思想

"十五"期间商品流通行业结构调整的指导思想是:贯彻落实党的十五届四中、五中全会精神,以扩大内需、促进经济增长、提高人民生活质量为核心,以加入世贸组织,应对国际竞争为契机和动力,以加快推进流通现代化发展为重点,以市场为导向,以企业为主体,切实改善和调整商品流通行业的所有制结构、业态结构、规模和组织结构、城乡和地区分布结构、从业人员和技术结构,培育流通企业的核心竞争力,提高消费在国民经济中的比重,充分发挥流通在经济增长中的先导性作用,促进国民经济持续、快速、健康发展和社会全面进步。

结构调整必须处理好以下几个关系:

一是处理好市场配置资源的基础作用与政府宏观调控之间的关系。充分发挥市场在配置资源中的基础作用,使流通企业成为结构调整和市场竞争的主体。政府主要通过法律、经济等手段推进结构调整,为企业创造公平的市场竞争环境;发挥规划和政策的指导功能,鼓励和扶持现代流通发展,改造传统和落后经营方式,限制盲目扩张和重复建设,杜绝资源浪费。

二是处理好发展大企业与扶持中小企业之间的关系。根据商品流通行业的性质及特点,在整体结构上应以中小企业为主,大企业为辅。面对境外跨国公司强有力的竞争,当前要鼓励通过兼并、联合等方式,推动流通企业跨部门、跨区域、跨所有制发展,扩大企业经营规模,提高市场竞争力。同时,要防止垄断,支持中小企业采用新技术和新型营销方式,寻求共同发展。

三是处理好流通基础设施与一般经营设施建设之间的关系。流通设施的建设,一般应根据流通业务的需要由流通企业和投资人自主决策。考虑到商品流通的效率和安全,对国家重要商品储备库、大型农副产品批发市场、商品信息网络等基础设施建设,物流配送中心、电子交易网络等新型流通方式所需设施,流通环节商品安全性检测设备等方面的投入,政府应给予必要扶持。

四是处理好流通企业销售与生产企业自营销

售之间的关系。发展现代流通业的关键是要降低企业生产经营成本。流通企业应通过采用现代流通方式和先进服务技术，扩大规模，加快周转，降低成本，服务于生产企业的规模生产。生产企业应把工作重点放在加强产品市场研究，大力调整产品结构上，加快新产品投放市场的速度，注重发挥专业流通企业的作用，降低经营成本。

（二）主要目标

经过5年的不断努力，力争使商品流通行业的组织化程度和集中度明显提高，流通企业竞争力、流通效率和服务功能显著增强，初步形成适应现代消费和生产力发展水平的流通产业结构，促进流通总体规模的不断扩大，保持“十五”期间社会商品零售总额年均增长9%左右，其中，批发零售贸易业年均增长10%，餐饮业年均增长15%左右的发展水平。

三、结构调整的重点

对经济结构进行战略性调整，必须加快发展现代流通产业，扩大总量，优化结构，拓宽服务领域，提高服务水平。要大力推进流通现代化，用现代流通方式改组改造传统流通业，明显提高流通产业增加值占国内生产总值的比重和从业人员占全社会从业人员的比重。要以流通方式和组织形式的改革与创新为切入点，推进流通现代化，重点推动连锁经营、物流配送和电子商务的发展。

（一）大力发展连锁经营

连锁经营自20世纪90年代初起步，经过十几年的发展，已成为零售业、餐饮业和服务业普遍应用的经营方式和组织形式，显示出强大的生命力和发展潜力，在扩大内需、拉动经济增长中发挥了重要作用。

要经过5年的努力，初步确定连锁经营在商业和服务业中的主体地位，使连锁经营销售额、连锁企业店铺数有较大幅度的增长。到“十五”末期，全国连锁企业店铺数发展到10万个，销售额7 000亿元，年递增约35%，占社会批发零售贸易和餐饮业零售总额的比重达到20%左右。年销售额在50亿元以上的连锁企业达到20户，销售额在20–50亿元的连锁企业达到40户，培育5–10户拥有自主知识产权、主业突出、核心竞争力强、初步具有国际竞争力的大型连锁企业集团。

推动连锁经营向更大范围、更深层次发展和延伸。一是在地区上，鼓励有条件的连锁企业，通过兼并联合、资产重组、参股控股或通过输出商标、商号和经营管理技术、发展特许经营等方式，扩大现有连锁企业的规模，逐步缩小地区间的差距。同时，通过合资、合作和联营等方式，积极鼓励有条件的企业实施“走出去”的发展战略，争取在利用两个市场和两种资源方面有所突破。二是在业态上，从目前的以超市、百货连锁企业为主，向便利店、专业店、专卖店、大型综合超市、仓储式商店等多业态发展。三是在行业上，在零售和餐饮服务业取得成功经验的基础上，在实行集中管理和专营专卖制度的行业，以及新兴服务业中积极发展连锁经营。四是在形式上，在直营连锁不断完善和规范的同时，选择有自主知识产权、核心竞争力强、知名度高、管理基础好的企业，积极探索特许经营的发展模式。

进一步促进业态结构的合理化和多样化。以中等收入家庭为目标顾客，以满足人民群众基本生活需求为经营宗旨，以大众化生活用品为主体商品，积极推进与人民生活密切相关的标准食品超市的发展，并逐步提高生鲜食品经营比重；在超级市场已经充分发展的地区，逐步发展具有综合化服务功能的便利店，积极探索便利店在不同地区的经营内容和发展模式；结合各地情况，积极推进符合中国国情的现代大型综合超市的发展；大力发展有特色的专业店和专卖店；推进传统百货店向现代大型综合超市、购物中心等业态转型和功能创新，并利用连锁经营进行改造；有计划地控制大卖场和仓储式商店的盲目发展。

（二）积极推进物流配送发展

积极培育物流市场，建立社会化的区域物流服务体系。作为区域性的物流中心，其主要功能在于大宗货物的快速集散、流转。在深化交通运输体制改革中要打破行业和部门垄断，积极发展多式联运，培育拥有多种运输手段的新型物流企业。要加强物流基础设施建设，特别是对中心城市、交通枢纽、物资集散地和口岸地区大型物流基础设施的建设，要兼顾近期运作和长远发展的需要，纳入整个城市的建设规划，实行预留地制度。要加强大型物流基地的规划管理，对现有资源进行有效整合和重新配置，防止各部门各自为政，物流设施功能单一，投资分散，重复建设，造成社会资源的浪费。要建立健全为物流服务的相关中介机构，如建立便捷、快速的"大通关"系统，现代化的展示、展销设施，完善的通讯系统等等。

塑造多层次、多类型的物流配送格局。根据我国的实际，要大力发展直接为生产、流通企业服务的物流设施。一是加强连锁企业内部物流配送中心的建设和管理。要根据企业的实际情况，考虑市场需要和生产流通的发展趋势，合理确定配送中心的建设规模和水平，逐步实现仓库立体化、装卸搬运机械化、拆零配货电子化、配送过程无纸化，并建立自动补货系统，为连锁企业提供安全可靠、高效率的配送体系。二是整合物流资源，建设专业化、社会化的物流企业。通过资产重组和专业化改造，充分利用和整合现有物流资源，特别是与批发企业和储运企业改组、改造相结合，打破行业界限和地区封锁，有计划、有步骤地完善和发展社会化的物流企业，提供高效快捷的配送服务。三是积极组织生产资料分销企业完善服务功能，为生产企业提供原辅材料及零部件的配送业务，逐步建立钢材剪切加工、混凝土、玻璃加工、日用化工产品、食品等专业化的加工配送中心，不断扩大配送品种范围，力争建成提供大规模、多品种、高效率服务的物流配送体系。

（三）稳妥进行电子商务试点

做好电子商务发展的基础性工作。加快流通企业信息化建设，重点抓好重要标准规范的制定推广和数字流通基础设施建设，建立以标准为前提、以数据为基础的社会化服务平台，为中小流通企业服务。进一步提高流通基础信息的规范化程度和集约化水平，增强流通企业对信息增值重要性的认识，通过大型计算机数据库的建立和数据挖掘系统的建设，提高流通企业信息资源开发利用水平和效率。

继续开展电子商务的试点工作。一是在钢材、电子、医药、建材等传统行业中，通过优化供应链管理，建立上下游客户的网上采购，探索传统产业与电子商务相结合的模式。二是在粮食、棉花、食糖、有色金属等大宗商品批发市场中建立专业网络系统，探索有形市场与电子商务相结合的模式。三是探索连锁企业发展电子商务的模式，利用连锁店铺的有形网络，通过开办网上商店，拓展经营品种与业务范围。四是探索物流企业与电子商务相结合的模式，探索电子商务不同的发展模式。

研究制定电子商务发展的相关政策法规。一是制定流通产业电子商务发展规划，进一步明确发展的目标与政策措施，并根据需要，在一定时期内公布我国流通行业电子商务发展白皮书。二是制定网上销售的相关法规，建立对商品交易和服务贸易类电子商务网站的管理制度，建立健全网上交易的规则，规范网上交易秩序，维护交易方的合法权益。三是协调有关部门，研究制定支持电子商务发展的相关政策，如网站的经营范围问题、税收问题等，进一步推动电子商务的发展。

四、主要任务

（一）业态结构的调整

鼓励发展新兴业态，进一步满足人民群众日益增长的多样化、个性化的消费需求。大型综合超市、仓储商场要增加商品品种，实现"一站式购物"要求。超级市场要扩大生鲜食品的经营比重，提供安全、优质、价格合理的商品。便利店要深入居民社区设点，积极开展各种便民服务项目。专业（专卖）店要突出经营特色，提供品牌化、专业化的商品和服务。经济发达地区的大城市可以适当发展购物中心。

传统百货店要积极调整商品结构，针对不同消费群体发展差别化经营，扩大自营商品比重，规范招商进店经营行为。百货店集中的地段要积极推进"错位经营"，减少恶性竞争。加强对新建高档百货店的规划管理，减少重复建设，避免社会资源的浪费。

加强对小商品市场、工业品批发市场及出租摊位经营的“商城”的管理，推行市场开办者对商品质量先行负责的制度，严格依法征税，逐步改变不规范的经营方式，实现由传统交易方式向现代交易方式的转变。

各种业态都要积极推进现代流通方式的发展，用连锁经营、物流配送、电子商务等现代流通方式和组织形式改造传统流通业，提高商品流通行业的现代化水平。

（二）企业规模和组织结构的调整

加快培育一批具有国际竞争力的大型流通企业集团。现有的大型商业企业要实行规范的公司制改革，积极发展多元投资主体。一方面，要通过资金纽带的联结，建立母子公司体制的大型流通企业集团；另一方面，也要大力通过商品、商号、配送、管理技术等方面的联结，把众多的中小流通企业连接起来，充分发挥大公司的品牌优势、采购优势、管理优势，积极发展和壮大现有的流通网络。

重点发展培养拥有自主知识产权、主业规模效益突出、管理规范的大型流通企业集团。支持和鼓励国内流通企业以多种形式加强与工业、农业、科技、金融、文化、体育等的联合与协作，组建与多种产业相结合、融资功能强、面向国际市场的大集团。为流通企业兼并、重组、多渠道融资和境外投资发展创造良好条件。

进一步放开搞活中小流通企业。鼓励非公有制经济以参股、控股、收购、租赁等形式参与国有、集体中小流通企业的改革、改组和改造，有序组织、规范操作国有资产有偿转让。重视在竞争中失去生存能力的国有流通企业退出市场工作，妥善解决退出市场的企业及其人员、债务问题。

（三）城乡和地区结构的调整

加快培育和改善农村商品流通和重要农产品流通体系，以城市市场延伸带动农村市场发展。加快农村流通组织的建设和改造，使农村流通业适应消费变化；大力发展产供销一体化经营和公司加农户模式，以现代流通促进农产品的集约经营；加强农产品流通基础设施建设和管理，扶持流通企业和社会投资改善农产品的加工储藏运输环节；以农产品销售为龙头健全服务网络，发展各类协会、合作社等农民合作经济组织，培育农产品代理商、批发商等农业经纪人组织。

充分利用国家西部大开发的政策措施，改善西部流通基础设施和投资环境，鼓励东、中部地区和外资及大型流通企业集团向西部地区发展，进一步缩小城乡市场和地区差距。鼓励大型连锁流通企业进入中西部地区，学习和借鉴国际知名流通企业集团进入我国东部的市场战略，采购和销售并举，占领长远市场为主。创造条件为流通落后地区引入现代流通运行机制，发展其迫切需要的流通服务竞争。

大中城市要制定和实施流通发展规划及商业网点设置规划，以区域市场半径和一定商圈范围为依据，对城市流通资源进行科学规划，建立规范的大型流通企业开设审查制度，实行城市商业中心、区域商业中心以及遍布居民社区的便民服务中心三级服务网络体系，完善商业街、步行街、旅游景区服务功能，协调好城市中心与城市外围商业布局。农村流通网点的布局要与城镇化和乡镇经济的发展相适应，把农村商品市场的建设和发展纳入小城镇建设总体规划中，统筹安排、合理布局。

（四）所有制结构的调整

继续按照“抓大放小”、“有所为，有所不为”的原则，除少数关系国计民生的重要商品和涉及国家安全商品的储备和流通，继续保持国有经济的主导作用外，对一些经营业绩良好，有发展潜力的国有企业要积极推进股份制改造，重组上市，建立现代企业制度。对于多年亏损，扭亏无望，资不抵债的企业，要在安置好职工、处置好资产债务的前提下，依法实施破产；进一步支持和鼓励私营企业发展；在加入世贸组织谈判承诺框架下，积极引进资金和国际一流管理技术，适度增加外商投资流通企业的比重，促进流通企业加快经营结构优化和所有制结构调整。

（五）从业人员和技术结构的调整

积极推动信息技术在流通领域的应用，带动流通企业营销观念、组织形式、流通方式和手段的变革。推广以公共信息技术为基础的供应链管理系统、客户关系管理系统及商业智能、决策分析系统和先进物流信息管理系统。在大型流通企业中组织实施企业资源计划(ERP),逐步实现网上采购和网上销售。加强物流技术标准、流通服务标准和电子商务基础标准制定及国际标准适用工作。发展人工和机械分拣组配的现代化仓库,发展水陆、空陆、公铁集装箱联运。加强数字流通基础设施建设,支持大型流通企业建立和充实计算机数据库和网上交易平台。

鼓励和支持在公平竞争、诚实守信基础上进行的流通方式和流通组织形式创新,总结和推广与我国城镇化战略相适应的流通发展模式。发展针对流通行业的保险制度,完善价格调节、风险基金和重要商品储备制度。有计划地推动商品期货、中远期合约交易,健全市场价格信息形成机制。积极探索、逐步扩大重要商品的期货交易。

支持流通理论创新。普及流通基本知识教育,支持开展多种形式的职业教育与岗位培训,充实高等院校相关专业学科,提高全社会流通从业人员的学历层次和文化水平。建立健全流通执业资格评判和人才考评体系,扎实企业竞争力的基础。积极采取有效的激励机制,吸引高素质人才进入流通领域。

五、主要措施

综合运用经济、法律和必要的行政手段,发挥价格、税收、利率、汇率等经济杠杆作用,加快政府职能转变,为规划实施创造良好的政策和市场环境。

(一)建立和完善有关法律、法规及规划体系

抓紧制定和修订维护公平竞争、推进流通结构调整、促进现代流通发展、整顿和规范市场经济秩序所需的法律法规。在逐步取消对外商市场准入方面的限制性规定后,通过国际通行的办法,对大型流通企业的开业进行必要的控制。围绕当地人口密度、现有商店的数量和服务地域范围、新开店对现有商店经营收入、交通环境和就业机会等方面的影响,通过听证等形式进行审查。研究制定流通行业标准体系。

(二)整顿、规范和培育市场

清理并取消各种阻碍商品流通的制度规定,放宽市场准入,推进全国统一、公平竞争、规范有序的市场体系建设。打破部门、行业垄断和地区封锁、地方保护,引入竞争机制,提高服务水平。有重点、有步骤、分阶段地培育多元化的市场主体和各种市场组织。加快建立企业信用体系,采用现代信息技术加大市场监管力度,坚决打击制造和销售假冒伪劣商品的行为。

(三)支持流通产业结构调整

加大国债支持企业技术改造的力度,将物流配送中心建设、连锁企业信息化建设等,列入国债贴息项目给予重点支持。支持市场前景好的流通企业拓宽融资渠道,通过增资扩股、股票上市等途径募集社会资金,扩大经营规模。鼓励流通企业通过资产重组、划拨等多种方式,充分利用社会闲置资源。认真研究流通企业发展现代流通方式中遇到的困难,为先进生产力的发展扫除体制性障碍。

(四)积极发挥中介组织的作用

充分发挥行业协会的服务、沟通、自律作用,依托各级商会和行业协会进行政府决策前的听证准备工作,吸纳其参加国家相关法律及政策的讨论与制定。支持行业协会加强行业协调,维护业内企业合法权益。

(五)大力推动西部大开发优惠政策在流通领域的落实

在西部地区政府做好统筹规划的基础上,放宽外商投资西部地区商业企业的市场准入条件。鼓励外商及我国东部地区流通企业,加强与中西部地区流通领域的合作。

(六)加强智力引进和培训工作

引进国际管理人才,加强流通理论研究和技术培训。依托流通科研、信息机构和中介组织专家库,建立、完善商情咨询服务网络。

“十五”期间,是我国流通领域逐步实现经营规模化、管理现代化、营销科技化、竞争国际化的时期,商品流通行业既有良好的发展条件,又面临着日趋激烈的竞争。各级政府有关部门和企业一定要认清形势,增强危机感和紧迫感,充满信心,抓住历史机遇,推动我国流通产业发展走上新的台阶。

关于加快农产品流通设施建设的若干意见

（国家计委 国家经贸委 农业部 财政部 人民银行 工商总局　2002年12月6日）

农产品流通设施，是农产品流通的载体，是连接农业生产和城乡居民生活消费的重要环节，也是社会基础设施的重要组成部分。加快农产品流通设施建设，对实现农产品流通的现代化，促进农村经济发展，增加农民收入，扩大就业，提高城乡居民的消费质量和我国农产品的竞争力，都具有十分重要的意义。

改革开放以来，我国农产品流通设施建设有了较快的发展，初步形成了以各类批发市场为中心、城乡农贸市场为基础、直销配送和连锁超市为补充，产区、销区、集散地市场相结合的农产品市场体系。但是，农产品流通设施建设仍然存在一些问题，农产品市场体系还不健全，尤其是产地和西部地区市场建设滞后，批发市场的档次仍然不高、交易方式也比较原始，农产品的质量卫生标准和市场内部的检验检测体系尚未建立，市场信息网络建设滞后，鲜活商品的储藏、加工和运输能力严重不足，经营主体比较分散，流通的组织化程度较低。加快农产品流通设施建设，是"十五"时期国民经济发展中一项重要任务。

一、农产品流通设施建设的指导思想和目标

根据《国民经济和社会发展"十五"计划纲要》和《国务院关于加强新阶段"菜篮子"工作的通知》的要求，结合目前农产品流通设施建设的现状，"十五"和今后一段时期，我国农产品流通设施建设的指导思想是：适应经济发展和人民生活提高的需要，进一步完善政策，深化改革，扩大投入，加快发展，建立畅通高效、安全卫生、交易方式先进的农产品流通体系，降低流通成本，提高我国农产品的市场竞争力，促进农业结构调整和农民增收，保证居民的消费质量和安全。

我国农产品流通设施建设的目标是：完善批发市场的功能，提高批发市场的档次，在全国大中城市和主要产区建设一批布局合理、交易方式先进、功能齐全、信息灵敏、安全卫生的骨干批发市场；积极发展连锁超市、直销配送等新型流通组织，建立多层次、多业态、多种经营方式的农产品市场体系；加快农产品的储藏、加工、运输、配送等物流设施建设，建立现代化的农产品物流服务体系；改革现行农产品批发市场经营体制和管理体制，建立起在政府的政策引导和资金支持下主要依靠企业自主经营、自主投入、自我发展的机制。逐步形成以全国骨干批发市场为核心，以连锁超市等其他流通方式为补充，以现代物流服务体系为依托，以现代交易、结算、信息、检测、储藏、物流等技术为支撑，以良好的企业经营和资金投入机制为保证，以稳定、有序、规模化的农产品经销商队伍为主体的现代化的农产品市场流通体系。

二、农产品流通设施建设的原则

（一）统一规划，分级负责。根据农产品流通的特点，统一规划农产品流通设施，防止重复建设

国家负责规划具有全国性和区域性影响、辐射范围大的大型流通设施；省、自治区、直辖市和计划单列市负责规划辖区内具有地区性影响、具有较强辐射能力的中型流通设施；地市级负责规划辖区内的其他小型和专业性农产品流通设施。

（二）合理布局，分步实施

农产品流通设施的建设，要从农产品生产、流通、消费的实际出发，科学规划，合理布局。产地流通设施要有足够的资源，销地流通设施要有足够的市场需求。对布局分散、难以形成交易规模的市

场，要通过规划加以调整。要根据交易与管理的实际需要和资金的可能，将近期目标与长远目标结合起来，分步实施，滚动发展，逐步到位。

（三）以改扩建为主，新建为辅

要充分利用现有设施，首先对现有布局合理、已形成交易规模的市场进行改扩建，完善市场功能，提高市场的辐射能力，同时在个别市场发育滞后地区适当新建一批市场。

（四）企业化运作，政府扶持

农产品流通设施建设，主要依靠企业自身的投入。市场经营管理单位要成为企业法人，建立企业自负盈亏、自我管理、自我发展的机制。根据农产品流通设施的公益性及承担的社会责任，国家和地方政府给予相应的政策扶持。

（五）打破地区和企业性质的限制，扩大经营规模

农产品流通设施建设关键要扩大经营规模，提高规模效益。要采取兼并、参股、合作等多种方式，打破地区和企业性质的限制，加快发展，形成规模。

三、农产品流通设施建设的重点

（一）完善现有市场的功能，提高市场档次，搞好全国骨干批发市场建设

要按照中共中央、国务院关于做好农业和农村工作和加快中西部地区经济发展以及加强新阶段“菜篮子”工作的有关政策要求，重点加强主产区和中西部地区批发市场建设，把产地批发市场纳入农业基础设施建设规划，增加投入，加快发展。要通过对大中城市现有市场的改扩建，完善市场的检验检测、信息、储藏、加工、运输、电子结算等功能，提高市场的档次。要根据各地的不同情况和特点，选择部分大型批发市场进行经纪人代理、竞价拍卖或网上交易等现代营销方式试点，逐步在全国大中城市、主要产区和集散地建成一批布局合理、辐射力强、信息灵敏、交易方式先进、功能齐全的国家级农产品骨干批发市场。

（二）加快农产品批发市场内部检验检测设施建设

按照国务院关于加快建立“菜篮子”产品检验检测体系的要求，重点对进入各级市场的“菜篮子”产品的药物残留进行监测。对于国家和省市规划建设的农产品批发市场，要率先完善农药残留、残毒和违禁药物的检验检测设施，加强“菜篮子”产品检验检测，保证农产品的质量及消费安全。

（三）加强农产品批发市场信息网络建设

建立全国统一的农产品批发市场供求、交易以及价格等信息的收集、整理和发布制度。农产品批发市场内，要有专人整理全国农产品批发市场的供求、交易和价格信息，并通过批发市场信息网络和公共媒体，及时向社会公布，积极引导市场价格的合理形成，引导农产品的正常生产和有序流通。

（四）加快农产品储藏、运输等物流设施建设

根据农产品生产季节性、地区性强的特点，要加快农产品的储藏、运输等物流设施建设，发展农产品现代物流服务体系，促进农产品的跨区域流通和错季供应，保证市场供给。当前重点是加快主产区到主销区的物流设施建设，特别是“西菜东送”和“南菜北运”物流设施建设。

（五）培育农民合作运销组织和大型经营企业

要积极引导和鼓励农民联合起来共同运销农产品，支持农民兴建以统一销售农产品为主要服务内容的专业合作社。要支持农产品经营企业，建设农产品储藏、保鲜、分选、包装、运输等流通设施，增强运销能力，扩大经营规模，发展订单农业，从根本上提高我国农产品流通的组织化程度。

四、加快农产品流通设施建设的政策措施

“十五”时期，要继续加大对农产品流通设施建设的支持力度，把农产品流通设施作为社会基础设施，采取相应的政策予以扶持。

（一）做好农产品流通设施的统一规划工作，防止重复建设

各有关部门要根据农产品流通的规律和特点，按照职能分工，制定全国大型农产品流通设施建设规划。各地要结合当地实际情况，切实做好农产品流通设施建设的规划工作。要按照规划

和基本建设程序的要求，加快农产品流通设施建设。防止重复建设和批发市场之间的恶性竞争。

（二）鼓励社会资金多渠道投资农产品流通设施建设

对农产品流通设施建设，地方政府和有关部门要优先规划和征地，实行优惠政策，采取多种形式，鼓励个人、集体、政府等多渠道资金投资农产品流通设施建设。鼓励发展跨地区的物流、配送和连锁经营。要改革现行农产品批发市场的经营管理体制，建立谁投资、谁收益、谁经营的机制，使农产品批发市场成为自负盈亏、自主经营的企业法人。符合重点龙头企业条件的国家和省级规划的农产品批发市场，经国家有关部门认定后，享受国家农业产业化龙头企业的有关优惠政策，支持符合条件的股份制农产品流通企业发行股票并上市。

（三）继续实行银行贷款、财政贴息的政策

"九五"期间国家每年安排一部分"菜篮子"产品流通设施建设财政贴息贷款，较好地发挥了示范带动作用。根据国务院关于加强新阶段"菜篮子"工作的要求，"十五"时期，有关银行要继续加大对农产品批发市场、储藏、运销、物流、配送、连锁经营等流通设施的支持力度，积极安排贷款，在资金上给予倾斜。对于贷款落实的项目，国家将安排国债贴息。具体资金数额和办法另行商定。

（四）加大政府直接投入和扶持力度

农产品流通设施建设主要依靠企业自有资金和地方政府的投入，国家主要对具有全国性和重点区域性影响的大型农产品批发市场、物流、配送项目进行扶持。"十五"期间每年安排一部分预算内投资用于补助市场信息系统、农药残留检验检测和电子统一结算以及场地、道路、污水垃圾处理等基础设施建设。要按照中共中央、国务院关于做好农业和农村工作的有关政策要求，继续增加资金投入，扶持地方建设产地批发市场。对于国家支持的项目，地方政府要积极安排配套资金。

（五）扩大农产品流通设施领域的对外开放

抓住我国加入世界贸易组织的机遇，有步骤地扩大农产品流通设施建设领域的对外开放，鼓励外商投资农产品流通设施建设，要利用国外的资金和管理技术，促进农产品流通设施的管理体制、企业机制的创新和整体管理水平的提高。

（六）整顿农产品批发市场及运输环节的各种收费

要整顿农产品批发市场收费，降低过高的收费标准，取消各种非法收费。要合并重复的收费项目，推广统一收费的经验，解决多头收费、重复收费的问题。建设农产品跨区域运输的绿色通道，禁止运输环节各种不合理的收费和关卡。

关于进一步对外开放道路运输投资领域的通知

（交通部　2002 年 11 月 28 日）

一、自 2002 年 12 月 1 日起，经交通部批准立项，允许外国以及香港、澳门、台湾地区的公司、企业和其他经济组织或个人（以下简称外商），在道路货物运输、道路货物搬运装卸、道路货物仓储和其他与道路运输相关的辅助性服务及车辆维修等道路运输领域，采用中外合资形式，同中国的公司、企业或其他经济组织共同举办由外商控股经营的中外合资道路运输企业，其中外商的投资比例可以达到 75%。

二、对从事集装箱运输、冷藏保温货物运输、货物多式联运、快件货运、物流配送、汽车租赁、汽车综合性能检测经营业务的中外合资道路运输企业，对投资建设并经营货运及物流站场基础设施的中外合资道路运输企业，对与西部地区道路运输企业共同举办从事本文“一”中经营业务的中外合资道路运输企业，外商的投资比例还可适当放宽。

三、经交通部批准，允许已在华设立的外商投资企业以再投资的方式，与西部地区的道路运输企业共同举办中外合资道路运输企业，但在新设立的中外合资道路运输企业中，外商的投资比例不得低于 25%。外商投资道路运输业的立项及相关事项仍按《外商投资道路运输业管理规定》办理。

外商投资国际货物运输代理企业管理办法

（2002年12月11日对外贸易经济合作部令，2002年第36号，自发布之日起30日后施行）

第一条　为促进中国国际货运代理业的健康发展，规范外商投资国际货物运输代理企业的设立及经营行为，根据国家有关外商投资企业的法律、法规和《中华人民共和国国际货物运输代理业管理规定》，制定本办法。

第二条　本规定所称的外商投资国际货物运输代理企业是指外国投资者以中外合资、中外合作以及外商独资形式设立的接受进出口货物收货人、发货人的委托，以委托人的名义或者以自己的名义，为委托人办理国际货物运输及相关业务并收取服务报酬的外商投资企业(以下称“外商投资国际货运代理企业”)。

第三条　中华人民共和国对外贸易经济合作部(以下简称“外经贸部”)及其授权机关是外商投资国际货运代理企业的审批和管理机关。

第四条　外国投资者可以合资、合作、独资方式在中国境内设立外商投资国际货运代理企业。

外国投资者投资设立中外合资、中外合作的国际货运代理企业中国合营者的出资比例不应低于25%；外商独资的国际货运代理企业申请的具体受理时间由外经贸部另行公布。

外国投资者可以收购股权方式收购已经设立的国际货运代理企业，但股权比例以及投资者资质须符合本规定要求，涉及国有资产的须按有关法律、法规的规定办理。

第五条　申请设立外商投资国际货运代理企业的中外合营者必须具备如下条件：

(一)中方中至少有一家是从事国际货运代理业务的国际货运代理企业，或者是从事进出口业务的企业，或者是从事相关的交通运输或仓储业务的企业，符合上述条件的中方合营者在中方中应为第一大股东；

(二)外国合营者至少有一家是经营国际货运代理业务3年以上的企业，符合上述条件的外方合营者在外方中应为第一大股东；

(三)中外合营者在申请之日前3年内没有违反行业规定的行为。

第六条　同一个外国合营者在中国境内投资设立国际货运代理企业经营不满2年，不得投资设立第二家国际货运代理企业。

第七条　设立外商投资国际货运代理企业必须符合如下要求：

(一)注册资本最低限额为100万美元；

(二)具有至少5名从事国际货运代理业务3年以上的业务人员或取得相应资格证书的业务人员；

(三)有固定的营业场所；

(四)有必要的通讯、运输、装卸、包装等营业设施。

第八条　经批准，外商投资国际货运代理企业可经营下列部分或全部业务：

(一)订舱(租船、包机、包舱)、托运、仓储、包装；

(二)货物的监装、监卸、集装箱拼装拆箱、分拨、中转及相关的短途运输服务；

(三)代理报关、报验、报检、保险；

(四)缮制有关单证、交付运费、结算及交付杂费；

(五)国际展品、私人物品及过境货物运输代理；

(六)国际多式联运、集运(含集装箱拼箱)；

(七)国际快递(不含私人信函和县级以上党政军机关公文的寄递业务)；

(八)咨询及其他国际货运代理业务。

从事信件和信件性质物品（不含私人信函和县级以上党政军机关公文的寄递业务）国际快递业务的企业经外经贸部门批准后须到邮政部门办理邮政委托证书。

第九条　设立外商投资国际货运代理企业应按国家现行的有关外商投资企业的法律、法规所规定的程序，向外经贸部提出申请，由外经贸部及其授权部门审核并批准企业的设立并颁发《外商投资企业批准证书》和《国际货运代理企业批准证书》。设立外商投资国际货运代理企业需提供如下文件：

（一）申请书；

（二）可行性研究报告；

（三）合同、章程；

（四）董事会成员及主要管理人员名单及简历；

（五）工商部门出具的企业名称预核准通知书；

（六）投资者所在国或地区的注册登记证明文件及资信证明文件；

（七）主要投资方的资质证明；

（八）企业营业场所证明；

（九）审批机关要求提供的其他文件。

第十条　外商投资国际货运代理企业的经营期限一般不超过20年。

第十一条　外商投资国际货运代理企业正式开业满一年且合营各方出资已全部到位后，可申请在国内其他地方设立分公司。分公司的经营范围应在其总公司的经营范围之内。分公司民事责任由总公司承担。外商投资国际货运代理企业每设立一个从事国际货物运输代理业务的分公司，应增加注册资本12万美元。对以虚假出资、抽逃注册资本等违规行为骗取审批机关批准设立分公司的，除按相关法规予以处罚外，审批机关将撤销其分公司的《国际货运代理企业批准证书》。

申请设立分公司的，应向外经贸部提出申请，由外经贸部或其授权部门在征得拟设立分公司所在地外经贸部门同意意见后批准。外商投资国际货运代理企业设立分公司需提供以下文件：

（一）拟设立分公司所在地外经贸部门的同意意见函；

（二）董事会关于设立分公司、增资及修改章程的决议；

（三）有关增资事项对合营合同、章程的修改协议；

（四）企业经营情况报告及设立分公司的理由和可行性分析；

（五）企业验资报告；

（六）分公司的从业人员及营业场所证明材料；

（七）审批机关要求提供的其他文件。

第十二条　外商投资国际货运代理企业应严格遵守国家外商投资方面的有关法律、法规以及《中华人民共和国国际货物运输代理业管理规定》及其实施细则，对其违法、违规行为有关部门将依照相应法律、法规予以处罚。

第十三条　鼓励外商投资国际货运代理企业参加中国国际货代协会、中国外商投资企业协会等民间团体及同业行会，自觉接受同业监督和指导。

第十四条　香港、澳门、台湾地区的公司、企业、其他经济组织和个人在大陆投资设立国际货运代理企业，参照本办法办理。

第十五条　本办法自发布之日起30日后施行，原《外商投资国际货运代理企业审批规定》同时作废。

指导外商投资方向规定

（中华人民共和国国务院令第 346 号　2002 年 2 月 11 日）

第一条　为了指导外商投资方向，使外商投资方向与我国国民经济和社会发展规划相适应，并有利于保护投资者的合法权益，根据国家有关外商投资的法律规定和产业政策要求，制定本规定。

第二条　本规定适用于在我国境内投资举办中外合资经营企业、中外合作经营企业和外资企业(以下简称外商投资企业)的项目以及其他形式的外商投资项目(以下简称外商投资项目)

第三条　《外商投资产业指导目录》和《中西部地区外商投资优势产业目录》由国家发展计划委员会、国家经济贸易委员会、对外贸易经济合作部会同国务院有关部门制订，经国务院批准后公布；根据实际情况，需要对《外商投资产业指导目录》和《中西部地区外商投资优势产业目录》进行部分调整时，由国家经济贸易委员会、国家发展计划委员会、对外贸易经济合作部会同国务院有关部门适时修订并公布。

《外商投资产业指导目录》和《中西部地区外商投资优势产业目录》是指导审批外商投资项目和外商投资企业适用有关政策的依据。

第四条　外商投资项目分为鼓励、允许、限制和禁止四类。

鼓励类、限制类和禁止类的外商投资项目，列入《外商投资产业指导目录》。不属于鼓励类、限制类和禁止类的外商投资项目，为允许类外商投资项目。允许类外商投资项目不列入《外商投资产业指导目录》。

第五条　属于下列情形之一的，列为鼓励类外商投资项目：

(一)属于农业新技术、农业综合开发和能源、交通、重要原材料工业的；

(二)属于高新技术、先进适用技术，能够改进产品性能、提高企业技术经济效益或者生产国内生产能力不足的新设备、新材料的；

(三)适应市场需求，能够提高产品档次、开拓新兴市场或者增加产品国际竞争能力的；

(四)属于新技术、新设备，能够节约能源和原材料、综合利用资源和再生资源以及防治环境污染的；

(五) 能够发挥中西部地区的人力和资源优势，并符合国家产业政策的；

(六)法律、行政法规规定的其他情形。

第六条　属于下列情形之一的，列为限制类外商投资项目：

(一)技术水平落后的；

(二)不利于节约资源和改善生态环境的；

(三)从事国家规定实行保护性开采的特定矿种勘探、开采的；

(四)属于国家逐步开放的产业的；

(五)法律、行政法规规定的其他情形。

第七条　属于下列情形之一的，列为禁止类外商投资项目：

(一)危害国家安全或者损害社会公共利益的；

(二)对环境造成污染损害，破坏自然资源或者损害人体健康的；

(三)占用大量耕地，不利于保护、开发土地资源的；

(四)危害军事设施安全和使用效能的；

(五)运用我国特有工艺或者技术生产产品的；

(六)法律、行政法规规定的其他情形。

第八条　《外商投资产业指导目录》可以对外商投资项目规定“限于合资、合作”、“中方控股”或者“中方相对控股”。

限于合资、合作，是指仅允许中外合资经营、中外合作经营；中方控股，是指中方投资者在外商投资项目中的投资比例之和为51%及以上；中方相对控股，是指中方投资者在外商投资项目中的投资比例之和大于任何一方外国投资者的投资比例。

第九条　鼓励类外商投资项目，除依照有关法律、行政法规的规定享受优惠待遇外，从事投资额大、回收期长的能源、交通、城市基础设施(煤炭、石油、天然气、电力、铁路、公路、港口、机场、城市道路、污水处理、垃圾处理等)建设、经营的，经批准，可以扩大与其相关的经营范围。

第十条　产品全部直接出口的允许类外商投资项目，视为鼓励类外商投资项目；产品出口销售额占其产品销售总额70%以上的限制类外商投资项目，经省、自治区、直辖市及计划单列市人民政府或者国务院主管部门批准，可以视为允许类外商投资项目。

第十一条　对于确能发挥中西部地区优势的允许类和限制类外商投资项目，可以适当放宽条件；其中，列入《中西部地区外商投资优势产业目录》的，可以享受鼓励类外商投资项目优惠政策。

第十二条　根据现行审批权限，外商投资项目按照项目性质分别由发展计划部门和经贸部门审批、备案；外商投资企业的合同、章程由外经贸部门审批、备案。其中，限制类限额以下的外商投资项目由省、自治区、直辖市及计划单列市人民政府的相应主管部门审批，同时报上级主管部门和行业主管部门备案，此类项目的审批权不得下放。

属于服务贸易领域逐步开放的外商投资项目，按照国家有关规定审批。

涉及配额、许可证的外商投资项目，须先向外经贸部门申请配额、许可证。

法律、行政法规对外商投资项目的审批程序和办法另有规定的，依照其规定。

第十三条　对违反本规定审批的外商投资项目，上级审批机关应当自收到该项目的备案文件之日起30个工作日内予以撤销，其合同、章程无效，企业登记机关不予注册登记，海关不予办理进出口手续。

第十四条　外商投资项目申请人以欺骗等不正当手段，骗取项目批准的，根据情节轻重，依法追究法律责任；审批机关应当撤销对该项目的批准，并由有关主管机关依法做出相应的处理。

第十五条　审批机关工作人员滥用职权、玩忽职守的，依照刑法关于滥用职权罪、玩忽职守罪的规定，依法追究刑事责任；尚不够刑事处罚的，依法给予记大过以上的行政处分。

第十六条　华侨和香港特别行政区、澳门特别行政区、台湾地区的投资者举办的投资项目，比照本规定执行。

第十七条　本规定自2002年4月1日起施行。1995年6月7日国务院批准，1995年6月20日国家计划委员会、国家经济贸易委员会、对外贸易经济合作部发布的《指导外商投资方向暂行规定》同时废止。

外商投资产业指导目录

（国家计委 国家经贸委 外经贸部令第 21 号　2002 年 3 月 11 日）

鼓励外商投资产业目录

一、农、林、牧、渔业

1.中低产农田改造；

2.蔬菜(含食用菌、西甜瓜)、水果、茶叶无公害栽培技术及产品系列化开发、生产；

3.糖料、果树、花卉、牧草等农作物优质高产新技术、新品种(转基因品种除外)开发、生产；

4.花卉生产与苗圃基地的建设、经营；

5.农作物秸秆还田及综合利用、有机肥料资源的开发生产；

6.中药材种植、养殖(限于合资、合作)；

7.林木(竹)营造及良种培育；

8.天然橡胶、剑麻、咖啡种植；

9.优良种畜种禽、水产苗种繁育(不含我国特有的珍贵优良品种)；

10.名特优水产品养殖、深水网箱养殖；

11. 防治荒漠化及水土流失的植树种草等生态环境保护工程建设、经营。

二、采掘业

1.石油、天然气的风险勘探、开发；

2.低渗透油气藏(田)的开发；

3.提高原油采收率的新技术开发与应用；

4.物探、钻井、测井、井下作业等石油勘探开发新技术的开发与应用；

5.煤炭及伴生资源勘探、开发；

6.煤层气勘探、开发；

7.低品位、难选冶金矿开采、选矿(限于合资、合作，在西部地区外商可独资)；

8.铁矿、锰矿勘探、开采及选矿；

9.铜、铅、锌矿勘探、开采(限于合资、合作，在西部地区外商可独资)；

10.铝矿勘探、开采(限于合资、合作，在西部地区外商可独资)；

11.硫、磷、钾等化学矿开采、选矿。

三、制造业

(一) 食品加工业

1.粮食、蔬菜、水果、禽畜产品的储藏及加工；

2.水产品加工、贝类净化及加工、海藻功能食品开发；

3.果蔬饮料、蛋白饮料、茶饮料、咖啡饮料的开发、生产；

4.婴儿、老年食品及功能食品的开发、生产；

5.乳制品生产；

6.生物饲料、蛋白饲料的开发、生产。

(二) 烟草加工业

1.二醋酸纤维素及丝束加工；

2.造纸法烟草薄片生产。

(三) 纺织业

1.工程用特种纺织品生产；

2.高档织物面料的织染及后整理加工。

(四) 皮革、皮毛制品业

1.猪、牛、羊蓝湿皮新技术加工；

2.皮革后整饰新技术加工。

(五) 木材加工及竹、藤、棕、草制品业

林区“次、小、薪”材和竹材的综合利用新技术、新产品开发与生产。

(六) 造纸及纸制品业

1.年产 30 万吨及以上化学木浆、年产 10 万吨及以上化学机械木浆(CTMP、BCTMP、APMP)和原料林基地的林木浆一体化工程的建设、经营(限于合资、合作)；

2.高档纸及纸板生产(新闻纸除外)。

(七)石油加工及炼焦业

1.针状焦、煤焦油深加工；

2.捣固焦、干熄焦生产；

3.重交通道路沥青生产。

(八)化学原料及化学品制造业

1.重油催化裂化制烯烃生产；

2.年产 60 万吨及以上规模乙烯生产(中方相对控股)；

3.乙烯副产品 C5-C9 产品的综合利用；

4.大型聚氯乙烯树脂生产(乙烯法)；

5.有机氯系列化工产品生产(高残留有机氯产品除外)；

6.基本有机化工原料：苯、甲苯、二甲苯(对、邻、间)衍生物产品的综合利用；

7.合成材料的配套原料：双酚 A、4.4′二苯基甲烷二异氰酸酯、甲苯二异氰酸酯生产；

8.合成纤维原料：精对苯二甲酸、丙烯腈、己内酰胺、尼龙 66 盐生产；

9.合成橡胶：溶液丁苯橡胶、丁基橡胶、异戊橡胶、丁二烯法氯丁橡胶、聚氨酯橡胶、丙烯酸橡胶、氯醇橡胶生产；

10.工程塑料及塑料合金生产；

11.精细化工：催化剂、助剂及石油添加剂新产品、新技术，染(颜)料商品化加工技术，电子、造纸用高科技化学品，食品添加剂、饲料添加剂，皮革化学品、油田助剂，表面活性剂，水处理剂，胶粘剂，无机纤维、无机粉体填料生产；

12.纺织及化纤抽丝用助剂、油剂、染化料生产；

13.汽车尾气净化剂、催化剂及其他助剂生产；

14.天然香料、合成香料、单离香料生产；

15.高性能涂料生产；

16.氯化法钛白粉生产；

17.氟氯烃替代物生产；

18.大型煤化工产品生产；

19.林业化学产品新技术、新产品开发与生产；

20.烧碱用离子膜生产；

21.生物肥料、高浓度化肥(钾肥、磷肥)、复合肥料生产；

22.高效、低毒和低残留的化学农药原药新品种开发与生产；

23.生物农药开发与生产；

24.环保用无机、有机和生物膜开发与生产；

25.废气、废液、废渣综合利用和处理、处置。

(九)医药制造业

1.我国专利或行政保护的原料药及需进口的化学原料药生产；

2.维生素类：烟酸生产；

3.氨基酸类：丝氨酸、色氨酸、组氨酸等生产；

4.采用新技术设备生产解热镇痛药；

5.新型抗癌药物及新型心脑血管药生产；

6.新型、高效、经济的避孕药具生产；

7.采用生物工程技术生产的新型药物生产；

8.基因工程疫苗生产(艾滋病疫苗、丙肝疫苗、避孕疫苗等)；

9.海洋药物开发与生产；

10.艾滋病及放射免疫类等诊断试剂生产；

11.药品制剂：采用缓释、控释、靶向、透皮吸收等新技术的新剂型、新产品生产；

12.新型药用佐剂的开发应用；

13.中药材、中药提取物、中成药加工及生产(中药饮片传统炮制工艺技术除外)；

14.生物医学材料及制品生产；

15.兽用抗菌原料药生产(包括抗生素、化学合成类)；

16.兽用抗菌药、驱虫药、杀虫药、抗球虫药新产品及新剂型开发与生产。

(十)化学纤维制造业

1.差别化化学纤维及芳纶、氨纶、碳纤维等高新技术化纤生产；

2.粘胶无毒纺等环保型化纤的生产；

3.日产 400 吨及以上纤维及非纤维用聚酯生产。

(十一)塑料制品业

1.聚酰亚胺保鲜薄膜生产；

2.农膜新技术及新产品(光解膜、多功能膜及原料等)开发与生产；

3.废旧塑料的消解和再利用。

(十二)非金属矿物制品业

1.日熔化500吨级及以上优质浮法玻璃生产(限于中西部地区)；

2.日产2 000吨及以上水泥熟料新型干法水泥生产(限于中西部地区)；

3.年产1万吨及以上玻璃纤维(池窑拉丝工艺生产线)及玻璃钢制品生产；

4.年产50万件及以上高档卫生瓷生产；

5.陶瓷原料的标准化精制、陶瓷用高档装饰材料生产；

6.玻璃、陶瓷、玻璃纤维窑炉用高档耐火材料生产；

7.无机非金属材料及制品生产(人工晶体、高性能复合材料、特种玻璃、特种陶瓷、特种密封材料、特种胶凝材料)；

8.新型建筑材料生产(轻质高强多功能墙体材料、高档环保型装饰装修材料、优质防水密封材料、高效保温材料)；

9.非金属矿深加工(超细粉碎、高纯、精制、改性)。

(十三)黑色金属冶炼及压延加工业

1.宽厚板生产；

2.镀锌及耐高腐蚀性铝锌合金板、涂层板生产；

3.直接还原铁和熔融还原铁生产；

4.废钢加工。

(十四)有色金属冶炼及压延加工业

1.年产30万吨及以上氧化铝生产；

2.低品位、难选冶金矿冶炼(限于合资、合作，在西部地区外商可独资)；

3.硬质合金、锡化合物、锑化合物生产；

4.有色金属复合材料、新型合金材料生产；

5.稀土应用。

(十五)金属制品业

1.非金属制品模具设计、制造；

2.汽车、摩托车模具(含冲模、注塑模、模压模等)、夹具(焊装夹具、检验夹具等)设计、制造；

3.高档建筑五金件、水暖器材及五金件开发、生产。

(十六)普通机械制造业

1.三轴以上联动的数控机床、数控系统及伺服装置制造；

2.高性能焊接机器人和高效焊装生产设备制造；

3.耐高温绝缘材料(绝缘等级为F、H级)及绝缘成型件生产；

4.比例、伺服液压技术，低功率气动控制阀，填料静密封生产；

5.精冲模、精密型腔模、模具标准件生产；

6.精密轴承及各种主机专用轴承制造；

7.汽车、摩托车用铸锻毛坯件制造。

(十七)专用设备制造业

1.粮食、棉花、油料、蔬菜、水果、花卉、牧草、肉食品、水产品的贮藏、保鲜、分级、包装、干燥、运输、加工的新技术、新设备开发与制造；

2.设施农业设备制造；

3.农业、林业机具新技术设备制造；

4.拖拉机、联合收割机等农用发动机设计与制造；

5.农作物秸秆还田及综合利用设备制造；

6.农用废物的综合利用及规模化畜禽养殖废物的综合利用设备制造；

7.节水灌溉新技术设备制造；

8.湿地土方及清淤机械制造；

9.水生生态系统的环境保护技术、设备制造；

10.长距离调水工程的调度系统设备制造；

11.特种防汛抢险机械和设备制造；

12.食品行业的高速、无菌灌装设备、贴标机等关键设备制造；

13.氨基酸、酶制剂、食品添加剂等生产技术及关键设备制造；

14.10吨/小时及以上的饲料加工成套设备、关键部件生产；

15.卷筒纸和对开以上单纸张多色胶印机制造；

16.皮革后整饰新技术设备制造；

17.高技术含量的特种工业缝纫机制造；

18.新型纺织机械、新型造纸机械(含纸浆)等成套设备制造；

19.公路、港口新型机械设备设计与制造；

20.公路桥梁养护、自动检测设备制造；

21.公路隧道营运监控、通风、防灾和救助系统设备制造；

22.铁路大型施工及养护设备设计与制造；

23.园林机械、机具新技术设备制造；

24.城市环卫特种设备制造；

25.路面铣平、翻修机械设备制造；

26.隧道挖掘机、城市地铁暗挖设备制造；

27.8 万吨/日及以上城市污水处理设备，工业废水膜处理设备，上流式厌氧流化床设备和其他生物处理废水设备，废塑料再生处理设备，工业锅炉脱硫脱硝设备，大型耐高温、耐酸袋式除尘器制造，垃圾焚烧处理设备制造；

28. 年产 30 万吨及以上合成氨、48 万吨及以上尿素、45 万吨及以上乙烯成套设备中的透平压缩机、混合造粒机制造；

29.火电站脱硫技术及设备制造；

30.薄板连铸机制造；

31.平板玻璃深加工技术及设备制造；

32.井下无轨采、装、运设备，100 吨及以上机械传动矿用自卸车，移动式破碎机，3 000 立方米/小时及以上斗轮挖掘机，5 立方米及以上矿用装载机，全断面巷道掘进机制造；

33.石油勘探开发新型仪器设备设计与制造；

34.机电井清洗设备制造和药物生产；

35.电子内窥镜制造；

36.具有高频技术、直接数字图像处理技术、辐射剂量小的 80 千瓦及以上医用 X 线机组制造；

37.高场强超导型磁共振成像装置(MRI)的制造；

38.单采血浆机制造；

39.全自动酶免系统(含加样、酶标、洗板、孵育、数据后处理等部分功能)设备制造；

40.药产品质量控制新技术、新设备制造；

41.中药有效物质分析的新技术、提取的新工艺、新设备开发与制造；

42.新型药品包装材料、容器及先进的制药设备制造。

(十八) 交通运输设备制造业

1.汽车、摩托车整车制造；

2.汽车、摩托车发动机制造；

3.汽车关键零部件制造：制动器总成、驱动桥总成、变速器、柴油机燃油泵、柴油机涡轮增压器、柴油车机外排放控制装置、滤清器(三滤)、等速万向节、减震器、组合仪表、专用高强度紧固件；

4.电子控制燃油喷射系统、电子控制制动防抱死系统、安全气囊及其他汽车电子设备系统制造；

5.摩托车关键零部件制造：化油器、磁电机、起动电机、盘式制动器；

6.石油工业专用沙漠车等特种专用车制造；

7.铁路运输技术设备：机车车辆及主要部件设计与制造，线路、桥梁设备设计与制造，高速铁路有关技术与设备制造，通信信号和运输安全监测设备制造，电气化铁路设备和器材制造；

8.城市快速轨道交通运输设备：地铁、城市轻轨的动车组及主要部件设计与制造；

9.民用飞机设计与制造(中方控股)；

10.民用飞机零部件制造；

11.民用直升机设计与制造(中方控股)；

12.航空发动机设计与制造(中方控股)；

13.民用航空机载设备设计与制造(中方控股)；

14.轻型燃气轮机制造；

15.船舶低速柴油机的曲轴设计与制造；

16.特种船、高性能船舶的修理、设计与制造(中方相对控股)；

17.船舶中高速柴油机、辅机、无线通讯、导航设备及配件设计与制造(中方相对控股)；

18.玻璃钢渔船、游艇制造。

(十九) 电气机械及器材制造业

1.火电设备：60 万千瓦及以上超临界机组、大型燃气轮机、10 万千瓦及以上燃气-蒸汽联合循环发电设备、煤气化联合循环技术及装备(IGCC)、增压循环硫化床(PFBC)、60 万千瓦及以上大型空冷机组(限于合资、合作)；

2. 水电设备：15 万千瓦及以上大型抽水蓄能机组、15 万千瓦及以上大型贯流式机组制造限于合资、合作)；

3.核电机组：60 万千瓦及以上机组制造(限于合资、合作)；

4.输变电设备：500 千伏及以上超高压直流输变电设备制造(限于合资、合作)。

(二十) 电子及通信设备制造业

1.数字电视机、数字摄录机、数字录放机、数字放声设备制造；

2.新型平板显示器件、中高分辨率彩色显像管/显示管及玻壳生产；

3.数字音、视频编解码设备，数字广播电视演播室设备，数字有线电视系统设备，数字音频广播发射设备制造；

4.集成电路设计与线宽0.35微米及以下大规模集成电路生产；

5.大中型电子计算机、便携式微型计算机、高档服务器制造；

6.大容量光、磁盘驱动器及其部件开发与制造；

7. 计算机辅助设计（三维CAD）、辅助测试(CAT)、辅助制造(CAM)、辅助工程(CAE)系统及其他计算机应用系统制造；

8.软件产品开发、生产；

9.半导体、元器件专用材料开发、生产；

10.电子专用设备、测试仪器、工模具制造；

11.新型电子元器件(片式元器件、敏感元器件及传感器、频率控制与选择元件、混合集成电路、电力电子器件、光电子器件、新型机电元件)生产；

12.无汞碱锰电池、动力镍氢电池、锂离子电池、高容量全密封免维护铅酸蓄电池、燃料电池、圆柱形锌空气电池等高技术绿色电池生产；

13.高密度数字光盘机用关键件开发与生产；

14. 可记录光盘生产(CDR、CDRW、DVDR、DVDARM)；

15.民用卫星设计与制造(中方控股)；

16.民用卫星有效载荷制造(中方控股)；

17.民用卫星零部件制造；

18.民用运载火箭设计与制造(中方控股)；

19.卫星通信系统设备制造；

20. 卫星导航定位接收设备及关键部件制造(限于合资、合作)；

21.光纤预制棒制造；

22.622兆比/秒及以上数字微波同步系列传输设备制造；

23.10千兆比/秒以上光同步系列传输设备制造；

24.宽带接入网通信系统设备制造；

25.光交叉连接设备(OXC)制造；

26.异步转移模式(ATM)及IP数据通信系统制造；

27.移动通信系统(含GSM、CDMA、DCS1800、PHS、DECT、IMT2000等)手机、基站、交换设备及数字集群系统设备制造；

28. 高端路由器、千兆比以上网络交换机开发、制造；

29. 空中交通管制系统设备制造（限于合资、合作)。

(二十一)仪器仪表及文化、办公用机械制造业

1.数字照相机及关键件开发与生产；

2.精密在线测量仪器开发与制造；

3. 安全生产及环保检测仪器新技术设备制造；

4. 水质及烟气在线监测仪器的新技术设备制造；

5.水文数据采集、处理与传输和防洪预警仪器及设备制造；

6.新型仪表元器件和材料(主要指智能型仪用传感器、仪用接插件、柔性线路板、光电开关、接近开关等新型仪用开关、仪用功能材料等)生产；

7.新型打印装置(激光、喷墨打印机)制造；

8.精密仪器、设备维修与售后服务。

(二十二)其他制造业

1.洁净煤技术产品的开发利用(煤炭气化、液化、水煤浆、工业型煤)；

2.煤炭洗选及粉煤灰(包括脱硫石膏)、煤矸石等综合利用。

四、电力、煤气及水的生产及供应业

1.单机容量30万千瓦及以上火电站的建设、经营；

2.煤洁净燃烧技术电站的建设、经营；

3.热电联产电站的建设、经营；

4.天然气发电站的建设、经营；

5.发电为主水电站的建设、经营；

6.核电站的建设、经营(中方控股)；

7.新能源电站的建设、经营(包括太阳能、风

能、磁能、地热能、潮汐能、生物质能等)；

8.城市供水厂建设、经营。

五、水利管理业

1.综合水利枢纽的建设、经营(中方相对控股)。

六、交通运输、仓储及邮电通信业

1.铁路干线路网的建设、经营(中方控股)；

2.支线铁路、地方铁路及其桥梁、隧道、轮渡设施的建设、经营(限于合资、合作)；

3.公路、独立桥梁和隧道的建设、经营；

4.港口公用码头设施的建设、经营；

5.民用机场的建设、经营(中方相对控股)；

6.航空运输公司(中方控股)；

7.农、林、渔业通用航空公司(限于合资、合作)；

8.定期、不定期国际海上运输业务；

9.国际集装箱多式联运业务；

10.公路货物运输公司；

11.输油(气)管道、油(气)库及石油专用码头的建设、经营；

12.煤炭管道运输设施的建设、经营；

13.运输业务相关的仓储设施建设、经营。

七、批发和零售贸易业

一般商品的批发、零售、物流配送。

八、房地产业

普通住宅的开发建设。

九、社会服务业

(一)公共设施服务业

1.城市封闭型道路建设、经营；

2.城市地铁及轻轨的建设、经营(中方控股)；

3.污水、垃圾处理厂,危险废物处理处置厂(焚烧厂、填埋场)及环境污染治理设施的建设、经营。

(二)信息、咨询服务业

1.国际经济、科技、环保信息咨询服务；

2.会计、审计。

十、卫生、体育和社会福利业

1.老年人、残疾人服务。

十一、教育、文化艺术及广播电影电视业

1.高等教育机构(限于合资、合作)。

十二、科学研究和综合技术服务业

1.生物工程与生物医学工程技术；

2.同位素、辐射及激光技术；

3.海洋开发及海洋能开发技术；

4.海水淡化及利用技术；

5.海洋监测技术；

6.节约能源开发技术；

7.资源再生及综合利用技术；

8.环境污染治理及监测技术；

9.防沙漠化及沙漠治理技术；

10.民用卫星应用技术；

11.研究开发中心；

12.高新技术、新产品开发与企业孵化中心。

十三、产品全部直接出口的允许类外商投资项目

限制外商投资产业目录

一、农、林、牧、渔业

1.粮食(包括马铃薯)、棉花、油料种子开发生产(中方控股)；

2.珍贵树种原木加工(限于合资、合作)。

二、采掘业

1.钨、锡、锑、钼、重晶石、萤石等矿产勘查、开采(限于合资、合作)；

2.贵金属(金、银、铂族)勘查、开采；

3.金刚石等贵重非金属矿的勘查、开采；

4.特种、稀有煤种勘查、开发(中方控股)；

5.硼镁石及硼镁铁矿石开采；

6.天青石开采。

三、制造业

(一)食品加工业

1.黄酒、名优白酒生产;

2.外国牌号碳酸饮料生产;

3.糖精等合成甜味剂生产;

4.油脂加工。

(二)烟草加工业

1.卷烟、过滤嘴棒生产。

(三)纺织业

1.毛纺、棉纺;

2.缫丝。

(四)印刷及复制业

1.出版物印刷(中方控股,包装装潢印刷除外)。

(五)石油加工及炼焦业

1.炼油厂建设、经营。

(六)化学原料及化学制品制造业

1.离子膜烧碱生产;

2.感光材料生产;

3.联苯胺生产;

4.易制毒化学品生产(麻黄素、3,4亚基二氧苯基2丙酮、苯乙酸、1苯基2丙酮、胡椒醛、黄樟脑、异黄樟脑、醋酸酐);

5.硫酸法钛白粉生产;

6.硼镁铁矿石加工;

7.钡盐生产。

(七)医药制造业

1.氯霉素、青霉素G、洁霉素、庆大霉素、双氢链霉素、丁胺卡那霉素、盐酸四环素、土霉素、麦迪霉素、柱晶白霉素、环丙氟哌酸、氟哌酸、氟嗪酸生产;

2.安乃近、扑热息痛、维生素B1、维生素B2、维生素C、维生素E生产;

3.国家计划免疫的疫苗、菌苗类及抗毒素、类毒素类(卡介苗、脊髓灰质炎、白百破、麻疹、乙脑、流脑疫苗等)生产;

4.成瘾性麻醉药品及精神药品原料药生产(中方控股);

5.血液制品的生产;

6.非自毁式一次性注射器、输液器、输血器及血袋生产。

(八)化学纤维制造业

1.常规切片纺的化纤抽丝生产;

2. 单线能力在2万吨/年以下粘胶短纤维生产;

3. 日产400吨以下纤维及非纤维用聚酯生产,氨纶生产。

(九)橡胶制品业

1.斜交轮胎、旧轮胎翻新(子午线轮胎除外)及低性能工业橡胶配件生产。

(十)有色金属冶炼及压延加工业

1.稀土冶炼、分离(限于合资、合作)。

(十一)普通机械制造业

1.集装箱生产;

2.中小型普通轴承制造;

3.50吨以下汽车起重机制造(限于合资、合作)。

(十二)专用设备制造业

1.中低档B型超声显像仪制造;

2.一般涤纶长丝、短纤维设备制造;

3.320马力以下履带式推土机、3立方米以下轮式装载机制造(限于合资、合作)。

(十三)电子及通信设备制造业

1.卫星电视接收机及关键件生产。

四、电力、煤气及水的生产和供应业

1.单机容量30万千瓦以下以发电为主的常规燃煤火电厂的建设、经营(小电网除外)。

五、交通运输、仓储及邮电通信业

1.公路旅客运输公司;

2.出入境汽车运输公司;

3.水上运输公司;

4.铁路货物运输公司;

5.铁路旅客运输公司(中方控股);

6.摄影、探矿、工业等通用航空公司(中方控股);

7.电信公司。

六、批发和零售贸易业

1.商品交易、直销、邮购、网上销售、特许经营、委托经营、销售代理、商业管理等各类商业公司,以及粮、棉、植物油、食糖、药品、烟草、汽车、原油、农业生产资料的批发、零售、物流配送;

2.图书、报纸、期刊的批发、零售业务;

3.音像制品(除电影外)的分销;

4.商品拍卖;

5.货物租赁公司;

6.代理公司(船舶、货运、外轮理货、广告等);

7.成品油批发及加油站建设、经营;

8.对外贸易公司。

七、金融、保险业

1.银行、财务公司、信托投资公司;

2.保险公司;

3.证券公司、证券投资基金管理公司;

4.金融租赁公司;

5.外汇经纪;

6.保险经纪公司。

八、房地产业

1.土地成片开发(限于合资、合作);

2.高档宾馆、别墅、高档写字楼和国际会展中心的建设、经营。

九、社会服务业

(一)公共设施服务业

1.大中城市燃气、热力和供排水管网的建设、经营(中方控股)。

(二)信息、咨询服务业

1.法律咨询。

十、卫生、体育和社会福利业

1.医疗机构(限于合资、合作);

2.高尔夫球场的建设、经营。

十一、教育、文化艺术及广播电影电视业

1.高中阶段教育机构(限于合资、合作);

2.电影院的建设、经营(中方控股)。

十二、科学研究和综合技术服务

1.测绘公司(中方控股);

2.进出口商品检验、鉴定、认证公司。

十三、国家和我国缔结或者参加的国际条约规定限制的其他产业

禁止外商投资产业目录

一、农、林、牧、渔业

1.我国稀有的珍贵优良品种的养殖、种植(包括种植业、畜牧业、水产业的优良基因);

2.转基因植物种子生产、开发;

3.我国管辖海域及内陆水域水产品捕捞。

二、采掘业

1.放射性矿产的勘查、开采、选矿;

2.稀土勘查、开采、选矿。

三、制造业

(一)食品加工业

1.我国传统工艺的绿茶及特种茶加工(名茶、黑茶等)。

(二)医药制造业

1.列入国家保护资源的中药材加工(麝香、甘草、黄麻草等);

2.传统中药饮片炮制技术的应用及中成药秘方产品的生产。

(三)有色金属冶炼及压延加工业

1.放射性矿产的冶炼、加工。

(四)武器弹药制造业

(五)其他制造业

1.象牙雕刻;

2.虎骨加工;

3.脱胎漆器生产;

4.珐琅制品生产;

5.宣纸、墨锭生产;

6.致癌、致畸、致突变产品和持久性有机污染物产品生产。

四、电力、煤气及水的生产和供应业

1.电网的建设、经营。

五、交通运输、仓储及邮电通信业

1.空中交通管制公司；

2.邮政公司。

六、金融、保险业

1.期货公司。

七、社会服务业

1.国家保护的野生动植物资源开发；

2.动植物自然保护区的建设、经营；

3.博彩业(含赌博类跑马场)；

4.色情业。

八、教育、文化艺术及广播电影电视业

1.基础教育(义务教育)机构；

2.图书、报纸、期刊的出版、总发行和进口业务；

3.音像制品和电子出版物的出版、制作、总发行和进口业务；

4.新闻机构；

5.各级广播电台(站)、电视台(站)、广播电视传输覆盖网(发射台、转播台、广播电视卫星、卫星上行站、卫星收转站、微波站、监测台、有线广播电视传输覆盖网)；

6.广播电视节目制作、出版、发行及播放公司；

7.电影制片、发行公司；

8.录像放映公司。

九、其他行业

1.危害军事设施安全和使用效能的项目。

十、国家和我国缔结或者参加的国际条约规定禁止的其他产业

注：标＊的条目与我国加入世界贸易组织的承诺有关，具体内容见附件。

《外商投资产业指导目录》附件

一、鼓励类

1.石油、天然气的风险勘探、开发：限于合作；

2.低渗透油气藏(田)的开发：限于合作；

3.提高原油采收率的新技术开发与应用：限于合作；

4.物探、钻井、测井、井下作业等石油勘探开发新技术的开发与应用：限于合作；

5.汽车、摩托车整车制造：外资比例不超过50%；

6.定期、不定期国际海上运输业务：外资比例不超过49%；

7.不迟于2002年12月11日允许外方控股；不迟于2005年12月11日允许外方独资；

8.公路货物运输公司：不迟于2002年12月11日允许外方控股；不迟于2004年12月11日允许外方独资；

9.一般商品的批发、零售、物流配送：限定条件见限制类第(五)；

10.会计、审计：限于合作、合伙。

二、限制类

(一)出入境汽车运输公司：不迟于2002年12月11日允许外方控股，不迟于2004年12月11日允许外方独资

(二)水上运输公司：外资比例不超过49%

(三)铁路货物运输公司：外资比例不超过49%；不迟于2004年12月11日允许外方控股；不迟于2007年12月11日允许外方独资

(四)电信公司

1.增值电信、基础电信中的寻呼服务：自2001年12月11日起允许外商投资，外资比例不超过30%；不迟于2002年12月11日允许外资比例不超过49%；不迟于2003年12月11日允许外资比例达50%；

2. 基础电信中的移动话音和数据服务：自2001年12月11日起允许外商投资，外资比例不超过25%；不迟于2002年12月11日外资比例

不超过35%；不迟于2004年12月11日允许外资比例达49%；

3.基础电信中的国内业务、国际业务：不迟于2004年12月11日允许外商投资，外资比例不超过25%；不迟于2006年12月11日允许外资比例达35%；不迟于2007年12月11日允许外资比例达49%。

（五）商品交易、直销、邮购、网上销售、特许经营、委托经营、销售代理、商业管理等各类商业公司，以及粮、棉、植物油、食糖、药品、烟草、汽车、原油，农业生产资料的批发、零售、物流配送；图书、报纸、期刊的批发、零售业务；成品油批发及加油站建设、经营

1.佣金代理、批发(不包括盐、烟草)：不迟于2002年12月11日允许外商投资，外资比例可达50%，但不允许经营书报杂志、药品、农药、农膜、化肥、成品油、原油；不迟于2003年12月11日允许外方控股；不迟于2004年12月11日允许外方独资，允许经营书报杂志、药品、农药、农膜；不迟于2006年12月11日允许经营化肥、成品油、原油；

2.零售(不包括烟草)：允许外商投资，但不允许经营书报杂志、药品、农药、农膜、化肥、成品油；不迟于2002年12月11日允许外资比例可达50%，允许经营书报杂志；不迟于2003年12月11日允许外方控股；不迟于2004年12月11日允许外方独资，允许经营药品、农药、农膜、成品油；不迟于2006年12月11日允许经营化肥。经营产品包括汽车(不迟于2006年12月11日取消限制)、书报杂志、药品、农药、农膜、成品油、化肥、粮食、植物油、食糖、烟草、棉花的超过30家分店的连锁店不允许外方控股；

3.特许经营和无固定地点的批发、零售：不迟于2004年12月11日允许外商投资。

（六）音像制品(除电影外)的分销：限于合作，中方控股

（七）货物租赁公司：不迟于2002年12月11日允许外方控股，不迟于2004年12月11日允许外方独资

（八）代理公司

1.船舶：外资比例不超过49%；

2.货运(不包括邮政部门专营服务的业务)：外资比例不超过50%(速递服务不超过49%)；不迟于2002年12月11日允许外方控股；不迟于2005年12月11日允许外方独资；

3.外轮理货：限于合资、合作；

4.广告：外资比例不超过49%；不迟于2003年12月11日允许外方控股；不迟于2005年12月11日允许外方独资。

（九）保险公司

1.非寿险保险公司：外资比例不超过51%；不迟于2003年12月11日允许外方独资；

2.寿险保险公司：外资比例不超过50%。

（十）证券公司、证券投资基金管理公司

1.证券公司：不迟于2004年12月11日允许外商投资，外资比例不超过1/3；

2.证券投资基金管理公司：允许外商投资，外资比例不超过33%；不迟于2004年12月11日允许外资比例达49%。

（十一）保险经纪公司：外资比例不超过50%；不迟于2004年12月11日允许外资比例达51%；不迟于2006年12月11日允许外方独资

（十二）进出口商品检验、鉴定、认证公司：不迟于2003年12月11日允许外方控股；不迟于2005年12月11日允许外方独资

外商投资民用航空业规定

（国家民航总局 外经贸部 国家计委令第110号　2002年8月1日）

第一条　为进一步扩大中国民用航空业(以下简称民航业)的对外开放,促进民航业的改革和发展,保护投资者的合法权益,根据《中华人民共和国中外合资经营企业法》、《中华人民共和国中外合作经营企业法》、《指导外商投资方向规定》和《外商投资产业指导目录》(以下分别简称《规定》和《目录》)及有关民航业的法律、法规,制定本规定。

第二条　外国公司、企业及其他经济组织或个人(以下简称外商)投资民航业适用本规定。

第三条　外商投资民航业范围包括民用机场、公共航空运输企业、通用航空企业和航空运输相关项目。禁止外商投资和管理空中交通管制系统。

(一)鼓励外商投资建设民用机场。本规定所称"民用机场"不包括军民合用机场。外商投资民用机场分二类项目:

1.民用机场飞行区,包括跑道、滑行道、联络道、停机坪、助航灯光;

2.航站楼。

(二)鼓励外商投资现有的公共航空运输企业。

鼓励外商投资从事农、林、渔业作业的通用航空企业。

允许外商投资从事公务飞行、空中游览或为工业服务的通用航空企业,但不得从事涉及国家机密的作业项目。

(三)"航空运输相关项目"包括航空油料、飞机维修、货运仓储、地面服务、航空食品、停车场和其他经批准的项目。

第四条　外商投资方式包括:

(一)合资、合作经营(简称"合营");

(二)购买民航企业的股份,包括民航企业在境外发行的股票以及在境内发行的上市外资股;

(三)其他经批准的投资方式。

外商以合作经营方式投资公共航空运输和从事公务飞行、空中游览的通用航空企业,必须取得中国法人资格。

第五条　外商投资公共航空运输企业和民用机场,在同等条件下,对具有国际先进经营管理水平的外国同类企业予以优先考虑。

第六条　外商投资民用机场,应当由中方相对控股。

外商投资公共航空运输企业,应当由中方控股,一家外商(包括其关联企业)投资比例不得超过25%。

外商投资从事公务飞行、空中游览、为工业服务的通用航空企业,由中方控股;从事农、林、渔业作业的通用航空企业,外商投资比例由中外双方商定。

外商投资飞机维修(有承揽国际维修市场业务的义务)和航空油料项目,由中方控股;货运仓储、地面服务、航空食品、停车场等项目,外商投资比例由中外双方商定。

第七条　外商投资的合营企业经营期限一般不超过30年。

第八条　外商投资的民用机场企业,其航空业务收费执行国家统一标准,非航空业务收费标准由企业商请当地物价部门确定。

外商投资的公共航空运输企业和通用航空企业,必须执行国家价格政策。

第九条　外商投资建设民用机场所需使用的土地,按照国家有关土地管理的法律、法规及中国民用航空总局(以下简称民航总局)有关机场用地管理规定,办理土地评估及土地使用权处置审批手续。

第十条　投资建设民用机场的外商,可优先

投资经营航空运输相关项目。

第十一条　外商投资民航业限额以上的项目，按照项目性质，分别由国家发展计划委员会(基本建设项目)和国家经济贸易委员会(技术改造项目) 在征得民航总局的同意后审批项目建议书和可行性研究报告;对外贸易经济合作部(以下简称外经贸部)审批合同、章程。限额以下的项目,由民航总局审批项目建议书和可行性研究报告,外经贸部审批合同、章程。

外商投资航空运输相关项目中的货运仓储、地面服务、航空食品、停车场等项目,按《规定》和《目录》规定的程序和权限办理审批手续。

第十二条　外商投资民用机场项目在合同、章程获得批准后，依次向外经贸部申领外商投资企业批准证书，向工商行政管理部门办理相关登记手续。

外商投资公共航空运输企业和通用航空企业在合同、章程获得批准后,向民航总局申领或变更企业经营许可证,向外经贸部申领外商投资企业批准证书,向工商行政管理部门办理相关登记手续。

第十三条　民航企业境外发行股票、境内发行外资股和以其他方式吸收外商投资，应当按照国家有关法律规定和程序，向国家有关主管部门办理审批手续。

第十四条　外商投资的民航企业(项目)增资扩股、股权变更等事项,报原审批机关审批。

第十五条　民航总局及其地区管理机构,依法对外商投资民航企业的经营活动实施行业管理和监督。

第十六条　香港、澳门特别行政区和台湾地区的公司、企业、其他经济组织或个人在中国其他省、自治区和直辖市投资民航业,参照本规定办理。

第十七条　本规定自 2002 年 8 月 1 日起施行。1994 年 5 月 6 日由民航总局与外经贸部发布的《关于外商投资民用航空业有关政策的通知》(民航总局函〔1994〕448 号)和 1994 年 10 月 25 日由民航总局与外经贸部发布的《关于发布〈关于外商投资民用航空业有关政策的通知〉若干问题的解释的通知》(民航总局发〔1994〕271 号)同时废止。

中国现代物流基础设施的超常发展及进一步推动现代物流发展的政策环境

物流产业作为新兴的现代服务业，正在全球范围迅速发展。作为用高新技术改造和整合传统产业而形成的新兴产业，被认为是国民经济发展的动脉和基础，其发展程度被作为衡量一个国家现代化水平、产业水平和综合国力的重要标志之一。要建立我国的现代物流服务业，首先必须加快现代物流基础设施的建设，形成具有比较雄厚、足以支撑现代物流服务业快速发展的物质基础。这些年随着人们对发展现代物流的重要性、紧迫性共识的形成，在我国推进现代物流发展工作上，最大的进展就是现代物流基础设施建设超常发展，为在新的基础上推动现代物流服务业的发展，进而提高国民经济运行的速度、效益和质量，提供了崭新的平台和更广阔的空间，也为我国在日益激烈的国际竞争中确定发展现代物流服务的战略提供了更坚实的保障。

一、中国现代物流基础设施建设的超常发展

流通速度、特别是物流速度，是目前制约我国产业升级的瓶颈。尽快建立有利于中国现代物流服务业的发展，将从整体上扩大流通规模，提高流通速度，降低流通成本，提高流通效率，从而改变经济运行的方式，增强我国的国际竞争力。我国现代物流基础设施的超常发展，为此提供了跨越式发展的基础。

（一）交通建设空前发展，现代综合运输体系初步形成

长期以来，我国铁路密度小，复线和电气化率不高，行车速度慢；公路里程少、等级低，全国没有一条贯通南北和东西的高等级公路，港口吞吐能力低，规模小。这些基础设施落后的状况，不仅使长期以来我国物流方式严重落后于世界发达国家，而且也是制约我国经济发展的“瓶颈”。1998—2002年，是我国公路、铁路、机场、港口等交通基础设施建设发展最快的时期。在实施积极的财政政策过程中，通过运用国债资金带动银行配套贷款，加大投资力度，促进了交通建设基础设施快速发展，现代综合运输体系初步形成。

1.公路建设突飞猛进，形成了贯通全国的公路网。已经实现的公路通车里程迅速提高。全国公路通车里程由1997年的123万公里增加到2002年的176万公里，其中高速公路由4 771公里增加到2.52万公里，从居世界第39位跃升到第2位。我国高速公路从20世纪80年代中期开始，到1997年仅有4 711公里；这五年加速发展，平均每年增加4 050公里。2002年末，超过1 000公里高速公路的省（区）有10个：山东2 411公里；广东1 741公里；江苏1 649公里；辽宁1 637公里；河北1 591公里；四川1 500公里；浙江1 307公里；河南1 182公里；山西1 068公里；湖南1 012公里。发达国家达到我国目前的水平，大约花了30–40年的时间。如美国高速公路建设于20世纪40年代起步，大规模建设高速公路则从1956年开始，到80年代末才基本建或80%。日本、德国等高速公路建设，从60年代起步，到90年代中期才基本建成。

我国“五纵七横”国道主干线建设的进展速度也大大加快。“五纵”：同江至三亚公路、北京至福州、北京至珠海、二连浩特至河口、重庆至湛江；“七横”：绥芬河至满洲里公路；丹东至拉萨、青岛至银川、连云港至霍尔果斯、上海至成都、上海至瑞丽、衡阳至昆明。共12条国道，总长3.58万公里，到2002年底已建成77%。公路网等级结构改善。二级以上高等级公路占公路网总里程比重由

1997年的10.7%提高到2002年的14.1%。

公路通达深度大大提高。到2002年底,全国农村公路总里程达到130万公里，乡镇通公路率达99.4%,行政村通路率达92.5%,分别比1998年增长了1个和7个百分点。公路密度增大。2002年末达每平方公里18.3公里,比1997年末增加2.66公里。

西部公路建设长足发展。2001年开始实施的西部地区通县公路建设工程,涉及西部12个省区市及湖南、湖北、吉林的三个少数民族自治州和黑龙江大兴安岭地区共251个项目,建设总里程25 766公里，这项工程已于2002年底基本完成,大大改善了西部地区和少数民族地区的交通状况。

2.铁路建设成就斐然,铁路运力快速提高。我国铁路营运里程大幅度提高。已经由1997年的65 969公里增加到2002年的71 500公里，居世界第三,亚洲第一。近五年建成新线5 944公里(包括达县至成都铁路、石门至长沙、金华至温州、横峰至南平、广通至大理、梅州至坎市、西安至安康、神木至延安、内江至昆明、锡林浩特至桑根达来、六盘水至柏果、达县至万县等)。建成复线4 603公里(包括黎塘至南宁复线、黎塘至湛江、襄樊至石门、宝鸡至成都、株洲至六盘水，菏泽至兖州至日照等)。建成电气化线路5 704公里(包括北京至郑州铁路电气化、包头至兰州、重庆至达县、外洋至福州、哈尔滨至大连、武昌至广州、内江至宜宾等)。到2002年末，全国铁路复线总里程23 800公里,电气化总里程18 300公里。2002年全国铁路完成货物发送量20.4亿吨，比1997年增加3.2亿吨；完成货物周转量15 476.8亿吨公里，比1997年增加2 223.5亿吨公里;完成旅客周转量4 968.8亿人公里,比1997年增加1 383.9亿人公里。

连续提高运行速度。在铁路运力大幅度提高的同时，我国继1997年铁路客运第一次大提速后，1998、2000、2001年又连续三次大提速，铁路提速延展总里程达13 000公里，基本上覆盖了全国较大城市和大部分地区,使铁路运输速度大大加快。

新建一批路网干线。包括秦皇岛至沈阳北客运专线、宝鸡至兰州复线、朔州至黄骅港铁路、六盘水至株洲复线、南京至西安铁路西安至合肥段、重庆至怀化铁路、青海至西藏铁路格尔木至拉萨段、洛阳至湛江铁路益阳至永州段、赣州至龙岩铁路、南京至启东铁路南京至海安段、胶州至新沂铁路等。

由于大规模建设新线,加速改造既有线路,使铁路西南北通道、东通道、南通道及内部通道得到强化,五年间进出西南的通道能力比1998年翻了一番。煤运通道能力进一步加强,“三西”煤炭外运总能力增加近亿吨。铁路客运能力与机动性增强。北京至广州、深圳方向，实现了客运以京广线为主,货运以京九线为主;京沈方向形成新的客运专线通道。西部地区铁路网得到进一步发展,路网骨架基本形成。

3.民航机场建设改造加大,空运能力明显增强。1998年以来,我国新建、改扩建机场50个。建成竣工上海浦东、南京禄口、福州长乐、厦门高崎、海口、深圳、郑州、兰州、乌鲁木齐、延吉等35个新机场；完成首都机场航站区扩建、天津机场改扩建、上海虹桥机场飞行区改造、沈阳桃仙机场改扩建、大连机场改扩建、哈尔滨太平机场航站区扩建、石家庄机场跑道延长、合肥骆岗机场扩建、湖北襄樊机场改扩建、宁波机场改扩建、烟台机场航站区扩建、湛江机场扩建、太原机场改扩建等一批重点项目。

4.水运设施建设长足发展,航运能力迅速提升。1998-2002年,水路建设总投资完成723亿元,是1949-1997年49年累计投入的81.7%。港口泊位成倍增长。新建泊位474个,其中万吨级码头深水泊位84个,新增吞吐能力1.44亿吨。长江深水航道整治一期工程胜利完成,水深达到-8.5米。到2002年底，我国沿海和内河共有生产性泊位33 450个,其中深水泊位822个,集装箱码头吞吐能力超过2 700万标准箱。内河航道建设加快,5年共新改建内河航道6 000公里。京杭运河江南段全部建成四级标准样板航道,年运量超过2亿吨。港口货物吞吐量快速增长。2002年,全国港口货物吞吐量完成26.8亿吨,比1997年增长1倍。

到2002年末,全国年吞吐量超亿吨的港口有7个:上海2.6亿吨;宁波1.5亿吨;广州1.49亿吨；天津1.29亿吨；青岛1.22亿吨；秦皇岛1.12亿吨；大连1.08亿吨。这7大港口已跻身世界亿吨港行列。其中，上海港货物吞吐量超过2亿吨，2002年完成860万标准箱，成为世界第四大港和国际航运中心。全国港口集装箱吞吐量连续五年以30%速度递增，2002年完成3 700万标准箱，比1997年增长3.7倍。上海、深圳两港已进入世界集装箱大港十强。

为了尽快形成支撑现代物流发展的现代运输网络体系，几年来，国家大幅度增加投资。1998—2002年，全国共完成公路、港口交通建设总投资13 610亿元，比前五年（1993-1997年）增加8 271亿元，增长1.55倍。其中，公路建设总投资完成12 343亿元，扣除价格变动因素，是1950年到1997年全国公路建设投资总和的1.7倍；比前5年增加8 160亿元，增长1.95倍。5年铁路全行业完成固定资产投资4 325亿元，扣除价格变动因素，相当于1950-1997年投资总和的70%；比前五年（1993-1997年）增加1 411亿元，增长48.4%。其中，基本建设投资完成2 878亿元，比前五年增加1 079亿元，增长60%；更新改造投资完成779亿元，比前5年增加212亿元，增长37.4%。从国债资金投向看，5年间，投入公路、港口884亿元，铁路328亿元，民航54亿元。

（二）加快信息基础设施建设，为信息化带动现代物流发展奠定了坚实基础

这几年，我们加大信息基础设施建设的投入，推动信息产业发展，使我国信息产业在很短的时间内实现了历史性的跨越。目前，我国电子信息产品制造业已成为制造业的第一大行业，2002年我国固定电话和移动电话用户由8 354万户增加到4.21亿户，居世界首位，分别占世界总量的18%、19%。一些省区市实现了村村通电话。为实施西部大开发战略，在通信网建设上，先后建成了西（安）-兰（州）-乌（鲁木奇）、兰西拉（萨）光缆，有力促进了西部地区通信事业的发展。近五年国际互联网用户由16万户增加到5 910万户。长途光缆线路长度由1997年的15万公里增加到2002年的47万公里。我国在程控交换、光纤通信等重要领域取得了群体突破，开发出一大批与世界先进水平同步的技术装备，包括数字移动通信、密集波分复用光通信系统等。电话交换实现了程控化，长途传输实现了光缆数字化。全国形成了“八纵八横”格状光缆干线，移动通信网、数据网、IP电话业务覆盖全国所有地（市）。世界各个国家和地区中，与我国建立直达电路及经接转开放电信业务的有200多个，开通移动漫游业务的有90多个。还建成开通了中日、亚欧、中美等多条国际陆地和海底光缆。

为了加快信息产业发展，我国采取直接引进、合资生产与自主开发三个层次互为推动的技术政策，依靠科技进步，走高起点、跨越式发展道路，通信网技术装备基本实现了由引进为主向国产为主的转变，通信网络综合能力实现了由小容量向大容量、由模拟技术向数字技术、由单一业务向多样化业务的转变。在信息技术领域，智能计算机、大型软件、光电子器件和微电子光电子系统集成以及通信等关键技术取得了重要突破，为国家信息基础设施建设和高性能公众信息平台的构建做出了贡献。特别是高性能计算机关键技术、通信网络技术以及具有自主知识产权的数字程控交换机技术的突破，不仅使我国在激烈竞争的世界计算机领域占有了一席之地，而且带动了我国整个信息产业的迅速发展。

与此同时，全国很多企业开始了再造企业流程，以市场需求为起点，以创造企业定单为经营原点，以信息化改造传统的产业存在模式和生产经营过程为主体，以推行电子商务为手段，积极导入现代物流理念和技术手段，为在全社会加快建立现代物流体系创造了微观基础。

（三）城市道路交通状况明显改善，为城市形成新型物流网络创造了有利条件

20世纪90年代以来，我国城市道路面积以10%-13%的速度持续增长。与此同时，机动车的增长速度更为迅猛，致使车均拥有道路面积以每年10%-15%的速度持续下跌。在一些大城市的中心区，上下班高峰期间公交车速已由80年代的12-15公里/小时，下降到5-10公里/小时，严重影

响了城市活动的正常秩序和经济效益。为解决城市交通问题,1998年以来，国债投资重点支持了248个城市道路项目，新增城市道路3 343公里，在一定程度上缓解了大中城市的交通拥挤状况。例如,北京市建成了(东直门–回龙观–西直门)快速轨道交通工程,项目总投资58.6亿元,线路全长40.5公里。长春市快速轨道交通一期工程项目总投资11.3亿元，线路全长14公里,2001年12月试通车,2002年底开始正式运营。所有这些大大地改善了城市居民的生活条件和环境。城市交通建设中,发展最快、变化最大的是上海市。1998年以来,上海市建成轨道交通明珠线一期工程,线路全长24.98公里,这项工程的建设,改善了原铁路沪杭内环线和淞沪支线与城市道路40余处平面交叉道口的交通状况,与地铁一、二号线构成上海市快速轨道交通的基本框架,线路日流量达19万人次。目前全市有10条轨道交通线、近100个车站和400多公里的高速公路正在同步施工。吴松口越江隧道、大连路隧道和卢浦大桥等一批越江项目也在紧张筹备。今后4年内,每年都会有一项越江工程建成开通，将从根本上改变黄浦江两岸交通堵塞的状况。近年来,上海通过构筑以轨道交通、高速公路、高架道路、市区“三横三纵”主干道、越江工程等为基础的立体化交通网络,极大地改善了城市交通条件。特别是浦东机场的建成通航，为上海竞争亚太地区航空枢纽提供了硬件条件。结合旧城改造,建设了南京路、淮海路、徐家汇等一批现代商业设施群。

(四)邮政事业得到较快发展,为发展门到门的物流配送建立了通畅的网络

全国邮政所目前已达到57 136处，开办特快专递业务的县(市)1 976个，开办邮购业务的县(市)1 591个。邮政业务总量由1997年的144亿元增加到2001年的457亿元,增长2倍多。邮路及农村投递线路由1997年的577万公里增加到2001年的660万公里,每年增加18万公里;特快专递由1997年的6 879万件增加到2001年的12 653万件,4年增加5 774万件；长途微波线路长度由1997年的65 013公里增加到2001年的164 052公里,4年增加99 039公里。2002年中国邮政成立了现代物流服务公司,充分利用已经形成的邮政网络,发展物流配送服务,成为发展BTC电子商务最大的、也最有潜力的门到门服务网络体系。

(五)积极研制现代物流技术装备

现代物流技术设备是现代物流发展水平的标志。有关部门和企业积极开展现代物流技术设备的研制工作,采取技贸结合、合作设计与制造,引进技术消化吸收，逐步提高我国技术设备的自主化率;通过不断创新,逐步掌握核心技术,有些领域实现了以我为主，具备了成套技术与装备的集成能力。不仅为发展现代物流提供了装备,还有力地带动了相关产业的发展，促进了装备工业技术进步与升级。

(六) 一批枢纽型城市规划并开始兴建现代物流园区

上海市政府规划在“十五”期间,着重发展三类物流:陆、海、空港的口岸物流,商业零售行业的配送物流,依托信息平台发展的电子商务物流;建立五大物流园区：浦西的桃浦和莘庄、浦东的机场、外高桥和港口城等。上海市政府把现代物流列为上海市四大新兴产业之一。深圳市政府将现代物流产业作为三个重要支柱产业之一,“十五”期间将物流产业产值从占GDP的8–10%提高到15–20%,政府规划的大型“平湖物流基地”占地16平方公里,计划吸引投资1 600亿元。杭州市政府规划的物流基地面积达7 000亩。北京、天津、广州、厦门、南京、西安、苏州、武汉、大连、沈阳、宁波、葫芦岛、邯郸、东莞、湛江、秦皇岛等大、中型城市都在加快制定物流发展规划并加紧实施。目前上海的外高桥、北京的马驹桥等物流园区都已经进入运转阶段,开始发挥作用。广东、浙江、山东、湖北、云南、山西等省也都进行了全省的物流园区规划。

二、发展现代物流的政策环境

在中国物流基础设施长足发展的同时，中国发展物流的政策环境也发生了很大变化，各级政府和部门都在下力量推进现代物流的发展。已经

和将要采取的主要的政策和措施是：

（一）已经将发展现代物流列入“十五”计划

中国共产党第十五届中央委员会第五次全体会议通过的《中共中央关于制定国民经济和社会发展的第十个五年计划的建议》中提出：“现代服务业要提高服务水平和技术含量，大力发展信息、金融、会计、咨询、法律服务等行业，带动服务业整体水平的提高。传统服务业要运用现代经营方式和服务技术进行改造，着重发展商贸流通、交通运输、市政服务等行业，推行连锁经营、物流配送、多式联运、网上销售等组织形式和服务方式，提高服务质量和经营效益”。第九届全国人民代表大会第四次会议批准的《国民经济和社会发展第十个五年计划纲要》进一步明确指出：“发展主要面向生产的服务业，积极引进新型业态和技术、推行连锁经营、物流配送、代理制、多式联运、改造提升传统流通业、运输业和邮政服务业”。

很多省、市都根据实际情况，把发展现代物流列入本地“十五”计划或纲要中。

（二）认真研究全国物流发展规划

我国制定了未来5年全国物流发展规划，以推动现代物流的快速发展。在初步制定的未来5年物流发展规划中，主要内容：一是积极培育发展第三方物流企业，争取到“十五”末期社会化物流配送的比例达到50%以上；二是修建若干条贯通全国并且可以开展国际配送业务的联运干线，构建全国性的商品物流配送绿色通道；三是在全国各大中城市、主要商品生产、集散地和交通枢纽，建设具有合理规模的现代商品物流中心和专业化配送中心，构建全国性物流配送网络；四是培育若干国家物流骨干基地，有条件的争取发展成为亚洲的重要物流中心；五是确定一批物流配送示范项目，在全国各大区的中心城市，选择符合现代商品物流配送基础条件的企业，建立具有全国性经营网络的专业化骨干物流配送企业。

原国家计委、国家经贸委都已经组织专家研究制定全国的物流发展规划。本届政府发改委、商务部都更加重视推动现代物流的发展，正在研究建立健全现代市场流通体制的法律框架，研究如何更好地规划全国物流布局，更加有效合理地配置物流资源。

（三）国家有关部委抓紧制定加快我国物流发展的政策

目前已经出台的重要的法律法规和政策有：

1.2001年3月1日，国家经贸委、铁道部、交通部、信息产业部、对外贸易经济合作部、中国民航总局印发《关于加快我国现代物流发展的若干意见》，这是我国政府部门颁布的第一个关于发展现代物流的指导性文件。《意见》提出了现阶段我国发展现代物流的重大意义、指导思想和工作要求。明确要求“努力营造现代物流发展的宏观环境，政府部门在现代物流发展中要从政策法规方面提供保障，为物流企业的经营和发展提供宽松的宏观环境。”

2.交通部发布《关于促进运输企业发展综合物流服务的若干意见》，提出了调整交通运输结构、优化交通运输企业竞争力、实现交通运输可持续发展以及降低物流成本的具体意见。如加强主枢纽建设、发展中转货运站和运输仓储设施；打破行业封锁、地方分割，促进专业化分工，发挥综合优势；发展多式联运和“门到门”的服务；鼓励发展第三方物流服务；利用港口优势发展仓储与物流服务；运用现代信息技术提高物流服务水平和适度对外开放等。

3.交通部、外经贸部2001年11月20日发布《外商投资道路运输业管理规定》。规定允许外商采取中外合资形式投资经营道路旅客运输；采用中外合资、中外合作形式投资经营道路货物运输、道路货物搬运装卸、道路货物仓储和其他与道路运输相关的辅助性服务及车辆维修；允许采用独资形式投资经营道路货物运输、道路货物搬运装卸和其他与道路运输相关的辅助性服务及车辆维修。

近几年还陆续出台了国务院发布的《中华人民共和国国际海运条例》、全国人大修正通过的《中华人民共和国海关法》、外经贸部颁布《外商投资现代物流业管理规定》、铁道部颁布的《铁路货物运输管理条例》、交通部颁布的《国内水陆货物运输规则》、中国民航总局颁布的《中国民用航空货物国际运输规则》等法律法规。近几年还准备加快《港口法》、《运输市场准入条例》、《管道法》、《城市公共交通管理条例》等法律法规的出台,抓紧修订《铁路法》、《公路法》、《民航法》。

(四) 与现代物流发展关联度较大的产业制定的增长目标

1.信息产业。到2005年,国内光缆总长度达250万公里,基本覆盖全国城乡。固定交换设备总容量超过3亿门,移动交换设备总容量超过3.6亿户,均居世界首位。上网计算机4 000万台左右。邮政局网点达到6.7万个,其中实现电子化网点3.95万处。全国电话普及率超过40%,达5亿户;数据、多媒体和互联网用户达2亿户。电子政务加快推行,企业信息化改造和电子商务取得成效。

2.综合交通运输。到2005年,铁路营业里程达到7.5万公里,其中复线里程2.5万公里,电气化里程2万公里;公路通车里程160万公里,其中高速公路2.6万公里;沿海主要港口深水泊位800个;内河通航里程11万公里,其中千吨级以上航道8 800公里;通航机场150个左右;输油管道里程4万公里;城市道路长度18万公里。

到2010年铁路规划网规模达8万公里,形成布局合理、干支协调的路网整体骨架和快捷的运输系统;公路通车里程180公里,其中高速公路3.6万公里,基本简称国道主干线系统;深海港口深水泊位850个,吞吐能力17亿吨,建成高效、完善的集装箱、大宗散货和滚装运输系统。

3.汽车产业。到2005年,汽车产量为320万辆左右,其中轿车产量为110-120万辆,客车为105-110万辆,货车为95-100万辆。

4. 零售商业。2002年社会商品零售额达40 910.5亿元,到2005年预计将达55 000亿元,年均增长10%左右。2002年中国百强连锁企业共实现销售额2 465亿元,占社会商品零售额的比重在5%左右;预计到2005年,中国连锁百强实现销售额将达到5 500亿元,占社会商品零售额的比重将上升到10%。这意味着连锁经营、物流配送的需求将迅速提高。

5.对外贸易。这几年对外贸易规模不断扩大。1997年我国进出口总额为3 252亿美元,2000年突破4 000亿美元,2001年超过5 000亿美元,2002年达到6 208亿美元,连续攀上新台阶。1998-2002年累计进出口额达到22 894亿美元,累计出口12 196亿美元,累计进口10 698亿美元,分别比上一个五年增长72%、85.7%和69%。2002年进出口总额、出口额、进口额分别比1997年增长90.9%、78.1%和107%。预计到2005年进出口贸易总额将达9 000亿美元左右。跨国物流需求也会大幅度增加。

(五)积极推进现代物流标准化体系建设

为了加快现代物流发展,进一步构架我国物流标准化体系,尽快与国际市场接轨,这是今后一段时间内政府、行业组织和企业共同努力的大事。近几年,已经发布的主要的国家标准有:

1.发布《物流术语》,将专业术语标准化。由中国物流与采购联合会组织专家研究制定的《物流术语》已成为国家标准。

2.发布《托盘名词术语》,将物流中最基础、最常用的载体标准化。由中国物流与采购联合会托盘协会组织编写的《托盘名词术语》也已经成为国家标准。

3.与现代物流有关的国家标准还有:《联运通用平托盘主要尺寸及公差》、《系列1集装箱分类、尺寸和额定质量》、《袋装运输包装尺寸系列》、《硬质直方体运输包装尺寸系列》、《圆柱体运输包装尺寸系列》和《电子交易规范》等。

我国现代物流的发展正面临崭新的基础设施平台和日益向好的政策环境,这使现代物流的发展进入了建国以来的黄金期。加快整合各种存量物流资源,协同规划有效利用好增量资源,加快培育第三方物流企业,建立布局合理高效运转的物流园区和物流配送网络,积极采取扶持政策鼓励对传统物流方式再造,加快物流信息化进程,这不仅是推进现代物流发展的重点,也将成为未来物流政策的着力点。

(特约撰稿:国务院研究室综合司副司长、研究员、经济学博士　陈文玲)

2002年中国物流发展综述

在中国加入世界贸易组织的第一年，也就是2002年，中国物流的发展并没有因扩大开放而受到明显的冲击，也没有完全按照国外专家预测的那样物流外包和一体化服务出现明显的高速增长势头，中国的物流正在走一条自己的务实之路。正是这种务实，使我们对中国的物流发展充满了信心。

一、中国现代物流发展的起点

总结2002年中国的物流发展，就必须先回顾一下2001年的情况，因为这是国际资本首次关注中国物流业发展的一年。这一年，国际上最著名的两大咨询机构——麦肯锡公司和摩根·斯坦利公司先后发表了他们各自对于中国物流市场的研究报告。这两份报告典型地反映了当时在国际资本眼中的中国物流现状、问题和前景。他们的分析和预测为我们以后研究中国物流的发展趋势提供了一个有益的视角。

2001年，也可以说是现代物流正式登上中国经济舞台的起点。最显著的标志是各级政府开始重视物流工作，国家经贸委等六个部委联合发出我国有史以来的第一份指导物流发展的文件《关于加快我国现代物流发展的若干意见》；投资商也开始关注这个领域，提出要“抢滩物流”的口号。物流从一个陌生的名词一下子变成为一个时髦的词汇。各式普及性的培训班、研讨会连绵不绝，物流展会、论坛方兴未艾。但所有这些仍然掩盖不了这样一个事实：中国的物流现状是落后的，基础是薄弱的。最具代表性的几个数据是：物流总成本占国民生产总值的比重，美国是10%左右，中国是20%；中国限额以上工业企业流动资金的年周转次数不到2次，商业流动资金的年周转次数不到3次，而发达国家一般在10次以上。

关于中国物流的落后状况，上述两份报告都以不小的篇幅进行了分析和描述，总之是“处在初级阶段”。主要体现在以下几方面：一是基础设施落后。例如大多数仓库设计水平低，主要采用手工操作。较低的天花板导致自动化机械不能使用，并常常毁坏商品。因为缺少湿度控制、冷藏储存和避免污染的商品分隔设施，大多数仓库不能满足特殊需要。“中国有270万家公路运输企业，但是平均每家只拥有1.43辆运营车辆。”二是服务模式落后。在麦肯锡的报告中把落后的表现归结为五类问题，即①商品的损坏、丢失，铁路、公路运输中存在许多人工操作，在这一过程中会出现货物堆放错误，损坏或被盗。其实增加卡车集装箱容量是个简单的问题，但中国60%的卡车是敞篷的。②传送和装卸时间缺乏灵活性。③运输过程缺少透明度，在货物到达最终目的地之前，制造商对其究竟在哪个地方的信息一无所知。④市场销售中缺乏控制：依赖小分销商的制造商并不知道销售在何时何地发生。由于激烈的市场竞争，商品往往积压在分销商手里，或者按非有利价格出售。即使制造者采取跨地区销售措施，并发挥品牌战略，上述情况仍会发生。⑤高物流成本：缺少有效的运输网络会增加物流成本，侵蚀利润空间。在中国，仓储运输成本占制造业商品总成本的30%-40%，占食品和鲜活商品的60%以上，占一些化工商品的70%-80%。平均来看，库存和传送时间超过30天。三是观念落后，管理不适应。例如地区保护主义，地方政府认为限制运货汽车进入就是保护本地经济，他们为此建立了更多的法规来限制运输服务。“过路费高达载货价值的15%-20%,比欧洲高出9倍。由于这些低效率问题,在中国用船运送电子产品与食品比在美国运送的成本要高出40%-50%"等等。

但是,分析中国物流现状的落后并不是这两份报告的主题,相反地这两份报告不约而同地表达了对中国物流业发展前景十分看好的信心。因为中国的发展实在是太快了,现状的落后反而成为未来发展迅速的根据。麦肯锡的《中国物流市场白皮书》在结尾时是这样说的:"可以确信,中国现代物流和运输的发展机遇从来没有像今天这样好,这是一个推动中国经济发展的重要支柱产业。但是,由于盯住中国巨大潜在市场的参与者越来越多,结论是,如果希望在中国这一领域占据有利位置的话,那就必须尽快行动起来。"摩根·斯坦利公司的《中国物流发展报告》则更为明确地预测中国物流发展的规律将表现为:物流业务外包和物流由单一功能向一体化服务发展是中国物流未来发展的两大趋势,并据此断言一体化的物流服务业在中国将会是一个新兴的发展迅速的产业,未来10年内每年的年增长率超过20%,同时也呼吁国际资本投资于中国物流,要抢"先发优势"。

两份权威咨询机构的报告为我们审视中国物流的发展,提供了可以借鉴的分析思路。

二、2002年中国物流发展的环境

当历史进入到被称为"中国入世元年"的2002年时,我们原来担心对国内物流可能形成的冲击没有出现,相反的是物流发展的环境越来越好,有的方面甚至超出了预计。

(一)各国普遍重视物流的发展

在世界经济全球化和信息化的形势下,近年来现代物流普遍受到各国的重视,进入了一个快速发展时期。据2002年发表的《2001年度美国国家物流报告》,2001年美国物流成本占GDP的比重继续下降,从2000年的10.2%下降至9.5%,并且降势还在持续。各国特别是我国周边的国家和地区,均把发展物流作为提高本国经济竞争力的重要措施来规划。例如韩国产业资源部正在起草的物流发展五年计划中,要求到2006年,企业的物流开支占企业收入的比重将从目前的12.5%降至9%,使韩国成为东北亚转运枢纽。新加坡作为著名的港口城市正面临严峻的挑战,为保持其亚太区最大物流枢纽的国际竞争力,正采取两个措施:一是开放港口让船公司以合资方式拥有自营码头,并欢迎国际上的港口经营集团到新加坡投资发展码头。二是通过技术改造和增强办事效率,发掘潜力来提高生产力。日本的现代物流体系是在制造业推行"准时制"(JIT)和分销渠道实行整合的过程中形成并发展起来的,成为世界上效率最高的体系。2001年,日本内阁会议通过了《新综合物流施策大纲》,这个大纲除了要继续建设高效的物流基础设施(重点是降低港口费用)以提高日本产业的国际竞争力之外,还提出要解决环保问题和建立循环型社会等与物流有关的新课题。澳大利亚也是物流较发达的国家,物流市场规模约占澳国内生产总值的9%。澳联邦政府2002年7月份正式推出《货物运输行业行动纲要》。目的是搭建一个长期的、参与性强的计划和财务框架,对全国陆地交通网络进行整体开发。除了加大对物流基础设施的投入外,联邦政府还将采取一系列措施提升物流业竞争力。这些国家加快发展物流的政策和实践促进了国际物流市场的竞争,也为我国提供了宝贵的经验和借鉴。

(二)良好的国内经济环境

市场需求是决定任何产业能否发展的最根本因素。现代物流的概念和理论早在20多年前就引进了,但在国内真正发展起来只是近两年的事情,主要原因就是市场需求要经过一个从不成熟到逐步成熟的过程。据我国历史资料分析,80年代国民生产总值平均每增长1个百分点会带动货物周转量增长0.995个百分点,到90年代这个弹性系数平均为0.981,呈稳中略降之势,这表明在工业化未完成之前,物流的需求将伴随经济的增长而几乎是同步发展的。2002年,是我国经济取得出乎意料成绩的一年,国民生产总值突破10万亿元,增长速度达到8%;社会商品零售总额达到4万亿元，增长10%，生产资料销售总额7万亿元，增长10%；进出口总额超过6 000亿美元，增长20%；进入中国的外资超过500亿美元，世界500强企业中有80%在中国投资或建立采购中心。中国正无可争议地成为重要的“世界工厂”、“世界市场”，也为中国成长为世界的物流中心创造了条件。据国家统计局统计，2002年，全社会主要运输方式共完成货物周转量49 389亿吨公里，比上年增长3.8%。中国的经济正处于结构调整时期，信息化促进工业化、工业化带动信息化以及产品结构和产业结构的升级，促使一批制造企业、商贸企业成为带动现代物流发展的火车头。总的来看，市场需求在量的方面和质的方面都为我国现代物流的发展提供了有利的条件。

（三）各级政府的推动

2002年，我国政府对物流的推动达到历史的高潮。一是中央领导的支持。江泽民主席和朱镕基总理关于要大力支持和推动连锁经营、集中配送等现代流通方式的论断被舆论界评为2002年物流界十件大事之首。二是国务院有关部门的重视。国家计委和国家经贸委组织研究全国物流发展的总体规划。“两委”首次把流通物流技改项目列入国债资金扶持项目，2002年已立项54个，总投资规模超过100亿元。与此同时，国家质检总局和国家经贸委决定成立全国物流标准化委员会，全面推进物流标准化工作；科技部把“电子商务与现代物流示范工程”作为“十五”科技重点；财政部组织课题，研究加入世贸组织以后支持物流业发展的财税政策；教育部已同意在目录外设立物流专业，物流人才教育工程正在启动。铁道部、交通部、对外经济贸易合作部、国家民航总局和信息产业部等和物流相关的部门，都把发展现代物流列入重要议事日程，做了大量卓有成效的工作。三是各级地方政府制定物流发展规划、出台多项鼓励政策。据不完全统计，至少有20多个省市和30多个中心城市的政府制定了区域性物流发展规划和相关政策。

（四）行业社团组织的促进

随着政府机构的改革，中国物流与采购联合会等一批物流行业社团组织发挥着越来越大的作用。2002年，中国物流与采购联合会组织编撰首部《中国物流年鉴》，组织首届全国物流与采购信息化优秀案例的评选活动，推出了一批先进企业作为物流示范基地和试验基地，并经科技部批准设立了“中国物流与采购联合会科学技术奖”；同时积极反映行业企业的意见和要求，协助政府制定物流规划和政策。中国物流学会召开了首届年会，积极探讨物流发展的“热点”问题。中国交通运输协会为促进物流的培训，引进了英国皇家物流与运输学会（ILT）的资质证书培训体系；受国家经贸委委托，完成了《我国物流发展的政策研究》课题。中国仓储协会、中国货代协会、中国连锁经营协会等都为推动中国物流发展开展了许多活动。与此同时，江苏、辽宁、浙江、河南、深圳等一批地方性物流行业社团组织也成立起来。行业社团组织已经成为促进中国物流业发展的重要力量，政府部门在转变职能的过程中也更加重视发挥行业组织的作用。

三、2002年中国物流发展的主要成绩和特点

2002年，对于中国物流业的发展来说是取得长足进步的一年。用中国物流与采购联合会常务副会长丁俊发的一句话来概括，就是“各方面都有实质性的推进”。主要表现在以下几个方面：

第一，对外开放迈出新的步伐。物流也许是最能体现中国在“入世元年”迈出了对外开放新步伐的领域。主要表现在三个方面：一是众多跨国公司在中国建立采购中心。沃尔玛是全球500强之首，2002年决定把全球采购办公室（采购中心）从香港迁到深圳。目前沃尔玛公司在中国开了20多家分店，其中有7家在深圳。沃尔玛通过直接或间接的方式采购了120多亿美元的中国商品分销到世界各地。同年，全球日用化学品巨头联合利华公司在上海也建立了全球采购中心，预计今后5年联合利华中国公司的出口额将超过5亿美元。世界排名第一的跨国五金连锁零售业大鳄——美国HomeDepot（家得宝）在上海设立采购

办事处,在未来3–4年内,家得宝在中国的采购量将增加1倍。福特汽车今后一年内在中国采购汽车零部件价值将超过10亿美元。日本国内的制造业更是掀起一股纷纷“向中国转移”之风,例如松下集团提出要求在中国国内完成采购过程。二是国际知名的物流公司加快在中国建立网络。例如马士基物流公司2002年在中国获得大连、南京、宁波、重庆和成都5个分支机构的营运执照,至此共有14个分公司和两个代表处,是迄今为止在中国最大外资物流商,网点布局已构成一张大网。日本邮船(NYK)作为日本最大的班轮运输公司,在中国已有4个分公司,又申请开设天津分公司和连云港、武汉、重庆办事处。Exel公司目前在国内已拥有15个业务区,员工人数逾800人,其服务对象已经朝多元发展,由专门针对科技公司扩大到汽车、消费品、零售、医疗用品及器材等领域的公司。三是中外合资的物流项目急剧发展。例如上海航空公司与日立物流、香港正大船务公司在沪组建现代物流企业。交通部批准的合资物流企业——大众交通控股51%的上海大众佐川急便正式成立。大众佐川目前已圈定了四类服务受众:跨国公司、大型企业、发展势头迅猛的中小企业和民营企业。交通部批准了厦门象屿保税区惠建码头有限公司经营海上国际集装箱港口装卸、仓储和中转业务的申请。这是国家主管部门批准的国内第一家由外资控股的中外合资码头公司。2002年中国引进外资突破500亿美元,成为全世界引进外资最多的国家,其中物流领域是外资最感兴趣的领域之一。目前外资的进入主要竞争的是高端市场,即跨国公司的客户需求、国际物流业务等,同时给国内带来技术、管理、资金和人才。

第二,制造业、商贸业成为国内物流发展的主角。中国的物流专业化程度低,80%以上的物流是企业内部自行完成的,因此企业物流的发展状况成为决定我国物流水平的关键因素。2002年,在经济结构调整加快和参与国际竞争要求的影响下,制造业加快了信息化带动现代化的进程,商贸业则加快了连锁配送和电子商务的步伐,工商企业的物流既轰轰烈烈又扎扎实实。例如春兰集团建成全球采购与供货网系统。此后不仅在自己的专业网上发布采购信息和招标项目,而且将通过采购供货网向全球厂商开放供货体系。通过网上直接联系国际采购商或竞标采购,春兰产品销售和部件采购的“全球对流”效益不断提高,并极大地压缩了成本,有的项目成本压缩了近40%。每个订单处理成本在原基础上可降低50%,与此同时,还得到了所购部件最好的质量和最优的服务。上汽集团、上海汽车工业销售总公司与天地物流控股公司合资组建了安吉天地汽车物流有限公司。物流公司总投资4 951万美元,注册资本为3 000万美元。由华联超市投资的上海华联超市物流公司年中成立,以上海为中心,在沪、宁、京等地设有五个现代化联网的配送中心,初步形成全国配送框架,向近千家零售店配送。其仓储面积8万平方米,库存量90万箱,日吞吐量15万箱。国家烟草专卖局计划用1年左右的时间实施行业整合,打造全国分销配送体系,实现网上销售一体化。同时,加快进军国际市场的步伐,实现大宗出口。首先重点启动和开展了11个省会城市的网建联动项目,并在上海进行了试点,已经初见成效。此外还有联想集团、一汽集团、宝钢、海尔、青啤等一大批制造企业、商贸企业启动新的物流改造工程。工商企业的物流项目规模大、范围广、效益明显,成为2002年中国物流市场的主角,其中蕴藏着极为丰富的成功经验。

第三,国内第三方物流企业稳步发展。据中国物流与采购联合会与美智管理顾问公司(Mercer)的调查,当前,在中国真正符合现代物流模式的第三方物流企业还是比较少的,仅占国内物流市场的2%以下,因此发展第三方物流需要一个漫长的过程。与2001年相比,发展第三方物流的声音更趋理智、稳健。主要表现在两个方面:

一方面是传统的国有交通运输与仓储大型企业实行资产重组与流程再造,向第三方物流企业转型。如中远集团、中外运、中储集团、中海物流、中集集团等等。这些国有大企业走了三条路,一是整体改造、提升为物流企业；二是整合内部物流资源，组建物流公司；三是与外方或国内法人实体组建中外合资或国内股份制物流公司。2002年最有影响的例子有：中国民航经过资产重组后成立六大集团，与中国民航总局脱钩。在此基础上中国国际航空公司与中信泰富及北京首都机场共同投资筹组一家大型的货运公司。该合资公司注册资本为22亿元人民币，将拥有四架波音七四七型货机、员工1 200人左右，可飞抵包括美国纽约、德国法兰克福、日本大阪在内的19个国家的29个城市。新成立的公司名称是“国航货运航空有限责任公司”，有望成为目前内地最大的航空货运公司。另外诚通集团旗下的中国物流公司宣布以强大的第三方物流企业的面貌正式全面进入市场。中国铁路系统最大的物资流通企业——中国铁路物资总公司，与国内6家单位共同发起组建中铁现代物流科技股份有限公司，总股本为11 859万股。目前已在国内10个大城市设有分公司，建立了19个区域配送中心和218个协作配送中心。2002年年末，中国邮政物流公司的筹备成立标志着国内网络覆盖面最广的物流公司诞生了。

另一方面是民营的物流公司不断扩展，呈稳步发展态势。例如著名的宝供物流企业集团投资兴建的苏州宝供物流基地于年底之前落成运行。该基地坐落于苏州市吴中区郭巷镇，规划用地总面积约400亩，首期建设用地为115亩。宝供集团计划在广东再建一个大型配送基地。近年来发展迅速的另一家民营物流企业——安得物流公司则成立了一家第四方物流公司，专门提供物流方案设计和供应链管理服务。像这样的民营物流公司还有南方物流、大田物流等一大批，他们共同的特点是务实、稳健，生气勃勃。

第四，物流信息化、标准化建设取得新成绩。信息化是现代物流的主要特征，广泛采用信息技术改造传统业务是发展现代物流的主要内容。2002年在落实"电子政务年"的过程中，政府有关部门在促进物流信息化方面也发挥了积极的作用。

国家科学技术部确定把电子商务作为重点攻关技术来开发，其中发展现代物流信息化作为重点支持的内容之一。在此基础上确定了9个城市为首批全国智能交通系统应用示范工程试点城市，它们是上海、天津、重庆、济南、青岛、广州、中山、深圳、杭州。海关总署的"电子口岸工程"初战告捷，上海口岸数据中心正式运行，为上海大通关工程的持续发展提供了优良的技术保障。上海口岸的出口成品通过无纸通关只要50分钟，最快30分钟；进口报关速度已经缩短至15分钟，部分料件甚至达到6分钟。事实上这是一个成功的“公共物流信息平台”，不仅提高了通关的效率，对于整合物流信息和流程规范都具有极大的推动作用。同年，北京、广州、满洲里等一批口岸的信息化系统也纷纷告捷，物流的信息化从涉外贸易做起，也是“入世”“接轨”的积极促进作用所致。另一件较有影响的事件是中国物流与采购联合会举办了首届物流与采购信息化优秀案例的评选活动，该项活动以应用效益、流程改造和标准化、规范化成果为评选准则，推选出制造企业、商贸企业和第三方物流企业共计16个物流与采购信息化优秀应用案例，取得了很好的社会效果。与此同时，IT界也加大了对物流领域的关注，《赛迪集团》和《计算机世界》两家IT媒体都对物流信息系统市场进行了专题调查研究，对物流信息化的发展起到宣传和推动的作用。

当前物流信息化应用的水平参差不齐。据中国物流信息中心的调查，80%的物流信息系统是以现有流程为基础的信息采集、共享和反馈等基础功能的整合；15%的物流信息系统涉及流程改造、优化或者是能够在运行中提供优化操作方案；只有5%以下的物流信息系统具有企业之间业务协同的供应链管理功能。这种应用结构状况反映了我国企业管理现代化和信息化仍处于起步阶段，需求还是初级的，基础性的信息化建设还有许多工作要做。我们提倡物流信息化要务实，要切切实实地解决企业迫切需要解决的问题。

标准化建设是发展现代物流的另一件基础

性工作。目前已经引起政府、企业和专家们的高度重视,并已经组织机构和队伍,开展了基础研究,取得了实实在在的成绩。例如国家质量监督检验检疫总局于2002年正式颁布的两项国家标准《大宗商品电子交易规范》和《数码仓库应用系统规范》就是具体的进展。该两项国标于2002年9月1日起在全国正式实施。年末,交通部又发布了关于港口管理信息系统、数据字典等八项行业标准。此外,政府有关部门和行业协会正在筹备建立全国物流标准化技术委员会,联合社会各方面力量加快标准化的建设。与此同时,一些地方政府也很重视标准化建设的工作,例如广东省政府转发了省质量技术监督局《关于加快我省现代流通业标准化工作的意见》,提出要完善流通业标准体系建设;加强流通业信息标准化工作;加快商品条码的广泛应用;加大对物流标准化工作的资金投入和支持力度。

第五,物流教育走向规范,理论研究稳步深入。人才是一个产业发展的基础,因此物流的发展也必然伴随着物流人才教育和培训事业的发展。2002年在物流学历教育、在职培训等各方面均取得长足进展。据统计,2001年以前我国高等院校中实际上在进行物流专业招生的或者专业方向招生的(以物流管理或者物流工程专业出现),大概有15所院校(其中只有两所院校是获得教育部正式批准的)。2002年,光本科教育,我们国家正式招收物流管理或者是物流工程专业,以专业的形式出现或者是以专业方向的形式出现的大学至少有40所;有50多所高校开设了交通运输和交通工程、电子商务专业等与物流相关的专业。另有15 000人在正规院校接受不同程度物流专业的教育。此外,还有大批各种在职短期培训,此类培训已经开始走向规范化,成为2002年的一个显著特点。其中影响较大的有:国家劳动部组织中国物流与采购联合会制定中国第一个物流方面的国家职业标准,即物流师的国家标准。中国物流与采购联合会的物流人才教育工程,引进了世界贸易组织下面的国际贸易中心的一个采购与供应链管理的证书培训项目,前期工作已经开始,组织了一些院校进行教材的翻译和资料的整理工作。中国交通运输协会也已经正式启动了一个国际物流资质认证体系的项目,准备在国内开展四个证书的培训教育,分别是物流与运输基础证书,物流与运输技术证书,物流与运输战略管理证书和物流与运输营运证书。物流培训的规范化将促进培训市场的健康发展,据专家估计2002年接受各类物流教育、培训的人数超过5万人。

与此相应的是物流理论的研究,2002年同样呈现出多样化发展的格局。总的来看物流研究可以主要分成四个方面:一个是基础理论研究,如中国物流与采购联合会组织的有关物流成本的研究、有关物流统计信息体系的研究,南开大学和天津市统计局共同完成的《中国物流产业核算制度及统计核算体系研究》等;第二个是应用技术研究,如科技部组织的“十五”科技攻关项目;第三个是政策研究,例如国家经贸委、国家计委组织的全国物流规划研究,财政部委托中国物流与采购联合会关于入世后我国发展物流的财税对策研究等;第四个是案例研究,如中国物流与采购联合会组织的物流与采购信息化优秀案例的评选等。研究的内容在不断深入,研究的队伍也在不断扩大,还出现了一些具有特色的理论研究群体,例如北方交通大学对于区域经济和物流以及电子商务物流的研究,北京科技大学对于物流技术、设备和物流标准化的研究,中国人民大学和华中科技大学对于物流与供应链管理理论的研究,中国人民解放军后勤指挥学院对于军事物流研究等等,在物流理论界已经有一定影响。2002年11月底,中国物流学会在广东省南海市召开首届年会,展示了物流研究的最新成果,共有70篇论文获奖,获奖者有政府官员、高校师生、企业家、研究机构的学者等,遍布与物流相关的行业。

第六,基础设施建设掀起新一轮高潮。据统计,2002年全国铁路基本建设投资完成628.8亿元,比上年增长8.2%;公路建设完成投资3 000多亿元,全国公路通车里程达到175.8万公里,高速公路达到 2.52 万公里；港口、内河船运建设完成 125 亿元。

如果说 2002 年是物流基础设施建设的“高潮年”，也许并不夸张。特别是沿海的“珠江三角洲”、“长江三角洲”和环渤海地区，几乎形成了竞争的态势。例如作为上海“十五”重点工程之一的上海国际航运中心洋山深水港区一期工程 6 月 26 日全线开工，总投资达 130.6 亿元。洋山深水港工程是上海最大的港口建设工程，该工程的兴建将使上海向东北亚国际航运中心迈出重要一步。位于上海浦东机场内的中货航浦东物流中心，占地总面积达 60 多万平方米，分两期建成，一期占地 20 多万平方米，已于 2000 年建成并投入使用，现在正进行的二期工程占地 44 万平方米，部分代理库已通过了消防、环保等部门的验收，并于日前交付使用，40 家代理公司将于近期陆续进驻。此外，苏州、张家港、南京、宁波等城市也有一批大型物流项目在建。

广东省是把物流作为支柱产业来规划的，目标是把以广州–深圳为轴线的珠江三角洲建设成为中国国内和国际双向物流和海陆空立体物流相结合的国际性物流中心，成为国际物流供应链的重要枢纽。2002 年，广州、深圳、南海、增城等一批物流基础建设项目相继上马。其中占地面积 11 万平方米的深圳机场邮件处理及物流配送中心工程已完成建筑设计方案竞标，其土建工程在年底开工。该中心建成后无论在规模上，还是自动化程度方面都将是亚洲首屈一指的，这项投资被列入深圳市 2002 年度重大建设工程项目。汕头港物流中心也正式挂牌，投产运作。该中心位于汕头海湾大桥西侧，目前已构建了适应现代物流需要的港口信息平台和港航 EDI 系统，可利用现代化信息和网络技术，实现多个供应链的系统整合。此外，总投资超过 20 亿元的南海市三山国际物流园区目前已经完成了首期投资 3.5 亿元的三山港工程建设，该物流园区拥有先进的装卸设备、大型 X 光机、电子闸口、物流监控系统，可为货主提供全程货物跟踪和信息查询，GPS 卫星导航定位系统及建设中的条码管理技术将实现港区操作的电子化。

在北方，投资 30 亿元的国内大型空港物流区——天津空港物流区 2002 年 6 月底动二。该物流区规划面积 0.95 平方公里，分物流分拨区、仓储设备区、加工增值区、展览销售区、管理办公区和配套服务区等。未来国内最大的散货物流中心之一——天津港南疆散货物流中心目前已粗具规模，已完成 11 平方公里的开发，建成了煤炭、焦炭堆场约 4 平方公里，该项目是天津市“十五”期间重点建设项目。年末，又传来北京物流港开工的消息，规划建设有物流、商贸、综合发展和绿色体育等五大园区，总投资达 110 亿元。

在物流基础设施建设中的另一个特点，是外资投资于物流的项目急剧升温。据 2002 年 1 至 9 月的统计资料，经交通部批准立项的外商投资道路运输业项目共 19 个，比上年同期增加 5 个。项目合同投资额为 1 7091.6 万美元，与上年同期的投资额相比增长了 98%，实际投资额为 10 224 万美元，比上年同期增长 89.6%；其中外商实际投资额为 6 406.65 万美元，比上年同期增长 106%。

第七，遵守“入世”承诺，加强制度建设。“入世”受冲击最大的是政府部门，不仅要废除、修改那些不符合世界贸易组织规则的文件，还要尽快建立起符合中国国情的新制度。总的来说，国际社会对我国“入世元年”的表现是满意的。在物流领域的制度建设主要表现为进一步落实“市场准入”的承诺和管理上更加符合市场经济的要求。例如，新《外商投资民用航空业规定》经国务院批准，8 月 1 日正式实施，外商投资中国民用航空业的范围、方式、比例和管理权等全部放宽。新规定除了扩大投资范围，由原来规定外商投资公共运输企业只试点一至两家，改为取消试点数量限制，允许外商投资现有任何一家公共航空运输企业外，还放宽了外商投资比例，由过去的投资民用机场中方必须控股，并且比例不可超过 49%，改为外商投资民用机场，只须由中方相对控股便可以。交通部全面清查和废止了不适应“入世”要求的文件和法规，并相继出台新的文件和法规；根据“入世”承诺，在三年过渡期中逐步允许外国船务公司经营中国港口的货物运输，其中包括集装箱运输；大手笔规划港口建设，对沿海和内河20个主枢纽港，在投资和管理平台上给与更多支持。港口体制改革的核心是政企分开，逐步市场化；码头经营也要逐步放开。港口管理权下放作为港口管理体制改革的两项核心内容之一已经完成，另一项核心内容-港口政企分开工作正在各地紧张进行。11月，国务院减轻企业负担部际联席会议印发了《关于贯彻落实〈国务院办公厅关于治理向机动车辆乱收费和整顿道路站点有关问题的通知〉的实施意见》，要求各地、各部门坚决取消不符合规定的向机动车辆收费的项目，全面整顿道路收费站点。在采购方面，九届全国人大常委会通过《中华人民共和国政府采购法》，自2003年1月1日起开始实施。在该法颁布之前，重庆、深圳、江苏、山东、河北、安徽、山西、北京、上海等大部分省市已相继进行了政府采购制试点和推广，效果显著。

第八，供应链的建设开始起步。供应链的形成是市场经济发展到成熟阶段企业之间出现的新的经济关系，物流只是供应链管理的一个组成部分。从跨国公司的实践来看，现代物流发展的方向将会从追求降低物流成本发展到协调企业之间的合作、提升供应链竞争力的目标上来。令人感到高兴的是，我国发展市场经济的历史不长，现代物流更是刚刚开始，但是企业之间建立战略合作伙伴关系，发展供应链的观念已经受到重视，特别是一些行业的领袖企业已经开始了值得关注的一些探索。例如长虹公司同家电零售“大鳄”苏宁电器连锁集团公司建立合作关系，正式签订了阶段性彩电购销合同，合同涉及总金额达1.5亿元，涵盖超平、纯平、精显和精显背投等四大类产品，其中以精显背投彩电所占比重最大。另一案例是山东的三联集团与福建的厦华集团正式签约建立全新的供需链战略物流联盟。以后，厦华电视在山东的销售将通过网络化运营并由三联进行配送，这也是三联集团成为国家科技部组织的“电子商务与现代物流”示范工程后递交的第一份成绩单。据初步估计，此举可使厦华家电的流通成本降低10%左右，在全省各地的送达时间缩短至12小时以内。在经营最分散的农业领域，也出现了福建超大集团的整合典范。超大集团采用建立“公司+基地+农户”模式的供应链整合了生产、物流、销售、研发以及产品质量控制和市场预测各环节，在全国构建出一条从生产、保鲜、深加工、仓储、运输，到绿色有机农产品城市连锁专卖、单位配送、出口、批发网络的产业链。目前其产品已经打入了沃尔玛、家乐福市场。这个案例更深远的意义在于通过整合，实现了农民向农业工人的转变，对于农业的产业化具有方向性的意义。从供应链的角度来看，现代物流是保证供应链正常运转并具有强大竞争力的主要措施，降低物流成本的目标将融入巩固和提升供应链竞争力的总体目标中去，只有这样才会使我国的物流发展更快、更务实有效。埃森哲中国公司的专家称：“供应链已经成为中国企业首席执行官及高层管理人员明确关注的重要问题。事实上，在亚洲各国，供应链服务的市场需求正以23%的速度逐年递增。”

四、2002年中国物流发展评析

2002年中国物流的发展是快速的，成绩是巨大的。但是毋庸讳言也存在诸多的问题，这些问题会在本报告的后面各章节中进行详尽的论述。我们不会失去清醒的头脑，中国的现代物流才刚刚起步，还有很长的路要走。

2002年的中国物流实践还带来一些令人深入思考的东西。与2001年相比最突出的变化，就是以追逐“第三利润源泉”为目标的“物流热”有所降温。但是，物流的发展并没有停步。我们注意到，2002年发展物流更值得关注的是一些制造企业和商贸企业，他们关注物流不仅是挖掘“利润源泉”，而是在建立企业长期发展的“发动机”，因为这些企业所在的行业正面临前所未有的大动荡、大改组，他们面对的挑战与其说是如何提高利润，还不如说是如何解决生存、发展问题。所以，如果我们沿用摩根·斯坦利公司报告的预测来看待2002年的中国物流，就会惊讶地发现，物流业务的外包和一体化服务并没有成为2002年的主旋律,当前物流业务外包的要求主要还是集中地来自以跨国公司为主体的高端市场。更值得关注的是企业内部物流改造出现高潮。在一部分制造业和商贸企业中,物流受重视的程度达到空前的高度,所采取的措施一方面是调整、优化内部流程、改善信息化管理、采用先进设备和管理技术等;另一方面是寻找战略合作伙伴,建立供应链。这种企业内外整合的过程是与各产业自身的结构调整乃至业态的变革密切联系在一起的。物流业务的外包暂时还没有成为一种明显的势头。上述特点在以下几个行业尤为明显,并且看来这种情况短期内也不会有明显的改变。

零售业是首当其冲的。国外零售业的跨国公司经过多年的试探、等待,终于到了可以大举进军的时候。家乐福、沃尔玛已经决定扩大在华的投资,一批新的国外零售巨头也决定参加这块世界上最大市场的竞争。国内企业只有迅速发展连锁经营才能做大、做强,否则只有淘汰出局。因此在国家经贸委制定的规划中提出,要经过5年的努力,确定连锁经营在商业和服务业中的主体地位,使连锁经营销售额、连锁企业店铺数有较大幅度的增长。到"十五"末期,全国连锁企业店铺数发展到10万个,销售额7 000亿元,年递增约35%,占社会批发零售贸易和餐饮业零售总额的比重达到20%左右。年销售额在50亿元以上的连锁企业达到20户,销售额在20-50亿元的连锁企业达到40户,培育5-10户拥有自主知识产权、主业突出、核心竞争力强、初步具有国际竞争力的大型连锁企业集团。这预示着在未来几年内国内零售市场将在一股急速的"连锁化"浪潮中重新洗牌。连锁经营的重要内容之一是物流整合,建立高效、低成本的物流配送中心,这正是连锁经营企业的核心竞争力,这也是现代物流在这个领域得到迅速发展的内在根据。

2002年的医药、烟草行业也是充满动荡的领域。根据我国入世的承诺,2003年1月1日起中国的医药流通领域将正式对外资开放,向国家药品监督管理局提出申请"通行证"的外商早已排起了长队。与此同时,国家药品监督管理局为确保药品质量,加快实施GSP(药品经营质量管理规范)的步伐,提高市场准入的技术和管理的门槛,加强监控。医药流通业面临一场前所未有的竞争,竞争的主要武器也和零售市场一样,对内是连锁,对外是价格战,这已经成了分销业屡试不爽的法宝。烟草行业也是这样,在最近进行的一次行业调查中,企业认为当务之急的措施是:"打破地区封锁,建立全国统一的大市场(占76.3%)"和"加快营销网络建设步伐(占62.9%)"。这表明烟草行业也正面临着一场大整合。物流配送在医药和烟草流通领域成为热点,就是随着这些行业连锁化的迅速扩张而相应发展起来。

其他制造业也在孕育着深刻的变化,突出表现在那些具有著名品牌的领袖企业群体,例如一汽、海尔、TCL、青啤等等,这些企业已经成为国内的行业领袖企业,他们有自己的分销体系,也有自己的物流体系,这些体系实际上构筑了自己的产品和其他品牌之间的一个竞争的壁垒,也成了他们参与市场竞争的实力基础。但是国内外市场接轨后,当他们与国外竞争对手进行比较的时候就会发现,他们的领袖地位不是那么牢靠,主要体现之一就是在供应链的建设方面,包括供应链的计划能力、资源的整合能力和精确运营的控制管理能力等等。这里不仅仅是降低物流成本的问题,而是事关他们在行业中的市场份额和地位。这说明,入世以后,供应链的竞争已经被导入,供应链的建设以及能否在其中占据一个有利位置的问题,一下子凸现在那些国内的领袖企业面前。至于物流的操作和运行是外包还是自营,目前似乎还不是最主要的议题。也许以后可能会将成熟的物流业务外包出去,但是现在考虑的是供应链建设,以及对供应链的控制能力。

这就是我国物流市场的现状。在这里我们应充分重视这样一个现实:各产业发展物流的不平衡性是由各产业内在的矛盾决定的,不是外部物流供给条件决定的,更不是由观念的先进还是落后来决定的,尽管这些因素有时也会起重要的作用。这表明物流说到底是为这些产业服务的,它不应脱离其服务对象的需求来先验地确定自身发展的轨道。关于企业物流与专业化物流的关系,中国物流与采购联合会陆江会长断言:“我的看法,企业物流与第三方物流的共同发展,将是一个相当长的过程。”他还从日本物流发展的历史来说明这一点,“日本物流的发展,就是从制造物流开始推动的,大家都知道它的准时制,现在成为物流的重要理念,准时制就是从生产环节发展到流通的环节、物流环节的。”

物流外包和一体化服务进展不快的原因,除了外部市场需求的影响之外,另一个不容忽视的原因来自物流供给的内部,即物流资源整合的缓慢,或者说物流的商业模式创新少。国家经贸委经济运行局局长马力强先生对2002年物流的八字评价:“热情不减,整合不够”,就是指的这个问题。整合不是仅指资产组合,还应该包括原有业务的延伸直至整合、创新,以及建立双赢的商业模式。这是物流供方的问题,不能满足需方的要求,抑制了第三方物流业的快速增长。就拿最基础的公路货运来说,中国的公路运输服务和国际上的差距,主要不是设备功能、运输成本方面,而是在服务的层次上。在中国几乎很少有运输公司能够为客户做运输计划,所有的运输公司都只在做一件事情,就是所谓的“卖车轮子”。即根据客户的指令,使用要求的车辆,按照要求的时间,把客户的货物运到要求的地方,然后收取运费。如果物流公司能够为客户制定运输计划,由他们替客户去决定什么时候发车, 中间的路径是怎么样,选用什么样的车辆,使得原有的业务能够延伸,就实现了整合,当其为多家客户提供多项服务的时候,他们就有了更大的优化空间,这种优化对客户和对自身都是有利的,这就是整合的利润,这也就是建立双赢的商业模式的基础。运输公司只有通过整合来创新,才能把传统的运输公司变成现代物流公司。

现代物流的效益根植于整合之中,而物流整合又依赖于市场需求特别是制造业和商贸业本身的产业整合进程,这个整合的进程一方面表现为横向的连锁化,另一方面表现为纵向供应链关系的形成。现代物流业的发展将伴随国民经济的产业结构调整和整合而得到相应的发展。当前的“物流热”,其主流反映的正是我国传统产业进入了整合、升级的加快进程,因此现代物流生逢其时。从长远来看,中国的物流必然还是要走专业化、现代化之路,但是由于我国经济结构调整任务艰巨,发展又极不平衡,所以中国的物流发展还有很长的路要走。令人欣喜的是,中国现代物流刚刚开始的发展就显示出与传统产业紧密相结合的特点,步履坚实,奠定了良好的基础。

五、2002年中国物流业存在的主要问题及政策建议

总结问题是建立未来发展的起点。当本文分析中国物流业存在的问题时,我们是分为两部分来看待的。一部分是长期的问题,需要较长时间的努力才可能观察到变化; 另一类的短期的问题,决定着当前的工作重点。我们力图两类问题兼顾,从战略目标着眼,从战术目标着手,在此基础上提出2003年发展物流业的若干政策建议。

(一)有关中国物流业存在问题的研究

我们不可能列举所有论及中国物流发展中存在问题的文献资料,只是列出几家比较有影响的看法或结论,好在大部分研究的观点还是相近的,因此所列举的论述完全具有代表性。

1.国外权威机构的研究。本文的第一节已经摘引了国际著名的两家咨询机构(麦肯锡公司和摩根·斯坦利公司)研究报告中关于中国物流业存在问题的论述,这里不再赘述。我们注意到,他们论及的问题集中在管理体制(如条块分割、地方保护主义)和科技水平(集装箱少,冷藏保鲜技术差)落后造成了中国物流分散(企业内部物流为主)和低效(物流成本高),以及商业模式的陈旧(功能单一,信息不透明)等。另一家国外著名咨询机构美智(Mercer)公司,在2002年与中国物流与采购联合会合作进行了一次中国第三方物流市场的调查。其中也列举了中国物流业存在的主要问题: 如中国第三方物流供应商功能单一,增值服务薄弱; 整个第三方物流市场还相当分

散,物流企业规模小;人才匮乏,很难找到合格的物流管理人员来推动业务的发展。总的来看,"中方的供应商认为缺乏物流人才是他们面临的最大挑战,外国供应商认为“政府限制”(如运营许可、跨省运输、登记注册、税收政策、行业标准)是首要挑战。显然,美智的意见主要是针对第三方物流业的发展而言的。中国美国商会《2002 白皮书》中有关运输与物流的内容也论及四个障碍:政策限制、高昂的成本、国有企业主导市场和经营范围受限制。总的来说,国外的分析所列举的问题基本上都有共同点,一是目的明确,为促进外资进入中国物流产业领域扫清道路,二是这些意见主要是针对政府的。

2.国内权威机构的研究。国务院发展中心和国家计委综合运输研究所合作完成的《中国加入 WTO 后物流业面临的挑战、机遇与对策》中,把中国物流业存在的问题概括为“差距”和“管制”两类。所谓“差距”包括:物流的合理化问题,如物流组织分布、机制不尽合理以及服务水平低、成本高;物流服务能力整合不够,整体运行效率低的问题等。所谓“管制”是指政府部门对于物流的管理条块分割,层次多、秩序乱、效率低,甚至制约了物流的发展。在国务院发展中心 2001 年发表的《中国物流产业发展现状及前景》中,列举了物流产业发展的五个问题和制约因素:一是物流产业发展仍然面临着较大的市场需求约束;二是专业化物流服务的方式还很有限,物流企业的经营管理水平有待提高;三是低水平的物流基础设施和装备条件严重影响着物流效率的提高;四是物流产业发展面临着较大的制度约束,特别是条块分割的管理体制;五是物流研究相对落后和物流专业人才短缺,成为物流产业发展的巨大障碍。这些意见的特点是从宏观出发,从战略出发,指出了那些最重要的问题。

3.2001 年的《中国物流发展报告》。本报告的2001年版也有一章专门论述了中国物流业存在的问题。文中列举了 7 个主要方面:一是管理体制分割,缺少宏观的协调管理机构;二是推进物流发展的政策尚未配套;三是物流标准化体系尚未健全;四是物流企业不能适应社会要求的发展;五是信息化水平低,物流基础设施、技术设备落后;六是物流人才短缺;七是物流行业的统计数据匮乏。显然这些意见是综合了多家的研究,内容涉及政府、企业和社会的各方面,所以全面性是其显著的特点。

我们认为如果用一句话来概括中国物流发展中存在的战略问题,那就是:我国发展物流的目标、战略、措施和政策体系还没有完全形成,或者说对于许多基本问题的认识还不清晰,至少是还没有在业界达成共识,因此距离建成"符合市场经济规律、与国际通行规则接轨的,物畅其流、快捷准时、经济合理、用户满意的社会化、专业化现代物流服务网络体系"这样一个总目标,还有很长的路要走。

(二)当前我国物流业的突出问题

什么是 2002 年以来我国物流发展进程中反映出来最突出的问题?我们认为,现代物流最突出的特征——整合——进展不快,成为影响我国物流现代化进程的焦点问题。具体表现为三个“整合不够”和一个“实施难”:

一是政府管理的职能整合不够。2002 年物流业发展之快是有目共睹的,在本报告的各章节中都有比较详细的论述,但是基本特征是沿原有的条条块块轨道进行的,最典型的是各地方政府、各相关中央部委的物流发展规划,彼此难以衔接,更谈不上整合和统筹规划。规划的主要内容也在于扩张、建设,而不在于整合和市场的培育。这反映了当前管理体制上的障碍和政府职能的转变已经直接影响到物流的发展,我们希望 2003 年开始的新一轮政府机构改革将有助于解决这个问题。

二是物流的资源整合不够。2002 年的实践反映出对于现代物流的本质在于整合的认识还不足,多数物流建设项目是属于供应能力的扩张,而不是整合原有资源来提升供应能力。整合物流需求的努力更为罕见,因此缺少服务的商业模式创新。其中有些大型企业作了可贵的探索,例如中外运集团、诚通集团和中邮集团都成立了专门的物流公司，把物流业务集中起来，充分利用原集团的供给能力和资源，这是通过整合业务需求来引导供给资源的整合，十分令人关注。我们希望他们能够走出一条成功的路子来，为社会提供借鉴。

三是物流业基础建设的整合不够。这里涉及理论研究、人才培养、基础统计体系和公共信息平台的建设、法律法规制度的建设、标准化体系的建设等等。2002年这些方面的成果也不少，但是由于缺乏整合，低水平的重复很多，有的甚至不为人知，浪费了资源。社会各界对于参与物流基础建设的积极性还是很高的，有关政府部门和行业协会应该更多地把整合的职责承担起来，扩大交流，组织合作，在基础建设方面扎扎实实地抓几件大事。

四是促进物流发展的政策措施难以实施。2002年有关政府部门的确下了很大功夫来研究促进物流发展的政策措施，讨论的内容涉及市场准入制度、税收优惠政策、倾斜的投融资政策和技术政策、人力资源管理政策等等。尽管这些政策涉及政府机关的方方面面，协调起来难度较大，但是影响这些政策出台的最主要原因在于难以实施，例如何为“物流企业”的认识就难以统一。由于物流企业的边界不清晰，甚至有人怀疑是否有必要制定支持物流发展的新政策。解决此类问题一方面要继续深入调查研究，另一方面可以搞些局部试点。

(三)政策建议

本报告完成之际，正值新的政府机构改革方案出台，政府机构的整合和职能转变将改善对于我国物流业的领导、管理和协调，有力地促进我国物流业的发展。在此我们就2003年应该着重加强的工作提出如下政策建议：

1.提高对现代物流的认识，明确现代物流的定位。2002年江泽民主席发表了“是消费通过流通决定生产”的著名论断，国家经贸委把发展连锁经营、物流配送和电子商务作为流通现代化的三大支柱。这样已经形成了一个从现代物流促进流通现代化，进而带动生产和整个经济现代化的发展思路，从而也明确了现代物流的定位。

国家经贸委等六部委制定的《关于加快我国现代物流发展的若干意见》中，把我国发展现代物流的总体目标定为：“积极采用先进的物流管理技术和装备，加快建立全国、区域、城镇、企业等多种层次的，符合市场经济规律、与国际通行规则接轨的，物畅其流、快捷准时、经济合理、用户满意的社会化、专业化现代物流服务网络体系。”这个定位是科学的，符合实际的。

要正确处理好发展现代物流和发展现代物流产业之间的关系。政府的工作重点应放在创造条件，利用市场机制，促进现代物流服务网络体系的形成，在为工商企业降低物流成本、提高服务质量方面做出实实在在的成绩。

2.建立必要的政府部门间协调机制，搞好总体发展规划。现代物流的管理，涉及计划、经贸、财税、工商、内贸、外贸、铁道、交通、民航、邮政、信息、海关、质检等多个部门，即使新的政府机构改革完成以后也还不能完全解决物流管理体制的统一协调问题，因此有必要建立政府部门之间的协调机制。2002年已经开始的全国物流发展总体规划工作应该继续进行下去，既研究了重大的、基本的物流发展问题，本身也是一种跨部门协调、交流、合作的形式。

在物流发展规划中，要突出物流市场的培育和需求引导的作用，顺应市场机制的规律。工作的重点是促进整合，包括需求的整合、供给能力的整合，鼓励业务创新、制度创新，把新增资源的建设与原有资源的整合工作有机结合起来。

3.加强调查研究，制定和落实促进现代物流发展的相关政策。当前物流的实践已经远远超过了理论研究和政策制定的步伐，特别是跨国公司和国内一些民营企业的物流实践，孕育着许多值得借鉴的经验，有关部门必须抓住重点，加强调查研究，制定和落实促进现代物流的相关政策。2002年国家经贸委已经在广泛调查研究的基础上，提出了《关于鼓励我国现代物流发展的若干政策》的征求意见稿，在许多方面有突破，有创新,是很好的基础,希望不要因政府机构的改革受到影响,能够深入下去,尽快出台、落实。有些可以先搞试点,及时总结经验教训,以利推广。中国物流与采购联合会已经选择了一批不同类型的企业作为物流示范基地,可以参与国家有关政策的试点工作。

4.突出整合的主题,加强案例研究。整合已经成为当前我国物流发展能否深入的关键,必须抓住这个重点,鼓励各种形式的探索,并通过总结经验,树立典型,推广应用。整合不仅是资产的整合,更应重视业务链的延伸,商业模式的创新和新技术的应用。各种类型的案例研究是一种很好的工作方法,有关政府部门和行业协会都应该加强案例的收集、研究和推广活动。新闻媒体也要把案例研究和宣传报道作为一项主要内容来安排。对于学术研究机构来说,案例出规律,出政策,出标准,也应该加强这方面的工作。对于人才培养和教育来说,案例研究是理论联系实际的最佳方式。所以案例研究本身也是一种整合性的工作方法。

5.抓住重点,加快物流的基础建设。搞好基础建设是发展物流的必要条件,也是政府职能之一。基础建设包括软硬两个方面。硬件的方面主要指大型基础设施,如道路、桥梁、港口、通讯网络、公共信息平台等,软件的方面包括物流标准化建设、法规制度建设、认证体系建设等。目前看来软件的基础建设落后于硬件的基础建设,必须引起充分的重视。标准化是促进整合的最重要条件,因此要把物流标准化建设当作一项重点工作来抓,解决当前以部门标准当作行业或国家标准的做法。在标准化的建设中还要注意其双重性,即标准化有利于资源的整合,市场的沟通,同时标准化也要成为保护本国利益的门槛,要有自主的知识产权。国家在这方面要加大投入,加快步伐。

6.重视物流人才的教育与培训。当前现代物流的人才奇缺,已经成为制约物流发展的一个突出"瓶颈"。从供给方面来看,主要原因有二,一是正规的学历教育不适应市场需求的变化;二是非正规的职业培训市场秩序混乱,水平不高。因此应鼓励和允许大专院校按照市场需求开办和设置现代物流专业及课程,为现代物流培养各个层次的专业人才;同时在规范培训市场的基础上,鼓励和引导企业、行业组织及民办教育机构参与现代物流人才的培训和教育工作。建议可借鉴国际经验,由行业社团组织来执行现代物流产业从业人员执业资格制度,逐步建立我国物流行业从业人员职业教育、培训和从业资格认证制度及相应的认证体系。

7.充分发挥行业社团组织的作用。根据发达国家经验和我国市场经济发展、政府职能转变的实际,特别是物流产业复合性强、关联性大的特点,应该充分发挥行业社团组织的作用。近年来物流行业的社团组织发展很快,并且发挥了非常显著的作用。比如:物流的标准化体系建设,物流行业的基础统计和信息服务,现代物流基础研究和技术推广,物流人才的教育培训与知识普及,行业企业的自律和协调等等,政府部门都可以委托行业社团组织去做。行业社团组织也要积极转变观念,改进工作作风和方法,牢固树立为企业服务、为行业服务、为政府服务的观念,以自己的出色工作,增强凝聚力和权威性。各行业社团应打破门户之见,加强联合与合作,形成推动我国物流产业发展的合力,发挥好政府与企业之间的桥梁和纽带作用。

六、2003 年中国物流发展展望

当我们展望 2003 年的物流发展时,是充满了信心的,因为与 2002 年相比,我们看到的是更有利的环境和条件。2003 年是全面贯彻落实党的十六大精神,进入建设小康社会新阶段的第一年,也是新一届政府任期的第一年。按照党中央的部署,2003 年将坚持扩大内需的方针,继续实施积极的财政政策和稳健的货币政策,进一步深化改革,全面提高对外开放水平,加快经济结构的战略性调整,促进国民经济持续快速健康发展,实现速度和结构、质量、效益相统一。从前两个月的工业生产来看,增长速度高达 17%以上,经济形势开了个好头。关于调整产业结构,朱镕基总理在十届全国人大一次会议上所作的政府工作报告中指出,“着力抓好调整产业结构这个关键:一是加强基础设施建设;二是大力发展高新技术产业特别是信息产业,积极推进国民经济和社会信息化;三是积极改造和提升传统工业;四是努力发展服务业。”这四个方面都是促进物流业有利因素,因此我们完全有理由相信,2003年中国的物流发展将继续保持好的势头。

具体说来,我国的物流业可望在以下8个方面得到较快发展或产生显著变化。

(一)各地的物流规划将陆续进入实施阶段

近几年一些省区市为大力推进物流发展,先后制定了物流发展规划或纲要。其中东部地区,基本上已经完成了规划期的工作,2003年进入实施阶段;有的地方在完成城市总体规划后,其中的物流配送中心等建设项目将在2003年进入招商引资阶段。中西部地区,个别城市在规划方面的进展可能要快一点,但总体上仍然处在规划工作的前期。因此,2003年就全国来说,东部地区,特别是珠江三角洲、长江三角洲和环渤海地区,仍然是我国物流发展最快的地区。

(二)跨国物流公司加快在中国扩展与布点

根据我国加入WTO的承诺,在一定时间的过渡期内,商品分销服务市场将逐步扩大开放领域和范围,过渡期后基本上全面实行对外开放。2002年外经贸部下发《关于开展试点设立外商投资物流企业工作有关问题的通知》,在江苏、浙江、广东、北京、天津、重庆、上海、深圳开展外商投资物流业的试点工作,允许境外投资者采用中外合资、中外合作形式投资经营国际流通物流、第三方物流业务。在这种情况下,预计2003年跨国物流公司将加快在我国扩展与布点的步伐。一些国际著名的专门从事第三方物流的企业和快递业巨头,他们将或结成联盟,或并购股权,组成专业化的物流企业,作为专业化的“第三方物流”供应商进入我国物流领域,抢占物流市场,提高市场占有率。

(三)传统的运输与仓储企业加快向第三方物流转变

由于国外物流企业纷纷来到中国,尤其是香港、台湾地区的中小物流企业进入内地物流市场的速度加快,给国内传统的运输与仓储企业造成很大压力。因此。2003年将有更多传统的运输与仓储企业加快向第三方物流转变,利用自己的优势,扩大客户群,提升市场竞争力,与国外和境外的物流公司合作或开展竞争。转变的关键在于能否将传统物流业务进行整合、延伸和提高,创造新的商业模式。因此对于物流企业来说,2003年应该是一个整合年,我们将特别关注传统物流企业之间的联合、连锁和业务整合、创新的尝试。

(四)物流需求将首先从部分行业释放

目前我国物流市场供应远大于需求,但这种局面随着部分行业对物流服务需求的增长,并对其他行业起到示范作用,而会逐渐得到改善。2003年物流业务外包的形势可能会好于上年。在工业生产和流通领域中,首先对物流有较大需求的是医药、烟草、家电、服装、汽车、日化、饮料、连锁等行业,特别是外商独资与中外合资企业,将首先释放物流需求。据《国际商报》主持的跨国公司物流服务需求调查报告统计,来华跨国公司物流外包比例高达90%左右。

(五)政府将继续大力推进物流产业发展

新的政府机构有利于物流业的统筹规划和协调管理,酝酿中的政策措施会更趋成熟。例如,国家发展和改革委员会正在研究、制定的中国物流发展业规划大纲与发展物流产业政策;国家质检总局和原国家经贸委计划设立全国物流标准化委员会;国家科技部将根据原有现代物流科研项目的进展部署后两年的滚动计划等等。此外交通运输、邮政、信息、商务等有关政府部门和一批地方政府也将会制定新的计划和政策,促进现代物流的发展和建设。

(六)高科技和信息化在物流业的作用更加受到重视

其中包括信息数据资料的应用以及现代信息技术、高科技的应用两方面,在2003年可望见到新的进展。例如,物流与采购业的统计信息体系的建设；新的企业信息系统优秀应用案例将产生更大的影响；建立物流信息平台将成为物流业投资的重点之一；在运输、仓储、装卸、加工、整理、配送、车辆调度、路径选择等诸多方面将更多地采用信息技术。与此同时，物流的标准化建设也将会取得实质性的发展。

（七）物流人才教育工程进一步启动

1.学历教育。2003年，开设物流专业或专业方向的学校将继续增加；国内一些大学与国外大学合作开办物流专业，开始或继续在国内招生；教育的层次在提高，过去院校培养的大多是物流专业的本科生，2003年将招收和培养更多的硕士和博士生，有的企业将建立博士后工作站。

2.非学历教育。证书培训方式会明显增加，如中国物流与采购联合会引进了世界贸易组织下属的国际贸易中心的“采购与供应链管理”证书教育项目，2003年将开始招生。在执业资格认证培训方面，中国物流与采购联合会将配合劳动部制定物流师国家标准，2003年将开始物流师的执业资格培训。一些大学、咨询机构将尝试与国外大学或其他机构合作，进一步介入物流证书和执业资格认证培训领域。预计2003年物流业培训市场的竞争将更趋激烈，市场管理有待加强与完善。

（八）物流基础设施建设仍将是投资重点

2003年，我国物流基础设施建设将继续受到关注。除了国家仍将把物流基础设施建设作为投资重点之外，民间资本与外国资本也将把物流业作为投资的新方向，因此其投资主体将呈现多元化趋向。物流装备也将受到重视，提高物流装备技术水平已成为物流业发展的重要组成部分。

历史的发展总是有迹可循的。当我们在展望2003年的物流发展前景时，相信上面这段文字一定会化作色彩斑斓的现实画卷。

（撰稿：中国物流与采购联合会）

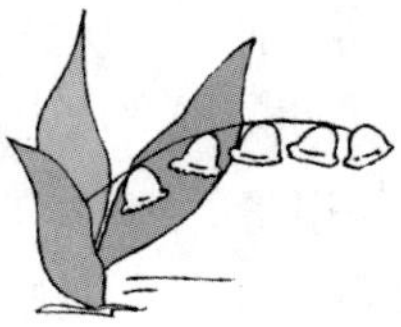

第二部分

物流行业

运输物流

综合运输

2002年，我国因继续实施积极的财政政策，国民经济保持了快速增长，特别是对外贸易增长加快，进出口贸易总额突破6 000亿美元，并以吸收500多亿美元外商投资的成绩成为全球最大的外资直接投资国。在经济获得较大发展的背景下，作为对经济运行提供服务支持的货物运输，也因此得到了较快发展，其突出的特点表现在如下三个方面：

一是各种运输方式的运输需求均较旺盛，使得货物运输量继续保持良好增长势头。

二是沿海主要港口在外贸、内贸的双重驱动下，总体上保持了两位数的增长率，亿吨大港增加到7个，且上海港以2.6亿吨吞吐量位居全国第一、世界第三。

三是货物运输效率得到较大提升，平均运距继续延长和运输收入得到增加，快递等运输代理服务行业在竞争激烈的市场中脱颖而出，新的货运服务体系正在形成。

一、运输总量的持续增长和结构的合理调整，为物流的发展创造了条件

2002年，全国各种运输方式完成货物总运量近150亿吨，在经济持续快速发展的背景下，实现了持续增长。从总运量的增长构成看，航空、水运和铁路运量的增长较为显著，特别是地方铁路在铁路运输量增长中的贡献较大，地方铁路在经营运作机制上的优势开始得到一定程度的发挥。从全国货物运输量的增长结构分析，航空货运及快递的发展导致了航空运量的增长，外贸的突破性发展和内需拉动的煤炭、原材料运输需求的旺盛，是水运量增加的主要动因，运量的这种变化特征，充分反映了高效率、低成本运输方式和服务的发

表1　**2002年全国各种运输方式完成货物运输量情况**

统计指标	单位	2001年	2002年	增长率(%)
1.货物总运量	亿吨	140.12	147.14	5.0
铁路	亿吨	19.26	20.42	6.0
其中国家铁路	亿吨	17.86	18.69	4.6
公路	亿吨	105.36	110.60	4.7
水运	亿吨	13.28	14.10	6.3
航空	万吨	171	202	18.1
管道	亿吨	1.94	2.00	3.0
2.货物总周转量	亿吨公里	47 590.90	49 387.00	3.8
铁路	亿吨公里	14 575.12	15 477.00	6.2
其中国家铁路	亿吨公里	14 249.80	15 078.00	5.8
公路	亿吨公里	6 330.40	6 704.00	5.9
水运	亿吨公里	25 988.90	26 481.00	1.9
航空	亿吨公里	43.72	51.50	17.8
管道	亿吨公里	653	673.00	3.1

展潜力,与现代物流的发展规律相吻合。

在各种运输方式的运输周转量中，公路和铁路运输的周转量均明显快于运量的增长，反映出其平均运距增长较快，这与高速公路建设取得的里程增长、铁路提速后的运输效率提升是一致的，从而使运输在效率基础上的分工得到加强，综合运输系统的运营效率得到提高。同时,水运的周转量明显低于运量的增长幅度，表明沿海及内河水运的市场竞争能力增强，水运的低成本优势在分工中得到体现。

货物运输在运量和周转量上的变化特点和趋势，进一步反映我国货物运输结构的调整步伐加快，各种运输方式的分工正在朝着合理的方向发展，为现代物流发展创造了良好的运输服务条件和环境。这种符合物流运作特点和效率需要的运输结构调整，将为我国现代物流的发展营造良好的运输平台条件。

二、运输代理及服务市场竞争激烈,发展潜力将得到挖掘

2002年，是我国加入 WTO 后承诺逐渐开放运输代理服务市场的第一年，运输代理市场打响了前哨战。按照承诺,我国在 2002 年和 2005 年分别允许外资占合资企业多数股份和全资拥有子公司,合资企业经营 1 年以后可以建立分支机构。除邮政部门专营的服务外，外资企业可以涉及国内一种或多种运输方式的递送服务。对于外资货运代理公司，在其第一家合资公司经营满 5 年后可以建立第二家合资公司。按照承诺，在中国加入 WTO 后的两年即 2003 年后，此项要求将被减至 2 年。这种政策上的变化,使国内、国外企业均提前开始了市场的角力。

从 2002 年的形势分析,企业在运输代理市场的激烈竞争，突出表现在对快递业务开发的竞争上,然后延伸至其他运输代理业务领域。

首先是快递业务。2002 年 4 月 15 日,一份由包括中外运——敦豪、中外运北空——UPS 在内的多家合资快递企业联合署名的意见书，被紧急呈交国务院相关领导和行业管理部门及协会。焦点是请求立即停止或暂缓执行国家邮政局 2 月 4 日发布的《关于贯彻信息产业部等部门有关进出境信件寄递委托管理文件的通知》，即邮政 64 号文件，并对政企合一的国家邮政局对快递行业的主管权提出异议。尽管这场争论尚无结果,但从外资快递企业的发展历程看，出现这一争议的核心在于，我国物流领域的行业管理体制不顺和管理部门不明确,以及相关的法律法规尚未能与 WTO 接轨,表面看 1986 年出台的《邮政法》和 1995 年外经贸部发布的《中华人民共和国国际货物运输代理业管理规定》似乎对国际货运代理企业从事除私人信函外的国际快递业务已很明确。但是,一旦这些企业在国内大规模开展经营,交通、铁路、民航等行业管理部门的管理均是不可逾越的。这些部门在法规、管理上的衔接和配合,若没有相适应的新的法规,要实现市场开放,就不仅仅是快递和邮政的关系问题了,困难可能会更大。因此,行业内的企业对 2003 年相关法律、法规的调整期待应是正常的。

其次,作为开放的试点,部分省市在运输服务领域的开放正在加快。外经贸部(现商务部)明确广东开展外商投资物流业试点工作,江苏、浙江两省及北京、天津、重庆、上海、深圳等直辖市和经济特区也同步开展了试点工作。按照外经贸部通知规定,将允许境外投资者采用中外合资、中外合作的形式投资设立外商投资物流企业，允许境外投资者采用中外合资、中外合作形式投资经营国际流通物流、第三方物流业务。通知指出,境外投资股份比例不得超过 50%,经营期限一般不超过 20 年。申请设立外商投资物流企业的投资者必须具备如下条件：设立的外商投资物流企业注册资本不得低于 500 万美元；有从事所经营业务必须的营业设施。投资者应至少有一方具有经营国际贸易或国际货物运输或国际货物运输代理的良好业绩和运营经验，符合上述条件的投资者应为中方投资者或外方投资者中的第一大股东；拟设立从事第三方物流业务外商投资物流企业的投资者应至少有一方具有经营交通运输或物流的良好业绩和运营经验，符合上述条件的投资者应为中方投

资者或外方投资者中的第一大股东。

外经贸部决定进行市场开放的试点政策是积极的，但鉴于物流服务涉及运输、仓储、运输代理服务等诸多领域，这些领域的行业部门包括铁路、交通、民航等，如何协调行业的市场准入及管理，相信是下一步发展的焦点所在。由于外经贸部的文件下发于2002年的下半年，产生作用要等待一些时间，无论过程如何，物流业相关的运输代理与服务领域将进入激烈的市场竞争无疑是2003年的热点，将使处于相对落后的运输代理及服务行业的发展潜力得到挖掘。

（特约撰稿：国家发展和改革委员会综合运输研究所副所长　汪　鸣）

铁路运输

一、铁路物流的基本情况

十五大以后的五年来，铁路执行党中央、国务院关于加快基础设施建设、拉动国民经济发展的重大决策，掀起了跨世纪铁路建设高潮。铁路“九五”计划和1998–2002年发展计划全面完成。5年累计完成铁路全行业基本建设投资2 780亿元，年均完成556亿元，比前5年增加近千亿元，增长55%；累计新开工建设大中型项目51个，建成投产53个，投产新线6 000公里、复线4 600公里、电气化铁路5 800公里，是建国以来投资规模最大、新开工及建成投产项目最多的五年。南疆、内昆、西康、神延、梅坎、邯济、水柏、朔黄线，萧甬、株六、宝成、蓝烟、新菏兖日、京九南段复线，成昆、武广、哈大、包兰电气化以及芜湖长江大桥等一大批有影响的重大项目建成投产；秦沈客运专线和粤海铁路通道火车轮渡工程顺利开通。2002年完成建设投资600亿元，投产新线1 754公里、复线505公里、电气化铁路965公里。到2002年底，铁路总营业里程达到71 500公里，比1997年增加5 530公里。目前，我国铁路营业里程居世界第三，亚洲第一。实施西部大开发战略，铁道部把西部铁路建设作为路网发展重点，研究制定了“十五”期间西部铁路建设专项规划，安排投资1 400亿元，加大了西部铁路建设力度。青藏铁路自2001年6月29日开工建设以来，工程进展顺利、质量良好，在解决多年冻土、环境保护和卫生保障三大难题上取得了可喜成果，已累计完成投资65亿元。我国铁路无论是数量还是装备水平都上了一个新台阶，铁路网规模进一步扩大，路网结构得到优化，主要运输通道能力有了较大提高，改变了铁路运输生产力严重不适应社会经济发展的状况。

客货运输指标不断刷新，运输经营实现扭亏增盈。面对市场竞争日益激烈、运输经营亏损的严峻现实，铁路以转变观念为先导，加强市场营销，开拓运输市场，努力增运增收。在注重市场调查的基础上，按照市场需求优化运力配置，调整列车运行图，开发了一大批适销对路的运输产品；相继实施了“百点计划”、“双30条”，开展了整治“绿皮车”和“客运服务质量年”活动，提高了客货运输服务质量，增强了市场竞争能力。客运量止跌回升，旅客周转量、货物发送量、货物周转量连续五年实现较大幅度增长，不断突破历史记录；运输收入连续创历史新高。2002年完成货物发送量18.6亿吨、货物周转量14 980亿吨公里、旅客周转量4 830亿人公里，比上年分别增长4.1%、5.1%和4.2%，比1997年分别增长14.9%、14.8%和36.3%。

大力实施提速战略，铁路焕发出新的生机与活力。铁路把提速作为提升市场竞争能力、加快铁路市场化进程的重大战略，先后进行了四次大面积提速，形成了“四纵两横”的提速网络，提速延展里程达到13 000公里，覆盖了全国大部分地区和主要城市。列车速度普遍提高，与1997年提速前相比，客车平均旅行速度提高25%，特快列车最高时速从120公里提高到140–160公里，广深线客车最高时速达到200公里，秦沈客运专线试验列车创造了时速321.5公里的新记录，从根本上扭转了我国铁路列车速度长期在低水平徘徊、不适应市场需求的局面。提速带动了运输产品结构的调整和优化，先后开发出夕发朝至列车、快速列车、城际列车、旅游列车、行包专列、集装箱专列、“五定”货物班列等适应市场需求的新产品，大大提升了铁路运输的市场竞争力。提速带动了设备基础、技术基础、管理基础的加强和技术进步的加快，提速线路设备质量跃上了新台阶，一大批功能先进的提速机车车辆投入运用，运输组织管理水平进一步提高。提速战略的成功实施，发挥了巨大的效应，使世纪之交的中国铁路在迎接市场竞争挑战中焕发出了前所未有的生机与活力。我国铁路已经成为世界上完成铁路运输工作量最大的国家之一，是运量增长最快、运输设备利用效率最高的国家。

二、铁路发展现代物流的必要性

（一）铁路作为国民经济大动脉，在现代物流体系建设和发展中举足轻重

铁路运输是重要的交通运输手段，铁路发展现代物流，有助于降低物流成本占 GDP 的比重，从而为国民经济发展做出重要贡献。

（二）培育和服务铁路运输核心竞争力的需要

有利于细分铁路服务市场，实现专业运输与综合物流服务的分离，有助于铁路运输企业专注于改善运输服务水平，提高服务质量，从而以核心竞争力在运输市场中赢得优势地位。

（三）应对多种运输方式竞争的需要

铁路发展现代物流，一方面，能够更好地为用户提供契约式的综合物流服务，从而可以吸引更多的用户选择铁路运输方式。另一方面，基于与铁路运输企业的天然联系，铁路物流企业在策划综合物流方案时，势必首选铁路运输，从而会扩大铁路运输市场的份额。

（四）培育新的经济增长点的需要

现代物流依靠整合物流资源，为用户提供一体化的解决方案创造增值，其利润空间远比单纯依赖运费或仓储费用增收的潜力要大得多。铁路发展现代物流产业，势必要对运输、仓储、货代、配送等环节的资源进行优化整合，显然，这有利于培育新的经济增长点。

（五）发展现代物流也是应对加入 WTO 后市场竞争的必然选择

根据“中国加入世界贸易组织的法律文件”，我国的分销服务、运输服务及仓储、货运代理等服务已开始对外开放。外资携资本、技术、管理等优势进入铁路运输业，对铁路物流的发展形成严峻挑战。事实上，总统轮船、马士基、东方海外三菱、美集等国际物流公司已经在中国开辟了运输、仓储和货运代理服务，并筹划着进一步发展。

三、铁路发展现代物流产业所具备的优势、劣势分析

（一）优势

铁路历来是各类生产、生活资料集散和运输的主要渠道，以其运能大、成本低、全天候和安全、节能、污染少等特点，在物流业务开展上拥有独到优势。铁路发展现代物流产业所具备的优势，还体现在规模、网络、技术、资金、渠道、人员、硬件设施和信息系统等方面。

1.铁道部高层重视发展现代物流。铁路第十个五年计划提出，要积极推进、重点发展运输代理、物流配送等产业。中铁快运、中铁联合物流、中铁现代物流等第三方物流公司相继组建。铁路连续四次大面积提速。这为铁路发展现代物流奠定了思想上、组织上和技术上的重要基础。

2.具备覆盖全国主要地区规模庞大的储运网络。铁路系统拥有 200 余家储运基地，有着线长、点多、面广的特点，且分布在各中心城市、主要工业产区、重要港口口岸，货运集散地也遍布全国各交通枢纽。由物流业自身的特点所决定，物流（配送）中心设置在城市郊区交通便利的地方比较合适。而铁路企业拥有的储运资源大多分布在大中城市郊区，且有强大的铁路运输支持，具备成为区域或城市物流中心的条件。

3.协作能力强。铁路运输实行统一调度，高度集中，网络运输能力强、运输成本较低，铁路企业间的整体联动性很强，适宜开展网络物流和远程物流，在网络性、联动性和专业性等方面具有物流综合优势。铁路物流系统与运输部门关系密切，便于以快捷地为顾客提供仓储、加工、运输、理货、配送等“一条龙”服务，便于涉及一体化的物流解决方案。

4.储运设施建设比较完善。由于铁路系统物资消耗需求量大，后勤保障要求高，对铁路储运设

施的投资建设较为重视，各铁路材料厂、货场的多类型仓库、料场、码头、铁路专用线等配套齐全。配置的门吊、桥吊、叉车等物流设备基本可满足多种物资的储存、装卸、运输和其他作业要求。

5.有稳定、广泛的用户资源网络。铁路企业与国内外数以万计的厂矿和用户保持长期协作关系，为进一步开展物资配送创造了良好的市场基础。

6.初具信息网络的软硬件基础。铁路系统在现代化通讯、计算机设备联网上具有较强的优势。已投入使用或正在开发、完善的铁路通讯系统、铁路运输管理信息系统(TMIS)、运输调度指挥管理系统(DMIS)、以物流运作为主要功能的中铁物流网等信息系统，为铁路从高端切入现代物流提供了较高起点的优势和条件。

7.有严密的管理制度和扎实的管理基础。铁路实行专业归口管理，在长期的储运实践中，形成了较为完整的管理规章、制度和办法，以部标制定了全路仓库管理标准和业务流程。物资总公司系统企业还全部通过国际质量体系 ISO9000 认证，使物资供应、物流服务质量和服务承诺处于全面受控状态。

8.较为优秀的物流团队。长期为铁路供应服务的物资系统，积累了一批从高等教育到专业技术院校培育的，拥有较高素质的物流管理和专业技术人才。

(二)劣势

但也应该看到，铁路企业是典型的国有企业集群，多年大一统的惯性运作和纵向一体化的管理，难以避免地存在着封闭的以我为主的思维模式，在认识上、体制和机制上对发展现代物流产业还存在一些问题，甚至是制约因素。主要是：

1.认识差距。简单认为铁路运输或仓储的延伸服务就是物流，没有理解现代物流应该是对涉及物流的运输、储存、装卸、包装、流通加工、配送、信息处理等基本功能实施有效整合，为用户提供一体化的物流增值服务。对现代物流理念理解不到位，直接制约了铁路发展现代物流产业的战略规划和发展水平。

2.体制制约。受管理体制制约，铁路系统内部形成了部门间行政壁垒，条块分割，铁路货代与物流相关企业缺乏协作，网络和信息的平台优势难以发挥，一站式服务不能开展。

3.物流设施技术水平和标准化程度低。尽管铁路拥有规模庞大的物流设施设备，但其配置由于历史原因，并不能完全适应发展第三方物流的需要。

4.服务差距。目前主要提供运输、仓储或快送服务，只能完成局部的物流服务，而不能提供有关咨询、计划及全过程的集成物流服务。此外，物流作业效率、反应速度、服务意识、服务水平也有待进一步提高。

5.人员方面的差距。从事现代物流产业的专业技术人才缺乏，特别是操作层面更显突出。此外，作业层物流从业人员的业务素质普遍不高。

四、铁路涉及物流运作的业务类别

铁路各类企业利用不同资源，产生了各有侧重的 7 种与物流相关业务：

基于干线运输的各铁路局(运输企业)。运输是铁路企业提供的最基本的功能模块。近年来，为适应不同运输市场需要，开行了“五定”班列、大宗货物直达列车、行包快运专列、鲜货物资快运列车等高附加值运输服务项目。

基于专项品种运输的集装箱运输、特货运输等专业运输公司。

基于货运代理的中铁联合物流等货代公司，主要由北方部分路局下属企业联合组建，能部分组织铁路运输代理，并开始联合公路、航空等进行多式联运的尝试。

基于快运业务的中铁快运等。主要侧重于干线末端的城市快递业务。

基于仓储的物资总公司系统、铁路局系统以及材料厂总厂或材料厂。各路局的物资储备基地近几年，在对内服务的同时，也在开展对外仓储服务。

基于集装箱运输和特种货物运输业务的组织机构和企业。铁道部设有中铁集装箱运输中心和中铁特种货物运输中心，此外，还有像兰州铁路局集装箱公司及兰州、银川、西宁铁路分局集装箱中心与加拿大太平洋铁路公司共同组建了兰州捷时特物流有限公司。

基于综合性、一体化物流服务的中铁现代物流科技股份公司等。中铁现代物流科技股份公司是中国铁路物资总公司为主发起人，联合北亚股份、大连机车车辆厂、广东亿康科技有限公司、东方科仪集团公司、铁道部科学研究院、铁道部电子计算机中心发起设立的股份有限公司，目前已进入上市辅导期，是以现代物流理念为宗旨，发展第三方物流，兼具第四方物流功能。

五、中国铁路物流发展构想

（一）可选择模式

物流发展已经和正在经历着这样的轨迹：传统物流→全程物流→协同物流→智能物流。铁路如何发展现代物流产业，大体可以归为这样几种模式：

维持现状，放手各种物流类业务自由发展；

渐进发展，先由传统物流向全程物流和协同物流迈进；

整合所有物流类资源，全盘推进发展现代物流；

优势资源整合，构建超大型的专业化物流产业集团。

（二）定位

综合分析国际经济一体化的市场状况，观察现代物流发展的趋势，结合我国铁路行业的现状，我们认为，铁路发展现代物流产业，应该把握机遇，实施进攻型策略，实现跨越式发展。故应明确定位：

以全球化范围为目标市场；

以资本为纽带；

以立体化的发展战略为根本；

以智能化为特征；

以多式联运为主要形式；

以依托和服务于铁路运输核心竞争力为特色；

以打造世界知名的标志性物流集团品牌为载体。

（三）具体构想

整合主要物流业务和适量优质资产，从提供的物流服务层面上，直接切入协同物流和智能物流，着力打造实力雄厚、服务特色、信誉卓著、品牌著名、富涵文化底蕴、世界知名的超大型专业化物流产业航母——中国铁路物流产业集团。

中国铁路物流产业集团是基于提供第三方综合物流服务的专业化物流产业集团，由三大功能模块重组构成：

物流配送。以中铁快运有限公司为主，整合全路小件货物特快专递及相关配送业务的运输企业，承担城市末端物流配送及货物集散功能。

货运代理。以中铁联合物流有限公司为主，整合全路范围内的货代公司，广泛开展一站式物流服务，扩大铁路运输市场份额。

第三方、第四方物流功能。可由中国铁路物资总公司牵头，对中铁现代物流股份有限公司、中铁集装箱运输中心、中铁特种货物运输中心进行整合，挖掘大型客户，依托铁路集装箱运输组织优势开发多式联运和跨国物流，扩大特货运输业务，形成稳定铁路货物流并促进货流量的大幅度增长。

（四）铁路物流产业整合方式

中国铁路物流产业集团的组建，应该侧重于业务重组和业务流程再造，适当吸收优质资产，而非资产聚合。对铁路现有物流存量资源特别是资产资源，如果不加区分地采取整体划拨的方式，势必会给物流产业集团的发展背上沉重负担。而注重主要业务重组和适量优质资产组合再造，有助于迅速造就一个竞争力强大和生命力活跃的现代物流企业集团。

整合方式，主要通过资产、业务、人员、债务的重组。组建后的物流产业集团，在广泛开展智能化综合物流服务的同时，还可以充分利用旗下中铁现代物流股份有限公司上市的直接融资平台，并可积累经验，筹划物流产业集团的整体上市，进一步实施资本运作，快速扩张，建成覆盖全国的现代物流配送网络体系，实现铁路物流产业的跨越式发展。

应该说明的是，物流产业集团的构想方案是一个整体方案，应分步操作和实施。

（五）铁路运输企业与物流产业集团的互动

应该充分注意，铁路运输企业属于专业化的运输公司，而非复合化公司，在发展现代物流产业的过程中，如果形成铁路运输企业整体向现代物流转向的认识误区，难免顾此失彼，最终会影响铁路运输核心竞争力的提升。

对功能性物流和综合性物流分离后，铁路运输企业集群与物流产业集团之间，可以通过资本和业务为纽带，设计一套利益共享、业务互动的战略联盟伙伴关系。只有科学实现铁路运输功能性物流与物流产业集团从事综合性物流功能的分离，并处理好二者关系，才能形成铁路物流产业与铁路运输企业的良性互动，共存共荣，双赢发展。

（六）发展铁路物流产业需要相关的配套工作

铁路发展物流产业需要运输能力的有效支持和运输企业的密切配合。提供快速、安全、优质的大流量运输，是铁路运输企业的核心竞争能力所在。快捷、准确、安全的货物运输，也是铁路物流企业提供高质量物流服务的重要保证。铁道部如果能在以下诸方面进行规划、指导、协调，对于发展铁路物流产业必将起到积极的促进作用：

制定铁路物流基础设施建设规划，新增、改造既有铁路线路设备、货场、仓库、装卸机械和信息系统等硬软基础设施，调整布局，优化功能，提高物流实现能力。

依托快速客运网，加快快速货运网建设，优化运输组织，加快货物列车提速。

简便货运办理手续，实现货物列车客运化。总结行包专列、“五定”班列的成功经验，加开运行范围更广、形式更多样的快捷货物列车，提高货运效率。实行一票到底，门到门运输，满足向用户提供JIT物流配送的需要。

提高货车修造质量，提高货运装载安全系数，确保快速货运安全，降低货损率。

加快物流标准化建设。推行国际统一的物流技术标准，加强与交通部制定的公路、水路等其他运输方式的物流建设规划衔接，做到标准一致，接口顺畅。铁路运输还应重点发展与港口的衔接，构筑与海陆空联合的立体“大交通”格局。

建设高效的物流信息平台。加强TMIS、DMIS、PMIS、ATIS、OMIS等多个管理信息系统的协同建设，实现系统间的兼容，资源共享。尽早在铁路建立和推广使用建设计算机辅助采购及物流支持系统(CALS)。在这方面，物资总公司开发了中铁物流网和铁路招标采购平台并投入试运行。

推广使用BAR、EDI、GPS、GIS技术，建立铁路快速货运信息系统，对铁路快速货运全程追踪，实现运输企业货物位移信息与物流信息系统的数据链接互动。

（七）发展铁路物流产业的难点

铁路整体改革方案未出台。铁路发展物流产业属于业务层面方案，宜与铁路总体改革方案互动，通盘考虑。

铁路局不是规范的公司制企业（与构思中的物流产业集团互相持股方案设计上存在接口困难），目前只能以资产划拨量化方式替代；

重组涉及主体过多，牵涉集团利益面广，造成资产重组难度大；

对物流理念认识不一，可能导致重组方案存在诸多不确定性；

路用土地资源未能在2000年国家出台新的土地使用政策前进行处理，导致企业改制时土地使用成本大幅度增加。这可能会成为下一步铁路推进国企改革的一个障碍。

（特约撰稿：中国铁路物资总公司
党委书记、总经理　齐晓敏）

公路运输

2002年，对公路交通行业发展的影响主要有三方面。一是我国经济发展不断攀升，增速达到8%，国内生产总值首次超过10万亿元。经济规模的扩大，使公路运输生产始终保持在全负荷运转状态。二是我国继续实施积极的财政政策，增加国债发行，加强基础设施建设，特别是民间和外资的不断进入，使基础设施在数量上和质量上都有了质的飞跃，新增高速公路里程5 000余公里，全国高速公路里程突破2.5万公里。三是现代物流理念的引入，使公路运输市场、运输组织方式等首次发生了结构性变化。这三方面的影响，使2002年的公路交通行业生机焕发。

一、网络建设规模扩大、质量提高

（一）路网规模扩大、技术质量提高

2002年，是我国公路建设史上十分重要的一年，公路“十五”计划全面启动。在积极财政政策的支持下，全面加强了国道主干线系统、西部省际通道和通县油路工程建设，公路建设保持了良好的发展势头，规模继续扩大，质量不断提高。实现了所有省会城市和大中经济城市及旅游城市之间的高速公路联系，为公路运输业的发展提供了根本保障。（见表1）

2002年，交通部重点公路工程建设项目年内竣工投产的有64项，新增公路里程5万多公里，其中高速公路5 000多公里。在2002年通车的重点工程中，基本上是以京珠、同三高速公路等国道主干线项目为主要内容，这些项目的建成加快了国道主干线路网布局的形成。

2002年，国家决定实施西部通县公路建设工程，工程项目共有252个，总里程26 098公里，其中一级公路5 270公里，二级公路5 270公里，三级公路13 304公里，四级公路7 479公里，总投资310多亿元。一年来，公路建设完成了预定目标，投资完成260多亿元，为我国西部大开发战略的实现做出了贡献。

表1　**2002年全国公路里程表**　单位：万公里

指标名称	2002年	比上年新增	指标名称	2002年	比上年新增
全国公路里程	176.5	6.7	全国公路里程	176.5	6.7
其中：高速公路	2.513	0.5693	其中：高级路面	28.8644	3.6169
一级公路	2.7468	0.2254	次高级路面	43.3244	1.3539
二级公路	19.7143	1.5041	中级路面	43.7581	－0.1233
三级公路	31.5141	0.6515	低级路面	44.2321	0.7425
四级公路	81.8044	1.7379	无路面	16.3432	1.1312

（二）场站建设成绩显著

传统意义上的公路货运场站建设，近几年被新兴的复合产业——现代物流中的具有多功能、高效率的物流基地（中心）所取代。交通部制定的45个公路主枢纽项目，在实施过程中，也加入了物流的机理。

2002年是我国现代物流产业从概念到规划再进入实践的一年，也是物流基地（中心）投产竣工最多的一年，全国共建成大小物流基地（中心）上百个，其中具有较大规模的综合性物流基地约占1/3。体现了公路运输行业在改进服务质量、提高运输效益并与其他交通运输方式协调配合方面身先例行。

二、公路货运平稳发展、结构发生变化

公路运输在近年来基础设施及运输装备不断改善提高的条件下，随着运输车辆更新步伐的加快，运力结构的调整，运输市场的不断规范，促使公路货物运输生产在2002年保持着稳定增长的良好势头。2002年，全社会公路货运量共完成107.23亿吨，货物周转量共完成6 554.88亿吨公里，分别比上年增长4.7%和6.1%。同时由于高等级公路里程的不断延伸和路网规模的扩大，物流理念的深入操作，干线区域分拨中心的逐渐建立，公路运输的结构有所变化。大城市间长距离的快速货运和城市内部的配送发展迅速。平均运输距离有所延长。2002年货物平均运距达61.1公里，比上年增长2%。公路货物运输在交通运输市场中的比重达到76.7%，与上年基本持平。

三、运输市场发生结构性转变

道路运输市场是一个整体开放程度很高的行业，在“有路大家行”的方针指导下，国家、集体、个体一起上，在特定的历史条件下，为中国的经济发展做出了贡献。但随着经济的发展，行业内企业普遍存在的多、小、散、弱的问题，很难达到规模化和集约化经营，很难提供优质、良好的服务。尤其是我国加入了WTO后，道路货物运输是我国承诺开放较快的行业，外资企业挟先进的技术、充足的资金及丰富的经验进入我国，必将会对我国的公路运输企业带来冲击。在这种危机感召下，公路运输企业充分认识到了这一点。2002年，公路运输市场变化较大，各地中、小运输企业纷纷转型和合并，成立有一定规模的物流公司，发展公路快递业务，争取在激烈的市场竞争中站稳脚跟。2002年新成立的物流公司中“翻牌公司”有所减少，真正提供物流服务的新型物流公司迅速成长。

四、运输工具更新加快

随着我国经济的快速发展，产业结构的调整及产品的升级换代，公路运输的运力结构也发生了较大变化。特别是近年来高速公路的发展和物流概念的引入及对环保的重视，使得公路货运区域性运输和速递业务快速发展，公路运输车辆向两极发展。一是向大型化、专业化发展，以适合公路长距离快速运输需要；二是向小型、轻型、环保车发展，以适应城市速递业的要求。

表2　**2002年全国公路运输货运车辆**　单位：万辆／万吨

指标	车辆	比上年新增	吨位	比上年新增
普通载货汽车	536.8	27.56	1 808.4	74.9
其中：大型汽车	183.5	-2.6	—	—
专用载货汽车	16.5	3.9	—	—
其中：集装箱车	3.3	0.7	—	—

五、政策法规

交通部在2002年初发布的《道路运输业发展规划纲要（2001——2010年）》中指出，我国道路运输业将大力发展现代物流，加快货运企业生产经营方式的转变。《纲要》要求各级交通主管部门要按照交通部等六部委制定的《关于加快现代物流发展的若干意见》和交通部《关于促进运输企业发展综合物流服务的若干意见》，加强对现代物流发展的指导，引导道路运输企业发挥自身优势，扩展仓储、配送等运输功能和服务范围，建立和完善快捷准时、经济合理、用户满意的社会化、专业化、现代化的物流体系，要推进道路运输企业与生产

制造企业、商业营销企业及铁路、水运、航运等运输方式的协调与合作，促进大型道路运输企业向物流企业的转化，实现货运企业生产经营方式的转变，向规模化、专业化、网络化发展。

六、发展方向

2003年是我国实现“十五”计划的关键年，国民经济与社会发展将继续保持高速增长，从宏观上对公路交通行业的发展提出新的、更高要求，同时也为其发展提供强大的动力和广阔空间。

国家将继续实施积极的财政政策，继续把基础设施的建设作为重点，公路建设将在国道主干线、西部通道及农村公路建设上有大的作为，相信公路基础设施在质量上、数量上、成网性上必有一个大的飞跃。

由于经济的快速发展，路网结构的建成，高速公路收费系统的改革，公路运输在长距离、跨区域的运输中的作用越来越大，道路运输生产形势必将继续向好的方向发展。

由于对 WTO 的承诺，2003 年公路运输市场的竞争会更加激烈，也是占领运输市场份额的最后时刻。我国物流企业将从混乱状态逐渐向在专业领域与竞争对手一争高低，市场的细分原则将使有实力的企业找到自己的强项领域。外资物流企业将在这一年大举进入我国，他们在物流专业化市场方面已呈现出强势。

（特约撰稿：国家计委综合运输研究所副研究员　孙　炜）

2002年中国公路货物运输量

	货运量（万吨）		周能量（万吨）	
	自年初累计	累计为去年同期（%）	自年初累计	累计为去年同期（%）
全国总计	1 066 001	104.5	65 115 107	106.6
北　京	27 880	88.5	838 984	101.4
天　津	18 243	93.6	660 946	97.0
河　北	66 301	106.4	6 363 142	105.3
山　西	64 352	105.3	3 220 721	112.1
内蒙古	37 618	103.0	2 339 782	104.7
辽　宁	62 530	99.7	2 188 104	97.2
吉　林	24 514	104.9	923 265	107.7
黑龙江	40 675	100.3	1 664 041	103.2
上　海	29 629	105.2	599 716	101.7
江　苏	59 987	97.2	3 494 448	102.9
浙　江	63 971	116.5	2 874 841	105.6
安　徽	34 557	88.2	2 673 437	115.9
福　建	23 795	101.6	1 911 951	101.4
江　西	20 412	107.7	1 548 599	110.3
山　东	90 481	108.1	4 682 615	111.0
河　南	52 431	102.8	3 746 823	93.4
湖　北	28 944	102.4	2 243 909	107.4
湖　南	40 652	93.4	3 555 680	110.1
广　东	64 815	117.0	4 729 628	111.8
广　西	24 343	120.1	2 168 102	118.2
海　南	5 304	102.3	509 849	102.7
重　庆	26 458	113.5	861 290	120.4
四　川	45 031	105.0	1 977 545	106.0
贵　州	11 600	97.7	683 710	99.4
云　南	34 917	107.8	2 238 239	101.6
西　藏	184	144.4	185 105	132.6
陕　西	18 488	93.2	1 950 755	103.7
甘　肃	20 065	98.2	1 193 672	104.8
青　海	4 201	102.7	372 629	99.5
宁　夏	4 903	117.6	610 538	105.6
新　疆	18 723	108.3	2 103 038	112.6

（资料来源:《2003 年中国物流发展蓝皮书》）

2002年全社会公路建设投资

	自年初累计完成投资额（万元）	累计完成为去年同期（%）
全国总计	30 720 041	120.5
北京	1 117 479	199.3
天津	337 311	109.3
河北	633 768	88.9
山西	762 011	75.2
内蒙古	1 100 933	127.1
辽宁	754 324	100.9
吉林	689 470	106.1
黑龙江	818 224	104.5
上海	1 068 975	149.2
江苏	2 240 295	112.0
浙江	1 877 770	114.7
安徽	1 039 020	139.1
福建	1 273 544	129.9
江西	1 097 684	193.4
山东	1 783 550	154.7
河南	1 893 480	132.1
湖北	1 126 056	101.8
湖南	978 645	105.2
广东	1 570 044	93.0
广西	585 409	132.9
海南	66 581	64.7
重庆	852 974	151.3
四川	1 372 208	124.1
贵州	807 794	120.9
云南	1 011 776	107.6
西藏	297 255	213.9
陕西	1 151 992	120.1
甘肃	696 040	112.1
青海	660 651	160.0
宁夏	349 495	109.5
新疆	705 281	485.6

（资料来源：《2003年中国物流发展蓝皮书》）

水路运输

2002年，在国民经济与对外贸易的快速增长的背景下，我国水上运输业受投资规模扩大、外贸进出口大幅增长等因素的积极影响，基本保持平稳运行的态势，水上运输生产、港口生产、水运装备及设施建设都有长足发展。

一、水上运输生产

（一）基本情况

2002年，水上货运需求上升，水上货运生产又有新的增长。根据全年水上运输生产和固定资产投资的实际情况初步统计，截至2002年底，全国水上货运量共完成14.2亿吨，比上年同期增长6.8%，其中远洋运输3亿吨，沿海及近洋运输3.6亿吨，内河运输7.6亿吨；货物周转量共完成27 510亿吨公里，比上年同期增长5.9%，其中远洋运输21 733亿吨公里，沿海及近洋运输4 69亿吨公里，内河运输1 509亿吨公里。全年水运集装箱运量1 231万TEU，比上年同期增长16.5%，其中远洋运输935万TEU，比上年同期增长10.9%。

（二）主要企业

目前，国内水上运输的主力企业仍以大型国有企业为主，其中中国远洋运输集团公司、中国海运集团公司、长江航运集团和中国外运集团公司构成远洋、沿海和内河运输的骨干企业。

1.中远集团。作为我国远洋运输的核心企业，中远集团在国内航运企业中排名榜首，具有在区域及全球范围内开展各类运输及相关服务的强大能力，并正将其业务范围从传统的航运领域向其他领域全方位扩展。

截至2002年底，中远集团船队拥有各类船舶460艘以上，1 870余万载重吨，全年总运量近19 000万吨。中远集装箱船队拥有约120艘集装箱船，平均船龄不足10年，总箱位近24万TEU，全年箱运能力达到400万TEU。

2.中海集团。作为国内大型航运企业，中海集团主要服务于我国沿海及远近洋运输。截至2002年底，中海集团主营船队拥有各类船舶400艘，1 060万载重吨，中海集团的集装箱运输已形成了100余艘船、16万箱位的集装箱船队规模，开辟了40余条内外贸兼有的集装箱班轮航线。2002年全年总运量21 291万吨，其中集装箱运量达到280余万TEU。

3.长航集团。作为一个跨地区多元经营的企业集团，中国长航在长江干线和全国内河航运企业中均为最大企业，其船舶载货吨、客位数、主机功率分别占水系总量的40%左右，货运周转量占长江干线航运企业总量近70%，集团年货物运输能力达1亿吨。截至2002年底，长航集团拥有各类运输船舶1 837艘，载货吨299万吨，箱船33艘，箱位3 572TEU，2002年全年总运量9 005万吨，其中集装箱运量达到12.3万TEU。

作为我国航运企业的骨干企业，上述三家企业完成货运量和集装箱运量分别占全国水上运输总量的34.7%，水上集装箱运输总量的56.2%。此外，以开展租船运输业务为特点的中外运集团也是我国水运业的核心企业之一，截至2002年底，中外运集团船队全年箱运量达到400万TEU。

（三）基本特点

1.规模化、集约化的发展方向愈发明确。总体上看，国内航运企业发展进程中规模化、集约化趋势逐步加强，各大航运企业不但重视自身规模的扩大和专业化程度的提高，同时加强了各企业之间在业务领域与经营范围上的广泛合作，合资、合作与网络资源共享已成为许多企业业务经营的重要手段。

2. 技术进步在企业生产经营中的作用更加显著。2002 年各大船公司积极重视依靠现代化装备与管理技术提升服务效率与经营水平,船队现代化程度进一步提高,国内最大的中远集装箱船队已拥有 9 艘 5400TEU 位的超巴拿马型全集装箱船,其他航运公司也加快了船队现代化更新的脚步。

3.提高服务效率与服务质量逐渐成为企业经营的核心目标。随着企业经营理念和管理水平的不断提升,国内各大航运企业均采用不同方式,通过发挥自身优势扩展经营领域。其中以中远集团积极开展以内支线运输支持远洋运输的内程延伸服务和中外运集团利用其国内外庞大的货运代理网络和内陆运输力量开展的全程物流服务最具代表性。

二、港口生产

(一)基本情况

2002 年在我国外贸进出口持续增长的推动下,主要港口货物吞吐量始终保持着快速增长的良好势头,集装箱和外贸货物吞吐量继续保持着强劲的增长势头。根据不完全统计,2002 年全国港口完成货物吞吐总量 28 亿吨,外贸货物吞吐量 7.8 亿吨,分别比上年同期增长 16.6%和 18.4%。其中,沿海港口完成 17.2 亿吨,内河港口完成 10.8 亿吨,分别比上年同期增长 18.1%和 14.3%;完成集装箱吞吐量 3 721 万 TEU,比上年同期增长 35.4%,其中沿海港口完成 3 376 万 TEU,增长 36.7%,内河港口完成 345 万 TEU,增长 24.1%。全国沪、甬、穗、津、青、秦、连七个亿吨级大港持续保持着良好的增长势头,七港吞吐量占全国港口吞吐总量的 37.3%。

(二)基本特点

1.大型枢纽港口的骨干作用日益明显。2002 年主要港口完成货物吞吐量 21.6 亿吨,比上年同期增长 12%,完成外贸货物吞吐量 7.5 亿吨,比上年同期增长 15%,完成集装箱吞吐量3 400 万 TEU,比上年同期增长 27%。2002 年,上海港全年吞吐量完成 2.63 亿吨,创历史最好水平,比上年增长 19.2%。其中外贸货物吞吐量完成 1.06 亿吨,在吞吐总量中超过 40%,比上年增长 22.2%。在近两年货物吞吐量分别突破亿吨大关的广州、宁波、天津、青岛、秦皇岛、大连等六大港口,全年港口生产业绩大部分实现了两位数增长,在全国继续保持着领先地位,上海、深圳、青岛三港还进入了全球集装箱大港的前 15 名。

2.港口集装箱作业日渐壮大。2002 年,全国主要港口集装箱吞吐量突破3 700 万 TEU,增幅超过 35%。沪、深、青、津、穗、甬、厦、连等八个集装箱吞吐量超过 100 万 TEU 的港口共计完成集装箱吞吐量 2 918 万 TEU,占全国总量的 78.5%。其中,尤以上海港和深圳港两港增势迅猛,2002 年上海港全年集装箱吞吐量首次突破 800 万 TEU 大关,达 861 万 TEU,比上年增长 35.8%以上,居香港、新加坡和釜山港之后的世界第四大集装箱港。2002 年深圳,港首次突破 700 万 TEU 大关,达 762 万 TEU,比上年增长超过 50%,跃居世界第六。

三、水运装备与设施建设

(一)基本情况

2002 年以沿海枢纽港口和内河航道为重点的水运基础设施建设继续保持良好的发展态势。据交通部统计,截至 2002 年底,全国港口生产泊位数 3.36 万个,其中沿海港口生产泊位 3 822 个,万吨级以上泊位 700 个;内河港口生产性泊位 2.98 万个,万吨级以上泊位 135 个。2002 年,全国内河通航里程达 12.16 万公里,其中等级航道里程为 63 957 公里,占航道总里程的 52.3%,三级以上航道占航道总里程的 6.8%。2002 年,全国民用货运船舶拥有量为 20.3 万艘,5 705 万载重吨,船舶平均净载重量增长 8%;其中远洋船舶 2 337 艘,2 316 万载重吨,沿海与近洋船舶 7 987 艘,978 万载重吨,内河船舶 192 653 艘,2 412 万载重吨。

(二)发展特点

1.以大型现代化集装箱码头港口建设为核心

新一轮港口建设全面展开。2002 年大型集装箱泊位建设成就突出,新增码头吞吐能力 6 650 万吨,其中新增集装箱吞吐能力 196 万 TEU。上海港外高桥港区三、四期工程 6 个第 4 代集装箱泊位基本建成并部分投产，新增集装箱吞吐能力 65 万 TEU。正在建设中的上海洋山深水港区一期工程,含 5 个–15 米以上集装箱船舶专用泊位，并辅以跨海大桥和芦潮后方配套工程，总投资预计 140 多亿元,预计 2005 年底可建成投产。此外,京唐港与外商合资建设现代化集装箱码头，预计投资额 3 000 万美元；青岛港前湾港区集装箱码头三期工程进展顺利,外贸集装箱西移战略基本完成;广州港航道整治、集装箱码头改造、南沙港区建设等大型项目也在加紧实施和规划之中。

2.航道建设工程进展顺利。2002 年内河航道建设进展顺利,长江干线及汉江、湘江、赣江等长江主要支流航道和江南运河整治都取得了预期成果。我国最大的内河长江航道建设正全方位发展,上游三峡库区航运设施复建工程、中游重点碍航浅险航道治理和下游河势控制工程和长江口深水航道治理工程同步展开，江南运河已全部建成四级标准样板航道,杭甬运河、淮安枢纽等工程已开工并部分建成。

作为上述工程中的突出亮点，长江口深水航道治理一期工程于 2002 年 9 月通过国家验收正式投入使用,长江口航道水深达到–8.5 米,通航能力提高 4 倍，该项目二期工程已于 2002 年 9 月正式启动,计划 3 年内长竣深江口航道至–10 米水深。

3. 港口建设与物流发展需要的结合协调加速。随着现代物流在中国的快速发展,大型枢纽港口作为重要的物流节点的重要作用被普遍接受,港口建设与物流系统建设的协调发展成为港口建设的主基调。2002 年,天津港明确提出建设北方物流大港,各项工程已全面启动,长江三角洲及珠江三角洲地区的港口综合物流园区建设全面展开。位于长江上游的重庆港也以其“西部物流大港”建设为契机,加速港口建设与物流基础设施建设的融合,力求提升港口发展空间。

4.船队建设向现代化、大型化、专业化发展。2002 年,我国船舶大型化、现代化、标准化的发展趋势得到进一步强化，船队的船舶结构合理化程度继续提高，船型与船龄结构进一步趋向大型化和低龄化,国际竞争力进一步增强。2002 年全国集装箱船队运力规模达到 1 189 艘,43.5 万箱位。大型集装箱船、LPG 船、LNG 船和大型油船等高度专业化船舶逐渐成为船队主力,客滚船、高速客船和大型汽车滚装船等新型船舶的加入更加强化和充实了船队的整体实力，积极支持了航运企业规模化、专业化、集约化的发展要求。

(特约撰稿: 国家计委综合运输研究所
物流研究室主任 冯 浩)

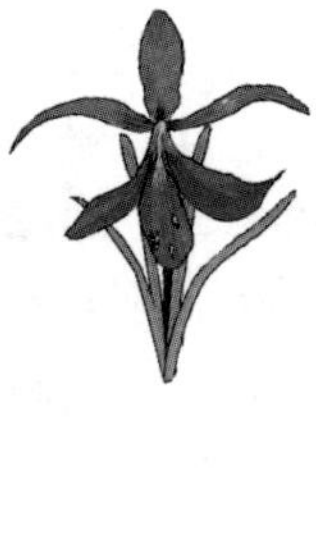

2002年中国水路货物运输量

	货运量（万吨）		周能量（万吨）	
	自年初累计	累计为去年同期(%)	自年初累计	累计为去年同期(%)
全国总计	137 482	108.1	259 798 977	103.6
内河合计	73 941	107.8	15 098 255	104.8
沿海合计	35 136	112.7	42 128 227	123.2
远洋合计	28 405	103.5	202 572 495	100.2
北京	-	-	-	-
天津	5 705	119.1	5 632 819 556 328 190	115.2
河北	814 120.5	120.5	3 976 409	102.1
山西	-	-	-	-
内蒙古	-	-	-	-
辽宁	2 989	107.9	5 888 819	105.1
吉林	86 131.7	131.7	3 329	85.3
黑龙江	53 677.6	77.6	155 757	105.2
上海	23 173	117.5	75 930 912	126.8
江苏	23 098	104.0	7 490 547	113.0
浙江	23 684	125.9	10 612 877	123.2
安徽	5 307	120.4	1 676 737	108.8
福建	4 848	108.2	6 130 380	101.5
江西	1 224	112.4	378 445	107.9
山东	4 078	73.9	17 053 378	48.5
河南	-	-	-	-
湖北	5 707	85.9	3 003 852	98.9
湖南	3 544	101.5	1 393 353	109.7
广东	19 497	99.3	20 324 109	90.2
广西	2 372	122.6	987 925	120.7
海南	2 171	114.4	2 950 583	117.3
重庆	1 766	108.8	1 398 658	117.1
四川	2 441	107.1	127 588	114.6
贵州	360	100.6	39 602	93.0
云南	144	106.5	10 385	106.3
西藏	-	-	-	-
陕西	93	126.9	2 465	100.0
甘肃	44	85.1	649	92.7
青海	-	-	-	-
宁夏	-	-	-	-
新疆	-	-	-	-
	-		-	-
不分地区	3 802	98.7	43 934 020	103.2

（资料来源：《2003年中国物流发展蓝皮书》）

2002年中国主要港口货物吞吐量

港口	计算单位	自年初累计	累计为去年同期(%)
一、货物吞吐量			
全国总计	万吨	220 253	116.6
天津	万吨	7 030	112.5
1.沿海合计	万吨	165 156	117.1
大连	万吨	10 849	108.5
营口	万吨	3 236	125.5
秦皇岛	万吨	11 247	101.1
天津	万吨	13 029	113.4
烟台	万吨	2 659	124.9
青岛	万吨	12 259	116.9
日照	万吨	3 133	107.0
上海	万吨	26 137	118.0
连云港	万吨	3 339	106.1
宁波	万吨	15 103	121.8
舟山	万吨	4 015	124.9
福州	万吨	3 836	13
泉州	万吨	2 065	104.2
厦门	万吨	2 695	131.4
深圳	万吨	8 681	132.2
广州	万吨	14 720	118.8
湛江	万吨	2 565	117.6
2.内河统计	万吨	55 097	115.3
南通	万吨	3 647	105.8
张家港	万吨	3 067	144.6
镇江	万吨	2 565	116.2
南京	万吨	6 035	104.2
武汉	万吨	1 727	106.1
武汉港务处	万吨	1 203	130.5
杭州	万吨	2 111	89.9
湖州	万吨	2 173	175.0
二、外贸货物吞吐量			
全国总计	万吨	76 297	118.3
1.沿海合计	万吨	70 396	118.3
大连	万吨	3 801	123.5
营口	万吨	1 115	109.5
秦皇岛	万吨	5 014	102.1

港口	计算单位	自年初累计	累计为去年同期（%）
烟台	万吨	1 367	126.7
青岛	万吨	8 277	116.8
日照	万吨	1 936	114.6
上海	万吨	10 493	126.9
连云港	万吨	2 030	103.5
宁波	万吨	6 085	112.6
舟山	万吨	823	135.4
福州	万吨	1 370	133.7
泉州	万吨	483	86.2
厦门	万吨	1 765	126.7
深圳	万吨	5 040	142.5
广州	万吨	4 124	121.0
湛江	万吨	1 762	129.3
2.内河合计	万吨	5 901	119.0
南通	万吨	377	99.9
张家港	万吨	1 391	130.6
镇江	万吨	624	140.0
南京	万吨	888	102.5
武汉	万吨	67	162.6
武汉港务处	万吨	-	-
杭州	万吨	-	
湖州	万吨	-	-
三、集装箱吞吐量			
全国总计	万吨	3 590.7	136.0
1.沿海合计	万吨	3 358.8	137.4
大连	万吨	130.8	109.7
天津	万吨	242.6	120.3
青岛	万吨	339.0	127.1
上海	万吨	843.8	134.8
厦门	万吨	174.3	136.4
深圳	万吨	753.4	149.8
广州	万吨	216.2	128.5
2.内河合计		231.8	118.4

（资料来源：《2003年中国物流发展蓝皮书》）

2002年公路水路交通行业发展统计公报

2002年，在党中央、国务院的正确领导下，交通系统全面贯彻“三个代表”重要思想，坚持以发展为主题，以结构调整为主线，以改革开放和科技进步为动力，以不断满足人民群众的交通需求为根本出发点，努力克服前进道路上的各种困难，团结奋斗，真抓实干，开拓创新，交通基础设施建设、客货运输、港口生产等都取得了新的成绩，为国民经济和社会发展做出了重要贡献。

一、交通基础设施

（一）公路

公路总量继续增加。2002 年底，全国公路总里程达到 176.5 万公里，比上年末增加 6.7 万公里。路网结构进一步改善。全国公路总里程中，国道里程有 125 003 公里、省道 216 249 公里、县道 471 239 公里、乡道 865 635 公里、专用公路 87 096 公里，分别占公路总里程的 7.1%、12.2%、26.7%、49.0%和 5.0%。

公路技术等级和路面等级不断提高。2002 年底，全国等级公路里程 138.29 万公里，占公路总里程的 78.3%。其中二级及二级以上高等级公路里程 24.97 万公里，占公路总里程的 14.1%，比上年末提高 0.7 个百分点。按公路技术等级分组，各等级公路里程分别为：高速公路 25 130 公里、一级公路 27 468 公里、二级公路 197 143 公里、三级公路 315 141 公里、四级公路 818 044 公里，等外路 382 296 公里。全国有路面公路里程 160.18 万公里，占总里程的 90.7%。其中高级、次高级路面里程 72.19 万公里，占总里程的 40.9%，比上年末提高 1.3 个百分点。按公路路面等级分组，各等级路面里程分别为：高级路面 288 644 公里、次高级路面 433 244 公里、中级路面 437 581 公里、低级路面 442 321 公里，无路面里程 163 432 公里。

高速公路里程增长迅速。2002 年是全国高速公路通车里程增加最多的一年，全年新增高速公路通车里程 5 693 公里。随着浙江、山西、湖南三省高速公路通车里程突破千公里，2002 年底全国高速公路突破千公里的省上升到 10 个。分别是：山东（2 411 公里）、广东（1 741 公里）、江苏（1 704 公里）、辽宁（1 637 公里）、河北（1 591 公里）、四川（1 501 公里）、浙江（1 307 公里）、河南（1 231 公里）、山西（1 070 公里）、湖南（1 012 公里）。辽宁和浙江两省全年新增高速公路通车里程在 500 公里以上，分别达 569 公里（辽宁）、533 公里（浙江）。另外，山西和湖南两省全年新增高速公路通车里程也超过了 400 公里。

县乡公路里程大幅增长，公路密度和通达深度进一步提高。2002 年底，全国县道、乡道里程达到 133.69 万公里，比上年末增加 5.95 万公里。全国公路密度为 18.4 公里/百平方公里，比上年末提高 0.7 公里/百平方公里。全国通公路的乡（镇）占全国乡（镇）总数的 99.5%，比上年末提高 0.2 个百分点；通公路的行政村占全国行政村总数的 92.3%，比上年末提高 0.5 个百分点。全年全国共解决了 103 个乡镇和 5529 个行政村不通公路的问题。

中西部地区公路里程增长明显。2002 年底，东部地区公路里程 56.12 万公里，比上年末增加 1.46 万公里，增长 2.7%；中部地区 60.73 万公里，比上年末增加 2.97 万公里，增长 5.1%；西部地区 59.68 万公里，比上年末增加 2.30 万公里，增长 4.0%。东、中、西各地区分别占全国公路总里程的 31.8%、34.4%、33.8%。2002 年底，东部地区高速公路 13 456 公里，二级及二级以上公路 12.20 万公里；中部地区高速公路 6 995 公里，二级及二级以上公路 8.35 万公里；西部地区高速公路 4 679 公里，二级及二级以上公路 4.42 万公里。

公路桥梁和隧道建设取得新成果。2002 年底，全国公路桥梁达 29.9 万座、1 161.2 万延米，比上年末增加 1.5 万座、96.2 万延米。其中特大桥梁 1 900 座、171.86 万延米，比上年末增加 320 座、30.30 万延米。其他桥梁情况分别为：大桥 15 891 座、276.12 万延米，中桥 5.99 万座、326.25 万延米，小桥 22.17 万座，387.00 万延米。全国公路隧道达 1 972 处、83.5 万延米，比上年末增加 190 处、13.1 万延米。其中特长隧道 21 处、7.59 万延米，比上年末增加 3 处、1.03 万延米。其他隧道情况分别为：长隧道 194 处、30.52 万延米，中隧道 657 处、33.02 万延米，短隧道 1 100 处、12.38 万延米。

公路养护和绿化里程不断增加。2002 年底全国公路养护里程达 166.1 万公里，占公路总里程的 94.1%，比上年末增加了 6.3 万公里，增长 3.9%。全国公路绿化里程达 94.0 万公里，占公路总里程的 53.2%，比上年末增加 1768 公里，增长 0.2%。

（二）内河航道

内河航道总里程继续增加。2002 年底，全国内河航道里程 121 557 公里，比上年末增加了 22 公里。其中等级航道 63 597 公里，占总里程的 52.3%；三级及三级以上航道 8 222 公里，占总里程的 6.8%；五级及五级以上航道 23 510 公里，占总里程的 19.3%。各等级内河航道里程分别为：一级航道 2 946 公里、二级航道 1 917 公里、三级航道 3 359 公里、四级航道 6 257 公里、五级航道 9 031 公里、六级航道 21 076 公里、七级航道 19 011 公里。

全国内河航道里程超过万公里的省有四个，分别是江苏(2.39 万公里)、广东(1.37 万公里)、浙江(1.04 万公里)、湖南(1.00 万公里)。

2002 年底全国有库区航道 9 743 公里。全国通航河流上永久性构筑物中：有船闸 906 座，升船机 60 座，碍航闸坝 1 713 座。

（三）港口码头泊位

港口码头泊位继续增加。2002 年底，全国港口拥有生产用码头泊位 33 600 个，比上年净增 159 个，其中万吨级及以上泊位 835 个，比上年净增 25 个。

全国沿海港口拥有生产用码头泊位 3 822 个、其中万吨级及以上泊位 700 个；内河港口拥有生产用码头泊位 29 778 个，其中万吨级及以上泊位 135 个。内河港口万吨级泊位主要集中在长江干流和珠江水系，其中长江干流万吨级泊位 121 个，长江支流 3 个，珠江水系 11 个。

港口码头泊位继续向大型化、专业化方向发展。全国沿海港口万吨级及以上泊位中，1–3 万吨级泊位 457 个，3–5 万吨级泊位 113 个，5–10 万吨级泊位 103 个，10 万吨级以上泊位 27 个；全国内河港口万吨级及以上泊位中，1–3 万吨级泊位 100 个，3–5 万吨级泊位 31 个，5–10 万吨级 4 个。万吨级及以上泊位中，通用件杂货泊位 244 个，通用散货泊位 105 个，专用泊位 441 个。专用泊位中原油泊位 57 个、成品油及液化气泊位 63 个、煤炭泊位 102 个、粮食泊位 32 个、集装箱泊位 98 个，均比上年有所增加。

二、公路、水路运输装备

（一）公路运输车辆

公路运输能力稳步增长。2002 年底，全国在运管部门登记注册的公路运输汽车达 826.3 万辆，比上年增加 61.9 万辆。其中载客汽车 289.6 万辆、2972.3 万客位，分别比上年增加 34.4 万辆、270.6 万客位；载货汽车 536.8 万辆、1808.4 万吨位，分别比上年增加 27.5 万辆，74.9 万吨位。

运力结构继续调整。2002 年底，全国拥有大型运输客车 16.1 万辆，比上年减少 0.6 万辆；大型普通运输货车 183.5 万辆，比上年减少 2.6 万辆；专用载货汽车 16.5 万辆，比上年增加 3.9 万辆，增长 30.8%，其中集装箱车 3.3 万辆，增加 0.7 万辆，增长 28.2%。

（二）水路运输船舶

水上运输装备结构调整力度加大。2002 年底，全国拥有水上运输船舶20.3万艘，比上年末减少0.8万艘；净载重量5 705.6万吨位，比上年末增加256.0万吨位；平均净载重量281.1吨，比上年末增加22.5吨，载客量97.9万客位，比上年末减少9.8万客位；集装箱位48.6万标准箱，比上年末减少2.0万标准箱；船舶功率2 199.6万千瓦，比上年末增加111.1万千瓦。水上运输船舶中，集装箱船1189艘，集装箱位43.5万标准箱，分别比上年减少66艘和1.7万标准箱。

内河、沿海、远洋运输客货运能力进一步调整。2002年底，全国内河运输船舶192 653艘，比上年末减少7 415艘，净载重量2 411.49万吨位，比上年末增加265.77万吨位，载客量83.58万客位，比上年末减少9.98万客位，集装箱位1.01万标准箱，比上年末增加0.13万标准箱；全国沿海运输船舶7 987艘，比上年末减少86艘，净载重量977.91万吨位，比上年末增加59.81万吨位，载客量13.20万客位，比上年末增加0.50万客位，集装箱位2.49万标准箱，比上年末增加0.71万标准箱；全国远洋运输船舶2337艘，比上年末减少308艘，净载重量2316.17万吨位，比上年末减少69.55万吨位，载客量1.10万客位，比上年末减少0.32万客位，集装箱位45.09万标准箱，比上年末减少2.85万标准箱。

三、公路、水路运输量

（一）公路运输

公路运输总量继续增长。2002年全社会完成公路客运量147.5亿人次，旅客周转量7805.8亿人公里，分别比上年增长5.1%和8.3%；全社会完成公路货运量111.6亿吨，货物周转量6782.5亿吨公里，分别比上年增长5.7%和7.1%。公路客运量、旅客周转量在综合运输体系中所占比重分别为91.8%和55.3%；公路货运量、货物周转量在综合运输体系中所占比重分别为75.3%和13.4%。

平均运距不断延长。2002年全国公路客运平均运距为52.9公里，比上年增加1.6公里；货运平均运距为60.8公里，比上年增加0.8公里。

（二）水路运输

水路货运总量持续增长。2002年全社会完成水路货运量14.2亿吨，货物周转量27510.6亿吨公里，分别比上年增长6.8%和5.9%。水路客运量持续下降的局面得到扭转，但旅客周转量的下降趋势仍在延续。2002年全社会完成水路客运量1.9亿人，比上年增长0.5%，旅客周转量81.8亿人公里，比上年下降9.0%。水路客运量、旅客周转量在综合运输体系中所占比重分别为1.2%和0.6%；水路货运量、货物周转量在综合运输中所占比重分别为9.6%和54.5%。

在全社会水路货运中，内河运输完成货运量7.6亿吨、货物周转量1508.7亿吨，分别占全社会水路货运量、货物周转量的53.3%和5.5%；沿海运输完成货运量3.6亿吨、货物周转量4269.2亿吨公里，分别占25.6%和15.5%；远洋运输完成货运量3.0亿吨、货物周转量21 732.7亿吨公里，分别占21.1%和79.0%。

在内河货物运输中，长江水系完成货运量3.0亿吨，货物周转量795.3亿吨公里，分别占全国内河货运量和货物周转量的39.9%和52.7%；京杭运河完成货运量1.5亿吨，货物周转量279.7亿吨公里，分别占19.7%和18.5%；珠江水系完成货运量0.9亿吨，货物周转量150.5亿吨公里，分别占12.1%和10.0%；黑龙江水系完成货运量0.07亿吨，货物周转量8.6亿吨公里，分别占0.9%和0.6%。

客货平均运距有所下降。2002年全国水路客运平均运距43.7公里，比上年减少4.5公里；货运平均运距1 937.4公里，比上年减少21.4公里。

（三）集装箱运输

公路、水路集装箱运输增长显著。2002年全社会公路运输集装箱1 403.4万标准箱，重量14 960.0万吨，分别比上年增长25.8%和21.1%。全社会水路运输集装箱1231.7万标准箱，重量12 385.5万吨，分别比上年增长16.5%和13.5%；其中远洋运输集装箱934.8万标准箱，重量9 129.1万吨，分别比上年增长10.9%和12.4%。

四、国道交通量

2002年底，全国国道交通量观测站点3 935个，其中连续式观测站点224个，间隙式及其他观测站点3 711个，观测里程10.2万公里，占国道总里程的81.6%。

2002年全国国道网年平均日交通量达4 541辆/日(折合标准中型车，下同)，比上年增长4.5%。其中东部地区9 071辆/日，中部地区4 147辆/日，西部地区2 276辆/日。全年国道网车流量较大的地区主要集中在广东、上海、江苏、浙江和京津地区，其中广东、上海、江苏、浙江四省市内国道网的年平均日交通量超过1万辆，北京、天津也已近1万辆。

国道网交通拥挤状况继续改善。2002年全国国道网的交通拥挤度为0.52，比上年下降11.5%。其中东部地区交通拥挤度为0.73，中部地区为0.46，西部地区为0.35。从各省情况看，广东、上海、北京、江苏、浙江、湖南、云南等省(直辖市)国道相对拥挤，上述部分省市的国道拥挤度已经超过或接近1。

全国国道网折合成标准中型车的行驶量达56 423万车公里/日，比上年增长了6.8%。其中东部地区29512万车公里/日，占52.3%；中部地区13 385万车公里/日，占23.7%；西部地区13 525万车公里/日，占24.0%。

全国国道主干线年平均日交通量达6 603辆/日；高速公路年平均日交通量为15 987辆/日(折合成标准小客车)，比上年增长11.7%。

五、港口吞吐量

港口货物吞吐量强劲增长。2002年全国港口完成货物吞吐量28.0亿吨，比上年增长16.6%。其中，沿海港口完成17.2亿吨，增长18.1%，内河港口完成10.8亿吨，增长14.3%。

外贸货物吞吐量持续增长。全国港口完成外贸货物吞吐量7.8亿吨，比上年增长18.4%。其中沿海港口完成7.1亿吨，增长18.5%，内河港口完成0.7亿吨，增长16.9%。

综合性大型枢纽港发展加快。上海港吞吐量连续3年超过2亿吨，2002年达2.64亿吨，比上年增长19.4%。2002年其他6个亿吨港货物吞吐量分别为：宁波港1.54亿吨、广州港1.53亿吨、天津港1.29亿吨、青岛港1.22亿吨、秦皇岛港1.12亿吨、大连港1.09亿吨。

集装箱吞吐量继续攀升。2002年全国港口完成集装箱吞吐量3721万标准箱，比上年增长35.4%。其中沿海港口完成3376万标准箱，增长36.7%，内河港口完成345万标准箱，增长24.1%。

2002年全国集装箱吞吐量超过100万标准箱的8个港口中，上海港完成861万标准箱，已超过高雄港，居世界第4位；深圳港完成762万标准箱，由2001年的世界第8位上升到2002年的世界第6位。其他超过100万标准箱的港口分别完成：青岛港341万标准箱、天津港241万标准箱、广州港217万标准箱、宁波港186万标准箱、厦门港175万标准箱、大连港135万标准箱。

干散货仍占港口吞吐量半数以上，集装箱和滚装吞吐量增幅较大。2002年全国港口完成干散货吞吐量15.30亿吨，比上年增长17.5%；液体散货3.85亿吨，比上年增长10.2%；件杂货4.16亿吨，比上年增长6.1%；集装箱吞吐量(重量)3.40亿吨，比上年增长33.7%；滚装车1.28亿吨，比上年增长24.3%。干散货、液体散货、件杂货、集装箱和滚装车在港口货物吞吐量中所占比重分别为54.6%、13.8%、14.9%、12.1%和4.6%。

煤炭及制品、石油天然气及制品、金属矿石、矿建材料和钢铁仍占港口吞吐量的较大比重。全国主要港口完成煤炭及制品吞吐量5.0亿吨、石油天然气及制品3.3亿吨、金属矿石2.4亿吨，矿建材料2.4亿吨，钢铁1.0亿吨，分别占全国主要港口货物吞吐量的22.3%、14.6%、10.7%、10.8%和4.4%。

全年港口旅客吞吐量1.97亿人，比上年增长0.6%。其中沿海港口旅客吞吐量0.72亿人，与上年基本持平；内河港口旅客吞吐量1.25亿人，比上年增长1.0%。

六、交通固定资产投资

交通基础设施建设投资取得新突破。2002 年全国交通固定资产投资共完成 3 491.5 亿元，比上年增长 17.6%。其中公路建设完成 3 211.7 亿元，占总投资额的 92.0%；水运建设完成 169.8 亿元，占 4.9%；其他建设完成 110.0 亿元，占 3.1%。

（一）公路建设

公路建设投资规模继续加大。全社会累计完成投资比上年增加 541 亿元，增长 20.3%。

重点项目、路网改造和县乡公路投资全面增长。公路重点项目完成投资 1 293.73 亿元，比上年增加 145.91 亿元，增长 12.7%；路网改造完成1 422.99 亿元，比上年增加 258.61 亿元，增长 22.2%；县乡公路完成 495.01 亿元，比上年增加 136.84 亿元，增长 38.2%。

中、西部地区投资增长显著。全年东部地区完成投资 1 433.35 亿元，比上年增长 18.8%；中部地区完成 992.76 亿元，增长 21.7%；西部地区完成 785.63 亿元，增长 21.3%。

公路建设资金以国内贷款和自筹资金为主。全年公路建设投资中，国家预算内资金占 6.8%，车购税占 9.9%，国内贷款占 38.8%，自筹及其他资金占 41.9%。

全年公路建设投资突破 200 亿元的省有两个，分别是江苏(219 亿元)和浙江(216 亿元)。此外，全国还有 15 个省的公路建设投资超过 100 亿元，分别是：北京(108 亿元)、山西(110 亿元)、内蒙古(101 亿元)、上海(109 亿元)、安徽(106 亿元)、福建(134 亿元)、江西(112 亿元)、山东(194 亿元)、河南(192 亿元)、湖北(119 亿元)、湖南(110 亿元)、广东(195 亿元)、四川(136 亿元)、云南(112 亿元)、陕西(109 亿元)。

全年公路建设累计到位资金 2 997 亿元，同投资完成额相比，资金到位率为 93.3%。其中东部地区资金到位率为 93.1%、中部地区为 89.1%、西部地区为 99.1%。

全年新建公路 4.7 万公里，其中高速公路 5 574 公里；改建公路 7.7 万公里。

（二）港口及内河航道建设

2002 年全国港口及内河航道建设完成投资 169.8 亿元，比上年减少 4.5 亿元，同比下降 2.3%。其中沿海港口建设投资有所增加，内河港口和航道建设投资有所减少。全年沿海港口建设完成投资 129.85 亿元，比上年增加 6.06 亿元，增长 4.8%；内河港口及航道建设完成 39.95 亿元，比上年减少 10.55 亿元，同比下降 20.9%。

沿海港口新(扩)建码头泊位 84 个，新增吞吐能力 4 630 万吨，其中万吨级以上泊位 14 个，新增吞吐能力 3 764 万吨。内河港口新(扩)建码头泊位 44 个，新增吞吐能力 329 万吨。全年新增及改善内河航道里程 145 公里。

（三）其他建设

2002 年其他建设完成投资比上年减少 13.3 亿元，同比下降 10.8%。其中海事系统完成 3.0 亿元，救助打捞完成 1.3 亿元，科研教育完成 2.6 亿元。

七、救助打捞

2002 年交通救助打捞系统共组织了 153 次救助活动，出动救助船舶 181 艘次，救助遇险人员1 603 人，其中外籍人员 401 人，救助遇险船舶 96 艘，其中外籍船舶 31 艘，打捞沉船 13 艘。

备注：

1.本公报为年报正式统计数据；

2.香港和澳门特别行政区及台湾省统计数据未包括在本公报内；

3. 主要港口是指年货物吞吐能力沿海港口 100 万吨及以上，内河港口 200 万吨及以上，或经营外贸货物运输业务的港口；

4.公路水路运输量占综合运输体系比重依据国家统计局 2002 年国民经济和社会发展统计公报计算；

5.港口集装箱吞吐量世界排位摘自《中国港口》；

6.救助打捞数据摘自《2002 救助打捞年报》。

（资料来源：交通部综合规划司）

航空运输

2002年，是我国入世后的第一年，也是民航获得快速发展的一年。客货运输量及周转量都实现了两位数的较高增长；民航企业完成了资产重组；民营资本开始进军民航业；外资参股民航业比例大幅提高；机票价格开始出现松动；航空货运向现代物流拓展取得新的进展，民航业向实现市场化经营迈出了坚实的步伐。

一、我国民航运输发展状况

（一）航空货运发展情况

1.通航城市及机场。2002 年，我国民航通航机场 141 个(不含港澳，下同)。其中，民用和军民合用机场 123 个，中国联合航空公司单独使用机场 18 个。在各通航机场中，执行国内定期航班的机场有 139 个、通航城市 130 个。

2.航空货运主要指标完成情况。2002 年，全国通航机场完成的货邮运输量、货邮周转量、货邮吞吐量及比 2001 年的增长情况如表 1 所示。各通航机场飞机起落架次为 211.7 万架次，比上年增长 9.1%；其中运输架次为 191.5 万架次，比上年增长 10.7%；运输架次中，国内航线 169.8 万架次，比上年增长 6.1%(其中内地至港澳地区航线为 6.7 万架次，比上年增长 8.1%)，国际航线 15.0 万架次，比上年增长 16.3%。

在全国各通航机场中，年货邮吞吐量在 0.5 万吨以上的机场有 43 个，所完成的货邮吞吐量占总量的 98.9%；年货邮吞吐量在 1.0 万吨以上的机场 35 个，完成货邮吞吐量占总量的 97.2%；北京、上海、广州三大城市机场完成的货邮吞吐量占总量的 54.8%。

表 1　**2002 年全国通航机场货邮运输完成情况**

指标			完成数量	比 2001 年增长（%）
货邮运输量（万吨）			198.10	15.8
货邮周转量（亿吨公里）			50.22	14.9
货邮吞吐量（万吨）	总量		401.80	18.4
	国内航线	总量	292.40	18.1
		其中港澳航线	18.00	31.4
	国际航线		109.40	19.3

（二）民航企业资产重组

2002年 10 月 11 日，中国航空集团公司、中国东方航空集团公司、中国南方航空集团公司三大航空集团公司和中国航空信息集团公司、中国航空油料集团公司及中国航空器材集团公司三大航空服务保障集团在北京同时宣布成立，标志着中国民航直属企业联合重组完成。三大航空集团的资产总和占民航总资产的 80%，重组将使中国民航的整体实力和角逐世界空运市场的能力得到增强。

（三）《外商投资民用航空业规定》开始执行

2002 年 8 月 1 日，新的《外商投资民用航空业规定》开始执行。该规定主要有三方面的变化：

一是扩大了投资范围，由原来规定外商投资公共航空运输只试点一两家，改为取消试点的数量限制；二是拓展了投资方式，原规定外商仅可采用合资、合作方式，现在外商可通过购买股票等新方式和“其他经批准的方式”投资民航业；三是放宽了投资比例限制，由原来的最高 35%扩至 49%，可直接投资航空公司及民用机场。新规定出台为外资并购我国航空企业和民用机场提供了契机。

（四）民营资本首次参与民航业资产重组

2002 年 8 月 18 日由中国东方航空股份有限公司等 4 家企业合资组建的中国东方航空武汉有限责任公司的股比构成中，首次出现了上海均瑶集团这样的民营企业。引进民营资本参与民航体制改革，有利于建立多元化的投资体制。民航业实施大规模的战略重组，为更多的民营企业进入民航业提供了机会；随着民营经济的壮大和新的上市公司收购制度的运行，民营企业将成为上市公司资产重组的基本力量。今后，民营资本对国内民航业的参与将会越来越多。

二、我国航空货运物流发展前景

（一）航空货运发展预测

尽管不同机构对未来 20 年世界航空货运市场发展预测结果不尽相同（如波音公司预测年均增长率为 6.4%，而空中客车公司及联邦快递则分别为 5.7%和 6-7%），但对如下三点趋势是基本相同的：一是航空客运年均增长率高于世界经济平均增长率，而航空货运年均增长又高于客运 1-2 个百分点；二是快递业的增长率远高于普通货运业增长率；三是亚太地区，尤其是中国航空货运将呈现更高幅度的增长。据波音公司最新发布的《全球航空货运市场预测》报告，未来 20 年间中国将是航空货运市场增速最快的国家，2021 年货邮量将达到 900 多万吨，年均增长 10.3%；需新增大约 210 架货机（主要是 15-50 吨载货量的中小型货机），构成拥有 220 多架货机、服务于国内航线的强大专业货运机队。

（二）我国航空运输企业货运物流发展

1.扩展航线网络。在原来国航、东航、南航已有航线网络基础上，民航重组实现了航空集团航线网络的进一步扩张。

原国航与西南航优势互补，使新国航集团国内航线扩展到大西南，并深入到华东和珠三角（包括港澳）地区，形成以北京为枢纽、国内国际相互支持的点、线、片轮辐式航线网络。在 90%的国际及地区航线上均使用波音 747、767、777、空客 340 等宽体客机和 4 架波音 747 全货机，具有较强的货运能力。

重组后南航拥有 180 架飞机、606 条航线，国际及地区航线达到 94 条，形成以广州、沈阳、乌鲁木齐为基点的航空市场大三角。南航集团国际航线的优势在于东南亚及澳洲，但在先后购买 3 架波音 747-400 货机后，启动以欧美航线为重点的新物流战略，开通了每周 4 班的深圳—洛杉矶航线和每周 2 班的深圳—上海—列日（比利时）航线，其国际货运物流有广阔的发展前景。

重组后拥有 142 架飞机、386 条航线的东航集团实施国内、国际并重的经营战略，立足上海、围绕京沪穗三大中心，以华东为腹地，以西安、昆明为两翼，大力拓展西北、西南航线，建立自身枢纽式航线网络。大力发展香港、亚洲、欧美地区货运航线，扩展货运业务是东航集团拓展战略的重点之一，将成为其运输业务最具潜力的增长点。

通过战略性并购重组，海南航空集团拥有 78 架飞机、219 亿元资产，逐渐形成以海口为中心、覆盖华北、华东、华南及西北地区 70 多个大中城市的全国性航线网络。上海航空依托浦东、虹桥两机场，充分发挥地域优势，坚持以航空运输干线为主、支线为辅，适当开辟周边地区航线，积极开展航空货运的经营方针，以调整航线结构、增加密度、巩固既有航线，通过开拓市场使部分有潜力的航线进入骨干航线的行列。

2.实施客货分离。实行客货分离是国际航空业的共同发展趋势。目前，汉莎、法航、日航等公司都组建了专门的货运航空公司。中国东航几年前就组建了中国货运航空公司，统一经营东航客货机的货运舱位，效果良好；东航与香港太古集团以对等股比成立了专营机场业务的合资公司，与台湾华航正在进行组建合资货运公司的谈判。国航在重组前已将货运部改组为货运公司；新国航集团与香港中信泰富和首都机场合资组建“中国国际货运航空有限公司”，总投资35亿元人民币，三方分持51%、25%和24%股份。南航集团尚未实行客货分离，但其深圳货运部已具备货运公司的雏形；计划启动的扬子江物流货运公司，全部采用737-800型货机，定位于空运、物流与快运，实现完全的门到门服务。民航重组后，各集团公司都将集团内各公司的货运业务重组到集团的货运公司，以统一经营货运舱位。

3.资本运营。发展航空货运物流离不开资金，各民航企业都十分重视资本运作。国航集团的中航具有较强的资本运作优势，其属下的中航兴业公司已在香港上市；在条件成熟时，国航集团拟拿出优质资产在境外上市，成为集团控股的上市公司。东航集团在利用外资方面已有尝试，按新的外商投资民航业规定，东航集团增发10亿股仍可保持中方控股，目前正在运筹股票发行的具体方式。南航集团拟分两个阶段，经过一定过渡期最终将北方航和新疆航资产依法注入南方航空股份有限公司，实行一体化运作。通过增资扩股，提高南航在国内外资本市场的运作水平。

4.货运物流产品。三大集团都使用了通用的SITA货运管理系统，具有货运舱位管理、进出港货物处理、货物跟踪查寻功能。南航网上货运服务颇有特点，它是面向其他航空公司、货运公司、货站及货代的公用服务平台，通过互联网可向客户直销舱位、提供航班舱位查询、管理货运文件及货物追踪等实时服务。南航与国家邮政局联合，打破行政界限，构建海陆空三位一体的物流配送格局。国航在危险品运输方面独树一帜，其拥有的波音747COMBI飞机可根据货量在极短时间内拆卸客舱座位改为货舱，极大地增加了适应货运市场的灵活性。

5.机场及物流基础设施建设。按“十五”计划，民航“十五”期间将兴建43个机场。至2002年底，全国机场新建扩建竣工项目17个，2003年计划竣工和开工项目23个，待批预可研或做前期准备的新机场项目33个。

地面货运仓储设施是发展航空物流的硬件基础，世界各重要的航空枢纽除自身大力建设货运设施外，都支持航空公司独立或合作建设发展货运物流中心。中国国航货运一直致力于北京航空枢纽建设，与首都机场、新鸿基三方合资兴建首都机场物流中心，货运仓储面积近7万平方米，年货物处理能力为45万吨，新建仓库采用联机在线全自动化控制系统处理货物。上海、广州、成都、夏门等诸多机场都纷纷制定并组织实施现代航空物流园区和物流中心的建设发展计划。

6.建设发展国际航空枢纽。国际民航认同的国际航空枢纽应具备如下基本特征：一是要有强大的基地航空公司，以枢纽港为中心采用中枢辐射结构组织航线网络；二是至少有2条跑道，客货中转作业极为方便；三是具有优越的地理位置和便捷的城市交通；四是年旅客吞吐量达到3 000万人次、货邮吞吐量达100万吨，其中客货中转量至少达到20%。

中国民航北京、上海、广州三大机场都具备发展国际航空枢纽的某些优势条件。北京除具有地理位置及航空客货流的巨大优势外，十分重视软件管理，与巴黎机场结成境外战略合作伙伴，其在机场管理和枢纽机场发展方面的经验都将成为北京发展枢纽机场的总体规划和实施提供支持，首都机场可能首先建成国内第一个国际航空枢纽。上海具有众所周知的得天独厚的多方面优势，上海机场也正在请“外脑”为其战略发展进行科学定位，以尽快实现将上海建设成为亚太航空枢纽的战略目标。广州位于经济最活跃、外贸进出口份额最高的珠江三角洲。据摩根大通所做的一项市场调查，珠三角按班次计算的航空载运能力占全国总量的17.4%，北京、上海分别占10.5%和8.6%；新的白云机场将建成国内规模最大、功能最完善的中枢机场，并配套建设空港国际物流园区。广州也将成为北京、上海建设发展国际航空枢纽有力的竞争伙伴。

三、促进我国航空货运物流发展的对策

入世后随着中国投资环境的改善，吸引更多

的跨国企业到中国投资，中国将成为世界制造业中心，中国经济将进一步融入世界经济；北京成功获得2008年奥运会主办权，这些都为航空货运物流发展创造了有利的国际环境。同时，经济的持续快速增长，产业结构和产品结构的优化调整，及时制生产方式和零库存管理理念的日益深入和国民经济整体运作水平的提高，都为航空货运物流的增长注入新的活力，中国航空货运物流发展具有广阔的市场前景。同时也应清醒认识到航空货运物流发展面临严峻的竞争与挑战，自身在管理体制、企业组织结构布局、货运物流设施建设、航线网络建设及信息化管理、专门管理与技术人才培养等方面存在诸多缺陷与不足。为此，应通过冷静、科学的分析，采取合理的应对策略和有效措施，促进我国航空货运物流的跨越式发展。

（一）推进管理体制改革，加快民航业市场化进程

在现行管理体制下，从航线审批分配、票价规定、企业领导人任免，到企业资产重组，政府对民航业的调控多是以行政手段为主。为适应入世和航空运输市场的激烈竞争，以转变政府职能为主旨的民航管理体制改革迫在眉睫。根据民航改革方案，民航总局机关将进一步实行机构和职能调整，现行的"民航总局——地区管理局——省民航局"三级管理将改为"民航总局——管理局"两级管理，政府将减少对民航企业直接控制的经济管理职能，增强市场监管职能。政府管理职能的转变，有利于加强航空企业的市场主体地位，促进航空货运物流的更快发展。

（二）适应竞争国际化需要，积极调整航空公司经营战略

虽然经过资产重组，我国民航市场形成三大集团及若干地方航空企业的新格局，但民航企业规模及集约化程度仍很低，我国所有航空公司飞机架数和座位数总和还不如美联航一个企业多，市场竞争力依然薄弱。当前，全球范围的航空企业联盟发展方兴未艾，加盟企业在提高运力利用率、降低运营成本方面受益良多，效果显著。面对航空联盟的诸多优点，我国航空公司仍畏惧不前。虽然国航、东方航、南方航与许多国外航空公司签订了代码共享协议，但这只是结盟后享受的基本权利，而有效降低成本、增加收益方面的优势远未体现出来。

航空货运联盟应包括海空联运、空陆联运等不同形式的多式联运，航空公司间的货运联盟，航空公司、物流公司、快递公司间结盟等三个层次。我国航空公司应以全球视野实施企业经营战略调整，实施更大规模的资产重组及形成货运物流联盟，以提高我国航空货运物流的国际市场竞争力。

（三）加强统筹规划协调，优化航空货运物流资源配置

在现代物流发展高潮时期，尤其要注重发挥政府科学规划、统筹协调的主体作用，有效防止出现盲目投资和重复建设，造成社会资源的无效配置和极大浪费。以机场建设为例，据测算，年旅客吞吐量达200万人次的机场方具有可赢利的经济可行性，而在现有143个机场中年旅客吞吐量在100人次以上的仅有28个机场，所完成的吞吐量占总量的88%；80%以上的机场均处在可赢利水平之下。尽管如此，"十五"以来已建成、已开工及待批的新机场建设项目已超出民航"十五"计划规定的机场建设总量。航空物流中心、物流园区等基础设施建设也极易出现类似现象，亟须通过制定科学的航空物流总体发展规划并严格实施调控，认真地把握解决。

（四）降低航空货运成本，提高企业市场竞争力

我国航空运输企业受体制、机制的制约，普遍缺乏降低运营成本的内在动力。仅以人机比指标作比较，三大航空集团平均280:1，而地方航空公司平均150:1，因此三大集团虽具有一定的资源布局优势，但运营成本高，资产增值及扩张能力弱。在目前航油供应、航材维修成本自身难以控制、"9·11"后安全成本大增的条件下，航空公司控制降低成本的有效方法是"有所为、有所不为"，通过调整航线布局，建立枢纽港，发展支线航空；调整机队结构、提高飞机运力利用率；大力推进信息化建设，提高资源利用和客户服务水平。我国民航业要从"9.11"后世界航空业遭遇的危机中吸取教训和经验，利用航空业重整崛起的机会，站在全球化

角度重新构筑自己的市场经营战略，以适应国际航空货运物流市场竞争。

（五）加强与基地机场的合作，构建完善的地面服务系统

根据IATA的调查，在航空货运的总运送时间构成中，空中运输时间仅占12%，而由始发地至机场和由机场至目的地的时间分别占32%和56%。从这个意义上说，航空货运物流的取胜之道更主要的是在地面集疏运及分拨配送系统。联邦快递等著名货运航空公司不仅拥有强大的空中运力资源，同时拥有发达的地面运输系统和物流服务网络，将其运营信息系统与各国海关信息系统接口，通过紧密合作极大提高通关效率。我国航空公司要慎重选择基地机场和枢纽机场；设计完善有效的航线网络；制定切实可行的航班计划；更重要的是与基地机场及其他物流企业建立“紧密合作，共同发展”的双赢合作关系，共同构筑以满足客户需求为中心的无缝衔接的航空货运物流服务体系。

（六）着力建设发展广泛的航空货运物流网络系统

经营网络化是现代物流发展的基本特征和发展趋势之一。航空公司无法触及航空市场的全部，也难以完全靠自身资源与努力实现业务网络低成本的快速扩张。建立航空货运物流网络，航空公司要坚持硬件设施建设和业务代理网络“两手抓”的策略。同一地区的航空公司和机场间必须加强联系，货运相互代理，提供优惠价格。随着货代市场的开放，航空公司应积极与进入中国市场、具有网络优势的国际航空公司及代理商开展多种合作，广泛发展国际化的货运物流代理系统。国际航协提出的CARGO 2000项目就是航空公司和货运代理公司间如何建立质量管理和相互关系的项目，值得我国航空公司进一步深化研究并积极参与合作。

（七）大力推进信息化工程建设，提高航空货运物流管理水平

现代信息技术的广泛应用是现代物流发展的极重要特征及趋势。“十五”期间，民航将通过实施加强民航通信网络建设、继续建设货运系统和全球分销系统、完善和扩大集中后台处理与分布前台处理相结合的离港系统、完善收入结算系统、推动空管信息系统的建设和集成、大力推进航空公司和机场信息系统建设、加快发展“电子商务”、“电子邮政”等信息化工程，提高货运物流服务质量和民航业国际竞争力，实现航空物流的跨越式发展。

（八）发展西部支线航空业，促进现代物流的内陆化发展

促进现代物流的内陆化发展，是有效实施西部大开发战略的重要支撑保障条件。中国西部地区地形地貌复杂、生态环境脆弱、交通不便，支线航空是实现西部与外界人、物交流最快捷有效的方式。但我国支线航空发展滞缓，至2002年我国共有小型支线飞机72架、座位2 534席，运行的航班仅占全国航班总数的7.8%，与我国的地理特征、人口规模、经济发展水平、国土资源开发及全面小康社会建设的要求极不适应。

西部支线航空市场潜力深厚、市场广阔，但由于多种原因该市场一直未能有效启动。应对西部支线航空发展给予一系列的政策支持，包括：放宽中小型飞机进口限制，给予支线航空公司依市场需要选择引进支线飞机的自主权；减少对支线运营航线的限制；实行经营支线航班的准入与退出机制，保护航空公司开辟新航线的积极性；取消对支线飞机航班65%客座率的限制、鼓励建立穿梭巴士式航班服务等，有效启动西部支线航空运输需求市场，扭转支线航空发展的被动局面，为促进西部大开发和全面建设小康社会做出贡献。

（特约撰稿：北方交通大学现代物流研究所所长、教授　刘凯）

2002年民航机场生产统计公报（列表）

机　场	排　序	旅客吞吐量	货邮吞吐量	起降架次
总计		171 373 468	4 018 340.7	2117 009
北京	1	27 159 665	629 045.2	242 338
广州	2	16 014 411	496 879.7	147 740
上海	3	13 667 094	439 904.7	117 875
上海浦东	4	11 047 695	634 965.7	107 335
深圳	5	9 352 662	288 644.3	106 718
成都	6	7 548 680	162 390.7	77 844
昆明	7	7 087 156	122 488.2	79 937
海口	8	5 600 511	53 829.1	62 498
西安	9	4 433 604	65 292.4	68 164
厦门	10	4 258 635	109 984.1	52 889
杭州	11	3 879 259	86 734.2	44 912
重庆	12	3 865 788	71 464.9	49 012
大连	13	3 333 451	72 583.1	37 534
青岛	14	3 219 860	46 298.9	43 025
武汉	15	3 200 864	51 881.5	48 831
南京	16	3 170 346	52 197.7	37 776
桂林	17	2 671 961	34 631.2	33 417
沈阳	18	2 652 340	56 798.7	32 550
长沙	19	2 598 508	25 437.9	42 920
福州	20	2 445 025	48 242.2	32 177
哈尔滨	21	1 958 253	28 083.4	21 723
温州	22	1 913 201	28 386.9	25 747
乌鲁木齐	23	1 784 351	42 960.9	20 463
贵阳	24	1 748 848	23 308.3	25 040
郑州	25	1 667 681	20 984.7	23 398
济南	26	1 589 521	23 983.9	26 191
三亚	27	1 491 558	10 941.3	18 219
宁波	28	1 265 057	18 660.7	16 325
长春	29	1 224 461	14 737.3	14 832
天津	30	1 092 121	41 721.5	19 681
南宁	31	1 032 327	12 129.2	15 992
南昌	32	991 078	9 280.8	16 182
西双版纳	33	900 409	5 690.3	9 400
太原	34	817 668	38 015.6	17 594
合肥	35	813 381	13 170.5	13 742
汕头	36	806 690	9 856.1	11 524
烟台	37	754 071	9 556.7	12 000
丽江	38	752 831	1 149.9	9 021
珠海	39	744 110	8 159.9	23 260
张家界	40	713 188	1 936.6	9 982
兰州	41	701 423	9 480.9	12 222
晋江	42	690 792	8 948.4	7 688
拉萨	43	656 394	9 071.1	3 351
呼和浩特	44	477 233	10 268.8	8 703

延吉	45	430 695	969.7	4 535
黄山	46	410 814	2 448.2	6 306
大理	47	361 726	1 348.3	4 667
武夷山	48	361 674	483.6	4 742
银川	49	357 663	3 048.2	9 660
湛江	50	348 997	1 840.1	6 377
北海	51	345 918	2 698.7	5 439
舟山	52	301 909	1 888.2	5 148
西宁	53	294 999	1 826.5	7 612
宜昌	54	291 410	1 226.7	4 766
北京南苑	55	203 765	0	2 478
石家庄	56	167 326	2 7630.9	4 658
喀什	57	163 688	536.5	1 127
芒市	58	157 449	1 452.1	1 625
包头	59	152 817	1 062.9	2 202
常州	60	148 848	2 339.5	2 232
敦煌	61	145 152	47	3 026
台州	62	134 338	2 368.1	2 178
义乌	63	129 394	1 605.7	1 830
中甸	64	124 501	331.2	1 504
绵阳	65	116 287	2 305.1	1 910
宜宾	66	111 304	1 990.2	1 880
伊宁	67	100 644	112.9	1 292
佛山	68	95 207	0	1 110
牡丹江	69	93 019	360.6	1 338
海拉尔	70	85 649	138.3	1 572
徐州	71	85 148	802.9	3 030
思茅	72	79 849	353.6	815
南通	73	68 712	945.8	1 587
泸州	74	67 441	1 091.8	1 233
昭通	75	62 725	182.5	920
临沂	76	62 035	595.4	6 838
临沧	77	60 908	56.4	892
保山	78	55 782	176.4	898
铜仁	79	54 344	33.9	954
柳州	80	52 783	199.7	1 262
昌都	81	50 141	90.8	514
威海	82	45 407	280.5	1338
西昌	83	44 522	98.8	1 116
洛阳	84	43 478	311	128 633
梅县	85	43 244	11.6	616
吉林	86	36 197	79.1	466
恩施	87	35 861	44.8	1 303
榆林	88	35 537	70.5	1 238
连云港	89	35 341	415.4	1 446
杭州笕桥	90	35 143	0	398
阿尔泰	91	35 106	6.1	674
潍坊	92	34 646	95.7	1 086
齐齐哈尔	93	33 639	126.2	954

赣州	94	33 513	31.1	1 120
库尔勒	95	32 721	0	392
丹东	96	31 506	293.2	426
景德镇	97	30 303	40.2	1 070
常德	98	29 913	29	827
锡林浩特	99	29 545	10.4	944
银川贺兰山	100	28 667	0	312
无锡	101	28 035	0	390
福州义序	102	27 836	0	230
阿克苏	103	26 304	97.8	776
赤峰	104	26 263	21.6	874
南阳	105	25 622	385.9	529
桂林奇峰岭	106	25 347	0	308
盐城	107	22 142	342.2	588
襄樊	108	21 650	62.7	461
鼎新	109	20 090	0	230
惠阳	110	19 693	0	310
塔城	111	19 566	7.3	428
格尔木	112	19 260	34.7	628
济南张庄	113	18 690	0	316
延安	114	18 039	4.4	940
万县	115	17 016	269.1	298
南京大校场	116	16 196	0	220
佳木斯	117	15 307	37.3	337
安庆	118	15 207	24.6	806
成都太平寺	119	14 210	0	192
黑河	120	14 098	6.3	718
秦皇岛	121	13 659	11.9	618
芜湖	122	12 297	0	164
鞍山	123	11 994	0	160
苏州	124	11 750	0	160
老河口	125	11 605	0	164
济宁	126	11 043	0	148
锦州	127	10 833	22.9	391
乌兰浩特	128	10 657	10.7	592
广元	129	10 065	136.4	264
嘉峪关	130	10 043	21	472
汉中	131	9 944	36.7	412
通辽	132	9 034	9.3	501
和田	133	6 118	10.8	138
沙市	134	5 551	44.1	93
永州	135	4 471	6.3	412
东营	136	3 116	1	188
衢州	137	2 612	14.4	76
九江	138	2 526	9.9	47
梧州	139	1 051	1.1	90
阜阳	140	920	0	42
库车	141	96	0.2	10

（资料来源：中国民用航空总局规划科技司）

2002年民航机场运输量前二十位排名

机场	旅客吞吐量排序	旅客吞吐量（人次）	货邮吞吐量（吨）	起降架次
北京	1	27 159 669	629 045.2	242 338
广州	2	16 014 411	496 879.7	147 740
上海	3	13 667 094	439 904.7	117 875
上海浦东	4	11 047 695	634 965.7	107 335
深圳	5	9 352 662	288 644.3	106 718
成都	6	7 548 680	162 390.7	77 844
昆明	7	7 087 156	122 488.2	79 937
海口	8	5 600 511	53 829.1	62 498
西安	9	4 433 604	65 292.4	68 164
厦门	10	4 258 635	109 984.1	52 889
前十名合计		106 170 117	3 003 424.1	1 063 338
杭州	11	3 879 259	86 734.2	44 912
重庆	12	3 865 788	71 464.9	49 012
大连	13	3 333 451	72 583.1	37 534
青岛	14	3 219 860	46 298.9	43 025
武汉	15	3 200 864	51 881.5	48 831
南京	16	3 170 346	52 197.7	37 776
桂林	17	2 671 961	34 631.2	33 417
沈阳	18	2 652 340	56 798.7	32 550
长沙	19	2 598 508	25 437.9	42 920
福州	20	2 445 025	48 242.2	32 177
总计		171 373 468	4018 340.7	2 117 009

（资料来源：中国民用航空总局）

2002年机场与港口排行统计

我国机场排行榜(A)

排名	机场	旅客吞吐量(万人次)
1	北京首都	2 715.97
2	广州白云	1472
3	上海虹桥	1 365.57
4	上海浦东	1 098.86
5	深圳	932.3
6	成都	754.22
7	昆明	704.17
8	海口	560
9	西安	443.36
10	厦门	420.98
11	杭州	387.93
12	重庆	386.26
13	大连	333.3
14	青岛	321.99
15	武汉	320
16	南京	317.03
17	桂林	267.2
18	沈阳	265.2
19	长沙	259.9
20	福州	242.91
21	哈尔滨	195.8
22	温州	191.32
23	乌鲁木齐	178.13
24	贵阳	174.88
25	郑州	166.8
26	济南	158.95
27	三亚	149.2
28	宁波	126.51
29	长春	126.4
30	天津	109.21

我国机场排行榜(B)

排名	机场	货邮吞吐量(万吨)
1	上海浦东	74.32
2	北京首都	66.93
3	上海虹桥	56.92
4	广州白云	54.26
5	深圳	33
6	成都	20.43
7	昆明	16.05
8	厦门	13.79
9	杭州	10.51
10	西安	9.87
11	大连	9.34
12	重庆	9.12
13	海口	7.65
14	沈阳	7.41
15	南京	6.79
16	武汉	6.76
17	青岛	6.52
18	福州	6.37
19	乌鲁木齐	5.8
20	桂林	5.49
21	天津	4.17
22	哈尔滨	3.94
23	温州	3.8
24	长沙	3.61
25	济南	3.09
26	贵阳	3.06
27	郑州	2.78
28	宁波	2.5
29	长春	2.21
30	太原	2.21

我国港口排行榜

2002年集装箱吞吐量

排名	港口	集装箱吞吐量(万 TEU)
1	上海	861
2	深圳	761
3	青岛	341
4	天津	240
5	广州	218
6	宁波	185
7	厦门	175
8	大连	135
9	中山	64
10	福州	48

（资料来源:《2003 年中国物流发展蓝皮书》）

国内十大航空公司排名

排名	航空公司代码	承运航空公司	班次	总旅客数	投入运力
1	CZ	南方航空公司	683	74 104	136 313
2	MU	东方航空公司	577	61 448	104 596
3	CA	中国国际航空公司	410	52 684	85 020
4	HU	海南航空公司	245	23 914	40 500
5	MF	厦门航空公司	118	14 589	28 319
6	FM	上海航空股份有限公司	160	13 750	19 747
7	ZH	深圳航空公司	96	9 361	15 427
8	SC	山东航空公司	90	6 986	12 949
9	3U	四川航空公司	80	5 197	8 121
10	NX	澳门航空公司	41	4 471	6 552

（资料来源：中国民用航空总局）

远洋运输

2002年,是中国正式加入世界贸易组织的第一年。由于国内、国外各种积极因素的影响,我国对外贸易形势喜人,进出口增长达16%以上,尽管受到美国西海岸码头工人罢工和美伊之间将爆发战争的影响,我国国际海上运输业还是取得了一定的成绩。

一、入世对我国国际海上运输业的影响

(一)对国际海上运输的影响

1.我国的入世承诺。对外商从事挂靠我国港口的班轮和非班轮运输无限制,允许外商设立合营船公司,经营悬挂中国国旗的船舶,但外资比例不得超过49%;合营企业可以享受国民待遇。

2.我国开放国际海上运输市场回顾。从1984年开始,我国航运市场逐步对外开放,具体情况如下:

1984年,交通部批准第一家外商航运公司的班轮船舶挂靠中国港口;

1986年,交通部批准第一家外商航运公司在中国设立代表处;

交通部批准第一家中外合资国际船舶运输公司;

交通部批准第一家中外合资国内船舶运输公司;

1988年,取消了对中国航运企业保留外贸货物运输份额的政策;

1994年,批准第一家外商航运公司在中国设立独资船务公司;

1996年,批准第一家外商航运公司在中国设立独资集装箱运输服务公司。

截至2000年底,境外航运企业在中国设立的代表处、办事处共计500多家;中外合资船舶运输企业共计120多家;外商独资船务公司和独资集装箱运输服务公司及分支机构共计110多家。

3.对国际海上运输业的影响:

(1)正面影响。加入WTO后,我国成为世贸组织正式成员,将享受WTO所有成员国给予的最惠国待遇,这将使我国具有国际竞争力的出口产品,如纺织品、机电产品等得以摆脱关税和非关税壁垒的羁绊,加大我国的出口量。在进口方面,农业市场准入的承诺将大大降低我国农产品的进口关税,这将导致农产品进口量的大大增加;同时,工业产品如汽车、科学仪器、化工品、高新科技产品等的关税也将大幅降低,配额也将逐步取消。这些都将直接导致我国进出口贸易量的大幅增长,而外贸的90%是通过海运来实现的,所以外贸海运量也必然增长。由于进口量的上升趋势将大大超过出口量的增长,长期以来困扰承运人的东西向货量不平衡状况也将会大大改善。对我国的航运企业来说,这是一个绝好的发展机会。

同时,我国政府主管部门将根据世贸组织的国民待遇原则、最惠国待遇原则和其他基本原则,利用世贸组织的谈判机制,争取外国取消对我国航运企业的不合理限制,使我国航运企业能够在其他成员国家享受各种公正待遇,更加顺利地开展正常经营活动和业务。

另外,由于中国属于发展中国家,根据世贸组织逐步开放规则,我国政府将政策等方面大力扶持本国航运企业,对我国航运企业而言,这也是一个非常有利的影响。

(2)负面影响。根据我国入世承诺,航运市场将进一步开放,这将使原本已经处于劣势的我国航运企业处境更为不妙,我国航运企业与境外航运企业的市场份额对比见表1:

从表1可以看出,中国航运公司在本国外贸

表 1

类别 / 公司	每月近洋航班占有率	每月远洋航班占有率	市场份额		集装箱市场份额	
			1990 年	目前	1990 年	目前
境内公司	52.5%	30%	>60%	<40%	50%	<30%
境外公司	47.5%	70%	<40%	>60%	50%	>70%

市场已经是节节败退，特别是集装箱班轮，市场份额只占三分之一；而总体市场份额也已经不到一半。入世后，我国对外商从事挂靠我国港口的班轮和非班轮运输不再限制，同时允许外商设立合营船公司，经营悬挂中国国旗的船舶(但外资比例不得超过 49%)，合营企业可以享受国民待遇。这样，境外航运企业将进一步直接参与我国航运市场的竞争。由于我国航运企业的经营思想、管理方法、服务水平、技术装备等与国外企业有一定的差距，所以我国航运企业面临的竞争压力将会更大，我国航运企业的市场份额有可能进一步降低。

同时，加入 WTO 之后，海运运价必将受到价值规律支配，也就是由市场调节，而目前我国的运价与境外企业的运价仍有一定的差距，入世之后，我们的运价太高必然会影响我国企业的竞争力，造成货源的流失。

尽管入世后，我国政府会通过政策、资金等方式扶持本国航运企业，也会依据世贸组织规则，通过谈判维护我国航运企业在世界航运市场的利益。但是，我国政府也必须根据世贸组织规则，采取市场经济的方式进行扶持，目前享有的自由裁量权会大大降低，对境外航运企业的进入也只能进行资质认定，只要资质合格就必须准入，而不能有数量上的限制。

（二）2002 年的实际情况

2002 年是我国加入世界贸易组织的第一年。尽管国际上出现了技术壁垒、绿色壁垒等严重的贸易保护主义倾向，但是从总体上看，原来影响我国出口的一些干扰性因素发生了很大变化，国外对我国商品的限制相对有所减少，使我国的出口商品有了更加广阔和稳定的国际市场空间。

据海关初步统计，2002 年 1–12 月，全国进出口总值为 6 207.85 亿美元，同比增长 21.8%，其中：出口 3 255.69 亿美元，同比增长 22.3%；进口 2 952.16 亿美元，同比增长 21.2%，进出口顺差 303.53 亿美元，同比增长 34.6%。12 月份当月出口 318.91 亿美元，同比增长 30.2%；进口 287.33 亿美元，同比增长 28.4%，进出口顺差 31.59 亿美元，同比增长 49.4%。(详见表 2)

对外贸易量的快速增长，使我国国际海上运输得到长足的发展，截至 2002 年 11 月底，累计完成货运量 26 038 万吨，为上年同期的 103.5%，累计完成货物周转量 1 856.91 亿吨公里，为上年同期的 100.2%。

表 2　　单位：亿美元

项　目	12 月当月		1-12 月累计	
	绝对值	增减%	绝对值	增减%
进出口总值	606.24	29.3	6 207.85	21.8
出口总值	318.91	30.2	3 255.69	22.3
进口总值	287.33	28.4	2 952.16	21.2
进出口差额	31.59	49.4	303.53	34.6

数据来源：中华人民共和国海关统计

二、我国国际海上运输企业与船队

（一）我国国际海上运输企业

截至2000年底，在中国境内登记注册从事国际海上运输的航运公司有290家，除中远集团、中海集团外，大部分企业规模偏小，平均船舶运力不足1万载重吨，许多公司为单船公司。企业规模偏小，缺少抵御市场风险的能力，规模经济效益不能发挥；同时，单船公司比例过大，将加剧市场的无序竞争。

从专业化分工来看，中国从事国际海上运输的公司缺少专业化分工。一个没有专业化分工的市场，其技术进步和产业升级必然缓慢，从而不能有效提升企业市场竞争力，无法形成必要的市场进入技术壁垒。由于进入壁垒低，容易造成一哄而起，形成低水平的过度竞争。

为此，中国政府交通主管部门提出加快航运企业结构调整、发展规模运输的指导思想，鼓励航运企业与大型货主之间的联合，引导并鼓励实力雄厚、竞争能力强的航运企业，以资产为纽带，实现强强联合；组建跨地区、跨行业、跨所有制和跨国经营的大型航运企业和企业集团；继续采用资产重组、改组改造、联合兼并、股份合作等多种形式放开和搞活中小航运企业；建立较为完善的现代企业制度，增强国际海上运输企业的市场竞争力。

（二）我国国际海上运输船队规模

截至2000年底，我国国际海上运输船队共有船舶2 525艘、3 700多万载重吨，占世界商船队总量的5.3%，集装箱位占世界总量的5.0%，船队总运力在世界商船队中的排名不变，仍位居第五。

自1994年航运步入结构调整以来，我国国际海上运输船队没有明显的增长。与上年相比，2000年船队总运力仅微幅增长0.93%，但船型结构有所变化。其中，多用途船与集装箱船队增长幅度较大，分别为4.0%和3.7%，杂货船下降1.25%，其他船型变化较小。同期世界商船队的变化情况为：商船队总量较上年增长1.4%，其中集装箱船队和液化气船队增长最快，分别上涨7.4%、7.0%，客船下降幅度最大，较上年同期下降24.9%，兼用船队下降6.5%。

从船舶投资主体来看，仍以国有为主，近年来多种投资主体投资国际海运有上升趋势。从规模来看，中远、中海、中外运这三个集团规模最大，三家公司运力所占比重超过60%。

从船型结构来看，散货船队比重最大，占我国国际海上运输船队（包括挂方便旗船）总载重吨的55.9%，油船次之，占15.1%，集装箱船占13.0%，杂货船占7.1%，多用途船占6.2%，其他船型所占比重较小。

从吨位结构看，船队平均吨位为1.47万吨，其中散货船队平均吨位4.25万吨，原油船平均吨位8.10万吨，成品油轮平均吨位5016吨，集装箱船平均箱位886TEU，杂货船平均吨位6 676吨。

从船龄结构看，2000年我国国际海上运输船队平均船龄为15.7年，较往年有所增长。其中，原油船、集装箱船船龄较小，分别为12.2年和13.5年，多用途船、散货船、成品油船船龄在15–17年之间，而客船、冷藏船、液化石油气船、杂货船船龄较大，平均在19–23年之间。

（三）我国国际海上运输船队发展方向

“十五”期间，在“九五”船队发展的基础上，我国国际海上运输船队结构将以大型化为主，逐步形成吨位结构大、中、小合理配置，适合市场需求的、具有较强竞争能力的国际海运船队。

具体而言，我国国际海上运输船队发展方向为：

1.继续保持我国散货船队规模优势，适当发展大型散货船，加强与货主合作，通过航运公司与有关专业公司的联营，提高市场竞争力。

2.发展油船队，在争取提高外贸合同承运份额的前提下，发展20–30万吨级大型油轮，加快油船队规模结构的改善。

3. 发展4 000–6 000TEU的大型集装箱船，并建立与之相配套的近洋支线船队，建设一支具有国际竞争力的集装箱船队。

4.发展LPG船队，改善船队结构，增强市场竞争力；加快建立与进口液化天然气规模相适应的LNG船队。

5.逐步改善船队船龄结构，提高船公司运力规模水平；鼓励更新、淘汰老旧船舶，形成老、中、青相配套，梯形层次合理，能够实现良性循环、健康发展的船队。

6.鼓励船公司之间互租舱位、舱位共享等多种形式的合作经营,实行资产重组,开展广泛的联合、联营,形成规模化、集约化经营。

三、我国法律法规中有关国际海上运输的新规定

2002 年,《中华人民共和国国际海运条例》(以下简称《条例》)和《中华人民共和国国际海运条例实施细则》(以下简称《实施细则》)相继公布,对规范在中国从事国际海上运输业务的本国企业和外国企业起到重要作用。

《条例》和《实施细则》适用于广义的国际海上运输业务,包括国际海上运输业经营活动以及与国际海上运输相关的辅助性经营活动,前者包括国际船舶运输业务和无船承运业务,后者包括国际船舶代理、国际船舶管理、国际海运货物装卸、国际海运货物仓储、国际海运集装箱站和堆场等业务。

国际船舶运输业务,是指国际船舶运输经营者使用自有或者经营的船舶、舱位,提供国际海上货物运输和旅客运输服务以及为完成这些服务而围绕其船舶、所载旅客或者货物开展的相关活动,包括签订有关协议、接受订舱、商定和收取运费、签发提单及其他相关运输单证、安排货物装卸、安排保管、进行货物交接、安排中转运输和船舶进出港等活动,国际船舶运输经营者包括中国国际船舶运输经营者和外国国际船舶运输经营者。

无船承运业务,是指无船承运业务经营者以承运人身份接受托运人的货载,签发自己的提单或者其他运输单证,向托运人收取运费,通过国际船舶运输经营者完成国际海上货物运输,承担承运人责任的国际海上运输经营活动。在中国境内经营无船承运业务,应当在中国境内依法设立企业法人。

国际船舶代理业务是指国际船舶代理经营者接受船舶所有人或者船舶承租人、船舶经营人的委托经营的以下业务:办理船舶进出港口手续,联系安排引航、靠泊和装卸;代签提单、运输合同,代办接受订舱业务;办理船舶、集装箱以及货物的报关手续;承揽货物、组织货载,办理货物、集装箱的托运和中转;代收运费,代办结算;组织客源,办理有关海上旅客运输业务;其他相关业务。

国际船舶管理业务是指国际船舶管理经营者接受船舶所有人或者船舶承租人、船舶经营人的委托经营的下列业务:船舶买卖、租赁以及其他船舶资产管理;机务、海务和安排维修;船员招聘、训练和配备;保证船舶技术状况和正常航行的其他服务。

国际海运货物仓储业务包括海运货物仓库保管、存货管理以及货物整理、分装、包装、分拨等服务;国际海运货物仓储业务经营者必须是按照中国法律设立的中国企业法人。

国际海运集装箱站与堆场业务包括海运货物集装箱的堆存、保管、清洗、修理以及集装箱货物的存储、集拼、分拨等;国际海运集装箱站与堆场业务经营者必须是依照中国法律设立的中国企业法人。

《条例》和《实施细则》的颁布实施,为今后所有在中国从事国际海上运输业务的经营者提供了有力的法律依据,必将完善我国的国际海上运输市场。

四、我国国际海上运输展望

我国外经贸发展的总体环境逐步趋好,为扩大出口提供了有利的基础条件。据世界银行估计,入世 5 年内,我国外贸量占世界外贸量的比重将从目前的 4.5%提高到 6.5%。种种迹象表明,2003 年我国的外贸量将再创新高,这为中国的国际海上运输业带来了巨大的机遇。

但是入世带来的危机也不容忽视,外资企业进入我国国际海上运输市场、国际政治形势风云变幻等都将给我国从事国际海上运输业务的经营者带来巨大的挑战,我们本土企业只有迎难而上,不断提高自身管理水平,才能在国际海上运输市场占据一席之地。

(特约撰稿:中国远洋运输(集团)公司 唐星球)

集装箱运输

2002年,我国国际集装箱运输,在复杂的国际政治、逐渐回升的世界经济和激烈竞争的国际航运大环境,以及我国经济持续、平稳发展、对外贸易明显增长的良好条件下取得了显著发展。国际集装箱运输的各相关企业有喜有忧。

2002年,全球经济受美国经济复苏的带动呈缓慢平稳趋势情形,全年增幅高于上年2.2%的增幅,达到2.8%。主要国家和地区的经济增长情况是:美国为2.4%,欧元区1%弱,日本为0.5%;发展中国家为4.2%;中国的增长率接近8%。世界贸易量增幅不到3%。地区经济的差异和结构性变化,对我国进出口贸易货物的流向、流量及其国际集装箱运输产生着一定的影响。这一年,国际政治环境动荡不安。美国2001年"9·11"事件的影响继续存在,为反恐美国加紧了进出本土的国际贸易货物和运载工具的监管,加强了在国际集装箱运输领域的安保工作。夏季发生在美国西海岸港口的劳资纠纷所引发长达10多天的西海岸29个港口的整体封港事件以及为期80天的冷却期不仅对美国经济造成的损失每天高达10多亿美元,使国际集装箱运输企业特别是经营远东至美西航线的班轮公司,以及进出口贸易和相关企业造成了严重的负面影响。我国相关运输、贸易企业因此造成的损失也难以估量。伊拉克战争的前期准备对世界政治和经济格局的影响,国际石油价格的波动等,导致了全球集装箱运输价格阶段性的波动起伏。

一、2002年国际集装箱运输市场的总体概况

2002年,世界集装箱船舶总数达到3 017艘、590万TEU,较上年增长9.2%,其中4 000TEU以上的有224艘、139万TEU,同比增长23%。全球竣工的载箱量2 000TEU以上的船舶为105艘、50万TEU,新船交付量达68万TEU。全球集装箱运量突破7 000万TEU,增长为6%强。其中,远东–北美,远东–欧洲、地中海,欧洲、地中海–北美世界三大国际集装箱主干航线的箱运量约占总运量70%。全球集装箱运输市场总体继续呈现运力过剩的状况。

2002年,我国大陆进出口贸易总值突破6 000亿美元,为6 207.9亿美元,比上年增长21.8%。我国大陆进出口适箱货总量中,港口集装箱化率由上年的65%增长到近70%,港口完成集装箱货物吞吐量3 721万TEU,比上年增长35.4%,占全球总吞吐量约13%。我国大陆进出口集装箱运量中,北美航线和欧洲、地中海航线仍占主要比例,其中,又以北美东行箱运量和欧洲、地中海西行箱运量占有更大比重,如北美航线东行440万TEU(比上年增长近20%),西行只有87万TEU(比上年增长13.4%)。此外,我国与日本、韩国、东南亚其他国家,大洋洲地区及国家的进出口箱运量也占有很大比例,且从我国出口地区和国家的箱运量在2002年都有明显递增。

运力供给方面,目前控制着全球集装箱船舶总运力约80%、名列世界前20位的班轮公司都直接或间接地参与我国进出口集装箱货运市场经营活动,承运我国对外贸易的进出口集装箱货物。他们有的在我国大陆设有公司或代表处,有的通过委托代理处理与中国相关的业务。此外,参与我国集装箱货运市场经营活动的还有许多国内外中小型集装箱班轮公司。

中远集运、中海集运和中外运集运是我国大陆进出口集装箱运输的三支主要船队。尤其是中远集运和中海集运,其船队规模已进入世界前20位,在国际集装箱运输领域具有举足轻重的地位,

其经营活动会对国际集装箱运输市场产生一定的影响。

二、2002 年我国出口的国际集装箱运价走势及其分析

2002 年，国际集装箱运输市场的价格，是在上年市场运力严重失衡、单边下挫直至低谷、通过班轮公司对经营活动和运力的结构性调整的基础上，出现了艰难、缓慢爬升的态势，下半年运价回升较为明显。然而，由于船东与货主以及船东之间缺乏协调，运价反弹受到制约，尽管主干航线的集装箱货运量明显增加，但亦没能改善班轮公司的市场运作环境和经营效益。2002 年班轮公司上调运价更多的是出于缩小业已存在的经营亏损和恢复原应有价格水平的目的，而不是市场的强劲需求走势所致。2002 年国际集装箱运输市场的价格整体还是处在较低的水平之上。

这一年，由于加入 WTO 的影响，以及自 1 月 1 日起开始履行入世关税减让义务，使我国整体经济和对外贸易出现了良好势头。纵观挂靠中国港口的集装箱班轮呈现一片繁忙的景象，各大港口的集装箱货物进出口量都明显上升。但是，由于世界各大集装箱班轮公司纷纷调整运力结构以争夺中国集装箱货运市场份额，市场竞争白热化，中国出口集装箱运输的价格与整个国际集装箱运输市场一样仍处在一个较低的水平上。

2001 年，中国出口集装箱运输市场的综合运价指数在第一季度最高接近 1200 点，随着时间的推延和航运环境的变化，一直处在单边下滑过程。进入 2002 年，综合运价指数于 1 月份跌至谷底，尽管以后月份出现反弹，却仍表现为震荡起伏，下半年有所回升，然而始终没能突破 1 000 点。2002 年中国出口集装箱运价指数如表 1 所示：

表中可见，主要航线的运价指数，它们的表现并不相同：日本、东南亚、南非航线顺延上年的下滑态势，由年初 1 049.13 点、852.71 点和 890.50 点分别跌至年末的 835.31 点、693.53 点和 702.59 点，它们的跌幅分别是 20.38%、18.67% 和 21.10%，尽管期间曾有震荡反弹现象；香港、澳新与东西非航线，呈平稳微跌状态；欧洲、地中海、美西、美东和韩国航线，整体表现出上扬走势，其中，地中海航线表现最佳，增幅达 56.25%，韩国、欧洲航线的增幅分别是 34.68% 和 23.73%，美西、美东航线的增幅分别是 15.62% 和 7.45%。

上述航线运价指数的变化反映了 2002 年间，集装箱运输需求在各个地区存在的差异性以及运力供给的平衡状况。欧美国家经济出现好转，进出口贸易和集装箱货运量较为充足，特别是欧洲与地中海航线，市场不断走强，尽管有不少班轮公司纷纷调整运力以增强其在欧地航线的竞争，但整体运价仍呈现循序渐进的上升调整；期间影响美国经济的不确定和不乐观因素时有发生，股市也多次出现暴涨暴跌，但由中国至美国的出口集装箱运输市场基本保持稳定发展，充足的货源使运价向上波动。美西港口的“封港事件”尽管给市场遗留下许多关注，给包括我国在内的许多班轮公司的经营带来严重的影响，但对运价水平并没有多少负面作用，反而使美西航线的运价在后几个月出现上扬。影响日本、东南亚航线运价水平下跌的主要因素是，亚洲经济除中国内地外，普遍缺乏增长动力，货运需求因得不到贸易的拉动而继续不足，然而船舶运力投放增加、供给过多，市场贫乏。南非南美航线运价下滑的原因主要是其购买力下降，国际贸易量减少，加上南美地区国家近来频频骚乱和金融局势不稳定，使进出口集装箱货运需求不足。

三、2002 年国际集装箱运输航线网络及港口经营分析

由于近几年中国集装箱货运需求呈较大幅度的增长，世界主要集装箱班轮公司纷纷增加中国内地港口的船舶挂靠及其密度。经过 2001 年的调整，2002 年底世界主要集装箱班轮公司都有途经我国和从我国大陆港口启程至世界各地的集装箱班轮航线，并已形成全球主干航线、地区间的环形航线、近洋航线、区域性航线和系列穿梭支线等立体、多维结构的集装箱运输网络。已形成：以广州、深圳、香港为枢纽、内连华南及珠三角乃至辐射内

表 1

2002 年中国出口集装箱运价指数

出口航线	1月5日	2月8日	3月5日	4月5日	5月7日	6月7日
综合指数	920.39	930.63	934.62	923.54	933.49	944.69
日本航线	1 049.13	969.12	890.55	900.76	911.16	907.77
欧洲航线	904.58	944.66	1 019.34	965.05	1 011.56	1 033.39
美西航线	992.17	1 015.07	1 003.56	990.49	974.20	1 008.01
美东航线	1 207.70	1 218.03	1 236.01	1 274.71	1 229.80	1 314.91
香港航线	719.46	721.61	705.28	728.13	736.53	646.05
韩国航线	494.79	547.96	559.54	600.72	575.82	585.22
东南亚航线	852.71	809.63	813.88	766.41	835.81	779.48
地中海航线	790.25	945.39	913.25	901.97	998.15	1 053.18
澳新航线	641.78	580.97	623.34	580.82	590.45	550.44
南非南美航线	890.50	924.35	954.29	877.90	862.24	869.60
东西非航线	788.70	765.33	843.74	806.79	776.98	713.65
出口航线	**7月5日**	**8月8日**	**9月13日**	**10月8日**	**11月1日**	**12月28日**
综合指数	934.27	967.92	978.45	961.14	947.11	988.28
日本航线	889.26	903.99	848.06	810.20	848.44	835.31
欧洲航线	1 011.52	1 119.51	1 161.04	1 099.81	1 143.22	1 119.30
美西航线	1 001.60	1 018.31	1 089.47	1 110.81	1 088.88	1 147.17
美东航线	1 276.82	1 258.40	1 207.60	1 232.36	1 156.02	1 297.63
香港航线	738.25	701.95	715.99	674.01	677.34	688.70
韩国航线	587.07	595.57	574.24	583.36	664.02	666.37
东南亚航线	688.35	684.69	702.80	668.72	704.28	693.53
地中海航线	1 040.41	1 186.06	1 244.42	1 289.73	1 355.54	1 234.79
澳新航线	584.69	601.26	595.46	539.69	607.25	635.40
南非南美航线	849.26	838.70	747.69	736.91	698.28	702.59
东西非航线	715.90	821.15	841.91	740.92	748.28	754.45

（上述资料汇编于《航运交易公报》）

地的，外接东南亚和世界各地的集装箱运输网络；以上海港为枢纽港、以江浙两侧如宁波为基本港、长江下游港口为支线港，内连长三角及长江沿线、华东和西部部分地区，外接世界集装箱主干航线、环太平洋航线和区域性航线至世界各地的集装箱运输网络；以青岛、天津和大连三港为基本港，内连环渤海湾经济圈及其华北、东北、内蒙和西部部分地区，外接东北亚、东南亚并与世界主干集装箱运输航线相连的集装箱运输网络。

世界集装箱运输主干航线停挂我国大陆的港口与码头主要是：盐田、蛇口、赤湾、厦门、上海、宁波、青岛、新港和大连；近洋航线和环太平洋航线、波斯湾航线，我国主要停挂港口是：黄埔、赤湾、盐田、上海、青岛、新港和大连等；此外，区域性航线和近洋航线的船舶还挂靠中小型的港口码头有：营口、龙口、烟台、连云港、太仓、南通、张家港、泉州、福州、厦门等。目前，我国及境外仍有不少中小型集装箱班轮公司经营着来回国内港口（上海、青岛、新港、大连、宁波、广州、蛇口、中山和珠三角其他港口及北海、防城港)至香港的航线。

经过以往几年的发展、改革和调整,2002 年我国各港口的目标定位都已有比较清晰的界定。港口在项目投资、基础设施建设和相应的配套工程、新技术运用、建立现代企业制度和完善管理体系以及软件开发与信息管理等方面都有实质性地进展。我国港口经营体制改革的目标已经明确,政企分离在一些港口已率先完成。我国港口经营业已基本形成对外的整体竞争格局。

这一年，我国港口集装箱吞吐量实现较快增长，在完成港口集装箱吞吐量 3 721 万 TEU 中，沿海港口完成 3 376 万 TEU,比上年增长 36.7%,内河港口完成 345 万 TEU,增长 24.1%;在完成港口总吞吐量中，外贸集装箱吞吐量约 3100 万 TEU，占总量 83%，内贸集装箱吞吐量约 600 万 TEU,占 17%;外贸集装箱吞吐量中,国际航线约占 93%,内支线完成约 7%。我国的上海、深圳、青岛等在国际港口的竞争中取得了显著成绩。其中,上海港连闯 700 万和 800 万两个百万大关,从 2001 年的 635 万 TEU 一跃升至 861 万 TEU,赶上高雄,跻身全球集装箱大港第四位;深圳港一年净增 250 万 TEU，超过洛杉矶港和鹿特丹港,晋居世界集装箱大港第六位；青岛港吞吐量达到 341 万 TEU,进入世界 15 强;天津、广州、宁波、厦门、大连等港的集装箱吞吐量都超过 100 万 TEU。世界港口集装箱吞吐量前 10 位与我国大陆排名前 16 位的集装箱港如表 2、表 3 所示:

表 2 **世界集装箱吞吐量前 10 位港口**

港口	香港	新加坡	釜山	上海	高雄	深圳	鹿特丹	洛杉矶	汉堡	安特卫普
万 TEU	1877	1670	944	861	849	761	658	610	537	478

表 3 **我国大陆集装箱吞吐量名列前 16 位的港口**

港口	上海	深圳	青岛	天津	广州	宁波	厦门	大连
万 TEU	861.3	761.3	340.5	240.8	217.3	185.8	175.4	135.2
港口	中山	福州	营口	南京	连云港	张家港	南通	烟台
万 TEU	64.3	48.1	32.4	25.5	20.5	20.3	18.0	16.0

上海港，每月约 1 180 个集装箱货运航班驶向全球 120 多个港口,并形成贯通全国南北 40 个港口的干支结合的巨大水运网络。为了适应我国经济迅速增长，满足国际贸易量急剧扩张对集装箱运输的需求，上海港于 2002 年 7 月和 10 月在外高桥港区二、三期建成投产的基础上，与丹麦 A.P.莫勒集团合资(总投资 30 亿元人民币,上海港占 51%)建设的外高桥四期集装箱码头工程于年底基本竣工并将在 2003 年投入生产。该码头岸线长 1 250 米,4 个泊位,设计年吞吐能力 120 万 TEU,港区陆域纵深 1 220 米,宽 1 400 米,占地面积 164 万平方米。这样,外高桥一至四期共有岸线长 3 950 米,有 12 个能满足第三、第四代集装箱船的泊位,设计年吞吐能力可达 350 万 TEU。

为了使我国在新世纪积极参与国际经济竞争,打造国际航运中心地位,使上海港成为东亚地区的枢纽大港,2002 年 4 月 1 日，在国家的支持下,洋山深水港工程正式启动,上海同盛投资(集团)有限公司作为该工程开发建设的主体,在投资体制上实行投资、建设、运营、监督"四分开",以探索和创新基础设施的投资机制。洋山深水港工程现已进入全面建设阶段,一期工程建设包括:岸线为 1 600 米、码头前沿水深 15 米的泊位 5 个,设计年吞吐能力 220 万 TEU，预计 2005 年投产;连接深水港区与陆域(南汇芦潮港)长为 31 公里、6 车道的跨海大桥(现取名:东海大桥)。该一期工程的完成和投产，将改善上海国际航运中心的发展环境,吸引国际集装箱主干航线上的第五、六代的大型集装箱船舶直接挂靠，预计可以使上海港月航班数跃升至 1 400 班次以上。同时，上海市与铁道部计划投资 50 亿元建造总长 113 公里，从金山铁路支线起始，经漕泾化工区至南汇芦潮港的海港新城，再连接浦东国际机场–外高桥–何家湾–张庙的浦东首条铁路，预计 2005 年竣工，年运输量可达 100 万 TEU。从而形成上海南端以洋山深水港为核心，辐射长三角的海陆空立体快速物流网络，进一步带动上海及周边地区整个物流产业的发展水平。

深圳港，2002 年统计开通有 80 条远、近洋国际集装箱班轮航线和 17 条沿海内贸航线，无论是国际航线数量、航班密度还是港口吞吐量的增长幅度在国内均保持领先地位。至 5 月 24 日，盐田码头累计完成集装箱吞吐量 1 000 万 TEU，是我国大陆港口单个集装箱码头公司的第二家创此记录的公司。深圳市政府计划投资 156 亿人民币，兴建包括盐田三期、蛇口二三期、赤湾十二和十三集装箱专用泊位等 32 个泊位（其中集装箱泊位 10 个）在内的 13 项工程。加强内贸、支线集装箱码头的建设，以满足集装箱运输发展的需要。到 2005 年，使深圳港的集装箱吞吐量达到 1 100 万 TEU，成为我国华南地区和世界级的集装箱枢纽大港。最近，深圳大铲湾港区一期工程开工在即，工程岸线长度 2 000 米，前沿水深 15.5 米，5 个大型集装箱专用泊位。全部落成后，深圳港将形成东部盐田港区、西部蛇口赤湾和妈湾整合体港区，与大铲湾新集装箱港区形成并驾齐驱的局面。

我国其他主要集装箱港 2002 年间，在规划、投资、经营和生产等方面都有良好表现。其中，青岛港明确提出到 2005 年初步建成我国北方国际航运中心和适应经济全球化和航运船舶大型化要求的深水港及综合运输体系，建设区域性物流中心、航运中心和金融中心，形成完善的航运市场体系和现代化口岸服务体系，并投下巨资筹建可停靠 8 000–10 000TEU 的大型集装箱船舶的深水专用泊位，建成中国最大的集装箱码头及中国最大的 EDI 中心。

天津港，完成了水深 14 米、可满足 10 万吨级船舶全天候进出港的航道一期工程，已规划在 2010 年建成“设施先进、功能齐全、管理科学、效益领先、环境优美、现代化、国际深水大港”和集装箱枢纽港。为实现此目标，水深为 15 米、15 万吨级船舶可乘潮进出港的二期航道工程也于年内竣工。同时，加快南北两疆港区的改造与新建，其中北疆港区将新建成年吞吐能力 170 万 TEU 的 5–7 万吨级集装箱泊位 5 个，以及北疆集装箱分拨中心，改造东突堤北侧 6 个杂货泊位为 4 个 5–7 万吨级的集装箱专用泊位，年设计吞吐能力 160 万 TEU，至 2005 年，实现集装箱吞吐量 400 万 TEU。

广州港，是我国华南地区最大的综合性港口，长期承担着珠三角和华南地区综合货运任务。近年来，广州港的内贸集装箱货运量增长迅速，成为我国内贸集装箱吞吐量最大的港口。广州港与新加坡港务集团合资的广州集装箱码头公司完成集装箱年吞吐量突破 100 万 TEU，成为我国为数不多的年产百万 TEU 的专业码头。该港通过加快建港的重点工程，调整港口的功能布局，推进内港区的综合开发，以建设广东现代物流最大的中心节点，加速集装箱运输的发展。

宁波港，集装箱吞吐量的增幅同上年比增长 52.9%，其增幅已连续 4 年居全国各港之首。在世界集装箱大港的排名上由 2001 年的 50 位提升至第 30 位。年内新辟了西非、南美等集装箱航线，现已有 24 条可直达世界主要贸易港口的国际航线，并形成相应的集疏运网络。该港在完成可停靠第四、五代集装箱船舶的北仑三期工程基础上，岸线长 1 238 米的 4 个能接纳第六代以上超大型集装箱船舶的专用泊位正在加紧建设，2003 年竣工并投产后将新增年集装箱吞吐能力 100 万 TEU；岸线总长 3 000 米，码头前沿水深达 17 米以上的四期工程计划于 2005 年陆续投入使用，届时宁波港能承接世界上更大型的集装箱船舶，年集装箱吞吐能力将达 300 万 TEU 以上。

厦门港，是我国东南沿海重要港口之一。其集装箱吞吐量同上年比增长了 35.1%，进入世界 40 大集装箱港口的行列。现已吸引世界主要班轮公司 12 家，航线覆盖美、欧、澳、地中海、波斯湾及亚洲等地区。隶属厦门集装箱公司的东渡码头 1 号泊位可停靠第五代集装箱船，设计吞吐能力 35 万

TEU；在建的隶属海天码头的东渡港区三期9、10、11号泊位已快竣工；由香港和记黄埔参股的海沧4号泊位预计2005年全部完工。另外，厦门湾的10万吨级航道二期工程及嵩屿港区正在筹建。根据总体发展规划，2005年现有工程全部完成后，厦门港将成为以集装箱中转为主体的多功能综合性港区，年吞吐能力将达到600万TEU。

大连港，"九五"期间所完成的码头建设和系列配套设施改造项目，为提高港口综合竞争力打下了良好的基础。目前该港开辟有美西、美东、地中海、欧洲等8条远洋班轮航线和38条近洋班轮航线。该港投资建设环渤海湾内支线，经过三年的努力形成并完善了以大连港为国际中转港，集疏运于锦州、秦皇岛、天津、营口、烟台、威海、青岛、上海等5条航线的内支线网络，年中转箱量达9万TEU。新建四个深水泊位的工程，2002年底或2003年初建成第一个泊位后，集装箱码头的年吞吐能力预计达到240万TEU。

与此同时，我国其他港口都有不凡表现。特别是中小型港口，它们根据本港的环境与特点，在港口发展、物流基础设施的建设和项目投资、企业经营、市场开拓和内部管理等方面都进行了相应规划，分阶段和分步骤地加以实施。目前，我国大陆港口发展已经到达一定规模，我国大陆的各个港口在其区域内已经形成与周边国际、国内港口之间的竞争格局。港口之间的竞争与合作是新的一年摆在各港口企业之间的一个值得关注和研究的问题。

四、2002年我国主要集装箱运输企业的经营与发展

由于近几年国际集装箱运输市场一直处于低迷状态，世界范围内集装箱班轮公司的经营状况普遍不太理想，经济效益普遍不佳，一些企业亏损严重，存在难以生存问题。中远集运、中海集运和中外运集运是我国经营集装箱运输的主力船队。2002年这些企业在艰难的环境中拼搏，在激烈的竞争中求生存、求发展、求壮大。尤其是9月末美国西海岸港口因劳资纠纷导致29个港口封闭，给经营美国航线的世界各班轮公司因船舶不能进港作业而带来难以估量的损失，也给我国中远集运和中海集运造成经营上的困苦和影响。以中远集运为例，在正常情况下该公司每周运往美国西岸的运量约1万TEU，每箱运费约1200美元，每周单运费损失一项就达1200万美元；航班安排受阻，船舶不能正常周转，船期成本大幅度上升，箱子调用困难、箱管费用增加。

2002年，我国三大集装箱班轮公司根据经营环境的变化，都进行了积极地航线与船舶配置的调整，在对外合作和市场目标等方面实施了一系列举措。中外运集运年中投入5艘2 500TEU船舶开通首个独立经营的泛太平洋航线，体现了该公司调整航线的目标和参与主要运输市场的竞争的决心。尤其是中远集运和中海集运，在航线开辟与调整、运输网络建设、船舶运力投入等方面的力度明显增加，在开拓国际和国内货运市场，打造综合物流等方面作了大量的工作，在竞争中继续保持发展的势头。

据有关统计，至2002年底，中远集运拥有集装箱船舶120艘，24.27万TEU箱位、比上年增加5%，中海集运拥有集装箱船舶100余艘，16.8万TEU、比上年增加15%。中远、中海的船舶总运力分别排列于全球前20大集装箱班轮公司的第7位和第15位。在中远集运的船队中自有船箱位占总箱位约96%，单船箱位5 000TEU以上有13艘，开辟国际航线58条，年重箱运量超过300万TEU，占全球集装箱运输市场份额约3.8%，并有若干艘第六、七代全集装箱船在建；在中海集运的船队中自有船箱位占总箱位约20%，单船箱位5 000TEU以上有5艘，开辟国际航线29条，实现年重箱运量277万TEU，同比增长34.4%，占全球集装箱运输市场份额约2.5%，在建船舶17艘、7 9884TEU。

（一）中远集运的经营与发展分析

中远集运，作为全球承运人，2002年在世界范围内经营着20多条主干航线并穿梭于世界100多个主要枢纽港口，其多式联运网络遍及全球主要区域各内陆点。在远东–北美贸易区域，该公司共经营9条航线，直挂中国内地所有主要港口，覆盖远东和北美各大港口，货运服务遍及中国

300多个内陆点和美国30 000个内陆点；在经营该区域航线的主要承运人中，中远集运的运力投放与市场份额占有率都排名第5位，而中美航线排名保持在第2位，承运箱运量472 739TEU。在远东–地中海–欧洲–北美东海岸贸易区域，该公司共经营10条航线，覆盖该区域各大港口和所有内陆点。年初，中国–远东–西北欧航线获得了《劳氏船期表》的"准班明星奖"。中日贸易区域除经营3条周班航线外，还推出了1条华北–日本合作航线和华东–日本快航、华南–日本快航，以及打造了"绿色快航"、"霓裳快航"等精品航线，货运服务覆盖我国对日贸易的主要港口、内陆地区和日本关东、关西等基本港以及辐射地区。这些有特色的中日航线，定点准班、全程预清关、快捷便利的货物交、提货操作方式，受到客户赞誉。在亚太贸易区域，投放运力约40 000TEU，中韩线、中澳线、台湾线，日新线、日澳线、南非南美线、红海线、波斯湾线和东南亚线，覆盖了该区域的所有主要港口，众多的航班，完善的网络，为客户提供高效率和便捷地集疏运服务。

这一年，中远集运的内贸运输发展迅速。自2000年下半年该公司在分析了世界和国内集装箱运输市场、综合考虑了各方面的因素后，于10月做出了全面进军内贸市场的战略部署。经过近2年的运作，以及在运力、人力、财力等资源的调整投入和管理等方面的不断改进，至2001年底实现扭亏以来，2002年在运量、市场份额和经济效益都有大幅度的提高。与上年相比，这一年中远集运的内贸船舶艘数增加100%，运力增加近170%、达到16 000TEU左右，仅次于中海集运、名列第2位。内贸船队主要以1 700TEU和1 300TEU的全集装箱船舶为主，船队主要特点是航速快（平均服务航速超过16节）、船况佳，领先于其他公司的内贸船队。货运市场占有率在几个重要的内贸港口几乎达到50%，如湛江50%、营口55%、泉州和黄埔均40%、天津35%。

中远集运开拓内贸运输市场的年期目标是：航线准班率保持国内第一，即平均船舶准点率超过95%；突出重点（南北）航线的优势，确保重点航线的市场份额和最短交货期；实现重点航线的最好效益。同时，在内支线和运输网络、物流网络建设取得开创性的进展，通过提供差异性和特色服务（如绿色快航南北冷箱运输、国内家用汽车一体化运输、特货特运服务等等），提升中远集运的整体形象和确立竞争优势，为实现中远集运国内战略目标和全球战略目标的统一、创新的利润增长区奠定了良好基础。

至2002年底，中远集运的内贸航线11条，船舶直挂中国沿海20个港口，通过各类驳船中转到达的港口超过35个，并通过联运，服务延伸至长江沿岸及内陆各个网点。主要航线包括：由5艘船舶提供周双班服务的华南华北精品快航；由2艘船舶提供周班服务的福建华北精品快航；由3艘船舶提供5天班服务的蛇口华北直达航线；由2艘船舶提供5天班服务的华东华南快速航线，以及由1艘船舶提供5天半服务的华南地区特色航线。全年完成重箱箱量超过30万TEU，平均舱位利用率达到80%，创造了良好的经济效益。

中远集运所实施的举措，主要有：在管理模式上，年初经重新设置的总部新的经营机构（撤消原班轮部、市场部、财务部审核处，设立新的美洲部、欧洲部、亚太部、中日部、贸易保障部和企划部）正式运作。在航线布局及决策上，与台湾万海航运签订了远东–红海航线的舱位租用协议；与日本川崎汽船、台湾阳明航运组建首条中摆航线；调整厦门的5条国际集装箱航线，使中远在厦门的服务航线遍布世界各个角落，为客户提供更好地"零距离"服务；与川崎汽船、日邮、商船三井及铁行渣华联盟，决定开始在各自的中澳线、日韩澳线互换舱位；与伟大联盟4家公司达成互租舱位协议，协议覆盖中国华北及北方港口的航线挂靠点，包括新港、大连和宁波；与川崎汽船，阳明航运和韩进（含胜利航运），自发组成全水路接驳泛大西洋航线，覆盖美国东岸港口和欧洲港口；开辟连接东京、青岛和上海的东北亚航线；"中远新加坡"轮在新加坡首航，"珍河"轮首航波士顿取得成功；"中远梅子"轮靠泊青岛前湾二期泊位，标志着青岛–日本航线整线转移全面启动。在内贸运输方面，中远集运在珠三角、福建沿海和长三角驳船运输网络已正式启动的基础上，为加强内贸南北联合，又正式启动了支线驳船运输网络，服务范围包括蛇口、汕头、天津、营口、日照和连云港；投入3艘1 400TEU集装箱船舶开辟华北龙口至东南亚直达航线；投入两船均为1 700TEU的“香河”与“冰河”轮双挂烟台港（周班），货物从广州黄埔至烟台仅4天，运价便宜约50%；开通广西北海内贸航线；等等。

同时，具有47亿元人民币资产的中国远洋物流公司在北京成立。中远集运全球信息系统（IRIS-2）的推进工作取得明显进展，中远北美公司已成功将进出美国的15条集装箱航线切入该系统，而使公司的管理组织机制更合理和有效，成本下降、效率提高。与总部设于汉堡的全球著名船舶管理公司E.R.Schiffahrt公司签署了5艘7455TEU、营运航速超过25节的新造集装箱船舶的期租协议，根据协议2004年下半年交船，到时，中远集运的船舶运力将进一步的提升，竞争力进一步提高。

（二）中海集运的经营与发展分析

中海集运经过近几年的经营性扩张，船队规模已进入世界前20位。2002年一批大型集装箱船舶的建造计划正逐项落实，其中包括8艘5688TEU和4艘4100TEU的集装箱船。第一批在上海沪东中华造船厂建造的“新浦东”号于10月4日顺利下水，表明中海集运整体实力的进一步提升，也是实施全球承运人战略的重要举措。

这一年，中海集运按照全球承运人的战略要求，在全球范围经营航线的布局与扩展，内、外贸运输网络的建设，船舶的配置，货运体系的完善，市场的扩张，管理组织及职能的转变，分配制度改革等方面都进行了积极地调整，采取的策略也是多方面的。同时，采取措施，加强内部管理、创新经营机制、建立必要的考核制度，如6月15日起实施《中海集运班轮准班率考核办法》等，以改变因船队规模短期扩张等原因存在于经营、服务等方面的各种问题，提升中海集运的服务水准，建立中海集运的优良品牌。一年来，中海集团及其中海集运在全球集装箱运输市场尚不景气的环境中，努力拼搏，积极进取，寻求和紧抓市场机会，以超额完成各项生产和经济指标的骄人业绩，赢得了同行的赞誉。

在全球集装箱运输航线的布局与扩展，以及内、外贸运输网络的建设方面，中海集运做出了许多重大步骤。比如：与以星航运达成协议，推出中国-欧洲的联合集装箱航线，以调整其亚欧东西航线，直挂港口包括我国华北、华东、华南7港，欧洲的汉堡等3港；启用意大利乔亚陶罗港作为其在地中海的中转港，以实现南欧与北非两市场的连接；在中欧航线上与韩进海运结盟，通过新投入3艘4 500TEU集装箱船，使航线上形成8艘同类型船舶的新运作体系，以提升快速运输服务的质量和效益；3月份，正式开通远东-美西航线，投入10艘2 500-2 700TEU、航速22节的全新集装箱船，11月份，投入6艘集装箱船开辟了美西/远东航线，沿途由盐田启航，挂靠香港、基隆、洛杉矶、博多和宁波等港口，中海集运的目标是占有太平洋航线7%的市场份额；为了稳定跨太平洋西行经营活动，公司向跨太平洋西行稳定协议组织（WTSA）提出加入申请。与之同时，中海集运还租用以星航运公司的3艘900TEU船舶进入了地中海内支线运输的行列；缩减了美国-亚洲-泰国（AAT）的挂靠港口和运力。至2002年底，中海集运开设的国际集装箱运输航线有：远东-北美（美西、美东）、远东-波斯湾-美西、远东-欧洲、远东-地中海、地中海-美洲、西非线、远东-澳洲、中国-东南亚、中国-日本、中国-韩国等航线，船舶直接挂靠世界主要贸易港口，在远东，触角已延伸到台湾、越南、泰国和柬埔寨等中小港口，为客户的货物进行直达和中转运输服务。中美航线上，中海集运承运箱运量为222 466TEU，在该航线的主要承运人中排名第9位，比上年提升了1位。

中海集运的内贸集装箱运输及其航线布局在我国一直处于领先地位，从全局战略出发，2002年中海集运在完善沿海内贸运输及其网络方面表现突出：将冷藏集装箱班列服务延伸至东北腹地，使南方水果、反季节蔬菜等直达东北三省的主要城市，并辐射到俄罗斯；开通了龙口至黄埔内贸直达航线，投入3艘1 000TEU船舶，提供周班服务，沿途挂靠龙口、天津、锦州、蛇口、黄埔，全程

10天;接着又新辟黄埔-天津集装箱精品航线,投入2艘2 200TEU集装箱船、航速18节,为南北间的化工、农产品、建筑材料等货物提供便捷、更为快速的海上运输服务。

为了配合集装箱运输全球化经营的需要,中海集团在还十分重视集装箱码头的投资与建设,积极筹划和组织以航运为主线的综合物流项目。2002年初,总裁李克麟就深圳西部港口的物流园区投资事项进行了考察,并表示拟将华南地区的物流配送中心放在深圳,集码头、陆路运输、船舶运输、铁路专列、仓储配送及电子商务信息平台等资源优势,大力发展综合物流。之后,与国投洋浦港合资发展集装箱码头业务,为保障中海集运的"海上绿色通道"、建立农产品加工、冷藏及配送、营销等物流体系,具有重要意义;4月18日,中海集团物流有限公司在上海立帜扬帆,表明集团将物流业确立为战略发展重点和支柱产业,形成以航运为核心、多种业务并举的大物流发展框架。公司下属8家区域性公司;9月与台湾阳明海运公司、美国海运码头装卸服务公司正式签订合资建设洛杉矶西部码头公司的协议,新码头拥有近300英亩土地,建造7个集装箱泊位,16台集装箱桥吊及完善的铁路联运设施。这是在原中海集团洛杉矶100号码头与阳明海运洛杉矶126号码头基础上重新组建而成的。其设计能力最大可停泊9 200TEU的集装箱船舶,预计投产后年吞吐量可达150万TEU。12月17日,"中国物流与采购联合会"在深圳授予深圳市中海物流有限公司"中国物流实验基地"的称号。

2002年,我国集装箱工业成绩斐然,出口量连续第10年保持世界第一,2002年出口集装箱107.7万只,销售额22.11亿美元,分别同上年比增长17.7%和0.59%,其中冷藏箱生产量占世界总量的80%。我国总部设在深圳的中国国际海运集装箱(集团)股份有限公司8月份累计产量300万箱,刷新单一企业全球集装箱产量最多的世界纪录,该公司现有3大系列100多种集装箱产品及其他物流设备供应,市场遍及全球数十个国家和地区,客户包括中远、长荣、马士基海陆、地中海航运、日本邮船、东方海外、铁行渣华等。

在铁路运输方面,2002年全路共完成发送箱261.2万TEU,发送吨4 819万吨,分别比上年增长6.2%和9%。其中,国际集装箱完成60.07万TEU,比上年增长45.2%。全路集装箱五定班列开行3 303列、103 057车、202 637TEU。中国铁道部拟以原有的中铁集装箱中心为基础,成立中国铁路集装箱运输集团(总公司),以全国14个铁路局下属的集装箱运输中心为基础,成立地方铁路集装箱运输分公司,为进一步发展我国铁路集装箱运输及和国际接轨,在经营模式和体制上做出相应的改革和调整。

在造船方面,我国上海沪东中华造船(集团)有限公司为中海集运承建的5688TEU的第六代超巴拿马型全集装箱船第1艘于10月顺利下水,表明我国船舶工业在高新技术领域已取得重大突破,造船水平已经进入世界先进行列。

11月23日,福建漳州港招银港区实现对金门货物直航,25日,招商局码头有限公司与中外运福建集团公司合作,开通了到台湾高雄港的集装箱航线。漳州港招银港区是国家批准的首批对台货物直航试点口岸。漳州招商局码头到高雄港222海里,航程14小时。该航线的开辟对繁荣海峡两岸港口经济,增进两岸交流提供了便利条件。

综上所述,2002年尽管我国的集装箱运输公司经营困难重重,但是总体趋势是可喜的,集装箱运输业的发展水平与我国经济发展水平及对内对外贸易的增长是相适应的,呈现高于全球其他地区的增长势态。2003年,基于我国持续良好的宏观经济环境和高速增长的进出口贸易额,以及据国际货币基金组织的预计,世界经济将有3.7%的增幅(发达国家和发展中国家分别增长2.5%和5.2%),新一年我国进出口贸易的运输需求将继续保持高增长态势,其中,国际集装箱运输的增长性需求也是必然的趋势。

(特约撰稿:上海海运学院《集装箱化》
杂志社副社长　李玉如)

全国港口国际集装箱吞吐量前十名排序表

2002年11月全国港口集装箱吞吐量前十名排序

（截至2002年11月30日）

名次	港口名称	本月吞吐量	自年初累计	
			吞吐量	为去年同期
		（万TEU）	（万TEU）	（%）
1	上海	82	773.52	134.8
2	深圳	70.51	690.6	149.8
3	青岛	31.39	310.74	127.1
4	天津	22.8	222.34	120.3
5	广州	17.83	198.16	128.5
6	宁波	18.3	168.79	155.2
7	厦门	15.39	159.82	136.4
8	大连	13.9	119.89	109.7
9	新会	7.17	62.69	
10	中山	5.17	58.21	114.8

2002年世界集装箱吞吐量前十位港口排名

排名	港口	吞吐量（万TEU）	同比增长（%）
1(1)	香港	1900	6.7
2(2)	新加坡	1680	8.2
3(3)	釜山	933	18.1
4(5)	上海	861	35.8
5(4)	高雄	849	12.6
6(8)	深圳	761	46.9
7(6)	鹿特丹	652	7.0
8(7)	洛杉矶	611	17.8
9(9)	汉堡	537	14.6
10(11)	安特卫普	478	13.3

（资料来源：中国航务周刊）

管道运输

中国已经加入 WTO(世界贸易组织),中国经济和国际经济将全面接轨，这将极大地促进中国对外贸易的发展。随着进口关税的降低,将使国外产品进入中国市场。在这种情况下,石油化工企业为了增强竞争力,降低原油成本和加工费用,提高企业整体效益,必须增加石油的储备。这对满足国民经济发展的需要，建立我国石油战略资源的储备是必须的。为此,这给石油化工在物流发展上提供了广阔的空间。

随着国民经济的快速发展，我国的石油需求量随之增长，给石油化工行业的发展带来了机遇和挑战。原油作为国家重要战略物资,是支撑国民经济发展和国家安全的重要支柱。2000 年,我国原油加工量为 21 076 万吨,原油进口量为 7 026 万吨,占原油加工量的 36%。2001 年,原油加工量为 20 992 万吨,原油进口量为 6 025 万吨,占原油加工量的 31%。但我国原油储备设施和能力严重不足，根据专家的预测和各方面迹象表明,21 世纪初是我国油气储运工程建设的高潮时期,大型油气码头,大型原油、成品油、气(LNG、LPG)库，长距离输油管道和输气管道将陆续开工建设与投用。油气储运工程建设进入了前所未有的蓬勃发展时期。通过调查研究不难发现,从国内和国际的大环境考虑有以下几方面的原因：

1.21 世纪初期是我国国民经济发展较快的历史时期。随着国民经济的快速增长,石油短缺的问题会越来越严重。据测算,GDP 增长速度达到 7%,石油需求会增加 4%左右,而我国石油、石化集团(石油、石化、海洋石油)产量年平均增幅只有 1%,所以需求的缺口会越来越大。预计 2003 年进口石油将达 7 000 万吨左右，解决石油资源短缺的问题,已经成为一个战略性问题。

2.原油储备设施和能力严重不足,抗风险能力差。随着我国进口原油的不断扩大,原油的储备设施和能力与国民经济发展的要求很不适应。全国目前拥有各类原油储罐能力为 2 270 万立方米,仅能满足 20 天左右的生产需要,而美国、日本的原油储存天数达到 150–160 天。所以我国原油储存缺乏战略性储备，其抵御风险和应付突发事件的能力非常脆弱。

3.市场经济的发展,也要求炼油化工企业扩大炼油规模,降低原油的采购成本和加工费用,发挥炼油企业规模效益,必须扩大原油的储存能力,以满足炼化企业的需求。为此,原油储运设施大型化是必然趋势。

4.我国加入 WTO 已经一年多了,作为世贸组织的成员国可以享受双边和多边贸易的好处,但也必须降低对本国的政策保护,三大石油、石化集团必须在国家政策保护逐步减弱的条件下，直接面对市场。取消非关税壁垒势必造成油品进口量增加,加剧国内市场的竞争激烈程度。

所以,目前国内三大石油、石化集团采取了一系列对策,下定决心降低原油的开采、采购成本和加工成本。只有降低成本、提高效益,我国的石油石化企业才能得以生存和发展。为此,大型油库和长距离输油管道及输气管道的建设，是采取的一系列措施中的一个重要环节。

一、我国原油码头的现状与发展

我国有着 1.8 万多公里漫长海岸线，适于建设 10 万吨以上码头或单点系泊的海域很多,在 20 世纪 90 年代以前,我国原油进口量很少,所以 10 万吨级码头几乎没有。随着原油进口量的急剧增长，大吨位码头建设的优越性逐渐被人们重新认识，所以近几年大吨位码头建设呈蓬勃发展趋势。大吨位码头建设的一个重要原因是基于运输费用的考虑。有关部门对1987–1990年从波斯湾到远东近10 040公里的路程,平均运费作了系统分析。(见表1)

表1

油轮吨位（万吨）	平均运费（美元/吨）
6	15.8-18.5
10	13.1-15.3
15	11.1-12.9
20	10.2-11.8
25-30	9.8-11.4

从上面数据表明20–30万吨级油轮，平均运费仅是6万吨级的43.7%。

世界石油运输日趋油轮大型化，在油轮大型化的过程中,使用最广泛,增加数量较大的船型有两种:即8–10万吨级和25万吨级的油轮。我国渤海造船厂将为中国远洋运输(集团)公司建造三艘15.9万吨级油轮,合同已签,预计2003年底交工第一艘油轮。

原油油轮的大型化,要求原油储运设施的大型化,这表现在两个方面:首先是接卸原油的码头及其配套设施的大型化,其次是原油储罐的大型化。目前我国沿海、沿江主要油港不到20处,其中已建可靠泊5万吨级以上油轮的泊位共有10处，最大泊位25万吨级,沿江企业的油码头大多在1–2.5万吨级。目前我国在规划或建设中的大型码头有：大连西太平洋(大连石化公司)泊位能力25万吨级;茂名石化公司泊位能力30万吨级；宁波港务局泊位能力25万吨级;深圳(秤头角)建设接卸500万吨规模的LNG码头;湛江港泊位能力30万吨级。

储油设施的大型化,要求储罐大型化,使储罐的单罐容积加大，以期达到节省投资和占地的效果。目前10–15万立方米大型浮顶罐已成为世界上储存原油的主体罐型。日本还设计出了18万立方米和30万立方米的浮顶罐。储存液化天然气的双壁低温储罐最大的单罐容量已达到18万立方米。目前我国中石化洛阳石化工程公司已于1993年完成了10万立方米、12.5万立方米和15万立方米的大型浮顶罐的设计。目前国内已建10万立方米大型浮顶罐有40余台,茂名石化公司正在建造12.5万立方米的浮顶油罐。

二、我国油品储库工程的建设

石油属于国家重要战略物资,是支撑经济发展和国防现代化的基本能源。世界各个国家都从本国实际出发,全面启动了石油储备计划。如美国,国家战略石油储备主要是原油储备,相继建成了五大战略储备基地和一个中转基地,储存能力为7.5亿桶(1.03亿吨),到1995年末,实际储量达0.81亿桶,相当于当年进口量的19%。美国战略储备的目标是储量5.8亿桶，以确保300天使用。美国的战略石油储备数量巨大,直接由政府管理。现已完成由单纯战略储备转变为经营型战略储备。具体由国家制定出战略石油储备最低保有量,多余库容量为商业储备。可根据国际石油市场价格波动,采取多种灵活经营手段赚取利润。一般为季节性经营,夏季石油价格走低时购进,冬季石油需求转旺、价格上涨时抛出,这样增加了经营管理的灵活性。如1998年世界油价大幅下滑，美国商业和战略石油储备爆满。同年7月,美参院决定拨款4.2亿美元,再增加2800万桶石油储备。1999年7月,石油价格涨破19美元一桶大关时,美国商业石油储备大举抛售,只剩下7–8个月的战略石油储备,1999年共售出1.46亿桶,按每桶赢利5美元计算,美政府可赢利7.3亿美元。

我国原油产量约在1.6亿吨/年,而全国炼油化工企业原油一次加工能力为2.44亿吨/年。我国国内原油产量增长缓慢，年平均增加230万吨,年均增长率仅为1.6%,据有关预测,国内原油量的继续增长有限，未来10年内基本维持在目前1.6亿吨的水平。近10年来,石油消费量年均递增率达5%。而同期国内原油产量的年均增长仅为1.6%,供需不足,导致国内石油出口的不断下降与进口的大幅上升,按有关的石油生产与消费增长趋势预测，我国必将成为世界上继美、日之后的又一石油进口大国。而且如果近期内在石油勘探方面仍没有重大实质性进展，我国这种石油净进口国的地位，在以后相当长时期内已成定局，有关原油进口量的预测如表 2：

表 2　　**我国原油进口量预测情况**　　单位：万吨

进口量	2000 年	2003 年	2005 年	2010 年
全国进口量	5 000-5 500	6 000-6 500	8 000	11 000
其中石化集团进口量	4 500-5 000	5 500-6 000	7 500-8 000	10 000-10 500

按上述分析预测，2005–2010 年我国进口原油资源的依赖程度将达到 35%–40%左右。

我国石油储备现状不容乐观，缺乏保障石油供应安全的有效措施，我国对国外资源的拓展方面虽已进行，但还缺乏从保证石油安全供应角度出发的战略远见，对国内石油生产，亦缺少根据国际石油震荡变化调控国内原油生产的长期准备。仅有的地面储罐储备设施也仅限于有 205 万立方米专用于成品油储备的储罐。目前，我国以原油储备为主的国家战略性原油储备尚属空白。我国现有的原油、成品油储存设施主要用于生产经营周转性储存。

表 3　　**我国原油及成品油储罐现状情况**　　单位：万立方米

单位	原油总罐容量	成品油总罐容量	合计
石油集团公司	1 380	1 538	2 918
石化集团公司	1 314	2 138.5	3 452.5
海洋总公司	118	—	118
国家储备局	—	205	205
中化总公司	120	80	200
总计	2 932	3 961.5	6 893.5

据统计，到 1998 年底，全国现有原油储罐，包括油田生产、运输、加工、贸易各个环节合计约2 932 万立方米，其中炼油生产企业原油储存约 1 480 万立方米，按 1998 年全国原油加工量 15 893 万吨估计，仅能满足 25 天生产性周转的需要，缺乏战略性石油储备的功能。

全国成品油储罐，包括炼油加工、运输、销售、贸易各环节，合计约 3 960 万立方米，主要问题是成品油库规模普遍偏小，且分属于多个行业和系统，国家物资储备局所属成品油储备罐 205 万立方米。这些油库大多分布于远离消费市场，运输不太畅通的内陆地区，难以发挥储备调节作用。就 1999 年 10 月末全国成品油库库存看，石化集团 345 万吨，石油集团约 190 万吨，合计 535 万吨，不够全国 20 天的消费量。

从以上我国石油、石化行业现有生产性周转储存设施来看，不适应国际市场的变化，抗冲击能力较弱，这与我国石油供求形势很不相称，国家缺少应付突发事件和保证石油供应安全的充足能力。

如前所述，国家战略石油储备是为了保障主权国家的政治稳定及经济安全，是政府行为，因此必须建立由中央政府直接投资，拥有和掌握的国家石油储备，这是国家战略石油储备最根本的基础。

根据有关部门对我国进口原油分阶段进口量的预测，国家石油储备建设规模安排如下：

1.第一阶段至 2003 年，储备规模达到进口量的 14%，建成 1 000 万立方米的原油储罐及配套设施。

2. 第二阶段至2005年储备规模达到进口量的20%,共建成1 800万立方米原油储罐及配套设施。

3. 第三阶段至2010年，储备规模达进口量的25%,共建成3 000万立方米原油储罐及配套设施。

为了配合国家战略石油储备体系的建立和发展,同时为了企业自身的利益和需要,石油、石化集团也应建立和发展企业自己的石油储备。按有关部门对集团公司进口原油量的预测情况,配合国家石油储备基地的建设,初步确定集团公司石油储备基地建设规模：到2010年达到集团公司进口原油量的40–45天,建设原油储罐1 600万立方米,可与国家石油储备基地建设同步,分三个阶段进行。

第一阶段至2003年,石化集团储备规模达到集团公司进口量的25天左右，建设500万立方米原油储罐和配套设施。第二阶段到2005年达到进口量的35天左右，共建设成1 000万立方米原油储罐及配套设施。第三阶段至2010年储备规模达到进口量的40–45天,最终建成1 600万立方米原油储罐和配套设施。

几个石油储备基地情况如下：

1.黄岛储备基地。黄岛现有交通部所属20万吨级、5万吨级、2.5万吨级原油码头各1座，总吞吐能力可达2500万吨/年，石化集团在此已拥有75万立方米原油罐，有2条输油管道，管径为DN700和DN500通往胜利油田及东部输油管网,总输油能力可达3 000万吨/年,因此,这个基地已经具备有较好的接转外输能力。石化集团仅需扩建原油储罐即可。

2.镇海储备基地。镇海炼化公司现有25万吨级原油码头1座,5万吨级原油兼成品油码头2座。原油吞吐能力可达2 000万吨/年,从码头到公司炼油厂有DN500和DN400各1条原油输送管道。炼油厂扩建工程第二步计划新建1条DN600原油管线，合计管线输送能力可达2 300万吨/年,储备基地拟建在岚山脚下,储备原油可就近送往镇海炼油厂加工。

3.茂名储备基地。茂名石化公司在北山岭海域拥有25万吨级单点系泊及海底管线15.2公里,码头吞吐能力1 600万吨/年,北山岭原油库到公司炼油厂有管径DN500，长度64公里的输细管线,管线输送能力1 000万吨/年,茂名储备基地可在北山岭向东延伸到海滩荒地进行发展。

4.册子岛储备基地。册子岛位于我国舟山群岛西部，是初步已规划的沿江进口原油管线起点。册子岛全岛陆域面积约15平方公里,处于未开发状态,有开阔的陆域腹地,可供建设大型油库。工程建设规划,拟建25万吨级、3万吨级码头各1座，吞吐能力可达1 800–2 200万吨/年。同时建设100公里、DN700海底管道和400公里左右的陆上管道，管线外输能力可达2 000万吨/年。原油储备基地规划的管线工程共用码头和外输管线。该基地原油储备可辐射上海石化、高桥石化、金陵石化及南京石化和沿江石化企业。

5.石家庄储备基地。该基地需要和俄罗斯进口原油管线同步规划、同步实施。储备基地在非常时期运用时,需利用规划的管线反向输送至燕山、天津,同时可利用在建的沧州至河间管线。必要时需要从新恢复建设的濮阳至临邑管线输送至沧州、洛阳炼油厂。

除了石化集团规划外,石油集团,海洋集团、原交通部和中化等部门也做了相应规划。如中国石油集团公司，在21世纪初规划了三个大于1 000万吨/年的炼油厂,在大连石化公司和WPEC都规划了总计100万立方米原油、成品油库和60万立方米原油库，中化公司在岙山新增31万立方米库容,宁波港务局规划130万立方米库容。

三、输油气管道的建设

(一)西气东输管道

西气东输是从我国新疆的塔里木至上海的输气管道,全长4 000公里,管道直径为DN1020,管道输送压力为10.0Mpa,输送能力为120亿立方米/年,该工程投资400亿元。管道正在施工之中。

(二)原油管道

1.根据我国油气资源分布,结合国内外两种资源的供应结构，我国对油气管道建设第一阶段至2005年和远景发展到2015年两个阶段进行相应的建设与调整。第一阶段(2005年)期间的建设重点是俄—中输油管道。根据中俄双方政府在能源领域开展合作的有关协议,俄罗斯拟在2002年前后向中国进口原油,因此拟在2005年前建成俄罗斯伊尔库茨克—中国的跨国原油管道,同步扩建东部管网,满足大庆和俄罗斯原油的配置要求。该管道从伊尔库茨克经乌兰巴托至二连浩特,境外干线长1 230公里,二连浩特至燕山石化分输站,境内干线长630公里,干线直径DN700,最大输油能力2 000万吨/年。

2.完善东部管网,根据国内外原油的来源和配置,改造北京—任丘,任丘—沧州,沧州—临邑输油管道,调整东部输油管网油品流向,以适应进口原油的输转需要。

3.岙山—金山—南京输油管道。在大榭岛建25万吨级深水接卸码头2个泊位,原油库100万立方米,从大榭岛穿越杭州湾至金山石化分输站,干线管道直径DN750,陆上段130公里,杭州湾海底管道约30公里。从金山分输站至高桥石化北支线81公里,直径DN500。从金山分输站至金陵石化西支线300公里,直径DN600,金陵至扬子石化支线30公里。系统最大接转能力2 500万吨/年。该管线的建设是配合海上进口原油的运输,满足上海和南京等地炼油厂的用油要求。

4.沿江各炼油厂所加工的原油,大部分是由鲁宁管道输送到仪征油港的胜利原油,还有一部分来自南海和渤海的海洋原油,在此转装油驳或转入输油管道继续运往上游各沿江企业。因此在长江中下游沿江地区修建原油输送管道。干线管道沿途可供包括安庆、九江、武汉、长岑、荆门炼油厂,该管道起自仪征油港,管道干线输送量近期为1 800万吨/年,远期可达到2 000–2 200万吨/年。

(三)成品油管道

管道运输成为世界范围内石油运输的主要形势之一,成品油管道运输安全,均衡、稳定、运输损耗低、对环境污染小、经济效益明显。目前全世界每年使用管道运送的成品油共6亿多吨,成品油管道长度已超过24万公里,而且还在以每年平均新增管道4 000公里的速度增长。

根据石化集团公司所在区域油品需求量,安排合理流向,及油品货流密度的初步分析,到2010年可考虑建成3条调运性干线管道,15条中短距离经营性管道,所建管道长度4 660公里,新增管道运输能力4 000万吨/年。届时,华东、华南沿海地区炼油企业的汽、柴油出厂以管道运输为主(约占50%–60%),保持适量海运,辅以公路和少量铁路运输;华东、华中沿江地区炼油企业的汽、柴油出厂仍以水运、铁路、公路、管道等综合运输;华北及河南、山东内陆地区大型炼油企业的汽、柴油出厂也以管道运输为主(约占45–55%)。

1.兰州—成都、重庆成品油管道。目前新疆和甘肃共有大中型石化厂6座,原油加工量达2 500万吨/年,所产油品除保证区内消费外,每年外调量近500万吨,主要市场是西南地区、兰州至成都、重庆输油管道的建设,近期为西北和西南两地成品油调运提供了可靠的保证。该管道全长960公里,设计输量500万吨/年,输油管道直径采用DN500和DN450,顺序输送汽油、煤油、柴油3种油品,该管道已于2002年11月建成投入运营。

建成兰州至成都、重庆输油管道,对缓解西南地区、北中部地区用油紧张会起到积极作用。同时可利用沿途已建油库分输油品,也可向汉中、安康辐射,以缓解陕西用油紧张的局面。

2.茂名—贵阳—昆明成品油管道。广西壮族自治区、贵州省、云南省地处我国西南地区,是我国重要的少数民族聚居区,长期以来,由于受地理环境影响,以及交通条件等制约,经济发展和基础设施建设相对迟缓,近年来,随着我国西部大开发战略的实施和交通条件的改善,三省区的经济发展迅速加快,其成品油消费量逐年增加,三省区经济活动和各项事业发展所需的成品油,主要依靠铁路从区外调入。由于交通条件的制约,成品油的调运,长期存在运距长、运价高和运输安全性差,在一定程度上影响了地方经济的发展。

根据统计,2000年广西、贵州、云南三省区共消费汽、煤、柴油550万吨，其中三省区石油总公司购进资源435万吨，占社会总消费的79%。

据专家估计，三省区在未来15年的油品消费增长率如表4：

表4 **广西、贵州、云南三省区在未来15年的油品消费增长表**

地区	2001-2005年	2006-2010年	2011-2015年
广西	6.1%(318万吨)	6.1%(428万吨)	6.1%(571万吨)
贵州	7.3%(162万吨)	7.1%(228万吨)	6.9%(317万吨)
云南	7.2%(302万吨)	7.0%(423万吨)	6.8%(588万吨)
合计	782万吨	1 079万吨	1 480万吨

建设茂名—贵阳—昆明成品油管道，可有效解决云贵地区成品油供应问题，缓解该地区成品油紧缺而运输难的矛盾，该管道全长1 500公里，管道直径为DN500-DN350，设计最大输量为1 000万吨/年。

3. 锦西—天津—北京—山西榆次成品油管道。东北地区每年约有400-500万吨成品油入关，供应华北一带，为解决油品入关的运输问题，寻求最佳运输方式，拟建锦西—山西榆次成品油管道。该管道全长1 000公里，管道直径选用DN400-DN350，设计输量300万吨/年。

4.珠江三角洲成品油管道。珠江三角洲是广东乃至全国经济最为活跃的地区，成品油的消费量占广东省市场的80%左右。目前广东省拥有广州石化、茂名石化和湛江炼油厂等三家石化企业，炼油能力共计2 320万吨/年。优化珠江三角洲地区成品油配置网络，降低销售成本，提高中石化的市场占有量，有必要将湛江、茂名和广州石化三家炼油企业连接起来，同时在管道布局上紧密连接消费中心城市。

根据资源及消费市场的分析，以及考虑经济合理性，现有运输方式的可替代性，珠江三角洲成品油管道规划方案如下：

西部管道工程方案，即从湛江—茂名—阳江—开平—佛山，管道全长405公里，管道直径为DN450-DN300，最大输量为500万吨/年。从开平—珠海段为支线，全长为115公里，管道直径DN250。

东部管道工程方案，即从广州—东莞—深圳，管道全长115公里，管道直径为DN350，最大输油量为360万吨/年。将来看发展形势，可将西部管道与东部管道连接起来。

2015年，在我国主要的成品油生产基地与主要消费市场间建成区域性成品油管道，改变油品在流通领域受运输条件制约的油品供应，以及其他运输方式相对管道运输存在的损耗大、运费高的不合理局面。

综上所述，大型油码头的建设，原油的大量储备，管道直接送炼油企业加工，石油产品通过管道直销消费网点，形成一条龙的物流供给网络，这是石油化工企业发展的趋势，给我们展示了一幅宏伟壮丽的蓝图。但是距实施和完成仍有很大距离，可能还有很多变化，还有许多工作要做，还存在许多问题有待解决。让我们油气储运工作者携起手来共同努力为这一伟大目标的实现做出应有贡献。

（特约撰稿：中国石化集团洛阳石化工程公司
高级工程师　李允杰）

2002年全国各种运输方式完成货物运输量情况

统计指标	单位	2001 年	2002 年	增长率
1.货物总运量	亿吨	140.12	147.14	5.0
铁路	亿吨	19.26	20.42	6.0
其中国家铁路	亿吨	17.86	18.69	4.6
公路	亿吨	105.36	110.60	4.7
水运	亿吨	13.28	14.10	6.3
航空	万吨	171	202	18.1
管道	亿吨	1.94	2.00	3.0
2.货物总周转量	亿吨公里	47 590.90	49 387.00	3.8
铁路	亿吨公里	14 575.12	15 477.00	6.2
其中国家铁路	亿吨公里	14 249.80	15 078.00	5.8
公路	亿吨公里	6 330.40	6 704.00	5.9
水运	亿吨公里	25 988.90	26 481.00	1.9
航空	亿吨公里	43.72	51.50	17.8
管道	亿吨公里	653	673.00	3.1

（资料来源：交通部综合规划司）

邮政物流

2002 年,是中国邮政物流加速发展的重要一年。物流业务得到迅速发展,服务领域不断拓展,服务方式不断深化,服务水平不断提高。在这一年里,邮政物流组织机构的建设步伐进一步加快,初步建立起适应业务发展和市场竞争需要的全国邮政物流专业组织管理体系。邮政物流从各自为政、分散经营的摸索阶段,开始走向统一管理、协调运作的规范化、专业化发展阶段。

一、2002 年邮政物流发展基本情况

2002 年 4 月,国家邮政局编制的《中国邮政物流发展实施方案》正式下发,吹响了邮政全面进军现代物流市场的号角。方案提出了邮政要发展"精益物流"服务的基本观点,明确了邮政发展物流的总体思路,确立了邮政物流作为中国邮政未来发展的支柱与核心业务的战略定位。8 月底,国家邮政局投资建立的中邮物流有限责任公司正式启动,邮政物流进入了新的发展阶段。

2002年 10 月 28 日,全国邮政物流工作座谈会在北京召开。会议全面分析了当前乃至今后中国邮政所面临的严峻形势;树立了"中邮物流"作为中国邮政发展物流的统一品牌;明确了邮政物流"至诚至信,精益求精"经营理念;进一步明确了今后三年邮政物流发展的基本思路和主要措施。会议提出要按照"母公司——子公司——分公司"的基本框架,构建国家邮政局、省(区、市)、地三级物流专业管理体系。

2002 年,全国各级邮政部门,按照国家邮政局的总体发展思路,积极开拓市场,努力发展邮政物流业务。至 2002 年年底,全国邮政物流业务收入达 15.8 亿元,比上年增长 58%,占邮政总收入的 3%。邮政物流服务从传统、单一的功能性服务,逐步向综合性、一体化的现代物流转变,服务的层次和水平显著提高。物流涉及的领域和产品也由一般分散的产品运输,向高附加值的"高、精、尖"及名牌产品的综合化、个性化服务拓展;初步开发了一批具有较高附加值的独具邮政特色的集物流、信息流和资金流于一体的"三流合一"业务。

2002 年,邮政开展的城乡配送与邮购业务继续保持良好的发展势头。依托邮政投递网络,围绕城市社区服务的同城配送业务广泛开展。部分地区邮政部门还围绕建立专业化物流配送平台进行了积极有效的尝试。特别是各省(区、市)邮购部门在开发农村市场的种子邮购和农资配送业务方面,取得了较好的经济效益和社会效益,出现了"政府高兴、农民受益、企业得利"的三赢局面,既体现了邮政落实"三个代表"、为农民服务的精神,又展示了邮政物流在城乡地区的服务优势和发展潜力。

2002年,邮政物流大客户开发工作取得了实质性的突破,国家邮政局、各省(区、市)重点开发了医药、食品、烟草、化妆品、IT(包括电子、电信)、汽车零配件等行业大客户,主要为 DELL、海尔、雅芳、中国电信、朗讯、九芝堂、安利、国美电器、施耐德电器、高丝化妆品、神龙富康汽车配件、光明牛奶、莲花味精、旺旺食品、可口可乐、宝洁、康师傅方便面等一大批著名企业的知名产品提供了物流服务。邮政物流业务的发展,不仅为促进邮政结构调整、推动"良性循环"做出了积极有益的探索,同时也为邮政实现可持续发展奠定了坚实的基础。

此外,2002 年邮政围绕物流为客户提供高层次、一体化服务,进一步加大了物流信息系统的建设与改造。覆盖全国 30 个省会邮区中心局的邮政业务信息管理系统的功能进一步完善,基于邮政综合信息网的网上支付系统、认证系统以及网上

超市等开始运行。初步实现了全网统一调度、全程跟踪、信息反馈以及客户的网上咨询、订货、查询和支付等功能，在邮政全国性一体化物流项目运作中发挥了重要作用。

二、2003年邮政物流发展规划

2003年，是中国邮政加快推进现代化进程、尽快步入良性循环的重要一年，也是加速发展邮政物流的关键之年。中国邮政物流将以中邮物流有限责任公司成立为契机，紧紧围绕"打基础、理关系、拓市场、促发展"的主题。以"至诚至信，精益求精"为理念，充分发挥邮政"两网三流"优势，努力开发个性化、高层次、一体化的"精益物流"服务。

（一）主要任务

1.确保全国邮政物流业务快速发展，力争实现收入32亿元，把邮政物流收入占邮政总收入的比重提高到5%以上。

2.努力开发大客户。力争开发一大批具有较大规模和较大影响力的全国性的物流大客户，加速邮政物流向个性化、一体化的"精益物流"服务转变。

3.积极稳妥地发展城乡分销代理业务，继续扩大种子邮购和农资配送的服务范围、深度，并以此带动农村配送网络的发展。

4.充分利用邮政覆盖全国、遍布城乡的网络优势，而且企业集团正积极寻求与民航、铁路及国际船运公司等社会运输企业及知名物流企业的广泛联合与协作，中国邮政要努力发展货代业务，共同促进我国现代物流业的发展。

5.建立和完善物流专业运营机制。初步建立起全国统一的、以"中邮物流"为品牌、以公司化运作为主的邮政物流运营体系。

（二）主要措施

1.加快建立和完善体制先进、结构合理、组织有序、运行高效的组织管理体系。

一是要按照"母公司——子公司——分公司"的模式，建立国家邮政局（中邮物流公司）、各省、各地三级组织管理体系，采取公司体制和市场运行机制。二是要建立统一品牌、统一指导、分层负责、属地运作的全国、省（区、市）、市地三级营销体系。三是要依托邮政大网资源，采取多种方式建立上下统一的运营体系。四是要依靠先进的科技手段，建立全网物流业务质量监督考核体系。

2.加大大客户开发力度，努力搞好市场营销工作。

进一步发挥邮政全网优势，立足城市、农村两个市场，运用现代物流理念和先进技术手段，借助现有的运营管理经验和业务基础，特别是借助邮发报刊长期以来形成的典型现代物流运作的模式和经验，不断扩展服务领域，按照"精益物流"的市场定位，选定目标客户，重点进行专业化的市场营销。

3.加快实物网与信息网络建设，强化邮政物流核心能力。

中国邮政物流将在充分利用邮政全网资源的基础上，积极走整合、改造的道路；坚持采取多种方式，整合社会物流资源的基本思路，突出抓好同城（区域）配送、仓储和信息等三个"平台"的建设，努力强化邮政物流的核心竞争能力。

4.加强人才队伍建设，为邮政物流发展提供支撑和保障。

邮政物流将按照知识化、专业化、年轻化的基本要求，切实做好人才队伍的建设工作。一是要着手建立与市场接轨的人才引进机制，从政策、体制上解决人才引进的"瓶颈"问题，积极做好社会人才的引进工作；二是在积极引进社会高素质人才的同时，注重做好邮政内部人才的培养，注重内部挖潜，选拔素质高、业务精、具有开拓精神、能够打开局面的"精兵强将"来发展邮政物流业务；三是要建立科学合理的培训制度，加大对人才培训的投入，使人员培训逐步走向经常化、制度化；四是要建立灵活有效的用人机制，逐步建立与市场接轨的以绩效考核为核心的分配机制。

2003年是邮政物流步入规模化、集约化、精益化和专业化，实现跨越式发展的第一年。我们相信，在国家邮政局的正确领导下，在全国各级邮政广大职工的共同努力下，中国邮政物流将会持续、快速、健康发展，为中国邮政的发展做出贡献，为促进我国现代物流业的发展做出贡献。

（特约撰稿：中邮物流有限责任公司　康宁　牛志海）

仓储物流

仓储(或储运)是指企业利用自有仓库和其他设施设备对外进行营业性商品接送、储存保管的行为。它既有独立的功能又是物流供应链的重要组成部分和基础。一方面现代物流的发展应重视原有仓储资源的整合和改造，使其发挥更大的作用;另一方面传统仓储企业也应该迎接挑战,健全功能,确立向现代物流企业发展的方向。2002年,随着中国经济形势的变化和进入WTO,物流产业发展势头很猛,在迎接这一挑战中,仓储企业做出了一些努力,发生了不少的变化,但仍然存在着一些急需解决的问题。

一、仓储行业2002年发生的主要变化

(一)确立了现代物流的发展方向

2002年,仓储企业为了适应市场对物流供应的要求,普遍在调整自己的发展方向,把相对单一的仓储(或储运)服务发展为多功能的供应链式的现代物流服务。不少各种类型的储运公司改弦更张打出了物流公司的牌子。2002年1月8日,原中国远洋运输集团总公司和中国外轮代理总公司经过部分资产及功能的整合，成立了中远物流公司，把过去单纯面向国际运输转为同时发展国内物流配送,并确立了重点发展家电、汽车、项目和展运等四大物流名牌。贵州省商业储运公司利用自身优势和当地政府的强有力政策支持，已经确立了自己在贵州省物流中心的地位。他们把经营的触角伸向了省外甚至国际,将海关、商检、货代等机构引入公司,成立了联办中心,为货主企业提供一条龙、全方位的现代物流服务。上海市商业储运公司在上海市川江县独资兴建的全方物流公司，经过近两年的流程运作和系统完善已经为包括百事食品、雀巢等货主提供全方位的物流服务。根据对中国仓储协会会员单位的了解,已有广东、济南、成都、北京、洛阳、沈阳、上海等地的仓储公司重新注册或新成立了物流企业。

(二)加快资产置换、企业改制的步伐,为发展现代物流创造条件

传统仓储企业基本上属于国有独资性质,历史上为商品流通和国民经济发展做出过重大贡献,但随着社会主义市场经济体系的建立,这些企业普遍存在的设施设备老化、历史包袱沉重、人员结构素质不合理的问题逐渐显现出来。这不但影响仓储企业向现代物流发展，而且甚至影响了这些企业现有业务的开展,造成经济效益下滑。2002年,许多仓储企业在当地政府的支持下,开始了企业改制,资产重组的工作。原常州市商业储运总公司是一家国有独资的传统仓储企业，通过职工入股已完全置换成股份合作制的现代物流企业,实行股东大会监督下的法人负责制，调动了职工的积极性,业务量、公司效益、员工收入都有了增长,原有的职工也没有一人因改制而失业或下岗。中国对外贸易运输集团公司也是一家国有独资的大型企业,2002年10月在香港上市成功,成为仓储物流企业在香港上市的第一家。上市后外运集团除了继续发挥其在海运、货代方面的优势以外,加大了在发展现代物流配送方面的力度，外运集团已成为奥运筹备的主赞助商，也必将在奥运物流项目中有所作为。沈阳储运集团公司2001年到2003年初,完成了其物流配送有限公司的三次增资扩股,注册资金2 000多万元,其中职工个人出资已占到60%以上。

(三)仓储企业在基础设施上加大了投入

根据现代物流的需要，立体仓库智能化管理是仓储业的发展方向。2002年,许多企业或自筹

资金，或依靠国债贴息贷款，加大了对基础设施的改造力度。如沈阳储运集团公司新建并投入使用了两栋7 000平方米立体货仓，北京市商业储运公司为香港宝隆洋行量身定做的1万平方米立体货仓也开始正常运作。经过几年的探索，仓储企业进行技术或基础设施改造投资的主体已经发生很大变化，资金来源多元化的局面开始形成。主要包括：1.政府投资：北京市商业储运公司危险品仓库外迁项目；2.企业自筹：沈阳市储运集团公司立体仓库；3.货主与企业合资：北京市商业储运公司与香港宝隆洋行合作项目；4. 与境外第三方物流公司合资：天津一商集团与香港东方物流有限公司全程物流有限公司项目；5.利用国债贴息：贵州商业储运公司物流中心，上海全方物流公司二期等；6.利用股票上市筹措资金，用以发展现代物流：中国外运(集团)公司。

(四)在构建物流配送网络上有了新进展

计划经济框架下所形成的传统储运网络在市场经济条件下能不能为发展现代物流发挥新的作用，这是目前仓储行业普遍关心的问题。原有的仓储公司大多设在经济发达的大中城市，几十年的发展过程有着千丝万缕的业务联系和协作关系。2002年，以原有各地区代表的上海、广州、北京、天津、沈阳、西安、成都、武汉、重庆等地的仓储业巨头积极联络，互相支持，使跨地区的物流业务有了拓展。沈阳储运集团2002年分别在大连、长春、哈尔滨建立了物流配送信息站，还与东北商业储运联营总公司成员单位协商建立物流协作网络。许多香港、台湾物流企业对中国仓储协会旗下的物流网络羡慕不已。但如何整合这些资源，由谁来整合，应该是面临的一个重大问题。

(五)加强企业管理，完善服务功能，仓储管理水平有了新的提高

2002年，广东华大物流公司等仓储企业完成了ISO9001:2000版质量管理体系的认证；更多的仓储企业实行24小时全天候服务；区域间的多式联运远程配货；本地区B-B、B-C的配送业务有了很大的发展；服务功能从单纯的货物保管运输发展为集销售预测、订单处理、库存控制、货物分拣、加工组配、送货结算等综合配套服务。如天津一商集团下属天津商业对外储运公司引进了先进的物流管理系统与摩托罗拉、苏宁电器等物流需求商实现对接，构筑起综合性的信息平台，实现了单据的电脑处理，对物流方案实施过程的每一步骤达到监督、控制和修正。与零售商、经销商、代理商以及生产企业之间实现高效的信息沟通，使周转库存量降为最低、物流成本减少30%，仓储企业加强管理的另一特点是强化了人力资源管理，人才的引进和现有人员的培训。如贵州省商业储运公司采取了走出去、请进来等多种途径对在职职工实行全员培训，收到了很好的效果。近几年，大学毕业的物流专业学生在许多仓储企业担当起了重任。

(六)行业协会的作用逐渐加强

2002年，中国仓储协会出席了在美国旧金山市举行的“国际仓储与物流联盟年会”，会上选举徐文彩会长为该组织的第二副主席，并确定了由中国仓储协会承办的2005年年会在北京举行。上海、河南、重庆、成都、安徽、营口等地的仓储物流协会在协助地方政府制定物流规划，加强行业自律，整顿仓储市场，开展人才培训，进行质量认证，促进信息交流等方面取得了显著的成绩。目前还有大连、南昌等地正在筹建以仓储企业为基础的物流协会。

二、仓储行业发展现代物流的问题及建议

现代物流是仓储业的发展方向，这是不容置疑的，但是在宏观上有个认识问题，保持什么样的速度合适，怎样理解“第三利润源”，在微观上有个方法问题，仓储企业应该突出自己的特色，强化自己的功能。2002年8月，中国仓储协会召开了“仓储企业向现代物流转化中存在的问题”座谈会，与会代表提出了较为一致的看法。

(一)对物流是“第三利润源”的认识存在误区

目前，虽然我国理论界已经逐渐淡化对物流是“第三利润源”的讨论，但由此产生的影响仍然存在。由于一些概念不准确，观念不清，就造成了

认识上的误区,在实践中产生了盲目性:一是新的物流企业雨后春笋般的不断涌现,造成低价竞争,效益不佳;二是各地纷纷上马新的物流园区或物流中心项目,大兴土木,几千万、几亿元的投入,亚洲最大、中国第一的称号也不断出现,而实际上新建的已有相当比例的空置,现有的物流设施没有得到很好利用。传统仓储企业,由于市场经济体系和资产管理体系还没有完全到位,其资产掌握在已经企业化的原上级主管部门手里,企业有建议权,无决策权,而决策者对物流项目的回报并不看好,即使是受到政府与企业的带动与裹挟,仍显信心不足,不如开发其他项目。政府的期望,仓储企业的渴望有待于国有资产结构和管理体制的根本改变。

(二)制定发展规划依据不充分

物流成本占 GDP 的比例是衡量一个国家或地区物流产业发展水平的标志,也是制定物流发展规划的依据。但这是一个绝对标准还是相对标准,理论界尚无定论,企业家仍然模糊。设想以出口加工或供应全国、现代物流蓬勃发展的上海、深圳与相对不太发达、现代物流处于萌芽状态的内地一些省份相比,这个指标应怎样评价才算合适。同时,也应该看到关于我国的物流总体水平还缺乏权威科学的评定,见诸于各种媒体及报道的说法不一(16–30%)。如果说物流指标体系对物流规划十分重要的话,应该对中国物流国情资源进行科学定量分析,使物流产业发展与国民经济的发展速度相适应。

(三)物流市场的需求热潮还未到来

目前,像仓储公司等提供物流服务的企业受到了来自各方面的挤压,市场空间并没有扩大。首先,一些大型工商企业纷纷自办物流,建立配送中心、物流中心的不在少数。其次,外资、港资、台资的物流公司纷纷瞄准在中国投资的各自老乡,而这些货主也往往愿意把物流项目外包给这些游戏规则相接近的供应商。第三,由于条件限制,大多数中小企业仍然乐于接受传统储运服务,真正愿意接受全方位物流服务的是为数不多的大型企业。中国仓储协会的调查显示,愿意接受第三方物流服务的仅占 16.1%。因此,物流市场仅能说正在形成需求,还远未达到高潮。这种局面仍然会在一段时间内困扰仓储企业。

(四)重视了物流的发展速度,忽视了物流的管理力度

国家放宽对物流企业的审批政策,但有些地区管理力度没有跟上,一些缺乏安全生产条件和实力的单位及自然人进入物流服务领域,由于市场需求有限,造成低价无序竞争且得不到有效抑制,受伤害的是发展中的中国物流产业。

(五)仓储企业受税费过高的制约,行业垄断部门不合理干预的现象依然存在

1.仓储业的微利行业,投资回报率较低,加上历史遗留问题已不堪重负,但由于各种原因制定的税费政策,使他们缺乏发展后劲,影响发展现代物流的信心。

2.目前,我国公路运输在短途配送中占有主导地位。但由于公路投资多元化,地方保护主义和对城市货运的种种限制,致使乱收费、乱发证、乱罚款现象严重,运输成本增加。原有的储运企业不得不放弃货运,而新的运输企业或个体运输户为了赢利,便采用"小马拉大车"的方式,在公路货运中存在严重的事故隐患。

3.铁路专用线本来是仓储企业发展现代物流的一大优势,但由于铁路部门仍处于行业垄断地位,许多不符合社会主义市场经济的做法反而制约了企业的发展,成为专用线企业的烦恼。而这种状态不得到有效遏制和改善,将使上述企业处于困难局面。

(六) 物流人才的培养和培训体系仍未形成准确合理的定位

我国物流人才的严重匮乏或短缺是不言而喻的,但就 2002 年的发展来看,人才问题的解决和发展,仍然不能令人满意。由于国家没有出台相应的就业和任职标准,行业的、地方的、国际的培训体系不断出现或引进,在一定程度上使物流人才的培训出现了混乱或无所适从的局面。

发展现代物流的几点建议:

发展现代物流,特别是第三方物流是传统仓

储企业的改革方向。我国国民经济的高速发展，特别是中国入世之后，已给发展现代物流创造了良好的条件。但是中国毕竟仍是一个发展中的国家，要根据目前的国情，借鉴发达国家发展现代物流的成功经验，努力探索具有中国特色的现代物流发展之路。为此，我们认为：

1.首先开展全面的调查研究，搞清目前我国的物流发展现状和资源情况，真正拿出能够反映实际情况并有价值的定量分析数据。在此基础上，组织编写全国物流行业发展纲要，使国家的宏观规划与地方的具体规划紧密结合，正确引导中国的物流产业向健康方向发展。在这方面2002年，北京市商委和市统计局对北京市物流现状所作的调查非常有说服力。实践证明，只要政府重视中国物流的基本情况，应该也一定能够搞清楚中国物流产业的“家底”。

2.加强物流的基础理论研究，重视物流人才的培养，建立高、中、初三级完备的物流人才培训体系，确定物流人才的技术职称标准，引导正确的舆论导向，真正形成“物流热”下的冷思考。

3.完善和建立法律法规，制定对物流产业的扶植政策与物流行业的国家标准。应尽快制定《仓库法》，实行物流的准入制度；要根据物流的特点，对仓储用地区别于商业占地优惠征税，对仓储收入实行按毛利差额纳税；对原有的规定要进行清理，如铁路专用线企业现在已对社会开放，原发的《铁路专用线、专用铁路管理办法》（铁运[1995]107号）文件已明显不适应，应在调查研究的基础上重新修订；希望建立物流标准体系，出台《质押仓库单证格式标准》《物流企业资质等级标准》《物流园区建设标准》《物流信息网建设及管理标准》等；建立重大物流项目的国家干预和政府审批制度，对于充分论证的、能左右大局的大型项目，一定要有政府的支持；对于前景不看好的，要坚决停建或缓建；对有发展潜力的国有物流企业，应给予一定的政策倾斜；由传统仓库改造成物流（配送）中心的，免交或返还土地出让金，降低税赋，按工业用电降低电费，提供用于信息系统技术改造的贴息贷款或融资担保等等。

4.监督、检查与物流有关的垄断行业的行为，有管理职能的垄断行业应与所兴办的第三产业彻底脱钩，并且要从上而下解决。对于广大企业反映的不合理收费，要坚决取缔，真正按市场经济规律办事，为企业发展创造良好的社会环境。

5.建立顺畅的政府与协会的沟通机制。各行业协会要真正成为连接企业与政府的桥梁和纽带，少一些浮躁，多一些实事求是的工作作风，使政府能真正了解到基层的呼声。同时希望政府部门加强指导，规范市场，促进有序竞争。

（特约撰稿：中国仓储协会秘书长　张　勇）

商贸物流

连锁配送与物流

一、现阶段连锁企业多渠道的物流

从市场经济的原理看，流通渠道的阶段应该越短越好，但同时也不能忽视批发商的作用。特别是我国从计划经济转到市场经济后，尽管进行了重组和改制，现阶段仍保留着原来批发一二级站的流通渠道，生产企业、批发商以及零售商在目前连锁企业中同时发挥着重要的作用，有些连锁企业也部分尝试开展第三方物流。

连锁企业的多渠道物流也是现阶段我国连锁企业经营管理的重要特征之一。

（一）生产企业参与的分销物流

在我国的大型生产企业中，有许多建立了自己的分销体系，将分销渠道直接介入到连锁企业中，如大型家电厂家以及国外有实力的日化产品厂家。还有许多生鲜食品的加工企业，在一定的区域内通过自己的配送能力，将商品直接配送到有业务往来的连锁店铺。生产企业参与的分销物流在现阶段我国连锁企业中占有重要的地位。

（二）批发商参与的代理物流

批发商的情况有多种多样。如：某一厂家的总代理商、地区代理商和一般代理商等。批发商在进行商品交易的同时，基本上承担了商品送货的业务，有些批发商建立了自身的配送渠道甚至还投资建立了大型的配送中心。提供物流服务是今后批发商的主要方向，也是批发商生存和发展的重要契机。

（三）零售企业的物流配送

在连锁企业中，几乎大多数企业都有自己的物流配送体系，并参与有关物流配送的作业。随着我国连锁经营的不断发展，零售企业对物流配送越来越重视，并成为零售业物流配送的重要组成部分。许多大型连锁企业都建立了自己的配送中心，有些还引进了较先进的加工生产线和立体货架仓库，连锁企业的物流配送成为我国零售业物流的主要课题。

二、现阶段连锁企业物流的构造

关于连锁企业物流的构造可以从连锁企业物流的参与方、配送中心与仓库、信息系统等三个方面进行分析。

（一）连锁企业物流参与者的构造

从参与连锁企业物流的方面看，有生产企业、物流企业、批发企业和零售企业四方。

1.生产企业物流的构造。在商品竞争激烈的行业，如家电制品、服装、化妆品和保健用品等领域，大型生产企业基本上都直接参与了面向消费者的市场活动，一些企业商品的运输是通过自己的运输部门，还有一些企业的运输委托给了专业的运输公司。生产企业一般是根据商品的属性、运输距离、自己运输能力以及季节等条件安排有关物流的活动。最近几年，也出现了将物流委托给第三方物流企业的情况。

2.物流企业的构造。我国原来的储运企业大都从事有关生产资料的运输和保管业务，与零售业的物流涉及较少。目前，随着原有储运企业的改制以及新兴物流企业的出现，他们也将业务拓展到了零售领域，特别是连锁企业。还有一些原属于流通部门的运输和仓储部门也从整体业务中剥离出来，独立经营从事专业的物流服务。已经有一些物流企业介入到了连锁企业的物流业务，还有更多的物流企业计划并正在洽谈连锁企业的物流业务。

3.批发企业物流的构造。计划经济时期的一、二级批发企业在目前仍然具有很强的资源和经营优势，大部分企业已经进行了重组并引入了公司机制，还有一些批发企业将业务拓展到零售领域，建立了大卖场和超级市场等零售业态。为零售企业送货一直是批发企业的经营习惯，近来也出现了一些批发企业建立配送中心为自己的连锁企业和其他连锁企业提供服务的案例。但覆盖全国的批发企业在我国还不多见，批发企业的物流配送也局限于一个城市或一个地区。

4.零售企业物流的构造。近年来，大部分连锁企业都创造条件建立了自己的配送中心，但大多数是将原来的仓库或租用仓库改造而成，正在努力进行商品的多品种少量配送，还没有形成完善的配送作业体系。现阶段连锁企业物流可以说是以连锁企业为主导，以配送中心为中心的体系。

（二）配送中心与仓库的构造

上面谈到有许多批发企业和连锁企业特别是大型连锁企业基本上建立了配送中心，除个别企业在新址上进行规划和建设之外，大部分配送中心都是由原有的仓库改造而成的，甚至一些企业还保留有原来仓库的存储功能。大部分连锁企业认为，如果不建立自己的配送中心就不可能及时地将需要的商品陈列到店铺的货架上。

配送中心包括带有存储功能的流通型中心(DC)，还有不带有存储功能的通过型中心(TC)以及主要进行食品加工处理的加工型中心（PC)三种形式。目前与连锁企业有关的配送中心主要以DC型中心为主，个别有实力的连锁企业建立了生鲜食品的PC型中心，由于TC型中心对运营的要求较高，容易发生缺货等问题，目前在我国有一些企业的部分商品实现了TC型操作。

从仓库改造的配送中心由于基础设施的限制，有许多作业的效果不能够发挥出来。

（三）物流信息系统的构造

与连锁企业物流有关的信息系统可以从企业内部的管理信息系统以及与供应商进行数据交换系统(EDI)和电子订货系统(EOS)两个方面进行分析。独立运营连锁企业物流信息系统的情况是不大可能的。

1. 从管理信息系统分析。20世纪90年代以来，特别是90年代后期开始的连锁热潮，使连锁企业将收银管理和销售管理的POS系统提高到非常重视的高度，目前连锁企业基本上应用了包括覆盖进销存的管理信息系统，甚至一些企业为提高管理的水平，还引入了商业分析智能管理以及与供应商进行数据共享的供应链管理系统。但物流信息系统还大都停留在库存管理的水平，离物流配送还存在一定的距离，尤其是与现代物流配送管理理念和自动化设施与设备的衔接，还处于初级阶段。

2.从EDI和EOS系统分析。我国零售企业应用EDI和EOS系统的企业还极少，但随着电子商务的普及和推广，零售企业特别是连锁企业出现了网上进行数据传送和订货的应用，商品流通领域也计划逐步开展增值网络的建设。连锁企业的物流信息系统也会随着网络和电子商务的应用而不断完善和不断发展。

三、现阶段连锁企业物流的实态

物流配送已经成为保证连锁体系正常运营的基本条件。大部分连锁企业都拥有自己的配送中心，施行统一配送。根据中国连锁经营协会的最新统计，2001年，国内连锁百强企业当中，有80%的企业拥有自己的配送中心，配送中心的平均面积达到9 693平方米。销售额在1亿元以上的91家超市公司，配送中心的平均面积为8 359平方米。

根据中国仓储协会2001年对中国物流市场所做的调查，目前，我国商业企业的物流配送，有74%是由供货方完成的，13%的企业依靠第三方物流机构，拥有自己的配送中心的企业仅占到商业企业总数的13%，说明商业企业物流社会化程度不高，批量小、品种多、频度高、及时性强的零售企业还普遍缺乏有效的物流支持。

从物流配送的运作情况看，商业企业物流运营过程中的货损率在2%以上，配送及时率为85.7%，单据准确率为97.4%。

对拥有自己的配送中心的商业企业对物流服务的满意程度看，反映的最突出的问题是服务内容不完整，达到34%，其他不满意的问题依次为作业速度慢(33%),运作成本高、货损率高、作业差错率高,均为11%。

从物流设施的现代化水平看,物流配送体系缺乏计算机系统支持,成为制约物流运营效率的瓶颈,目前,拥有物流信息系统的比例为39%。

从上述统计结果的比较可以看出,与商业企业物流配送总体发展水平相比,连锁企业的物流配送功能和设施建设处于相对领先的地位。特别是企业拥有自己的配送中心的比例,连锁企业明显高于商业企业的整体水平。

四、现阶段连锁企业物流的特征与动向

(一)现阶段连锁企业物流的优势和问题

1.连锁企业物流的优势。对物流的重视和需求的扩大;国有企业的市场化机会;外资企业的增多和市场竞争的激化;信息技术的广泛应用和互联网络的发展;国内外连锁企业物流配送的成功经验等。

2.连锁企业物流的问题。连锁企业物流的问题主要是,我国物流的基础薄弱;对物流的认识程度不足;社会资源的大量浪费;统一配送率较低、劳动效率低,配送的经济性差,配送的运营水平不高,人才不足,经营指导不足,缺乏示范的成功样板等。

(二)现阶段连锁企业物流的特征

现阶段我国连锁企业的物流表现出以下特征:

初级阶段特征;

存在不同企业水平的差异;

不同地域的发展差异;

零售业主导的特征;

经营和技术的不足等。

只有发挥我国连锁企业物流中的优势,不断地解决各种问题,才能促进和推动连锁企业物流的发展。

(三)现阶段连锁企业物流的动向

1.连锁企业引入第三方物流。前不久,北京的一家连锁企业与专业物流公司签署协议,由后者承担前者的商品配送服务。这一做法改变了国内连锁企业普遍采取的配送自营的方法,是一个有益的尝试。在日本,大约有30%的连锁企业在很大程度上依靠社会化的专业配送企业。目前,我国连锁企业自营配送中心对于大部分企业来说,依然是最理想的商品配送途径,但随着全社会专业物流企业的兴起和成熟,对于那些连锁企业自身无力解决或无力解决好的商品配送工作甚至全部的配送工作交给专业物流企业,也会成为连锁企业的自然选择。

2.扩大配送服务对象,开展商品配销业务。连锁企业物流配送的发展水平明显高于商业企业的平均水平,一些连锁超市企业开始利用自身较强的物流配送能力,进行社会化的配送。这种配送方式与社会化的专业物流服务的最大差别是,不仅提供物流服务,还伴随着商品的销售甚至管理的输出。其开展配送服务的目的,除了由此产生的服务收益外,更主要的目的是带动企业的销售,扩大企业的销售规模,赚取进销差价。这种物流配送形式的兴起,是与社会上存在的大量中小零售企业希望改善商品采购,降低进货成本密切相关的。这些中小店铺,有的刚刚进入零售业,缺乏进货和采购渠道,自己也无力解决配送问题;有的则是迫于竞争的压力,希望在采购、配送和管理方面与大企业合作,增强自己的生存和竞争能力。目前,该类型的配送发生于零售企业之间的物流配送和销售活动还处于初级阶段,即作为配销服务提供方,在与服务对象的合作中还在不断摸索最有效的方式。他们希望在建立稳定合作的基础上,不断强化对中小零售商的影响力,逐渐培育成集商品配送、商品销售、管理输出为一体的连锁化集中管理模式,形成紧密程度不同的自由连锁和加盟连锁网络。

五、现阶段连锁企业物流的课题

(一)对连锁企业物流的认识

现阶段必须加大力度解决对连锁企业物流的认识问题。对物流的认识与重视是两个不同的概念,仅仅是重视并不一定对物流真正地认识,而认识了物流就可以真正地对其加以重视。

对物流的认识是学习和掌握有关物流的经营

与管理知识。内容包括有关连锁经营的物流理念、政策、战略、技术和人才等。物流理念是物流在流通过程中的概念、地位和作用等,需要深入理解从物的流通到物流系统,以及现代物流和供应链管理的发展;政策包括政府推动物流的相关政策,以及本公司所制定的物流政策,在物流政策的指导下进行物流的经营;物流战略是为适应企业发展所制定的与物流有关的长期目标、方针以及实现方式和方法等;另外,认识连锁企业的物流技术和人才也是非常重要的课题。

（二）连锁企业物流的推进组织

连锁企业的物流推进组织可以从“点”、“线”和“面”三个方面进行分析。

所谓“点”是指企业,连锁企业物流涉及的企业包括连锁企业自身、批发商、专业物流公司和生产商,这些企业在连锁物流中发挥着各自的作用。一定要明确这些企业所承担的角色,采用什么方式能够促进连锁企业物流的发展。

“线”是指行业或商品供应链。从行业的方面主要考虑如何进行企业间的合作、如何实施共同配送以及如何建立增值网络等。还包括制定连锁企业物流的相关标准、规范和规则等。商品的供应链需要考虑如何建立从生产商通过连锁企业到消费者所经过的流通渠道,如何构筑信息体系,如何实现信息的共享等。

“面”是指整体的社会环境。社会环境包括政府的政策、物流的基础设施建设等。随着政府对连锁企业的重视与支持,对连锁物流的促进政策以及必要的计划与指导是非常必要的。高速公路建设、大量运输机构、通讯网络等物流的基础也是重要的课题。

（三）发展的阶段

目前我国连锁企业物流还处于初级阶段,今后如何按照阶段性的发展是需要研究的课题。一般情况下,可以将发展阶段划分为初期、发展期和成熟期,但需要考虑的是每一个时期的长度以及所设定的目标,以及为了实现这样的目标所制定的具体计划和实现方式。连锁企业物流发展的过程是必须要有的,也需要时间,需要考虑的是要尽可能地缩短这些过程和时间。

（四）人才的培养

连锁企业物流需要大量的人才,对从事物流工作员工能力的开发、人才培养和保证人才的需求是非常重要的课题。人才的开发和培养可以分为就业前的学校职业技术教育和对就业员工所进行的教育培训。

连锁企业物流人才可以分为经营管理者、班组长和操作人员,同时也需要掌握高级物流技术的咨询专家。

（五）配送中心的运营

配送中心在连锁企业物流中占据着十分重要的地位,现代化物流的实现必须依靠配送中心进行商品的集中和配送。配送中心的形式、运营方式、运营管理、作业的流程以及信息系统等要根据企业目前的现状满足多品种少量、小批多频度的及时配送的需求。

目前,我国连锁企业的配送中心主要以带有商品储存功能的 DC 型中心为主,基本上还没有 PC 型的配送中心,个别有实力的企业建立了生鲜食品的加工生产线。今后如何开展共同配送连续配送,以及发展第三方物流等,也是十分重要和迫切的课题。

(撰稿:北京富基旋风科技有限公司副总裁
牛东来)

2002年中国连锁百强名单

排序		企业名称	销售额（万元）	同比增长(%)	店数	同比增长(%)	业态分布
*	1	联华超市股份有限公司	1 833 022	30	1 921	57	超 851/综 25/便 1045
*	2	华联超市股份有限公司	1 506 600	77	1 200	46	超 1100/综/11/便 89
	3	大连商场集团公司	1 279 000	71	51	59	百/综
*	4	北京国美电器有限公司	1 089 319	70	64	49	家电专业店 64
*	5	北京华联集团投资控股有限公司	1 030 000	29	54	29	综 48/百 6
*	6	上海农工商超市有限公司	873 000	17	702	117	超/综/便
*	7	华润万佳有限公司	859 108	37	397	21	超 380/综 17
*	8	百胜（中国）投资有限公司	708 738	33	902	47	西式餐饮 902
*	9	苏果超市有限公司	702 000	33	940	42	超/便
*	10	苏宁电器集团	606 844	26	134	47	家电专业店 134
	11	武商集团股份有限公司	585 900	39	20	67	综 10/会 1/百/4/专业店 5
*	12	重庆商社(集团)有限公司	536 186	20	76	29	超 26/综 6/会 1/便 39/百 4
*	13	锦江麦德龙现购自运有限公司	531 029	7	16	7	会 16
*	14	北京物美商业集团有限公司	506 725	101	355	77	综 4/超 10/会 1 百 4/专业店 5
*	15	上海永乐家用电器有限公司	489 500	70	40	111	家电专业店 40
*	16	北京王府井百货(集团)股份有限公司	476 283	-3	8	0	百 8
	17	天津家世界连锁商业集团有限公司	440 390	35	40	43	综 30
*	18	江苏文峰大连锁发展股份有限公司	436 375	39	144	658	综 5/百 7/会 1/专业服务
*	19	北京京客隆超市连锁集团有限公司	425 757	22	102	36	超 26/综 3/便 41/药 27/其它

续表

排序		企业名称	销售额(万元)	同比增长(%)	店数	同比增长(%)	业态分布
	20	重庆百货大楼股份有限公司	402 325	33	31	15	综 1/便 11/百 16/家电 3
*	21	北京超市发连锁股份有限公司	390 000	48	116	13	超 79/会 1/便 36
*	22	深圳市新一佳投资发展有限公司	380 172	101	36	112	综 36
*	23	武汉中百集团股份有限公司	336 490	89	189	125	综 16/便 170 /百 3
*	24	江苏五星电器有限公司	323 339	27	76	15	家电 76
*	25	北京新燕莎控股集团有限责任公司	291 637	0	10	—	综 6/百 4
*	26	深圳市人人乐连锁商业有限公司	263 140	22	9	50	综 9
*	27	青岛利群集团股份有限公司	263 068	54	116	955	超 3/综 12/便 100/百 1
*	28	华联集团吉买盛购物中心有限公司	226 266	41	15	88	综 15
*	29	深圳民润农产品配送连锁商业有限公司	221 790	34	138	84	超 138
*	30	湖南友谊阿波罗股份有限公司	210 663	5	11	38	百/超
*	31	江苏时代超市有限公司	203 000	74	48	12	综/超
*	32	山东潍坊百货集团股份有限公司	200 069	27	68	51	超 19/综 7/便 38/百 1/专业 3
*	33	上海家得利超市有限公司	200 000	100	600	757	超 88/综 8/便 504
*	34	深圳铜锣湾百货有限公司	200 000	43	6	50	百 6
	35	成都人民商场（集团）股份公司	197 840	16	51	113	百/超
*	36	深圳百佳超级市场有限公司	182 540	9	19	0	综/超
*	37	合肥百货大楼集团股份有限公司	181 000	13	9	13	超 3/综 3/百 3
*	38	成都红旗连锁有限公司	174 870	37	248	44	超 248
*	39	上海捷强烟草糖酒（集团）连锁公司	174 080	1	249	4	超/便/专业

续表

排序		企业名称	销售额(万元)	同比增长(%)	店数	同比增长(%)	业态分布
*	40	安徽商之都有限责任公司	168 000	17	8	0	综 1/百 7
*	41	北京小白羊超市连锁总店	139 024	71	48	71	超/便 17
*	42	北京北辰购物中心	133 499	0	1	0	综 1
*	43	宁波三江购物俱乐部有限公司	131 228	25	27	17	综 27
*	44	山东威海糖酒采购供应站	128 000	52	86	16	超/综 10/会 1/便 3
*	45	深圳天虹商场有限公司	123 135	22	7	133	百 7
*	46	天津华联商厦	120 600	21	8	167	百/家电专业店
*	47	赛特商业发展有限责任公司	120 078	18	10	0	百 10
*	48	深圳茂业商厦有限公司	118 772	13	4	0	百 4
*	49	南京华诚超市有限公司	118 625	82	224	129	超 89/综 6/便 130
*	50	广州市广百股份有限公司	109 640	-12	5	25	百 5
*	51	上海可的便利店有限公司	109 373	54	706	37	便 706
*	52	华普超市有限公司	103 000	7	16	0	综 16
*	53	福建劲霸时装有限公司	103 000	30	1 213	71	服装专卖 1213
*	54	好美家装潢建材有限公司	102 682		14		家居建材专业店 14
*	55	辽宁兴隆百货集团	102 000	10	23	44	超 2/便 14/百 4/其它 3
*	56	湖南步步高连锁超市有限责任公司	97 203	54	30	20	超 17/综 2/便 4/百 2/其它
	57	广州市新大新公司	96 677	-4	3	50	百 3
*	58	哈尔滨中央红集团股份有限公司	93 397	11	146	38	超 3/便 139/百货 4
	59	上海良友便利连锁有限公司	89 084	34	472	7	便 472
*	60	东方家园有限公司	85 948	42	10	0	家居建材专业店 10
*	61	北京麦当劳食品有限公司（北京地区）	85 349	2	88	11	西式快餐 88
	62	上海欧尚超市有限公司	83 000	54	2	0	综 2
*	63	青岛崂山百货大楼（集团）股份有限公司	80 197	34	131	1310	超 4/综 2/便 122/百 1/其他 2

续表

排序		企业名称	销售额（万元）	同比增长(%)	店数	同比增长(%)	业态分布
*	64	沈阳市小士豆餐饮有限公司	79 501	4	142	2	中式正餐/中式快餐
	65	余姚华联商厦（集团）有限公司	74 955	96	107	95	超 5/便 100/百货 2
*	66	徐州惠客隆超级市场有限公司	72 452	26	173	33	超 102/综 8/便 63
*	67	邯郸市阳光百货集团	71 000	13	16	33	超 2/大 4/百 14
*	68	温州人本超市有限公司	70 300	45	52	44	超28/综2/便22
*	69	北京全聚德集团有限责任公司	70 200	6	47	9	中式正餐 47
	70	天津德克士食品开发有限公司	69 700	16	246	27	中式正餐 246
*	71	广东吉之岛天资百货有限公司	69 440	-5	2	0	综 2
*	72	重庆小天鹅投资控股（集团）有限公司	67 791	38	171	51	西式快餐 171
*	73	重庆和平药房连锁有限责任公司	66 800	57	725	39	药品专业店 725
*	74	济南蔬菜集团总公司	66 200	27	130	34	超90/综3/便37
*	75	阜阳市华联超市有限公司	65 538	23	68	17	综 6/便 62
*	76	漯河双汇商业连锁有限公司	64 201	36	193	57	便 193
*	77	山东临沂九州集团总公司	63 000	80	53	96	超 30/便 13/百 2/其它
	78	河南通利量贩有限公司	60 000	150	20	186	家电专业店 20
*	79	重庆山城超市有限公司	56 700	24	26	13	超 26
*	80	北京东安饮食公司	56 000	6	99	3	中式正餐 99
*	81	慈溪市慈客隆超市有限公司	54 900	41	48	100	超33/综1/便14
*	82	北京美廉美连锁商业有限公司	54 000	69	5	67	超 2/综 3
*	83	成都谭鱼头投资股份有限公司	51 800	17	98	23	中式正餐 98
	84	重庆菜根香风俗酒楼有限公司	51 800	19	68	21	中式正餐 68
*	85	广西佳用商贸股份有限公司	51 000	38	72	67	超 9/综 13/便 26/会 2/其他

续表

排序		企业名称	销售额(万元)	同比增长(%)	店数	同比增长(%)	业态分布
*	86	浙江高邦服饰集团有限公司	50 585	31	390	3	服装专卖 390
*	87	陕西海星连锁超级市场有限责任公司	48 578	81	112	18	超 89/便 23
*	88	北京顺天府商贸有限公司	47 000	30	13	44	超 13
*	89	深圳市海王星辰医药有限公司	46 600	58	320	58	药品专业店 320
*	90	马兰拉面快餐连锁有限责任公司	45 251	5	436	14	中式快餐 436
	91	北京同仁堂连锁药店	45 205	37	50	43	药品专业店 50
*	92	河南思达连锁商业有限公司	45 000	41	114	43	超 113/综 1
*	93	河北国大连锁商业有限公司	41 000	12	120	17	超 11/综 2/便 107
*	94	哈尔滨乐买连锁超市有限责任公司	40 974	63	36	3	综 3/便 33
*	95	北京家和通融超级市场有限公司	40 000	5	7	40	超 7
*	96	北京龙发建筑装饰工程有限公司	39 120	296	42	147	家居装饰 ∠2
*	97	中山市壹加壹商业连锁有限公司	37 992	21	26	13	超 25/便 1
*	98	北京金象大药房医药连锁有限责任公司	37 000	71	182	219	药品专业店 182
	99	重庆陶然居风味饮食文化有限公司	36 800	31	48	26	中式正餐 48
*	100	白山市方大商业有限公司	36 480	23	36	13	超 27/便 2/专卖 7
	合计	24 646 969	36	16 986	52	—	—

备注：1.标*者为中国连锁经营协会会员单位

2.本表“业态分布”栏中，超：食品超市；综：大型综合超市；便：便利店；百：百货店；会：仓储会员商店；药：药品店

（资料来源：中国连锁经营协会）

2002年中国主要连锁超市企业情况

序号	企业名称	2002年销售额(万元)	同比%	2002年店铺数	同比%
1	联华超市股份有限公司	1 833 022	30	1921	57
2	华联超市股份有限公司	1 506 600	77	1200	46
3	北京华联集团投资控股有限公司	1 030 000	29	54	29
4	上海农工商超市有限公司	873 000	17	702	117
5	华润万佳有限公司	859 108	37	397	21
6	苏果超市有限公司	702 000	33	940	42
7	重庆商社（集团）有限公司	536 186	20	72	22
8	锦江麦德龙现购自运有限公司	531 029	7	16	7
9	北京物美商业集团有限公司	506 725	101	355	77
10	天津家世界连锁商业集团有限公司	440 390	35	40	43
11	江苏文峰大世界连锁发展股份有限公司	436 375	39	144	658
12	北京京客隆超市连锁集团有限公司	425 757	22	102	36
13	北京超市发连锁股份有限公司	390 000	48	116	13
14	深圳市新一佳投资发展有限公司	380 172	101	36	112
15	深圳市人人乐连锁商业有限公司	263 140	22	9	50
16	青岛利群集团股份有限公司	263 068	54	116	955
17	武汉中百连锁仓储超市公司	261 000	121		
18	华联集团吉买盛购物中心有限公司	226 266	41	15	88
19	深圳市民润农产品配送连锁商业有限公司	221 790	34	138	84
20	武汉武商集团股份有限公司量贩分公司	221 514	46	11	57
21	武汉中商集团股份有限公司平价连锁分公司	211 164	28	9	125
22	江苏时代超市有限公司	203 000	74	48	12
23	山东潍坊百货集团股份有限公司	202 269	27	68	51
24	上海家得利超市有限公司	200 000	100	600	757
25	深圳百佳超市有限公司	182 540	9	19	0

续表

序号	企业名称	2002年销售额(万元)	同比%	2002年店铺数	同比%
26	成都红旗连锁有限公司	174 870	37	248	44
27	北京小白羊超市连锁总店	139 024	71	48	71
28	北京北辰购物中心	133 499	0		
29	宁波三江购物俱乐部有限公司	131 228	25	27	17
30	山东威海糖酒采购供应站	128 000	52	86	16
31	南京华诚超市有限公司	118 625	82	225	130
32	上海可的便利店有限公司	109 373	54	706	37
33	华普超市有限公司	103 000	7	16	0
34	湖南步步高连锁超市有限责任公司	97 203	54	30	20
35	哈尔滨中央红集团股份有限公司	93397	11	146	38
36	上海良友便利连锁有限公司	89 084	34	472	7
37	上海欧尚超市有限公司	83 000	98	2	0
38	青岛崂山百货大楼(集团)股份有限公司	80 197	34	131	1210
39	余姚华联商厦(集团)有限公司	74 955	96	107	95
40	徐州惠客隆超级市场有限公司	72 452	26	173	33
41	温州人本超市有限公司	70 300	45	52	44
42	广东吉之岛天资百货有限公司	69 440	-5	2	0
43	湖南家润多超市有限公司	68 417	58	5	67
44	济南蔬菜集团总公司	66 200	27	130	34
45	阜阳市华联超市有限公司	65 538	23	68	17
46	漯河双汇商业连锁有限公司	64 201	36	193	57
47	山东临泊九州集团总公司	63 000	80	53	96
48	重庆山城超市有限公司	56 700	24	26	13
49	慈溪市慈客隆超市有限公司	54 900	41	48	100
50	北京美廉美连锁商业有限公司	54 000	69	5	67
51	广西佳用商贸股份有限公司	51 000	38	72	67
52	陕西海星连锁超级市场有限责任公司	48 578	81	112	18
53	北京顺天府商贸有限公司	47 000	30	13	44
54	河南思达连锁商业有限公司	45 000	41	114	43
55	河北国大连锁商业有限公司	41 000	12	127	23
56	哈尔滨乐买连锁超市有限责任公司	40 974	63	36	3
57	北京家和通融超级市场有限公司	40 000	5	7	40
58	中山市壹加壹商业连锁有限公司	37 922	21	26	13
59	白山市方大商业有限公司	36 480	23	36	13
60	吉林省明日恒客隆仓储百货有限公司	36 041	-11	7	0

续表

序号	企业名称	2002年销售额(万元)	同比%	2002年店铺数	同比%
61	陕西晶众家乐超市有限公司	36 000	71	11	57
62	内蒙古呼伦贝尔市友谊有限责任公司	35 240	33	14	40
63	湖南佳惠百货有限责任公司	35 000	94	7	75
64	绍兴供销超市有限公司	33 218	90	70	84
65	北京市房山华冠商贸有限公司	32 000	39	23	10
66	山西省太原唐久超市有限公司	31 900	14	106	77
67	天津市消费合作总社	27 800	2	115	92
68	广州宏城超级市场	26 961	16		
69	北京城乡仓储大超市有限公司	26 903	-9	1	0
70	东莞市糖酒集团美宜佳便利店有限公司	25 200	12	280	12
71	淄博奥德隆经贸有限公司	25 000	4	18	125
72	安徽微商农家福股份有限公司	25 000			
73	大连旺达连锁有限公司	25 000		80	
74	岳阳福润多超市有限公司	21 059	30	6	0
75	浙江天天惠超市有限公司	20 700	-10	46	24
76	石家庄市天元食品连锁超市	20 000	11	76	33
77	大连晶临旺客隆连锁有限公司	20 000		38	
78	河北衡水市红旗商厦	16 800	12	15	15
79	淄埔政通超市有限公司	16 421	32	31	24
80	许昌市胖东来商贸集团有限公司	14 584	49	17	31
81	合肥百大合家福连锁超市有限责任公司	14 025	37	6	50
82	北京翠微家园连锁超市经营公司	14 000		4	
83	浙江省乐清市联华超市有限公司	14 000	40	7	40
84	厦门市闽客隆发展有限公司	13 604	-9		
85	青岛长青股份有限公司	13 149	-18	58	-42
86	寿光糖酒茶副食品有限公司	12 500	34	23	92
87	舟山市民生商厦有限责任公司	12 000	50	28	-18
88	江苏无锡中百超市(配销)有限公司	10 781	-28	13	8
89	河南邦杰集团有限公司连锁销售公司	10 000	67	45	41
90	山东聊城昆仑超市有限公司	10 000	43	4	33

（资料来源：中国连锁经营协会）

全球著名零售企业排行榜

排名	国家	公司	业态	2001年销售额	2001年零售额	2001年收益	投资国家
				(百万美元)			
1	美国	沃尔玛 Wal-mart	折扣店/大卖场/超市/仓储店/超级商店	219 812	217 799	6 671	11
2	法国	家尔福 Carrefour	现购&自运/便利/折扣店/大卖场/超市	61 565	61 565	1 067	33
3	荷兰	阿霍得 Ahold	现购&自动/便利/折扣店/药店/大卖场/专业店/超市	74 723	57 976	1 207	27
4	美国	家得宝 Home Depot	自助/专业店	53 553	53 553	1 043	4
5	美国	Kroger	便利店/折扣店/超市/专业店/仓储店	50 098	50 098	1 043	1
6	德国	麦德龙 Metro	现购&自动/百货/自助/大卖场/专业店/超级商店	43 877	43 877	398	28
7	美国	Target	百货/折扣店	39 888	39 455	1 368	1
8	美国	Alertson´s	药店/超市/仓储店	37 931	37 931	501	1
9	美国	凯马特 Kmart	折扣店/超级商店	36 151	36 151	(2 418)	1
10	美国	Sears	百货/邮购/专业店	41 078	35 843	735	3
11	美国	Safeway	超市	34 301	34 301	1 245	2
12	美国	好事多 Costco	仓储商店	34 797	34 797	602	8
13	美国	塔斯科 Tesco	便利店/百货/大卖场/超市/超级商店/专业店	33 885	33 614	1 195	12
14	美国	JCPenney	百货/药店/邮购	32 004	32 004	98	4
15	德国	Aldi Einkauf	折扣店	31 310	31 310	无	12
16	德国	Rewe	现购&自运/折扣店/自助/药店/大卖场/专业店/超市/超级商店	33 260	29 078	无	11
17	法国	Intermarche	现购&自运/便利店/折扣店/自助/超市/餐饮/专业店/超市/超级商店	28 710	28 710	无	8
18	德国	Edeka/AVA	现购&自运/折扣店/自助/超市/大卖场/超级商店	26 700	26 700	无	7
19	美国	Walgreen	药店	24 623	24 623	886	2
20	英国	J Sainsbury	便利店/超市/大卖场/超级商店	24 491	24 081	524	2

（资料来源：中国商业联合会）

生产资料物流

一、2002 年生产资料物流发展概况

生产资料物流是我国物流市场的重要组成部分。从流通规模来看，2002 年全年消费品零售总额为 4 万亿元，生产资料销售总额超过了 7 万亿元。从货运周转量和港口吞吐量来看，大宗生产资料也占据着举足轻重的地位。据 2001 年的统计资料，仅煤炭、石油、钢材、金属矿石和矿建材料五类物资，在港口吞吐总量中占 63.8%(其中出港占 63.1%，进港占 64.5%)；在铁路运输中，占货运量的 69.5%，占货运周转量的 54.8%。因此，提高生产资料物流的效率，降低成本，是我国物流现代化的重要任务之一。

我国生产资料的流通分为两部分，一部分是由生产企业自行完成的，无论是采购还是销售，均由生产企业内部的供应机构或销售机构完成，形成产供销一条龙。即使这样，由于市场机制的渗透，也在生产企业的流通体系内部形成了某些市场竞争的因素。另一部分是通过专业流通企业完成的。改革开放以后，生产资料流通领域国有体制的一统天下被打破，越来越多的民营公司、股份公司和外资企业进入了生产资料流通领域。分行业来看，有些行业是以生产企业为主的，如钢材、汽车、石油石化等。物流在这些行业的发展往往与这些行业的领袖企业推进供应链建设相关。有的行业集中度不高，例如建材、汽配等，物流的发展主要体现为市场的整合，由此带动整个产业的提升。由于缺少领袖企业的推动，往往需要有关政府的支持和帮助。总的来看，经过改革开放，生产资料流通领域的市场化改革有了根本性的变化，但是流通模式落后，流通效率偏低和流通成本居高的问题还没有得到明显改观，流通现代化的任务突出出来。生产资料物流的任务就是在这样的背景下提出的。2002 年，国家经贸委提出把连锁经营、物流配送和电子商务作为发展流通现代化的三大战略重点，促进了生产资料物流的发展。

二、重点行业生产资料物流的发展

下面就通过一些重点行业的例子来说明 2002 年生产资料领域的物流发展。

(一)冶金行业

钢铁企业在 2002 年主要在推进 ERP(企业资源管理)，普遍的做法是通过营销系统的改造来带动生产系统和其他相关系统的优化。例如，上海益昌薄板公司营销系统、江阴兴澄特钢信息系统等，投资均在数千万元规模。最引人注目的有：武汉钢铁公司综合营销系统，投资 2 亿元。按照整体优化原则，该系统对武钢进行了流程化重组，实现了武钢销售、生产、技术、质量、储运、财务管理和信息处理的一级管理，配套改造了炼钢、热轧、冷轧等生产过程控制和产线跟踪系统，形成了“炼钢–连铸–轧钢”工序之间一体化生产计划安排与调度控制，并完成与公司整体产销系统的实时通讯，为建成具有世界一流水平的整合性钢铁 ERP 系统，实现物流、信息流和资金流同步，用信息流管控物流打下良好基础。另一个著名的例子是在上海宝钢集团，其旗下的全资子公司上海宝钢国际经济贸易有限公司与日本三井物产株式会社合资组建现代钢铁物流企业，注册资本达 1 225 万美元，负责经营三井物产和宝钢国际在中国的钢铁加工与配送业务。今后 5 年内的钢材加工能力目标可达 250–300 万吨。宝钢在国际上已拥有 8 家钢材物流中心，这些都将被置入新公司，而新公司在上海、青岛、重庆、杭州、广州等都将拥有加工厂。

(二)汽车制造业

汽车物流是供应链特征最突出的领域，因为

涉及零配件的生产、采购，又要与产品的销售、维修和汽配件供应整合在一起，供应链延伸较长，难度也较大。2002年，长春和上海两大汽车基地都有大的动作。例如，长春加快开拓汽车经济贸易开发区，重点是汽车物流和汽车市场服务领域，形成以汽车物流、汽车商品贸易、汽车市场服务为特色的产业框架，全力打造成综合型的汽车工业园区，建设号称是东北亚地区最大的汽车贸易平台和汽车物流中心。汽贸开发区的功能定位突出汽车零部件交易以及汽车专卖店集群为主要形式的中高档汽车交易两大功能。一汽储运公司商品车物流基地，一汽—大众物流装配有限公司15万平方米物流设施等大项目将落户汽贸开发区。名车广场已经引进了风神、中华、宝来、美国通用、日本丰田等汽车品牌10余个，汽车专卖、代理商26户。在生产过程中，普遍采用准时管理方式(JIT)，由物流系统把汽车备件和组装件运送到汽车生产地点。汽车制造企业普遍进行物流改造的共同环节是集中采购。例如一汽建立了集中采购的电子商务平台，明显降低了采购周期；采用库存管理系统，大大降低库存资金的占压，仅国产化进的资金就从1.2亿元降到4 000万元。

（三）石油石化行业

由于国有大企业的主导地位和一些产品的专营制度，使得这个行业的市场也是由生产企业占主导地位的。因此这个行业的物流发展也是有一些大型生产企业推动的，主要集中在成品油市场的销售配送方面。例如，中石化的天津石油公司二次配送优化项目的上线运行，标志着该行业物流管理信息化取得阶段性成果。该项目是中国石化销售企业第一个成品油零售配送信息优化项目。该公司从2002年9月开始，按照车辆统一管理，人员统一调配，运力统一安排的原则，对成品油配送业务进行专业化重组，将原来的9个县运输公司改组为4个配送分站和4个配送组，将原有的11座油库关停了5座。单车运输能力提高了68%；2002年成品油运输费用总额同比降低了30%，吨公里费用同比降幅达25.5%。该项目还可以预测中国石化供应区内的市场需求总量及需求变化，从而为调整排产计划提供可靠的依据；进而，还可以为采购原油的选择和调控上游企业生产提供基础数据。在上海则是政府指导下的物流整合，投资建设外高桥建化工物流基地。由于新材料产业是上海市“十五”期间重点扶持和发展的六大支柱产业之一，目前已经形成上海化工区、吴泾、高桥和金山石化等四大基地，年销售额高达500亿元人民币，并保持着每年20%以上的增幅。外高桥保税区也集中了一批新材料产业的生产、研发和贸易机构，建设化工物流基地可以提高物流水平，降低成本，加强保税区的整体竞争力。

（四）建材行业

建材行业是典型的市场流通整合带动生产的例子。由于种种原因，我国建材生产企业分布极广，集中度低，市场竞争异常激烈。复杂的流通过程造成了大量流通成本，制约了原本很有优势的产业竞争力。2002年一些地区出现好的势头。例如，由中国建材市场协会、青岛天悦国际建材自由贸易城和全国重点建材批发市场总裁联席会发起，在青岛保税区建立“国际建材物流与采购联盟”，成员包括3 000家国外建材生产商、国内40家摊位制建材大市场及其联合的上万家建材销售商和几十个房地产开发商，销售网络覆盖了北京、天津、上海、澳门、重庆、广东、浙江、甘肃、陕西、新疆、辽宁、广西、四川、湖北、湖南、江苏、福建、河北、山东等18省(区、市)的20个大城市。在天津、大连、宁波、厦门、上海、深圳、澳门、北京等地建立物流中转库，以降低物流成本，更大限度地发挥联合采购获得的低价位优势。联盟营销的建材商品包括石材、木材、陶瓷、涂料、化学建材、复合建材、门窗、地面材料、防水材料等9大类5 000多种，其中80%是进口产品。另一个例子是广东被称为“建材业物流革命”的四大联盟的成立，分别是：“华夏陶瓷博览城(广州)南国连锁配送中心”、“广州房地产建筑材料采购联盟”、“广州家装材料采购联盟”以及“广州南国华夏陶瓷博览城联购中心”。广州附近的南庄镇目前拥有大中型陶瓷企业72家，陶瓷自动化生产线400多条，产量占全国陶瓷业20%以上比重，2001年陶瓷出口额约为8

亿元人民币,2002年更是接近20亿元人民币之巨,居全国各陶瓷产区之首。市场的整合以及相应的销售中心、配送中心、物流中心的建设必将大大提高这个地区建材产业的竞争力。

(五)木材行业

木材行业也是一个集中度低,市场分散的领域。因此整合市场是改造产业的关键。例如福建是个木材行业的大省,决定建立"华东木材林产品物流配送中心"来带动整个木材行业的提升。福建省决定斥资1.52亿元,用2年左右时间,建成一个辐射全国的大型的"华东(福建)木材林产品物流配送中心"。该中心将占地200亩,改变目前个体摊贩门面经营的模式,借鉴美国最大的建材超市的经营模式和发展经验,建设现代化仓储超级市场,直接从生产厂家进货,确保商品的高质量和低成本;建设计算机经营网络系统,通过计算机与厂家联网,根据销量直接发出订单,既可彻底解决库存积压问题,又能将市场信息快速反馈给厂家,最大限度地实现商品的多样化和系列化,满足顾客"一站式"购物的需求;建立物流配送中心,利用计算机网络迅速将货物从厂家调到用户手中;通过联合、兼并、重组等形式,整合福州林产品市场、上海、漳州及沙县市场,着手建立泉州、宁德和龙岩林产品市场,组建跨地区、跨所有制和具有较强经济实力和现代化管理水平的企业集团,建立起福建林产品市场网,实现资源共享,网络化、规模化连锁经营;吸引国外大型知名经销商、生产厂家加盟,扩大中心的知名度。

三、展望

总的来看,我国生产资料流通领域的物流开始受到重视,管理水平也有所提高,反映在流动资金的周转速度方面也在稳步上升。但是距离发达国家的水平还有较大差距,还有很长的路要走(参见附表1、附表2)。展望2003年以及以后一段时期,生产资料物流发展的特点仍将延续2002年显示出来的趋势:一是集中度相对较高的行业,物流的发展将与领袖企业的供应链建设相结合,以大企业推动为主;二是集中度较低的行业,物流的发展将与市场的整合、提升相结合,以政府的推动、扶持为主。这实际上是反映了物流发展在企业内外两个方面的内容,都是需要的,也是相辅相成的。物流的发展会加快资金的周转,降低库存水平。只有生产资料流通的物流水平提升起来,才会较大幅度地降低我国物流成本占国民经济的比重。

(特约撰稿:中国物流与采购联合会副会长 戴定一)

附表1 **重工业各行业2000-2001年流动资金周转次数的对比**

行业	2001年流资周转	2000年流资周转	提高%	行业	2001年流资周转	2000年流资周转	提高%
全国总计	1.66	1.62	2.40	橡胶制品业	1.46	1.37	6.69
按轻重工业分				塑料制品业	1.85	1.87	-1.19
轻工业	1.76	1.74	0.99	非金属矿物制品业	1.48	1.44	3.02
重工业	1.60	1.55	3.00	黑色金属冶炼及压延加工业	1.65	1.57	4.91
按行业分				有色金属冶炼及压延加工业	1.66	1.77	-6.24

续表

行业	2001年流资周转	2000年流资周转	提高%	行业	2001年流资周转	2000年流资周转	提高%
煤炭采选业	1.04	0.89	17.06	金属制品业	1.77	1.73	2.09
石油和天然气开采业	2.94	3.28	-10.40	普通机械制造业	1.16	1.09	5.97
黑色金属矿采选业	1.48	1.35	9.35	专用设备制造业	1.17	1.13	3.30
有色金属矿采选业	2.05	1.93	6.15	交通运输设备制造业	1.36	1.29	5.28
非金属矿采选业	1.41	1.36	3.44	电气机械及器材制造业	1.52	1.51	0.93
木材及竹材采运业	0.59	0.67	-11.82	电子及通信设备制造业	1.75	1.75	0.01
石油加工及炼焦业	3.40	3.57	-4.81	仪器仪表文化办公用机械	2.11	1.50	41.08
化学原料及制品制造业	1.68	1.59	5.35				

注：根据国家统计局的资料整理

附表2　**生产资料批发企业2000-2001年流动资金和库存周转期的对比**

指　　标	2001年库存期（月）	2000年库存期（月）	加快%	2001流资周转次	2000流资周转次	提高%
总　　计	1.24	1.33	6.98	2.82	2.25	25.19
批发业合计	1.18	1.26	6.45	2.76	2.24	23.49
五金、交电、化工批发业	1.01	1.62	37.47	2.63	2.34	12.37
能源批发业	0.44	0.57	22.54	7.05	5.22	35.13
#石油及制品批发业	0.45	0.56	19.83	8.11	6.07	33.53
煤炭及制品批发业	0.39	0.61	36.81	2.99	2.07	44.69
化工材料批发业	0.78	1.00	21.88	3.28	2.69	22.05
木材批发业	1.58	1.27	(24.43)	1.55	1.32	17.08
建筑材料批发业	1.08	0.89	(20.41)	2.12	1.64	29.70
矿产品批发业	0.85	0.99	14.13	2.09	1.14	83.76
金属材料批发业	0.82	0.94	12.23	2.47	2.06	20.15
机械、电子设备批发业	1.39	1.03	(34.50)	1.66	1.50	10.52
汽车、摩托车及零配件批发业	1.37	1.10	(24.89)	3.77	2.88	30.83
#汽车批发业	1.43	1.14	(25.45)	4.40	2.62	68.08
再生物资回收批发业	0.39	0.55	28.71	5.54	3.60	53.72
农业生产资料批发业	1.66	1.55	(7.32)	2.13	1.95	8.76

注：根据国家统计局资料整理，括号内为负数

2002年重点生产资料流通企业统计分析

2002 年,我国经济保持稳定快速增长,生产资料市场需求旺盛,销售活跃。同时整顿和规范市场经济秩序工作取得明显成效,市场环境明显好转。这些有利条件促进了生产资料流通企业的经营状况继续向好的方向发展。据中国物流信息中心对部分重点企业的统计调查,大部分生产资料流通集团公司的销售规模有不同程度扩大,整体盈利能力增强,核心竞争力提高,利润总额大幅度增长。同时,也存在企业成本费用普遍有所反弹、资产运用效率不高、仍有相当一部分企业经营困难等问题。现以 2002 年销售规模在 5 000 万元以上的 51 家国有重点物资企业的统计资料为基础,做个简要分析。

一、市场销售势头良好,销售收入保持稳定快速增长

2002 年,流通企业通过强化竞争意识,调整经营结构,增设经营网点,扩大销售范围,促进了销售收入的提高。51 家受调查的大型流通企业累计销售总额 1 721.4 亿元,比上年增长 13.6%;扣除折扣折让,实现销售收入净额 1 487.3 亿元,增长 15%。51 家生产资料流通企业中,约有七成左右的企业实现了销售收入增长。这表明流通行业显现稳步向上发展的良好势头。

销售收入的增长主要有以下几个方面原因:(1) 在积极的财政政策引导下,国内需求较为旺盛,生产资料市场销售活跃。据中国物流信息中心统计测算,2002 年,全社会生产资料销售总额突破 7 万亿元,达到 71 410 亿元,扣除价格因素,实际增长 13.8%,增速比上年加快 3.3 个百分点。(2)2002 年的国内生产资料市场一直处于上升趋势,销售和价格同步发展,全年累计平均价格总水平比年初上升了 1.3%,形成较好的市场人气,也促进了销售的进一步活跃。(3)整顿和规范市场经济秩序工作,从 2001 年 4 月开始以来,取得了明显成效,市场环境整体较好,无序竞争、恶性竞争的局面有所改善。

二、一批有实力的优势企业脱颖而出,成为行业发展的中坚力量

最近几年,一批大型生产资料流通企业,面对流通主体多元化形势下的竞争加剧,把握先机,加快企业改组、改制,推动经营结构战略性调整,率先实现了企业结构优化和管理水平的提升,并取得长足发展,竞争实力明显增强,在生产资料流通行业中脱颖而出,成为行业的排头兵。

51 家集团公司中,有 10 家销售规模超过 50 亿元,其中有五家突破 100 亿元,这五家集团公司分别是:浙江省物产集团公司 226.6 亿元;上海物资(集团)总公司 218.7 亿元;中国铁路物资总公司 193 亿元;天津市物资集团总公司 139 亿元;广东物资集团公司 120 亿元。这些企业,已成为行业发展的中坚力量,在他们身上体现了传统物资企业在深化改革和现代化建设过程中的成功经验和未来发展方向。

销售规模排在前 10 名的企业呈现稳步发展的良好势头。(1)发展较为稳定。从最近三年生产资料流通企业排序情况来看,这 10 家企业名次较为稳定,有九成企业连续保持销售规模前 10 名,有七成企业连续保持利润前 10 名;有八成企业连续保持资产规模前 10 名。(2)实力雄厚。10 家企业销售总额为 51 家集团公司销售总额的 75%;实现的利润超过 51 家集团公司的利润总额;资产规模为 51 家集团公司总资产的 64%。(3)成长迅

速。10家企业销售规模平均增长幅度为22.4%，高于51家集团公司销售规模增幅近九个百分点。其中尤以天津市物资集团公司、浙江省物产集团公司增长迅速，增幅分别达到53.1%和40.2%；南京物资实业集团公司、安徽徽商集团公司、中国钢铁工贸集团公司增长也颇为突出，增幅达到30%左右。

三、盈利能力有所提高，整体效益继续改善

从51家集团公司的情况来看，整体盈利能力有所提高，主要表现在以下几个方面：(1)盈利面已经达到50%以上，盈利企业的盈利总额显著上升，增幅约在九成；亏损企业减亏幅度很大，达到20%以上；(2)销售利润率、销售毛利率均有提高。2002年，51家集团公司销售毛利率为4.8%，销售利润率为0.5%，与上年相比均有提高。(3)主体经营明显好转，盈利结构有所改善。2002年，51家集团公司主营业务利润达到35亿元，比上年增长53.2%，而2001年的调查结果是主营业务利润下降12.6%。经常性业务营业利润(主营业务利润加其他业务利润扣除期间费用)达到4亿元以上，对利润总额的贡献超过50%。而2001年的调查结果是经常性业务营业亏损。这说明经常性业务已经迅速成长，流通行业核心竞争力有所增强。行业发展的成长性、稳定性、持续性有所提高。(4)行业中出现了一些稳定盈利的企业，成为整体效益的强力支撑。51家集团公司中，有7家盈利超过5 000万元，其中3家突破亿元大关，如中国航空油料总公司盈利3.2亿元；浙江省物产集团公司盈利1.8亿元；深圳市物资集团盈利1亿元。这些企业在最近几年中，经营效益均有突出表现。

由于盈利能力有所提高，加之市场销售规模扩大，整体效益继续改善。2002年，51家集团公司利润总额近8亿元，比上年增长4倍多，增速接近2001年的两倍。根据统计方法可以看出，在增加的利润中，利润率上升贡献高达80%以上。这说明，利润率上升，盈利能力增强，是盈利规模迅速扩大的主要原因。由此可见，在销售规模维持高位、难以提升层次的情况下，提高销售利润率，是增加盈利的关键。

流通行业在取得经济效益的同时，也赢得了社会效益。据不完全统计，51家集团公司上缴商品销售税金及附加增长16.9%；所得税增长61%。

四、资产总规模扩大，竞争实力提升

2002年，51家集团公司资产总规模1 202.3亿元，同比增长6.2%，增速比上年提高4个多百分点。从资产项目来看，资产总规模的扩大，主要成分是流动资产的增多。流动资产共计766.7亿元，增长7.9%。流动资产占总资产63.8%，这一比例比上年有所提高。值得关注的是，流动资产的增长主要表现为存货大幅增长，存货资产达到183亿元，增幅高达90%以上。存货占流动资产的比重接近25%，几乎是2001年的两倍。存货的大幅增长，主要原因是2002年市场销售较好，一些企业担心销售出现断档、失去市场份额，因而备足了充分的存货，反映了对于市场的预期看好。但今年国内外经济环境还有诸多不确定因素，因此也要警惕存货过多导致销售积压、资金周转困难。

虽然全行业整体发展势头良好，但还必须看到行业发展过程中暴露和潜在的一些问题，并对此及早引起关注和警惕。从调查统计资料来看，当前流通行业存在的问题主要表现在以下几个方面：

(一)营业外业务活动具有较大风险，也存在不稳定性

虽然从总体上来看对利润总额有较大贡献，但有相当一部分企业，尤其是亏损企业，并未从中获得实质性收益。

51家企业集团的其他业务利润在16亿元以上，已相当于主营业务利润的45%，但增长率仅为2.7%。大型生产资料流通企业发展多种经营是必要的，但是一定要处理好与主营业务的关系。从近两年许多企业的实践来看，只要市场环境较好，企业机制和管理改革跟上，主营业务的发展会很快见效，内在的核心竞争力也会凸现出来。近年来多数企业的其他业务利润增长缓慢，甚至受挫，说明这方面尚存在不稳定的因素，需要谨慎对待。

（二）部分企业仍未摆脱经营困境，扭亏工作仍然艰巨

当前，仍有相当一部分国有生产资料流通企业，由于历史遗留问题较多，加上受旧体制影响较深，改革较为滞后，在弱肉强食的市场竞争中，经营更加困难，经济效益每况愈下，严重影响了行业的整体效益。51家企业中，尚有接近两成的企业连续两年亏损，并且亏损额很大，资不抵债，更糟糕的是这些企业经常性业务亏损，营业外业务活动也有重大损失，这部分企业还没有摆脱困境，解决生存问题仍是第一位的。

（三）资产负债率有所上升，短期偿债能力有所下降

51家企业资产负债率约为70%，比上年上升2个百分点；流动比率为98.4%，速动比率约75%，同上年相比有所下降。由此可见，当前流通企业在筹资方式上仍然以举债为主，短期偿债能力有所下降，企业经营仍然具有一定的风险。流通企业要加快股份制改造，调整筹资结构，以吸收股本的形式增加自有资本，降低财务风险，提高持续经营的财务能力。

（四）随着销售收入的增长和盈利水平上升，成本、费用有所反弹

51家集团公司，销售成本增长14.4%，高于销售总额增长幅度，销售成本占销售收入净额的比重高达95%左右。就变动费用而言，经营费用水平为2.4%，占了毛利率的一半左右。三项费用总水平为5.5%。这说明当前流通企业在增收增利的同时，切不可放松企业管理，成本控制一定要加强，要警惕成本、费用过多反弹，影响利润增长。

（五）资产管理和运用，总体还是低水平，仍然表现为粗放式经营

51家集团公司，流动资产周转率为1.94次，总资产周转率为1.24次。总资产利润率为0.7%，流动资产利润率为1%。由于存货增长过快，存货周转率下降，只有7次左右，低于上年4.5次。由此可见，当前流通行业资产管理和运用效率总体还是低水平。不但如此，从最近几年的对比分析来看，这种情况没有出现明显改观。

总的来看，当前国有生产资料流通企业已经产生了积极的变化。全行业整体盈利能力有所增强，核心竞争力有所提高，经济效益持续好转，一些实力雄厚、效益好的流通企业已经脱颖而出，成为行业发展的排头兵。但仍有一些企业改革滞后、经营困难，行业扭亏工作仍然艰巨。物流行业一方面要采取适当措施扶强扶优，加快优势企业的发展，促进企业重组，发挥规模优势，促进业态提升，积极推动流通行业现代化；另一方面，要继续加大整顿和规范市场经济秩序工作力度，以良好的市场经济环境促进流通行业健康发展。

（资料来源：中国物流信息中心）

外贸物流

2002年，是我国加入世界贸易组织的第一年。从总体上和长远看，加入世贸组织对促进我国社会主义市场经济的发育和成熟，加速国内产业结构调整和技术进步，在更深、更高层次上参与经济全球化进程，广泛分享国际经济交流产生的比较利益，为我国改革开放和经济现代化创造稳定、良好的外部环境，具有极其深远的意义。同时，毋庸讳言，由于世贸组织的大多数“游戏”规则是基于发达国家较完善的市场经济运行机制制定的，加之我国在加入世贸时所做的一系列“市场准入承诺”使国内市场的对外开放度“骤然”增大，国际、国内对2002年中国对外贸易发展形势的分析和预测大相径庭，形形色色的忧虑和期待油然而生。换言之，我国对外贸易的发展态势和前景，成为各方面关注的焦点之一。

一、2002年我国对外贸易的发展状况

（一）货物贸易

2002年，我国对外贸易保持了强劲增长。货物贸易进出口总额达到6 207.7亿美元，同比增长21.8%。其中出口3 255.7亿美元，增长22.3%；进口2 952.0亿美元，增长21.2%。累计实现贸易顺差303.6亿美元，较上年增长34.6%。

2002年我国对外贸易的运行，有以下几个特点：

1.货物贸易增长强劲，增速显著加快。全年各月出口增速分别为29.1%、0.8%、3.5%、17.2%、18.3%、17.8%、28.0%、25.0%、33.0%、31.4%、30.0%和30.2%。其中，受季节性因素和我国刚加入世贸时所引发的种种不确定因素的影响，一季度出口发展起伏较大。二、三季度出口增速分别达17.8%和28.7%。7、8、9月份出口规模连创新高，其中9月份首次突破300亿美元大关，达319.1亿美元。四季度的出口增幅更高达30%以上。进口也呈增长态势，特别是从三季度起进口增幅大大提高，其后6个月的进口增幅分别达28.8%、22.7%、36.3%、33.3%、37.8%和28.4%。

2.进出口商品结构进一步优化，机电产品和高新技术产品成为新的贸易增长点。

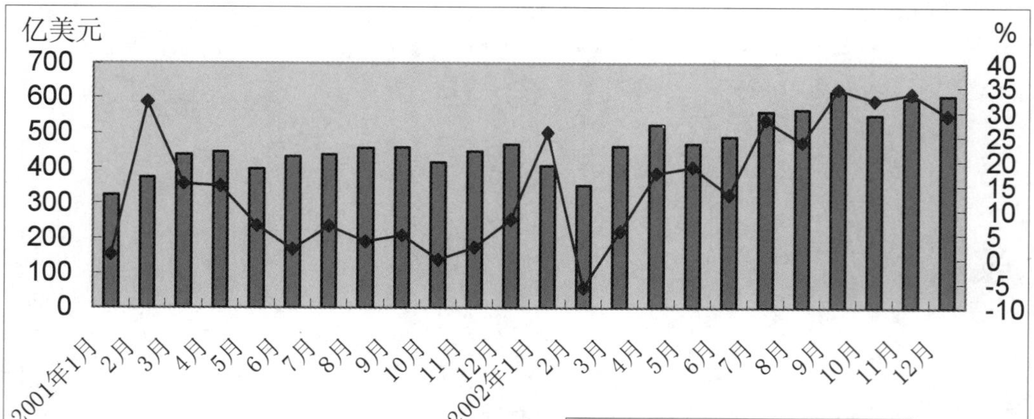

图1　2001年和2002年中国进出口增长情况

机电产品进出口总额 3 126.7 亿美元，较上年增长 30.7%。其中，出口 1 570.8 亿美元，增长 32.2%，高于全国出口平均增幅近 10 个百分点；其出口增量占全国出口增量的 64.4%。进口 1 555.9 亿美元，同比增长 29.1%；其中，仪器仪表、机械及设备、电器及电子产品的进口增长速度分别高达 37.9%、28.7%和 31.1%。

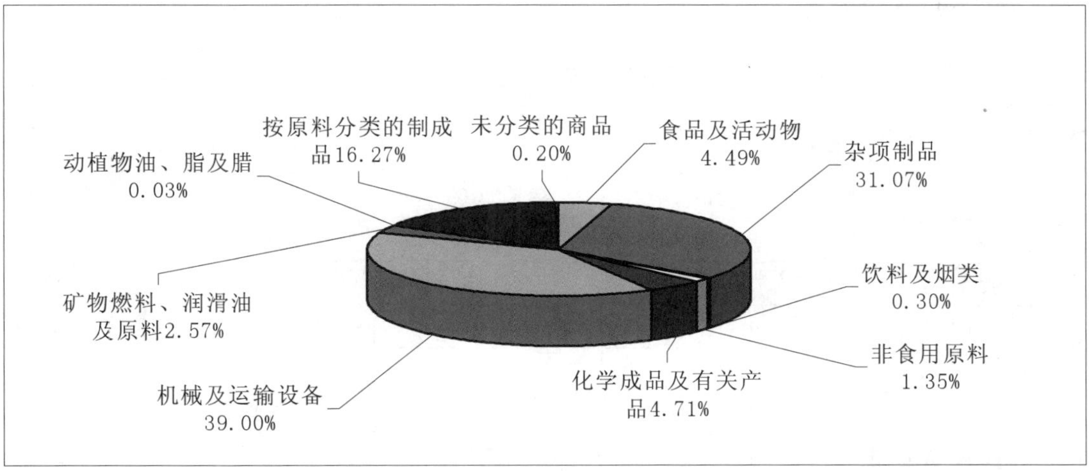

图 2　2002 年中国出口商品结构

高新技术产品出口 678.7 亿美元，同比增长 46.1%，其占出口总额的比重上升至 20.8%。进口 828.5 亿美元，增长 29.2%；特别是生物技术和电子技术产品的进口增速远远高于进口总量增幅，分别达 63.8%和 51.8%。应强调指出的是，高新技术产品的进出口贸易逆差，在很大程度上反映了我国进口结构不断优化的趋势。

3.加工贸易和一般贸易出口基本同步增长，进口增幅不一。

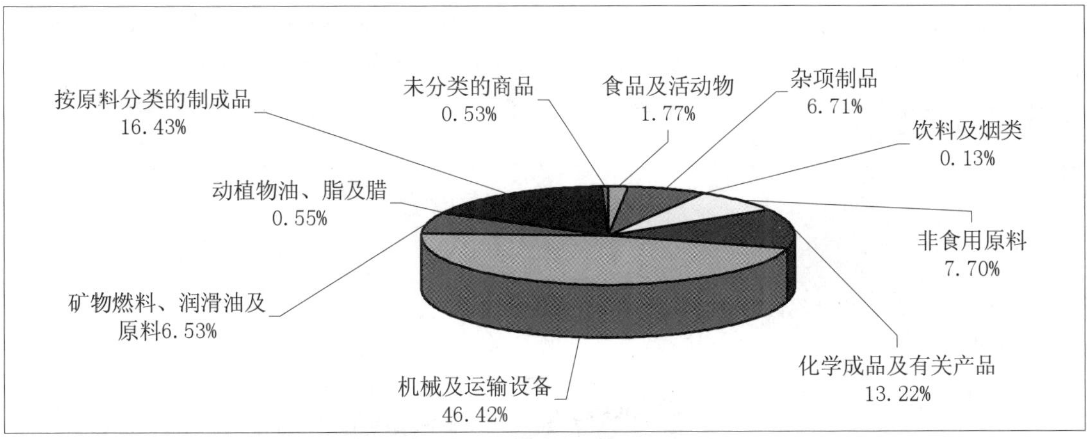

图 3　2002 年中国进口商品结构

加工贸易出口 1 799.4 亿美元，增长 22.0%；进口 1 222.2 亿美元，增长 30.0%。一般贸易出口 1 362.0 亿美元，增长 21.7%；进口 1 291.2 亿美元，增长 13.8%。在加工贸易出口中，机电产品和计算机与通信技术产品增长较快，其在加工贸易出口总额中的比重分别有所提高。特别要指出的是，加工贸易进口增长扭转了上年的颓势，表明其出口在今后一段时期中仍有较大的出口潜力。

4.外商投资企业和集体、民营企业成为推动出口增长的主要力量。

2002年以来，我国吸引外资发展势头迅猛，对出口增长起到巨大推动作用。全年，外商投资企业出口1 699.4亿美元，同比增长27.6%，其占我国出口总额的比重升至52.2%。集体、私营企业出口增幅分别高达32.6%和159.5%，其占出口总额的比重升至10.0%，表明其愈加成为我国出口贸易发展中的重要动力要素之一。国有企业出口1 228.6亿美元，增速平缓，仅增长8.5%，其占出口总额的比重降为37.7%。

表1　**2002年中国进出口贸易方式、企业类型一览表**　金额单位：亿美元

		出口		进口	
		金额	增长（%）	金额	增长(%)
总值		3 255.7	22.3	2 592.0	21.2
按贸易方式分	一般贸易	1 362.0	21.7	1 291.2	13.8
	加工贸易	1 799.4	22.0	1 222.2	30.0
	其他贸易	94.2	38.9	438.7	21.3
按企业类型分	国有企业	1 228.6	8.5	1 144.9	10.6
	外商投资企业	1 699.4	27.6	1 602.7	27.4
	集体企业	188.6	32.6	94.8	18.5
	私营企业	137.8	159.5	95.6	180.9

5. 对主要贸易伙伴的贸易出现新的增长。2002年，我国对美国和加拿大的出口增幅分别达28.9%和28.7%，使北美地区成为我国出口增长最快的主要市场。对香港和台湾的出口增幅分别为25.6%和31.7%，对东盟国家的出口增长28.3%。由于日本经济自二季度起又呈增长乏力状况，对日本出口仅增长7.8%。对拉美和非洲等新开拓市场地区的出口增幅分别达10%以上。对欧盟出口表现良好势头，增幅为17.9%。对俄罗斯的出口继续保持高增长态势，增幅高达29.9%。

从进口地理方向看，我国从主要贸易伙伴进口增加较多的国家和地区是日本、东盟各国和台湾地区，增幅分别为25.0%、34.4%和39.2%。

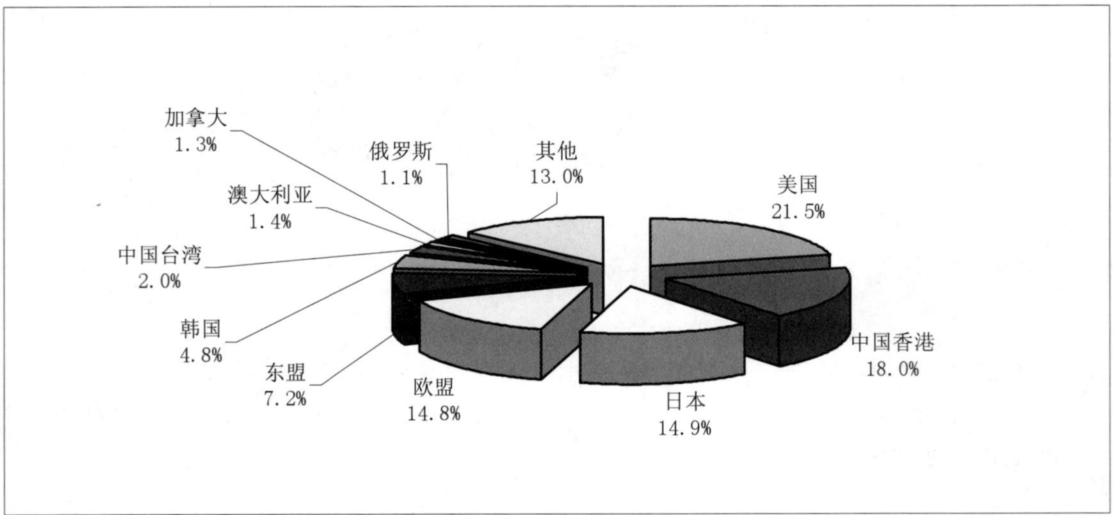

图4：2002年中国出口市场结构

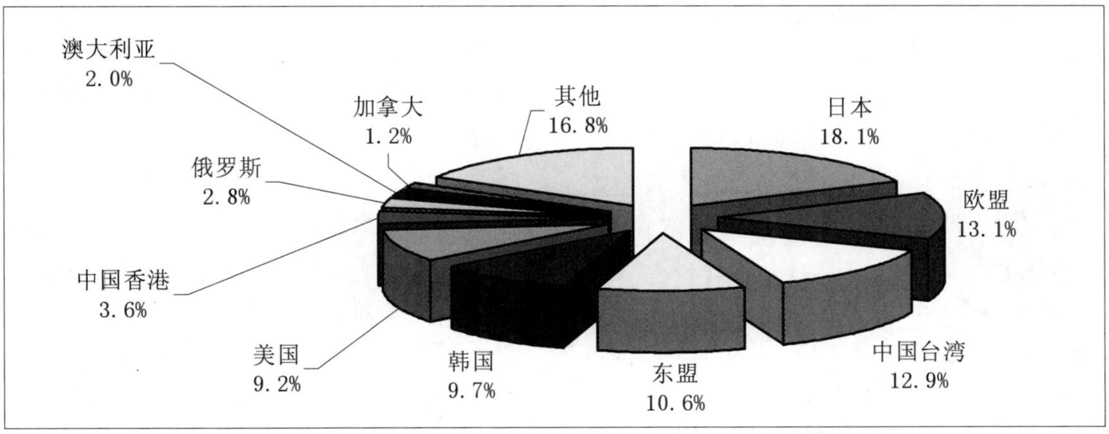

图 5　2002 年中国进口市场结构

6.地区发展不平衡问题依然存在，沿海地区优势进一步凸显。我国沿海省份如江苏、福建、广东、浙江等省的出口增幅均超过 20%，有力地带动了全国出口总量的扩张。从全国范围看，长江三角洲、珠江三角洲及环渤海三大经济带(包括江苏、浙江、上海、福建、广东、北京、天津、河北、辽宁、山东等省市) 的进出口额占全国对外贸易总额的比重高达 90%以上。中西部地区也表现出较大的发展潜力，如四川省的出口增长 70%以上，居全国各省市之首。

(二) 服务贸易

2002 年上半年，我国服务贸易进出口均保持快速发展态势。服务贸易出口 180.99 亿美元，进口 224.25 亿美元，较上年同期分别增长 16.4%和 19.5%。服务贸易逆差 43.26 亿美元，同比增加 11.15 亿美元。运输和旅游是涉外服务贸易的主要项目，其收支规模占我国服务贸易总量的 65.4%。在服务贸易中，出口增长较快的是通讯、建筑、专有权利使用和特许、咨询、电影音像等项目；进口增加较多的是通讯、金融服务、计算机和信息服务、专有权利使用和特许、咨询、电影音像和其他未提及的政府服务等项目。

服务贸易进出口总量和结构的发展变化，一方面反映出我国服务产业的发展水平依然较低，另一方面也显现了我国服务贸易领域的对外开放的深度和广度进一步深化和拓展。

二、对外贸易增长的动力要素

2002 年，我国对外贸易的增长速度远远高于国际和国内大多数政府部门和经济研究机构的预期。一般认为影响对外贸易发展的因素大体上可分为国际和国内两个方面的因素，即外部需求因素和内部供给因素。

(一) 外部需求因素

2002 年，世界经济发展状况总体上较上年有所改善，特别是美国和日本两国一季度的国内生产总值年增长率分别高达 5%和 5.1%(按年率计)，欧盟经济亦有一定起色。但由于世界政治局势不稳定，区域性冲突加剧、石油价格趋涨、美国公司欺诈“丑闻”不断爆发和股、汇市动荡严重打击消费者信心，自二季度起发达国家的经济回升速度明显放缓。国际贸易规模的扩张则继续受制于全球经济复苏的乏力，只出现恢复性增长。由于我国的贸易对象依然主要集中在发达国家，其经济的不景气当然会在一定程度上削弱对包括我国在内的外部需求。然而，从现实发展看，除对日本外，我国对美、欧盟等发达国家市场的出口，却有不同程度的大幅增长，其原因主要有以下几个方面。

1.“需求替换效应”。我国对发达国家的出口，纺织、轻工、工艺等劳动密集型产品仍占有相当大的比重。一般而言，这些产品的需求强性相对较低，受经济周期波动的影响不大。因为轻纺类产品大多是日用生活必需品，其需求的变动方向不仅往往与一国经济景气状况的变化方向不一致，而且在许多情况下会发生相反的变化趋向。以美国为例，2001 年发生经济衰退，但当年其商品贸易逆差高达 4114 亿美元，表明美国的外部需求并未因经济状况恶化而减弱。通过市场分析不难发现，在发达国家中，消费者常因经济下滑导致收入减少而转向廉价产品。换言之，在经济不景气状况下，发达国家对我国出口产品的需求显然有“需求替换”倾向。何况，扩大从我国进口低价产品，对抑制发达国家通货膨胀有着难以替代的作用。从近些年来我国出口贸易发展的实践看，外部需求因素的变化对我国出口增速的影响相对较小。

2.美元贬值效应。2002 年二季度以来，受经济回升放缓、企业假账丑闻频发、股市持续低迷、贸易赤字不断攀升、外资流入大幅减少等多种负面因素的影响，美元汇价开始一路走低。截至 2002 年 8 月末，按月平均计算，美元兑欧元和日元的汇价较上年 12 月份下跌 9.1%和 7.3%，兑英镑汇价亦下跌 6.1%。由于人民币实行盯住美元的有管理的浮动汇率制，美元贬值同时意味着人民币对日元、欧元等外币的相应贬值，在客观上对扩大我国的出口起到一定的促进作用。

3.加入世贸组织效应。我国从加入世贸组织之日起，便享有世贸组织成员之间的多边的、无条件的最惠国待遇。这意味着，我国对外贸易发展的整体外部环境得到改善，能够在一定程度上获取别国市场开放所带来的出口机遇和利益。其中最明显的效应是，我国企业充分利用世贸组织争端解决机制所赋予成员国的权利，对美、欧、日等发达国家及部分发展中国家针对我国部分出口产品实施的不合理反倾销措施进行回击，并取得显著成效，不仅保住现有市场份额，并为进一步扩大出口奠定了基础。

（二）内部供给因素

纵观近些年来我国对外贸易的发展轨迹，可以看出，虽然由于我国参与经济全球化不断深化而使进出口增长受外部需求因素的影响程度愈益加大，但在我国在世界市场的占有率依然偏小的情况下，在政策导向依然对外贸发展起相当大、甚或是不可取代作用的条件下，内部供给因素在推动外贸发展方面的效应，往往大于外部需求因素。所谓内部供给因素，主要包括生产技术水平、企业竞争能力、体制安排、政策运用等多种的、综合的因素。具体来看，推动 2002 年我国出口贸易高速增长的内部供给因素(或简称为国内因素)主要是：

1.国民经济继续保持快速成长。前三季度，我国国内生产总值增长 7.8%，不仅明显高于上年同期水平，而且高于年初社会的普遍预期。在固定资产投资增长的拉动下，工业增长速度明显加快。特别是电子通讯产品生产增势强劲，以汽车为代表的交通运输设备制造业继续呈发展势头，为我国出口贸易的发展、尤其是机电产品出口的高速增长提供了坚实的物质基础。

2.国内市场供给相对饱和。内需不足对企业产生“出口挤压效应”，一方面促使企业改进技术，提高产品质量，另一方面推动企业走向世界市场，强化企业的国际竞争力。而且，由于加入世贸使国际、国内两个市场的区隔日渐狭小，开拓国际市场便成为企业生存和发展的必由之路。在这方面，温州打火机的生产和销售就是一个典型的例子。

3.外贸体制进一步深化改革。外贸体制改革进一步深化，特别外贸经营权的大幅放开，使集体、民营企业异军突起，成为出口贸易增长的重要推动力量。集体、私营企业出口额分别达 188.6 亿美元和 137.8 亿美元，同比增长高达 32.6%和 159.5%，是我国按企业类型划分企业出口发展最快的。外商投资企业亦因许多企业获得完全的外贸经营权而拓展了出口领域。出口经营主体的增加，对出口总量的扩张起到了不可替代的作用。

4.各级政府部门积极采取鼓励出口措施。中央政府及各级地方政府部门在世贸组织规则允许的条件下，继续实行鼓励出口的政策措施。2002 年以来，在世贸组织规则允许的条件下，从中央到省、市、地、县等各级政府，在出口退税、出口信贷、出口信用保险、市场调查、咨询服务等财政、金融政策和信息服务方面，对出口企业予以扶持和帮助。例如，出口退税速度明显加快，实行“免、抵、退”政策，使困扰企业出口的退税拖欠难题得到一定程度的缓解；出口退税托管账户贷款、出口商品贴息等金融政策增强了企业资金运用能力；在信息服务和政策咨询方面，政府通过市场调查、出国展销、对外谈判等多种渠道，积极帮助企业开拓海外市场，同时政策的透明度和可预见性也明显提高。特别是各级地方政府，经常根据本地区的实际情况，针对某特定地区市场，制定并实施一系列适宜的鼓励出口措施，取得明显的成效。

5.外商对华直接投资增势强劲，投资带动贸易的效应明显。2002 年，全国新批外商投资企业 34 171 家，较上年增加 30.7%；合同外资金额 827.7 亿美元，增长 19.6%；实际使用外资金额 527.4 亿美元，增长 12.5%。

随着全球经济结构调整和跨国公司重新调整生产布局，世界制造业向我国(主要是长江三角洲和珠江三角洲)转移的步伐明显加快。近两年来，由于世界经济不景气，“新经济”部门的发展在发达国家严重受挫，使许多跨国公司大大加快了 IT 产业结构调整和转移速度。我国政治稳定、经济快速成长，拥有大量高素质的廉价劳动力和充裕的加工制造能力，愈益成为跨国公司生产、制造基地转移的首选地之一。目前，全世界最大的 500 家跨国公司中已有近 400 家在我国设立了企业，IBM、英特尔、思科、索尼、理光等大公司纷纷将其在世界其他地区的生产基地迁移至我国长江三角洲和珠江三角洲地区，并建立起配套产业群，面向全球市场进行生产和销售。由于 IT、IC 产品从研发到批量生产、投放市场的周期不断缩短，可以迅速形成较强的出口能力，对 2002 年我国出口贸易的快速增长起到相当大的推动作用。我国机电产品和高新技术产品出口增速远远高于其他类产品的出口增速，就充分表明了这一点。从发展的角度看，外商直接投资对外贸增长的带动效应在未来若干年内将愈益显著。

从进口贸易的发展状况看，一季度和二季度的增长速度仅为 5.2%和 15.0%，明显低于出口增速。从三季度起，进口增速大大提高，其中 7 月、9 月、10 月和 11 月的进口增幅已超过出口增幅。

2002 年，我国开始履行对外承诺，降低农产品、化肥、化工产品、通讯产品、汽车等工业制成品的进口关税，大幅削减相应的非关税壁垒。与此同时，由于我国经济结构调整、升级的进程加快，国内市场对国外高新技术产品、先进机器设备、资源性产品及部分消费品的需求旺盛。因此，年初时国内外研究机构普遍预期我国进口增速将超过出口增速，贸易顺差进一步缩小，从而对国际收支平衡产生一定压力。然而，2002 年我国进口贸易的增长速度整体上仍低于出口增长速度，国际收支状况良好，外汇储备截至 12 月底已达 2864 亿美元的创纪录水平。致使进口贸易增速依然低于出口增速的原因比较复杂，既有宏观调控措施得力、保障手段运用合理等政策层面的因素，也有国内市场需求相对疲软、国产进口替代产品竞争能力提高、人民币汇价相对上扬等经济层面的因素。

从进口结构看，机电产品和高新技术产品的进口增长显著，其增幅远远高于其他类产品的增幅。此外，塑料原料、原木、锯材、钢材、纸张、铜及铜材、铁矿砂、化肥等国内短缺原材料的进口亦有较大幅度增加。进口结构的变化在很大程度上反映出我国产业结构调整、升级的客观需要，同时也符合世界各国，特别是处于经济转型阶段中的发展中国家经济发展的普遍经验。

在服务贸易方面，随着我国加入世贸组织后对外开放的行业、领域逐步扩大，2002 年全年服务贸易收支规模仍将保持快速增长。但由于我国服务业的整体发展水平与发达国家仍有较大差距，近期内服务项目进口增速仍将高于出口增速，服务项目逆差将呈现扩大趋势。服务贸易发展的基本态势，在短期内难以从根本上得到改善。

三、2003 年我国对外贸易的发展前景

由于 2002 年我国对外贸易发展增长强劲，无形中提高了今后增长速度的标准基数，使得预测 2003 年我国对外贸易发展前景问题变得更为复杂。根据我国对外贸易在 20 世纪 90 年代(“八五”和“九五”时期)发展的经验看，对外贸易增速的隔年大起大落的现象是并不鲜见的。造成这种状况的原因主要是世界市场变化的外部环境因素，但

国内经济、体制、政治等方面的变化因素也时常起相当大的作用。从出口贸易的发展轨迹看，高速增长持续两年后往往会出现一两年的增速下滑，进口贸易的走向基本与出口同步，但也有例外，如1997年亚洲金融危机刚刚爆发时的情况。通过上述分析找到一条规律，即对外贸易连续两年保持快速增长是有相当可能性和可预见性的。当然，这样从历史发展找规律的分析仅仅是理论上的推导，并不一定符合现实。因为，在当前世界政治、经济局势复杂多变的条件下，特别是在国际重大突发事件发生频率上升的国际环境下，使任何对经济前景的预测都变得更加困难。按传统分析方法从国际国内两方面因素的发展变化趋向，对2003年我国对外贸易的发展前景进行分析和预测如下。

（一）国际因素

发达国家经济在经历了几年的不景气之后，产业结构和经济结构调整取得一定成效。特别是美国，经过2001年发生轻度经济衰退，各经济部门，特别是"新经济"部门中积累的泡沫已被大量挤出，供给与需求结构不对称矛盾得到相当程度的缓解，私人消费和固定资产投资均开始回升。欧盟地区经济在出口增长和居民消费带动下，亦显出上升趋向。日本经济因其结构方面的痼疾回升步履维艰，但国内消费需求恢复和出口增长将在一定程度上推动经济复苏。在发展中国家和地区，亚洲经济将继续保持较好发展势头，拉美经济则受阿根廷、巴西金融动荡的影响，在近期内难有大的气色。

总体来看，2003年世界经济和贸易的发展形势要好于2002年，世界经济的年增长率可望达到3.5%–3.7%，世界贸易的增速可能恢复到6.0%–6.5%的水平。

国际商品市场价格水平自2002年以来普遍反弹甚至大幅升高，是由供给和需求呈反方向运动的结果。2003年预计国际商品市场需求将继续有所增长，但其走势将逐渐趋平。石油价格是个例外，因为石油价格受世界政治、经济乃至军事局势变化的影响极大，其走势很难准确把握和判断，但在高位徘徊的可能性相当大。

全球直接投资量继2001年出现近10年首次下降，2002年的增速缓慢。国际直接投资的方向从总体上看仍然以发达国家为主，但由于我国具有吸引外资的诸方面良好条件，近两年来始终保持发展中国家之冠的位置。换言之，国际资本流动缓慢的状况未必对我国经济和对外贸易发展造成很大的负面影响，反而会给我国提供发展机遇以适应国际产业结构调整和转移。

从国际环境存在的不利因素看，主要有以下几点：

1.世界经济发展中仍存在很多风险。发达国家经济复苏的基础并不稳固。特别是中东等区域性紧张局势有进一步升级的可能性。若美英对伊拉克开战，将在许多方面给世界经济的发展造成不利冲击。世界经济发展的不确定性，无疑将给2003年世界经济发展前景罩上一层阴影。

2.世界原油价格不稳定对全球经济复苏构成威胁。油价持续上升对美国等发达国家以及许多发展中国家的经济发展并非福音。据世界权威经济研究机构分析，世界原油价格(每桶)每增加10美元，世界经济增长率将下降0.5个百分点。

3.贸易保护主义盛行对我国对外贸易，首先是出口贸易的发展形成重大障碍。

近年来，一些发达国家以环保标准、质量标准、技术标准、卫生标准等多种形式的非关税壁垒对进口实行限制，并滥用反倾销手段保护其国内市场。特别是最近两年来，国际上针对我国出口商品的反倾销和保障措施频频立案，严重影响了我国出口贸易的正常发展。

（二）国内因素

2003年，我国的经济发展存在一些明显的有利因素。从政治方面看，中国共产党第十六次全国代表大会在重大理论方面的突破和创新，将推动经济体制改革向更深层次发展，清除制约经济发展的体制性障碍，进一步改善经济发展的环境。从宏观政策方面看，经过连续几年扩大内需的实践，中央政府积累了较丰富的宏观调控经验，各种调控手段的运用日趋成熟，为经济稳定、持续增长提供了有效的政策基础。从市场层面看，加入世贸组织将进一步扩大我国经济的市场规模，充分利用国际市场和资源实现国内资源的优化配置，提高经济发展的质量和效益。可以预期，2003 年我国经济将继续保持较好的增长势头。

外商直接投资的带动贸易效应将进一步显现。当前，跨国公司在世界范围内的产业转移和生产布局调整的浪潮方兴未艾，2003 年我国吸收外资的发展前景较为乐观。已经在华投资的跨国公司纷纷追加投资，不少大公司和大企业为了扩大在华采购，正在建立采购中心。此外，跨国公司在华设立的研究中心数量亦不断增多。外商直接投资对我国扩大 IT、IC 等高新技术产品出口的带动效应在 2002 年就已初露端倪，预计这种发展态势在 2003 年将继续加强。

经过几年扩大内需的努力，但内需疲软的状况并未从根本上得到解决，物价水平在低位徘徊的走势在近期内难以逆转。国内价格水平持续走低，将在一定程度上增强我国出口产品的国际竞争能力。

中央政府和各级地方政府仍将采取积极鼓励出口的政策措施，为出口企业创造良好的政策环境。

与此同时，也必须看到，还存在一些影响对外贸易、特别是出口贸易发展的制约因素。出口退税不足额、不及时问题并未从根本上得到解决。囿于中央财政收入增速减缓，而财政支出的压力又与日俱增，要求中央财政按出口实绩足额、及时退税在实践中难以实现。此外，由于各级政府对世贸组织的许多规则尚不熟悉，对合理运用这些规则来支持出口的做法所知有限，从而使政府在采取鼓励出口的、符合世贸组织规则的财政、金融等政策性手段方面不充分、不完备。这表明，2003 年我国政府在支持出口的政策措施运用范围和力度上将有所缩小和减弱。

出口企业的国际竞争力普遍偏低。近年来，我国在国有企业改革方面取得一些进展，但在许多企业中，特别是在国有外贸企业中，现代企业制度的建立尚有很长的路要走。国有外贸企业出口的不断萎缩，在很大程度上表明了这一点。在当今世界市场竞争愈趋剧烈的国际环境下，出口企业国际竞争力下降问题，对我国出口贸易发展的制约作用将表现得更加突出。

在进口贸易发展方面，由于我国市场的对外开放度逐渐增大，加之国民经济快速成长和产业结构升级所引发的对国外高新技术产品、机器设备、国内短缺原材料产品的需求有上升趋势，进口贸易的较快增长可以预期。

通过国际国内两方面有利和不利因素的综合分析，2003 年我国对外贸易继续保持较高增长速度的预期是有充分根据的。然而，由于 2002 年我国对外贸易的增长基数较高，对外贸易在 2003 年继续保持将近 20%的增长速度有相当难度。

预计 2003 年我国货物贸易将达 6 700–7 000 亿美元，较 2002 年增长 8%–12.8%；其中出口贸易额 3 500–3 600 亿美元，增长 7.5%–10.6%；进口贸易额 3 300–3 400 亿美元，增长 11.8%–15.2%。贸易继续保持顺差，但顺差额有可能减至 150–200 亿美元。

在服务贸易方面，随着服务业对外开放步伐加快，2003 年我国服务贸易收支规模仍将呈快速增长态势。由于我国服务业的整体发展水平与发达国家依然有较大差距，近期内服务贸易的进口增长速度仍将快于出口增长速度，服务贸易逆差将继续有所扩大。我国服务贸易持续逆差的局面在短期内难以改变。

（特约撰稿：商务部国际贸易经济合作研究院副院长　李雨时）

2002年进出口贸易统计报告

2002年1月全国进出口总值为406.74亿美元,同比增长25.7%,其中:出口217.03亿美元,同比增长29.2%;进口189.70亿美元,同比增长21.9 %,进出口顺差27.33亿美元,同比增长121.1%。

金额单位:亿美元

	1月当月		1—1月累计	
	绝对值	增减%	绝对值	增减%
进出口总值	406.74	25.7	406.74	25.7
出口总值	217.03	29.2	217.03	29.2
进口总值	189.70	21.9	189.70	21.9
进出口差额(+为顺差;-为逆差)	27.33	121.1	27.33	121.1

2002年1–2月全国进出口总值为757.29亿美元,同比增长8.8%,其中:出口408.40亿美元,同比增长14.1%;进口348.89亿美元,同比增长3.2%,进出口顺差59.51亿美元,同比增长200.4%。2月份当月出口191.37亿美元,同比增长0.8%;进口159.19亿美元,同比减少12.7%,进出口顺差32.18亿美元,同比增长332.5%。

金额单位:亿美元

	2月当月		1—2月累计	
	绝对值	增减%	绝对值	增减%
进出口总值	350.56	-5.8	757.29	8.8
出口总值	191.37	0.8	408.40	14.1
进口总值	159.19	-12.7	348.89	3.2
进出口差额(+为顺差;-为逆差)	32.18	332.5	59.51	200.4

2002年1–3月全国进出口总值为1 220.61亿美元,同比增长7.7%,其中:出口646.58亿美元,同比增长9.9%;进口574.04亿美元,同比增长5.2%,进出口顺差72.54亿美元,同比增长70.4%。3月份当月出口238.18亿美元,同比增长3.4%;进口225.07亿美元,同比增长8.5%,进出口顺差13.10亿美元,同比减少42.5%。

金额单位:亿美元

	3月当月		1—3月累计	
	绝对值	增减%	绝对值	增减%
进出口总值	463.25	5.8	1 220.61	7.7
出口总值	238.18	3.4	646.58	9.9
进口总值	225.07	8.5	574.04	5.2
进出口差额(+为顺差;-为逆差)	13.10	-42.5	72.54	70.4

2002 年 1–4 月全国进出口总值为 1745.17 亿美元，同比增长 10.5%，其中：出口 913.82 亿美元，同比增长 12.0%；进口 831.35 亿美元，同比增长 8.8%，进出口顺差 82.47 亿美元，同比增长 59.0%。4 月份当月出口 267.25 亿美元，同比增长 17.2%；进口 257.55 亿美元，同比增长 17.8%，进出口顺差 9.70 亿美元，同比增少 4.2%。

金额单位：亿美元

	4 月当月		1—4 月累计	
	绝对值	增减%	绝对值	增减%
进出口总值	524.79	17.5	1 745.17	10.5
出口总值	267.25	17.2	913.82	12.0
进口总值	257.55	17.8	831.35	8.8
进出口差额(+为顺差；-为逆差)	9.70	4.2	82.47	59.0

2002 年 1–5 月全国进出口总值为 2 215.51 亿美元，同比增长 12.1%，其中：出口 1 159.91 亿美元，同比增长 13.2%；进口 1055.61 亿美元，同比增长 10.9%，进出口顺差 104.30 美元，同比增长 18.4%。5 月份当月出口 246.44 亿美元，同比增长 18.4%；进口 224.35 亿美元，同比增长 19.3%，进出口顺差 22.10 亿美元，同比增少 9.8%。

金额单位：亿美元

	5 月当月		1—5 月累计	
	绝对值	增减%	绝对值	增减%
进出口总值	470.79	18.8	2 215.51	12.1
出口总值	246.44	18.4	1 159.91	13.2
进口总值	224.35	19.3	1 055.61	10.9
进出口差额(+为顺差；-为逆差)	22.10	9.8	104.30	44.5

2002 年 1–6 月全国进出口总值为 2 707.10 亿美元，同比增长 12.3%，其中：出口 1 420.59 亿美元，同比增长 14.1%；进口 1 286.51 亿美元，同比增长 10.4%，进出口顺差 134.08 亿美元，同比增长 67.1%。6 月份当月出口 260.19 亿美元，同比增长 17.8%；进口 230.96 亿美元，同比增长 8.6%，进出口顺差 29.23 亿美元，同比增长 264.5%。

金额单位：亿美元

	6 月当月		1—6 月累计	
	绝对值	增减%	绝对值	增减%
进出口总值	491.15	13.3	2 707.10	12.3
出口总值	260.19	17.8	1 420.59	14.1
进口总值	230.96	8.6	1 286.51	10.4
进出口差额	29.23	264.5	134.08	67.1

2002 年 1-7 月全国进出口总值为 3 268.43 亿美元，同比增长 14.8%，其中：出口 1 712.43 亿美元，同比增长 16.2%；进口 1 556.00 亿美元，同比增长 13.2%，进出口顺差 156.43 亿美元，同比增长 58.2%。7 月份当月出口 292.10 亿美元，同比增长 28.1%；进口 269.88 亿美元，同比增长 28.9%，进出口顺差 22.22 亿美元，同比增长 18.8%。

金额单位：亿美元

	7 月当月		1—7 月累计	
	绝对值	增减%	绝对值	增减%
进出口总值	561.98	28.4	3 268.43	14.8
出口总值	292.10	28.1	1 712.43	16.2
进口总值	269.88	28.9	1 556.00	13.2
进出口差额(+为顺差；-为逆差)	22.22	18.8	156.43	58.2

2002 年 1-8 月全国进出口总值为 3 834.89 亿美元，同比增长 16.1%，其中：出口 2 006.94 亿美元，同比增长 17.5%；进口 1 827.95 亿美元，同比增长 14.5%，进出口顺差 178.99 亿美元，同比增长 59.2%。8 月份当月出口 294.37 亿美元，同比增长 25.1%；进口 272.05 亿美元，同比增长 22.7%，进出口顺差 22.32 亿美元，同比增长 64.4%。

金额单位：亿美元

	8 月当月		1—8 月累计	
	绝对值	增减%	绝对值	增减%
进出口总值	566.42	23.9	3 834.89	16.1
出口总值	294.37	25.1	2 006.94	17.5
进口总值	272.05	22.7	1 827.95	14.5
进出口差额	22.32	64.4	178.99	59.2

2002 年 1-9 月全国进出口总值为 4 451.35 亿美元，同比增长 18.3%，其中：出口 2 325.64 亿美元，同比增长 19.4%；进口 2 125.72 亿美元，同比增长 17.2%，进出口顺差 199.92 亿美元，同比增长 49.4%。9 月份当月出口 319.13 亿美元，同比增长 33.1%；进口 297.94 亿美元，同比增长 36.4%，进出口顺差 21.18 亿美元，同比下降 1.0%。

金额单位：亿美元

	9 月当月		1—9 月累计	
	绝对值	增减%	绝对值	增减%
进出口总值	617.07	34.7	4 451.35	18.
出口总值	319.13	33.1	2 325.64	19.4
进口总值	297.94	36.4	2 125.72	17.2
进出口差额	21.18	-1.0	199.92	49.4

2002年1-10月全国进出口总值为5 002.61亿美元,同比增长19.7%,其中:出口2 624.99亿美元,同比增长20.6%;进口2 377.62亿美元,同比增长18.7%,进出口顺差247.37亿美元,同比增长43.3%。10月份当月出口299.46亿美元,同比增长31.5%;进口252.00亿美元,同比增长33.4%,进出口顺差47.46亿美元,同比增长22.2%。

金额单位:亿美元

	10月当月		1—10月累计	
	绝对值	增减%	绝对值	增减%
进出口总值	551.47	32.3	5 002.61	19.7
出口总值	299.46	31.5	2 624.99	20.6
进口总值	252.00	33.4	2 377.62	18.7
进出口差额	47.46	22.2	247.37	43.3

2002年1-11月全国进出口总值为5 601.81亿美元,同比增长21.0%,其中:出口2 936.94亿美元,同比增长21.6%;进口2 664.87亿美元,同比增长20.5%,进出口顺差272.07亿美元,同比增长33.2%。11月份当月出口3 12.05亿美元,同比增长30.0%;进口287.39亿美元,同比增长37.9%,进出口顺差24.66亿美元,同比增长22.0%。

金额单位:亿美元

	11月当月		1—11月累计	
	绝对值	增减%	绝对值	增减%
进出口总值	599.43	33.7	5601.81	21.0
出口总值	312.05	30.0	2 936.94	21.6
进口总值	287.39	37.9	2 664.87	20.5
进出口差额	24.66	-22.0	272.07	33.2

2002年1-12月全国进出口总值为6 207.85亿美元,同比增长21.8%,其中:出口3 255.69亿美元,同比增长22.3%;进口2 952.16亿美元,同比增长21.2%,进出口顺差303.53亿美元,同比增长34.6%。12月份当月出口318.91亿美元,同比增长30.2%;进口287.33亿美元,同比增长28.4%,进出口顺差31.59亿美元,同比增长49.4%。

(资料来源:中华人民共和国对外贸易经济合作部)

金额单位:亿美元

	12月当月		1—12月累计	
	绝对值	增减%	绝对值	增减%
进出口总值	606.24	29.3	6 207.85	21.8
出口总值	318.91	30.2	3 255.69	22.3
进口总值	287.33	28.4	2 952.16	21.2
进出口差额	31.59	49.4	303.53	34.6

国际货代

2002年,是中国货代行业在社会主义市场经济大潮中大显身手、迅速发展的一年,同时也是中国货代市场一个重要而又极具挑战的年头。快递争端、无船承运概念的确立、THC以及佣金等新发生的问题和情况、新的困难的出现给货代行业带来了前所未有的冲击与挑战。在事关行业发展的重大问题上,中国国际货运代理协会(以下简称中国货代协会)积极发挥中介组织的纽带和桥梁作用,做了大量协调和疏导工作,为行业发展保驾护航。

一、行业相关政策的调整

1.行业主管部门对国际货运代理行业的相关政策进行了调整。

按照我国政府加入世界贸易组织的有关承诺,加入WTO第一年后,即到2002年12月10日,外方可以控股国际货运代理企业。在加入世贸组织以前,我国政府允许外国货运代理企业在中国建立合资企业,外商在合资企业中的股份最高为50%,最低为25%。入世4年后外商可以在华设立独资公司。另外,我国加入世贸组织后,外商可在其前一家中外合资的货代企业运营2年后,获准设立第二家合资货代公司,在此以前的期限为5年;4年内,中外合资货运代理企业最低注册资金(现在是100万美元)可与国内企业一样(现在国内企业是500万元人民币)。

2002年12月11日,外经贸部(现商务部,下同)发布新的《外商投资国际货物运输代理企业管理办法》。办法规定,外国投资者投资设立中外合资、中外合作的国际货运代理企业中国合营者的出资比例不应低于25%,即外商可以控股国际货代企业,持股比例可达75%。目前已有10家外方控股的国际货代企业宣布成立。

2002年11月4日,根据国务院行政改革工作的精神,为加强宏观管理,进一步发挥中介组织的作用,外经贸部将《国际货运代理企业批准证书》的发证及换证工作委托中国国际货运代理协会办理。同时,外经贸部还依据入世承诺,就修改《国际货运代理企业管理规定》广泛征求了中国货代协会及相关企业的意见。意见主要集中在:降低国际货运代理企业的注册资本金标准,放开对民营企业经营货代的限制,以及放宽对企业经营地域的限制等方面。

2.有关国际货运代理企业经营国际快递业务的政策调整。自20世纪80年代初期引入我国后,外经贸部一直是国际快递业务的主管部门。2C02年,有关政府部门将相关政策进行了调整。调整前,国际货运代理企业经外经贸部批准即可从事此业务。调整后,经外经贸部批准后,须到国家邮政局办理委托手续后方可从事此业务。此举在业界造成了很大混乱,引起了社会各界的广泛关注。

3.《中华人民共和国国际海运条例》出台,无船承运业务划归交通部管理

2002年1月1日,我国国际海运条例出台,将无船承运业务从国际货运代理行业中剥离出来形成一个独立的概念,并划归交通部管理。在国际上我国成为继美国之后第二个引入无船承运人概念的国家。这不仅在我国货代企业中造成了混乱和无所适从,且遭到国际同业组织的质疑。这种政出多门给企业增加负担的"结果"恐怕是有关政府部门始料不及的。

二、中国国际货运代理协会拓展工作

中国国际货运代理协会成立两年来,随着国

际货运代理业的发展，在商务部、民政部等政府部门的领导下，在各地方协会及会员企业的支持下，以服务作为协会的执业之基、立会之本，通过各项工作体现协会的桥梁纽带作用和促进行业发展的能力，取得了一定的成绩，得到了社会的认可和称赞，同时也为协会今后的发展奠定了基础。

1.认真履行政府部门委托的各项职能，如对货代企业进行资格初审、年审、统计和培训等。

从 2002 年 11 月 4 日起受政府部门委托办理“货代企业批准证书”的发证和换证工作，目前均正常进行，企业反映良好。

2002 年 9 月 15 日成功组织了第一次全国货代业从业人员的资格培训及考试工作。报考人数 10 602 人，实考人数 9 405 人。合格人员已经获得了中国国际货运代理协会颁发的资格证书。此举对进一步提高业内人员素质起到了很大推动作用，同时产生了积极的社会效应。

2.千方百计为企业解决实际问题。协会通过年审等各种渠道收集行业数据，进行统计、汇总、分析，向政府主管部门提供了及时、可靠的全国货代行业的经营情况。通过各种形式的具体工作，为政府决策起到了助手和参谋的作用。如无船承运、快递、THC 及佣金等，以主动的态度，积极的方式，及时反映情况并提出协会的意见和建议。

3.积极开展国际、国内交流与合作。协会积极组织企业参与国际交流与合作，先后组织了多个代表团赴日本、澳大利亚、新西兰及我国台港澳地区进行业务交流与考察，受到企业的欢迎。

协会于 2002 年 11 月 12-15 日举办了“海峡两岸暨港澳地区货代咨询研讨会”，与会者达 400 余人。会议就大陆、香港、澳门、台湾货代业界普遍关心的问题进行探讨，同时也为大陆与台港澳货代企业搭建起一个面对面洽谈、交流与合作的平台。会议由中国国际货运代理协会、台北市航空货运承揽商业同业公会、台北市海运承揽运送商业同业公会、香港货运物流业协会有限公司、澳门航空货运联合会联合共同主办，由中国国际货运代理协会承办。国际货运代理协会联合会(FIATA)主席 Aldo Da Ros 先生到会做了专题演讲。会议的召开受到了外经贸部、民航总局、海关总署、交通部、民政部等政府部门的大力支持，受到了国际货运代理行业的广泛关注。国内及台港澳地区的相关企业积极参加此次盛会。中央电视台、国际商报、中国航务周刊等知名媒体派出强大阵容采访会议。有关各方一致认为会议高水平、高规格，高效率，是行业协会为会员企业提供政策咨询、搭建交流平台的具体体现。

4.2006 年 FIATA 年会的成功申办及重要意义。

为申办 2006 年 FIATA 年会，协会做了大量的工作。从 2002 年开始，协会组建了一个班子专门负责申办筹备工作，准备相关资料，制作宣传册及 DVD 宣传片。协会还邀请 FIATA 主席 Mr. Aldo Da Ros 先生专程对中国经济大环境、行业发展、办会条件等进行了全方位的考察。考察后，主席先生对中国货代协会的申办工作表示满意，并两次在《FIATA REVIEW》刊物上刊载了中国申办 2006 年 FIATA 年会的相关情况。

2003 年 3 月 30 日下午，在激烈的申办竞争中中国货代协会以 19 票:6 票的绝对优势战胜了竞争对手，成功获得了 2006 年 FIATA 年会在中国的举办权。中国货代协会成立仅两年多就获得了 FIATA 年会的举办权，这在 FIATA 历史上是绝无仅有的。年会的举办对我国国际货运代理行业具有十分重要的现实意义和深远的历史影响。能够获得 2006 年 FIATA 年会的举办权是我国国际货运代理行业的一件大事和喜事，是伟大祖国日益稳定和繁荣的标志，也是中国国际货运代理业在世界范围内的实力彰显。

5.专业书籍的编辑出版。协会及各工作委员会为提高行业的整体水平，编辑出版了《国际货运代理理论与实务》《国际货运代理法律指南》等五本专业性很强的业务书籍。目前，上述书籍均在热卖中，受到企业及相关业内人士的好评。

6.信息与咨询服务。协会建立了专业服务网站，提供业内最新动态、政策法规、网上业务查询等。

会刊《中国货代园地》是中国国际货运代理

协会的工作刊物，专业性较强，已免费发行近30期，受到政府部门、会员企业和其他有关单位的好评。

7.专业工作委员会的作用。因为业务需要和与FIATA组织相对应，协会陆续成立了法律、快递、搬运、展品运输、危险品运输五个专业工作委员会。他们在坚决依法维护本行业企业的正当权益方面发挥了积极作用，得到了上级领导的高度重视和社会的广泛支持，体现了在重大、突发事件面前协会的应变能力，赢得了广泛赞誉和尊敬。

三、中国国际货代业的发展

2002年中国货代企业在激烈的市场竞争中锐意进取，开拓创新，发挥本地化优势和专业特长，拓展多种经营，积极提供物流化服务等增值性服务。但伴随着我国货代企业数量的增加和国外知名货代企业的进入，进一步挤压了企业的生存空间。

2002年，中国货代企业无论在数量和规模上都得到了一定的发展。经外经贸部批准的国际货代企业达到了3 700多家（含分支机构近1 700多家），从业人员30多万人。我国最大的国际货运代理企业——中外运集团经过一年多的筹备工作于2003年2月13日在香港联交所正式挂牌上市交易，标志着我国货代企业在资本运营和国际化发展方面迈出了关键性的一步。2002年1月8日，中国远洋物流公司在北京揭牌成立，这标志着中远集团“由全球承运人向全球物流经营人转变”进入一个崭新的阶段。大田集团——国内货代行业的这一新秀在国内的分支机构迅速增加，网络化经营优势进一步体现。大通国际运输有限公司通过重组改制，正以崭新的面目呈现社会。新时代、爱地、锦海捷亚、中外运空发展等知名货代企业在特色化经营方面屡创佳绩。

国际货代企业数量的增加使市场竞争愈加激烈，企业利润偏低。多数货代企业服务范围局限于提供揽货、订舱、报关、报检等劳务，不具备独立的增值服务能力，对客户的吸引力有限。部分货代公司仍沿用过去的经营思路来运作，内部管理、硬件设置、人员素质与市场的要求有很大的距离，有些电子信息化程度很低，直接造成了企业生存困难。另外，国际知名的国际货代企业加紧在我国国内设立经营网络的步伐，并利用其网络化优势、集约化经营优势、规模经济优势、资本优势进一步挤压我国货代企业的生存空间。

面对中国货代行业的生存现状，有识之士呼吁希望货代企业能够加强合作、互惠互利，在竞争中谋求共同发展。同时希望我国政府部门能够修改不利于企业拓展服务能力的各项政策，为企业创造宽松的政策环境。

四、中国货代行业的未来发展

从目前的现状来看，中国货代企业尚处于起步阶段，在经营规模、管理水平、信息管理技术等方面均难以与国外货代企业分庭抗礼，更不要谈走出国门与国际知名货代平等竞争。中国货代行业上市公司屈指可数，除中外运一家外，其余货代企业鲜有国际化的经营网络。而境外货代企业凭借其网络化经营优势，通过合资合作代理等各种形式逐步占领我国市场。如何缩短货代企业与国际知名货代在管理、服务等方面的差距，发展国际化的经营网络是我国货代企业的当务之急，也是影响企业做大做强的关键，我国货代企业迫切需要借目前我国国际经济贸易活动不断发展的东风，迈出国门，走向世界，发展健全的国际化网络，进军国际货代市场。尽管以我国货代行业现状，凭任何一家企业的力量均难以做到，中国货代企业只有通过自身的不断发展，通过企业间的“兼并”“联合”“重组”，走出国门以争取更大的发展。伴随着我国货代行业的进一步发展，行业的总体水平将有极大的提高，中国货代协会将积极发挥领头羊作用，制订行业标准，规范行业服务质量。伴随着《中国国际货运代理协会标准交易条件》等行业标准的实施，我国货代行业的整体服务质量将进一步提高，我国货代企业将在国际竞争中占有一席之地。

中国货代协会计划在商务部的指导下，对货代行业的法律定位进行调研，积极收集企业的意见和建议,并将调研报告提供给有关部门参考。

协会将积极促进从业人员提高职业技能。一是在培训标准上与 FIATA 相关标准接轨,在业内逐步推行 FIATA 国际标准培训与考试,为企业培训高素质的职业经理人员。二是认真组织从业人员资格培训及考试工作,切实提高从业人员的职业职能,提高企业的服务质量。有关国际货代从业资质的强制性要求将逐步加强,这也是切实提高我国货代业服务质量的重要保证。

今后一段时间,中国国际货运代理协会准备积极进行 2006 年 FIATA 年会的筹备工作。年会的举办将为我国货代企业提供与外界直接交流的平台,有助于提高我国货代业的国际形象和影响力,是企业做大、做强,进军国际市场的良好机遇。中国货代行业与 FIATA 等相关行业组织间的相互交流也将进一步增加。协会将充分利用这一机会,积极促进招商引资工作,促进国内外企业间进行资本、网络等方面的联合,规范中国货代行业在服务标准、服务质量上与国际标准接轨。

(撰稿:中国国际货运代理协会)

生产物流

工业企业（制造业）物流

众多的政治家、产业家、经济学家和物流专家都曾预言，21世纪的中国将成为世界加工制造中心、世界金融中心和世界贸易中心，并由此而成为世界物流中心。这是经济一体化全球化的发展潮流所致，是我国改革开放深广发展的必然结果。中国工业企业物流现代化的发展必将得到全社会更大的关注，必然为我国物流业的发展注入新的活力，奠定坚实的基础。

一、2002年中国工业发展概况

（一）2002年我国国民经济持续快速增长

2002年，国内生产总值跃上10万亿元的新台阶，达到了102 398亿元，按可比价格计算，比上年增长8%。其中，第一产业增加值14 883亿元，增长2.9%；第二产业增加值52 982亿元，增长9.9%；第三产业增加值34 533亿元，增长7.3%。从这些数字中可以看出我国的工业正处于高速发展时期。图1和表1形象具体的表示出改革开放以来我国产业结构的变化及工业发展进程。

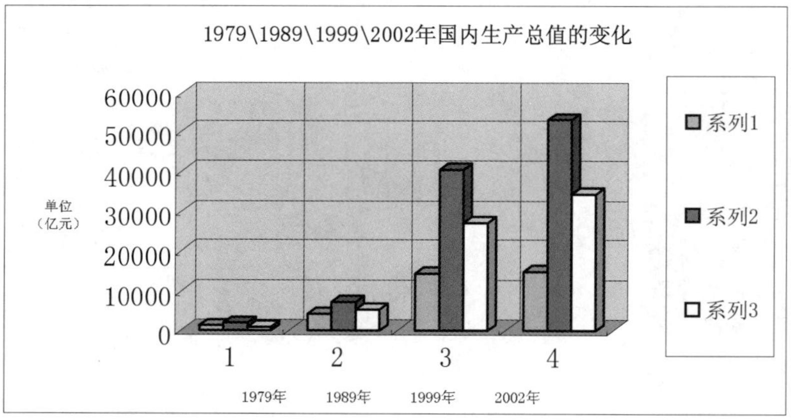

图1　系列1—第一产业，系列2—第二产业，系列3—第三产业

表1　**1979/1989/1999/2002年国内产业结构变化**　单位：亿元

年份	国内生产总值	第一产业产值	第二产业产值	第三产业产值	第二产业增加值
1979	4 038.2	1 258.9	1 913.5	865.8	—
1989	16 909.2	4 228.0	7 278.0	5 403.2	5 364.5
1999	81 910.9	14 457.2	40 417.9	27 035.8	33 139.9
2002	102 398	14 883	52 982	34 533	12 564.1

（二）中国正处于工业化发展阶段，制造业仍然是推动经济增长和拉动物流市场需求的主要力量

图 2 和图 3 显示出我国从 1989 年到 2002 年改革开放最具成果的 13 年前后，三大产业结构比例发生的变化。

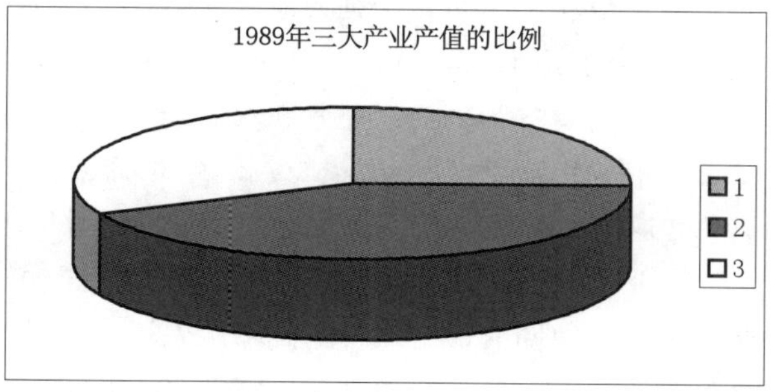

图 2　1—第一产业，2—第二产业，3—第三产业

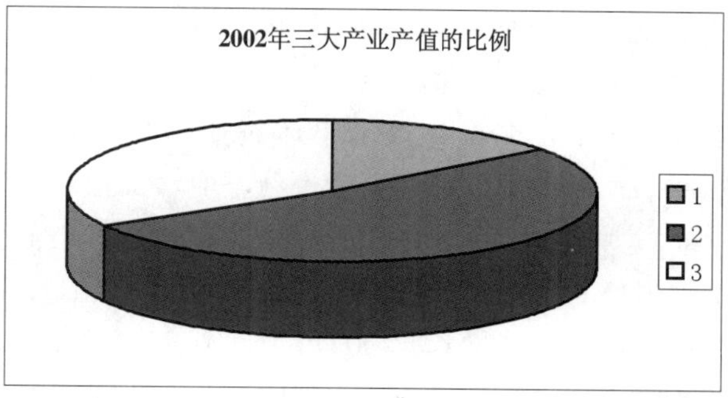

图 3　1—第一产业，2—第二产业，3—第三产业

分析：经济结构，特别是三大产业的结构是反映一个国家或地区经济发达程度和工业化程度的重要标志。一般经济发达程度越高，第一产业所占比重就越低，而第二、三产业所占比重则越高。伴随着工业化进程的加快，第二产业比重迅速扩大而第一产业迅速缩小。例如，美国 1997 年国内生产总值中，第一产业比重只有 1.7%，第三产业所占比重达到 72%。同期，世界平均第一产业也仅占 5.2%，第三产业比重为 61.6%。从这两张图可以看出：目前，我国尚处在工业化进程中，第二产业仍处于上升时期，第三产业和物流业仍然有很大的发展空间。从 1989 年到 2001 年，第二产业比重提高了 8.2 个百分点，第三产业提高 1.6 个百分点。到 2002 年，三大产业增加值在 GDP 总量中的比重分别为 14.5%、51.8%和 33.7%。

2002 年我国工业生产快速增长，企业物流管理有所增强，产销衔接进一步改善。全年工业增加值 45 935 亿元，比上年增长 10.2%。其中，规模以上工业企业（即国有工业企业及年产品销售收入 500 万元以上的非国有工业企业）增加值 31 482 亿元，增长 12.6%；产品销售率达到 98%，比上年提高 0.3 个百分点。2002 年工业增加值主要分类情况如表 2 所示。

实现工业化是全面建设小康社会的基本目标之一。2002 年中国的工业迅猛发展，在国家扩大内需政策以及出口快速增长的共同带动下，全国工业生产呈现快速增长的势头，总体发展形势为近年来最好的一年。工业生产快速增长，总量迈上新的台阶。2002 年全国规模以上工业完成增加值首次突破 3 万亿元，达到 31 482 亿元，比上年增

表 2　**2002年工业增加值情况**

指　　标	2001 年增加值（亿元）	2002 年增加值（亿元）	比上年增长（%）
规模以上工业企业	27 959	31 482	12.6
其中：国有及国有控股企业	14 221	16 638	11.7
其中：集体企业	25 746	2 769	8.6
股份制企业	10 114	11 570	14.4
外商及港澳台投资企业	7 141	8 091	13.3
其中：轻工业	10 967	12 294	12.1
重工业	16 966	19 188	13.1

长12.6%，增速比上年加快2.7个百分点，成为1997年以来增长最快的一年。12月当月完成增加值3 216亿元，比上年同月增长14.9%。各经济类型企业生产增速全面提升。2002年国有及国有控股企业增加值比上年增长11.7%，增速比上年加快3.6个百分点；集体企业增加值增长8.6%，加快1.4个百分点；股份制企业增加值增长14.4%，加快4个百分点；外商及港澳台投资企业增加值增长13.3%，加快1.4个百分点。轻重工业生产均保持快速增长。2002年轻工业完成增加值12 294亿元，比上年增长12.1%；重工业完成增加值19 188亿元，增长13.1%。重工业对增长的拉动作用仍然大于轻工业，分别拉动增长7.5和5.1个百分点。

2002年在40个工业行业大类中，七大行业（包括电子及通信设备制造业、以汽车为代表的交通运输设备制造业、化学工业、电气机械及器材制造业、纺织工业、普通机械制造业以及冶金工业）是带动工业生产实现快速增长的主要力量，对全国工业增长的贡献率达到58.5%，拉动增长7.4个百分点。工业产品出口大幅度增长，2002年工业企业实现出口交货值达到19 916亿元，比上年增长23.4%，远远高于2001年9.9%的增幅。出口对工业增长带动作用明显增强。其中占我国工业产品出口半壁江山的4大出口行业均有不俗表现，电子及通信设备制造业和电气机械器材制造业出口交货值分别比上年增长42.7%和21%，传统的纺织和服装行业也分别有14.2%和12.2%的增长。

工业产销衔接水平，库存趋向合理。在生产规模迅速扩大的同时，工业产销率稳步提高，企业新增库存较低。全年工业产品销售率为98.03%，比上年提高0.31个百分点；前11个月企业产成品库存占用资金仅比上年同期上升2.8%，远远低于生产增加的幅度。

（三）2002年主要工业产品的产、销、存情况

据国家相关部门对130种主要工业产品的产、销、存情况监测，2002年九成以上的产品产销保持增长。92%的产品生产保持增长，比重比上年提高7个百分点，其中产品分布比例和比较内容见表3。2002年主要工业产品的产销存情况见表4。

表3

2002年产品产销情况

产品所占比例	67%	90%	65%	69%	60%	71%	
比较内容	增速	销售增长	销售增速	产品产销率	产销率达到100%	库存与年初相比	库存与上年相比
比2001年提高百分点	加快	4.6	加快	提高	29	下降或升幅	减缓

2002年主要工业产品的产销存情况

表4

工业产品类别	产量变化(%)	销量的变化(%)	库存量的变化(%)	产销率(%)
原煤	17.4	13.2	3.1	101.4
原油	2.5	2	7.8	99.6
汽油	4.6	9	-34	-102.2
化肥、轮胎等	5-23	5-23	平稳	100
数控机床	31.6	39	略降	—
汽车	38.5	37.5	略升	—
轿车	52.8	44.7	提高	—
成品钢材	18.9	23.3	-4.8	—
水泥	13.7	13.5	-12.1	101

（接上表）

平板玻璃	11.5	13.9	略降	99.9
彩电	35	36.3	-12.4	101.3
组合音响	31.2	28.4	-23.7	100.3
电子计算机	100	67.4	增加	95
彩色显像管	41.2	51.5	-48	101
半导体集成电路	38	48.5	8	99.5
微型电子计算机	50.1	56.8	下降	95
铜	12.2	18.8	下降	100.4
布	11.2	18	-18	101.8
纱	15.8	24.8	-21	—
氧化铝	15.5	20.3	-27.1	100.4

（四）工业企业利润的历史新高，为工业企业物流奠定了良好的发展基础

随着工业企业的进一步发展，企业开始参与到更为广泛的竞争之中。工业企业在转型的过程之中，必然要加快自身的管理体制的调整。并从物流管理上进一步提高效率，降低经营成本，来挖掘埋在企业脚下的“第三利润的源泉”。

2002年我国的工业企业利润又创历史新高，为工业企业物流创造了良好的发展时机。其中规模以上工业企业实现利润创历史新高，见图4。

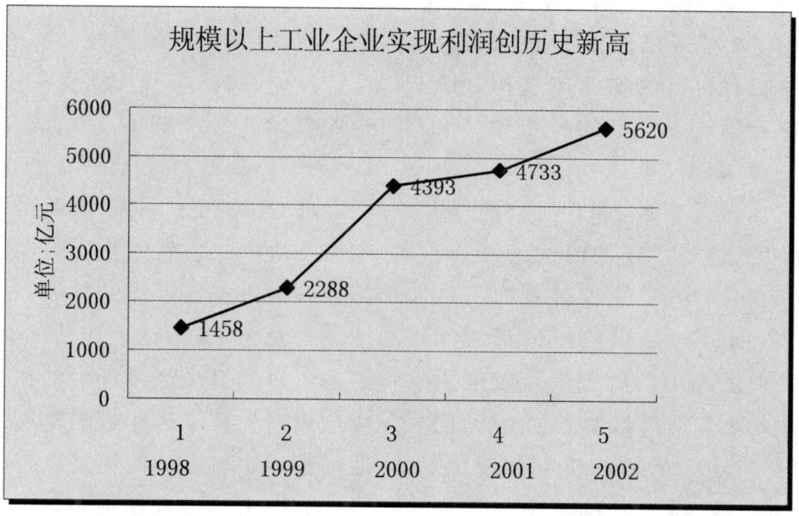

图4

二、2002年中国工业企业物流的发展概况

（一）总体情况

2002年企业物流仍然是中国物流业发展的主流。尤其制造业物流，构成了我国物流的主要力量。值得关注的是，2002年企业内部物流改造工程出现高潮。在一部分制造业和商贸企业中，物流受重视的程度达到空前的高度，所采取的措施一方面是内部流程优化、改善信息化管理、采用先进设备和管理技术，以实施物流工程改造；另一方面是寻找战略合作伙伴，建立供应链，提高群体企业的竞争力；还有一部分企业为了快速的解决物流成本过高的问题，积极的寻求与“第三方物流”企业的合作，并已经在一些企业的经营过程中发挥

出了巨大的优势。

为了能尽快提升企业员工的现代物流意识和管理水平，部分企业干脆把物流业界的专家学者请到企业中来，进行物流培训和专题研讨。物流培训的异常火爆也成为了2002年中国物流发展的一大特色，产学研更加紧密结合。表5是2002年北京科技大学应邀在石油化工及冶金行业举办几次物流培训的简要情况。

表5 2002年石化、冶金行业物流培训简要情况

企业名称	培训内容	培训人员类型	培训方式	培训时间	参加人数
太原钢铁公司	结合生产流程重组—JIT的物流系统整合与管理	中层以上干部和技术人员	全脱产，互动式面授与专题研讨	4天	60
攀枝花钢铁公司	现代物流管理与运营	相关的物流管理和技术人员	全脱产，互动式面授与专题研讨	20天	70
首都钢铁公司	现代物流管理与运营	相关的物流管理和技术人员	半脱产，面授与专题研讨	80学时	58
中原石油勘探局	现代物流管理与运营	相关的物流管理和技术人员	间断式全脱产，互动式面授与专题研讨	256学时	65

另外，一些制造业企业发生了巨大的变化，突出表现在那些具有著名品牌的领袖企业群体，例如一汽、海尔、TCL、青啤等已经成为国内相关行业的领袖企业，他们有自己的物流体系和分销体系，这些体系实际上构筑了自己的产品和其他品牌之间的一个竞争的壁垒，也成了他们参与市场竞争的实力基础。但是，当真正和国内外市场接轨并与国外竞争对手进行比较的时候发现，他们的领袖地位并不是那么牢靠，主要体现之一就是在供应链的建设方面，包括供应链的计划能力、资源的整合能力和精确运营的控制管理能力等方面。这里不仅仅关系到降低物流成本的问题，而且事关他们在行业中的市场份额和地位。这些现象表明，入世以后，供应链的竞争已经被导入，供应链的建设以及能否在其中占据一个有利位置的问题，一下子凸现在那些国内的领袖企业面前。至于物流的操作和运营是外包还是自营，目前似乎还不是最主要的议题。也许以后可能会将成熟的物流业务外包出去，但是现在更多的企业需要深入考虑的是供应链建设以及对供应链的控制能力。这就是我国物流市场的现状。物流作为中国的"朝阳产业"，它必将成为我国新一轮经济增长的"加速器"，必将给新经济的发展带来巨大的成长空间。

（二）企业物流再造工程的进展

过去，我国实行计划经济体制，几乎每个工业企业都建有仓库、车队，负责包装、运输等业务。现在，企业要提高产品竞争力，只能集中精力发展核心业务，扬弃过去那种"大而全"、"小而全"的粗放物流管理模式。特别是面对经济全球化趋势及我国加入世界贸易组织的挑战，实施物流改造是企业参与竞争、赢得竞争优势的必然选择，企业物流再造可以降低生产过程中的物流成本，这可能是物流再造工程最为明显的作用之一。另外，作为企业的整体来讲，物流再造工程必将对整个生产过程起到巨大的提升作用。企业中的生产物流过程中存在着许多的不合理的现象，就像"物流冰山"中所提到的物流所掩盖的众多企业经营过程中的弊端。其中很重要的一点是在生产流程中，人们大多只对生产工艺、生产设备、生产工具配置及生产中产品的附加值给予重视，而忽略了物流对企业的深层次影响。在过去的流程改造中的一些企业经过全方位的改进，取得了明显的效果。以海尔为例：海尔在全方位的改造之后，资金的周转率达到

了一年15次，呆滞物资降低了73.8%，仓库面积减少了50%，库存占用资金减少了67%。我国目前工业企业流程改造中主要的实施方案包括：进一步细化生产流程，由物流驱动，形成新的产业链条和供应链；利用零库存来改造生产过程中的库存或是暂存；追求生产过程中的无缝衔接；改进生产过程中的装卸、搬运方法；用先进的物流装置来改造生产流程；缩短生产过程中的物流过程或是取消一部分生产过程等。

由于物流的不合理从而导致生产过程中资源配置不合理，工艺流程不合理，产品成本过高和缺乏市场的竞争力，这些问题在我国的工业企业中十分明显。其中，有较大的一批企业是由于仍然在利用旧的工业时期留下来的物流成本过高的生产系统。另外，还有一部分企业由于盲目的买设备，上项目，根本就没有考虑到物流对生产的影响。因此，当市场竞争逐渐加剧的时候，企业的物流成本便显得尤为重要。以我国机械制造行业为例：生产过程中，加工时间仅占5%左右，而物流时间竟然占到90%以上，很大一部分的生产成本消耗在物流的过程中。可见，用流程再造来提高我国生产企业运行效率和运行质量具有极大的潜力。一些著名的工业与流通企业开始重视企业采购系统与物流系统的流程再造。如青啤、海星，如上海大众、一汽、二汽集团，如中石化、中石油、中海油，如联想、TCL、华为、上海实业等企业在物流改造的工程中取得了较大的进展。

从总体上看，工业企业实施物流改造的宏观条件和商业机会均已具备。开拓现代物流业务符合国家产业政策，国家相关部门已相继出台一系列发展现代物流指导意见和政策，企业必须根据自己的行业特点、经济实力、区位条件与发展战略，决定是自己成立物流机构，还是委托物流公司代理。首先需要识别、分析企业内部的物流管理目标。在买方经济条件下，供应链管理，包括采购、仓储、运输等过程，可实行招标控制。对原材料、半成品、产成品等企业内部物料，应推行“零库存”管理。对销售产品的管理，应以客户为中心，加快信息反馈。对企业内部物流机构的功能作用、管理成本进行分析，并与专业物流公司比较后作出评价，确定改组与管理目标。其次，应梳理、重组物流管理职能。对物流涉及的各个环节，进行功能与成本分类集成；选择合适的物流组织形式，以提高物流系统运行效率；选择合适的供方，形成互利双赢关系。建立业务流程、作业标准及质量保证体系，严格考核，实行标准化、程序化的系统管理。此外，还要实施一体化、信息化管理提升。按照ERP的管理思想，对企业物流、资金流、信息流进行统筹。提高物流效率与效益，为客户提供最适运具、最便联运、最短运距、最合包装、最少仓储、最短时间、最快信息、最佳服务。

（三）工业企业供应链管理的实施情况

在制造业中，企业的管理者开始意识到供应链实施的重要性。企业一方面加大内部信息化进程，进行流程再造；另一方面是积极寻求战略合作伙伴，建立供应链，来增强企业的竞争能力。在今天的国际制造业界，降低成本已经成为生产经营的重点。密切联系生产、流通和消费的物流供应链，需要关注物流各项指标的变化，应采取一切有利于防范资金风险、合理调整债务期限结构、降低筹资成本、控制一般性支出、控制亏损规模、压缩非生产性开支的举措。

美国威斯康星大学在过去的10多年里，通过与来自美国、欧洲、亚洲等地的物流经理们的交流，把物流供应链的成本降低过程分成了6个阶段(见表6)，以帮助来自世界各地的物流供应链的经营者们进一步认识到只有当存货、仓储、包装、运输、搬运、销售等各个环节都被正确定位，大幅度降低成本，获取竞争优势，物流才能增值。分析重点集中在最后用户身上，其目的就是发展跨越供应链网络上各家企业的业务战略，一方面以最低的最终用户成本提供产品，另一方面在供应链上的每一个成员之间卓有成效地获取财产和利润。按照客户所提出的有关供应链服务的要求，不断变革，狠下工夫，改善物流供应链服务，同时把成本降低到最低点，必然可以屹立于高手林立的国际和国内市场。

2002年制造业、商贸业成为国内物流发展的

表 6　**物流供应链成本降低过程**

实施阶段	阶段内容	具体做法
第一阶段	把职能性费用降低到最低水平	每一个人在其责任的职能范围内做好管理工作，并且直接向公司管理部门负责，并且根据其要求，竭尽全力把成本降低到尽可能低的水平。
第二阶段	把交货成本降低到最低水平	在从供应商进货(原材料)和向客户送货两个环节上进行重点管理的同时,注意跟踪和分析他们自己内部流通渠道的管理过程中必然发生的成本。
第三阶段	把所有权总成本降低到最低水平	做出一定的利益让渡,以便满足客户的要求，以使企业在发展的开始就注意各方面经营管理之间的平衡。
第四阶段	进一步降低企业销售增值成本	企业注重对产品和客户获利情况(重点是总体成本的补充)进行分析，致力于降低与市场营销、销售、工程技术支持、场地服务支持、信息技术费用、行政费用有关联的成本，以使企业贡献给供应链较大的附加客户价值。
第五阶段	降低相关的企业内部附加值成本	对直接供应人、客户和中间商进行成本分析。去除中间环节和加入中间环节都必须慎重考虑。通过企业之间的相互合作消除重复操作，提高服务质量，减少总体联合成本。
第六阶段	把向最终用户交货的供应链成本降低到最低点	致力于处理超出核心伙伴范围以外的问题，并且进行分析。重点是业务交往上的最终人员或者业务客户，即最终用户的人。

主角。在制造业,物流的发展总是和企业的经济结构调整、企业的现代化进程密不可分的。在经济结构调整加快和参与国际竞争要求的影响下，制造业加快了信息化带动现代化的进程，商贸业则加快了连锁配送和电子商务的步伐，工商企业的物流既轰轰烈烈又扎扎实实。供应链的理念与实施也在众多企业中开始兴起。但是,目前国内相当一部分企业对计算机的应用还仅仅限于办公文字处理和财务管理等很少几个方面。而在国外普遍采用的计算机辅助决策与管理等方面的应用，在国内的物流企业中可谓少之又少。业务流程和操作的优化,如集中采购、集中库存及厂内配送中心的计算机管理尚处于起步和摸索阶段。

以海尔为例,海尔物流负责整个集团原材料的集中采购、原材料和成品的仓储和配送,可以说,高效率的现代物流系统就意味着企业内部运作的生命线。海尔物流信息化的需求也很明确:就是要以订单信息流为中心，使供应链上的信息同步传递，能够实现以速度取胜。联想集团的供应链管理项目也运行良好,就连日本仓储协会的会长一行参观了联想的立体化仓储系统时也赞不绝口。

但是,像海尔物流、联想物流这样需求明确、系统先进的企业还不到 5%。这一数据与中国物流与采购联合会 2002 年的一次调查极为接近。该调查显示，目前在我国能够实现严格意义上的供应链管理系统的物流企业极为罕见，制造业企业的物流信息系统多半是 ERP 的某种延伸。尽管目前我国物流信息化程度很高的企业还凤毛麟角，但是我们看到，物流信息化正逐步成星火燎原之势。专家指出,物流行业的风风火火必然带动行业信息化的投资热潮，因为信息化带动物流行业现代化正开始引起社会各界的普遍关注：没有信息网络技术的应用就谈不上现代物流。

（四）工业企业的物流分离、外包及向第三方物流的发展

世界经济的全球化发展，企业为了增加竞争

能力要大力发展核心业务,企业分工趋于专业化,这必将促进企业分离、外包一部分物流业务。同时,也必将促进第三方物流企业的发展。当然,企业在选择第三方物流企业时都是十分慎重的。在我国的多数地区,企业大约 1/3 的物流运作都是承包给第三方的,发达国家达到五成。目前我国各类物流的执行主体情况见表 7。

表 7 目前我国各类物流执行主体情况

物流形态＼执行主体	供货方(%)	企业自理(%)	第三方(%)	混合(%)
企业原材料物流	71	8	21	—
企业成品物流	—	43	21	36
商业企业物流	74	13	13	—

一份由经贸委和南开大学物流研究中心组织的“2002 年中国物流发展状况调查报告”提供的最新数据表明：使用第三方物流模式的企业占 22.2%,从一定的程度上说明第三方物流企业的总体份额在逐步扩大。未来中国的第三方物流业将得到快速的发展。以家电业为例,由于生产能力的过剩和巨大的价格压力，降低物流成本对确保盈利变得至关重要，而第三方物流是可以直接使过程简单化为制造业到用户降低物流成本的捷径。目前,TCL、DELL 等品牌就是这一形式的成功典范。例如:作为列入国家“十五”期间重点发展的产业之一的钢铁贸易业,正朝着现代物流业的主导模式第三方物流逐步发展。建筑钢材作为我国国民经济发展的最重要基础产品,它占据着举足轻重的地位,其流通贸易方式是现代物流业发展规律的客观要求。目前世界上大多数地区,大约 1/3 的物流运作都是承包给第三方的,发达国家达到 1/2。

目前我国物流市场供应远大于需求,但这种局面随着部分行业对物流服务需求的增长并对其他行业起到示范作用,而会逐渐得到改善。2003 年物流业务外包的形势可能会好于上年。在工业生产和流通领域中，首先对物流有较大需求的是医药、烟草、家电、服装、汽车、日化、饮料、连锁等行业,特别是外商独资与中外合资企业，将首先释放物流需求。据《国际商报》主持的跨国公司物流服务需求调查报告统计,来华跨国公司物流外包比例高达 90%左右。政府将继续大力推进物流产业发展新的政府机构有利于物流业的统筹规划和协调管理,酝酿中的政策措施会更趋成熟。例如,国家发展和改革委员会正在研究制定的中国物流发展业规划大纲与发展物流产业政策;国家质检总局和原国家经贸委计划设立全国物流标准化委员会;国家科技部将根据原有现代物流科研项目的进展,部署后两年的滚动计划等等。此外交通运输、邮政、信息、商务等有关政府部门和一批地方政府也将会制定新的计划和政策,促进现代物流的发展和建设。

我国国内少数具备管理实力的物流公司,已经开始尝试将第三方物流服务深入到生产企业的生产物流管理环节，以期开辟出一个更为广阔的第三方物流服务市场,给客户提供更多附加值。例如中国物流公司同沈阳某汽车制造公司之间的合作。该企业是一家新型的汽车生产企业,其战略目标,是在未来 5-10 年时间,发展为国内重要的汽车生产集团,年销量达到 40 万至 45 万台。

（五）企业信息化进程

1.“运用信息技术改造传统产业,以信息化带动工业化”已成为我国的一项基本国策。

企业信息化已经成为企业迎接 WTO 挑战,提升整体竞争力,实现跨越式发展的主要手段之一。以上海为例,上海提出了在未来几年内实现“一三五”工程,即建立 1 000 家 ERP(企业资源计划系统)试点企业，开展 3 个与企业信息化相关的重点应用项目,扶植 5 个电子商务平台。同时上海市经委提出了上海市企业要在三年内实现信息化的要求，争取到 2002 年底 70%的大中型企业实现信息化管理。中国社科院财贸经济研究所的研究认为，信息产业是专门生产、分配知识和信息的产业,而不是针对物质产品的产业。在发达国家,1900年,信息产业产值仅占国民生产总值的很小一部分,1955年占到国民生产总值的1/4,1965年占1/3,而1985年已占国民生产总值的一半,现在这一比例达到70%以上。

2.以上海宝山钢铁公司为代表的先进企业在信息化进程中取得了较大的进展。

在中国钢铁信息化研讨会上,与会代表指出:宝钢信息化的根本经验在于,根据企业传统管理系统的实际情况,结合现代管理思想来打通全程的物流体系,是一种比普通的MIS系统更为合理和先进的管理信息系统,但同时又有别于社会上通行的ERP,去除了ERP系统中和本企业具体实际不相适合的成分,是一整套完全按照企业实际情况量身订做的管理信息系统。

3.中小企业也在加快自身的信息化建设。过去的几年中,除了一些大的工业企业着眼于企业的信息化,众多的中小企业也在加快自身的信息化进程,加强中小企业的信息化,通过企业管理的信息化,实现管理的信息化,以“增强企业的内功”。只有企业的内功增强才能使得企业在外部市场及整个供应链上厚积薄发。企业的信息化使得中小企业从以事务为中心的管理模式向以客户为中心的管理模式转变,增强企业的竞争优势。吉林森工北京分公司作为中国中小企业的佼佼者,其信息化建设颇有独到之处。该企业以先进的信息化带动管理的现代化,从技术和管理两方面同时提升,在企业的内部建立起了完整的物流控制体系。吉林森工北京分公司经过信息化建设,加固了自身的供应链系统,增加了管理上的竞争门槛,使企业获得了长期的竞争优势。

目前中国工业企业的信息化水平千差万别。我国的物流热还存在着一定的“虚火”,但这似乎并不妨碍社会各界对现代物流的关注程度和参与程度。现在发达国家的制造业生产能力的提高很大程度上决定于其对信息和知识的重组,制造业经过信息化改造以后,其生产效率和产品的科技含量都得到迅速提高,可以说没有信息化就很难说有一个现代化的工业。

(六)生产企业物流成本过高、管理分散,严重阻碍了中国工业的进一步发展

由于我国生产企业中的物流成本很大一部分隐含在生产成本和其他管理费用中,尽管2002年我国工业企业总体运营良好,但是,我国的制造业中多数的企业财务费用和管理费用几乎全面增加。2002年主要工业行业费用状况的具体数据见表8。

表8 **2002年主要工业行业费用状况**

行业名称	财务费用		管理费用		产成品成本		从业人员平均人数	
	12月止累计(亿元)	比上年同期增长(%)	12月止累计(亿元)	比上年同期增长(%)	12月止累计(亿元)	比上年同期增长(%)	12月止累计(万人)	比上年同期增长(%)
电气机械及器材制造业	76.56	0.31	331.03	3.07	542.74	7.14	231.92	3.32
电子及通信设备制造业	89.87	18.42	520.04	21.14	575.09	14.43	228.18	8.78
饮料制造业	32.94	0.47	126.18	5.50	167.11	5.41	91.10	-1.50
纺织工业	104.46	3.74	254.77	7.72	605.16	-2.27	476.09	1.04
家具制造业	5.97	5.09	23.99	18.39	39.37	8.22	32.83	7.92
医药制造业	47.63	9.20	218.99	11.90	237.29	11.19	104.18	1.58
化学纤维制造业	25.85	6.32	42.20	7.39	62.99	-3.20	38.88	-1.39
普通机械制造业	70.40	0.83	327.08	11.60	476.70	9.49	265.27	-1.30
专用设备制造业	42.53	1.57	218.23	12.46	330.82	7.74	177.48	-2.80
交通运输设备制造业	101.68	-1.73	609.80	12.34	516.51	3.66	296.41	-0.73
食品加工业	60.68	7.17	138.37	9.34	272.95	5.61	171.14	4.28
食品制造业	29.01	21.53	97.83	10.62	131.57	13.07	94.58	5.64

《2002 年中国物流发展报告》指出，我国的物流业仍处于初级阶段。“中国的物流现状是落后的，基础是薄弱的。最具代表性的几个数据是：物流总成本占国民生产总值的比重，美国是 10%左右，中国是 20%；中国限额以上工业企业流动资金的年周转次数不到两次，商业流动资金的年周转次数不到 3 次，而发达国家一般在 10 次以上。”

中国物流与采购联合会提供的一份 2002 年调查显示：目前我国的工业生产中直接劳动成本的比重不到 10%，物流费用占商品总成本的比重约为 40%，据估计我国的物流总成本占 GDP 的 20%左右。按照这一比例，2002 年我国 GDP 为 102 398 亿元，则社会物流费用支出高达20 479.6 亿元，也就是说，只要我们能把物流费用降低 1 个百分点，就可以节约 204.796 亿元的费用。在我国目前的工业企业中，物流占整个生产周期的 90%的时间。时间的占用也就意味着降低了资金的周转率，需要更多的保管费用，并占用大量的流动资金。物流成本过高成了中国工业发展的巨大障碍。中国有广阔的消费市场、较低的劳动力成本，同时又有较强的柔性生产能力和完善的工业配套设施。这些都是制造业飞速发展的肥沃土壤，但同时弱势也不容忽略。中国的工业企业物流成本过高和物流企业管理分散，成为中国制造业发展的巨大障碍。另外，基础设施薄弱和人才结构不合理也在一定程度上影响了中国制造业的发展。要想成为世界第一制造业大国，必须寻找中国制造业自己的发展战略。2002 年企业物流的快速发展成了中国制造业的一大亮点是，中国的制造企业在经过单纯追捧物流概念各自投资搞物流后，走向了实实在在地关注如何进行技术改造，加强物流管理以降低自己的物流成本的道路。并且有许多的企业在物流的发展中取得了可喜的成就。

三、我国工业企业物流发展过程中应注意的问题

（一）“Made in China”中的物流流程再造

长城企业战略研究所的《科技创新与中国制造》研究报告对中国制造行业作了全景扫描。报告指出，中国已经成为世界第四大生产国，目前有 100 多种制造产品的产量成为“世界第一”，“Made in China”已经在国际上逐渐崛起。 这 100 多种产品，囊括了家电制造业、通讯设备、纺织、医药、机械装备、化工等十多个行业，表 9 是部分制造业产品占世界总量的情况。

表 9　**部分制造业产品占世界总量情况**

行业	产品类别	产量（万台）	占世界份额(%)	行业	产品类别	产量（万台）	占世界份额(%)
家电制造业	彩电	3 936	29	电子及通信设备制造业	电话机	9 598	50
	洗衣机	1 443	24		显示器	4 590	42
	电冰箱	1 279	16		钟表	15	75
	空调	1 827	30	纺织产业	以丝代表	7.33 万吨	70
	电风扇	7 661	50 以上	医药行业	青霉素		60
	照相机	5 514	50 以上		土霉素		65
机械装备	拖拉机		83 以上		维生素 C		50
	集装箱		83 以上				

机械装备工业中的拖拉机和集装箱的世界份额高达 83%，是中国制造业中世界份额最高的两类产品。可以说，通过改革开放 20 多年的积累，中国制造逐渐崛起，呈现出令人惊喜的局面。这不仅得益于宏观经济环境稳定和市场机制完善及民族产业的发展，还得益于跨国公司的制造环节以惊人的速度和规模向中国转移。从 1990 年起，中国内地

吸收投资 2 300 亿元，占亚洲总额的 45%。过去几年中，包括微软、摩托罗拉、三星、GE 等世界知名大公司已经在中国设立了 100 多个研究开发中心和更多的生产制造基地。

但是，我们可以看到中国自己的制造业还不能够与世界领先企业进行抗衡。我们需要建立起中国自己的民族工业，不能够只作为发达国家的廉价制造工厂。

我们在管理与技术方面和众多的跨国企业还有较大的差距。我们应该尽快的学习国际的、先进管理方法，对企业尽快的进行改造，来提升企业的竞争能力。现代物流与供应链的理论已经在中国的企业中推广，但是再好的理论也只有经过应用才能发挥其效用。在我们的实际工作中发现，一些企业并没有真正的领会这些管理理念的深层含义，甚至对一些理论的应用产生偏差。甚至一些企业的经理谈到供应链就想把链上的企业给收购下来。这样是避开了一些表面的风险，但是大而全的经营模式并不是供应链管理的真义。中国的企业不能够再绕回过去的经营状态，企业需要强强联合，发挥各自的竞争优势，形成真正有效的战略合作关系来面对竞争带来的巨大压力。

（二）供应链战略的实施

据一些权威的专家预测：2006 年左右，中国将成为世界的制造业中心，供应链集群效应开始在亚洲出现，国际物流业务将以两位数增长。至 2007 年，电子商务将会再次成为投资和关注的热点，真正的 B2B、B2C 配送在市场实际需求的配合下，将成为物流业重要的组成部分。

信息迅速流动的好处直接关系到工作程序的平衡。对一个厂商来说，要想实现快速的交付，可能采用两种方法：其一是，在当地的销售办事处积累 1 周的订单，把它们邮寄到地区办事处，在批量的基础上处理订单，把订单分配给配送仓库，然后，通过航空进行装运；其二是，通过来自顾客的电子数据交换(electronic data Interchange，EDI)，随时可取得提单，然后使用速度较慢的水上运输。两者相比，显然前者是没有多大意义的，而后者则可能实现在较低的总成本下甚至更快的全面交付。由此可见，关键的目标是要平衡物流系统的各个组成部分。

利用信息来达到主动控制物流作业的目的，以便在诸如准时化、快速反应，以及持续补给等控制概念方面对顾客的需求作出更快的反应。这些控制概念既代表了主动进行物流控制的方法，也可取代预测的不精确性。通过近年来发展的信息技术，这些方法都有可能办到。物流经理的一项主要工作就是要计划和执行其公司有关渴望把预测和作业控制相结合的战略。

物流既为外部的顾客服务，也为内部的顾客服务。外部顾客就是那些消费产品或服务的顾客，以及先购买产品或服务，然后再出售的任何贸易伙伴。内部顾客是指生产企业内部需要物流支持以便承担其指定工作的组织单位。定货管理的过程涉及从最初的接受订货到交付、开票以及通常的托收等有关管理顾客需要的方方面面。一个生产企业的物流能力实际上仅等同于它的订货管理能力。

一个厂商的物流系统的设计越有效，它对信息的准确性越敏感，而协调的、准时的物流系统是不可能用过度的存货来适应作业上的差错的，这是因为安全库存已被控制在最低限度。信息流反映了一个物流系统的动态，不准确的信息和作业过程中的延迟都会削弱物流表现。因此，物流信息的质量和及时性是物流作业的关键因素。以家电行业为例，由于生产能力过剩和巨大的价格压力，降低物流成本对确保盈利变得至关重要，而第三方物流就是可以直接使过程简化为制造商到用户降低物流成本的捷径，TCL、DELL 等品牌就是这一形式的成功典范。

（三）企业信息化的对策及进展

1.企业信息化最重要且最具有普遍性的问题应该是企业如何决定采用适合企业本身特点的信息系统。企业信息化的核心是如何建设企业的信息系统。对于国内制造性企业而言，这一点也不例外。从基础信息化，到产品的条码化建立企业的基础数据库。否则，ERP 无力提高设计水平。ERP 主要应用于生产制造阶段与后勤管理等方面，对制造企业而言，选择一套应用于产品开发设计过程的产品数据管理 PDM(Product Data Management)系统则更能解决实际的问题。PDM主要应用领域有：数据库和文档管理、工作流程管理、产品结构管理、零件管理和项目管理等；而ERP的主要应用领域为：主生产计划、物料需求计划、原材料采购计划、车间作业计划、工装设备管理和库存管理等。

2. 实施PDM的外部环境更加成熟。与ERP相比，实施PDM的外部环境更加成熟，PDM的实施主要是在企业的技术部门应用，而技术部门的人员相对而言素质都比较高，能够使该系统得到充分的应用，而检验信息系统好坏的惟一标准是系统是否能够得到应用，并最终增强企业的竞争力，给企业带来效益。

3. 制造业企业更加凸现信息化的战略意义。在企业信息化过程中，制造业企业的信息化具有极其重要的地位和意义，制造业企业占全部企业的90%，而且制造业企业的多态性决定了该类型企业信息化的复杂性，制造性企业信息化的实现对推动整个国家和社会的信息化具有重大的意义。由于PDM系统本身所具有的特点以及实施时间短、投资少、见效快和成功率高等优点，对制造性企业信息化的深度发展具有重要的促进作用，从而促进了整个国家和社会信息化的发展。

4. 企业信息化不要与企业发展和企业实际脱节。近些年“信息技术改变管理”的呼声几乎已经席卷了全球，企业和企业家们在疯狂的增加信息技术的投资，因为他们深信，这是企业腾飞的法宝。现在我国很多企业或多或少都有一些系统和IT项目，但是，这其中有30–45%在完成前就失败了，而且失败的项目还都是管理层所看重的关键项目。再有就是50%以上项目都超出预算和进度200%甚至更多。ERP的核心思想就是要进行信息的集成和共享，要以流程为单位来运作。首先我们提倡一体化的管理，不能简单地为一两个部门去实现信息化。但是，我国的一些企业在信息改造的过程中并没有真正的考虑到自身企业的具体情况，或是没能够全面考虑企业的状况。导致项目改造后的效果不明显，甚至影响到企业的正常运营。我们应当注意的是企业信息技术的飞速发展不要与企业发展实际脱节。

5.防止ERP的一些误区：

（1）大企业大多只是希望解决一个仓库管理或者一个销售管理。然而，这就说明企业在确定一个项目时，它并不明白它要达到一个什么样的目标，一开始就注定要失败。

（2）实施ERP的关键是企业管理模式的转变。当企业单一地将其认为是技术项目时，已经就注定了一种无可挽救的失败。无论是用户方还是服务方，都必须在需求上达成无缝共识，匆匆上阵只会给双方带来“两败俱伤”的结局。信息化不仅仅是运用了一种技术，而是这种技术要确实对企业的传统业务有帮助。而没有实现对传统企业的帮助，就是因为没有实现管理模式的转变。

(3) 不能让信息技术独担企业振兴大任。在2002年的《哈佛商业评论》的“前瞻思维”栏目中有一篇名为《提升生产率的真正动力》的采访录，受访人是麦肯锡（McKing）公司的合伙人Michael. Nevens。Michael·Nevens在研究中发现：推动生产率发展的不是信息技术，而是竞争和创新。Nevens进而提出了两个启示：一是管理人员必须要寻求流程的创新，寻找提高产品价值的方法，而不是让信息技术独担此任。二是不要脱离经营方面的变化来考虑信息技术的投资。因此在企业的发展中，竞争与创新仍然是企业的两个基本点。信息技术与自动化装备只能作为企业的一个工具，一种辅助的手段。真正支撑企业的仍然是企业中的人。

(四)企业物流外包及应用第三方物流

企业物流是由供应物流、生产物流、销售物流以及废弃物回收利用物流共同构成的，似一个环环相扣、运行有序的链条，每个环节都有它的自身价值和特殊性，哪个环节可以自营，哪个环节需要外包完全取决于企业自身的物流处理能力和社会的物流服务能力。企业自营物流有它一定的优势，可以对供应链各个环节有较强的控制能力，易与生产和其他业务环节密切配合，全力服务于本企业的经营管理，确保企业能够获得长期稳定的利润；可以合理地规划管理流程，提高物流作业效率，减少流通费用；可以使原材料和零配件采购、配送以及生产支持从战略上一体化，实现准时采购，增加批次，减少批量，调控库存，减少资金占用。但也有困难之处，如从传统物流向现代物流转化必须投入较多资金，对于企业管理能力要求较高，一般企业很难解决。不可否认，与第三方物流合作可以使企业集中力量发展核心专业，强化主业，有助于降低物流成本，有助于企业的柔性化管理。据一家生产企业采购部门的负责人说，如果市场环境、社会物流服务能力完善，他们很希望将主要原材料、零部件采购和运输业务委托第三方物流企业承担，从而使企业能侧重发展自己的核心业务。但是，中国第三方物流才刚刚起步，从已介入第三方物流的企业来看，多数是由运输企业、仓储企业转型而来的，服务项目比较单一，一些传统的流通企业存在着体制缺陷，物流服务一体化程度低，管理技术落后，控制能力差，在一定时期内还不能为企业提供低成本、全方位的物流服务，即便社会性物流发展到一定程度，它的功能也不可能全部覆盖企业物流。企业物流自营或外购不是对立的，也不是静止的，随着外部环境和内部资源条件发展，物流地位、物流功能发生变化后，其策略亦应该发生相应的变化。企业物流和社会物流二者是相互依托、相互促进的，即企业物流的发展要到社会物流中找到有效的帮助和依托，社会物流的发生也要在生产需求中找到可落实的动力与指引。二者都是物流供应链上的结点，发挥各自的优势，就可以拓展企业物流空间，降低物流成本，开发企业的第三利润源。

由于各种原因，目前中国多数的物流公司，都将业务的重点放在物流网络的培育上，包括通过投资或合作的方式，在全国的重点城市营建仓储设施，并围绕着仓储设施去整合运输资源。真正能够介入生产企业的全面供应链管理，尤其是生产物流管理的第三方物流公司，在中国还是凤毛麟角。其中主要的原因有三个：第一，由于涉及企业的核心商业机密，很多企业，特别是国内的企业还不习惯于将生产物流和采购物流外包出去；第二，国内多数第三方物流公司的业务发展都局限于简单的仓储和运输管理，缺乏对整个供应链管理的理解和实际操作经验，尤其缺乏经验丰富的从事过跨国公司供应链管理的人才；第三，多数第三方物流公司在同客户结成长期合作伙伴，并投入相当的资金以完善专用仓储设施和信息系统方面，缺乏前瞻性和果断性。除了以上三个主要的原因，客户原有的物流管理人员的安置、核心的物流业务流程的优化和重组等难题也是阻碍第三方物流公司更加深入参与客户的供应链管理，尤其是其中的生产物流和采购物流管理环节的因素。因为介入客户的生产和物料采购环节的难度较高，使得国内多数物流公司，包括具有外资背景的物流公司，不得不在销售物流相对狭窄的市场上，通过竞相压低运输和仓储的价格，以及对仓库和车辆等硬件资源的盲目投资等手段，进行恶性竞争。在美国和欧洲的一些发达国家，企业同第三方物流公司已结成了较为紧密的合作关系，相当多的物流公司介入了企业的生产和物料采购等业务环节。例如，Ryder 物流公司同 Whirlpool（惠尔浦）签订的合同周期为 5 年的物流服务合同，服务内容涵盖了采购物流和生产物流的模式设计和运作管理，目标是减少物流成本、改进信息管理以及优化生产所需物料的备货时间等。另一个典型的例子是通用汽车公司为了有效的管理采购供应以及生产物料的及时备货，而与潘斯科物流公司签订了采购物流和生产物流的外包协议。目前国内的少数具备管理实力的物流公司，已经开始尝试将第三方物流服务深入到生产企业的生产物流管理环节，以期开辟出一个更为广阔的第三方物流服务的市场，给客户提供更多附加值(4)。

总的来说，目前我国第三方物流发展虽然很热，但是还不很完善。工业企业应该根据企业自身的特点，慎重选用第三方物流，企业一定要把选用第三方物流提升到战略高度进行考虑。

（特约撰稿：北京科技大学 王国华 马志新 余学东）

烟草行业物流

按照中国政府对世界贸易组织的承诺,将在今后3年内将卷烟、烟叶、丝束、卷烟纸和卷烟机的进口关税逐年降低,将在今后2年内逐步取消特种烟草专卖经营许可证。这就意味着中国卷烟零售户可以直接零售外国品牌卷烟。据悉,包括英美烟草公司在内的全球十几家大企业已把触角伸向中国。为了迎接入世带来的严峻挑战,打造现代商业物流,健全分销配送体系,是烟草行业赢得优势竞争地位的关键。由于烟草行业的特殊性,迄今为止很多方面仍由政府出面进行整合,但不远的将来,将会逐步过渡到以企业为主导的行业整合与优化的局面。

1.国家烟草专卖局计划用1年左右的时间实施行业整合,打造全国分销配送体系,实现网上销售一体化。同时,加快进军国际市场的步伐,实现大宗出口。2002年上半年重点启动和开展了11个省会城市的网建联动项目,并在上海进行了试点,使卷烟网上销售有了突破性的进展。截至2002年6月底,11个网建联动城市销量同比增长11%,实现销售收入同比增长22%,实现利润同比增长62%。烟草专卖局还将加快进军国际市场的步伐,在目前小规模卷烟出口的基础上,实现大宗出口。

2.由上海市烟草集团、上海市烟糖集团、捷强集团三方总投资6亿元兴建的、占地6.7万平方米的上海海烟物流中心2002年8月26日举行签约仪式。它是上海市"十五"规划物流产业建设的重点项目,到2003年底基本建成。国际著名物流商瑞士SWISSLOG公司为该中心提供综合物流设计方案。该物流中心配送的商品以卷烟、食品、百货为主,年配送量可达3 500万箱,13 250个品种。海烟物流中心除了服务系统内600多家网点之外,还承担第三方物流的职能,可同时为6 000多个社会商业网点提供配送。投入运营后,全市烟草销售网络单位及其他联网的门店,一旦通过共享信息平台发出要货指令,物流中心确保24小时内将商品送达市内及苏浙邻近地区。

3. 上海烟草行业建立现代化卷烟物流体系。2002年以来,上海市烟草行业把烟草流通领域网络建设与商业企业组织结构调整相结合,形成了以电话订货、网上配货、现代物流、电子结算为手段,以标准化、程序化、信息化管理为内容,以客户满意为追求目标的网络运行模式,基本实现了传统商业向现代流通的转变。目前,实行电话订货和网上配货的零售户比例已达96%以上,并有95%的零售户办理了银行账户实行电子结算。

(撰稿: 中国物流与采购联合会)

家电行业物流

从2000年起，我国家电业在历经10多年的高速增长后，陷入经营困境。家电业的微利时代全面到来，生产者和经销者的利润之低，已经超过了他们所能承受的极限。为了寻找新的利润源泉，一些家电企业在第三方物流企业进军家电业的同时也蜂拥涉足物流业，相继建立了自己的电子商务公司和子物流企业。

一、家电企业经营物流的两种形式

家电企业经营物流主要有第三方物流和自由物流两种形式。应该说这两种物流形式是和企业的自身条件和外部环境需求相配合的，很难说谁优谁劣。

（一）第三方物流

像以伊莱克斯为代表的家电企业将物流外包给第三方物流企业，第三方物流服务商为客户提供整个或部分供应链的物流服务，以获取一定的利润。一般我们把这种做法称作第三方物流。

家电企业考虑把物流业务运作外包给第三方物流主要有两大驱动力。第一，把资源集中在企业的核心竞争能力上，以便获取最大的投资回报。那些不属于核心能力的功能应被弱化或者外包，而物流通常不被大多数制造企业视为他们的核心能力。第二，企业单靠自己的力量降低物流费用存在很大的困难。尽管近年来家电企业在提高物流效率方面已经取得巨大的进展，但要取得更大的进展将付出更多努力，要想实现新的改善，企业不得不寻求其他途径，包括物流外包。

第三方物流企业通常拥有市场知识、网络和信息技术，拥有规模经济，拥有第三方的灵活性，能够适应家电企业对物流环节的需要。但是，第三方物流也存在一些缺陷。由于第三方物流的实际方案通常都是针对不同的客户量身定制的，多数方案不能复制，不具有广泛性和适用性。此外，企业把物流交给外部企业做，容易使自己受到牵制。再者，由于我国目前从事第三方物流的企业数量过少，第三方物流尚不成熟，所以不少家电企业对选择第三方物流企业进行合作仍然持慎重态度。

（二）自由物流

与第三方物流不同，一些家电巨头建立了自己的物流企业和物流子公司，物流属于其自拥资产。我们把这种方式称作“自由物流”。继美的、TCL、海尔之后，科龙与小天鹅也联手成立家电物流企业，引起业界的再度关注。

家电企业自建物流之初一般是出于外部物流服务商无法提供企业所需物流服务的无奈之举。企业自建物流系统也存在很多问题，最突出的就是企业要花费大量的人力、物力和财力，相对来说，企业自身核心竞争力的发挥就要受到一定的削弱；而且，单个企业建立的物流系统很难达到一定的规模。

然而，对于已形成一定规模的家电企业，如海尔集团，自建物流体系确实给企业节约了成本、增强了市场竞争力。相对于第三方物流而言，自由物流的费用要低，而且更适合企业自身的需要。企业还可以根据自身的情况和市场的变化，及时进行革新。随着物流业的发展和企业对物流的重视，一些家电企业的自建物流开始向外部发展，使物流逐步成为新的利润增长点，自建物流逐步成为第三方物流供应商，或者一些企业直接建立第三方物流企业，将物流企业作为赚钱机器。

二、家电企业自由物流的两种模式

自由物流又可分为企业物流和商业物流两种

不同的模式。同样,采取哪一种模式也是由企业的内、外部环境和发展战略决定的。

(一)企业物流

这种企业物流模式的核心是为本企业物流服务,多以管理自身物流业务的子公司来运作。主要目的是结合集团公司的经营战略,以降低物流总成本和提高企业竞争力为主。一般企业不需要太多的固定资产投资,但是在物流管理人员的素质上提出了很高的要求,通过社会物流资源的合理运用,达到物流整体合理化的目的。

采用企业物流模式的家电企业中,最典型的当属海尔集团。它自 1999 年开始进行以“市场链”为纽带的业务流程再造,以订单信息流为中心,带动物流、商流、资金流的运作。“海尔”物流的“一流三网”充分体现了现代物流的特征。“一流”是以订单信息流为中心;“三网”分别是全球供应链资源网络、全球配送资源网络和计算机信息网络。“三网”同步流动,为订单信息流的增值提供支持。

对“海尔”来讲,物流首先要使其实现三个“零”的目标:零库存、零距离和零营运资本。其次,使其具有能够在市场竞争取胜的核心竞争力。一只手抓住了用户的需求,另一只手抓住了可以满足用户需求的全球供应链,把这两种能力结合在一起,就是“海尔”所称的企业的核心竞争力。

(二)商业物流

这种物流模式将物流业务放在集团公司新业务发展的经营战略角度上来考虑建立物流子公司,除了承揽内部物流业务外,还将物流子公司作为一个利润增长点,向外积极拓展业务,专业化程度较高。如果采用这种方式,需要大量的资金投入及人员投入,必须从社会物流公司的角度进行管理,而不是简单的物流子公司管理模式。

美的集团成立的安得物流公司是商业物流的典型代表。如果说“海尔”把物流作为降低成本的机器,美的集团则把物流作为一个赚钱机器。2000 年 1 月美的集团成立了安得物流公司,把物流业务剥离出来。安得物流公司作为美的集团一个独立的事业部,成为“美的”其他产品事业部的第三方物流公司,同时也作为专业物流公司向外发展业务。目前,在安得物流公司的业务总量中,美的集团内部业务约占 60%,外部业务约占 40%左右。

专业制造企业若采用企业物流模式将会分散企业主营业务精力,况且其物流业务属于非主营业务,在运作的时候难以规范,不能专业化,往往造成浪费。而把物流业务剥离出来后,“美的”就可以专心做产品,而安得物流则专心做物流。“美的”把安得物流公司分立出来,一方面能为“美的”生产、制造、销售提供最快捷的物流服务;另一方面,“安得”又可以向外延伸业务。

三、家电业谨防“物流陷阱”

家电企业进入物流行业要保持头脑清醒,防止盲目扩张带来的不利影响,谨防“物流陷阱”。

(一)正确理解和认识物流是“第三利润源泉”,防止物流泡沫

多数从事物流业务的企业是微利企业,只能说物流是一个比较稳定的行业,但绝对不是一些人所说的是一个新的高增长的行业。大多数家电企业不宜把物流作为一个支柱产业来发展,盲目一哄而上的结果只能是一哄而散。深刻反思物流“虚热”的背后,仍然是那句老话:重复建设必然带来的是资源浪费。物流产业绝对不应当走泡沫产业的道路,物流虚热是不利于整个物流业健康有序的发展。

(二)家电企业搞物流必须与我国经济的发展水平和行业自身特点相适应

我们不能片面地认为“物流”是先进的东西,“储运”是落后的东西;认为搞仓库仓储是低人一等的事情,而且必须要包装一下。中国的二元经济和家电业向农村市场的开拓,决定了家电物流必须适应城市工业经济的发展和相对落后的农业经济的发展,物流不能脱离市场的实际情况而自由发展。

(三)开展物流业务,要审视衡量企业自身是否具有相关的物流资源,量力而行

比如,现有多少土地可以放在物流事业中建立物流中心,现有多少建筑资产能用在物流事业,有多少运输设备、仓储设备和装卸设备,有没有现

成的物流信息通信网，有多少信息通讯设备可以运用在物流事业上，有没有现成的物流软件资源，有否专业的物流人才，有多少资金，在本集团物流业务之外有没有潜在的物流客户，等等。

（四）重视物流战略，进行物流项目整体策划

从战略的角度进行规划，包括明确自己将来要建立物流子公司的类别、明确物流成本、确定库存、提供物流服务的标准、估计外部委托的比例、学习相关的物流法律、取得国际认证等，只有根据详细的市场调查结果，才能最终决定是否创建物流子公司。

（撰稿：武汉大学商学院　肖学芳）

电子行业物流

一、电子产品动态及物流对电子行业的重要性

我国电子产品产业包括通信和计算机类产品,家用电子产品、元器件产品和软件产业。在最近几年里，中国的IT业保持了高速增长的势头，连续5年以2–3倍GDP的增长速度持续增长。在2002年里，信息产业增加值占GDP的比重由2.3%提高到5.8%。以通信产业为代表,各家企业保持了良好的发展势头，我国营业收入超过100亿元的电子信息企业达到11家,其中有两家突破600亿元;软件行业收入增长迅速,年增长30%。在这当中,大企业增势明显。2002年,国产手机波导首次迈入三甲。普天、联想、长虹、海尔等大型企业为信息产业的发展起到了举足轻重的作用。电子行业作为国民经济的重要支柱,对我国GDP的增长起了重要的支持作用。在世界IT行业整体依然不太景气、世界信息产业发展陷入低潮的情况下,中国电子产品产业的发展显得难能可贵。

与此相对应，我国电子信息行业的竞争也越来越激烈,主要表现在:(1)电信产业为了更好地为消费者服务,打破垄断,引入了竞争,标志着我国电信行业改革有了一个突破性进展，同时也使得各项业务的竞争越来越激烈。在通信行业,移动通信收入占总收入的比重持续上升，其中尤以短信息的发展为瞩目。具有多媒体特征的移动数据业务将步入发展时期，数据业务逐步成为移动通信业务的主力已是大势所趋，业务间的竞争更加走向白热化，电信市场上引发的恶性价格战和过度竞争行为不仅影响企业的经营，也给政府监管者带来了巨大的监管难题。(2)电子行业方面,由于电子产品存在辐射等伤害身体的弱点，为了提高自身产品的竞争力，电子信息产业也越来越关注于人们的健康，环保概念已经成了信息产业各厂商竞争的砝码。从家电业倡导的绿色家电、低辐射显示器,到联通推出的CDMA更是将环保发挥到极点。因此,随着我国消费者本身水平的不断提高,厂商不关注环保,其产品就很难再在市场站稳脚跟。(3)家电行业方面,经过前几年价格战,我国早已步入了微利时代。与电信计算机类产业企业开始就比较注重渠道不同的是，家电行业经过价格战洗礼后才开始关注渠道对竞争的影响，供应链的竞争已经越来越引起主要厂商的关注。为了大打价格战,提高市场占有率,家电厂商越来越受控于大规模的留守厂商，这是家电企业营业收入的增长远高于净利润的增长的重要原因。于是,一些家电厂商为了摆脱目前的这种困境，采取计算机厂家成功的经验，开始着手建立自己的销售渠道,从原来的价格战转向现在的渠道博弈。

随着各行业竞争的加剧，各行业对渠道的重视程度也越来越高，我国物流行业的发展对家电行业影响也会更加明显。家电业开始重视销售渠道，说明我国家电行业开始由过去单纯重视市场开拓和占有向重视整个企业经营链条的各个环节——供应链上转变。由于物流业的发展如第三方物流甚至第四方物流可以帮助企业有效地降低整个供应链环节的成本,因此,未来的几年内,很可能物流成本的高低和效率将会对家电行业的竞争产生直接的影响。

二、电子行业物流特点

现代物流泛指原材料、产成品从起点到终点及相关信息有效流动的全过程。它将运输、仓储、装卸、加工、整理、配送、信息等方面有机结合,形成完整的供应链,为用户提供多功能、一体化的综

合服务。电子行业的物流和其他行业物流一样，基本也可以分为产前物流、生产物流和销售物流及售后反向物流几个阶段。

产前物流是企业物流系统中的一个子系统，但供应物流受外部环境影响较大，尤其是电子产品的原材料大多属于进口，国际国内的政治、经济、市场等多种环境的变化都会直接影响原材料的供应，原材料的仓储、运输也同样受外界环境约束。产前物流直接影响生产成本的高低。生产物流的核心是生产过程中的物料流和信息流，生产物流的不通畅将导致企业的生产停顿。这样会给企业及整个产业及社会带来巨大损失，在国内电子行业的生产物流过程中，基本没有繁琐的配件生产工序，物流主要强调连续性及适应性，既要保证每道工序的连续、有序，又要考虑产品频繁改型换代的生产适应能力。目前电子行业的销售特点呈现销售手段及区域的多样性，随之销售物流也必须能够多样化。在产品功能差异化日益缩小的今天，销售物流的组织成为电子产品争夺市场至关重要的因素之一。

对于反向物流，大多跨国生产企业在这一问题的处理上基本采用全国设立授权维修点，对于经过质量鉴定的产品采用指定物流公司收回的方式，即通常所说的DOA。而大多国内中小型生产企业对这一问题的处理较为保守，一般采用维修、换货、退货等多种方式，并且维修占据主体，由于经营规模、地域分布、成本等多种原因，返修件的回流一直没有很好的解决办法，国内物流企业往往因为成本问题也不愿承担此项服务。随着电子市场竞争的加剧以及日益规范化的产品质量法规的颁布，合理有效解决反向物流成为国内中小型电子企业亟待解决的问题。

总之，不管是物流的哪一阶段，电子产品规格型号多、价值密度分布的不均匀以及功能化差异小等特点都对物流工作提出了很大的挑战。现在，电子产品愈来愈激烈的市场竞争格局以及愈来愈严格的以销定产的生产模式，决定了电子产品必须开发物流“利润”，进行大规模的物流流程重组、组织结构调整及技术装备革新，以期降低库存，提高产品周转率。此外，电子产品快速的市场反映能力和极快的升级换代速度(“海鲜”概念)以及日益扩大的分销网络也要求必须有配套的物流服务体系相支撑，并且每一种需求都离不开自动化、智能化的电子信息技术的支持。

发展现代物流的宗旨在于，以加快发展为主题、结构调整为主线、以市场为导向、以企业为主体、以信息技术为支撑，以降低物流成本和提高综合服务质量为中心，大力提高全社会对现代物流理念的认识，切实增强我国电子企业及其产品在国内外市场的竞争能力。企业要转变传统观念，树立现代物流意识，充分认识优化物流供应链管理是降低生产总成本、提高产品附加值、增强企业竞争力、获取新的利润源的重要手段。例如，海尔集团自1999年成立物流事业推进本部，有效地将物流业务进行剥离后，仅库存管理一项，库存时间由原来的30天减至10–12天，每年节约资金上亿元。另外海尔集团通过现代物流整合，实现生产企业把构筑企业核心竞争力的着眼点转向流通领域，通过流通创新，进行物流的重新设计整合，赢得分销领域的利润份额。

三、我国电子行业物流现状

(一)原材料物流现状

原材料物流包含在企业的产前物流阶段，原材料的采购、运输、储存、厂区配送等构成原材料物流的整个过程。采购的原材料质量好坏直接关系到企业的正常生产，而采购价格的高低又影响到直接生产成本的高低。因而采购物流成为企业物流中很重要的环节。目前国内电子企业的原材料采购主要方式有以下几类：其一是企业自己的生产部门组织采购，委托运输企业完成从供应商到工厂的运输业务；其二是委托外单位采购及运输，按照打包价支付材料成本及费用，还有一种方式是企业将产品生产业务外包，即通常所说的OEM，这样整个材料采购、材料运输、生产组装等工作都由其他企业完成，作为品牌拥有单位只是享有知识产权，期间过程全部由第三方负责。

不管采用以上哪种形式，材料物流都会成为

决定产品质量及成本的决定因素。目前国内的电子企业中,包括跨国公司在中国的工厂,大宗材料主要从国外采购,而一些辅料直接在国内采购。国外采购部分大多是采用航空运输方式运至国内港口,报关完毕再通过卡车运输至生产工厂。在这一环节中,部分跨国公司已经全面和第三方合作,将订单处理、货款支付、进口、报关等各环节全部委托第三方处理,而国内企业只是简单地将运输、搬运等简单劳动交由第三方处理,而自己一直从事着订单、付款、报关等等繁琐的业务环节。当然,这也是由国内电子企业的利润率水平、国内企业劳动力的成本以及国内第三方物流企业的服务水平决定的。另外需要考虑的是,在材料进口的整个过程中,运输方式的合理选择、报关港口的选择、生产基地的坐落地等都会成为决定物流成本进而决定产品成本的重要因素。

(二)成品储运现状

电子产品属于高、精、尖的高科技含量、高附加值的产品类别,由于组成产品的元件的精密度要求,电子产品对保管环境的温湿度等物理条件以及各种防腐、防静电等化学条件的要求相当苛刻。另外由于电子的灵敏特性(尤其是仪器仪表类产品),大多电子产品要求在运输过程必须具有防震等多种保护。这些都对电子产品的物流提出了挑战,也为降低电子产品的物流成本设置了障碍。

目前,国内电子产品的销售模式基本采用组建覆盖全国各地区的分销模式,与这种销售模式相匹配的物流运作就是在全国主要城市设立分拨仓库,利用自己以及社会的配送网络完成区域配送计划。电子行业的物流设施网点分布和该行业的发展水平及程度相适应。目前在广州、上海、北京等电子产业发展迅速的地区,国家级的物流中心及基地都已启动,地市级的物流中心及配送网络都已相当发达。另外在这些地区,仓储网点配送网络基本围绕该地区的电子市场进行布置,为加快电子市场的发展速度、推进社会物流起到了积极作用。

在电子行业成品物流运作模式上,近几年由于地价上升、电子市场反应速度加快以及劳动力成本的上升,大中型电子企业开始选择第三方物流的运作模式,即从自己拥有仓库、招募人员、组建车队逐渐向仓储、运输外包的模式转化。但由于第三方物流市场的不成熟,现阶段的物流外包还仅限于将简单的仓库管理和运输业务委托第三方管理,而对于更深层次的采购、报关等工作仍然由自己完成,因而目前的运作模式还不是完全意义上的第三方物流运作模式,只是寻求了简单意义上的资源合作。在观念上,企业采用第三方物流的初衷也还仅仅停留在希望降低显性成本、消除物耗、提高人均利润率,而没有提升到从整合和优化供应链、整合和优化社会资源配置的角度来看待。但是我们必须承认,尽管这是一小步,但它最终会推动整个物流产业的发展和进步。

从目前并存的各种各样的物流运作模式上,每个企业采用的物流模式都有各自的出发点,但大家的最终目标是基本一致的,即成本最低、效益最大化。国内电子企业的物流成本主要体现在材料采购、生产、销售、返修等各个环节。另外,除仓储、运输构成的物流直接成本外,库存资金成本、销售促销费用等都构成物流成本的一部分。但物流成本并不是全部由物流部门控制,目前我们统计物流成本也仅仅统计仓储、运输等直接费用,而忽略资金成本等间接物流成本。在直接物流费用中大部分集中在各阶段的运输环节。根据调查结果显示,企业规模越小物流成本占据营业额的比例越高,即单位物流成本和营业额成反比。以年营业额在 1 亿元以内、分销网络覆盖全国的国内 IT 生产企业,全年物流成本一般在 1 500 万元,占营业额的 15%,而同样的分销企业的物流成本比例一般在 10%以下。其中运输费用占据物流成本的 70%。

(三)技术装备及信息技术应用现状

由于电子产品品种及规格型号多、流通快、时效要求严格,因而对物流管理提出了更高的要求。原有的普通、平面仓库已不能满足大货量、快速反映的电子产品的储运特点,随之要求有现代化的立体仓储和其发展相适应。因为立体自动化仓库面积利用率高、空间利用率高、利于实现先入先出、最易实现自动化控制和计算机管理。但目前我们仅有为数很少的立体自动化仓库，并且被电子产业的极少数企业所利用，或者即使有一些物流企业宣传自己拥有的立体仓库，一般情况是仓库只是在高度上具备了放置高位货架的条件，仓库配备了普通的电瓶叉车，但整个仓库的管理模式还仅仅停留在人工操作上，距离自动化的电子派位及智能化存放货还有很大差距。因此要改变整个电子行业的仓库使用状况，必须经过相当长时间的努力。

从覆盖网点看，全国大中城市已建成200多个仓储设施物流配送中心，4万多个邮递所遍及全国，配送的连锁公司1 000多家，经营网点15 000多个，涉及40多个城市，物流产值占GDP的20%。全国性的物流网点基本形成，这些网点成为支撑电子产业物流发展的有力支柱。

在条码技术方面，条码的应用可以对日益增加的交易信息进行准确、可靠以及快速的采集和传递。首先，目前在我国IT企业中几乎80%以上的企业已经在产品上采用了条码标识，条码对于界定生产维修期限、防止串货等起到了重要作用，但对于仓库管理、自动订货、连续补货等基本没有发挥作用，即在物流管理环节|条码技术的应用还有很广阔的空间。通过条码技术的应用也可以大大提高IT行业物流的运作效率；其次，对于世界发达国家普遍采用的储运单元和货运单元条码标识、位置码管理、EDI、RFID、INTERNET技术等高效供应链管理的技术在我国IT行业几乎没有应用。造成这一问题的主要原因是，我国企业的信息化技术水平低，物流业的发达程度不够。但要在整个物流行业启动这些先进技术，IT行业的示范效应是不可忽视的。

从信息技术方面，由于我们已经具备以光缆为主体，以数字微波和卫星通讯为辅助手段的大容量数字干线传输网络，并且四大骨干网络的覆盖范围已经包括全国地市以上城市和90%的县级市及大部分乡镇，并且连通世界主要国际信息网络，从而使物流信息交流、管理和控制广泛应用EDI、ERP、MRP、GPS等先进技术，同时一批新兴的物流软件企业也已成长起来，这些都为电子企业的物流产业化提供了有利条件。如果物流企业完全采用电子化手段，应该可以在上下游企业间或企业内部不同功能的部门之间提供一种透明的可见性功能（以不泄露企业的商业秘密为前提），帮助企业最大限度地控制和管理库存。但是目前电子技术在物流产业的应用还很落后，物流企业的技术含量低，网络技术应用不广泛，阻碍了电子产业物流的产业化速度。

（四）物流组织的发展现状

企业物流组织发展经历了几个阶段，在最初阶段，企业一般没有独立的物流部门，物流工作一般由企业的后勤保障部门完成，企业拥有自己的车队，他们的任务是将自己的产品运送出去。在这种社会大环境下，几乎所有的货物都供不应求，企业不用担心自己的产品积压，显然这种方式满足了企业的需要。当时没有专业的物流企业，有从事简单的货运代理业务的运输公司，他们的业务范围是接受客户的委托，按照客户的指令将货物送目的地并收取一定的佣金。

随着电子市场薄利时代的到来以及市场竞争的加剧，企业的效益难以保证，降低成本的问题日益突出，企业要积极创造条件，寻求优化物流体系方案，开始将物流作为企业的第三利润源泉，在这个阶段企业迫切需要有专业的物流公司来对企业的物流活动进行整体规划和布局，因而开始寻求有专业经验的物流公司作为合作伙伴，借助他们的专业优势和快速的反映能力来寻求适合自己的物流解决方案。在这种形式下，一些货代公司逐渐扩大自己的经营范围，从货物代理增加到仓储管理、区域配送甚至代理报关进口，国内物流公司雨后春笋般地出现。

随着国内外电子市场的快速发展，电子产品的品种越来越多，功能化差异越来越不明显，大家若想在激烈的市场上分得一杯羹，不仅要在产品上独创特色，物流也应创造出自己的特色。因此，电子企业开始全面寻求全方位的物流解决方案，全面实行第三方物流、成立物流联盟企业、在公司内部进行资产剥离等，一些大的电子企业利用自身的业务需求及资源优势，逐步将原材料采购、运输、仓储和产成品加工、整理、配送等物流服务业务有效分离出来，按照现代物流管理模式进行调整和重组。重组后的业务主体，既可以自己承担部分或全部的物流业务，也可承接社会物流业务，创造新的物流增值体系；或者将其部分或全部业务委托给专业物流企业承担，以培育和发展物流市场。如海尔集团，为了提高企业竞争力，以降低成本、高质量的快速反应为目标，自 1999 年起对业务流程进行重组，实施同步流程管理模式，成立物流推进本部，在完成集团物流业务的同时，还对外承接物流服务业务，取得了明显的经济效益。

四、目前电子行业物流运作中存在的问题

从目前电子行业方面的现状来看，我国电子行业物流运作中仍存在以下问题，主要表现为：

1.受到传统观念影响，对现代物流的涵义认识不足，从而造成社会资源浪费及第三方物流市场需求不足，服务水平有待提高；

2.我国目前物流企业规模较小，服务的方式和手段比较原始和单一，技术装备落后、基础设施有待完善。目前由于大多物流企业由原来的货代转型而来，虽然经营范围涵盖仓储、运输等多项内容，但在理念、管理思想、操作手段、技术装备、专业技能以及资金方面普遍还不具备第三方物流企业的能力和优势；

3.管理方面，条块分割的管理体制阻碍了物流发展，提高了电子企业的物流运作成本，降低了运作效率。目前遍布全国的电子企业分销网络需要有配套的物流企业提供跨地域的服务，但物流企业要跨地域经营必须办理多种证照，并且手续异常复杂，这种管理体制势必阻碍了物流企业的发展。同时为电子企业的物流发展制造了人为障碍，在很大程度上阻碍了规模效益的发挥，增加了物流成本。在已实行第三方物流的企业中，合作伙伴之间已经基本建立合作伙伴关系，但仅仅局限于最普通的一种服务与被服务的仓库管理、配送业务关系，但没有提升到战略合作的高度来优化整个供应链；

4.技术方面，条码技术和 POS 扫描在提高整个物流运作效率上的作用有待发挥；

5.由于成本、费用等多方面的原因，大多中小企业的反向物流市场空间很大，这也成为中小电子企业物流发展的“瓶颈”。

五、未来电子行业物流发展趋势

加入 WTO 后，我们对外资放开的分销领域是佣金代理、批发、零售、特许经营等四个方面，实质上我们放开的是整个流通领域。我们将面临巨大的、全方位的国际市场竞争，并且竞争的方式将由单个企业对单个企业的竞争，变成产业链与产业链、供应链与供应链、需求链与需求链之间的竞争。要形成强有力的链条，其核心是整个链条对市场的快速响应能力，而快速响应能力的核心则是加快流通速度，特别是物流的速度。面临这种竞争环境，迫切需要的是整合整个供应链上的各种资源，尽量缩短供应链，使整个链条快速旋转并且保证每个节点的有序连接。

要整合供应链，首先大家要更新观念，在不同行业、不同地域、不同企业之间实现优势互补，各个企业都专注于自己的核心竞争产品，提升自己的核心竞争力。这种市场状况要求企业必须放弃影响其自身核心竞争力发挥的其他产业，在提升自身竞争力的同时，支持和扶持社会其他产业发展，进而提升整个社会的竞争力。

为适应这种环境，第三方物流应该由目前仅限于提供服务的物流服务商转变为整个电子产业供应链的一部分，由目前和电子企业的双方买卖关系、争夺利润的关系转变为合作关系、战略伙伴关系，从而达到“双赢”的目的，进而加速供应链的周转，使大家受益。

除了以上物流组织外，还有一种值得探讨的模式，就是电子企业以合资入股或购买股权的形式合并较为成熟的物流公司（一般是国内新兴的物流公司），一方面将自己的物流业务从主营业务中分离出去，提高自己的核心竞争力；另一方面通过股权占有的形式分得物流公司的利润，使物流成本最小化，同时降低物流外包风险；另外还可以

以资源共享的形式吸引其他同行的业务，在提高自身核心竞争力的同时也提高了经营利润率。这种物流模式建立的基础是当前物流市场的不完善、物流服务商的规模、风险意识、服务意识以及技术条件的限制等。在这种模式下电子企业和物流企业在人才、技术、资金上的互补显得尤为重要。随着WTO后市场竞争的加剧、企业的多元化以及第三方物流运作模式的推广，这种物流运作模式有可能成为将来社会物流的主流模式。

总之，物流资源的整合成为大的发展趋势，未来的竞争是时间与效率的竞争，社会呼唤能够提供从材料采购到售后维修等全方位合作的物流服务提供商，进而加快资金周转，减少资金占压，提高电子行业的竞争力。

（撰稿：清华紫光　石辉英）

饮料行业物流

中国饮料业，是开放最早、市场化程度最高的行业之一，也是一个国际品牌涌入迅猛，国内品牌后起之秀最多，发展最快的行业。同时，饮料行业又是一个竞争激烈的行业。面对如此的市场冲击，越来越多的工商企业相继投入物流的经营和致力于本身物流系统的改善，以提高企业的综合竞争力。

一、中国饮料行业现状

中国饮料市场潜力巨大，产品主要以碳酸饮料、水、茶、果汁和含奶饮料五大类为主。2002 年，饮料总产量突破 2000 万吨，预计 2001-2005 年将以年均 10%的速度增长，2005 年将达到 2 260 万吨，2015 年将达到 3 700 万吨。假如饮料从生产到最终消费者累积移动 300 公里，2002 年饮料行业蓄积的物流流量达 60 亿吨公里，即使对于世界上最大的承运商或第三方物流公司来讲，这都是一个难以想象的数字！

2002 年，饮料行业中的果汁饮料与茶饮料市场发展势头迅猛，但国内饮料市场竞争缺少强势领导品牌，各家占据的市场份额都不大；另外中国“入世”后水果进口关税有所降低，包括果汁在内进口水果的成本将大大降低，无疑给了洋饮料进入中国市场的机会。目前，饮料市场的集中度已经非常高，市场结构呈现出寡头垄断的竞争特点，聚集着巨大的风险，企业要想进入和发展有一定难度，这给物流的经营也带来了巨大的挑战。

二、饮料行业的物流与供应链特征

（一）功能性产品的供应链

供应链按照需求模式主要分为两种类型：功能性产品供应链和创新性产品供应链。饮料行业的供应链属于前者。其供应链的设计主要着眼于各环节综合成本最小化以推动策略、预测囤货型生产为主，通过采购、生产、配送的平稳运作来降低成本，强调规模经济、产能利用率、库存周转率等物质效率指标。

而创新性产品的附加值高、需求不宜预测，产品断货或积压造成的损失很大，其供应链的设计强调速度经济、拉动式策略，要求对市场的任何变动都予以灵敏反映。为此在供应链设置上一般要强化投资、配置足够多的产能或充足的成品库存，着眼于峰值服务，强调产品可得性等灵活性方面指标。

（二）产品同质性

饮料产品属于较典型的功能性产品：(1)消费量大，物流量大，周转速度高。人体 70%是由水分组成的，人均日消耗量为 2.6 升，因此不管是包装水、添加水，还是其他饮料，每日消耗量巨大；(2)消费需求淡旺季差别大，需求波动预测效率低；(3)产品同质性强，功能差异化小；(4)随时随地随机消费；(5)产品生命周期短。据统计，饮料行业新品的推出速度几乎是一天一种，消费者在有众多可选择产品的机会下，每种产品的生命周期都会受到影响，而且有越来越短的趋势；(6)有保管条件和保质期限制，需要特殊保管和装运条件。

（三）物流价值突现

饮料行业的物流任务通常是传统储运工作和物流创新功能穿插交错，在将各个专门工作领域协调成为一项综合能力的过程中，随着消费者购物习惯与喜好的改变，以及生活节奏的加快，产品的可得性成为关键。也正因为如此，各厂商积极涉足渠道的经营，提供消费者方便及时的购买需求，渠道和市场的扩张在极大程度上依赖于企业自身和合作伙伴的物流能力。有的饮料企业在扩张市场之前首先在目标市场区域打造物流网络，通过自己组织物流、利用分销渠道或委托第三方来增强物流配送能力，以便为大规模的市场行动奠定基础。因为如果物流的延伸速度慢于市场扩张的步伐，物流服务水平达不到客户期望的水准，企业苦心开拓的市场将可能逐渐萎缩掉，为开拓市场所花费的促销和广告费用也将付之东流。这些特点决定了饮料行业物流模式与其他行业物流模式的本质区别——物流速度和稳定性成为客户服务重点。

其典型的饮料产品特征，量大值低，利润空间小，产品同质。相同的原料和市场，相同的生产技术和工艺，在其他后勤成本越来越接近的情况下，物流成本成为竞争最为广阔的领域，成为创造核心供应链价值、取得综合成本优势的决定性力量。

三、饮料行业的物流发展现状

（一）饮料行业的渠道演变

一个完整的销售渠道一般分为四层，上游制造厂商、中游一级批发商、下游二级批发商及下下游零售商。对于上游制造商来说，其批发商的平均规模、地理分布和回款能力是渠道经营成功的关键，对于中间批发商来说这些制胜因素是销售点的多寡、购买量及定期定购。根据中间的业态又分为传统渠道和现代渠道。传统渠道中，厂商选择中间批发商来经营，由经销商配送至杂货店、饭店、商场和超市。经过近几年批零业的巨大变革之后，传统渠道逐渐萎缩，取而代之的是现代渠道，大型连锁零售商的出现和发展，支配产品销售的分量也随着店面规模的扩大而扩大，制造商开始直接面对零售商，中间渠道开始随之变短。直接影响到补货方式和配送方式的巨大物流变革。

（二）厂商运输方式的选择

据一些优秀厂商的统计，旺季饮品的在途时间和在库时间几乎相当，也就是饮品要在运输上花费更多的费用，约占总成本的70–80%。运输及相关的信息的处理成为物流任务的重中之重。

饮料行业的运输主要为国内运输，饮料成品长途运输不经济，国际贸易量很小，只有一些极少量的浓缩饮品运往东南亚和欧美。如山东中鲁果汁集团公司产品95%出口到日本、美国、法国、韩国等国，运输方式主要采用海运。国内运输首先采用是汽运，随着近年来公路业的发展，中国公路运输网络初步形成，汽运成为饮料厂商的首选；其次是铁路运输，在制造厂向各配送中心或大经销商的运输中，铁路运输占的比例更大，部分企业还采用快件和航空运输方式。一些低温饮品还需要采用低温运送，如冷藏奶、鲜奶。汽车运输工具包括厢式货车、半挂车，一些运装散装饮料的奶罐车、果汁罐车，以及专门运送利落包装饮品的带层架的改装车辆。

（三）配送方式的考虑

与其他行业物流外包方式盛行相比，饮料行业的配送绝大部分自主经营，只将最为功能性的仓储和运送分包给更为专业的仓储公司和运输队。在一项访谈中了解到，坚持自理物流的厂商，其理由包括“避免商业机密外泄，不能由一家物流公司掌握其全部的配送量”、“掌握对商品的控制权”、“应付紧急订单”、“节省成本”、“缩短作业时间”等等。

商业机密外泄成为物流配送营运中一个主要的考虑因素，在饮料行业激烈的竞争环境中，自己管理各项配送工作，而只将单纯运输“分包”给运输公司。紧急订单是另一个主要的不确定因素，为了满足客户需求并维持一定的服务水平，有时必须选择自理自送。紧急订单的处理需要耗费额外的人力、物力，如果全部外包，服务供应商一般都要收取加急运输费，增加相关作业成本，因此要增加竞争力首先从降低成本着手，减少不必要的支出。

（四）仓储现状

饮料企业虽然不乏知名品牌企业，但仓储系统一直落后于其他行业，成品和各种原辅材料一直以传统仓库为主，货架仓库的应用较少，偶见工厂下线中央仓库设置一些驶入式货架，更鲜有自动化仓库，这主要与这个行业利润较低有关，同时工厂和配送中心一般远离市中心，地价不高。

由于饮料主要功能为解渴，气温高消费量大，尤其是碳酸饮料、纯水、茶饮料，季节性明显。所以仓库在冬季和夏季之间的使用率差异较大，成为饮料行业的一大难题，一般而言每年的4月至10月为旺季，其他季节为淡季。旺季时经常出现“爆仓”现象，仓库平均利用率能够达到80-90%，而淡季时，空仓现象明显，仓库使用率低于70%。从渠道的上下游来看，一个明显的特征是，下游分销商的仓库利用率要远大于上游制造厂商。

（五）制造厂商物流费用

无论哪个行业涉及费用比例的一般都是企业的核心机密，在竞争激烈的饮料行业更是如此。上游制造厂商中，物流费用的支出主要由运输费用和仓储费用两大块构成，运输费用每个厂商都是相似的，无论是作为外包的劳务支出，还是作为自运的车辆运行费用，都有明确的数字体现在财务报表中。仓储费用水平差异性较大，在跨国企业中一般分为存货费用和加工费用，前者包括有关产品订购费用、货物持有费用及行政成本，后者包括各种拣货、分货、包装、贴标签、装卸搬运及简单加工费用，而大部分内资企业中的物流费用只能反映出库存持有成本和外付的劳资费。

四、饮料行业的物流问题

物流配送处于供应链上企业与客户的临界面上，是企业营运的第一脉搏，内部的任何业务问题最终都会在物流配送层面有所体现，是饮品企业供应链体系的问题聚集点。饮料行业的企业长期以来一直存在一些问题：对市场把握不准、计划频繁调整、生产要么过剩要么不足、批号老化、全国范围工厂间调货、客户要货批量减少、渠道渗透及产品铺货率不够高、产品推广不理想、责任难以划分、横向协调较难，配送陷入被动操作等，可以说都属于供应链运作或与供应链密切相关的问题。表现在物流配送的问题主要在于：配送成本高，影响企业综合成本竞争，物流运作难度大、交货期长、送货不准时，经常出现突发性运作“瓶颈”，运输费用的责任难以区分，销售部门投诉不断，等等。

从供应链集成整合的角度看：(这些问题不是孤立的点，而是相互联系的；这些问题只是表症，而不是根源所在；问题的产生主要不是员工的责任心不强、工作不努力所致，主要是供应链策略及流程运作系统的问题。)物流问题只不过是供应链中表现较为突出的问题，成本结构主要是由目前的供应网络决定的，而成本责任难以区分的原因在于组织定位和绩效考核。

物流运作存在诸多问题，主要表现于物流成本和客户服务水平，通过重点分析发现这些问题存在几个本质原因：供应网络布局、计划与库存策略和分销政策，这几个方面属于战略层和策略层的问题，决定企业在行业内处于竞争优势还是竞争劣势，对企业有长远的影响。

从战略的角度上说，饮料企业运作一般都是区域化运作，生产布局合理与否决定了物流的运作效率和成本支出。饮料企业常见的问题在于，前期工厂设置时考虑不足，产能布局不平衡，导致高额物流成本，地理跨距长，造成运输周期也长，也影响了市场预测的传递和调整，对客户需求信息把握不准确，造就高度复杂的计划体系。主要表现在短期计划上：一方面力求锁定，一方面频繁变动，短期计划既非实际需求，也不是预测，是混合体，经过逐级反馈时间滞后，计划准确率较低，不具备计划指导意义。表面上生产是由需求驱动，实际上因需求不准且生产柔性有限，实质上生产是推动式的，生产环节也经常调整计划，影响到了物流的平稳运作，造成高额物流成本。

在物流的定位和职能设置上，大多数饮料企业的物流部门是成本中心，管理上从属于销售部门，物流成本考核成为惟一可量化考核的指标，但物流部门在组织中的功能和地位决定其无法对物流成本负责，主要原因在于：

供应网络的非经济布局大多已经形成，无法通过配送营运降低费用；

销售部和分公司追求销量最大化，期望完美物流服务，忽略成本约束；

对地理上周边及边远市场的开发，送达方的渠道、层次一般由市场部门决定，物流配送难以参与；

成品调拨、订单调配和配送批量的裁决权在于销售部门或分公司，留给物流部门调整的空间很小。

简而言之，物流成本战略性节约的主动权非配送部门把控，物流部门自然难以有效地控制高额物流费用。同时，直线职能下的部门利益不同，使得要实现总成本最小、总效益最大，关键在于成本–效益责任的合理定位。同时，物流是一项策略性很强的活动，在一定的成本结构下，要创造客户价值最大化，物流必须与市场策略同步，需要根据市场类型、渠道结构、客户利润贡献等级分类，制定差异化配送策略。

五、未来展望

随着饮料业的成熟，品牌企业的市场相互渗透，未来物流经营将遇到更大的挑战。可以预见到：

物流配送将在渠道竞争中发挥更大的作用，在服务成为产品的一部分，在进入一些现代渠道，如大型连锁零售集团，物流配送品质、自动补货系统的对接能力，成为市场入场券，物流保障将创造更大的客户价值。

随着各品牌企业的生产与市场布局收官结束，区域化生产、区域化销售的运作模式形成，物流配送费用将有所降低。

物流职能和物流组织定位将趋向合理化，物流策略与市场策略一体化，物流绩效考核不再局限于物流部门内部，通过对简单功能性指标进行分析来衡量物流绩效，企业将站在公司整体及供应链的角度，制定和部署物流战略，通过公司对渠道联盟的业绩来衡量和控制物流绩效，监督物流资源的配置情况。

物流外包比例将有所增大，上游厂商将更多地利用专业物流公司的管理技术，提升竞争力，有效支持整个渠道的扩张，并减少物流作业成本。

（撰稿：北京佳苏物流仓储研究中心　张骁勇）

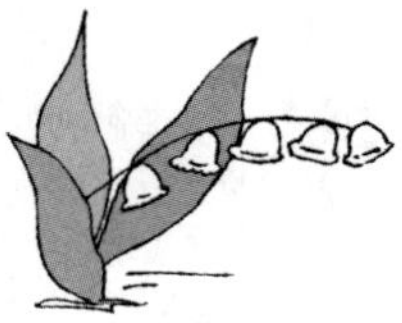

农副产品物流

我国是个农产品大国,农副产品物流在国民经济发展中具有举足轻重的作用,它涉及整个国民经济运行效率和运行质量,关系到农业产业化发展和农民的根本利益。从当前我国实际情况看,农副产品物流还处于十分落后的状况,由于农副产品不能做到物畅其流,加工增值物流成本较高,一些农副产品增产农民却不能增收,农民生产种植的积极性在这些方面需加大鼓励力度。与此相联系,如何改善农副产品物流,是一个非常重要的课题。

一、我国农副产品物流需要不断完善

(一)农副产品物流设施、设备落后

与农产品生产的季节性和上市的集中性、大量性相比,我国农副产品物流设施、设备发展相对滞后,造成了农产品"卖难"、"丰产歉收"等问题。一是农村交通网络还不够发达,有些边远山区尚未做到村村通公路,有些地区交通拥挤堵塞,使农副产品物流不能做到物畅其流。从内陆运输到海上运输,从汽车运输到火车运输的多式联运交通网络尚未形成,加上路况不良、关卡收费等问题都无形中增加了物流成本,加大了农产品物流环节的经营风险。二是在运送过程中,运输车辆还是使用敞篷汽车散装运输,缺乏冷藏冷冻设备,厢式冷藏车严重不足。目前我国汽车运输七成是敞篷卡车,只有三成密封式厢式汽车,而备有制冷机械,保温厢式冷藏车辆还不到汽车总数的一成。

(二)在储存、运输、加工、销售等环节上保鲜技术是影响农副产品物流质量的突出问题

现在,我国的农副产品物流是以常温物流或自然形态物流形式为主,缺乏冷冻冷藏设备和技术,使农副产品在物流过程中损失很大。据统计,我国水果、蔬菜等农产品在采摘、运输、储存等物流环节上损失率达25–30%,每年有总值为750亿元的农产品在运输中腐坏、损失。所以有人把大宗农产品物流形容为"两头叫",意思是说生产者和消费者都不满意,生产者嫌收购价太低,而消费者又嫌零售价太高。例如,2001年海南香蕉产地收购价最低为每500克0.09–0.1元,而运到华北主要城市零售价高达1.5–2元,主要是物流过程损坏率太大提高了运销成本。而在发达国家果蔬损失率则控制在5%以下。美国蔬菜水果物流更为典型,产品一直处于采后生理需要的低温状态,形成一条冷冻链,田间采摘后预冷→冷库→冷藏车运输→批发部冷库→超市冷柜→消费者人工箱,水果蔬菜在物流环节的损耗率仅有1–2%。

(三)农副产品物流投资结构不够合理

长期以来,在农业增产上,在抗旱排涝等水利基础设施上的投资明显不足。从农副业产业化整体来看,如果能够更多地关注生产、流通、加工一条龙的产业链经营,开发实用保鲜技术,使果蔬损耗率减少一半,就意味着增产水果500万吨,蔬菜3 000万吨。美国农业目前在生产季节投入比例为30%,产后投入比例为70%,人员也是生产环节的人少,采后加工服务人多。国外水果经过采后储存,加工增值比例为1:3.8,我国是1:1.8。原因在于我国的农产品绝大多数是生产地以原始自然产品的形式销售,而农产品附加值的真正实现是在非产地的消费领域,所以我国农产品的鲜销方式限制了农产品的增值,保鲜储存比例不足20%,加工比例不足10%。

二、改善农副产品物流的对策

改善我国农副产品物流,应达到三个目的,一是使农民生产的农副产品能够实现其价值和使用

价值;二是使农副产品在物流过程中增值;三是降低农副产品的流通成本，提高农业产业化整体效益。为此,要解决以下几方面的问题:

（一）要加大对农副产品物流基础设施设备的投入

——要加强农村公路建设。俗话说:“要致富,先修路”,农村公路是农副产品物流的载体,也是农副产品流向全国、流向国外的路径,要做到村村通公路,特别是边远山区和经济落后的中西部地区农村,要完善公路网络,提高公路网的通达深度和能力,确保农产品的运输道路畅通无阻,物畅其流。

——要加强农副产品储运工具和设备开发生产。为了推动我国农副产品冷藏保鲜物流,降低储运环节的损耗率，必须加强冷藏货物车辆的生产和营运，淘汰不符合公路及食品卫生标准的车辆(敞篷卡车超载),保障冷藏货物的质量。另外,还要加强棉库、粮库、糖库、保鲜库、冷藏库的建设,增加温控设备和防潮设备。

(二)要培育和壮大从事农副产品物流的主体

大力发展农副产品物流的主体，是改善农副产品物流的关键。目前,江苏省苏果超市股份有限公司发展农村物流,已是举国瞩目的范例。江苏供销社系统的苏果超市有限公司于1996年由供销合作社系统的果品食杂总公司组建,5年来始终保持高速发展的态势。到2001年,其连锁店和加盟店已达670家,主要从事食品类销售,其辅助材料都是农产品,与农村、农业、农民有着密切的关系，农产品物流对农业发展起到了积极的引导和推动作用。苏果超市农产品的大规模销售,产生了以下几方面效果:

——带动了900多家食品加工经营企业共同发展,如南京的“天环”、“苏食”等大型肉制食品企业以及江苏水产公司、南京蔬菜公司、南京宁果配送等企业同苏果合作后,成为其供应商,市场份额不断扩大。

——带动了农副产品的流通规模化。苏果超市销售的鸡蛋以其新鲜的品质，低于农贸市场的价格深受市民的欢迎。由于发展集中采购,带动了一些私营企业联合苏北、山东青州、淄博的十几个蛋鸡场子,以稳定的货源,良好的品质,低廉的价格,高效优质低成本的物流配送,成为“苏果”鸡蛋专业供应商。

——使农副产品提高了市场竞争力。过去苏皖两省较有名气的地方土特产品都是以散装裸露的方式在市场上销售,损耗很大。苏果超市连锁加盟店遍及城乡后，这些土特产品为了适应超市开架销售、电脑收银、单品管理的要求,企业不断改进包装,大大推动了这些农产品标准化、礼品化、系列化。产品档次提高了,附加值也增加了,销售额成倍增长。

苏果超市的规模经营,初步形成了“基地→加工→市场”的产业链,使千家万户小生产同千变万化的大市场相连接，成为带动贸工农一体化经营的龙头企业。

（三）加强对农副产品物流保鲜技术的研究开发

其中:一是要研究农副产品的包装技术。包装是物流重要要素之一,它是生产的终点,物流的起点,在储存、运输、销售过程中具有保护功能、定量功能、标识功能,主要目的在于保护其使用价值,以防污染或腐烂变质,也便于在柜台上零售时提高工作效率。要改变过去那种散装、裸露销售经营方式。应根据不同产品的特性,不断改进包装,发展农副产品包装的标准化、礼品化、系列化。二是要研究农副产品物流的冷冻保鲜技术。据统计,我国每年3.7万吨蔬菜水果在运送路上腐坏,足可以供养2亿人的生活,造成此浪费的原因是由于从事商品流通环节的企业及人员对冷冻保鲜物流理论认识不足，技术手段落后。自我国加入WTO以后，面对市场压力以及寻求高素质服务的呼声越来越高,目前的状况已到了市场无法接受的程度,改变现状势在必行。一些品牌食品零售商及快餐连锁店,如家乐福、麦当劳等著名品牌正在极力推动和改善中国冷冻保鲜物流,以保持其品牌声誉。另外,中国家庭对冷藏食品的消费需求越来越大,消费者愿意付出较多的货币取得高质量的服务。

（四）建立农副产品物流信息管理系统

物流信息管理系统就是对企业物流相关信息进行加工处理,来实现对物流的有效控制和管理,并为物流管理人员提供战略及动作决策支持。其基本要求是通过 EDI(数据交换)和 POS(时点销售信息)实现数据的自动采集和交换,达到整个产业链上的企业信息共享。

(撰稿:安徽财贸学院　万寿桥　李小胜)

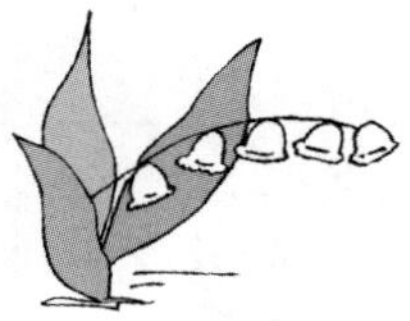

粮食物流

国家发展计划委员会等6部委局联合下发的特急计经贸[2002]2668号文件《关于加快农产品流通设施建设的若干意见》指出，我国农产品流通设施建设的目标是：完善批发市场的功能，提高批发市场档次；积极发展连锁超市，直销配送等新型的流通组织；加快农产品的储藏、加工、运输、配送等物流设施建设，建立现代化的农产品物流服务体系；改革现行农产品批发市场经营体制和管理体制；建立起在政府的政策引导和资金支持下主要依靠企业自主经营、自主投入、自我发展的机制。逐步形成以全国骨干批发市场为核心，以连锁超市等其他流通方式为补充，以现代物流服务体系为依托，以现代交易、结算、信息、检测、储藏、物流等技术为支撑，以良好的企业经营和资金投入机制为保证，以稳定有序、规模化的农产品经销商队伍为主体的现代化的农产品市场流通体系。以粮食为主的农产品流通一直备受各级政府及各届政府的高度重视。

一、国内粮食物流现状

粮食作为关系到国计民生的重要商品，也是季节性很强的大宗商品。所以粮食物流同其他物流有较大的区别，就其流通渠道较其他物品具有其复杂性，目前我国粮食物流现状如图1。

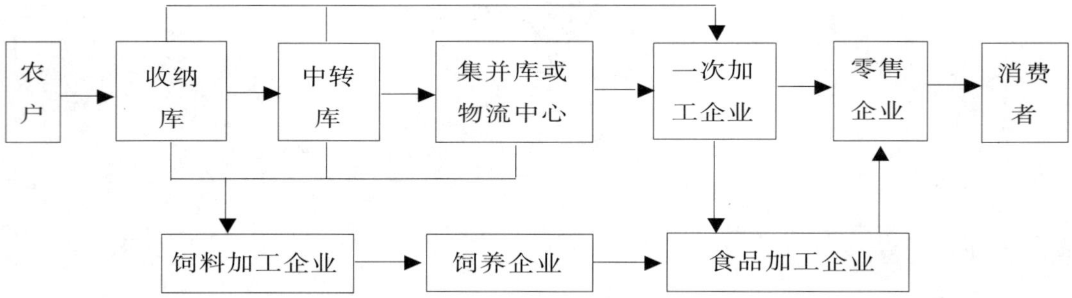

图1 我国粮食物流现状

为了实现降低物流成本，提高服务质量这一宗旨，必须实现物流合理化。粮食物流合理化是指在完成粮食流通任务的前提下，以最少的消耗，取得最大的效益。它包括粮食物流据点(粮库、粮食物流中心、粮食专业码头等)的合理布局，粮食储存合理化，粮食运输及时、准确、安全、经济，物流设施与设备的先进性和完善性。

(一)我国粮食物流的主要特点

我国粮食物流同其他物品比较具有以下特点：

1.粮食必须在保质期内进入消费者手中。也就是说在粮食物流过程中不仅要保质保量，同时也必须尽可能缩短储存、运输等物流环节的时间，确保粮食的食用价值和饲用价值。然而在我国陈化粮问题仍然存在，储备粮合理高效轮换问题未得到很好的解决。

2.粮食物流量大，面广，点多。量大：一是指总量大，全国每年粮食物流量达数亿吨；二是批量大，近几年虽然我国粮食品种、品牌不断增加，需求多样化的变化，但是粮食供给批量最小也以吨为计量单位。面广：涉及全国粮食产区和销区，城市和乡村，几乎是无城（市、镇）不建粮库，无线（公路、铁路、水路运输线）不运粮食。点多：粮食物流据点数以千万，散、小而无规模，保管、储藏等环节流动缓慢。谈不上粮食物流中心、配送中心。

3.粮食资源的利用正由以食用为主转变为饲料加工为主。无论食用还是饲用，无非是流向的变化，而持续性消费的特点仍无变化，这就要求粮食物流必须根据季节性生产和持续消费在产销、供求、时间、空间等方面进行合理化配置。

4.粮食流通的百分比低。近些年来我国粮食产量在5亿吨左右，然而有60–70%的粮食是在农民手中或储存或食用或饲养。真正参与流通的不过是30–40%，而且还包括储备粮食，这是我国粮食经济效益低下的重要原因之一。

5.原粮物流量大，一次加工的（面粉、大米等）和二次加工的（粮油食品等）物流量小，这也是影响产区粮食经济效益的原因之一。

6.包粮物流量大，散粮（含集装箱）物流量小。物流成本居高不下；物流作业环境差，效率低；受自然条件的影响较大。

（二）我国粮食物流存在的主要问题

从经济全球化的视角来总结、分析、评价我国的粮食物流主要存在以下主要问题：

1.我国粮食物流仍处在自由发展，粮食物流市场缺少规范的运营机制，一定程度上造成粮食物流的无序运作，不能与社会物流融为一体，难以形成系统，更不用说供应链管理，核心企业、节点企业不明，各级政府没有统一的粮食物流规划，现有物流设施分散在各企业，利用率低下，甚至闲置浪费现象突出。有限的粮食物流设施不能充分发挥其作用。

2.粮食物流投资缺乏连续性。例如：利用世界银行贷款项目与后来的两个200亿斤和一个400亿斤库容建设相互之间没有关联。缺少统一规划，这样的巨额投资，究竟绩效如何，有待进一步分析评价。

3. 现有的粮食物流设施与设备同经济全球化的背景不相适应，我国加入WTO之后，客观上要求粮食物流也应同世界接轨，且不说粮食物流的科技含金量，仅我国粮食若大量进出口的话，拆包灌包就增加一笔不小的物流费用，更何况效率低下。

4.“藏粮于民”的陈旧观念制约粮食物流的发展。据“全国农民固定观察办公室”的调查，我国1999年农户家庭储粮户均为1 500公斤，人均存粮375公斤，全国共计家庭储粮3.7亿吨，约占粮食产量的75%。农户储粮总体数量大，分散的农户储量小，基础设施滞后，技术含金量低，农村交通运输不便，难以参与流通，更难以形成物流系统。

5.粮食物流损失严重。由于农户家庭储粮设施简陋，运输以人拉肩扛为主，损失严重。据调查，小麦储存3.5个月，虫蚀率为18%，平均损失率为9%；玉米储存12个月，虫蚀率达22%，平均损失率为7%。再加鼠害、霉变等损失，平均每户每年储粮损失率为10%，若按3.7亿吨的总量计算，每年我国约有3 700万吨粮食在粮食生产者手中白白损失掉。如果再将收获时的洒落，原粮作为饲料的资源浪费包含在内，这个数目更要惊人。

6.重视粮食储备，忽视生产能力的储备。在我国自1998年以来连年粮食丰收，经济发达国家成功的“休耕制”不敢引用，一味的敞开收购，建设粮库，扩大储备量，增加了粮食物流费用，进而增加粮食流通成本，也增加了国家的财政负担，中国的粮食生产方式也带来了地下水下降、沙漠化等生态危机。

7.小农业的粮食生产，增加了无效物流。由于我国的粮食生产属于小农业经营，每户农民耕作少者不足1亩地，多者也就是十多亩地，以公顷计算耕作面积的农户极少，这样造成东北等地的高水分粮无法在产地烘干，南方等地的稻谷无法在产地脱壳，高水分粮运、储、搬、增加了无效物流。稻谷流通较糙米流通增加约20–30%的物流费用。

二、粮食物流中心的形成与运作

我国加入WTO后，必然出现本土市场国际化，国际市场本土化的激烈竞争的新形势。所谓的北粮南运、南进北出现象能否维持，关键在于提高我国粮食品质，并高起点建立我国现代化粮食物流中心，整合粮食物流资源优势，培养粮食物流“航母”,积极参与国际竞争。

在我国大连，以北方国际粮食物流股份有限公司为运营主体建成北方国际粮食物流中心。该粮食物流中心以东北经济区(东北三省及内蒙古)粮食主产区为基础,充分发挥大连港粮食集并、储存、运输、信息及综合服务功能的优势,按照现代物流理念和模式,建立粮食物流中心。同时国家储备粮也需在规范的粮食物流中心进行轮换。粮食物流中心、粮食信息中心与粮食批发市场相辅相成,紧密联系,互相促进,这样有利于提高粮食企业的经济效益及社会效益。形成区域特色,提升传统粮食流通业态，提高粮食流通产业的市场竞争力,拓宽粮食流通行业的发展空间。

粮食物流中心必须建设信息网络，运用信息化手段,为广大客户提供优质、高效的信息服务。并为粮食物流中心、粮食批发市场及期货交易所提供信息,这些信息是预测和决策的重要依据。粮食物流中心成为现货交易、期货交易及电子商务等现代化交易方式顺畅进行的保证和物质基础。

粮食物流中心以粮食经济发展为主体，打破行政行业界限，合理配置，优化组合粮食物流资源。在我国各粮食经济区域内建立功能较为完善的、高效率运营的粮食物流中心。

三、建立符合我国国情的粮食物流系统

(一)建立我国粮食物流系统存在的主要问题

1.“包粮”流通是建立我国粮食物流系统的一大障碍。“四散”流通是指粮食在流通过程中的装车(船)、卸车(船)、运输、储存四个环节,以散粒形式进行作业。“四散”流通是粮食物流系统的基础,世界上大部分国家的粮食都是散粮作业，而我国散装作业粮一直徘徊在10%左右,在粮食物流系统中,是采用“四散”流通还是包粮流通,是在所投入费用及所获取利益比较后得出结论的。虽然建仓库的一次性投资散粮高于包粮，但是运营成本及质量管理,散装优于包粮。在运输工具方面,散粮专用车辆的价格高于普通车辆。但在车辆装载率方面散粮优于包粮，现代化的散粮装卸装置缩短了装卸车(船)时间,提高了粮食物流效率。

我国的粮食物流水平较经济发达国家至少落后30年,自动化程度落后20年。经济发达国家无一例外地都实现了“四散”流通,大部分发展中国家也实现了“四散”流通,同时形成了完善、科学、经济、高效的粮食物流系统,大幅度降低粮食物流成本。我国“四散”技术是从1970年开始,1980年、1981年两年，粮食散运率分别占粮食运输总量的18.7%和18.6%。由于基础设施投资滞后,以及“四散”不配套等原因,1990年散粮运输仅为1.247万吨,占粮食总运量的8.1%。据初步测算在我国采用“四散”流通形式较包粮流通形式仅流通作业费用,每吨粮食可节省30–50元。

目前，我国粮食流通中包粮占90%左右,包装袋有麻袋、布袋、编织袋、复合塑料袋。粮食在运输、装卸、储存、搬运等过程中,因散落粮食,而造成损失;防虫蚀、防湿性能差;成本较高。如果我国粮食采用“四散”流通,不仅能减少粮食流通中的损失,而且节省大量包装材料,增加运输和仓储能力,这是我国粮食物流的发展方向。

由于我国散粮装卸、输送设备不配套,系统不完善,自动化水平低,外部制约因素多,普遍存在“散来包去”,“拆包散运”等极不合理现象,导致压车压船现象严重,粮食流通损失增加,流通费用居高不下。进入90年代建设了一批机械化骨干粮库和《利用世界银行贷款,改善中国粮食流通》项目,为我国的“四散”流通奠定了初步的基础。但是,运输专用工具,仓储设施、搬运设备必须相配套。另外如果仅新建项目区内进行散粮流通，不能形成系统,仍免除不了拆包、装包的重复作业。

2.传统的“粮食储藏”观念必须彻底转变。我国是一个人口众多的国家，因此是世界上粮食消费量最大的国家,粮食需要有足够的储备,但是,储备不是储藏,储备库应是“蓄水池”,不断地推陈出新,先进先出“动态管理”,但在粮食储备总量基本维持不变的前提下，我国不仅仅需要科学的储备,更需要合理的流通。对于储备粮是这样,对于其他粮食更要动态管理,不仅要控制库存量,而且

结构比例要合理，适应人们食物结构的变化。特别是加入WTO，放开粮食市场，如果我国储备粮不能及时轮换而陈化，流通粮库因储粮结构不合理而库存积压。大量的国外粮食流入我国，我国将承担双重的物流费用。粮食这一商品固然季节性很强，但粮库仅仅起一个"候车室"的作用。只有加快粮食的周转率，解决了粮食的库存控制系统，才能有效的建立起粮食物流系统。

建立我国粮食物流系统除上述两个主要问题，还存在粮食流通信息滞后，物流设施与设备落后，粮食批发市场缺乏规范、完善等问题。

（二）利用现代化物理理论，建立我国的粮食物流系统

传统的包粮流通方式存在"散来灌包"、"拆包散运"、"包粮散存"和"装包发送"等不合理的现象，物流中各环节不配套等原因增加了粮食成本。粮食物流各环节必须科学合理，经济实用，作业高效，以最短的作业时间，最快的速度，最低的成本进行流通。对粮食储存、运输、装卸、计量、搬运等各物流环节进行科学管理与控制，节约物资与劳力消耗，以保证整体系统的效果，当前应统一规划，分步实施，由"点"到"线"，形成散粮主干流，逐步形成粮食物流系统，以获取粮食流通的最佳经济效益。

一般情况下粮食物流系统应具有以下特点：

1.物流方向是从农村向城市呈现收敛状态；2.物流路线是先支线后干线，呈现倒树枝状；3.物流量是由小到大逐步形成规模；4.有明显的季节性，而且物流规模受农业生产年景的影响；5. 物流系统需要具备强大的储存、运输和加工能力。

我国的粮食主要品种有小麦、玉米、稻谷、大豆等，小麦主要流向是从中部主要产区流向南部、西部和北方销区，玉米从东北、华北等产区流向南部、中南、西南等销区，稻谷与大米大部是本地区产本地区消费，只有少量品种调剂才会发生省际间流通。另外，还有少量的进出口。粮食物流系统根据粮食的流向及合理的物流量使其形成物流系统，并实现物流合理化。

建立我国合理的粮食物流系统必须做到以下几点：

1.应用现代物流理论，按照粮食经济区域建立合理的粮食物流系统。

由于粮食的产量和消费量的变化较小，因此粮食流通在地理位置的方向和路线变化不大，根据我国各地的经济环境，人口状况和粮食产销情况。划分几个主要区域，沿主要交通干线（铁路或水运路线），按照高效率、低成本、高收益的原则，科学地规划粮食物流线路，合理布局粮库等物流据点，组成粮食物流系统，大体上可分为粮食产区物流系统，粮食销区物流系统。在产区系统和销区系统基础上规划出全国性大的粮食物流系统，可能由于粮食产销的变化及交通运输的变化会少有变化，但一旦粮食物流系统确定下来，保持相对稳定，逐步投资，逐步完善。我国财力有限，不可能同时建成几个粮食物流系统，应集中财力一个区域一个区域地进行改造，新建库点应考虑散粮流通，并能作为未来粮食物流系统上的一个据点。

2.将现代化技术运用于粮食物流。开发粮食合理运输的计算机专用软件，优化运输方案，使得系统内运输费用最低。建立计算机数据传输的网络，并与通讯卫星系统联网，运粮车在运输途中通过卫星传输，需求方就可以及时得到运达时间、数量等方面的信息，并及时准备装卸搬运设备、设施及人力，提高工作效率。同时，通过计算机联网也可以使国家和各级粮食部门及时掌握粮油购、销、运、储和国内外粮食市场信息。

3.粮食物流据点的建设一定要统一规划。粮食物流据点的建设一定要统筹规划，将新建和改造结合起来。粮库建设要相对集中。要结合我国《利用世界银行贷款，改善中国粮食流通》项目及其他现有据点的布局。重点建设粮食主产区向主销区流通的物流系统。

另外，加强我国粮食物流设施、设备的标准化和系统化，从散粮专用汽车、火车及仓库的仓型和接收、发放设施与设备，都要尽可能地提高其标准化和系统化程度，这是为形成区域性粮食物流系统，再由区域系统连接为大的粮食物流系统打下良好的基础。

四、粮食供应链的构建

(一)由订单农业到粮食供应链管理

加入WTO后中国的粮食将参与国际市场的竞争,在粮食的质量和成本方面,目前中国没有优势可谈,这就是“小农业”与“大农业”相比的“先天不足”。美国一个农民耕作数百公顷的土地,而我国一个农民只能耕作几亩地,如同“小帆船”与“航空母舰”的对阵,规模效益使得我国种粮成本居高不下,现代化程度和科技含金量使得我国以粮食为原料的食品和饲料加工适应性及加工食品的食用价值一直处于劣势地位。当然,加入WTO后我国仍可以充分利用绿色政策、蓝色政策、特殊和区别对待政策(SDT),黄色政策也可执行到2004年。WTO规定的农业国内支持政策是现今143个WTO成员国均可以利用,这些提升不了“小农业”的中国在国际粮食市场上的竞争能力。更解决不了农村劳动力的就业问题。特别是经济全球化将使中国“三农”问题中的农民就业成为突出的问题。解决这些问题的途径之一是:粮食供应链管理。

(二)粮食产业链的形成

如果说订单农业仅仅是为了买粮食卖粮食的话,只能是一种低层次的经营形态。要想获得高额回报,使粮食在流通中增值,必须形成产业链,在增加产品附加值上做文章,通过建立先进配套的粮油食品加工体系,如粮食的精、深加工,形成高档次,多样化、全方位的经营格局、才能适应我国目前较为激烈的市场竞争。

所谓产业链是在“订单农业”的基础上发展和延伸出来的,也就是说订单农业是粮食收购企业(或粮食加工企业)同农民签订粮食供需合同,它只是粮食生产者与收购者之间的联合,而产业链是粮食生产者、流通业及加工业之间的合作,使之形成“农户→收购储存企业→粮食加工企业→食品加工企业”这样一个链条,合作伙伴从上游的粮食生产与流通向下游粮食加工(加工面粉、大米等)、食品加工延伸及扩展,不但是因合同而生也是增值的利益及合理物流,降低成本,将几方联系在一起,是他们的共同利益也是农民增收的重要出路。

(三)拉长粮食产业链形成粮食供应链

产业链已是供应链的雏形,拉长产业链并完善其功能,将龙头企业变为核心企业,就形成了供应链。

供应链是围绕核心企业,通过对物流、信息流、资金流的控制,从原料开始,制成中间产品以及最终产品,最后由销售网络将产品送到消费者手中的,把供应商、制造商、分销商、零售商直到最终用户连成一个整体的功能网链结构模式。它不仅是一条连接供应商到消费者的物流链、信息链、资金链,而且是一条增值链,物料在供应链上因加工、包装、储存、运输、配送等物流活动而增值并给供应链上的核心企业及节点企业带来经济效益。供应链管理是一种集成的管理思想和方法,主要涉及四个领域:供应、生产计划、物流、需求。供应链管理是以同步化,集成生产计划为指导,以各种技术为支持,围绕生产作业、物流、满足需求来实施。

粮食供应链具有其特殊性,它是以粮食为原料经过一次加工(粮食加工)和二次加工(食品加工)最后供给消费者,为了粮食安全必须保证适量的国家粮食储备。整个供应链是“以消费者为起点”根据消费者的收入状况、消费习惯等因素进行预测:消费者什么时候,需要什么样的食品,需要多少。零售企业适时、适品、适量供应;以配送和加工为主要功能的中心厨房,根据零售企业的订单适时、适品、适量配送各类食品,粮食加工企业根据中心厨房的订单适时、适品、适量供应面粉与大米等一次加工产品,同时也向供应链上的大型食品加工厂供应一次加工产品;中心厨房也向大型食品加工厂订货和进货。粮食收储企业按照粮食加工企业订单适时、适量、适品供应;粮食生产者根据收储企业的需求适时、适量、适品生产粮食。整个供应链自下游向上游“功能爬坡”。除粮食收储企业及中心厨房具有适量的库存外,供应链其他环节几乎不保持库存,遇到歉收时利用国家储备粮来保证供应链的正常运转。遇到丰收时收储企业可以暂储待售。整个供应链虽然不能向其他制造业那么严密,集成化管理会给粮食生产与流通企业带来社会效益与经济效益。整个粮食供应链的结构模型图。如图2

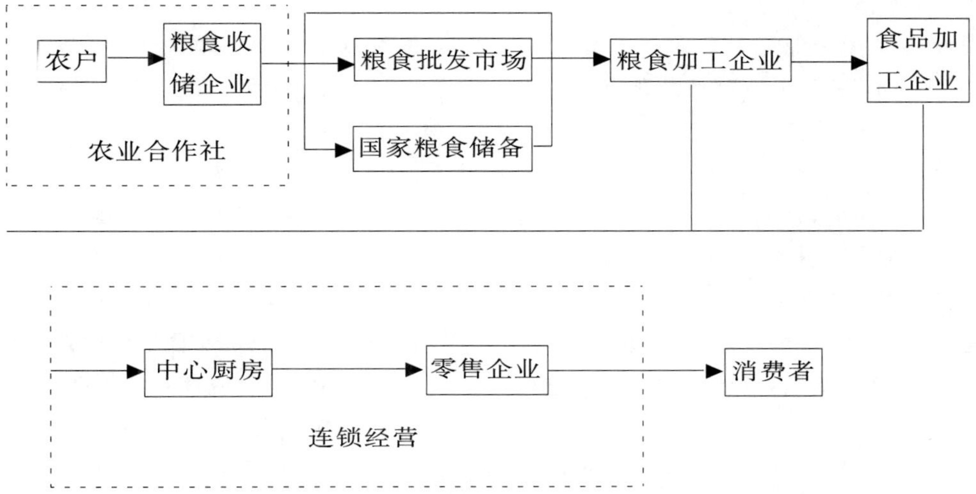

图 2　粮食供应链的结构模型

粮食生产与流通实现供应链管理模式，粮食生产及收购，储存需将农民自发组织起来成立农业合作社，这是国外已经普及的农业生产与流通组织机构，他是将农户组织起来形成规模效益，土地仍归农户所有，统一种植、统一管理、统一收获，统一销售，统一储存，利润分成的方式进行运作。由于目前我国农民文化程度低，农户规模小，无法参与期货与现货交易将农民组织起来成立农业合作社，共同参与期货与现货交易，利用套期保值转移风险，确保农民收益并能尽快完善我国粮食市场体系，没有粮食生产者参与的市场不能说是完善的粮食市场体系。

在粮食供应链的下游是连锁经营，在经济发达国家也有着成熟的经验，连锁经营遍布城市和乡村，直接为消费者服务，统一订货、统一配送、统一价格、统一运营管理、统一组织促销活动、统一进行市场调令和预测。连锁经营总部下属机构主要是以食品为主要商品的零售店铺和具有配送中心和加工中心功能的中心厨房，中心厨房应满足连锁经营店铺的绝大部分食品的配送，同时以加工生鲜食品为主，例如：面包、糕点、鲜面条、馒头、饺子、配菜等。对于像饼干、挂面等适应大规模连续生产的食品中心厨房直接向食品加工厂订货。

五、我国粮食的供应链管理

（一）粮食供应链管理的意义

多学科交叉，综合的新兴学科–现代物流学发展到今天的供应链管理，是全球经济一体化的背景下改善经营的法宝。因此有人预言：21 世纪不是企业与企业之间的竞争，而是供应链与供应链之间的竞争。将供应链管理的理论和经验引入到粮食生产与流通中，将有利于解决农民就业问题，增强我国粮食的市场竞争力，使粮食生产不至于过剩而出现粮食库存积压和粮食陈化，也不至于因产量不足影响粮食安全，总之，它可以使我国粮食生产与流通在 WTO 国内农业支持政策下将会趋利避害，确保粮食安全。对于我国产业结构的调整与粮食相关的企业制定发展战略和管理模式、粮食流通体制的改革，都具有推动作用。在我国由“订单农业”发展为“产业链”，需要拉长“产业链”，完善、补充其功能，将现代化物流管理理论运作到链条管理中，到 2004 年以后取消粮食进口配额之后，我国粮食以供应链管理的模式参与国际竞争。

（二）粮食供应链管理的主要内容

1.粮食供应链管理中合作伙伴的选择及战略性合作伙伴的关系。粮食供应链中核心企业的形成和核心企业的作用。粮食供应链管理中的节点企业之间的无缝链接和快速反应。在订单农业中，龙头企业只能带动上游企业，也就是说龙头企业以上的原料供应变得顺畅，粮食供应链的核心企业在订单农业的龙头企业的基础上不仅带动上游，同时推动下游企业，从上游到下游所有节点企业围绕核心企业，高效运营。

2. 粮食供应链管理中产品需求预测及规划。粮食供应链管理中的信息传递与处理：基于粮食供应链管理企业间的资金流、物流、顾客服务的管理及企业内部物料供需管理。信息是整个供应链的关键，也是供应链与订单农业和产业链最大区别之一。有了准确及时的信息，才有精确的需求预测。

3.农业合作社运营机制应该符合中国国情及市场经济。农业合作社只是一个经济实体，这是同计划经济时期的人民公社最大区别之一。农业合作社引入现代企业因素，发展股份合作制，根据我国家庭联产责任制现实也可实行"股田制"。特别是专业化农业合作社本来就是商品化、专业化、规模化的产物。

4. 中心厨房及连锁店铺的设计及运营管理。主要是中心厨房生鲜食品加工工艺、内部规划、分拣、配送及订、发货系统。中心厨房及连锁店铺如可降低成本、提高服务质量及工作效率。

5.粮食批发市场在供应链管理中的作用。农业合作社参与现货交易、期货交易及电子商务。特别是利用套期保值规避粮食生产的风险。

6.粮食供应链核心企业及节点企业绩效评价与激励约束机制。

(三)粮食供应链管理解决生产与流通中的关键问题

1.在经济全球化的背景下，我国的粮食生产与流通需要走集成化及供需同步化的道路，供应链管理的发展模式是提升国际市场竞争能力对策之一。由于粮食供应链管理让农村过剩的劳力由粮食生产逐步转移到粮食流通领域，解决了部分农村劳力就业问题；供需同步，适时、适量、适品供应，避免了丰年粮食库存积压而导致陈化，整个粮食供应链是一个增值链，这种管理有利于增加农民的收入。

2.加入 WTO，粮食参与国际竞争，必须实现规模效益，将分散农户组织起来成立农业合作社及其他形式的经济实体，兼生产流通为一体，将农户土地连成片统一经营，发挥规模效益，降低生产成本，保证粮食质量及食用价值，特别是有利于开发具有食品加工适应性及专用型的优质粮食。

3. 粮食供应链管理必须以消费者为起点，流通功能由下游向上游转移，这样便可供需同步化，减少中间环节及由分散储存变为专业化的集中储存，更重要的是以消费者作为起点进行市场预测才能获取准确的需求信息，为了获得更准确的信息，在供应链的下游实行连锁经营，加之统一配送有利于降低流通成本，提高服务质量。

4.没有农民参与的粮食市场不是完善的市场体系。由农业合作社统一组织参与粮食市场交易有利于健全、规范我国的粮食市场。

综上所述，粮食供应链管理是将现代物流理论运用于粮食生产与流通，在我国无论是现代物流领域还是粮食流通领域都属于创新，同时将生鲜食品加工中心同食品配送中心组合成为中心厨房也是根据我国粮食流通的实际情况和中国人民的消费多样化的需求。特别对那些已经实现产业链管理的粮食生产与流通企业，形成核心企业，拉长产业链逐渐形成供应链管理，对于分散的农户先行组织起农业合作社，再逐步同粮食流通企业、加工企业、食品加工企业及连锁经营企业连接在一起，并建立起严格的激励机制及绩效评价体系。

（特约撰稿：郑州工程学院 孙宏岭 田顺利 宋海峰）

蔬菜物流

蔬菜产业在我国农业发展中具有独特的地位和优势，是种植业中最具活力的经济作物。20世纪80年代初，我国进行流通体制改革，逐步从计划经济走向市场经济，从而加快了蔬菜的生产和流通的迅速发展。蔬菜产业是开放较早且开放步子较大的行业，逐步放开了市场、价格和经营渠道，赋予了生产者和经营者更大的自主权，生产发展迅速，流通更加顺畅，使蔬菜成为我国种植业中仅次于粮食的第二大产业，也是世界蔬菜生产大国。国内蔬菜流通调剂量、出口贸易量和贸易额逐年上升。同时，由于各地蔬菜批发市场的逐步建立，大大缓解了小生产与大市场的矛盾，极大地推动了生产、加工、配送、销售一体化经营的发展，许多大城市80%以上的蔬菜是通过批发市场进入零售环节和消费领域的。

一、2002年我国蔬菜产销基本情况

（一）播种面积、总产量继续增长

据统计，2002年全国蔬菜播种面积为1700多万公顷，比上年增长5.6%；总产量为5.2亿吨，比上年增长7.6%，继续成为世界蔬菜生产第一大国。据联合国粮农组织统计，2002年我国蔬菜面积和产量分别占到世界总量的41.7%和47.7%，均比上年提高1.2个百分点。其中播种面积前五位的省份是山东、河南、广东、江苏和广西，分别为2 965万亩、1 858万亩、1 703万亩、1 700万亩和1 600万亩。蔬菜自给率达110%多。

（二）区域布局基本形成

随着市场需求的拉动和科技进步的推动，蔬菜基地从郊区向农区转移，形成了南菜北运基地、黄淮早春菜基地、西菜东调基地、冀鲁豫秋菜基地和京北夏秋淡季菜基地等五大片农区商品菜生产基地，基地蔬菜已占商品蔬菜总量的80%左右。

（三）进出口贸易继续保持增长

据海关统计，2002年全国蔬菜出口465.7万吨，同比增长18.3%；出口创汇26.3亿美元，同比增长12.5%。累计进口仅9.1万吨，进口额0.7亿美元，分别下降5.6%和11%。日本仍是我国蔬菜主要出口国，占全国蔬菜出口量的1/3，其次为香港地区、印度尼西亚、马来西亚、俄罗斯。鲜冷冻蔬菜占蔬菜总出口量的一半以上，其次为加工保鲜蔬菜和干菜。出口的主要品种有蘑菇罐头、竹笋罐头、番茄酱，以及鲜冷冻蒜头、芦笋、圆葱、胡萝卜、萝卜、菠菜、马铃薯、生姜、牛蒡、四季豆等20多类。出口以一般贸易为主要方式。蔬菜出口以沿海、沿边的省市为主，出口量前五位的省区依次为山东、广东、福建、新疆、浙江。另据海关统计，目前我国的蔬菜出口量仅次于西班牙、意大利、美国、荷兰，是世界第五大蔬菜出口国。

（四）品种结构不断优化，国内家庭居民消费量平稳增长

全国主要蔬菜的栽培品种实现了两到三次更新，良种覆盖率达80%以上。随着科技成果在蔬菜领域里的应用及全国大流通格局的形成，各地市场日上市品种多达几十种，一年四季几乎无淡旺之分。年人均占有蔬菜量已达310多公斤，是世界人均102公斤的近3倍。2002年城乡居民家庭年人均消费蔬菜量约为120公斤。其中，城镇居民家庭人均消费量为128公斤，农村居民家庭人均消费量为110公斤。但我国的蔬菜商品尽管在外观品质上有较大提高，但在内在品质、标准化、规格化、包装化、无公害化等方面与国内消费者及国外先进国家相比还有很大差距。因此只是表面上过剩，处于买方市场，但实际上是“过剩”与“短缺”

并存，属于结构性过剩。过剩的是低品质的蔬菜商品，短缺的是高品质的蔬菜商品。

（五）蔬菜的储藏

从80年代初开始，我国模仿发达国家的做法，耗资数亿元先后修建了许多座气调库，使蔬菜保鲜条件得到极大改善，降低了损耗。虽然已经建了许多冷库，但贮藏能力远远满足不了需求。加之我们的冷库大多建在大城市，且多属简易库，不符合“产地贮藏，销地周转”这一国外典型的贮运模式。目前全国的蔬菜贮藏能力仅为商品量的25%左右。

（六）蔬菜的加工

目前我国的蔬菜加工产品只占总产量的25%左右，且以初加工为主，深加工少。全国虽然有众多的蔬菜加工企业，但缺少龙头企业，大多是家庭作坊式的，加工能力、加工水平和加工技术有限，缺乏组织性，对市场信息的获取不灵，抗市场风险能力弱。加工品种以速冻蔬菜、脱水蔬菜、蔬菜罐头、腌渍蔬菜和蔬菜汤料为主。脱水蔬菜年产量约13万吨左右，约占世界总产量的1/3，以出口为主，占世界脱水蔬菜贸易总额的40%，且每年以30%的速度递增，供出口的脱水蔬菜已有20多个品种，包括脱水洋葱、大蒜、胡萝卜、姜、青刀豆、花椰菜、葫芦条等；蔬菜罐头的主要品种有芦笋罐头、番茄罐头、荸荠罐头和蘑菇罐头等；腌渍蔬菜包括盐渍蔬菜、糖渍蔬菜、醋渍蔬菜，其中盐渍蔬菜主要出口；蔬菜汤料主要是满足野外作业、远洋航行、特殊病人的需要，目前仅有芦笋汤等少数品种。

二、批发市场是蔬菜流通的主体

农副产品批发市场是我国蔬菜流通的主体。蔬菜流通体制经过近20年的改革、发展、培育，目前已逐步形成以批发市场为主体，加工、配送、零售为核心的良性循环的轨道。全国目前有近4000多个经营蔬菜的农副产品批发市场，平均每个省、市、区都有1–2个较大规模的市场，分为产地市场、销地市场和产销地结合市场。这些市场的建立和发展，使蔬菜产区分散的农户与城市市场间建立了比较稳固的产销关系；提高了市场信息的传播效率和市场主体的组织化程度，扩大了运销规模，促进了农民产销合作组织和各类流通组织的建立和发展，提高了流通效率，降低了流通成本。

（一）蔬菜流通多元化

目前，我国从事蔬菜批发业务的主要是广大的菜农、个体商贩、国有蔬菜公司等，流通主体多元化。“小规模、大群体”是我国蔬菜等农副产品批发市场经营主体的典型特征，组织化、专业化程度低，经营不稳定。全国比较大的批发市场中，从事蔬菜运销的商人90%–95%是个体经营组织。但市场主体发育不健全，地位、功能不明确，市场体系没有完全形成，从整体角度看，市场体系建设仍处于初级阶段，市场布局欠合理，软硬件设施不配套，市场与生产基地相脱节，没有注重培养自己的经纪人，信息不畅、货源不足、有场无市等多种问题并存。另外市场的软、硬件设施处于初级阶段，也直接影响批发市场功能的发挥。特别是产地市场，预冷、保鲜等采后处理设施不足，商品的损耗非常严重。交易方式落后。目前，我国蔬菜等农副产品批发市场的交易绝大多数仍处于“看货–讲价–挑选–购买”的较原始的对手交易方式。政府在批发市场的建设和管理中没有发挥应有的作用。许多批发市场秩序混乱，欺行霸市现象时有发生。乱收费、乱设卡现象严重，导致成本上升。

（二）绝大多数批发市场已建立蔬菜质量检测监控体系网

由于我国蔬菜生产的分散性，因此流通领域的安全检测工作就更重要。批发市场是蔬菜流通的中心环节，也是这一体系的中间环节。我国目前有80%左右的农副产品是经由批发市场进入零售和消费领域的。批发市场中设立的检测监控中心，有效地控制了农药残留超标的蔬菜流入下一环节。

（三）批发市场密切连接了生产与销售

作为外贸出口的窗口，全国各地经营蔬菜的批发市场充分发挥了连接生产与销售这一有利地位，在促进蔬菜商品的标准化进程、品牌的创立与推广发挥了积极作用，增强了蔬菜的竞争力，为扩大蔬菜出口创造了条件。

（四）代理商、经纪人在蔬菜商品流通中，尤其是在批发市场交易中发挥着重要作用近几年来，我国经营蔬菜批发的市场所有者开始注重培养自己的代理商、经纪人，并利用他们与农户和基地长期合作的优势，指导并引导农户和基地在产地进行采后初加工，逐步推进商品的质量化、规格化、包装化。他们从农户和基地收购农副产品，通过批发市场再分销到二级批发或零售商。同时，由于他们常年在批发市场中经营，讲信誉，注重长期效益，因此会减少投机行为。同时对生产者和消费者来说，承担价格波动的风险较小。

（五）积极学习国外经验，完善市场体系

部分有条件的批发市场如深圳福田蔬菜批发市场、山东寿光蔬菜批发市场等，学习日本、韩国以及台湾地区的经验，积极引进蔬菜拍卖制度，以达到公平竞争、公正价格，节省交易时间，避免非法买卖，防止资金流失，防止偷税漏税。由于拍卖要求蔬菜商品必须实行商品的质量等级化、重量标准化、包装规格化，因此拍卖制度的引进还促进了我国蔬菜商品的标准化进程，促进了我国的蔬菜商品从初级产品向精品、加工品的转化，提高产品的附加值。

（六）批发市场逐渐实现物流配送

大部分蔬菜批发市场在场内设有加工配送中心，但规模较小，无论从加工量、加工品种和配送的辐射范围，都达不到真正意义上的物流配送。

（特约撰稿：中国蔬菜流通协会　宫占平）

水产品物流

自建国初期到20世纪80年代，我国的水产品流通一直沿用着计划经济的流通体制和流通模式。按现代物流概念而论，中国的水产品从生产、储运到流通和消费，严格执行着国家的计划。从理论上讲，这种计划经济的物流形式，基本上符合“原材料、产成品从起点至终点及相关信息有效流动的全过程”这一定义，如果从生产、储运到流通和消费完全能够按照计划执行，基本满足消费者的消费需求，最大限度地减少生产、储运和流通各个环节不必要的人力、物力和财力支出，计划经济下的物流形式可以说是最为理想最为合理的物流形式。但是，制订计划的部门和制订计划的人能否制订出完善的计划，以及执行计划的部门和执行计划的企业能否完成计划，和能否满足消费市场日益变化的消费需求，加之在上报计划完成情况时漏报、瞒报以及谎报、多报，在执行计划时以权谋私和浪费，使得这种计划经济限制了生产的发展，使得有计划的经济制度变成最无计划的无序状态，按现代物流的“有效流动”概念去评价计划经济，不仅是“无效流动”加大，几乎可以说是与“有效流动”的物流形式相悖。

在商品极度短缺的情况下，对于稳定社会政治制度和经济制度，以及优先发展增强国家实力的项目等方面，有计划的经济制度有其功不可没的历史及现实功绩。也正是在商品极度短缺的情况下，实行改革开放，放开市场和价格，用市场经济这个杠杆可以极大地刺激商品生产的发展，以满足消费者的最大需求。为此，在所有经济领域仍执行计划经济的情况下，中共中央和国务院决定，从1985年起，水产品取消统购统销、放开价格，实行市场经济。原计划经济体制下的由中央到省——市——县——乡的产供销流通体系，变成了各自独立核算、自主经营的企业法人。自1998年起，国有水产企业根据国家的方针政策逐步通过改制以及市场经济规律退出水产品流通市场，取而代之的是占90%以上的股份制企业和私营(民私)企业、水产品专业批发市场及个体经营者等多种成分的经营实体主导市场的局面。

物流是指原材料、产成品从起点至终点及相关信息有效流动的全过程。就水产业的物流而论，第一环节是从原材料的获取(第一产业)；第二环节是对原材料的加工使之成为产成品(第二产业)，在第二环节中又有相关的行业的服务，如水、电、气、包装、动态科技信息、市场信息等；第三环节是指将产成品通过流通成为真正意义上的商品进入市场，送达消费者最终消费。水产业的物流，同其他行业一样，还必须接受政府的管理、协调、监督等相关的行政性服务，以及金融服务。古代的物流形式，产生在以物换物的实物交换时代，后又发展到货币交换和金融结算服务的时代，最终发展到现代的期货市场。而现代意义上的物流，是指经济活动中流动的有效性，进一步而言就是流动通畅有效，任何多余的和造成阻塞的情况都应消除和避免，就像人体在吸收空气、水、食品中的养分通过呼吸道和消化道分配给各个功能器官的全过程一样，养分吸入不足就像商品供不应求出现市场断档，影响消费者对某种商品的消费信心，继而影响到经营者的预期利益造成整个物流全过程中某一环节的调整；养分吸入过多就像商品供大于求造成市场积压，加大仓储费用等成本支出，商家急于资金周转又不得不低价出售商品，最终影响到经营者和生产者。

水产品总产量作为物流全过程中原材料的第一环节，2002年全国水产品总产量4 565.17万吨，其中海洋捕捞1 433.4934万吨，海水养殖

1 212.8437 万吨，内陆捕捞 224.7926 万吨，内陆养殖 1 694.0493 万吨。按产品品种分类，海水产品中：鱼类 1 020.525 万吨，虾蟹类 309.801 万吨，贝类 1 132.4345 万吨，藻类 133.1395 万吨，其他 50.4371 万吨；内陆产品中：鱼类 1 710.1773 万吨，虾蟹类 122.6398 万吨，贝类 55.1021 万吨，其他 30.9227 万吨。此外，全国远洋渔业产量 109.6445 万吨，对外贸易总量 457.6 万吨，其中出口量 208.5 万吨,进口量 249.1 万吨。

原材料作为物流全过程的第一环节，就决定了其配套的第二环节合理配置和效益情况，2002 年全国水产加工企业 8 140 个，其中水产加工厂中有冷库的企业 4 002 个，水产品加工能力1 224.6833 万吨/年，水产冷库 5 607 座，冻结能力 16.9061 万吨/日，冷藏能力 169.4108 万吨/次，制冰能力 8.7549 万吨/日，冷藏总量 11 206.5111 万吨/日，制冰总量 722.7087 万吨，水产加工品总量 704.456 万吨。水产加工品总量中，冷冻水产品 447.8176 万吨，干制品 54.253 万吨，腌熏制品 23.1575 万吨，罐制品 4.2476 万吨，鱼糜及鱼糜制品 10.2426 万吨，动物蛋白饲料(鱼粉等)48.4316 万吨，助剂和添加剂 1.8382 万吨，水产动物内脏制品 4 174 吨，水产调制品 4.6568 万吨，水产医药品 2.3454 万吨，其他水产加工品 107.0483 万吨。

2002 年全国商品交易市场水产品成交量 2 097 万吨。

全国注册的专业水产品批发市场已发展近 400 家，12 个专业水产品批发市场被定为“农业部定点水产品中心批发市场”，一个市场被确定为“农业部水产品批发市场试点单位”。

全国注册的企业在经营范围一项中有经营水产品的近 30 万家。

其他从事水产品运输、装卸、整理、包装、贮藏、餐饮、展览、广告、信息、商业设施、渔业机械等相关行业的企业和人员无统计数字。全国机动渔船合计 47.8406 万艘，水产科研单位 230 个，水产院校 49 个，水产技术推广单位 2 841 个，水产苗种场站 1 032，水产事业单位 1 099 个。

国有水产企业情况，全国总计企业数 1 905 个，其中：水产捕捞企业 81 个，养殖企业 943 个，加工企业 331 个，船网机具企业 64 个，造船修船企业 43 个，水产建筑企业 10 个，水产流通服务企业 476 个，水产供销企业 354 个。

我国水产品的供需矛盾，从表面上看是供大于求，而实际上是供不应求。供大于求的情况是局部的区域性和暂时的季节性的。此种情况说明，我国的水产品物流在实物流和信息流等多方面尚缺乏其有效流动。2002 年我国水产品物流体系尚处于初步建立时期的摸索阶段。水产专业批发交易市场建设还未达到合理布局，也未形成纵横交错的网络体系。水产信息服务体系建设尚处于孤立分散、规模偏小、功能相对落后。仓储设施建设缺乏整体规划，东西部、南北部在仓储设施分布上极为不合理。原有的水产专业车队已转向其他行业。总体产业布局是自改革开放后，企业从小而全逐步向产业内专业分工方向发展，水产品现代物流体系建设初见端倪。

（特约撰稿：中国水产流通与加工协会
常务副秘书长　高永强）

肉类物流

猪肉,历来是我国居民的主要肉食品来源,占据着城乡居民食品消费的较大比重。养猪业也是我国农户收入的重要来源,它为食品加工业、制革工业提供了重要的原材料。生猪、猪肉、猪肉制品、猪鬃以及肠衣等产品还是我国的重要出口产品,为国家获取了大量外汇。从宏观意义上说,我国猪肉行业的发展对推动经济、调节农产品供求、财政补贴和税收等宏观经济目标有重要影响。

猪肉的加工环节对整个行业供应链的运作起着举足轻重的地位,只有通过加工过程实现猪肉产品的价值增值,整个供应链的利益最大化才有可能实现。猪肉产品供应链的顺利运作,一个重要前提是培育具有市场开拓能力、能进行农产品深度加工、为农民提供服务和带动农户发展商品生产的"龙头企业"。对猪肉行业供应链的发展现状进行考察研究,有利于我国猪肉供应链的优化,促进我国猪肉产品生产的规范化、标准化,最终增强我国猪肉行业的国际竞争力。

一、猪肉供应链研究的重要性

较之制造业,猪肉供应链属于农产品供应链,有自己相对独特的一面,如生产与自然界密切相关、生产周期较长、受气候影响大、易受养殖场规模的制约等等。猪肉供应链不仅包含了加工企业和养殖者,还包括运输商、批发商、零售商及最终消费者等其他供应链成员。在供应链中的每一个组织成员中,如加工企业等,都具有满足消费者需求的所有功能,如新产品研发、市场营销、资金管理、顾客服务等等。

我国已经加入 WTO,猪肉行业所面临的竞争已从初级产品和单个生产环节的竞争,发展到包括产前、产中和产后各个环节在内的整个行业体系的竞争。因此,发展猪肉行业必须强化加工环节,这是提高我国猪肉行业国际竞争力的关键。

二、我国猪肉行业供应链现状

(一)供应链基本现状

目前我国猪肉行业供应链主要有以下特点:1.地域性强。我国目前的猪肉供应链主要围绕着处于主导地位的加工龙头企业来运作,一般在一定地域范围内就拥有一条这样的供应链;2.供应链规模大小不等。大的有江苏雨润、河南双汇等大型集团公司,如江苏雨润在全国许多省份都有完全控股的屠宰厂,并在江苏、安徽有自己的生产基地,河南双汇则有 150 个养猪专业村提供支持;小的则由农户——屠宰厂——市场——消费者组成;3.一个地区可能存在多条供应链。在一定地域范围内可能有多条供应链重叠;4.供应链不稳定,内部连接不够紧密,供应链的各个成员一般以市场合约关系维持联系,供应链组织关系比较松散;5.进入猪肉供应链的生猪数量比较少,使高附加值产品开发能力减弱,行业整体质量安全水平得不到保障。

我国猪肉行业主要可以划分为三个层次:生猪生产部门、加工部门与销售部门,处于纵向供应链末端的零售商——消费者是供应链的动力。

(二)猪肉供应链组织形式

供应链成员之间的联合或是形成战略联盟对成功的供应链管理来说是非常重要的。

在猪肉初加工行业中,市场仍然是屠宰厂与农户的主要联系方式。根据江苏地区的调查显示,由于越来越多的初加工企业意识到食品安全与质量对企业绩效的重要影响,与上游农户进行纵向整合已成为猪肉行业供应链未来发展的必然趋势。由于我国的生猪养殖比较分散且规模较小,使生猪的质量得不到保证，只有与加工企业和屠宰厂实行了纵向垂直整合或者是战略联盟之后，相对处于弱势的农户才有动力保证生猪养殖的质量，这样才能够从供应链的源头解决食品安全和质量问题。

调查显示，只有少部分的初加工企业通过市场机制与下游客户签订合同开展合作，相比较而言，与下游客户进行垂直整合与战略联盟的初加工企业的数量则要多得多，大约20%的加工企业致力于与下游伙伴形成战略联盟，50%左右的初加工企业与下游客户进行垂直整合，即拥有对方的全部或部分产权。许多初加工企业与深加工企业进行了垂直整合，以提高加工效率，如江苏雨润公司同时拥有自己的屠宰厂与深加工工厂。同时，许多没有进行垂直整合的屠宰厂与深加工企业也有着紧密的合作关系，它们主要根据合同来进行联系，还有20%的初加工企业与下游客户形成战略联盟。

深加工企业或多或少也都与初加工企业形成垂直整合或是战略联盟的关系。大多数深加工企业仍然与下游零售商通过签订合同的市场方式来联系，当然，也有部分深加工企业拥有自己的直销店，直接销售猪肉制品。有部分深加工企业与大型零售商结成战略联盟，共同为猪肉产品的销售努力合作。

调查中还可以看出，在初加工企业与农户层次主要还是以市场为联系纽带，这种联系方式需要的投入不多，但相应获得的供应链管理效益也不是很大，因此，加工企业往往得不到生猪稳定供应与质量方面的保障。在较发达地区，初加工企业与深加工企业大部分都进行了垂直整合或结成战略联盟。而零售商与加工企业联结还主要以市场为纽带，部分大型零售商与加工企业形成了战略联盟，以保障产品的质量与供应，部分地区的零售行业已经形成了连锁超市与仓储超市并存的局面。

（三）供应链物流状况

目前我国猪肉行业供应链的物流主要还是由供应链内部成员完成。但是有许多企业已经逐步将物流资源外部化，转而致力于提高企业核心竞争力。

初加工企业大都采用对方物流进行采购，即通过经纪人所组织的运输车队来采购生猪，20%左右的初加工企业通过己方物流完成采购任务，只有在较紧急的情况下，初加工企业才用第三方物流来完成采购运输任务。初加工企业自身的物流主要用来满足零售商的订单需求，而采购主要依靠经纪人组织运输力量来完成。同时，企业与上游农户主要还是通过市场建立联系，在没有对上游进行垂直整合与实行战略联盟的情况下，加工企业在采购中更倾向于使用对方物流。此外，生猪的生长周期较长，大型加工企业生猪的需求量又很大，加工企业很难保证自有的养殖基地能够一次性地提供足够数量的生猪，必须外购生猪。而且，企业每次尽可能只采购满足生产计划的数量，尽量避免采购库存溢出，因此，生猪的采购更需要灵活性。采用对方物流就可以避免这一点。在初加工企业的采购过程中，物流成本主要还是由企业与农户承担，没有实现物流社会化。在销售方面，与采购正好相反，初加工企业多采用己方物流完成销售任务，只有20%左右的初加工企业采用第三方物流进行销售。

深加工企业在采购过程中，大多数倾向于使用对方的物流。在产品销售方面，大多数深加工企业则采用己方物流。同初加工企业一样，也有为数众多的深加工企业采用第三方物流进行采购与销售。采用己方物流以及对方物流将需要进行详细而完备的物流规划，这将加重加工企业的负担。因此，有必要通过专业物流公司来更有效地解决物流企业问题。

零售商进行采购时，大多数还是采用对方物流，即加工企业的物流进行采购，也有相当一部分销售商通过己方物流系统进行采购，超过24%的销售商则通过第三方物流进行采购。目前我国第三方物流配送体系还不是很发达，加工企业与销售商大都还停留在传统的运输模式上，即己方物流与对方物流方式，没有将物流活动外包。

仓储与运输是加工企业和零售商最主要的成本因素。因此，要从供应链管理中获得利益，关键是通过减少存货与改善物流运作以削减供应链成本。实际上，目前我国存在相当规模的非法屠宰活动，这是因为定点屠宰的成本相对较高，在价格上不占优势，因此，削减供应链的成本是提高我国猪肉行业供应链效益的必要手段。另外，较高的存货水平不仅占用大量流动资金，而且还会导致产品的损坏与过期，这样又引发了食品安全问题。供应链间的存货过剩是一级级引发的，并且会逐级扩大，由于目前供应链管理缺乏有效的协作与信息共享机制，加上零售商自身的存货过剩而导致了加工企业与农户产生存货过剩。如果加工企业将存货过剩引起的成本转移给分散的小规模农户，会使二者的合作关系迅速恶化，但如果加工企业独立承担此项成本，又显得力不从心，因此，整个供应链必须从头到尾都要进行整合，通过建立良好的合作机制来避免此类风险的发生。

（四）供应链信息技术

如果没有合适的信息管理系统与IT技术的支持，在猪肉行业中实施供应链管理是不可能的。根据对江苏地区猪肉行业所进行的调查显示，大部分企业具备了一定的信息技术手段，部分企业与供应链的上下游客户实现了信息共享，但供应链信息流并不畅通。

在大部分情况下，猪肉加工企业不直接向分散的农户收购生猪，而是通过经纪人完成收购计划。经纪人可能是当地养猪大户，他们将本地分散的生猪统一集中之后组织运输至加工企业；经纪人也可能是专业的中介商，他们主动收购分散农户手中的生猪，统一集中后运输至加工企业，经纪人从中向农户收取一定的中介费用，企业只与经纪人打交道。规模较大的生猪养殖基地有自己的销售部，加工企业与基地的销售部门打交道。

根据对江苏地区的一项调查显示，初加工企业与其客户及供应者百分之百地交换初级信息——订单信息。初加工企业的原料购买与产品销售是通过订单来完成的，加工企业通过订单向上游农户购买生猪，下游的客户也通过订单向加工企业购买产品，这是最基本的信息交换手段与市场交易方式。35%的初加工企业与下游客户交换自身的库存状况、经营状况等信息，相比较，只有10%的初加工企业与上游农户交换这些信息。大部分初加工企业不愿意上下游成员过多地分享自身的库存以及经营状况等信息，这说明我国的猪肉行业还没有形成良好的链条式的合作关系。

在调查中，大约50%的初加工企业与其供应者交换企业自身的供求与订单状况，而只有25%的初加工商与其下游客户交换这些信息，这是一个不寻常的现象。初加工企业试图向养殖农户提供自身的供需状况主要是出于两种考虑：一方面是试图在讨价还价中获取主动，另一方面则是初加工企业对生猪养殖农户进行了纵向垂直整合，二者已经形成一个利益共同体，当然就有必要交换这些信息。

所有的深加工企业都与其下游客户及上游供应商100%地共享订单信息，这是很必然的情况。大约43%的深加工企业与顾客交换库存与经营状况等更深层次的信息，而只有约21%的深加工企业与其供应商交换这些信息。较之初加工企业，深加工企业在供应链的协调中所做出的努力要大得多，这也反映了目前猪肉行业的竞争还是比较激烈的，许多深加工企业都试图与下游的零售商建立战略合作关系以适应更加残酷的竞争。但总体说来，大多数猪肉深加工企业对开展供应链管理的动机还不是很强烈。和初加工企业类似，与供应商交换企业供求信息与订单状况的深加工企业的数量比与下游客户交换这些信息的数量为多。几乎全部的加工企业都实现了企业内部联网并接入Internet。大量的深加工企业运用信息与沟通技术(ICT)建设了企业自身的财务电算化管理系统、库存管理系统以及客户关系管理系统。此外，深加工企业大都选用了适当的ICT与有效的管理体系进行信息共享与交换。与深加工企业相比，目前只有60%的初加工企业运用ICT。对于条码技术，许多加工企业都采用了商品条码，但条码的使用仅仅是为了满足零售商的要求。在被调查的加工企业中，大部分企业都使用了条码，而采用条码技术进行内部货物管理占极少数，这说明生产企业应用条码的比率非常低。

零售部门与其供应商交换100%的订单信息。但是，只有5%的零售商与其供应商交换库存与经营业绩等信息。而有多达30%的零售商与供应商交换企业供应状况以及订单来源等信息。说明销售猪肉及猪肉制品的零售商还没有与上游企业形成紧密的供应链合作关系，因为零售商的库存状况没能向加工企业反馈，加工企业只能通过订单信息来制定生产计划，这很容易导致供应链的“牛鞭效应”，会严重地影响供应链的整体协调。所有的零售商都实现了企业内部联网并接入了Internet。同时，采用财务电算化与库存管理系统的零售商数量非常多，达到了被调查总数的95%左右。但是采用客户管理系统的零售商数量则显得相对较少，只有30%。总之，该行业零售商的信息化程度是比较高的。被调查的零售企业100%应用了POS系统，基本上都采用条码技术进行扫描结算。

三、目前我国猪肉行业供应链中存在的不足

（一）产品加工水平有待提高

目前我国的猪肉加工水平较低。我国猪肉产量虽已位居世界首位，但在加工总量和加工水平方面，与世界先进水平相比存在较大差距。发达国家农产品加工业产值与农业产值之比大都在2.0–3.7:1，而我国只有0.6:1；发达国家工业生产的食品占消费的90%，而我国仅占25%；发达国家食品工业产值约是农业产值的1.5–2倍，而我国还不及1/3；发达国家农产品加工程度达到80%以上，而我国只有45%，其中二次以上的深加工只占到20%。

猪肉加工标准和质量控制体系尚不健全。产品标准中农药残留、兽药残留限量等质量安全指标少，不能满足人民群众对消费安全的需要。

在企业规模上，我国猪肉加工企业绝大多数规模较小，具有较强竞争力的大型名牌企业或企业集团为数不多，生产经营成本高，产品质量不稳定。

在生产技术装备方面，目前我国猪肉加工企业的技术装备80%处于20世纪70–80年代的世界平均水平，15%左右处于90年代水平，只有5%左右达到国际先进水平。

（二）信息流动不畅，供应链管理水平较低

猪肉行业供应链中的加工企业与零售商都比较重视信息沟通技术(ICT)。而且信息技术已开始被应用在猪肉加工供应链管理之中，但是由于一些不确定的原因，如供应链中缺乏信任、各个成员企图独占信息、企业之间的差异以及各成员缺乏供应链管理方面的深入了解与合作的意愿，或者是缺乏联合的意愿等，信息在供应链中的流动显得不是很流畅。

大量的研究表明，愿意共享信息的供应链中的各成员能够提高供应链的整体竞争力，能够在行业竞争中取得明显优势，从而也能够提高供应链的整体利益，并使猪肉产品的价值增值随着供应链信息化程度与信息共享程度的提高而实现。

（三）供应链物流水平尚需进一步提高

我国猪肉行业供应链的物流水平总体来说不高。

首先，发展现代物流的法制环境尚未完善。

其次，物流管理不统一，阻碍了全国性综合物流体系的建立。从各地看，地区经济发展不平衡，地方保护主义依然存在。

第三，猪肉行业中的物流需求仍然面临较大的市场约束。

第四，专业化物流服务的方式还很有限，物流企业的经营管理水平有待提高。

第五，物流研究相对落后，物流专业人才短缺。

四、我国猪肉行业供应链发展前景

1.加强加工企业与农产品的战略联盟；

2.统一的农产品物流配送中心将进一步发展；

3.供应链信息系统的一体化；

4.肉类食品质量保障体系将不断完善，产品标准化程度提高；

5.超市、专卖店作为销售环节的重要性不断加强并将逐渐成为主导。

（特约撰稿：南京农业大学　陈超　朱毅华）

军事物流

2002年，是我国加入WTO后的第一年，也是军队后勤保障社会化稳步推进，是联勤体制深化运行的一年，更是军事物流蓬勃发展的一年。在这一年中，我国市场经济体制更趋完善，对外开放的程度进一步增强，整个军事后勤面临的环境发生了很大的变化，这给军事物流的发展提供了巨大的机遇和广阔的空间。依靠科技进步，实现军事物流的振兴无可置疑地成为2002年军事物流发展的主旋律。

一、立新理念，推动联勤体制改革的深入发展

纵观2002年，军事物流以其先进的理念、独特的内涵在整个军事领域广泛传播，迅速发展，其战略地位得到很大提升，表现出强大的生命力和广阔的发展前景。要素集成、系统整合、流程再造及“定制”服务等科学的思想在各级后勤生根发芽，进而结出丰硕的果实；相反被动的、机械的、计划的传统后勤保障模式也逐渐退出历史的舞台。运用现代物流理念，推动联勤体制改革的深入发展，理所当然地成为2002年军队后勤进行现代化建设的最强音，在实践中它具体表现为以下三个方面：

（一）变“单项”联为“多项”联，联勤要素集成化程度明显提高

联勤体制改革不仅要实现通用物资陆、海、空联供，更重要的是要把原来各自独立，由上而下、垂直式的保障通道集成为一个更高级的系统，使各种共享的资源、共用的设施真正科学组合，发挥其最大功能。可以说2002年这一目标基本实现。过去分离的功能、任务、信息、人力、网络等要素得到了全面优化重组，实现了由物资供应“单项”联向所有要素“多项”联的转变，联勤体制的运作真正形成一个整体，有效解决了联勤保障长期以来存在的“外（体制）”联“内（观念）”不联、“上（军区）”联“下（部队）”不联的问题，联勤质量得到极大的改善，保障效益进一步提高。

（二）变物资保障“单一”服务为系列化、个性化的“定制”服务，联勤服务明显改善

受军事物流服务性的启发，许多联勤承供单位和部门认识到，服务同样是联勤的生命，没有服务就没有联勤改革的深入发展。据报道，驻塘沽某油库开展“满意在仓库”活动，制订“服务承诺五保证”和服务规范、优质服务评比细则，为军兵种部队设立专用通道，打破过去只在正课时间发油的惯例，实行发油全时制，随到随发，紧急情况下还为部队送油上门，并发挥仓库专业技术优势，先后为三个没有储油设施的受供单位建起了加油站；某医院给军兵种部队官兵发放了“联勤连心卡”，凭卡实行挂号、就诊、检查、住院“四优先”。并设立了“导医咨询服务台”，对新单位的患者从挂号、检查、取药实行接力导医，科室之间相互接送，对个别体弱、重伤或老年患者安排专人陪诊。同时他们把服务延伸到院外，由院领导带队，深入军兵种部队的连队、训练场，为官兵查体治病，送医送药。总的来说，2002年联勤服务表现出了前所未有的新气象，个性化、系列化服务增多，服务质量比联勤前有明显提高。

（三）联勤范围向纵深拓展，主要表现在三个方面，即联勤保障在“联供”的基础上向“联战、联训、联网”方向发展

“联战”就是要着眼未来联合作战联勤保障的需要，在做好联勤日常保障的前提下，把工作重心由“平时联供”向“战时联保”转移，积极抓好联勤部队战备建设，特别是要抓好后勤应急保障部队

的建设。"联训",是指与军兵种部队共同本着"各尽所能,各施所长"的原则,施行联合育才,协同提高后勤保障人员的业务素质。"联网",就是要搞好各联勤承供单位与保障区域内各军兵种部队的指挥网络互联,实现通用保障信息的及时传递和适时共享,进一步提高了联勤保障能力。

实践证明,先进的物流理念是推动联勤体制改革向更深层次、更大范围推进的崭新理论,更是新军事革命后勤变革的思想武器。

二、信息化建设为龙头,推动军事物流优质发展

未来的战争是信息化战争,战场情况瞬息万变,保障时机稍纵即逝,如果没有先进物流信息系统的及时调节,物流目标必将难以顺利实现。因此,强化军事物流的信息化建设,提高军事物流的信息化水平,实现军事物流的优质发展是军事物流发展的趋势和方向。

(一)物流全程可视化系统的研制正有序进行

2001年,总部提出了建设可视化后勤的战略目标,2002年这项宏大的工程全面展开,作为其重要组成部分的军事物流全程可视化系统的研制更是呈现异军突起之状,取得了实质性的进展,初步构建了总部–军区联勤部–联勤分部–部队四级传输网络;部分大型仓储基地成功运用了全球卫星定位技术(GPS)、地理信息系统技术(GIS)、条形码技术(BC)、电子射频技术(RFID)以及数据库技术,实现了军事物流数据实时跟踪,动态更新;更为可喜的是全军物资统一编码的工作也取得阶段性成果,所有这些都为实现军事物流系统的全程可视奠定了坚实的基础。

(二)仓储自动化建设初见成效

据不完全统计,2002年全军共有数十座大型综合仓库正积极筹建立体自动化库房,其中部分已取得了一定成果,其综合保障能力明显提高,保障时效性明显增强;许多仓库研制并安装了库房温湿度适时调节补偿系统,实现了库房内的温湿度自动调节,有效改善了物资存储的内部环境,库存物资维护管理水平得到很大改进,仓储军事效益和经济效益显著提高;许多仓储基地安装了全天候全方位自动化监控系统,实现对库区和库房进行全程全时动态摄像,相关图像数据实时存贮,发现意外情况,自动报警,开发了仓储业务自动化处理软件系统,构建了以局域网为基础的信息平台,仓储管理人员可以在网络上进行所有业务工作,随时查询任意节点信息和向任意节点(同级和上级)传送各种数据资料和网上检索历史数据,达到信息传输无纸化、快速化和准确化,为领导的正确决策提供全方位信息支持,实现了仓库业务的信息化管理。

(三)野战物流装备系统迅速发展

野战物流装备系统作为军事物流的重要组成部分,在过去的一年也得到了迅速的发展,野战仓库、野战运输装备、野战装卸系统、野战维修设备、野战输油管线、野战卫生救护车等各种设施设备研制工作继续深入,系列化、单元化程度提高,野战生存和战场适应能力明显增强,机动性能明显改善,整体保障效率和效能都达到了较高的水平。

(四)后勤办公自动化系统形成规模

随着电子信息技术和信息化战争的发展,军队后勤保障已开始进入人机结合的时代,没有先进的办公自动化系统是不可能完成高技术条件下物资保障的组织指挥任务。2002年,军队各级后勤机关在过去网络的基础上,建设和完善了上下互通,信息资料共享,集数据、文字、图形、图像、办公自动化、网上可视电话会议为一体的指挥办公自动化网络系统,同时把研制的多种应用软件在网上运行,大大提高了后勤指挥和保障的时效,同时也使部队的管理教育工作得到了进一步加强。

三、科学规范市场,推动后勤保障社会化进程

后勤保障社会化改革是适应市场经济发展的必然要求,是加速军队后勤现代化建设的必然选择,是后勤保障方式发展到一定阶段的必然产物。2000年元月我军后勤保障社会化改革正式启动,经过两年的发展,已取得较好的效果,特别是进入2002年以来,更是出现了新的突破。

（一）采购制度改革全面启动

2002年1月，我军采购制度改革借国家政府采购的强劲东风，如火如荼地推开了。一年来，全军上下周密计划，狠抓落实，取得了明显成效，实现了三个转变。一是变分散采购为集中采购，“家家跑市场，户户办采购”混乱局面初步消除。总部制订了23类物资，960个品种集中采购目录，只要达到一定的采购量，就要尽可能地集中起来，交给军队专门的物资采购机构统一组织采购。二是变暗箱操作为规范透明，采购行为统一有序，杜绝了一些腐败现象，采购效益明显提高。三是变“一家独管”为“多家分管”，实行分段管理，由事业部门提出需求，采购机构组织采购，财务部门集中支付，审计部门全程监督，各家既分工协作，又相互制约，实现采购管理与具体实施的相对分开。这些变化表明，我军采购制度的改革，经过一年多的发展，正逐步与国际采购准则接轨，向规范化的轨道迈进，也为军事物流体系的高效运转奠定了基础。

（二）物流成本的核算正式纳入审计范围

2002年军队审计制度进行了一系列的改革和完善，其中最为突出的是军事物流成本的审核正式纳入审计范畴，这样就彻底消除了军队长期以来忽视物流成本，不计物流成本或只考虑部分物流成本的现象，相应地只注重军事效益而不重视经济效益的状况也在各级后勤得到了有效的改善，军事物流成本的统计和计算完全纳入正规。可以说，审计制度的改革使得军事物流的运作更加符合市场规范，军事物流也必将从“粗放式”迅速向“集约式”转变，短期内实现跨越式发展。

四、加强现代物流科研教育，加速培养军事物流人才

军事物流是人才和技术密集型行业，要想实现跨越式发展，必须强化科研与教育，重点抓好人力资源的开发和培训工作。2002年军事物流在以下三个方面取得了很大的成绩。

（一）理论开发硕果累累

在加强军事物流质量建设的同时，军队各级后勤机关和相关院校积极开展理论的开发研究。在这一年间，后勤指挥学院、装甲兵工程学院等军事院校共编写军事物流专业教材和专著10余部，在军内外重要期刊上发表具有较高影响力的学术论文100余篇。同时，军事物流实验室筹建工作也在后勤指挥学院、后勤工程学院等军事院校全面展开，这将为物流高级人才培养和储备提供可靠的基地，为物流前沿理论开发和物流流程模拟提供了有利的条件，为总部、机关、部队的物流活动正确决策提供科学的依据，更为整个军事物流学科的发展完善提供了绝好的契机。

（二）教育改革继续深入

军地物流的兼容性，物流人才结构的相通性决定了军队院校完全可以走出校门，与地方同类院校相联合，双方共享物流教育资源。2001年军地双方进行了初步的尝试，取得了较好的效果，2002年这一办学模式得到了继续深化和推进，后勤指挥学院与北方交大、北京商业大学、北京科技大学以及北京物资学院在互育物流高级人才方面已形成科学的机制。与此同时军地双方在学科建设、理论开发及学术研讨等方面的合作也全面展开。

（三）人才培养达到新高

在军事物流业蓬勃发展的同时，物流人才的培养教育也全面展开。2002–2003年间，后勤指挥学院、重庆后勤工程学院，天津运输工程学院等10余所军队高等院校根据自己的专业和学科建设情况，进行了从博士、硕士到学士不同层次物流人才的学历教育，同时辅以各种形式的短期轮训进修，共培养中高层仓储物流技术骨干和管理人才500余名。同时，各级后勤采用在职在岗训练、举办学习班和专业演练等形式，对基层广大物流人员进行基础知识的教学和业务技能训练，总体上形成了正规培养与后勤训练相互配合，机关、院校、科研机构和部队相互协调合力共育物流人才的全新格局，为军事物流的建设与发展做出了重大贡献。

（特约撰稿：中国人民解放军后勤指挥学院
王宗喜　蒋二红）

第三部分

物流网络与结点

物流基础设施

一、我国物流基础设施建设现状

有效的物流运作需要高效的物流基础设施和全国性设施网络。良好的和联网的设施不仅可以提高每个节点的运作效率，缩短操作时间，提高服务质量，从而降低整个供应链的周期时间和运作成本，改善客户满意度。同时，良好的和联网的设施还可以改善区域间的经济协作，提高供应链上所有合作伙伴的运作效率，减少不必要的浪费，从而降低物流和供应链总成本在GDP中的比重。

我国当前的物流基础设施和装备发展粗具规模，但我国的经济水平普遍较低，现代化水平不高，物流企业还处于起步和发展的阶段，所以说基础设施专业化、社会化程度还不高。

（一）物流基础设施建设逐步健全

从硬件上讲，铁路、公路、港口、机场及物流中心、仓库等是物流业发展必不可少的固定设施，我国曾一度忽视物流，所以长期投资不足，物流硬件总体不发达。物流的基础设施极为分散，交通、铁道、航空、仓储、外贸、内贸等众多部门各把一块，单纯的物流企业很难整合这些资源，而且每个部门都在兴建物流设施，使得物流的建设过多、过热，造成物流设施的闲置。而且，由于地方的保护政策，使得物流的发展存在着相当的障碍。

随着国家投入的不断增加，多年来加大道路、铁路、港口、机场的投资建设力度，已初步建立起以铁路为骨干，公路、民航等多种运输方式协调发展的运输网络，为现代物流发展创造了较好的基础条件。但粗具规模的物流设施仍无法满足物流发展的需要，在今后需要进一步发展。

1.公路运输

2002年，我国公路建设投资规模增长超过20%，载货汽车总吨位超过1 800万吨，公路货物周转量增长7.1%，整个公路运输行业呈现出稳步增长的态势。

(1)公路里程。2002年底，全国公路总里程达到176.5万公里，比上年末增加6.7万公里。路网结构进一步改善。全国公路总里程中，国道里程有125 003公里、省道216 249公里、县道471 239公里、乡道865635公里、专用公路87 096公里，分别占公路总里程的7.1%、12.2%、26.7%、49.0%和5.0%。公路技术等级和路面等级不断提高。2002年底，全国等级公路里程138.29万公里，占公路总里程的78.3%。高速公路里程增长迅速。2002年是全国高速公路通车里程增加最多的一年，全年新增高速公路通车里程5 693公里。随着浙江、山西、湖南三省高速公路通车里程突破千公里，2002年底全国高速公路突破千公里的省上升到10个。县乡公路里程大幅增长，公路密度和通达深度进一步提高。2002年底，全国县道、乡道里程达到133.69万公里，比上年末增加5.95万公里。全国公路密度为18.4公里/百平方公里，比上年末提高0.7公里/百平方公里

(2)运输装备。公路运输能力稳步增长。2002年底，全国在运管部门登记注册的公路运输汽车达826.3万辆，比上年增加61.9万辆。其中载货汽车536.8万辆、1808.4万吨位，分别比上年增加27.5万辆，74.9万吨位。运力结构继续调整。2002年底，大型普通运输货车183.5万辆，比上年减少2.6万辆；专用载货汽车16.5万辆，比上年增加3.9万辆，增长30.8%，其中集装箱车3.3万辆，增加0.7万辆，增长28.2%。

(3) 货物运输量。公路运输总量继续增长。

2002年，全社会完成公路货运量111.6亿吨，货物周转量6782.5亿吨公里，分别比上年增长5.7%和7.1%。公路货运量、货物周转量在综合运输体系中所占比重分别为75.3%和13.4%。

平均运距不断延长。2002年，全国货运平均运距为60.8公里，比上年增加0.8公里。

公路集装箱运输增长显著。2002年，全社会公路运输集装箱1 403.4万标准箱，重量14 960.0万吨，分别比上年增长25.8%和21.1%。

(4)国道交通量。2002年全国国道网年平均日交通量达4 541辆/日（折合标准中型车，下同），比上年增长4.5%。其中东部地区9 071辆/日，中部地区4 147辆/日，西部地区2 276辆/日。全年国道网车流量较大的地区主要集中在广东、上海、江苏、浙江和京津地区；其中广东、上海、江苏、浙江四省市内国道网的年平均日交通量超过1万辆，北京、天津也已近1万辆。

国道网交通拥挤状况继续改善。2002年全国国道网的交通拥挤度为0.52，比上年下降11.5%。其中东部地区交通拥挤度为0.73，中部地区为0.46，西部地区为0.35。从各省情况看，广东、上海、北京、江苏、浙江、湖南、云南等省（直辖市）国道相对拥挤，上述部分省市的国道拥挤度已经超过或接近1。

全国国道网折合成标准中型车的行驶量达56 423万车公里/日，比上年增长了6.8%。其中东部地区29 512万车公里/日，占52.3%；中部地区13 385万车公里/日，占23.7%；西部地区13 525万车公里/日；占24.0%。全国国道主干线年平均日交通量达6 603辆/日；高速公路年平均日交通量为15 987辆/日(折合成标准小客车)，比上年增长11.7%。

2.港口—海运与河运

(1)货物吞吐量。我国港口的吞吐能力也有了大幅提高，2002年我国港口全年完成货物吞吐量26.8亿吨，同比增长11.6%。受我国国民经济持续快速增长、外贸加速增长等多方面有利因素影响，一季度我国港口主要吞吐量指标出现加速增长，集装箱业务增长格外显著。

我国已有7个港口成为亿吨大港，8个港口集装箱吞吐量超过100万箱。上海港的货物吞吐量将突破2.6亿吨，集装箱吞吐量有望突破860万标准箱，在世界排名有望分别达到第二和第四位；深圳港集装箱吞吐量将超过750万标准箱，在集装箱大港中排名上升至第6位。

香港2002年的港口货物吞吐量总计为1.925亿吨，上升8%。当中抵港港口货物及离港港口货物分别为1.197亿吨及7 280万吨，增加8%及7%。在港口货物中，2002年的海运货物总吨数有1.383亿吨，上升6%。而河运货物总吨数则上升14%，达5 420万吨。在抵港港口货物中，2002年的进口货物总吨数为8 140万吨，较上年同期上升5%。同时，抵港转运的港口货物劲升16%，至3 830万吨。至于离港港口货物，2002年的出口货物总吨数轻微下跌了1%，至3 210万吨。因此，离港转运的港口货物则获得15%的增长，达4 070万吨。

“九五”期间，我国港口水运建设取得了重大进展，沿海港口共完成投资416亿元，新增吞吐能力1.9亿吨，新增集装箱吞吐能力848万标准箱。“十五”期间，我国将计划新增深水泊位135个，改造深水泊位45个，新增吞吐能力2.5亿吨以上，新增集装箱吞吐能力1 650万标准箱。“十五”沿海港口投资规模将达到780亿元。到2005年深水泊位达到800个，总吞吐能力14.5亿吨以上。

(2)港口码头泊位。港口码头泊位继续增加。2002年底，全国港口拥有生产用码头泊位33 600个，比上年净增159个，其中万吨级以上泊位835个，比上年净增25个。

全国沿海港口拥有生产用码头泊位3 822个，其中万吨级以上泊位700个；内河港口拥有生产用码头泊位29 778个，其中万吨级以上泊位135个。内河港口万吨级泊位主要集中在长江干流和珠江水系，其中长江干流万吨级泊位121个，长江支流3个，珠江水系11个。

港口码头泊位继续向大型化、专业化方向发展。全国沿海港口万吨级以上泊位中，1—3万吨级泊位457个，3-5万吨级泊位113个，5-10万吨级泊位103个,10万吨级以上泊位27个;全国内河港口万吨级以上泊位中,1-3万吨级泊位100个,3-5万吨级泊位31个,5-10万吨级4个。万吨级以上泊位中，通用件杂货泊位244个,通用散货泊位105个,专用泊位441个。专用泊位中原油泊位57个、成品油及液化气泊位63个、煤炭泊位102个、粮食泊位32个、集装箱泊位98个,均比上年有所增加。

(3) 内河航道。内河航道总里程继续增加。2002年底，全国内河航道里程121 557公里,比上年末增加了22公里。其中等级航道63 597公里，占总里程的52.3%；三级以上航道8 222公里，占总里程的6.8%；五级以上航道23 510公里,占总里程的19.3%。各等级内河航道里程分别为:一级航道2 946公里、二级航道1 917公里、三级航道3 359公里、四级航道6 257公里、五级航道9 031公里、六级航道21 076公里、七级航道19 011公里。

全国内河航道里程超过万公里的省有四个,分别是:江苏(2.39万公里)、广东(1.37万公里)、浙江(1.04万公里)、湖南(1.00万公里)。

2002年底全国有库区航道9 743公里。全国通航河流上永久性构筑物中：有船闸906座,升船机60座,碍航闸坝1 713座。

3.铁路

另外,大批铁路的建设,大大缓解了铁路运输的紧张状况。一度成为我国经济快速增长的“瓶颈”的铁路运输,现在已明显缓解。

2002年全国铁路基本建设投资完成628.8亿元，比上年增长8.2%。其中铁道部投资完成582.1亿元，为年计划的99.7%，比上年增长12%；合资铁路地方及企业投资完成31.7亿元,为年计划的102.4%;地方铁路地方投资完成15.1亿元，比上年增长6.6%。新线铺轨1 983公里，投运1 696公里；复线铺轨813公里，投运500公里;电气化铁路投运865公里。更新改造投资完成160.2亿元。机车车辆购置投资完成158.3亿元，购置机车798台，客车2201辆，货车24 567辆。

国家重点建设项目进展顺利。在建的株六复线,宝兰复线,朔黄铁路,内昆铁路,秦沈客运专线,宁西线西安至合肥段,渝怀铁路,洛湛通道益阳至永州段,青藏铁路,胶州至新沂铁路,赣龙铁路，宁启线南京至海安段等12个国家重点建设项目进展顺利,投资完成344.2亿元,为年计划的100.6%。完成新线铺轨1388公里，复线铺轨5 42.5公里。

西部铁路建设项目成绩斐然。在建的西部铁路建设项目共24项,占基建大中型项目的40%,投资完成276.2亿元。其中国家铁路和合资铁路投资完成272.5亿元,为年计划的99.7%,新线铺轨1 026公里,复线铺轨341.6公里,分别占铺轨里程的51.7%和42%。地方铁路投资完成3.75亿元。

国债项目投资效果显著。国债投资在建的国家铁路、合资铁路及地方铁路项目30个,投资完成260.1亿元。其中国家铁路和合资铁路项目16个,投资完成242.4亿元,为年计划的99.9%,使用国债资金59亿元。新线铺轨690.7公里(含地方铁路铺轨416.2公里)，复线铺轨340.7公里。新线投运1 695.8公里,复线投运238.7公里,电气化铁路投运671公里。

4.航空

我国民用航空业也得到了长足发展，新建、扩建了许多机场,开辟了许多国际、国内航线,构成了庞大的“空中走廊”。民用航空也有长足进步,新建、扩建了一批机场,增开了许多国际、国内航线,提高了航空能力和质量。中国民航全行业2002年完成主营业务收入1 018亿元人民币,实现利润7.7亿元。中国国内商贸、对外贸易、旅游业等行业的快速增长,带旺了航空运输的需求。民航全行业完成运输总周转量达162亿吨公里，旅客运输量达8 425万人、货邮运输量198万吨。中国民航航空运输总周转量和客运周转量现已排名世界第六,但中国民航表示,要实现从民航大国向民航强国转变,还需要进行长期的艰苦奋斗,并提出本世纪二十年中国民航发展的长期规划,如:航空运输总周转量世界排名在前三位，国际旅客周转量世界排名在前十位；机场密度有较大提高，至少建成一个机场为亚太地区内的航空枢纽，建成若干个全国性或区域性航空枢纽等八个方面的具体目标。

国内航空货邮的流量仍然主要集中在上海、广州、北京、深圳和成都之间，在这几个城市中成都的增长速度相对较快。内地至港澳地区航线上的货邮运量主要集中于上海–香港、北京–香港和上海–澳门三条航线上。国际航线的货邮运输总体的格局与去年对比变化不大，中韩线上的货邮运量增长比较明显。

据中国民用航空总局预测，2001 至 2010 年中国航空运输年均增长速度将保持在 10%左右，到 2010 年，航空运输总周转量将达到 300 亿吨公里，旅客运输量将达到 1.4 亿人，货邮运输量达到 470 万吨，中国已成为世界发展潜力最大的航空市场。

在中国，传统的仓库，码头和港口日益成为物流行业发展的瓶颈，基础设施的增值服务能力、生产力和商业价值正逐渐被认可。虽然，各个行业供应链的压缩和新型商业业态的崛起使得物流基础设施的建设和投资成为新的商业机会，中国市场的独特性和政府在政策导向方面的影响使得物流枢纽和园区的投资和建设无固定规律可循，成功模式的建立尚需时日。负面的效果是，投资物流基础设施的热潮也加剧了中国物流行业流行“重资产，轻运作”问题的加剧。

因此，建立起一个全国性的、高效的和低成本的物流设施网络体系是中国物流产业实质性进步的重要前提之一。

（二）物流基础设施现代化和物流技术应用水平

物流基础设施和装备发展粗具规模，但总体上看，物流设施的现代化和物流技术的应用水平还不高。

与我国经济发展的要求和发达国家相比，我国的物流设施与技术水平仍有很大的差距。

1.交通运输基础设施总体规模小，按国土面积和人口计算的运输网络密度仅为美国的 19.6%、德国的 9%、印度的 25%和巴西的 71%，不仅远远落后于发达国家，而且落后于印度、巴西等发展中国家。

2.现代化物流集散和储运设施不足，能够有效连接不同运输方式的大型综合货运枢纽和服务于区域经济或城市内部的各种物流基地、物流中心建设明显滞后。

3.物流标准化程度低，不同运输方式的装备和物流器具之间的标准不一致，影响了各种物流功能和要素之间的有效衔接与协调发展，影响了物流效率的提高。

（三）物流基础设施建设规划存在的问题

一方面，我国公路、铁路、仓储、商贸、交通等部门近年分别研究和制定了中、长期发展规划。这些部门的规划，在许多方面都和实现资源配置的物流过程有关，但由于独立制定本领域的发展规划，不能从完善物流系统的角度综合解决问题，这将会给以后的发展带来影响。

另一方面，现有规划的主要着眼点是纵横的交通系统，偏重于线路的建设，“结点”的规划和建设问题没有提到相应的高度。对“结点”的认识，还停留在枢纽、车站、码头、货场的水平，没有看到现代“物流基地”、“物流中心”对我国的重要性，大规模的物流基地建设还没有提到重要的议事日程上来。同时，规划中还出现了不少相对位置、布局、衔接、任务分担不合理的状况，一旦按规划建成，许多地方将面临极为严重的不合理物流局面，不但会造成交通问题和尾气、噪音污染问题，而且会大幅增加运输成本。

而就物流结点而言，公路、铁路、水运、空运规划还存在严重的脱节，缺乏综合的一体规划。例如，交通部门在北京市规划了 6 个公路“一级枢纽”和几十个二、三级枢纽，铁道部门也规划了自己的枢纽，但二者却没有考虑 21 世纪铁路、公路一体化枢纽（实际上就是物流基地）的必然趋势。枢纽的建设费用相当高，大规模进行建设，需要耗费上千亿的投资，一旦建成之后，再行改变就会造成巨大的浪费。

此外，几十年形成的我国铁路运输格局至今

没有发生重大改变。当初公路运输不发达,需要广泛建立铁路小货站、专用线进行货物集散,再经凑整车皮、编组、编列及相反的拆解过程才能和铁道干线运输衔接,铁路不仅负担干线运输,而且负担集散运输,这是当前铁路货运费用高、时间长、服务水平低、不能满足企业现代生产方式的重要原因。

由于规划和管理不合理,同时缺乏对不同物流方式进行衔接的“物流基地”,许多不同物流方式不能在各自优势领域里运行,各种集装方式其联运的发展也不理想;同时存在过远距离的公路运输和过近距离的铁路运输等严重问题,浪费了国家大量的运输资源。

（四）物流设备

从物流设备上讲,我国的物流现代化水平还不高,物流的整体装备存在不足,交通运输工具的装载能力、物流的自动化处理能力还比较缺乏,立体仓库、条码技术的应用还比较少。我国的集装箱生产能力和国际市场份额都已居世界首位。各种物流设备制造企业及附属配件制造企业达 3000 多家,一些企业积极引进国外技术消化吸收,提高技术水平,已可以独立制造自动化仓库、AGV、搬运机器人等产品。但总的来看,我国物流设备制造企业的规模一般偏小,承担大型项目及成套设备制造的能力不足,高技术产品的质量不够稳定,因而国外物流技术设备厂商如德国的西门子、日本的大福等纷纷进入我国市场。由于我国在物流基础设施以及烟草、家电、IT 等制造企业和连锁商业企业的物流系统建设中对先进物流技术设备的需求越来越大,物流技术设备市场竞争非常激烈,一个物流中心或自动化仓库的建设项目经常有国内外多家企业参与竞标。

（五）物流软件

从物流软件上讲,随着互联网技术的发展,物流信息系统成为降低成本、提高效率、完善服务的基础,而我国绝大多数的物流企业还处于传统的手工作业阶段,不可避免地存在误操作。目前我国已拥有电信网络干线光缆超过 30 万公里,并已基本形成以光缆为主体,以数字微波和卫星通讯为辅助手段的大容量数字元干线传输网络;四大骨干网络的覆盖范围包括全国地市以上城市和 90%的县级市及大部分乡镇,并连通世界主要国际信息网络,从而使 EDI、ERP、MRP、GPS 等一些围绕物流信息交流、管理和控制的技术得以应用。由于建立物流信息系统是传统物流企业向现代物流企业转变的基础,我国的物流软件市场正稳步增长。目前活跃在物流管理软件市场上的品牌有:博科、东软金算盘、快步、亿康、亚桥、天蕨、远望、56net.com、西普、东方纪元、上海易宝、上海海勃、大连盛鸿、广州好易达、深圳汇驿、东方网脉、深圳中海、骏虎等。杰合伟业、快步易捷等一批新兴的物流软件企业正在成长。一些在 ERP 领域很知名的公司,如 Oracle、SAP、神州数码、浪潮通软等开始向国内物流管理软件进军。跨国 IT 企业如 IBM、CA 等也努力开拓我国物流软件市场。另外,像国际知名的仓储管理软件(WMS)提供商 EXE 也来到了中国。

品牌众多,说明物流软件的品牌集中度有待提高。调查表明,像目前市场占有率较高的博科、东软金算盘、招商迪辰等市场认知率都不太高,最高的也不超过 20%,远远不如用友、金蝶、等传统软件提供商。这意味着,物流管理软件市场充满着机会,同时竞争也将越来越激烈。

在第三方物流企业中,还有一个非常明显的特点是,自己开发的软件占有很大的比例,达到 28.3%。但其中大部分企业均表示,他们对自己开发的系统并不满意,目前也正积极寻找通用的物流管理软件。

调查表明,用户对物流管理软件提供商的服务状况总体上看比较满意,其中满意率(包括满意和较满意)达到 67.7%。用户对服务最不满意的地方在于服务价格,其次是定期回访、应用培训和咨询服务,不满意率分别是 28.1%、25.0%、21.9%、18.8%,这反映了软件服务最为关键的 4 个问题,即价格、回访、培训和咨询。

二、加强物流基础设施的建设

我国政府已承诺加入 WTO 后,从 2001 年起，中外合资的道路货运及仓储服务企业将允许外商控股；到 2003 年将允许外商独资经营。由于道路货运加上仓储服务，再加上现代化的管理技术几乎就是现代物流的全部内涵，这就意味着外资将全方位地进入我国的物流领域。意味着外资将全方位进入道路货运市场。外资进入道路货运市场重点是物流服务、快件运输、集装箱多式联运、汽车维修等技术含量高、附加值高、市场潜力大的业务领域。事实上，全球有影响的几家物流企业如马士基、铁行渣华等公司凭借雄厚的资金已于 1999 年在上海建立内陆物流中心，一年后，已在全国多数中心城市设立公司，在重庆也设立了办事处，在我国迅速建立起物流网络。

因此，若不加快民族物流业的发展，那么加入 WTO 之后，面对资金雄厚且具有丰富物流实践经验的外资企业，我们的运输企业或物流企业将很可能在物流领域的竞争中很快败下阵来。

（一）物流基础设施的建设要充分发挥市场机制的作用

在全面规划和充分论证的基础上，鼓励国内不同所有制投资者和外商投资企业参与物流基地(物流中心)的建设。物流基地的建设，要兼顾近期需要与长远发展，注重硬件建设与软件管理相结合。对公益性物流基础设施的建设，政府部门应在土地、资金、税收等方面提供优惠政策。物流基地(物流中心)的建设，一定要遵循市场经济规则，防止出现贪大求洋和盲目重复建设。

应重视对物流基础设施的规划，特别要加强对中心、交通枢纽、物资集散和口岸地区大型物流基础设施的统筹规划。规划工作要充分考虑物资集散通道、各种运输方式衔接及物流功能设施的综合配套。

（二）重视对物流基础设施建设的统筹规划

由于物流对于国民经济的发展具有十分重要的作用，建立现代物流体系是我国经济发展的必然要求，而现代物流体系建立的前提是必须要有先进的物流基础设施。因此，国家应该继续加强在物流基础设施方面的投资力度，并从宏观方面入手，作好总体的物流规划，以达到我国物流的合理化和物流整体效益的最优化。

建设完善的基础设施是发展现代物流的重要物质条件。从发展战略的角度看，对于交通枢纽、工业基地、商贸中心、物资集散以及口岸地区等重点区域，均需要建设综合配套的物流基础设施，包括具有一定规模和区位优势的物流园区、物流基地和物流中心。

当前，国内各界在发展物流建设方面的积极性很高，与物流相关的部门和企业都在规划建设自身发展所需要的物流中心，如工业部门规划建设物流仓储中心，商贸部门规划建设物流配送中心，运输部门规划建设物流货运中心等。这种各自为政的建设，容易造成物流设施功能单一，投资分散，重复建设和资源浪费。对此，政府主管部门要重视对物流基础设施建设的统筹规划，特别要加强对中心城市、交通枢纽、物资集散口岸等大型物流基础设施规划建设的统筹与协调工作。

我国应该及早制定出物流业发展的近期规划、中期规划和长期战略规划，将有限的资金合理规划，权衡使用，投入到一些亟待解决的领域，改变目前我国物流业各部门互不协调、重复建设的现状。同时充分利用大中城市的地理优势和经济实力，建立一些大型的物流中心和配送中心，形成一个比较完整的全国性物流网络，从而推动物流业向集团化、联合化、规模化方面发展。

目前深圳加强了对物流中心的建设，并将物流中心列为未来深圳经济结构的三大支柱之一，预计到 2003 年，深圳将成为中国南部地区的航运和物流中心。上海在浦东地区加强了对大型物流中心的建设，预计将成为全国乃至东亚地区最大的物流中心。

（三）资源整合

在积极引导推进企业物流设施建设时，要注重对现有资源进行有效整合，根据已有的运输、仓储、信息平台以及专业市场发达的优势，对现有的基础设施加以必要的改造和提升。

一是对现有货运站场加大资金投入，完善仓储、装卸、包装、配送车辆等配套服务设施。在此基础上逐步开展运输代理、仓储转运、接取送达等与运输配套的服务业务。二是加强与加工制造企业的合作，充分利用这些企业现有的仓储、货物配送服务。三是打破部门、行业界限，充分发挥加工制造和商业企业自备车辆和仓储设施的作用，鼓励他们充分利用自身货源优势，积极开展物流业务。四是根据地区发展规划，引进资金，建设一批现代物流中心，加快重庆物流设施建设，促进地方经济发展。

在硬件方面，要以大、中型货运站为基础，建立若干个物流中心和配送中心，完善仓储功能，构筑物流运作的物质基础。软件方面，以现有通信设施为基础，建立全国联网的物流服务信息系统，构筑物流运作的信息平台。

三、总 结

目前我国物流的基础设施（交通运输、仓储设施和大型物流中心）和物流技术设备都比较落后，成为制约现代物流发展的主要瓶颈之一。可以预见，随着各地物流规划的全面实施和各种物流企业向现代物流企业的转型，对物流基础设施建设和现代化物流技术设备会有强劲的市场需求。

（特约撰稿：华中科技大学管理学院教授 马士华）

区域物流

京津环渤海区物流

京津环渤海区以北京为中心，包括天津、河北、辽宁和山东五省市，是我国经济最发达的区域之一，也是我国物流发展最活跃的区域之一。近年来，京津环渤海区各省市不断改善物流发展环境，加强物流基础设施建设，大力发展现代物流业，对改进区域投资环境、促进区域经济发展起到了重要的支撑作用。

一、物流发展环境不断改善

为促进本地区的物流发展，京津环渤海区各省市纷纷从土地、税收、资金、行业管理、对外开放等方面出台有关鼓励性政策，不断改善物流发展环境。

由北京市商委和计委于2002年2月联合发布的《北京市商业物流发展规划（2002-2010年）》，明确参照科技园区与经济开发区的政策建设物流园区，允许符合政府引导、积极迁入物流园区的企业享受同工业企业一样的外迁优惠政策，鼓励世界著名物流企业以多种方式在物流技术、管理模式、服务体系、信息管理、人才培养等方面与北京市展开合作，确保北京市现代物流网络体系按照国际水准建设开发和运营。并由商业结构调整资金中每年安排一定比例的资金作为“物流发展资金”，专项用于符合规划的物流基地、物流配送区开发建设的贴息或担保。

天津市在2001年制定“天津市现代物流发展纲要”的基础上，于2002年由市交委、计委、经委、商委、农委、建委等13家委局联合制定了发展天津市现代物流业的综合政策，从工商管理、规划和土地管理、财政税收、融资、通关环境、行业管理等方面给予了具体规定，包括对新办的现代物流企业的注册登记，将视同新兴产业加快办理登记发照速度。对社会投资主体投资于规划的物流园区基础设施开发，类同于投资交通基础设施，享受各项鼓励规定。鼓励企业在规划的物流园区内兴建物流设施，以及利用现有的避开居民区和人流密集区的库场、企业铁路专用线改扩建为仓储、配送、集散、分拨、中转设施。对新办的物流企业和物流软件企业，给予一定的税收减免等。

山东省政府办公厅也于2002年出台了《关于加快现代物流发展的意见》，要求重点企业逐步建立专门的物流管理机构，对分散的物流活动实施全过程、全方位、一体化管理。逐步剥离传统体制下的自营物流，引进专业化、社会化物流服务，降低物流成本，培育和发展物流市场。逐步取消或放宽对运输、货代、仓储、配送等业务经营的审批，使各类物流企业平等进入市场。支持鼓励跨地区、跨部门、多种经济成分的物流资源进行重组、兼并、联合，支持鼓励物流企业改制上市。对三资企业兴建物流项目在土地出让金等方面实行国民待遇，允许中外合资、合作企业经营国际集装箱中转货运业务，允许外资以中外合资、合作方式，在国家产业政策指导下，从事沿海、内河和道路运输。

为加快物流园区的建设，各地也制定了一系列优惠政策。如大连国际物流园的政策包括：有固定资产投资的外资物流企业，可以认定为生产性外商投资企业。管委会根据区内重点物流企业的经济贡献情况给予财政扶持。管委会以优惠价格为区内物流企业提供库房和场站供企业租用。对新办的物流企业给予税收、土地等方面的优惠等。

二、物流设施规划建设全面启动

近年来，京津环渤海区各省市先后制定了物流发展规划，特别是2002年起，北京、天津、大连、青岛、沈阳等中心城市的物流园区等物流基础设施建设全面启动,为优化本地区的物流系统结构、搭建物流设施平台奠定了基础。

北京市在物流发展规划中提出,2005年初步建成以三个大型物流基地为核心,四个综合性配套区域和13个专业性配送区为结点的,覆盖全市的物流网络,2010年成为亚太地区的重要物流枢纽城市。在列为重中之重的"一港三区"建设中,北京通州物流产业园区于2001年启动,至2002年已有北京华通物流有限公司、北京环捷物流公司、北京医药股份有限公司等企业入驻。由嘉里京泰物流公司开发的北京物流港项目,投资总额将超过110亿元人民币,也于2002年启动。北京空港物流园区于2002年聘请中、美、德三国专家进行了总体规划,并已与日本宅急送、北京物美商城、北京中邮物流等企业签订了合作意向。由首都公路发展公司负责开发的北京西南物流园区的主体部分西南公路货运主枢纽,也于2002年底开始进行市场调研和项目分析。

天津市在实施天津市现代物流发展纲要时提出,2003年建成天津市现代物流的雏形体系,达到国内先进水平;2007年建成比较完善的现代物流的体系,具有一定的国际竞争能力;到2010年,使天津市现代物流的体系,能够与国际接轨,成为我国北方和东北亚地区的重要国际物流中心城市。"十五"期间,天津市将投入50多亿元建设物流园区、物流中心以及各类配送中心。2002年以来,开发区工业物流园、保税区国际物流运作区、南疆散货物流中心、空港国际物流区、交通局物流货运中心五大物流形象工程进展迅速,特别是投资30亿元的天津空港国际物流区于2002年正式开工建设,使天津市形成融空港物流、海港物流与陆地物流于一体的完备的国际联运体系。

山东省采用建设与改造并重的方法,根据现代物流发展的要求,调整物流基础设施的布局与规模,提高建设水平,完善服务功能。以济南、青岛、烟台3个公路主枢纽,潍坊、临沂、德州等6个集疏运中心为基础,逐步建成一批现代物流基地。青岛港要进一步提高集装箱和大宗货物集疏运能力,努力发展成为北方航运中心。济南、青岛机场扩建改造工程中,要兼顾发展空中货运的需要,建设国内一流的空港物流园区。通过积极努力,在未来的5至10年内构建山东省陆海空优势互补、互连互通的物流网络。

河北清华发展研究院与清华大学工业工程系等有关院系组成专家组,深入开展河北省物流业发展的研究,制定河北省物流发展规划。辽宁省也组织计划、经贸、交通、商业、邮政等部门,制定了现代物流发展规划。沈阳、大连、青岛、烟台、石家庄等中心城市也在2002年启动了物流园区的规划与建设。

三、现代物流服务业方兴未艾

以第三方物流服务为特征的现代物流业的发展水平,是区域物流产业成熟度的重要标志。近年来,京津环渤海区各省市采取对内整合、对外开放等措施,大力扶持现代物流企业,初步形成了国有、外资和民营物流企业共同发展的局面。

北京市的国有物流企业有中远物流、中邮物流、中铁物流、和众奥顺达物流、环运通半截塔物流等;合资物流企业有嘉里京泰物流、太平洋物流、天宇物流、环捷物流等17家;民营物流企业有德力得物流、双利达物流等。到2001年,全市物流企业151家,有5%左右从事综合服务和一体化解决方案业务。服务半径为50%的企业从事市内物流,30%从事城际物流,20%从事跨地域物流;服务对象为25%为零售业提供服务,25%为大宗批发业务提供服务,50%为综合物流服务。2002年10月,由日本最大的物流企业–佐川急便亚洲株式会社和北京服装进出口有限公司各出资一半组建的北京佐川急便国际货运有限公司正式成立。身着蓝色条纹制服的佐川急便送货员穿行在京城的大街小巷。与此同时,由英运物流(EXEL)与中外运集团共同投资的星网物流中心在北京经济技术开发区开业,设计用于为园内的北京首信诺基亚移动通讯公司及其核心商业伙伴提供一套完整可视的供应链管理方案,包括即时供应和零库存管理。特别值得一提的是,作为我国物流业履行加入WTO市场开放承诺的标志，2002年北京批准了首家外资控股的物流合资企业，注册资本570万美元，其中德国辛克物流公司出资七成，北京国际技术合作中心出资三成，将拥有国际货运一级代理权。

天津凭借其优势的地理位置和物流业的良好经营环境，不断招来大批物流相关企业。特别是天津保税区抢抓入世机遇，充分利用自身独特的功能、政策和区位优势，创造与国际接轨的投资运营环境，努力建设国际货物大进大出的绿色通道，得到跨国物流公司的广泛青睐。2002年，新加坡叶水福—美国摩托罗拉亚洲物流中心、美国C.H罗伯逊物流公司、德国大众中国物流中心、韩国三星爱商网、香港亚洲物流、嘉里物流、新世界—克运物流等一批物流公司纷纷在此建立其亚洲物流中心。保税区正在成为以第三方物流为主、聚集跨国公司、辐射三北地区、面向全国和东北亚、在国内外有一定影响力的国际物流中心。保税区与驻区海关、检验检疫、外汇、国税、地税等单位相互配合，共同创造一个便捷、高效、现代化、国际化的物流运营环境。简化审批程序，加快通关速度，空港海港直提直放，对重点物流企业实行24小时通关，创新检验检疫模式，简化结、购、汇手续，为货物的大进大出提供便利的交易平台，使企业降低了成本，提高了效益。目前，天津保税区内物流公司已达到300多家，其中跨国物流公司50多家，这些公司把先进的物流理念、技术、渠道和市场带到了天津，提高了天津市物流业的整体层次和水平，有力推动了全市现代物流业的发展。

2002年，山东省现代物流服务业取得突破性发展。海尔集团实现了从企业物流到物流企业的跨越；海信电器将上亿元的全国物流业务外包给中海物流；三联集团建立起以相关上下游企业为依托，以流通企业为核心的家电生产、流通、消费的新型家电供应链体系；烟台市引进招商局物流负责运作物流园，努力为工业与流通企业提供现代物流服务。

大连市在招商引资中积极创造条件，通过优惠政策和优质服务引进国内外知名物流企业落户大连，尤其下大本钱引进国际大型物流企业和跨国运输集团总部，鼓励与大连市物流企业合资合作，注重引进先进物流理念、管理技术和管理人才，提高大连市物流业的档次和水平，增强大连市现代物流业的国际影响力和竞争力。大连日通外运物流有限公司作为大连市最大的外资国际物流公司，2002年营业收入达到1亿元。日通、金门、宝集等外资国际物流公司在大连得到快速发展，中海、中远、中铁快运、中邮物流、环东等一批物流公司已经成为大连国际物流配送市场的主体，一个完备的国际、国内物流配送体系正在形成。

2002年1月，沈阳运输集团正式成立。这个集中了沈阳市交通局六大企业运输资源、总资产达12亿元的大型企业集团，以建成全国一流的物流企业为发展目标，标志着沈阳物流产业开始走上规模化经营、产业化发展的道路。

四、区域物流合作日益加强

随着京津环渤海区区域经济合作的发展，各省市开始打破行政区划的界限，从物流系统整体合理化的角度，实现区域物流合作。特别是京津两大枢纽进行分工与协作，实现区域物流网从“单中心放射式”向“双中心网络式”的转变，具有重要的示范意义。

2002年，北京市人民政府口岸办公室、北京海关、北京出入境检验检疫局、北京陆港国际物流有限公司与天津市对口单位共同签订了《北京朝阳口岸与天津海港口岸直通协议书》。北京海关、北京出入境检验检疫局分别同北京陆港国际物流有限公司、和记物流管理有限公司签订了《合作备忘录》。北京朝阳口岸与天津港口岸开始了直通，北京和天津两市终于实现了港口功能一体化。从此，北京的进出口外贸货物将直接到北京朝阳口岸办理出入海关手续，不用再到天津港办理。这对北京和天津的经济发展都将产生巨大的影响。北京市目前的年外经贸金额为500多亿美元，其中360多亿美元是海运货物，而且大部分是经天津港进出的，北京的集装箱占天津港外贸集装箱吞吐量的18%。北京与天津港实现港口功能一体化之后，北京的进出口货物比过去的口岸转关更加方便快捷，吞吐量有望大幅度增长。朝阳口岸作为北京市政府批准的惟一的海运内陆口岸，实现港口功能一体化之后，到北京的进口集装箱货物可采用海关跨关区运输方式，将货物转至北京办理海关和检验检疫手续；出口货物在北京一次报关、一次报检，原则上在天津港不查验，直接集港、装船，货物装船后，所有信息反馈到朝阳口岸，可在北京办理出口退税。遇到特殊情况，海关可派员到工厂监装，集装箱可在工厂直接封关出口。北京地区的外向型企业能够就地办理口岸海运业务，享受到货物定舱、仓储运输、中转、集装箱拆拼装箱、海陆联运等一条龙服务，对企业缩短办理结汇、退税时间，加速企业资金流转都有极大的好处，对北京市的外贸和天津港吞吐量的增长都是巨大的推动。

天津机场与北京首都机场等单位组建为首都机场集团公司后，天津机场侧重发展航空货运，拟建成中国北方的航空货运、快件集散中心和国际物流基地，缓解首都机场航班压力。据统计，2002年首都机场的货邮吞吐量为66.9万吨，其中75%以上来自天津的外商投资企业。京津机场整合后将有更多的货物直接从天津机场入境。

总的来看，京津环渤海区在经历了几年的“物流”热之后，在2002年进入更加理性、健康的物流发展新阶段。只要区域内各省市在政策上继续保持对物流业的支持力度，按照市场需要合理规划和建设物流基础设施，不断推进物流技术进步和信息化，大力培育和规范物流市场、扶持第三方物流企业，打破地区与部门封锁、实现区域物流协调发展，京津环渤海区的物流发展前景十分广阔。

（特约撰稿：中邮物流有限责任公司　田学军）

长江三角洲物流

一、长江三角洲简介

长江三角洲在地理上包括上海全市和江苏、浙江两省邻长江与杭州湾的部分城市和地区，包括下列15个城市和地区：一个直辖市（上海），两个省会城市（南京、杭州），11个地级市，其中江苏省6个（镇江、扬州、南通、泰州、常州、无锡和计划单列市苏州）；浙江省5个（嘉兴、绍兴、湖州、舟山和计划单列市宁波），是国际公认的世界六大城市群之一；广义上讲，长江三角洲包括整个上海市、江苏省和浙江省广大地区。

长江三角洲位于中国东部沿海开放带和长江产业密集带组成的"T"字形产业布局的结合部。长江三角洲总面积约10万平方公里，仅占全国面积的1%左右，人口约占全国人口的6%，但该地区对我国的经济贡献巨大，2002年GDP接近全国的20%，中央财政收入超过全国的1/5。有大陆海岸线近千公里，长江优良岸线600公里，已形成上海港、宁波港、舟山港、张家港、南通港等组成的中国最大的沿海沿江港口群。以上海为龙头、苏浙为两翼的长江三角洲，已经成为中国经济、科技、文化最发达的核心地区之一，也是中国物流业发展最早，目前发展最迅速的地区之一。

二、长江三角洲物流发展历程

改革开放以来，由于独特的区位优势，长江三角洲经济发展驶入了高速发展的快车道，苏南经济发展模式、浙江民营"小狗经济"发展模式以及上海经济的发展带动着整个长江三角洲经济的快速发展，迅速使长江三角洲成为中国经济发展中最引人注目的焦点。特别是20世纪90年代以来，以上海浦东开发开放为标志，长江三角洲经济又跨入了一个快速崛起的迅猛成长时期。以上海为中心的长江三角洲地区，依托城市群和各种开发优惠政策形成的各级经济开发区具有低门槛进入、低成本运作、市场容量大、科技人才丰沛、有利于体现规模效应等优势，以前所未有的速度积聚海外资本，形成了一个强有力的资本吸引"新磁场"。

现代物流的发展从来就是和一定的经济水平、经济形态相联系的。长三角经济的发展，特别是苏南、上海外向型经济的快速发展，必然要求和促进长三角物流和基础设施的配套发展。20世纪80年代以来，长江三角洲各级政府投入巨额资金，参与该地区的城市基础设施、港口、机场、铁路、航道、高速公路等重要交通基础设施的规划建设，初步建成和完善了海港、空港等海陆空重要集散枢纽以及高速公路、铁路、内河等综合运输网络系统，并取得了丰硕的成果。随着沪宁高速公路的贯通，与国际物流接轨的上海，带动沪宁高速沿线的苏州、无锡、南京三大中心城市的物流全面崛起，并初步构成了物流运输领域高速公路、水上运输和空中航运一体化的现代物流网。从此，整个苏南经济板块更是活力四射，以快速崛起的新兴世界制造业中心而备受全世界瞩目，以沪宁高速公路开端的长三角一体化大交通优势，成为了"新苏南经济板块"重要支撑点之一。同样，随着沪杭高速公路的建成、宁波港口的全面建设、嘉兴等地区交通的全面改善等水陆空立体交通网络的初步建成，大大促进了环杭州湾地区物流业空前高速发展。到20世纪末，长江三角洲已初步形成了中国最密集的物流运输管道和物流交易平台。

三、长江三角洲物流发展现状

2002年是长江三角洲区域物流全面发展的一

年。

1.长江三角洲区域物流的发展引起了各级领导、各级政府的高度重视,以上海为龙头的区域物流的协作格局已基本形成。

长江三角洲现代物流的发展受到了党中央、各省市领导、各地区主要领导的高度重视。江泽民同志在2002年11月的党十六次代表大会期间敦促上海“要积极探索同长江三角洲地区联动发展的新路子”,努力发挥经济中心城市的“辐射作用”,特别是要“按照国际通行惯例加快推进国际金融中心和航运中心建设”。这对上海的国际航运中心建设和长江三角洲区域经济和区域物流发展提出了更高的要求。时任上海市市长的陈良宇同志在上海市十一届人大五次会议上作“政府工作报告”时,也强调上海要依托海港、空港和信息港,高起点规划建设外高桥、浦东空港、西北等三大综合物流园区,引进世界著名物流企业,积极发展第三方物流,加快物流资源整合。江苏、浙江以及南京、杭州、苏州等省市领导也纷纷对各地区物流特别是长江三角洲区域物流的发展给予了高度的重视和重要指示。长江三角洲已经达成“江浙沪共同打造现代物流合作体”共识。

为了推进长江三角洲区域经济和区域物流的发展,2002年初,上海协作办公室就推出了将上海融入长江三角洲区域经济和区域物流的“24条”政策,长江三角洲大多数地区也都制定了将地区物流融入区域物流的具体措施。三省市主管副省长(市长)定期会晤的协调机制已经形成,区域经济和区域物流的合作与发展研讨会也已定期举行,有组织、可操作的区域物流专项议事制度也将逐步建立。目前,长江三角洲对区域物流的研究已非常深入,并已决定花大气力推动区域物流的建设。上海与江苏及浙江形成了服务与制造分工协作的格局,三省市的合作和整合已从民间上升到政府层面。

2. 长江三角洲地区已初步完成物流规划期,开始进入实际实施阶段。从2001年上海市完成《上海“十五”现代物流产业发展规划》以来,长江三角洲各地区在2002年也陆续完成了自己的物流规划。

《江苏省现代物流业发展规划》在2002年正式实施。规划指出,江苏省要积极采用现代物流管理技术和装备,建设现代化的物流基础设施和物流公共信息平台,大力培育和发展具有国际竞争力的现代物流企业,构筑与国际接轨的现代物流网络体系,着力建设三大物流区域:南京物流区域、徐州物流区域、苏锡常通物流区域。江苏省物流规划的核心是将江苏的物流发展纳入到长江三角洲区域物流发展的整体当中来,呼应上海,立足长江三角洲求得物流整体的发展。苏州市的物流规划更是依托上海,依托长三角,苏州市的物流规划重点在于大力整合长江岸线资源,将张家港港、常熟港、太仓港实行三港合一,建立苏州港。这是苏州市打造现代物流枢纽的重大举措,苏州港的发展目标就是建成长江三角洲地区的集装箱干线港,成为上海国际航运中心集装箱枢纽港的重要组成部分。无锡、南通,常州等市的物流规划的重点也是立足长三角,服务上海,全方位接受上海的辐射,在长三角区域物流的整体发展中提高物流竞争能力。

浙江省物流工作也已经全面启动,多数市都建立了现代物流协调组织机构,明确了各部门的分工和职责,并且多数城市已经完成或即将完成各市的物流规划。浙江省的物流规划是以杭州湾为先导,主动接轨上海,错位发展,互补发展,从基础设施到信息平台建设,共同推进长江三角洲区域物流共同发展的总体战略和发展思路。杭州、宁波、嘉兴、舟山等长三角地区均做出了主动接受上海辐射、服务上海的物流发展战略和规划,积极推进长江三角洲地区物流一体化发展,使各自成为上海国际性物流中心的重要结点。

到2002年底,长江三角洲各地区的物流规划均已基本完成,沪、苏、浙三省市正着手从交通、城市物流基础设施和信息等全方面优化区域物流发展环境,降低区域物流发展成本,提升区域物流的国际竞争力。长江三角洲的区域物流正从规划阶段走向全面实施阶段。

3.物流基础设施建设得到空前发展。2002年是长江三角洲物流基础设施建设取得丰硕成果的一年。长三角初步建成了以上海为中心的海陆空立体交通网络和物流基础设施网络。

2002年12月,上海通往江苏、浙江的三条高速公路(莘奉金高速、沪青平高速和同三段高速)同时竣工通车。至此,上海通往江苏、浙江两省的快速通道增至7条,上海中心城区进入苏浙两省的时间均可控制在半小时内。2002年也是浙江省高速公路建成通车最多的一年。今年浙江境内先后有乍嘉苏高速公路浙江段、杭宁高速公路浙江段、甬台温高速公路乐清段等高速公路建成通车,从而使杭州湾和浙江省其他城市到上海和江苏各城市的物流时间大大缩短。江苏省全年也新增高速公路300多公里,从此江苏省纵穿南北、横贯东西、覆盖全省的高速公路网络构架已基本形成。伴随长江三角洲快速路网的连通形成,长三角地区物流上的联动效应将更为显著,这给了整个区域内的物流企业一针强心剂,长江三角洲上的物流运输将更加畅通和便捷,物流总体成本将更加降低,物流服务水平将进一步提高。

除了高速公路的丰硕成果,长江三角洲的港口建设也迈出了坚实的步伐。12月,洋山深水港一期工程开工;长江口深水航道工程一期通过验收、二期开工;上海建成现代化集装箱码头,上海港外高桥四期集装箱码头竣工并将于2003年初投入试运营。宁波港也进一步加大了开发力度,并已和上海港初步形成了资源优势互补,加强合作的新阶段。另外,南京港、苏州港在整合现有物流资源的基础上,加强了服务上海观念的转变,再加上配套服务设施、一关三检等物流服务的改善等,使得2002年我国内河航运也上了一个大台阶。包括浙江、江苏在内的整个长江三角洲的上海国际航运中心正逐步形成,这也与交通部提出的"一中心两翼"的概念相吻合。

另外,长江三角洲各地区的物流园区建设和城市物流基础设施建设也进入了实质性操作阶段。上海浦东空港物流园区、外高桥物流园区,西北物流园区均已进入全面建设实施阶段。南京龙潭物流园区一期工程已进入实质性启动阶段,无锡三大物流园区(无锡综合物流园区、江阴长江港口物流园区、无锡口岸物流中心)也正在加速启动,杭州、宁波、苏州等地的物流园区也拉开了实质性建设步伐。

4.物流信息技术得到普遍重视。物流信息技术越来越成为现代物流的生命线。在物流基础设施空前发展的同时,2002年长江三角洲物流信息技术也得到了普遍重视和推广应用。

首先,上海"大通关"工程的正式实施是上海、长江三角洲乃至全国物流信息系统应用的一个里程碑。"大通关"系统是基于电子数据交换(EDI)系统的面向长江流域的多式联运物流信息平台、面向全国的综合运输物流信息平台、工业产品交易信息平台以及面向国际的空港、海港口岸公共物流信息平台。2002年在外高桥保税区"大通关"试点成功的基础上,在全市推广实施"大通关"工程。上海市政府在2002年初提出的上海口岸"提高口岸工作效率工程"的目标已经圆满实现。经过一再提速,上海口岸的进口报关速度已经缩短至15分钟,部分料件甚至达到6分钟,已经完全能够实现与国际物流高速度运行完美接轨。上海实施快捷通关,大大加快上海地区的物流运行速度和提高上海港口的利用率,大通关工程向长江三角洲和整个长江流域的推广必将对长江三角洲甚至整个中国的现代物流业的发展带来巨大的推动作用。

2002年上海陆上货运交易中心在上海市西北物流园区成立,该交易中心是根据上海市城市交通白皮书要求规划构建的,是体现现代物流理念的大型专业信息交易平台。另外,上海市还正统筹规划,统一标准,积极进行公路地理信息系统的开发和应用。

2002年初,江苏集装箱多式联运电子数据交换(EDI)系统建设项目"可行性研究报告"通过了江苏省计委组织的专家评审。根据方案设计,江苏省将在国际经贸各行业及相关部门之间建立一个跨地域、跨部门、跨行业的EDI系统,以实现电子单证传输、数据交换和信息共享。该系统的建成将对提高江苏省物流信息管理和国际经贸信息化水平将起到积极的推动作用。

浙江物流信息技术也得到了长足发展。加快物流信息化工程建设、尽快搭建物流信息平台已达成物流界的广泛共识，浙江省各级政府也大都制定出了相应的物流信息技术推广和应用的规划和具体措施。

但具有统一标准、覆盖整个长江三角洲的区域物流信息平台还没有真正规划出台，这对长江三角洲物流一体化的发展将起到一定程度的阻碍作用。

5. 上海作为国际物流中心的框架已初步显现。经过浦东开发10年来的高速发展，上海作为国际经济中心城市的功能不断得到完善和加强。上海在国际物流中的作用已初步显现。

航空方面：将上海浦东国际机场建成亚太航空枢纽港的战略已开始实施。在上海物流产业规划中，已将浦东空港物流园区作为重点发展的三大物流园区之一，"十五" 期间将基本形成以运用航空物流信息系统实现通关、支付、代理等各项业务的进出港快速反应为特色的物流园区，将浦东国际机场构建成亚太航空枢纽港已上升为一项国家战略。

海上航运方面：上海航运又向国际航运中心迈出了一大步。2002年，全上海港集装箱吞吐量达到861.3万标准箱，增长速度超过35%。上海港已超越高雄港，成功坐上世界第四把集装箱货港的交椅。随着大小洋山国际航运码头的建成，上海作为国际航运中心的地位将得到进一步巩固。

路上交通方面：上海市市内及辐射长江三角洲和整个长江流域的高速公路网已基本建成。市域范围内重要工业区、重要集镇、交通枢纽、货物主要集散地的车辆15分钟即可进入高速公路网；上海中心城与新城之间、中心城与长江三角洲其他周边地区之间30分钟可以互通；市域高速公路网上任意两点之间60分钟可达。

物流信息方面：随着"大通关"工程的推广应用和公路地理信息系统的规划开发，上海市城市物流信息系统的主构架已经初步达成。再加上上海世博会的申办成功，亚洲最大的跨国采购中心在上海成立，世界跨国公司的总部或分部纷纷在上海成立，亚太互联网交换中心 APIX(Asia Pacific Internet Exchange)正式落户上海等等，上海正逐步成为国际贸易中心、国际航运中心、国际会展中心和国际信息交换中心。上海作为国际物流中心的框架已初步显现。

6.外资开始进军长江三角洲物流业。2002年6月，中国外经贸部发布了《关于开展试点设立外商投资物流企业工作有关问题的通知》后，国外物流企业开始投资长江三角洲物流业。美国、日本、香港、马来西亚等物流企业开始进军上海、南京、无锡等地，与当地企业建立合资物流企业，尽管目前合资物流企业还没有对长江三角洲物流市场造成巨大的冲击，但其发展势头不可小视。

四、长江三角洲物流发展展望

纵观长江三角洲区域物流的发展，未来的几年，长江三角洲区域物流将会在以下几个方面得到重点发展：

1.长江三角洲地区物流需求会猛增。

首先，随着WTO的正式加入，中国的对外贸易量将会猛增，而作为中国最大出海口之一的长江三角洲也必然会产生巨大的贸易物流需求，而大小洋山港的建成将会在长江三角洲地区形成一个全球性货物中转点，伴随而来的物流需求将是极其巨大的。

其次，随着全球制造中心逐渐向中国转移，估计3至5年以后，长江三角洲会首先形成一批世界性工业制造基地，例如将会在苏州、常熟、嘉兴等地建设大批的工业制造园区，这也必然会导致巨大的工业物流需求。而在之后的一二十年内，制造中心又会逐渐向中西部地区转移，而作为经济发达，交通便利的长江三角洲将会逐渐转化为服务中心，例如提供高质量的信息服务，一体化的供应链物流服务等。目前，作为长江三角洲物流最发达的上海已经展现出这种发展趋势。

2.长江三角洲地区的物流协作一体化会更进一步加强。

在政府政策方面，长江三角洲的各地区政府都很重视物流的发展，并对该区域的物流协作发展越来越关注，现在已基本形成以上海为中心的区域物流发展的战略共识。随着以后交流合作的逐步扩大与深化,在长江三角洲必将形成以上海物流为首,其他各地区优势互补的良好发展格局。

在硬件设施方面，随着一大批高速公路的建设,杭州湾大桥的兴建,还有沪崇通道的建成,将会使长江三角洲地区变得更为紧密，相互依赖性更强、交通更为便利,也更易于区域物流的发展。

在软件设施方面，随着长江三角洲各地对信息化的重视,特别是上海“大通关”的良好示范和推动作用，可能会使长江三角洲在中国率先形成一套区域物流的信息标准，并将促进长江流域和整个中国物流业的信息规范化加快发展。

在物流园区建设方面，未来的5到10年,长江三角洲内将会涌现大量物流园区，发挥物流结点的重要功能,推动区域物流的良好发展。而一些临近大港的物流园区(例如上海、宁波、张家港等地) 更将成为长江三角洲物流与全球物流连接的重要物流基地。上海的外高桥物流中心园区,兼备保税区的政策功能和港区的港口物流功能，将充分发挥区港联动效应，推进国际物流和国际贸易流的相互促进。同时,物流中心还积极探索向自由贸易区转化的新思路，力争成为在物流领域与国际接轨的一个成功示范，有效推进长江三角洲的国际物流合作，推动长江三角洲地区成为全球物流体系的重要组成部分。

3.长江三角洲地区的物流竞争将在良好的市场规范下更加激烈。

首先，竞争会出现在长江三角洲的各地区之间,尽管各地政府在政策上会考虑避免重复建设,尽量寻求差异化发展,但依旧会产生很多竞争。

其次,各企业之间将面临更残酷的竞争。长江三角洲有着巨大的市场需求和良好的市场环境,随着入关壁垒的逐渐取消，必然会吸引大量的外资物流企业进驻，一些国际物流巨头将会以前所未有的速度和规模涌入长江三角洲，中国的大部分大型物流企业也将尽力在长江三角洲地区拥有更大份额的业务，这一地区的市场竞争将会非常激烈。

但是总体而言，长江三角洲地区的市场比较稳健,政府也都很注重于物流市场规范的建立。因此,虽然日后的竞争会越发激烈,但却不会陷入无序的恶性竞争中，一般会在数个中外物流巨头之间展开激烈有序的竞争。

（特约撰稿:上海复旦大学物流管理研究中心主任、教授　朱道立）

珠江三角洲物流

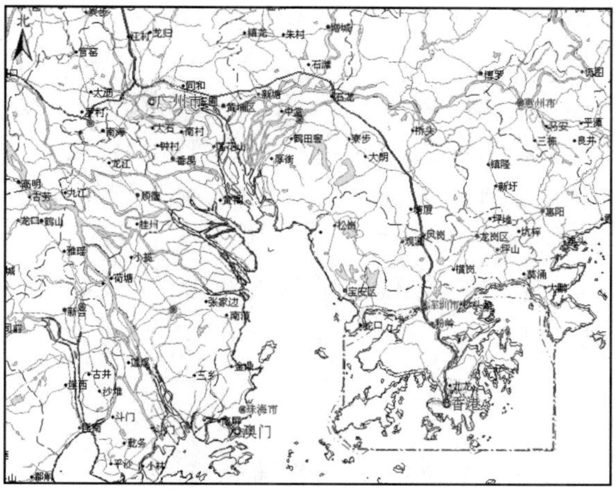

一、珠江三角洲概况

珠江三角洲濒临中国南海，位于珠江水系的汇合处，它不是一个完整的行政区域单元，而是经中华人民共和国国务院正式批准的珠江三角洲经济开放区，其范围包括广州、深圳、珠海三大中心城市、加上佛山、江门、东莞、中山和惠州市的惠阳县、惠东县、博罗县，肇庆市的端州区、鼎湖区、高要县、四会县等，面积4.16万平方公里，占全省面积的23.4%。

自上世纪80年代改革开放珠江三角洲的工业化启动以来，珠江三角洲成为中国经济发展最快的地区之一。从1980–2001年，珠江三角洲经济年均增长达到16.9+12.7%（16.9为1980–2000年的年均增长速度，12.7为2001年的增长速度），大大高于同期9.3%的全国平均增速和13.4%的广东平均增速。

经济发展为物流产业提供了需求基础，珠江三角洲物流基础设施的建设和完善，为发展现代物流提供了必要的条件和有利的保障，第三方物流正在由区域向全国发展，珠江三角洲的物流产业，在区域经济一体化的过程中，正在发挥越来越重要的作用。

二、珠江三角洲物流需求

（一）总体需求与产业结构分析

珠江三角洲2001年的国内生产总值达8364亿元，如果物流成本占GDP的18%计算，珠江三角洲的总体物流需求为1505亿元；如果物流需求的外包比例为20%，，则珠江三角洲的物流产业，将达到300亿元的规模。

从有形物流需求的角度，珠江三角洲的主导产业制造业构成物流需求的主体。经过20年的发展,珠江三角洲的制造业已形成三大产业群：

第一，劳动密集型产业群。主要包括纺织、电子、家电、食品、建材和医药六大产业。该产业群曾经是上世纪80年代至90年代珠江三角洲经济区的主要支柱产业。其中电子、医药、建材等行业的产值居全国同行业之首，纺织行业产值居全国第二，家电、食品、塑料等行业也在国内占据重要地位，例如，家电类具有中国“驰名商标”中，珠江三角洲即占8个，居全国各省市之首。

第二，技术和知识密集型产业群。主要包括电子信息工业、生物技术工业、新材料、精细化工、精密仪器与自动化工业等。该产业群近年来发展迅速，是珠江三角洲经济区未来发展的主流方向，其中的主导产业如电子信息制造业和机械工业均处于全国领先地位。2001年，广东省电子信息制造业完成总产值（现价）3 109.91亿元，比上年增长28.9%。目前，珠江三角洲经济区拥有一批国内外知名、实力较强、具有核心竞争力的主导企业集团。据电子信息部审定，2002年，全国电子信息100强企业中珠江三角洲经济区有25家，占全国电子100强1/4,其中前10名中就占2家。移动通讯制造业的14家国家级企业有一半在珠江三角洲经济区。

第三,钢铁、乙烯、汽车等重工业产业群。这些产业是具有重要基础地位和发展潜力的优势产业,珠江三角洲经济区今后将适度地发展该类重工业。

上述主导产业和主要企业构成了制造业物流需求的主要部分。

(二)外贸进出口与国际物流需求

珠江三角洲经济区的外向型经济发展的较早,该区对外贸易在全国占有重要地位。目前已基本形成了以国际市场为导向,带动国内市场发展的外向型经济格局。2001年,珠江三角洲经济区进口总额和出口总额分别为776.32亿美元和908.29亿美元,其中电器及电子出口已超过200亿美元。新签利用外资合同数12 228宗,实际利用外资累计141.92亿美元,比2000年增长13.2%,稳居全国各大经济区域的首位。从国际投资开放度来看,2001年珠江三角洲实际利用外资141.92亿美元,国际投资开放度为14%,比全国平均水平4.4%高出9.6个百分点。外贸依存度是衡量一国(地区)经济开放度的另一重要指标,珠江三角洲的外贸依存度为166.7%,远远高于全国44.7%的平均水平。

如果一个标准集装箱的货值按2.5万美元计算,2001年珠江三角洲进出口的集装箱达到670万重箱,产生1 300多万进出口集装箱需求。珠江三角洲经济的外向型经济已经成为本区域港口吞吐量增长的主要动力,所以,本区域的物流多表现为以进出口国际集装箱运输为主体的国际物流。

(三)商业物流需求

4 000多万的本地常住人口,再加上1 000多万的外来人口,使珠江三角洲成为中国最大的商业物流集散地之一。2001年,珠江三角洲市场繁荣,商品丰富,供求平衡,购销两旺,社会消费品零售总额3 120.07亿元,增长11.7%,占广东省社会消费品零售总额的69%,同时,广东省政府还出台《关于大力发展现代流通业的意见》,大力促进了本区域商贸业的发展。

物流是连锁商业赢利的核心手段。珠江三角洲商业物流需求主要表现在连锁商业业态在零售商业中所占比例的不断上升。2001年广东零售业连锁店销售总额达215.07亿元,占整个零售额的6%,而广州、深圳等城市,连锁商业所占的比重在2002年分别为13%和27%(广东省连锁协会,2002年3月26日)。像万佳、WAL-MART(沃尔玛)、TRUST-MART(好又多)、CARREFORE(家乐福)等仓储商店,以及PARKN(百佳)、华润万方超级市场、7-ELEVEN(7-11便利店)、AM/PM(上午/下午)便利店等,已发展成为规模较大、较有影响力的连锁经营企业。

传统商业业态向连锁零售业的快速发展,构成了对珠江三角洲商业物流尤其是配送型物流的巨大需求。

三、珠江三角洲物流供给

珠江三角洲的物流供给可以从物流产业政策、物流基础设施、物流信息系统网络与第三方物流发展几个方面来阐述。

(一)物流产业政策

近年来,广东省和珠江三角洲各城市纷纷出台了各种大力扶持和鼓励物流产业发展的政策:

广东省政府在《国民经济发展“十五”规划和2015远景规划》和《广东省现代物流业“十五”计划》(广东省人民政府[2002]71号,2002年9月10日)中就明确了发展物流产业的原则和对策,并在规范市场准入,改进市场监管、加强财税政策扶持、支持企业进行产权改造、给予用地政策支持等方面给予相当的政策优惠。同时省政府就物流产业发展还高瞻远瞩地提出了四个“三十”的战略规划:即:“十五”期间要建立30家重点大型物流企业集团、30个重点物流园区、30个重点物流配送中心、30个农副产品批发市场。

《广州市国民经济和社会发展第十个五年计划纲要》提出:“加快形成广州国际性区域物流中心功能。引进新型管理模式和经营业态,改造传统的物流企业和设施,建设港口、机场、铁路物流基地，培育集商流、物流、信息流于一体的现代物流体系，加快配送、连锁、仓储、商务代理业的发展。”

《深圳物流“十五”计划及2015远景规划》（深圳市交通局，2001）和《关于加快发展深圳现代物流业的若干意见》（深圳市人民政府[2002]174号，2002年10月15日）就明确提出了深圳“十五”期间物流产业的战略目标：“建成以国际物流为重点、以区域物流为基础、以城市配送物流为支撑的区域性现代物流中心。将深圳发展成为跨国公司国际采购、国际配送和国际集散基地，形成以远洋运输、航空货运、国际中转、多式联运、批发配送、信息服务为主体的物流基地”。

同时，中山、汕头、东莞、南海都出台了物流专项发展规划，有些城市正在制定之中。

（二）基础设施

1.港口

珠江三角洲区域的港口设施、货运量在世界上位居前列。现有万吨级港口泊位100多个。2001年集装箱运量2 539万标箱，货运量4亿多吨；其中仅香港集装箱运量就达1 782万标箱，名列世界第一。目前，珠江三角洲港口由东部港群、北部港群和西部港群三大港群构成，其中香港港、深圳港和虎门港构成了东部港群，2001年该港群的货物吞吐量已超过2.5亿吨，处理标准集装箱近2 500万个。(东部港群既有香港港这样世界性天然良港，也有国内第二大集装箱港深圳港和虎门港这样的后起之秀，尤其是深圳港近几年发展迅速，5年内还将投资300亿元兴建10个集装箱泊位等设施，发展潜力不可限量)。广州港属于北部港群，2001年全港货物吞吐量达到12 823万吨，集装箱吞吐量210万标箱，根据计划，广州港未来总计投资将超过50亿元，重点在南沙，发展前景乐观。中山、珠海、澳门港构成了西部港群，2001年全港货物吞吐量接近1 900万吨，集装箱吞吐量超过60万标箱，其中珠海高栏港水深达20–30米，其深水的优势与南沙港口可分工合作。

2.机场

目前珠江三角洲拥有港、穗、深、澳、珠五大国际机场，及佛山、惠州二个中型机场、深圳中信海直一个小型机场；有大型飞机跑道9条、停机位250多个、候机楼面积106万平方米，在如此小的区域有这么多的机场设施，当今世界实不多见。

五大机场有国内航线250多条，国际和地区航线100多条，航线网络连接国内外200多个大、中城市，形成了以香港、广州、深圳、澳门等为中心，覆盖全国、辐射亚洲、连接欧美澳等地的航线网络。本区域五大机场2001年航空客运量5943.1万人次，在世界排名次于亚特兰大、芝加哥、洛杉矶、伦敦、达拉斯沃斯堡、东京6个城市和地区。本区域航空货运量301万吨，超过世界第一的孟菲斯机场。

五大机场中香港新机场投资200亿美元，投资额位居世界前列。其客运量在世界机场百强排名第20位，货运量第二，按起降架次排名世界第89位，说明香港新机场利用率高、实载率高。广州新机场总投资200亿元人民币，是新中国一次性投资最多的机场；深圳机场是世界上客运量上升最快的机场；珠海机场的各项运营综合收费标准只有香港机场的1/10、澳门机场的1/3、广州及深圳机场的1/2。

3.公路

截至2001年底，广东全省通车里程104 799公里，其中高速公路里程1 500公里，一级公路6 003公里，二级公路14 425公里，三级及以下公路82 871公里，桥梁21 454座/980 594米。公路密度达58.71公里/百平方公里，位居全国第一（直辖市除外）。

根据广东省“十五”计划，2005年，全省通车里程将达到108 000公里，其中高速公路里程1 500公里，一级公路6 500公里，二级公路15 000公里，三级及以下公路84 000公里。届时，以高速公路为主的公路主骨架网、区域干线公路网、县乡公路网、公路运输服务四个网络将基本形成。

经过各方人士近10余年的努力，兴建连接香港、澳门、珠海的珠港澳大桥计划渐趋明朗，预计2007年建成通车。另外，规模浩大的深港西部通道口岸也已进入前期建设阶段，预计于2005年左右建成，从而使深圳一线口岸过境车辆“东进东出，西进西出”的格局将得以实现。上述两个项目的建成无疑对促进香港和珠江三角洲之间的物流发展乃至区域经济一体化都有巨大的现实意义。

4.铁路

珠三角铁路网非常密集，有京广、京九、广汕、广深、三茂及在建的广珠铁路等，铁路的技术等级较高。这几条铁路辐射大陆10多个省、市、区，服务人口5亿多。特别是京广、京九铁路是广大的北方内陆物流南下港澳、越洋过海的重要通道。通过全国的铁路网，更可以连接30多个省市自治区及中亚、欧洲，是亚欧大陆桥的组成部分。

（三）物流园区

珠江三角洲的物流园区建设在全国也处于领先地位，尤其是广州、深圳等地的物流园区建设发展迅速，为全国各地起到了“示范”作用。

目前广州有四大物流中心正处于建设之中：北部地区，结合新白云国际机场、铁路、公路等对外交通优势，建设商贸物流中心；南部，结合龙穴岛深水港、疏港铁路、疏港公路等重大工程的建设，发展仓储物流中心；西部地区，在芳村建设商品物流中心；东部地区，利用现有的黄埔港、新沙港等设施，建设生产资料物流中心。

另外，广州市还将把番禺南沙地区建成珠江三角洲的物流中心；集物流产业、临海工业、高新技术产业为一体的现代化产业基地；连接珠江出海口两岸城市群的交通枢纽，成为新的粤港直接联系重要通道。

深圳目前正在进行西部港口物流园区、盐田港口物流园区、笋岗——清水河物流园区以及航空城、平湖、龙华等六大物流产业园区的建设，其中盐田港物流园区、西部港口物流园区属于枢纽型物流园区，今后的目标是成为国际货物中转中心。笋岗-清水河物流园区、平湖物流园区属于配送型物流园区，主要为深圳市工商企业、市民提供物流服务。航空城物流产业园区、龙华物流园区是深圳市发展国际物流的重点建设园区，今后的发展目标是分别成为华南地区空运物流中心和华南国际物流中心。

东莞和别的城市也正在积极进行物流园区的规划和建设，如常平地区物流基地的打造就在有条不紊地进行当中；广东龙骏大型流通中心已建成为国内一流的物流基地。

（四）信息网络

珠江三角洲的信息网络建设在全国处于领先地位。珠江三角洲所属各市现有信息化基础设施较好，大部分企事业单位建有局域网，并实现了互联网接入，具有了一定程度的数据共享。但是，信息化共享程度不高，互动应用水平有限。

2001年广东省颁布了《国民经济和社会信息化十五计划》，提出：“十五”期间，重点建设好“一个平台、两个中心、三个基地”。一个平台是建设好广东信息网络基础传输平台；两个中心是把广东建设成华南区域信息交换枢纽中心和电子商务中心；三个基地是把广东建成珠江三角洲地区国际主要的电子信息产品制造业基地、国内重要的软件产业基地和国内先进的信息技术推广应用示范基地。预计到2005年，广东省信息化指数将达到53；网络用户将超过10 000万户；企业上网率达60%。

在物流信息平台建设方面，深圳走在全国前面。深圳市现代物流信息平台作为交通部深圳市交通运输EDI中心，也是深圳智能运输系统示范工程的一个重要部分，于2002年5月通过了由国家科技部组织的，10个部委共同参加的全国智能交通系统（ITS）技术示范工程论证，成为ITS系统重要的一部分；平台建设项目于2002年8月通过了深圳市科技局认定的“深圳市高新技术项目”，提供平台功能、网络建设、客户服务、技术支持等方面的综合物流信息服务。

（五）第三方物流

第三方物流是物流产业创造价值增值的主体，第三方物流的发展代表物流产业的发展水平。珠三角的第三方物流产业整体起步较早，发展较为迅速，是全国第三方物流产业最发达的地区之一。由于产业基础雄厚，分工发达，第三方物流外包的条件相对成熟。本区域的第三方物流主要有三个组成部分。首先是外资企业。由于本区域的对外开放度较高，外资物流企业进入较早，出现了以空运、海运为主的跨国公司，如马士基、APL、联邦快递、联合包裹等；其次是国有的物流企业，包括中资在香港的物流企业，在改革开放过程中成功转型，形成了较有影响的现代物流企业，如招商局物流集团、广东邮政物流、广东物资集团等；第三是民营物流企业，包括民营为主体的股份制物流企业，在竞争中逐渐崭露头角，形成了一定的影响力，如宝供、九川、共速达物流等。从珠江三角洲第三方物流企业物流服务功能和供应链管理技术水平来考量，本土的第三方物流企业已经在向真正意义上的第三方物流转型，并且在全国范围构建物流服务的网络。

四、区域经济一体化与珠江三角洲物流发展趋势

加入 WTO 后，中国面临着更高层次上的开放，珠江三角洲则面临全力市场国际化、机制创新、引入国际规则等加快改革的机遇，港澳与珠江三角洲各城市间扬长避短，优势互补，提高区域竞争力的趋势日趋明显。

从总体来看，珠江三角洲第二产业较为发达，而港澳在技术知识型产业方面仍然具有一定的优势。港澳以金融证券、信息服务业较为发达，技术应用和推广程度高，而珠江三角洲科技教育及科研人员稍强，但应用推广和市场化程度不够。因此，珠、港、澳优势互补在今后的一段时间内仍然存在。

随着珠江三角洲地区经济的进一步发展，交通、通讯条件的改善以及区域发展协调机制的完善，外向型区域经济体系将逐步建立，珠江三角洲将形成海陆空立体交通、通讯网络，粤、港、澳经济区将发挥出越来越大的系统效能和合作效应，逐渐成为全国乃至世界上的“物流中心”。

然而，珠江三角洲物流产业的定位与珠江三角洲与香港、澳门的物流关系密切相关，跨境物流的制度影响因素，成为珠江三角洲与香港之间区域物流发展的主要障碍。目前，经济衔接、基础设施建设正在进行无缝对接；而阻碍物流产业一体化发展的真正障碍，是港澳与珠江三角洲不同的制度条件。因此，必须在制度方面大胆探索新的途径，改革物流政策、商贸政策、口岸等管理体制，特别是特区应继续发挥改革实验场的作用。实际上，对于珠江三角洲来说，其行业管制和国际物流管制政策在发展物流产业的一开始，就应该按照 WTO 的原则和标准与国际物流运行规则接轨。因此，当务之急是加快研究制定提高通关效率的政策措施，创造良好的、适应国际物流发展要求的政策环境，建立良好的协同经营机制，按照供应链环节的内在要求，形成一体化的大珠江三角洲物流体系，更好地促进区域经济发展，提升区域经济的总体竞争力。

（特约撰稿：深圳综合开发研究院物流管理研究中心主任、博士　王国文）

各省市区物流

北京市

一、物流发展现状

1.物流产业形成一定规模，对全市经济发展起到积极作用。

2002年，被调查企业物流业务量达到38 742.1万吨，从业人员10.7万人，形成一支重要的产业队伍。主营物流企业总资产达到178.6亿元，实现营业收入107.1亿元、利润总额3.33亿元，上缴税金3.49亿元，均呈两位数增长。其中营业利润达到2.3亿元，比2001年增长了53%；实现增加值51.7亿元，占第三产业增加值的2.7%。主营物流企业逐步成为首都经济的一支重要产业力量。

2.功能结构和主体结构进一步优化，物流产业发展活力不断增强。

从物流业务结构看，2002年代表现代物流方式的货运配送量呈现出高速增长趋势，规模比2001年增长了51%；连锁配送企业物流量快速增长，比上年增长了25.8%；货运物流加工量达到了163.3万吨，比上年增长了9.6%，超过物流业务总量增幅4.9个百分点。另外，物流业改革开放取得明显成效，多元化主体格局基本形成。2002年在主营物流企业总资产中，剔除铁路、民航两大国有企业后，法人、个人和外商及港澳台资本占73.3%，国家、集体资本占26.7%。

3.空间布局逐步合理有序，国际化大都市物流空间体系初见端倪。

从仓储设施的分布看，与前几年主要集中在三环路以内的格局发生显著变化，逐步向交通便利、适宜物流发展的四环路以外地区集中，四环路以外的仓库共计10 314个，占总数的76.9%。同时，市区等不适宜物流发展的区域，物流设施相应减少，位于四环路以内的仓库仅占23.1%。

4.专业化、社会化发展方向明确，新型第三方物流发展迅速。

2002年底全市已有新型第三方物流企业45家，从业人数2 086人；物流处理量303万吨，比2001年增长58.6%；主营业务收入63 807.5万元；实现利润2 255万元，税金总计2 114万元。一批龙头企业初步显现，20%的企业年营业收入达到1 000万元，物流规模达到10万吨。

5.物流标准化开始起步，信息化建设发展势头良好。

北京市物流企业集装箱运量达到10.9万标准箱，专用车辆总数比重达到19.7%；建立起计算机管理系统的企业达到1 387家，占被调查企业的11.9%，反映出北京市主营物流企业标准化建设已经起步，物流信息化已列入议事日程。

6.交通运输网络初步形成。

北京市国道“五纵七横”，高速公路“四通八达”，五环六环“环环相扣”，形成了高度发达的公路交通网络。9大铁路干线、11条铁路支线、13条联络线组成了全国最大的环型铁路枢纽，是沟通我国东北、西北和中南地区的铁路枢纽；首都国际机场通达世界各地；海运毗邻天津港。

7.物流资源丰富。

2002年的调查显示，北京市物流企业共有仓库13 418个，仓储面积1 355万平方米，仓储容量4 340万立方米，停车场地103万立方米，装卸设备8 401台，铁路专用线375条，货运车辆20 436辆。

8.工商企业内部蕴藏着较大的物流潜力。

2002年北京市工业、批发企业自有仓储设施面积占总仓储面积81%，自行运输货物占运输总量的79%。说明传统物流在北京市占主导地位，同时表明第三方物流发展空间巨大。

二、2002年物流工作进展

1.2002年2月，北京市商委、市计委联合制定《北京市商业物流发展规划(2002-2010年)》，并经市政府专题会通过印发。

2.2002年6月，北京市商业委员会专门组建了物流专项工作办公室。

3.2002年下半年，开始筹备成立北京物流协会工作，目前已通过北京市社团办的审批，预计于2003年6月正式成立。届时，北京物流协会将成为物流企业沟通、交流、学习、合作的平台，为物流企业提供专业化服务并为市政府提供物流发展相关建议。

4. 北京市商委、北京市统计局于2002年10月—2003年1月联合对北京市至2002年底的物流业资源现状进行了专项调查。这次调查呈现三大特点：一是内容新。这是我市第一次开展物流业专项调查，也是国内政府统计部门首次以城市为单元进行的物流专项调查；二是范围广。这次调查范围既包括专业物流企业、货物运输业、仓储业，又包括制造业、批发业、零售业以及连锁企业配送中心等单位；三是规模大。7 400家企业接受了调查，有物流活动并填报报表的企业共计4 544家。其中，主营物流企业(即主营业务从事各类物流活动的企业)975家，相关物流企业(即发生物流活动的非主营物流业的企业)3 569家。

5.重点项目(三地一港)进展：

北京顺义空港物流园区：2002年6月经市政府批准为市级开发区，当年组建了园区管委会和开发公司，目前已完成制定控制性详细规划，市政基础设施开工建设。

北京通州区马驹桥物流产业园区：2002年1月经市政府批准为市级开发区。2002年7月成立园区管理委员会和园区开发建设公司，目前已完成详细规划制定工作。

房山良乡—丰台王佐物流园区：2002年组建园区管委会，目前正在制定规划和申报市级开发区工作。

北京物流港：部分项目已建成投入使用。

三、北京物流发展规划

1.当前物流工作的不足。物流管理水平与技术水平同国际先进水平及建设国际化大都市的要求相比还有较大差距，多数物流企业的专业化程度不高，工作效率低，成本高；许多仓储设备落后、老化，约40%的物流企业的信息化建设还是空白；由于统一规划滞后，存在着物流设施重复建设造成社会资源浪费的可能。资源比较分散，集约化程度不高，结构不尽合理，传统物流方式仍然占相当比重，部分物流企业功能比较单一、科技含量较低，物流人才短缺。

2.今后物流发展思路。根据北京市物流资源现状，坚持优化存量，提高质量，适度发展的原则，对现有物流资源进行空间整合，制度整合，信息整合，协作整合。坚持双向发展，大力培育第三方物流企业。强化物流综合服务功能，从根本上实现向现代物流的快速转型。到2005年，初步建立以大型物流基地为核心、以综合性及专业性物流配送区为节点的商业物流体系框架；2010年，形成结构合理、设施配套、技术先进、运转高效的商业物流体系，总体上达到国际先进水平，使北京成为亚太地区重要的物流枢纽城市。

2002年，北京市完成了《北京城市物流系统规划》，该规划提出的北京城市物流发展战略为：以城市交通三大体系及其枢纽为依托，以物流信息平台为支撑，以相关的法规政策为保障，建立高效、快捷、经济、环保的城市物流系统，服务于北京、辐射华北、与国际物流相衔接，为北京率先在全国基本实现社会主义现代化提供基础保证。根据北京的实际情况，争取北京城市物流在2010年基本实现以下目标：一是初步建成10个左右综合货运枢纽，成为大型物流基地的基础设施和物流配送区的配套设施；二是城市物流社会化程度(实际适站量与理想适站量的比值)达到35%；三是市区物流配送社会化程度（实际配送量与实际货运量的比值)达到20%；四是全市物流成本降低10个百分点；五是物流园区之间初步实现物流信息共享。

依据城市物流系统的发展战略和目标，北京

市对城市物流系统发展相关的以下方面进行了规划：一是物流基础设施规划，包括城市货运枢纽的系统设计，基础设施投资政策与建设、运营体制，基础设施的社会经济效益评价等；二是城市配送体系规划，包括城市配送系统的结构、功能与需求，配送系统规划方案，配送系统效益评价；三是信息平台规划，对信息平台系统功能、实施平台、运营机制等进行了研究。

（供稿：北京市商业委员会物流办公室）

天津市

天津市作为我国北方重要的港口城市，有其完善的综合运输体系和独特的区位优势，具有建设北方现代港口城市与现代国际物流中心的有利条件。为了指导天津市物流业向现代化、合理化、系统化和效率化的方向发展，2000 年天津市政府立项，天津市交通委员会与南开大学共同完成了《天津市现代物流发展纲要》(以下简称《纲要》)课题的研究，明确了天津市未来现代物流的发展战略、目标和对策。《纲要》经专家论证通过，2001 年 11 月 9 日获得天津市政府的正式批复。2002 年 11 月，围绕天津市政府关于要把天津建设成为现代化国际港口大都市和我国北方重要的经济中心，建立起比较完善的社会主义市场经济体制，争取率先成为全国基本实现现代化的地区之一的目标。天津市交通委员会再次与南开大学合作，在全国近 30 个单位的密切配合、大力支持下，共同完成了市政府确定的重点调研课题《关于建设现代国际物流中心对策调研报告》。

天津市已将现代物流业作为“五大支柱产业”之一，并在全国率先明确了天津市物流发展的组织推动部门--天津市交通委员会，成立了“天津市现代物流组织推动领导机构”和行业管理机构—天津市现代物流业管理办公室，组建了“天津市现代物流协会”，为天津市现代物流的进一步发展提供了组织保障；初步建立了“官产研”相结合的物流发展模式和物流人才培训体系，从科研、技术和人才方面保证了天津市现代物流的健康发展；为改善天津物流环境，在全国率先推出了由 14 个委、办、局、关联合颁发的《天津市发展现代物流业的综合政策意见》；物流基础设施得到了迅速发展，物流运行效率有了明显提高。

一、天津市物流发展现状

天津的物流发展水平总体上在全国处于领先地位。几年来，天津市不断加快物流基础设施的建设，使得天津市发展物流的基础条件有了进一步的改善。

（一）港口

到 2002 年底，全港共有各类泊位约 140 个；有国际航线 170 条，与世界上 160 多个国家、地区的 300 多个港口通航。其中集装箱班轮航线 65 条(远洋集装箱航线 9 条。近洋航线 45 条，分别为：日本线 13 条，韩国线 18 条，香港线 4 条，东南亚线 5 条，台湾线 1 条，内支线 4 条，内贸线 11 条)。每月的航班大约 300 班。2002 年新增集装箱班轮航线 6 条。集装箱班轮的在港停时平均为 21.6 小时。目前天津港已建成 10 万吨级航道，并完成了东突堤集装箱码头的改造，建成了天津港散货物流中心。集装箱物流中心正在加紧建设中。

2002 年天津港货物吞吐量达到 1.29 亿吨，其中集装箱吞吐量实现 240.8 万 TEU，同比分别增长 13.5%和 19.7%，并跻身于世界港口 20 强行列。大陆桥运输达到 23 475TEU，都居全国同行业首位。

天津港在成为亿吨大港的基础上，为了进一步适应船舶大型化的需要，继续提升航道等级，目前15万吨级航道一期工程正在开工建设。此外，天津港1 000万吨煤炭下海铁路改扩建工程也已在2000年建成并投入使用。该项工程投资10亿元，新建铁路38.2公里，改造铁路170.8公里，全线总营运里程209公里。它不仅为南疆港区解决了集疏运问题，开辟了天津港的煤炭下海通道，而且使铁路枢纽形成了环状网络，完善了枢纽的功能。

（二）铁路

天津铁路枢纽内共有24个车站，由目前衔接的5条干线的三角形枢纽逐步建成为衔接7条干线，并由北环线、西北环线、西南环线和东南环线组成的环形枢纽。截至2000年，天津铁路分局管辖内有干线5条（京山、京九、津浦、京秦、石德），支线10条，联络线29条；天津辖区主要货场共14处，总面积152.6万平方米。

（三）机场

天津机场跑道长3 200米、宽50米，可全天候起降各类大型飞机，设计能力年起降90 000架次；候机楼面积25 000平方米；货仓面积16 000平方米，年货运处理能力12万吨。

天津航空运输现有航线39条，每周航班384次，其中国内航线29条，国际航线9条，地区航线1条。

天津机场飞行区经整修加厚，飞行区等级已由4D级提高为4E级标准。进一步提高了天津机场的服务能力。

（四）公路及公路枢纽

截至2001年，天津公路网密度为81公里/百平方公里，公路网里程达到9 674公里，其中干线2 134公里，高速路305公里。

天津市主要公路运输场站有25个，大型公路国际集装箱中转站20个。拥有货运车6.5万辆，年运力4亿吨。公路零担班车联运、货物联运配载、铁路集装箱快运联运等辐射全国21个省市。

（五）工商企业仓储及外贸仓储

自90年代以来，受土地开发、企业转型等大气候的影响，计划经济年代形成的物流设施、仓储面积和从业人员发生了较大变化，与10年前相比，物流基础资源锐减约30%。目前市属商业仓储存量为：仓储用地594.3万平方米，仓库面积129.2万平方米。

另一方面，沿用传统的物流方式使商储业参与商品流通的能力逐渐减弱，商储业的总体物流规模呈下降趋势。2001年市属储运企业营业情况为：储存量922.81万吨，拉运量2 846.56万吨，营业收入47 783.87万元。

（六）物流信息化的建设

天津通信1997年建成天津地区综合性公共信息门户网站“天津热线”，2002年5月15日建成宽带应用信息平台——视听新干线（天津热线2），具有了在宽带、窄带业务领域公共信息服务的先进硬件平台和成功经验。

2001年天津本地宽带城域网建成，目前宽带接入处理能力达50万户。

在物流信息化建设中，天津市以规划编制工作为重点，组织了业务部门、行业部门和科研院校等人员，共同完成了《天津物流信息发展规划》的编制工作。同时，完成了以下几项具体工作：

1.完成了公路长途配载物流信息系统建设项目可行性研究和技术方案设计。

2.在现有邮政“185”客户呼叫系统的基础上，经过补充和完善建立起城市物流配送信息系统。目前该系统的前期工作已经完成，正在立项阶段。

3.铁路部门完成了铁路集装箱信息系统技术方案设计，铁路零担、铁路客运行包信息系统目前正在抓紧完成项目的前期工作。

4.为实现各信息系统之间的相互连通，资源共享，物流信息中心正在组织技术人员进行公共信息平台标准转换接口功能设计。

5.港口完成了散货物流信息系统、集装箱公司信息系统、港储集装箱运输信息系统的建设项目的前期和技术方案论证工作。

6.完成了口岸网络信息平台建设前期工作。

7. 天津市现代物流协会建成了全国首家物流信息网站系统（http://www.tj56.com/）。该系统作为天津物流的门户网站，初期已经开发了提供物流动态、信息及各种统计资料的实时更新、查询等功能。

（七）物流相关企业

截至2002年7月，天津市的物流相关企业（企业名称涉及货运、运输、仓储、储运、货运代理、联运、配送、快递、物流）总数为22 185家，其中，货运企业1万余家，运输企业5千余家，仓储企业近3千家，货运代理1千余家。企业注册资金总数逾2 000亿元。

（八）物流园区（中心）建设

截至2002年底，天津港散货物流中心已完成投资10亿元，完成6平方公里土地平整、80万平方米堆场投入运营，并已与25家企业达成场地使用意向；总占地面积5.4平方公里，起步区开放建设2.58平方公里的天津港集装箱物流中心已经开工建设并完成投资2亿元，其27万平方米的示范区已正式运作；投资3亿元、占地19.5万平方米、建筑面积5万平方米的邮政物流中心竣工已投入使用；占地12.8万平方米的天津市物流货运中心入住企业达268家；开发区国际物流园区建场28万平方米，并已铺设铁路专用线，将许多跨国公司和物流企业引入园区；保税区国际物流运作区已投资2.7亿元建成汽车展厅和现代化立体仓库，区内建成10万平方米的示范区，形成国际物流的集散分拨配送体系、展贸结合的市场交易体系、工贸一体的进出口加工体系；占地1.2平方公里的空港国际物流区现已正式投入运营，首期20家物流公司已进驻，占地25 000平方米的海关监管库已正式投入运行；区域规划面积42平方公里，首期规划开发23.5平方公里的天津空港物流加工区作为天津港保税区的扩展区，于2002年10月开始建设。这是一个享有国家级保税区和开发区优惠政策，具有加工制造、保税仓储、物流配送、科技研发、国际贸易等多重功能，高度开放的外向型经济区域。

二、把天津建设成现代国际物流中心的规划与展望

（一）今后5年天津建设现代国际物流中心的发展目标

《纲要》在其阶段性战略目标中提出：5年内我市要建成较为完善的现代物流体系并具有一定的国际竞争力；10年内使天津现代物流体系从基础设施到管理体系均与国际接轨，力争成为我国和东北亚地区重要的国际性物流中心城市。根据这一战略目标，天津市将力争到2007年使我市物流产业的增加值占全市GDP比重达的13.5%，使全市物流成本占GDP的比例降到17%以下；同时，逐步增加物流基本建设投资，其中港口建设计划投资40.49亿元，机场建设计划投资30亿元，重点公路建设计划投资136.69亿元，铁路计划投资46亿元；进一步吸引和利用外资，把物流形象工程做大做实，继续保持天津市在全国物流发展中的领先地位，为落实天津城市功能定位、提高天津经济的竞争力和影响力这一总体战略目标服务。

（二）今后5年天津物流发展的对策措施

几年来，天津市物流发展取得了比较明显的成绩，但是，同发达国家相比，仍有不小的差距。如物流总成本占GDP的比例，发达国家约为10%，中等发达国家如韩国为16%，天津市这一比例为19.8%。所以，根据天津市物流的发展现状、存在问题以及今后的发展目标，天津市今后5年物流发展将重点抓好六项工作：

1.提高综合运输体系的服务水平。尽快建立统一的交通运输管理机构。要从根本上改变交通运输的服务水平，提高运输服务质量，首要任务是建立统一的交通运输管理体制，实行交通运输一体化管理。目前一些物流发达城市已经成立了综合运输管理机构。

改善口岸环境，加快口岸物流速度。天津市是港口城市，天津口岸是天津市及腹地省市对外开放的窗口，口岸环境直接关系到天津市经济的跨越式发展和物流业的发展。应树立以港兴市和大口岸、大通关、大物流的观念，努力将天津口岸建设成为成本低、服务好、速度快的一流口岸。要建立口岸协调机制、口岸工作监督机制和口岸服务快速反应机制。巩固口岸直通成果，实现天津口岸

与更多腹地口岸的直通，促进更多货物在天津口岸通关。进一步加快口岸信息港工程建设。进一步简化通关程序，缩短流程，口岸各部门要进一步推行“一站式”、“一条龙”办公服务模式，实行一个窗口对外。优化口岸物流服务，各部门要进一步转变作风，强化服务意识，广泛推行服务承诺制。要发挥中介组织的作用，建立健全口岸协会等协会组织。

改善交通收费环境。收费环境的优劣将直接影响城市的物流量。收费过高和收费不规范现象的存在，不利于稳定货源，货源少了，则“一损俱损”。要进一步清理和取消向机动车辆收取不符合规定的行政事业性收费、政府基金、政府性集资、罚款和各种摊派项目。要进一步减少收费卡口，养路费征收标准应不高于周边邻近省市。严禁违反规定擅自设立收费卡口。对违规车辆坚持依法处理，不得重复罚款。要多方配合，降低路港综合运价。

2.完善物流园区的规划配套工作。根据天津市工业东移和建设若干个工业区的战略构想，相应地建设为之配套的物流园区，使供需双方布局合理，配套发展。加快建设和完善开发区工业物流园区、保税区国际物流运作区、天津港散货物流中心、天津港集装箱物流中心、天津空港国际物流区、天津空港物流加工区、天津邮政物流中心和天津市物流货运中心等一批物流园区，规划和引导、支持企业建设一批高技术含量的仓储中心、配送中心。以各大物流园区为主，建设一批为专项工业或为工业区综合服务的物流中心，为连锁商业服务的配送中心，为农业生产资料和产成品服务的流通加工，配送、集散中心，为国际物流服务的具有存储、集散、中转、加工等不同功能的物流中心。

《天津市发展现代物流业的综合政策意见》规定，凡社会投资主体投资于规划的物流园区基础设施开发，类同于投资交通基础设施，享受天津市计委《关于鼓励社会投资主体投资重大基础设施项目的政策意见》各项规定。鼓励企业在规划的物流园区内兴建物流设施。对符合全市总体规划的物流项目，在规划、使用土地审批上，开辟绿色通道，特事特办。鼓励工商企业利用现有的避开居民区和人流密集区的库场、企业铁路专用线改扩建为仓储、配送、集散、分拨、中转设施，在审批规划用地上予以优先。企业新建物流设施，其土地出让金按照《天津市关于土地使用改革方案》的有关规定实行优惠。

3. 搞好物流基础设施的优化组合。下一个5年，天津将从重视市内道路的网络化建设，提高货物通行能力；重视港口、机场、铁路、公路等交通基础设施与外部交通设施的衔接；尤其要重视内外连接处的建设工作，避免“交通瓶颈”的产生入手，力争实现从发展本市交通向周边地区、向海外乃至广大经济腹地、大西北地区辐射，构筑大交通网络的方向转变。

传统仓储设施及车辆的优化组合。天津市现有仓储面积3 000余万平方米，营运货车约6.5万辆，但是普遍存在仓库水平低、大量闲置、传统运输车辆亟须更新的问题，必须对其进行优化组合，提高全社会资源利用效率。应鼓励利用工商企业现有的库场、企业铁路专用线改扩建为仓储、配送、集散、分拨、中转中心。要利用政府的信息发布网络和信息平台将需要改造的设施状况向全社会发布，寻找合适的投资者。要拓宽传统设施改造的资金来源渠道，要积极创造条件，吸引社会投资，完善仓储设施及车辆的结构优化。

4.剥离企业自营物流，扩大社会化物流需求。剥离企业自营物流会对现代物流的发展产生巨大的拉动作用。要加大工业、商业、农业自营物流的剥离工作，现阶段，应以剥离商业自营物流为重点。要重视大型超市、商场自营物流的剥离。通过建立大型配送中心、集散中心，整合配送车辆，提升配送商的素质等方式，完成对商业自营物流的剥离。

工业方面，一是根据自愿原则，在物流基础比较扎实、资源比较丰富的核心企业中建立第三方物流企业。机械、化工、纺织等传统重点行业，要以大企业为龙头，集中研究大宗产品的物流一体化重组。配套协作关系复杂的加工组装型生产企业重点优化物资供应及生产准备系统。原材料和产品比较单一而市场又比较分散的企业，重点优化采购及销售配送系统。二是鼓励中小企业剥离自营物流，走依靠社会化、专业化的物流服务之路。对于企业的仓库、车辆等基础设施，可采取资产置换、提前报废等办法进行剥离。对于有关的从业人员，可采取妥善措施予以安置。

农业方面，由于农产品的保鲜性、易腐性特点，运输配送的时效性要求较高，应培育一批具备一定规模的综合性或专业性批发交易市场，通过专业化的配送车队，建设绿色通道，发展鲜活农产品的公路保鲜货运业，建立农村特色的社会化、专业化的现代物流体系。

在企业内部推行现代物流，绝不是简单地剥离企业自办仓储、自办运输，而是以物流合理化为目标，以准时制生产方式和连锁配送为核心，以应用信息技术为手段，提高全过程的物流水平。具体实施可采用典型带路，全面推广的方式。根据各行业状况和企业自身的要求，分别对工业、商业、农业、外贸和建筑业确定典型，重点培养，

以点带面，促进各领域现代物流的发展。选择的试点企业必须具备适合剥离自营物流服务的基本条件。

5.大力发展第三方物流，提高物流企业质量。招商引资上，大力宣传天津市发展现代物流的优势和有利条件，大造声势，吸引高水平物流企业在津开展物流业务的兴趣。充分利用天津成为全国开展外商投资物流业的 8 家试点城市之一的优势，积极吸引外商投资国际流通物流业务、第三方物流业务等。提高为外商投资服务的意识，简化相关手续，提高办事效率。并鼓励外商以合资、合作、独资等方式投资基础设施，并在土地、税收等政策方面给予优惠。鼓励外资兴办具有国际先进水平的物流经营企业和物流咨询企业。吸引规模较大、管理先进的国内物流领先企业落户天津，并尽量使其与外资企业享受同等的待遇。

大力发展第三方物流。目前，天津市已形成了一批具有一定规模的第三方物流企业。要根据完成的物流量、缴纳的税额、市场中的影响力等条件，重点扶持一些企业。营造几个在全国、在国际上具有较高知名度的物流服务品牌。支持本地物流企业向外拓展，占领国内重要的枢纽地区。提高企业的信息网络化程度，支持企业与有关部门共同进行物流信息技术的开发，在技改资金方面给予一定的支持。不断增强城市物流企业物流系统设计、物流信息管理等高水平、专业化服务的能力。

对于大部分规模较小、运作水平较低的小型物流企业，将通过资产重组或各种形式的联合与协作，将其融入强势物流企业的整体中去。通过提高市场准入条件等政策，减少采用传统服务方式的小型物流企业的数量。

现在，物流企业发展资金不足成为普遍问题。针对这一问题，天津将进一步拓宽物流企业发展的融资渠道，多方筹集物流企业发展资金，在国有企业的股份制改造、银行贷款、引进外资、合资合作等方面，给予政策支持。还可以借鉴其他省市的做法，银行通过存货抵押贷款方式解决企业资金短缺问题。

6.进一步完善物流统计核算体系，并做好推广工作。

目前，由天津南开大学和天津市统计局制定的统计核算体系已取得了成果。一是确定了物流产业的统计计算口径和范围，二是初步明确了物流产业的统计核算指标体系，三是初步确定了相关的统计分析模型。

在此基础上，天津市还要与国家有关部门合作，进一步完善物流统计核算体系，增加权威性，使该项研究走在全国的前列。

（三）天津物流发展的五项保证

1.完善相关的法规体系。天津市正在抓紧制定规范现代物流企业行为的法规。

在市场准入规则上，工商局应将物流经营企业和物流咨询企业编入工商注册目录，制定现代物流企业的准入规则，明确物流企业的注册资金、经营范围、人员要求、注册手续等。要充分利用和整合现有资源，原则上不再批准设立单一从事仓储或运输业务的企业。对于物流经营企业，应至少具有提供两种以上物流功能的基础设施。对于物

流咨询企业，应从人员素质、现代化设备、信息化水平等方面提高准入限制。

在市场行为准则上，由于现代物流业涉及多部门、多行业管理，政府正在考虑制定一部综合性的、跨行业、跨部门的物流法规以规范市场行为，统一市场标准。各部门应本着政企分开的原则，修改完善现行的行业法规，重点是压缩、规范审批权限，为物流企业创造一个公平、透明、竞争的市场环境。

在服务质量标准上，为保障物流服务企业的权益和物流市场的健康运行，拟建立物流服务的质量标准及行业规范，包括物流服务的质量标准、物流企业质量保证金、物流服务的监督等一系列制度。

在物流标准化上，促进物流系统的标准化建设，提高各个环节之间的兼容性，使物流系统作业合理化、规范化。物流技术标准化方面，加强硬件标准的配合性，如基本集装单位与运输车辆的载重量、有效空间尺寸的配合性，集装单位与装卸设备的配合性，集装单位与仓储设施的配合性等。明确物流软件标准，如物流信息系统的代码、文件格式、接口标准，物流的操作程序等。物流服务标准化方面，建立物流企业对客户的反应速度和配送速度，物流企业的货物跟踪和查询服务，发生货损的赔偿标准等。物流管理标准化方面，引导企业实行 ISO9000 系列和 ISO14000 系列标准。尽快推行物流企业资质认证管理。

2.进一步增强物流管理部门职能。在促进天津市现代物流发展过程中，天津市本着“政府推动、政策引导、企业主体、市场运作”的原则，正在进一步增强物流管理部门的职能。

组织机构上，要充分发挥天津市现代物流组织推动领导小组和天津市现代物流业管理办公室的作用。详细、具体地拟订物流产业的发展规划、宏观物流产业政策、市场规范等方面的物流法规，建立新型的物流管理体制等。

充分发挥现代物流协会的作用，充分听取会员的意见和建议，积极反映企业要求和意见，协助政府制定相关政策，协助立法部门调研和制定行业法规与条例，积极促进会员交流与协作等。

进一步细化物流管理部门的职能并将其具体化。不断提高管理水平，以适应现代物流的快速发展。重视规划和法规的建立工作，为天津市物流业发展创造一个长期稳定的环境。加强企业调研工作，认真听取企业的心声，增强为企业服务的意识。

3.培养并引进现代物流人才。要建成一流的现代物流体系，必须有一流的物流人才。因此，下一个 5 年，天津市将认真实施《天津市现代物流人才培训体系方案》，建立以实现物流科技创新和培养多层次物流人才为核心的物流教育目标体系。将政府、高校、科研单位、企业和物流团体携起手来，共同在全社会普及物流知识，加快物流人才的培养和引进工作：培养物流专业人才；特别是要充分发挥高校的作用，积极推动物流学博士点和硕士点的设立，争取在我国率先形成物流学高级人才的培养基地；加强物流从业人员培训，提升从业人员素质，推行上岗证制度，将培训和从业资格认定结合起来；充分利用专项基金，聘请国外物流专家、留学人员来讲学和工作。参照高科技人才的优惠措施，积极引进物流人才。尤其要注意从企业经营方面，引进高级物流经理，尽快提升物流企业服务水平。

4.提高信息化水平。天津将尽快落实《天津物流信息发展规划》，着手规划建设物流公共信息平台。并充分利用天津市的信息基础设施，充实和完善现有的公共平台，使各种资源更好地整合起来，满足天津城市物流发展的需要。

要实行政策引导、积极扶持、整体规划、分步实施的建设方针。要做到系统建设和人才建设两手一起抓。要通过信息系统的建设，为物流企业培养一支信息化人才队伍。同时政府在人才培训方面将发挥积极的引导和推动作用。

5.加快物流科技进步。对物流中心、现代仓储、配送等项目，可列入科技项目管理，在投融资方面给与支持。对某些项目可参照高新技术的优惠政策执行。对物流产业的技术设备可实行加速折旧法，促进现代物流技术水平的不断提高，还可通过吸收外资，促进物流技术和物流设备的现代化。对于具有重大经济效益和社会效益的科技成果，应大力予以推广。

大力提高物流企业的整体技术水平。在物流企业中大力推广条形码技术、EOS（电子定货系统）、EDI（电子数据交换）、货物跟踪系统、POS系统、DRP（配送需求计划）、ASS（自动分拣系统）等先进的物流技术，努力提高企业的运营效率，增强企业的竞争力。

大力发展以准时制生产为核心，以提高供应链协作为方向，推行计算机集成管理为手段的工业物流。大力发展以连锁配送为主要形式，广泛采用现代物流管理技术的商业物流。大力发展以准时制配送和加工为方向的农业物流。以物流功能一体化、服务网络化和广泛应用信息技术为方向提高服务质量和装备水平，促进传统储运等企业提升为先进的物流服务企业。

（供稿：天津市交通委员会物流发展处
康群网　于会清）

河北省

河北省经济贸易委员会2002年12月份制定了关于推进现代物流产业发展的指导意见，对河北省物流业发展状况进行了详尽阐述，并对未来物流业进行周密规划。河北省作为内环京津、外环渤海的经济大省，具有独特的区位优势，加速发展现代物流产业是加快河北省经济发展的重大机遇。

一、河北省现代物流业发展状况

省政府对发展现代物流产业十分重视，要求有关部门加快制定物流发展规划，研究制定支持物流业发展的政策措施；各市政府也都组织专家学者初步规划了本市物流业发展的基本方向；全省已经形成了大力发展物流产业的环境和氛围。

河北省在发展物流产业方面具有一定的基础和有利条件。第一，基础设施发达。在交通运输、仓储设施、信息通讯、货物包装等物流基础设施和装备方面，已经具有较好的基础和水平。第二，具有大力发展现代物流产业的自然环境。内环京津，外环渤海，具有独特的对内对外沟通信息、畅流货物的区位优势。环渤海有几个大型的港口，具有北方大部分的海运吞吐能力。京津拥有2 000多万人口，具有巨大的商品需求，2008年的奥运会更是把这种近期需求推向高峰。第三，具有巨大的产业支撑。从省里的产业情况看，矿业、原材料工业、工业制造业占很大的比重，客观上需要巨大的原材料和制成品流转，这更是发展物流产业的优势。第四，传统的物流企业具有较好的基础，现代物流经营方式已经起步。近几年，由传统运输、储运、邮政及物资贸易企业转型的专业化物流企业已经开始尝试新的经营模式；连锁商业企业的内部配送、工业企业的销售运输开始向专业化配送转型；一些市正在谋划投资建立新的专业化物流企业或物流园区。同时，多样化的物流服务形式也有了一定程度的发展。一方面是围绕货运代理、商业配送、多式联运、社会化储运服务、流通加工等物流职能和环节的专业化物流服务正在深化；另一方面系统化物流服务或全程物流服务，即由物流企业为生产、流通企业提供从物流方案设计到全程物流的组织与实施的物流服务正在起步。

但是全面分析对比河北省物流企业的现状，还存在一些问题需要引起高度重视。

一是政府缺乏宏观调控手段。物流业基本上处于企业的自主自发选择、自由竞争发展状况，政府缺少有力的政策引导，投入的资源十分有限，调控和支持手段较弱，这种发展模式导致的结果是出现大量的重复建设、资源浪费，形成流通成本高、发展不平衡的状况。

二是发展成长慢。从事物流的企业规模小、组织散、效益差，总体上缺少联合协作，缺乏有一定实力和管理能力的龙头企业带动全省整体物流业水平的提高，整个物流业发展速度相对较慢。

三是专业化程度低。连锁商业零售企业的内部配送运作方式还处于传统的模式，还没有形成合理化的规模；专门为连锁店或其他企业提供物流配送服务的“第三方”物流企业还没有成长起来。

四是现代化程度低。物流业、商贸业的管理手段、技术和信息设备等都落后于全国平均水平，难以形成现代管理，突出产业优势。商贸、物流企业的计算机应用程度仍比较低，多数企业仍只限于日常事物管理，对于物流中的许多重要决策问题，如配送中心的选址、物流信息加工、货物组配方案、运输的最佳路径、最优库存控制等方面，还处于半人工化决策状态，具体操作的物流信息系统的开发滞后。整体物流技术如运输技术、储存技术、流通加工技术以及与各个环节都密切相关的信息处理技术等也都比较落后。

五是对现代物流运作的理解还不深。不少企业将现代物流系统等同于“物流+运输+仓储+信息网络”，认为只要具备相关的物流设施和设备，存在生产物流、销售物流等客观物流活动与需求，就可以经营和运作物流。造成这种状况的根本原因还在于传统的“大而全、小而全”的管理意识依然存在。从对物流方式的选择看，更多的生产企业仍然热衷于选择自营物流方式，主观上排斥社会化物流服务和对第三方物流服务方式的选择。

二、发展现代物流业的基本思路和目标

“十五”期间要营造一个物流快速发展的宏观环境，将现代物流业作为河北省经济发展的新兴基础产业、新经济增长点进行扶持和培育。以提高经济竞争力和影响力为着眼点，以大物流带动工农业大生产，以大生产促进大物流。

坚持流通基地集中化的战略思路，在大中城市的郊区、港口、主要公路枢纽区域规划建设区域性物流基地；在大中城市、主要工业原材料和产成品区域、大型农副产品集散地发展综合物流中心和专业物流中心。加快建立区域、城市、企业三层次的、符合市场经济规律、经济合理、配置高效、功能齐全的社会化、专业化现代物流服务体系。

坚持以产业化推进为主线，以市场需求为导向，以现代物流理念为指导，以企业为主体，以信息技术为支撑，以积极整合现有物流资源为重点，以降低物流成本和提高综合服务质量为中心，加快培育现代物流服务品牌和有竞争力的物流企业，切实增强省内企业及其产品在国内外市场的竞争能力。

积极采用先进的物流技术和装备，实施现代化物流管理模式，推进物流组织方式创新，鼓励从事运输服务、仓储服务、货运代理服务和批发配送业务的企业延伸物流服务范围和领域，改进经营模式，加强专业化技术改造，建立长期的战略联盟，加快传统物流业的结构调整和升级。

实施全面开放，加大工作力度，建立与国内国际大型物流企业的合作，以最大限度、以最快速度融入全国现代物流的分工和合作体系。

加强基础设施建设，高起点规划、高标准建设，构筑储运基础设施、物流信息两大平台。建设秦皇岛、廊坊、石家庄、邯郸 4 个区域性综合性物流基地，11 个以上城市综合物流中心，20 个专业化大型物流企业，形成面向京津，连接渤海，沟通三北，辐射中原，覆盖华北的物流网络，初步建立以大型物流基地为核心、以综合性及专业性物流配送中心为节点的商业物流体系框架，形成一个以国际物流为重点，以区域物流为基础，以配送物流为支撑的物流产业，实现跨越式发展。

从传统物流企业转变到现代物流企业，形成现代物流产业，可以分为三个阶段：第一（2003-2004 年），主要实施“重组-整合”战略。解决物流资源布局分散、企业规模偏小的问题，通过深化物流企业体制改革和优化市场竞争机制提高物流资源配置效率，促使一批物流企业脱颖而出；第二（2005-2007 年），加大对专业化物流公司和大型

物流中心建设的扶持力度，发展“类物流”，推动“共同化物流”的建立，提高物流业的专业化和社会化水平；第三步（2008–2012年），发展为客户提供全方位服务的第三方物流，基本实现以物流系统为核心的由生产企业、经由物流企业、销售企业，直至消费者的供应链的整体化和系统化。

三、发展现代物流的主要内容和重点

1.积极培育现代物流服务市场。据测算在河北省的工业企业中，由企业自身和供应商承担的原材料物流分别占40%和45%，由第三方物流企业承担的仅占15%；产成品物流中，由企业自理或企业与第三方物流企业共同完成的比例分别是30%和50%，完全由第三方物流企业承担的仅占20%。这种自成体系的物流模式，是制约物流产业快速发展的“瓶颈”。

工商企业要转变传统观念，树立现代物流意识，充分认识优化物流供应链管理是降低生产成本，提高产品附加值，增强企业竞争力，获得新的利润源的重要手段。要鼓励工商企业积极创造条件，逐步将原材料采购、运输、仓储和加工、整理、配送等物流服务业务有效分离出来，按照现代物流管理模式进行调整和重组，将其部分或全部业务委托给专业物流企业承担，以培育和发展物流市场。工商企业在与物流企业合作中要推行企业物流招标机制，培育市场竞争，降低企业成本。

2.大力发展第三方物流。推进工商企业由企业物流向社会专业物流的转变，发展社会化、专业化的第三方物流是社会化分工和现代物流的发展方向。交通运输、仓储配送、货运代理、多式联运、邮政等传统的物流企业要加快经营转变，加大联合协作和业务重组。要从实际出发，根据自身优势，紧紧围绕用户的需求，向上下游进行双向延伸，提供优质高效的部分或全程物流服务。要迅速扩大服务能力，提高服务质量，引导和开发各类企业及全社会对专业物流服务的需求。要建立信息管理系统，充分发挥物流企业专业化、规模化的优势，将物流服务与工商企业的生产和营销紧密融合，强化服务意识，完善服务功能，真正具备为用户优化物流管理提供策划设计、组织运筹和实际操作等综合服务的能力。

3.扶持重点企业，加快兼并重组，大力整合资源，打造物流龙头企业。目前，河北省的仓储、运输等物流设施数量已经较多，但功能单一，经营分散，形不成规模。因此，应对企业现有的各种资源要素进行重组和结构调整，推动物流企业的整合与重组，走综合化、规模化道路，形成资源要素的合理流动和优胜劣汰的运行机制。一是采取措施，推动物流企业之间的兼并与合作。只有充分的资产运作才能迅速扩大企业实力，要选择交通、储运、邮政、物贸、集装箱运输等重点企业、重点项目，通过国有资产的划转、合并、项目投资以及支持企业上市等措施，搞活物流企业，带动行业的资产重组。二是要鼓励与国内、国际大的物流企业开展各种形式的合作，加快学习应用先进技术、先进理念的进程。三是推动物流企业间建立战略联盟。支持工商企业与物流企业、物流企业与交通运输、邮政、电信、国际分销公司、仓储、货代、联运、集装箱运输、信息公司、设备租赁商等企业结成合作联盟，通过结盟解决资金短缺，增加服务品种，扩大企业的覆盖范围，提升市场份额和竞争能力，为客户提供“一站式”服务。

4.继续加强物流基础设施建设。以物流运输基础设施和物流信息基础网络为重点，尽快形成配套的综合运输网络、完善的仓储配送设施、先进的信息网络平台等，为现代物流发展提供重要的物质基础条件。要加强对物流基础设施的规划，特别要加强物流基地、城市综合物流中心、物资集散和口岸地区大型物流基础设施的统筹规划。重点推进秦皇岛北方物流中心、邯郸综合物流中心、石家庄南三条物流中心、廊坊物流中心的规划建设。国有资本金、财政贴息、国债贴息、银行信贷等资金要支持重点物流基础设施的改造和建设。

5.优先发展专业商品配送，促进产业快速成长，深化专业分工，提高运营效率。

一是选择与人民生活密切相关的商品，依托生产基地、专业市场或集散地，大力发展食品、肉类、禽蛋、粮食、蔬菜、水果等专业储运加工配送中心。加快建设河北省商贸集团牛羊养殖、加工储运配送中心，保定莲池肉类加工配送中心，衡水景县肉类养殖、加工配送中心，邯郸肉联总厂加工配送中心，邢台肉联厂加工配送中心，河北省粮油集团绿色食品展览交易中心，北戴河集发蔬菜加工配送中心，永年蔬菜配送中心，馆陶蔬菜禽蛋配送中心，廊坊农产品物流中心等。

二是重点发展行业性的专业物流中心。要充分利用现有基础设施，依托行业管理优势和现有企业，尽快进行资源整合，以较小的投入、较快的速度，建设文化用品、音像制品、药品、酒类、农资产品、烟草等特殊商品专业配送中心。加快省烟草配送中心、省农资配送中心建设速度，加快规划酒类、药品、音像及文化用品配送中心，谋划棉花仓储交易中心。

三是积极推进直接为生产服务的专业化加工配送中心。组织生产资料分销企业完善服务功能，为生产企业提供原辅材料及零部件的配送业务，逐步建立钢材剪切加工、混凝土、玻璃加工、日用化工产品等专业化的加工配送中心，不断扩大配送品种范围，力争建成大规模、多品种、高效率服务的物流配送体系。

四是加快连锁企业内部配送体系运营，按照尽快启动、逐步规范的原则，加快国大连锁配送公司、邯郸美食林连锁配送、保百集团连锁配送的建设，尽快发展为第三方综合配送体系。

五是依托邮政系统、交通系统、储运系统物流公司大力整合资源，促进企业流程再造。邮政系统要充分利用覆盖全省的终端网络体系和全国的网络体系，加快与工业企业、商贸企业、科研单位的联合协作，共同构建新型的工业产品分销运输体系、商贸连锁配送体系，大力发展农村邮购系统，建立邮购企业信誉和品牌。交通运输和仓储系统要加快技术改造步伐，加快信息化管理进程，要积极与批发市场、集散地、生产基地建立长期稳定的协作关系，通过科学管理，提高效率，降低成本，增强竞争实力。

六是加快建设进出口“大通关”系统。形成快捷便利、安全准确的通关体系和货物联运体系。要加快建设大通关互联网系统，建立信息、管理、物流平台，提高出口企业的活力和竞争能力。

6.广泛采用信息技术，加快科技创新和标准化建设。信息网络技术是构成现代物流体系的重要组成部分，也是提高物流管理和服务效率的重要技术保障。

要鼓励物流企业积极利用网络技术，通过网络平台和信息技术将经营的各个环节连接起来，优化企业内部资源配置，通过网络与用户、制造商、供应商及相关单位联结，实现资源共享、信息共用，对物流各环节进行实时跟踪、有效控制与全程管理。

7.要加快物流与电子商务的融合。物流要为电子商务服务，电子商务要促进物流发展。物流信息化是电子商务的必然要求，物流信息化表现为物流信息的商品化、物流信息收集的数据库化和代码化、物流信息处理的电子化、物流信息传递的标准化和实时化、物流信息存储的数字化等。要积极促进电子商务与物流的融合，实现电子化物流。

8.加快对外开放步伐，学习借鉴国外先进经验。在经济全球化和信息化的推动下，现代物流业已经走向全球化。

加强国际合作，积极参与国际重组和开展国际化经营。目前大多数企业还缺乏国际化经营的基础和经验，要借助信息化手段，建立起一套与国际接轨的信息管理系统，用较短的时间，投身于国际经济大循环之中。河北省流通企业要积极“走出去”，通过发展连锁经营和物流配送等现代流通方式，尝试在国外建立分销体系，带动本省产品销售。

9. 要大力提倡绿色物流。绿色物流包括两方面，一是对物流系统污染进行控制，在物流系统和物流活动中尽量采用环境污染小的方案，如采用排污量小的货车车型，近距离配送，夜间运货等。另一方面就是建立工业和生活废料处理的物流系统。

(供稿：河北省经济贸易委员会)

石家庄市

石家庄发展现代物流的指导原则:第一,政府规划,市场引导,企业主体;第二,坚持循序渐进,按照供应链理论系统推进的原则;第三,坚持整合、提升现有资源和投资新建相结合;第四,减少环境负担,坚持可持续发展战略;第五,坚持城市建设总体规划和交通道路规划相结合;第六,坚持现有产业基础和将来的产业结构调整相结合。

石家庄发展现代物流的总体策略:政府推进、统筹规划、统一标准、规范发展、市场运作;全面启动、分步实施、先易后难、讲求实效、重点推进;政企联动、政策拉动、物商互动、内外齐动、良性滚动。

石家庄物流体系的总体框架是:建设一个园区,设立6个物流中心,搭建3个平台,构筑3大体系。

"一个园区",是指石家庄国际物流园区;"6个物流中心"是指鹿泉商业物流中心、南高营医药物流中心、留营农副产品物流中心、中储物流中心、航空物流中心、回收与再生资源物流中心。"3个平台",是指信息网络平台、基础设施平台和物流政策平台;"3大体系",是指市域配送体系、区域集运体系、国际中转体系。

国际物流园区和6个物流中心在定位上是综合和专业的关系。其中,国际物流园区要建设配送中心、仓储中心、运输中心、指挥调度中心、信息网络中心、集装箱集散中心、物流包装和机械器具加工中心等配套设施。6个物流中心是对传统物流企业的整合,均具有一定规模,而且分属不同单位,独立法人运作。

开始运作时,争取他们入股共建国际物流园区,待该中心有了一定的影响和收益之后,再以资金、管理或技术收购这些企业的股份,以参股、控股、收购、兼并、重组等形式,形成一个联合体,即石家庄物流航母,参与国内市场和国际市场竞争。

石家庄市物流发展规划的总体目标:依托石家庄的区位、交通和信息的综合优势,以区域国际物流作为发展定位,以国际物流作为发展目标,以配送物流作为支撑平台,坚持现代仓储、配送加工、多式联运、商品批发展示和信息服务"五位一体"的功能定位,建成集货站、货场、仓库、转运站等设施于一体的仓储中心、采购中心、配送中心和信息网络中心等大型物流中心区。

以集运为主、配送为辅,形成国际物流的集散、分拨、配送体系;形成以展带贸、展贸结合的市场交易体系和工贸一体的进出口加工体系。最终把石家庄国际物流园区建设成为现代化、综合型、多功能的面向21世纪的集人流、商流、物流、资金流、信息流于一体的,以医药、纺织、冶金、建材、家电、饲料及生活消费品为主的,服务于石家庄地区及河北省、辐射黄河中下游经济区的全国重要的物流中心,并逐步发展成为东北亚经济圈的国际型物流中心。

石家庄物流发展规划的实施要点:通过物流系统要素整合,实现物流系统战略性功能重组;构筑适应跨国公司全球经营战略需求的国际物流体系、高时效性的区域物流体系和提供快速、准时、多样化服务的市域配送物流体系;将信息和通信技术全面运用于运输业及运输辅助系统,保持运输过程的透明度;大力发展电子商务、全程物流服务,加强各类专业市场和国际物流园区建设,提高对周边区域的配送能力,增强对国内外市场的辐射功能;依托综合运输基础设施、物流信息网络及物流政策三大平台,面向东南亚,联系京、津、鲁、豫的区域型物流中心;构筑适应现代经济发展的良好物流环境；建立与市场机制相适应的物流机制，大幅度提升石家庄物流产业的优势。

“三步走”的发展战略部署：根据物流发展战略总体目标，按时间规划，石家庄现代物流发展总体分三步走，按“滚雪球”式的发展道路，跨越三个台阶：市域型物流中心、区域型物流中心、国际型物流中心。三大服务体系通过基础设施平台、信息网络服务平台和企业间的战略协同构成有机整体。

市域型物流中心是以石家庄市为核心，以区域交通通讯网络为脉络，上下级城市密切联系，运用市场机制，对现有物流设施进行有效整合，对分布于各行业、各系统的物流企业进行优化重组，构建以石家庄地区为主要服务对象的物流服务体系。其主要目标是推动物流基础设施及海关、铁路、公路货运枢纽的改造和建设，规划建设综合物流中心和一批专业配送中心，初步形成支撑物流体系高效运作的物流信息平台。通过试点和推广发展以优化供应链管理为方向的工业物流、流通加工物流及商业配送物流、改造传统物流组织等工作，使物流产业、物流关联产业、物流企业及物流服务能力、物流市场需求粗具规模。

区域型物流中心是把原来建立的单体的物流实体连成配送网络，重点发展综合和社会化物流。在这个阶段，TPL 发展到了一定水平，可以引导企业把自营物流剥离出来，进一步发展社会化和共同配送。并且利用配送网络，为物流需求企业提供信息、加工等全方位服务。

为完成区域型物流中心的建设，规划要求要初步建立起按生产、生活区域合理分布，不同运输方式有机结合，储、运、配、拣、加等功能合理配置的物流基地、物流园区、物流中心和配送中心网络体系；初步建设完成技术水平和服务功能全国一流的物流信息系统和多式联运体系，形成华北区贸易物资的集散分销中心和物流加工中心、重要的连锁商业配送中心和电子商务中心。基本实现各城区物流量的合理分担及均衡发展。在这一阶段，要实现河北省物流业的协同发展，形成整合优势。

而构建国际型物流中心，是为了彻底完成国际物流园区建设，形成综合物流中心、专业配送中心相结合的多层次布局合理的物流点、线、面网络体系。把石家庄的地区配送网络与全国的大配送网络利用信息技术和业务关系连接起来，与周边省份的太原、郑州、济南等物流中心结成战略同盟，加强省际经济交流，与周边地区的大中型生产型、销售型企业成为供应链联盟，构筑跨中国东部地区的物流航母。充分利用石家庄所处的华北地区中心的地理区位优势和周边地区丰富的物流资源，把石家庄建成华北地区现代物流体系的中心，使石家庄市成为全国物流网络重要的结点城市，聚集众多国内外大型物流企业，物流服务规范和物流服务功能达到国内一流水平，并与国际跨国公司建立起相对稳定的协作关系。

石家庄现代物流发展规划的显著特点：规划全面阐述了石家庄发展现代物流的必要性，包括物流发展面临的机遇和挑战；详尽分析了石家庄发展现代物流的可行性，包括物流发展物流基础设施、物流企业发展状况、发展物流的优势条件，以及石家庄市物流需求和物流供给的市场分析；规划还对物流园区的发展规划、投资和效益、政策环境等方面进行了充分而全面的论证和勾画，其科学性、权威性、可行性和可操作性成为最为显著的特点。

（资料来源：产经网－中国商报）

保定市

根据保定实际情况，保定市发展计划委员会把商贸流通、交通运输、农业服务、公用事业、金融保险、现代物流、信息服务、中介服务、旅游、文化、教育培训、社区服务、房地产、卫生服务业、体育15大类服务行业，作为当前保定市发展重点，以此带动全市服务业整体水平的提高。

选择这些服务行业，作为全市服务业发展重点，主要基于三个方面考虑：

一是对GDP贡献最大。抓住这些重点领域，服务业总量增长就有了保证。据统计，这15大类服务业增加值，大体占服务业增加值总量的80%以上。二是这些服务领域如旅游、电信、教育、社区服务、房地产等，大都是当前消费热点和经济新增长点。三是就业容量和潜力较大。如商贸、现代物流、餐饮、批发、交通运输业等都是吸纳劳动力就业的主要领域。

现代物流业要培育物流市场，创新物流业态，整合现有资源，合理规划布局，建设以现代化综合交通体系为主的物流运输平台、现代通信和网络技术为主的物流信息平台和自动化管理为主的物流储存配送中心，构筑与国际衔接、与京津融合的现代物流体系。积极引进国内外规模大、实力强的物流集团(公司)到保定市安家落户，以独资或合资、合作、股份制等各种形式开展第三方物流等多种物流业务，用其先进的物流技术、科学的管理手段，全面提升保定市物流业发展水平。近期重点建设和发展保百集团物流中心、中国供应网北方物流中心、安国国际中药材物流配送中心、白沟物流配送中心等一批配送中心项目。

为适应现代物流业对信息服务的需求，要大力发展宽带接入，鼓励增值电信服务的发展和竞争。完善综合配套能力，运用现代全球定位系统、地理信息系统等信息网络技术，加快保定运输集团交通智能系统建设，进一步提高技术水平，逐步形成客运快速化、物流现代化、交通管理智能化的运输体系，推进集团化经营。加强部门沟通、协调和配合，避免重复投资，整合社会资源，实现网络资源共享，提高信息化水平。推进电子政务、建立统一的电子政务信息平台，开发政府内部信息资源，开展网上办公，建设“透明”政府。发展电子商务，重点建立电子结算系统和电子交易安全系统。培育保定国家高新技术产业开发区软件园，发展软件产业。服务业中与现代物流密切相关的商贸流通业，要大力引进和创新业态，推行连锁经营、物流配送、代理制、电子商务等组织形式和服务方式，形成布局合理、结构优化、服务优质、有较强竞争力的大流通、大经贸格局。培育建设一批具有旅游、休闲、购物、娱乐、健身等多项功能于一体的大型综合商城，重点培育保百集团、保定商场股份有限公司等商贸集团。通过改造扩建和完善功能，促使一批传统的专业市场、批零市场的传统物流向现代物流过渡，上档升级，成为规模大、档次高、功能全、服务优，具有国际水准的现代化市场。近期重点抓好安国国际中药材商贸中心和白沟国际商贸城两大示范市场项目。加快建设保定无公害蔬菜配送中心、大众厨房物流中心等连锁、配送项目。重点引进和培育发展一批快餐、便民连锁店，增加就业岗位，提高居民生活质量。

发展物流等服务业的主要对策：

1.放宽市场准入条件。现代物流等服务业发展滞后的一个主要原因是部分行业垄断经营强、市场准入限制过严和透明度低，难以调动全社会、各种所有制经济发展服务业的积极性。要适应加入WTO以及市场经济的要求，按市场主体资质和服务标准，逐步形成公开透明、管理规范和全行业统一的市场准入制度，积极鼓励非国有经济在更广泛的领域参与服务业发展，在市场准入、土地使用、信贷、税收等方面，对非国有经济实行与国有经济同等的待遇。

2.加快国有服务业企业改革和重组。针对保定市运输企业、商贸企业等国有企业改革相对滞后的状况，要进一步放开搞活国有服务业中小企业，采取改组、联合、兼并、租赁、承包经营、出售等多种形式进行产权制度和经营机制改革。

3.推进部分服务领域产业化。长期以来，服务业许多领域被当作非生产部门，主要靠财政支撑，财力的大小决定着提供服务的多少。这也是保定市服务业落后的重要原因之一。因此，要尽快完成适宜产业化领域由“政府办”向“社会办”的转变。政府主要做好有关领域的基本公共服务，基本公共服务以外的领域都要实行企业化经营。

4.支持服务业发展。主要是进一步转变观念，统一思想，把服务业摆到与农业、工业等重要的位置。要进一步研究提出支持服务业发展的措施，积极谋划一批特色突出、市场前景好、对优化服务业结构、加快服务业发展有重要带动作用的好项目。拓宽投融资渠道，多方筹措资金，加大资金投入力度。合理发挥政府投资的引导和带动作用，吸引银行信贷和社会民间资本投入。市政府已经安排一定数量的投资，作为加快发展服务业的引导资金，用于国家鼓励建设项目的贴息或补助，有条件的县(市、区)也要建立相应的引导资金。

5.编制保定市物流产业发展规划。物流产业要坚持科学规划、合理布局的原则，避免无序竞争，重复建设，以加快其健康有序发展。

（撰稿：河北省保定市发展计划委员会　葛占雷）

山西省

山西地处华北地区，与冀、陕、豫、内蒙古相连，全省面积15万多平方公里，人口3 100多万。作为全国能源、重化工基地，山西煤炭的储量和产量居全国第一，晋煤外运占到省际间煤炭调出量75%左右，焦炭的产量占到全国的40%以上，钢铁、有色金属、化工、建材等传统产业也在全国占有十分重要的地位。

由于受长期计划经济体制影响，“现代物流”在很长一段时间没有引起足够的重视。随着经济的发展，产品不断丰富，买方市场的形成以及经济全球化，物流作为一个提高经济竞争力和影响众多领域发展的关键因素，开始引起山西省从政府到企业各个层面的关注，省交通主管部门开始制订行业规划，以太原武宿机场为中心的物流基地正在规划之中；部分企业也在一定范围内尝试性地开展了物流工作，省邮政局物流公司充分发挥网络优势，异地代理了海尔、TCL、创维、AVON、可口可乐等企业的物流业务，2002年物流收入达到5 058万元。由山西省源通公司创建的中国煤焦数字交易市场已投入运行，2001年省内煤炭订货会实现了网上交易，被科技部、信息产业部确定为电子商务示范工程，被业内评为中国电子商务十一强。

一、发展现代物流的有利条件

（一）发达的路网结构

山西作为东部与西北的大通道，北接京津塘，东连渤海经济圈，南通中原和湖广，西达西南、西北，为山西发展成为全国的货物中转枢纽和辐射中心创造了得天独厚的优势。

1.铁路方面：铁路营业里达到2 617公里(含地方铁路261公里)，其中复线铁路1 159公里，电气化铁路912公里，复线率和电化率分别达到49%和38.6%，均高于全国平均水平。主要干线由石太、大秦、北同蒲、南同蒲、京原、太焦、候西、邯长、候月、京包组成，加上太岚、口泉、宁岢、忻河等12条支线，412条专用线，孝柳、阳涉等8条地方铁路构成了四通八达的铁路运输网路。

2.公路方面：全省公路通车里程达到59 600公里，其中高速公路通车里程达到1 068公里，二级以上高等级公路达到10 653公里，高级次高等级路面里程达到32 252公里。大同至运城高速公路即将贯通南北，太旧、京大、晋焦、运三、长邯等高速公路建成通车，为山西与北京、河北、河南、陕西间客货运输提供了便利的公路运输条件。

3.民航方面：以太原武宿机场为中心，形成30多条民用航空线，运输总周转量达到13 189.2万吨公里，旅客运输量117.5万人，太原航空口岸入出境独联体货运包机2 096架，业务量居全国第一。

（二）良好的信息网络

固定电话用户达到521万户；互联网用户达到83.5万户；本地网交换设备总容量达到616万门，数字数据网节点机端口达到13 371个；宽带业务端口达到1 032个；长途电路达到457 619路。山西移动客户总数达到270万户，交换容量达到355万门。基站达到2 990个；载频达到13 198个，完成了省际传送网西部环、京太西骨干传送网建设，建设本地传送网光缆7 510公里，达到全省所有县市。全省邮政业务总量达到106 891万元，综合网工程完成广域网、局域网的终验准备工作。

（三）众多的运输设备

现有民用汽车492 742辆，其中载货汽车263 768辆，特种汽车13 175辆，每百平方公里汽车数为933辆。各分局拥有铁路机车786台，铁路日均装车数1.5万车。

（四）充足的货源

铁路货运总量达到3.09亿吨，占全路的六分之一；公路货运量为6.1亿吨。煤、焦、铁、化肥、水泥、铝矾土等为运输提供了充足的货源。

(五)较完善的商品市场体系

全省各类城乡交易市场达2 042个，其中生活消费品市场1 911个，生产资料市场131个；全省批发贸易业网点达4.5万个，零售贸易网点35万个，社会消费品零售总额达到737亿元。全省已发展各类连锁公司69家，连锁店数量达到近400个。有4家企业被国家列为一级代理商，有四家企业被国家列为物流重点配送企业。

二、物流发展中存在的问题

就工商企业而言，山西省企业管理水平还普遍停留在降低生产成本和提高劳动生产率的阶段，物流发展水平还处于起步阶段，第三方物流几乎还是空白，虽然出现了一些小规模的物流公司，但大多是原来一些运输、仓储、商业、货代企业的翻牌公司，组织管理落后、服务项目单一，人员素质较低，信息手段落后，不能提供高质量、多元化、快速、准确的物流服务。物流发展水平落后在较大程度上阻碍了山西省经济的快速发展，影响了企业市场竞争力和商品市场占有率的提高。具体表现在以下几个方面：一是以能源原材料为主初级产业结构，使政府和企业对现代物流重视不够，推广缓慢；二是缺乏对物流业统一管理和协调，政策法规不完善；三是物流资源丰富，但严重缺乏第三方物流企业对资源的重组和整合；四是信息化程度低，相关人才缺乏，不能完全满足发展现代物流的需要；五是铁路运力“瓶颈”的存在，阻碍了多式联运的发展。

三、进一步推进物流发展的重点工作

总体而言，山西的物流发展水平还处于起步阶段，现代物流作为企业在降低生产成本、提高劳动生产率之外的“第三利润源”，对加快全省经济发展，促进产业结构调整有着重要的意义。

1. 加强政府对物流发展的宏观引导协调职能，做好全省物流规划工作。要认真贯彻国家经贸委、外经贸部、铁道部、交通部等六部委制定的《关于加快我国现代物流发展的若干意见》，加快中心城市、交通枢纽、物资集散地和口岸地区的物流基地建设；鼓励物流企业与铁路公路运输、联运、仓储、集装箱公司实行联合，通过资产重组和专业化改造,逐步组建规模大、品种多、效率高、服务优的第三方物流配送企业。

2.提高全社会的现代物流意识。积极请先进省区的学者、专家和知名企业的经营者来山西省举办讲座和学习班,帮助企业转变观念,提高对现代物流的认识。

3.大力发展电子商务,通过试点企业,推广现代物流。选择部分物流搞得较好如邮政、刚玉集团、汾酒集团等行业、企业及太铁分局榆次北集装箱货场等场站作为试点,有针对性的请专家对省内试点进行解剖,提供整合方案,以点带面,提高企业做好物流工作的积极性。

4.逐步营造和建立山西省有利于现代物流发展的市场环境和政策法规体系。

(撰稿:山西省经贸委交通处　张戈平)

辽宁省

辽宁省发展物流业的地理位置优越,相对区位优势明显,几年来,在省委省政府的领导下,物流业取得了长足发展,对辽宁经济增长的贡献率不断提高。在《中共辽宁省委关于贯彻落实省第九次党代会精神的意见》(辽委发[2001]24 号)中提出了:“大力发展现代物流、信息服务、旅游、房地产等新兴第三产业。”省政府下发了《关于组织编制辽宁省现代物流业发展规划的通知》(辽政办[2002]73 号),进一步推动了省现代物流业的发展,现代物流理念正逐步为人们所接受和倡导,现代物流所产生的社会效应和经济效益越来越引起人们的重视,物流作为“第三利润源”在国民经济中的作用越来越重要。

一、全省物流产业的主要成就

(一)交通运输业

2002 年全省交通运输主要指标都保持了不同程度的增长,全年实际完成货运量 80 378 万吨(不含管道运输量),客运量 54 483 万人,分别比上年增加 1.8%和 4.4%;港口吞吐货物 16 565 万吨,旅客 838 万人,分别比上年增长 11.6%和 6.1%。

铁路运输和建设。 全省铁路正线营业里程已达到 3 548 公里 (不含地方铁路 280 公里),其中电气化铁路达 584 公里。哈大铁路电气化改造工程基本完成,全国第一条铁路客运专线秦沈铁路客运专线全线铺通并达到试运行条件,是我国第一条高速铁路。铁路密度和铁路复线率均排在全国首位。2002 年实际完成货物发送量 13 186 万吨,货物周转量 970 亿吨公里。

公路运输和建设。公路总里程达到 48 051 公里,其中高速公路 1 636 公里,全省 14 个省辖市全部用高速公路连接。2002 年实际完成货物运输量 64 104 万吨,货物周转量 221.8 亿吨公里。丹本、盘海、锦朝、锦阜 4 条高速公路建成通车,全省高速公路基本形成网络,以沈阳为中心贯穿 14 个省辖市的高速公路干线路网粗具规模。

港口运输和建设。沿海及内河拥有大、中、小港口 12 个,生产性泊位总数 273 个(其中万吨级泊位 88 个),年综合通过能力达到 13 841 万吨(其中集装箱 194.3 万标箱)。2002 年完成货物吞吐量 16 565 万吨,集装箱 175 万标箱。

民航运输及建设。民航场站 5 个,其中 4E 级 2 个,4C 级 2 个,3C 级 1 个。2002 年完成货邮吞吐量 16.8 万吨。

水上运输。2002 年全年实际完成货物运输量 3 071 万吨,货物周转量 661 亿吨公里。

交通各部门在加强线路等基础设施建设的同时,新、改、扩建了沈阳铁路集装箱货场、大连西铁路集装箱货场、沈阳公路主枢纽、大连公路主枢纽等一批场站和枢纽工程建设。其中沈阳公路主枢纽总体框架已基本形成，并逐步显示出主枢纽场站的多功能作用和综合效益，为发展综合交通运输提供了有利条件。

（二）商贸业

截至2002年末，全省万米以上的大型购物中心、大型连锁超市54家，各种类型连锁店铺4 000家，各类商品交易市场3 327处，初步形成了以大中城市为依托，城市市场与农村市场相匹配，综合市场与专业市场相结合，生产资料市场与生活资料市场共同发展的多层次、多形式、多功能的商品市场体系。新型流通业态发展迅速，促进流通产业较快增长。近年来，全省流通产业立足于以现代流通业态改造传统商业，加快发展连锁经营、物流配送和电子商务。2002年，全省新增连锁店1 011家，新建万米以上超市15家，购物中心11家。物流配送业开始起步，现已建成日用消费品、食品、机电、建材、钢材等17个专业物流配送中心，形成了粗具规模的物流配送网络。以沈阳商业储运集团公司、大商供配货中心、大连中海北方物流为代表的商业物流企业不断开辟新的经营领域。2002年全省实现商业物流配送总额240亿元，产生直接经济效益约8.6亿元，大连粮食仓储物流以年港口吞吐量2 000万吨，现货交易400万吨居亚洲之首。

2002年，大商集团“东北店网”基本形成，跨地区连锁店铺数量达51家，销售额实现128亿元，已成为全国最大的百货店连锁集团和第三大零售企业集团，大商“东北店网”被誉为2002年中国商业零售业的十件大事之一。沈阳中兴、商业城、兴隆大家庭、大连和平广场、百年商城、友谊、盘锦兴隆百货等商业企业，也在竞争中扩张规模、增强实力。

（三）信息服务业

全省已基本形成光缆、微波、卫星、移动通讯和计算机网络等多种形式相结合的信息传输网，长途光缆线路总长度1.1万公里，电话普及率42.5部/百人，互联网普及率达到7.2人/百人。软件业和信息服务业高速发展；信息化应用取得了显著成就，以信息技术改造传统物流产业初见成效。

2002年全省通信业务总量246亿元，信息产品制造业完成工业总产值550亿元，通过对外开放和结构调整，初步形成了以大连、沈阳为基地，以大显、中国华录等重点企业为支柱的发展格局。全省已有软件企业近600家，软件产业实现销售收入75亿元，保持30%以上的增长速度。东软集团以年均60%的速度增长，2002年实现销售收入80亿元。大连软件园、沈阳软件园、鞍山软件园的建设步伐加快。

二、全省物流业发展存在的主要问题

一是现代物流业发展受生产方式与条块分割体制的严重束缚。长期形成的企业“大而全”、“小而全”的生产方式，直接导致了物流企业“小、散、乱”；条块分割、政企不分的物流管理体制造成物流市场的人为分割、市场准入困难，导致基础设施重复建设、资源利用率低，难于实现各类资源的有效整合。

二是物流产业发展的管理基础、技术基础和人才基础薄弱。物流业技术标准、管理标准和服务标准的体系不健全、标准不统一、标准起点低、标准普及与认证差。人力资源管理制度难于适应产业发展需求。

三是物流基础设施保障能力不足。物流信息化基础设施落后，物流节点的枢纽建设严重滞后，交通运输网络还有待完善。

四是物流企业服务功能单一、竞争能力较弱。大部分物流企业只能简单地提供运输和仓储等单项或分段的物流服务。

五是物流信用环境和政策环境较差。地区社会信用水平不高、结算纪律松弛、法制保障薄弱。

三、全省今后物流业发展的战略定位

（一）战略定位

在产业定位上，将现代物流业作为全省重点发展的基础性服务产业。

在区域功能定位上，将辽宁省建设成为东北区域物流中心、环渤海地区物流重要枢纽、东北亚区域物流发展和供应链中的重要节点。逐步建成以沈阳为核心的辽宁中部物流城市圈、以大连为核心辽宁南部沿海物流城市带的两大物流功能区。

在城市物流功能分级及重点城市物流功能定位上，全省14个市作为物流结点依其功能分为三个层次。其中，沈阳、大连为第一层次、锦州、丹东、营口为第二层次，其他9市为第三层次。要将沈阳建成东北区域物流中心城市，将大连建成东北国际物流中心城市，将锦州建成东北西部和内蒙古东部区域物流中心城市，将丹东建设成为辽宁东部物流和国际陆路物流中心城市，将营口建设成为辽宁内贸航运物流中心城市。

（二）战略重点

——以信息平台建设为重点的物流信息化建设。

——以交通基础设施为重点的运输体系建设。

——以连锁配送为重点的新型商贸业态建设。

——以物流园区为重点的物流结点网络建设。

——以完善涉农产品流通为重点的农村物流体系建设。

——以研制重型成套物流设备为重点的物流装备制造业建设。

四、全省现代物流产业发展的主要政策措施

一是建立政府协调管理机制。根据经济发展的需要，提高与物流项目以及业务流程有关的政府主管部门如城市规划、交通管理、工商管理、商检海关、财税金融等相关政府主管部门的工作效率。

二是政府主要是从宏观层面上把握正确的政策导向，为建立现代化物流服务体系打好基础。从经营机制上，将运输、仓储、物流信息等物流功能加以整合，将辽宁省的物流链条的各个环节连接起来，形成一个有机的系统，从而实现货畅其流，提高物流效率，实现物流的整体性。

三是依托本省口岸、综合运输网、信息网及其辐射力的总体优势，以需求为导向、企业为主体、高起点的构建辽宁现代物流体系。通过纵向及横向的整合，市场机制及行政管理双重机制的作用，形成协同工作的企业网络群体。

四是应建立宽松的物流市场准入环境，允许并鼓励外商以合资、合作、独资等方式投资建设、经营物流设施项目，鼓励外资在辽宁省兴办物流经营企业和物流咨询企业。引导大型企业集团实行跨过经营和跨行业经营。加速物流市场管理方式与国际接轨，要对现有各方面的物流政策进行整理、整合，按照WTO中有关服务贸易的条款，清理现有与物流相关的政策法规，使之符合国际惯例，创造公平、公正的国际竞争环境。

五是优先支持物流公共信息平台建设，面向社会提供GIS等基础信息服务和增值服务；支持物流基地、物流园区等公共物流基础设施建设。

六是应充分发挥社会主义市场经济下行业协会的作用。发挥行业协会的横向协调和联系纽带功能，支持行业协会对物流企业合理有序竞争的指导作用。鼓励行业协会积极探索物流行业发展的新途径、新方式。

七是开展现代物流专业人才培育和培训工作，加强物流人才梯队建设。积极推进物流从业人员在职教育，推行物流职业资格认证考试制度，引进国外成熟的职业资格认证系统。制定相关的物流上岗从业人员定期审核制度，提高物流行业人员的专业素质和技能。

（撰稿：辽宁省发展计划委员会第三产业办公室
陈学军　高国贤）

沈阳市

沈阳作为辽宁省省会及东北地区最大的中心城市，发展现代物流业，对推进老工业基地改造和经济结构调整，培育新的经济增长点，促进就业以及增强中心城市的竞争力等都具有重要意义。

一、沈阳市发展现代物流业具有较好的基础与条件

（一）经济总量持续增长，为现代物流业发展提供了巨大空间

近年来，沈阳市经济得到了快速发展，以发展高效农业、生态农业、绿色农业为重点的农业结构调整取得了显著成效，已初步形成了粮食、蔬菜、肉类、鲜奶、林果、花卉等六大主导产业；工业领域中，汽车、装备制造业、电子信息和医药化工等四大优势产业保持了快速发展，优势地位进一步巩固；服务业快速发展，区域性商贸、金融、信息中心的地位基本形成。2002 年，全市 GDP 实现 1 400 亿元，固定资产投资达 402.5 亿元，社会消费品零售额达到 695.2 亿元，进出口总额实现 28.6 亿美元。货物周转量 181 亿吨公里，货运量 1.4 亿吨，仓储设施 1 000 万平方米左右，货运机动车辆 8.4 万辆。

（二）基础设施不断完善，为现代物流业发展奠定了坚实基础

以公路、铁路、民航运输方式为主的立体化交通网络已基本形成。沈阳桃仙国际机场是东北地区最大的航空港，已形成了连接各主要城市的 36 条国内航线网络和连接日本、韩国等国家和地区的 11 条国际航线网络，货邮吞吐量达 7.4 万吨；公路已形成“三环五射”的格局，总里程5 279.2 公里，其中高速公路里程 239.2 公里，与辽宁中部城市群 7 个城市实现了公路高速化，公路货运量达 13 910 万吨；铁路有苏家屯、沈西两大货物编组站，大成、沈东两大货运站和 13 个中间站，形成了连接关内与东北各地的半环形枢纽，货物吞吐量达 2 121 万吨。部分五六十年代老的仓储设施相继得到改造，一批较为先进的仓储设施相继建成。部分物流企业的技术和装备水平已有明显提高。

（三）信息网络快速发展，为现代物流业发展创造了优越条件

随着沈阳信息港建设的不断完善，高速、宽带、高效的信息网络平台已具有相当的规模。截至 2002 年，全市已铺设电信干线光缆 7 437 条公里，光纤总长度 18 万芯公里，骨干网带宽 10GB。NO.7 信令网、同步数字传输网以及电信综合服务管理网、电话智能网、N-ISDN 网、光纤接入网和公众多媒体信息网相继建成。信息网络技术已被绝大多数物流企业所认识，并正在积极开发和运用 EDI、GPS 等各种管理系统。

（四）物流企业迅速成长，为现代物流业发展起到了带动作用

一批国内外的大型现代物流企业如丹麦的马士基物流集团、美国 APL 公司、中远物流公司、中储物流公司集团、海尔物流公司、宝钢钢材配送有限公司等已相继在沈阳市落户；以沈阳物资集团、北方航空货运公司、沈阳公路运输集团、沈阳储运公司、辽宁省邮政物流局等传统物流企业正在运用现代物流理念，加强基础设施和信息网络建设，加快向现代综合性物流企业转变；以沈阳公路主枢纽物流中心、沈阳钢材配送中心、辽宁北方仓储配货有限公司等一批原材料和产成品专业性物流企业相继发展起来。

尽管沈阳市现代物流业发展有一定的基础和条件，但总的来看，现代物流业尚处于起步阶段，

发展中还存在着许多制约因素:(1) 物流业规模小,缺少跨地区、跨国的大型物流集团,物流企业分散,布局不合理;(2)观念陈旧,认识不足,物流专业化程度较低,作业效率不高;(3)设施老化,技术落后,基础设施薄弱;(4)人才匮乏,管理粗放;(5)对外开放水平不高,与国内先进城市相比,还存在较大差距。

二、物流业发展的总体构想

(一)指导思想和基本原则

坚持以市场为导向、以企业为主体、以政策为引导,发挥优势,突出体制创新、制度创新、技术创新和管理创新,扩大物流有效需求;运用现代物流理念,采用电子网络技术,实现物流、商流、信息流、资金流的有机结合;整合现有物流资源,加快传统物流向现代物流转变,实现规模化、集约化、专业化、网络化和市场化;大力发展第三方物流,积极引进国际知名物流公司(集团),建设和完善现代物流体系。把沈阳建设成立足辽宁、辐射东北、面向全国、服务国际的东北地区现代物流中心。

(二)发展目标和发展重点

"十五"计划后三年,应以建设现代物流园区和物流中心为重点,搞好布局和结构调整,积极推进信息技术的应用,实现对物流资源的整合、改造和提升,以大力发展城域和东北区域的配送物流和中转物流为主,积极推进城域、辽宁省域、东北区域、全国和东北亚区域为主的国际物流服务发展,初步形成东北现代物流中心的发展框架。"十五"期间,物流业增加值增长速度适当高于 GDP 增长速度。第三方物流占全部物流的比重有较大提高。

要充分发挥沈阳市的区位优势,以铁路、公路、空运网络为依托,大连、营口、锦州、丹东等港口为门户,重点建设现代物流园区,发展现代物流中心,培育第三方物流企业。

1.现代物流园区的建设。充分发挥地区的区位和交通运输优势,利用现有的条件,进一步完善基础设施,通过招商引资,引进国内外知名物流企业入驻,形成集物流、商流、信息流、资金流为一体,以仓储、运输、配送、包装、装卸、流通加工和信息处理为主体,具有较强大吸纳和辐射功能的现代综合物流园区。完善现有的仓储等基础设施,启动货运转运站;建设铁路专用线和货站、货场,打通园区与机场及高速公路连接的快速干道;建设集装箱堆场,海关监管库及物流中心等物流企业。

2.现代物流中心的发展。按照沈阳市产业结构布局和人们生活的需要,重点发展为沈阳市装备制造业及其他工业企业提供原材料和产成品配送、分拨等物流服务;发展为农副产品副食品提供仓储、加工、包装、换装、分拨、配送服务,要大力发展信息网络技术,提高服务档次和水平;发展为汽车、建筑及装饰、日用工业品生产企业提供原材料仓储、装卸、搬运、包装、配送、分拨、中转等物流服务;发展国内外货运代理、质押贷款等物流服务;发展为社会提供高层次、精益化的收寄、仓储、配送、投递、结算、跟踪查询、电子商务等物流服务;发展以进出口货物为主的保税、仓储、分拨、配送、进出口代理等物流服务等。使之成为为工业原材料和产成品、商业企业及人们生活消费品服务的综合性物流中心和专业性物流配送中心。

3.第三方现代物流企业的培育。要运用先进的现代物流理念和现代信息技术对现有的专业性物流企业进行整合,发展经营网络,扩大规模,规范化运作,使之成为具有代表性第三方现代物流企业;通过对工商企业改组、改造,实行企业内部物流主辅分离以及鼓励社会多方投资,发展一批第三方物流企业;通过招商引资,引进国内外知名物流企业。通过政策引导和扶持,促进其加快发展,达到或接近国际先进物流企业水平,成为具有牵动作用的重点骨干企业,带动全市现代物流业发展。

三、相应的对策和措施

(一)培育物流市场,扩大物流服务供给

推动工商企业转变传统观念,充分认识运用现代物流供应链管理是降低生产总成本,提高产品附加值，增强竞争力，获取新的利润的重要手段。鼓励工商企业通过改组、改造、重组等方式，逐渐将原材料采购、运输、仓储和产成品加工、整理、配送等物流业务有效分离出来，或将其部分和全部业务委托给专业物流企业承担，推进由企业物流向专业物流转化。紧紧围绕都市化农业建设目标，建立农产品物流配送服务体系，促进规模农业、绿色农业、高效农业的发展。

（二）完善政策措施，营造良好发展环境

研究制定现代物流业发展的政策法规，推进现代物流业发展的市场化进程。要打破部门和行业界限、行业垄断、地区封锁行为，加强对不规范经营行为的制约，营造公平、公正、公开的环境，使各类物流企业能够平等地进入市场，在竞争中优胜劣汰。政府有关部门要转变职能，强化服务意识，工商、税收、土地、交通、商检等部门要给予政策扶持。并积极帮助物流企业解决在跨地区经营中遇到的工商登记、办理证照、统一纳税、交通管制等方面的实际困难，为物流企业的经营和发展提供宽松的宏观环境，引导和促进全市现代物流业健康快速发展。

（三）扩大对外开放，积极开展内引外联

要大力引进国际现代物流理念、先进经验和做法以及相关的技术，进行消化吸收，结合我们的国情、市情，开拓创新。要通过采取股份制、股份合作制、租赁、转让、托管等各种方式，加强与国际大型物流公司(集团)广泛的合资、合作。按照加入世贸组织的承诺和要求，做好国际大型物流公司(集团)在沈阳市设立独资公司的准备工作，适时大力引进国际知名和大型物流公司（集团）进驻沈阳市。此外，要加强与国内其他城市发展比较好、比较快的大型物流集团的联系与沟通，积极鼓励和支持来沈开办公司或分公司。要将现代物流业对外开放纳入全市对外开放工作中的重要内容，搞好招商引资。

（四）强化网络建设，推进物流技术创新

积极构筑全社会信息网络系统，建设现代物流公共信息网络平台，实现与国际、国内和与园区(中心)以及各物流企业之间、物流企业与工商企业之间有效、高速的联结。实现园区(中心)管理、园区(中心)企业之间、企业与外界的信息联结。鼓励和支持物流企业利用EDI、GPS、互联网等技术和设备，大力发展网络系统，实现网络与用户、制造商、供应商、物流企业及相关的银行、财税、商检、海关等单位联结，对物流各环节进行适时跟踪、有效控制和全程管理。加快物流与电子商务的融合，实现电子化物流。此外，广泛采用标准化、系列化、规范化的运输、仓储、装卸、搬运、包装机械设施及条形码等技术，跟踪国际和国内标准，加快与国际接轨步伐。

（五）加强基础设施，改善物流设施条件

要重点对上世纪70年代以前建设的仓储设施进行改造和完善，提高技术装备水平。航空运输要在完善综合配套功能的基础上，积极开辟新的国际、国内航线，逐步形成北与俄罗斯，东与日本、韩国等东南亚国家相连接的国际物流航网和连接国内大中城市的国内物流航网；发挥沈阳铁路枢纽的作用，合理规划调整铁路货运场站布局，加快建立铁路快捷货运网络体系；完善沈大、沈山等“一环五射”的高速公路网络，建设四环高速公路，打通园区(中心)与公路网络连接通道。加强公、铁、航空之间与周边城市的联结，构筑陆、空、海多式联运立体化的现代物流交通网络。

（六）抓好人才培养，大力引进物流人才

采取多种形式，加速人力资源的开发与培养。鼓励有条件的大专院校开办和设置与现代物流相关的专业课程；引导企业、行业及民办教育机构参与现代物流急需人才的培训和教育；营造人才“柔性流动”的政策环境，引进一批具有国际视野、懂经营、善管理的专业化人才；鼓励企业与现代物流咨询机构、科研院所、大专院校等进行多种形式的合作，充分发挥社会各种资源优势，实现现代物流系统的产学研联动发展。

（供稿：沈阳市发展计划委员会　李英晔）

大连市

根据大连物流总量和结构分布，根据现有各种物流结点功能状况，充分利用现有基础设施，按照适度规模、适当超前的原则，确定大连市物流结点的地理位置、规模和功能。

一、大连市物流结点的三级结构

布局的基本模式："综合物流园区—专业物流中心—物流直达配送结点"三层结点模式。不同层次的物流结点，对应的物流服务功能不同，高层结点对于低层结点的服务范围和内容有"包含"或者"次序"关系，因此综合物流园区—专业物流中心—直达物流配送结点之间要有机衔接、合理分工。

一级结点-主要服务于国际物流和区域物流的大型的、多功能的综合物流园区。

二级结点-以区域物流、专业物流和发拨业务为主的专业物流中心。

三级结点-主要承担城乡直达配送的各类配送站点。

除了大连市区的三级物流结点外，在大连市外以及国外建立远程物流结点。主要在集装箱、粮食、石油、水产品等货源地或消费地建立物流基地。

二、一级结点-综合物流园区的布局与规划

根据大连市物流结点的现实基础和未来发展需要，将一级物流结点划分为三种类型：着手规划建设大孤山半岛国际物流园区和甘井子陆港综合物流园区；调整完善大连港老港区市域物流园区；远期待开发羊头洼综合物流园区、金州铁路编组站物流园区。

（一）开发区大孤山半岛国际物流园区

1.空间建设模式：将整个大孤山半岛辟建为国际物流园区。形成以大窑湾国际物流园区为中心，以大连新港物流区、北良港物流区、保税区物流区和双D港物流区为一体的环岛带状物流园区。

园区规划土地面积12平方公里左右，其中，大窑湾国际物流园区4.85平方公里（包括开发区确定的物流区），新港物流区1平方公里，北良港物流区1.2平方公里，保税区物流区5平方公里，双D港物流区1平方公里，开发区城市配送物流区0.5平方公里。

2.主要物流货种：集装箱、汽车、油品、粮食、矿石、机电产品等。

3.主要功能：存储、分拣包装、展示、交易、信息浏览与交换、结算、中转运输、保税和商务服务等功能。加速这一区域的港区（保税区）一体化进程，争取将这一区域建设成自由港区或自由贸易区。

4.发展目标：2005年，实现物流业务量5 000万吨，物流业务总收入20亿元；2010年9 000万吨，物流业务总收入35亿元。

5.开发建设模式：大孤山半岛国际物流园区的规划管理由开发区统一负责，具体开发建设由多元投资的开发企业完成。在开发建设中，近期重点抓好大窑湾国际物流园区建设，尽快形成规模、完善功能，使其成为综合物流园区的示范区和多功能服务区。北良港物流区、新港物流区根据现有基础适时推进，其他区域作为远期开发的后备物流区，根据物流发展的实际需要滚动发展，逐步向其他区域延伸。要抓紧做好这一区域的控制性规划，为将来物流发展预留足够的发展空间。

（二）甘井子陆港综合物流园区

1.空间布局模式：在沈大高速公路后盐出口的两侧，建立甘井子陆港物流中心区，根据需要和可能向南关岭、周水子、革镇堡现有仓储区拓展，

形成以后盐物流区为中心，其他物流区功能分工合理的物流集中区。

2.物流园区的主要物流种类：汽车及零配件、机电产品、建筑材料：木材、钢材、水泥、陶瓷、石料等、农副产品、大件日用消费品。

3.主要功能：以区域物流和生产资料物流为主，主要承担山东以南与东北经济区的物流和为企业生产提供的生产资料物流。后盐物流中心是陆港物流园区的核心功能区，重点建设和强化其展示功能、信息服务功能、交易功能、结算功能等。而在其他物流区主要是存储、分拣包和配送功能。

4.发展目标：全区2005年，实现物流进出总量1 000万吨，物流业务总收入3亿元。

5.建设规模：后盐物流区是甘井子陆港的核心区，控制性规划面积5平方公里，一期规划面积1.8平方公里，起步规划面积0.7平方公里，重点建设和完善物流业务综合服务功能和面向整个陆港物流园区的物流信息平台。根据物流业务发展的需要，可逐步向西部金州、开发区方向延伸。

（三）大连港老港区市域物流园区

1.空间建设模式：以大港区、黑嘴子港区、香炉礁区为依托，以大连火车东站西站、双兴商品城、黑嘴子水产批发市场、香炉礁装饰材料市场、香炉礁旧物市场为一体，形成以内贸集装箱和城市配送物流为主的临港物流园区。

2.主要物流种类：以城市居民生活消费资料物流为主，其次为杂货、粮食、部分生产资料、成品油等。

3.主要功能：主要服务于城市生产、经营和消费物流，主要功能是交易、分拣、配送和信息服务。

4.建设规模：这一区域基础较好，不需要新开发土地，主要是对现有功能的调整和资源整合，对有些重点功能区和重要设施进行改造，加快提升其信息化和现代化水平，提高运行效率和服务功能。

5.发展目标：2005年出入园区物流总量5 000万吨，商品交易额100亿元，物流业务总收入10亿元；2010年出入园区物流总量8 000万吨，商品交易额150亿元，物流业务总收入14亿元。

（四）羊头洼综合物流园区和金州铁路编组站物流园区

1.旅顺羊头洼港在发展区域物流方面有一定的区位优势和交通运输优势。羊头洼港目前客滚吞吐量已达600多万吨，连烟轮渡投入运营后，物流量将会明显增加。但由于羊头洼轮渡港工程刚刚启动，物流集聚效应的形成尚需3年以上的时间。目前，旅顺区已在羊头洼港划出0.67平方公里土地，作为主要为连烟轮渡服务的物流园区。应从现在着手制定园区规划，搞好园区的功能定位，把物流园区建设纳入连烟轮渡的配套项目，适时推进工程开发建设。

2. 金州铁路编组站物流园区地处编组站东南，与大连市区、开发区，与周边港口及大窑湾国际物流园区、甘井子陆港物流园区构成点扇空间结构关系，又有近3平方公里开发面积，比较适合作为大孤山半岛和甘井子陆港物流园区的辅助园区。但由于物流总量的局限和前三个物流园区已经形成一定规模和竞争优势，加之土地开发成本较高，许多设施需要新建，所以将金州编组站物流园区列入远期规划区。

三、专业物流中心

专业物流中心以某类专业物流的系统整合和集散为主要服务内容。专业物流中心可以设立在综合物流园区之中，也可以独立于综合物流园区之外。专业物流中心主要是为专业物流中从事仓储、运输、代理、交易等各类企业提供一个多功能的综合服务平台，实现专业物流系统的资源整合，提高运作效率。

（一）专业物流中心的选择原则和标准

1.行业龙头：具备带动专业物流发展的综合经济实力。

2.物流生成中心：最大或较大规模的交易（批发）市场。

3.服务功能齐全：在信息、金融、代理、仓储、运输等方面具有较强的服务功能。

4.辐射半径较大：区域性或国际性的专业物流服务中心。

（二）专业物流中心的服务功能

专业物流中心的核心功能是对专业物流资源具有系统整合和为各类专业物流企业提供多功能服务。专业物流中心除了必要的存储、运输、配送等功能外，重点强化信息中心、结算中心、标准安全检测服务中心、保税仓储服务中心、物流资源配置中心等功能。

（三）专业物流中心的网络体系

专业物流中心的核心功能区一般设立在大连市城区或近郊区，但交易市场、配送场站、生产加工基地则分布在各个区、市、县。特别是要利用沈大高速公路、黄海大道和北三市的东西大通道，建设起与城市专业物流中心相配套的各类物流结点，形成城乡网络化、一体化的专业物流体系。

（四）专业物流中心体系设计

1.空港航空物流中心。依托周水子国际机场，建设航空物流中心。

基础和优势：目前周水子国际空港开通国内外航线 88 条（国内 75 条，国际 12 条，地区 1 条），其中，2001 年机场货物吞吐量突破 8 万吨。已建成航空货运仓库 9 500 平方米和理货大棚 6 000 平方米，年内建成 6 000 平方米的海关二级监管库和 2 万平方米的货坪。空港物流的信息化也有一定的基础。

发展目标：2005 年，空港货物吞吐量达到 13 万吨，2010 年，达到 21 万吨以上，其物流业务收入将有平均 10—15%的增长。

2.粮食物流中心。依托大连北方粮食交易市场，重新构建为大连市北方粮食物流中心。

基础和优势：已形成由 21 个省市 386 家会员单位组成的粮食经营网络，有良好的专业仓储和运输设备和功能较强的交易市场。2001 年，粮食交易量达到 361 万吨，粮食运输总量达 1 200 万吨，全国粮食交易量名列第一。

发展目标：2005 年粮食交易量达 1 000 万吨，粮食交易额 100 亿元；2010 年，充分发挥专业物流中心的作用，粮食物流量可达 3 000 万吨，物流业务收入 8 亿元。

3.石油及制品物流中心。确定大连新港及周边相关地区为核心功能地区。

基础和优势：现有港口吞吐能力近 4 000 万吨，油品存储能力近期可达 115 万吨，石油加工能力 1 650 万吨，船队运能近 100 万载重吨。

发展目标：2010 年石油及其制品的物流总量 4 000–5 000 万吨，存储量达到 355 万吨，海港吞吐能力超过 6 000 万吨，石油加工能力 2 800 万吨，船队运能达到 250 万载重吨。物流业务总收入 20 亿元。

4.汽车及配件物流中心。确定大连保税区汽车城为进口汽车物流中心，甘井子陆港物流中心区为国产车、二手车和汽车零部件物流中心。

基础和优势：已形成大连保税区、后盐机动车两大交易市场和 10 家汽车贸易商行。2001 年，保税区汽车城交易额达 50 亿元。

发展目标：2005 年，汽车交易额 80 亿元，汽车物流业务收入 4 亿元。

5.水产品物流中心，依托辽渔集团的国际水产品交易市场组建大连水产品专业物流中心。

基础优势：辽渔集团国际水产品交易市场靠近渔港，具有一定的加工基础、冷藏设施，有一定规模的批发市场和知名度，铁路、公路、海运交通条件优越。2001 年交易量 50 万吨。

发展目标：2005 年交易量可达 80 万吨，物流增值收入 3 亿元。2010 年，交易量可达 120 万吨以上，物流收入 4.5 亿元。

6.水果蔬菜物流中心。依托大连港老港区、双兴商品城和中海果蔬物流基地等建设蔬菜水果物流中心。

基础和优势：目前大连市蔬菜水果交易额为 30 亿元，中海物流已建立以蔬菜水果运输为主南北绿色通道，大连港、羊头洼已成为联结山东与东北地区跨海蔬菜水果运输枢纽。

发展目标：2005 年，蔬菜水果进出物流量达 2 000 万吨，交易额 60 亿元，物流业务总收入 5 亿元；2010 年，物流量 3 000 万吨，交易额 100 亿元，物流业务总收入 9 亿元。

7.建筑（装饰）材料物流中心。依托南关岭或周水子现有基础建设大连建材物流中心。

基础和优势：目前全市建材物流量 1 600 万

吨，商品交易额60亿元，形成了布局基本合理建材仓储、批发、配送体系。

发展目标：2005年，建材物流量达2 500万吨，商品交易额60亿元，物流业务总收入4亿元；2010年，物流量达4 000万吨，商品交易额100亿元，物流业务收入6亿元。

8.机电产品物流中心。依托大连机电产品中心市场或经销机电产品的骨干企业，建立大连机电产品物流中心。

基础和优势：2000年，大连市机电产品进出口总额59.7亿美元，革镇堡有一批机电产品仓储库，华北路有相对集中的机电产品销售市场。大连是加工业基地，有较大的机电产品的需求和供给空间。

发展目标：2005年，大连机电产品的物流量600亿元，物流业务收入5亿元；2010年，机电产品的物流量800亿元，物流业务收入7亿元。

四、直达配送节点

三级物流结点是与一、二级物流结点紧密相连，直接为各类物流需求主体生产和生活提供真正的“JIT”配送服务的各类配送中心、配送站点。三级结点一般用地规模较小，接近消费地，周围的交通条件较好。

（撰稿：大连市政府经济研究中心 赵立成）

吉林省

现代物流是国民经济的重要产业，是进入21世纪新的经济增长点，为引导、推动道路运输行业发展现代交通物流业，近年来，省交通厅党组提出了“总体规划、分步实施、政府推动、企业运作、突出重点、注重实效”的发展交通现代物流的原则和围绕“一个核心、四个网络”的工作思路，即以“价值”为核心，将“道路网络”、“组织网络”、“枢纽网络”、“信息网络”连接起来。按照这一工作思路，加快了吉林省交通现代物流业的发展，收到了较好的效果。

——道路网络已形成。“四纵三横、二环出口”的公路主骨架和城乡相连、干支相连的四通八达道路网络已形成，从而为道路运输行业发展现代物流奠定了基础。

——运输组织网络已初步形成。全省9个市(州)、44个县(市、区)都成立了现代物流发展小组。吉林省现已注册成立29个交通物流中心(园区)。

——运输枢纽网络已基本建成。截至2002年，全省货运基础设施建设投资6.47亿元，其中省投资货运基础设施建设累计达2.34亿元，占投资总额的36.2%。建设77个货运站场，其中等级货运站51个，货运交易市场26个，总建筑面积21.6万平方米，场地面积90.2万平方米。现在已经投入运营72个。

——运输信息网络主体框架已建成。全省运输信息系统建设共投入1 475万元，其中货运信息系统投资763万元，投入计算机181台，大屏幕9块。现已完成9个一级、8个二级、1个三级货运站场信息系统硬件配备和软件调试，18个站已具备货源、车源信息网上发布和查询功能。

根据吉林省交通厅党组提出的发展现代物流的原则和工作思路，采取了以下基本做法：

一、增强各级政府和有关部门对发展现代物流的重视、支持

发展交通物流，可以充分发挥交通在物资流通中的基础性作用和优势，各级交通部门、运管部门对此有了较明确的认识。长春、吉林、通化、四平等地都

将发展现代物流工作纳入年内的重点工作目标中，他们还积极通过新闻媒体大力宣传发展现代物流的目的、意义，营造了良好的现代物流发展氛围。

各地货运站场都把发展物流工作作为企业发展的根本出路所在。结合经济发展需求，积极改善和调整站场功能，由单一的仓储停车向集运输、仓储、配送、搬运等多功能发展，有些站场正在和社会一些工商企业联合，开展第三方物流服务。

二、积极研究制定鼓励发展政策，引导扶持现代物流发展

吉林省下发了《关于道路运输行业发展现代物流的若干意见》、《关于加快物流业发展，进一步扶持公路货运场站建设有关问题的通知》、《关于做好现代物流业发展工作的通知》，并研究制定了《吉林省整顿和规范道路货物运输服务业实施方案》，对信息配载业户进行治理整顿，召开物流推介会。召开物流企业联谊(联合)会。为推动货运站场联合、联营，双向提供服务，实现资源优化配置起到重要作用。

三、按照市场发展需求，组织编制现代物流发展规划

组织对全省物流基础情况进行调查，基本摸清了货源分布、流量、流向等情况，以及人口、经济发展与物流的变化规律，为编制现代物流业发展规划提供了基础资料。

四、加快组织“三个网络”建设，为现代物流发展提供保障

1.加快组织网络建设。按照《关于做好现代物流业发展工作的通知》要求，各级交通主管部门都成立了现代物流领导组织机构，并多次召开物流专题会议，研究发展现代物流业的意见和设想，帮助协调解决物流发展中的具体困难。

2.加快枢纽网络建设。全省除松原市、白山市外其他货运枢纽站场已基本建成，为现代物流发展提供了前提条件。

3.加快信息网络建设。通过吸纳社会货运信息配载业户进驻物流中心经营、通过会员制整合社会运力提供的车货信息，以及自身业务人员采集的信息在网上发布，应用效果较好的为吉林翔鹿物流中心、四平市货运中心和宁江货运中心。

五、培育物流发展典型，推动指导其搞好经营运作

2002年，确定了长春市杨家店物流中心、吉林市翔鹿物流中心、辽源矿区物流园区、敦化、梅河口货运站场等物流试点典型，并经常派人深入典型单位进行指导并帮助解决一些实际困难。通过一年来的实践，这些典型企业逐步走向成熟，经济效益和社会效益日益显见，对带动和促进全省物流业发展也发挥了积极的作用。

吉林市翔鹿物流中心是现有货运站场发展物流的典型。主要特点是充分发挥货物运输信息网络的作用，最大限度的利用网络空间增加物流中心的效益。进入物流中心的信息配载业户有62家，占全市配载业户总数的60%。华宇物流公司吉林分公司进场经营；该中心成立了“司机协会”；为入场经营的配载业户提供免费发布车货交易信息等服务；成立吉林市翔鹿物流中心鸿鹰运输公司，吸引大型货物运输车辆加盟，完善物流中心的服务功能；利用仓储及运输设施，有步骤的开拓物流中心其他业务。年货运交易量35万吨，年吞吐量5万吨，年净利润达50万元。

辽源矿区物流园区是中等城市发展物流业的典型。主要特点是，依托商贸市场，因地制宜发展物流。二期工程竣工后，争取在2005年之前将辽源市建材、蔬菜、花鸟鱼虫三个市场引进物流园区，形成年吞吐量65万吨以上，年交易量2个亿，年利润达到400万元。

敦化市物流中心是县级城市发展物流业的典型。主要经营信息配载、货物仓储、运费结算、出租库房、停车、汽车修理等服务项目，年吞吐量10万吨，年利税达120万元。

六、抓好物流培训，适应现代物流发展需要

组织人员参加各种形式的现代物流培训班。

以及参加外经贸部、交通部、中国道协、省经贸委举办的各类现代物流培训班。

组织人员赴国外、国内学习考察。推广省内典型物流企业经验，借鉴各地发展经验。

实践证明，“一个核心、四个网络”的工作思想是符合吉林省交通现代物流的发展方向，切合运输市场发展实际。因此，我们要进一步加大工作力度，使各个网络更有效运转起来，形成有机整体的物流网，进一步搞好经营，体现价值核心。

七、吉林省现代物流发展规划

2002年，由吉林省经贸委牵头制定了《吉林省现代物流发展规划》，该规划已被吉林省政府批准实施。《吉林省现代物流发展规划》明确了以下战略目标，即吉林省将集中力量建成长春、吉林两个物流中心园区，争取用3年时间，培育年物流储运收入5亿元的物流企业10个，年收入超亿元的物流企业30个。再过5到8年时间，打造年销售收入30亿元的大型商贸企业6个，年销售收入10亿元的商贸企业30个，年物流储运收入10亿元的物流企业40个，年物流储运收入超亿元的物流企业50个。

《吉林省现代物流发展规划》提出了以下发展设想：第一，吉林省政府将鼓励长春、吉林两市在政府规划的指导下，建设自己的物流园区，并允许两市制定扶持现代物流发展的土地、税费等方面的政策，在这两个城市构建依托汽车、石化、冶金、轻纺、农副产品深加工等产业的物流体系，形成一批年销售收入超过5亿元以上的大型商贸、连锁企业集团。第二，拟在四平、辽源、通化、白山、延吉、白城、松原市等7个城市建设全省物流网络中的物流中心区，发展果菜、小商品、工业物资、生产资料等商品和物资市场，并通过网络流向中心城市。第三，要建设三个信息平台，即依托长春通、欧亚商都等企业构造全省的消费品信息平台，依托吉林省物资集团构造全省的工业物资流通的信息平台，依托省供销社构造全省的农业生产资料和农副产品流通的信息平台。第四，要完善消费品配送、工业物资流通、农业生产资料及农副产品流通、生产制造业物流四大物流体系。

（撰稿：吉林省运输管理局　栾德奇）

黑龙江省

一、现代物流，黑龙江经济的长远需求

黑龙江省作为国家重要的商品粮基地、国家重要的能源原材料基地、国家重要的重化工业基地和东北亚地区的中心，发展现代物流有着更加突出的现实意义。

发展现代物流是提高黑龙江省经济运行的质量和效益、提高黑龙江省企业竞争力的重要途径。物流能力是构成企业竞争力的重要因素，据统计，全球500强企业中有80%以上的企业把物流配送交给社会化、专业化的第三方物流，依赖于第三方物流降低供应链成本，提升企业竞争力。黑龙江省作为一个老工业基地，时至今日，企业“大而全”、“小而全”状况仍没有彻底改变，运输成本高，效率低，“采购黑洞”、“物流陷阱”所造成的损失和浪费巨大。

在黑龙江省产业结构中，第二产业比重较大，第三产业相对落后，第三产业的产值只占全省GDP的30%左右，远远低于北京的57.1%，上海的49.6%。现代物流业本身属于第三产业，黑龙江省位于东北亚地区的中心地带，疆域辽阔，资源丰富，生态条件好，具有较强的种植业、畜牧业、林业、能源产业、重化工业的生产能力，这种独特的区位优势决定了优化产业结构也必须把现代物流

业作为支柱产业。

二、发展现代物流，黑龙江省有基础更有差距

首先，交通运输能力的提高为现代物流的发展奠定了坚实的基础。铁路运输能力不断增强；到1999年底，铁路营运里程已达7 136公里，居全国第一位。2000年，铁路货物发送量达到14 956.66万吨，铁路货运收入92亿多元。新建和扩建的以哈南站为龙头的一批编组站，使黑龙江省外运通道实现了畅通无阻。

公路运输四通八达。目前，全省已基本形成了以高速公路和二级以上高等级公路为主骨架，省、县、乡、村四通八达，干支相连的公路网络。与此同时，水运能力与民航事业也处于迅猛发展的时期。同时，信息化程度的提高也为黑龙江省现代物流发展提供了有利的支撑和保障。随着黑龙江省经济体制改革的不断深入，经济总量的不断增长，物流规模在不断扩大。

尽管黑龙江省的物流业经过多年的加速发展，已经具备了相当规模，但从总体上还不能适应市场经济发展和加入WTO的需要，物流效率和效益不高，与国际先进水平和发达省区相比差距较大。

三、现代物流，黑龙江时不我待

在世界经济一体化和全国现代物流业加速发展的背景下，黑龙江省要增加紧迫感，抢抓机遇，认真组织制定现代物流发展规划。坚持“政府引导、企业运作、立足全省、面向全国、辐射东北亚、走向全世界”的原则，多功能、多层次地发展现代物流业。发挥综合优势，积极构筑以现代综合交通体系为主的物流运输平台、以邮电通信及网络技术为主的物流信息平台和以引导、协调、规范、扶持为主的物流政策平台，培育现代物流业市场主体，加快现代物流基地建设；充分利用现代信息技术，加快发展电子商务，推进物流和商流的网络化，力争使黑龙江省形成包括交通运输、配送服务、加工代理、仓储管理、信息网络、营销策略等多环境组成的物流大循环系统，成为全国乃至东北亚地区物流网络的重要节点之一。规划建立以哈尔滨为中心，依托交通网络、通信网络、INTERNET网络，联结齐、大、绥、佳、牡以及边境口岸的现代物流格局，并以高新技术开发区为依托，规划和建设若干个物流园区。建立国际性的绿色食品物流体系，提高绿色食品物流质量，降低绿色食品物流成本，以拓展绿色食品的市场空间，促进绿色食品产业的发展。

积极促进工商企业转变传统观念，树立现代物流意识。鼓励工商企业按照现代物流管理模式进行调整和重组，既可自己承担部分或全部的物流业务，也可将其部分或全部业务委托给专业物流企业承担，以培育和发展物流市场。

加强现代物流基础设施建设统筹规划，合理安排，进一步健全综合运输体系。一是铁路建设以提速为中心，加快滨洲、滨绥和绥佳线的技术改造；加快建设哈尔滨第三松花江铁路大桥，进一步强化哈尔滨作为全省交通运输枢纽地位；积极发展合资铁路和地方铁路，在搞好东宁铁路建设的基础上，做好黑龙江省铁路东边通道建设的前期工作。二是公路建设继续以全省“OK”型公路主骨架和物流干线建设为重点，努力提高全省公路网的技术等级和服务水平，妥善处理普及与提高、建设与养护、线路与站点的关系。重点做好111国道塔城至嫩江段、同江公路哈尔滨至佳木斯另一幅、国道绥满公路另一幅项目的前期工作，力争尽早开工建设。三是民用航空继续加强哈尔滨机场的枢纽地位，进一步改进现有跑道；新建大庆4C级机场以及加格达奇、伊春、鸡西、五大连池、抚远、漠河等支线旅游机场，在巩固提高现有航线、航班的基础上，积极开辟与国内其他省会城市、周边国家的新航线。四是水运建设继续搞好松花江和黑龙江省干线航道整治，加大对部分主要枢纽港口、江海联运换装港口和界河开放港口的建设改造力度。五是加强国际运输通道建设，积极筹建黑龙江省铁路大桥、公路大桥，扩大北通道的作用；完善绥芬河口岸换装设施，扩大通过能力和综合换装能力。进一步研究利用俄罗斯海参崴港等出海运输方案，巩固和发展江海联运出海通道。

加强现代物流信息平台建设。以政府主导、企

业投资，尽快建成覆盖全省各级党政机关、确保信息安全、技术先进的政务信息网，以适应政府在现代物流形势下的管理需要。建设省、市、县、乡四级农业信息网络。充分发挥现代物流在改造传统农业中的重要作用，促进农业和农村经济结构的战略性调整和农业强省建设。全省大中型企业普遍建成网络化信息系统，广泛利用信息技术提高生产和服务的自动化、智能化、数字化、网络化水平，加强物流管理，大幅度降低企业生产成本，培植第三利润源；积极发展电子商务，完善电子商务应用平台，建设认证中心、支付网关。完善已经建成的粮油、绿色食品等十大网络市场。

（撰稿：黑龙江省计委综合处处长 韩立华）

牡丹江市

黑龙江省绥芬河、东宁两个口岸每年从俄罗斯进口大量木材，基本销往我国南方地区，南方企业进行精深加工做成家具后又回销北方地区。面对外贸进出口数字年年增长，却对地方经济拉动不大的状况，牡丹江市提出既做通道又做基地，要打造自己的“伊春光明”。牡丹江市出台的《关于实施沿边开放战略的若干意见》，着力把沿边开放培育为全市第一经济亮点。

目前牡丹江市年外贸进出口总值已达21.1亿美元，占全省进出口总值的48.5%，居各地市之首；对俄贸易实现19.5亿美元，占全省对俄贸易的83.7%。为充分发挥自身的地缘优势、口岸优势、通道优势，进一步打造对俄经贸合作优势，牡市提出充分发挥区位优势。举全市之力发展大加工、培育大物流、建设大通道、搞好大服务。

主动参与国际区域经济分工与合作，逐步建成东北亚经济圈中的进出口商品生产加工中心、中俄商品集散中心、全国进军俄罗斯市场的绿色通道和服务平台。

围绕实现沿边开放战略升级目标，牡市已筛选确定了66个重点推进项目，并启动了“4421”工程。“4421工程”即建立四个区：牡丹江对俄贸易加工区、牡丹江进口木材加工区、绥—波互市贸易区、东—波互市贸易区；培育四个集散中心：黑龙江省中俄果菜集散中心、黑龙江省中俄木材集散中心、中俄建筑装饰材料集散中心、中俄商品集散中心；建立两条对俄农副产品出口产业带；沿201、301国道两侧建立一批规模较大、分工合理、特色突出的对俄农副产品出口基地，形成公司加农户、市场连基地、产供销一体化的外向型农副产品产业链；畅通一条对俄经贸大通道；牡丹江—绥芬河（东宁）—乌苏里斯克—海参崴（纳霍德卡）国际经贸大通道。牡市《关于深入实施沿边开放战略的若干意见》还提出建立健全项目库，围绕对俄贸易加工区、互市贸易区、商品集散中心和通道建设等沿边开放重点项目建设招商引资项目库，筛选出一批对外商有吸引力的优质项目，通过各种渠道纳入省和国家的招商项目库和各国投资商的视野。同时积极创建会展服务平台、信息服务平台、金融服务平台，构造全方位服务体系，营造全方位开放的发展环境。

（供稿：中国物流与采购联合会）

绥芬河市

一、建设现代物流中心的条件已经具备

（一）有建设现代物流中心的地缘优势

绥芬河市位于黑龙江省东南部，东与俄罗斯远东最发达的滨海边疆区接壤，边境线长 26 公里，距俄对应口岸波格拉尼奇内 21 公里，距俄远东铁路枢纽站乌苏里斯克 120 公里，距俄远东最大的港口城市海参崴 210 公里，距俄远东自由经济区纳霍德卡 270 公里，有 1 条铁路、2 条公路与俄相通。距牡丹江市 153 公里，距哈尔滨市 460 公里。经由绥芬河口岸，通过海参崴和纳霍德卡等港口，陆海联运货物可直达日本海沿岸以及东南亚等国家和地区，是连接欧亚大陆、沟通陆海联运的重要口岸，也是黑龙江省过货量和贸易额最大的口岸。

（二）有建设现代物流中心的突出成效

绥芬河口岸过货量占全国边境各陆路口岸第二位，进出口贸易额占全国边境各陆路口岸第一位。1988-1993 年，绥芬河市对外进出口贸易额实现 11.3 亿瑞士法郎。1994-2000 年，进出口贸易额实现 35.56 亿美元，其中 2000 年突破 10 亿美元，占黑龙江全省外贸总额的 34.1%。1988-2000 年，签订经济技术合作项目 509 个，合同贸易额 26 143 万美元，合同派出劳务 15 475 人次。1988-2000 年，口岸过货 1 570 万吨，约占黑龙江省各口岸过货总量的 70%。在边境贸易和国际物流的直接拉动下。1988-2000 年，共上缴关税 14.6 亿元，是 1949 年到 1987 年 38 年上缴关税总和的 7.7 倍，是同期财政收入总和的 2.3 倍。结束了依赖国家补贴过日子的历史，从 1994 年分税制以来，共上缴财政收入 27 452 万元，是补贴的 12.4 倍。陆海联运货物 140 余万吨，民间贸易出口额 300 多亿元，为服装鞋帽、日用百货、家用电器、建筑装饰材料、果菜副食等国内长线产品开辟了广阔的出口市场。进口商品多数为国内紧缺的资源性和具有战略意义的物资，仅木材一项就达 600 多万立方米，成为全国重要的进口木材集散地。地方经济发展越来越快。2000 年，国内生产总值实现 9.1 亿元，比 1995 年增长 2.1 倍。工农业总产值实现 2.88 亿元，比 1995 年增长 2.8 倍。接待进出境旅游者 25.5 万人次，旅游企业外汇收入 3 110 万元，上缴税费 1 700 万元，比 1995 年分别增长 2 倍、3.66 倍、3.3 倍。社会商品零售总额实现 3.67 亿元，比 1995 年增长 1.53 倍。财政收入实现 12345 万元，比 1995 年增长 1.77 倍。人民生活水平越来越高。到 2000 年底，全市人均国内生产总值 9 226 元，人均财政收入 2 627 元，人均货币储蓄 30 000 元，城市人均居住面积 14.4 平方米，每百人拥有小汽车 7 台、电话 38 部，城镇职工货币收入 8 900 元，农村人均纯收入 3 803 元。

（三）有建设现代物流中心的基础设施

改革开放以来，投资 20 多亿元，新建了公路口岸，改造了铁路口岸，口岸过货能力达到 600 万吨，过客能力达到 150 万人次。阜宁国际货运直升机场年内通航，口岸立体格局正在形成。新建楼房 90 多万平方米，新增有色路面 40 多万平方米，日供水能力达到 2 万吨，供热面积达到 100 万平方米，城市绿化 40 多万平方米，英特网基本覆盖全市，程控电话由 4 000 门发展到 20 000 门。

（四）有建设现代物流中心的发展潜力

2000 年，绥芬河口岸过货 316 万吨，比 1995 年增长 3.85 倍，年均增长 30.9%。据国家计委物流专家保守预测，到 2005 年，绥芬河口岸过货量将达到 800 万吨，比 2000 年增长 2.5 倍，年均增

长 20%。到 2010 年，口岸过货将达到 1 600 万吨，比 2005 年增长 2 倍，年均增长 15%。到 2020 年，口岸过货将达到 3 000 万吨左右。

（五）有建设现代物流中心的良好环境

随着《中俄睦邻友好合作条约》的签订，中俄政治经济关系取得了新的重大进展。这些有利的国际因素将给绥芬河建设现代物流中心带来新的机遇。随着我国加入世贸组织，全国各地必将以更加积极的姿态，不断提高国际竞争力，我国的对外开放将进入一个新的发展阶段。黑龙江省实施“二次创业，富民强省”的发展战略，使对外开放正在向全方位、多层次、宽领域推进。这些有利的国内因素也将给绥芬河建设现代物流中心提供广阔的空间。

二、建设现代物流中心的战略构想

根据黑龙江省“南联北开，东进西出”的开放战略和绥芬河市“以贸兴业，富民强市，建设现代化国境商都”的整体思路，在深刻审视市情和充分把握国际国内形势的基础上，绥芬河市建设现代物流中心的指导思想可以确定为：以加快口岸发展为主题，以扩展国际陆海联运大通道为主线，坚持以市场经济为导向，以体制创新和技术进步为支撑，以外向型企业为主体，按照现代物流业发展的要求，大幅度扩大通过能力，降低物流成本，提高工作效率、服务质量和经营管理水平，充分发挥物流中心在全省对外开放以及东北亚区域经济合作中的重要作用。

绥芬河现代物流中心的发展定位可以确定为：立足我市，依托口岸，面向国际，联系国内，服务全省，辐射全国，以国际陆海联运大通道为支撑，以国际物流为重点，以内陆腹地运营网络为支持的东北亚区域性国际运输枢纽和综合物流中心。

绥芬河现代物流中心的发展目标可以确定为：充分发挥铁路、公路、航空运输等综合交通及贸易、旅游、加工相关产业的优势，鼓励运输、贸易、旅游、加工企业向现代物流服务延伸，扩大发展空间，提高服务水平，增强陆海联运国际贸易大通道的竞争力，形成通道经济发展带，推动东北亚经济的合作与发展。2005 年，进出口货物量达到 800 万吨左右，出入境人数达到 100 万人次；2010 年，进出口货物量达到 1 200 万吨以上，出入境人数达到 150 万人次；2020 年，进出口货物量达到 2 500 万吨以上，出入境人数 200 万人次以上，国际集装箱达到 100 万 TEU 以上。

绥芬河现代物流中心的发展方向可以确定为：努力建设 7 大中心，即建设综合物流服务中心、商务中心、信息与通信服务中心、现代产业中心、后勤服务中心、法律事务服务中心。

绥芬河物流中心的构成系统可以确定为：运输通道网络、物流园区和配送道路体系。基本布局大体如下：运输通道网络包括铁路通道、公路通道和航空通道。物流园区包括客货站场、国门地域物流区、铁北物流区。配送道路体系是以市中心为基点，形成老城区、铁西区至铁北区之间的南北向交通流；老城区、铁西区至保税仓储区，保税仓储区至铁北区的东西向交通流等主要路段组成的配送服务道路网络。

三、绥芬河现代物流中心的建设重点

（一）加快通道建设

在省委、省政府领导下，通过争取国家的支持，2001-2002 年对绥芬河车站北站场进行改造，新建专用换装线，口岸吞吐能力达到 1 500 万吨；2001-2003 年对绥芬河至俄格城 26 公里套轨进行改造；2001 年至 2003 年新建绥芬河铁路客运中心，过客能力达到 200 万人次；2002-2004 年对绥芬河至下城子 95 公里铁路进行改造，由单线建成复线；2001-2002 年建设绥芬河公路客货运输中心。2005-2010 年修建绥芬河至纳霍德卡直通标轨铁路。加快阜宁机场建设，争取建成客货双通国际机场。

（二）完善运输组织

研究解决俄远东港口集疏运问题，提高我国货物通过量；积极与俄方协商，尽快将双方公路直达运输由牡丹江至乌苏里斯克延伸到哈尔滨至海参崴；整顿货代、报关市场，对市场准入提出技术要求，限制低技术水平和低管理水平的企业、个人进入市场；积极发挥哈尔滨铁路内陆港的作用，进一步开展哈尔滨至海参崴集装箱联运业务。积极与国内外大船务公司联系，增加海参崴(东方港)的航班，缩短船期。搞好物流园区建设。尽快完成互市贸易区建设，进一步扩大边贸规模。建设国门和铁北物流园区，为招商引资，扩大进出口加工规模创造条件。鼓励物流企业依托物流园区进行配送中心建设；吸引跨国公司以物流园区为基地，建立仓储中心和海外组装中心。

(三)加强物流信息系统建设

积极推进物流信息上网工程，整合运输市场，实现物流信息资源共享、合理配置和优势重组。以物流综合大厦为据点，分步建立现代物流互联网中心平台。平台包括电子数据交换(EDI)系统、条形码(BAR-CODING)系统、卫星定位系统(GPS)。

(四)完善物流企业组织

按照现代企业制度的要求和物流中心的功能，组建物流营运实体，建设绥芬河国际、国内客货运输中心，增强对周边的辐射力。建设物流商务实体，进一步整合物流商务队伍，发展以口岸为基地的货代、贸易、报关、船代等基本业务，不断扩展新领域，把绥芬河基地建设成为货运中心和国际快件集散与分拨中心，形成依托东北亚，连接东亚、澳新、欧美等国家，辐射国内的货运网络。建设物流信息实体，争取近期启动物流信息中心建设。

(五)提高服务能力

进一步深化改革，完善铁路、公路、查验、货运代理等联合办公机制，简化手续，提高效率，为外贸进出口提供优质服务；积极与俄方协商，努力简化双方公务、旅游人员的进出境手续，在中俄边民互市贸易区实行通行证制度；简化海关、检验、检疫的申报、查验手续，减少中间环节，提高办事效率；简化行政审批手续，为外贸进出口企业创造宽松环境。

(六)强化行业管理

利用高科技手段，实行信息化管理，提高口岸管理的质量、效益和水平；培育多式联运经营人，做好运输组织基础工作。在工商管理等方面尽量给予政策支持；加强行业管理，规范货运代理市场，取缔非法代理机构，有效进行重组、兼并、联合。

(七)努力争取支持

绥芬河物流中心工程所需投资较多，积极争取国家资金、物资、技术支持；积极争取国际开发组织、国际金融机构，特别是日、韩两国政府和民间资本的大力支持与协助；积极协调金融管理部门，尽快解决中俄两国间的银行汇兑问题。

(供稿：绥芬河市人民政府)

江苏省

近年来，江苏省经济持续快速健康发展，经济总量和货运量不断增加，对物流业的发展提出了新的要求。按照现代物流和供应链管理理论，构筑信息化的现代物流网络体系，对提高全社会物流系统的运行效率，降低经济运行成本，促进全省经济社会发展，提高综合竞争力具有十分重要的战略意义。

一、现代物流业发展的基础条件和制约因素

(一) 坚实的经济基础成为江苏省物流业发展的有力支撑

改革开放以来，江苏省经济规模不断扩大，经济运行态势平稳，经济结构不断改善，外向型经济发展迅速。2001 年，全省实现国内生产总值9 514.6

亿元,外贸进出口总额513.5亿美元,占全国进出口总额的10.1%,货运量9.1亿吨,货物周转量1 542亿吨公里。原材料供应和产品销售"两头在外"的结构性特点决定了江苏省物流量巨大，为现代物流业的发展提供了广阔的市场空间，奠定了坚实的经济基础。

（二）不断完善的综合交通体系为江苏省物流业的发展提供了强有力的物质基础设施保障

改革开放特别是"九五"以来综合交通体系建设取得了突破性进展,到2001年底,全省拥有"两纵两横"4条铁路主干线和数十条专用线,铁路总里程达到1 358公里;高速公路通车总里程达到1 387公里,拥有南京、徐州、连云港三个国家级公路主枢纽城市;内河航道总里程达到2.4万公里,占全国内河总里程的20.3%,列全国第一位;拥有南京禄口国际机场、徐州观音机场等11个民用或军民合用机场，开通航线82条；原油运输管道356公里,年输油能力2 000万吨。"十五"期间,还将继续高起点、高标准、高质量地建设一批交通重点工程,全面打通高速公路出省通道,实现高速公路联网畅通。到2005年,高速公路通车总里程将超过2 300公里,五级以上航道3 260公里。大交通带来人流、物流、信息流、资金流的大范围快速流动,为现代物流业提供了前所未有的发展前景。

（三）适度超前的信息基础设施建设、信息服务业的快速发展和城市信息化的积极推进为物流业的发展提供了必要的信息技术支持

目前,全省已形成以光缆为主体,以数字微波为辅助的长途传输干线网和覆盖全省的无线寻呼系统,2001年全省局用交换机总容量达2 033.4万门,长途光缆线路总长度1.1万公里;计算机互联网络用户达到248万户；建成大型计算机信息网络16个，开通网上大型数据库和应用系统40多个;与国家"金"字系统工程配套衔接的金融、工商、税务、交通、海关、检验检疫等信息系统建设已具规模、应用广泛,为社会和企业的经济活动提供了多种信息服务，也为现代物流业的发展提供了有力的技术支持与保障。

（四）经济的增长促进了物流相关行业的发展

按现行的统计口径计算,物流相关行业包括交通运输、邮政、电信、仓储、包装、批发和零售等行业。2001年全省物流相关行业增加值达到1 579.44亿元，占全省国内生产总值比重由1995年的14.9%提高到16.6%。

（五）一批各具特色的物流企业应运而生

目前,随着物流需求的快速增长,江苏省现代物流业开始起步，以现代物流经营理念为指导的物流企业初露头角。主要包括:功能较为完备的综合性物流中心,以口岸直通、保税仓库、出口监管等为主功能的物流企业，以国际货代为主功能的物流企业,以储运为主功能的物流企业,以配送为主功能的物流企业，以提供货运信息为主功能的物流企业，由制造业企业独立经营的自身物流企业，尤其是整合利用社会物流资源从事物流经营的第三方物流企业已开始在全省物流业的现代化进程中发挥积极的引导作用。

总体来看，江苏省现代物流业尚处于起步阶段,还存在着许多制约因素,概括起来主要有:一是对发展现代物流业的认识不足,一些本应从企业内部剥离出来交给第三方企业来经营的物流服务依然滞留在企业内部，影响了物流市场的社会化进程。二是物流行业缺乏统一的规划和协调,存在条块分割、部门分割和重复建设等问题,造成社会资源的大量浪费。各自一套的运作方式和管理标准,致使物流运行系统环节多、周转慢、效率低、费用高,服务差。三是物流设施与装备还较落后。仓储设施设备落后,现代化的集装箱运输和专用运输发展缓慢,装卸搬运的机械化、自动化程度低,物流设施设备的总体标准化程度低、通用性差,严重影响物流效率的提高。四是物流技术总体水平还较低,发展现代物流业所需要的高素质人才还相当匮乏。

二、指导思想和总体目标

指导思想:坚持以市场为导向,以现代物流理念为指导，依靠现代物流技术和物流组织方式的创新,积极整合物流资源,大力培育现代物流服务品牌和有竞争力的物流企业，加快传统产业的升级和结构调整,努力构造社会化、专业化、信息化、

规模化的现代物流服务体系，促进全省经济发展和人民生活水平的提高。

总体目标：充分发挥江苏省在交通、流通、信息等方面的比较优势，积极采用现代物流管理技术和装备，建设现代化的物流基础设施和物流公共信息平台，大力培育和发展具有国际竞争力的现代物流企业，构筑与国际接轨的现代物流网络体系，使江苏成为现代物流产业大省。

——到2005年，通过整合社会物流资源，全省建成14个综合物流园区和一批专业物流中心，初步建成较完善的物流基础设施和物流公共信息平台，创建2-3个在全国具有较高知名度的物流服务品牌，培训3 000-5 000名物流专业人才，为物流业的快速健康发展奠定坚实基础。

——到2010年，全省基本建成与经济发展相适应的现代物流体系，物流区域、物流枢纽城市、综合物流园区、专业物流中心和城乡快递系统五个层次的网络构架初步形成、功能完善，高效、便捷、与国际接轨的现代物流公共信息平台运作顺畅，第三方物流企业成为物流业的主体，社会化、专业化、信息化、规模化成为江苏省现代物流业的基本特征。

——2002-2010年，全省现代物流业增加值增长率快于国内生产总值增长率20-30%。

三、物流区域布局及其功能定位

全省物流网络体系采取“物流区域-物流枢纽城市-综合物流园区—专业物流中心—城乡快递系统”的模式。物流区域是按经济关系、地理位置和物流流向而形成的地区。物流枢纽城市是在物流区域中有突出的经济地位、交通优势、信息条件，物流交换量大，物流企业集中，有枢纽地位的城市。综合物流园区是指多家物流企业或与物流相关的企业在空间上集中布局的场所，具有多功能、高层次、集散功能强、辐射范围广，在全省范围有突出地位，能起到示范作用的社会化物流结点。专业物流中心是指在某专业领域内具有一定综合功能的物流结点，在全省的该专业领域能发挥较强的示范作用。综合物流园区与专业物流中心可主要依托港口、交通枢纽道口、开发区、商贸市场等进行建设。城乡快递系统在物流系统中承担将小件商品从企业快速递送至企业或消费者的任务。

（一）物流区域的划分

综合考虑全省交通运输、经济区域及与周边省市的相互关系等因素，分为3个物流区域：

宁镇扬物流区域：包括省内南京、镇江、扬州3市，辐射南京区域经济区内苏皖赣18个城市。

徐连盐淮宿物流区域：包括省内徐州、连云港、盐城、淮安、宿迁5市，辐射淮海经济区内鲁豫皖其他各市。

苏锡常通泰物流区域：包括苏州、无锡、常州、南通、泰州5市，辐射长江三角洲内其他各市。

（二）物流枢纽城市及功能定位

物流枢纽城市是全省三大物流区域的中心，必须加快物流基础设施和物流公共信息平台的建设，构造多层次、货畅其流、快捷便利、经济合理的社会化、专业化、信息化、规模化现代物流服务网络体系，在全省范围起到物流及信息枢纽的作用。

1.南京物流枢纽。南京是我国东南部地区重要的交通和通信枢纽。津浦、宁沪、宁芜三条铁路和规划建设的五条铁路干线在南京交汇形成以中转为主、辐射全国的路网性枢纽，沟通和密切了华东地区与中南、西北、华北、东北地区的物资交流。沪宁等7条高速公路放射成网，形成了一个四通八达的辐射区域。南京禄口国际机场是华东地区重要的国际航空港，占全省航空货物吞吐量的80%以上。加上鲁宁输油管道，五种运输方式构成全方位、立体化、大运量的综合交通运输网络，使南京具有得天独厚的物资集疏运条件和十分广阔的经济腹地。南京市商业繁荣，工业发达，2000年社会消费品零售总额达到420亿元，拥有各类市场535个，市场成交额461亿元。南京区域经济区内的工业已形成了规模化、专业化分工格局，产业优势互补，南京作为中心城市，发展现代物流业具有独特的区域优势。功能定位：长江中下游重要物流枢纽城市。

2.徐州物流枢纽。徐州位于苏、鲁、豫、皖四省接壤地区，是由20个地市所组成的淮海经济区的中心，具有独特的商贸区位优势，是全国重要的货物集散地。作为我国陇海-兰新线经济开发带五大中心城市之一,在实现西部大开发战略中,区位优势将会更加突现出来。徐州还是我国重要的综合交通枢纽,京沪、陇海两大铁路干线在此交汇;京沪、京福、连霍、宁徐高速公路纵贯徐州;京杭运河穿境而过;再加上观音机场和华东输油管道,使其成为辐射淮海、沟通全国、连接国际的商贸大都会。目前徐州有各类市场 551 个,2000 年市场成交额达 501 亿元,发达兴旺的商贸流通业为徐州提供了巨大的物流发展空间。功能定位:淮海经济区重要物流枢纽城市。

3.连云港物流枢纽。连云港处在我国沿海南北过渡和海陆东西过渡的枢纽部位,是中西部地区最便捷的出海口岸,又是连接太平洋西岸与大西洋东岸大陆桥运输的国际枢纽。新亚欧大陆桥在我国境内全长 4 131 公里,贯穿东、中、西部的 10 个省(区)。连云港是以外贸及大宗散货为主的港口,2000 年港口吞吐量 2 708 万吨,其中外贸占 53.8%,88%的货物来自陇海兰新大陆桥国内段的省份。沿桥货源充足,物流市场需求巨大,为连云港利用新亚欧大陆桥及海运优势建设物流枢纽城市创造了良好的条件。功能定位:新亚欧大陆桥重要物流枢纽城市。

4.苏州、无锡物流枢纽。苏锡常城市圈是长江三角洲五个城市圈之一,经济总量仅次于上海经济圈,经济实力在长江三角洲居第二位。苏锡常城市圈是接受上海辐射最直接的地区,加工工业和制造业相当发达。南通并入之后,苏锡常城市圈的综合经济实力将进一步加强。

从国际物流分析,2000 年在全省外贸进出口总额中,苏州占 44%,无锡占 13%。而苏州市外贸进出口总额 90%以上又是加工贸易产生的,进出口量巨大。苏州沿江地区有张家港、常熟港、太仓港三大港口,其中张家港作为长江、海运的交换节点,具有吸引长江中上游及浙江北部地区的货物在此进行水陆、陆水中转的天然条件,2000 年张家港货物吞吐量 2 025 万吨,其中外贸 948 万吨,分别列长江港口第四和第一位。又由于该区域国际物流绝大多数从上海港进出,因此,苏州市功能定位为以区域性国际物流为主的物流枢纽城市。

从国内物流分析,无锡位于长江三角洲的中部,处在沪宁高速公路、锡澄高速公路、长江航运、京杭运河、京沪铁路、新长铁路等交通干线的交汇处,是区域性交通枢纽。江阴长江大桥方便了长江南北物资的流通。新长铁路作为国家规划中连接东北、环渤海、长江三角洲三大经济区的南北陆海大通道的重要组成部分,而且沪宁铁路沿线城市与上述陆海铁路通道两侧城市的经济基础和经济结构都不相同,在无锡中转的国内物流量将会有较大增长。由于无锡的物流交换量、辐射半径及辐射区域较大,因此,无锡市功能定位为以国内物流为主的物流枢纽城市。

(三)综合物流园区及功能定位

加快江苏省综合物流园区的规划与建设,到 2005 年,基本建成 14 个综合物流园区。

1.宁镇扬物流区域。根据本区域的物流条件,规划建设 5 个综合物流园区。

(1)南京龙潭港综合物流园区。功能定位:以国际集装箱物流及长江中上游集装箱的中转为主要功能,建立保税仓库,开展铁水联运,为进出口企业提供或代理运输、仓储、配送、定船、定仓、报关、转关、查验、信息等全程服务。

(2)南京王家湾综合物流园区。功能定位:信息服务、公路货物集散、配载以及利用设在王家湾的海关直通式监管点开展海陆、空陆的中转业务,为进出口企业提供或代理运输、仓储、配送、定舱、报关查验等服务。

(3)南京机场物流园区。依托南京禄口机场良好的基础设施和空运能力,充分发挥空运快速便捷优势,发掘宁镇扬及南京区域经济区内城市的市场潜力,发展空运物流。

(4)镇江港综合物流园区。功能定位:仓储,加工,配送,公铁、公水、铁水中转,信息服务等。

(5)仪征石化物流园区。功能定位:建成大型的石油化工产品综合物流基地,使宁镇扬都市圈内与石化物流相关的集散、仓储、运输、采购、制造、配送、销售等环节在园区内得以衔接和实现,形成华东地区最大的现代化综合运输通道和石油、天然气能源供给物流基地。

2.徐连盐淮宿物流区域。根据本区域的物流条件,规划建设 2 个综合物流园区。

(1)徐州淮海综合物流园区。功能定位:为淮海食品城市场带提供仓储、包装、分拣、加工、配送、运输、配载、商品批发、展示、电子商务交易和全程信息服务,还可进行货物集散、公路集装箱中转、公铁、公水联运、一关三检及为工业区提供仓储、配送等服务。

(2)连云港港口综合物流园区。功能定位:以国际物流为主,开展港口散杂货的集疏、货物仓储、保税、出口加工、公铁、公水中转、集装箱中转及海铁联运,为经济技术开发区提供仓储、配送、流通加工等服务。

3.苏锡常通泰物流区域。根据物流条件,规划建设 7 个综合物流园区。

(1)苏州唯亭综合物流园区。功能定位:除为苏州工业园区提供仓储、配送、时效性运输等物流服务外,还具有货物集散、进出口货物分流等功能。

(2)苏州港综合物流园区。功能定位:集装箱水陆中转、国际集装箱运输、货物集散、仓储、保税、加工、配送、一关三检、信息服务等。

(3)无锡锡北综合物流园区。功能定位:仓储、运输、加工、分拣、配送、信息服务、多式联运等。

(4)江阴港综合物流园区。功能定位:仓储、运输、加工、配送、信息服务、多式联运等。

(5)常州新区综合物流园区。功能定位:仓储、加工、配送、一关三检、信息服务等。

(6)南通港综合物流园区。功能定位:大宗散货的水水中转、农副产品的加工、配送及国际集装箱中转、铁水、公水联运等。

(7)泰州港综合物流园区。功能定位:大宗农副产品、工业产品水水、公水中转,国际集装箱中转等。

(四)专业物流中心及功能定位

依托江苏省主要高新技术开发区、工业园区、大型商贸市场等进行专业物流中心的规划与建设,到 2010 年基本建成 6 大专业物流中心。

1.苏州新区物流中心。

2.常熟招商城物流中心。

3.吴江东方丝绸市场物流中心。

4.无锡新区物流中心。

5.南京江北化工园物流中心。

6.徐州香山物流中心。

四、建设物流公共信息平台

(一)战略目标

构建江苏物流公共信息平台,支撑现代物流业发展对信息的综合需求;发挥信息技术和电子商务在物流业中的作用,促进信息流与物流的结合;整合物流资源,促进协同经营机制的建立;强化政府对市场的宏观管理与调控能力,支持物流市场的规范化管理;提供多样化物流信息服务。

(二)总体功能

提高对用户需求和服务的响应能力;保证货物运输的快速性、可靠性、准时性;提高政府管理部门工作的协同性;提高物流资源配置的合理化;提高政府对物流市场的宏观管理和调控能力。

(三)总体框架结构

采用“政府层-共用信息层-枢纽城市层-应用层”的结构模型来构建,协调全省物流公共信息平台、省市政府各行业管理部门的信息系统、枢纽城市物流公共信息平台、物流企业信息系统等之间的关系。物流信息数据的来源主要是政府相关部门和具有核心业务能力的物流企业,包括计委、经贸、统计、交通、港务、航空、铁路、规划、税务、保险、银行、海关、信息产业、电信等部门和企业。

(四)建设策略

采用总体规划、分步开发、逐步完善的策略;在业务流程和操作规范的基础上结合实际,方便各方运作,加快制定物流信息共享和数据交换的规范和标准;抓紧建设全省区域性的电子商务与物流信息系统的统一互联交换平台,以基础条件好、技术成熟、易于实现的国际集装箱多式联运电子数据交换(EDI)系统为起点,互联国际经贸链各行业及相关部门,与中国电子口岸执法系统相连接,推进电子政务和物流企业资源计划(ERP)建设,利用城市的基础地理信息平台,连接物流中心和企业,构筑江苏地区物流公共信息平台,实现电子数据交换和物流信息共享。

五、现有物流技术改造与标准化

（一）指导原则

以国际标准为基本参照系，其核心对象是集装系统，重点解决包装、装卸、运输、仓储等各物流环节之间的配合性问题；对现有物流设施装备进行改造利用以提高经济效益；协调标准化规划与社会和环境的关系。

（二）战略目标

逐步实现全省物流系统各环节之间的相互协调和配套，促进江苏省物流业质量及整体水平的提高，使物流业不仅能融入国内的现代物流大系统，同时也能无障碍地与国际物流大系统接轨。

六、物流企业发展战略

（一）战略目标

针对经济总量大、经济开放度高、市场化程度较高的特点，把发展第三方物流作为现代物流企业组织创新的目标模式。至 2010 年，培育发展一批具有国际竞争力的第三方物流企业，力争有 50%以上的社会物流业务量由第三方物流企业承担。

（二）总体思路

实施“物流企业再造工程”，通过物流企业组织创新，变传统物流为现代物流，变物流自理为物流代理，变企业物流为物流企业，从而优化物流供给，引导物流需求，培育物流市场。

七、发展现代物流业的相关政策

（一）坚持现代物流产业的整体协调发展

（二）强化对综合物流园区和专业物流中心建设的宏观指导

（三）大力推进对外开放，加快与国际物流业的接轨

（四）大力培育各类物流企业

（五）加强现代物流业法规制度建设

（六）加快现代物流专业人才的培养

（供稿：江苏省发展计划委员会）

南京市

南京市是长江流域的商品集散中心，随着江苏经济的发展和越来越多的外资企业进入，南京市物流量迅猛增长，去年相关流通费用超过 50 亿元，占 GDP 总量的 20%左右，预计潜在的物流市场将会越来越大。

为了适应经济的发展，充分挖掘第三利润源，2002 年 9 月，南京市制定了《南京现代物流产业发展规划》，计划用 5 年的时间初步把南京建成立足南京经济圈，面向国际，具有扩张能力和充满活力的长江流域物流中心城市。

一、培育市域“货的”配送体系

南京市连锁市场发展较快，连锁配送逐步引起人们关注。目前，该市苏宁、苏果、上海联华、江苏省新华书店等一批全国知名的连锁企业以及许多经营医药、牛奶等商品的企业，都在规划或建设自己的配送体系，以满足自身的需要。因为这种“自货自运”的落后运输方式有悖于现代物流的理念，南京市 2003 年决定筹建共同配送体系，成立几家大型的“货的”物流公司，建成与城市客运“的士”运营模式相同、标志统一的“配送货的”体系，形成市域范围内 1 小时高效配送物流圈。

培育“货的”配送体系既可满足该市众多企业，特别是位于市中心、交通受限制的商业企业加快物流速度的需要，又能促进该市第三方物流企业的发展，对缓解城市交通压力也有好处，可谓“一箭三雕”。

二、构筑高效国际物流圈

南京港距长江口仅374公里，为长江万吨级航道的终端。目前，该港集装箱运输仅有日本、韩国、香港三条近洋航线，且每天仅有22个航班，与上海相比存在极大的差距。作为空港的南京禄口机场，虽然已具备货运中枢机场的硬件，并已成立南京空港物流中心，但国际货运航班基本空白，未能起到对IT、生物化学等对时效性要求较强的高新技术产业在南京集聚的支撑作用。

为此，南京决定在加快建设南京长江二桥下游龙潭港的同时，增加南京港开往日、韩的航运班次，开辟抵达新加坡、地中海等地的新航线。在政策允许的前提下，要利用南京特殊的历史背景，重点开辟抵达台湾的直达航线。禄口机场将重点开辟开往日本、欧美的国际航线，以构筑高效的国际物流圈，迅速提升南京物流中心城市的地位。

三、加快综合物流节点建设

由南京港、香港海能集团、栖霞区国有资产投资中心合股投资3亿元、占地7.58平方公里的南京龙潭物流园区，2003年将完成一期基础设施建设和招商任务；新生圩木材物流中心2003年要投入运营；南京空港国际物流中心的土建工程2003年要基本完成；于2002年8月正式开工、占地4.5万平方米的南京紫金山物流基地，要求在为时1年半的施工期内建成1万平方米的标准仓库，成为集展示、储存、搬运、信息处理、流通加工、包装为一体的专业化物流中心。完善、提高王家湾物流中心电子信息平台功能，逐步实现4小时分拨及终端物流圈。

此外，南京还将建成汽车、家电、钢材、医药、书籍等一批物流配送中心，以满足各行各业的物流需求。

四、积极引进资金，发展现代物流

南京发展现代物流不搞垄断经营，2003年要确保吸引3家以上国际知名物流企业来南京投资。

2002年12月17-19日，香港贸易发展局在广州主办香港物流服务博览会，南京派出物流招商团，全力向到会的香港和内地以及日本、英国的物流企业全面推介南京。推介会之后，香港嘉里网络物流公司与龙潭物流园区已经就合作组建龙潭物流园区公司的事宜进行深入会谈。香港、深圳的6家物流公司则与王家港物流中心达成了初步合作意向。香港百威轮船有限公司表示，来南京考察物流项目，以寻求物流商机。

（供稿：中国物流与采购联合会）

苏州市

一、基础设施完备，港口特色基本形成

苏州拥有长江黄金岸线138公里，沿江共有3个国家一类港口（张家港港、常熟港、太仓港），目前建有千吨级码头12个，万吨级码头20个，最大靠泊能力5万吨，库场近60万平方米，年货物吞吐量在4 000万吨左右，其中集装箱22.6万标箱，外贸进出口量1 200万吨。

作为长江沿岸的国家一类港口，三个港口都具有内外贸港口运输功能，都可以进行集装箱运输，都拥有万吨级码头、保税仓库和出口贸易加工区，三个港口的经济腹地都以苏锡常地区为主，具有较好的疏港通道，特别是公路和发达的内河网络，为货物的集散、多式联运提供了基础保障。

张家港是较早开放的一个综合性、多功能港口。主要以木材、钢材和化工原料等散杂货的进出口及中转为主，已成为全国最大的木材中转市场，

辐射整个华东地区和长江中下游地区，是苏州市远洋航线的主要集中地。

常熟港是苏州工业园区的配套港、上海的组合港、国内贸易深水港，是建港较晚、发展较快的一个现代化综合性港口，目前已形成兴华公共港区、芬欧汇川纸业基地、华润能源基地、电力基地和国防化工园五大基地。

太仓港是上海国际航运中心的北翼组合港，其地理位置优越，深水岸线丰富，区位优势很强，以集装箱、化工原料的中转为主，发展前景看好。

无论从区位优势还是从港口地位上看，三港既有很强的互补性，又初步形成了各自的专业性和市场特色，如能更好地发挥这些优势和特色，"以港强市"将不是空中楼阁。

二、周边港口群强势地位的挑战

苏州东临上海，南连浙江，区位优势十分明显。但周边港口群的快速发展和逐渐形成的强势地位，使苏州沿江港口面临严峻的挑战，主要体现在：一是上海港的龙头地位难以撼动。由于上海离苏州较近，加上其拥有快速通关等服务优势、众多的国际航线班轮和全国的经济、贸易、金融中心地位，对苏州乃至整个苏锡常地区有着强大的磁场效应，据不完全统计，苏州集装箱的80%都是通过上海直接出关的。这一现状今后也不会有质的变化；二是上海洋山深水港的规划实施。洋山深水港作为上海国际航运中心的建设核心，据了解，随着港口的建成，到2005年，上海的集装箱吞吐量，将从2000年的561万标箱增加到1 000万标箱，在世界各大港中名列前茅。洋山港的建设发展对周边港口尤其是苏州的沿江港口将产生十分重大的影响；三是浙江乍浦港二、三期工程的开发建设。乍浦港位于浙江平湖，自1992年一期公用码头投入运行以来，港口吞吐量逐年递增，外贸吞吐量更显跳跃式增长，2000年全港万吨级以上泊位6个，货物吞吐量达905.68万吨；在建二期工程外海1.5万吨级多用途、件杂货泊位各一个，2万吨级散货泊位1个。同时，乍浦港从"十五"开始，将重点开发建设水深条件好，发展空间大的独山港区，其三期工程前期工作正紧锣密鼓加紧进行；结合国家化工、能源及重点工程货主专用码头建设，至2010年，乍浦港吞吐能力将达3 000万吨，成为长江三角洲港口群中的重要一员。而发达的内河运输以及即将完成的苏嘉杭高速公路，构成了快捷、方便的交通网络，对苏州南面的腹地有较强的辐射力。

三、影响苏州三港整体发展的症结所在

（一）管理体制不顺，管理职能没有到位

目前，三个港口共有4个港务管理当局，除张家港港务局受苏州市政府、交通部的双重领导外，其余的在行政上都隶属于当地政府，行业上接受交通部的指导；经省政府批准成立的苏州市港务管理局虽已挂牌（与市交通局合署办公），但尚未行使行政管理职能。由于历史的原因和计划经济体制遗留问题的影响，苏州的4个港务管理局，其隶属关系不同，既有部属港口，又有市（县）属港口；管理体系和管理方式也不尽相同，有的是政企合一的管理模式，有的是单纯的行政管理。由此出现了港口行业多头管理、政出多门、政企不分的现状。如何理顺港口管理体制，避免重复建设、浪费岸线资源，从而形成合力，增加港口竞争力，促进港口功能的整体发展是急需解决的问题。

（二）周边港口密集，市场竞争加剧

长江下游港口分布密集，从苏州到南京的200公里范围内，大大小小港口有近10个，每个城市都提出了"以港兴市"、"以港强市"的口号；临近的上海、浙江也都利用自己的沿海优势，加紧港口建设的投入。使得市场竞争更趋激烈，生存空间越来越小。

（三）与上海港的关系协调不够

太仓港是上海国际航运中心的北翼组合港，但目前尚未发挥作用。这一方面是因上海港对我们沿江三港的地位定位不准，但更主要的是我们自己思想开拓不够，与上海缺乏必要的协调，尤其是政府间很少协调。在市场经济条件下，虽然港口企业仍然是竞争的主体，但参加竞争的不仅仅是港口企业，而是整个城市，甚至可能是整个地区和

国家，而竞争的组织者与领导者就是地方政府或中央政府。这就是说，从某种角度讲，在港口市场的竞争中政府是不可或缺的重要角色。

（四）思想观念有待转变

在经济一体化的今天，任何人都无法置身事外，如果还是按照计划经济时期的传统办法来经营港口、管理港口，或者墨守成规、等待观望、不敢也不愿到市场的大潮中去搏击，必将阻碍港口的发展。只有走“人无我有，人有我优”的特色之路，方能壮大自己，从而使港口整体功能得到发挥。

（五）缺乏管理现代港口的专业人才

人才的匮乏是制约三港快速发展的一个重要因素。现代社会的竞争归根到底是人才的竞争，沿江三个港口的发展也需要一批既懂专业又懂管理的人才，而目前我们的港口都不同程度地缺乏各种人才。据了解，我们港口中具有较强专业能力又有相关专业本科以上学历的年轻管理人才不足10%，现有管理人员大部分都是传统上的“以老带新”培养的，高、精、尖专业人才几乎是空白，及大大制约了港口的发展。

四、促进港口整体功能发展的对策

（一）理顺港口管理体制，改变港口管理机制

管理是为了有序地发展，而没有规范的组织管理网络，就不可能对港口进行有效管理。苏州目前的港口管理体系正处于新老交替之时，而港口业的发展也到了关键时期，要通过理顺管理体系，促进港口的发展，规范港口的经营活动，我们认为：一是应明确苏州市港务管理局与沿江三市港务管理局的关系。苏州市港务管理局是经省政府批准设立的，理应承担起全市港口管理的职能，但由于其不是一个单设的建制局，因此，可在市局机关中增设一个港口管理处，具体负责沿江港口的规划、岸线的管理、市场的规范、部门的协调等事务。而目前沿江三市的四个港务管理局，应作相应的调整，首先是将原部属的张家港港务局行使政府管理职能的一块分立出来，与张家港市港务局合并；其次是将原来的局改为分局，即张家港市港务分局、常熟市港务分局、太仓市港务分局，行政上属地方领导，业务上归苏州市港务管理局管辖。二是明确港务分局与运政管理部门的关系。港务管理部门与运政管理部门虽然同属交通，但在管理职能上有着明确的分工。港务管理部门是代表政府行使对港口的行政管理职能；运政管理部门是代表政府行使对整个交通运输行业实行行业管理的职能。一个管的是面，一个管的是线。过去由于管理体制的紊乱，两个部门互不来往，各自为政，政府对交通运输行业管理的职能没有延伸到港口，造成港口与其他运输行业的脱节，一定程度上影响了港口的发展。因此，我们应及早理顺关系，明确职责，即凡是涉及港口的规划、岸线的审批使用等港口管理职能均由港务管理部门负责，而涉及交通运输行业管理的职能，包括对水陆运输业、搬运装卸业、运输服务业的管理由属地的运政管理部门负责，两者各司其职，互相配合，并可定期召开联席会议协调解决一些管理上的问题，共同促进沿江港口的发展。三是明确三港间的相互关系，为做大做强港口企业创造条件。沿江三港就其港口规模、吞吐量而言，三个港口在长江港口群中均不居前列，如三港合一的话，仅次于南京港，可列第二位。而一个地级市存在三个相互独立、均为国家一类港口的情况，在长江沿线乃至全国都是少见的。因此，本着统一管理、相互协调、发挥优势、做大做强的指导思想，可学习深圳特区的做法，将三港合并为一港，统称苏州港，原有三港作为其港区，即苏州港下辖张家港港区、常熟港区、太仓港区，实行统一领导、独立经营。四是三港管理体制理顺后还应改变港口经营机制。这就是改变过去港口管理中政企合一的现状，彻底放开港口的经营权，建立现代企业法人制度自主经营，特别要逐步放开理货市场，引入竞争机制，允许每个港口设立理货企业，让港口在市场竞争中求生存求发展。

(二)积极开展箱源调查，创造集卡车进驻港口的良好环境

苏州地区共有5个国家级开发区、10个省级开发区，总投资107亿元，“九五”期间完成总产值2 227亿元。以这十五个开发区为主的对外出口

额在2001年可望达到120亿美元，主要产品为：机电、纺织服装、纸品、化工、塑料等，从上面的数据统计可以看出苏州市是一个出口贸易量大、产品种类多的地区，而出口产品的90%以上必须通过港口的中转。作为港口管理部门，在目前货代企业的经营还不规范的情况下，可通过进行一些积极有益的尝试，开展箱源的调查，在了解掌握情况的基础上制定苏州市扶持、鼓励发展集装箱运输的政策。

1.加强与外经局、海关等管理部门的协调和联系，对本地区的外贸生产企业、进出口公司、货代企业进行及时的、动态的箱源跟踪调查，了解进出口货物的类别、流程、运价及运量，并进行统计分析。

2.进行运输比价细化工作。由于从苏锡常地区到沿江三港，或到上海港，无论从距离的长短还是收费站的多少，我们都占有一定的优势，可以进行集装箱的运输比价，来显示运输成本的高低，并将有关信息通过各种媒体向外公布，为船公司开辟新航线或调整航线、为生产企业的成本核算、为集装箱运输业户的运输方案决策提供参考依据。

3.制定扶持、鼓励发展集装箱运输的政策。在一个行业发展的初期，政府管理部门应及时制定一些扶持政策，尤其是在收费上，要有所体现，价格水平是港口竞争力的重要因素。政府作为港口竞争的组织者和领导者，也应采取一些竞争措施。如制定一些扶持本市集装箱运输、促进本港发展的政策呢；如运管部门、公路管理部门可对为本港运输的集装箱卡车减免一部分运输管理费、货物附加费、养路费、通行费，税务部门可对为本港运输的集装箱运输企业给予一定的税收优惠，从而进一步降低集装箱运输成本，提高苏州市港口的竞争力，促进沿江港口的发展。

（三）充分利用区位优势，打造自己的特色品牌

苏州临近上海，特别是太仓港靠近长江出海口，在地理位置上占有明显优势，而且太仓港目前保存着长江下游最完整的深水岸线，是建设深水港的理想区域。因此我们应充分利用苏州的区位优势，坚持错位发展，打造具有苏州特色的开放港口。首先是对三港的发展方向进行论证，确定各自的发展目标，避免重复建设、内部竞争；二是加快太仓港的发展，争取为上海港承担分流任务。太仓港目前的发展速度与港口规模同上海国际航运中心北翼组合港的地位不相匹配，也没有发挥组合港的功能，因此，我们应对其加大投资力度，加快港区建设和集疏运网络建设，同时政府应加强与上海的联系、协调工作，使太仓港能按照交通部的分工，早日担当起北翼组合港的职责，在洋山深水港建成之前，为上海港承担集装箱分流任务，并在分流中壮大自己；三是张家港要依托即将建成的沿江高速公路和苏嘉杭高速公路等快速时效性货运通道，加大向苏北地区、杭嘉湖地区的辐射范围，重点发展沿长江集装箱运输，争取成为重要的江陆联运转换枢纽港。

（四）加强和物流园区的配套与整合，互相促进，互相发展

港口作为现代物流中的重要节点，应面对经济全球化带来的发展机遇，在加快发展港口建设的同时，必须加强和物流园区的配套与整合，才能发挥其整体功能，以顺应现代物流业的发展。

其一，按照《苏州市物流规划》，将在张家港、常熟、太仓各建设一个物流园区，其地址的设定与功能的定位也是以港口为依托的，两者的配套与整合能够实现合理分工、优势互补。

其二，港口可依靠物流园区的一系列功能，为其提供存储、装卸、配载、运输方式的转换及信息交换等各种服务，同时，港口进出的大批货物也为物流园区提供了发展空间，从而吸引物流企业进驻园区，使两者互相促进，互相发展。

其三，港口企业能否树立自己的形象，规范经营、注重服务质量的提高是首要条件。苏州市三港如果和物流园区在经营上融为一体，就能通过物流企业逐步实现门到港、港到门的时效运输，要以港口和物流园区通过配套与整合，在整体功能上获得提高，在规模经营中创造效益，最大限度地降低生产成本，从而实现市场竞争力的提高，加快沿江港口的发展。

（供稿：中国物流与采购联合会）

南通市

一、南通市发展现代物流业的条件及基础

（一）地理条件

南通的地理位置占尽“黄金海岸”与“黄金水道”的双重优势。一方面，南通地处我国海岸线的中部位置，具有连接苏南、苏北地区以及沿海各大城市的优势。另一方面，南通市与京杭、通扬、通榆、通吕四大运河相连，因而同其他各省市的交通联系更加多元化、立体化。同时，南通是长江出海口北岸的第一座城市，也是长江流域进出物品的转运枢纽港和长江三角洲地区的重要港口城市，素有“扬子江第一窗口之称”。

（二）经济条件

改革开放20多年来，南通市坚持以经济建设为中心，对经济结构进行不断完善，外向型经济发展迅速，主要产品覆盖全国各地，行销世界170多个国家和地区。2001年全市实现国内生产总值809.3亿元；外贸进出口总额32.33亿美元；港口货物吞吐量3 511万吨，集装箱吞吐量18.35万TEU；交通运输货运量7 019万吨，货物周转量51亿吨公里。此外，南通具有国内、国际贸易港口的独特区位优势，促使其原料供应和产品销售“两头在外”，从而产生对现代物流的强大需求，这也为南通市发展现代物流业提供了坚实的经济基础。

（三）物流基础设施状况

经过多年的建设和发展，南通市已初步建立了一个以水运为基础，陆运为主导，空运相辅助，江海河贯通，水陆空配套的综合交通运输系统。南通依江傍海，拥有160公里的长江岸线和208公里的海岸线，南通港现有码头（泊位）92个，其中，万吨级以上码头（泊位）28个。南通港作为国家一类对外开放口岸，已成为长江三角洲及中上游地区进出口贸易的综合性枢纽港口，与世界65个国家和地区的199个港口有通航往来；全市共有各级公路里程9 471公里，公路的地理分布及比例相对均衡；新长铁路南通段已试运行，宁启铁路列入“十五”计划，通沪铁路在积极筹划中；南通兴东机场目前已开通至北京、广州、厦门、青岛等航线，是一座以客运为主，兼顾货运的国家级机场，发展航空货运的空间较大；仓储业发展基础较好，目前已建有粮食、棉花、食糖、铁砂石等多个专用仓库；南通的互联网技术、信息技术的发展处于全国领先水平。2001年，互联网南通出口带宽已拓展到5 000兆，建成了宽带城域网和IP骨干网。网络和信息技术得到较快应用：全市金融系统完成了POS联网联合方案，港务信息系统正在建立健全集装箱码头管理信息系统和物资管理系统。此外，物价信息应用系统、商贸信息系统等也都具有一定规模。

相对优越的区位和经济条件、不断完善的综合交通运输体系和适度超前的信息基础设施，为南通市现代物流业的发展提供了有力的物质和技术支持。但纵观全局，南通市现代物流业的发展仍存在一定问题，突出表现在对现有物流资源的整合和利用不够；物流品种不齐全，物流构成方式不合理；物流企业的发展水平低下。

二、南通市发展现代物流业的整体思路

（一）要科学地做出南通市现代物流业发展的功能定位

根据南通市的区位优势和实际情况，南通现代物流业发展的功能定位是：成为上海组合港北翼的区域性物流中心枢纽，成为江苏省一个相对独立的物流枢纽中心城市。

具体地讲，南通成为上海国际航运中心重要的区域物流中心城市；成为与江苏省南、北部城市群的相对独立的物流交换中心；成为与江苏周边省市乃至东北、西部、西南地区相对独立的物流交换中心城市。

（二）合理确定南通市现代物流业发展的总体战略目标和实施步骤

根据南通的情况，南通现代物流业发展的总体战略目标是：立足长江三角洲，面向国内外，充分利用南通市的区位和港口优势，以市域物流为基础，区域物流为重点，国际物流为主导，采用现代物流管理技术和装备，加速现代化的物流基础设施和物流信息平台建设；以物流园区建设为重点，大力培育和发展具有国际竞争力的现代物流企业；构筑以港口运输为主体，公路、铁路、水运、航空等多种运输形式相配套的立体交通运输网络；建立多层次、布局合理、符合市场经济规律、与国际通行规则接轨的快捷准时、经济合理、用户满意的社会化、专业化、现代化物流服务体系；把南通建设成为长江三角洲北翼、上海国际航运中心重要的区域物流中心枢纽城市。

具体的实施步骤：1.“十五”期间作为起步阶段。主要是构筑南通现代物流系统的基础框架。重点建设综合物流园区，形成一两个拳头型物流企业。到2005年，使南通第三方物流的市场占有率应达到12%左右，物流成本占GDP比重下降到16%以下；2.“十一五”期间作为发展阶段。主要是建立物流技术保障体系，提升物流业的信息化水平，使得2010年南通的第三方物流的市场占有率达到15%左右，物流成本占GDP的比重降到14%以下；3.本世纪20年代作为腾飞阶段。主要通过技术保障体系的不断完善，使物流业成为南通市的重要产业。到2020年，第三方物流的市场占有率应达到20%左右，物流成本占GDP的比重降到11%以下。

三、南通市现代物流业着重发展的若干方面

（一）完善物流基础设施建设

物流基础设施是现代物流业发展的基础和前提，主要包括：货运通道网络、配送道路体系及南通港集疏运系统。

1.加快货运通道网络建设和配送道路体系建设。为保证物流园区具有良好的交通区位条件，使货物运输即时准确，可将南通市货运通道网络设计为：以南通为中心，以岔兴公路、海防公路、宁通高速公路、328国道、202省道、318省道、316省道、317省道等为依托，在市内连接重要港区城镇，市域外西接泰州、扬州，南连苏州、上海的“四纵四横”干线公路主骨架。至于配送道路体系，则需分清主、次及发散型配送支路，而且要根据实际情况不断调整、完善，以此来满足现代城市配送业的要求。

2.抓好南通港集疏运系统建设。“以港兴市，以市促港”是南通市的发展战略。因此，南通市现代物流业的发展也应以港口发展为中心，加强南通港口的集疏运网络建设，重点开发江海岸线，建设大型深水泊位，以适应到港船舶大型化、密集化的趋势。在“十五”期间，可重点建设狼山港区5—7万吨级集装箱泊位、通用泊位和铁矿石泊位以及配套设施；同时结合泊位的功能调整，加快泊位的迁移和挖潜改造；大力推进如皋港区、通州港区、海门港区以及吕四港和洋口港的开发建设，有效吸引沿海省份及长江中上游等内陆省份的集装箱货源，力争在“十五”期末，使南通港的集装箱吞吐量达到60万TEU。

（二）加快物流园区（中心）建设

物流园区（中心）是政府从城市整体利益出发，为解决城市功能紊乱，缓解城市交通拥挤，减轻环境压力，顺应物流业发展趋势，实现“货畅其流”，在郊区或城乡结合部主要交通干道附近开辟用地而建立的。物流园区（中心）的布局要符合南通城市整体发展规划，又要有利于支持南通市的生产力布局及产业发展，更要能促进整个物流行业的可持续发展。

结合南通实际，可在南通市区建立一个物流园区和两个物流中心，在6个县（市）分别建立物流中心。

1.市区的一个物流园区和两个物流中心。

一个物流园区是南通港口综合物流园区。市区要重点建设该物流园区，考虑到港区土地资源缺乏，不可能形成较大规模的综合功能齐全的物流园区，建议将港口综合物流园区设在市区观音山附近。观音山镇具有优良的水、陆、空交通条件，拥有大量丰富而相对廉价的土地资源，其发展空间较大，对外以港口、铁路、兴东机场、宁通、连盐通、沿江高速公路以及规划中的苏通大桥连接线为依托，发展以港口和铁路集散为中心业务的综合物流，具有广阔的前景。

两个物流中心是永兴物流中心和开发区物流中心

在狼山港区至天生港区之间建立永兴物流中心，以狼山港区为主要依托，兼顾天生港区和南通港区，以集装箱、进出口商品为主，主要功能定位在国际货运和区域物流。经济技术开发区基础设施较完善，又享有一定的优惠政策。在开发区建立物流中心，可依托富民、江海两大港区的发展，以石油、化工原材料为重点，发展国际货运枢纽型物流和时效性区域运转物流。

2.6县(市)根据各自特点，建立不同功能的物流中心，形成优势互补。在各县(市)分别规划建设下列中心：海安物流中心。该中心以粮食饲料、禽蛋及铁路货运集散为重点，发展时效性区域运转和市域配送；吕四物流中心。以吕四港区为依托，以原油、煤炭等为重点，功能定位在以国际货运为主，区域运转为辅；洋口物流中心。以洋口港区为依托，以LNG、石油、化工原料等为主，发展国际货运和区域运转；海门叠石桥物流中心。以绣品和轻纺为主，重点发展市域配送型物流；通州航空物流中心。以速达物资为重点，发展时效性区域运转物流；如皋港物流中心。以重油和散货为重点，发展时效性区域物流。

(三)加强物流信息系统建设

南通市的物流资源从总量上看并不少，但闲置巨大。这就要求政府相关部门利用信息技术收集和传递物流信息，建立物流公用信息平台，实现信息资源的共享，使每一个单位都能在物流的各个环节上寻找到最合适的位置，以最低的成本迅速建立自己的物流网络。因此，加强南通市物流信息系统建设，对物流资源的有效整合和实现整个物流业的现代化具有重要意义。在物流信息系统建设上必须要注意以下几点：

1.以南通自身所具有良好的有线、无线通信网络基础设施、国内领先水平的政府电子政务系统和较为先进的行业信息系统为基础，充分发挥这些资源在物流信息系统的建设初期的巨大支撑作用。以EDI建设为基础，建设物流信息平台的基础设施，消除物流信息平台的瓶颈。同时以物流信息标准为准则，将现有各种类型的信息资源进行整合，形成标准信息，以利信息共享。

2.满足部分物流业对行业管理信息系统的需求，加快建设海关报关清关系统，交通控制与管理系统、车辆收费管理系统等等。通过若干示范性工程，推进物流信息化进程，基本实现信息交换和公共信息服务功能。

3.从长远角度考虑南通的物流信息交换中心以建成网上无形运输交易市场为宜，同时建设与其他地区物流信息交换中心的对接。

(四)做好物流企业的培育和引进工作

现代物流业的主体是物流企业。因而，发展现代物流业还是要靠物流企业的发展来拉动。政府各有关部门要转变职能、做好服务，对内采取兼并、联营、重组等办法，积极组建一批规模大、竞争力强的大型物流企业(集团)，大力发展第三方物流。对外要加大招商引资力度，吸引国内外大型物流企业进入南通物流市场，刺激南通物流业在竞争中获得高效发展。

1.积极培育地方物流企业。地方物流企业的培育应按照公平原则，促进各类企业、各种市场主体平等参与竞争。同时，应遵循市场经济规律，实行优胜劣汰，重点发展第三方物流(第三方物流是指由物流业务的供方、需方以外的第三方去完成物流服务过程的物流运作方式)，充分发挥其专业化、规模化、社会化的优势，扶植和培育一批重点骨干物流企业。然后通过市场机制和行政管理的双重作用，由具有不同核心业务能力的企业通过纵向、横向的整合,促进物流企业集团的形成。

2.引进国内外大型物流企业。在广泛了解国内外大型物流企业的投资意向的条件下,寻求招商引资的切入点,分层次、有重点地引进国内外大型物流企业。利用国内外大型物流企业特别是国外第三方物流企业的先进运作和管理模式,带动本地物流企业的发展,从而促使整个南通物流业向更高层次发展。

四、促进南通市现代物流业发展的主要措施建议

(一)抓好物流规划编制,加强组织领导

现代物流业的发展应以物流企业为主,但单个企业的物流合理化并不能促进整个社会物流活动的有效运行。相反,可能会出现交通堵塞、环境恶化等负面影响。因此,有必要出台一部能真正指引南通市现代物流业发展的规划,构筑区域宏观物流系统。同时,南通市的物流管理部门要加强对物流业的领导,强化物流意识,扎实推进物流管理工作。

(二)加强物流人才培养

现代物流业的发展离不开对物流人才的开发与培养。一方面,物流企业要加强对员工的培训,提高从业人员素质和业务水平。另一方面,政府相关管理部门、教学科研机构等诸多单位要加强物流人才工程建设,通过人才培训、学术交流、科研攻关等多种途径和手段,争取尽快培育出一支现代物流专业人才队伍,为南通物流业的发展提供人才和技术支持,提供持续发展的后劲。

(三)制定物流发展政策,规范物流市场秩序

政府有关部门要着手研究制定用地、税收、价格、融资等各方面的配套政策措施,鼓励发展"第三方物流"企业,加快物流园区建设,培育和发展物流市场。通过制定市场准入机制、市场监督机制和市场退出机制,约束和规范市场主体行为,营造公平、公正、公开的市场环境,使各类企业都能够平等地进入物流市场,在竞争中优胜劣汰。

(四)组建现代物流业协会

现行的物流管理体制条块分割现象较严重,通过组建市级现代物流行业协会,制定与推广物流业标准、物流教育规范、物流从业人员资格认证等,为物流企业提供信息咨询服务、组织与提供有关教育培训,加强物流行业自律等。

(撰稿:南通市发展计划委员会
倪祝群 曹照祥 袁蓓蕾)

扬州市

一、物流基础设施及物流量现状

(一)交通基础设施现状

扬州市内目前还没有铁路和航空运输,因此对外运输主要由公路和水路承担。

1.公路运输。公路网通达各个方向。"五横三纵"构成扬州地区公路主骨架,加上大量县、乡公路,组成区内公路网络。全市98个乡(镇)已全部通公路。

2.内河航道。扬州位于长江与京杭运河的交汇处,扬州市市域内部河流纵横,既有沿长江和沿大运河的航道,又有通往乡镇的水运体系,整个水运交通网络体系比较发达。

3.港口和码头。扬州市长江沿线由三个港口:扬州港、仪征港和江都港。内河港口码头数量较多,沿京杭大运河的主要码头有高邮港,最大靠泊能力为500吨级;宝应港,最大靠泊能力为300吨级。

4.其他运输方式。扬州市目前尚未开通铁路,

也未开通空中运输，现主要利用南京禄口机场。由于缺少铁路、航空运输，扬州的综合运输体系存在一定不足，有待改进、完善。

（二）物流基础装备

1.公路运输装备。至2001年末，全市共有公路运输货运车辆15 494辆，其中营业性车辆9 737辆，非营业性车辆5 757辆。属交通专业运输单位车辆165辆。从车辆基本结构看，集装箱运输车辆120辆；大型重型车辆5 994辆；其余为中型和小型敞口散货运输车辆。

统计表明，不论是全社会营业性货车还是专业载货汽车，其实载率都很低，说明运输货车的效率低下。

2.水路运输和港口装备。2001年末，扬州市全社会内河货物运输船舶拥有量2 142艘，吨位175 516，其中集装箱船13艘，标准箱位(TEU) 788。水运企业拥有货船735艘，吨位50 396，标准箱位672。

（三）货运场站和仓储用地

1.公路货运场站。扬州市的货运场站主要是站队合一的格局，现有各类大小货场17个，分别由扬州市汽车运输总公司、扬州市港务总公司等经营。这17个货运场站占地面积15.6万平方米，其中堆场面积6.45万平方米，仓储面积1.92万平方米。

2.港口仓储用地。扬州港拥有仓库10 600平方米，堆场20余万平方米。其中外贸集装箱堆场1.4万平方米，水泥散货堆场1万平方米，砂石简易堆场15万平方米，另有占地60亩的保税仓库。

（四）物流量现状分析

1.货物运输量分析。2001年全市各种运输方式完成的货物周转量为53.56亿吨公里，比上年增长1.5%；港口货物吞吐量1 506万吨，增长5.4%，其中扬州港外贸货物吞吐量94万吨，增长67.9%。

各个县（市）的货物运输中，江都市的货运量和货运周转量都很高，且公路和水路发展平衡；仪征市明显以公路运输为主，而高邮市和宝应县的货运量很低，但货运周转量较高，以水路为主，说明其货物品种较单一，但运输距离远。

扬州市的货物运输量及周转量都呈稳步增长的趋势，其中，公路运输增长速度较快，而水路运输则较平稳。公路货运量明显高于水路货运量，但公路货运周转量要低于水运，这是因为水运平均运距较长。

2.货物构成分析。扬州市的货物运输种类有如下特点：从货物种类上来看，以煤炭、石油、矿物材料及粮食为主；从运输方式上来看，公路运输货物种类较多，且比例相差不大，而水路运输则主要是煤炭、石油、砂石、粮食等对时间要求不高的货物，这是与公路运输和水路运输的特点相关的。

3.货物流向分析。扬州市公路运输辐射区域较大，除本市外，还辐射到周边地区，调查分析，扬州市的货物流向以本地为主，即主要是市区与周边县城之间的物流；外省市的主要物流方向为西南、东南及东部方向。

二、物流供给企业现状

（一）仓储情况

调查中的企业大部分都拥有普通平房库或普通楼房库，少数企业拥有高层货架仓库和立体仓库，仅扬州市区拥有很少的保温仓库、冷藏仓库和危险品仓库等专用特殊仓库。各企业对仓储的利用率不同，但总体偏低，呈现出大量的仓库闲置的状况。

（二）运输情况

扬州市物流企业目前所采用的运输方式还比较单一，公、铁、水联运的企业不多，大部分企业仍以单一的公路运输为主，少数企业有部分物资与铁路联运；港口物流企业则主要依靠水路运输，少数企业采用部分物资与公路联运的方式。

（三）业务辐射范围

扬州市的物流企业的业务辐射范围很广，部分企业的业务范围已扩展到全国乃至世界范围。调查显示，公路运输企业的业务辐射范围大多以周边县市和邻近省市为主，而港口运输企业则主要为进出口贸易服务，业务辐射到全世界范围，国内则以安徽、湖北、四川等长江沿岸省市为主。

(四)物流企业的人员情况

调查表明，扬州市物流企业的人员绝大多数为初级职称及以下，学历以初中毕业以下最多，其次为高中和技校，高层次人才很少。

(五)存在的问题

1.物流企业的经济类型比较单一，集中于集体、国有和私营企业，缺少三资、外资等多种形式的补充，不利于物流市场的发展。

2.物流企业规模较小，在物流设施与设备的标准化方面存在很多问题。运输方式过于单一。缺少包装机械、装卸搬运机械、保管设施等。仓库利用率普遍偏低。

3. 物流企业为客户提供的服务比较单一，多为运输、配送和仓储。

4.企业的人力资源不足。高层职员在企业中所占比例太小。

5.企业的管理模式仍很传统，缺少对电子信息技术的运用。

6.货源不足、运行成本高是目前各企业普遍存在的问题。

三、物流需求企业现状

(一)生产制造类企业现状分析

2001年，全市列统工业(国有及年销售收入在500万以上的非国有企业)企业1 256个(其中大中型企业152个)，2000年实现产值597亿元，销售收入520亿元，利税54.9亿元，综合效益指数117%。

扬州经济开发区已经初步新成了以汽车、机械、电子、纺织和化工工业为先导的开发势态。通过“十五”规划，初步以长江岸线为基础和以沿江高等级公路为纽带，形成“一体两翼”，一体就是市开发区，两翼就是江都和仪征，形成沿江化工产业带，纺织产业园等一系列具有竞争力的产业。

开发区外资企业的原材料大多来自国外，而且其产品绝大部分销往海外，因此这些企业的国际物流需求大，要求的物流水平较高。这对这些地区以及相邻地区发展国际物流业是很好的发展机会。

扬州市物流运作成本偏高，而物流运作标准化程度偏低。而扬州市在市域范围内，扬州中心市区物流运作最为规范、邗江区、江都市及仪征市次之，高邮、宝应则为最差，这与各地区社会经济与工业发展水平息息相关。

1.生产制造类企业进、发货运输方式调查。扬州市生产制造类企业进发货主要通过公路，其次是联运，水运在各运输方式中占的比例最小，扬州现状没有铁路与航运，一般中远距离运输都通过公路运输，使得公路运输在扬州各运输方式中处于绝对优势。

2.扬州市生产制造类企业物流设施运作状况调查。企业车辆运输空驶率、平均库存周期、仓储设施利用率是反映物流运作状况的三个重要指标。由于其自身原材料与产成品周转不快和扬州市工业企业自身产量增长带来了原有仓储设施适应不了扬州工业企业的发展，迫切需要规划建设一批高质量的仓储设施，三个指标的综合反拠扬州市生产制造类企业总体物流业运作状况偏低，说明物流业发展规划已迫在眉睫。

3.生产制造类企业各项物流服务外包情况调查。生产制造类企业外包物流集中于传统项目，比例最高的项目是运输，生产企业占40%；其次是市内配送，占9-10%；再次是仓储，均占6%。说明扬州市工业企业物流服务很大一部分都由企业自理，与现代的物流理念有着明显的差距。物流基础设施还不够完善，扬州目前还没有海关直通点。

(二)商贸流通业、市场发展概况

1.扬州市商贸流通业发展概况。就扬州市而言，商贸流通业呈现以下发展特点：(1)商贸流通业平稳发展；(2)对流通行业的投资稳步增长；(3)市场建设进展良好。

2. 扬州市农产品批发市场发展概况。截至1999年底，扬州市有各类农产品批发市场39个，分为粮食、蔬菜、水产品、果品、肉禽蛋和花木等几大类(其中，成交额过亿元的有5个)，1999年成交额42.2亿元，占全市市场成交额的23.4%。另有1-5亿元以下大中型农贸市场15个。

扬州市商贸流通行业正处在稳步发展之中，“十五”期间要以流通方式和组织形式的改革与创新为切入点，推进流通现代化，重点推动连锁经营、物流配送和电子商务的发展。

(1)推动连锁经营向更大范围、更深层次发展和延伸；(2)塑造多层次、多类型的物流配送格局；(3)做好电子商务发展的基础性工作；(4)重点培育大市场，加快提升品位、档次。

四、物流基础信息平台现状

(一)扬州市信息资源现状分析

1997年初，扬州市委、市政府开始全面启动信息化建设，五年来已经取得了初步成效。但从总体上看，大多数是起步阶段的基础性工作，与省内外先进地区相比还存在一定差距，主要有以下几个薄弱环节：

1.网络建设与硬件设备更新较快，信息资源的开发利用比较滞后，由于缺乏统一规划与有效管理，有些方面投资效果不明显，造成资源浪费。

2.电子信息产业规模小，缺乏竞争力强的骨干企业和名牌产品，信息咨询服务业技术含量较低，软件业发展步子不快。

3.政府机关和工商企业上网数目虽然增长较快，但上网后效果尚不显著，信息化的基础工作有待加强。

4.地区、部门之间信息化工作很不平衡，重大项目投资缺少人才和资金的支撑，成功的示范工程或产业项目较少。

(二)扬州市物流信息平台现状分析、评价

1.扬州市物流信息平台的需求市场已经形成调查中大多数企业都表达了对物流信息平台的需求，可以说物流信息平台的需求市场已经形成。

2. 扬州市物流信息化的建设已有一定基础。扬州市政府近两年来积极推进“政府上网工程”和“企业上网工程”，扬州市的公共信息化基础建设已具有了一定的规模，创造了良好的信息大环境。

(1) 公用信息平台。“新浪扬州站”(http://yz.sina.com.cn)、“扬州热线”(202.102.7.34)、“扬州企业信息台”(www.cidsys.com)、“扬州市政府”和“扬州热线”等公用信息平台为企业提供了一定的信息服务，并从基础设施、技术水平、人才培养方面为专用物流信息平台的建设提供了良好前提。

(2)物流企业自建信息平台。扬州市良好的信息大环境已培育了部分企业自建的物流信息平台。全市已有8 000多家企业上网，这些生产流通企业的信息就是物流网络的信息源或直接就是整体物流信息网络的组成部分。

3.现状信息平台存在对物流发展的制约。目前的物流信息平台远远不能满足对物流信息的需求，对物流信息平台的投入较少，仍需加大建设力度。

(1)缺少一个专业的物流信息公用平台，物流企业自己信息网络的拥有率较低，使用效果不理想；(2)物流人才尤其是物流信息系统和物流应用软件的开发人才欠缺；(3)政府在物流信息化建设中的指导规划作用还有待进一步提高。

五、扬州市物流发展条件和要求

(一)发展物流园区的基本条件和时机

1.经济环境。经济环境要素是发展物流园区的首要条件。根据国外的经验，当一个地区内第二产业在三大产业结构中占主导地位时，是大力发展物流业的最好时机，当第二产业比重向第三产业转移，第三产业占主导地位时，物流业在国民经济中占有举足轻重的地位，此外，人均GDP超过4 000美元也是衡量是否具备发展条件的重要指标之一。

扬州市2001年各产业比重分别为13.3:48.7:38，参照国外经验应处于大力发展物流业的阶段。

2.基础设施条件。到“十五”期末，扬州市将实现公路、铁路、水运等多种交通运输方式的联结，为发展物流业提供很好的基础设施。

3.政策环境。在规划建设一个物流园区的初期，一定要得到国家和地方政府的支持，更重要的是要考察这个地区是否具备了对发展物流园区宏观的政策支持导向和具体的实施细则。此外，政府应该将物流业作为一项产业来对待，而不仅仅是行业归属问题，最好能有一个固定的代表政府的专门协调机构来贯彻政府对物流园区发展的各项方针政策。

4.人才环境。扬州是全国科教兴市的先进城市，目前拥有6所高校，各类普通中学和技工职业中学70多所，科研机构38个。全市不仅劳动力数量很多，而且素质较高，具备良好的物流发展人才环境和条件。

（二）扬州市发展现代物流业的条件和要求

1.适应国内外宏观经济发展；2.在江苏省现代物流发展规划中找切入点；3. 充分利用扬州市独特的交通优势；4. 提升扬州市作为苏中地区工商业枢纽的有利切入点；5. 适应现代物流需求快速增长和加速改造扬州市传统物流业的客观要求；6.通过供应链再造推进区域产业链的整合和电子贸易的发展。

六、扬州市发展现代物流的目标

扬州市物流发展目标分近期与远期两部分，近期为2005年左右，远期为2020年。其中近期发展尤为重要，关系到物流运作的起步阶段和远期目标的实现。

（一）近期目标

建立与扬州市经济发展水平相适应、具备一定市场竞争能力的现代物流设施系统，基本构筑起现代物流网络体系。

1.明确物流园区的规划定位。建议近期结合市域范围内不同市、县的特点进行物流园区的规划建设，在已有的物流市场需求和发展方向的基础上，结合不同环境做到园区规划功能定位准确、规模层次分明、园区间协调关系有序，增加扬州市在物流领域中的竞争优势，为物流系统的长远发展打下良好基础。

2.构筑支撑现代物流发展的基础设施和信息平台：

(1)进一步完善公路、铁路、航道等运输网络；

(2) 加强城市货运路网建设，支持物流业发展；

(3)把扬州港(包括仪征、江都港)建成扬州市通江达海的门户；

(4)充分利用扬州市通讯基础设施较好、社会信息化程度较高等有利条件，构筑现代物流信息平台，促进物流企业从传统物流向现代物流转变。

3.实施物流系统整合改造：

(1)改造传统运输企业，加大应用技术上的投入；

(2)改造传统仓储企业；

(3)改造商贸批发业；

(4)改造工商企业中的物流部门。

4.加快培育大型农产品物流企业。扬州作为农业大市，发展农产品物流，培育大型农产品物流企业，加大农产品在江苏乃至上海市场的份额并进军国内外市场，对扬州市农业的发展、产业结构调整和农民增收具有特别重要的意义。

5.加强政策激励。尽快制定促进现代物流发展的相关政策，是保障现代物流业健康发展的重要环节。抓紧出台有关优惠政策，加大对现代物流业发展的扶持力度，积极培育物流市场，鼓励国内外企业、个人投资于物流业，促进现代物流业的发展和繁荣。

（二）远期发展目标

紧密依托扬州市的区位优势、产业优势以及物流基础设施的优势，完善多式联运结构，强化物流组织与管理，大力推进信息网络技术在物流领域的应用，按照供应链管理原则，推进物流配送、多式联运、电子物流等组织形式与服务方式，建立起与周边城市、沿海口岸乃至全国相通的现代物流服务体系。

1.完善和加强多式联运结构；

2.增强物流供应链管理，发展第三方物流；

3.发展绿色物流；

4.提高物流系统的增值服务。

（供稿：中国物流与采购联合会）

浙江省

浙江省为贯彻落实省第十一次党代会关于积极发展现代物流的精神，根据《浙江省国民经济和社会发展第十个五年计划纲要》，制定了浙江省现代物流发展纲要，从发展物流的优势条件，指导思想，现代物流发展体系建设等方面进行了详尽阐述。

一、发展现代物流的优势条件

浙江省发展现代物流具有较好的基础条件。浙江省是典型的"两头在外"型经济，商品大进大出，经济持续快速增长，物流市场发育具有较大潜力。物流设施条件逐步改善，省内已形成"四小时公路交通圈"，已建成万吨级以上泊位 57 个，铁路、内河等运输网络建设进一步加强，信息基础设施规模、技术等水平居国内前列。现代物流发展已经起步，传统运输、仓储、货代企业和专业市场开始引入现代物流理念加快转型提升，工商企业开始注重通过优化内部物流管理来提高竞争能力，无水港、配送中心等一批现代物流设施加快建设。

二、发展现代物流的指导思想和主要目标

（一）指导思想

紧紧围绕全面建设小康社会、提前基本实现现代化的目标，发挥浙江省的比较优势，以需求为导向、企业为主体、降低物流成本和提高物流效率为核心，按照现代物流理念，统筹规划，整合资源，加快培育现代物流市场体系，加快完善现代物流设施网络体系，加快建设现代物流信息体系；努力构筑具有国际竞争力的物流服务系统，构筑有效减轻环境负荷的绿色物流服务系统，构筑满足居民多样化需求的高效便捷物流服务系统；促进物流运作的一体化、信息化、高效化、规模化，不断提高产业和环境的国际竞争力。

——突出比较优势。发展现代物流，必须从浙江省实际出发，充分利用专业市场发达、块状经济特色明显、经济外向度高、深水港口资源丰富、体制机制较为灵活等优势，探索具有浙江特色的现代物流发展之路。

——突出现代物流理念。坚持系统和整合的理念、高度专业化分工基础上各物流环节一体化运作的理念、信息技术和信息网络在物流领域广泛应用的理念，加快推进现代物流发展，降低全社会物流成本，提高物流整体效率。

——突出创新推动和开放带动。打破部门和地区分割，加快资产重组和机制创新，充分利用两种资源，开拓两个市场，积极引进国际国内资金、技术、人才，加强与周边地区的协调和合作，建立有利于现代物流快速发展的开放式要素配置机制和运行机制。

——突出企业主体培育和规划引导。加快现代物流微观主体培育，努力扩大物流市场需求，不断改善物流供给，加强规划引导和政策扶持，合理布局重大物流基础设施，规范物流市场秩序，促进现代物流持续快速健康发展。

（二）发展目标

争取到 2005 年，一批现代物流服务企业成长壮大，一批现代物流设施建成投入使用，一批工商企业物流优化管理取得明显成效，现代物流服务方式逐步在物流活动各领域得到应用，适应现代物流发展的基础设施网络初步形成，杭州、宁波、温州、金华—义乌等现代物流枢纽粗具规模，信息技术在物流领域的应用水平处于国内前列，口岸通关"一站式"服务基本实现，物流成本占 GDP 的

比重有所降低。

力争到2010年,形成一批具有国际竞争力的现代物流服务企业,形成若干具有较强集聚辐射功能的物流枢纽,形成与经济发展相适应、与人口资源环境相协调、方便居民生活的现代物流服务系统,企业物流管理现代化水平明显提高,物流成本占GDP比重明显降低,现代物流业成为服务业中的新兴支柱性产业,现代物流发展总体水平接近中等发达国家。

三、现代物流市场体系建设

（一）把培育物流市场作为现代物流发展的重中之重

建设现代物流市场体系,必须把扩大物流需求与改善物流供给结合起来,把推进工商企业物流优化管理与发展社会化、专业化物流服务企业结合起来,把物流市场培育和物流市场规范结合起来,建立高效、有序的现代物流市场。

（二）优化工商企业物流管理和扩大物流市场需求

引导和支持工商企业转变管理观念,按照现代物流理念,采用先进信息技术和物流装备,进行业务流程再造,打破"大而全"、"小而全"的组织方式,积极参与社会化、专业化分工,剥离低效的运输仓储功能和业务,优化供应链管理,建立高效低成本的物流管理模式。大力推进电子商务和连锁经营,拓展配送市场空间。

（三）积极发展专业化、社会化物流服务企业

努力推动运输、仓储、邮政、货运代理等企业向现代物流服务企业转型,积极发展农产品、医药等行业物流,加快发展第三方物流服务企业,大力引进国外优势物流服务企业,重视引导社会资源进入现代物流服务领域。

（四）建立良好的物流市场秩序

减少和规范行政审批,建立健全物流服务规范和价格机制,加强信用制度建设;打破条块分割的体制障碍,建立统一的物流市场;积极培育物流市场中介组织;加强行业自律和市场监管,形成公平、有序、竞争的物流市场环境。

四、现代物流设施网络体系建设

（一）现代物流设施网络是现代物流发展的基础条件和重要支撑

建设物流设施网络体系,必须坚持规划先行、需求导向和市场化运作。充分考虑全省生产力布局和产业结构特点,突出与口岸、专业市场、产业园区相配套的物流设施建设;充分考虑与全省综合交通规划、城镇体系规划、城市总体规划等规划的衔接,实现物流设施的合理布局;充分考虑制约现代物流发展的瓶颈,加强现有设施资源的整合与开发利用和枢纽节点设施的建设,逐步形成区域性物流枢纽、综合性物流园区、专业化配送中心等多层次、点线面有机结合的高效物流设施网络体系。

（二）建设现代物流枢纽

依托交通枢纽和中心城市,重点培育杭州、宁波、温州、金华——义乌四个现代物流枢纽。杭州应充分发挥省会城市和航空、公路、铁路和内河航运等设施的优势,充分发挥高新技术和制造业基地等产业优势,合理规划建设物流设施,加快形成以城市配送物流、中转物流和航空物流为特色的全省重要的综合物流枢纽。宁波应围绕深水港资源的开发利用,充分发挥海陆空和口岸等综合优势,加快完善集疏运网络;通过更大范围、更高层次的整合资源,加快形成以港口为依托,以国际物流为重点的长江三角洲国际物流枢纽。温州应依托区域发达的产业基础,充分发挥体制机制和区位优势,合理开发海陆空交通资源,合理规划建设物流设施,加快形成浙南闽东北区域物流枢纽。金华—义乌应依托交通枢纽和专业市场,发挥国际、国内商品流通发达的优势,加强与沿海港口的合作,加快形成浙中区域物流枢纽。

（三）合理规划建设物流园区

物流园区建设应因地制宜,合理定位,在科学规划的基础上,有序推进,防止一哄而起和各种变相圈地行为。依托港口和交通枢纽,紧密结合港口集疏运网络和"大通关"建设,合理布局建设枢纽转运型物流园区;依托中心城市,紧密结合城市化

和传统仓储运输、批发零售业转型提升，合理布局建设都市配送型物流园区；依托大型专业市场，紧密结合联托运市场的改组改造，合理布局建设市场流通型物流园区；依托发达的区域块状经济，紧密结合传统产业改造和高新技术产业发展，合理布局建设产业基地型物流园区。物流园区的空间形态要从实际需要出发，充分考虑物流市场需求，有形与无形结合，园内与园外互动，着重在物流服务功能的完善、物流服务效率的提高和物流成本的降低上下工夫，提升港口、城市、专业市场和产业园区的综合竞争力。

（四）加快完善综合交通运输网络

按照现代物流发展的要求，进一步优化交通运输规划，加强物流园区与交通主干线规划建设的衔接，积极推动适应多式联运发展的设施建设，进一步加大公路、铁路、水运、航空、管道和城市道路等设施建设力度，为现代物流发展提供有力的设施保障。

五、现代物流信息体系建设

（一）建设现代物流信息体系是发展现代物流的本质要求

必须把现代物流信息体系建设与物流设施建设、企业物流优化管理、物流服务企业发展紧密结合起来，充分利用信息基础设施和互联网，加快推动物流信息化建设，以信息化促进传统物流企业改造和工商企业物流优化管理，以信息化提升物流系统的整体效率。

（二）推动企业物流管理的信息化

以实现高效、低成本物流管理为目标，引导和支持企业运用信息技术和现代物流理念优化业务流程，开发和应用企业资源计划（ERP）、供应链管理（SCM）等先进的管理系统，实现物流管理的集成化和智能化，加快资金周转，降低库存，提高企业竞争力。

（三）促进物流信息资源的开发和利用

积极推进大中城市智能运输管理系统（ITS）建设，加快全球卫星定位系统（GPS）和基础地理信息系统（GIS）建设，加快构建口岸公共信息平台，积极开发、应用和整合面向社会的基础性、公益性物流信息资源，加强信息交流和共享，引导和支持企业建设面向用户的专业化物流信息系统，全面提高物流服务信息化水平。

（四）加快先进适用信息技术在物流领域的应用

加强对物流信息关键技术的研究和开发，促进物流信息标准化和规范化；鼓励和引导企业应用互联网络、电子数据交换（EDI）、全球卫星定位系统（GPS）、地理信息系统（GIS）、智能交通系统（ITS）、条形码（BAR-CODING）、智能标签（RFID）、射频（RF）、电子自动订货系统（EOS）等技术，提高现代物流信息体系的技术水平。

六、现代物流发展政策和措施

（一）加强规划管理和协调

各级政府和有关部门要从实际出发，研究制定本地区和本部门现代物流发展规划或专项规划，并与全省及周边地区规划进行衔接。城市规划、交通发展规划、土地利用总体规划和城市道路交通管理规划等规划的制定和修编，要充分考虑现代物流发展的需要，合理规划布局城市物流功能区、物流园区和配送中心以及相关道路等设施。强化规划实施的严肃性，重大物流设施项目布局，必须符合规划要求，充分论证，防止重复建设和资源浪费。

（二）加大改革开放力度

加快交通运输、邮政等行业企业的改革重组，促使其向现代物流企业转型；支持第三方物流企业跨区域、跨行业经营；研究解决行业分割、地方封锁等体制性问题，加强公路、铁路、水路、航空、管道等部门的协调，清理、修订有关不适应现代物流发展要求的政策法规。利用本省被列为全国第一批外商投资物流企业试点地区的有利时机，加大招商引资力度，引进国际资金、技术和人才，发展浙江省现代物流。大力支持省内物流企业“走出去”，开展多种形式的合作，拓展市场，提高竞争力。

（三）积极提供财政扶持

各级政府应根据现代物流发展需要和财力可能，建立现代物流发展引导资金，用于支持重点物流发展企业、重大物流设施和重要物流信息服务系统建设。省财政在“十五”后3年，每年安排一定资金，建立省现代物流发展引导资金。

（四）加强建设用地支持

对省重大现代物流项目，在符合当地土地利用总体规划的前提下，所需农用地转为建设用地的计划指标由省国土资源厅在省留机动指标中给予安排，其用地价格按照实际用途给予适当优惠。

（五）引导社会资金投入

积极运用财政贴息等手段，引导信贷资金，增加现代物流发展投入；鼓励融资担保机构为现代物流企业提供信贷担保，支持骨干物流企业特别是重点第三方物流企业股票上市，或到境外资本市场直接融资；鼓励民间资本投向现代物流，并在财税、投融资、土地等政策方面享受同等待遇。

（六）进一步改善服务

在按照基本建设项目管理的基础上，进一步简化物流项目审批程序、优化服务、提高工作效率。受电容量达到315千伏安的现代物流企业，可享受大工业电价。现代物流企业集团内部重组涉及企业资产、股权变动的，免缴相关收费，并免收因内部收益转移而发生的重复收费。

（七）大力培育重点企业

选择一批在现代物流领域已经起步并取得明显成效的优势企业作为“浙江省现代物流发展重点联系企业”，加强引导、扶持和服务，促进其更快更好地发展，发挥典型示范作用，带动全省现代物流的快速健康发展。“十五”期间，省里重点抓好100家左右现代物流发展重点联系企业。

（八）积极培养和引进现代物流人才

多种形式宣传普及现代物流知识，提高全社会现代物流意识和知识水平；鼓励和支持有条件的大专院校开设物流相关专业，培养现代物流管理人才和专业技术人才；采取多种形式，积极开展在职培训；研究制订人才柔性流动和各种激励政策，引进一批国内外优秀物流专业人才；积极推动企业与科研院所开展多种形式的合作，促进产学研有机结合；提高我省现代物流人才队伍的总体水平。

（九）推进现代物流标准化建设

开展物流术语、计量、设施技术标准、数据传输标准、物流运作模式与管理标准的普及工作，积极推动托盘、集装箱、各种物流装卸设施、条形码等通用性较强的物流技术和装备的标准化，将企业物流标准化水平作为政策支持的重要选择条件，提高浙江省物流业标准化作业水平和接轨国际能力。

（十）实施物流生态工程

物流项目布局和产业发展必须充分考虑环境的承载能力，按照建设绿色浙江的要求优化交通运输方式，保障运输环境安全，支持低公害、绿色环保物流技术装备的研究开发和推广普及，加强管理以降低废气排放和噪音污染，提高可持续发展能力。

（十一）加强物流行业自律和市场监管

积极推动物流行业协会的发展，充分发挥其制定行业管理规范、推广技术标准、交流行业发展信息、沟通和联系行业内企业等作用，促进行业自律。加大物流市场监管和执法力度，重点是规范市场行为、推动联托运等运输市场公平有序竞争、建立现代物流培训和咨询等中介组织的认证制度。

（十二）加强现代物流发展的统计和监测

研究制定科学的物流统计指标体系，开展物流信息的收集和评价工作，适时建立省现代物流重点联系企业统计直报制度，为决策提供科学依据。

（十三）加强领导和组织实施

各级政府要加强对现代物流的组织领导，研究制订积极的政策推动现代物流加快发展。要建立健全政府综合协调机构，明确部门分工，加强配合，规划协调现代物流发展中的重大问题；要充分发挥省现代物流发展联席会议对全省现代物流发展的指导和综合协调作用。

宁波市

为了顺应“入世”后经济发展的客观趋势、全面提升宁波市经济运行质量、切实推进经济增长方式转变的需要，市政府全面分析现实基础、有利条件和发展趋势，提出了加快现代物流中心建设的目标，编制了《宁波市现代物流系统发展规划》。规划的报告期限为2002-2020年，分三个阶段实施。近期：2002-2005年；中期：2005-2010年；远期：2010-2020年。规范范围为宁波市整个市域范围，重点为市区，包括海曙区、江东区、江北区、北仑区、镇海区及鄞州区。

一、发展现代物流的指导思想、总体思路和工作原则

（一）指导思想

紧紧围绕提前基本实现现代化的目标，坚持“政府引导，企业运作，市场导向，营造环境”的发展原则，按照现代物流理念，统筹规划，通过积极引进国际先进的物流管理经验和技术，加大物流组织形式的创新力度，整合现有的物流资源，加快传统物流向现代物流转变，实现物流的社会化、专业化、规模化、信息化，不断增强产业和环境的竞争力。

（二）总体思路

根据“以港兴市、以市促港”的发展战略，按照《宁波市国民经济和社会发展第十个五年计划和2010年远景目标纲要》的要求，紧紧抓住我国入世的有利时机，充分发挥港口优势，以国际物流为重点，积极采用先进的物流管理技术和装备，逐步建立起以港口为龙头的国际物流体系；以物流园区为依托、第三方物流为主体的物流配送、转运体系；以基础设施和信息平台为重点的物流支撑体系。力争通过10—15年的努力，把宁波市建设成为上海国际航运中心重要组成部分、长江三角洲的国际物流枢纽和浙江省的重要综合物流中心。

（三）工作原则

一是坚持政府推动，开放拉动，市场引导，企业运作的原则。在现代物流业的推动中，要发挥企业的主体作用，以市场为导向，通过外引内联，加快培育现代物流业的市场主体。政府的功能主要是创造好的环境，包括加快基础设施的建设，制定总体发展规划，制定相关的政策法规，引导服务等。二是坚持统筹规划，有序推进的原则。要按照“富规划、穷开发”的思路，有序地推进物流业发展的软硬环境建设。在硬件设施建设方面，要统筹规划，科学布局，着眼于现有资源的优化整合，避免低水平的重复建设。在软件建设方面，要注重先进物流技术和物流管理模式的推广和应用，加强管理的规范化和服务的标准化。三是坚持“不求所留、但求所流”的原则。一方面，要加快推进宁波市传统物流企业转型；另一方面要加快引进国内外知名物流大企业来宁波市设立分支机构或开展业务。这既可以尽快提升宁波市现代物流业发展的档次，也有助于增强全社会的现代物流理念，对宁波市传统物流业的转型起到良好的示范作用。四是坚持发挥比较优势、突出重点的原则。宁波市最大的资源是港口，发展现代物流业的潜力在港口，优势在港口，这是宁波市发展现代物流业的特色所在、希望所在。必须牢牢把握这一重点。同时，要大力培植第三方物流，注重区域物流中心的功能培育。

二、发展目标与区域布局

（一）发展目标

——至2005年，初步奠定现代物流系统的基础框架。基本消除交通瓶颈，形成时效性的运输通道，建立部分物流园区；形成若干个具有一定实力

与辐射能力的物流企业；初步确立区域核心港的地位。专业化、社会化的现代物流体系基本形成，物流成本占GDP的比重在现有基础上下降1—2个百分点，第三方物流占物流市场比重达到12%。

——至2010年，物流基础设施基本得到完善，物流园区建设粗具规模，功能进一步完善，物流成本占GDP的比重再下降2个百分点，达到或超过台湾地区、新加坡及香港地区目前的水平，第三方物流占物流市场的比重达到13.5%。港口的辐射功能进一步增强，初步形成浙江省的综合物流中心城市、长江三角洲南翼的国际物流中心枢纽。

——至2020年，宁波市物流系统得到更高层次上的发展，基本实现物流现代化。物畅其流、快捷准时、经济合理和用户满意的现代物流体系进一步确立，物流成本占GDP的比重进一步下降，接近目前英、美等发达国家的水平，第三方物流占物流市场的比重达到15%以上。以港口物流为中心的物流产业成为宁波市的引领产业。

（二）区域布局

依托北仑港区、保税区和开发区，设立国际货运枢纽型的北仑物流主园区；依托宁波老市区，设立以市域配送为基本功能的江东物流园区；依托镇海港区设立以国际货运枢纽型和时效性区域运送相结合的镇海物流园区；依托未来杭州湾大通道和慈溪、余姚、江北区域经济的发展，设立时效性区域配送和市域配送相结合的慈溪物流园区、庄桥物流园区；依托栎社机场和鄞州区经济的发展，设立时效性区域运送和市域配送型相结合的物流园区；依托“同三线”，设立时效性区域运送的宁海物流园区。

三、发展重点

（一）以港口为龙头，加快建设现代国际物流体系

1.加快港口的开发开放步伐。在搞好现有集装箱码头建设的基础上，适时推进穿山半岛、大榭岛、梅山岛和象山港深水岸线的开发建设，优化港口布局，增强港口的揽货体系，提高港口的吞吐能力。港口的开发建设要与对外开放结合起来，鼓励国外知名工商实业界、金融巨头和船公司参与港口的建设、经营和管理，以提高宁波港的国际竞争力。力争在2005年集装箱吞吐量达到300万TEU；2010年达到500万TEU。

2.进一步完善港口功能，提高港口的运作效率。要以上海作为港口经营管理的参照系，按照“成本不高于上海、效率不低于上海”作为港口物流的目标，完善功能，提高效率。宁波港首先应成为长江三角洲南翼的综合国际物流中心、商务中心、法律事务中心和后勤保障服务中心，既要在集装箱的国际中转、装卸、仓储等方面，搞好包装、加工分拨、仓储保管、货物挑选、配送等增值服务，提高港口的竞争能力；又要促使集装箱运输“升级换代”，引导船公司由单一的海上运输延伸到陆上运输的各个环节，满足货主越来越高的运输要求。与此同时，还要进一步搞好信息和网络技术的应用，对各种信息收集、发布、EDI的信息交换、其他管理软件的开发等，提升港口的物流管理水平。

3.大力开展多式联运。港口国际物流业的发展，有赖于以港口为中心的多式联运业的发展。这是实现港口国际物流业从传统的“港到港”向“门对门”服务的关键。要积极发展公路运输，建立安全、舒适、快捷、有序的客运系统，加快建设公路主枢纽场站，形成与宁波综合集疏运网络相适应、与港口物流业发展相配套的公路主枢纽系统，争取成为华东地区的集散中心，力争2005年公路货物运输量达到8811万吨以上。货物周转量达到57亿吨公里。提升现有铁路运输能力，积极推进铁路集装箱运输，到2005年铁路货物发送量争取达到892万吨以上。积极发展航空货运，实行港口、航空的联动发展；努力拓展航空货运代理服务的功和市域配送型相结合的石石契物流园区；依托“同三线”，设立时效性区域运送的宁海物流园区。

4.物流园区的建设要有序推进、分步骤展开，切实防止和避免物流园区建设中的重复布点、重复建设和一哄而上的现象。“十五”期间，重点要开发建设好北仑主物流园区和江东物流园区，构筑好时效性货运通道运输网络，建立起快速、准时、

多样化的配送道路体系，构筑好现代物流信息平台，形成进驻企业的规模。力争在“十五”末形成以北仑港区、保税区、开发区等为重点区域，以集装箱、液体化工产品、矿石等为特色的国际货运枢纽型物流园区。要高度重视和大力推进信息网络技术在宁波市特色产品生产经营中的运用，加强对特色产品供应链的管理与服务。同时，还要加强区域配送，形成涵盖整个宁波市域的物流配送体系，实现老三区内货物的1小时配送、其他各县市区当天配送的目标。

5.物流园区的建设要走市场化的路子。开发的主体是企业，要运用经济的手段，加紧培育第三方物流企业。第三方物流企业的培育要与宁波市特色专业市场的升级改造、特色工业园区的信息化推进、传统物流业的转轨变型、企业物流的内部剥离结合起来，努力在现有资源的系统整合上下功夫。鼓励内资企业和外资企业参与物流园区的建设和管理，形成优质、高效、便捷的配送、转运体系。政府各有关部门要搞好外围的基础设施建设，协调好各方面的利益关系，确保园区的正常运行。

（三）以基础设施和信息平台为重点，加快建设现代物流业的支撑体系

1.基础设施和道路建设在整个物流业的发展中起着支撑性的作用，要着力于构筑以港口为中心的交通集疏运网络和时效性货运通道运输网络，努力形成台州、温州及以远的往南方向物流走廊带；金华、衢州及以远的西南方向物流走廊带；绍兴、杭州及以远的西北方向物流走廊带；沿未来杭州湾跨海大桥的上海、苏南方向物流走廊带等4条内陆物流走廊带。

2.“十五”期间以开拓港口腹地、增强城市辐射功能为重点，加快港口集疏运网络建设，基本建成港口集装箱和大宗散货中转基地及集疏运骨架网络，基本形成长江三角洲地区南翼交通枢纽中心。

——港口。积极参与上海国际航运中心建设，加快宁波港的集装箱码头建设、原油码头和液体化工码头建设，使宁波港成为上海国际航运中心的深水外港、全国大宗散货物资主要中转基地。

——铁路。在全面完成萧甬铁路复线改造工程的基础上，积极推进甬台温铁路前期工作，争取“十五”开工建设。同时，积极推进东货场、陈华站等场站建设。

——公路。拓展对外干线通道。基本形成以宁波市区为中心的“一环五射”高速公路干线骨架网络。即：绕城高速公路（一环）；杭州湾跨海大桥及接线、杭甬高速公路、甬金高速公路、沿海国道主干线同三线宁波段、连接舟山半岛工程（五射）。

完善市域公路网络。加快建设沿海公路、高速公路连接线，全市全面形成1小时高速圈。

加快宁波公路主枢纽场站建设，基本形成“中心城–副中心城–中心镇（重点乡镇）”三级客货运输网络体系。使公路货运场站成为宁波市物流中心的组成部分。

——水运。加快建设杭甬运河宁波段干线航道改造工程，全线达到四级航道标准。

——民航。完成栎社机场二期扩建工程，达到“满足年旅客吞吐量380万人次，高峰小时1 700人，年货邮吞吐量4.67万吨”的目标。

3.发展宁波市现代物流业，必须以建立起基本的物流信息系统初步框架为目标，加快物流信息系统建设，搞好标准（通信标准与数据标准）的制定，以物流基本核心功能的实现为基础，注重企业的需求、企业的参与，以提供基础及共享信息为政府工作的基本出发点，以宁波市现有的物流信息项目为基础，注重新项目的技术含量。根据现代物流信息技术发展的现状及趋势，分步骤滚动开发。

——至2005年，争取实现物流信息系统的基本功能，消除物流信息系统瓶颈，建设物流信息系统的基础设施，建设部分物流业急需的行业管理信息系统，建设现场子系统，优先实现车辆与货物的跟踪服务，综合集成物流枢纽网络信息系统，以若干示范性工程，推动物流信息化建设。重点要搞好物流信息技术标准与信息共享协议编制工程、电子数据交换（EDI）改造工程，营运货运车辆管理系统、货运车辆紧急求援系统、物流枢纽信息化工程、海关报关清关系统、出入境检验检疫系统、综合物流信息中心一期工程、电子商务支撑平台工程、物流企业管理信息系统、商品综合信息系

统、行业系统改造工程等。

——至2010年,建设和完善其他行业管理系统,实现宁波市物流信息系统总体功能要求,重点是搞好综合物流信息中心二期工程,建立起业务交易系统、宏观决策支撑子系统、综合信息发布系统等,进一步增强海关报关清关系统和完善行业系统改造工程,建立起行业管理决策支持系统。

4.物流信息系统的建设标准化程度高,整合难度大,需要强化政府的宏观管理协调职能。必须由政府信息主管部门统一协调,负责物流相关部门信息系统建设协调、管理、技术标准制定及政府投资管理等职能,以避免多头建设,标准混乱的现象。

四、保障措施

(一)提高思想认识

现代物流业的推进,从根本上来看,取决于人们理念的更新和思想认识的提高。要通过开展培训班、研讨会及推介会等各种形式的物流宣传活动,努力形成全市上下协调一致的良好氛围。各级政府应把现代物流业看成为事关经济发展全局的大事来抓,充分认识到物流是提高整体经济发展水平的一个重要环节,现代物流业的发展是提高区域核心竞争力的重要途径。各工商企业应切实转变多年来形成的"大而全"、"小而全"的观念,根据经济效益和规模化原则,大力发展适应本企业特点与发展需要的物流系统,或者将本企业的物流需求分流给专业的物流企业来实现。支持、促进专业化物流企业的成长与发展。

(二)切实加强领导

市政府建立以分管计划工作的副市长为组长的市现代物流业发展领导小组,主要负责研究解决宁波市推进现代物流业发展中的重大问题,包括规划的审定和实施、政策支撑体系的研究和制定、重大物流项目的推进等。领导小组下设办公室,设在市计委,主要负责协调和综合管理工作。

(三)培育主体企业

要按照产业化、规模化的要求,加快培育和发展具有一定实力和竞争能力的物流企业。重点是发展一批第三方物流企业。

要按照分类指导的原则,确定不同行业物流主体培育的重点。工业企业重点是对内部的采购、运输、仓储、装卸、配送等环节进行优化整合,重组企业物流系统,实行一体化管理。同时,要通过优化企业物流管理,启动社会物流需求,加快现代物流业的形成;商贸企业重点是扩大代理配送的规模和范围,运用电子商务等现代经营方式与信息技术,努力实现代理配送网络化;运输企业重点是调整和重组运输资源,聚合物流服务功能,为社会提供规范化、系统化、专业化的物流服务。

社会化、专业化的第三方物流企业的出现,是社会化分工进一步细化的产物,代表了现代物流业发展的方向,必须悉心关注、精心培育。一是引进一批,对国外著名的物流企业、跨国经营集团来物流园区设立分支机构或开展业务,要在土地价格、水电费等方面予以优惠,在项目审批、登记注册方面要简化手续;二是转型一批,对现在从事于物流领域的交通运输和商贸企业,要按照现代物流的理念,优化整合现有的资源条件,使传统物流向现代物流转变;三是剥离培育一批,按照细化社会分工的要求,对适于进一步分工细化的企业内部物流要加快剥离。按照现代物流一体化治理结构的要求,对适于优化企业内部物流系统的工业企业要加快推进现代物流管理技术的运用。对剥离出来形成第三方物流的企业,其原来的运输设施、场地、人员可以按照《宁波市加快第三产业发展若干意见》的有关规定,享受优惠政策。对落户于物流园区的新办的独立核算现代物流企业,要在市场准入、工商登记、土地价格、税收政策等方面予以适当倾斜。

(四)规范市场行为

政府各级、各部门都要为共同促进现代物流业的发展创造一个良好的市场环境。要按照现代物流发展的特点和规律,打破地区封锁和行业垄断经营行为,加强对不正当行政干预和不规范经营行为的制约,营造公平、公正、公开的市场环境,使各类物流企业能够平等地进入市场,在竞争中优胜劣汰。政府有关部门要转变职能,强化服务意识，积极帮助解决物流企业在跨地区经营中遇到的工商登记、办理执照、统一纳税、城市配送、交通管制、进出口货物查验通关等方面的困难，逐步建立起与国际接轨的物流服务与管理体系。

（五）加强人才培养

高素质人才是现代物流发展的关键因素。针对宁波市目前物流专业人才匮乏、管理水平较低的突出问题，要采取各种形式加速人力资源的开发和培养。通过长期培养与短期培训，学校培养与在职培训等多种方式，培养和造就一批熟悉物流业务，具有跨学科综合能力的物流管理人员和专业技术人员。物流企业要与研究咨询机构、大专院校进行资本与技术的融合，走产、学、研相结合的路子。物流研究咨询机构、大专院校和社会团体组织应面向市场和企业的实际需求，切实做好有关咨询、研究、培训、服务等项工作。

（供稿：宁波市发展计划委员会经贸处）

合肥市

一、合肥发展物流业得天独厚

从目前看，合肥已粗具发展现代物流业的基础条件。安徽省目前已有公路总里程 4 万多公里，其中高等级公路数千公里；铁路有过境的京沪、京九、陇海、皖赣、合九、宣杭等十几条线路，公路密度居华东各省市前列；水运有长江、淮河两条主河道及几十条可供航运的内河道；空运有合肥、黄山、阜阳、安庆、芜湖等民用机场和几十条省内外航线。作为省会的合肥市，正处于我国承东启西的地理位置，且本身的公、铁路运输和空运、水运条件都不错，还可以就近联合芜湖、蚌埠、六安、安庆等中心城市，形成庞大的物流基地，具备了完全有希望成为我国中部地区最大的物流中心的基础。

具体来说，合肥发展物流业优势在东部以新站区为中心的区域，这里大部分土地介于一、二环之间，紧靠火车站、省客运总站、旅游汽车站。优越的地理位置和交通条件，极宜于物流的通畅。而且，该地属新开发地段，土地资源丰富，可发展成较大规模的物流集散地。随着高标准的铜陵路、临泉路、站前路、凤阳路、全椒路等交通要道的修通，这种优势会进一步彰显出来。现区域内已有一大批专业批发集散市场相继建成开业，如安徽大市场、中州家具市场、建材市场群、瑶海家具城、长江批发市场、红旗建材城等，以及即将落户该地的几个国际知名的大超市、连锁店，市场辐射范围已覆盖到全省及江、浙、鲁、豫、鄂等周边省份，形成大量的人流、物流、信息流和资金流。尤其是 1997 年交付使用的安徽大市场，总建筑面积 20 万平方米，占地 250 亩，已发展为国家级大型专业批发市场，华东地区规模较大的批发市场之一，基本形成了“以家电为龙头，塑铝百货、书刊批发为两翼，文体百货为重点，针纺服装鞋类为补充”的市场格局，呈现出“大出大进”的商品聚散之势。

正由于这些大型批发市场的建成开业，带来了越来越密集的人流、物流、资金流、信息流，使新站区从一个不毛之地发展成合肥乃至全省最重要的大物流园区。物流业的发展激活了新站区，带动了新站区的发展。合肥有着丰富的劳动力资源和便利的交通条件，还将建设成国内外重要的制造和加工业基地。而庞大的制造和加工业基地离不开发达的物流业。因此，合肥市应抢抓机遇，加快提升物流业整体水平，增强合肥的区域竞争力和吸引力，争取更多的市场空间和发展空间，以形成合肥大都市圈的强大的推动力。

二、合肥物流业“瓶颈”问题亟待解决

合肥目前尽管已初步形成了以安徽大市场为龙头的新站试验区物流中心的格局，但也出现了一些亟待解决的问题。

随着合肥到南京、上海高速公路的连接，安徽省东南部几个县市实际上已被无形“分割”，成为苏、浙、沪都市圈的一部分；合肥至武汉高速即将贯通，安徽省西南部周边县市也将面临被“切”的可能；另外，周边省份如赣、鄂、豫等都在加快中心城市发展，安徽省缺乏具备较强辐射力的大城市，合肥就经济实力而言还只能算是个中等城市，面对物流业市场的激烈竞争，目前还缺少应对措施。

规模在物流中心发展上起决定性作用。这就需要一大批颇有实力和规模的物流企业或市场集散地作为支撑，尤其是起龙头作用的主体企业(和市场)，才能推动商品市场从低级向高级发展，从传统业态向现代业态迈进，从区域性市场向跨地区扩张。但从合肥目前情况看，无论从物流企业规模，还是市场集散地规模都太小，很难担负起物流业发展“旗舰”的重任。

在现代物流市场竞争的形势下，国际上涌现出许多新的商务形式。以电子商务为核心的连锁经营、大型超市、物流配送等新型业态已成为现代物流业发展的新趋势。但合肥物流业的经营业态却相对落后，产业升级缓慢。安徽大市场在建立之初，主要是面对农村市场，进行单纯的实物交易，固守传统的“单打一”的“坐商”方式，这一带其他市场也差不多如此。这种低档次的物流业态已越来越不适应物流业的发展，也影响了主体企业自身的进一步壮大。

在业务运作过程中，物流业具有环节众多、信息量大的特点，而且信息的动态特性和实时特性较为突出，应依赖信息系统与有形市场的结合，增强有形市场的集散能力，拓展发展空间。但是，合肥物流业信息化工程建设严重滞后，信息的定时发布和交流不够快捷、及时和全面，区域内的市场和大小商品集散地各自为政，致使信息获得成本过高且不能共享。

另外，以合肥新站区为中心的物流区，市场布局不理想，市场内部规划不协调，尽管市场的规模建设在省内领先，但交通、物流、仓储、配送、商办楼等配套设施的建设仍显滞后，设施的综合利用率不高。

合肥经济技术开发区目前有五六十家大型企业，年产值160亿元以上。但开发区内却没有一家现代化的专业物流公司，企业的物流工作大都由企业自行组织，既增加了成本，又降低了效率。合肥康健物流工业园的建设，将解决相关企业的物流配送问题。

三、加快合肥大物流园区建设

短短几年，合肥东部的新站区由一片不毛之地，发展成今天的现代商贸中心，成为合肥乃至全省重要的商品集散地，由此引来了一批批投资者，有的已发展成为新站区的龙头企业。因此，只有进一步解放思想、真抓实干，优化投资环境，大力招商引资，以诚意和诚信吸引国内外的投资商，才能实现引资和投资者的“双赢”。

合肥物流业要有更大作为，就必须迅速扩大规模和提升档次。合肥新站区通过几年的开发，虽然具备了一定的物流规模，但与现代化物流中心相比，还有一定的距离。未来的合肥大物流园区应该是跨区域性的，不仅向省内辐射，而且要发挥合肥承东启西的区位优势，辐射到周边省份，使合肥成为东西部物流中转站，成为我国中部地区规模较大的物流中心。目前，合肥商品集散市场还只是低层次的批发市场，商品档次较低，成本较高，经营方式传统。因此，提升物流的档次，根据用户的要求对物品进行储存、加工、包装、分割、组配等，并按时送达指定地点，满足各种零售商和批发商的需要，是当务之急。

还要加快物流信息化工程建设，利用数字化手段进行信息传输。尽快搭建物流信息平台，使物流企业与制造商、供应商、用户及相关单位联结起来，实现资源共享，信息共用，并对物流各环节进行实时跟踪，有效控制物流全过程；大力发展电子商务业务，利用互联网发展网上批发、购物、配送市场等。

对未来的市场建设，应以高标准、远规划并考虑物流的通畅；对市场外的建设，应加强道路拓

宽、改建,改善交通状况。随着市场的进一步发展和产业升级,在物流中心区域内,建大型商务区、高档商居楼、办公楼,以满足商家的需要。合肥康健物流工业园在合肥经济技术开发区动工兴建,该物流园占地15公顷、总投资1.2亿元。该物流工业园建成后,将成为安徽省功能最全、规模最大的现代物流中心。

四、合肥“出炉”现代物流业发展规划

由安徽省发展计划委员会组织、国家计委综合运输研究所承担完成的《合肥市现代物流业发展规划研究》暨《合肥现代物流园可行性研究报告》通过国内、省市有关专家评审论证。与会专家一致认为其立意准确,内容系统完整,具有较强的科学性和可操作性,为合肥市发展现代物流业确定了明确的指导思想和发展方向。专家们还提出要以合肥现代物流园区的建设为核心,带动合肥现代物流业发展和现代物流体系的建立。这两个课题通过评审,对进一步发展合肥物流业,促进其整体经济水平提高具有重要意义。

合肥物流需求较大,但高质量、全方位的物流服务欠缺。为改变这种状况,合肥市“出炉”现代物流业发展规划研究,准备用大约3年时间,在新站开发区初步建成一个占地95万平方米、物流量300万吨的“现代物流园区”(2010年为680万吨,190万平方米;2015年为1300万吨,330万平方米),总投资规模预计为27.42亿元。目前,新站开发区已具备了建设物流园的基础条件:依托合肥城市主干道,连接合芜、合宁、合徐高速公路,以及312、206国道的对外公路通道,并位于以铁路淮南线、皖赣线、合九线和即将建成的宁西线构成的路网中心。该物流园将发挥此地区的区位和交通优势,利用目前区内已建成的各类市政综合管线170余公里,邮政、供电、供水、供热、有线电视网络、供气等生产生活设施,吸引、协助物流企业入驻,形成集物流、商流、信息流、资金流为一体,具有较强吸纳和辐射功能的现代综合物流园区。

2002年,《合肥市现代物流业发展规划》完成基础研究工作,将进入政府文件制定与审批程序。该规划的主要内容如下:

(一)发展定位

一是发展模式定位。现代物流是市场经济模式下的先进管理方式,而我国市场经济体制还处于发展完善阶段,向市场经济转轨变型还需要一定的历史过程,加之现代物流产业涉及的部门多,综合性强,因此,在现代物流业的发展中,政府部门对的影响还是很大的,建议合肥市在加快现代物流业发展中,按照“政府主导、企业运作”进行发展模式定位。二是发展地位与方向定位。合肥市是安徽省重要的经济中心城市,也是处于华东与华中地区过渡地带的重要枢纽城市。鉴于现代物流在推动中心城市经济发展中的地位和作用,充分考虑合肥市的地理区位特征和实施“GDP千亿”经济发展战略的要求,按照全国骨干物流网络系统建设的需要,合肥市在发展现代物流的过程中,应按照“中心城市现代物流体系”的发展地位与方向定位。

(二)发展思路

考虑到与合肥市经济发展计划的对接,按照“十五”后3年和“十一五”两个阶段制定合肥市现代物流业发展规划的总体设想,为有步骤、系统地提高合肥市物流产业的整体规模与水平,合肥市应按照“建立顺畅的现代物流业组织管理体系、建设网络化和高水平的基础设施体系、构建服务业态齐全和经营管理水平较高的物流企业体系”三大支撑现代物流产业发展的基础结构系统的总体发展思路,加快现代物流业的发展。

(三)发展重点及应采取的相关措施

包括:改善现代物流业的组织与管理、完善现代物流业发展的政策与法规、加快物流企业的发展、建设示范性物流基础设施、加快物流市场培育和加快推进物流信息化建设等6个方面。

(四)物流基础设施建设与布局

合肥物流基础设施体系由以下4个层次构成,且系统规划构想如下:一是建设一处现代化大规模的物流园区,二是建设3个物流中心,三是建设若干个城市配送中心,四是构建四大物流运输通道。

(供稿:中国物流与采购联合会)

福建省

2002年福建物流业在省委、省政府的领导和重视下,在省经贸委的直接组织、协调以及相关部门的支持与配合下,经过一年多的不懈努力,福建物流有了长足的发展。沿海的厦门、福州、泉州已逐步成为物流企业的聚集地,并向内陆延伸,物流业已在八闽大地蓬勃发展。随着物流理念越来越被人们所理解、所接受,物流产生的社会效应和经济效益日趋凸现,各级政府加强对物流业的领导和组织,福建物流企业将会得到更新、更快的发展,物流业将会不断成长壮大。

一、福建物流发展现状

2002年福建物流业发展基本还处于起步状态,经济发展比较发达的沿海及福州、厦门等市,物流业率先启动,并已有一定规模。但总体看,物流执行主体仍以供货方和工商企业自身为主,即使是第三方物流企业,所提供的服务范围和功能仍以运输、仓储等基本物流业务为主。生产企业和商业企业的外包物流主要还集中在市内配送、单纯仓储和干线运输。综观福建物流发展现状,主要有以下几个特点:1.福建省有关部门和地市已开始重视现代物流工作;2.沿海地市率先开展现代物流工作;3.流通物流业迅速发展;4.国内外物流公司落户福建,带动福建省物流业发展;5.大型物流公司构筑福建省物流业基本框架;6.福建省从事物流业的技术人员匮乏。

二、2002年福建物流工作的开展

2002年福建物流在省经贸委的直接组织和协调下做了大量细致而富有成效的工作,产生了积极的影响。

(一)对福建省现代物流业发展现状进行调研

福建省现代物流起步晚、基础薄,为了摸清家底,省经贸委组织专题调研从3月份开始分三个阶段进行。第一阶段主要任务是收集资料,拟定调研提纲,分析福建发展现代物流的思路,确定课题切入点和研究方法;第二阶段实地调研;第三阶段为综合编写,其间多次召开会议对调研重点内容、初稿进行了评析和提出修改意见。目前已完成《福建省现代物流发展现状调研报告》。报告对福建省现代物流业发展现状、发展物流产业的优势和薄弱环节作了充分分析,对福建省发展现代物流的目标定位、指导思想、发展阶段、发展重点以及政策措施提出若干建议,为制定福建省物流发展规划提供参考。

(二)组织编制福建省公共物流信息平台发展规划

为整合现有物流信息资源,避免重复建设;降低物流服务成本,提供多样化物流服务,改善投资环境;推动政府相关职能部门间协同工作机制的建立和全省物流信息标准化建设;推动物流企业信息化进程,增强其国际竞争力,省经贸委组织有关单位编写《福建省公共物流信息平台规划报告》,为今后编制全省现代物流规划奠定基础。

(三)编制《福建省对台物流发展专题规划》

福建与台湾隔海相望,是两岸关系的前哨,得天独厚的区位优势是任何省份无法替代的。充分发挥福建省的地域和区位优势,建立国内台商进出物资的区域性集散、拆箱、分拨中心,发挥福建省对台"桥头堡"作用,发展对台物流成为重要工作之一。为此,福建省经贸委组织专门编制了《福建省对台物流发展规划》。

三、福建物流发展存在问题

福建省物流业发展刚刚起步，与发达省市相比，现代物流业发展相对滞后，发展差距正逐步扩大，存在诸多问题亟待解决。

（一）对发展现代物流认识不足，观念落后

地方政府对现代物流重视不够，对发展现代物流业重要性认识不足。物流需求有待进一步启动的同时物流服务的供给需加强。工商企业“大而全、小而全”现象仍然存在，将物流业务外包给专业物流公司的企业不够普遍；能提供全方位、高质量、具备增值服务的第三方物流公司罕有。

（二）通关存在若干亟须解决的问题

福建作为对外依存度较高的省份，港口通关速度是影响物流畅通的重要因素。当前通关反映较为强烈的问题有：业务岗位新手多工作效率低。特别周末难过关；部门单位协调难，通关过程繁琐。福州口岸至今未建立联检楼，办事地点分散。

（三）基础设施建设缺乏统一规划和协调

由于受我国长期计划经济“体制病”的影响，组成物流系统的各个主要领域处于分立且经常互斥的局面。缺乏对物流技术和物流平台技术的系统开发。物流技术水平还处于较低的、分散的、没有经过整合的状态。

（四）高层次物流人才匮乏

福建物流人才紧缺。物流人才的培养缺乏直接的高教渠道，只能通过相关专业人才的再教育或者在职教育层次上进行第二次开发。现有的物流人才基本不具备现代运营管理、先进的货物跟踪和通讯技术、财务结算与海关现代化以及现代物流产业法规等方面的专业能力。

（五）运力和仓储缺乏有效的整合

2001年福建省有货运车辆达 110 574 辆，总吨位为 318 378 吨，因车辆空驶，白白浪费车辆 40 912 辆，117 800 吨。漳州糖酒副食品供应站现有高质量的仓库 8 座，总面积 14 000 平方米，有铁路专用线相连，至今白白空闲。而漳州另一家超市为了建配送仓库，又另外征集大块良田，这种情况全省其他地方也不同程度存在。

（六）缺乏统一的发展物流产业政策法规

规划和建设物流枢纽需要强大的政策基础作为保障，目前虽已出台“福建省人民政府关于大力推进流通现代化的意见”，对现代流通业在政策上予以各种优惠，但还缺少发展整个现代物流业的产业政策法规。工商企业、地市主管部门及第三方物流企业都强烈反映和迫切要求制定与现代物流业发展相适应的有关税收、土地、准入等政策法规。

四、加快发展现代物流的若干建议

21 世纪，物流产业将发展成为国民经济发展的动脉和基础产业，对全球经济体系产生革命性影响。政府应把发展现代物流业作为新世纪经济新的增长点，作为经济工作中的大事，采取有力的政策措施，引导和促进现代物流产业超常规、跨越式发展。

（一）制定政策法规，促进物流发展

物流作为新兴产业、国民经济的重要组成部分，需要政府职能部门加大政策扶持力度。国家经贸委要协调中央有关部门，尽快制定出台扶持现代物流发展的产业政策法规，地方各级政府根据本省的具体情况，制定实施细则与办法，改善物流产业的投资环境，促进现代物流发展。

（二）大力推进物流信息标准化建设

当前，物流信息的标准化问题已成为物流业发展的瓶颈，需要政府的大力推进。政府要把物流信息的标准化、规范化工作当作一项长远的重要战略任务来抓，并加强区域物流信息标准化工作的研究、监督与推广。

（三）制定通关办法，提高通关速度

海关商检部门在促进物流业的发展中有着十分重要的作用，各地口岸查验部门要从促进现代物流发展的大局出发，积极探索快速通关的新方式、新办法，提高通关速度，支持物流企业发展。

（四）继续推动多式联运，促进现代物流发展

要加强铁路、公路、水路和航空的协调与合作，进一步开展多式联运，提高运输效率、降低物流成本，促进现代物流发展。

（撰稿：福建省经济贸易委员会
谢品善　李岩葵　张金铸）

厦门市

一、物流发展依托的城市环境

作为五个经济特区之一的计划单列市厦门市，地处东南沿海，面积 1 565 平方公里，常住人口 214 万人，风景秀丽、四季如春，是一个海湾型港口风景城市，2002 年被命名为"国际花园城市"。厦门市依托闽南三角地区，背靠八闽大地，辐射浙赣粤部分地区，面向台湾、金门，遥望东南亚，有史以来就是中国东南沿海的重要交通口岸，以厦门为中心日益形成三个经济圈：福建西南部厦、漳、泉、龙岩、三明五地市组成的经济圈；闽西南、粤东的汕潮等、江西的赣州等三省 17 地市组成的经济圈；以厦门为中心点北到上海南至广州，面对台湾的大金三角经济圈，在发展物流产业上具有得天独厚的区位优势。2002 年市委、市政府提出建设海湾型生态城市战略，并实施了全市发展战略转移，2010 年将厦门建成现代化国际性港口风景城市，并成为我国东南沿海的中心城市。

二、经济基础概况

20 年来全市经济一直保持较快增长，平均年增长 18%以上，2002 年实现国内生产总值 648.33 亿元，人均 GDP 超过了 5 800 美元，形成电子信息、化工、机械三大支柱产业。厦门已建成海港、空港为枢纽的铁路、公路、海运、空运相连接的综合运输体系，综合运输网络的布局和运输能力已粗具规模。厦门港是我国东南沿海天然深水良港，5 万吨轮船不受潮位限制可随时出入，15 万吨船舶可候潮进出，是全国七个主枢纽港之一。现有生产性泊位 86 个，其中万吨级以上深水泊位 24 个，可靠泊第六代集装箱船和 7 万吨级以上豪华客轮；已与世界 300 多个港口建立了业务联系，世界前 20 大班轮公司都在厦门设有分支机构或代理机构；2002 年完成港口集装箱吞吐量 175.44 万 TEU（居全国第七位），货物吞吐量 2 734.54 万吨；自 1997 年开通台湾高雄集装箱试点直航以来，已完成 145.58 万 TEU。

厦门航空港拥有 4E 级高崎国际机场，可同时停靠 43 架大中型飞机，是全国第六大机场；并设有航空工业区，拥有数家飞机维修、改装、另部件生产企业和亚太地区最大的机库。目前已有 31 家国内外航空公司开辟了 99 条国内航线和 16 条国际、地区航线，2002 年完成货邮吞吐量 13.92 万吨（全国第八），旅客吞吐量 420.98 万人次（全国第十）。

公路运输网在厦门已成为衔接港口、铁路、民航的重要纽带，是交通部确定的 47 个公路主枢纽之一，区内高速公路、高等级公路与国道相连接可北达上海、北京，南至昆明，西至成都等各大中城市。2002 年公路总里程 1 459 公里，公路密度 93 公里/百万平方公里，完成货运量 1 437.64 万吨。

厦门的铁路由鹰厦线经浙赣线、温福线、福厦线、厦潮线及梅坎、广梅汕铁路与全国铁路网连接，通达全国各地，厦门段货运能力达 1 000 万吨。厦门段内铁路通达东渡、海沧、杏林、高崎港口作业区，福厦城际快速铁路将于 2003 年底动工。目前已开通固定客运列车 12 对，货车 30 余组。2002 年厦门铁路完成货物到发量 745.9 万吨，旅客到发量 549.39 万人次。

三、物流业发展状况

近年来，厦门市委、市政府很重视现代化物流业的发展，2001 年底成立了市发展现代物流产业协调小组，并在市交通委员会设立协调小组办公室（与市交通委物流与行业协调处合署办公），完成了《厦门市现代物流产业发展规划前期调研报告》课题。2002 年组织完成了《厦门市物流业发展规划》的编制、评审，并完成了物流公共信息平台第一期海港 EDI、空港 EDI 的建设。物流市场逐步发育形成，出现了许多物流企业：一是国内外进驻厦门市的物流企业如中远物流、中海物流、速传物流，柏灵顿物流、大通物流、马士基等。二是由运输、仓储和货代企业转型的物流企业，如建发物流、港务物流等。三是企业物流职能剥离产生的专业物流配送公司，如邮政物流、医药物流、工程机械配送中心、国际快件中心、菲利浦亚太物流供应配送中心等。

厦门物流市场最突出的代表是象屿保税物流的发展。象屿保税区一期 0.6 平方公里，拥有 1 公里长深水岸线，已建成 5 个万吨级泊位。保税区采用港区联动模式，大力发展以保税为特征的第三方物流，2002 年保税区一线进出口总额超过 15 亿美元，其中来自国际物流的贡献达 11.3 亿美元，占 75%，在全国保税区发展现代物流业中具有显著特色。目前，保税区第二期的建设和象屿保税区扩大成厦门保税区的规划正在加紧进行。

厦门市确立重点建设东渡—象屿—航空港、海沧、杏林、浏五店四大物流园区和若干个生产资料、商贸批发配送中心，把物流产业列为第三产业的支柱产业，以物流业、旅游业为龙头大力发展流量经济。30 余家《财富》500 强企业及大批跨国公司在厦门投资办企业，如柯达、戴尔、松下、沃尔玛、麦德龙等，给厦门的物流业发展带来强大的需求和动力。如戴尔计算机 60%以上的原材料经物流公司配送。厦门有着强大的人文、交通基础设施和高度发达的信息、金融服务平台，加上其特有的区位优势和政策环境，2010 年成为我国东南沿海航运物流中心的目标一定会实现。

（供稿：厦门市发展计划委员会物流办）

山东省

山东省物流业刚刚起步，一批依托原有传统运输、仓储和商业进行改造和重组的高起点、现代化的物流配送中心正在形成和建设，第三方物流也崭露头角。当前，把握全球经济一体化和全国经济快速发展的良好机遇，尽快提升物流业在省内的经济地位，把物流业作为支柱产业进行培植，必将对山东省国民经济发展起到积极的促进作用。

一、持续快速发展的国民经济和良好的基础设施条件，为发展物流业提供了基本保障

（一）国民经济发展取得较大成绩，经济总量位居全国前列

2002 年全省国内生产总值首次突破万亿元大关，实现 10 552.06 亿元，位居全国第三，按可比价格计算，比上年增长 11.6%，这标志着山东省综合经济实力跃升到新的台阶。第一产业实现增加值 1 390.00 亿元，增长 2.5%；第二产业实现增加值 5 309.54 亿元，增长 14.8%；第三产业实现增加值 3 852.52 亿元，增长 10.6%。三次产业结构由上年 14.4:49.3:36.3 变化为 13.2:50.3:36.5，第一产业比重下降了 1.2 个百分点，第二、三产业比重分别上升了 1.0 和 0.2 个百分点。人均国内生产总值 11 643 元(按现价汇率折算为 1 407 美元)，按可比价格计算，比上年增长 11.0 %。

（二）交通基础设施日趋完善

2002 年末全省铁路通车里程 2 709 公里，公路通车里程 74 029 公里，其中高速公路通车里程 2 411 公里，比上年末增加 344 公里。省会济南市到 16 个市实现了高速直达，当日往返，所有乡镇

都通上了等级柏油路。年货物运输量9.7亿吨,其中公路货物运输量9.2亿吨、水路货物运输量4 116万吨、省地方铁路全年发送货物927.0万吨;航空货邮量11.2万吨;年货物周转量2 132亿吨公里,其中公路货物周转量477亿吨公里,水路货物周转量1 655亿吨公里;沿海港口货物吞吐量2.2亿吨,货物发送1.6亿吨,货物周转量1 165.5亿吨公里。地方铁路建设中,大(家洼)莱(州)龙(口)线已完成全线铺轨。

(三)邮电通信业快速增长

2002年全省完成邮电业务总量315.2亿元,比上年增长21.6%,其中,电信业务总量283.6亿元,增长23.2%;邮政业务总量31.6亿元,增长8.9%。年末长途电路14.5万路,长途自动交换机容量50.9万路端。年末固定电话用户达到1 786.9万户,移动电话用户1 112.7万户,电话普及率达到32部/百人,互联网用户279.3万户。

二、政府重视,政策保障,促进山东省物流业迅速发展

省政府于2002年下半年下发了《关于加快全省现代物流发展的意见》(鲁政办发[2002]56号),《意见》提出了现代物流发展的指导思想、目标、任务和8项政策措施,提出山东省加快发展现代物流工作总方针,强调要打破行业、部门和区域三个界限;充分发挥交通优势、资源优势、地理位置优势和工作基础优势等4个优势;把工作重点放在工业企业、交通运输企业、商贸流通业和中心城市4个方面。有条件的工业企业要逐步将原材料、产成品及商品销售等环节剥离出来,组建物流企业,降低经营成本,提高经济效益;交通运输、仓储商贸等传统产业要通过重组改造,提高管理水平,向现代物流企业发展;在布局上,要重点在中心城市借助海港、空港、公路和铁路枢纽,依托现代物流企业,建设多个现代化物流园区,用3–5年的时间凸现物流业在国民经济中的重要地位。由于政府积极引导,出台了一系列政策措施,山东省物流业出现了较好的发展势头。

三、企业为本,市场运作,物流业发展初见成效

(一)企业物流初见端倪,管理模式呈现多样化

物流是企业增加效益和提高竞争力的“第三利润源”,这一理念已逐步为一些企业所接受。部分企业在引进物流管理的同时,对物流管理模式也进行了多方面的探索。如被中国物流与采购联合会授予的第一家“中国物流示范基地”的海尔集团,近年来,把企业物流摆在企业核心竞争力的位置,将集团的采购、仓储、配送和运输等物流活动统一集中管理,成立了物流推进本部,创建了“一流三网”同步模式(即定单信息流、全球供应网络、全球配送网络、计算机管理网络),“一流三网”同步,提高了对市场的快速反应能力和市场竞争力。三联商社于2001年成立了物流中心,在连锁体系内进行了卓有成效的物流改革,目前三联物流已经形成一个中央配送中心(B–B)提供主干线物流服务、50个配送点(B–C)提供最后一个公里物流服务系统,利用三联的“虚业信息流”和“实业供需链”,以“虚”带“实”,构造了三联供需链物流管理模式。潍坊发电厂的“物资超市”、青岛啤酒的“销售物流系统再造”、淄博东大化工的“物流成本核算”、时风集团的“三个零”(资金零沉淀、运输零距离、产品零库存)等管理模式,对其他企业开展物流管理起到了示范带动作用。目前,全省136家重点企业集团大部分都实施了物流管理,其中济南市列入全省重点企业名单的11户企业,全部开展了现代物流管理工作。据2002年底对56家企业统计,通过抓物流管理,两项资金占用、流动资金周转速度均好于全省平均水平;产生直接经济效益8亿多元,两项资金占用减少了3亿元。

(二)第三方物流快速发展,专业化、规模化水平不断提高

济南盖家沟物流中心二期工程已完成七通一平的基础建设,现已有180多家运输公司、货物代理公司、物流公司进场开展业务,海尔、厦华、美的、海信、澳柯玛等企业的仓储中心在此落户,盖家沟物流中心现已成为全省货物集疏、分拨中心。潍坊市钢联

金属材料有限公司积极整合现有6万多平方米的仓储设施以及车辆、铁路专用线、大型吊装设备等物流资源，面向社会开展专业化物流服务。山东交通物流公司、龙口胜道物流公司、滨州联运公司、淄博鸿运物流有限公司等企业将物流业务融工商企业的供应链中，为用户提供运输、仓储、包装、配送一条龙服务。鲁能帆茂物流公司、海尔物流公司在为本行业、本企业搞好服务的同时，积极开展第三方物流业务，取得了显著的效果。省邮政公司发挥品牌优势，积极拓展物流服务市场，全年全省邮政物流业务收入达3 000多万元，比上年增长50%。

（三）物流技术推广步伐加快，提高了企业物流现代化水平

一些物流企业投资建设了物流管理信息系统，并借助大专院校、科研单位的力量，联合开发ERP（企业资源管理）、MRPⅡ（制造资源计划）、MRP（物料需求计划）等软件，使供应、生产、销售各环节衔接更加紧密，实现了JIT（准时制）生产、JIT采购、JIT配送。通过物流技术的推广和开发，物流企业现代化水平上了一个新的台阶。

（四）加大了对物流项目的资金投入，提高物流企业的技术装备水平

一方面，积极争取国家对我省物流企业的资金扶持。2002年国家将物流基础设施改造项目列入国债贴息计划，省纺织配件总公司物流配送项目被列入国家第8批国债贴息计划，总投资3 500万元。该项目的实施，将对全省纺织企业的纺机配件进行集中配送，逐步剥离企业的采购、运输、仓储等业务，降低物流成本。另一方面，各地加大了对物流设施的投入。济南市自筹资金建设了盖家沟物流中心项目，一期工程总投资1.2亿元，占地500亩，建设仓储设施12万平方米，货运服务场地4万平方米，该项目现已建成，运转良好；中储股份青岛物流中心在青岛开发区建成运作，总投资4 000万元，建成现代化立体库房11 000平方米、高标准集装箱堆场50 000平方米，安装了先进的计算机管理系统，为企业提供一流的物流服务；莱阳市投资1 000万元建成了山东省东部地区第一个县级物流中心。投资的增加，促使物流企业的规模迅速扩大，技术装备得到加强，具备了为企业提供现代化物流服务的前提条件。

（五）突出规划引路，加快了物流园区建设

物流园区是物流产业的孵化器。一方面，通过物流园区建设拉动其他产业的发展，进而起到培育物流市场的作用；另一方面，通过物流园区吸引第三方物流企业、物流设备生产企业、物流软件开发企业、物流咨询服务企业、物流金融服务企业进住园区，相互促进，相互支持，共同发展。按照省里的统一部署，各市和部分重点企业将物流园区的规划和建设摆在重要位置，如济南市重点规划建设四大物流园区：西部物流园区、西北部物流园区、北部物流园区、东部物流园区。烟台市物流园区规划中提出，在2005年以前建成占地11万平方米，包含货物集散、货物中转、配送、流通加工、商品检验、信息服务等10大功能，面向国内各大、中城市，辐射东北亚的工业化、数字化的物流园区。潍坊市钢联金属材料有限公司计划利用3年的时间，投资8 000万元，建成占地400亩的潍坊钢联物流园区，目前该项目正在建设中。项目建成后年销售钢材达到60万吨，年钢材剪切加工达到40万吨，年实现销售收入16亿元，年配送额达到20亿元。

四、物流业发展面临的主要问题

现代物流业在山东省属于起步阶段，在认识、管理体制、政策、技术水平等方面存在很大差距，物流业还难以同发达省区和国际物流企业竞争。

（一）认识不够透彻

不少部门和企业仍习惯于传统的经营方式，对物流的认识还仅限于原始意义上的运输和仓储，在观念上还没有接受社会化物流服务这一现代物流理念。

（二）管理不够规范

现代物流的特点是系统化组织物流各环节，实行跨区域的一体化运作，与之相适应的是运输、仓储等各部门的一体化管理。目前，山东省缺乏统一的管理结构对物流业进行统一的规划、管理和协调，现行管理体制、运行机制不能满足物流业发展的需要。主要表现在物流管理部门还在延续着

旧的管理模式，条块分割，割裂了物流各环节之间的有机联系，造成大量物流资源的闲置和浪费；部门间、企业间、区域间缺乏协作，不利于现代物流的整体协同发展。

（三）政策支持力度不够

因物流管理体制不顺，物流系统的建设受制于多个环节主管部门的多头管理，各管理部门都在按现行政策规定进行审批，如外贸业务需外经贸部门审批，运输业务需交通部门审批，环节过多，使企业疲于应付；现行税收政策也不利于物流的发展和存量资源的整合，分阶段征税与物流的一体化运作相矛盾，加大了物流企业的运行成本，影响了物流企业整合存量资源的积极性。

（四）专业人才匮乏

物流是一个人才和技术密集型的行业，物流企业的竞争实质上是人才的竞争。省物流行业普遍缺乏适应现代物流及整个供应链过程的高素质专业人才，引进培养的任务相当繁重。

五、推进物流业发展的总体思路和对策措施

（一）总体思路

围绕建设现代化物流业的发展目标，充分发挥海、陆、空和口岸等综合资源优势，强化交通枢纽的集散辐射功能，完善基础设施、信息网络和商贸流通三大物流平台，整合现有物流资源，大力发展第三方物流，加速培育物流园区，推动山东现代物流业快速稳步发展。

（二）对策措施

现代物流是原材料、产成品及相关信息从起点至终点有效流动的全过程，是一个涉及运输、仓储、加工、配送、信息等多行业的综合性产业，是一项系统工程。由于全省物流总体发展规划滞后，各地和各物流企业在现代物流业发展方向、指导思想和具体实施等方面，缺乏沟通和协调，物流体系的内在联系被人为地分割，导致对内和对外物流的分离，造成了物流设施的重复建设和物流资源的浪费，因此，编制全省物流业发展规划已成为当务之急。

1.整合物流资源，培育专业化物流主体。发挥铁路、公路、港口等区位优势，在存量物流资源整合过程中，实施市场化的重组调整。通过整合，达到优势互补、资源共享，既避免了重复建设，又推动物流企业形成规模化经营，降低运营成本。

2.改造传统储运企业，加快发展第三方物流。进一步提高现有设施的利用率，加大改组、改造力度，按照市场经济规律，促进传统的运输、仓储、港口、批发等企业加快向第三方物流转变；另外，其他有条件的传统商业也要加快向第三方物流转变的步伐，盘活现有资产，发挥资源优势，拓宽经营领域，为现代物流业的发展做出新的贡献。

3.强化物流技术标准化体系建设。参照国际、国内已有技术标准，制定物流网络系统内以物流信息分类编码和信息化、标准化、智能化为主要内容的物流技术标准化体系，通过托盘化率、条形码、EDI、GPS、GIS等先进处理手段，应用于阶段目标的制定和推行，有效整合物流网络结点，确保物流信息平台在统一、高效、有序的环境下运行。

4.加强连锁企业内部物流配送体系建设。大中型连锁企业要围绕加工、仓储、包装、运输、信息传递等关键环节，构筑物流基础平台，提高智能化、自动化、信息化水平，在满足企业自身需求的基础上，积极开展对中小企业的配送服务，扩大对外配送比重。

5.加强物流人才的培养，提高物流企业管理水平。一是鼓励物流企业引进高层次的具有国际水平的物流专家；二是引导物流企业参加各种形式的培训班、研讨班；三是组织物流企业的管理人员到国外和物流发达省区、企业学习、取经；四是充分利用高等院校的优势，采取委托培养的形式，培养专业物流人才。通过各种形式、各种渠道，造就一批高素质的物流人才队伍，加强和充实物流业的管理，以满足山东省现代物流业发展的需要。

（撰稿：山东省发展计划委员会
王慧文 张勇 方德东）

淄博市

2002年11月份，山东省淄博市政府在推进物流现代化的会议上，确定了以突出现代物流、连锁经营、现代批发市场和电子商务为重点，构建新的现代流通业框架体系，加快建设“物流大市”的现代化物流发展规划，并在淄博市选择了淄博交运、淄博联进国际货运、齐鲁储运、中邮物流、鸿运物流、万杰物流等6家物流企业进行重点扶持，以加快培育发展大型物流企业。

淄博市政府从市场准入、税收、基础设施建设、用电、产权改造和企业减负方面对6家重点扶持的物流企业给予了6项优惠政策，其具体内容如下：

1.进一步放宽市场准入。支持连锁经营企业经营专营、专卖商品。直营连锁企业办理经营资格审批，由企业总部到企业注册登记机关所在地的有关部门统一办理。各分店持总部的批准文件或证、照复印件，在所在地工商行政管理机关办理登记注册。除国家另有规定的特殊商品外，允许连锁经营企业总部统一采购、跨地区配送各类商品。交通管理部门对连锁企业配送车辆的运营要给予支持，对配送鲜活商品的车辆要开辟“绿色通道”。

2.统一申报缴纳增值税。经财政、国税部门批准，实行统一核算的淄博市直营连销经营企业由总部向所在地主管税务机关统一申报缴纳增值税。

3.对流通现代化基础设施建设给予支持。被列入淄博市重点扶持对象的大型连锁经营、物流配送企业和批发市场的基础建设项目，将分别纳入基本建设和技术改造项目范围，由金融部门给予重点贷款扶持。对重点企业的物流配送中心和企业信息化建设等，有关部门要积极争取将其列入国债贴息项目。

流通企业建设信息管理系统和物流配送中心、经营生鲜熟食商品等技术改造项目所需进口设备享受免征关税、进口环节增值税政策；所需国产设备，享受国产设备投资抵免所得税政策。

对流通企业管理和信息化等关键技术的研究开发，经科技主管部门批准，可分别纳入省、市重点科技攻关项目范围。

给予用地政策支持。对列入市重点扶持的大型物流配送企业新增用地，按仓储用地实行有偿使用。企业以原划拨土地为条件引进资金和设备建设物流配关中心的，按评估价的40%缴纳土地出让金后，可将土地使用权作为法人资产作价出资。企业以原划拨土地自行改造为物流配送中心，凡未涉及产权变更、转让的，可以租赁方式或按评估价的40%缴纳土地出让金取得土地使用权。企业对旧仓库设施进行易地新建物流配送中心的，原划拨土地由政府收回进行招标拍卖，所得收入按规定扣除政府土地收益和有关税费后，其余部分用于新建物流配送中心。

4.合理确定用电价格。对流通企业使用的大型冷藏、冷冻和各类大型生产加工设备以及列入淄博市重点扶持的大型连锁经营、物流配送企业和现代批发市场用电，按当地工业用电标准收取电费。具体实施办法由淄博市物价局和电业局会同有关部门研究制定。

5.支持企业进行产权改造。鼓励大型流通企业加快股份制改造步伐，符合条件的，要积极推荐上市或发行债券。支持大型流通企业集团与国际著名连锁经营、物流企业以及其他企业合资、合作，引进资金和现代流通技术。在国有流通企业改组过程中，企业法人代表、经营管理层和企业员工购买产(股)权资金不足的，经银行等债务权人同意，可用承担企业债务方式购买国有产(股)权。

6.切实减轻企业负担。各有关部门对流通企业的各种检查要严格依法办事，严禁重复检查和不合理收费。对经营规范的连锁经营企业统一配送的商品(食品类除外)，有关部门在确保监管有力的前提下，对其商品质量、卫生防疫等方面的检查，原则上只在配送中心进行。对列入淄博市重点扶持对象的连锁经营、物流配送企业的连锁、配送收入部分，给予免缴3年河道管理费的优惠。

(供稿：中国物流与采购联合会)

烟台市

烟台市是全国45个公路主枢纽城市之一，作为环渤海湾全国首批开放城市，有着地理和经济环境以及公、铁、水、航运输和口岸等综合优势，烟台市委、市政府把"建设现代化国际性港口城市，努力把烟台建设成为全省区域性中心，环渤海经济圈的骨干城市，连接华东与东北及日本、韩国的交通枢纽城市"作为十年发展战略目标，烟台市第十三届人民代表大会通过的"烟台市国民经济十五发展规划"将发展物流业纳入"十五"规划。从1999年开始，烟台市人民政府结合公路主枢纽建设和烟台市的区位优势条件，编制了《烟台市物流产业发展规划》并于2001年11月通过评审。

一、烟台市发展物流产业的条件

(一)独特的交通地理位置在国内、国际物流中有重大战略价值

烟台地处山东半岛东部，濒临黄海，与日本、韩国隔海相望，渤海湾黄金水道沟通了华东、东北两大地域，是连接华北地区与华东、华南、中原内陆、东北地区的交通要道。至2010年，烟大铁路轮渡、蓝烟铁路复线、德龙烟铁路的全面贯通，烟台将由原来山东半岛的交通终点站转变为国内重要的交通枢纽城市。国家"五纵、七横"的最长公路大通道"同三"高速建成，使烟台成为重要的陆路枢纽和沟通海内外经贸的桥头堡和重要集散中转地。独特的交通地理位置使烟台在地缘上有着其他地区无可比拟的交通战略优势和重大经济价值。

(二)地区经济的稳步增长显现了物流发展的巨大潜力

烟台市经济指标在全国一直处于领先地位，在国家统计局公布的全国各大中城市国民生产总值的排列中名列第18位。2000年全市实现国民生产总值880亿元，比上年增长10.1%，比全国平均水平高2.1个百分点，比1995年增长66.1%。全市工业企业年销售额在500万元以上的企业的总产量超过580亿元人民币，进出口总额达28.9亿美元，实际利用外资累计达47.3亿美元，其中投资千万美元以上的大型项目203个，高新技术项目近200个，30多家世界著名的大商社和跨国公司相继在烟台投资，已初步形成了高层次、宽领域的外向型开方格局。烟台市作为我国北方水果、水产、畜牧、蔬菜等农副产品重要生产、加工和出口基地与国际、国内有着广泛联系，商业企业每年市外购入约在人民币137亿元以上。国际、国内贸易的快速增强，对原材料供应和产品销售在时间上、质量上提出较高的要求，给发展物流产业提供了成熟的外部环境和巨大的市场潜力。

(三)优良的基础设施是物流产业快速起步、长效发展的强力支撑

烟台市交通基础设施条件优越，为全国投资硬环境优越城市之一。"九五"期末，全市公路里程达5 743公里，其中：高速公路176公里，1、2级公路2 560公里，全市公路网络发达，贯通各县市区的乡镇、村落，"同三"高速、206国道、烟青一级

公路直达全国各地，其通车里程、公路密度和质量，均列居山东省第一位。烟台铁路是胶东半岛乃至中国重要的海陆运输大陆桥之一。烟台空港在全国152个空港中排第34位，莱山机场达到4d级标准，被国务院正式批准为国际空港。全市有大中港口9个，其中有4个一类对外开放港口，万吨级以上泊位22个，港口吞吐量达2 700万吨，烟台港是中国10大港口之一，是北方地区的天然中转港，货轮与世界70多个国家和地区的100多个港口通航.烟台通讯设施先进，在全国名排前列，烟台卫星地面站，连接9个长途终端城市，市话普及率60%，99.8%的行政村通上电话，90%的企业拥有自己的网站、网页。

目前，烟台市政府正在进一步增强和完善以港口为龙头，以铁路、海运为骨干，铁路、公路、海运、民航等多种方式组成的立体综合运输体系，全力构筑烟台物流的最佳基础条件。

（四）空白的物流产业是抢占市场的最佳商机

由于企业机制、工业技术和经济发展水平等因素制约，烟台市在传统工、商企业中尚未形成对物流合理化利用的外部条件，主要因素是：

(1) 多年的计划经济体制形成的企业“大而全”、“小而全”的生产模式，企业满足于自给自足的经营格局。

(2)企业过多地承担社会责任，使企业在效益与社会责任上难以果断抉择。

(3)物流意识、物流技术尚未被社会各界所认识和掌握，特别未引起政府、企业决策管理者的重视。

(4)专业运输、联运、仓储企业的经营方式、战略转变反应迟缓。

物流服务正在起步，全市真正意义上的物流企业尚无一家，这种情况，正是进军烟台物流市场的最佳机遇。

（五）众多的外商、外资企业呼唤物流服务是加快物流产业发展的有利条件

烟台是我国北方经济比较发达的地区之一，自1984年实行进一步对外开放以来，现已同美国、加拿大、日本、法国、德国、韩国、香港、澳门、台湾等近60个国家和地区开展了国际上通行的各种经济技术合作。截至1999年底，全市成交利用外资项目5 455个，合同外资额69.6亿美元，实际利用外资47.3亿美元。兴办外商投资企业4 333家。随着经济全球化的深入，烟台的外资企业对物流服务的需求要求越来越强烈，不少外商把是否有物流服务作为向烟台地区投资的先决条件，企业呼唤物流服务，市场需求物流服务。

（六）加入WTO后，我国开放道路运输市场，将有更多外资企业来我国从事货物运输和物流服务

随着关税的逐步减免，国外商品将大量涌入国内市场，产生巨大的运输需求，形成稳定、持续增长的货运需求；外商投资企业进入中国市场更为便利，使外商投资企业的数量和为生产、经营而产生的运输需求急剧增加，外商为了便于从事与其贸易有关的商品的分销活动，从某种意义上是外商对我国的道路货物运输服务能力和质量缺乏信心，由他们已经建立起自己的物流服务系统或国外大的物流服务企业会进入我国市场，将先进技术、经营管理模式和雄厚资金带入我国市场，这对促进我国物流业的发展带来机遇。

二、烟台现代物流业发展战略规划

烟台市人民政府针对烟台市的发展基础与背景，根据经济全球化的趋势和烟台特定的区位优势对烟台现代城市物流系统作出规划。该规划中指出政府主要在现代物流业发展中承担“搭台”的任务，也就是为现代物流业的发展创造一个良好的软、硬环境，在硬件方面主要是技术保障体系。它包括物流基础设施和物流信息平台的规划建设，它们对于整个现代物流业的发展起到一个硬件支撑的作用。而软件主要是一个政策保障体系，包括现有物流资源的整合、良好的投资环境、营运环境和促进物流业发展的政策。物流企业则在现代物流业发展中承担“唱戏”的主角，物流企业的发展成败直接决定烟台物流业战略目标的实现。

（一）规划依据

《关于加快我国现代物流发展的若干意见》

《烟台市公路主枢纽总体布局规划》

《烟台市国民经济十五规划》

《烟台城市总体规划》

《中华人民共和国标准·城市道路交通规划设计规范》(gb50220-95)

《城市规划设计手册》

（二）设计年度

设计初期:2001-2005

设计远期:2005-2010

（三）基本原则

1.整体设计。规划基于烟台城市总体规划,充分考虑烟台与周边地区的相互影响,各产业间的互动效应,打破行政区划、行业差别,对烟台物流产业进行整体规划。优化整合现有资源,发挥整体优势,采用统一发展的模式,以利于生产、方便生活、优化交通、改善环境,满足城市经济发展的需要。

2.适度超前。规划综合考虑近期、中期和远期发展的需要,立足现实,放眼长远,坚持以发展为主线,比较世界先进水平,适度超前于生产力发展水平。近期以烟台市产业结构调整,城市规划的落实以及制造业和流通业的发展对物流发展的要求为目标,分阶段实施,远期以发达城市物流规模和标准为目标。

3.协调发展。主要协调好物流产业与其他产业之间的关系,协调好物流产业与自然环境的关系、协调好物流产业内部的关系,使不同行业、业态、规模的设施互补互利,协调发展。

4.分布合理。物流园区、配载中心、配送中心等在地域、规模、行业等方面的分布要满足烟台经济发展的需要和城市总体规划的要求。

5.资源整合。充分利用现有存量资源,避免新一轮的重复建设。

（四）指导思想与发展目标及模式

1.指导思想。以港口商贸为依托,充分发挥海、陆、空、铁交通和口岸等资源综合优势,强化交通枢纽的集散辐射功能,构筑物流信息平台,培育物流产业主体,整合现有物流资源,创建现代物流系统,带动其他产业的发展。

2.规划目标。利用10年时间,通过烟台市物流产业规划的实施,使城市经济与社会发展格局在空间上功能更加明确,使85%以上的中外合资企业、外商独资企业,实现物流业务与生产、经营销售分离,75%以上的商业企业实现采购、运输、仓储与经营销售分离,60%以上的工业企业实现现代物流管理。形成具有烟台特色的现代物流三大系统,即:整合各行业资源并实现行业资源共享的物流信息网络系统、以工业企业、商贸流通、城市消费为服务重点的城市物流配送系统、第三方物流服务系统,促进烟台经济腾飞。

3.发展模式。政府引导、市场运作、统一管理、协调发展。

（五）烟台物流产业发展的硬件环境

建立一个平台、形成一个园区、一个配载中心、一个配送中心、一个集装箱中转站和一批区域物流结点。即:“六个一”工程。

1.一个平台。建立以烟台市海关、税务、商业、贸易、金融、制造、商检、邮政等领域的综合管理信息系统。以产品生产、运输、储存、销售等环节的信息流为基础,建立统一的具有增值服务功能的网络信息平台及电子商务平台,实现各种信息收集、处理、发布、共享以及资金结算、商品交易等功能的电子化、网络化信息平台。避免各个企业或部门各自为政、重复建设、实现信息系统的和谐运转,提高实用性,加快信息处理速度。

2.一个园区。在烟台经济技术开发区,同三高速公路与206国道交叉处建设占地1.2公顷的物流园区。通过物流园区的建设吸引第三方物流企业、运输企业、联运企业、物流设备生产企业、物流软件开发企业、物流咨询服务、海关、商检、金融服务等机构入驻,提供以贸易、生产加工为重点的物流服务。以此拉动其他产业的发展。

3.一个配载中心。在烟台市南出口,环城高速公路杜家疃立交桥附近建设一个配载中心。配载中心业务基于地区经济,辐射全国。以运营规范的大型有形货运交易市场为主,为烟台市区内生产企业提供第三方物流服务。

4.一个配送中心。在市区与开发区交界处建设配送中心。在现有珠玑货运站的基础上,将周边商业、外贸、供销、木材、合成革等众多仓储资源以及铁路专用线进行资源重组，共同组成珠玑配送中心。为市区商业批发零售，提供配送、仓储服务。

5.一个集装箱中转站。在烟台港集装箱码头腹地，位于临港产业区规划范围内，建设大型集装箱中转站。以提高港口功能，增强港口集疏运能力，发展集装箱远洋运输以及点对点的烟大铁路轮渡运输、中韩铁路轮渡运输，形成以烟台港为龙头，客、货、轮渡兼备，内外贸结合，功能互补，连接国内外各个地区的枢纽城市，切实带动烟台经济发展，落实“以港兴市”发展战略。

6.一批区域性物流结点。在县域经济发达，毗邻港口、铁路的龙口、莱州、莱阳、蓬莱、招远、牟平等县市区建设区域物流结点，与物流园区、物流中心协同发展，相互促进，为当地农、工、商业创造良好的流通环境。

（六）烟台市物流产业发展的软件环境

1. 形成发展物流产业的组织管理保障体系。现代物流是一项跨行业、跨部门、跨地区的系统工程，在我国刚刚起步，只有得到政府指导和推动，才能健康发展。需政府牵头并确定主管部门，对物流规划的实施，物流市场的准入、退出实施行业管理，对烟台物流业发展进行统一领导和管理，以增强政府对物流发展的统筹规划和协调运作能力。成立市物流产业发展协调指导委员会由主管市长牵头，有关部门参加，研究确定物流产业相关政策，协调物流发展有关问题。确定物流管理主管部门具体实施监督管理。

2.制定物流产业的激励政策。市政府在权限内制定促进物流业发展的政策，包括：土地使用政策、财税政策、产业调控和引导政策、物流业招商引导政策、环保政策等。

3.整合资源，避免重复建设。对存量物流资源进行整合，打破行业所有，原分散于各行业的仓储、联运、运输等物流基础设施应严格按规划执行，避免重复建设，新建物流设施应集中在物流规划范围内。

（1）在规划的物流结点方圆 10 公里内不可再建物流园区、物流中心。

（2）公路外环内不可再建物流基础设施。

（3）市区内不可新设立各级配载站点，现有的配载站点要转移至规划的物流结点内。

（4）除规划保留整合的现有仓储设施加以利用外，市区内现有仓储设施应逐步退出仓储功能，政府对退出仓储功能的企业给予鼓励城市开发的政策。

4.优化生产、流通过程，启动企业物流需求

实行主辅分离。工业企业要寻求生产工序的合理化、经济化，逐步将原材料采购、运输、仓储和产成品加工、整理、配送等物流业务进行分离，商业流通企业要将采购、运输、仓储与经营销售分离，将物流业务委托给专业的物流服务企业，实行工位、商位直达配送。追求原材料、产成品零库存，减少资金占用。工商企业今后原则不在新上仓储、大型货车等物流设施设备，充分利用市场资源为企业服务。

5.鼓励外商进入物流市场。我国加入 WTO，将逐步减少外商参入运输市场的限制，加之我们物流刚刚起步。所以，应鼓励世界著名物流企业以多种方式在物流技术、管理模式、服务体系、信息管理、人才培养等方面与烟台展开合作。

6.深化港口改革扩展物流服务功能。修订完善规范市场、营造公平有序竞争环境的有关政策，结合港口体制改革，有计划有步骤地引导、鼓励多种经济成分参与口岸物流业的开发，提高口岸服务水平，增强港口辐射力，把烟台港建设成为一个综合型、多功能、现代化的枢纽港，发挥物流中转基地作用。

7.推进企业物流改革试点工作。积极引导企业全面推行现代物流管理，选择大型生产企业作为物流试点单位，以此来带动其他企业的跟进，带动生产部门、流通部门的流通改革。

8.改造传统储运企业，发展第三方物流。政策引导传统储运企业向物流服务转变，对传统储运企业入驻物流园区，可根据其规模不同给予不同程度的政策优惠。

9.鼓励发展流通行业协会。进驻物流园区的物流企业成立行业协会，通过协会拟定行规行约，规范行为，维护行业秩序，树立行业声誉，协调行业利益，沟通政企联系，提供有关信息，开展人员

培训,加强自律管理,并协助行政管理机构进行宏观管理。

10.加快物流人才的培养,提高物流管理和经营水平。提高对发展物流产业的认识,对物流发展至关重要。首先在政府管理机构、企业决策层、管理层要有一批对物流发展研究深、看的准、勇于开拓的高素质管理人才;其次,通过多种渠道培养一批掌握现代物流技术、懂物流经营管理的专业人才。

(撰稿: 烟台市交通局　杜福堂　林乐绪)

河南省

一、河南省物流业现状及存在问题

因为物流业的发达程度直接依赖于工业特别是制造业的水平,而河南是一个以传统农业为主的中部大省,物流业的发展进程明显落后于沿海发达省份。但是我们也应该看到,河南省也具备发展物流业的得天独厚的地理优势及其他必备条件。

(一)地理条件优越

河南地处全国的经济地理腹地,承东西,联南北,是全国各经济区交流、联合的中枢之地。京广、京九、陇海、焦枝等铁路干线纵横交错,新开通的中国连云港到荷兰鹿特丹港的亚欧大陆桥横穿全省,四通八达的运输交通为河南省发展物流业提供了宝贵的设施资源基础;同时,河南省处在连接东部沿海发达地区和西北部经济开发地区过渡的中间地带,可以想象,河南省物流业的发展在带动河南省经济发展的同时,对西部大开发以及今后西部物流网络的建设也必将起到促进和衔接作用。

(二)基础设施建设方面来看

1997-2001 年全省集中精力建设了一批基础设施项目,高速公路通车总里程跃居全国第 6 位;铁路方面几次提速,加快了物流配送周转速度;此外,总投资 1884 万元、占地 6.67 公顷的新乡物流港已于 2001 年破土动工;2002 年 7 月 9 日,总投资 5 000 万元、占地 5.336 公顷的郑州东区长通物流平台奠基;近日,全国最大的物流配送中心在郑州管城区五里堡村开工兴建,这标志着郑州市将成为全国物流配送的重要通道。

(三)仓储群储存能力强大

以郑州为例,遍及郑州全市的 400 万平方米的仓库可同时储存 200 多万吨货物;以货运中心、公路局仓库、05 号仓库等为主的货栈街仓储群,以及以省行政区附近商业储运、盐业仓库为依托的仓储群储存能力都很强大;这些现有的资源无疑为河南省的物流发展打下了坚实的基础。

(四) 物流信息网络建成高起点公众信息平台

河南省运输局投资 400 多万元建设的效率高、功能全、覆盖全省运政系统的河南运政综合信息网,已经实现了全省 17 个地市的信息联网;此外,投资 500 万元建成的郑州公路主枢纽信息中心也已全面投入运营,该中心利用开放式的网络结构,建立了一个面向广大车主、货主、和中介服务机构的信息共享平台;总之,河南省目前已基本建成了以宽带信息网络,互联网交换中心为主的高起点公众信息平台。

(五)市场体系建设完善

河南省区位优势明显,商贸流通业有一定的基础和优势。以郑州为例,其商贸流通业已经形成了一定规模,贸易市场 1 000 多个,年商品零售总额已达 400 亿元;近年来,河南省在发展和完善各种专业批发市场的同时，积极推进连锁经营、物流配送、品牌专卖、电子商务等新的流通方式；目前，郑州市出现了思达连锁超市、双汇专卖店以及各种形式的品牌专卖店，且双汇专卖店目前已达155家，预计年底可达360家；同时，世界著名的大型仓储式商店普尔斯马特、诺玛特已相继进入郑州，在全国享有盛誉的北京华联连锁商场也在去年以亮丽的姿态进驻郑州。可以这样说，郑州作为欧亚大陆桥上的一个重要经济中心城市，其在全国市场大格局中的重要地位正日益显现，商贸城作用的发挥也升到了一个新的水平。

（六）外省市的物流合资公司或民营企业

这些企业大多来自经济发达地区，在河南的实物资产规模虽小，但依靠先进的物流经营理念、信息技术和管理人才，掌握着物流的源头，物流控制能力与过程管理水平较高，因此，社会资源整合能力强，市场拓展迅速，如广东美的集团投资的安得物流公司已在郑州建立了数万平方米的仓储配送基地。虽以美的电器业务为主，但通过与销售网络的结合、自有业务支撑及信息化的低成本优势，具有很强的承接社会物流业务的能力，发展潜力不可小觑。

（七）传统的国有商业、物资、交通、外贸、粮食等行业的仓储运输企业

其共同特点是拥有一定的资产、设施和客户群，但都面临着市场转型、结构调整、减员增效、生存环境差、人才流失等较大的现实压力。这些企业中不少属于单点仓库，网络不健全，仅靠仓储收入维持。虽然部分企业有发展现代综合物流业务的愿望，但普遍实力有限，社会整合能力低，方向不明确，无发展后劲。以郑州市二里岗货栈街为例，几十家仓储、运输企业，有不少因道路改造、交通管制使业务遭受重创，企业感到搬迁无地方、无资金，发展前途渺茫。目前，只有河南省商业储运公司于上半年成立了河南省商储物流有限公司，开始了现代物流经营的改革，更多的企业还是在等待观望。

（八）本省的民营储运企业

这些企业在河南市场上经营运输或仓储业务多年，市场应变能力强，前期已积累了一定的资金、经验和客户，全省货运线路覆盖率不断提高，有的已走向省外。如业务开展较好的长通货运、最慧快运、创新快运等。但普遍面临的关键问题是，如何在新的物流环境下，进行二次创业，改革传统经营模式，加强管理，制定有效的物流战略，实现网络化、信息化的升级。

（九）一些生产、分销企业的物流机构

如生产企业的物流部或储运部，商业连锁企业的配送中心等，与社会物流联系紧密。虽然它们主要以服务自己的企业为主，但随着厂商对物流的重视，物流集中化管理趋势明显，有的内部物流部门逐渐成为物流子公司，甚至有的逐渐向第三方物流企业转变，成为物流业的一支生力军。海尔集团在河南就租用了郑州商业储运公司的仓库，建立了海尔物流河南配送中心。

现代物流业务并非游离传统业务而出现的，它是以传统仓储、运输业务为基础，利用先进的理念和技术，对由此延伸的分拨、流通加工、配送、包装、信息、订单处理等综合功能加以整合与提升，以提供一体化、个性化的服务和为客户创造价值为目标，在实践中不断创新的业务。现阶段，很少有哪个企业能满足所有这些要求。因此，在河南物流市场上，企业之间的竞争与合作也是交织并存的。

上述各类物流从业企业，有的业务之间具有互补性，具有合作的余地，如仓储企业、运输企业及货运代理企业之间；有的业务冲突，竞争就相对比较激烈，如长通与邮政；有的隶属不同行业，跨行业、跨部门的合作受到观念与体制束缚；外省驻豫不少物流公司属于无资产型运作模式，因此与本省物流企业之间的合作比较多。

除了物流相关企业外，还有一些具有服务性质的公共物流平台，如郑州公路主枢纽信息中心能够提供客、货车辆运力信息发布，客源、仓储、理货、装卸搬运、包装和物流信息咨询交易等系列服务，成为一个面向广大车主、货主、乘客和中介服务机构的开放式信息平台。规划建设的洛阳中原物流中心、部分外省市正规划或在建的物流园区

也都有这些基本功能。

二、河南物流业起步阶段存在的问题与解决对策

我国加入 WTO 所对外承诺开放的一个重要领域就是物流服务业。因此,地处中原的河南将成为实力雄厚、技术先进、具有全球网络的跨国物流公司在中国布点扩张、向内陆延伸的必争之地。河南物流业面临的更大的竞争对手和潜在威胁是那些跨国物流巨头。河南目前虽然具备发展现代物流业的有利条件,已经起步,但与全国许多省市相比,发展迟缓,没有形成应有的气候。

(一)观念滞后,人才缺乏

发展现代物流,首先要理解现代物流的思想与涵义。河南及全国很多地方政府主管部门与企业领导对物流的认识不到位,就连许多从事物流服务的企业自己也说不清。由于思路模糊,心里没底,导致政府或企业的不做为。

先进的经营理念需要专业的人才去实践。物流人才奇缺、缺乏人才储备是河南物流乃至中国物流发展的一个尖锐的矛盾。目前,全国仅有 10 多所高校培养以本科层次为主的高级物流管理人才,河南仅有郑州工程学院工商管理系下设有正式的物流管理本科专业,每年的毕业生能留在河南工作的微乎其微,而且,物流正规学历教育周期长,无法满足当前物流发展的迫切需要,这是一个严重的问题。

鉴于物流的跨行业、跨部门和跨地区特点,河南省应成立一个具有权威性的领导协调机构,将政府各有关部门、行业中介组织、专家学者、企业联系起来,建立现代物流工作重点企业联系制度。选择一些物流基础工作较好的生产、流通企业和物流企业重点联系,调查、研究、总结发展中的新情况,及时报道,便于各级政府及相关行业部门掌握物流动态。

召开具有广泛参与度的河南省现代物流发展座谈会,加大媒体的宣传力度。同时,分期分批的组织有关政府官员和企业领导进行现代物流方面的强化学习培训、参观考察。然后,再有针对性地进行各层次的物流教育培训。

建立“河南物流网”网站,宣传报道河南物流事业,普及物流理论知识,使之成为一个对外联系、沟通、学习的重要窗口。因为河南目前通过互联网宣传物流基本上是空白,而本省物流企业要么实力有限,要么行业性强,前期每个企业都在网上建立自己的主页不现实,也没必要。如果政府能在这方面有所作为,建立一个公共物流平台,将对推动河南物流发展,让外省市认识河南物流,了解河南物流具有重要意义,对重塑河南形象也大有裨益。

(二)先天性的条块分割,使得河南物流资源总量虽大,但过于分散粗放

现代物流业不同于传统仓储运输业的一个重要特点是它的系统化、集成化思想。由于河南诸多物流基础资源都分散在铁路、公路、航空等相关行业,且涉及多头管理,协调性差,彼此只注重自身的物流设施与线路建设,各自规划自己的物流中心,对综合性的物流结点重视不够,造成资源浪费,重复建设,规模经济性低。即使在同一行业内的物流从业企业,由于具体的上级管理部门、所在城市不同,也使得各家企业单纯从自身利益考虑,缺乏应有的合作。

目前,河南的交通、铁路、外贸、物资、商业系统的仓储、运输、联运等物流从业企业普遍存在小(经营规模小、市场份额小)、少(服务功能少、高素质人才少)、散(货源不稳定且结构单一、网络分散)、乱(市场混乱、缺乏规范、无序竞争)、弱(竞争能力弱、融资能力弱)、差(设施陈旧、体制不顺、机制僵化)、低(物流认识程度低、信息化水平低、员工消极)等问题。

要解决此问题,需要各相关行业能抓住物流业发展的大好时机,从战略高度,对本行业的物流资源进行有效整合,充分利用各自的品牌,做大做强,否则,只能被各个击破。该方面问题,其实也为跨行业、跨部门的兼并重组、联盟合作提供了一次良机。河南省应通过物流业的重组洗牌,加大改革力度,从中培育一些大型物流集团,使河南省物流业整体水平提升。

（三）政府缺乏长期统一的物流规划，初期引起支持措施不够

城市的现代化必须建立在物流现代化的基础上。而物流业发展的起步阶段，政府的引导、规划和政策扶持的作用是突出的，如广东、山东、北京、天津、深圳、武汉等省市，都在现代物流发展方面进行了科学的论证与规划。郑州市现正在做现代物流发展的第二规划，但河南省目前还没有进行物流规划，只是河南省经贸委在2001年转发了国家六部委的《关于加快我国现代物流发展的若干意见》，并在前期进行了河南省企业物流的现状调查，组织了个别部门与企业的参观学习。

河南非常需要一个协调统一、分工合理、贯通全省、辐射全国、网络完善、以郑州为核心的区域物流体系和物流圈的建立。

（四）生产、流通企业物流落后，对社会化物流服务需求不足，物流供求比例失衡

其实，现代物流的发展包括两大方面，一方面是微观物流的发展，也就是物流服务的需求方，即生产、流通企业的物流管理与技术水平的提高和物流服务的提供方，即社会化、专业化第三方物流企业的成长；另一方面是宏观物流的发展，即社会公共物流基础设施、技术的改善与提高。由于过去的大而全、小而全，许多物流活动很难短期内从工业、流通企业中等微观经营主体中分离出来，加上物流业本身的不成熟，造成短期内物流相关企业争相涉足物流市场，却导致供求过剩，竞争过度，进入物流发展的误区，也使人们对现代物流的意义产生误解和怀疑。

（五）大力发展第三方物流，推进河南省工商领域由企业物流向社会物流的转变

社会化、专业化的第三方物流企业的出现，是社会化分工和现代物流发展的方向，第三方物流企业要充分发挥其专业化、规模化的优势，建立信息管理系统，将物流服务与工商企业的生产和营销紧密融合，强化服务意识，完善服务功能，真正具备为用户优化物流管理提供策划设计、组织运筹和实际操作等综合服务的能力。

（六）要公平有序竞争，打价格战只能导致企业垮台

河南省很多物流企业大部分的运营路线、发车时间、收费标准几乎一致，在业务上不能优势互补，为了维持一定的利润，这些物流企业只能搞超重超速的多拉快跑，只能在简陋条件下储存货物，结果商品的储运质量和安全性又出了问题。在打价格战，降低服务质量上做文章是肯定没有出路的、更是没有竞争力的，大批物流企业的垮台只是时间问题。

（七）培育物流龙头企业

现在别说是河南省，就是在全国，像中远集团、迪辰集团这样有实力的企业也是屈指可数，没有足够的规模，足够的资金，就一无能力购买，二无需求使用大型设备（新型机车、大型汽车、特种专用车、自动化立体仓库、高层货架、自动分拣和检测设备等）。现在大多数仓储企业仍然采用人工拣选，查找靠记忆，分拣靠直觉，大大制约了业务能力的提高。

因此，为了促进河南物流业的平衡发展，就不能只考虑物流业的发展问题，同时还必须兼顾企业物流，加快企业物流改革，转变观念，实施业务流程再造，注重培育核心竞争力，树立专业分工意识和诚信意识，逐渐增加物流外包率，提高物流社会化程度。

总之，在河南现代物流业的发展进程中，相关各方都应找准自己的定位。政府的主要作用在于推动，企业的主要作用在于运作，中介机构的作用在于协调，形成互补、互动，产、学、研、官、商相结合，才能真正利于河南物流业持续、快速、健康地发展，缩短与经济发达地区的差距，促进河南经济的增长。

（供稿：河南省发展计划委员会市场处）

郑州市

物流业在发达国家已形成一个全新的产业并逐步成为经济发展的加速器，在我国则处于起步阶段。郑州作为国家区域性中心城市其区位、交通、仓储优势日益凸出，发展现代物流业具有扎实的基础和广阔的市场前景。为此，郑州市委、市政府审时度势，将现代物流业作为郑州市经济发展的重要支柱之一，从政策上和资金上全力推动，通过培育完善的物流市场体系，整合物流资源、信息资源，改善交通状况，建设高效、高服务品质的物流中心与运输配送体系，提升郑州市物流产业整体竞争力，进而建设成为我国中部地区重要的物流中心。

一、郑州市物流业2002年发展现状及问题

郑州市作为一个现代化商贸城，发展现代物流业具有得天独厚的条件。改革开放以来，随着郑州商贸城的建设，郑州市的物流业也有了一定的发展，但从总体上说尚处于传统物流向现代物流的过渡阶段，存在着与现代经济发展要求不相适应的问题。为此郑州市2002年在发展现代服务业过程中以制定规划为先导，以积极培育、加强引导为重点，促使传统物流业逐步走上规范化、现代化。

1.制订全市物流发展总体规划。郑州市委托中国物流与采购联合会组织专家，从2002年三月开始着手郑州市现代物流业发展规划。经反复论证，目前此项规划已完成并通过专家评审，下一步要做好规划的组织实施工作。

2.对现有分散于供销、物资、交通的物流资源、物流企业，用市场经济的办法进行整合，赋予新的物流经营理念，提高社会化、组织化程度，逐步形成一批具有现代化经营能力的如河南长通物流公司等规范的物流企业。主要在于现有仓储企业的物流技术及设施水平参差不齐，总体水平落后。物流公司的功能单一，服务项目和经营范围狭小，缺乏物流服务的延伸，经营状况普遍较差。

3.以商业企业为重点，推进思达、丹尼斯、通利家电等物流配送中心做大做强，建立完善的物流信息系统，有计划地逐步实现现代物流业的智能化、网络化、标准化。

4.重点推进郑州现代物流园区及物流信息平台的建设，吸引国内外物流企业的进驻，使郑州能在全国的供应链条中位居关键环节。

二、郑州市2003年物流业发展的指导思想和战略目标

郑州市2003年物流业发展的指导思想应以市场需求为导向，以商贸城建设为依托，以现代物流配送建设为重点，充分发挥郑州的区位、交通优势，逐步将郑州建设成为我国重要的物流中心城市。

依据以上指导思想，郑州市物流业发展的基本原则如下：

1.协调发展，区域合作。郑州市物流业的发展应遵循与中原城市群协同发展的原则，形成区域性联盟，并保持与周边大中城市武汉、济南、石家庄、西安、合肥等的良好协作关系，以建立起相互依存、跨区合作、优势互补的联合体，形成大系统的物流联盟。

2.整合、改造与新建相结合。针对现有企业，从实际出发，立足于存量资源的充分、合理运用，并根据总体发展的需要加以改造。逐步推进传统商贸企业向现代物流企业转型，增强核心竞争力，开展如采购代理、加工配送、储运分拨、连锁分销

等现代物流业务，逐步向现代物流企业转型。在市区内将原有仓储资源改造成物流中心、配送中心，完善物流网络，并根据长期规划、分段实施相接合的原则稳步建设。

3.立足现状，面向未来，利用现有基础设施和商贸市场的优势，适应未来经济发展的趋势并与国际接轨，以满足国际化企业对物流服务的需求为导向，与产业结构调整相协调，高起点构建郑州市物流网络系统、信息系统和物流服务体系。

4.政府引导、企业参与、市场调控。在社会主义市场经济中，政府承担着制定政策、维护秩序、协调管理的责任，应按照市场规律积极引导各类物流企业自主参与现代物流体系的建设，重视引进外资，广泛开展中外合资、合作工作，选择合资、独资、合作等多种方式，引导国外资金和技术投入物流业基础设施建设，同时制定政策促进本地物流产业与周边地区的协调发展，建设物流产业的区域联盟。

三、郑州市现代物流业发展的工作重点

1.加快培育现代物流主体。这既是我们的着力点，也是促进现代物流发展的关键所在。为此一要加大物流项目的招商引资力度，积极引进国外著名的物流公司来郑州发展。二要引导交通运输和仓储业等传统物流业按照现代物流的理念转型，并尽快研究、制定出相应的总体方案和工作措施。三要鼓励各类投资主体建设高档次、高起点的现代物流企业。

2.抓紧启动物流园区的建设。物流园区的建设是郑州市推进现代物流业加快发展的重要途径。要加快占地550亩，投资10亿元的澳柯玛现代物流园区；投资2.4亿元，建筑面积366 000平方米的河南省进口物资保税中心国际物流园区项目；投资12 881万元，建筑面积87 045平方米的河南三农物流中心等项目的建设，积极做好投资130亿的香江物流园区项目的前期工作。

3.完善物流基础设施建设。为实现郑州发展物流业的战略目标，应提高交通运输的快捷性、安全性、可靠性，建立起物流循环型经济社会所需求的交通运输系统，并使交通运输适应物流业大发展所想提出的多样化、灵活应变和技术不断升级的要求，以此拉动交通运输状况，完善运输配送体系，使之适应发展现代物流业的需要。

4.抓紧信息系统建设，完善物流信息平台。物流信息平台是重要的地区物流基础设施。以建立起基本的物流信息系统初步框架为目标，加快物流信息系统的硬件设施建设和软件设施建设。通过建立区域性货运信息中心，使物流资源和需求信息实现共享和透明化，促进第三方物流的发展，同时可以降低用户信息化成本并促进政府电子政务的开展，提高政府决策的科学性、及时性。

四、促进郑州市现代物流业发展的保障措施

1.提高认识，加强领导。对物流业的发展要切实加强领导，精心组织落实，统一思想，各负其责，协调行动，密切配合，形成加快发展物流业的良好氛围。尽快成立物流协会，制定行业法规和条例，促进物流企业之间的合作与良性竞争，并在制定和推广物流行业标准、物流教育规范、物流从业人员的资格认证等方面发挥积极的作用。

2.统一协调，合理规划。依据郑州市现代化物流业发展规划，各相关部门制定相应的政策措施，引导物流产业健康发展。加强物流基础设施的建设，以“物流园区”、“物流中心”、“配送中心”为先导，构筑现代物流基础设施网络体系。

3.加强市场管理，推进物流业标准化。加强市场管理，整顿市场秩序，为物流业发展创造良好的市场环境。要跟踪有关国际标准，贯彻国家已有标准，建立以物流信息分类编码和信息技术标准化为主要内容的物流技术标准化体系。

4.深化投融资体制改革，构建多元化的投资机制。充分利用产业政策等宏观调控手段，积极鼓励民间资本进入物流业领域；积极吸引、鼓励国外物流公司和大型工业、商业企业把郑州作为其进入国内市场的物流集散地和产品分销地。调动国家、集体和个人的积极性，构建多元化的投入机制，进一步拓宽筹资渠道。物流业项目建设，采取

政府引导、市场化方式运作。

5.积极争取国家政策支持。力争在国家整体规划中把郑州确立为主要的物流中心城市,在吸引外资、税收优惠等政策及建设资金方面予以支持。

(供稿:郑州市发展计划委员会服务处)

焦作市

一、构建焦作区域物流产业体系的理由

河南地处中原,是连南贯北、东引西进的中心,焦作处于河南经济发展的金三角地带,被誉为中国中西部经济发展的隆起带和发动机。改革开放20多年来,焦作经济一直位居全省前位,工业企业效益节节攀升,市场化进程逐步成熟,基础设施不断得到改善,人们思想更新很快。焦作市的公路密度在全省乃至全国居于领先地位,公路等级不断提高,高速公路逐步构筑成网。焦作市营运货车现已达到2万多辆,集装箱车队也已组建,郑州海关焦作远程报关中心已健康有序运作多年,专业运输企业也开始走向了规模化,货运场站与仓库总储量达到55 485平方米。焦作市运管部门在全国各大中城市设货运信息网点100多家,交通寻呼台、亚之桥货运信息网络都已落户焦作,焦作的现代通讯网、信息微机平台网已经形成,对全国货运信息进行适时监控已成为可能。另外,物流业焦作市工贸企业、运输企业本身就在做,例如,焦作市万方电厂煤炭业务招投标和购销存,就是物流的雏形,我们只不过是把它混杂在工贸业务中,没有将它产业化、专业化而已。构建焦作市现代物流产业体系的软硬件支撑基本上形成,已经完全达到了美国、日本、欧盟等一些工业化国家发展物流产业起步阶段的水平。

物流业被喻为不为人知的“处女地”。过去我们国家95%以上的工贸企业和物流业都混杂在一起,没有走专业化、产业化之路,因而工贸企业产业总成本中物流成本所占比重高达20%—30%。焦作市全面推行物流产业化,将物流产业总成本所占比例降低到先进物流产业化国家的水平,即降低15%,将产生巨大的效益。所以焦作要寻找新的经济增长点进行第三次创业,应该认清入世后面临的挑战,不失时机,紧跟全国发展物流产业的大环境,抓住机遇迅速起步,下大力气,优化焦作产业结构,提高专业化程度,营造第三利润源泉,构建焦作新型产业—现代物流产业体系。

二、构建焦作区域物流产业体系的框架设想

焦作区域物流产业体系的框架构想,旦在1999年就受河南省交通厅委托,焦作市道路运输管理处承担由协会参加并与西安公路交通大学合作研究完成了《焦作市区域物流系统研究》科研课题,该《研究》在充分调研焦作市社会经济发展状况和物流业发展现状的基础上,创造性地勾勒出了焦作市区域物流系统的发展框架,并将其概括为“三大体系、八项工程”。三大体系即区域物沉基础体系、区域物流运作体系、区域物流保障体系。八项工程即基础设施建设工程、车辆设备配套工程、物流信息及监控中心工程、国际物流中心及支持工程、煤炭专项物流完善工程、综合物流运作工程、第三方及市场培育工程、物流业体制制度建设工程。该系统将服务、信息、技术和组织管理进行集成的有机整体,探索出了区域物流发展的基本模式。该项成果设想了区域物流系统的运作机制和实现方式,提出了积极稳妥的三个阶段滚动式推进的发展方式,并针对各阶段进行了投资效益

分析。该项成果可以指导物流企业制定发展战略，为各级政府制定物流高级化发展政策提供了依据；对于指导运输及相关企业构筑经营理念，细化物流服务项目，提高物流服务水平，改革传统的运输经营方式，从而促进物流高级化发展与可持续战略的实施，获得显著经济效益和社会效益有着重要的意义，对提升焦作市区域经济水平，调整产业结构全面开拓第三次创业将产生深远的影响。

三、构建焦作区域物流产业体系的对策

要实现焦作区域物流产业化体系的构建应采取以下对策：

（一）建立构建物流产业工作领导小组

建议将调整产业结构，营造第三利润源泉，构建焦作物流产业体系作为市委、市政府新世纪的创新工程，建立以市委书记、市长挂帅的领导小组。建成领导机构，成员由经贸、交通、外经、铁路、信息等部门人员组成，聘请物流科技专家和专业人才，借鉴交通部门研究的《焦作区域物流系统研究》的课题内容，深入研究焦作物流现状，结合实际制定《构建焦作地区物流产业体系规划》，根据规划提出实施细则，使焦作物流产业构建尽快达到总体规划，分步实施，迅速形成。另外根据国外和外地的经验，在发展物流产业期间，应注重发挥行业协会在宣传、组织专家、培训等方面的作用。

（二）加大宣传构建物流产业的力度

现在，物流产业发展的关键是人们观念落后，物流理念淡薄，不懂得做物流的好处，不懂得做物流的必要性和紧迫感，因此要全面启动宣传工具，宣传物流理念，进行发展物流产业化的教育，使各级政府、各行业领导、工商企业家决策层明确构建物流产业是调整优化产业结构、提高专业化程度的战略性选择，是建设创造新的利润源、增强企业市场竞争力的科学之路，是扩宽新的就业渠道增加新的就业门路的有力措施，是有利于国家，有利于人民的好事情，切实提高决策核心层做好物流的自觉性。

（三）构建发展物流产业的法规支撑

结合焦作实际研究出台调整优化焦作产业结构，发展焦作新型产业——物流业的政策法规，并给予政策上的优惠，法律上的支持，形成良好的物流产业化的发展环境和可靠的保障体系。

（四）采取实际行动培养物流工作人才

焦作几所大学应设法开设物流专业，各单位要积极选送、培养有前途人员到大专院校学习物流理论知识。另外在电视上可开办物流讲座，还可有计划的通过人才市场引进物流专业人才，加速人才队伍的形成，为发展焦作物流产业输送合格的人才。

（五）引导工商企业将自身的物流业分离营造发展现代物流产业

现代物流的发展，必须坚持以企业为主，但政府的作用也非常重要，政府的作用就是从宏观上把握正确导向，为建设现代物流社会体系打好基础。各级政府和有关部门集中力量，正确引导企业的物流需求和物流企业的服务供给，倡导和鼓励工商企业逐步将生产制造领域以外的原材料采购、运输、仓储和产成品流通领域的加工、整理、配送等业务有效分离出来，按照现代物流的要求进行整合和重组，或者采取公开招标的方式将物流业委托出去，交给专业物流公司承担。对于工商企业重组分离出来的有效物流资源，应支持其组建专业的物流公司，实现专业化经营，或与运输企业、外国物流业合作发展第三方物流业，逐步发展形成焦作区域物流产业体系，加快焦作产业结构战略调整，营造焦作经济新的利润源，增强焦作经济在市场上的核心竞争力。

（撰稿：焦作市道路运输协会　李发厚）

湖北省

湖北省地处华中腹地，交通条件非常优越，在我国经济发展中起着连接东西，交流南北的重要作用。经过多年建设，全省已经形成了一个以京广、京九、汉丹、襄渝、焦柳、武九等铁路干线为主动脉，以长江、汉江水道为主通道，以京珠、泸榕和正在建设的汉十、荆襄高速公路以及一批国道、省道为骨架，以武汉、宜昌、襄樊、十堰等一大批大中城市为主枢纽，方式齐全、层次分明的现代综合运输体系。在全国综合运输网中占有重要的地位，为发展湖北现代物流创造了有利条件。

一、湖北省物流发展现状

近年来，湖北省认真贯彻国家经贸委等六部委《关于加快我国现代物流发展的若干意见》精神，结合全省实际，积极推动现代物流的发展，取得了较好的成效。

（一）以省会城市武汉市为中心，连接华中重镇的物流网络构想初步形成

近年来，把发展现代物流作为全省经贸工作的重点，并确定以省会城市武汉为中心，建设华中物流中心，并在此基础上，稳步推进全省现代物流的发展。2001 年，武汉市政府就此项工作进行了专门部署，成立了以市长为组长的领导小组和课题组，起草了《华中物流中心总体规划实施方案》并通过专家评审。《方案》提出华中物流中心的首要任务是形成以武汉市为依托，以武汉周边城市为支持的多层次物流网络体系。其总体发展框架是构筑四重物流服务区域和四大物流服务主通道。形成我国华中地区物流发展的“双四”架构。四重物流圈即：1H（小时）区域配送物流圈、6H 分拨及终端配送物流圈、24H 干线区域分拨与中心城市终端配送物流圈、72H 国际终端配送物流圈。四大物流通道是：长江物流通道、铁路物流通道、高速公路干线物流通道、航空快速物流通道。其综合性的物流基础设施包括设立 3 个现代化、大型、多功能物流基地，即舵落口物流基地、阳逻物流基地和关山物流基地；6 个物流中心，即武汉万吨冷库区冷冻（藏）食品物流中心、长官渡物流中心、宜昌物流中心、荆沙物流中心、十堰物流中心和黄石物流中心。4 个配送中心，即武汉商贸配送中心、武汉商储配送中心、武汉农资配送中心和武汉物资配送中心。目前，全市舵落口、阳逻、关山三大物流基地正按规划分步实施。其中，舵落口基地 4 个库房已建成，商家已入驻；信息大楼 6 月份竣工，GIS 华中物流信息系统开发项目已通过初审。其他各项工作正按照《方案》稳步实施。与此同时，襄樊、宜昌等省内二级城市相继成立物流信息中心并已进入试运行阶段。

（二）商贸连锁企业内部物流配送体系健全，部分有实力的企业拟从内部物流向第三方物流发展

近年来，省内商贸流通业通过推广运用先进的流通方式，加快商贸流通设施建设，努力提高商品流通领域的技术水平，大力发展现代流通，一大批连锁企业不断发展壮大，与之相适应，连锁企业内部的物流配送也开始出现，并有了一定的发展。2002年，全省重点跟踪的 44 家连锁企业，共有门店数 737 家，同比增长 30.67%；实现销售 110.97 亿元，同比增长 48%。其中，有 33 家建立了自有配送中心，占 75%，较上年同期增加 8 个百分点。有 40 家企业配备了专门的运输车辆，占 90.9%。其中，全省拥有门店数最多的连锁企业中百集团，构建了较为完备的物流配送体系，该集团的吴家山物流配送中心，已纳入国债贴息项目，拟建成国

内一流、华中地区最大的干货配送中心。目前，吴家山物流配送中心一期工程（10 000平方米的干货配送中心）已投入营运。集团内部统一配送比例进一步提高，经营成本逐步降低，企业经营竞争力不断提高。

（三）专业物流企业发展成效明显，商贸、交通、仓储三条主线并驾齐驱

湖北省企业物流发展起步较晚，但发展势头十分强劲。目前，武汉市已注册物流公司86家，这些企业正在根据各自行业的不同优势，积极整合现有物流资源，并逐步形成以原有商贸、交通、仓储物流企业为主，各具特色，共同向现代物流发展的格局。其中，大型商贸连锁企业从满足自我配送开始，逐步面向社会，即从“企业物流”转变为“物流企业”，实现从自我配送向第三方物流的转变；交通物流企业则充分利用原有的货场（厂）、编组、铁路专线等资源，通过改造、重组、整合，并充分利用现代信息技术，积极发展配送服务网络，全方位拓展物流业务；仓储物流企业利用长期以来形成的辐射全国的商业储运网络，广泛的客户资源的优势，大力发展现代物流。其中，武汉中远物流有限公司是中国远洋运输集团远洋物流公司设在内地的惟一一家物流公司，目前正逐步实现从全球承运人向全球物流经营人转变。武汉交通控股集团湖北汽车运输总公司，对所有的运货车辆统一标识，并保证武汉市区货物在1小时内送达。同时，积极发展省内市场及拓展北京、上海、广州、重庆、成都等省外配送市场。武汉邮政物流公司利用全国邮政网点的优势，在拓展市内配送业务的同时，与北京、上海、广州等城市实现了货物回程配载业务，逐步实现从点到点的运输服务向第三方物流服务发展。武汉世通物流股份公司集中省市商业储运公司及粮库的优良资产、优秀人才，积极采用现代物流技术，拟发展成为华中地区最大的商贸物流公司。武汉万吨冷储物流有限责任公司，利用其分布于武汉三镇的冷库，建设冷藏食品交易市场，年交易额达13亿元，并在此基础上，面向华中地区开展专业冷储物流配送服务。

二、湖北省物流发展中的主要问题

从全省物流业发展现状看，尽管物流业有一定的基础，但现代物流却刚刚起步，社会化、现代化、国际化程度很低，规模小，还未形成产业，更谈不上体系和规模，与全省经济发展及生产社会化、经济全球化，特别是与加入WTO的要求相比，现代物流仍显得非常滞后。

一是管理体制、企业运行机制落后。现代物流业涉及面广，跨地域、跨行业、跨所有制、信息化、网络化是物流业发展的基本要求。而目前全省涉及的交通、通讯等部门仍是条条分割、层级管理，区域间、部门间、企业间缺乏协作。地区封锁、行业垄断对现代物流的发展仍是当前和今后一段时期的重要制约因素。此外，铁路、公路、水运、航空等各种运输方式自成体系，独立发展，造成物流资源配置不合理。工商企业自办运输、仓储、配送，造成重复建设和资源浪费。

二是缺乏统一的规划指导。一些地方政府不顾客观条件，兴起了一股“物流热”，都想把新兴物流业作为地方经济发展的增长点，都想搞自己的物流基地、物流中心，存在较大的盲目性。从物流市场看，物流企业良莠不齐，客观上造就了一些无序竞争状态；从整体上看，大家都关心现代物流，是件好事，但“遍地开花”搞物流，就不可避免的造成重复建设，盲目发展。

三是缺乏统一的物流标准化建设。物流配送的标准化还未起步，任务迫切。包括配送车辆、围板、托盘、叉车、月台、箱码、条形码、自动识别、电子分拣等都必须建立统一的标准化体系。

四是法规建设相对落后，政策扶持力度较小。由于物流的各项作业分属于不同的部门管理，过去由公路、水运、航空、铁路、商业、仓储等以及涉及物流企业的工商、税务、海关、检验等相关部门制定的有关法规和规定，都是根据当时的有关情况制定的，目前已难以适应新形势下现代物流发展的需要，亟须修改完善。同时，发展现代物流投资大，回报期长，需要明确的政策导向和政策扶持。目前，虽然已出台《关于加快我省流通现代化建设的意见》，但尚未真正得到实施。

五是现代物流专业人才匮乏,信息化程度低。由于物流刚刚起步,全省普遍缺乏适应现代物流及整个供应链过程的专业管理人才。同时物流企业信息化程度低,多数物流企业尚未建立起完善的物流信息管理系统(MIS),电子数据技术(EDI)和货物跟踪系统(GPS)等,仍然停留在使用电话、传真等传统方式上,影响了物流管理水平和服务质量的提高。

三、加快我省现代物流发展的思路和对策

(一)湖北省现代物流发展的指导思想和主要目标

发展现代物流的指导思想:围绕工业、农业、流通现代化、城镇一体化和建设经济强省的战略目标,坚持以市场为导向,以企业为主体,以信息技术为支撑,以降低成本,加速商品流通,提高综合服务质量与效益为中心,大力提高全社会对现代物流理念的认识,积极推进现有物流资源的重给与整合,全面增强企业及产品在国内外市场的竞争能力。

主要目标:结合全省区位优势、物流现状和交通运输特点,培育物流市场,整合物流资源,创建名牌物流企业,重点建设和扶持一批具有一定规模、具有现代化装备设施和服务能力的和物流园区、配送中心及第三方物流企业;加快物流与信息技术、电子商务的融合,通过运用信息技术构建成现代物流的公共信息平台。用5—10年时间建成辐射全省城乡一体化的现代物流网络体系,赶上全国先进水平。

(二)合理构建物流体系,培育现代物流市场

一是统一规划物流业发展。首先应打破地区、部门行业的限制,按照大流通的思路进行物流的全面统筹,整体设计,合理布局综合物流中心或物流基地。其次,现有涉及物流产业发展的部门,尽快建立物流工作的联席会议制度,加强发展现代物流进程中的协调,加大推动现代物流产业发展的力度。

二是整合物流资源,推进物流业的发展。大力推行资产重组、兼并联合,以现有实力、有基础的企业为龙头,整合现有物流资源,向集约化与协同化发展。充分发挥互联网的优势,及时准确地掌握物流动态信息,协调物流网点,构筑起一体化的物流网络,最大限度地节省时间和费用,以赢得竞争优势,为货主提供优质服务。

三是支持武汉华中物流园区的建设。发挥其"九省通衢"交通便利和流通、信息等方面的比较优势,推进以武汉市为中心的港口、空港、车站物流园区建设,尽快形成与经济发展相适应的,与国际通行规则接轨的社会化、专业化现代物流辐射圈,在此基础上逐步拓展,建立沿江、沿线辐射全省城乡、多层次的现代物流网络体系。

(三)大力发展现代物流企业

一是培植龙头物流企业。选择若干有较好物流基础、有一定实力的工业、交通、商业连锁企业作为重点物流发展龙头企业或试点企业,在人才、资金、政策等方面给予帮助。通过几年努力,做强做大1-2个具有一定规模和较强竞争力的现代物流企业集团,创建2-3个在国内有一定知名度的物流服务品牌。同时,在龙头企业的带动下,全面推进湖北省现代物流业的快速、稳定、健康发展。

二是鼓励物流企业之间加强联合,积极支持民营企业、多元化股权结构的物流企业的发展。大力支持工商企业与物流企业、物流企业与运输、仓储、货代、联运、集装箱运输等企业结成合作联盟,以提高物流企业的市场竞争力。提倡物流企业经营主体、投资主体和物流服务形式的多样化,大力吸纳民间资本、支持民营企业进入物流市场,鼓励部分国有优势企业向物流领域转变,并尽快形成竞争优势。

三是积极发展第三方物流。按照现代物流业所包含的内容,选择有代表性的第三方物流公司和有一定物流基础的交通联运企业、商储企业,加强联系并予以重点扶持,提高社会物流服务水平。第三方物流企业要充分发挥其专业化、规模化的优势,建立信息管理系统,将物流服务与工商企业的生产紧密融合,完善服务功能,真正具备为用户

优化物流管理提供策划设计、组织运筹和实际操作等综合服务能力。

（四）加快对外开放步伐，学习借鉴国内外先进经验

现代物流是一个开放性、国际化的产业。认真学习借鉴国外现代物流先进的管理模式和经营管理理念，并结合省内实际，开拓创新，建立符合国际规则和物流服务体系和企业运行机制。同时，按照我国政府加入 WTO 有关运输服务和分销领域的承诺，进一步加大改革开放步伐，大力提倡国内外物流企业携手合作，优势互补。积极支持省外和国外物流企业进入省内市场，鼓励湖北物流企业走向全国和同外物流市场，加速推进本省物流市场跃上新台阶。

（五）推进物流标准化进程，加强物流专业人才的培养

物流标准的不统一已成为制约我国现代物流向规范化、高效化发展并与国际接轨的一大障碍，必须加快推进物流标准化进程。同时，采取多种形式，通过长期培养与短期培训，学校培养与职业培训等方式，全方位培养现代物流专业化人才，以适应物流业发展的需求。此外，充分发挥大专院校和科研机构优势，组成利益共同体，实现物流产学研的有机结合、互相促进、共同发展。

（六）积极营造现代物流发展的宏观环境

一是加强领导，建立物流业的统一协调管理机构。省经贸委建议省政府确立有关经济综合部门牵头，由交通、铁路、内外贸等相关部门参加，建立物流业管理机构，统一领导、组织、协调多个交通部门、流通主管部门和行业的工作，制定规范的物流产业发展政策措施。各市(州)结合本地实际，成立相应机构。

二是尽快出台现代物流发展的扶持政策。包括加大投资进行物流基础设施的改造和新建；放宽物流技术装备更新的融资政策和物流基地的土地使用政策；调整物流服务及运输价格政策以及工商登记管理政策；放松对运输行业的管理；鼓励竞争；鼓励从事运输服务，仓储服务、货运代理服务和批发配送业务的企业围绕市场需求，延伸物流服务的供应者；在规范市场准入标准基础上，鼓励多元化投资主体进入物流服务市场等。

三是规范市场准入，改进市场监管。着手制定物流法律法规体系，堵塞管理漏洞，进一步提高宏观调控能力。扩大监控力度，剥离低效的物流部门，逐步实现企业物流活动的社会化，为物流产业发展培育广泛而坚实的市场需求。建立市场准入制度，限制不合格者进入物流市场，控制恶性竞争。

（供稿：湖北省经贸委贸易市场处）

武汉市

武汉市地处中国经济地理中心，有着承东启西、接南转北、通江达海的独特区位优势，占全国经济总量 80%的大城市，如北京、上海、广州、成都、重庆、西安等均位于距离武汉 1 000–1 200 公里的范围内，45 个中等以上城市在以武汉为圆心，半径 400 公里范围内，武汉素有“得中独厚”的优势。我国加入 WTO 后，武汉将成为国内外资金、技术进入中西部的重要通道以及在全国经济发展战略和经济格局调整中，在全国物流产业布局中，具有十分重要的战略地位。按照我国有关部门关于发展全国七大物流区域战略，即环渤海物流区、长江三角洲物流区、珠江三角洲物流区、华中物流区等，武汉市人民政府高度重视华中物流中心的建设，正在抓紧实施华中物流中心总体规划。

一、明确华中物流中心总体战略目标

华中物流中心建设的总体战略目标为：全方位参与、全过程推进，发挥优势、挖掘潜能，培植核心竞争能力、提高经济发展动力，提升经济增长质量、巩固区域经济地位。

（一）武汉市发展华中物流中心的指导思想

以武汉为核心，以武汉及周边城市物流基地设施与物流企业为基础，以国家综合运输网络现代化为主干依托，构筑四重物流服务时域圈和四大物流服务主通道，充分发挥武汉的区位优势、商贸优势、科教优势和传统物流企业的存量优势，高起点规划发展武汉现代物流产业，大力构筑物流运输和物流信息两大平台，积极鼓励国内外有条件、有实力的企业发展现代物流，加快物流园区规划和建设步伐，形成布局合理、配置高效、功能齐备的专业化、社会化、现代化的现代物流体系，进而把武汉建设成为我国中部重要的区域性物流中心城市。

（二）华中物流中心总体发展框架

依托武汉市在华中经济区域中心城市的特殊地位，以武汉为核心，以现有物流基础设施与物流企业为基础，以国家综合运输网络现代化为主干依托，构筑1小时、6小时、24小时、72小时近至武汉市区、远及欧美地区的四重配送物流圈，打通长江水运、铁路、高速公路、航空四大干线物流通道，规划三大物流基地，两大物流中心，四大配送中心。四重物流服务时域圈和四大物流服务主通道，形成我国华中地区物流发展与运作的“双四”架构。

1.构筑四重物流圈。依托武汉市及湖北省内周边地市物流设施，以物流服务的重要考核指标——时间指标和华中物流中心的影响范围为指数，确定服务范围与服务基本形式，形成立足武汉、背靠湖北、面向华中、连接世界的四重物流圈。

1小时区域配送物流圈。构筑以物流基地区–物流中心–配送中心为依托，面向武汉市区重要产业基地、商品集散地、城市消费区的1小时区域配送物流圈。

6小时分拨及终端配送物流圈。构筑以武汉为中心，以武汉市及省内周边城市物流设施为依托，面向武汉及周边城市的6小时分拨及终端配送物流圈。

24小时干线区域分拨中心城市终端配送物流圈。构筑以武汉为中心，以湖北省内重要物流设施为依托，面向武汉及其他华中经济中心城市的24小时干线区域分拨与中心城市终端配送物流圈。

72小时国际终端配送物流圈。根据服务需要与市场发展，在上述三重物流圈的基础上，依托国家及跨国民用航空系统，构筑以武汉为中心，以武汉及国内各主要经济中心城市的重要物流设施为支持，面向远东、东南亚及欧美地区的72小封国际中心城市终端配送物流圈。

2.打通四大物流通道。以武汉市为中心，以华中物流中心核心区域基础设施为依托，建立和加强长江沿线和周边各重要经济中心城市物流基地之间的物流联系，发挥物流基地集零汇整、化整为零的组织优势和效率优势，以综合运输网络为基础，构建四大物流通道。

长江水运物流通道发挥长江黄金水道作用，依托沿江各港口与物流基地。开辟长江物流班轮，构筑长江水运物流通道。

铁路干线物流通道充分发掘国家铁路干线的巨大潜能，结合铁路“五定”班列、行包专列和集装箱运输，积极探索开展驮背运输等新型运输形式，构筑铁路干线物流通道。

高速公路干线物流通道提高国家高速公路干线网络效率，积极发展大型、超大型封闭式货车，开辟长途高速干线班车，构筑高速公路干线物流通道。

航空干线快速物流通道充分发挥武汉航空枢纽港优势，依托天河国际机场，利用现有国内、国际航线航班积极开展航空货运，选择有利时机，构筑以大型专用货运为主体的航空干线快速物流通道。

3.华中物流中心总体布局。华中物流中心建设总体布局目标是：形成以武汉为依托，以武汉周边城市为支持的多层次物流网络体系。

二、加快华中物流中心总体规划的实施

（一）突出重点，加快了三大物流基地的建设

三大物流基地工程进展顺利。其中,舵落口物流基地已完成北场区停车场,1、2号仓库和南场区内道路,1、2号仓库已有近200家运输物流企业进驻,3、4号库正在兴建,已基本上形成武汉至北方公路运输物流的主要集散地。阳逻物流基地1200亩物流园区一期建设正在按计划推进,关山高新物流基地正在抓紧操作。2002年底前确保货运中心大部分建成投入使用,阳逻新港园区完成首期征地和辅助工程,国际集装箱转运中心一期主体工程建成投产,关山物流基地以及郭徐岭、张家湾等5个货运站前期工作基本完成,并正式启动建设。三大物流基地最终建设总规模占地8000亩,物流处理能力1960万吨。另外,武汉万吨冷库区冷冻(藏)食品物流中心通过运输方面的整合形成了配送体系,升官渡物流中心硬件设施已完善,两个物流中心初期建设规模达到7.5万平方米。武汉物资、武汉商贸、武汉商储和武汉农资四个配送中心目前正在进行优良资产整合。

(二)加强指导,推动一批物流企业成长为具有竞争力的物流企业集团

2002年以来,武汉市对武汉中远物流有限公司、武汉铁路分局中力集团、武汉市物产国有控股(集团)公司、武汉世通物流公司、武汉万吨冷储物流有限责任公司、武汉邮政物流公司等企业发展现代物流业,从华中物流中心建设规划角度进行了研究探讨和行业指导;这些企业目前正积极加大整合力度,优化物流资源,通过采用现代物流技术和市场运作手段,尽快成长为华中物流示范企业。湖北汽车运输总公司,以"规模、速度、质量、效益"为方针,以合同运输为基础,以配送服务为载体,以长线快运为支撑,借助现代信息技术,大力发展江城、楚天、九州三级配送服务网络,推动企业向现代物流业转换。

(三)拓宽思路,加大了招商引资力度

通过积极宣传和广泛接触,美国德通股份有限公司、国际贸促会北京分会、荷兰贸促会武汉代表处、韩国大宇国际株式会社、阿根廷斯帕多内企业公司、台湾冠华实业集团、台湾新系统物流股份公司、香港九龙巴士公司、海威国际工程顾问股份公司、深圳国达工贸有限公司、美国总统轮船公司等10多家境内外公司到武汉投资物流企业。2002年5月5-12日,省市政府代表团赴港澳招商期间,与香港招商局迪辰有限公司就共同开发关山物流园项目、共建武汉交通运输GPS营运平台及武汉交通信息中心合作,与香港龙星路桥投资公司就合作经营黄土公路共签订了四个项目意向书,并正在积极组织项目跟踪实施。

(四)精心组织,努力培养高素质人才队伍,运用现代信息技术,提高物流管理水平

采取专业培训与系统培训相结合,理论学习与实践考察相结合的方法,开始分批培训物流管理人员。大力推进了社会货运企业的信息化工作,通过资质评审和年审,促进货运企业加大信息平台建设力度,促进企业内部和企业之间采用连锁经营模式,推动配送中心等现代物流基础设施的形成和电子商务等现代交易方式的试点运行。建成了武汉交通信息中心,目前正组织信息网络建设,通过信息采集、处理,实现对全市交通行政、运输市场、公路主枢纽站场运行和物流业的现代化管理,对华中物流中心的信息服务起到基础性、支撑性作用。2003年底前,完成武汉交通信息中心信息平台建设,实现与国际互联网和全市交通行业网络联通,实现信息共享和发布服务。规划并加快现代物流园区和城市配送中心的信息基础设施建设,积极发展企业化的大型网站,加强信息资源的开发利用,积极控索建立物流供应链上下游之间的电子协作网络,进一步建设好BtoB交易平台,推进信息服务向要素市场渗透,推动信息咨询服务业的产业化、市场化、国际化和网络化。

(五)积极研究政策,大力扶持现代物流产业

参照支持高新技术产业发展的相关政策,制定现代物流业发展的扶持政策。

1.基础设施建设土地使用政策。将物流园区和城市配送中心建设用地纳入全市总体发展规划,在地价上予以特殊优惠。

2.税收政策。将现代物流作为独立的流通行业进行税务管理,将物流企业最终实际经营额作

为征税依据，对于物流企业内部经营活动发生的仓储、运输、配送、信息服务等中间环节发生的经营活动不分段征税。从事第三方物流服务可以认定为科技型企业，享受高新技术企业相应的税收政策。

3.交通管理政策。对现代物流企业进一步放宽公路货运、水上货运、水陆联运的许可证限制，简化办理程序，减少办事环节。建立现代物流企业车辆市区通行制度，特定车辆进出市区繁华地区，不受通行证限制。

4.筹融资政策。政府年度财政预算及各大银行建设项目贷款计划中，考虑华中物流中心的资金投入需要。对政府职能部门统一规划建设的物流园区和配送中心，可实行财政贷款担保和贴息，对现代物流骨干企业所需资金可实行财政贷款担保，并积极推荐上市融资。

（六）加强研究，提高物流业发展的技术含量

1.建立华中物流中心专项基金，用于物流技术标准、服务规范体系的研究应用与中高级物流人才的专项培训。

2.依托大专院校或科研院所，建立现代物流研发中心，加强对适合企业生产、经营、管理、组织等特点的各种物流组织技术及理论的研究，为物流企业的发展准备技术条件。

3.定期组织优秀人才到国内外进行专门的物流知识培训，寻求与外国政府、现代物流企业进行技术合作和交流。

4. 加紧研究和建立现代物流统计指标体系，为武汉市现代物流发展打好基础。

（供稿：中国物流与采购联合会）

湖南省

湖南作为一个以传统农业为主的中部大省，其物流业在全国是欠发达的，因为物流业的发达程度直接依赖于工业特别是制造业的水平，而湖南在这方面是比较薄弱的省份，2002 年湖南省提出把本省建设成工业强省的目标，把加快湖南工业发展提到了一个前所未有的高度，为湖南物流业的发展提供了契机。

一、湖南物流业整体面貌

湖南的物流业是由计划经济时期的物资系统发展来的。随着计划经济的终结和物流业的放开，国有物资流通企业的主渠道地位有所下降，但在汽车、黑色金属、化工产品、建材等品种的社会流通中仍占有重要地位，在资金实力、销售渠道特别是在信誉上有一定的优势，是本地大型厂矿供销经营的主要合作伙伴。经过近年来的改革，物流企业通过减少冗员、盘活资产、加强管理，经营开始回升，归口经营物资销售增长较大，市场建设带动主业经营显出成效，合伙、民营物资企业渐渐站稳脚跟，各地原国有物资企业经过痛苦蜕变、重组，效益普遍开始好转，最困难的日子基本过去。个体、民营物贸企业随着改革开放，从无到有从零起步，经过十多年的发展有的已具有相当规模，在钢材、汽贸经营方面比较突出，但就整个行业来看，传统物流业仍占主导地位，与飞速发展的国民经济相对照，仍然基础薄弱，发展滞后，存在着以下问题。

（一）物资流通业组织化程度低、实力弱，规模偏小

全省 400 多个独立核算的国有物资企业年销售收入 40 亿元左右，平均每个企业不到 1 000 万元，人均销售更是少得可怜；年销售过亿元的企业屈指可数，年销售额最多的省机电设备公司也只

有10多亿元。个体民营物资企业规模普遍偏小，大多是三五个人、一间门面。整个行业组织化程度偏低，单兵作战多，横向联系少，市场化程度差，资金缺乏，信息闭塞，难以做大做强形成规模。

（二）物流业设施落后，与全省经济发展水平很不适应

全省上百个生产资料市场大多由原来物资系统的仓储设施改造而成，设施老化，利用率低，很不符合现代物流的要求。省会长沙已建成的生产资料市场除了省机电公司的湖南汽车城，地处大托镇的湖南钢材大市场和几家汽配城外，几乎再没有上规模、上档次的市场。适应现代物流要求的立体仓库、货场极少，物流基地和大型的物流配送中心、集装箱中转运输站更是空白，亟待填补。

（三）省内物流设施布局不合理、交通运输不方便，阻碍了物流的发展

湖南现有高速公路不到600公里，没有形成四通八达的交通网络；公路通车里程虽达6.1万公里，但标准大多较低；交通工具的增长与运输线路的增长不协调，道路堵塞现象严重城市间交通不通畅，影响了运输效率。原有物流设施所在地随着城市扩建大多变成城区用地，大规模的货运进出很不方便，搬迁工作一时难以到位，严重地影响了现有物流设施的效率。

（四）省内物流业务范围窄、规模小，不合乎现代物流业的要求

目前，全省物流业服务范围大多处于“物资资料的运动”阶段，其功能主要体现在运输、仓储这两个传统环节，很少对生产资料的供求预测、适时配送和信息处理等环节延伸扩展，很少利用信息技术降低服务成本，事实上，这是现代物流的重要内容，是企业全方位合理规划，尽可能降低成本、增强核心竞争力最简捷的办法。

二、跻身物流面临新课题

物流产业快速发展是我国经济整体形态进入新阶段的重要标志，同时也是国民经济内部产业结构调整的组成部分，湖南必须提高对物流的认识，尽快制定整体物流规划；努力培育和发展物流市场，培养与之相适应的人才；重点深化物流企业改革，增强核心竞争力；不断推进城市化进程和对现有企业物流的改造，提高物流综合效益；力争在3至5年内，规划和建设好能够覆盖长沙、株洲、湘潭，辐射湖南全省的物流基地和物流企业。

（一）提高对物流认识，制定整体物流规划

全国的“物流热”已热了两年，但基本上是沿海省市“热”，作为内陆省份的湖南对物流的认识还很模糊，有人甚至认为物资不是放开了，又怎么发“热”呢？由于现代物流能优化资源配置、极大降低流通总成本，成为新的经济增长点，所以在经济发达地区先“热”起来，对此，各地政府也作了引导。2001年，国家经贸委等六部委联合下发了《关于加快我国现代物流发展的若干意见》，国务院许多部委也制订了相应的发展现代物流的工作日程。深圳把发展现代物流作为该市的三大支柱产业之一；上海在原规划的国际经济、金融与贸易中心基础上，增加国际航运（物流）中心；天津、青岛也很快拿出了各自发展现代物流的规划。湖南面对相对落后的发展状况，应尽快制订出城市物流规划，重点作好长沙（或长株潭地区）这个全省经济、交通中心的物流规划，以此带动和促进全省物流业协调有序地发展。

（二）培育和发展物流市场，加强人才培训和储备

物流市场的成熟度决定了物流业的发展速度。湖南工业特别是制造业落后，制约了物流业和物流市场的发展。因此，只有湖南工业发展了，工贸企业认为有必要将物流等非核心竞争力分离出去，由社会物流来运作，同时第三方物流大力发展了，湖南的物流市场才会真正繁荣起来。当然，对于湖南物流业，也可以通过民间、国外资本向物流业“分流”来促进物流市场的发展。地处长沙大托镇的湖南钢材大市场和位于长沙星沙开发区的星沙实业发展有限公司，都是以民间资本为主投资兴办的物流企业。湖南民间资本投资物流市场已有成功的例子，相信只要引导得当，境外资本业会迅速跟进，共同来发展湖南物流市场。物流业的兴盛最终还将由掌握现代物流思想和技术的人才去

推动。因此,培养城市物流管理人才和物流企业经营人才是发展现代物流业的基础工程,湖南在这方面要通过协会等组织急起直追,后来居上。

(三)引导物流企业深化改革,增强核心竞争力

在市场流通多元化竞争日趋激烈的新格局下,湖南的传统物流企业要固守过去的所有主业是不现实的,也是不可能的,必须扬长避短,果断调整经营结构,放弃弱项,做大强项,做出特色,有"得"必须先有"失",从而形成和培育自己的核心竞争力。传统的物资企业要转变成现代物流企业,必须首先改变传统的贸易的做法,优化供应链管理,科学化采购、运输、仓储和流通加工诸环节的管理,以适应现代物流企业的要求。

(四)建立物流基地和综合物流中心,提高物流综合效益

湖南本土物流业目前普遍存在规模小、实力弱、社会化程度低的弊病,建立物流基地和综合物流中心是解决这个弊病的有效途径。长沙市准备把位于市区北面处于铁路、公路、航运枢纽地域的新港工业园作为发展现代物流业的基地,长沙市物资集团准备在此建设长沙商品物流配送中心,这是一个好的开端。若是以此为契机,用三五年时间规划建设好覆盖长株潭、辐射全省的现代物流基地和大型综合物流中心;通过政府扶持、兼并重组,以市场经济的方法组建起一两个在全省有巨大辐射功能、在全国有影响的现代物流企业集团。

(撰稿:湖南省内贸办主任 龙德发)

广东省

广东省根据《中共广东省委、广东省人民政府关于大力发展现代流通业的意见》(粤发〔2002〕1号)和广东省率先基本实现现代化的战略部署,以及国民经济和社会发展"十五"计划要求,制定了广东省现代物流"十五"规划,规划从现状到未来进行了详尽地阐述。

广东省经济的持续发展和产业结构的调整升级为现代物流业带来良好机遇。广东省正处于工业化中期和加快服务业发展阶段,工业和贸易基础雄厚,珠江三角洲地区制造业发达,是国际重要的劳动密集型产品生产基地和高技术产品加工基地。广东省以服务业为重点的经济结构调整步伐正在加快,经济社会信息化和城市化进程不断推进,市场秩序不断规范,丰富的物流资源、便利的交通运输条件、毗邻港澳的区位优势,为现代物流业发展提供有利环境。

一、物流发展现状

广东省现代物流处于快速增长的起步阶段,物流基础设施具备一定规模,综合运输网络初步建成,交通运输仓储等传统物流业仍居主要地位,代表现代物流组织形式的第三方物流迅速兴起。

(一)物流产业稳步发展

2000年广东省国内生产总值9 662.23亿元,工业总产值达16 904.47亿元,社会消费品零售总额4 071.95亿元,进出口总额达1 701.06亿美元。大生产、大流通带动了物流市场发展,与物流业相关的主要行业如交通运输、仓储、邮电通信和批发零售贸易业快速增长。2000年,包含以上行业的物流业增加值达1 457.71亿元,占全省GDP的15.1%和第三产业的38.4%,占GDP比重比1995年提高了2.0个百分点:"九五"期间物流业增加值年均增长13.3%,比GDP同期高3.0个百分点,物流业对经济的基础作用不断增强。

(二)社会物流量不断扩大

近年来广东省加快公路、铁路、港口和机场等基础设施建设,以广州为枢纽、向全省各地辐射的

综合运输网络已粗具规模，以公路、港口为主、铁路、航空为辅的物流运输网络基本建成，交通运输的硬件设备和技术装备水平显著提高，综合运输能力不断增强。2000年，全社会货运量达11.27亿吨，其中公路7.54亿吨、水运2.57亿吨、铁路0.86亿吨；港口货物吞吐量达29 144万吨，集装箱557.74万标箱。货物周转量为3 065.72亿吨公里；广州白云机场成为我国三大门户机场之一，深圳集装箱吞吐量进入全球“十强”。

（三）国内物流与国际物流齐头并进

广东省市场流通活跃、对外贸易较为发达。以城市为依托的流通网络和市场体系基本建成，2000年全省商品销售总额8 268.88亿元；集贸市场5 622个，成交额达1 917.36亿元，涌现了一批以布吉农副产品批发市场为代表的成交规模大、辐射强、功能较完善的批发市场。连锁商业和配送服务等新型营销方式迅速兴起，大型连锁企业总店145家，经营网点遍布全国12个省33个市及省内各市，连锁经营交易额187.67亿元，占当年社会消费品零售总额的4.6%，超级市场1 135个。国际物流较为发达，国际货运代理业务不断发展。广东省拥有全国最大的港口群，是全国最重要的对外贸易基地和进出口集散地，有对外开放口岸51个，拥有6个枢纽港口。2000年全省口岸进出口价值1842.09亿美元，占全国的38.8%。

（四）具备现代物流理念的企业正在兴起

随着信息技术和网络技术的广泛运用，电子商务迅速起步，初步建成了全省电子商务认证中心和电子商务支付网关系统。地理信息系统(GIS)、全球卫星定位(GPS)、无线通讯(WAP)及互联网技术(WEB)等在生产管理中得到应用。传统的运输、仓储企业依托原有的设施、客户、业务基础和经营网络正向现代物流企业转变，部分大型生产企业集团组建了专门的物流部门；具有一定技术水平和经营规模的第三方物流企业迅速兴起；作为物流功能综合体现的物流配送中心也已有一定发展。国有、民营、外资等多种所有制物流企业共同发展，拥有广州宝供、广东邮政、广州商储、中海国际、招商局物流等一批具有相当规模和较高服务质量的物流企业。UPS、TNT、丹麦马士基等国际著名物流企业先后进入本省，世界著名的零售企业沃尔玛、家乐福、吉之岛、万客隆等带来先进的物流经营理念和管理技术，沃尔玛还在广东省成立了全球采购中心。

（五）现代物流面临诸多问题

受体制、政策、技术、管理、人才、观念等因素制约，广东省现代物流的社会化水平不高，物流组织布局分散，行业垄断和地区分割现象还较明显；企业规模普遍偏小，缺乏有竞争力的大型物流企业集团；专业化和技术水平不高，传统流通模式仍居主导地位；物流标准化和规范化滞后；技术装备和管理水平不高，社会总体物流费用仍然居高。

二、指导思想和发展目标

加快发展现代物流业，是广东省调整经济结构和地区布局、提高经济整体运行效率和质量，进而完善投资环境、增强综合竞争力的战略选择；也是广东省适应我国加入WTO后改革开放的新形势、拓展经济增长空间、推进流通产业现代化的重要举措。

（一）指导思想

坚持“市场主导、企业运作、统筹规划、开放有序”的发展原则；以提高物流效率、降低物流成本为核心，加大物流技术创新和组织创新，积极推进物流资源整合，合理进行物流产业区域布局；增强物流业对国民经济的基础作用，使之成为广东现代服务业发展的重要突破口、国民经济新的增长点和增创新优势的重要支撑；通过加快现代物流业发展，促进流通产业现代化，增强区域综合竞争力，最终推动广东率先基本实现现代化的进程。

（二）发展目标

广东省现代物流业发展的总体目标是：通过整合资源、优化结构、调整布局、扩大开放，加快物流基础设施和信息化建设，促进海陆空等各种运输方式有效衔接和物流信息技术的推广应用，基本建立高效率、高质量的社会化、专业化、国际化的现代物流服务体系。推动以广州-深圳为轴线的珠江三角洲成为国内和国际双向物流和海陆空立体物流相结合的国际性物流中心，成为国际物流供应链的重要枢纽和节点，进而将广东建设成为开放、高效的物流强省。

——到2005年，初步建成高效便捷、有效衔接的综合交通运输网络，建立起资源共享、开放安全的物流信息支撑体系，建立起层次分明、结构合理的物流园区和配送中心网络，建立起面向市场、规范公平的政策法规和技术标准体系。

——到2005年，基本建成以中心城市为依托、与区域经济发展水平相适应的有效协作、布局科学的区域物流格局；造就一批市场竞争力强、经营规模大、技术装备和管理水平先进的现代物流企业。

——到2005年，物流业增加值达到2 700亿元，占GDP的比重为16.5%，“十五”期间年均增长11%左右，物流业对经济增长的基础作用进一步增强。物流成本占GDP的比重由2000年的22.8%降低到18%左右。物流业社会化和专业化水平不断提高，第三方物流业在物流业务中的比重不断提高。

三、发展重点

广东省现代物流业发展的重点内容包括：推进和完善运输网络、信息支撑网络、物流园区等三大物流基础设施建设，积极培育和有效启动物流市场，引导和促进物流业在不同地区合理布局、协调发展。

（一）完善综合物流运输网络

完善交通运输基础设施建设，增强综合运输能力，基本形成以公路为基础、以铁路为骨干，水运、航空、管道运输协调发展的高效便捷、有机衔接的综合运输平台。

1.加强交通网络建设，完善综合运输条件。形成公路、铁路、航空、水运等相互配合的、能够适应现代物流业发展需要的综合运输网络。建设完善以广州为枢纽、连接全省地级以上市的高速公路网；以广州、深圳等沿海枢纽港为龙头、层次分明、协调发展的港口体系；以广州新白云国际机场为枢纽，深圳、汕头、珠海、湛江等机场为干线机场的民用航空运输体系；进一步完善以广州为枢纽、连接珠江三角洲各地级市的铁路网络；进一步改善东西两翼、粤北山区和广大农村地区交通运输条件。加快城市交通与国省道主干线、机场快速干线、港口集疏运通道等紧密衔接配合；加快与高速公路出口相连接的普通公路的建设和改造，提高连接铁路、机场和港口主枢纽的通道通过能力，完善运输网络布局，增强物流服务全国、连接海外的辐射能力。

2.有效整合运输资源，提高运输效率。加快发展多式联运，整合运力资源，提供无缝运输；加快装运标准建设，加快消除运输障碍，增强综合运输能力。以信息化、网络化为基础，加快智能型交通运输的发展，重点选择高速公路的监控、收费、快速货运系统等方面试点应用，提高路网通行能力和服务质量，推进现代运输系统的形成。加快对外运输通道、省内运输网络和港站主枢纽相互衔接，形成结构合理、运输质量明显提高的综合运输体系。

（二）建设物流信息支撑网络

信息化是现代物流的重要技术支撑，推进信息化是加快物流发展的重要手段。充分利用现有的信息基础设施，加快企业信息化，建立适应我省的现代物流信息综合处理平台。

1.加快信息基础设施建设。加快建设高性能的信息网络基础传输平台，完善信息基础设施建设；加快华南区域信息交换枢纽中心和电子商务中心建设，建立健全电子商务认证体系、建立完善网上支付系统和物流配送系统。

2.推进公共信息平台建设。广泛采用信息网络技术，加快现代物流与电子商务的融合；充分利用现有信息资源和信息网络，通过网络平台和信息技术将制造商、供应商及货主、用户联结起来，实现物流各环节的有效控制、全程管理，达到资源共享、信息共用。在公共平台的基础上，加快完善电子商务的发展，加快建设网上交易系统、网上支付系统及相关的物流配送系统。

3.加快企业信息化建设。以推进企业信息化为基础，加快建立各类物流信息系统；促进现代信息管理技术，如企业资源计划(ERP)等技术在企业内部物流管理中的应用，全面提高企业的信息管理水平。加快条形码技术、卫星定位技术、扫描器、电视监控等技术的应用。

（三）合理规划建设物流园区网络

按照因地制宜、集约高效的原则，结合城市发展的目标和定位，以物流园区–物流中心–配送中心为基本模式，建设物流节点。

1.合理规划建设物流园区。在交通设施条件优越、商品集散能力强、辐射范围广的地区，结合改造和整合利用现有设施，建设若干个规模合理、运作规范的集市场信息、仓储配送、多式联运及展示、交易等功能于一体的现代物流园区。在紧靠港口、机场和陆路口岸及海关监管通道相结合的大型转运枢纽，建设国际型物流园区；在多种运输方式骨干线网交汇的中转枢纽，建设全国枢纽型物流园区；在跨区长途运输和城际配送的转换枢纽，建设区域转运型物流中心。以广州、深圳为中心的珠江三角洲地区和汕头、湛江、韶关等交通方便、集散能力强的地区，统筹规划建设一批层次分明、结构合理的全局性、关键性的物流园区，形成辐射东南、西南、西北、华南地区的物流网络框架。

2.加快物流配送中心网络建设。结合城市规模和发展目标，合理布置物流配送中心，为城市内的生产、商贸和消费服务，建设若干有合理规模、运作规范的现代化的配送中心，推进商品配送操作自动化、管理科学化和服务标准化。加强物流配送中心的建设和管理，逐步实现仓库立体化、装卸搬运机械化、拆零商品配货电子化、物流功能条码化、配送过程无纸化，建立自动补货系统，提高配送服务质量和效率。积极组织生产资料分销企业完善服务功能，为生产企业提供原辅材料及零部件的配送业务，逐步建立建材、家具家电、日用化工产品、食品等专业化加工配送中心。支持大型连锁、批发代理、第三方物流和大型工业企业进行物流配送中心建设，扩大配送品种范围，加快建立综合性与专业性并存的多层次、大规模、多品种、高效率的物流配送体系。

3.有效整合现有的场地资源。物流园区和配送中心建设，要切实按照资源有效整合的原则，充分利用现有的货运站场、编组站、仓库、批发市场等场地设施资源，加以必要的改造和提高，提高装备现代化水平和管理水平，切忌贪大求全和低效重复。

（四）积极培育和有效启动物流市场

适应产业结构调整升级和我国加入 WTO 后对物流市场发展的要求，加快培育物流有效需求，积极培育和壮大现代物流企业，尤其是扶持第三方物流企业的发展。

1.推进物流服务社会化。第三方物流是现代物流的发展方向和重要组织方式。按照经济效益与规模化原则，引导企业调整经营组织方式，将原材料采购、运输、仓储、产成品加工、整理和配送等物流服务有效分离出来，以现代物流管理模式进行重组，剥离低效物流部门，释放物流外包业务，逐步推进企业物流活动的社会化和专业化，为物流产业发展培育广泛而坚实的市场需求基础。

2.大力开辟国内外市场物流需求。适应城市化进程加快和城市功能完善的需要，加快发展货仓式商场、购物中心、超市、连锁经营等新型商业业态，通过城市大商业、大市场、大流通创造物流需求。运用现代物流技术和管理方式，加快建立"广货"的国内外分销网络。吸引跨国公司增加投资办厂，增加企业生产物流需求。适应我国加入世贸组织和粤港区域贸易自由化发展趋势，扩大进出口贸易，扩大国际物流市场。

3.提高物流服务的有效供给。按照专业化、信息化、智能化要求，提高物流企业的技术水平和管理手段，加快培育具有国际竞争力的市场主体。加快企业改造、改组、兼并，鼓励多元化投资主体进入物流服务市场，推动在利益分享的基础上组建物流同盟，实现跨区域经营，培育一批组织基础好和管理水平高的大型企业。运输、仓储、货运代理和批发配送等企业，发挥自身业务优势，围绕市场需求，延伸物流服务范围和领域，逐渐成为部分或全程物流服务的供应者。适应现代流通方式变革的需要，推动批发市场向生产和零售两头延伸，完善功能、提高档次，促进交易功能与深加工、物流、配送、信息等增值服务和现代营销服务结合起来。

（五）促进不同区域物流产业协调发展

坚持分类指导、因地制宜原则，促进物流产业合理布局和有序发展。物流设施建设必须与经济发展水平、城市发展的功能定位、经济区位条件结合起来。充分利用现有物流资源，合理布局物流设施建设。以广州-深圳两个中心城市为轴线，以珠江三角洲经济区为重点，东西两翼和粤北为补充，建设层次分明、结构合理、布局科学、功能互补的物流产业体系，促进物流业在不同区域协调发展。

1.中心城市。广州、深圳要以建设具有国际影响的物流中心和枢纽为目标，高标准、高起点发展现代物流，加快推进交通运输综合网络建设和物流信息平台建设；充分发挥广州、深圳枢纽港口、广州新白云国际机场和深圳干线机场的物流功能；利用港口、保税区、出口加工区，积极发展国际物流；根据城市发展的需要，加快城市的物流园区、物流中心和配送中心建设。广州要加快推进建设大型的航空港、深水港、信息港等"三大港"和辐射全国及海外的南沙物流园等物流园区建设。深圳要加快深水集装箱码头、铜鼓航道、空运中心等建设，推进深圳笋岗-清水河等六个物流园区建设。将广州、深圳建设成为发展现代物流业的示范地区。

2.珠江三角洲。适应加工制造业发展的需要，完善综合运输网络。加快珠江三角洲地区物流基础设施和市场体系的配套建设，积极发挥港口、公路、铁路、航空的物流资源优势，积极支持和推动连锁经营、物流配送、电子商务等现代流通方式，完善对外开放的服务窗口和通向国内市场的重要门户功能；加快珠江三角洲城市之间以及和省内外的沟通联系，提高城际物流效率；在铁路、高速公路、港口运输条件好和加工制造业较发达的东莞、佛山、中山、江门等地区，合理规划建设一批具有专业性或综合性的家电、家具、服装、玩具等区域性物流中心，把作为世界加工制造基地的珠江三角洲，进一步建设成为我国乃至东南亚地区重要的物流基地，增创珠江三角洲的地缘新优势。

3.东西两翼。以汕头、湛江枢纽港为依托，充分利用现有的高速公路和铁路资源，加强出省通道的对外联系作用，扩大对外的辐射作用。汕头、湛江要以建成华南东部与西南沿海大型物流中心为目标，加快港口建设，逐步形成配套完善的物流基础设施。

4.山区。加快建设和改造山区公路等交通设施，增强山区交通运输能力。适应农业产业化进程，以加强农村市场体系建设为重点，培育壮大有规模、上档次、多功能农产品批发市场，扩大市场的辐射范围，提高交易规模；加快农副产品批发市场与现代物流业的结合，促进批发市场开展流通加工、包装配送的增值服务，提高农产品生产和供应水平。发展具有农村特色、适应农产品特点的社会化、专业化的农业物流中心和配送中心，以现代物流带动山区经济发展，增加农民收入。粤北山区要结合京珠高速公路，加快发展现代物流业。

(供稿：广东省人民政府办公厅)

广州市

为贯彻落实《广州市国民经济和社会发展第十个五年计划纲要》和《中共广东省委、广东省人民政府关于大力发展现代流通业的意见》，加快现代物流业发展，降低企业经营成本，提高企业核心竞争力，促进广州产业结构的调整、优化、升级，提高广州国际竞争力，广州市政府制订了《广州现代物流发展规划纲要》，提出将广州发展成为中国南方国际物流中心的目标。

一、广州现代物流发展现状和未来需求

2001年,广州交通运输业、仓储业、邮电通讯业增加值395.84亿元,占第三产业增加值27.05%,占GDP 14.74%;批发和零售贸易、餐饮业增加值270.07亿元,占第三产业增加值18.46%,占GDP 10.05%。

总体上看,广州现代物流业尚处于起步阶段。以信息技术为支撑,以第三方物流为主体,以供应链管理为核心的现代物流模式在逐步发展。预计未来5—10年将是广州物流业高速发展时期,第三方物流将保持快于国内生产总值的速度发展。特别是港口物流和空港物流将呈现快速的发展态势,估计机场货邮吞吐量年平均增长速度可达到10%以上,市场发展潜力十分巨大。

二、广州现代物流的总体目标和发展思路

《纲要》提出,到2010年,广州现代物流发展的总体目标是:初步建成功能健全的物流信息平台和物流运输平台两大平台、三大国际性枢纽型物流园区、若干区域性综合型物流园区和一批区域性专业型物流中心及配送中心。物流成本占GDP的比重下降到13%左右,第三方物流占物流市场的比重达到23%左右,使现代物流业发展成为广州市主要基础产业和重要支柱产业之一,形成面向全国的现代物流中心和全球物流体系中的重要节点。

三、广州发展现代物流的重点领域

广州发展现代物流的重点概括地说,主要是"2个平台,3+5个园区,1批现代物流企业,1个良好的政策环境",即构筑物流信息平台和交通设施平台2个平台,重点建设南沙、黄埔和广州新机场3个国际性物流园区,规划建设芳村、白云、增城、番禺、花都(军田)5个区域性综合型物流园区,通过引进、重组、引导发展等手段培育、组建1批起带头示范作用的现代物流企业,努力营造有利于现代物流业发展的政策环境。

(一)优先建立物流信息平台

高度信息化、智能化是现代物流区别于传统物流的主要特征之一,优先建立物流信息平台是现代物流业发展重点。在完善高速率宽带主干网等基础设施的基础上,广州将分阶段建设全市统一的物流信息共用(综合)平台、网站和电子数据交换中心、海关报关清关系统、预出境检验检疫系统、行业管理基础项目等各类物流信息专业应用系统,实现各系统间的互联互通。各目标将分阶段实施:

近期(2003–2004年)。建立广州物流信息共用(综合)平台基础,形成基本框架和基本功能。重点制定信息共享协议和标准、统一数据接口规范,建立全市物流数据抽取信息系统、全市货物跟踪信息系统、车辆调度跟踪信息系统(广州市公路主枢纽信息中心)、综合信息发布系统等。

中期(200–2007年)。扩展物流共用(综合)平台的功能建设,实现对全市各类物流信息系统的整合,重点整合企业业务交易支持系统、宏观决策支持系统、综合信息发布系统等。

远期(200–2010年)。增强对政府宏观决策支持系统、企业业务交易支持系统、综合信息发布系统的功能开发,完善广州物流信息共用(综合)平台的功能,形成国际物流信息港总体功能。

(二)构筑物流运输平台

构建由空港、海港、铁路货站、公路主枢纽货运站系统和货运通道网络、配送道路网络体系等方面构成的广州物流运输平台,大力发展符合现代物流发展趋势的集装箱多式联运平台。近期建设重点包括4个方面:

一是加快新沙港区和南沙港区的建设。

广州港新沙港区的发展重点是继续大幅提高集装箱吞吐能力,增建深水泊位和专用泊位,同时,浚深出海航道,提高通航等级。加快南沙港区的建设,尽快形成远洋运输能力,带动南沙国际枢纽物流园区的开发建设。

二是保质按期完成国际航空港的建设。

三是铁路网。继续搞好黄埔港区、黄埔新港区和新沙港区的港口铁路建设,加快南沙港铁路的规划建设,使铁路成为黄埔国际枢纽物流园区和南沙国际枢纽物流园区的重要疏港通道。

四是高速公路网和公路干道网。重点建设广

珠西线和东线高速公路、北三环高速公路，形成以广州市为中心，9条放射状高速公路及内环路、环城高速公路、北二环高速公路、华南快速干线、珠江三角洲经济区为主骨架的广州高速公路网络；加快建设广州南部地区（仑头至龙穴岛）快速路、黄阁干线、新光大道；继续抓好出口公路主干道的改造，完善市区道路系统，建设机场高速北延线、华南北路、广园东路延长线；加快各类物流园区、物流中心、配送中心接通高速公路和公路主干道的货运通道的建设，形成广州物流货运通道网络。

（三）推进物流园区、物流配送中心体系的建设

规划和建设一批大型的综合性现代物流园区，符合区域经济集簇化、规模化发展的要求，也是拉开城市布局的措施之一。要按照可持续发展和生态城市的要求，重点建设黄埔物流园区、南沙物流园区、广州空港物流园区3大国际性枢纽型物流园区，规划建设芳村、白云、增城、番禺、花都（军田）5个区域性综合型物流园区。按照“市场网络体系化、市场布局合理化、市场动作信息化、市场交易现代化”的发展思路，选择布局较合理、辐射面广、功能较完善的交通枢纽货运站和批发市场，升级改造为现代化中高级批发市场、物流配送中心，形成专业性中高级批发市场和物流配送中心一体化的物流网络。

3大国际性枢纽型物流园区的基本建设内容都包括海运、装卸、仓储、加工、包装、保税仓、出口监管仓库、物流企业群、配送中心、海关、银行等，但服务功能将呈差异化发展趋势：

1.黄埔（国际枢纽）物流园区将是一区多园的物流园区，具体定位是：以新沙港区为依托，在新沙港区和麻涌建立新沙国际海运物流园；以黄埔集装箱码头为依托，建立黄埔国际集装箱物流园；以广州保税区为基础，将广州保税区改造建设为广州国际保税物流园；以现有的广州公路主枢纽货运系统东部货运枢纽站为基础建立国际物流园；以黄埔港区为龙头和依托，建设黄埔国际海运物流园。其服务功能以珠江三角洲物流、港澳台物流、国内沿海物流和日本、韩国、朝鲜、东南亚国际物流为主。

2.南沙（国际枢纽）物流园区的建设将以南沙港区和进港铁路为依托，规划选址范围包括：鸡抱沙、龙穴岛、和孖沙围垦区，蕉门水道以西的新垦、万顷沙和围垦公司的部分地区，横沥海岛东部、灵山东南部以及珠江农场的部份地区，南沙石油油库。总用地面积大约3–5平方公里左右。其服务功能以国际物流为主，配合国际集装箱远洋干线班轮为主的港口货物运输，发展保税加工、仓储配送等与港口货物运输相关的产业。配套规划建设横沥配送区发展物流储运配送业，以南沙油库为基地着重发展石油产品中转、分拨、配送业务。

3.广州空港（国际枢纽）物流园区的定位是：以广州新国际机场为龙头，以新机场高速公路、京珠高速公路、广清高速公路和北二环高速公路为交通枢纽，在靠近新国际机场货运区附近的花都区花东镇与花山镇之间，规划建设广州空港（国际枢纽）物流园区。其功能以时效性物流为主，主要为国际航空、国内航空高附加值的货物提供仓储、中转、加工、包装、快递、配送、信息等全程物流服务。

物流园区规划、建设工作的规划和建设工作是近期广州市物流领域的重点工作。目前，3大国际性枢纽型物流园区规划、建设工作已经展开：黄埔物流园区中的东部物流园已部分划定500亩用地红线；南沙物流园区的调研、规划工作正在紧锣密鼓地进行；广州空港物流园区已划出近1000亩用地红线，部分地块的地下管网和地基处理正在进行。

（四）培育现代物流企业

现代物流企业是现代物流业发展的主体。要充分利用广州传统物流企业的丰富资源，培育现代物流企业，组建大型现代物流龙头和骨干企业，形成跨国物流企业、国有控股物流企业、民营物流企业多元化并存的现代物流企业群体。重点培育和发展代表现代物流发展方向的第三方物流企业。

四、加快现代物流发展的政策措施

为加快现代物流业发展，广州市政府将出台若干配套措施：

（一）完善现代物流协调管理机构

借鉴香港等地经验，建立现代物流联席会议制度。联席会议制度召集人为主管副市长，市计委领导为协助召集人，有关部门负责人为成员。联席会议制度下设办公室，具体负责日常组织协调工作，办公室设在市计委。联席会议主要研究解决广州现代物流发展中的重大问题，指导和协调物流业务各部门的工作。

成立广州现代物流业协会。充分发挥其联系政府管理部门与物流企业的桥梁与纽带作用。

（二）制定物流产业政策

政府制订对国际枢纽型物流园区、区域综合型物流园区等重点物流项目的扶持政策，鼓励和保护多种经济成分，包括外资和民营独资、控股、参股的物流企业的正当竞争。政府不干预企业的经营，不限定物流企业的所有制形式。制定物流市场准入规则和规范物流企业扶持标准，减少对物流业的限制。

（三）用地政策

对企业以原划拨土地为条件引进资金和设备建设物流配送中心，可按规定补交土地出让金后，将土地使用权作为法人资产作价出资。

（四）降低用电价格

物流企业使用的大型冷藏、冷冻和各类加工设备，以及列入省市规划和重点扶持的物流园区、大型物流配送中心、大型中高级批发市场、物流龙头企业、第三方物流企业用电，按工业用电标准收取电费。

（五）资金筹措对策

优先将物流园区、物流配送中心、物流运输平台、物流信息平台等相关基础设施列入各级政府投资计划和重点项目计划，在资金上予以倾斜。

积极引进外资、港澳台资发展广州现代物流业。鼓励民营企业投资现代物流业，积极吸引非国有资本和非国有企业参与物流园区、物流运输平台、物流信息平台等的开发、建设。

积极扶持有发展前景的股份制物流企业上市，借助国内外资本市场的资金发展现代物流业。

（六）营造良好的研究开发和人才环境

鼓励有条件的大型物流企业建立物流工程技术研究开发中心和博士后流动站，引进人才，加强高等院校、物流研究机构和物流企业的联系和合作，形成产学研一体化的物流研究和开发基地。制订各种优惠政策和创造条件，引进物流跨国公司和国内外现代物流优秀专业人才。

（七）建立国际物流通关“绿色通道”

将国际空港和海港、国际物流园区及海关的建设有机结合起来，全面规划，建立健全三大国际物流园区国际物流通关的“绿色通道”。提高货物报关通关速度，实施包括电子预归类、电子预审价和电子查验的全程电子通关(即零通关)。

（供稿：广州市发展计划委员会贸易流通处）

深圳市

2002年，深圳在扩大内需，促进经济发展方面采取了一系列政策措施，国民经济快速健康发展，实现国内生产总值2 239亿元，比上年增长15%，人均国民生产总值达4.6万元，(折合5 561美元)，增长6.5%；工业增加值1 072亿元，增长19.6%；规模以上工业总产值4 221亿元(1990年不变价)，增长24.2%；外贸进出口总额872亿美元，增长27.1%，其中出口总额466亿美元，增长24.2%；全社会固定资产投资747亿元，增长11%；社会消费品零售总额690亿元，增长13.2%；实际利用外资49亿美元，增长36.1%；地方财政收入304亿元，同口径比增长20.5%。

一、深圳物流业快速发展

深圳经济的快速健康发展，为深圳物流业的腾飞奠定了坚实的基础，以海港和空港运输为龙头的现代物流业蓬勃发展，深圳港集装箱吞吐量达762万标箱，增长50.1%，在全球集装箱枢纽港中的排名由2001年的第8位跃升为第6位。盐田港区三期、蛇口港区二期集装箱码头已开工建设，签订了中外合资建设大铲湾港区的协议，全面推进六大物流园区规划建设；航空货运实现了突破性发展，深圳机场货邮行吞吐量33.4万吨，增长35%，美国与韩国公司在深设立中外合资的国际航空货运和快运公司，建立了目前国内最大的波音747-400型全新货机机队，积极推进深圳机场与港澳机场的合作。

二、深圳物流业得到政策支持

深圳市在我国是最早提出发展现代物流业的城市之一，早在1996年，深圳市即开始了深圳市发展现代物流业的战略研究，经过几年的探索，2000年5月深圳市委第三次党代会明确提出现代物流业是深圳经济发展的三大支柱产业之一，确定了现代物流业在深圳经济发展中的战略地位。2002年6月由王穗明副市长任组长，市政府相关部门和部分企业的领导组成了深圳市现代物流业发展工作领导小组，2002年10月25日《关于加快发展深圳现代物流业的若干意见》正式公布。它的公布，是深圳市现代物流业发展的一个里程碑。深圳将依托珠江三角洲，衔接香港，面向国际和内地两大市场，以海、空港的快速发展为基础，以现代物流服务体系为支撑，以信息技术为手段，重点建设物流园区，扶持一批上规模、有潜力、具有较强竞争力的现代物流企业，通过各种措施加快培育现代物流市场，真正实现物流的社会化、规模化、信息化和专业化，"十五"期间深圳将建成以国际物流为重点，以区域物流为基础，以城市配送物流为支撑的区域性现代物流中心。将深圳发展成为跨国公司、国际采购、国际配送和国际集散基地，形成以远洋运输、航空货运、国际中转、多式联运、批发配送、信息服务等为主体的物流基地。物流园区和运输、仓储、配送等相关领域将实现电子数据交换和物流数据共享，全面实现报检、报关、报税电子化。使深圳市的物流业真正与国际物流市场接轨，融入国际物流大循环。

三、深圳市六大物流园区简况

（一）盐田物流园区

属枢纽型园区，具有存储、配载、运输方式的转换以及物流信息服务等多种功能，园内的企业以制造商、仓储公司和货运公司为主。主要具备国际集装箱中转、仓储、拆拼、加工、海关查验等功能。该园区仓储用地面积约203万平方米，目前已转让104.7万平方米。

（二）前海湾物流园区

这是一个综合物流中心。主要依托未来的大铲湾港区、深港西部通道以及平南铁路，加快西部港区资源整合，重点发展港口及陆路散杂货集散、集装箱中转、加工、转运和配送等服务。

目前，该园区已经兴建的仓储基地占地10万平方米，建设集装箱堆场25万平方米，园区内环境有了较大改善，初步形成了出口货物流集装箱接驳基地，园区内项目投资（含填海造地）达4亿元。2003年，该园区将重点开发多功能仓储基地、集装箱堆场以及汽车转运中心项目。

（三）航空物流园区

该园区总体规划已经于2002年通过市有关部门批复，规划占地面积达116万平方米。主要包括四大功能：空运中心、海运中心、保税贸易仓区以及临港工贸园区。该园区以拓展国内货运为基础，重点突破国际货运。通过吸引众多的航空公司、货运代理、物流企业及相关经营者的共同参与，形成依托华南、连接东南亚、欧美等国家和地区、辐射内地的区域性货运枢纽港。

目前，该园区已经成立筹建办，具体负责园区建设及招商引资工作。其中首期海关快件监管中心项目已经正式投入运营，邮政快件分拨中心项目已经完成选址等前期工作。

（四）平湖物流园区

该园区定位为陆路转运枢纽型综合物流园

区,不仅是依托铁路作为发展公路铁联运、海铁联运的中转物流基地,同时也是作为珠江三角洲及京九铁路沿线货物的产品配送、货物集散、集装箱转运中心。将重点建设集装箱中转、仓储配送和专业批发等三大目标市场。从1998年筹建至今,该园区可控制用地16.5平方公里,首期开发4.4平方公里。实际可使用土地90万平方米已经基本被征用,2003年计划再完成征地60万平方米。

目前,该园区已经累计投入1.5亿元资金进行基础设施建设,完成了富安大道、新山路、平李连线和广深铁路跨线桥等工程;完成了木古铁路货站的收受,实现了园区与外部交通干线的基本连接。

（五）笋岗－清水河物流园区

该园区定位为市域配送中心型物流园区,以充分发挥深圳与香港一水之隔的地理优势和广九铁路直通园区的交通优势,用5年左右的时间,建成中心城区配送、专业市场、第三方物流等综合物流园区功能。重点培育家居超市、汽车及零配件交易市场、轻工产品市场、医药港、冷冻食品配送中心、生鲜农产品加工配送中心、文化传播市场等七大专业市场。园区总规划用地面积4.74平方公里。

（六）龙华物流园区

该园区定位为服务口岸、连接香港和深圳并辐射珠三角和内陆地区的国际集装箱多式联运中心。其主要功能为出入境集装箱接驳、物流中心和配送、进出口货物代理、集装箱还箱点、信息管理以及相应支持系统服务等。园区中,华南国际集装箱多式联运中心项目红线占地面积55万平方米。

四、深圳市现代物流发展规划

深圳市较早在国内制订了物流发展规划,2001年,深圳市发布了《深圳市“十五”及2015年现代物流发展规划》,并成为深圳市经济社会发展专项规划之一。《深圳市“十五”及2015年现代物流发展规划》提出了深圳市分3步走的发展现代物流业的战略方针。近期(“十五”期间)打好基础。建立行业发展政策环境,构建运输基础设施平台,初步建立完整的现代物流企业协作群体,跨国企业集团在深圳市设立的仓储中心、组装中心和物流基地显著增加,到2005年,物流业增加值占第三产业增加值的比重达到20%。中期(2006–2010年)快速发展。以支持电子商务、高技术产业的第三方物流为代表的现代物流企业快速发展,2010年第三方物流的市场份额超过30%,物流成本占GDP的比重下降到13%以下。远期(2011–2015年)成熟完善。形成依托香港,面向国际,重点辐射珠江三角洲,延伸3条辐射轴线(沿海至长江三角洲、沿京九铁路至中部地区、沿新的西南出海通道至广西、贵州和云南等省)的物流经营网络,形成中国内地最为完善的物流服务体系。

按照上述发展方针,深圳市将建立现代物流业发展的政策环境,将构建物流基础设施与信息服务两大平台,将实现服务于现代商业发展需求和高技术产业结构要求的三个领域目标适应跨国企业全球经营战略需要的国际物流体系、高时效性的区域运输服务体系和准时快速多样化的城市配送体系,最终通过港口及仓储区物流园区的建设,形成内外衔接、相互依托的现代物流产业圈。

(供稿:深圳市物流与仓储协会)

佛山市

一、佛山市物流业发展现状

自古以来，佛山就是商贾云集、工商发达的岭南重镇和我国南方重要的商品集散中心，物流发展具有良好的历史传统。改革开放以来，佛山市社会经济的全面发展，经济总量迅速扩大，2001年国内生产总值达1068.36亿元，特别是发达的制造业给物流业发展创造巨大空间，物流量巨大，促使与物流相关的交通运输、信息通讯、仓储配送和批发零售等行业较快发展，推动佛山市物流业由起步阶段向加速成长阶段转变。

（一）物流业快速发展，对国民经济增长的贡献不断提高

按照《广东省现代物流业“十五”计划》的物流业增加值计算口径，2001年佛山市物流业增加值达到198.83亿元，占国内生产总值的18.6%，比1995年提高了5个百分点，年均增长14.0%，比同期国内生产总值增长高出1.2个百分点，对国民经济发展的贡献进一步提高。

（二）物流规模巨大，专业化物流服务需求已初露端倪

伴随着大量的生产和消费，佛山市物流规模不断扩大。2001年，全社会货运量1.16亿吨，是1995年的5倍，年均增长30.7%；货物周转量113.19亿吨公里，是1995年的12倍，年均增长51.4%；港口货物吞吐量0.23亿吨（其中集装箱713.8万吨），是1995年2.7倍，年均增长17.8%；邮电业务总量88.42亿元，是1995年的5倍，年均增长30.7%。从物流方式上看，以公路运输为主，2001年公路货运输占全社会货运量的68.4%；货物周转量以水路运输为主，占总货物周转量的63.3%。从物流方式的变化来看，公路运输增长迅猛，水路运输增长快速，铁路运输呈萎缩趋势，1995–2001年间，公路货运量年均增长52.2%，水路21.8%，铁路下降22.5%；公路货物周转量年均增长77.0%，水路45.5%，铁路下降9.4%。

与此同时，佛山市专业化的物流服务需求已初露端倪且发展势头好。一是外商企业对高效率、专业化物流服务需求量大且增长快，这带动了佛山市专业物流服务的发展。如汤姆逊佛山彩色显像管有限公司将企业运营资金最优化，由第三方专业物流公司提供仓储、运输服务，企业生产原材料60%由第三方物流公司运输，40%由供应商运输；产品100%由第三方物流公司负责运输。二是大型优势企业开始尝试和利用专业化物流服务，如科龙通过对本企业物流的策划、计划和组织，而将生产原材料和产品的运输近100%由第三方物流完成，并实施招标制度；海天调味食品有限公司为实现产品零储存目标，将物流业务剥离给专业物流公司；佛山澜石宇航不锈钢制品有限公司的产品运输90%以上由第三方物流完成；鹰牌陶瓷有限公司通过招标形式选择了深圳全程物流公司作为第三方物流企业。三是新兴经济领域如快递服务、电子商务等行业，对物流配送服务的需求日益增多。如广东邮政物流配送服务有限公司佛山分公司2001年营业额达到1.48亿元。

（三）专业化物流企业涌现，多样化物流服务逐步拓展

近年来，佛山市专业化物流企业开始涌现，发展势头比较迅猛，而且正在向规模化、专业化和系统化发展，主要有四大类型。一是涉外物流企业，如吉宝物流（佛山）有限公司等。这些企业一方面为国外企业进入市场提供延伸物流服务，另一方面针对佛山市进出口企业正在生成和发展的专业化物流服务需求提供服务，大多是以国际海运为

主的国际多式联运，服务范围主要包括港口操作、货运代理、船务代理、水路和公路运输、仓储及其他物流增值服务。二是由传统运输、仓储及批发零售贸易企业转变形成的物流企业，如佛山市汽运集团物流分公司、广东邮政物流配送服务有限公司佛山分公司等。这类物流企业依托原有物流业务服务基础和在客户、设施、经营网络等方面的优势，通过不断拓展和延伸其物流服务，不断向现代物流企业转化。三是大型生产性或流通性企业成立专业化的第三方物流企业或分公司，如美的安得物流有限公司等。这些企业主要是在服务本集团物流的基础上，逐步向同行业或相关行业拓展业务。四是民营资本成立的第三方物流企业或物流组队。这类企业或组队大多是为了加强市场竞争力，而由某个民营资本牵头、较多个体户组成的物流服务团体，单个服务规模相对较小，但服务灵活。

佛山市物流服务的多样化得到了进一步深化发展。一方面，围绕货运代理、商业配送、多式联运、社会化储运服务、流通加工等物流职能和环节的专业化物流服务发展迅速。如广东邮政物流配送服务有限公司佛山分公司的现代物流服务形成四大类型，即为雅芳、戴尔等制造商提供一体化物流；为SOHU、当当网上书店等网络公司提供在线配送；为电力、供水、有线电视等公司提供商务专递服务；为居民生活提供日用消费品的分销和配送物流服务。另一方面，系统化物流服务或全程物流服务正兴起，即由物流企业为生产、流通企业提供从物流方案设计到全程物流的组织与实施的物流服务。如佛山汽运集团物流分公司为海天调味食品有限公司提供的产品运输、仓储保管、装卸搬运和配送以及物流相关设计、计划和管理等系统化物流服务。

（四）物流基础设施逐步完善，物流装备水平得到提升

在交通运输基础设施方面，公路、铁路、航空和水运齐备的现代化立体交通网络已初步形成。广珠、广湛、广肇公路和广佛、佛开、广三高速公路穿越本市，2001 年全市公路通车总里程 3 965.6 公里，公路密度 103.97 公里/百平方公里。广湛铁路通过本市与全国铁路网联结，佛山机场已开通北京、杭州、南京等 20 多个国内大中城市的航班。全市有对外口岸 17 个，其中一类口岸 4 个（顺德港、南海港、高明港和佛山火车站），集装箱码头 11 个。在信息通讯方面，全市已形成以程控交换为主体，大容量光纤、数字微波传输为主，有线与无线通信相结合、基本业务与增值业务相互促进的现代化通信网络。电讯传输网、计算机数据网和有线电视网三大基础网络覆盖全市城乡，已实现农村光缆到村、市区光缆到楼。2001 年信息化综合指数达 55.5%，城乡固定电话交换机总容量 176.01 万门，移动电话总容量 377.4 万门，已有固定电话 136 万户，移动电话 235 万户。

物流装备工具发展粗具规模和装备水平进一步提升。2001 年，全市普通载货汽车拥有量 11.63 万辆，占民用汽车拥有量的 54.5%，净载重量 37.92 万吨位；民用运输船 1465 艘，净载重量 28.62 万吨位。在物流企业信息应用及有关硬件设备方面，正在努力完善。如吉宝物流（佛山）有限公司在原有以海运系统、集装箱管理系统和财务系统为核心的局域网平台基础上，投入 700 万元对系统进行全面升级，建立一个基于互联网的、适应电子商务需要的综合物流信息平台，现硬件设施已基本完成，系统于今年调试运行。佛山汽运集团物流分公司已采用车辆全球定位系统（GPS）、仓库运作采用实时监控系统等。

二、物流业发展面临的问题及制约因素

虽然，近年来佛山市物流业得到较大发展，但是由于专业化物流服务市场需求增长制约因素较多，致使专业化、规模化和系统化物流服务供给发展缓慢，总体上服务水平相对较低、服务方式和内容有限，因而物流企业发展壮大难度大，物流企业装备水平难以提升。

（一）专业化物流服务观念滞后，发展面临市场需求约束

大多经营主体或经营者对专业化物流服务发展认识不足，相当多企业物流活动主要依靠企业内部组织的自我服务完成，从而大大制约着专业化物流需求市场的发展。主要表现在：1.部分生

产或流通企业对第三方物流在降低生产成本中的作用存有疑虑，对专业物流服务质量缺乏信心和信任。2.部分生产或流通企业对“第三方利润”存有认识误区，误认为物流业务外包就失去可观的“第三方利润”，没有认识到自己的非专业化物流成本更高。3.部分生产和流通企业虽然对外包物流业务的好处有较好认识，但担心物流业务外包后会造成自己企业物流设施闲置浪费和人员下岗而损害企业的利益。

（二）专业化物流服务方式有限，物流企业经营水平不高

佛山市物流企业虽然得到较大发展，但专业物流服务的方式拓展有限，服务水平和效率还比较低。主要表现在：1.服务方式和手段比较传统单一。目前，大多数物流企业仅提供运输和仓储服务，而在流通加工、物流信息服务和物流成本控制等物流增值服务方面，尤其是在物流方案设计以及全程物流服务等更高层次的物流服务还没全面展开。2.物流企业组织规模较小。佛山市现有的物流企业的运输和储运等业务能力有限，网络化、系统化的经营组织尚未形成。2001 年，全市从事道路普通货物营业运输注册户数为 6.56 万户，平均每户拥有普通载货汽车仅有 1.77 辆。如海天调味食品有限公司计划扩产 30 万吨，希望新增产量的物流也全部通过第三方完成，但是非常担心佛山没有大型的物流企业能够承担。3.物流企业管理水平较低，服务质量需进一步提高。这次调查过程，被调查的重点生产性企业普遍反映，物流企业应在物流服务的准确性、时效性和系统性等有待大大加强。

（三）物流渠道不畅，物流效率较低

佛山市物流渠道不畅，造成物流效率较低，主要有以下几个方面原因：1. 全市至今尚无系统性物流业规划和物流基础设施布局规划。2.交通等基础设施系统不够完善且区域发展不平衡。3.缺乏有效的物流信息平台和健全的物流经营网络，企业之间、企业与客户之间协作不充分，部分物流资源浪费，物流服务的综合经济效益得不到发挥，全社会物流成本难以降低。4.现代物流技术推广应用慢，物流设施和装备的标准化水平较低，造成各种物流功能、要素之间难以有效衔接和协调。

（四）宏观制约因素较多，发展软环境有待改善

相对发达国家而言，我国物流业发展则刚刚起步，许多相关政策措施远不够完善，相当多障碍尚待突破，宏观制约因素较多。在这样的宏观环境下，毫无疑问，佛山市物流业发展要面临许多挑战，主要有：1.体制挑战。长期以来，佛山市物流基础设施管理的“条块分割”十分严重，各管理部门相对独立，自成体系，随着分散物流向社会化物流转变，必然要求一个相对集中的协调管理部门。正是在这种多头或分段管理下，现行的物流相关管理政策法规相互之间协调性差，到目前为止佛山市尚未有针对物流业发展的支持、管理和监督的明确有效政策措施。2.标准挑战。虽然我国物流标准化体系建设正在抓紧，制定了如《物流术语》、《商品条码》等国家标准，但在推广力度、标准化程度和范围上赶不上物流业发展的需要，物流标准体系远未健全。佛山市物流业发展在这样的背景下快速成长，如何与国际接轨、少走弯路、避免设施和装备的浪费，这确实是一大挑战。3.不公平挑战。由于交通运输业的准入门槛不高，个体户及其组队都可参与，但是由于个体户的市场公平意识相对较差，如超载运输、偷税漏税等，而且对其管理的难度大，在一定程度对市场公平产生冲击。4.人才挑战。由于物流业以往是附属行业，物流人才培养滞后于物流业发展的需求，尤其是既懂信息技术又懂现代物流管理的复合型人才更加稀缺。

三、佛山市物流业发展前景分析

（一）佛山市物流业发展具备良好的外部环境

当前，佛山市物流业发展具有良好的外部环境。首先，国内经济形势很好。根据国家“十五”计划，2001-2005 年经济增长年均为 7%左右。其次，国家将会进一步加强对发展物流业的支持。国家计委正在编制国家物流业发展规划和研究重点物流基础设施的布局，交通部发布了《关于促进运输业发展综合物流服务的若干意见》，国家经贸委等六部委联合印发了《关于加快我国现代物流业发

展的若干意见》,其中明确提出“政府部门对公益性物流基础设施的建设,应在土地、资金、税收等方面提供优惠政策”。科技部已专门立项研究物流标准体系,推进物流业的标准化、规范化。国家有关部门正在陆续研究和颁布政策法规,积极推进交通运输等物流基础设施的投资主体、投资渠道与投资方式多元化,鼓励国外物流企业加强与国内物流企业合作。行业协会加强物流中介服务,尤其对行业内从业人员进行规范化培训,即推行资质认证管理。另外,物流技术应用突飞猛进。各种物流新技术的应用更趋活跃,这将进一步推动物流向机械化、自动化、智能化、信息化方向发展,物流服务将在更大程度上满足生产和消费的要求。

(二)佛山市物流业发展蕴藏巨大潜力

1.物流市场规模继续扩大。物流市场规模通常可以采用估算的全社会物流成本来反映。所谓物流成本是指物流活动中所消耗的物化劳动和活劳动的货币表现。省计委编制的《广东省现代物流业“十五”计划》,指出广东省2000年物流成本约占GDP总量的22.8%左右。根据佛山市社会经济现实情况和区位优势,估计佛山市现阶段的物流成本占GDP的比重为20%左右,因此,2001年佛山市全社会物流总成本约为214亿元。按近期佛山市出台的产业发展规划,至2010年GDP达到2 910亿元,预测届时物流成本比重达到香港、台湾的现有水平13%,全社会物流成本达到378亿元。也就是说,若佛山市物流服务都是通过第三方完成,物流服务的市场交易规模有378亿元。由于佛山市产业主要以加工制造业为主,物流成本应比这个数字更高,是个非常巨大的潜力市场。而且随着佛山市社会经济的进一步发展,这个规模也不断扩大。

2.物流市场需求潜力巨大。可以从四个方面说明:一是佛山市各类产品产量大;二是工业产品的原材料和能源消耗量大;三是专业市场成交量大;四是批发零售贸易业商品销售额大。如果促使生产和流通企业的物流意识稍微提高,物流服务市场需求就会有大幅度上升。

3.基础设施投入进一步加大。珠三角城际快速轨道交通佛山至广州段已开工,总投资约147亿元,建成后将与广州1、2、3号线相连接。佛山市正在制定完善的公路骨架网规划,以现有公路网为基础和“3015”为目标,规划改建或新建“四纵九横两环”,总投资360亿元。公路主骨架网形成后,可以达到以下效果:(1)与省主干公路网、广州城市高速公路网及周边各市的主干道有机组合,快速互达互通;(2)直达主要交通节点,如境内大港口、站场和广州南沙港、新机场;(3)境内交通畅顺发达,公路等级和密度接近先进发达国家水平。信息网络基础设施建设,按适度超前原则,广泛应用传输新技术,提升网络带宽和技术水平,规划形成一个高速率、大容量、高可靠性和灵活的基础传输网,总投资超100亿元。

(供稿:佛山市发展计划局)

湛江市

一、湛江建成区域性物流中心的客观依据

(一)是充分发挥南方大港潜力和作用的客观要求

拥有南方大港的湛江,港口条件得天独厚,港域面积和航道水深为世界少有,在我国华南沿海独具建造亿吨级大港的潜力,能量巨大。而在湛江建设物流中心,使港口腹地的华南、西南广大地区的物资、技术、设备、资金等生产要素向这里汇聚、集中和扩散,就能够促进港口能量的释放,进而实

现以港兴市，带动湛江经济跨越式发展。因此，要充分发挥湛江大港口的潜力和作用，必须把湛江建成区域性物流中心。

(二)是建设区域性中心城市的客观要求

1998年底，省委省政府在湛江召开现场办公会，提出"把湛江建设成为环境优美、秩序优良、经济发达、文明富庶的区域性中心城市"。湛江要建设区域性中心城市，必须不断增强聚集能力和辐射效应，这就要求把湛江建成区域性物流中心城市。

(三)是发挥和利用湛江比较优势的客观要求

湛江是我国最早对外开放的14个沿海城市之一，拥有大港口、丰富的南亚热带资源和海洋资源等诸多优势，但多年来这些优势还没有完全转化为经济优势。主要原因之一，就是物流业滞后的制约，物不能尽其利，货不能畅其流，影响了各种优势资源的充分有效利用。加快建设区域性物流中心，是把湛江诸多优势转化为经济优势，转化为现实生产力，促进经济全面快速发展的有着"牵一发而全身"意义的关节点。

(四)是加快大西南开发开放和发展的客观要求

湛江作为大西南最主要的出海口，是西南地区与国际经济接轨和融合的桥梁。据有关部门预测，大西南开发至2005年，每年经湛江港进出口的物资将逾3 000万吨，其中仅石油产品达1 600万吨、铁矿砂达850万吨。随着西部大开发战略的深入实施、我国加入世贸组织后对外开放的扩大以及出海通道建设的完善，21世纪初期大西南的进出口物资将大幅度增加。大西南急速膨胀的进出口需求，迫切需要一个国际一流深水大港充当"大泵站"，通过它，将大西南的"经济流"抽向国际市场经济；另一方面又将设备、技术、资金、市场等国际性生产要素源源不断注入大西南。这个"大泵站"就是区域性物流中心。从目前北部湾诸城市的实力和潜力来看，湛江以其独特的区位、深水大港口优势和居于首位的经济实力能担当这一角色，因此，把湛江建成区域性物流中心势在必行。

二、湛江建成区域性物流中心的可行性

(一)湛江在我国南方独有建造亿吨级国际深水大港的优势

港口是物流的重要结合点，沿海现代物流的发展主要依靠港口。湛江港是新中国自己建造的第一大港，是国家的枢纽港，自然条件得天独厚，港域宽阔，内港岸线长达241公里，是目前世界第一大港荷兰鹿特丹港的3倍，内港航通水深达负40米，超过世界10大港负23至负28米的码头前沿水深，为世界少有，可通行30万吨级货轮和50万吨级油轮，以及建设第三、第四代集装箱码头，在我国华南沿海独具建造亿吨级国际大港的潜力。目前湛江港已成为多功能综合性的现代化港口，可进出10万吨级以上轮船，拥有全国第一座30万吨油码头和全国最大的矿石码头，港口功能齐全，设备先进，库场充裕，一次性堆存能力逾150万吨，可承担集装箱、重大件、散货、危险品、石油、流体化工品等100多种货类的装卸、仓储、转运业务以及客货汽车运输，与世界100多个国家和地区直接通航，年吞吐量在全国沿海港口排第8位。目前正在建设30万吨级深水航道以及超大型石油和矿石码头"三大工程"，计划在2003年完成，届时湛江港将拥有全国最深的航道，可进出30万吨级的船舶，年通过能力达5 000万吨，成为名副其实的我国南方第一深水大港。此外，正在续建、扩建市域10多个中小型港口，形成了以湛江港为中心、围绕雷州半岛的港口群。到2005年，全市港口通过能力将达8 000多万吨，粗具国际一流大港口的规模。湛江拥有的港口优势，将会在中国加入WTO和西部大开发中得到充分发挥，成为建立区域性、国际性现代物流中心的坚实基础。

(二)湛江独特的区位优势可转化为巨大的辐射力

区位条件，是体现一个城市是否有成为现代物流中心潜力的先决条件。湛江地处广东、广西、海南三省区交汇处，内联三南，外通五洲，有着特殊的重要战略地位。从广东来看湛江，它是粤西的一个经济、政治、文化中心，又是广东率先基本实现现代化沉重的一翼。但它所具有发展的潜力和后劲，也是广东发展新优势的潜力所在。湛江历史上拥有的国际影响，势必成为建设区域性、国际性

物流中心潜在的有利条件。

(三)湛江粗具区域性中心城市雏形

一般来说，区域性中心城市都是区域性物资集散中心,物流设施和基础设施较齐全,流通人力资本充裕,消费集中而且需求量大,交通与信息较发达,具有很强的集聚、散发和辐射能力。因此,区域性中心城市是现代物流中心形成和发展的重要依托和必要条件。目前,湛江已粗具区域性中心城市的雏形:

首先,湛江是粤西和北部湾经济圈的经济中心。

其次，湛江是广东西部和北部湾地区的交通中心。

再次,湛江是大西南出海通道的物流中心。

随着湛江区域性中心城市的进一步发展,必将有力地推动区域性物流中心的形成。

(四)湛江已形成良好的、较大规模的流通加工产业和货运业市场,具备整体化的物流基础设施

要成为区域性物流中心，必须对物流商品有很强的生产能力、吸引能力和消化能力,同时,更需要发散全国各地的货运能力。因此,相对发达的流通加工产业和货运业市场是必不可少的。湛江目前流通加工产业呈蓬勃发展趋势，全市从事流通的专职人员20多万人,参与流通的企业1万多家,其中上规模的1 500多家,年流通成交额超过100亿元;共有各类加工型企业1 380多家,年加工产值逾50亿元；建成消费品综合市场320多个,年成交额70多亿元。同时,湛江已形成集散功能强、辐射范围广的货运业市场,拥有充足的货运能力,2001年,全市完成货运量达8 500多万吨,综合运力总量高居全省前列，粗具物流枢纽中心雏形。

三、湛江建成区域性物流中心的若干对策

(一)进一步拓展作为现代物流重要载体的湛江港的功能,大大提高港口的集约化、现代化和专业化程度

湛江按照江泽民总书记关于“建设南方大港,发展湛江经济”的指示,全力加快建设湛江港,正在紧张施工建设10万吨级深水航道、30万吨级油码头和20万吨级矿石码头“三大工程”,从此湛江港将成为华南地区第一深水港；继续加大投入峻深航道，到2003年完成30万吨级深水航道工程,届时可通航30万吨级货轮,港口吞吐能力达5 000万吨,粗具一流深水大港规模,并搞好码头和服务设施的现代化建设。同时,按照“前港后厂”的模式,建设港口物流园区,形成集进出口货物仓储、分拨、配送为一体,海、陆、铁运输于一身,并与信息网络有机结合的现代国际物流运作体系,使湛江港成为功能完备的口岸物流平台。

(二)建设一批综合物流中心或物流基地,形成包括交通运输、加工代理、仓储配送、信息网络等多环节组成的现代物流大循环系统

全球经济一体化使现代物流成为跨行业、跨部门、跨地区、跨国界的产业,它的发展模式将以大型、特大型综合物流中心或物流基地为主结点,以一大批中小物流企业为子结点的物流网络体系,以形成高效、快捷、安全、优化的社会物流总供应链。专业化和规模化是综合物流中心或物流基地这种新兴物流集疏方式的重要特点。其发展模式是:以市场信息为基础,以产品配送为主业,以现代仓储为配套,以多式联运为手段,以商品交易为依托。湛江要以这种模式建设一批大型、特大型综合物流中心或物流基地，通过集成化和网络化成为区域性的物流中心城市。具体来说主要是建设“五个中心”:以湛江港为依托的国际性原油、奥里油、液化氨、液化气等油气类储罐转运中心和进出口物资交易储运中心；以湛江粮油糖仓库和批发市场为依托的区域性大型粮油糖储运交易中心;以海洋渔业基地和大型水产品批发市场、水产品加工厂为依托的大型水产品交易储运中心;以广东农副产品中心批发市场为依托的区域性热带、亚热带农副产品交易转运中心;以湛江国际会展中心为依托的大型生产要素和生活资料集散、交易中心。

(三)培育和发展一批具有市场竞争能力、经营规模合理、技术装备水平较高的物流企业

物流中心的形成,必须有一批强大的以“第三

方”物流为主的物流企业作支撑。湛江要大力发展专业化、社会化的“第三方”物流企业，培育物流产业的市场主体。一是鼓励已经具备一定物流服务业务专长、组织基础和管理水平的，从事运输服务、仓储服务、货运代理服务和批发配送业务的企业，加速向物流领域转变，尽快形成竞争优势，成为本地物流发展的领先者。如帮助湛江外运公司、湛江海运集团、湛江供销储运公司、湛江外轮代理公司等企业通过有益于物流企业塑造的改制、改造、资产重组等工作，延伸拓展物流服务功能，促进其升级转化，培育成为湛江物流品牌企业。二是在规范市场准入标准基础上，鼓励多元化投资主体进入物流服务市场，使其能根据需求和自身条件，发展特色物流服务。这类企业开展物流服务的主要范围有三种：适应市域配套的快速、准时、多样化的物流服务；适应区域时效运输的物流服务；适应跨国公司全球经营战略的国际物流服务。主要服务对象有三类：厂商物流；批发分销物流；零售物流。从而建立一个能够提供多样化服务的物流企业群体，形成多层次、全方位的现代物流服务网络体系。三是组建一批新的优势物流企业。在全市现有 12 家省、市龙头流通企业的基础上，在 3 年内，全市确定 30 家物流龙头企业，按“扶大、扶优、扶强”的原则，重点支持、培育、组建一批优势物流企业集团。

（四）做好“两个大通道”的文章，加快建设面向“三南”的物流平台

一是做好建设海南特区出岛大通道的文章，构建粤海铁路沿线物流走廊。湛江所辖雷州半岛是海南通往大陆的地面必经之路，海南资源的开发和经济的发展愈来愈有赖于向大陆的扩张和与大陆的合作。随着粤海铁路湛海线即将建成通车，湛江将成为海南与大陆联系的桥梁和纽带。湛江要抓住这一机遇，以陆岛通道沿线目前已建立起的农作、水果、畜牧、水产、林业 5 大类 21 个商品生产基地为依托，利用临海和交通运输便捷，大力发展流通加工产业，建设以湛江市区为中心，沿线各市县为骨干，乡镇为网点，多类型、多功能的市场网络，形成产、加、供、销一条龙物流体系，成为海南与大陆双向互动的集散中心。二是做好建设西南出海大通道的文章，构建大西向走向世界的物流平台。湛江背靠的腹地大西南，占全国人口的六分之一，是中国资源最为丰富的地区之一，随着我国“入世”和西部大开发的深入，那里潜藏的各种生产要素向外延伸的积极性空前高涨。西南各省都认为，大西南走向世界，湛江是最主要的出海口。为此，湛江要进一步发挥大港口优势，加速国际深水大港的发育；争取尽快在湛江设立国家级出口加工区；以区域共享型建设模式与西南经济区联合发展物流基础设施，尝试出让码头岸线、土地，让其设立自由贸易基地、商品进出口基地以及出口产品加工小区，吸引这些省区来湛江建码头、仓储设施，办商业、搞运输贸易等，让其充分分享湛江的港口资源，并最终与大西南结成三个“三点一线”：即大西南各省区—湛江—国际合资合作；大西南原材料、半成品或成品—在湛江的加工、深加工或组装—国际市场销售；国际设备、技术—在湛江合作办厂—向西南转移技术。这样不但使大西南的开发开放出现新的突破，而且将加速湛江区域性物流中心的形成。

（五）大力推进信息化进程，加速建立物流信息平台

物流时代是伴随着信息时代的到来而到来，并伴随着信息技术的发展而发展的，可以说，没有信息技术就没有现代物流。湛江要采取积极措施，促进物流信息系统的建设和发展。首先，要加快物流信息网络建设，建立政府和企业的物流信息平台。近期重点建设好批发市场网上交易中心和政府网上信息中心，提供网上交易场所，发展电子商务物流。其次，要促进现代信息管理技术在物流企业和广大工商企业内部物流管理中的应用，全面提高企业的信息管理水平。在此基础上，鼓励和帮助企业实现信息资源的共享和连通，特别是利用互联网技术，推进物流信息平台的建设，为物流信息交流的畅通和高效创造条件。第三，要加强各种物流标准的建设工作，一方面要在物流计量标准、技术标准、数据传输标准

等方面做好基础工作，另一方面，要加强物流标准化的协调和组织工作，使各种物流设施和装备符合国际标准、国家标准和行业标准，推进物流产业的标准化进程。

（供稿：湛江市人民政府）

贵港市

近年来，广西壮族自治区贵港市通过构建铁公水联运大枢纽，改善流通环境，吸引了周边地区的货物到贵港中转。2002年前10个月，贵港公路货运量完成1009万吨，货物周转量10.51亿吨公里，同比分别增长26.2%和17%；水路货运量752.2万吨，货物周转量40.14亿吨公里；港口货物吞吐量709.3万吨，同比分别增长28%、28.5%和35.2%。

作为珠江经济流域重要的内河港口城市，为了吸引更多的货物到此中转，贵港市把铁公水联运大枢纽的建设作为突破口，以便让各种运输方式更加高效地对接和运转。公路方面5年筹集建设资金4亿多元，以国道为主干，建设了环城高速公路、进港高等级公路，实现了乡乡通公路，村村通汽车。港口以罗泊湾作业区和中转港作业区为轴心，专业港口群已形成，年吞吐能力达1 100万吨。港口大作业区均通铁路专线，港口总体布局规划项目建议书已获得广西壮族自治区政府批准，罗泊湾作业区和中转港作业区二期改造工程总投资1.9亿元，已开展前期工作，改造后年增吞吐能力300万吨。铁路方面，黎塘至贵港铁路复线工程已全线完工投入使用，扩建铁路货场5 000平方米。

贵港市还充分发挥港口联动作用和“裂变”效应，积极推进产业调整，使沿江工业带规模不断扩大，依港傍水建立了外向型工业、加工业，2002年有120万千瓦火力发电站和30万吨成品油中转站等一批项目立项。在港区建设贵港市煤炭批发市场、建材交易市场，实现市场与港口捆绑发展。同时，围绕港口建立农副产品加工区，使产品外销时不用经短途运输就可以在港区件杂货泊位装船外运，大大节约了生产成本。产品的多元化使货流骤增，贵糖集团年产蔗糖、纸品达300多万吨，水泥产业每年生产水泥及制品500多万吨，还有一批大型工业企业每年通过公路、水路、铁路运输的货物就达1 300万吨。

公路、水路、铁路联运交通环境的改善，吸引了周边地区的货物到贵港中转，据统计，每年经公路运抵贵港的货物达1 500万吨，其中水运货流量800多万吨，铁路货流量2 000万吨，贵港已经成为广西重要的物资集散地。

（供稿：中国物流与采购联合会）

云南省

《中国-东盟十国经济合作框架协议》的签署，以及云南省在“十五”规划中提出的建设绿色经济强省、民族文化大省和中国连接东南亚、南亚、国际大通道的三大目标，使得面向中国-东盟自由贸易区的云南省发展物流具有十分重要的现实意义。事实上，云南省自然地理条件和经济社会环境于社会大物流的发展都拥有比较好的基础。

一、物流发展空间大

云南物流领域有相当大的开发空间，调研资料表明，云南物流成本占 GDP 的比重高达 25%。若按国际平均水平 12%计，2001 年云南省 GDP 为 2 077 亿元，物流利润空间应在 270 亿元，也就是说，如果能使云南物流成本降低一个百分点，其直接的经济效益将是 5.19 亿元，而其社会效益也是不言而喻的。

二、交通运输基础大为改善

2002年公路建设将投资 100 亿元，预计新增公路里程 2 000 公里，其中高速公路 114 公里，一、二级公路 495 公里。2002 年上半年，云南省 10 项重点公路建设项目共完成投资 30.6 亿元，为年度计划投资的 51.4%。实现了时间过半，任务过半的目标。“十五”期间，云南交通建设将投资 600 亿元，新改建公路 12 000 公里，新增公路里程10 000 公里。到 2005 年，完成省内六条公路绝大部分路段的改造，全省纳入国家统计的公路总里程将达 11 万公里。省内交通运输条件的改善为物流发展提供了有利条件。

三、澜沧江－湄公河次区域开发初见成效

20 世纪 90 年代以来，通过参与区域合作，我国经过云南通江达海、连接周边国家的国际大通道建设已粗具雏形。泛亚铁路新加坡至昆明通道，昆明–曼谷、昆明–缅甸腊戌高等级公路，澜沧江—湄公河国际航运，红河国际航运，昆明和西双版纳机场的改造等一批交通基础设施建设项目被列为次区域合作的重点项目。这些项目有的已经完成，有的正在建设，有的也是我国西部开发中要建设的出境大通道。这些项目全部建成后，我国可以经陆地、水路和空中从云南的东、中、西三个方向进入东南亚和南亚。将形成较发达的航空、铁路、公路、水运相互衔接配套的多方位的连接中国与东南亚，南亚的国际大通道交通体系。这将对我国西南和西部地区的开发及物流发展发挥重要作用。

四、有强大的物流需求

2000 年，云南省对外贸易进出口总额完成 18.13 亿美元，比 1999 年增长 9.23%。其中，出口总额达到 11.75 亿美元，比 1999 年上涨 13.64%；进口总额 6.38 亿美元，比 1999 年增长 2.1%。2000 年，同云南省有贸易往来的国家、地区共有 89 个，其中，东南亚四国共 5.6 亿美元，占云南省对外贸易总额的 30.7%。对外贸易的增长，同时促进省内贸易的发展。2000 年全省实现社会消费品零售总额 583 亿元，比上年增长 8.2%，面对市场经济的不断发展，比重越来越大的消费品流通市场，以及逐年庞大的外需贸易，形成了越来越广泛的物流需求。

五、政府的重视以及边贸管制的放开

西部大开发为云南带来了经济发展的大好机遇，同时也带来了政府对物流的重视。“两省一通道”的战略目标必须要靠现代化的物流作为支撑，这已是不争的事实。云南省组织了政府、企业经济管理人员到国外、省外先进的物流企业进行考察、学习。云南省政府已经逐步加强对现代化物流建设的重视。

六、物流企业布局已基本形成

云南省的物流企业共有 414 个，昆明有 184 个，占总数的 44.44%，近一半的比例。其中，物流速递、货运代理、仓储港口、包装服务及设备、物资贸易、物流信息服务和 IT 设备及服务公司共有 137 个，昆明有 87 个，占总数的 63.5%；而储运联运，公路、铁路、船舶运输，装卸搬运、流通加工这类运输业或与运输密切相关的企业共有 277 个，与其他地区接壤的南部、西部和东北部共有 180 个，占总数的 65%。这说明，云南省的物流业已基

本形成以昆明为中心城市的辐射四方地区的综合物流服务构架，同时又靠各地运输带动中心城市物流发展的格局。

（供稿：中国物流与采购联合会）

陕西省

随着市场化和信息化的进程加快。现代物流已成为陕西省国民经济的重要支柱产业。

一、我省的物流业取得了可喜的发展

近两年来，省委和省政府对发展现代物流十分重视和支持。省长贾治邦在2002年的政府工作报告中再次强调“要发挥我省地处西北前沿的地理优势，依托现代化交通和信息网络体系，抓紧制定现代物流发展规划和政策，合理布局物流中心。……要抓住现代物流业尚处在起步阶段的时机，抢先下一步，率先崛起，使陕西尽快成为西北现代物流业的重要基地”。陕西物流正在发生可喜的变化。

1.2002年2月10日，省经贸委遵照政府领导的指示，召开发展现代物流专题调研会。应邀参加会议的有省政府有关部门、专家学者、物流企业老总和物流协会的同志们，共同研讨省现代物流的发展问题。

2.2002年10月，省交通厅、省道路运输协会完成了“陕西省物流业发展战略研究”的科研项目，并与2002年底，通过了专家评审，是目前陕西省研究现代物流内容丰富、研究水平较高的研究项目。

3.2002年10月，陕西省邮政信息技术局完成了“陕西电子邮政物流发展模式研究报告”。目前，即将组织专家组进行评审鉴定。

4.2002年6月21日，我物流协会应邀参加了西安市政府“西安现代物流发展研讨会”。会上专家学者、物流企业老总、政府有关部门领导共同研究西安地区发展现代物流规划。2002年年底，西安政府关于《西安现代物流产业发展规划(草案)》已开始实施。

5.企业物流有了实质性的发展。近年来，西安地区以连锁经营、物流配送为特色的企业物流发展较快。家世界、人人乐、智圣、众瑞、西安中储物流中心、陕西邮政物流公司、中电物流，陕西交通运输业的华清路货运中心、西安大唐运输集团等企业物流发展势头很好，并已形成一定的规模。其中，西安中储物流中心已被西安市政府确定为西安六大物流中心之一。

另外，宝鸡等地市正在加快制定流通产业发展规划。

二、加快陕西省现代物流发展的步伐

（一）陕西物流业发展的优势

1.近年来，省交通运输业建设投资多、规模大、发展快，为发展物流奠定了坚实的基础。“九五”期间，陕西公路建设投资218亿元，是“八五”的5.9倍；民航投资26亿元，是“八五”投资的4.4倍。目前已形成铁路、公路、空运、立体交通网络，基本可适应现代物流发展的需要。

2.物流基础设施雄厚，服务功能齐全。除省属企业外，还有三四十家中央部属、国防军工物流企业。西安地区仓储库房大型仓库就有30家，仓储面积约100多万平方米。发展物流所需货运场地、仓储库房、物流中心、批发市场等资源十分丰富。

3.物流企业发展迅速。近两年，陕西省以“物流”冠名的物流企业数量达数十家，其中有一定规模、有一定实力的如西安中储物流中心、众瑞物流公司、智圣物流信息业公司、省邮政物流、中电物流等10多家物流企业。

4.物流信息化技术发展较快，实力较强。全省数字数据网和交换网已覆盖所有市、县，不少物流企业建立了物流网站。物流软件开发有西安亚桥软件公司、陕西新北邦高科技开发公司、陕西公众电子商务有限公司，招商迪辰西安公司等，可为物流企业提供信息化技术服务。

当然，现代物流业发展与社会经济、技术等总体水平发展是紧密相连的。陕西现代物流业刚刚起步，由于陕西省物流基础设施相对落后，布局不合理；交通运输发展缓慢，物流服务技术水平低；加工配送、连锁经营发展缓慢，服务水平不高；物流信息化水平低，需求不足，企业自营物流比例太高，第三方物流需求不足，等等，这对现代物流业发展有很大的制约和影响。

（二）陕西现代物流发展构思

现代物流业是集交通运输业、仓储、流通加工、商业连锁、配送服务、电讯邮政、物流信息等产业的集成，由多个作业相互依存的综合性、服务性、基础性的产业。

陕西物流发展战略应当以物流基础设施，物流信息化和物流发展组织体系为总目标来构造。依托西安、咸阳、宝鸡、渭南、汉中、安康、延安、榆林等中心城市和重点经济区域，建立与陕西经济发展总目标相适应的各级物流基础设施信息平台和相适应的物流园区、物流中心、配送中心及各类商品批零市场，形成以西安为中心、关中地区为一级网络基地、以陕南、陕北为二级网络基地、以各产业集散地为三级基地，以各具特色的物流企业为四级基地，建立高效率、开放化、一体化、多层次有效结合的现代区域物流体系。

这里应当特别指出的是，西安地处我国两大经济区域的结合部、欧亚大陆桥陇海铁路线上最大的中心城市，连接东西部的主要枢纽，西安应建立西部陇海线上的“国际陆港”，打造“新世纪丝绸之路”。特殊的地域位置、优越的国防、科技、教育、文化、旅游等优势，都为西安建成西部最大的物流基地奠定了极好的基础。

（三）发展物流业需要解决的问题

1.观念滞后。现代物流是一个崭新的综合性产业，认识物流、发展物流需要有一个过程。陕西省经济市场化程度不高，不少人的思想还停留在“重生产、轻流通”阶段，传统的“大而全、小而全”的思想，阻碍社会化大生产、大流通的发展。

2.体制分割。由于长期纵向型经济管理体制的影响，条块分割、自成体系、极不适应现代物流的发展需要。而现代物流的发展需要的则是多个横向行业和部门的结合。

3.基础设施滞后，物流技术装备落后。

4.第三方物流企业刚刚起步、规模小、服务功能不健全，不能为客户提供完整的配套服务。

5.生产制造业物流需求不足，大多是“大而全”、“小而全”的自给自足的小生产者。

三、陕西物流协会促进物流发展

陕西物流协会的前身是陕西物资流通协会，于1994年6月成立。当时的协会会员单位主要是从事生产资料经营的流通企业。随着市场经济的迅速发展，陕西物流协会参照中国物流与采购联合会的做法，率先在各省市前将原协会改名为“陕西物流协会”。协会的改名标志着协会的成员结构及服务领域、服务对象将发生重大的变化。

一年多来，协会适应市场经济的发展，把推动现代物流发展作为中心工作，竭诚为会员单位做好服务工作。

1. 深入调查研究，广交朋友、发展新会员。2002年以来，协会新发展了从事连锁、配送业务的物流企业，以及金融、信息、邮政等新会员十几个单位，给协会的发展增添了新的力量。

2.举办物流培训研讨班，推动物流业发展，一年多来，协会先后举办了两次物流培训研讨班。有60多位同志参加了培训学习。另外，还举办现代物流报告会。广泛地进行了学习宣传，收获颇大，反映很好。

3.应邀与省物产集团一起，帮助省物资储运总公司调研、规划、构造发展现代物流配送方案，向国家有关部委推荐。现被省经贸委列为2003省政府确定的“陕西省物流基地”重大技改项目。

4.组建由大专院专家学者、物流企业领导组成的协会发展现代物流指导委员会，为协会会员单位以及社会上发展物流的企业开展咨询、指导服务。

四、推动陕西省现代物流发展的建议

（一）组织领导机构，尽快制订物流发展规划

推动现代物流发展，政府的责任在于统筹规划、协调发展、制订标准。我们建议的在省政府的领导下，成立一个由政府综合部门牵头，交通、航空、铁路、邮政电讯、金融、内外贸主管部门、有关行业协会、高校专家学者组成的一个班子，制定我省现代物流发展规划，制定统一物流发展战略，整合社会物流资源，打破行业、地区、部门的界限，促进物流市场的形成。

（二）制定支持政策，加速物流业发展

据了解，国家"关于鼓励我国现代物流发展的若干政策"不久有望出台。我省应抓紧制定土地使用、税收、收费等相关政策，促进我省现代物流业的发展。

（三）政府积极牵线搭桥，整合物流企业资源

根据经济效益和规模化原则，通过资源整合和市场重组，培育和做大优势物流企业。

（四）充分发挥物流行业协会作用

行业协会的宗旨是为政府、为物流企业和社会服务，发挥企业和政府之间的桥梁、纽带作用。行业协会通过行业调研，可向政府部门提出行业发展，规划产业政策建议；为会员开展多种形式的培训、咨询服务；协助政府加强行业规范和自律，引导和促进行业发展；建立企业与政府的交流渠道，积极寻求政府对物流产业发展的支持。

（供稿：陕西省经贸委　李若东
陕西物流协会　曹　岗）

西安市

现代物流产业是西安着力培育和发展的新兴产业之一。发展现代物流业，对于西安实现"建经济强市、创西部最佳"的奋斗目标、拓展新的经济增长空间具有十分重要的意义。

西安地处东西两大经济区域结合部，也是陇海、兰新经济带核心区，具有承东起西、连接南北的重要枢纽作用，西安地域优势得天独厚；随着西安经济持续、稳定的发展，商品集散功能的不断增强，对物流配送的需求日趋强烈；产业结构调整优化以及城市道路交通、网络通讯等基础建设水平不断提高，为西安现代物流产业发展提供了良好的外部环境和内在的发展动力；建立以西安为中心的西部地区区域性物流服务体系的时机已经成熟；2003 年 2 月《西安现代物流产业发展规划》正式颁布执行，标志着西安现代物流业已经健康起步。

一、现代物流产业发展指导思想

西安发展现代物流的指导思想是以国家实施西部大开发战略为契机，按照促进物流资源的优化组合和生产要素合理配置的发展要求，遵循现代物流业发展的内在联系和市场经济规律，坚持"政策引导、打破垄断、整合资源、扩大开放、企业为本、规范运作"的发展原则，发挥西安比较优势，多功能、多层次、多类型地发展西安现代物流业，使西安现代物流业在我国北方中西部地区区域经济中发挥更强的辐射和带动作用。

西安现代物流产业发展目标是建立"一个体系、三个平台"，即西安物流业的发展要以培育和完善"结构合理、设施配套、技术先进、运转高效"的现代物流体系为目标，发挥区位中心优势，努力构筑以政府政策引导和宏观调控为主的政策平

台；以提高物流基础设施、信息技术现代化水平为主的要素平台；以具有较大规模、较强竞争能力的企业主体平台；积极扶持和发展产、学、研一体化的第三方物流龙头企业；规划建设现代物流产业园区和功能性物流配送中心；使现代物流业发展速度高于全市 GDP 增长幅度。

针对西安作为东西部商品聚散中枢的地位优势，结合生产资料和生活资料多为东进西运的流向特点。以及公路、铁路交通运输为主、航空交通运输为辅的实际情况，按照西安城市总体规划布局要求，2006–2010 年，加快西安现代物流业“1–7–10”建设布点步伐，即 1 个物流园区、7 个物流中心、10 个配送中心。

一个物流园区—灞桥新筑物流园区。7 个物流中心：1.纺织城纺织品、服装物流中心；2.长安韦曲科技物流中心；3. 三桥汽车物流中心；4.北郊草滩果品物流中心；5. 北石桥物流中心；6.西安中储物流中心；7.临潼新丰物流中心。10 个配送中心：根据现有城市道路交通状况和物流中心位置，在充分利用现有场地资源的基础上，在咸宁路、华清路、太华北路、大白洋路、枣园路、友谊路等处规划 10 个物流配送中心，作为联系物流中心和生产企业、商贸流通企业和最终消费者的纽带。

二、现代物流产业发展目标

西安现代物流产业总体目标是：到 2010 年，努力构造与西部经济强市相适应的现代物流服务环境，建成以现代物流产业园区、功能性物流中心和多层次配送中心为节点的现代物流框架，形成结构合理、设施完备、技术先进、运转高效的现代物流体系，使西安成为中国西部地区现代物流业的重要枢纽。

西安现代物流产业的具体目标：2003 年到 2006 年物流成本占 GDP 的比重实现每年以 1%的速度递减，2006–2010 年实现每年以 2%的速度递减。2006 年物流业增加值达到 210 亿元，2010 年达到 340 亿元；2006 年物流业占全市 GDP 的比重超过 15%，2010 年达到 17%。2003 年，60%的物流企业和 100%的第三方物流企业通过现代网络技术处理用户的物流信息；80%的企业内部物流信息经由计算机处理；2010 年，100%的物流企业运用计算机网络技术处理物流信息。到 2006 年扶持和建立 2–4 户业务辐射整个中西部地区的大型专业第三方物流企业，到 2010 年，做大做强 5–8 户经营业务在区域范围占绝对优势且辐射全国范围的第三方物流龙头企业集团。

（供稿：西安市商业贸易委员会消费品流通处）

甘肃省

甘肃地处祖国内陆，属于经济欠发达地区。物流成本在 GDP 中的比重居高不下，远远高于全国 16.7%的平均水平，已成为制约全省经济发展的一个战略问题。甘肃省委、省政府提出的工业强省战略，特别是实施西部大开发战略，将成为全省经济发展的新热点，这无疑给甘肃物流业提供了新的契机。但是，甘肃在物流设施、技术应用、经济支持上还很薄弱。

一、物流发展的落后现状

客观地讲，甘肃对现代物流的理性认识尚处于初级阶段，企业界对物流业务的重视和开发还有很大的局限性，物资企业本身也正处于物流低级水平，对现代物流要达到的效率与效益的“双赢”效果还有较大距离。根据调查分析，甘肃物流业大致可以归纳为以下几种：

一是以仓储分拨为主的物流服务企业，这主

要集中在原全省商业、物资、外贸、粮食等系统内。在兰州市内近年来一些大型生产企业的仓储用地和设施面向社会开放，也逐渐融入物流功能；二是以铁路运输部门为主，开办的三产物流企业，主要开展“门对门”运输业务，其业务范围在不断扩大，在甘肃物流市场上占据了1/3强的份额；三是以全省交通运输和航空运输部门所属企业与有关企业联合形成的物流配送企业，这类企业的物流配送对象都多为商业、物流、外贸、粮食等贸易或生产型企业，物流配送的承担者则为这类企业，它们在甘肃物流市场上，所占份额不算太大；四是以私营、个人等形成的非专业物流零散业主，在甘肃物流业中这是一个较大的队伍，他们在物流业中发挥着重要的作用。

从以上的分析可以看出，在甘肃尚没有其真正意义上的物流企业。这就给甘肃发展物流业提供了空间。甘肃企业可以利用“后发”优势，吸取东部及沿海地区发展物流的有益经验，促进物流业大发展。

二、物流发展的潜在优势

甘肃提出的工业强省和实施的西部大开发，为甘肃物流发展带来了无限商机，其优势主要体现在以下几个方面：其一、相对宽松的土地资源可满足物流开发占用大量土地的需求。甘肃的原材料、矿藏及农产品成为甘肃物流市场的重要“流动”资源，物流市场前景广阔。工业强省必须强化工业企业改革和管理，降低企业内部物流成本以提高企业竞争能力，因此需要高效的物流，这给物流的发展注入了活力。其二、基础建设投资逐年加大，为甘肃物流市场创造了较为良好的环境因素，全省主干线高速公路建设，高等级公路及县以上二级公路网的建设，为铁路、公路联运或协作运输提供了非常有利的条件和基础。其三、良好的宏观政策环境，为加速甘肃物流提供了良好的机遇。甘肃省经贸委已把发展甘肃物流和营销配送作为流通企业提高核心竞争力的重要措施来抓。

三、发展物流业的制约因素

尽管发展甘肃物流业有其潜在的优势，但也存在着一定的制约因素，主要有以下几个方面表现：

一是认识性因素。从国外和东部发达省区物流业发展的情况分析，物流业发展的主体是企业，而不是政府部门，这是市场经济规律要求的。政府只能起到一个推动作用。二是体制性因素。目前虽然中国物流开始热起来了。但政府管理体制还没有理顺，部门分割的状况依然存在。甘肃省的情况也未跳出这个大环境，存在着多头管理，相互拖拉的现象和问题。三是人才性因素。如果说中国物流业的发展，理论已有了一定的准备的话，那么人才准备则严重不足。甘肃在这方面尤为突出。物流专业人才奇缺，特别是第三方物流设计与管理人才更难觅。

四、物流业发展的基本措施

（一）调整经济产业结构

根据全省政策和经济结构调整的大局调整全省物流结构，产业结构的不同必然导致对物流的需求不同。产业结构决定了对物流运输、装卸、储存方式的选择和物流过程中价值目标的取向。因此，应根据地方产业结构的特点调整物流结构，以适应和服务于全省经济政策和发展的需求。

（二）充分认识传统物流企业向现代物流企业转型的重要性和历史必然性，做好企业结构的调整

甘肃发展物流业克服体制的不利因素，是最易做到的。因为只要政府有决心下力气就能打破部门、地区界限，通过加强传统物流储运企业的政策、兼并、联合、资源共享产重组等，就能达到优化产业结构，调整经营格局和方向，逐步建立社会化、专业化的物流服务体系。

（三）努力提高物流企业的核心竞争力

甘肃物流企业应制定个性化的竞争策略，依照现代物流的经营理念和方法，形成自己的核心竞争力。如在品牌经营、科技应用、网络运作、系统管理等方面，在一定区域或服务领域内完成一定优势，从而提高本企业的物流能力。

（四）在兰州等地建立大型物流配送中心

物流配送中心具有承担城市地区公路集散和城市间铁路干线运输的高水平转换功能，是一个地区物流水平物流状况的标志。因而为了提高甘肃乃至西部物流状况的水平和效率，在兰州、天水、陇西、武威等城市建立具有一定水平和规模的物流配送中心显得尤为重要。通过改造或修建大型自动仓库、应用条码技术、自动控制技术、人工智能等技术，实现装、卸、运的机械化，自动化；应用计算机管理、通讯技术，使物流信息网络化，实现资源共享；运用先进的管理经验和管理手段，把配送中心真正建成高效的集商流、物流、信息流为一体的综合性流通组织。保证处理信息快，物流反应快，运输线路好，资金流通快。

（五）培养引进物流专门人才

（六）积极引进外资和国外物流企业在甘肃发展物流业

（供稿：中国物流与采购联合会）

宁夏回族自治区

2002年，自治区内贸办在自治区党委、政府的正确领导下，全面贯彻“三个代表”重要思想，认真贯彻落实全国推进流通现代化现场会和全区推进流通改革与发展工作会议精神，深入开展“学、查、改”活动和创新经济发展环境大讨论，以流通改革与发展为主线，以推进流通现代化为重点，取得了一些成绩。2002 年全区实现社会消费品零售总额 108.8 亿元，比上年增长 10%；生产资料销售总额 176.9 亿元，比上年增长 10.4%。

一、以改革与发展为主线，积极推进自治区流通现代化进程

全国推进流通现代化工作现场会结束后，自治区内贸办组织调查组，主要领导亲自带队下基层、到企业就宁夏推进商品流通现代化进行调研，多次召开座谈会听取各方面的意见。筹备召开了全区商品流通改革与发展工作会议，安排部署了 2002 年流通工作，明确提出了推进流通现代化的任务目标和工作思路。自治区人民政府印发了《关于加快商品流通改革与发展的意见》（宁政发[2002]32 号）和《宁夏商品流通业“十五”发展规划》（宁政发[2002]52 号）两个文件。为了将有关政策落到实处，又会同财政等部门制定了《扶持现代流通业发展财政贴息资金管理办法》，自治区政府批转了内贸办等七部门《关于大型商业网点建设实行听证制的意见》，构建了新形势下发展宁夏现代流通的政策框架。积极开展“学、查、改”活动和创新经济发展环境大讨论，查找宁夏商品流通工作中存在的问题和差距，制定了改进措施，有力地推进商品流通现代化政策的落实。一年来，经过努力，制定的流通现代化扶持政策基本得到落实。会同自治区财政厅对申请贴息的企业进行认真的项目调研论证，为 8 家企业安排了 150 万元扶持现代流通业发展财政贴息资金；与自治区计委多次协商争取项目资金，企业外部环境明显改善。

各市县商品流通行政主管部门在推进流通道现代化方面做了大量工作。银川市商务局制定了 2003-2005 年商品流通发展规划，着手拟订银川市商业网点规划，认真抓了本市 11 户重点企业项目规划工作。区糖酒副食品连锁经营公司为扩大市场份额，制定了发展加盟连锁店的计划，2002 年新发展加盟店 12 家。银川市、石嘴山市大武口区、石嘴山区、固原市原州区等地商流骨干企业也相继开办连锁直营店、加盟店，中卫县开展了液化

气的物流配送业务，推进流通现代化工作已出现了良好的局面。经初步统计，截至2002年底，全区年贸易额50万元以上的连锁公司有28家，门店总数282个，年销售额达到4.8亿元，比上年增长26.3%，占社会消费品零售总额的4.4%；餐饮连锁门店20家，年销售额达到4 500万元。

二、深入调查研究，加强对商品流通工作的指导和服务

自治区内贸办和各地商品流通主管部门加强了对企业、基层的服务和指导，调动了各方面开拓创新的积极性。银川新华百货商店股份有限公司整合地方商业资源，成立了新华百货东桥家电有限公司、新华百货夏进乳业股份有限公司，探索发展新型业态，开办了全区首家会员制仓储式大型超市—新华百货超级购物广场。吴忠市商贸系统强化改革，积极开拓市场，以服务“三农”为突破口，有效改善经营环境，全市2002年实现销售收入2.13亿元，同比增长20%，减亏70%。

三、转变职能，依法行政，创新商品流通工作环境

2002年，内贸办努力转换职能，实现流通管理方式由过去的行政管理为主向依法管理、依法行政转变，按照国家及自治区政府规定，认真清理了行政审批事项。自治区人民政府办公厅和自治区法制办关于清理政策性文件下发后，内贸办高度重视清理地方性法规、政府规章和其他政策措施工作，在党组会上确定专门议题研究清理工作，按照文件要求，成立办事机构，承办具体工作。并参加了“全区适应我国加入世贸组织进程清理地方性法规、政府规章培训班”。在清理工作中，认真学习、研究、理解和把握WTO协定和我国所作承诺的相关内容，查阅了百余份档案文件，理清了每一审批事项的政策、法规依据。严格按照自治区政府的安排，对1978年至2001年涉及商业、物资流通管理体制改革、盐业管理体制改革和经营、生猪定点屠宰管理及食糖、肉、蔬菜、酒类、钢材等商品的购销、储备批复、实施“放心食品工程”等政策性文件、政府规章进行了认真分析。在充分征求意见的基础上，召开主任办公会，对负责清理的文件逐件进行了逐项审定。对144件文件提出了清理意见，其中保留文件13件，废止文件7件，宣布失效文件124件。对精简后仍保留的审批项目，按照法律法规的规定加强监督，并制定了承办承诺制度；对没有法律依据的审批事项，不再受理。同时，提高审批事项透明度，简化审批程序，提高服务质量。

四、进一步强化了市场和政务信息工作

为了适应新形势、新任务的需要，内贸办加强了统计信息、政务信息的工作力度。一是积极探索商业统计方法制度的改革，实现了商品流转统计由传统的全面普查向现在的重点调查转变，由单纯的统计国有商业向统计全社会商业转变。二是定期开展统计分析活动，注重提高统计分析的实效性和实用性，为政府部门提供可靠的统计资料，向基层流通行政主管部门和企业及时反馈统计信息。按照要求，准确及时地报出统计年报、各月月报和统计分析。

2002年，全区各市县商品流通主管部门、企业共同协作，物流工作取得了一定的成绩。但是，还存在一些困难和问题。一是在行政机构改革中，部分市县商品流通主管部门职能明显削弱，不适应新形势下加强流通工作的需要，在推进流通现代化、开展行业自律等方面的工作还不到位，对社会商品流通领域的管理还缺乏有效手段，需要进一步探索管理办法。

（供稿：宁夏回族自治区国内贸易办公室）

台湾物流

台湾物流发展大约开始于1980年，许多制造业为了提高其产品配送的效率，纷纷设置物流相关部门，以作仓储、配送作业的专门处理。但渐渐随着环境变迁，竞争愈来愈激烈，厂商对于如何降低成本需求愈来愈高，因此对于物流经营课题也相对重视。再加上省内大众消费形态改变，呈现多样少量需求，下游零售商(如超市、超商、量贩店等)大量成长，使得末端零售通路权力变强，制造商不再享有掌握通路的主导权，因此库存的问题便由零售业推给批发业，批发业又往上推回给制造业，这样流通产业的结构变化，使得产品流通效率成为重要的问题，而这些问题都使得物流面临以少数量、多品项、交货期短、多频率以及流通加工增强的新发展趋势。在这样变迁之下，许多专业物流业者也相继成立，台湾物流业逐渐累积起经营物流的经验，提升物流服务的品质，对于台湾的物流体系产生一波新的革命。

一、台湾物流业者之经营分析

台湾有关部门委托工研院进行台湾物流业者经营情形的探讨，除了经由次级资料搜集整理之外，也实地拜访重要厂商进行访谈与发放问卷调查。问卷发放对象以2002年台湾物流协会会员名录中，主要业务为经营国内仓储与运输之业者，共计发放68份问卷，有效回卷20份。以下将以产业特性与经营情况及经营环境之优劣分析两个部分来详述：

(一)产业特性与经营情况

在了解物流业者之产业特性与经营情况时，可分为以下几个方面来看：

1.地理分布。台湾境内物流业者仓储分布，有42%仓库以北部为主，分布的县市以林口、桃园为最多，主要原因为境内物流业者以靠近大台北消费市场为导向，惟台北地价高，因此仓储的分布大多以台北邻近区域向外扩展。根据2002年台湾物流协会会员名单中，物流业者分布有将近85%的厂商总公司设立在北部，且以分布在台北市、台北县与桃园县最多；设于中部、南部的厂商仅有7%。因此以境内物流业者的地理分布来看，仍以北部为发展重镇。

台湾物流业者在中部、南部与东部也都有仓库据点的设置，只是规模较小，多属转运站或集货站的形态，不如国际物流业者在港口或特定区域的集中度高，境内物流业者仓储分布显得较为平均且分散。

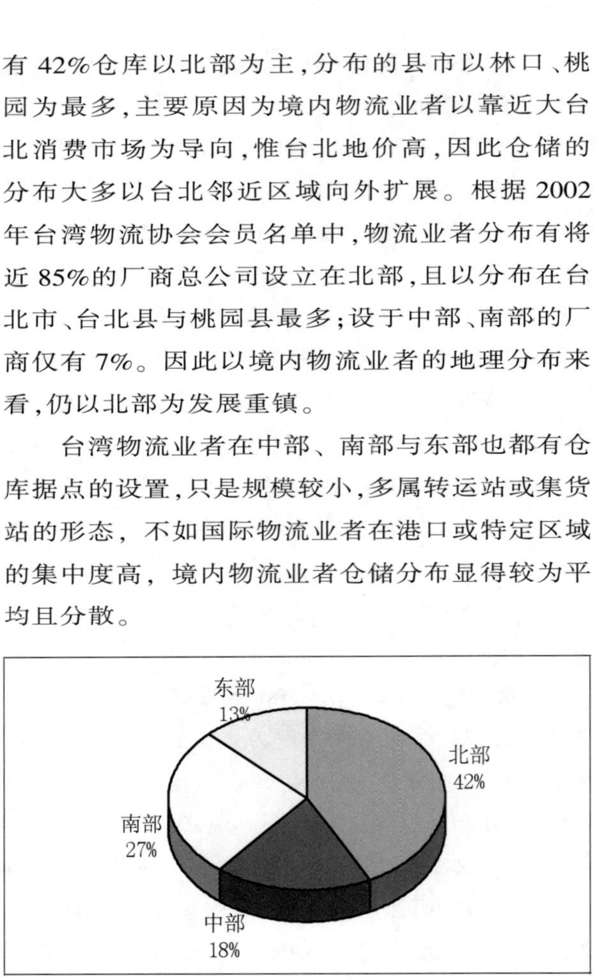

图1　台湾物流业者仓储分布

注：1.反应次数120次

2.北部为基隆至新竹；中部为苗栗至云林；南部为嘉义至屏东；东部为花东至宜兰。

资料来源：工研院《物流整合应用技术发展暨辅导计划》

2.经营规模。台湾物流业者经营规模差异甚大，可由资本额与员工数上一窥究竟。以资本额分布情形来说，境内物流业者资本额以 5 000 万以下占多数，约占 40%；其次为 1–5 亿之间，约占 25%，但是资本额在 5 亿以上的厂商亦占 20%，呈现资本额规模两极化的分布。员工人数差异也很大，小型厂商仅有数十人之规模，相对地却也有上千人的大型企业，不过整体而言仍以 100 人以下厂商占多数。

台湾物流业者资本额规模偏大，员工人数却不多，主要原因是境内物流业者除了需要大面积土地来营运之外，较先进信息系统与设备的导入，也使得厂商对于资金之需求量增加。此外资本额规模分布差距大、以小规模厂商居多，显示台湾物流业者仍以小中型企业为主，多为区域型物流，能提供全省性的物流以及包含各种物流机能的物流中心仍是少数。

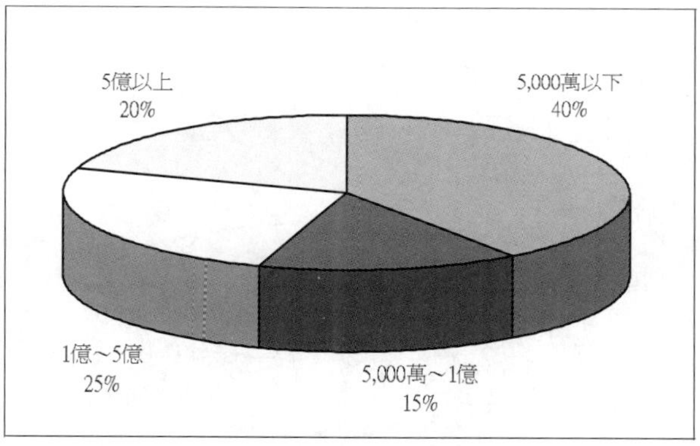

图 2　台湾物流业者资本额分布

注：厂商家数 20 家

资料来源：工研院《物流整合应用技术发展暨辅导计划》

3.经营项目。首先本研究将物流业者所配送的商品形态大致分为 10 类，包含 3C、药品、化妆品、日用百货、一般食品、生鲜冷冻食品、服饰、图书/唱片/出版品、机械设备以及其他主要配送商品种类。其中目前境内物流业者以配送 3C、化妆品、日用百货与一般食品类较多，大约各占配送产品的一至二成，整体配送商品种类比例分布平均。

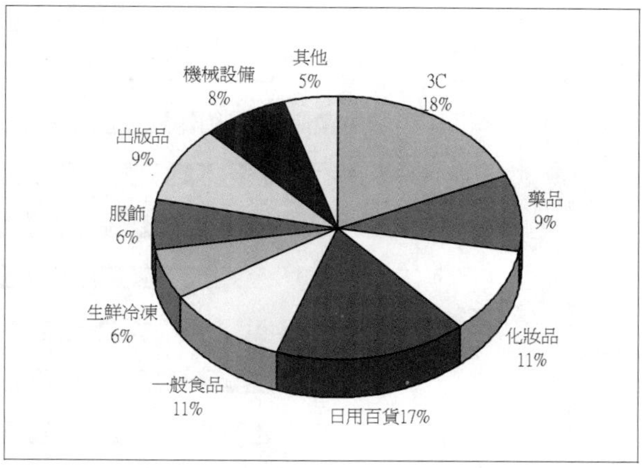

图 3　台湾物流业者主要配送商品型态

注：反应次数 65 次

资料来源：工研院《物流整合应用技术发展暨辅导计划》

另外对台湾物流业者营运项目来看，有 85% 厂商提供全岛运输与仓储保管之物流服务，流通加工或地区性配送服务也有 70%，显示境内物流业者主要的物流服务项目包括长短程运输、仓储保管，以及流通加工。进出口承揽与报关业务，牵涉到证照与国际贸易往来条款等，境内物流业者较少切入。（见图 4）

由分析可发现运输配送为台湾物流业者主要营运项目之一，目前台湾物流业者在配送车辆形态来看，以自有车队最为普遍，约占 41%；其次为外包给其他货运公司，约有 38%。大型物流业者一般拥有自己的车队，在货量较稳定且有一定规模下，自有车队的调度与服务品质皆掌握较佳，外包货运则作为淡旺季调节之用。中小型物流业者方面，在资金与营运经济规模考量下，大多会与两、三家货运公司签约合作，作为灵活调度之用。而在快递或邮寄部分，则属于小量或紧急的情况下使用。（见图 5）

4.本土气息浓厚。台湾物流业者有外商投资的厂商仅占有 15%，所以台湾的物流厂商仍以本土型为主（约占 85%），外商色彩并不浓厚，主要原因与境外的交通、企业经营、劳工条件等等经营环境与台湾不尽相同有关。而与境外

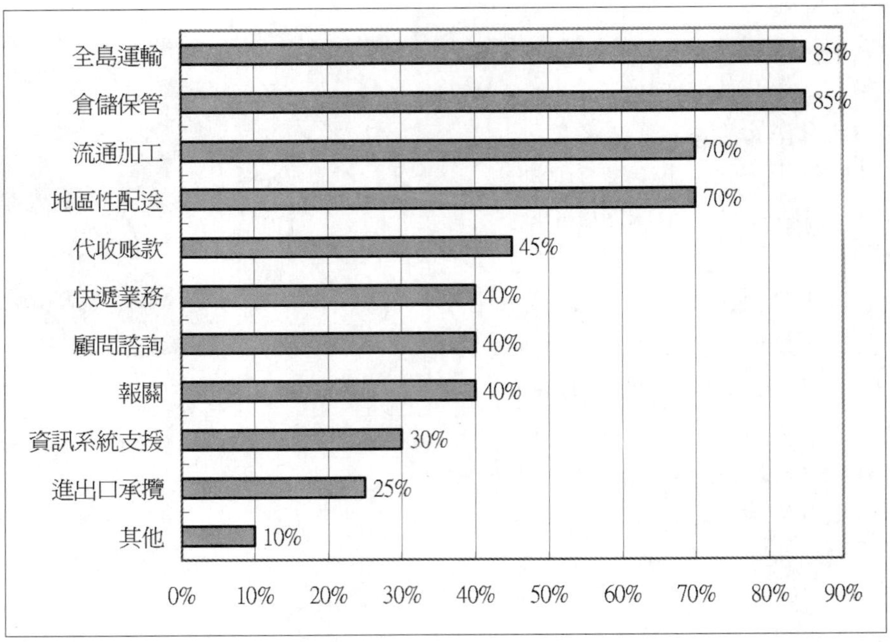

注：回卷厂商数 20 家

资料来源：工研院《物流整合应用技术发展暨辅导计划》

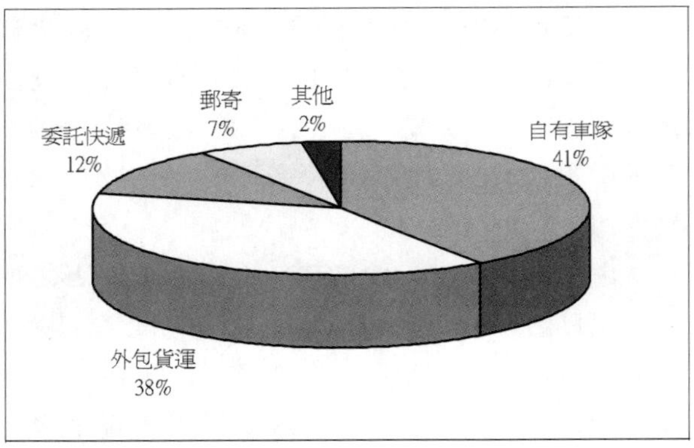

图 5　台湾物流业者配送车辆型态

注：反应次数 42 次

资料来源：工研院《物流整合应用技术发展暨辅导计划》

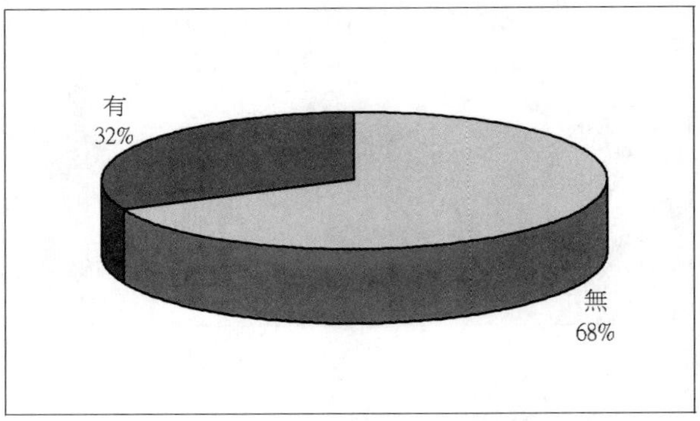

图 6　与外商技术合作之比例

注：回收问卷 20 份

资料来源：工研院《物流整合应用技术发展暨辅导计划》

厂商技术合作或技术引进部分，由调查中显示出境内 68%之厂商并没有与境外厂商进行技术合作，而只有 32%的厂商与境外有技术合作或者是技术引进的交流，表示在境内的物流产业目前依赖境外的技术并不多，多属以自行发展为主的产业。（见图 6、7）

二、经营环境之优劣分析

近年来经济环境激烈的变动，使得物流经营环境遭遇很大的变革，不论是中国内地市场兴起、全球化风潮或物流相关法令不断的更新，都左右着物流竞争环境之变化。在 2002 年对于台湾境内物流业者发展环境的优劣分析，大约可分为以下几个重要因素：

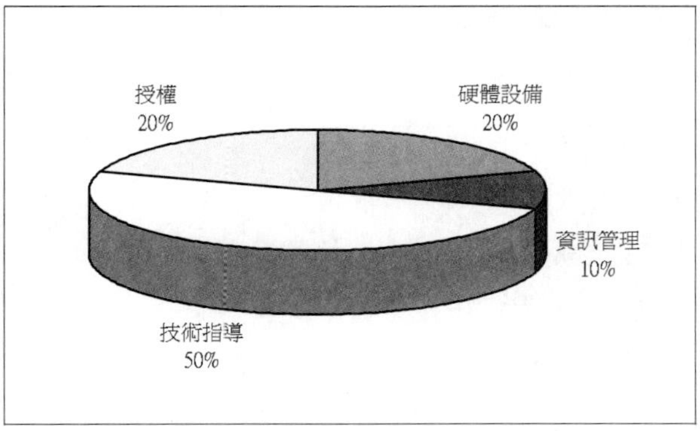

图 7　与国外厂商技术合作或引进之情形

注:反应次数为 10 次

资料来源:工研院《物流整合应用技术发展暨辅导计划》

(一)有利因素

1.加入 WTO。台湾进入世界贸易组织(WTO)成为会员之后,不只开放外来竞争,境内业界更得以在国际市场上与同业一争长短。在高度自由化、国际化与全球化的市场竞争中,企业除了拥有优良的产品之外,必须进而满足客户需求和掌握供货时效,才能提升自身竞争力,做为与竞争者之区隔。因此加入 WTO 之后,企业对于协助运输货物、及时满足供货时效的物流业需求更多。

2.当地政府的支持。当地政府对于物流业愈来愈重视,不仅在政策内纳入物流议题,对于相关物流法令的修改也不遗余力。尤其在国际化竞争下,各国不断整合本身资源来发展,以求在国际舞台上更有竞争力,而物流发展支撑企业后勤体系的效益,也逐渐受到重视。以台湾境内而言,物流相关法令不断的修正,例如物流用地法令松绑、自由贸易港区与通关快速化等,均期望带动台湾物流合理化发展。而岛内公路建设增加,快速道路相继完工,对于经营境内物流业者而言,有助于减少运输时间与距离成本。另外商业司对于物流人才培训与物流相关推广活动不断投入,营造出更有利的发展环境。

3.专业物流业者之形成。台湾目前物流发展已经累积相当营运经验,逐渐建立起专业物流业者之形象,企业将物流委外情形也愈来愈多。加上IT 应用技术日渐成熟,信息化使得专业分工更容易达成,制造业在成本节省与专注核心竞争力概念下,对于外包专业物流接受度提高,也相对刺激境内物流市场成长。

(二)不利因素

1.产业外移。台湾早期以低廉人工成本拥有许多制造产业,然而在国民所得日渐提高之下,这样的竞争优势逐渐被东南亚与中国内地等地所取代。特别是中国内地市场的兴起不仅将世界各国资金吸入,低廉人工成本、广大内需市场更是吸引制造基地不断移入。

2.经济衰退。近年来全球经济景气不振,台湾正面临 1970 年以来最严重的经济衰退危机,尤其是 2001 年因国际景气低迷影响,台湾政经环境虽然全力拼经济,但成效却不彰,市场持续萎缩。台湾的研究机构也不断下修台湾生产总值(GDP)预估值,原因是台湾出口与内需表现都低于原先预估所致。在经济整体环境不佳情况下,企业着重于制造成本之降低或其他费用上的节省,物流委外活动减缓,甚至倾向用剩余人力处理物流作业,对于物流服务业者业务的拓展上显得困难许多。

3.物流环境仍待改善。虽然物流逐渐受到外界的重视,但是在外在环境激烈竞争下,相关物流环境的建设始终追不上企业经营的脚步。境内物流业者对于境内物流经营技术已经累积相当经验,然而在国际化竞争下,企业无法固守既有的市场,必须积极地向外拓展或者提升本身服务品质能力,因此不管是专业人员的需求、基础建设与规范加强,以及相关法令与制度上的建立,均为企业急需改善的物流环境。(见表 1)

三、台湾国际物流业者营运项目

台湾从事国际物流服务的业者,除了提供进出口承揽、报关等业务外,另有 85.7%业者拥有仓储保管的服务项目,其次为信息系统支持、顾问信息、地区性商品配送,以及全岛货物运输等。(见图 8)

表 1 台湾物流业者经营环境有利 / 不利因素

有利因素	不利因素
一、加入 WTO	一、产业外移
·各国产品输出入冲击台湾崇新观念	·产业生产基地外移
·加入 WTO 带动物流国际化	·制造大减，对于物流业发展不利
·对岸产品转运进口	·台湾成为次要市场，流通量减退
二、专业物流业者（3PL）之形成	二、经济衰退
·企业对 3PL 已较能认同	·景气低迷太久
·物流外包逐渐盛行	·拼经济未见成效，市场持续萎缩
·IT 技术逐渐成熟	·经济发展策略不明
·已累积不错之经营经验与人才	三、物流环境仍待改善
三、台湾当地政府支持	·台湾法规落后现状太多
·机关法规已在研拟	·基础建设及规范需要再加强
·当地政府已在正视物流发展	·专业人员短缺
·整合运用不同国家的资源来发展达到全球化，经济和社会政策必须整合	·政府开放脚步无法跟得上产业发展需求 四、货运三通尚未开放
·岛内公路建设增加，例如：快速道路相继完工，减少运输的时间与距离	五、同业削价竞争 六、外国物流业加入
·物流用地法令松绑，带动物流合理发展	

资料来源：工研院《物流整合应用技术发展暨辅导计划》

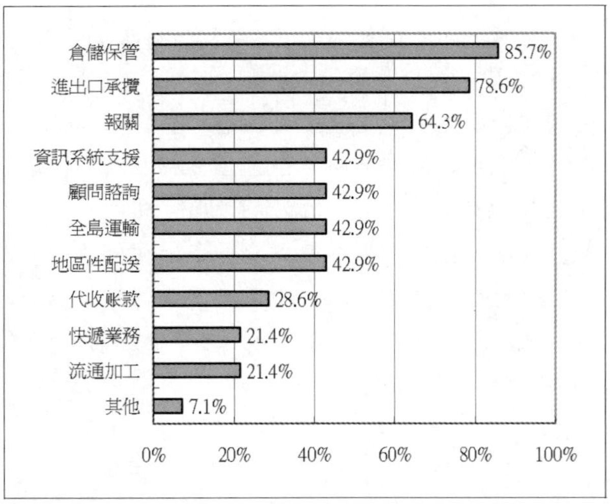

图 8 台湾国际物流业者主要营运项目

注：回卷厂商 14 家

资料来源：工研院《物流整合应用技术发展暨辅导计划》

四、物流配送商品形态

根据调查台湾国际物流业者所配送之商品，以 3C 产品、化妆品、机械设备等为大宗。3C 产品为台湾进出口贸易主力，与化妆品同样具有体积小、单价高的特性，对于物流服务复杂性与完整性较高。另外对于制造商而言，因进出口量大，属于大型货运类型，委托承揽业者作国际物流运输也较多。

国际物流业者虽然以 3C 为主要配送项目，除此之外配送项目十分多样化，货品大小也差距颇大。因此其仓库储存设备以栈板式料架与落地式储存方式为主，轻型料架则使用在小件物品或零组件。而所需的温层，以常温为主，约占 50%、恒温 29%、冷藏 17%与冷冻 4%。（见图 9）

五、国际物流业者合作方式

由于台湾地区企业以中小型规模为主，而所需提供的服务项目又十分广泛，因此业者大多以策略联盟、合作或设立子公司方式，来提供完整物

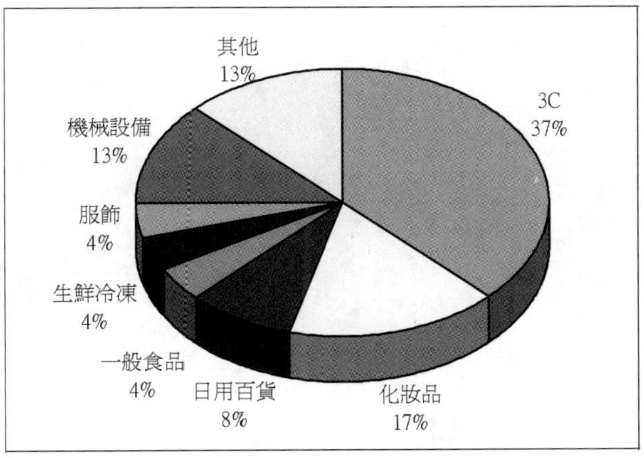

图 9　台湾国际物流业者主要配送商品型态

注:反应次数 24 次

资料来源:工研院《物流整合应用技术发展暨辅导计划》

流服务之需求，因此许多业务对公司本身而言都属于外包的形式。例如在配送车辆方面，在避免资金积压与专业分工等考量下，台湾国际物流业者大多采用外包货运方式，与货运公司搭配，或者直接委托快递公司与邮寄等方式处理。(见图 10)

由于业者本身必须与国际业务密切连结，因此与国际企业合作机会多，在与境外技术合作或引进方面也显得较为国际化，不如台湾物流业者本土化色彩浓厚。以本次调查研究来看，约有 53.8%业者有与境外技术合作或引进，其中又以技术指导与信息管理系统为主要交流的项目。另外其技术引进与合作的国家对象众多，尤其以新加坡、英国、法国、美国为多。

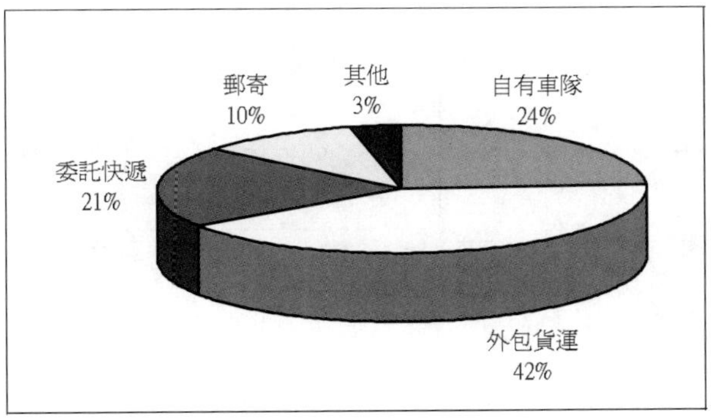

图 10　台湾国际物流业者配送车辆型态

注:反应次数 29 次

资料来源:工研院《物流整合应用技术发展暨辅导计划》

六、国际物流产业结构

(一)经营规模

台湾国际物流业者主要业务为处理境内进出口货物，而历年来台湾进出口规模，即与国际物流业者之市场大小息息相关。以进出口金额来看在 2000 年达到高峰，总计进出口金额逼近 9 兆元，而 2001 年虽然表现不如 2000 年，但其进出口总额也有 7.8 兆元，推估 2002 年将维持 2001 年之水准。进出口货运量方面除了因 1998 年东南亚风暴导致进出口货运量稍减之外，均呈现不断上扬局面，2001 年总货运量(包括海运与航空)将近 2 亿公吨，较 2000 年成长 8%。惟 2002 年受到中国内地市场兴起效应，总进口货运量预估将呈现下降趋势。(见图 11、12)

若以台湾国际运输货物海运与航空两方面来看，均呈现逐年上扬趋势。以台湾港口货物总吞吐量而言，由 1997 年近 1.9 亿公吨的规模，增加至 2002年 2.4 亿的吞吐量;货柜装卸部分，也由 1997 年的 850 万 TEU(20 英尺货柜)，增加至 1 130 万 TEU。而在国际航空货运方面，除了 2001 年受景气影响，货运运输量稍微下降之外，整体仍是以向上增加的走势，预估 2002 年将达 124.4 万公吨的航空货运量。(见图 13)

以全球性国际物流的经营规模来看，2000 年居首的 Deutsche Post 营业额高达约 73 亿美元(相当于 2 555 亿台币)，约占台湾 2000 年总进出口金额之 28%，而其他国际大厂的规模也至少有 10 亿美元，显示出其经营规模十分庞大。(见图 14)

以 2001 年台湾在空运承揽方面表现来看，大多为境外厂商所占领，境内厂商出口量最大的鸿霖，在 2000 年的年营业额 2.7 亿美元（相当于 94.5 亿台币)，较 1999 年增长 18%。而其他较大型空运承揽业者年营业额则约在 10 亿台币以下。(见表 2)

若以台湾海运承揽运送业者的资本额规模来

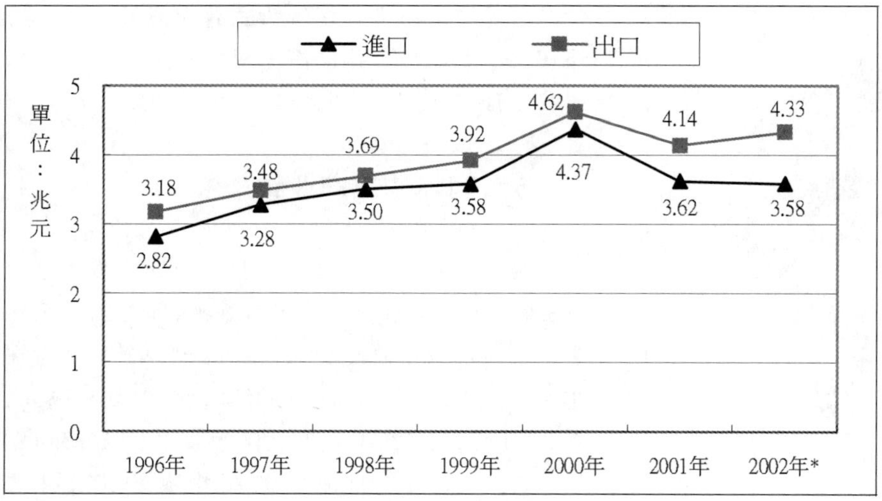

注：*2002 年数值为 2002 年 1-7 月推估而得。

图 11　台湾历年进出口贸易金额

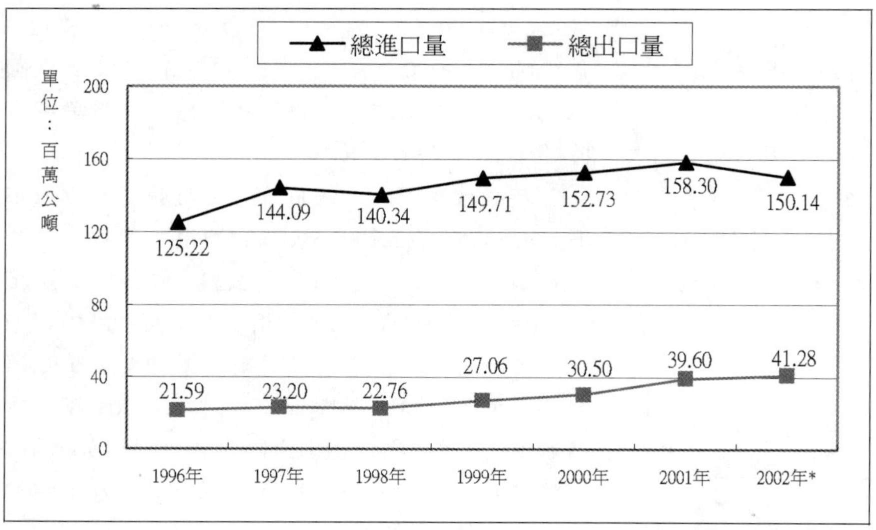

注：*2002 年数值为 2002 年 1-3 月推估而得。

图 12　台湾历年进出口货运量

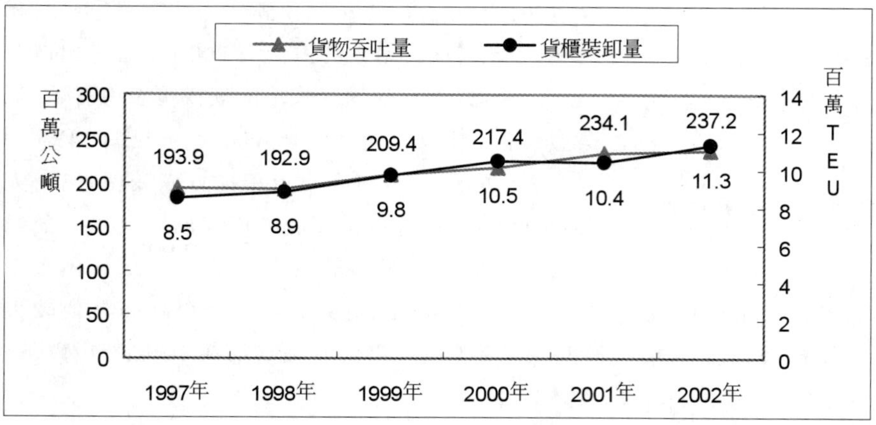

注：* 货物吞吐量之 2002 年数值为 2002 年 1-7 月；货柜装卸量为 1-9 月推估而得。

图 13　台湾历年海运规模

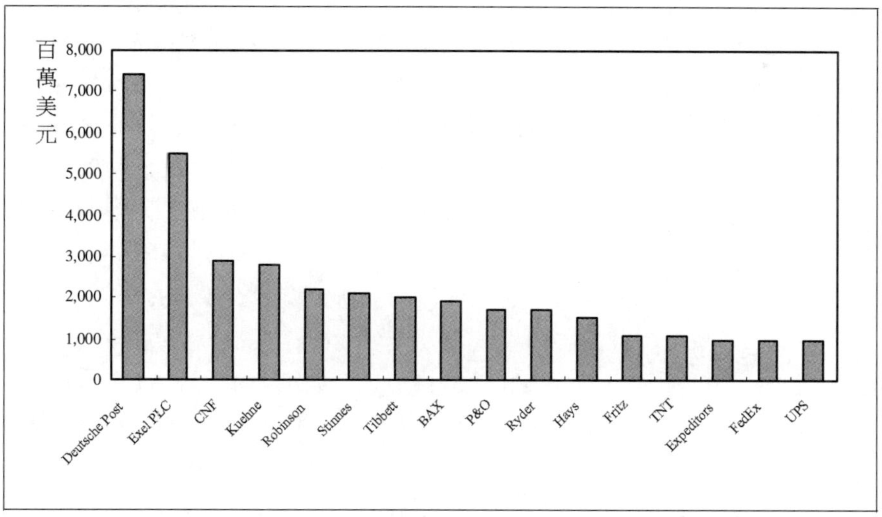

资料来源：首届（2002）海峡两岸现代物流发展论坛

图14　2000年国际物流大厂营业额

表2　**2001年台湾空运承揽业出口前20大排名**　单位：公斤

排名	承揽业者	年度市场总货量	所占百分比
1	宝明	25 401 669	11.88%
2	鸿霖	20 555 330	9.61%
3	永安	14 806 400	6.93%
4	宝灵顿	14 348 637	6.71%
5	近铁	11 916 876	5.57%
6	捷飞	11 582 582	5.42%
7	寰雅	9 971 146	4.66%
8	飞讯	9 786 916	4.58%
9	华通	9 768 592	4.57%
10	凤庆	9 721 503	4.55%
11	马可威	9 171 101	4.29%
12	伊美利	8 990 074	4.20%
13	中菲行	8 606 112	4.03%
14	立通	8 345 667	3.90%
15	信可	8 253 178	3.86%
16	德信	7 519 354	3.52%
17	天虎	6 891 155	3.22%
18	均辉	6 198 188	2.90%
19	联协	6 039 406	2.82%
20	震天	5 931 576	2.77%
合计		213 805 462	100.00%

资料来源：台北市报关／航空货运承揽商业同业公会；工研院经资中心（2002.08）

看，台湾境内业者以中小型企业为主，有八成七的业者资本额在 1 000 万元以下，大多为分布在 750 万左右；资本额为 1 000 万至 3 000 万元之间次之，约有 12%；拥有 1 亿元以上规模之业者仅占 0.25%。（见表 3）

表 3　**2002 年台湾海运承揽运送业资本额规模**

资本额	家数	百分比
小于 1 000 万	698	86.60%
1 000 万-3 000 万	98	12.15%
3 000 万-5 000 万	4	0.50%
5 000 万-1 亿	4	0.50%
1 亿元以上	2	0.25%
合计	806	100.00%

资料来源：台北市海运承揽运送商业同业公会；工研院经资中心（2002.08）

综合台湾空运与海运承揽业者之经营规模，可发现相较于国际性大企业，实在仍有一段差距，因此国内企业衍生出与其他上下游厂商相互合作之模式。惟力量过于分散，对于国际性大型标案的承接，也显得心有余而力不足，营运上也备感辛苦。

（二）地理分布

国际物流运输可分为空运与海运两类，因此以国内来看，空运物流业者以桃园中正国际机场与高雄国际机场两地为主；海运物流业者则趋向基隆港与高雄港。航空货物运输讲求时效性，加上保税问题，因此航空物流业者分布均在机场附近，其中又以桃园地区为多，以提供最方便、迅速的服务。而海运货物运输以大宗货物为主，对于配送时间要求不如航空货运，因此海运物流业者的分布不像航空物流业者来得集中。以信息联系为主要业务的承揽业者，则以大台北地区为主要办事处设置地点。

若以实体物流所需要的仓库设置地点来看，业者约有七成设置于北部，其中包括基隆、汐止、五股、桃园、林口等地；其次是南部约两成，以高雄地区为主。由业者设置仓储地点的分布统计，亦显示出国际物流业者趋向港区与航空站，对于中部或东部据点的设置不多，主要是岛内运输网络可委托境内物流业者进行，无须自己设立据点。（见图 15）

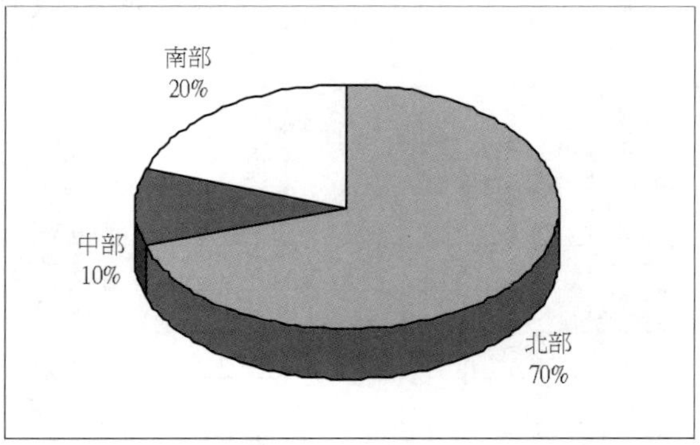

图 15　台湾国际物流业者仓储分布情形

注：反应次数 40 次

资料来源：工研院《物流整合应用技术发展暨辅导计划》

（特约撰稿：台湾物流协会秘书长　钟荣钦）

香港物流

物流业在香港是传统的行业,以往是运输业、仓储业及相关行业的统称, 实为供应链上各环节分散及单一的经营。自20世纪80年代,香港轻重不同的服务行业,虽然大量工厂北移,货运吞吐量仍然保持。于1980–1998年间, 货运业平均增长11%货物吨和17%货柜量。1997年爆发的亚太区金融风暴,打击了区内的货运业,尤其是航运业。幸而,因为欧、美国家仍有庞大的购买力,洲际业务所受的影响不大。于1998年,货运、仓储及通讯业占国民生产总值9.3%;1999年,它们的员工数量占整体雇员人数7.1%。单是出、入口行业已聘用了超过50万员工,对国民生产总值贡献约18%。

香港位于枢纽性的地理位置, 有廉洁政府和良好投资气候;健全和稳定的银行及金融体系,有助减低货币贬值的风险。香港是天然深水港,是贸易中心,有广泛的贸易客户网络;是生产的指挥、管理和后勤中心,并且是成衣、玩具等的全球最重要采购中心。它的信息流通,交通基建充足。这一切都促进物流业在港的发展。

一、香港物流业历史概况

香港传统物流业得以提升,因为香港与中国内地的经济关系。香港位于珠江三角洲的入口,那里有48万间工厂,占中国总出口量的40%。70年代末开始,内地实行改革开放政策,给香港经济的发展带来了巨大的动力,制造业内迁。在80–90年代,中国内地对外开放无论从地区和产业上说都是局部的,外国企业要进入中国市场,很大程度要通过香港,利用香港成熟的金融、贸易和航运业,获取所需服务支持。在20世纪80年代,香港对内地转口增长率平均为54.7%, 内地产品经香港转口增长率平均为42%, 在90年代(1990–1999年) 这两个平均增长率分别降为22.1%和20.2%。1989年,香港的本产出口总值2 240亿港元, 而源自国内的产品转口总值则为1 880亿港元。及至1999年,本产出口总值萎缩至1 710亿港元,但内地货品转口却上升了4倍,总值达7 200亿港元。同样,从海外经香港输入内地的产品总值亦由1989年的1 030亿港元,飙升至1999年的3 990亿元。同年,香港的转口量95%是与中国内地有关。

由此可见,香港已发展成传统物流服务中心。以下将首先简述传统物流相关行业的发展, 从而追踪现代物流业的形成及了解近况。

(一)空运业

1958年, 启德机场正式成为香港国际机场;1976年,香港空运货站正式启用,同年处理超过15万吨货物,比上年增加45%;1983年,这货站成为世界最大的单一综合货物处理设施, 每年可处理达68万吨;1991年,香港空运货站二号货站正式启用, 每年可处理达150万公吨;1996年香港国际机场在国际货运吞吐量第一, 共处理156万吨货物;1998年7月, 机场迁至赤腊角, 有65家国际航空公司操作约3 800架飞机前往世界近130个目的地。当中兴建了全球规模最大的超级一号货站,每年的航空货运吞吐能力是260万吨;亚洲空运中心的单层式仓库,每年可处理42万吨货物,约空运货物总量的15%;至于大部分航空货物的集散地是机场空运中心。另外,机场启用时设有13个货运停机位,2001年12月后, 货运停机位的数目增至21个。

政府为确保货物资料和通关情况的电子数据交换及时传送,促进航空货运服务畅顺,于1997年设立空运货物清关系统,与两个搬运货站、四家综合速递公司及海运码头连接。

空运货物约占香港总货运量的1%,但已占其1997年货运总值约20%和1999年的23%,占2001年外贸总值的27%,约1 080亿美元。当中分速递货运和重型货运,后者占香港总空运货量约95%,总值的85%。超过一半的货物是由客机乘载。

从1987年到1995年,香港国际机场的航空货运量每年平均增长约13%(除1989年5.2%,1990年9.9%,1991年6%,1993年19%);从1998年到2001年,每年平均增长9%;在2001年,处理了207万吨货物。自1996年以来,香港一直是全球最繁忙的国际航空货运中心。

转口的市场占有率多年来均下跌,至1996年只有15.4%,但在2001年却回升至22.7%。空运的需求上升,是由于海外消费市场急速转变,入口商都希望保持低存货量,缩短业务的循环和实行快速响应系统。

中国内地占香港空运出口货量5.8%,原因之一,是香港与华南地区主要依靠陆路和水路运输。

(二)海运业

香港在1966年7月成立了"货柜委员会";同年12月2日,该委员会提交报告,建议在葵涌兴建货柜码头;1972年9月,第一艘货柜船低达葵涌货柜码头卸货;1988年,正式启用在昂船洲一个永久性的中流作业场所;到2001年,香港拥有8个全属私营的货柜码头,一共有18个泊位分布于葵涌和昂船洲,9号码头在兴建中。1987年香港货柜港口首次爬上世界第一位吞吐量;除了1990、1991和1998年输给新加坡外,它一直是全球最繁忙的港口。在1989年至1999年期间,香港港口所处理的货运量由450万个标准货柜增至1 620万个。

香港有300多家轮船公司,在香港注册的船舶吨位超过1 000万吨,全球的商船中有超过3 400万吨(6%)由香港的船主管理,有50多个国家或地区的船舶与香港通航。2000年抵港与离港船舶共装卸货物超过1.75亿吨,年内处理1 810万个标准货柜;2001年处理了1 780万个标准货柜。

水运对香港很重要,在远洋、内河、铁路、道路及航空运输的货运总量中,水运进出的货物占了近90%。港口货物可按其包装方式和用来运送的船只分成四类:普通散货、散装干货、液体散货及货柜装箱货物。普通散货会在中流或一般用途的码头上处理,以货柜装箱的货物则多由专门处理货柜的泊位或中流作业方式处理。

货柜装箱货物占远洋转运货物的比例从1987年的71%跃升至1994年的95%。2000年,香港的海运货物有73%是以货柜装运的。由于大部分的货物均以货柜装运,所以香港是一个货柜港口。

远洋及内河货运总量从1983年的3 700万吨增至1995年的1.56亿吨。除了1989年及1990年外,年增长率均达两位数字。远洋或内河货运的统计数字都显示,转运货物比直运货物日益重要,可见香港承担越来越重的转口港角色。1995年,转运货物占远洋货运的比例稍高于25.8%,而占内河货运的比例则近乎25%。

货柜码头所占香港货柜吞吐总量的比例持续下降,从1986年的79%跌至1995年的66%。但它的实际货柜吞吐量每年均上升。1995年的实际平均年增长率为6.6%。

香港港口货运的一个部分是往返中港的水路货物;自1979年中国开放,香港货柜吞吐量激增。两地之间越来越多使用内河船为货物运输工具;内河航运业发展迅速,由1990年的930万吨增加至1999年的4 060万吨,并至2001年的4 750万吨。若把进出香港货物合计,从1983年到1991年往返中国的港口货运占香港港口货运约25%,1992年起则升至约30%。其中,华南地区的货运量是远远超出中国其他地区的。1999年,有68%的香港远洋货柜交通是与广东及华南有关的。中国内地是转运货物的最大来源地和目的地。

(三)速递业

70年代,速递的物品主要是文件类;80年代,流行速递包裹和样板;90年代,则速递制成品,有时它们会重达数吨来运送。

香港的速递业以几家拥有全球派送网络的跨

国公司为主。中小规模的公司就只按本身的专长在某些地区及范围内经营。香港邮政署的特快速递服务拥有遍及80多个国家的庞大派送网络,范围涉及92个目的地。以邮件量而言,香港邮政在全球著名的特快专递机构当中排名第四。

香港的速递业每年约有25%的增长,虽然空运速递只占总空运货量4–5%,但空运速递的收入比普通空运货物更可观。香港国际机场设有24小时空运速递中心,每年可处理货物20万吨。

2001年4月,香港海关与4间速递公司就货物清关手续签署了备忘录,定出有效的机制,加快海关管制及贸易流通的效率。

(四)铁路货运业

东铁(前称九广铁路)于1910年启用。它的货运处负责经营往来香港与内地的集装箱(货柜在铁路业称为集装箱)、散装货物和牲口运输服务。目前共有7条包干价铁路直达路线接连。在港九,货运处辖下有6个货场,总面积达22公顷;其中5个货场可装卸及容纳合共超过550个货卡。每日共有13班货运列车提供服务,7班北行,6班南行;另有邮车每日运载邮件往来九龙与深圳。

1993年,北行与南行货运列车合共处理了约4 000个标准集装箱,到2001年,数目增加至约1.5万个。除了1995和1998年,1993年至2001年期间的总货运量都保持正增长率。整体上北行比南行的货运量多。

要留意的是广九铁路/京九铁路在深圳段已建成准高速双线和常速第三线,货运能力为每日400个集装箱,而香港方面铁路货运能力仅为每日220个集装箱,这使得内地经铁路来港的货物,有近一半要在深圳卸下,改由公路运抵港。

(五)陆路货运业

香港是世界上道路交通密度最高的地区之一。通往中国内地的边境道路,有1979年落成的文锦渡,于1985年年初完成的文锦渡第二条桥梁及沙头角,并于1989年12月完成的落马洲。

80年代初,中国内地的轻工业产品出口快速增长,零散货物由深圳的多层工厂大厦源源运出。由于深圳没有现成的基础设施例如码头,提供货运服务应付这庞大需求,因此大量小型货车跨境经营,将货物运往香港储存,然后集运出口。1999年,4条边境通路日平均超过2万货车过境。

但是,这大量货车经常拥挤着边境关卡,因为港深两地口岸两侧各自公路网通行能力均在每日20万辆以上,而连接两地间的公路口岸通行能力仅为每日3万辆,出现了明显的瓶颈。而货柜车来往香港货柜码头也构成严重堵塞问题。

(六)货运代理业

传统运输业有约3 000家本地及外资公司,提供低技术货运代理服务。1999年6月香港有661家空运代理公司及1993家海运代理公司,到2001年12月,已分别增加至727家及2 036家。位于香港国际机场两座货运大楼之间的机场空运中心,内有超过45家货运代理商、物流服务公司和辅助服务供货商营运,方便货运代理使用航空货运站的服务。

1998年,空运与海运代理服务业的收益达580亿港元。年内,货运代理服务出口收益为65亿港元,相当于整体服务出口收益的2.4%。

1989年,香港货运业协会(前身为香港航空货运业协会)成立,代表本港各运输航运业;近年会员占全港货运业务量90%以上。香港货运业协会于2002年改名为香港货运物流业协会。而在中国内地,现有的1 600家国际货运代理企业中,外来投资的占400多家,其中约100家来自香港。

(七)仓储业

自1972年,葵涌货柜码头启用,散货仓库(CFS或称集装箱货仓)对于海运业的运作和财政上十分重要,因为当时货柜数量很少,付运少于整柜很昂贵,商家也没有地方去装柜。很多散货仓库都聚集并设于货柜码头邻近。80年代后期,葵涌有两幢工业大厦作装柜之用途;其一是香港国际货运中心,总体面积约有4.5百万平方呎,另一家是亚洲货柜中心,总体面积约有6百万平方呎。由1995年起,散货仓库之间的竞争是在金钱价格上,却不是在服务内容上。1972年之后几年,散装货占货柜装的总吨数的75%。1991年,一个货柜码头处理了货物400万吨,当中只有四分之一是散装货。1999年头季，散装货比上年同期下跌25%。可见货柜数量和远洋船只容量正上升，散装仓库的重要性便随之下降。逐渐地，葵涌的仓库转以服务空运代理为目标，因为它们愿意付较高的费用。与空运业有关的仓库，同样地为靠近机场而聚集于土瓜湾。1997年香港国际机场搬迁至赤鱲角，为仓储业带来冲击，在迁址和运作上需要更多研究。整体上，由于香港地少租贵，绝大部分的仓库是多层式和楼底低的，相对于欧、美和新加坡物流业所采用的单层和楼底高的仓库，效率见低。中、小型的仓库的操作都很倚赖人手，对信息科技的投资都很保守，没有计算机化系统设计货物存放位置。

商业竞争越来越激烈，所以消费者购买行为转变，例如：要求产品多样化和客户化，更多家庭送递服务和更好的销售服务，并会进行网上购物；商家利用更多新的经营概念，去帮助他们减低存货量和成本，缩短产品生命周期和提高顾客服务；这些概念包括准时生产方式，快速反应全球化原料采购及销售市场，延迟区分，中途拼货，联邦库存和外包及伙伴关系等。西方国家很早已经应用这些理论并获得实际益处，如经济效益能惠及多个行业，运作成本下降和提高就业率等。香港传统物流业有见及此，并加上本身客户对以上技术逐步有所要求，近十年来，现代物流业便渐渐兴起。首先回顾人力市场的变化。根据《货运业2000年人力调查报告》，2000年的货运业的人力总数是78 499人（人力总数为从业员人数77 667人，加空缺数目），比两年前下降了3.6%，从事速递业的占约3%。由1983年至1998年，人力资源从制造业(35%降至9%)转移至与派送有关的行业(20%增至30%)，包括运输、仓储、出/入口，批发及零售业，从1983年的45.5万人升至1996年超过100万人。综观90年代初，货运业雇员人数迅速增长，流动率偏高，人手不足和雇员未获足够训练。90年代后期，公司缩减人手，改善工作程序，精简架构；当中需要很多具信息科技知识以及操纵自动化设备技能的人才。1997年有调查反映，很多公司对现代物流业产生兴趣，但没有供应链的知识。于是，很多关于物流业的课程便应运而生。自1997年起，有大专院校提供学士和研究文凭课程；香港科技学院和工业学院提供证书、文凭、高级证书及高级文凭课程，还有香港贸易发展局、工联会业余中心和其他机构提供职业课程和遥距课程等。目的是让学生配备现代的信息系统、供应链管理、物流和分析性决策工具的知识。大学又设立论坛供业界交流和物流计算实验室作学术研究。以上一切的焦点是提升人力资源的质素，以迎合香港从交通枢纽到环球供应链的增值枢纽的转型。

为了推动物流业发展，有关业界纷纷成立行业组织，作专题研究和探讨，并举行论坛等活动。当中有香港物流协会(始于1996年，成立之时名为香港物资流通协会)，香港付货人委员会(始于1976年)(前身是“香港货运联席委员会”)，前身是“香港运输学会”，后改为香港运输物流学会，香港运输及物流业资源中心(始于2000)年和香港货运物流业协会(始于2002年)(前身是“香港货运业协会”)。

2000年，物流业及相关行业构成香港国民生产总值约15%。根据业界估计，2001年香港已有近600家物流服务公司，大致可分为三种类型：第一种是传统物流企业，如仓储、运输及速递公司转型而成，即通过延伸扩大业务，增设计算机及网络设施，开展存货管理及物流配送服务，包括为客户的进口或转口货物提供清关、仓储、递送、分发及存货量控制等服务；第二种是一些对物流服务需求较大的企业把物流部门分拆扩大，除了处理企业自身的物流业务外，还为其他企业提供物流配送等服务；第三种是专业从事物流服务的公司，即开展第三方物流服务，这类公司通常是跨国物流管理公司开设的独资或合资公司。据估计，只有10家左右。有的企业还开展全球性物流业务，有的则在亚洲其他地区，特别是内地发展物流业。其中一些上市蓝筹公司及红筹公司已在深圳、广州、上海、北京等地兴建物流设施及开展业务。从20世纪80年代末期起，越来越多全球物流服务供货商已追随其在华设厂的客户，将业务扩展至中国。整体上，只有很少数国际企业能够提供先进技术的整套物流解决方案，本土公司的技术在过去20-30年内增长很缓慢。现代物流业在香港发展还属起步阶段的时候，其中有不少的问题与挑战仍待解决。如前文所述，本地传统物流业缺乏经营现代物流业的经验，人才不足。物流服务公司普遍缺乏现代物流管理专业知识及资金提升服务和设备，尤是信息系统。很多公司仍认为物流业只是劳工密集行业，不情愿投资信息科技；自金融风暴后，公司会终止没盈利的运作；要求员工返内地工作等，也少有以投资信息科技来作为策略。有研究指出香港私人物流公司缺乏足够利诱因素去投资第三方物流服务。在香港外判物流工序也不盛行。纵然很多自称第三方物流服务公司可提供整套供应链解决方案，但它们只是担当联络者的角色，或只是负责租借设备、存货空间和人力。整个物流业缺乏政府帮助，物流公司(特别是中、小企)便不情愿或是不能够扩充业务，于是仅可提供少数增值服务，低服务水准，少新产品发展和技术转移。

在空运方面，“一航线一公司”政策和“第五航权”未开放，约束了伸延服务至其他大机场；新机场的降落费很贵；未有把握国际速递市场的增长。海运方面，码头服务费很贵；1998年，香港贸易发展局对以香港为基地的制造商和贸易商进行一项调查，显示30.5%会在香港安排货运及集装服务，将内地产品直接付运或转运，而选择在内地作安排的则占56.6%。陆路方面，香港与内地货物过境的验关手续多，重且繁复。香港发展物流业的部分生产要素，如土地和货仓，成本高而且供应不足。在物流业发展中，仓储业仍然用旧经营方法，例如保持多层式和楼底低；设计优良的货仓可用作物流中心，其功能包括组装、包装、设计和仓储管理等，但大部分香港现存的货仓都没有这些操作的设计，并且不能承受大的吞吐量，缺乏第三方物流业要求的多功能货架和信息设备。有散装货仓从业员表示虽然知道转型会带来的好处，但对物流的原理及如何启动运作则不明。随着2001年11月中国和台湾地区相继加入成为世贸组织成员，并来自新加坡、台湾地区、菲律宾和珠江三角洲等地的竞争，香港各方有见及此，近年更积极推动现代物流产业发展。2000年2月，策略发展委员会的报告确定物流服务为支持长远发展的七个领域之一。2000年5月，香港港口及航运局属下成立物流服务发展委员会；2000年12月，港航局委托顾问，进行《巩固香港作为国际和地区首选运输及物流枢纽研究》；行政长官2001年的施政报告中宣布发展区域物流服务作为施政重要政策。2001年，物流发展督导委员会和香港物流发展局成立，取代物流服务发展委员会的工作，同时，经济发展及劳工局属下的港口航运物流单位成立，以支持这两个组织的行动。电子商贸在港起步迟缓，为鼓励商家应用信息科技，由1997年开始，政府与贸易通电子贸易有限公司提供一系列增值的电子商业服务，例如把常用的贸易文件电子化。1999年7月，将军澳开始兴建物流中心；香港又正准备在大屿山建物流园。另外，香港希望与邻近内地区域建立合作互补的关系，有关意念如建港珠澳大桥便产生。空运业在物流发展上更见积极；2000年已立法撤销多类非敏感和敏感度较低航空转运货物的签证批核规定；2001年2月，香港商贸港(Tradeport Hong Kong Ltd.)在机场的南商业区兴建及营运一个物流中心，三层总建筑楼面面积为2.82万平方米。然而，东部南商业区兴建及营运自用物流中心的招标未有人问津。2001年3月，海运码头启用，提供一站式服务，加强了香港航空货运施与深圳宝安机场、太平及黄埔等珠江三角洲20个港口之间的货运业务；此外，机管局也调低降落和停泊费，并鼓励航空公司开设新航班。

二、2002香港物流业简略统计

(一)空运业

全年卸货量是100.4万吨，装货量是147.5万吨，合计247.9万吨，比上年上升19.5%。若与上年同月的货量相比，只有2月是负增长(-1.2%)，而7月的升幅最大(+28.7%)。出口到中国有9.3万吨，值25.3亿元(以港元计)；从中国内地入口有6.4万吨，值317.4亿元；转口到中国内地的货物值600亿元。

(二)海运业

全年港口货物包括海运货物及河运货物。卸下和装上港口货物分别为11 973万吨和7 278万吨,合计19 251万吨,比上年上升8%。卸下和装上河运货物分别为2 628万吨和2 792万吨,合计5 421万吨,比上年上升14%。葵涌货柜码头处理了1 189万个柜(廿呎货柜),中流作业处理了332万个柜,内河贸易处理了392万个柜,合计1 914万个柜,比上年上升7.36%。2月和9月分别处理了最少和最多柜数。

（三）陆路货运业

1月至10月期间,入口有1.8万吨,出口有1.5万吨,合计3.3万吨(全年共4万吨),比上年同期上升4.29%。若与上年同月的货量相比,只有2月是负增长(–22.72%),而1月的升幅最大(32.48%)。全年,经过文锦渡、沙头角和落马州的货运车共有915万辆,比上年上升7%。落马州有最高车辆流量,其次是文锦渡。

（四）铁路货运业

1月至10月期间,入口有23.4万吨,出口有8.3万吨,合计3.17万吨(全年共38.5万吨),比上年同期上升3.93%。若与上年同月的货量相比,2月有最大的负增长(–28%),而1月的升幅最大(39.13%)。全年,南行货运量是70万吨,而北行货运量是50万吨,各比上年多10万吨。货运总运量增长10%(包括牲口总运量–9%),其中集装箱货运量增长60%,共处理近24 000个廿呎货柜,散货总运量则减少14%。

人力市场方面:2002年1、2月间,物流货运从业员有78 921人(不包括10 765名担任行政及辅助工作的雇员)。机构总数为12 063间。最多机构和雇员数目的是货车及货柜运输类别。

雇员训练方面:为提升雇员技能水平,并吸引更多人加入物流货运业,政府设立了"技能提升计划"及"持续教育基金",资助现职货运从业员和有意入行者接受训练。

（撰稿:香港物流协会
梁智敏　叶启明　邱文娟　梁淑敏）

澳门物流

随着经济急速发展及对物流加深认识，物流业的发展已引起澳门政府和工商企业的重视。

一、澳门的地理优势

在地理位置上，澳门已由以往定位为服务珠江三角洲、香港及台湾等地区,发展到现在已经进一步积极研究增强服务亚洲太平洋地区的客户。这当然和地理位置有很重要的关系，如果用澳门作为一个中心点向四周覆盖，将发现澳门是整个亚太区的中心，既可以辅助香港及南中国地区作为货物分流的另一途径，亦成为亚太各国与中国之间的另一条转运特快通道。

除了地理位置上的优势，澳门更是一个自由港。除烟、酒及汽车外,进出口都是免税。加上赌权开放及旅游业发展理想,2002 年旅客数字已达到 1 153 万人次。

二、法律的改变以配合货运业的发展

澳门的《对外贸易法例》由于源自 1995 年的法例,当时的政府认为物流业的发展尚未成熟,时至今天,因货运业之发展一日千里,而导致物流业的急促发展,有鉴于世界经济趋向全球化,法律已有过时的感觉。故澳门特区政府认为需要修订对外贸易法律制度，将过去的贸易法律适当地与国际接轨,以促进澳门特别行政区的发展。另决定建造物流中心,投入资源开发物流业,同时提出创建跨境工业区构思，目的是利用国内较有竞争力的劳动力,加上本地区在资讯、财务及国际市场上的经验，积极推动国内外的投资者于跨境工业区内设立工厂,使渐渐流失的工业再次回复生产力,从而使本地区出口产品竞争力进一步提升。再加上与广东省跨境物流方面积极合作及优势互补,相信货运量将会有一定的增长，澳门这个自由港亦会担当重要的角色。

三、货物申报的电子化进展

电子申报于 1999 年在澳门开始试行,至今澳门已经全无障碍地使用 EDI 作出申报,目前更进一步与其他的资讯联盟如中国内地、香港及亚太地区资讯中心,探讨资讯互换等协议,对将来物流业发展需要的资讯平台已做出前期的筹备工作,进展情况令人满意。

四、国际机场及航班的最新发展

澳门国际机场位于氹仔北安地段,于 1995 年底开始正式运作,占地 45 000 平方米,机场跑道长 3 360 米,宽 45 米。

由于澳门将以旅游及博彩业为龙头，其他服务业为配套作为经济定位,在 2002 年澳门国际机场旅客量增加 10%,全年旅客量为 400 万人次以上。加上财牌已落实由一个增加三个,未来数年当财场落成营运之日,相信外来游客一定大幅增加。所以近期已有迹象预示参考，上年全年航班增加 16%,全年飞机起降量为 37 564 架次,现时一天约有 90–100 班航班。

货运方面,2002 年比 2001 年同期机场货运量增加了 46%多,达到 111 286 吨。此外,运输部门及民航局亦积极推动空运业发展，例如与新加坡达成协议，由澳门航空及胜安航空每周各飞二班;同时上海已经一天七班航机直飞;另更积极开托其他东南亚航点,及增加菲律宾、泰国等地的航班;最近还与俄罗斯签订货机航权协议,立刻可以提供服务；又批准开办深圳经澳门直达台湾的全货机航线。而海关方面更承诺清关时间可以在 20

分钟内完成，足以证明澳门在亚太地区货运业中积极参与的决心。如果继续增长的话，两三年后，澳门机场原来的设计将会超出负荷，所以“澳门空运暨物流业协会”亦已要求政府做出扩建机场的考虑，而政府已决定于近期将会有所行动。

五、港口及海运方面的转型与临近地区的互补合作

现时澳门有三个主要港口，分别为外港、内港及九澳港。外港位于澳门半岛的东面，是为往来港澳的客轮上落客所专用。外港航道宽为120米，其海圆深度维持4.4米。而内港位于澳门半岛的西面，由34个码头组成，货物的装卸都在此运作。内港14号码头只供获港务局批准之船只上落乘客。南舢板码头位于内港8号与9号码头之间，供锚泊于内港船舶上的人员登岸及离岸。往内港航道及内港航道均为55米宽，两者的海圆深度都维持3.5米。九澳港则位于路环岛的东北面，九澳港包括有油库码头、水泥厂码头集装箱货运站码头及发电厂码头，往九澳港的共同航道，宽为75米。

相当多的渠道反映出港口需求有必要跟广东省地区正在增长中的货柜码头互相融合及合作发展，而澳门已经与粤西地区、深圳、珠海等地区开始紧密接触，着手研究如何共用资源开创新局面，以及全方位互相配合，发展货运业。当中包括跨境管理、海关简化、即时配送及后勤支援等等，相信在不久将来，澳门港口的发展将出现全新局面。

以上这几点，正好标志着澳门已做出全方位的改变来迎合世界潮流，促进本地以及大中华地区物流业之发展及趋势。

六、澳门物流业发展存在的问题

目前澳门在发展物流业方面仍需面对一些问题，例如整个世界经济前景仍然未可乐观；美国政府提出的货运安全倡义亦逐步由海运提升至空运界，对澳门运业发展造成一定的压力；加上澳门与中国陆路的货运通关时间仍未延长，使两地货运的流通未能达至最佳效果等等，种种因素对澳门物流业的发展造成一定的影响。但由于澳门已经有相当多年的经贸发展经验，加上特区政府的工作效率比前政府大幅提高，而澳门居民一向都团结、合作，在互补及包容前提下，相信上述困难可解决，伴随祖国一起腾飞的日子快要来临。

（特约撰稿：澳门空运暨物流业协会理事长 潘国庆）

第四部分

物流技术与装备

物流技术与装备

一、行业概况

（一）物料搬运设备生产情况

近年来我国经济的持续发展给物料搬运设备制造业带来了机遇，据不完全统计，全国物料搬运设备生产厂商约有 3 000 多家。2002 年机动工业车辆销售量为 32 977 台，达到历史上的最高水平，比 2001 年的 25 603 台增长了 28.8%。其中内燃叉车 25 417 台，电动叉车 7 560 台。2002 年手动液压托盘搬运车及手动叉车共销售 629 898 台，比 2001 年的 466 833 台增长了 34.9%。

据示不完全统计，2002 年前 10 个月全国的物流技术装备典型产品产量见下表。

产品名称	单位	2002 年前十个月的产量
起重设备	吨	632 476
输送机械	米	572 268
装卸机械	台	7 397
升降移动机械	台	122 973
叉车	台	32 977
手动液压托盘搬运车	台	629 898*
货架	万吨	13-15*
木质托盘	万只	1 800*
塑料托盘	万只	200*
金属集装箱	立方米	38 381 018
包装机械	台	85 597
金属制包装物品	吨	541 331
工矿车辆	辆	11 518*
载货汽车	辆	1 049 242*
箱式货车	万辆	约 20*

注：* 者为全年产量。

（二）进出口情况

2002 年出口叉车及装有升降或搬运装置的工业车辆共 394 826 台，比 2001 年的 262 019 台增长了 50.7%；出口金额 89 622 741 美元，比 2001 年增长 16.9%。其中电动叉车（含巷道堆垛机）出口 1 215 台，比 2001 年增长 12.9%；内燃叉车（含集装箱叉车）出口 2 560 台，比 2001 年增长 20.1%。2002 年进口叉车及装有升降或搬运装置的工业车辆共 17 128 台，比 2001 年减少了 1.1%，进口金额 141 886 156 美元，比 2001 年增长 13.8%。

二、科技成果与新技术

随着我国物流的发展，对装备提出了新的要求，同时，信息技术和计算机技术的飞速发展，又给物流技术装备提供了新的发展平台。在 2002 年，新技术的应用提高了物流技术装备的水平，一批科技成果获奖，一些新的物流项目建成并投产。

昆明船舶设备集团有限公司和红河卷烟厂联合研制开发的“红河卷烟厂自动化物流系统”（其中昆船公司为主要承担单位）获国家科学技术进步奖二等奖，该系统主要包括自动化立体仓储系统、自动输送系统、AGV 系统、机器人系统、自动化控制系统、实时监控系统、消防自动报警及喷水灭火系统、计算机数据服务和管理、调度系统。它涉及众多的高新技术领域：人工智能、图像识别、网络通讯、数据库系统、计算机仿真、数据采集、实时监控、无线通讯、红外通讯、激光导引、智能机器人、智能快速充电、条码识别、系统集成等。红河卷烟厂自动化物流系统是自动化物流系统在轻工、食品行业中应用的一个典型范例，它包括了辅料自动化物流系统、成品自动化物流系统、配方自动化物流系统、备件自动化物流系统四个部分，涵盖了卷烟生产的主、辅原料过程，对卷烟生产的配方、原料、备件、成品的过程数据、物流仓储、现场信息以及安全消防等整个过程实施完全的控制、调度、管理、监视和监控，以最少的人机接口，实现最大的物流自动化。自动化物流系统是综合自动化的重要组成部分，可适用于机械、电子、仓储、码头、银行、商业、医药、轻工、食品等行业。该项目的研制成功，为烟草行业树立了有典型意义的多种模式的自动化物流系统样板，在烟草行业及其他各行各业具有广泛的推广价值。

由国家粮食储备局郑州科学研究设计院等单位完成的“散粮储运关键技术和装备的研究开发”获国家科学技术进步奖二等奖。该项目攻克了粮食在散装、散卸、散运、散存方面长期未解决的难题，为我国大规模粮库建设提供急需技术，促进实现“四散”流通，降低流通成本，提高粮食流通行业的国际市场竞争力。研究开发了火车、汽车、内河船舶的散粮装卸的关键技术装备，以及粮库设备在线工况监控技术、通风除尘技术、防尘防爆技术，实现散粮储运技术与装备成龙配套，安全高效运行；粮食品质检测与粮情监控技术装备，从散粮储前、储后及储存三个层次出发，研究粮食品质快速取样及检测技术、粮温监测技术、散粮干燥技术，以确保流通中粮食的品质，使东北地区高水分粮安全进入流通，减少粮食霉变损失；研究开发了全国散粮最佳调运路线数学模拟技术和库点合理布局数学模型专家决策系统，为全国散粮储运总体规划服务。开发和完善散粮立筒库作业控制 PLC 编程软件和系统组态软件及装卸输送过程自动控制系统(SCADA)。其科研成果覆盖散粮装、卸、运、存各个环节，涉及工艺、设备、控制、储藏、计算机应用等方面，技术装备配套，有利于发挥整体效益，有效降低流通费用。成果转化率达到 80%以上，基本实现了与国际接轨、以国产设备取代进口设备的目的，一批科研成果成功进入批量生产，有力地支持了 1998 年来的国家储备粮库建设工程，应用到 200 余个粮库，实现扩大内需、拉动国内经济增长的目的；在利用世行贷款改善粮食流通设施项目工程中，替代进口，被 70 多个中转库工程采用，为国家节约了大量外汇，对本行业的技术进步产生了重要的推动作用。

由北京起重运输机械研究所完成的“联想电脑公司集成化物流系统”获中国机械工业科学技术奖一等奖，该系统为国内首次实现物流系统与 SAP R/3 系统实时连接；采用具有新型结构型式与货叉结构、带尺寸检测与条形码检测的新型载货台、激光测距认址和旋转编码器等 10 多项新技术的新一代快速巷道堆垛机、组合式输送机、高速分配车、空托盘收集机等我国首次开发的新型产品，同时首次将冗余控制技术、故障自诊断技术、实时仿真模拟技术与 PROFIBUS 现场总线技术运用于物流系统。科学的地址分配技术、任务调度理论研究等，大大提升了物流系统的性能。

MM 型升降、纵横移式停车设备获中国机械工业科学技术奖二等奖，它是一种前、后两排紧贴设置、共用一条前排行车通道的机械停车设备，后排停车设备的上、下层置车板除具有各自的升降、横移功能外，还有纵移功能，可从后排纵移至前排，在前排行车通道上对后排上、下置车板存、取车。

此外，短途运输列车关键技术与装备、DG 型管状带式输送机、QZL 系列自动控制垃圾搬运起重机、300t×94m 造船门式起重机也获得中国机械工业科学技术奖二等奖。

非线性变质量系统长距离水平振动输送机的设计与研制、定柱式旋臂起重机 CAD 系统研究和 350t+350t 全变频宽调速高同步双小车电站桥机获中国机械工业科学技术奖三等奖。

神州数码上海物流配送中心于 2002 年 12 月 31 日顺利建成并投入使用。由北京起重运输机械研究所设计建造的该配送中心其整个物流系统由集成化物流管理系统和物流自动化系统构成。

集成化物流管理系统包括驱动整个系统进行作业的计算机系统部分。包括 SAP R/3 系统、基于 BC CONNECT 技术和 XML 技术的 ERP 接口软件、LOG++物流配送软件系统（包括无线射频

RF系统及其 RF 后台服务程序、TO 调度软件、TO 后台处理程序、LOG++辅助系统、任务调度系统、主控通讯系统、监控系统、动画仿真系统)等组成。集成化物流管理系统是整个物流配送系统的控制中心,负责处理物流过程中包括订单、物料、组盘、SN 扫描、入库、出库、拣选、合单、确认、打印、核对、过账等在内的所有事物,负责数据的传输、操作、备份、恢复和应急处理,负责任务的产生、控制、调度、处理和确认。

物流自动化系统包括基于 PROFIBUS 的现场总线控制系统(输送机控制系统 CONVEYERBOX 和堆垛机控制系统 CRANEBOX),输送机设备(37 台设备, 分 4 个作业区共 63 个入出库作业点,不包括二层作业区),堆垛机设备(4 台)、立体库货架系统(共 7 384 个货位)。此外还包括阁楼式货架,流力式货架、拣选皮带机系统、提升机等。

神州数码上海物流中心的基本格局分为入库组盘区、入库区,快速拣选作业区,自动在线拣选作业区、整托盘作业区、小件作业区 (阁楼货架区)、大件区、平置区、直入直出区及二层入出库作业区等。

神州数码上海物流配送中心与 ERP 系统高度集成化,支持神州数码在全国各平台的业务,接受平台的订单处理。其序列号扫描系统负责将各平台的扫描信息汇总并进行有效性验证。是目前惟一跨地区操作的业务覆盖全国的自动化物流配送系统。

(特约撰稿: 中国机械工程学会物流工程分会
秘书长 周 云
北京科技大学机械工程学院
教授、博士生导师 董绍华)

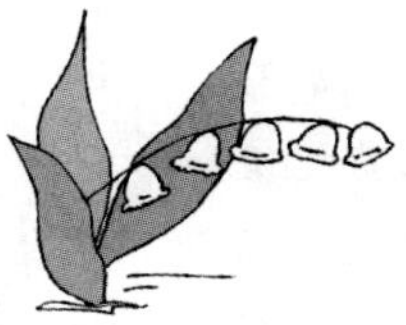

物流技术及应用

自动化物流系统是集光机电信息技术为一体的系统工程，随着信息技术的发展，它具有了更广阔的外延，典型的自动化物流技术主要包括自动化立体仓储系统、自动输送系统、自动导引车系统AGVS、机器人作业系统和自动控制系统等。这些自动化物流系统涉及各种相关的技术，主要包括自动仓库技术、分拣自动化技术、自动导引车(AGV)技术等。

一、物流条码及识别技术

条码技术是在计算机的应用实践中产生和发展起来的一种自动识别技术。条码技术提供了一种对物流中的物品进行标识和描述的方法，借助自动识别技术、POS系统、EDI等现代技术手段，企业可以随时了解有关产品在供应链上的位置，并即时做出反应。一些现代化的物流系统，如AS/RS、AGVS系统、自动分拣系统和自动跟踪系统(GPS)中，都是采用条码实现物料的识别与跟踪。

在我国，条码在物流仓储配送业已经得到了很好的应用也已有了良好的开端。例如联想、海尔、神州数码、华为、红河烟厂等企业，其物流系统中均采用了条码识别管理技术。以红河烟厂为例，成箱的纸烟从生产线下来，汇总到一条运输线。在送往仓库之前，先要用扫描器识别其条码，登记完成生产的情况，纸箱随即进入仓库，运到自动分拣机。另一台扫描器识别纸箱上的条码。如果这种品牌的烟正要发运，则该纸箱推入相应的装车线。如果需要入库，则由第三台扫描器识别其品牌。然后拨入相应的自动码托盘机，码成整托盘后通过运输机系统入库储存。条码的功能在于极大地提高了成品流通的效率，而且提高了库存管理的及时性和准确性。

条码技术在我国许多企业已得到很好的应用，尤其是一些电子、医药、烟草等行业得到了广泛的应用。

二、自动化仓库（AS/RS）技术

2002年是AS/RS最为风光的一年，以北京起重机械研究所承担并建成上海神州数码配送中心为代表的一系列大型物流系统工程，都是以AS/RS为标志的。

自动化仓库集成了机械、电器、计算机、土建和管理等方面的技术，是现代物流技术的集中体现。近年来，自动化仓库在我国得到快速发展，立体仓库的需求越来越大。据不完全统计，我国已建成的自动仓库约有500座以上，主要分布在电子、烟草、医药、化工、机电、印刷等行业，也逐渐应用于一些流通领域内，作为物流中心或配送中心的集中储存区域。

自动化仓库技术的最新特点包括：

高速化。自动化立体仓库的主体设备堆垛机的运行速度每年都在攀升，目前其水平运行速度最大可达400米/分，垂直速度达100米/分；复合作业循环时间由15–20次/时，提高到50–70次/时。

准确化。由认址片加旋转编码器定位，到部分采用旋转码器加激光定位，使定位精度从+10毫米，提高到+3毫米。驱动由传统的调速技术发展为内置嵌入式计算机的矢量变频调速技术，从而获得更佳启动停止曲线图，减少循环时间，获得更佳启动扭矩。

通信方式从有线，电磁感应已过渡到红外无线通信技术，未来蓝牙技术将有可能成为新的热点。货位虚实探测技术已开始应用无线摄像传输技术。机上控制技术已开始采用现场总线技术代替了专用硬软件，便于与上位机兼容联网。

广泛采用 CAD/CAE 技术以及新材料技术，自重减轻；超高层，最高达 50 米；堆垛机的载重量已达 5 000kg，航空集装箱专用堆垛机的载重量已达 16.5t。

自动化仓库计算机管理系统向着信息化、自动化、网络化、智能化方向发展。在控制上，FCS（现场总线）技术取得了长足的发展。千兆位宽带网络的采用使动态图像网络传输和实时监控成为了可能。管理信息系统广泛采用 B/S 体系结构。广泛采用条码、二维码、IC 卡、POS、电子标签、视觉自动识别等技术，实现高速准确地分拣、堆码、出入库、数据采集和管理。与 EDI、ECR、SCM、CRM、ERP、EC 等集成，在高度信息化、自动化的基础上实现物流对内与 ERP 系统的集成，对外与供应链管理、客户关系管理、配送管理、电子商务、虚拟物流等的集成。

三、分拣自动化技术

2002 年，我国的医药行业、化妆品行业和电子行业已开始建设使用一些自动拣选系统和分拣设备，如北京双鹤药业、神州数码上海配送中心等都已采用。而在流通领域，如华联超市和联合利华等连锁商业企业的配送中心内已开始使用各种电子辅助拣货系统。

随着用户需求少量多样化的变化，订单向多品种、小批量化发展，配送中心的拣货、拆零作业的劳动力已占整个配送中心劳力的 80%。如何提高这个物流环节的作业效率，已成为配送中心机械化、自动化的研究重点。常见的分拣自动化技术包括自动分货系统、自动拣选系统和电子辅助拣货系统等。

自动分货系统，是一种全自动的自动分货设备。自动分拣机的分拣效率极高，通常每小时可分拣商品 6000–12000 箱；在日本和欧洲自动分拣机的使用很普遍。分拣输送机包括有扫推式、推板式、搓轮式、斜向分流式、钢带式、胶带式、翻盘式、滑靴式、交叉带式等近百种型式和系统。交叉带式效率最高，速度可达 2.3m/s，分拣能力可达27 000 件/时。我国在邮政部门已采用了一些先进的自动分货系统，随着物流环境的逐步改善，自动分拣系统在我国物流领域的应用也会越来越大。

自动拣选系统是一种信息处理和分拣作业完全自动实现的系统，主要用于一些高价值商品的分拣，一般应用于医药、卷烟及化妆品等配送中心内。

电子辅助拣货系统是一种无纸化的拣货系统。包括电子标签拣货系、RF 拣货系统和 IC 卡拣货系统等。一般传统拣货是拣选人员根据拣货单逐一进行拣货，工人劳动强度大，容易造成拣错或漏拣现象。而数字显示拣货系统是把打印拣货单的过程省略，而在货架上加装一组 LED 显示器及线路，客户的订单资料直接由电脑传输到货架上的显示器，拣货人员根据显示器上的数字进行拣货，拣货完成之后在确认键上按一下即可。采用这种方式可大大提高拣选效率，降低工人的劳动强度，而且使差错率大幅度下降。

四、自动导引车（AGV）技术

20 世纪 90 年代，瑞典的 NDC 公司推出基于激光反射测角定位技术，取得了 AGV 控制之王的地位，10 年内销售激光反射头的数量近 1 千台。以昆船为代表的物流系统自动化集成商 90 年代末成功将瑞典 NDC 技术引进我国，并在传动、控制、系统集成等方面有所突破。目前 AGV 技术已经广泛应用于烟草、造币、医药等 CIMS 中。

目前，我国 AGV 物流系一般广泛应用瑞典 NDC 激光导引技术。

AGV 技术的发展具体表现在导引技术的发展上。激光测角与测距相结合的导引技术，其导引头已经商品化；直接坐标导引则与陀螺导引技术相结合，复合应用在一台 AGV 之中。导引技术的进步，提高了行程路径的柔性化，同时提高了定位精度，由±10 毫米，提高至±5 毫米，甚至±3 毫米。GPS 定位导航技术在大型（最大可达 40t）AGV 上得到应用。

移栽技术已经广泛采用无级调速驱动技术，

出现了背辊式，背链式，推挽式，牵引式，龙门式，侧叉式、前叉式、后叉式、三向叉式、升降伸缩叉式等。

现代 AGV 技术最具有智能化的特征，车载计算机的硬软件功能日益强大不断升级，使 AGV 及 AGV 系统具有从网络、无线或红外接收上位及客户指令，自动导引，自动行驶，优化路线，自动作业，交通管理，车辆调度，安全避碰，自动充电，自动诊断，实现了 AGV 的智能化、信息化、数字化、网络化、柔性化、敏捷化、节能化、绿色化。

现代物流技术具有广泛的内涵，物流水平的提高有赖于现代物流技术的深入研究和广泛应用，现代物流技术对物流业的发展将起到巨大的推动作用。

（特约撰稿：北京科技大学物流研究所
王转　程国全　王乐乐）

2002年全球排名前二十位的物料搬运系统提供商综合情况一览表

排名	公司名	2001年排名	总部	建立时间	2002年营收单位：百万美元	亚太营业机构	主要产品
1	西门子德马泰克	1	德国纽伦堡	1939	2900	悉尼西门子德马泰克公司	分类、数据采集、拣选、存储、叠放和传送设备等
2	大福有限公司	3	日本大阪	1937	1350	中国台北Daifuku先锋有限公司	自动存储（AS/RS）、传送、分类设备、流动货架、亮灯拣选系统、WMS等
3	Schaefer国际控股GmbH	4	德国Neunkirchen	1939	1300	新加坡、马来西亚、印尼、中国、菲律宾、泰国和香港办事处	传送机、分类机、拣选系统、集装箱和数据采集终端等
4	FKI plc	2	英国伦敦	1920	1275	Crisplant中国、新加坡公司	传送机、旋转货架、装栈机、软件、AS/RS等
5	Swisslog控股	6	瑞士Buchs/Aarua	1900	700	新南威尔Swisslog澳洲公司	AGV、AS/RS传送机、叉车、拣选机、机器人、软件、装卸设备等
6	村田机械有限公司	7	日本京都	1961	571	日本京都Murata机械有限公司	运输机具、拣选机、存储设备、数据采集终端、软件系统
7	Columbus McKinnon公司	5	纽约州Amherst	不详	455	杭州Lila提升和捆扎公司	起重机、手推车等
8	范德兰的工业公司	9	荷兰Veghel	1949	354		传送机、拣选设备、存储系统、软件和数据采集终端等
9	Dexion集团有限公司	8	挪威奥斯陆	不详	353		传送机
10	洛克希德·马丁公司	12	纽约州Owego	1996	320	澳洲Melourne的Lockheed Martin公司	分类机、传送机、存储设备和数据采集终端

排名	公司名	2001 年排名	总部	建立时间	2002 年营收单位：百万美元	亚太营业机构	主要产品
11	Durr	11	德国斯图加特	1919	300	Durr 韩国和中国公司	拣选系统、传送机、AS/RS 等
12	Eisenmann	17	德国 Boblingen	1951	300	汉城 Eisenmann 公司	传送机、机器人、起重系统、旋转货架、存储设备、包装设备和 AS/AS 等
13	Kardex-Remstar 国际集团	13	瑞士苏黎世	1978	270	新加坡、马来西亚、印尼、中国、菲律宾、泰国、香港台湾和韩国办事处	旋转货架、机器人、拣选系统、WMS、AGV、AS/RS 等
14	Jervis B. Webb 公司	10	密歇根州 Farmington Hills	1919	255	印度、中国承德和澳洲的 Webb 传送公司	传送机、分类机、手推车、WMS、旋转货架和存储系统等
15	The Brambles 集团	16	澳大利亚悉尼	1882	200	CHEP 亚洲公司	货架系统
16	HK 系统公司	14	Milwaukee Wisc	1969	200		传送机、装栈机、分类设备、软件、AS/RS、AGV
17	Knapp Logistik 自动化技术 GmbH	18	奥地利 Graz	1952	142		存储设备、运输机具、拣选设备、数据采集终端等
18	Beumer Mashinenfabrik GmbH	19	德国 Beckum	1935	134	泰国 Beumer 公司	分类设备、传送机、软件、装栈机、装载系统等
19	Flexlink, ab	不详	瑞典 Goteborg	1980	115	Flexlink 中国、香港、日本、新加坡、马来西亚公司	传送系统、信息技术系统等
20	Viastore 系统 GmbH	不详	德国斯图加特	1889	107	中国台湾南亚塑料公司	存储设备、拣选设备、分类机、软件、传送机等

注：由于企业选择财政年度进行核算的差别，因此上表中的部分数据是调整、估算的数据。

（资料来源：中国机械工程学会物流工程分会）

电子商务与物流

一、中国电子商务发展现状

1997年,原国务院信息办和CNNIC工作委员会研究决定,由中国互联网络信息中心(CNNIC)联合四个互联网络单位来实施中国互联网络发展状况统计报告的统计工作。从1998年起CNNIC决定于每年1月和7月发布统计报告,其即时性和权威性已得到业界公认,至2002年12月31日,CNNIC已经连续11次发布了“中国互联网络发展状况统计报告”。

本文摘选其中的主要数据,并将2001年12月31日和2002年12月31日的统计数据对比列表,直观体现中国电子商务的发展情况。

(一)我国上网计算机数

2001年12月31日约1254万台,其中专线上网计算机数为234万台,拨号上网计算机数为1 020万台。

2002年12月31日约2 083万台,其中专线上网计算机数为403万台,拨号上网计算机数为1 480万台,其他方式上网计算机数200万台。一年内增加829万台,增长66.11%。

从上网计算机数增长率的变化趋势可以看出,同上一年度的调查结果相比,上网计算机总数的增长率、专线上网计算机数的增长率、拨号上网计算机数的增长率均有不同程度的增加。同历次调查结果中上网计算机数增长率的变化趋势一致,除2000年1月的调查结果外,专线上网计算机数的增长率均高于拨号上网计算机数的增长率和上网计算机总数的增长率。这显示了尽管拨号上网这种传统的上网方式仍然占主导地位,但专线上网和其他上网方式也正以较快的速度发展着,多元化的上网方式进一步发展。

(二)我国上网用户人数

2001年12月31日约3 370万人,其中专线上网的用户人数为672万,拨号上网的用户人数为2 133万,同时使用专线与拨号的用户人数为565万。除计算机外同时使用其他设备(移动终端、信息家电)上网的用户人数为118万。

2002年12月31日约5 910万人,其中专线上网的用户人数约为2 023万人,拨号上网的用户人数约为4 080万人,ISDN上网432万人,宽带上网用户人数660万人。除计算机外同时使用其他设备(移动终端、信息家电等)上网的用户人数为153万人。一年内增加2 540万人,增长75.37%。

注:CNNIC将中国网民定义为“平均每周使用互联网1小时(含)以上的中国公民”。

在目前公开的各国网民数量中,中国5 910万网民在世界排名第二(联合国贸易及开发会议的报告表明,到2002年年底全球网民约为6.55亿),仅次于美国,但在我国将近13亿的总人口中仅占4.6%,在本次调查的总体(住宅电话覆盖的6岁以上的人口加上在校的大学生)中占11.1%,这说明尽管我国的互联网用户总数很大,但互联网络的普及程度还很低,仍有非常大的发展空间。

(三)CN下注册的域名数见(表1、2)

一年内增加52 225,增长41.02%。同1997年10月第一次调查相比,域名总数已是当初4 066个的44.2倍。

尤其从2002年下半年开始CN下注册的各类域名均明显增长,CN下注册域名数的变化趋势一方面突出反映了国家主管部门政策对CN域名注册服务的巨大推动作用,同时也反映了广大网

表 1　　截至 2001 年 12 月 31 日域名统计表

	AC	COM	EDU	GOV	NET	ORG	行政区域名	合计
数量	673	99 123	1 354	5 864	14 045	2 943	3 317	127 319
百分比	0.5%	77.9%	1.1%	4.6%	11.0%	2.3%	2.6%	100.0%

表 2　　截至 2002 年 12 月 31 日域名统计表

	AC	COM	EDU	GOV	NET	ORG	行政区域名	合计
数量	1 728	133 796	1 629	7 796	20 234	9 587	4 774	179 544
百分比	1.0%	74.5%	0.9%	4.3%	11.3%	5.3%	2.7%	100%

民对信息产业部新政策的欢迎以及对 CN 域名价值的认可。

（四）我国国际出口带宽

2001 年 12 月 31 日，我国国际出口带宽的总量为 7 597.5M。连接的国家有美国、加拿大、澳大利亚、英国、德国、法国、日本、韩国等。分布情况如下：

中国科技网（CSTNET）：55M；

中国公用计算机互联网（CHINANET）：6 032M；

中国教育和科研计算机网（CERNET）：257.5M；

中国金桥信息网（CHINAGBN）：168M；

中国联通互联网（UNINET）：418M；

中国网通公用互联网(CNCNET)：465M；

中国国际经济贸易互联网（CIETNET）：2M；

中国移动互联网（CMNET）：200M；

中国长城互联网（CGWNET）：（建设中）；

中国卫星集团互联网（CSNET）：（建设中）。

2002 年 12 月 31 日，我国国际出口带宽的总量为 9 380M。连接的国家有美国、加拿大、澳大利亚、英国、德国、法国、日本、韩国等。分布情况如下：

中国科技网（CSTNET）：55M；

中国公用计算机互联网（CHINANET）：5 147M；

中国教育和科研计算机网（CERNET）：259M；

中国联通互联网（UNINET）：1 093M；

中国网通公用互联网(CNCNET)：2 469M；

中国国际经济贸易互联网（CIETNET）：2M；

中国移动互联网（CMNET）：355M；

中国长城互联网（CGWNET）：（建设中）；

中国卫星集团互联网（CSNET）：（建设中）；

一年内增加 1 782.5M，增长 23.46%。

（五）我国网站数量与分析

根据 CNNIC 中国互联网络信息资源数量调查报告，截至 2002 年 12 月 31 日有关我国网站数据统计如下。

1.全国域名数：940 329 个。

2.全国网站数：371 600 个。

3.根据网站域名分类状况（%）（见表 3）。

表 3　　网站域名分类统计表

	AC.CN	COM 和 COM.CN	EDU.CN	GOV .CN	NET 和 NET.CN	ORG 和 ORG .CN	行政区域名.CN	合计
百分比	0.1%	78.3%	略	1.7%	14.6%	4.8%	0.5%	100

网站数排在前4位的省市依次是北京、广东、上海和浙江，这4省的网站总数占全国总数的58.2%。

4.根据网站性质分类情况(%)。

将网站按照主体性质不同分为政府网站、企业网站、商业网站、教育科研机构网站、个人网站、其他非盈利机构网站以及其他类型等。其中商业网站指虚拟的网络型网站，如新浪、搜狐等".com"公司；企业网站是相对于商业网站而言，指业务主要在网下的企业所建立的网站，对网站的分类标准引自美国权威调查机构 FORRESTER RESEARCH 的《全球 B2B 电子商务市场现状》。

调查结果显示，企业网站数的比例最大，占整个网站总体的78.83%，其次为商业网站，占8.70%，第三是个人网站，占4.77%，随后依次为教育科研机构网站占2.46%，其他类型占2.46%，政府网站占1.70%，其他非盈利机构网站占1.08%。如图1所示。

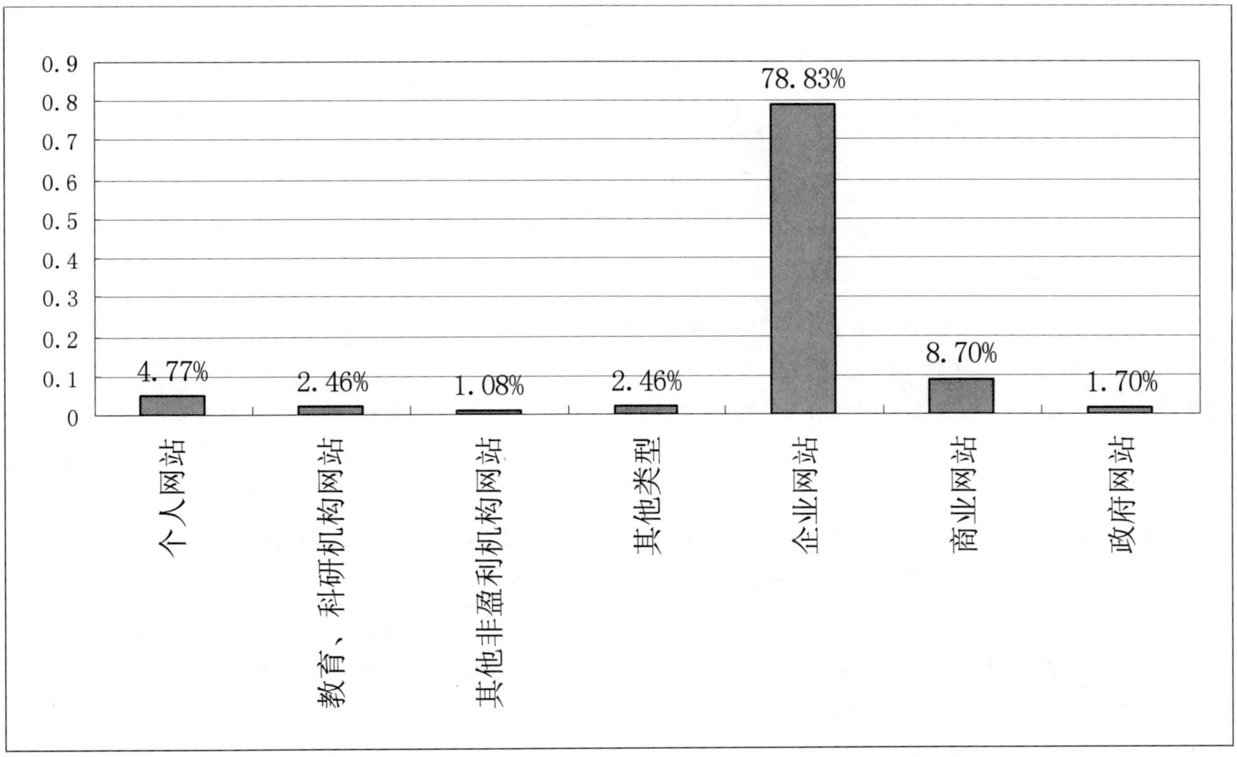

图1　网站按类型分布

5.各行业网站分布状况：

企业网站的行业分布中，制造业比例最高，为58.8%；其次是邮电通信业，占8.38%；第三是公关、咨询、广告和市场研究等服务业，占6.58%；第四是零售批发贸易，占6.12%；第五是社会服务业，占5.84%。在制造业中，电脑、通信设备、网络设备、软件所占份额最高，占51.5%；其次是机械及工业制品，占12.3%；第三是电子元器件、家用电器，占9.1%。

6.网站浏览量：

平均每个商业网站每天的浏览量为5805个页面，其次是科研网站和政府网站，企业网站甚至比非盈利机构网站还少。如图2所示：

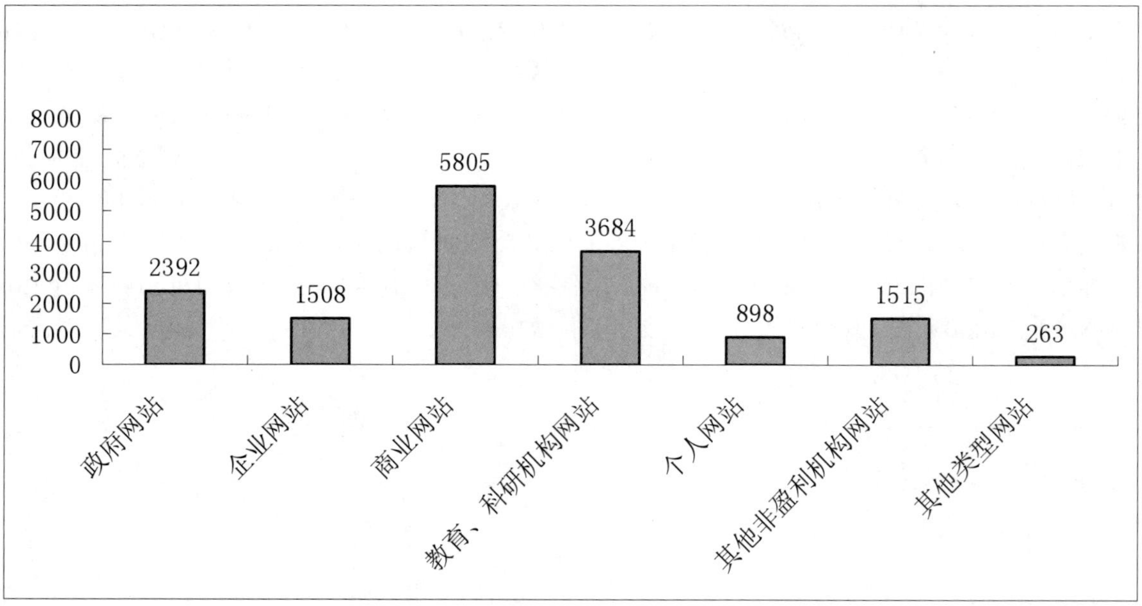

图 2　平均每个网站每天的浏览量（页面个数）

7.企业网站按行业分布浏览量：

2001年 12 月 31 日的数据表明，零售批发贸易业的浏览量最高，其次为电脑、通信设备、网络设备、软件业，第三为机械及工业制品。其中交通运输仓储仅占 1%。

2002 年 12 月 31 日的数据表明，排在前三位的是制造业、零售批发贸易业、公关咨询等。其中交通运输仓储提高至 3.15%。如图 3 所示：

二、电子商务时代的物流发展

在电子商务时代，物流信息化是电子商务的必然要求。物流信息化表现为物流信息收集的数据库化和代码化、物流信息处理的电子化和计算机化、物流信息传递的标准化和实时化、物流信息存储的数字化、物流信息自身的商品化等。

物流的网络化是物流信息化的必然，是电子商务下物流活动的主要特征之一。当今世界 Internet 等全球网络资源的可用性及网络技术的普及为物流的网络化提供了良好的外部环境，物流网络化不可阻挡。

我国电子商务环境下，经营综合物流代理的主要思路是：不进行大规模的固定资产投入，低成本经营和入市原则；将主要的物流服务工作委托他人处理，注重建立自己的客户营销队伍、物流管理网络和物流信息系统，提高自身的物流综合管理素质；实行特许代理制，将协作单位视为自己的战略伙伴，进一步可将其纳入自己的经营轨道；公司经营的核心就是综合物流代理业务的协调、组织、控制等管理工作，并且注重业务流程再造和组织创新。

如何开展适合我国国情的电子商务环境下的物流服务，基于 Internet 的综合物流代理解决方案得到了 IT 领域和物流领域人士的广泛认同。

综合物流代理，是第三方物流的模式之一，即由一家在物流综合管理经验、人才、技术、理念上均有一定优势的企业，对电子商务交易中供求双方的所有物流活动进行全权代理的业务活动。通过利用计算机和网络通信技术，该代理系统在 Internet 上建立了一个多对多的电子市场，根据物流一体化的原则，有效地对供应链上上下游企业进行管理。该代理系统成功地利用了电子商务技术对传统业务流程进行了根本性的业务流程重组；并通过提供个性化服务、完善物流服务，实现了“以顾客为中心”的现代经营理念。

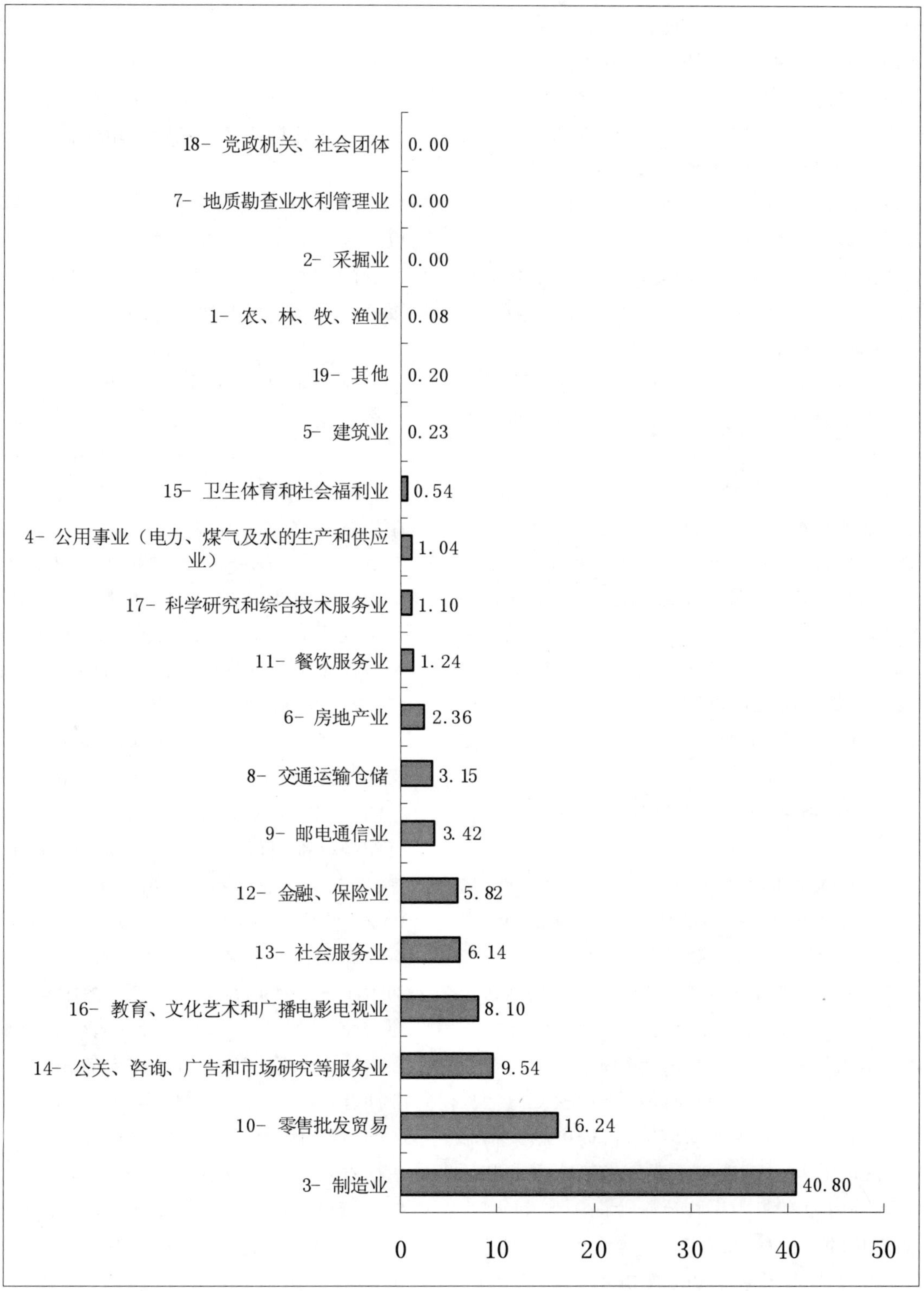

图 3　企业网站每天的浏览量-行业分布

基于Internet的综合物流代理，即通过互联网建立综合物流代理的管理体系。该系统建立了一个基于互联网的电子市场(e-marketing)，在这个虚拟市场中，主要产品是物流服务，客户(电子商务的交易双方）与物流代理商以多对多的方式进行物流服务的交易活动。物流代理商作为系统中供应链的重要一环，根据物流一体化原则，对客户、运输企业、配送中心、仓储企业等进行着统一的调配管理。

基于Internet的综合物流代理系统与其他物流系统相比，真正实现了物流企业之间、企业与客户之间的物流信息和物流功能共享。

通过Internet可以将分布在不同地区的若干家物流企业连接在一起，远程进行业内信息发布和业务数据传输；

系统通过公网将各地用户的订单汇总起来，由代理系统根据物流资源统一调控，通过规模物流，做到以最低的成本为客户提供最好的服务；

为客户提供全面的物流信息，以及个性化的物流服务；

对于不具备全面开展信息化的中小企业而言，通过会员注册就可以加入物流代理系统，即以低成本就能开展网上业务，共享物流业内信息，拓宽业务范围。如图4所示：

基于Internet的综合物流代理系统的优势在于：

1.在不重复建设的基础上，利用现存条件，通过现代化的计算机网络通信技术，有效整合物流资源，加强各种物流功能和物流形式的联系，打破了传统物流条块分割给电子商务带来的不利影响。

2.各专业物流企业可以与多个物流代理建立长期合作伙伴关系，在没有网上物流业务时，专业物流企业可照常运营传统业务；当代理提出物流请求时，可迅速建立现实供应链接，提供相关物流服务。这既有利于提高我国大量闲置物流资源的利用率，同时也利于中小物流企业向现代化、网络化、信息化的平稳过渡。

3. 便于与电子商务Bto或BtoC系统的对接。任何一种交易，都是以物的转移或服务的提供为最终目的，电子商务作为一种交易模式，当然也不例外。在电子商务交易系统建设较为完善的今天，配置电子化的物流系统与IT界提出的各种电子商务解决方案相比，更适合中国物流的现状。

作为物流企业，电子商务的平台建设要与自己的企业信息化系统建设与电子商务网站建设齐头并进。

透过2002年12月31日的统计数据分析，可以看到企业网站的发展现状，认清物流企业网站建设的现实情况与基于Internet的综合物流代理系统建设还存在着较大差距。

关于企业网站服务内容，调查结果显示，绝大部分企业网站提供“企业介绍(98.3%)”和“产品/服务介绍（95.6%)”，超过半数的企业网站提供“企业动态(56.6%)”，接近半数的企业网站提供“在线招聘信息”，40%左右的企业网站提供“用户在线咨询/投诉(40.4%)”和“行业新闻(38.8%)”；而发生网上交易行为的网站比例很小，仅8.1%的企业网站发生“网上采购招标”行为，7.5%的企业网站发生B2C行为，7.3%的企业网站发生B2B行为。物流企业网站服务内容如果仅局限在这个范围，使企业的增值效益受到了很大程度的限制。

关于企业网站信息更新情况，除了“行业新闻”和“企业动态”以外，“企业介绍”、“产品/服务介绍”、“售后服务/技术支持”和“在线招聘信息”更新频率都很低，其更新周期在一个月（含一个月)以下的企业网站分别占了1.7%、5.6%、0.1%和1.1%；“行业新闻”和“企业动态”更新频率较高，更新周期在一个月(含一个月)以下的企业网站分别占了51.2%和64.4%。物流企业网站信息更新的情况，直接影响着人们对该网站的关注程度。

如果从技术角度做更深入的分析，全国网站中拥有在线数据库的网站数为61 429个，约占全部网站的16.53%。从各类网站情况来看，商业网站拥有数据库的网站比例最高，为40.5%；其次为教育、科研机构网站，比例为29.17%；第三为企业网站，比例为14.31%。从数据库的更新看，每周更新所有记录中1%-5%的数据库比重最大，占38.1%；每周更新所有记录中5%-10%的数据库，

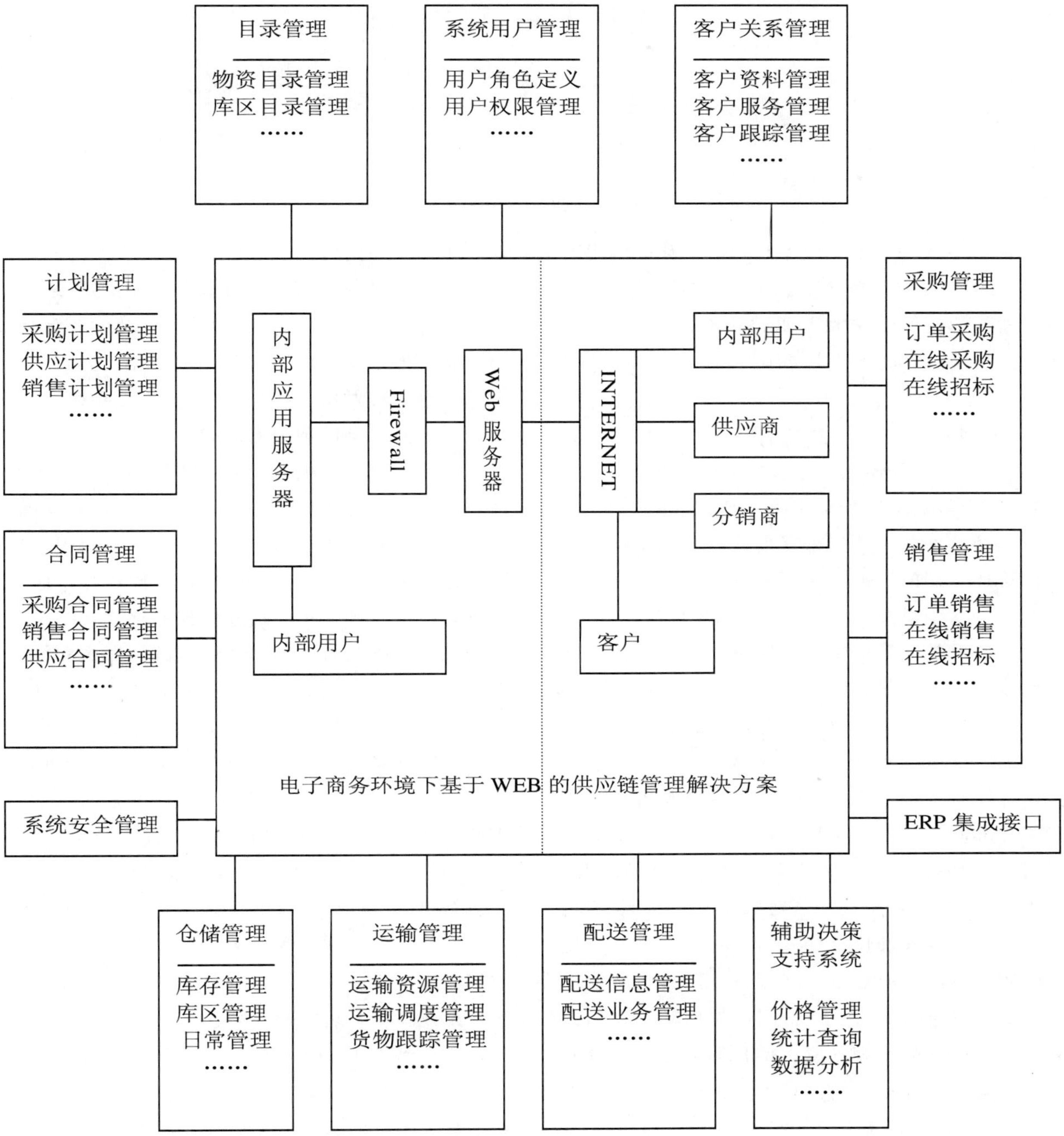

图 4　基于 Internet 的综合物流代理系统的功能结构

占 12.4%；每周更新所有记录中 10%–20%的数据库，占 18.3%；每周更新所有记录中 20%以上的数据库，占 12.7%；另有 18.5%的数据库每周对记录的更新比例在 1%以下。物流企业网站的数据库拥有量和数据库更新应该引起管理者的高度重视。

电子商务环境下实现网络化物流的目标就是把电子化的物流网络和实体化的物流网络融为一体，形成真正的物流网络。

（撰稿：21 世纪中国电子商务网校校长　张铎）

物流信息化

信息系统的建设和应用是物流现代化的主要内容。2002 年 IT 界对于各行业的信息化进行了多种形式的调查,中国物流与采购联合会也开展了一次物流与采购信息化应用案例的评选推介活动。

一、物流信息化的需求

我国正处于全面推进信息化的进程之中,所以物流领域的信息化既带有一般信息化的共性,也有其特性。分析近年来现代物流信息化在我国得以迅速发展的原因,主要来自于三个层面的因素。第一是信息技术、网络技术的普及和发展,特别是互联网技术解决了信息共享、信息传输的标准问题和成本问题,使得信息更广泛地成为控制、决策的依据和基础。因此只要解决信息的采集、传输、加工、共享,就能提高决策水平,从而带来效益。在这个层面上可以不涉及或少涉及流程改造和优化的问题,信息系统的任务就是为决策提供及时、准确的信息。这是所有信息化的共性问题、基础问题。第二是企业在利益机制的驱动下,不断追求降低成本和加快资金周转,将系统论和优化技术用于物流的流程设计和改造,融入新的管理制度之中。此时的信息系统作用有二,其一是固化新的流程或新的管理制度,使其得以规范地贯彻执行;其二是在规定的流程中提供优化的操作方案,例如仓储存取的优化方案,运输路径的优化方案等。此时信息系统作用主要在于固化管理和优化操作。此类信息化建设涉及流程,因此带有明显的行业特点。第三个层面是供应链的形成和供应链管理的作用上升,其中物流管理是其主要组成部分。要解决的问题是提高整个供应链的效率和竞争力,主要是通过对上下游企业的信息反馈服务来提高供应链的协调性和整体效益,如生产企业与销售企业的协同、供应商与采购商的协同等,物流信息系统不仅是供应链的血液循环系统,也是中枢神经系统。供应链的基础是建立互利的利益机制,但是这种机制需要一定的技术方案来保证,信息系统在这里的主要作用是实现这种互利机制的手段。例如销售商的库存由供应商的自动补货系统来管理,生产商的生产计划根据销售商的市场预测来安排等等。

三个层次的需求是由浅入深的,在我国的发展也是逐渐展开的。后一阶段往往以前一阶段的基础为起点,即流程改造和过程的优化控制是要有信息化基础为起点的,而供应链的形成和供应链管理又要以各企业流程设计和运行优化为基础的。由于我国现在是利用后发优势,希望通过更短的过渡时间走过许多跨国公司几十年甚至上百年的历史,所以常常三步并作一步走,这方面也有许多成功的例子,说明处理得好可以缩短这个进程。但是如果处理不好,不能对症下药,反而会适得其反,甚至伤筋动骨。

上述三类需求的具体表现形式如何?各自的市场需求有多大?

从总体上来看,我国绝大部分企业,特别是中小企业仍处于第一个阶段,即要用少量的投资,解决业务各流程的信息化问题,目标是建立决策依赖信息、数据的机制,其中特别是将财务核算深入到各业务环节去。从征集的案例来看,此类需求占市场的主体,在 80%左右。例如奥康集团采用了用友的网络分销管理系统,可以有效杜绝“信息贪污”。最直接的效果,更关键的,则是可以使企业对市场变化的反应更灵敏,从而抓住稍纵即逝的商机。我们把物流企业的 ERP 也归为此类,因为此类系统主要是解决流程的规范化、管理的科学性和运行效率等问题，尤其是采用科学的物流成本效益核算方法，使物流成本和效益分摊至各物流环节，通过系统的分析，为改善物流流程提供决策数据，不断分析，不断改善，使物流系统的运作和总体物流效益逐步趋向最优化。在这里我们看到的是利用信息技术建立一种决策依赖于信息的机制。

少部分企业基础较好的已经进入了第二层需求，即优化流程设计和运行操作。这样的企业应有较好的经营管理机制，较好的信息化基础，可以为流程再造提供制度保证和数据基础。此类需求占市场虽然还不大，比重在15-20%，但增长比较快。其中多数是在供应链的一些关键环节上突出表现出来，例如集中采购、集中库存、运输优化管理等。一般来说流程的改造必然会涉及企业组织结构和制度的变革，难度比较大，所以经常是一个个环节分步实施，逐步完善的。一汽的采购供应链管理系统就是这样的一个案例。过去一汽的零配件采购分散在许多部门，管理分散，采购政策和标准不统一，采购行为不规范，造成物资资源“散、乱、差”的局面。经过流程改造，确定了集中采购的新模式，成立集团采购部，建立采购资源网。经过实践运行，这套系统得到用户一汽集团采购部的好评，也取得明显的经济效益。许多例子证明，集中采购一般可以降低采购成本的5-10%。东风汽车股份有限公司开发的整车仓储电子化管理项目，则是操作过程优化的一个典型案例。该系统根据优化理论，建立一套数学模型，可以在仓储面积、车型集中管理和存取顺序等多项约束条件下进行仓储方案的优化，确保每天的运行都在高效率、低成本的状态，常年运行下去的效益是十分可观的。信息系统能否在线地提供高效、优化的操作运行方案是衡量物流系统水平高低的一项重要标准，因为这些系统每天都在运行，积累的效益（或者是损失）是巨大的。

进入第三层的我国企业目前还是凤毛麟角。在征集的案例中涉及合作企业之间协同业务的内容还不多，不超过5%。但是并不是说供应链思想在我国不适用，相反地，如果有意识地宣传、探索供应链理论和实践，可以加快我国现代物流和供应链管理的发展。值得欣喜的是供应链思想正在不同程度地渗透到各种物流信息系统建设的案例中去，这就是建立企业之间的战略合作伙伴关系，通过信息共享来协同业务流程，从而提高整个供应链的效率，使得整个供应链都能受益。莱州粮食物流管理系统的案例，具有一定的典型性。粮食流通的链条涉及农户（生产者）、收储站和储备库（收储）、管理机构（调运）、农业银行（信贷）、财政部门（补贴）等等环节。该系统不仅是一套物流管理系统，还是以粮食流通企业为龙头的农业产供销供应链，既是一种新型的流程，更是一种企业（及有关单位）之间新型的战略伙伴关系，更可喜的是各方面都受益，都满意，说明在这个案例中流通企业承担“链主”的角色是成功的，它的意义将超出物流信息系统优秀案例的范畴。

需方分析中另一个值得关注的特点是：制造业企业的物流信息系统多半是ERP的某种延伸，连锁分销企业的物流信息系统则是其核心竞争力的支柱。这一点说明制造业的物流外包在短期内可能发展的不会很快，尽管快步易捷的调查表明ERP的物流功能是无法满足要求的，但是国内主流的观点仍然认为制造业信息化的重点是ERP。

二、物流软件供应商概况

关于物流软件的提供商究竟有多少的问题，目前没有确切的答案。据专家估计仅国内就有500多家，此外还有一些知名的国外物流商、IT商和咨询公司也在中国的物流软件市场中淘金。这些企业可以大体分为以下几类：

第一类是国外著名的大公司，其中既有像IBM、ORACLE这样著名的IT商，也有像SAP、i2、EXE这样的专业性物流和供应链管理软件供应商。这类企业的主要市场是高端客户，例如跨国公司在华的分公司，国内大型制造商或物流商。

第二类是国内比较成功的物流专业性软件供应商，在国内市场有一定影响。例如招商迪辰、中软冠群、博科、全程物流等，这些企业往往有国外资金或技术的背景，起点较高，又有本土化优势。其中特别要提到的是有些软件公司在国内某些行业、领域比较成功，例如上海时运、五奥环等在连锁分销领域有比较好的口碑。

第三类是国内知名的 ERP 供应商，如用友、金蝶等。这些企业在财务管理系统领域取得了较大的市场份额，进而向企业管理软件 ERP 领域进军。由于有较好的客户群基础，也由于绝大多数制造业企业的信息化是以 ERP 为主要内容的，物流只是作为 ERP 的一种延伸。

第四类是其他物流软件供应商，规模小、实力弱，大部分还很不稳定。其中有些成功的企业，主要得益于物流信息化需求的增长，自身在某些方面有一技之长，还有就是成本低、价格有优势。

总的来看，国内物流软件品牌上比较分散，技术上也缺乏标准化的指导，软件供应商对于物流业务的了解还很不深入，造成供应商重技术开发，轻业务应用的偏向。事实上，物流软件和其他许多管理软件一样，核心是管理思想，物流方案首先是流程诊断、设计和优化，技术方案是第二位的。

三、关于公共物流信息平台

自从 EDI 技术问世以来，对于公共物流信息平台的研究和探索就一直没有停止过。互联网技术出现并引入中国以后，公共物流信息平台的基础应该建在互联网上，这已成为共识。2002 年 5 月深圳市被国家科技部正式纳入“十五”首批智能交通系统应用示范工程，成为 9 个试点城市之一。目前深圳市现代物流信息系统已作为全国惟一的公共物流信息平台项目，入选“十五”国家智能交通系统应用十大工程。

但是物流公共信息平台的难题并不在技术上，而是在商业模式上，所以一个公共信息平台是否成功，最终取决于应用，有没有客户群使用这样的平台，并给他们带来效益，同时平台自身也获得生存、发展的根据。在这方面的探索和争论也一直是围绕着商业模式来展开的。主要有两派观点，一派认为公共信息平台应该是一个有形的网站，负责提供信息交换，基础信息服务，基础技术服务；另一派观点认为公共信息平台实际上是一种标准，或者是信息交换的协议，根据一种公共的信息结构、编码，所有的网站之间可以进行信息的无缝联结和交换，并不需要、也不可能建一个垄断性的公共平台网站。

实践的结果是结合上述两种观点的，既有有形的网站提供信息交互服务，又不是惟一的、垄断的，平台的功能主要是标准化和信息共享，使得多个网站均能提供“一站式”服务。

中国电子口岸是一个公共信息平台的成功实践。中国电子口岸充分运用现代信息技术，借助国家电信公网资源，将外经贸、海关、工商、税务、外汇、运输等涉及口岸行政管理和执法的进出口业务信息流、资金流、货物流的电子底账数据，集中存放在一个公共数据中心，在统一、完全、高效的计算机平台上实现数据共享和数据交换，使口岸行政管理和执法部门可以进行跨部门、跨行业的数据交换和联网数据核查，企业可以在网上办理报关、报仓、结付汇核销、出口退税等各种进出口业务。

中国电子口岸较之现行的口岸管理模式具有以下无可比拟的优越性：

(1)一个公共数据中心，集中存放电子底账，信息资源共享。

(2)完全基于公网系统，开放性好，提供全天候、全方位服务。

(3)入网成本低。

(4)多重严密的安全防护措施使系统安全可靠。并且，该系统由政府部门直接管理，安全有保证。

中国电子口岸工程于 2001 年开始在北京、天津、上海、广州 4 个进出口口岸试点运行。其中，上海的前进步伐最为快捷。2002 年 5 月 24 日，由海关总署和上海市政府共同筹建的中国电子口岸数据中心上海分中心正式挂牌成立，它是中国电子口岸数据中心在全国建立的第一个分中心。

建材行业正从事的一项建材物流公共信息平台是很值得关注的一项探索。有关部门在政府的支持下，从建材产品的标准化管理入手，搭建一个信息平台，采用与国际标准接轨的编码技术和认证程序，把所有建材产品信息用数据库管起来。在应用上从建筑设计部门入手，即要求设计部门必须使用注册的建材产品，从而引导施工企业和业主的采购。总值实现搭建采购平台,然后扩展成为物流平台。这是很有创意的探索,也是很合理的。从国外经验来看,也并没有很多成功的公共物流信息平台,但是成功的采购平台还是不乏其例的。这个案例也说明了公共信息平台是与标准化问题紧密地联系在一起的。

此外,还有一类平台主要是以技术服务为主的,如GPS/GIS系统。据了解此类平台的技术趋于成熟,主要的问题在于降低成本和培养需求,在这些问题没有解决之前,资源闲置的现象是难以扭转的。

四、物流信息化的发展趋势

当前我国物流业的发展和物流信息化市场正进入一个加速发展的时期。由于加入WTO后对外开放的步子加快,国内物流市场近期将呈二元结构:以跨国公司和少数国内先进企业为主要客户群的高端市场,以国内中小企业客户为主通过逐步信息化来完善自身物流的低端市场。前者为国外物流商、IT商所关注,目前还没有全面进入中国,后者是国内物流商、IT商施展的舞台。市场的二元结构还会持续一段时期。

对于国内企业来说,基础信息化仍然是当前需求的主要内容。最近有关IT媒体进行了一次信息化需求调查,结果显示:72%的企业仍把OA建设列为未来一年的重点,86.1%的企业未来一年将上MRP2,60%的企业把ERP列为下一阶段建设的重点。这表明在相当长的一个时期内,需求的特点仍是在规范流程中实现信息的采集、传输、存储、共享,建立决策、控制依赖于信息、数据的机制。

对于物流系统的功能需求也有差异,调查表明,用户对物流管理软件最为关注的功能是存量管理,其关注率达到41.4%,其次是数据交换、物流计费和车辆管理,具体情况如下图所示。挖掘这些功能需求的背后,其实反映了目前物流企业最为关心的两个问题,一是成本核算,二是多个物流软件之间的数据交换问题。

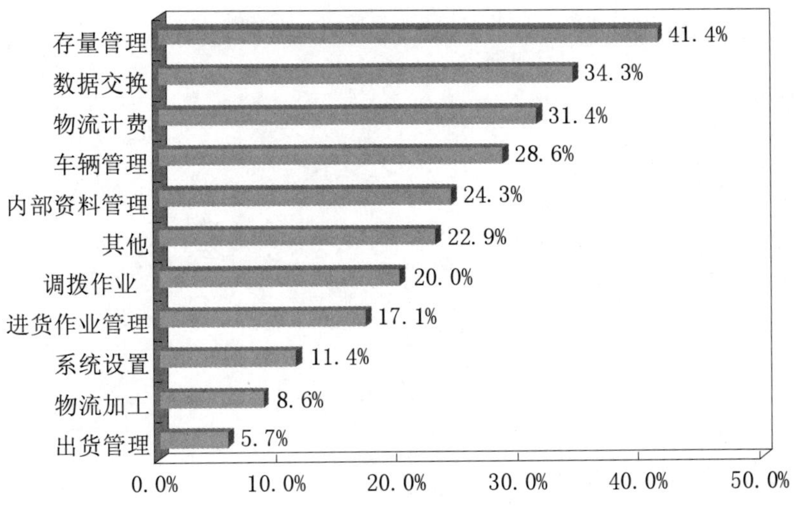

数据来源:CCW Research 2002/08

不同行业的物流发展格局特点。制造业将以ERP为主,扩展到物流的一些主要环节上去。相比之下,连锁分销业对物流信息系统的建设则要重视的多,这是因为我国正处于零售市场加快连锁化的发展阶段。据有关专家预测,近年内中国的零售市场连锁化趋势将迅速发展,并在整合市场的过程中把物流信息系统作为主要的竞争力来规划建设,物流系统与分销网络的建设密切结合在一起是一个突出的特点。

五、循序渐进的信息化之路

在信息化实施过程中必须正确地对待业务流程再造(BPR)过程。实践中完全不涉及流程改造的情况很少,从比较成功的案例来看,采用循序渐进的方法是值得推广的。宝供物流集团是业界比较著名的企业,其成功经验很重要的是信息化走了一条循序渐进、逐年完善之路。1997年开始建立信息系统时,主要就是解决通讯问题,利用刚刚开始普及的互联网技术,替代传统的电话与传真,既降低成本又减少重复录入带来的误差。1998年在原有系统上改进用户界面,实现信息与客户共享,结果扩大了用户群。1999年在系统中加入财务核算,渗透到所有环节,结果降低成本,提高了效益。就这样一年干一件事,抓出一项成果,直接反映在经营效益中去。到2002年6年上了六个台阶,扩大了业务,锻炼了队伍,奠定了比较坚实的基础,计划2003年开始实行全面的ERP。参观过宝供信息系统的人都会有一个共同的感觉,系统本身的技术不复杂,甚至也算不上很先进,但是非常实用,有效率。

我国绝大部分企业的信息化历史比较短,基础薄弱,加上整个国家的经济体制和结构都处于变动之中,一下子设计出一个成熟的流程是比较困难的。信息化的项目一般投资较多,风险也较大,所以特别要提倡循序渐进的路子,要从本单位的实际出发,要讲实效。

(特约撰稿:中国物流与采购联合会副会长 戴定一)

物流标准化

一、我国物流标准化的特点与存在的问题

物流是社会经济与科学技术发展到较高水平的产物。根据标准化的一般定义，即“在经济、技术、科学及管理等社会实践中，对重复性事物或概念，通过制定、发布和实施标准，达到统一，以获得最佳秩序和社会效益”，物流标准化即是使物流这个大系统所包含的子系统及子系统的各个方面，达到协调统一，以获得物流的最佳秩序与社会经济效益。

标准化是社会化大生产生存和发展的基础，物流标准化无疑也是物流产业生存和发展的基础。由于物流横跨多个行业，涉及诸多专业技术领域，物流标准化的系统性、复杂性更为突出。在物流高度发达的西方国家，物流标准化是融合在标准化的总体发展中，随着全社会经济、科技、管理水平的不断提高而逐步发展、完善的，是一个相辅相成、水到渠成的自然过程。在发达国家很少有将物流标准化单列出来的情况，在当今我国，由于经济体制与经济发展的特殊性，物流标准化被看做是阻碍物流发展的一个瓶颈，受到业内各界的广泛关注；建立统一的物流标委会，也已形成共识。这是由我国物流标准化的特点所决定的，这些特点以及表现的问题主要是：

（一）物流标准化在总体上表现出严重的滞后性，滞后于经济及物流业的发展，滞后于标准化发展

我国自上世纪70年代末引进“物流”概念，至90年代上半期，主要是进行物流方面的理论研讨与试点推广工作，90年代后半期开始，物流业开始在许多行业起步，进入本世纪后成为经济发展的一个热点，近一二年才开始从系统论的角度提出解决物流标准化问题。而此时，国民经济已经历了20余年的高速发展，积累了雄厚的物质基础，各主要行业的标准化建设，也已形成各自的一套体系，而这些体系的形成，并没有考虑到现代物流发展的需要。因此，现在要解决物流标准化问题，必然与以往的经济发展、标准化体系，特别是生产建设、交通运输、科学技术方面的标准化体系，产生不一致甚至矛盾。现有技术标准存在多方面的差异，制约了物流的协调运作，突出表现在托盘、包装、信息技术等通用设备与技术上面。铁路、公路、海运、民航、工业部门物流系统，都有自己的或选择不同的物流标准，形式多样，版本不一。如信息技术方面，据山东一家物流配送公司介绍，由于货物条形码没有统一的标准，公司要为每件进出仓库商品更换统一的条码标志，除了经济上的直接损失，还造成人力、时间、效率等方面无法估算的损失。再如被经常举例的托盘标准。我国1996年已公布托盘国家标准，共4个规格，与现行ISO6780的规格相同，由于托盘在我国主要使用于外贸，实际以采用其中的欧洲规格(1.2×0.8m)与北美规格(1.219×1.016m)为主，而目前呼吁和实际使用4个规格以外的日韩规格(1.1×1.1m)的也在增加，面对这种局面，如何促进我国托盘业进一步协调发展，也是有待解决的问题。

（二）物流标准化需从最基础工作起步

物流标准化的许多方面需要从基础性工作做起，这是由我国物流业的发展特点所决定的。从总体看，我国物流业起步较晚，基础比较薄弱，在物流的基础设施、管理体制、管理水平、人员素质、市场发育程度等诸多方面存在明显的先天不足。同时，西方国家的物流产业已经高度发达，可供我们选择的努力目标又非常高。面对这个重大差异，一

方面，我国众多行业、地方表现出极大的积极性，物流业发展迅速，另一方面，对物流的许多概念，甚至基本概念，往往处于一知半解的状态，如对配送中心、物流园区、物流企业，甚至对“物流”的内涵与外延，都缺乏明确的认识。越来越多的新老企业冠名为“物流企业”，但据企业反映，工商注册中却没有相应的明确依据。因此，除了加强理论上的研讨与普及，非常需要将发达国家的成功经验与我国物流发展的实际相结合，提出符合我国实际需要的规范，以标准形式，从最基本、最基础的地方起步，指导与推动我国物流业的发展。

（三）物流标准化运作缺乏协调配合机制

物流标准化的运作依然在传统体制的框架中进行，以传统的部门划分以及地域划分为基础，缺乏协调配合机制。经过20余年的改革开放，我国已初步实现市场调节为主的经济运行，但标准化工作运行，即标准的管理以及提出、制定、发布依然以传统的部门、地域为基础。物流在本质上所要求的高度系统化、协调化与标准化工作中的部门、地方分割出现了严重的矛盾。有关物流及标准化的行政管理，除了国家统一的标准化管理机构，还有交通、铁路、民航、信息产业等代表行业的部门，商务部、发改委等综合经济管理部门。而众多涉及物流标准化的专业技术组织与科研机构，则分散在各个部门、行业，在标准化运作中，行政部门之间没有建立协调机制，时常政出多门，标准化技术组织与科研机构按照传统的部门、行业分工，在各自领域推进物流标准化，相互之间没有交流、协调，更没有统一规划，部门分割、条块分割的弊病时常表现在标准化工作中。

（四）物流标准化的市场基础比较薄弱，直接影响到物流标准化的实施

在经济发达国家，除对特殊产品采用技术法规，国家、行业协会颁布的标准都是推荐性的。标准能够得以推广应用，是企业出于市场竞争的需要而采用这些标准。正如目前我国许多参与国际市场的企业所体会到的：“得标准者得天下”。因此，在市场经济条件下，标准化要以市场化为基础。物流标准化同样要以物流市场的发育与成熟为基本条件。经过多年改革开放，可以说我国企业已全面实现了市场化经营，但是，从经营方式讲，企业小而全、大而全的结构与观念还有很大影响，从生产发展水平看，企业生产的物质成本与劳动率成本（所谓的第一、第二利润源泉）都还有很大潜力，物流作为第三利润源泉，还没有普遍成为企业生存发展必须追求的主要渠道与当务之急。这两个原因造成了物流市场实际需求的不足，并与我国物流市场的潜在需求与物流业的急速膨胀，形成巨大反差，直接影响到物流标准化的进展与具体实施。以物流标识为例，国家标准《储运单元条码》颁布后，实际应用正确率不足15%，没有实现规范物流条码的预期目的。

（五）物流标准化发展需发挥行业协会的作用

物流标准化对行政力量的依靠程度比较高，没有充分发挥行业协会和标准技术组织的作用。经济发达国家物流标准化主要是通过企业与企业间、行业与行业间在市场上的不断磨合，为了共同的利益完成的。有的发达国家也设立政府部门间的标准化协调机构，标准化在一定程度上也要依靠国家行政管理部门，但主要还是以市场化方式运作，大量的协调工作依赖于行业协会和标准技术组织。我国由于标准化运作还没有完全摆脱部门分割的框架，市场化基础比较薄弱，目前对国家行政管理力量的依靠程度比较高，行业协会和标准技术组织没有发挥应有的作用，因而许多物流标准化的具体问题被提出来，行政部门各管一段，各行业协会和标准技术组织缺乏协调机制，不能发挥更大的作用，问题难以解决。因此，打破部门、行业界限，成立由有关行业协会、专业标委会、研究机构、企业等各方面组成的、统一的物流标准化技术组织，建立物流标准化交流、协调机制，是我国推进物流标准化的实际需要和努力方向，这是中国的特点，并需要得到政府各有关部门的大力支持。据介绍，新加坡原来没有自己的托盘标准，在本地物流公司与国外托盘租赁公司的竞争中，通过行业协会和技术标准委员会的努力，形成了自己的托盘标准。这个事例为我们提供了可以借鉴的成功经验。

二、我国物流标准化的初步进展

在物流标准化存在诸多问题的同时，随着物流产业在我国的迅速发展，近几年，各个部门、行业也从不同角度、不同程度地开展了物流标准化的工作，主要有以下几个方面：

（一）为发展物流产业提供基础性标准

由中国物流与采购联合会牵头制定的国家标准《物流术语》于2001年4月公布，8月开始实施。这个标准可以说是我国物流界多年来理论研究与实践的结晶，目的是进一步规范、指导我国物流产业学术研究与具体实践。这类基础性的标准对于促进我国物流业的发展是必要的。同时，有关物流经营单位的行业标准《物流企业类别及功能》也于2002年由中国物流与采购联合会申报，原国家经贸委立项，目前正在制订过程中。这个标准的实践意义将更为突出。

（二）推进物流通用技术与管理的标准化

有关物流信息技术的国家标准《储运单元条码》与《商品条码》在1997年、1998年相继公布，2000年公布了国家标准《物流单元的编码与符号标记》，以及适用于商店内商品变量消费的国家标准《店内条码》，2001年又公布了适用于各领域自动数据采集的《128码》。尽管这些标准的实际应用率不一定很高，但无疑为物流业的发展提供了良好的基础。有关物流通用设备的《散装水泥输送车卸料管快速接头》、有关物流管理的《货运汽车厢体规范与安全》均已列入国家经贸委2002年行业标准项目计划，其中，《货运汽车厢体规范与安全》已完成制订过程，等待发布。

物流市场的实际运行也推动了通用技术标准化的进展。以集装箱为例，过去铁路部门有集装箱的行业标准，使用5吨箱、10吨箱，与海运行业使用的20英尺、40英尺国际标准的集装箱不一致，因而有关的资料、报道提出我国海铁集装箱标准不一致。但据铁路有关企业介绍，目前在海铁联运中使用的都是国际统一标准的集装箱，只是在国内内陆运输中还使用老式的5吨、10吨箱，而且数量在减少。据此可以说市场的实际运作推进了集装箱标准化的实施。

（三）探索规范高新技术在物流中的应用。

2002年公布了国家标准《大宗商品电子交易规范》、《数码仓库应用系统规范》，对于提高物流的科技含量与发展水平，促进我国商品批发市场现代化和电子交易市场规范化，具有积极的促进作用。由于电子商务作为一种方兴未艾的新兴业态，如何规范，目前尚无明确的规定，这两个标准是大胆的探索。其中国家标准《大宗商品电子交易规范》是源于规范商品现货批发市场应用电子交易机制，正式公布后根据有关部门意见又作了进一步的修订，将重新予以公布。

（四）加强贸易与服务标准，进一步规范物流市场行为

贸易与服务标准一直是标准化的薄弱环节，在物流业中更为突出。在国家经贸委立项的2002年行业标准项目计划中，有进一步提高仓储业服务水平的《库存商品退货及储运包装辅品回收管理》，进一步规范木材市场的《木材流通等级标记》。木地板装修是房屋装修中投诉与争议较多的热点问题，多年来却无任何具体标准可依。2002年国家经贸委公布了有关木地板装修施工的两个行业标准《木地板铺设面层验收规范》、《木地板保修期内面层检验规范》，解决了这一问题，多家报纸给予报道，行业内引起震动，反响热烈。

（五）物流标准化研究开始起步

2001年开始，在国家科技部主持下开展了有关物流标准化的科研课题，其中，有“电子商务与现代物流标准体系及关键标准研究”，由中国标准化协会牵头承担，有“物流配送系统标准体系及关键标准研究”，由中国物品编码中心牵头承担，这两个课题分别研究、提出了“物流标准体系表”，力求从总体上把握物流标准化。这些标准课题的研究对物流标准化是一个积极的探索和有益的开端。

（六）筹建成立全国统一的物流标准化技术组织

按照我国标准化体制，全国专业标准化技术委员会是从事全国性标准化工作的技术工作组织，负责本专业技术领域内的标准化技术归口工作，由国家标准化管理委员会批准组建。随着我国

物流产业的快速发展，成立一个综合性的全国物流标准化技术委员会，促进物流标准化的协调发展，也得到了国家标准化管理委员会的高度重视，并作了大量的有关协调工作。从2001年下半年开始，中国物流与采购联合会在国家标准化管理委员会、国家经贸委的支持与指导下，一直积极酝酿筹备成立全国物流标委会。2003年3月，中国物流与采购联合会再次向国家标准化管理委员会报送了申请筹建"全国物流标准化技术委员会"的报告，得到了支持，已进入审批程序。根据初步方案，为了与有关物流的各专业标准化技术委员会分工协作，全国物流标准化技术委员会将主要开展物流基础性、综合性、作业流程、服务规范方面的标准化工作，研究、制定物流标准化总体规划，组织制定全国物流标准化体系表并组织落实，提出物流领域制修订国家标准与行业标准年度计划，加强物流管理和服务贸易标准的制定，组织、促进物流领域各有关专业标委会的交流、配合，对相关的交叉问题进行必要的协商与协调，推动我国物流标准化协调、健康发展。

（特约撰稿：中国物流与采购联合会　黄久久）

托盘与托盘系统

一、托盘与托盘系统

(一)托盘

托盘是一种用来集结、堆存货物以便于装卸和搬运的水平板。

按照形式分类托盘有下列8种:

单面型;单面使用型;双面使用型;二向进叉型;四向进叉型;无翼型;单翼型;双翼型。

按照使用方法分类可以分为8类:

厂内用托盘;厂外用托盘;一次性使用托盘;多次重复使用托盘;托架;轮式托架;箱式托盘;立柱式托盘。

按照托盘制造材料可以分为以下几种:

木托盘;塑料托盘;钢托盘;铝托盘;塑木托盘;纸托盘。

根据国家技术监督局1996-12-04发布的GB/T2934-1996《联运通用平托盘主要尺寸及公差》我国的托盘平面尺寸有四个分别为:

1 200mm×1 000mm、1 200mm×800mm

1 140mm×1 140mm、1 219mm×1 016mm

托盘在现代物流中有极其重要的作用,是实现现代化物流的基础工具。托盘可以把不同大小的物品置放在上面,形成规格化的货物单元,通过叉车实现集装单元化作业,所以托盘是装卸机械化的重要的器具。在物流的各个环节中,搬运是实现机械化最难的一个环节,其作业形态很复杂。出现了叉车和托盘结合的方式,搬运机械化才有了实现的可能性。

托盘在物流系统运作的全过程中要和相关设备具有匹配性。在自动仓库或其他货架仓库中,就需要用托盘进行作业,将载货的托盘装上货架和卸下货架,因此托盘和货架的规格尺寸要有相应关系。利用托盘往集装箱里装卸货物可以提高作业效率,现在已经有专门往集装箱里装托盘的小型叉车,托盘尺寸和集装箱的内宽也应该匹配。因此托盘在物流系统中的作用是不可替代的。一个国家的物流系统的规格协调与不协调,各种设备的利用率高还是不高,规格如何制定,很重要的就要以托盘作为基准,或者根据托盘的因素来考虑。

所以说,一个国家物流系统的现代化的程度,从他所拥有的托盘的数量和合理使用托盘的水平就能够反映出来。托盘的拥有量是衡量一个国家物流现代化的一个重要标志。当今物流比较发达的美国有15到20亿个托盘,就能很好的说明这个问题。

(二)托盘共用系统

托盘是一个载货平台,而且是活动的平台,或者说是可移动的地面。即使放在地面上失去灵活性的货物,一经装上托盘便立即获得了活动性,成为活跃的流动货物,因为装在托盘上的货物在任何时候都处于可以转入运动的准备状态中。这种以托盘为基本工具组成的动态装卸方法就叫做托盘作业。

搬运作业的重大原则就是作业量最少原则。即当货物移动时尽量减少"二次搬运"和"临时停放",使搬运量尽可能减少。为了提高运输效率,最重要的当然是希望尽可能地减少转载作业。在铁路、公路运输和船舶运输方面,实行托盘直达运输,或者由各种运输方式组成联合直达运输,对运输行业和利用运输的物资单位,都能得到很大的运输经济效果。

因此,托盘的直达运输与使用是发展现代物流的必不可少的方式之一。但是在我国的实际情况是绝大多数的制造厂都没能实现托盘的直达运输,由此造成的人力物力资源的浪费是十分惊人的。根据托盘专业委员会的调查,被调查的企业提出的不能实现托盘直达运输的理由中，以提出托盘周转与回送等管理困难一项者为最多。这就成为实行托盘直达运输的重大障碍，因此绝大多数的企业都把托盘作为企业内部的周转工具，托盘很少离开企业从而大大降低了托盘的使用效果。

建立托盘共用系统是解决托盘回收与周转问题的根本途径。局限于一定场合的局部托盘化不可能充分发挥托盘的效果，只有实现从发货点直达收货点的彻底的直达运输托盘化才能受到实效。但在实际中又存在一些阻碍实行直达运输托盘化的因素。其中的一个重要因素就是托盘的所有权的不同。把本企业的托盘用做企业外运输时,回收需要很长的时间。第二个因素是各企业的托盘规格不同,质量也不一致。因此托盘周转既有困难,相互交流和及时交换也不可能。为了实行直达运输托盘化,必须克服上述的麻烦和困难,其惟一的办法就是建立一种托盘共用和交换系统。

托盘共用系统就是应运而生的执行这种制度的一种组织形式。实行托盘共用时,首先需将托盘的规格统一化，使之具有相互交流和及时交换的基本条件，再则必须规定统一管理和交换托盘的制度。因而托盘共用是形成社会公用运输系统的一种组织。其目的在于参加共用的成员保有最低需要量的托盘，就能组成顺利进行直达运输的组织,彻底实行直达运输托盘化。

通过实行托盘共用，生产企业减少了自有托盘的保有量、减少了搬运装卸作业、减少了包装成本、降低了劳动力成本、加快了产品的流通速度,从而降低了生产成本使得企业的产品更具有市场竞争力;对于用户来说,收到的产品易于搬运了、产品数量的检验更容易了、破损率降低了、产品的价格更低了;对运输企业来说,企业不必再保有大量的托盘占压资金、运输的效率也大幅提高、货物的破损率大大降低了。可见托盘共用对于物流的参与者都会带来显著的收益。

根据各国实行托盘共用的实施范围、组织形式及经营方式大体分类如下：

1.按托盘共用的实施范围可以分为四类：

以企业为单位的托盘共用；

以行业为单位的托盘共用；

以国家为单位的托盘共用；

国际托盘共用。

2.按托盘共用的组织与经营形式基本上可以分为两种。一种是像欧洲各国，以国有铁路为主导，由运输行业和货主配合组成的稍具共用性质的机构进行经营的形式。另一种是像澳大利亚和日本那样进行共用性质的经营，而实际上由私营企业为主办的形式。

3.托盘共用系统的经营方式。及时交换方式;租赁方式;租赁与及时交换并用方式。

因使用托盘共用系统而得出的效果，其一是距离出货地点遥远的目的地不必要将空托盘送回;其二是按照物流量的变化灵活的应付淡季、旺季供求的变化。企业不必再准备大量的托盘应付旺季的需求;其三是由于构筑了全国的网络,使得每一片托盘都能够回收。

从托盘的各个使用方式的对比中可以看到各个方式的效果。托盘最早的使用方式是厂内使用,当然也有其创造的附加价值。托盘的诞生起源于1920年末在美国开发叉车之后,是叉车工作手段之一。托盘的第二个使用阶段是托盘的一贯化使用。这时的托盘不是在厂内使用,而是利用托盘载着货物,通过输送装备送到客户手中。这样,除了节省了劳动成本以外，因缩短上下车工作等待时间而提高输送装备的开工效率，随着物流速度的提高,带动全物流效果的提高。鉴于此,托盘系统化的附加值要比单纯的厂内使用托盘的附加值提高将近10倍。正因为如此,托盘系统化在欧洲、美国、日本、澳洲等地于1950-1960年代早已普及了。托盘使用的第三个阶段就是托盘的共用系统。鉴于上述的内容可知，托盘系统化与厂内托盘相比有提高10倍效率的效果,因此托盘系统化是改善物流系统的显著方案。不过,若着手于托盘系统化,托盘的需求量亦随之增加。物流量规模较大的企业每月需要数百至数千片的托盘以金钱来计算也是一笔不小的费用。换言之,托盘一定要回收。对于规模比较大的企业而言，要是出货地点有数百个或者数千个,将空托盘回收至原处,几乎是不可能的。即使回收了其中的费用也是庞大的,这样就丧失了托盘系统化所带来的效益。所以,托盘系统化已经进入稳定阶段得物流先进国家,为解决托盘的回收问题,采用了由国家主导的托盘共用系统。这样就解决了托盘的回收问题,从而使托盘系统保持了其原有的优点。

实际上,托盘共用系统能够创造的附加价值以数字计算是不可能的事。但概括而言一是减少了回收的费用,二是提高了开工率,三是防止了丢失。

实现托盘系统化,进而建立托盘共用系统应考虑的问题有:尺寸问题;托盘共用系统化中托盘的材料;托盘的构造;共用系统中的托盘的重量问题。

二、国外托盘的应用情况及托盘共用的情况

(一)日本

日本发展托盘共用系统将进30年了,从相关资料来看取了相当大的成功。

1.托盘的数量、材料、规格。相关资料显示日本现有托盘约为2–3亿片。其中用于租赁的托盘约有1千多万片,平均出租率达到70%–80%,现有租赁公司20多家。在托盘的材料方面木质材料的托盘约占到70%,塑料托盘约占到20%,其余的10%为其他材料的托盘。在规格方面以1100mm×1100mm作为其流通托盘的规格,普及率达到了30%左右。

2.日本托盘共用系统。日本的托盘共用系统包括两部分,一个是交换系统,另一个是租赁系统。其中交换系统由两种形式组成一种是以啤酒饮料行业为代表。采用的是混用形式,各公司将打有本公司标志的托盘加入交换系统,托盘在行业内部交换使用,各公司不回收托盘,使用的规格主要为1100mm×900mm。还有一种是以纸张行业为代表的公用回收形式,各企业拥有各自独立的托盘,使用后各企业自行回收。

日本托盘共用系统的另一个重要组成部分是托盘租赁系统。现在大多数的制造行业使用的托盘都是通过租赁得来。

(二)韩国

1.韩国的托盘普及状况:

(1)托盘生产使用状况。2002年韩国托盘年生产量为13 542千张,总使用量63 272千张。今后5年,托盘生产量年均增长15%,使用量年均增长10%。预计到2007年托盘年生产量为3 000万张,总使用量将达1亿张。

(2)不同规格托盘的使用状况。1997年T11型托盘的使用率为16.8%,2000年为26.7%。3年内增加了10%,这表明托盘标准化正在迅速推进之中。预计2003年标准托盘使用率可达33%。据调查,韩国木制托盘为52.9%,塑料托盘45.9%,钢制托盘1%,纸制托盘0.2%。韩国是世界上塑料托盘使用率最高的国家。

2.韩国托盘作业一贯化的推进过程。据对韩国产业界托盘使用方式的调查表明,采用一贯化输送的1997年为54.2%,工厂内使用的27.8%,未使用托盘的18%。2001年采用一贯化输送的为59.2%,工厂内使用的28.4%,未使用托盘的12.4%。制造业界托盘作业一贯化较为普遍,达62.2%,但在流通业界还处于区内使用的状态,其比例高达46.2%,未使用托盘的也占17.2%。

3.韩国托盘共用体系的推进过程:

(1)托盘共用体系的必要性。目前,韩国产业界正在快速推进一贯托盘化。初创时,各公司使用自己的托盘。这样的一贯托盘化就会出现以下的问题:回收空托盘时,如果距离较远,不可避免要负担较大的运费;为应对物流量的变动,各公司必须以最大物流量来准备自己的托盘,其托盘的使用效率低;目的地遍及全国,回收少量托盘不现实;投资托盘的发货人与收货人之间存在利害冲突。要解决以上问题,最有效的方法就是建立起托盘共用体系(PALLET POOL SYSTEM)。

(2)托盘共用体系的推进过程为建立公用性强的托盘共用体系,需要政府与业界共同参与。1980年韩国政府根据流通近代化推进法制定物流政策,同时拟定了培育托盘共用计划;1984年

韩国经济计划院讨论并通过托盘共用推进方案；1985年6月25日《韩国经济报》以头条新闻、整版篇幅对韩国托盘共用公司(株)的设立发表了报道；1985年10月2日韩国托盘共用公司(株)，同日本托盘租赁公司(株)合作；1989年7月28日设立台湾托盘租赁公司；1994年韩国建设交通部提供托盘共用培育资金支持(融资规模90亿元，5年、10年分期偿还)；2001年12月成立顺航通(中国深圳)，开始中国、日本、韩国3个国家之间的国际托盘共用事业；2002年6月17日成立了总体上负责亚洲国际托盘共用事业的亚洲托盘共用公司(新加坡)。

(3)韩国 pallet pool(株)作为负责韩国托盘共同使用制度的韩国托盘共用公司(株)，把400多万个标准托盘向350多万个企业提供，以及构筑回收系统，提供回收企业所必须的托盘和其他装载产品。无论向何处出库的空托盘，即使只有1个托盘，也可以通过全国性的指定仓库和网络进行回收。

(三)欧洲托盘使用情况

欧洲标准托盘是1 200mm×800mm和2 800mm×1 200mm×1 000mm两种；工业托盘的标准是100mm×1 000mm×2 000mm；还有100mm×1000mm×1000mm，装一些易碎或贵重的物品。托盘大都是木制。在欧洲还有一些国家不执行这个标准，致使托盘不能按数量收回，也无法交换，只好把托盘的费用计算进物流成本中。欧洲一只托盘的价格是7.5欧元，所以托盘的使用增加了物流成本。执行托盘标准的问题很重要，如果大家都使用标准托盘，那么出去多少个，换回多少个就可以了，可是现在还不行。

在欧洲还没有托盘租赁公司，只有制造托盘和出售托盘的公司。欧洲卡车运输大量使用托盘，损坏率比较高。为了降低物流成本，欧洲出现了一次性托盘，便宜到差不多免费使用。但是，一次性托盘很容易损坏，性能也不太令人放心。德国最大的生产托盘的公司在科隆。

3年前，欧洲对托盘专门进行了改革，规定对托盘和货物进行包装，因为保险公司已经相应提高了运输物品的丢失和破损险的保险费同时降低了赔偿的额度。按照法律规定，托盘要和货物一起用塑料薄膜包紧，一个托盘最多允许装三件货物。包装托盘需要专用的机器，如果在运输途中小偷或司机偷窃运送的物品，就没有办法恢复包装，收货人清点货物时马上就能看出来，这样可以较大限度地保证货物的安全。比较贵重的物品使用不透明的塑料包装，一般性货物使用透明塑料包装。

三、我国托盘生产与使用的情况

(一)使用现状

虽然托盘作为现代物流的重要基础工具十分重要，但是在目前还存在不少问题，尚待研究解决。为此，根据中国物流与采购联合会托盘专业委员会的工作计划，对我国托盘的使用现状进行首次全面的调查。

此次调查历时一个多月，涉及相关企业300余家，范围涵盖了托盘的生产、使用、销售等各个环节。此次调查本着实事求是的原则，深入细致的做好中国托盘生产与使用的摸底工作。调查的结果对于加强托盘行业的协调与指导有着重要的意义。在调查中采取了点线面相结合，函调与现场调查相结合的方法。在调查对象的选择上突出了代表性。从行业上包含了生产企业、运输企业、仓储企业和流通企业。从地域分布上选择了物流业比较发达的北京、天津、上海、广州四大城市作为现场调查的主要目标。通过此次调查对于目前我国托盘的使用情况有了一个大致了解。

1.现有托盘的材质。根据调查数据显示：目前我国现有托盘的总数量比较保守的估计约为5–7千万个，实际使用的数量应该远高于此数字，此次调查的时间和范围有限，确切数字不便准确估计。相关数字统计表明我国托盘正以不低于2千万片/年左右的速度递增。其中木质托盘约占90%左右，塑料托盘约占8%左右，钢托盘、塑木托盘及其他材质的托盘约占2%左右。调查中发现作为新型材料的塑木托盘因其具有塑料托盘与木质托盘的优点，在使用中占的比例有上升的趋势。

2.现有托盘的规格。调查数据显示，目前流通中的托盘规格比较多。规格（mm）包括：2000×1000；1500×1100；1500×1000；1400×1200；1300×1000；1200×1000；1200×800；1200×1100；1100×1000；1100×1100；1100×900；1000×1000；1000×800；1200×1200；1300×1600；1300×1100 等几十种规格。其中塑料托盘的规格相对比较集中，主要是1100×1100 和 1200×1000，约占塑料托盘的 50%左右。这与塑料托盘生产中要使用注塑模具，而模具的开发成本比较高有直接的关系。木质托盘的规格比较混乱，目前的规格主要是使用单位根据自己产品的规格定制，这与木质托盘制造工艺相对比较简单有关。钢制托盘的规格不是很多主要集中在二至三个规格，主要用于港口码头等单位。其对于托盘的承载重量要求较高。

另外在调查中还发现，现有企业使用的托盘多为平面四向进叉双面使用形较多，约占到 60%左右。以下依次为平面双向进叉双面使用托盘、单面使用平式托盘、箱式托盘和柱式托盘。至于特种托盘的使用比较少。箱式托盘现多用于企业生产过程中的物料搬运，基本不参与流通。

3.现有托盘的周转方式。根据统计表明，现阶段我国托盘在使用中基本上是属于企业内部周转。对于生产企业，其所拥有的托盘不出企业，托盘的使用范围仅限于从企业的仓库和运输环节之间的搬运。对于物流企业，托盘也是局限于企业内部调配使用。没有形成一个托盘顺畅流通的机制。

4.托盘作业的情况。从统计看，目前托盘的使用基本上是配合叉车来使用的。平均每台叉车配备800-1 000 片托盘。

（二）目前我国托盘在使用中存在的问题

1.使用方式落后，不能完全发挥托盘的优点。托盘本身是为配合高效物流而诞生的一种单元化物流器具，可以说托盘是贯穿现代物流系统各环节。但是在我们实际使用中由于规格的不统一造成托盘不能在物流作业链中的一贯使用，仅局限于企业在自己内部使用。

2.由于周转方式的制约，托盘在流通过程中运输成本比较高。

从调查中可以发现，绝大多数企业的托盘都是在企业内部周转，从而使企业的产品经过多次人工搬运装卸，极大的降低了工作效率，相应的增加了产品的流通成本，从而降低了产品在市场中的竞争力。

3.无法与国际规则接轨。由于目前托盘的规格标准不统一，使我国的托盘使用不能与国际运输器具相匹配。例如国际通用的集装箱。企业为了能适应相关的国际运输工具，不得不再向托盘生产企业订购与本企业周转使用规格不一致的托盘，从而增加了企业的出口成本，降低了产品的国际竞争力。

（三）现阶段我国托盘生产企业的简况

1.各种材质的托盘年产量、产值。从托盘委员会调查的结果来看，我国托盘的年产量应该不低于 2 千万个。其中，木托盘占的份额最大其次是塑料托盘。其他材质的托盘产量不是很大。以每个托盘平均 100 元计算年产值应不低于 20 亿元，是一个前景十分广大的市场。

2.现有托盘生产厂家的大致数量。木托盘的生产厂家多数是由木材加工厂加工制造，从名称上不好判断是否为专业生产厂家，因此不便统计。塑料托盘厂从名称上相对比较规范，我们保守的估计数量应该不少于 1 000 家以上。

3.目前托盘生产厂在生产中存在的问题。调查中很多生产厂家询问最多的问题就是我国目前有没有关于托盘的新的统一标准。现实中生产厂家经常遇到的问题通常是用户提出的标准和厂家掌握的标准不一样。使企业不敢按已有的国家标准生产库存产品以备高峰时使用，只能按照用户的要求临时生产。这样的状况造成企业的生产能力不能充分发挥，用户需要时经常不能及时满足用户的要求，而平时又生产开工不足，使生产成本增加。另外现有国家标准中的很多标准规定也十分模糊，比如有关托盘的跌落试验，国家标准中只规定了跌落高度，但实际操作中由于托盘的自重不一样跌落测试的结果差距就很大。

四、改变托盘业现状的一些措施

1. 尽快规范我国的托盘标准，已成为当务之急。随着世界范围内的物流热潮升温,国内的物流企业也迅速的发展壮大。但是作为现代物流的基础环节的托盘却没有统一标准，势必在将来会影响到我国物流企业的健康发展。可能在短期内影响还不是很大，但随着物流行业的发展其瓶颈作用会越来越明显。这正所谓“工欲善其事,必先利其器”。

由于我国经济的快速发展,今后物流将作为一个重要的领域出现,其中,发挥核心作用的托盘共用体系的建立是必需的课题。欧洲以1 200mm×800mm 的托盘来构筑欧洲各国之间的一个物流系统;美国和加拿大在美洲大陆内,以 1 219mm×1 016mm 的托盘来构筑相互协作体制。在亚洲，现在日本和韩国采用统一的 1 100mm×1 100mm 的托盘作为标准托盘。我国的国家标准托盘规格(GB/T2934 -1996) 与 ISO6780 的规格相同。ISO6780 规格并不是真正的国际标准规格，是因为各个地区都要求,而不想放弃自己的规格,不得不挑的联合规格而已。因此我们希望相关部门能制定适应我国具体情况的托盘标准，因为要标准化就应该是一个统一的规格。

2.建立托盘共用系统,降低企业产品的流通成本。前面已经提到,我国托盘的周转方式绝大多数是企业内部周转，造成这种情况的原因就是因为托盘的回收问题。现在物流发达国家都有比较完善的托盘共用系统。为了我国物流的现代化有必要建立托盘共用系统。

共用系统的概念就是生产、流通企业不需要自己购买托盘，只需向专门的托盘租赁公司租赁，托盘在使用完毕后归还给所在地的租赁公司,托盘租赁公司再向其他用户出租。作为生产、流通企业节约了一次性购买托盘的费用,只须支付托盘的租赁费用。并且节约了托盘的维修费用,同时解决了托盘使用高峰与托盘使用低峰对托盘数量上的要求,企业不必再占用很多资金购买托盘以备高峰时使用,从而使托盘这个最基本的物流器具在全社会范围内流通,进而大大降低企业用于采购托盘的费用及重复的人工搬运费用,使企业的产品能更及时准确的到达最终用户的手中,同时为企业带来丰厚的回报。托盘共用系统的建立需要相关各个行业的协作才能形成。因其规模的庞大更需要国家有关部门的支持，才能逐步建立起来。

3.积极促进托盘制造材料的改革,大力推广环保材料和技术在托盘生产中的应用。

从调查中可以看到我国的托盘 90%左右是木质的材料，这对于我国这样一个木材资源缺乏的国家是非常不合理的。根据统计一棵成材树木只能做六个托盘，并且木质托盘的寿命大约为一年左右。可见木托盘对森林木材的消耗量有多么的巨大。可喜的是在此次调查中我们也看到一种新型的环保材料即塑木托盘的使用量正在逐年上升,因此建议对此新材料给予大力的推广。

4.发挥托盘行业组织的作用。托盘行业组织应该在托盘生产企业与托盘使用企业之间建立起沟通的桥梁,指导生产企业生产适销对路的产品；引导用户正确合理的利用托盘为企业创造更多的利润源泉。2002 年 6 月中国托盘业的第一个行业组织：中国物流与采购联合会托盘专业委员会成立了。委员会从成立之日,就将在国家有关方针政策指导下,广泛组织和团结托盘生产、使用和研究的企业、单位以及从事托盘研究的专家学者,为提高我国托盘生产技术水平、管理水平和实现我国物流现代化服务作为委员会的宗旨。委员会从成立以来已经为一些企业解决了生产和使用中的问题，并且通过调研掌握了许多有关我国托盘的第一手资料。

5.加强与国外托盘业界的交流。我们应该从周边国家,例如日本、韩国,发展托盘的过程中吸取经验教训少走弯路,使我国的托盘走向规范化、专业化，从而使托盘在物流系统的运转中发挥其应有的作用。

（特约撰稿：中国物流与采购联合会
托盘专业委员会副秘书长　王晓雷）

吉林省北方延边物流网络有限公司

YANBIAN MATERIALS CIRCULATION NETWORK CO.,LTD.THE NORTH OF JILIN PROVINCE

近年来，整个国民经济在呈现高增长，低通胀运行态势的同时，由于历史的、体制的、市场的以及企业信息渠道不畅等多方面的原因，商品过剩，供大于求的问题越来越突出，而且各行业都不同程度地普遍存在。

吉林省北方延边物流网络有限公司以盘活资产存量，搞活商品流通，拓展流通渠道，加速银行资产变现，解决企业库存产品积压问题为根本宗旨，利用现代高科技手段和传统交易手段，采用有形市场和无形市场相结合的方式，以及易货调剂，抹账抵债的办法，必将提高商品流通速度，扩大交易范围，减少流通环节和解开企业间的债务链，同时，也有利于搞好产需衔接，配合银行系统清理不良资产，最大限度地保全国有资产。

北方延边物流网络有限公司依托辐射全国，联通世界的全国库存商品调剂网络，为您提供实物投资，易货调剂，信息服务，网络销售，实物销售等服务项目。北方延边物流网络有限公司成立以来，广泛吸纳大专，本科专业人才数余人，从事库存调剂和电子商务的经营活动。

北方延边物流网络有限公司以崭新的面貌，昂仰的斗志，优质的服务迎接新世纪的挑战。

北方延边物流网络有限公司真诚欢迎全国各工商企业，生产厂家前来洽谈业务。

物尽其用
货畅其流
服务社会
利国利民

理分合一信函处理系统
OVCS Letter Sorting System

工业运输机器人系统
AGVS

物流分拣系统
Logistics Sorting System

中邮科技有限责任公司

中邮科技有限责任公司，是以邮政科学研究规划院为主要投资方组建的高新技术企业，下设中邮科技上海公司、中邮科技咨询公司、中邮科技物流系统集成公司、中邮科技信息技术公司以及中邮科技物业服务中心和中邮科技培训中心，共有员工600余人。

中邮科技主要业务领域包括邮政软科学研究和企业管理咨询、邮政应用设备研发和物流系统集成、邮政信息网络技术和应用软件开发等。

依托邮政科学研究规划院的资源优势，中邮科技在邮政发展战略规划、经济政策、业务经营、网路优化、信息咨询以及邮政技术体制和标准研究方面，取得了许多研究成果。

基于光、机、电一体化及图文识别的核心技术，中邮科技研制的信函分拣系统、扁平邮件高速分拣系统、高速包裹分拣系统等大型邮政设备，具有国内乃至国际先进水平，已广泛应用于邮政行业；通过国内、外技术合作，利用三维立体仿真技术、激光制导自动搬运技术、伺服/变频控制高速堆垛技术，集成应用、开发的大型物流仓储及配送系统，已涉足烟草、医药、图书等诸多行业；高速邮资机、高速过戳机、万向日戳、便携式扎带器等数十种小型机具备受行业用户欢迎，有的已远销至俄罗斯、古巴等国和香港地区。

在长期支撑邮政信息化建设的过程中，中邮科技研制开发的邮政综合服务平台、185客户服务中心、特快专递站点处理系统、华东华北快速邮运网信息系统等产品已广泛应用于邮政企业，目前正在全力支撑邮政储蓄系统应用软件版本统一工作。

面对技术发展和市场竞争，特别是建设现代化邮政带来的机遇和挑战，中邮科技将通过新技术的研发、人才的培养、机制的创新以及全体员工的不懈努力，逐步发展成为代表中国邮政高新科技水平、具有广泛社会知名度的高新技术服务企业。

地　址：北京市海淀区建材西路65号
邮　编：100096
电　话：010－82913021
010－82913021
联系人：杨俊

滑块式分拣系统
Slide Block Parcel Sorting System

物流仓储系统
计算机拓扑图
Topological Chart
of Storage System

大型物流仿真系统
Large Scale Logistics
Emulation System

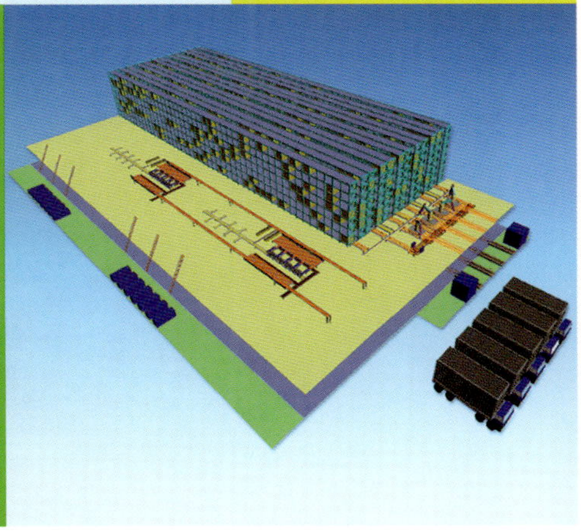

扁平邮件高速分拣系统
High Speed Flot Sorting System

自动化立体库工程
Automutic Stereoscopic
Warehouse

大连市位于辽宁省的最南端，东南濒黄海，西北临渤海，是东北三省和内蒙古东部连同华东、华南和海外各地的主要出海口。作为东北亚区域型经济中心，2002年实现国内生产总值1406亿元，大连市是中国重要的港口、工业、贸易、金融、旅游城市，拥有发展现代物流业的良好基础和条件。

大连陆港物流基地的周边交通网络密集，四通八达。

现代物流业是中国政府鼓励和支持发展的产业。

现代物流业是大连市经济的支柱产业。

大连陆港是大连市有关部门确定支持和发展的三大物流基地之一。

按照中华人民共和国的法律和规定，承诺提供国民待遇，并根据实际情况提供一定的优惠政策。

服务支持

完善基础设施：大连陆港将在包括给排水、电力、供热、煤气、道路、通信、网络等基础设施和绿化环境方面提供完善条件。

构建多种平台、提供优质高效服务：大连陆港将根据现代物流业的要求，建立不同内容和功能的服务平台：如交易展示平台、海关保税平台、仓储转运平台、包装配送平台、信息处理平台、生活服务平台，为陆港内的每一个物流企业提供热情周到、优质高效的平台服务。

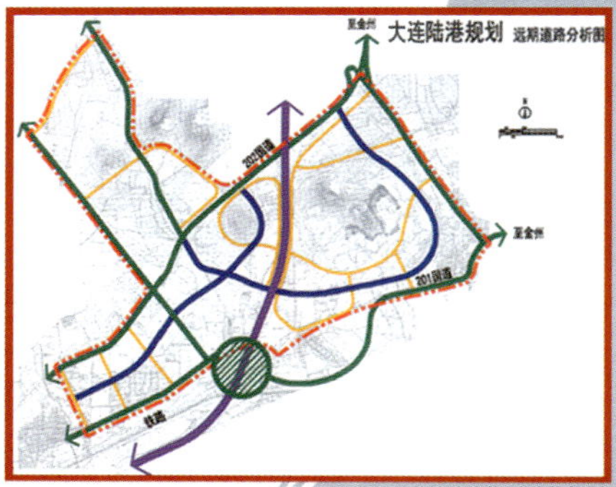

“物有所值，流通无限。”

“以市场需求为导向，以满足广大客户需求为宗旨，以管理求发展，以服务求生存，使大连陆港的每一个投资者都有所回报。”

大连陆港将承诺按照中华人民共和国的法律和规定，向中外投资者提供同等国民待遇，并根据实际需要提供一定的优惠政策。承诺向投资者提供全面的服务支持，将在给排水、电力、供热、煤气、道路、通信、网络等基础设施和绿化环境方面提供完善条件。还将根据现代物流业的要求，建立不同内容和功能的服务平台：如交易展示平台、海关保税平台、仓储转运平台、包装配送平台、信息处理平台、生活服务平台，提供热情周到、优质高效的平台服务。

港物流基地

PORT LOGISTICS BASE

铁路运输：
哈大电气化铁路将大连陆港与东北经济腹地联接成一体，（2002年完成货物周转量133.4亿吨公里）；

公路运输：
沈大高速公路、大庄高速公路、国道201、202线、连接市区的华北路、华东路、振兴路、公海大道等形成了纵横交错的道路运输骨架（2002年完成货运周转量36.9亿吨公里）；

海运业：
全国第四大港口，拥有北方天然深水不冻港（2002年完成货物吞吐量1.12亿吨，集装箱吞吐量达135.2万标准箱）；

航空运输业：
大连周水子国际机场已开通国内外80多条航线，与国内外46个城市通航（2002年完成货邮吞量9.3万吨）；

仓储业：
大连口岸仓储业拥有各类经营性仓库，用地面积为1010.7万平方米，储存能力达717万吨。

DALIAN LAND-PORT LOGISTICS BASE

欢迎以各种方式投资于大连陆港物流基地的开发和建设。

单位：大连陆港开发建设管理办公室　　电　话：86-0411-6447299 6446156 6446159

传真：86-0411-6446169　　E-mail：land-port@online.ln.cn

邮编：116037　　地　址：中国大连市甘井子区后盐

上海市医药股份有限公司
上海医药物流中心有限公司

上海市医药股份有限公司（以下简称：上海医药，股票代码：600849）是一家以西药、中药、医疗器械、保健品分销为核心业务的国内规模较大、网络较广、综合实力较强的一流医药企业，连续多年被评为上市公司50强、上海上市公司盈利15强企业。他拥有强大的分销能力，网络布及全国各省市，与全球著名跨国公司有大量业务往来。近两年来，上海医药还陆续控股江西、安徽、青岛等地著名医药公司。他的华氏大药房连锁门店有1000多家，不仅在上海，还远布浙江、安徽、江西、贵州等地；他的制药工业系统天平、禾丰、福达、第十五制药厂拥有6亿元销售规模。上海医药工业骨干企业之一上海医疗器械（集团）有限公司也是上海医药的控股企业，预计2003年的销售收入在9亿元左右。

2002年，上海医药销售收入84.66亿元，他是国内被批准为国际医药批发商联合会（IFPW）的企业。上海医药的目标是2005年销售收入200亿元，2010年达500亿元，成为中国医药商业的航空母舰。

2002年4月，上海医药凭深厚的历史积累及现代物流的前瞻眼光毅然决策投资1.86亿元对其物流、信息流再度改造，并组建了上海医药物流中心，为这艘未来的航母合成持久的核动力源。

该项目受到上海市政府和上海医药（集团）有限公司（以下简称：上药集团）的高度重视，被列入国债第八批重大项目和上海市的重大技术项目。

the MFP specialists muratec
日本村田机械株式会社

Orient
欧麟物流有限公司

中国海诚工程科技股份有限公司

EXE Technologies, Inc.

不久，在上海西北综合物流园区未来岛80亩土地上将耸立起一座40000平方米的现代医药物流中心。它将拥有12000个托盘位的立体货架、堆垛机、自动存取（AS/RS）及自动穿梭小车的自动化仓库；拥有分拣效率达到每小时6000件的自动分拣系统；准确率高达99.98%的电子标签系统，全程采用条形码管理和无线射频RF技术。同时，项目将以国际一流的仓库管理软件（WMS）为核心进行物流中心的优化管理，并对人员、物流、设备实现最佳调度控制。该软件将与上海医药的ERP实施无缝对接，构成“供应商－分销商－客户”的现代化供应链信息平台，从而大幅提升上海医药的营销能力和客户管理水平。建成后的上海医药物流中心能容纳的标准储存单元数量将是原有水平的数倍，日配送客户能力也将成倍提高。

由上海医药投资建设的上海医药物流中心，将降低公司的运营成本、加快库存周转，为企业实现集中采购提供可能。更重要的，上海医药将由此率先在行业内建立起一个物流增值服务平台。供应商、分销商、药房、医药、终端客户在这个平台上享受现代物流和现代信息流提供的便捷服务、得以增值。

该物流中心将以中国屈指可数的集成软硬件条件，一个为面向社会的专业医药物流企业形态，为供应商和被配送的客户提供较符合GSP的、信誉卓著的优质服务。

该项目聘请欧麟物流公司为咨询公司，日本著名企业村田机械株式会社为项目系统集成商，中国海诚工程科技股份有限公司（原轻工部上海设计院）承接建筑设计。

本物流项目将在2004年9月建成。

上海医药物流中心

地址：上海市桃浦路1155号东楼

邮编：200333

电话：021－52750103

传真：021－52750105

Shanghai Pharmaceutical Logistics Center

北京首钢股份有限公司

北京首钢股份有限公司物资供应公司是首钢集团设属公司。主要负责首钢集团钢铁主流程生产所需原料、燃料、材料、废钢生铁等物资的采购供应，兼营首钢废次钢材等固废物资的回收、加工、销售业务。

北京首钢股份有限公司物资供应公司年采购总量1200万吨，年采购额72亿元，主要采购物资包括金属矿、非金属矿、铁合金、煤炭、废钢、建材、耐火材料、化工产品、机电产品、大小五金、有色金属、黑色金属等30大项类、4000余个品种，采购业务范围遍及全国21个省市。

多年来，北京首钢股份有限公司物资供应公司致力于钢铁企业生产所需原、燃、材料市场调查研究和采购资源渠道的建设，与国内煤炭、金属矿、铁合金、耐建材料等多种行业的一批重点企业供应商结成并建立长期战略合作伙伴关系。目前已与遍布全国各地的1000余家供应商建立了供应业务关系。

物资供应公司

北京首钢股份有限公司物资供应公司聚集了一批熟谙钢铁生产采购供应业务，掌握ERP管理技术的复合人才，秉承先进的经营管理理念，以领先的信息技术、高标准的网络信息中心及电子商务平台为依托，实行网上招标采购、推进采购销售业务管理的现代化，进而整合企业内外部资源，实现了企业信息流、物资流、资金流"三流合一"，顺畅无阻，构建成一个钢铁行业中强大、一流、高效、现代化的物流采购企业。

北京首钢股份有限公司物资供应公司在对外交往中，始终坚持"精诚合作、互惠互利、携手发展"的原则，诚挚欢迎国内外各地、各界朋友与北京首钢股份有限公司物资供应公司携手合作，共同发展。

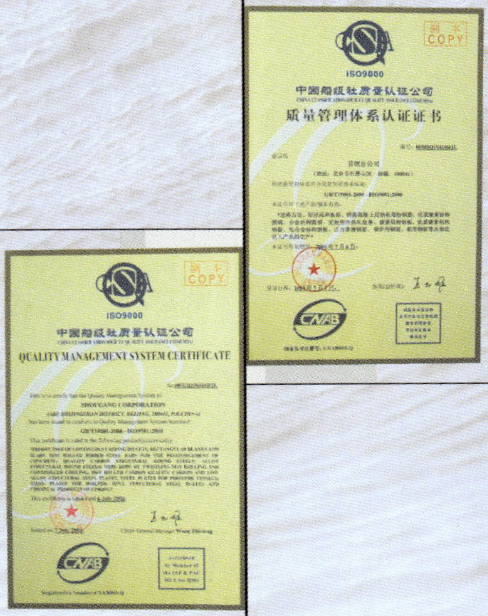

公司经理：张大振

公司地址：北京石景山区古城南路

邮政编码：100043

联系电话：010-88294010

传真电话：010-88294010

走具有中国特色的
电子商务之路
共同铺建现代新型
物流高速公路
天润坤元集团

宝供物流企业集团有限公司

中国领先的第三方物流服务供应商

宝供物流集团是中国较早运用现代物流理念为客户提供物流规划、分销配送、储存、信息处理、流通加工等物流一体化服务的专业公司，是目前国内领先的第三方物流企业。在近十年的成长历程中，宝供物流集团一直秉承"为客户提供优质高效的供应链一体化物流服务，支持客户的持续发展"的经营宗旨，坚持"不断为客户创造价值"的经营理念，与全球500强中近50家企业及国内一批大中型制造企业结成了战略合作伙伴，向他们提供优质、高效的物流服务，并朝着"成为中国最优秀的供应链全面解决方案的提供商和实施者"的目标而不懈努力。

目前，宝供物流集团已在全国43个城市以及泰国、澳大利亚、香港等地设立了近50个分公司或办事处，形成了一个覆盖全国并向国际延伸的物流运作网络和信息网络。秉承"以人为本"的管理思想，宝供物流集团汇聚和培养了一大批熟悉中西文化、深谙现代物流和供应链管理内涵，具有丰富运作实践经验的员工队伍，并建立了一系列基于GMP质量保证体系基础上的规范化、标准化、系统化的营运管理系统、质量保证系统。同时，拥有自主知识产权的宝供物流信息系统不仅能为客户提供实时动态的可视化物流运作信息，还通过电子数据的对接，实现了与客户方信息数据的无缝链接，大大提高了整个链条的效率，也提高了数据的准确性和及时性，节省了大量的人员和费用。

近几年，宝供为电器类、食品饮料类、日用品类企业提供的供应链解决方案及具体实施，取得了很大的成绩，成功地为这些企业降低了库存、减少了人力，提高了服务水平。

为了进一步满足客户供应链优化整合的需求，宝供物流集团计划用5年时间在中国经济发达地区建设一批大型现代化的物流基地，构筑以大型现代化物流基地为枢纽的物流运作平台。继苏州国际物流中心4万平米的一期工程2002年11月投入使用后，广州物流基地7万平米的一期工程已于2003年6月份投入运营，上海、天津等地的物流基地建设也在规划之中，这些基地不仅具有现代化的商品储存、库存管理、运输、配送、流通加工等物流服务功能，同时也提供办公、商品展示、交易、金融结算、电子商务、信息处理、信息发布等一系列的服务，使之成为集商流、物流、信息流、资金流为一体的综合性服务平台。

我们的合作伙伴

1999年被原国家贸易局确定为"发展商品物流配送重点企业"；
2001年被原国家经贸委确定为34家"我国物流发展联系企业"之一；
2002年被中国物流与采购联合会授予"中国物流示范基地"称号；
2002年被广东省人民政府评选为"广东省首批流通龙头企业；
国际著名的企业管理咨询公司麦肯锡评价其为"中国领先的第三方物流企业"；
全球闻名的投资公司摩根士坦利评估其为"中国最具价值的第三方物流企业"；
以供应链、物流行业为主要服务对象的美智管理顾问公司在2002年度对中国物流企业进行认知度调查中，宝供物流集团以40%的认知度高居国内外同行榜首。

LOGISTICS

地　址：广州市天河区龙口东路361号宝供大厦4楼
邮　编：510630
电　话：020-38482090　38482091
传　真：020-38482086
E-mail：dan@pgl-world.com

OUR SOLUTION
THAT'S WHY OUR CUSTOMERS FIRST
做最强的物流服务商　做最好的船务代理人
TO BE THE MOST COMPETITIVE LOGISTICS PROVIDER AND THE BEST SHIPPING AGENCY

中国华星汽车贸易（集团）公司

CHINA HUAXING AUTOMOTIVE TRADING (GPOUP) COMPANY

中国华星汽车贸易(集团)公司是经国家有关部门批准并经注册的国有大型汽车贸易服务集团，由国资委管理的中国华星集团公司投资，注册资金35943万元，总资产超过15亿元，拥有进出口经营权。

武汉兴隆汽车销售服务有限公司 奔驰店
武汉市汉阳区龙阳大道
027-82631074

中国华星汽车贸易(集团)公司在全国拥有全资、控股及参股子公司23家，三级企业53个。包括中国汽车贸易中南公司、中国汽车贸易西南公司、华星东北汽车贸易公司、华星北方汽车贸易有限公司、上海华星物资集团有限公司、华星南方汽车贸易有限公司、华星新世界汽车服务有限公司、华星进出口有限公司、华星新世纪国际贸易有限公司等，这些子公司均具有小汽车经营权。同时控股上市公司河北湖大科技教育发展股份有限公司。投资建立40余个包括奥迪、通用、奔驰、现代、丰田、风神、马自达等国内外强势品牌“4s”专卖店和北京中联汽车交易市场等大型汽车市场2个。年均销售轿车3万余辆，实现销售收入超过50亿元，位居全国汽车服务贸易企业前茅。

企业精神：
在竞争中创造独特价值
在服务中实现良性互动

武汉华星汉迪汽车销售服务有限公司 奥迪店
湖北省武汉市汉阳区龙阳大道26号
027-84628849 84639202

公司拥有30多年的汽车服务贸易经验，拥有以北京、天津、武汉、成都、沈阳、上海、广州等地区公司为骨干的全国性汽车经销服务网络。

四川西南进口汽车贸易有限公司 欧宝系列凯迪拉克、太脱拉店
成都市成华区迎晖路151号（西南汽贸广场）
028-4717288

天津捷丰国际贸易有限公司 奥迪店
河西区解放南路487号 022-88245866

中国华星汽车贸易（集团）公司

地址：北京市海淀区西直门北大街42号华星大厦六层 邮编：100088 电话：010-62252677 传真：010-62216091

京泰实业（集团）有限公司

北京物流港位于北京市东南部朝阳区十八里店，京津塘高速公路的左右两侧，是在北京市政府批准的二类内陆口岸—朝阳口岸的基础上规划建设的，规划占地面积4.7平方公里。北京物流港已被列为北京市政府2003年60项重点工程和市政府的175项折子工程之一，是朝阳区十大重点工程之一。北京物流港是集基础性、功能性、综合性为一体的国际化新区，是海运、陆运、空运、铁路运输等多种运输方式的极佳结点。北京物流港的开发建设以发展国际物流、区域物流、城市物流及构建北京地区现代物流业、现代流通业、现代会展业和现代服务业为目标，将成为首都经济发展的新增长极。

作为北京物流港重要组成部分的北京朝阳口岸是1994年经北京市政府批准开放的陆运二类口岸，规划用地1100亩，目前已征地699.7亩，建设有“一关三检”等部门，是北京地区功能齐备的现代化口岸和大型物流中心。2002年10月22日在京津两地政府的大力推进下，京津两地海关、检验检疫局、口岸办、港务局和陆港公司共同签署了《北京朝阳口岸与天津海港口岸直通协议书》，标志着天津港的口岸功能延伸到了北京，北京有了自己的“出海口”。京津直通模式(大通关)是北京物流港体制建设的核心业务模式，它的实现，使北京客户可直接在朝阳口岸换单、报关，变以往的二次报关、报检为一次报关、报检；京津两地运输利用电子闸口的五电系统（即电子车牌、电子时间信号、电子地磅、电子封锁、电子集装箱号自动识别系统）实施电子监管；未来北京出口客户可直接从朝阳口岸堆场提取空箱，出口货物在朝阳口岸办理结关手续，直接集港上船。

京津口岸直通将大大减少京津两地物流的中间环节，降低整体的物流成本（在原有基础上降低约10%-15%）；提高进出口通关速度，节省通关时间（在原有基础上节省2-3天）；方便报关单证的修改，使客户能更快捷的提取货物，降低安全库存，增加经济效益。预计到2005年，朝阳口岸的直通将有力地促进北京地区国际海运和陆运业务的增长，为兴建中的北京物流港注入新的活力，为支持北京地区发展现代物流业、制造业、会展业和流通业，服务奥运经济发挥积极的作用。

京泰实业（集团）有限公司
地址：北京崇文新世界中心北办公楼12A层
邮编：100062
电话：010-67089988
传真：010-67080452

Prosperco

一路发国际物流股份有限公司

Prosperco Logistics International Corporation

成立宗旨：物流资源整合全方位服务

国际物流：是为国际贸易的实体物流做全方位的规划与服务。

Chairman Conrad Chang 董事长 张聪联

CEO Queena Chang 执行长 张素静

以较高服务水准，较低运销总成本，配合厂商做全球运筹，整合实体物流、资讯流和金流的要求，达到及时性、快速的回应。让厂商在运销较低成本和较佳顾客化取得平衡。

全球各行业都在做一种物流的全方位革命，从供应链管理SCM（Supply Chain Management）到企业内部ERP、企业资源规划（Enterprise Resource Planning）整合到用CRM顾客关系管理（Customer Relation Management）做较佳顾客化和较低物流运销总成本，达到Desk By Desk较强竞争力。

国际物流作业—专业服务

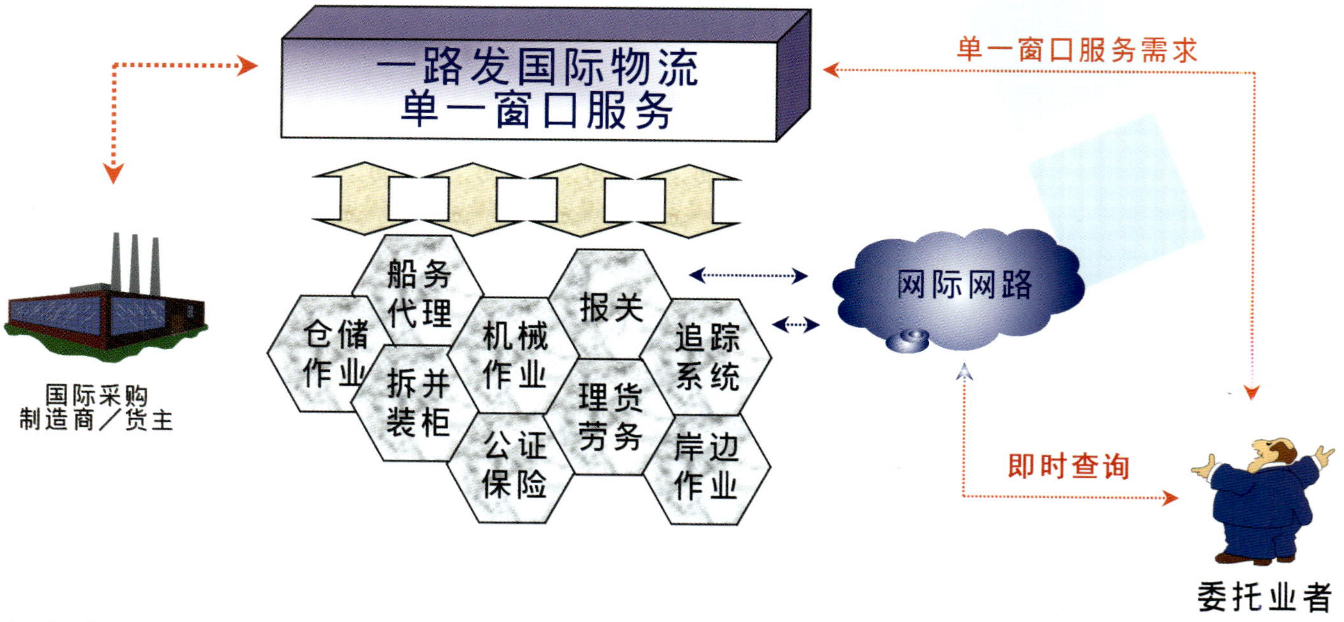

以创新、服务、全球化为主要目标，以台湾各港口为点，结合世界各港口各据点完成较有竞争力的物流配送。

高雄总公司通讯地址：801高雄市前金区光复三街208号　台南办事处：台南市健康路3段196号

办公地址：高雄市鼓山区蓬莱路8号　TEL：886-7-561-1788　FAX:886-7-561-0188

EMAIL:plic168@ms55.hinet.net　负责人：董事长 张聪联　执行长：张素静

Door to Door Servies 通讯地址：高雄市前金区光复三街208号

纵横国际　技术领航　一路发

南宁市物流业发展情况简介

南宁市商业贸易局
党委书记、局长　唐志喜

南宁市位于广西南部，是广西的政治、经济、文化和交通中心，沿海、沿江、沿边，既与发达的广东省接壤，又是大西南惟一的出海通道，还处于正在构建的中国—东盟自由贸易区的中心位置，还是广西传统的物资集散中心，拥有新中运、超大、运德、现代等一批大型仓储物流企业。广西计划在“十五”期间构建三个现代化的物流中心，其中一个就建在南宁。

目前，南宁市正在抓紧建设江南物流园区，园区规划建设面积18平方公里，总投资42.85亿元，年交易额达300亿元左右。物流园区的建设以市场为导向，引导企业走经营市场化、管理科学化、发展规模化的道路，园区内主要引进大型市场、仓储配送企业和第三方物流企业等，提高物流服务信息化程度和市场集中度，合理优化资源配置，把园区建设成为规划合理、设备先进、功能齐全、信息灵敏、管理科学的现代物流园区。

订就送

2004《物流技术与应用》杂志

LOGISTICS & MATERIAL HANDLING

订阅全年《物流技术与应用》杂志，赠送价值200元光盘（从中国物流资料中心光盘类中自选），并立即成为中国物流资料中心（http://www.edit56.com.cn）会员，订阅图书资料超值优惠！

《物流技术与应用》杂志（月刊），国内首本全彩印刷的物流专业性杂志，每期100页以上，国内外公开发行。全年定价240元，半年定价120元。

订阅《物流技术与应用》的五大理由：

一份报道物流实用技术与经典案例的精品杂志

一份学习物流知识，提高企业竞争力的至上宝典

一份贴近企业，报道物流新产品、新技术的权威名刊

一份物流经理与物流技术人员爱不释手的知识大餐

一份传递物流最新信息及发展动态的专业媒体

精心策划的五大栏目：

焦点报道：关注物流新的焦点、热点、难点。

特别策划：报道国内外物流经营运作经典案例。

本期专题：专题探讨行业物流内的物流产品、物流技术、物流装备。

权威论坛：发布专家学者及物流权威人士的实用文章。

物流资讯：报道中外物流新产品、新动态、新政策。

订阅热线：010-82387518/19/21转803、820
网址：http://www.edit56.com.cn
E-mail:sales@edit56.com.cn

半月刊

邮发代号：**82-387**

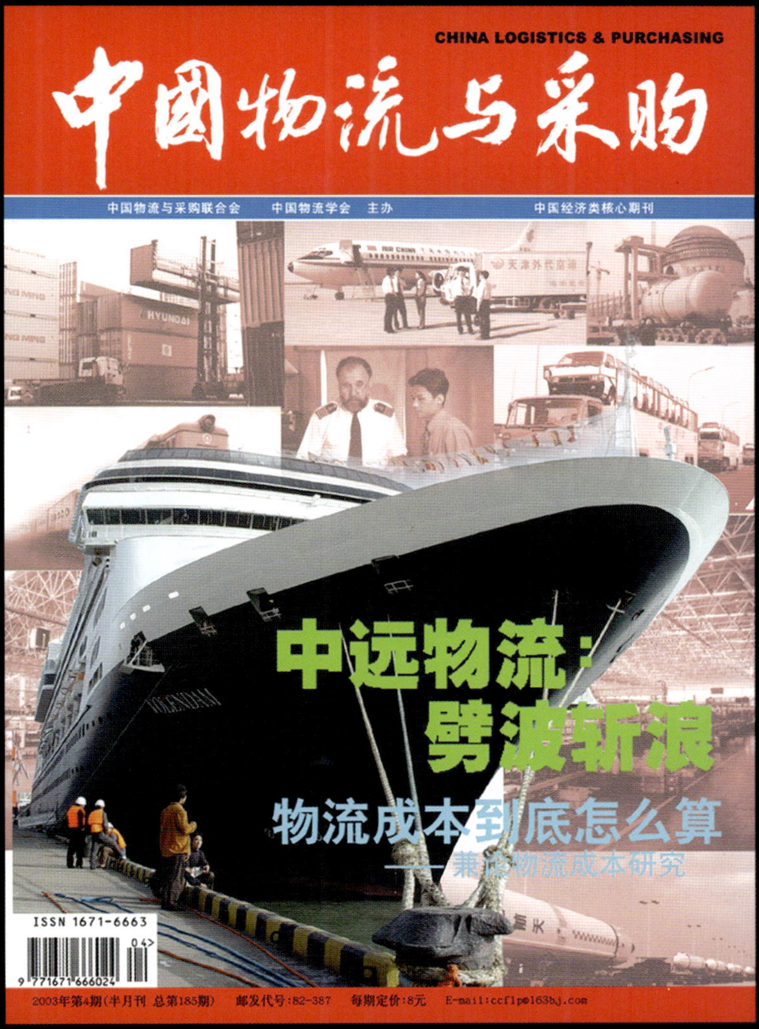

主办：中国物流与采购联合会
中国物流学会

每期定价:8元 全年定价:192元
国内统一刊号:CN11-4812/F
国际标准刊号:*ISSN1671-6663*
社址:北京市西城区月坛北街25号
邮编:100834
电话:010-68391393 68392136
传真:010-68392774
E-mail:ccflp@163bj.com

国内发行:北京报刊发行局
国外发行:中国图书进出口总公司
国外发行代号:M3830T

银行户名:《中国物流与采购》杂志社
开 户 行:工商银行北京西城南礼士路分理处
杂志社账号:0200003609089049552

《中国物流与采购》杂志
是集权威性、新闻性、学术性、实用性、可读性为一体的综合物流与采购类刊物。
《中国物流与采购》杂志
创刊20多年来深受广大读者欢迎，多次被权威机构评为中国经济类核心期刊。
《中国物流与采购》杂志
为国内外公开发行，国际标准大16开本，每月15日、30日出版。

《中国物流与采购》2004年主要栏目

▲政策要闻、封面报道、焦点访谈、理论前沿、营销谋略、经典案例
▲物流新闻、现代物流、物流面对面、物流人生、企业物流、连锁配送、物流设备、物流技术、物流信息化、储运时讯、域外物流、物流黄页
▲政府采购、企业采购、招标采购、军队采购、采购指南
▲市场快评、市场资讯、供求信息、价格动态

请关注中国物流与采购的人关注

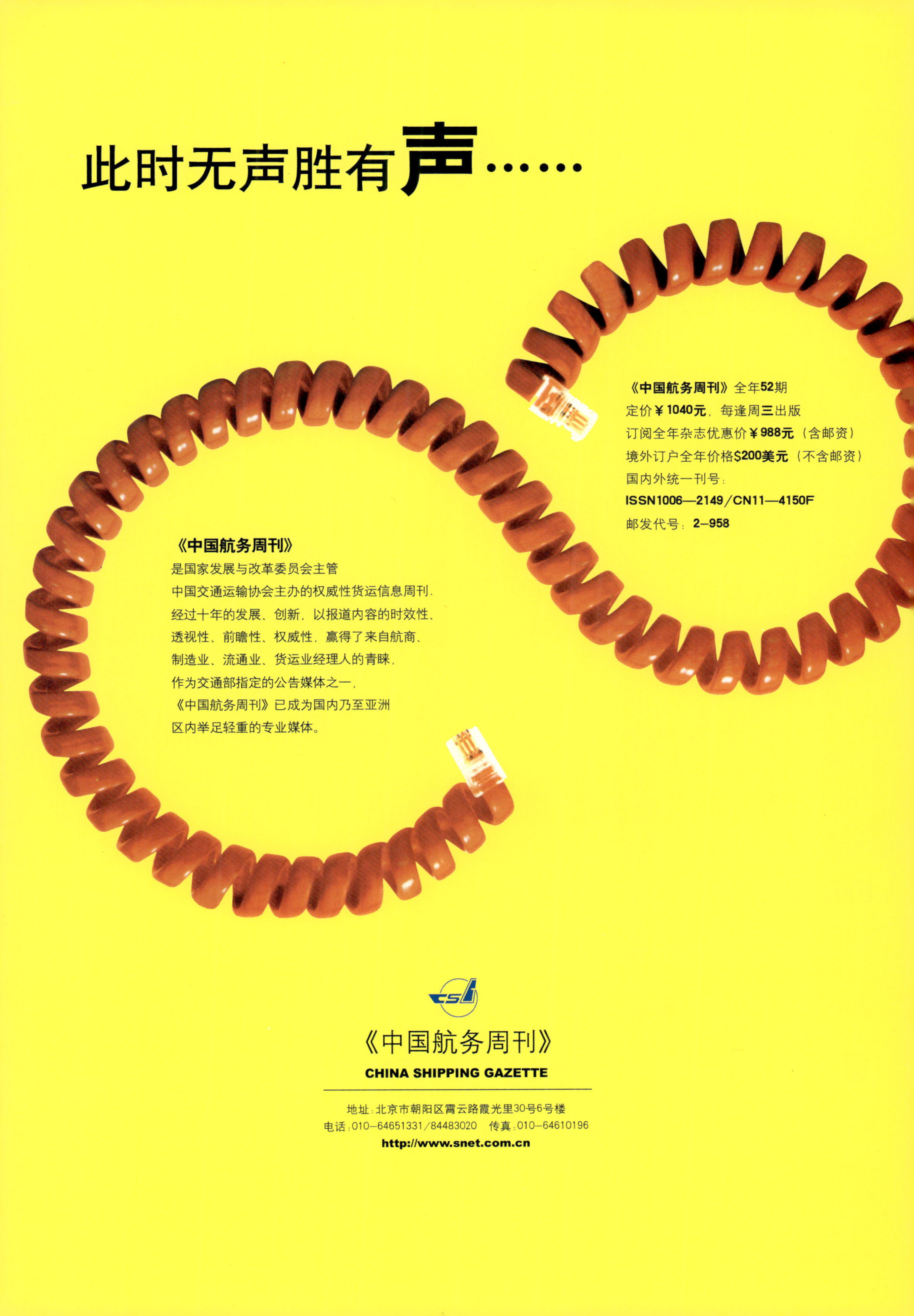
此时无声胜有声……
《中国航务周刊》全年52期
定价￥1040元，每逢周三出版
订阅全年杂志优惠价￥988元（含邮资）
境外订户全年价格$200美元（不含邮资）
国内外统一刊号：
ISSN1006—2149/CN11—4150F
邮发代号：2—958
《中国航务周刊》
是国家发展与改革委员会主管
中国交通运输协会主办的权威性货运信息周刊，
经过十年的发展、创新，以报道内容的时效性、
透视性、前瞻性、权威性，赢得了来自航商、
制造业、流通业、货运业经理人的青睐，
作为交通部指定的公告媒体之一，
《中国航务周刊》已成为国内乃至亚洲
区内举足轻重的专业媒体。
《中国航务周刊》
CHINA SHIPPING GAZETTE
地址：北京市朝阳区霄云路霞光里30号6号楼
电话：010—64651331/84483020　传真：010—64610196
http://www.snet.com.cn

物流 LOGISTICS MAGAZINE

提供最新物流资讯
创造第三利润源泉

我们的合作伙伴

VOLVO　IBM　accenture　PGL　SUNEAST　ISUZU　Haier　NISSAN FORKLIFT　Mercedes-Benz
GALAXY　美国 SINCE 1953 KELLEY　DASHENG 達成　派瑞特®　Linde　香港貿易發展局 Hongkong Trade Development Council　FedEx Express　Guard 戈德　奥特玛特
DTZ Debenham Tie Leung 戴德梁行 International Property Advisers　HORMANN 德国霍曼　Emirates SkyCargo　韓亞航空公司　偉輪綫車　中国南方航空 CHINA SOUTHERN　Crawford　西林 XILIN　興華科儀有限公司

免费赠阅资料（为保证投递，请用正楷填写以下资料。）

姓名：＿＿＿＿＿ 性别：□男 □女 年龄：＿＿＿＿＿ 学历：＿＿＿＿＿
单位：＿＿＿＿＿ 电子邮件：＿＿＿＿＿
电话：＿＿＿＿＿ 传真：＿＿＿＿＿ 邮编：＿＿＿＿＿
详细收刊地址：＿＿＿＿＿

定价：￥：10元
HK：30元
刊期：每月5日出刊

地　址：广州市东风中路503号东建大厦19楼
邮　编：510046
电　话：(020)83516487　83542713
传　真：(020)83568810

北方交通大学物流管理培训

作为我国较早从事物流教学与研究的国家重点大学之一，北方交通大学非常重视对社会进行物流管理专业的培训。从1982年起开始为国家储备局、中国人民解放军海军、铁道部、铁路局和铁道工程局培训物流管理的干部，先后开设了10个干训班，培养学生近500人；还通过夜大和函授培养了众多的函授生和夜大生。近年来，在硕士研究生培训班以及MBA培训班方面，也开始了相应的物流管理培训方向，为北京市、深圳市、民航系统、广州铁路集团、昆明铁路局等单位培养了大量的高级物流管理人才，物流管理成为北方交通大学MBA培训的主要特色之一。尤其是于2002年作为主办单位，受国家教育部高等教育司委托（教高司函[2002]116号），由北方交通大学主办首届"全国高校物流管理专业教学与课程建设骨干师资培训班"。培训班于2002年11月11日至15日在北方交通大学举行，全国100多所院校近300人参加了此次培训班，在物流人才市场需求、物流专业学科建设与示范课、加强物流实验教学和物流行业发展分析方面进行了深入地探讨、教学演示和培训，取得了良好的效果，并由教育部颁发了培训证书。此次培训为全国高校物流管理专业建设和师资队伍培养发挥了重大作用，受到国家教育部的好评。

北方交通大学

地　址：北京市北方交通大学教务处　　邮　编：100044

电　话：010-51688560　　传　真：010-51688611

中原油田物资供应处发展概况

经理 卢秀军

书记 王忠胜

中原油田物资供应处位于濮阳市区胜利路，成立于1975年，是一家集物资管理、采购、仓储、配送为一体的综合性物流服务企业。现有员工926人，库房326栋，仓储面积75万平方米，铁路专用线4条，各种大型现代化装备259台套，担负着中原油田生产建设所需设备、配件等上万个品种的物资采购供应工作，年吞吐量在50亿元以上。岁月沧桑，春秋几度，伴随着油田夺油上产的隆隆声音，物资供应处广大干部员工耕耘图励，开拓进取，凭借着高素质的人才结构、雄厚的基础设施、先进的信息系统和现代化的物流管理成长为中原地区最大的物资集散地。基于中国石化物资采购电子商务网络，开发了物资供应管理信息系统，实现了采购、仓储、配送全过程的计算机管理，推行企业文化建设，全力打造优秀工作团队，建立了高效的物流服务体系，以科学的管理、严谨的作风、真诚的服务，赢得了用户的长期信赖，树立了良好的企业形象。

中原油田物资供应处将坚持"以诚为本、高效创新"的企业经营理念，愿以信誉和实力诚邀国内外生产厂家加盟，携手发展中原物流事业，共筑中原物流平台。

地　址：河南省濮阳市胜利东路36号
邮　编：457003
电　话：0393—4882127
传　真：0393—4882440
电子信箱：wzgs@zpeb.sinopec.com.cn

Dalian International Logistics Park

大连国际物流园

DLP

DALIAN INTERNATIONAL LOGISTICS PARK

融通四海　　链向未来

大连国际物流园是经大连市人民政府批准，由大连保税区、大连港集团联合建设，以发展现代物流为目标的经济区域，大连保税区管理委员会代表大连市政府对该区域行使行政管理职权。

大连国际物流园具有由保税区、海港联合组成多方位、立体化、快捷便利、政策优惠的物流运作平台和服务体系，是大连市发展现代物流的载体，是中国北方与世界各地区之间快速增长的经贸活动所信赖的重要国际物流基地。

大连国际物流园位于大连湾东北，紧邻国际深水良港—大窑湾港和中国东北—大连保税区，海、陆、空路交通便利。园区近期总体规划面积3.1平方公里，主要功能区有集装箱转运区、仓储转运区、临港加工区、冷藏区、分拨配送区、汽车保税区、海铁联运区、物流商务区。

大连国际物流园区将充分发挥保税区的政策优势和紧邻港口、先导区的区位优势，把保税区的功能延伸到大窑湾港区，使港口与保税区的功能互补，充分发挥各自的优势，强强联手，逐步把园区发展成为融航运中心、商贸中心、信息中心、运营中心于一体的综合性国际物流中心，其最终发展目标是通过建设国际物流园把港口和保税区结为一体，打造保税国际物流港，建成东北亚符合国际惯例的自由贸易港。

地址：中国大连　大窑湾港区　大连国际物流园

电话：0086-411-7598864　7598256　传真：0086-411-7598867

http://www.cndlp.com　E-mail:dlp@cndlp.com

网丰物流 "ecL" 配备先进网络技术及多用途现代化仓储配送设施

竭诚为大中华经济圈的世界品牌、生产商和多渠道零售商服务

e-commerce Logistics

网上实时开放式平台

网上即时提供货品进出及货存数据

货物装配、拆件及标签安排

网上追踪付运货件

回收物流管理

收款服务，快捷可靠

不同类别报告，有效分析市场趋势

第五方物流服务

网丰物流集团

网丰物流资讯有限公司
香港皇后大道东28号金钟汇中心20楼
电话：(852) 22115211
传真：(852) 22115511
网址：www.eclasia.com
网上查询：marketing@eclasia.com

联络人：冯祖期先生 - 营运总裁
edmon@eclasia.com

台北：台湾桃园县芦竹乡六福路19号
电话：(886)2-27733628/27733495 传真:(886)2-27719138

广州：广州市黄埔区南岗街笔岗后山路 邮编：510735
电话：(86) 20 8223 4780 传真：(86) 20 8223 4708

上海：宝山区联谊路288号 邮编：201906
电话：(86) 21 5680 8044 传真：(86) 21 5649 5278

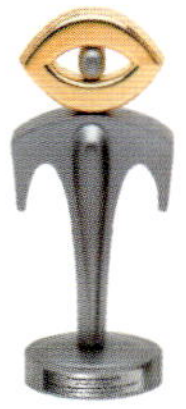

网丰物流"ecL"自行开发的仓储物流管理系统 (WMS)
获评选为香港2002年资讯科技卓越成就奖「应用金奖」
此奖项获香港特区政府赞助，主办机构为香港电脑学会

网丰物流"ecL"荣获美国权威性的市场调查公司 IDC 发布的「大中华区电子物流业 -- 趋势与分析」研究报告"IDC #AP22601H"评选为大中华区电子物流服务供应商之领导先驱。

中国物流与采购联合会会员单位——

武汉商贸学院

周建亚

一、 物流工程系

武汉商贸学院职业学院物流工程系是在经过了6年调查研究，深入广泛筹措，并从专业定位、人才需求、师资力量、实习实践基地建设、毕业生就业去向等方面充分准备的基础上，于2002年9月经湖北省教育厅批准设立的。

物流工程系以适应社会主义市场经济和现代化建设的需求为目标，培养具有创新精神和现代意识的德、智、体、美全面发展的，掌握现代物流管理的基础理论和专门知识，具备现代物流组织管理能力和市场开拓能力的应用型中高级技术管理人才。

二、 物流研究所

武汉商贸职业学院现代物流研究所是依托武汉商贸职业学院物流工程系，集教学、科研、咨讯服务于一体的现代物流研究专业机构。研究所科研和师资力量雄厚，主要涉足物流产业政策、区域物流规则、物流信息系统。超市及连锁企业物流、企业物流、供应链管理、物流人才培训等。

三、培训部

武汉商贸学院培训部为湖北省劳动和社会保障厅国家职业资格示范培训基地及合作培训单位，承担助理物流师、物流师、高级物流师考前培训及鉴定。同时承担营销师、电子商务师、人力资源师、公关、秘书、超市高级营业员等职业培训及鉴定。

地 址：湖北省武汉市洪山区珞狮南路292号 邮 编：430070 电 话：027-87292611 87874327 62219001

传 真：027-87290143 HTTP://whicu.whnet.edu.cn E-mail:whicu@hotmail.com

校园建设鸟瞰图

南宁市明东实业有限公司

南宁市明东实业有限公司是一个以开发各种生产资料市场为主业的民营性质企业，注册资金1000万元，资产8160万元。

经南宁市人民政府批准，公司于1993年投资建设生产资料专业市场—南宁市虎邱钢材市场，位于南宁市明秀东路174号，市场占地面积200亩，总建筑面积15万平方米。共建有二层钢筋混凝土结构的铺面686套、建筑面积4.5万平方米，货场5.2万平方米，仓库1.4万平方米，场内行车道长3000米共3万多平方米，以及集商贸、餐饮、旅馆、办公、娱乐、信息等功能于一体的综合大楼两栋共0.85万平方米。场内各种配套设施完善，服务机构齐全，设有两台100吨的大型电子地磅和各种吊装机械设备；工商、银行、税务、公安、邮电、信息、质检等机构入场配套服务；还开设市场物业管理以及仓储、运输、钢材配送等服务项目。是目前广西乃至西南、华南地区较具规模、钢材品种较为齐全、各种配套设施较为完善、成交十分活跃的钢材现货批零专业市场。市场曾荣获九三至九五年度“全国文明市场”、九六年度南宁市“文明市场”、九七年度广西“文明市场”称号。是原国家内贸部广西区域网络定点市场。2003年被《人民日报信息中心》评选为“全国诚信单位”的光荣称号。

公司还获得过九六、九七、九八、九九年度南宁市“先进集体”和广西区农业银行授予的“AAA级信用企业”、荣获南宁市经济效益杯银杯、金杯奖等称号。目前公司根据南宁市经济发展趋势，正全力发展新的生产资料市场，以其丰富的市场管理经验及经济实力为基础，以超前的现代物流概念为指导，将为南宁市经济发展作出应有的贡献。

联系人：梁炜

地 址：广西南宁市明秀东路174号

邮 编：530001

电 话：0771-3311050

传 真：0771-3311049

北京物资学院

物流系

物流研究中心

物流系统与技术重点实验室

北京物资学院作为率先开设物流管理专业的高校，十几年来一直注重物流系统与技术方面的研究与教学。经过十几年的发展，北京物资学院已经构建了物流系、物流研究中心以及物流系统与技术实验室三大体系。

物流系主要承担着物流人才的培养和教育功能，最终将形成我国物流的教育培训基地。

物流研究中心是物资学院物流的科研基地。它成立于2000年初。它的成立意味着物流教育领域的重大变革，从简单的人才培养逐步向国民经济的主战场进军，将理论研究通过研究中心逐步转化成生产力。经过几年的努力，我们的物流力量逐步壮大、物流理论向纵深延展、科研实践水平进一步提高。物流研究中心多次承担国家级、省部级课题、企业物流方案设计，并多次获奖，已经成为专业的物流研究、咨询基地。

2002年10月，北京市物流系统与技术重点实验室正式挂牌，该实验室不仅是北京市市级重点实验室，而且也是全国物流领域的一个重点实验室。该实验室是物流系统、技术的应用平台，我们希望通过这一平台，将现代高科技引入物流领域，提升和改造传统行业的水平，适应和满足国民经济日益发展的需要。同时，通过物流应用技术的研究，促进物流技术成果的转化。

为促进我国物流事业的发展，我们愿将自己在现代物流领域的教学、科研成果、成功经验与国内外各行业同仁共享，同时也愿意通过物资学院物流这一平台与大家合作。

电　　话：(010)89534243

传　　真：(010)89534429

HTTP：//WWW.LSTL.ORG

E-MAIL：MASTER@LSTL.ORG

北方交通大学现代物流研究所

BEI FANG JIAO TONG DA XUE XIAN DAI WU LIU YAN JIU SUO

北方交通大学是国家重点大学，有107年的办学历史。交通运输学院是全国较早设置的交通运输管理工程学科，是在该领域具有硕士、博士学位授予权及设置博士后流动站的单位，是最具实力和特色的重点学科。近年来又向现代物流及供应链管理学科领域拓展，在此基础上组建了北方交通大学现代物流研究所，开展该领域的科学研究、技术开发、规划设计、工程咨询、人才培养和业务培训，取得突出成绩。

现代物流研究所现有教授3名、副教授4名、讲师4名，博士后1名、博士生19名，硕士生12名。研究所所长刘凯教授是中国知名的运输与物流管理专家，长期从事该领域的科研、教学、学术交流及研究生培养工作。近年先后主持完成各级政府、行业主管部门、境内外企业运输物流管理领域的发展战略和规划、项目可行性研究及解决方案等科研项目70余项，发表学术论文80多篇，出版学术专著多部。刘凯教授目前在该领域还任多项社会兼职。

BEI FANG JIAO TO

现代物流研究所主要从事以下各种业务：

1. 科学研究及技术咨询

以其雄厚的技术力量及丰富的科研积累与经验，承担有关部委、省市及相关企业委托的现代物流发展规划、物流发展项目可行性研究、企业物流解决方案咨询、物流系统设计、管理信息系统开发等各类科研及咨询项目，例如主持完成的《我国集装箱运输发展政策和系统配套技术》、《内地与香港间过境运量预测分析研究》、《平湖物流中心市场及可行性研究》、《铁路运输业向现代物流领域拓展的总体规划及实施措施》、《在新疆建设中国西部国际商贸物流中心发展战略研究》、《青钢集团现代物流管理解决方案研究》、《中国机车车辆工业现代物流及供应链管理创新研究》、《在武汉舵落口建设现代物流中心方案研究》、《合肥现代物流中心建设发展方案研究》、《江铃汽车集团物流外包解决方案研究》等等。

2. 教学和人才培养

在现代物流与供应链管理、现代物流系统规划与设计、交通运输规划理论与方法、集装箱运输及多式联运等多个学科方向招收博士后流动站工作人员，定向、非定向及委托培养等多种培养形式的博士研究生和硕士研究生，为国家和企业培养运输与物流管理方面的高水平专门人才。

3. 国内外学术交流及专业培训

积极参与国内外现代物流及供应链管理等领域的学术交流，与美、德、意、澳、港、台等国家和地区保持良好的交流与合作关系，跟踪本学科前沿发展。与境内外诸多机构联合举办多种形式的现代物流业务培训和项目考察；与亚洲物流科技有限公司合作组建北方交大亚洲物流研究中心，为香港与内地相关企业提供技术支持和咨询服务，受到业界的好评与欢迎。

BEI FANG JIAO TONG DA XUE

[现代物流研究所愿与国内外相关机构、组织和企业诚挚合作]

欢迎垂询

地　址：北京市北方交通大学交通运输学院
邮　编：100044
电　话：010-51688673
传　真：010-51688673
手　机：13501251545
E-mail：zhangxd@center.njtu.edu.cn

BEI FANG JIAO

中国物流年鉴

2003（下）

CHINA LOGISTICS YEARBOOK 2003

CFLP

中国物流与采购联合会

中国社会出版社
China Society Press

第五部分

采购与供应链管理

中国物流年鉴
CHINA LOGISTICS YEARBOOK
LOGISTICS

我国政府采购的现状与发展趋势

一、概况

2002 年是我国政府采购工作全面推进，规范发展的重要一年。自 1996 年开展政府采购试点工作以来，从中央到地方各级政府和相关单位，都进入了由试点初创向全面推行的发展阶段，取得了历史性进展。第一，政府采购制度框架初步形成，建立了较为完备的法规体系，《中华人民共和国政府采购法》(以下简称《政府采购法》)经第九届全国人大常委会于 2002 年 6 月 29 日通过并正式颁布。第二，政府采购实践取得了丰硕成果，政府采购覆盖面迅速扩大，各地基本上覆盖了县(市)一级，中央单位的政府采购实现了与地方同步增长的目标。第三，政府采购的经济效益和社会效益日益增强，得到了全社会的广泛认同，在强化财政支出管理、有效防治腐败、发挥政策性功能等方面都取得了显著成效。第四，采购规模呈现快速增长势头。1999 年全国政府采购规模为 130 亿元，2000 年达到 328 亿元，2001 年扩大到 653 亿元，连续两年成倍增长。2002 年全国政府采购规模达到1 009.6 亿元，突破了 1 000 亿元的目标。第五，机构与队伍建设取得了阶段性成果。总之，为下一步开创政府采购工作新局面奠定了思想、理论、制度、组织、人才、经验的基础。

二、法制建设和管理体制

(一)法制建设

1.《政府采购法》立法经过。第九届全国人大常委会于 1999 年 4 月成立《政府采购法》起草领导小组，到 2001 年 9 月六易其稿，经过人大常委会三次专门审查。在此期间，全国人大及政府有关领导带队先后到十多个省市进行立法调研，组织了 3 次出国考察，与亚洲开发银行及德国、美国等国的有关机构联合召开了 8 次政府采购立法国际研讨会，得到了国内外专家、政府采购管理监督部门、采购代理商以及供应商等各方业内人士的关心、支持，和大量很好的意见及建议。2002 年 6 月，全国人大常委会第 28 次会议正式通过并颁布《政府采购法》。历时 3 年零 3 个月，我国政府采购法制化、规范化、科学化的重要法律正式诞生。

2.财政部颁布了政府采购相关制度。1999 年以来，财政部先后颁布了《政府采购管理暂行办法》、《政府采购招投标管理暂行办法》、《政府采购合同监督暂行办法》、《政府采购品目分类表》、《政府采购信息化管理暂行办法》、《政府采购运行规程暂行规定》等一系列规章制度。全国人大常委会于 2002 年 6 月正式通过《政府采购法》以后，财政部按照轻重缓急的原则，已着手制定《政府采购货物、服务招标投标管理办法》、《政府采购供应商投诉管理办法》等十几个配套规章制度。目前，已经完成了“政府采购信息发布管理办法”等六个讨论稿的起草工作。

3.地方政府采购制度建设情况。据统计，全国绝大多数地方政府都制定了一系列地方政府采购管理办法和制度，其中比较共同的制度和办法有：《政府采购招标投标管理具体实施办法》、《政府采购供应商管理办法》、《政府采购专家管理办法》、《政府采购评标办法》和《政府采购资金财政直接拨付管理暂行办法》等。

(二)管理体制

根据《政府采购法》规定：“各级人民政府财政部门是负责政府采购监督管理的部门，依法履行对政府采购活动的监督管理职责。各级人民政府其他有关部门依法履行与政府采购活动有关的监督管理职责。”“政府采购实行集中采购和分散采购相结合”的原则。“属于中央预算的政府采购项目,其集中采购目录由国务院确定并公布。属于地方预算的政府采购项目,其集中采购目录由省、自治区、直辖市人民政府或其授权机构确定并公布。”“集中采购机构为采购代理机构。设区的市、自治州以上人民政府根据本级政府采购项目组织集中采购的需要设立集中采购机构。” 据此,在2002年10月经国务院批准，新成立了中央国家机关政府采购中心，负责国务院系统政府集中采购事务。各地方在2002年底前(最迟在2003年一季度）将原设在财政部门的集中采购机构和职能分立出来,并单独成立集中采购机构。

三、一年来政府采购工作进展及存在问题

(一)2002年政府采购综述

据财政部统计,2002年全国政府采购预算1 135.4亿元,实际采购金额1 009.6亿元,节约资金125.8亿元,资金节约率为11.1%。其中,地方采购金额788亿元,比上年增长58%;中央单位采购金额221.6亿元,比上年增长43.4%。具体分析有以下特点：

1.2002年政府采购规模占GDP、财政支出比重有所增长。2002年,全国实现采购规模1009.6亿元,比上年增长55%,占GDP和财政支出的比重分别为9.9‰和4.6%，分别比上年增长了近3个千分点和1个百分点。

2.货物类采购所占比重较大,工程采购缓慢增长。2002年,货物、工程、服务的采购额分别是626.2亿元、306.2亿元、77.3亿元，分别占采购总金额的61.1%、30.3%和7.7%,其中工程所占比重比上年增长2个百分点。

3.经济发达省份的采购额占地方采购总额近半。据财政部统计,2002年,采购规模在40-90亿元的有6个省市:广东、上海、江苏、浙江、山东、北京。这6个省市的采购额达376.1亿元,占地方采购总额的47.7%。

4.货物采购仍集中在计算机、小汽车、复印机等大宗通用商品上,国产品牌占绝对优势,占采购总量的90%以上。2002年,地方政府采购计算机898 698台,采购金额63.7亿元;采购小汽车60 204辆,采购金额105.7亿元。从计算机、小汽车的采购情况看,国产品牌占绝对优势,占采购总量的90%以上。

5.中央单位政府采购规模稳步增长。2002年,中央单位采购金额211.6亿元，比上年增长43.4%。其中,货物、工程、服务采购分别是135.3亿元、78.6亿元、7.7亿元、分别占中央单位采购总额61%、35.3%、3.5%。

6.集中采购成为主要组织形式,但公开招标采购比例偏低。在1 009.6亿元采购规模中,集中采购金额为735.3亿元,占采购总额的73%。地方集中采购金额占地方采购总额的82.6%，中央集中采购金额占中央采购总额的37.9%。2002年,实行公开招标方式的采购只有485亿元,占2002年全国采购总额的48%,比上年下降了5个百分点。

(二)存在的问题

1.目前的采购范围还很窄,采购规模偏小,采购目标单一,有些采购行为还不规范。2002年采购金额虽然达到1 009.6亿元,比上年增长55%,但其规模只占到当年全国财政支出的4.6%和GDP的9.9‰左右。这与国际通常情况政府采购占当年财政支出30%和GDP10%的比例相差甚远。由于采购规模偏小,而且以节约资金为主要目标,故难以实现国民经济宏观调控、促进环保事业发展等多项目标。此外在信息披露。以及采购操作程序上也存在不规范问题。

2. 有关人员的观念还跟不上形势发展要求,管理队伍素质偏低和工作效率不高的问题都不同程度存在,甚至还滋生了一些腐败行为。

四、工作展望

(一)按照《政府采购法》理顺政府采购管理体制

政府采购管理机构和集中采购机构要分别设立。要进一步完善监督体系,进一步明确纪检、监察和审计部门对政府采购的监督重点、方式和方法,强化对政府采购行为的约束。建立供应商投诉机制,开辟社会监督渠道,发挥社会公众的监督作用。

（二）继续加强规章制度建设，推进政府采购工作规范化管理

对不符合《政府采购法》规定的现行规章制度，要予以废止或修改。地方可以在法律规定的权限内，根据工作实际，按照轻重缓急的原则，拟定或制定相关配套的规章制度和办法，以指导或规范政府采购活动。

（三）拓宽政府采购制度功能，发挥宏观调控作用

要继续发挥政府采购在加强财政支出管理、提高财政资金使用效益及促进廉政建设等方面的作用。同时要在WTO规则允许范围内，积极利用政府采购的规模优势和导向作用，发挥政府采购的宏观调控职能。重点是要通过资源合理配置，促进环境保护，支持欠发达地区和少数民族地区以及中小企业的发展。要通过购买本国货物，将工程和服务合同授予国内供应商的方式，保护国内产业，支持国内企业发展，促进外资和技术的引进，增强国内企业竞争实力和发展后劲。

（四）积极应对WTO成员国参与的《政府采购协议》谈判和《政府采购透明度协议》的多边磋商活动

因《政府采购协议》涉及开放市场等敏感而复杂的问题，必须认真研究拟定谈判基本原则、内容及应对措施。而《政府采购透明度协议》虽然不涉及政府采购市场的开放问题，也允许执行对国内供应商和国内产品的保护政策，但协议要求政府采购政策、制度及实践要按规定用WTO的一种语言（英语、法语、西班牙语）全部公开。因此，对推进和完善政府采购制度的紧迫性和艰巨性都提出了新的更高的要求。

附：

2002年政府采购大事记

一月

●全国人大常委会完成了《政府采购法（三审稿）》的修改

●财政部决定编辑出版《中国政府采购年鉴》

二月

●财政部派员参加在墨西哥召开的APEC政府采购专家组会议，审议各成员政府采购制度与APEC政府采购非约束性原则中透明度原则的差异

三月

●财政部部长项怀诚为《党风党纪》撰文—《贯彻落实党的十五届六中全会精神，进一步完善集中采购制度》

●深圳市按照管理与执行分离的原则，成立了隶属于市政府并且独立设置的深圳市政府集中采购中心

●中央单位开始实行计算机和打印机政府采购协议供货制度试点

四月

●2001年全国政府采购信息统计工作完成，全国政府采购规模达到653亿元

五月

●全国国库工作会议在山东威海召开，会议提出了全年政府采购要突破1 000亿元的工作目标

六月

●九届全国人大常委会第二十八次会议审议通过了《中华人民共和国政府采购法》，并以国家主席第68号令颁布实施

●中央单位开始实施复印机政府采购协议供货制度试点

七月

●财政部印发《关于贯彻实施〈中华人民共和国政府采购法〉的通知》

●财政部组织了"《中华人民共和国政府采购法》百题竞赛"活动，竞赛活动得到了广泛的响应，共收到13 000多份答卷

●财政部国库司组织WTO《政府采购协议》代表团赴瑞士WTO总部和比利时欧盟总部考察

并咨询政府采购国际规则和有关协定要求

●财政部副部长肖捷在中国政府采购杂志通讯员会上作重要讲话,要求办好政府采购杂志,加强政府采购法普法宣传

八月

●财政部副部长肖捷和廖晓军分别发表《学习贯彻〈政府采购法〉开创我国政府采购工作新局面》、《依法规范政府采购行为》文章宣传政府采购法

●为加快中央国家机关政府采购制度改革工作,财政部与国务院机关事务管理局提出了《关于在中央国家机关全面推行政府采购制度的实施方案》,并报国务院审批

九月

●财政部在北京举办了省级政府采购管理人员《政府采购法》培训班

十月

●国务院办公厅印发《中央国家机关全面推行政府采购制度的实施方案》(国办发[2002]53 号)

●经国务院批准,中央国家机关政府采购中心成立,负责国务院系统政府集中采购事务

●财政部部长项怀诚为顾问、副部长肖捷为主编的《中华人民共和国政府采购法辅导读本》出版发行

●财政部代表中国政府参加在瑞士召开的WTO《政府采购透明度协议》多边磋商会议

●财政部向世界贸易组织报告中国政府加入WTO 一年来对有关政府采购协议承诺的履行情况

十一月

●全国政府采购工作会议在河北省召开,财政部副部长肖捷在会上作了重要讲话

●财政部印发《关于贯彻落实全国政府采购工作会议精神的通知》

●中国人民解放军颁布实施第一部《中国人民解放军装备采购条例》

●财政部根据政府采购法规定,研究起草了《政府采购货物、服务招标投标管理办法(征求意见稿)》、《政府采购供应商投诉管理办法(征求意见稿)》、《政府采购信息公告管理办法(征求意见稿)》等一系列配套规章

十二月

●全国人大财经委、全国人大法工委、财政部和国务院法制办联合举办"《中华人民共和国政府采购法》贯彻实施座谈会"

●全国各地集中开展了政府采购法宣传月活动

●河南省成立河南省政府采购协会,这是我国第一个地方性政府采购协会组织

(特约撰稿:中国物流与采购联合会政府与企业采购专业委员会　蒋俊才)

我国企业采购的现状与发展趋势

一、2002 年中国企业采购综述

2002 年我国国民经济仍然保持 8%的增长速度，全年生产资料销售总额突破 7 万亿元，这一数字从一个侧面反映了 2002 年企业采购生产资料的总体规模。由于工业和建筑业的快速发展，以及三峡二期、西气东输、南水北调、青藏铁路等项目的全面铺开，生产资料需求旺盛，采购总量有较大的增长。据中国物流信息中心统计测算，2002 年前 11 个月 19 种主要生产资料消费量（近似于采购量）增长 20.4%，库存周转天数降至 0.7 个月，如全国钢材需求量（近似于采购量）1.9 亿吨，同比增长 22%，铜、铝、水泥、橡胶、煤等的消费（采购）水平也都接近或超过 20%。需求的增长以及国际市场价格的“领涨”作用，使生产资料价格上升，2002 年 11 月全国生产资料价格总水平与年初相比的定比价格指数回升了 2.3%，同比价格指数上升 0.6%，加大了企业的采购成本。2002 年又是我国加入世界贸易组织的第一年，由于许多行业的市场准入和关税减让，使企业面临严峻的挑战，越来越多的企业认识到加强采购管理、变革传统的采购模式是扭亏增盈的重要途径。

（一）石化行业

石化行业属集中度较高的行业，目前各石化企业均进行了物品采购管理体制的改革，确立了集中采购管理体制。如胜利油田每年的物品采购总额约 85 亿元人民币，集中采购包含 40 个大类的主要物资，约占总采购资金额的 85%。实行一级法人管理体制的中国石油天然气股份有限公司，资金集中管理，每年大约有 500 亿元的采购工作量。2002 年是中国石油全面实施电子商务的第一年，其“能源一号”网的电子采购系统分为目录式采购、谈价议价采购、网上招标采购和反向拍卖采购四种功能模块，目前经过认证获准上网的供应商已有 1700 多家。自 2002 年 1 月 21 日系统正式投入运行到 2002 年底，网上采购总额为 105.7 亿元，节约采购资金 5.62%，网上采购在规范管理、机制创新、业务整合等方面取得了显著的成效。以石油专用管材的电子采购为例，中国石油每年的石油专用管采购量都维持在 50 万吨以上，采购资金达 40 多亿元。过去实行分散采购，各地区公司无法获得批量优惠，价格、质量、服务各异，给违规、暗箱操作提供了可乘之机，存在价格虚高的现象。实行“集中采购、统一支付”后，不仅获得批量优势，而且还可以避免违规现象的发生，最大限度地节约采购资金。由于实现了统一的批量采购，部分供应商提出在保证产品质量的前提下，可以在国内市场优惠价格的基础上再下浮 5%—11.6%，仅此一项，中国石油每年就可以节省直接采购资金近 2 亿元。

（二）钢铁行业

2002 年，在国家扩大内需政策的带动下，钢铁工业生产快速增长，根据“2002 国民经济和社会发展统计公报”公布的数据，钢和钢材产量比上年分别增长 19.7%和 19.6%。2002 年钢材总产量迈上新台阶，达 1.9 亿吨，占全球产量的 1/5。产量增长必然带来采购工作量的增加，同时竞争的加剧对采购成本的降低提出更高的要求。而上游产业（如煤炭、原油等）价格的上涨，无形中加大了采购成本。如 2002 年底，全国煤炭价格每吨为 167.8 元，同比上涨 16.82 元，增幅 11.1%。企业只有通过内部挖潜和变革采购方式，吸纳、消化原材料价格上涨的影响。钢铁企业每年要采购上万种物品，而且这些采购工作由不同的部门承担。自 2000 年起，许多钢铁企业进行了企业的流程再造，重新规范了采购流程，成立企业招标采购管理委员会，通过公开招标的方式采购物品。宝山钢铁股份有限公司的采购实行集中一贯制管理，年采购金额约40亿元。自2000年12月建成物资采购电子商务交易平台后，4大类、13个品种的物资通过网上招标采购。首钢股份有限公司自2000年起，采用网上招标采购方式。2001年6月8日通过网上招标，分别采购了5万吨硅锰合金和9 000吨硅铁合金，总价值超过2亿元，在当时创下了国内冶金行业网上招标采购一次性最高价值。

（三）汽车行业

面对经济全球化的浪潮，汽车行业竞争与日俱增。2002年我国汽车企业生产增速全面提升，汽车产量突破320万辆，同比增长36.47%。采购成本是汽车制造商的主要成本，占其总成本的60%左右。2002年汽车行业采购的突出特点是全球采购。据海关统计，2002年汽车关键件和零部件共进口46.4亿美元。近年来，汽车整车行业与零部件行业之间的相互独立和剥离，使整车企业的采购不再局限于本集团公司内部。特别是汽车零部件关税的降低，促使整车企业对所需零部件实行全球采购。一汽大众、上海大众、上海通用、长安汽车等企业在2002年均实施了全球采购战略，在全球范围内优选供应商。一汽集团自1999年开始进行采购系统的变革，供应、协作及设备、备件的采购职能部门合四为一，成立一汽集团公司采购部。在短短的三年时间里，各种车型的采购成本不断下降，轻型车下降14%，中、重型卡车下降24%，轿车则下降了33%，三年共降低采购成本16亿元。通过集中招标选择供应商，供应商的数目也已从2000年的1 045家优化到2002年的275家。

（四）家电行业

家电行业是改革开放以来发展最快、市场化程度最高的工业部门。2002年钢材价格的上涨，尤其是国家对5类进口钢铁产品实施最终保障措施后，用钢量大、特别是特种钢需求强烈的家电企业的采购成本普遍上升，企业的利润空间进一步缩小。为了尽可能降低采购成本，许多家电企业如联想、长虹、TCL等均采取招标采购或大批量购买，以得到采购价格上的优惠。海尔集团在采购系统变革方面成效显著。海尔集团自1998年开始进行企业流程再造，对所有的物品(除广告和售后服务部门外)实行集中采购，采购人员从1 000多人减少到100多人，供应商进行了优化，由原来的2 336家优化到840家，国际化供应商的比例达到71%，到2002年，世界500强中的44家是海尔的供应商。通过集中采购的规模优势以及对采购系统的整合，采购成本大幅下降，1999年采购成本下降5亿元，2001年下降7亿元，2002年下降10亿元。

（五）零售行业

2002年消费品市场销售平稳增长，全年社会消费品零售总额达到40 911亿元，比上年增长8.8%。2002年零售行业采购方面的突出特点有二：一是统一采购、统一配送比例加大。不仅连锁经营业态加快了配送中心的建设，许多百货商店也变革了自身采购系统，变柜台、各商品部自行采购为集中统一采购。二是共同采购。2002年9月北京大中、上海永乐等9家家电零售企业共同组建"中永通泰"家电联盟进行共同采购，在2002年10月顺德家电博览会上签下28亿元的采购意向。

二、中国企业采购发展的特点

（一）企业采购管理的新突破

1.新地位：采购管理提升为企业重要的战略职能

20世纪90年代，经济全球化进程中的企业，越来越深刻地认识到采购职能对提高企业运作效率和增强竞争力的巨大潜力。进入21世纪之后，采购管理职能进一步与企业所有的业务过程整合，采购也从以交易为基础的战术职能上升为以流程为导向的战略职能。

采购管理作为企业价值链中的重要一环，不论从成本、质量的角度，还是从交货期和敏捷性上考虑，都对企业竞争力的提升具有重要意义。

目前我国工业企业的产品销售成本中，采购成本一般占60%左右。由此可以看出，采购供应部门的采购能力在没有超出预算的情况下，对组织成本、关键的利润目标以及竞争力有相当大的影响。采购的这种利润杠杆效应，直接为企业带来了很大的节约。

2.新思路：供应链思想的介入与实施供应链管理

20 多年的改革开放大浪淘沙，今天能够留在我们视线中的企业堪称成功。如果说前些年的企业变革是中国企业提升竞争力的自主选择，那么入世后直面全球竞争、参与国际分工的“再次创业”则是关乎企业兴败的决胜之举。在全球化的进程中，企业的竞争将由单个企业的单体竞争转变为群体竞争，是一条供应链与另一条供应链之间的竞争，其竞争力主要体现在整条供应链的总成本和对最终用户需求的反应速度上，利润最大化目标也将建立在整个供应链基础上。供应商、制造商、分销商以及专业服务提供商之间瓜分利润的竞争关系将转变为共同拓展利润空间的合作伙伴关系。

3.新力量：供应商成为企业的战略合作伙伴

按照供应链管理的思路，供应商从竞争对手转变为合作伙伴，成为提升企业竞争力的一股新力量。过去企业在采购过程中更多地看重价格，对供应商的压价技巧与能力显得尤为重要。如今，越来越多的企业认识到，一次交易的利润最大化也许妨碍多次交易的利润最大化；越来越多的企业将供应商当作合作伙伴，与之建立战略联盟。

（二）目前存在的问题

尽管从政府、学术界到企业界的有识之士已认识到采购管理的重要性并付诸实施，但遗憾的是，仍有很多企业对此还未给予足够的重视。目前企业采购管理所存在的问题主要表现在：

首先，企业领导者对采购管理在企业利润形成中的贡献认识不足。从量、本、利分析的角度看，企业利润的增加取决于收入的增加或成本的降低，生产企业的采购成本一般要占到企业销售成本的 60–70%，据国家经贸委 1999 年发布的数据，若我国国有大中型企业每年降低采购成本2–3%，即可增加效益 500 多亿元人民币，相当于 1997 年国有工业企业实现利润的总和。

其次，采购活动中的人为因素过多，制度约束的刚性不足。在买方市场的条件下，企业中的“肥水”主要集中在采购部门。由于各种既得利益的存在，采购管理制度往往形同虚设，或上有政策、下有对策，推进采购管理体制的改革遇到很大的阻力。

再次，传统的采购方式效率较低，规模效应尚未发挥出来，采购管理人员的专业素质和职业道德水准亟待提高，企业间三角债带来采购中的信用危机等问题也逐步显现出来。

（三）采购管理学术交流日趋活跃

2002 年不同层次、不同形式的采购管理学术论坛、研讨会、研修班为各行业采购管理人员提供了交流的平台。自 2001 年 10 月中国物流与采购联合会正式加入国际采购联盟（IFPMM）后，加强了我国同国际采购联盟的交流与合作，共同进行学术研讨，开展采购管理人员的专业培训。2002 年 5 月由中国物流与采购联合会、国务院发展研究中心与国际采购联盟共同举办的首届中国企业采购国际论坛在上海召开，这是我国第一次以企业采购为主题的高层研讨会。在论坛上，中外专家分别就当前世界经济一体化与全球采购战略、现代企业最新采购理念、我国企业采购改革的政策导向以及成功企业的典型案例和经验作了精彩的演讲。此外，采购管理的网站、杂志、书籍等也对采购管理方面的学术交流起到积极作用。

（四）采购人才培养进程加快

企业采购、政府采购、跨国采购的迅速发展，使既具有采购专业知识，又具备采购物品专业技术知识的复合型采购人才的稀缺问题日益凸显，采购人才的市场价值存在较大的上升空间。2002 年北京物资学院在工商管理专业中设置采购柔性专业方向，面向全国招收本科生。其他高等院校在物流专业中设置采购管理课程。各种层次的在职教育与岗位培训正在逐步推进，中国物流与采购联合会引进了世界贸易组织国际贸易中心（ITC）的“采购与供应链管理证书”，2003 年培训正式启动。

三、跨国采购

随着经济全球化进程的加快，越来越多的跨

国公司将中国纳入其全球生产和采购体系。由于我国劳动力资源丰富且成本低，我国正在成为“全球的制造中心”和跨国采购中心。2001年跨国零售集团在我国的采购额约为300亿美元，占当年我国出口总额的12%。随着采购规模的扩大，跨国公司在我国设立采购中心的步伐加快。正是在这一背景下，一些中心城市将吸引跨国公司在本地设立跨国采购中心当作政府的一项重要工作来推进，以此促进本地区出口、带动本地区经济发展。

在深圳，2001年底沃尔玛将其全球采购中心由香港迁至深圳，开展独资经营的进出口业务。到2002年3月，已有沃尔玛、通用电气、IBM等20多家知名跨国公司在深圳设立了独资采购中心。

在上海，2002年3月18日，上海跨国采购促进中心和上海跨国采购服务有限公司正式成立，注册资本为3 000万元人民币，并于2002年8月16日正式挂牌运营。据新华网统计数据显示，截至2002年8月28日，已有184家跨国公司地区总部和中国总部进驻上海。2002年11月4日，联合利华全球采购中心在上海揭牌，预计今后5年联合利华中国的原材料出口5亿美元。

在北京，“北京国际商品采购中心”项目论证已经结束，预计总投资5亿元。天津市也正在做“天津跨国采购中心”的规划。另外，青岛市“跨国采购促进中心”的建设在市政府的支持下紧锣密鼓地进行。

联合国采购是跨国采购的一种特殊形式。联合国采购属于大型集团式采购。2003年联合国的采购总额将达到100亿美元，但联合国在中国的采购比例很低，1999年是2 700万美元，占其总采购金额的0.82%；2000年仅为1 500万美元，占其总采购金额的0.42%。截至2002年6月10日，联合国采购司认可的供应商中中国企业仅有80家。

不论是跨国公司的跨国采购，还是联合国采购，对于我国的企业都是一个巨大的商机。政府和企业都要抓住机遇，这是我们与国际接轨的一种很好的方式。

四、我国企业采购管理发展趋势展望

（一）采购管理对提升企业竞争力的贡献将日益显著

随着科学技术进步和生产力的发展，顾客的消费水平不断提高，企业竞争的加剧，加上政治、经济、社会环境的巨大变化，使得需求的不确定性大大加强，企业的竞争模式发生重大变革，影响企业竞争力的要素也越来越多。21世纪企业竞争的焦点将集中到敏捷性(Agility)上，即以最快的速度响应市场需求的能力。在当今准时制(Just in time)的世界中，企业对顾客需求的短时间反应能力显得尤为重要。顾客不仅希望越来越短的交货期，更看重敏捷性，因此企业的运作在更大程度上以需求和服务驱动而非以预测驱动，这就对采购管理工作提出了更高的要求。为提高敏捷性，靠单一企业是不行的，必须运用供应链管理的思想，使各节点企业专注于自身的一、两项核心竞争力，最小化变革成本而最大化地利用其他节点企业的竞争优势，迅速适应不断变化的市场。在这种思想指导下，企业外购或外包(Outsourcing)比例逐年增长，这将意味着采购的范围将从原材料、零部件、设备扩大到组件、半成品，甚至成品（OEM方式）和服务，采购的数量将呈上升趋势，而采购的批量将随着需求不确定性的增强和企业降低储存费用的压力而呈现出大批量——小批量——零库存趋势。企业采购管理将面临严峻的挑战。

（二）采购管理的重点将转向对供应商的管理

自1999年国家经贸委颁布《国有工业企业物资采购管理暂行规定》之后，很多企业借鉴亚星经验，建立健全采购决策程序和管理制度，查堵漏洞，通过比质比价采购，降低了采购成本。但是我们认为仅仅内部挖潜是不够的，必须有创新思维，要以供应链管理思想作指导，将管理之手从企业内部延伸到企业外部，加强对供应商的管理。尽管供应链上各节点企业都是独立的经济利益主体，上下游企业交易中的利益冲突在所难免，但是随着企业间相互协作相互依赖程度的提高，人们越来越清醒地认识到，简单的向上游或下游转移成本并不能使他们更具竞争力，因为所有的成本最终都要到达市场,反映在最终顾客所支付的价格上。

(三)建立中国采购经理指数

采购经理指数是反映一个国家经济发展情况的重要指数,一些市场经济发达的国家和地区如美国、新加坡、香港等都建立了该指数。如香港采购经理指数是由“特许采购及供应学会”香港分会负责制订的,共对250家以香港为基地的公司进行调查。这一指数由产量、新订单数量、供应商交货时间、采购库存、聘用人手5方面组成。我国正在和国际有关机构合作制定该指数建立的具体办法。

(四)采购管理理念、体制与方式的变革和创新将成为21世纪采购管理的主旋律

随着科学技术的迅猛发展和市场竞争的加剧,采购管理领域的变革速度将加快,变化将越来越频繁,创新行动将体现在采购观念创新、采购管理制度创新、采购方式创新和采购技术创新等方面。企业将在以优质服务,让企业内外顾客完全满意的理念指导下,树立做最终顾客采购代理人的观念,建立适应市场环境的采购管理体制,实现采购管理从粗放型向集约型的转变,逐步以招标采购、网上采购、共同采购、全球采购等现代采购方式取代传统采购方式,开发并优化供应商网络体系,加强供应链管理,提高采购管理的柔性,建立健全绩效考核和激励机制,建立并保持高水平的采购管理队伍。

总之,采购管理将注重过程管理和动态管理,变革与创新将成为采购领域一道道亮丽的风景线。

(特约撰稿:北京物资学院　沈小静
中国物流与采购联合会　丁建一)

供应链管理

一、综述

在2002年，由于加入WTO之后中国企业更直接地感受到了全球市场的激烈竞争，品种的多样化、产品寿命周期的缩短以及顾客要求的提高，因此更深感依靠企业自身力量已经不能满足顾客需求。由于企业的产品从生产到送至用户手中，要经过供应商、制造商、仓库配送商、承运商直到零售商等多重环节，因此要满足顾客对产品在款式、性能、价格、数量、交货期及服务等方面的要求，则与上述各环节有关。为此中国更多的企业开始关注和重视供应链管理并投资于供应链业务。用供应链思想改造理念并指导运作，已经为各类企业所重视。

但是，许多企业仍缺乏对从上游的原材料供应商、自身内部的生产流程到下游的仓库配送商、承运商直到零售商等物流环节的全过程整体规划，致使其在物流的某一环节压缩成本而导致整体成本上升的事情时有发生，许多企业正在为供应链问题付出高昂的代价。有人分析，就像2002年出现巨亏的康佳，其亏损的主要原因在于巨量库存，这主要是因为其销售渠道和销售策略出现了问题，更进一步说，就是他们的供应链出现了问题。这位人士表示，国内家电类的企业因供应链不畅而造成的成本损失，一般要占其年营业额的10%左右。有这样一组数据来说明问题：假设全国有1 000家家电企业，这些企业的年平均营业额为2.5亿元。那么这些企业每年因供应链不畅而造成的成本损失就将高达250亿元，而按照国际惯例，进行供应链整合第一年的收费大概占这个数字的10%左右，也就是25亿元，这还只是家电行业，整个市场空间有多大，也就可想而知了。而这里面还没有计算实施供应链方案带来的储运业务收入的增加。

对于信息技术在供应链管理中的作用，认识更趋于统一。物流产业的发展已经到了这样一个阶段：信息系统之于现代物流已经成为企业物流管理和操作的一个不可或缺的要件。有国外研究机构预测，到2002年底，我国的IT业和电子商务市场将达到150亿美元的水平，供应链管理的软件和服务市场也将达到40亿美元的水平。

本年度最有代表性的调查，是《工商关系调查报告》。2002年11月26日，由中国连锁经营协会与普华永道合作调查的《工商关系调查报告》在中国连锁业年会上公布。本次调查选取了国内零售百强中的32家企业（占连锁百强的零售市场总额的16%）、若干外资企业，以及国内知名供货商。调查结果表明，97%的零售商最关心的是供应商的订单是否足额交付；96%的供应商关注零售商的信用是否良好及是否拖欠货款。在得到好评的前10名供货商中，跨国公司或带有跨国公司背景的企业占主角地位。调查结果还显示，本次前10名的供货商对零售商的满意程度不到45%，而零售商对制造商的好评最高才45%。调查认为，造成供应链管理难的原因不是单一制造商或零售商的问题，而在于整个供应链系统的效率不高。首先，制造商被供货商抢压供应链，其区域过大且政策不统一，结算系统的效率低。其次，分销系统层次过多，有多家供应商，且系统不统一，服务低下。零售商受系统制约，总部职能低下，运作不透明，跟不上供应商的系统发展。最后是消费者消费能力较弱，受价格驱动。加上商家结算手法单一，所有这些造成整个供应链系统扭曲并降低了效率。有的供应商为避免以上障碍，采取权宜之计将终端转移到销售渠道中去，但零售商方面不会使用这些系统，供应商不得已要派自己人去帮零售商下单，最终结果就是供应商向自己下单，这就导致很多问题变得复杂化。

此次调查认为,正是在这些错综复杂的关系基础上,渠道费用变成了工商关系矛盾的焦点,其实归根结底的原因在于整个社会处于通缩状态,除非中国7亿多农民的购买力被创造出可消费的动力,否则在通缩状态的前提下,零售商永远唱主角。

二、供应链已成中国企业关注焦点

在中国的各类企业中,都涌现出了在供应链管理方面有新的突破的企业。其中较有代表性的有以下几个企业。

(一)宝供瞄准供应链解决方案

在物流企业中,做得比较好的是宝供物流公司。宝供宣布将与IBM合作,为企业提供供应链一体化解决方案,并将由第三方物流企业向供应链服务商进行战略转型。

作为国内较为成功的第三方物流企业,宝供在短期内似乎并无利润之忧。但不可忽视的是,物流行业的整体利润正日趋摊薄。随着专业分工的细化,越来越多的企业开始将主要精力专注于自己的核心竞争力,除了主要技术的研发和产品主要部件的生产之外,越来越多的业务正在被外包出去,他们愿意花在上游原料采购及下游产品销售环节的精力也在变少。在这种情况下,他们也就更加希望与其合作的物流公司能以专业公司的身份,对他们的整个物流体系提出一个一揽子解决方案,而不用他们再去为这些问题操心。

正是在这种背景下,宝供提出了要向供应链方向转型。为了确保转型,宝供主要采取了三个方面的措施,一是对运作资源进行整合,投入巨额资金在广州、上海、苏州、合肥等地建设大型的物流基地;二是加强信息技术,开发仓库管理系统,计划在2003年实施ERP系统;三是提高人员素质,邀请专家加盟,充实物流规划方面的人员,并实施其提高员工对供应链认识的人员培训计划——"北极星计划"。

在外部,宝供也在力图为这种转型创造条件。一方面,宝供将由其主办的第六届物流技术与管理研讨会的主题定为"供应链变革——问题与解决方案";另一方面,宝供还与IBM合作,以期利用IBM在信息技术方面的优势,共同切入供应链服务市场。

"宝供的转型应该说已经涉及了他们核心价值的转移,他们以后的利润着眼点与现在会有很大的区别。"一位在物流行业摸爬滚打多年的人士分析道。在他看来,宝供以物流专业公司的身份参与到企业物流计划的制定中去,将以前的销售、生产、采购等单个环节的物流业务作综合性规划,以自身的专业经验为企业提供更为优化的物流方案,这不仅能为企业压缩物流成本,也使得宝供在物流企业传统的运输费、仓储费等收入的利润空间正在缩小的条件下,获得了一个新的主要利润来源。"通俗一点说,就是宝供以前主要靠储运业务赚钱,以后则主要靠供应链解决方案来赚钱了。"

有一些人认为,宝供向供应链服务商的角色转型,面临的困难也不小。首要的一个困难来自信息的透明化。目前国内的第三方物流企业主要的服务对象都是三资企业。宝供自身80%的客户都是这一类的企业,国内目前应用第三方物流的传统企业只占2%到3%。对于国内的许多企业而言,他们不愿意应用第三方物流并不是没有意识到其中的好处,而是因为应用第三方物流则意味着原先许多不规范的黑箱操作要在与第三方物流信息共享时做到透明化。而供应链的整合尤其是对上游供应商材料采购的物流整合,直接牵涉到企业自身的生产计划等核心信息,要使这部分信息透明化,难上加难。

更大的困难来自相互间的利益平衡问题。供应链整合的基础在于分工细化的各环节企业,专注于自身的核心竞争力。对于国内许多缺乏领先技术的企业来说,他们的比较优势就在于生产和营销等环节。目前国内许多企业都拥有一个庞大的营销体系,这不仅是他们的利润来源之一,更是他们同下游的经销商讨价还价的一张底牌。在对供应链整合的过程中也要对这一环节进行调整,这样会遇到很大的阻力。

(二)联想宣布成功实施耗资1亿的供应链管理

2002年,联想宣布已经成功实施了供应链管理(SCM)。作为信息化建设的一个重要阶段,联想的SCM项目耗资高达一亿元人民币,从2001年8月到2002年6月,联想集团通过长达11个月的改造,最终在2002年6月6日将SCM正式上线运行。据称,联想的这次SCM改造为在中国实施的第一个全面SCM解决方案。

在2000年8月,联想在ERP实施成功之后,就将信息化的目光盯住了供应链的管理。先前,联想也是有供应链管理的,不过是基于自己开发的,存在很多缺陷,例如只能管理固定电脑配置的供应链等等。后来,联想决定要购买一套外面的SCM,在经过造型比较之后,最后将目光集中在了SAP和i2两家公司身上,SAP正是联想ERP的实施方,在集成度上更好些,i2则是专业的SCM提供商,提供的功能更高些,在经过权衡之后,联想决定购买i2的产品。

在2001年8月份,联想SCM改造项目正式启动,先后历经了4个阶段,即需求分析阶段、系统开发阶段、集成测试阶段、客户培训阶段,最终在2002年6月正式上线实施。

(三)长虹与苏宁加速行业供应链整合

2002年,长虹公司同苏宁电器连锁集团公司在南京正式签订阶段性彩电购销合同,合同涉及总金额达1.5亿元,涵盖超平、纯平、精显和精显背投等四大类产品,其中以精显背投彩电所占比重最大。据悉,该协议是在结束"WTO与家电业创新"高层论坛暨中国家电业供应链整合研讨会后,厂商合作的第一个大动作。

2002年9月1日,长虹公司执行总裁王凤朝在该会上作了关于整合中国家电供应链的主题发言,他说:世界经济正在迅速转型,一个走向世界参与全球竞争的企业,必须实行全球化供应链管理,进行根本的流程重组。只有通过快速顾客反应和供应链一体化,进行供应链整合,才能成为21世纪成功的全球竞争者。

中国家电业供应链的发展,很大程度上取决于生产企业与流通企业的关系协调发展。商家与厂家自古以来就有互惠互利的传统关系,二者的双赢是厂商的共同目标。在这个过程中,在大市场环境下,任何一个企业都不可能在所有业务上成为最杰出者,必须联合行业上、下游企业,建立一条经济利益相连、业务关系紧密的行业供应链,以此实现优势互补,充分利用一切可利用的资源来应对复杂的市场环境,共同增强市场竞争实力。所以,工业、商业各自的龙头企业结成战略联盟,已经越来越成为一种必然的趋势,也标志着新世纪市场竞争正演变为产业供应链之间的整体竞争。

2000年以来,中国家电市场格局变化中一个引人注目的新现象就是以苏宁为代表的,以连锁经营为基本形态的商业资本的不断壮大。截至2002年8月,江苏苏宁连锁区域已覆盖北京、上海、江苏、浙江的所有地级城市和西安、合肥两市,是在国内与北京国美、山东三联齐名的家电零售三巨头之一。

彩电作为苏宁支柱性产品,在苏宁连锁发展中起到关键性作用。苏宁表示要在连锁的推进中全面提升彩电产品的销售总量和相对比重,以彩电事业的发展推动苏宁连锁向二、三级市场的发展。此间,苏宁抛出采购计划:从2002年9月到2003年间彩电销售旺季基本结束止,10亿元采购约50万台彩电。

苏宁进一步表示,此次采购的重点是纯平彩电和高端彩电,苏宁将集中与2至3个彩电品牌深入合作,并期望这些品牌的销售量达到其彩电销售总量的40%,即20万台左右。苏宁电器总裁张近东承诺,苏宁不仅要为制造商提供销售平台,更提供资金和售后服务平台,通过大规模的包销、定制、买断的方式与战略合作品牌展开深入合作,在此基础上双方以市场为导向进行平等互利的合作,不论市场如何变化,双方共存共赢,共进共退。

长虹与苏宁率先达成超过亿元的采购合作协议,这表明了双方迈开了强强联手、建立供应链合作伙伴关系的第一步。

三、国内有关供应链的研究火热

(一)中国供应链及物流圆桌会议将举行

2002年9月24日至25日,主题为"中国供应链及物流”的圆桌会议在京举行。此次圆桌会议为政府部门和商界管理层就如何进一步提高中国供应链的效率提供了一个交流的平台。经济学人会议副总裁兼中国部主任杜露丝女士主持这次圆桌会议。中国供应链与物流圆桌会议是经济学人会议在亚洲主办的一系列商界人士与政府官员对话会议的一部分。此次会议有来自跨国公司和中国国内企业的120多位高层商务经理参加，就WTO与供应链和物流管理、如何在中国建立有效的供应链管理、扩大中国市场物流机会、供应链的整合、互联网方案、零售供应链管理方面的创新等展开了深层对话和交流。

(二)供应链管理及电子商务国际论坛在北京召开

2002年8月10-12日，由美国供应链管理及电子商务研究中心与北京三网视窗信息技术有限公司主办，计算机世界传媒集团协办的“供应链管理及电子商务国际论坛首届年会”，在北京友谊宾馆举行。会上，来自哈佛、麻省理工、里海大学、伊利诺斯大学、清华大学、香港科技大学等国际名牌大学的十多位世界顶尖专家、学者进行了主题演讲；IBM、SAP、摩托罗拉、通用汽车等跨国公司介绍了自身的应用经验，国内业界代表共计100多人出席了会议。

(三)2002现代物流供应链管理论坛举办

由中国电子信息产业发展研究院(CCID)主办，信息产业部、国家经贸委、中国物流与采购联合会、中国物流信息中心、中国仓储协会、中国连锁经营协会、中国交通运输协会和中国信息化标准委员会等全力支持，中国电子信息产业发展研究院方案推介中心联合赛迪评测、中国计算机报、赛迪网等权威机构和媒体于2002年6月13-14日在北京隆重举行了“e-logistic & supply chain 2002现代物流与供应链管理论坛”。信息产业部、中国物流与采购联合会、国家经贸委等权威机构官员及专家莅临了现场，披露了物流行业信息、国家最新法规及政策趋向；IBM、HP、MOTOROLA、CA、中软、金蝶、神州数码和方正数码等海内外著名IT厂商代表纷纷登台，做精彩主题演讲；有关供应链管理、仓储管理、运输管理、连锁商业配送和分销物流管理等众多面向制造业、物流业及第三方物流的解决方案也闪亮登场，全方位展示现代物流及供应链管理业界最新应用成果。

(四)中国、美国联办供应链物流展

由美国克劳斯公司与中国对外经贸合作企业协会联合举办的“中国国际供应链和物流处理设备技术展览会”，2002年4月24-27日在北京举行。这一展会，是首次把供应链管理与物流技术作为一个完整的体系而举行的国际贸易展示活动。作为此次国际展览会的重要活动之一，“供应链与物流技术国际论坛”也于展会期间举行，内容围绕现代供应链和物流技术如何使企业收益的主题展开。

(五)北大光华-迪辰物流供应链研究中心成立

2002年，由北京大学光华管理学院和招商迪辰集团有限公司联合创办的“北大光华-迪辰物流供应链研究中心”正式成立。该中心将依托北大光华管理学院雄厚的师资力量和研究资源以及招商迪辰在当前中国科技物流和供应链管理服务业的专业背景，依靠众多国内外一流研究人员的共同努力，推动中国物流供应链管理领域高级管理人才的培训与学术研究。该研究中心由北京大学光华管理学院院长厉以宁教授任主任，招商迪辰集团董事长范埭博士任副主任。据了解，该中心的研究范围包括国家、政府有关部门在物流供应链管理、宏观和微观经济及产业领域的政策、规划研究和决策支持等项目。

四、国外供应链管理公司拓展中国市场

(一)国际供应链管理公司将拓展中国物流业务

自2002年开始，国际供应链管理公司全面拓展在中国内地的物流业务，及其业务网络。目前，该公司在国内已拥有15个业务区，员工人数逾800人。

据了解，该公司业务已经朝多元化发展，由过去专门针对科技公司，到现在服务于汽车、消费品、零售、医疗用品及器材等领域公司。此外，该公

司将落实一项名为星网物流中心的合作计划,这个项目是与北京诺基亚和北京经济及科技发展区联合开展的。

(二)全球供应链霸主进驻中国

2002 年 6 月 20 日，全球最大的供应链实施系统供应商 EXE Technologies 的首席执行官 RayHood,由其位于美国达拉斯的总部飞抵上海。除了考察外高桥保税区以外,Ray 此行还有一个重要目的——为 EXE 全面进军中国铺路搭桥。在会见完一大批客户之后,6 月 20 日的新闻发布会上,Ray 频频感叹中国市场的潜力之大,表示要尽快落实中国市场的拓展计划。EXE 在大陆的办事处计划于 2003 年第四季度在上海注册，到时候 EXE 会在大陆招聘 10 名左右职员，以帮助客户实施系统并做前期和后期的技术支持。

在产品推广方面,EXE 也决定重整河山。在未来的 9 个月内,EXE 将投资 100 万美元以上，全部用于大陆的市场营销。在产品方面,EXE 已于 6 月中旬推出了专为亚太和大陆中低端客户服务的简化版本,这个版本“保存了 EXE 软件的精华,但价格却要低很多,目前比较被看好”。

2002 年年底中国入世后 EXE 开始注意大陆市场的潜力，而短短半年来，由于政府的大力支持,大陆 SCM 市场成长异常之快,现在 EXE 认为光上海的市场就有新加坡的 10 倍。这是 EXE 大中华区客户经理这样向记者表述其对中国内地市场的预期。这也正是 EXE 将目光瞄准中国内地的原因。现代物流的核心理念就是供应链理论,业界认同的数据是,实现了供应链整合之后,企业的物流成本将会降低 15%以上;而 EXE 的 SCM 系统正是这样一套可以帮助企业实施供应链管理的软件:以 WMS(仓库管理系统)为核心,两端延伸至入库、存货、出库、运输、账单结算、统计查询等环节,通过信息化平台缩短供应链,从而降低物流成本。

在全球供应链管理(SCM)行业,年仅 22 岁的 EXE 已经是当之无愧的领袖。目前,EXE 的系统可支持 23 种语言，在全球 36 个国家拥有超过 1200 个安装点,40%以上收入来自美国以外的国家;其 600 个全球客户多数为高科技制造业(如索尼、三星)、第三方物流(如 UPS、TNT)及零售行业(如 7-11)的顶级企业。对于中国市场,EXE 显得信心十足。

(特约撰稿:北方交通大学　张文杰　田源)

物流管理

在2002年,对于物流管理的研究与实践不断深化。最明显的,表现在以下几个方面。

一、对于物流管理的研究在进一步深化

(一)物流管理研究的成果斐然

2002年,我国物流管理的研究在进一步深化的同时,也在向更宽广的领域渗透。在这里,我们无法一一列举有关的研究成果。但一些可能对我国未来物流管理研究和物流产业发展方向产生重要影响的有:

国务院发展研究中心的《现代物流发展的国际趋势》和《中国物流服务社会化健康发展的对策》,国家计委综合运输研究所汪鸣和冯浩主编的《我国物流业发展政策研究》,中国物流与采购联合会丁俊发主编的《中国物流》,中国物流与采购联合会和美国美智(Mercer)管理顾问公司合作的《中国第三方物流市场调查报告》,北京科技大学物流研究所吴清一主编的《2002年中国物流发展蓝皮书》,王之泰先生的《发展现代物流要有充分准备》和《"物流热"与规划先行》,国家计委基础产业司王庆云的《中国还没有现代物流企业》,北方交通大学张文杰的《区域经济发展与现代物流》,北京工商大学何明珂的《物流概念研究》,北京物资学院邬跃的《中国物流研究现状及展望》,快步易捷信息服务公司翟学魂的《物流信息系统的研究》,交通部公路科学研究所路成章的《当前我国物流理论和实践中亟待阐明的若干问题》,中南大学杨伟文和赵新林的《现阶段政府在物流业中的角色分析》,中国物流与采购联合会戴定一和贺登才的《发展我国现代物流产业的相关政策建议》,中国物资储运总公司洪水坤等的《物流中心模式研究》,北京赛博的《物流运输管理与信息技术》,爱立信公司中国区郝皓的《逆向物流不再沉默》,由中国物流与采购联合会主持的《中国物流成本研究》、《中国物流统计体系和信息系统研究》和《加入WTO对中国物流业的影响及其财税对策研究》,以及由丁俊发和戴定一主编的《2002年物流与采购信息化优秀案例精选》,中国物流与采购联合会主编的《2002年中国物流年鉴》。

(二)基本理论争论颇多,出现了不少有分量的见解

就目前的情况来看,虽然经过多年的传播和实践,但各界人士对物流的认识仍然存在很大的差异。其中,具有代表性的,是对于物流概念的不同认识。王佐博士认为,从"什么是物流"出发来切入物流研究是方法论的错误,会导致物流内涵的混乱,而且应从整合而不是分散功能的角度来定义物流(王佐《论物流理论研究》)。而北方交通大学徐寿波院士认为,一定要先搞清楚物流的概念,对物流概念应有一个清晰的界定。徐寿波院士对于流行的各派物流定义进行了分析之后,得出如下认识:

美国管理派对物流的定义实际上不是对"物流"下定义,确切地说是对"物流管理"下定义,因为定义强调"物流是对货物、服务及相关信息从起源地到消费地的有效率、有效益的流动和储存进行计划、执行和控制,以满足顾客要求的过程";军事派对物流的定义实际上也不是"物流"的定义,而是"军事物流管理"的定义;企业派对物流下的定义也不确切,确切地说是"供应链物流管理"的定义;工程派对物流下的定义很模糊,如果不是译文的问题,从定义中看不出物流的内容,因为这个定义中只讲"物流是与需求、设计、资源供给与维护有关,以支持目标、计划及运作的科学、管理、工

程及技术活动的艺术”，没有说明是与什么需求、设计、资源供给与维护有关，如果定义为“物流是与物的流动需求、设计、资源供给与维护有关，以支持目标、计划及运作的科学、管理、工程及技术活动的艺术”那就比较合适，但这样定义也不是“物流”的定义，而是“物流管理”的定义。综上所述，美国四大派对“物流”的定义实际上都是对“物流管理”下定义。加拿大和欧洲的物流定义与美国基本相同，都是“物流管理”的定义，因为在定义中都出现像计划、执行和控制等明显属于管理范畴的内容。从这里我们也可以看到，西方发达国家对物流管理科学特别重视。但是物流科学除了物流管理科学以外，还应该包括物流经济科学和物流技术科学。由此可见，西方发达国家对物流的定义是不全面的，相比之下，日本的物流定义名副其实，不是“物流管理”的定义。在吸收了外国特别是日本物流的名词和定义的基础上，中国正式提出了物流定义，物流是“物品从供应地向接收地的实体流动中，根据实际需要，将运输、储存、装卸、搬运、包装、流通加工、配送、信息处理等功能有机结合来实现用户要求的过程”，完全符合上述的中国物流概念，符合中国的实际情况，所以已经得到了社会的认可。(徐寿波:《关于物流理论问题》，北方交通大学学报社科版，2002 年 10 月第 1 期)。

徐寿波院士还认为，中国的物流概念和定义，与美国等西方国家是有区别的，不能混为一谈，它和日本的物流定义比较接近。他认为，中国的物流概念和定义为我国物流科学的发展，奠定了很好的科学理论基础，指明了正确的发展方向。这和有些专家认为应对现有物流定义进行修正的观点不太一样。

北方交大物流研究所针对当前我国物流学科发展的若干理论问题进行了热烈的讨论，所长王耀球教授提出了以下的问题：

1.我国目前的物流业还未形成一个产业。在我国，物流是否已经形成了一个产业?物流产业的边界如何界定？怎样才能促进我国物流产业的健康发展？这些无疑是我国物流业界慎重思索的问题。

产业是社会分工的产物，是社会生产力不断发展的必然结果，它的含义具有多层次性，随着社会生产力的不断发展，可以细分到不能再分为止，并且内涵不断充实，外延不断扩展。可见，产业的形成和发展是动态的，物流业当然也不例外。

(1)物流产业的界定。我国 2001 年 4 月 17 日颁布的《物流术语》国家标准定义：物流是“物品从供应地向接收地的实体流动过程。根据实际需要，将运输、储存、装卸搬运、包装、流通加工、配送、信息处理等基本功能实施有机结合。”可见，物流活动提供的是一种以运输、储存为主的，多种功能相结合的服务活动。因此，物流产业属于广义的服务业范畴。根据三次产业分类法，可以将物流产业归为第三产业范围。这一划分方式得到了广泛认同。

然而，需要注意的是，物流产业究竟包含哪些企业？是否以运输、储存、装卸搬运、包装、商品流通信息处理等为主要业务活动的企业都可以归属在物流产业范围之内？

近年来，各种专业化物流企业的大量涌现，及其表现出来的快速发展趋势表明，专业化物流服务作为一个新的专业化分工领域，已经逐步发展成为一个新兴产业部门和国民经济的一个重要组成部分。

在中国国家标准局编制和颁布的《国民经济行业分类与代码》对产业的划分中，还不包含物流产业。交通运输、仓储业是独立的产业。目前，对物流产业的界定还比较模糊，需要引起理论界的广泛重视，做进一步的研究和探讨。

(2) 物流业当前在我国是否形成了一个产业。可以将物流产业与同为第三产业的旅游产业做一比较。旅游业是中国与国际接轨最早并紧跟世界潮流发展的行业。最新统计显示，中国旅游业固定产值已达 7 861 亿元，有各类旅游企事业单位近 27 万个，各类旅游住宿设施 25.4 万个(含旅游饭店 1 万多家)，各类旅行社近 9 000 家，直接和间接从业人员 3 000 多万人。中国旅游业总收入正以年均 12.7%的速度增长，高于国内生产总值 7.4%的平均增长率，已经成为国民经济新的增长点。

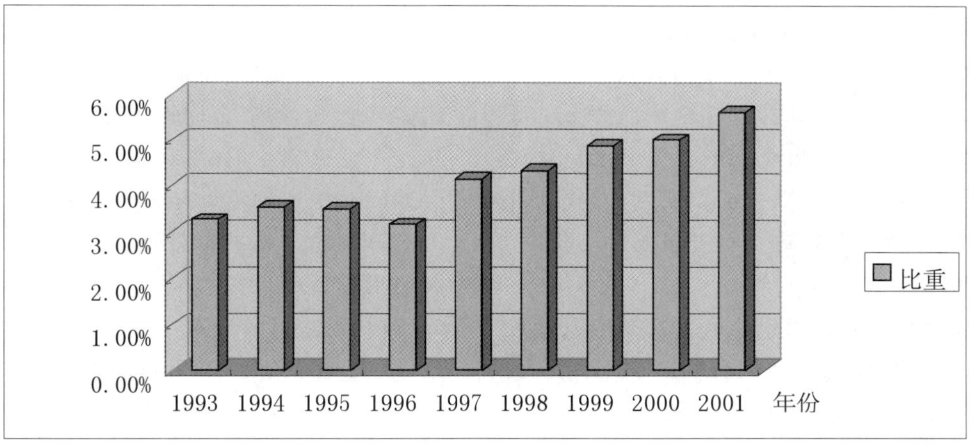

图 2　1993-2001 年旅游收入占 GDP 比重

同为第三产业，发展较为成熟的旅游业的各项统计数据非常清晰，其收入以及占 GDP 的比例呈上升趋势。而物流业的发展还没有系统量化的统计口径及指标。

在讨论我国物流产业的发展现状及问题时，必须意识到以下几点：物流产业的资产总量是否明晰？物流业的从业人员到底有多少？物流业作为一种产业的年产出量有多大？物流业自身发生的成本、形成的利税总量有多少？现代物流产业所应用的标识性科技成果是什么？在与旅游业比较过程中，构成物流产业的基本统计数据和指标也是一片黑大陆。

各个地方政府当需要加速发展物流产业，把物流产业作为一个支柱产业，作为国民经济新的增长点加以扶持的时候，必须对上述问题予以重视并且系统全面地考虑。

(3)为什么要发展物流产业。随着经济全球化的发展和网络经济的兴起，全球物流服务业加速发展。20 世纪 90 年代，全球物流年均增长 7%以上，高于同期 GDP 增幅。2000 年，全年物流产业规模为 3.6 万亿美元，与世界旅游业总收入基本相当。全球经济一体化的发展使得企业的采购、仓储、销售、配送等协作关系日趋复杂，企业间的竞争已不仅是产品性能和质量的竞争，也包含物流能力的竞争。目前我国不少企业仍沿用计划经济时期的以生产为中心的管理模式，造成一方面生产企业原材料和产成品库存过大，占用资金较多；另一方面，运输仓储企业有效货源不足，现有设施不能充分利用，导致企业资金周转不快，经济运行质量不高。有资料显示：1999 年，我国独立核算工业企业流动资本占用为 31042 亿元，资本年周转速度为 1.2 次，而发达国家的周转速度为 15-18 次。如果我国企业的资本周转速度达到发达国家水平，我国 3 万亿元流动资本将相当于 45 万亿元以上。据世界银行估计，我国的物流成本占 GDP 的 16.7%，也有人估计为 20%左右。2000 年我国 GDP 为 8.9 万亿，按 20%计算为 17 800 元亿。如果全社会流通费用降低 1 个百分点，就可节约资金 178 亿元。然而需要注意的是，我国还没有针对物流产业的统计指标体系，上述只是某一年份的估计值。无论从与全球经济接轨角度还是从我国市场对物流服务的需求角度来看，我国都有必要促进物流产业的形成与发展。

(4)我国物流产业发展存在的问题。我国的运输、仓储、包装等行业已有长时间的发展，然而作为将几种功能有机结合的物流产业还尚未形成。从发展状况来看，我国的物流产业正处于形成阶段。主要存在以下几个方面问题。

①国内企业对物流服务需求不足，现代物流的观念尚未在工商企业中得到普及，对现代物流的认识有待提高。根据中国仓储协会的第三次调查，大部分企业(47%的生产企业和 62%的商业企

业）还没有考虑过以什么样的标准来选择第三方物流服务商。对于很多企业来说，成本还是首先要考虑的因素。考虑过选择第三方物流服务商的标准的企业中，作业质量和提供综合物流服务的能力，成为衡量第三方物流企业的首要标准。这说明，企业已经意识到物流效率的重要性，对物流能力开始重视，物流企业在进行服务策略的定位时，要有针对性。

②物流企业作为新兴企业，近几年来发展速度较快，少数企业能结合自身优势，与国际接轨，如宝供公司等企业。但绝大多数物流企业存在工作质量不高，服务内容有限，服务方式和手段比较原始和单一，服务项目、收费标准随意性较大，物流企业组织规模较小，缺乏必要的竞争实力，物流企业经营管理水平较低，物流服务质量有待进一步提高，绝大多数企业只能提供单项或分段的物流服务，不能形成完整的配套物流服务。

③基础设施、技术装备水平落后，信息化水平低，专业人才匮乏。

④各级政府都将发展物流业提上了议事日程，积极为物流业发展创造良好的宏观环境。但由于我国物流市场仍处于起步阶段，市场机制不健全，竞争秩序不规范，现有的规章制度和管理方式尚不适应现代物流的发展。

⑤关于现代物流的理论研究和实际运作比较滞后。对物流产业概念的界定、物流企业的界定、单个物流作业环节提供的服务与一体化物流作业服务的界定、物流业投入产出统计指标体系的计量界定等理论与实践问题等无章可循。

我国物流产业的形成和发展是一个长期而复杂的过程。首先必须明确我国物流业在理论和实践方面的发展现状，然后从这些实际出发，逐步解决问题，为物流业的进一步发展打好基础。

2. 挖掘第三利润的风险和收益应合理分配。库存表示企业用于将来目的的资源的暂时闲置状态。一般情况下，设置库存也是供应链企业资源配置的一种必不可少的合理状态。库存具有保持生产过程连续性、分摊订货费用、快速满足用户订货需求的作用。库存无疑要占用资金，加大企业成本。在企业生产中，库存是由于无法预测未来需求变化，而又要保持不间断的生产经营活动必须配置的资源。但是，过量的库存又将诱发企业管理中诸多问题，例如资金周转慢、产品积压等。因此很多企业往往认为，如果在采购、生产、物流、销售等经营活动中达到零库存，就要解决企业管理中的大部分问题，而零库存便成了经营管理中一个不懈追求的目标。

（1）谁来管理库存。零库存的非现实性。目前条件下，任何一个单独的企业要向市场供货不能零库存。通常所谓的“零库存”只是节点企业的零库存，但从整个供应链来说，从供货商到制造商最终达到销售商，库存并没有消失，只是由一方转移到另一方。成本和风险也没有消失，而是随库存在企业间的转移而转移。戴尔的“零库存”也是基于供应商的“零距离”之上的。假设，戴尔的零部件来源于全球四个市场，美国市场20%，中国市场30%，日本市场30%和欧盟市场20%，然后在香港基地进行组装后销售全球。那么，从美国市场的供应商A到达香港基地，空运至少10小时，海运至少25天；从中国市场供应商B到达香港基地，公路运输至少2天；从日本市场供应商C到达香港基地，空运至少4小时，海运至少2天；从欧盟市场供应商D空运至少7小时，海运至少10天。若要保持戴尔在香港组装基地电子器件的零库存，则供应商在香港基地必须建立仓库，或自建或租赁，保持一定的物品库存。供应商则承担了戴尔制造公司库存的风险，而且要求戴尔制造公司与供应商有及时的信息沟通与业务协调。

可能的两种库存管理模式。模式一：戴尔制造公司在香港的基地有自己的存储库存。如图例：

戴尔制造公司 ERP 系统管理

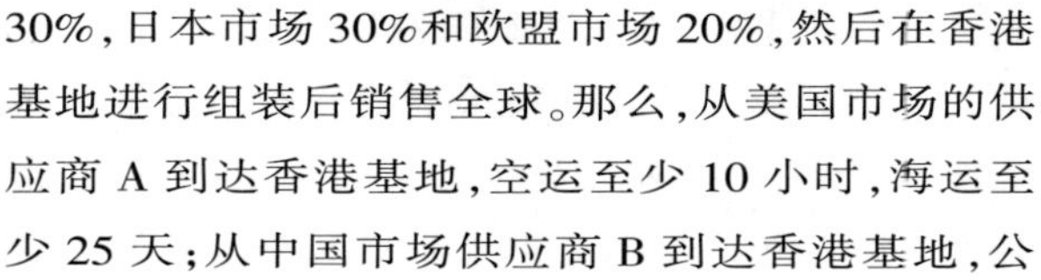

该模式要求香港基地的库存管理由戴尔制造公司自行负责。一旦缺货，即通知供货商4小时内送货入库。供应商要能及时供货，必须也要建立仓库，从而导致供应商和企业双重设库，降低了整个供应链的资源利用率，也增加了制造商的成本。

模式二：戴尔制造公司在香港的基地不设仓库，由供货商直接面对生产制造过程中物品消耗进度来管理库存。比如采用准时制物流、精细物流组织模式，按销售定单排产。如图例：

在香港设立配送中心

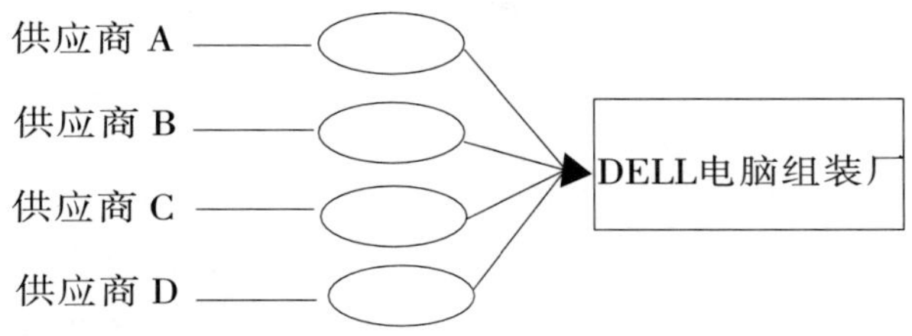

该模式中的配送中心可以是四方供应商合建的，也可以和香港基地的第三方物流商合作。此时，供应商完全了解电脑组装厂的生产进度、日产量，不知不觉地参与到戴尔制造厂的生产经营活动之中，但也承担着零部件库存的风险。尤其在PC行业，原材料价格每星期下降1%。供应商至少保持二级库存，即原材料采购库存，以及面向制造商所在地香港进行配送业务而必要保持的库存。面对“降低库存”这一头痛的问题，供应商处在被动“挨宰”的地位。对供应商而言，所谓战略合作伙伴关系，实现双赢，都是制造商骗人的鬼话。在这种压力下，各供货商得不到应有的利润回报。在供货商—制造商—销售商的链条中，只有制造商实现了最大利益，而其他两方都受损，这样的链条必定解体。因为各供应商为了自身的生存，必然扩展自己新的供货合作伙伴。如在对戴尔继续供货的同时对宏基电脑、联想电脑供货，扩大在香港配送基地的市场业务覆盖范围。供货商这种业务扩展策略，就降低了戴尔电脑产品的市场竞争力。显然，当几家电脑制造商都用相同的电脑元件组装时，各企业很难形成产品优势特色，而且有泄漏制造企业商业秘密的危险。这种缺乏共兴共荣的供应链关系，必然给制造商埋下隐患。

(2)合理分配利润，真诚实现双赢。实行供应链管理，提升企业的核心竞争力，关键不是信息技术的先进性，采用合理的管理体制和运行机制以及构建整个供应链的利润分配机制比搭建信息平台更有效。戴尔制造商要想与其供应商建立良好的战略合作伙伴关系，就应该在多方面照顾供应商的利益，支持供应商的发展。首先在利润上，戴尔要在补偿供应商的全部物流成本(包括运输、仓储、包装等费用)以外，按其供货总额的3-5%分享利润，这样供应商才能有发展的机会。同时在业务运作上，要避免由于零库存而导致的采购成本上升，向供应商承诺长期合作，即一年内保证预定的采购额。一旦采购预测失误，就把消化不了的采购额转移到全球别的工厂以尽可能减轻供应商的压力，保证其利益。再次，戴尔制造商应调动供应链上各个企业的积极性，变供应商的被动“挨宰”地位为主动参与，从而充分发挥整个供应链的能量，进一步扩大各企业利益。比如，让各地区的供应商同时作为该地区销售代理商之一。即美国市场、中国市场、日本市场和欧盟市场的供应商既负责供应又负责销售，这样供应商又可以从销售利润的总额中提取15-20%的利润。这种由单纯的供应商身份，转变为供货及销售代理商的双重身份，使物品采购供应—生产制造—产品销售各环节更加紧密结合，也真正实现了企业由商务合作向战略合作伙伴关系的转变，真正实现了风险共担、利润共享的双赢目标。按法国物流专家沙卫教授的观点，这种战略联盟关系能达到以下目的：

①有利于制造商新产品的研发，因为供货商最能掌握自己熟悉的采购供货领域电脑电子元器件新产品的面市情况，在了解其性能/价格比之后，及时反馈给制造商，让他们选用，利于完善产品的性能。事实上，戴尔公司就是采用了这种战略，这使得戴尔每年用于产品创新的支出不到5亿美元，平均占公司销售额的1.5%，而其主要的竞争对手惠普公司每年用于产品创新的支出高达40亿美元，平均占公司销售额的6.3%。但是，惠普的PC和服务器部门2002年一年的亏损为

14.4 亿美元，而戴尔公司 2002 年却获利 19.8 亿美元，这说明戴尔公司的战略是正确的。

②有利于把握客户的需求变化动态，促进生产商调整适宜的生产经营战略。例如：若 DELL 电脑在中国、美国市场销售状况很好，而在日本、欧盟市场销售不畅，迫使戴尔制造商调整市场销售份额策略。或者扩大中国、美国地区市场销售比例，压缩在日本及欧盟市场的销售量；或者针对日本及欧盟市场对于新型产品的不同需求，开发新产品，同时调整供货商的采购供应策略。即：假如日本市场与欧盟市场消费者品味高，对新开发的产品要求高，可能采购商的采购分配额度变化为：中国 15%、日本 30%、美国 25%、欧盟 30%。这种新规格产品又可委托在中国、美国的供货商以销售代理商的身份去试销，从而加快了产品更新换代速度。

从这时起，供货商-生产商-销售商紧密他联系在一起，具有供货及销售双重身份的第三方专业物流公司全面地参与了戴尔公司的供应链生产经营活动，一个可以给各方参与者都带来赢利的真正的供应链才建立起来。第三利润源至此才得到深层次的开发，并真正实现了双赢。

二、对于物流管理的重视力度逐渐加强

（一）各级领导重视

首先，江泽民、朱镕基在省部级主要领导干部专题研究班上指出，要大力支持和推动连锁经营、集中配送等现代流通方式。

在 2002 年的“两会”上，朱镕基在政府工作报告中提出要加快发展信息、生物、新材料等高新技术产业。继续抓好信息网络、新型电子元器件、集成电路、软件、新材料和中药现代化等高新技术产业化重大专项的组织实施。推进国民经济和社会信息化。要积极发展第三产业特别是现代服务业。加快发展金融、会计、咨询、法律服务等行业。逐步推行连锁经营、物流配送、代理制、电子商务等组织形式和服务方式。大力发展旅游业和文化产业。

李岚清在 2002 年指出，当前，如何抓住加入世贸组织后的机遇，迎接挑战，是摆在我们各级政府面前的重要课题。要高度重视发展现代流通业，加快流通体制改革，发展物流配送、连锁经营和现代物流业，带动大规模生产。要采取措施，促进高新技术产业的发展，提高我国企业的竞争力。

吴仪在 2002 年 1 月 21 日上海召开的全国推进流通现代化工作现场会上讲话时指出，没有流通的现代化，就没有真正意义上的社会主义市场经济，国民经济整体素质就难以提高。各地要充分认识推进流通现代化的重要意义，大力发展连锁经营、物流配送、网上电子商务等现代流通方式，积极稳妥地推进流通现代化。吴仪首先指出：各地在推进流通现代化方面的探索和取得的成绩应充分肯定。一是不少地方的党委和政府开始高度重视流通工作，并把流通业作为一个重要产业来抓。这是一个很大的变化，也是一个可喜的变化。二是一些地区加大了流通企业改革的力度，企业作为发展流通现代化的主体，有了发展现代流通方式的动力和活力。三是商业领域利用外资的步伐在加快，这已经成为一些地区带动流通现代化的重要方式，一些地方利用外资改造传统商业，效果也非常好。四是一些地区和流通企业注重运用现代信息技术，抓住了流通现代化的关键。信息化是流通现代化的重要依托，也是流通现代化的重要标志，无论是发展连锁经营，还是发展物流配送、电子商务等现代流通方式都离不开现代信息技术运用。

当前我国流通现代化的总体水平还比较低。推进流通现代化是党中央经济工作会议上明确提出的一项任务，现阶段提出这一问题，有着重大的现实意义。吴仪从四个方面指出了提高和推进流通现代化的必要性和紧迫性：(1)推进流通现代化是适应新的市场形势，促进经济良性循环，提高经济运行质量和效益的有效途径。(2)推进流通现代化是引导和促进消费、培育和保护内需的重要措施。在城乡居民收入水平、消费水平不断提高，已形成多层次、多样化的消费需求的情况下只有大力推进流通现代化，才能适应消费结构和消费层次的变化，向老百姓提供价廉物美的商品和一流的服务，引导和扩大消费。(3)推进流通现代化是我国应对加入世贸组织后国际竞争的重要举措，从 2002 年开始，我国既可享受世贸组织成员的权

利,但也必须履行世贸组织成员的义务。成为世贸组织成员后,我们还有一个过渡期,在这期间,外商投资商业仍然是有条件的,过渡期结束后,我们流通领域参与国际合作与竞争的激烈程度要远远大于过去和现在。(4)推进流通现代化是整顿和规范市场经济秩序重要的治本之策。2001 年以来,整顿和规范市场经济秩序工作成效显著,深受人民群众欢迎。但是一些深层次的问题并未从根本上解决。今后要标本兼治,着力治本。实践证明,大力推进流通现代化,推进连锁经营、物流配送等现代流通方式,净化流通环境,有利于强化国家税收征管,防止逃税、漏税。

曾培炎在第九届全国人民代表大会第五次会议上,向大会所作的 2001 年国民经济和社会发展计划执行情况与 2002 年国民经济和社会发展计划草案报告中指出,要重视发展现代流通业对生产、消费的促进作用,加快流通体制改革,积极培育物流市场,大力发展连锁经营、物流配送等社会化、专业化的服务体系。

除了中央领导外,各部委的领导对此也有论述。在 2002 年 3 月 8 日上午举行的九届人大五次会议的记者招待会上,美联社记者提问,中国加入 WTO 以后,中国的主要连锁店,不管是外资的还是日益崛起的内资的,他们在中国未来数年的发展中将发挥什么样的作用。李荣融说:“你们美国的沃尔玛给我们带来许多新观念,发展连锁业已经提到我们工作的重要议事日程。2003 年 1 月 19 日,我们在上海专门举行了交流会,要大力推进连锁经营。中国扩大内需的政策,需要有很好的流通。流通能促进消费,也会带动增长。在计划经济下,对流通的认识看得不够重,在市场经济条件下流通是很重要的环节。我们预期在市场经济条件下,连锁经营在中国会有很好的发展。”

(二)各级政府重视

1. 国家经贸委将在六方面推动现代流通发展:(1)从理论上阐明现代流通的地位和作用;(2)在此基础上制定科学的发展战略和规则,避免出现浪费;(3)流通领域本身要形成合理的结构,比如城乡结构,东、中、西部结构,业态结构;(4)建立现代企业制度,国内商业企业一定要改制,而且还要比工业企业改得快,让机制充满活力;(5)培养 10 到 20 个大型现代流通企业,但并不是说每个省都建一个“大而全”的企业,应该各有分工,合力筑造几个真正的“龙头”企业,培育的重点将集中在长江流域、珠江三角洲、北京、东北等有条件的地区,政府将为它们提供必要的支持;(6)要有支撑体系,如教育部门在学校设立相应专业以培养中、高级专业人才的配合,金融证券部门对具有良好成长性流通企业的支持,社会保险体系的配合等。

2. 为了促进和规范我国现代物流事业的发展,国家质量监督检验检疫总局于 2002 年正式颁布了国家标准《数码仓库应用系统规范》和《大宗商品电子交易规范》,于 2002 年 9 月 1 日开始实施。另两项国家标准《物流业仓储业务服务规范》、《物资银行业务服务规范》正在编写中。

3.由南京市计委牵头组织、同济大学负责编制的《南京现代物流产业发展规划》在 2002 年通过了专家鉴定。

4.天津市政府推出了《天津空港国际物流区规划土地管理执行办法》。

5. 广东省从 2002 年 7 月开始正式启动流通全行业申报和认定 20 家重点扶持龙头企业工作。

6.深圳市规划与国土资源局出台了《深圳市现代物流园区土地管理政策》,在物流园区用地方面实施了一系列优惠政策,规定了物流园区用地可以分期支付地价款。

(三)召开了多个相关会议

1.2002 年物流与采购行业十件大事暨中国首届物流与采购行业新闻大赛奖,在北京揭晓。

这十件大事是:

(1)江泽民、朱镕基在省部级主要领导干部专题研究班上指出,要大力支持和推动连锁经营、集中配送等现代流通方式。

(2)《中华人民共和国政府采购法》经全国人大常委会表决通过,正式发布。

(3)国家首次以国债资金支持物流发展。

(4)“全国推进流通现代化工作现场会”在上海召开,会议确定现代物流是流通现代化的三大发展重点之一。

(5)外经贸部下发《关于开展试点设立外商投资物流企业工作有关问题的通知》,跨国物流企业加速进入中国。

(6)科技部批准设立"中国物流与采购联合会科学技术奖"。

(7)首部《中国物流年鉴》出版发行。

(8)物流人才教育工程全面启动,在学历教育、证书培训、师资培养、实验条件和学科建设方面都有进展。

(9)"宝供物流"等四家企业被中国物流与采购联合会分别授予"中国物流示范基地"和"中国物流实验基地"称号。

(10)中国物流学会举行首届年会,集中探讨物流"热点"问题。

2.2002 年 6 月 5 日, 召开了由中国对外贸易经济合作协会、中国港口协会、中国国际货运代理协会、中国铁道学会、中国民用航空协会主办的第三届中国国际物流高峰论坛。

3.2002 年 6 月,举办了"2002 现代物流与供应链管理信息化论坛"。

4.中国物流与采购联合会决定设立"中国物流示范基地" 和 "中国物流实验基地",2002 年 7 月公布了《"中国物流示范基地"、"中国物流实验基地"评审办法》.

5.2002 年 10 月 24-25 日在北京召开了首届北京地区物流市场研讨会。

6.2002 年 4 月 11-12 日以"物流与区域经济发展"为主题的首届"中国物流高层论坛"在北京召开。本次论坛演讲嘉宾阵容强大,几乎囊括了目前我国物流界的热点人物,获得了两岸三地 13 家行业协会的支持。在此次论坛上, 还评选出了 2001 年度中国物流十大风云人物。

三、2002 年中国物流教育发展迅速

2002 年国内物流持续升温, 这是不争的事实。我国与物流相关的政府部门、高校、科研院所、行业协会和企业在这一过程中起到了重要作用。大量事实表明,2002 年的中国物流教育比 2001 年上了一个大的台阶。

(一)2002 年中国物流专业教育规模迅速扩大

2002 年以前在中国开展物流高等教育的大学仅有 15 所左右,但是到 2002 年,仅以本科教育为例,据不完全统计,正式招收物流管理或者物流工程专业或者专业方向的大学至少有 40 所。

以每个高校招收 45 人计算,2002 年 40 所高校招收的物流管理、物流工程专业或者专业方向的本科生就有 1 800 人。考虑有的院校招收一个班以上;实际上 2002 年的招生规模应该超过 2 000 人,这几乎相当于我国 1993 年设立物流管理本科专业以来全国各高校物流管理专业招生数量的总和。

(二)2002 年中国物流教育层次更全

从 2002 年各高校的博士、硕士招生目录上可以发现,至少 60 所重点大学招收物流管理、物流工程、供应链管理或相关方向的博士或硕士研究生;有的高校博士后流动站也设立了物流方向。基于对我国物流人才市场高级人才供不应求的基本判断,2002 年,一些重点大学的 MBA、EMBA 培养计划中也增加了物流管理方向。同时,2002 年我国不少高校的成人教育学院、职业技术学院,以及一些专科学校也都设立了物流管理专业, 这样使得我国物流教育具备了从专科、本科到硕士、博士的完整系列。2002 年,北京大学、清华大学、复旦大学、同济大学、浙江大学、中国人民大学、上海交通大学、北方交通大学、山东大学、东南大学、南京大学、南开大学、武汉大学、中山大学、暨南大学、吉林大学、哈尔滨工业大学、东北财经大学等重点大学在高层次的物流人才培养方面都有突破或者重大进展。

(三)2002 年物流课程教育达到空前规模

2002 年, 全国共有 50 多所高校开设了交通运输、交通工程专业,94 所大学开设了电子商务专业,180 所大学开设了市场营销专业,全国高等教育自学考试也设立了电子商务专业, 而这些专业都与物流紧密相关。2002 年,许多大学都修改教学计划,增加"物流管理"、"配送管理"、"供应链管理"、"电子商务与现代物流"、"物流系统分析"等方面的课程。这种物流课程教育是对我国物流

专业教育的重要补充。

（四）2002年中国的物流培训市场比2001年更加火爆和规范

物流培训也是物流教育的重要形式,2002年中国的物流培训主要有以下两种具体形式：

1.物流证书培训。作为中国物流领域的国家级行业协会,中国物流与采购联合会、中国交通运输协会、中国仓储协会等在2002年纷纷启动物流证书培训。作为“物流人才教育工程”的一部分,中国物流与采购联合会联合国家劳动部中国就业培训技术指导中心将要推出物流师国家职业标准和采购师国家职业标准,2002年已经完成了物流师国家职业标准的分类框架。同时,2002年中国物流与采购联合会引进了世界贸易组织国际贸易中心的采购与供应链管理证书,2003年这一证书培训正式启动。2002年中国交通运输协会引进了英国皇家物流与运输学会(ILT)的国际物流资质认证体系。同时,中国仓储协会也在物流质量认证等方面做了大量培训和认证工作。

2.物流短期培训和研讨。2002年中国物流人才市场最为引人注目的一件事情就是上海市将物流管理人才列为入世以后该市最紧缺的12类人才之一。为此,成立了“上海市紧缺人才培训工程联席会议办公室”,由上海市委组织部、市人事局、市教育委员会共同制定和实施了现代物流紧缺人才短期培训计划,对合格学员颁发《现代物流紧缺人才岗位资格证书》,作为学员求职上岗的条件之一，这一举措对缓解上海市物流人才的紧缺状况起到了重要作用。此外,浙江、江苏、广东、山东等省市政府也都多次组织物流短期培训活动。

据不完全统计,2002年，仅国家经贸委培训中心、中国物流与采购联合会、中国交通运输协会、中国国际货代协会、中国仓储协会、中国船东协会、中国民航协会、中国港口协会、中国机械工程学会物流工程分会、中国物资储运协会等行业协会组织实施的物流短期培训就有60次之多,参加培训的人员累计近1万人。同时地方行业协会也组织了大量培训，有的还邀请国外专家进行培训。另外,由高校、科研院所、行业协会、咨询公司以“研讨会”形式公开招生进行的培训更多。

综上所述,2002年中国的物流教育取得了长足的发展。

（特约撰稿：北方交通大学　王耀球　田　源）

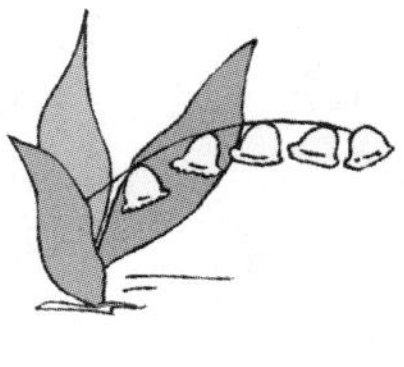

第三方物流

2002 年是中国加入 WTO 后的第一年。随着经济全球化的深入，国际化的竞争更加激烈，制造商业企业为了增强核心竞争力，越来越多地采用了外购物流服务方式，不仅是外资企业，不少国有、民营企业也选择了这种方式，从而拓展了我国的第三方物流市场，同时也促进了物流服务质量的提高。加入 WTO 以后，由于我国物流行业是承诺开放的领域，吸引着越来越多的国外物流企业进入，它们的进入加剧了国内物流市场竞争，同时也带来了先进的物流技术、运作经验和管理理念，提高了物流企业国际化运作能力，有利于我国第三方物流的发展。

一、第三方物流市场状况

2002 年，美智(Mercer)管理顾问公司与中国物流与采购联合会合作，用了三个月的时间，对中国第三方物流市场进行调研。调研结果表明，中方客户更重视直接运输和仓储成本，管理和库存成本被排除在物流成本之外，只有 33%的客户知道物流整体成本的数字。库存量过大与流动资金周转慢是物流成本较高的主要原因。中国第三方物流供应商功能单一，增值服务能力薄弱，物流服务商收益的 85%来自基础性服务，主要是仓储和运输业务，增值服务、物流信息服务和支持物流的财务服务的收益只占 15%。已有的增值服务主要是货物拆拼箱、重新贴签、包装(分类、并货、零部件配套)、产品退货管理、组装(配件组装)、测试和修理等。增值服务薄弱的原因：一方面，多于一半的物流服务商认为客户还没有做好外包准备；另一方面，客户认为中国缺少高水平的物流服务商，同时也认为自己有能力把自身的物流业务干好。在这种状况下，一个物流供应商在未能赢得客户对其服务能力有充分信任时，只能局限在相对较低层次的基本物流服务上。由于客户对物流提供商信任度不够，因而他们多数只是把干线运输、市内配送、仓储等单项的物流业务外包出去，高附加值、综合化的服务没有成为物流服务的主流。调研结果还显示，第三方物流的市场集中度不高，没有一家被调查的企业拥有超过 2%的市场份额；没有形成真正意义上的网络服务，英特网、条形码、EDI 等信息技术未广泛应用；高级物流人才匮乏，设施落后，管理水平较低。与欧美、日本等发达国家相比，差距比较大。

从第三方物流企业的成长及构成情况看，传统运输、仓储企业经过改造转型而来的仍占主导地位，如中国远洋物流公司、中国对外贸易运输(集团)总公司、中国储运总公司等，它们凭借原有的传统物流业务基础和在客户、经营网络、大型设施等方面的优势，不断拓展物流服务范围，逐步向现代物流企业转化。其次是外资物流企业向国内物流市场的渗透，它们一方面为其原有本国客户跨国公司进入中国市场提供延伸服务，另一方面，也在面向中国国内企业开拓新的物流市场，如丹麦有利物流公司主要为马士基船运公司及其货主企业提供物流服务，UPS、TNT、总统轮船等国际大型物流企业在为本国客户提供延伸服务的同时，开始为中国国内企业提供物流服务，新加坡美集物流通过合资方式进入了中国物流市场。三是民营物流企业的快速成长，如宝供、京阳、快步易捷等，他们利用自身在体制、人才、技术等方面的优势，不断扩大规模、增设网点、完善功能。四是一部分从大型国有生产流通企业分离或转型的物流公司，如广钢集团控股公司通过资产重组兴建的广钢股份公司、从美的集团分流出来的安得物流公司、海尔集团通过流程重组形成的海尔物流等，它们已成为第三方物流的重要组成部分。当前，我国第三方物流市场的经营主体类型结构如图1所示。

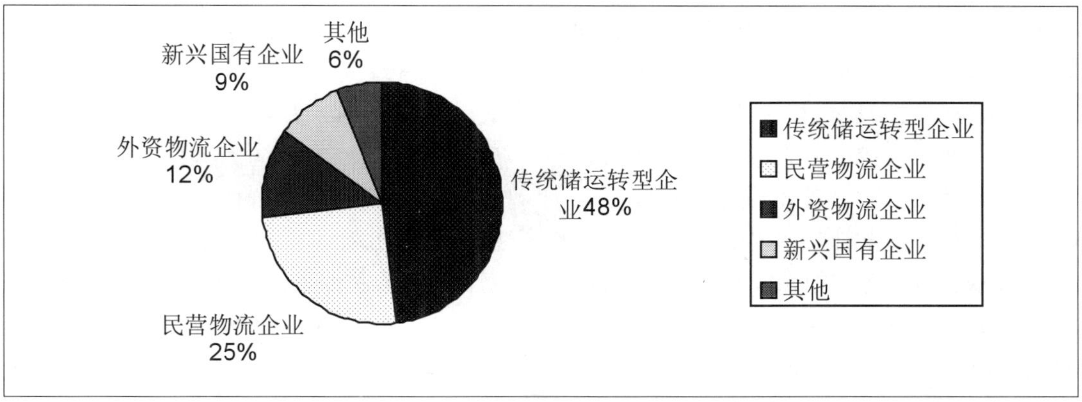

图1　第三方物流市场的经营主体类型结构

我国由于不同地区之间经济发展不平衡，物流发展水平差异较大。第三方物流企业主要集中在珠江三角洲、以沪宁杭为中心的长江三角洲和京津唐环渤海地区。与第三方物流企业的分布相对应，这三个地区的第三方物流企业服务收入所占比例也较高，分别为23%、27%和25%，华中和其他地区分别为10%和17%。详细情况见图2。

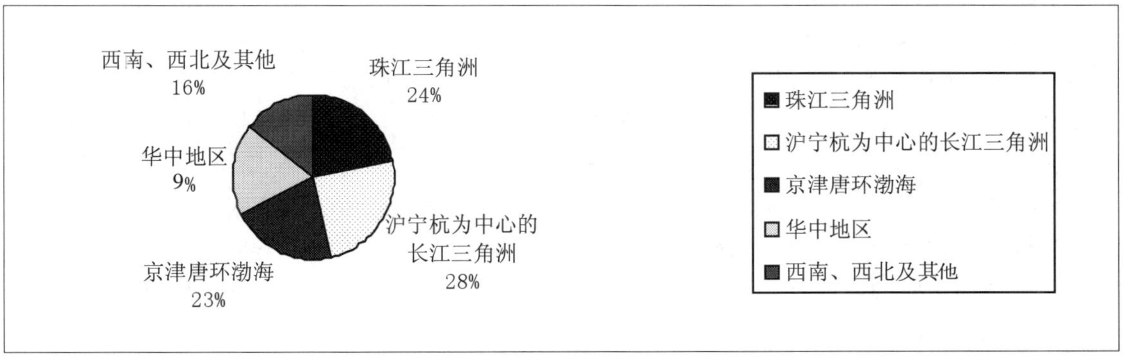

图2　第三方物流企业主要地区分布图

二、第三方物流企业发展动态

2002年被物流界称为“整合年”。随着对外开放程度的加大，面对国际市场竞争的压力，国内物流企业加大整合改造力度。2002年物流行业的整合主要表现在两个方面：一是物流企业加强内部资源整合，通过深化内部改革、优化网点布局、应用现代物流技术、完善物流功能等，以提高企业管理水平和竞争实力；二是物流企业之间实施并购联合，建立现代企业制度、转换经营机制、扩大规模、开拓市场，涌现出一批能够提供多功能服务的大型物流企业。

仓储、运输企业大力推行流程再造和资产重组，加速向第三方物流企业转换。武汉储运总公司以客户价值为中心，改造物流设施，全面实施计算机信息管理，致力于发展增值物流服务，提升传统业务。公司注重客户关系管理，与大客户百威啤酒等公司建立战略合作关系，提供多功能、综合化的物流服务，积极融入客户的供销链，实现双赢的战略目标。湖南京阳公司是一个新建的以长途货运为主的运输企业，近几年发展迅速。2002年，公司开始朝着配送业务发展，拟建长、株、潭配送基地，以拓展物流网络，并在长沙市二环线旁建起大型配送中心，一期工程已建成2万平方米，投资1 000万元，2、3期工程完工后将达到10万平方米，拥有铁路等大型物流设施。原湖北省商业储运公司、武汉市商业储运公司、新粮物流公司通过资本营运和资产重组，充分发挥原有资源效用，组建成新型的世通物流公司，已粗具规模。

第三方物流龙头企业在整合中诞生。2002年，第三方物流企业广泛开展以产权为纽带的兼并联合，实现设施、网络、技术等资源优势互补，形成我国第三方物流的龙头企业。中远集团在整合原中远国际货运公司和中国外货代理公司的基础上组建了中国远洋物流公司，于2002年1月8日正式挂牌。它拥有资产60亿元，旨在为国内外客户提供现代物流、国际船舶代理、国际多式联运、仓储、拼箱等服务，在国内外成立多家区域公司或代表处，形成功能齐全的物流网络系统，推出汽车物流、家电物流、项目物流和展运物流四大品牌。同时，通过与科龙、小天鹅合资成立安泰达物流公司，全面接管两家企业的成品库、周转库及相关的配送业务，实现家电物流良性发展。随后，中海物流、中邮物流、中铁现代科技物流、中国物流等一批国有物流企业相继宣告成立。尤其是9月成立的中国物流公司，它是中国流通领域最大的企业集团之一——诚通集团的控股公司，旨在成为国内最强大的第三方物流服务商之一，定位于技能型旗舰，它依托诚通集团在仓储、运输、基础设施等方面的便利条件，发挥自身在机制、人才、技术、资源等方面优势，提供基础物流功能和物流技术解决方案。4月，重庆长安汽车集团与美集物流等3家公司合资成立重庆长安民生物流公司，向西南物流霸主地位迈进。这些物流企业各有优势资源，均具有规模大、实力强的特点，一亮相，便成为市场份额的有力争夺者，给一些中小物流企业带来较大冲击。随着这些大型物流企业投身第三方物流市场，整个市场格局正在发生变化。

大型生产流通企业的物流部门改造剥离，向社会物流服务转化。大中型国有企业过去受“大而全、小而全”等传统观念影响，一般都设有物流部门，为企业内部提供物流服务。改革开放以来，有些企业的物流部门随着企业的发展而迅速发展壮大，有的还创办了新的现代物流机构，积累了丰富的物流管理经验，并拥有现代化的物流设施。随着我国物流市场的发展，这些企业通过战略调整，将用于内部物流服务的物流部门向社会物流转化。海尔集团通过流程再造组建物流推进本部以后，使内部物流资源得到整合，在全国建立了42个配送中心，在青岛建成了县省1.8万个标准货位、达到国际先进水平的自动化物流系统。2002年，海尔物流开始向社会提供物流服务，如向大连东芝彩电提供产品下线后的全方位物流服务，向四川郎酒集团提供了30个网点的分销物流的全程物流服务等，都取得很好的效果。海尔物流作为第三方物流向社会提供物流服务，已成为海尔集团新的经济增长点，2002年海尔物流的营业额超过200亿元。广州钢铁股份有限公司，在分析冶金行业发展前景和广东特殊区位优势的基础上，结合自身情况，通过资产重组和置换方式，优化资源配置，在2002年底开始实施从传统冶金制造行业向冶金物流行业的战略转移，成为投身物流行业的一股新军。2002年6月，零售巨头华联超市投资的上海华联超市物流有限公司正式挂牌成立。中国联想在与美集物流合资成立志勤美集科技物流公司后，又谋求与国际知名物流公司柏灵顿合作，把业务从IT进出口发展到广阔的流通领域。

已具品牌实力的新型物流企业正在致力于新的发展战略，朝着大规模、网络化、信息化、多功能的现代物流方向发展。深圳市中海物流公司是深圳福田保税区内创办最早的物流公司，现已发展成拥有多个子公司和分公司的企业集团，成为国内物流行业很有影响的物流企业。2002年，公司在惠州、东莞、珠海等地建立了战略合作伙伴企业，收购控股了深圳鹏骏航空货代有限公司，同时还以技术和管理投资，与柳州商贸控股公司共同组建了柳州桂中海迅物流有限公司，使市场空间不断扩大，经营实力大大增强。该公司对运输车辆安装了GPS定位系统，建立了全国性的电子地图，实现了货运车辆的实时监控和调度。国内知名的民营企业宝供物流，为适应客户需要，合理调配资源，加快从管理型向资产型第三方物流企业的过渡，投资建设现代化的、多功能的物流基地。规划在全国建设10个物流基地，已建成苏州、广州两个。该公司宣布与IBM携手合作，利用IBM在信息技术方面的优势，切入供应链服务市场，开始了目标直指国际物流服务商的二次创业历程。

三、第三方物流发展呈现的特征

随着供应链思想的发展，虽然客户对物流服务价格很敏感，要求物流服务提供商不断降低成本，形成价格优势，但是，物流服务仅仅基于成本的竞争策略已经不能适应形势需要。许多客户为快速响应市场需求，要求开展基于时间和服务质量的竞争，并要求加强对供应链条上配套企业的支配和控制。因此，客户对融入供应链的第三方物流企业提出较高的要求，不仅要求具备个性化服务的能力，而且还要能够符合客户准时制生产及零库存的要求，提供相应的准时制服务；同时，还应具备一定处理意外事件的能力，制定有一定弹性、切实可行的应变措施，保证供应链条正常运转。在这种形势下，第三方物流围绕着以客户价值为中心改造和发展自己，呈现出以下特征。

首先，以合同方式提供物流服务的比例显著增加。在新的市场环境下，制造商为了选择有实力的供应商，降低交易成本，获得高质量的物流服务，避免与许多物流服务商打交道，只与特定的服务商签订物流合同，以保证获得稳定高效且能加以控制的物流服务。双方并且根据合作的经验，对外购物流服务过程中容易出现的错误加以提防，列出相当详细的清单，制定标准范本与条款，使合同法律化。如海尔集团每年需采购物料26万种，加工后流出物品1.3万多种，物流本部通过流程改造和加强管理，实施动态优化选拔机制，使集团采购人员减少1/3，供应商从2236家减少到721家；武汉百威啤酒业务规模很大，辐射全国各地，但也只选择了两家物流公司承担仓储、运输、配送、库存管理等业务。

其次，提供综合化物流服务的比重上升。制造商为了降低交易成本，为了加强物流业务的管理和监控，保证不断改进服务质量，获得较高服务成本性价比，往往只愿意雇用少数几个物流服务商。这就促使第三方物流企业提供综合化服务。同时，随着物流企业之间和企业内部的整合，物流设施、设备得到改善，管理水平得到提高，许多第三方物流企业具备提供"一站到位"系列化服务的能力。第三方物流企业并且可利用行业背景优势，与客户加强战略层次对话，了解客户运作，实施联合创新，进一步提高服务标准和作业效率。如天津双沣物流，利用以前从事进出口冶金、纺织原料和产品贸易的优势，不局限于提供仓储、运输、加工、代理等物流业务，而是发挥对特定行业产品市场变化具有准确预见的优势，为企业提供配套的增值服务，使客户企业获得增值回报，增强客户依赖性，成为客户供销价值链中的重要一环，从而避开激烈的价格竞争局面。还有中外运集团，通过与UPS、DHL、TNT等国际知名物流公司的合作，构筑全球网络，保证物品的畅通无阻。

第三，物流服务质量显著提高。随着物流业的发展，物流服务质量被视为核心竞争力。物流企业崇尚提供5个亮点"Right"的服务，即把好的产品(The right product)在规定的时间(At the right time)，规定的地点(In the right place)，以适当的数量(In the right quantity)，合适的价格(At the right price)提供给客户。第三方物流企业目前的客户都建立了现代企业制度，管理水平较高，是最具有竞争优势和活力的企业。随着中国加入WTO，经济全球化和竞争国际化的趋势日益加快，国内外市场的界限逐渐消失，这些客户都已经或将成为参与国际市场竞争的主力军。为了适应这些客户参与国际市场竞争的需要，第三方物流企业所提供的物流服务将走向规范化和标准化，与国际接轨，按照国际惯例办事。这不仅体现在标准化的微观作业流程—入库、在库、装卸、出库、运输、配送、客户反馈等环节格式化，而且从物流设计、物流操作过程、物流技术工具、物流设施到物流管理等方面体现专业化、规范化、标准化。比如广州宝供物流，就是以服务质量为突破口，接轨国际的GMP质量保证体系和SOP运作管理程序，赢得诸多跨国公司和知名企业的信赖，与它们结成合作伙伴关系，以此树立宝供物流品牌，带动公司发展壮大。中外运集团有近40家企业通过英国SGS、挪威DNV等国际权威机构的ISO9002质量体系认证，以此赢得客户对物流服务的信赖。

第四，个性化服务得到重视。随着市场竞争的日益激烈，企业的生产经营已逐渐从少品种、大批量为特征的大众营销阶段转向以多品种、小批量为特征的差异化营销阶段，讲求以市场为导向。这种趋势反映在第三方物流企业中，就要以个性化的服务来适应市场的需求，加强与客户的沟通和协作，保证信息在两个组织的管理层之间流动，使之与每个公司的垂直沟通相结合。如中外运针对客户主要是独资或合资企业的状况，提出"咨询式销售"的办法，即利用专业人才优势，从为特定客户提供物流咨询服务入手，深入到企业内部，提供全套物流解决方案，帮助企业整合业务流程和供应链上下游，进而提供仓储、配送等配套服务。推行大客户经理负责制，重视换位思考，经常站在客户角度考虑问题，与客户共同发展。少数具备管理实力的物流公司，已将第三方物流服务深入到生产企业的生产物流管理环节。如中国物流公司在同沈阳某汽车制造公司之间的合作中，针对该公司情况，确定以供应链上的库存控制和客户服务水平稳定性为重点，加强固定资源配备、库存和JIT配送管理以及客户服务等方面工作，实施周密的策划和严格的管理。为确保初期共计数百种汽车零配件每日3至4次生产线拉动、每次6至8车运输量的高标准运作需求，进行较大规模投资，将5 000平方米传统性仓库改造为现代化立体仓库，成立由15人组成的项目运作管理团队，保证了生产物流效率的改进。

另外，第四方物流得到长足发展。第四方物流本质上是第三方物流的特例，是指物流服务提供者作为一个供应链的集成商，对公司内部和具有互补性的服务提供者所拥有的不同资源、能力和技术进行整合、管理，提供一整套供应链解决方案。它依靠业内最优秀的第三方物流供应商、技术供应商、管理咨询顾问和其他增值服务商，为客户提供独特的、广泛的供应链解决方案，这是任何一家公司所不能单独提供的。如珠海九川物流，没有一辆运输车辆和一座仓库，但能够调运4 000辆汽车，有权使用10多个物流中心，每个中心创造几千万元的年产值。它主要是通过系统集成、统一流程、规范的EDI等帮助客户整合优化资源，进行供应链管理，使之产生规模效益。2002年该公司通过6个月的努力，为一个年产值过10亿元的客户提供全方位的解决方案，使之每月库存金额由7 000万元降至4 000万元，仓库面积由3万平方米降至5千平方米，订单完成时间由40天降至20天，经济效益可观。现在，该公司与沃尔玛、松下、格力电器、联邦制药等知名企业都建立了合作伙伴关系。它提供的实质上就是第四方物流服务。

（特约撰稿：华中科技大学管理学院
徐天亮　马永光）

第六部分

物流教育与研究

中国物流年鉴

CHINA LOGISTICS YEARBOOK

LOGISTICS

物流教育

2002年是中国正式加入世界贸易组织的第一年，中国的物流教育事业在这一年取得了较大的发展。

一、中国物流教育体系概述

中国的物流教育包括学历教育和非学历教育，学历教育又包括高等教育和中等职业教育。物流高等教育分为博士研究生、硕士研究生、本科、专科教育；中等物流教育主要指中等物流职业教育。非学历教育包括在各种层次上的在职培养项目，比如硕士层次的在职人员硕士课程进修班等。中国的物流高等教育在专业设置上主要采取两种做法，一是设立独立的专业，这一做法主要集中在本科或专科阶段，主要有两种独立的专业，即物流管理（或物流与供应链管理）和物流工程（或物流与供应链工程）；二是在某一专业下面设立物流管理或者物流工程方面的培养方向或者研究方向，在博士、硕士、本科阶段都存在，在专科培养阶段很少，在博士和硕士培养阶段主要在管理学门类中的两个一级学科“管理科学与工程”与“工商管理”下面设立物流管理或者物流工程方面的培养方向或研究方向，或者在工学门类的一级学科“交通运输”下面设立物流管理或物流工程方面的培养方向与研究方向。同时，在国家教育部现行的本科专业目录中，在管理学门类的一级学科“工商管理”下的二级学科“市场营销”中设立有“物流管理”方向，有部分高校仍然在“市场营销”专业下面设立物流管理方向。

中国的物流高等学历教育体系（不含军事物流教育）见图1。

与地方院校不同，中国的军事物流教育自成体系，形成了从博士研究生（博士学位）、硕士研究生（硕士学位）到本科（学士学位）教育的完整军事物流教育体系，比如在博士和硕士阶段，在军事学门类下设有军事后勤学与军事装备学一级学科，这个一级学科完全是关于军事物流的学科，共设有军事后勤学、后方专业勤务和军事装备学三个二级学科。在非物流专业安排讲授物流管理、物流工程、供应链管理等相关课程是中国许多设有交通类、财经类、管理类学科、专业大学的普遍做法。这也是中国物流教育的一部分。

中国物流非学历教育的主要目的，一是系统地向学员传授物流知识，帮助学员更新知识，二是方便在职学员获得学位。非学历教育基本上都不采取全日制教学这种方式，承担非学历教育的主体特别复杂，但他们的共同特点是，依靠正规高等院校进行，或者是由高等院校的成人教育学院完成。

二、2002年中国物流教育发展简况

2002年国内物流持续升温，这是不争的事实。我国与物流相关的政府部门、高校、科研院所、行业协会和企业在这一过程中起到了重要作用。大量事实表明，2002年的中国物流教育比2001年上了一个大的台阶。

（一）2002年中国物流专业教育规模迅速扩大

2001年以前在中国开展物流高等教育的大学仅有15所左右，但是到2002年，仅以本科教育为例，据不完全统计，正式招收物流管理或者物流工程专业或者专业方向的大学至少有40所。

国家教育部2002年以前批准且已经正式招

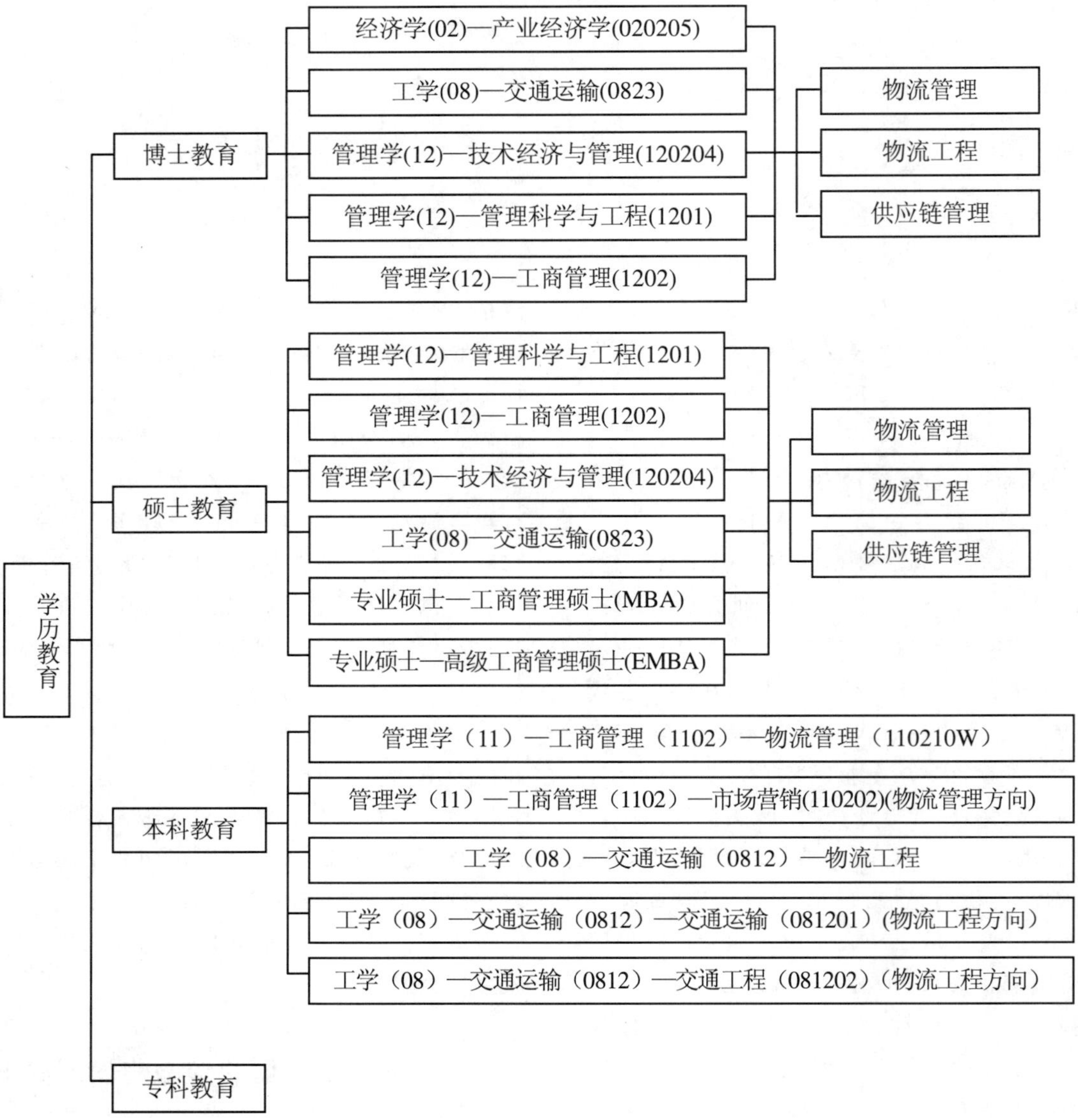

图 1　中国物流高等学历教育体系（不含军事物流教育）

收物流管理(110210W)专业本科生的大学有：北京工商大学、北方交通大学、北京物资学院、哈尔滨商业大学、同济大学、四川工业学院、长安大学、上海财经大学、中山大学岭南学院、西南交通大学等。以上大学中，除北京工商大学、北京物资学院等外，大部分院校是 2002 年首次招收物流管理专业的本科生。

国家教育部 2001 年批准，2002 年正式招收物流工程(081207W)专业本科生的大学有：大连海事大学、武汉理工大学。

同时，在交通运输或者市场营销等专业下面设立物流管理或物流工程方向的大学有：上海海运学院(交通运输专业下设物流管理方向)、深圳大学(交通运输专业下设物流管理方向)、上海大学(工商管理专业下设物流管理方向)。其他很多高校都以物流管理或者物流工程专业方向招生，比如北京科技大学、大连铁道学院、兰州铁道学院等。

上海外贸学院继续与澳大利亚皇家墨尔本理工学院合作开设国际运输和物流管理（本科）专业。经教育部批准，西南交大还在深圳等地开展物流管理专业本科远程学历教育。

以每个高校招收45人计算（有个别院校2002年物流管理本科专业招生规模达到200人），40所高校2002年招收的物流管理、物流工程专业或者专业方向的本科生就有1 800人，考虑有的院校招收一个班以上，实际上2002年的招生规模应该超过2 000人，这几乎相当于我国1993年设立物流管理本科专业以来全国各高校物流管理专业招生数量的总和。

下面两个例子也可以说明2002年中国物流教育规模在扩大。2002年8月1日由中国物流与采购联合会主办、在大连海事大学召开的“第二届全国高校物流教学研讨会”上，参会的高校有40多所，这比2001年由中国物流与采购联合会主办、在华中科技大学召开的“第一届全国高校物流教学研讨会”的参会高校增加了10多所，国内所有较早开展物流高等教育的高校都参加了2002年的这次会议，参会的高校中不少是“211”大学，越来越多的高校积极参加物流教学研讨这件事情说明，我国物流教育事业正在蓬勃发展。另外一件事情或许可以更加明确地说明这一点，国家教育部2002年11月11–15日在北方交通大学举办了“全国高校物流管理专业教学与课程建设培训班”，参加培训班的竟有来自国内200多所大专院校的300多名物流管理骨干教师！这些大专院校有的已经开始招收物流管理或者物流工程专业的本科生，更多的大学从2002年开始筹建这样的专业，经过培训的这些教师可以从事物流管理专业的教学任务，从而促使更多的高校在2003年招收物流管理或者物流工程专业本科生。如果每个高校平均具有5个物流专业教师，全国的物流教师应该有1 000人以上，这显然是个不大的数字，但是，与2001年以前相比较，这已经是一支可观的队伍，他们是发展中国物流教育和中国物流业的非常宝贵的力量。

（二）2002年中国物流教育层次更全

从2002年各高校的博士、硕士招生目录上可以发现，至少60所重点大学招收物流管理、物流工程、供应链管理或相关方向的博士或硕士研究生。由于博士和硕士教育是精英教育，一个高校只要有一个研究物流的教授，他就可以申请在适当的专业下面设立与物流相关的研究方向，而设立一个本科物流专业，至少需要5名专业教师，因此，就师资条件而言，在许多大学相关博士点或硕士点设立物流方面的博士或者硕士研究方向比设立一个物流本科专业更加简单，所以，2002年更多的高校增加了物流博士或硕士研究方向，有的高校博士后流动站、大型企业的博士后工作站也设立了物流方向。基于对我国物流人才市场高级人才供不应求的基本判断，2002年，一些重点大学的MBA、EMBA培养计划中也增加了物流管理方向。同时，2002年，我国不少高校的成人教育学院、职业技术学院，以及一些专科学校也都设立了物流管理专业，这样，使得我国物流教育形成了从专科、本科到硕士、博士的完整系列。2002年，北京大学、清华大学、复旦大学、同济大学、浙江大学、中国人民大学、上海交通大学、北方交通大学、山东大学、东南大学、南京大学、南开大学、武汉大学、中山大学、暨南大学、吉林大学、哈尔滨工业大学、东北财经大学等重点大学在高层次的物流人才培养方面都有突破或者重大进展。

（三）2002年物流课程教育达到空前规模

为了适应人才市场对学生知识结构的要求，同时也为了方便一些非物流专业的毕业生就业，在经济、管理、交通等相关专业的教学计划中增加有关物流的课程对有些高校来说显得非常重要。2002年，全国共有50多所高校开设了交通运输、交通工程专业，94所大学开设了电子商务专业，180所大学开设了市场营销专业，全国高等教育自学考试也设立了电子商务专业，而这些专业都与物流紧密相关，2002年，许多大学都修改教学计划，增加“物流管理”、“配送管理”、“供应链管理”、“电子商务与现代物流”、“物流系统分析”等方面的课程，比如，国家教育部全国自学考试委员会在“电子商务”专业独立本科段就有“电子商务现代物流”这门课程。这种物流课程教育是对我国物流专业教育的重要补充。

（四）2002年中国的物流培训市场比2001年更加火爆和规范

物流培训也是物流教育的重要形式，2002年中国的物流培训主要有以下两种具体形式：

1.物流证书培训。作为中国物流领域的国家级行业协会，中国物流与采购联合会、中国交通运输协会、中国仓储协会等在2002年纷纷启动物流证书培训。作为“物流人才教育工程”的一部分，中国物流与采购联合会联合国家劳动部中国就业培训技术指导中心将要推出物流师国家职业标准和采购师国家职业标准，2002年已经完成了物流师国家职业标准的分类框架，同时，2002年中国物流与采购联合会引进了世界贸易组织国际贸易中心的采购与供应链管理证书，目前正在组织培训教材的翻译等工作，2003年这一证书培训将要正式启动，这一职业标准颁布并实施以及证书培训启动后将对规范物流人才培训、促进中国物流人才市场的发育、提高物流从业人员的素质起到基础性作用。2002年中国交通运输协会引进了英国皇家物流与运输学会（ILT）的国际物流资质认证体系，英方向中方提供四个级别的职业资格系列证书：物流与运输基础证书（适合于一般物流管理人员），物流与运输专业证书（适合于物流与运输企业部门经理），物流与运输营运证书（适合于物流与运输企业运营经理），物流与运输战略管理证书（适合于物流与运输企业总经理）。除最后一级的战略管理证书外，其余证书全部用中文教学、考核。这一认证体系的引进，对促进中国物流与国际物流的接轨、加快培养熟悉国际物流运作的专业人才有重大意义。同时中国仓储协会也在物流质量认证等方面做了大量培训和认证工作。

2.物流短期培训和研讨。2002年中国物流人才市场最为引人注目的一件事情就是上海市将物流管理人才列为入世以后该市最紧缺的12类人才之一，为此，上海市成立了“上海市紧缺人才培训工程联席会议办公室”，上海市委组织部、上海市人事局、上海市教育委员会共同制定和实施了现代物流紧缺人才短期培训计划，对合格学员颁发《现代物流紧缺人才岗位资格证书》，作为学员求职上岗的条件之一，这一举措对缓解上海市物流人才的紧缺状况起到了重要作用。此外，浙江、江苏、广东、山东等许多省市政府也都组织了多次物流短期培训班。

据不完全统计，2002年，仅国家经贸委培训中心、中国物流与采购联合会、中国交通运输协会、中国国际货代协会、中国仓储协会、中国船东协会、中国民航协会、中国港口协会、中国机械工程学会物流工程分会、中国物资储运协会等行业协会组织实施的物流短期培训就有60次之多，参加培训的人员累计近1万人。同时地方行业协会也组织了大量培训，有的还邀请国外专家进行培训，比如，2002年10月，深圳市仓储与物流协会邀请瑞典哥德堡大学教授阿内·严森（Arne Jensen）和国内有关物流专家到深圳为培训班授课。另外，由高校、科研院所、行业协会、咨询公司以“研讨会”形式公开招生进行的培训更多，全国范围平均每个星期都有3次左右，全年150多次，参加培训的人员在1.5万左右，同时，各类公司自己组织的内部物流培训数量更多，估计每年的培训规模在2万人左右。短期培训发挥了短平快的优势，是物流正规教育的重要补充。

2002年，包括博士研究生、硕士研究生和本科在内的我国正规物流专业教育（以设立物流专业或者专业方向为标准）的规模已经达到5 000多人（其中专科和高职学生2 500人左右，本科生2 000人左右，硕士研究生500人左右，博士研究生100人左右），正规物流课程教育（以讲授一门或一门以上2学分物流专业课程为标准）的规模已经达到10 000人左右，受正规物流专业教育和课程教育的周期为3–5年之间。2002年，中国物流短期培训规模为5万人左右，各类物流职业资格证书培训规模为2 000人左右。尽管如此，同中国物流产业升级、物流业对外开放和物流业的迅速发展所产生的人才需求相比，中国物流教育的总体规模依然很小，中国物流业的发展缺乏高素质的专业物流人才的状况还不可能根本改变，因此还必须继续大力发展中国的物流教育事业。中国目前急需具有多学科背景、具有很强的创新能力和策划能力、具有丰富的行业经验、能够协调各种利益关系并年富力强的高层次管理人才。但高级物流管理人才是不可能在教室里培训出来的，更重要的是要在实践中培养，因此，一定要重视短期培训在当前所起的作用。

综上所述，2002 年的中国物流教育与培训呈现以下一些特点：物流教育培训受到政府部门、企业界及物流教育界的高度重视，2002 年中国物流市场的发展导致社会对物流教育与培训的需求持续增长，受此影响，2002 年中国物流教育与培训的服务规模迅速扩大，物流教育与培训的层次不断完善，手段也不断提高，政府主管部门对物流教育的投入也逐渐增加，比如，北京市教委和科委投资在北京物资学院建立了物流重点实验室等。同时，国外著名大学、外国机构对中国物流教育培训市场看好，2002 年，已有多家外资机构在这一领域试水。2002 年中国的物流教育与培训事业取得了长足的进步和发展。

三、2002 年中国物流教育发展的问题及建议

（一）2002 年中国物流教育存在的问题

2002 年中国物流教育存在的问题很多，但是最主要有两个：

1.缺少理论基础。很多高校在新开设物流专业时，并没有做好充足的理论和师资准备，一些高校的物流专业教师以前从来没有接触过物流，有的对最基本的物流概念的理解还有错误，对物流专业到底应该教些什么还没有系统的考虑，因此从别处“拿来”的培养方案、教学计划以及基于这些方案和计划的具体培养过程及其结果就会有问题。当然，这一问题随着时间的推移会慢慢地解决。

另外，凡是参加物流培训的学员都要求，通过培训学到一些能够立竿见影的技能和技术，来自企业的学员经常会带着实际问题去参加培训。但是，如果授课人讲技巧和技术，无非就是配送中心、自动化仓库、信息系统、全球卫星定位系统等，年复一年都是这些，没有什么新鲜内容，同时，提出的实际问题无法得到系统地解决，最后只能说中国物流发展还受基础设施、地方保护、行业割据、政府的政策、法律环境、政府物流管理等因素的影响。

导致以上这些问题的主要原因就是，我国的物流教育和物流培训还缺乏系统的、生动的、本土化的物流理论支持。

2.培训市场不规范。2002 年初，一个由几位对物流一无所知的人成立的咨询公司（该咨询公司的主业不是物流咨询）策划了一个 3 天的物流培训课程（当然是以研讨会的名义出现的），收费却达到近 6 000 元，报名参加者有 350 人左右，显然这家咨询公司是“非常成功”的。受此启发，2002 年很多咨询公司、中介机构等都打起物流培训牌，目前在中国还没有任何机构能够监督和规范这些咨询公司的培训行为，赚钱成为许多培训主办单位的惟一目标，这种现象的存在对中国物流的发展是不利的。

此外，2002 年的中国物流教育和培训领域还存在着以下问题：我国的物流教育与培训部门和机构对物流教育与培训本身缺少研究，物流教育与培训资源匮乏，尤其是缺乏师资、教材、案例以及企业的成功实例，物流教育与培训的发展在区域、机构之间还不均衡，还缺乏对实践的指导，部分教育和培训单位甚至还存在着短期行为等。这些问题如不解决，使中国物流教育与培训市场的发展受到不利影响，对中国物流业的发展也是不利的。

（二）2003 年中国物流教育发展建议

为了促进 2003 年中国物流教育和培训事业的健康发展，有关方面应该采取如下措施：

1.大力开展物流研究。结合我国物流发展遇到的实际问题进行有针对性的研究，中国物流与采购联合会常务副会长丁俊发研究员在 2002 年 11 月中国物流学会首届年会上提出了当前中国物流理论研究的十大“热点”问题，这些问题确实是目前值得研究的重大物流理论和实际问题，对

于这些问题的研究有助于我们提高对物流的认识，有助于中国物流教育和培训事业的发展，进而有助于中国物流业的发展。建议有关单位2003年继续召开中国高校物流教育研讨会，继续举办物流师资培训班，继续组织开展全国性的物流学术交流，以促进物流研究，从而促进物流教育的发展。

2.规范物流培训。就目前的物流市场发展来看，物流培训和咨询从业人员自我约束、参训人员增强选择和自我保护意识、物流中介机构和新闻媒体进行监督是促进中国物流培训市场走向规范的重要力量。此外，我们认为，物流行业协会在规范物流培训活动中应该起到一定的作用。同时，为了防止不负责任的机构组织草台班子以提供物流培训为名行骗取培训费之实，执法部门应该对公开招生进行的各种物流培训进行市场监督和检查，及时制止欺骗参训人员的行为发生。

3.进一步加强物流高等教育。一是应该进一步扩大物流专业的招生规模，同时高校也应该提高物流教学水平和学生培养质量。2002年国家教育部、国家科技部以及一些地方政府都在重点学科建设、重点实验室建设、科研项目立项等方面对有关高校的物流专业、物流实验室建设和物流科学研究提供了大量的帮助，这是对中国物流教育的一种支持，处在发展初期的中国物流教育事业，还需要国家教育部、国家科技部和相关的地方政府在资金、人才、科研项目等方面给予更大的支持。

4.尽快实施物流证书培训和认证。2002年中国物流与采购联合会和中国交通运输协会都已经就相关物流专业职业标准和证书认证进行了大量的前期工作，建议在2003年进行大规模的物流证书培训和认证工作。

（特约撰稿：北京工商大学商学院教授　何明珂
清华大学经管学院教授　李　飞）

物流教学机构

（排名不分先后）

北方交通大学

北方交通大学是我国较早从事物流教学与研究的国家重点大学。物资及物流管理一直是学校的特色专业和强势专业，教学科研力量相当雄厚，在社会上享有较高的盛誉，形成了本科、专科、硕士、博士全面培养的局面，是国内为数不多的可以系列培养物流管理专门人才的教学与研究机构。

学校培养物流管理类本科专业的历史可以追溯到1946年。学校于1946年在国内首先在材料管理系设立材料技术供应管理专业（即目前北方交通大学物流所的前身），为国家的经济建设特别是铁路建设和运营管理培养了大批的物资供应管理人才；1979年，又在文化大革命后国内首批恢复招收材料技术供应管理专业本科生；1984年，随着国家本科专业目录的调整，北方交通大学的材料技术供应专业转为物资管理工程专业，材料供应系也改为物资管理工程系；1986年，物资管理工程系成立物流科学研究所，系所为一个机构；1997年，学校成立的经济管理学院开始实体运转，物流人才培养在经济、财务会计、信息管理、工商管理等众多学科的支撑下更具“厚基础”的特色；1998年，随着国家第四次调整本科专业目录，北方交通大学的物流人才转在市场营销专业中培养，物资管理工程系合并为工商管理系，同时保留物流科学研究所，系仍保持一个机构；2002年，国家教育部批准，北方交通大学在“物流管理”专业招生，物流科学研究所从工商管理系独立出来，专门从事物流管理的教学与科研工作。历年来北方交通大学物流管理本科的教学培养方案也随着学科的不断发展和我国经济管理与建设的需要而不断变化，从开始的计划经济下重视物资的供应、存储、运输，到市场经济条件下重视物流系统、成本、服务与效率，教学方案与内容有

材料供应专业	物资管理工程	物流管理
材料消费定额	机械设备与机械基础	运筹学
材料技术供应计划与组织	电工器材	物流学导论
仓库学	物资企业经营管理	商品学概论
材料学	物资市场采购	商品流通概论
材料供应机构的会计核算和平衡分析	物资会计	电子商务
	金属材料学	物流成本管理
	非金属材料学	供应链与物流管理
	仓储管理	物流信息管理
		货物运输与包装
		仓储管理
		物流系统分析

了较大的改变，下表是北方交通大学物流管理专业的教学方案的变化表。

在专科方面,北方交通大学从1950年招收材料技术供应专业专科生,1991年开始招收物资经济专科学生。

在国内物流管理方向硕士和博士培养方面,北方交通大学物流所1981年第一个在国内获得“物资流程工程”硕士学位授予权,1996年第一个在国内获得“物资流通工程”博士学位授予权,1997年国家将“物资流通工程”博士点并入“管理学科与工程”一级学科,2001年成立博士后流动站。下面是物流管理方向博士和硕士培养方案中的主要课程

硕士培养方案	博士培养方案
高级管理学	管理学前沿
高级运筹学	经济与管理数学模
高级统计学	综合物流与供应链
物流系统分析与设	
供应链管理	
物流技术与应用	

50多年来培养本科毕业生2 440人,专科毕业生230人,获得硕士学位研究生192人,获得MBA学位研究生50人,获得博士学位研究生36人。目前的本科在校生180人,硕士在校生30人,MBA在校生50人,博士在校生30人。其中的众多学子已经成为我国经济管理、物流管理的中坚力量。在为国家培养各层次的物流管理专门人才的同时,50多年来也为国内其他院校,如北京物资学院、中国矿业大学、郑州航空管理学院、中国煤炭经济学院等院校培养了大量的物流管理教学骨干力量。

北方交通大学的物流管理学科在师资队伍、研究条件等方面长期居于全国领先地位,现有中国工程院院士1人、教授(博士生导师)10余人,在物流理论研究、物流系统规划与设计、物流供应链管理、配送管理、物流信息技术应用研究、物流管理咨询与案例研究等方面具有较强的实力,拥有经教育部“211”工程重点建设的综合物流实验室。并与国内外本学科方向的知名大学,例如美国的阿肯色大学、欧洲的萨里大学、日本早稻田大学、台湾成功大学、香港大学、北京科技大学、南开大学、解放军后勤指挥学院等保持着学术交流与往来。2002年本学科被评为北京市高等院校管理科学与工程重点学科;2003年成为教育部“十五”期间“211工程”重点建设学科方向。

（供稿:北方交通大学）

北京科技大学

1986年,在吴清一教授的倡导与努力下,北京科技大学以原工程机械学科组为基础开展现代物流理论与技术研究,并于当年开始了物流工程方向硕士研究生培养,1989年开始培养物流工程与管理博士研究生,1993年,在全国率先开始招收“物流工程”专业的本科生。现已经培养出博士、硕士毕业生100余人,本科毕业生300余人。目前,北京科技大学物流工程方向已经形成了完整的教学科研队伍,现有教授、博士生导师2人,7名副教授,承担和完成有关课题数10项,积累了丰富的教学和科研经验。目前每年招收30名左右本科生和20多名博士、硕士研究生,与企业在人才培养、科学研究、技术开发方面建立了紧密的合作关系。经过多年的实践,北京科技大学注重以本科教学体系建设为基础,通过实验室建设,逐步拓展学科研究方向,在物流工程学科建设方面走出了一条成功的路。

一、研究方向建设

多年来,北京科技大学依照服务于企业、立足于生产实际的基本方针,遵循理论研究与实践应用相结合的基本原则,形成了以下多个研究方向。

1.物流系统规划与设计:包括物流网络的规划与设计、物流网点的布局与优化;物流园区、物流中心、配送中心的规划与设计;自动化物流系统装备设计。

2.自动化物流系统装备技术研究:重点包括自动化立体库、自动化分拣系统等技术的研究。

3.物流信息系统研究:包括企业物流管理信

息系统研究、公共物流信息平台研究、物流信息系统规划设计与应用开发。

4.物流管理与控制理论、技术研究：包括物流业务体系与物流管理体系的规划与设计、物流计划与控制、物流质量与物流成本的管理与控制、物流信息系统的管理与控制等。

本着既相互独立，又互相关联的科研模式，从物流体系一体化建设、一体化运作的角度出发，在研究所的科研工作中，注重研究方向的相互交叉，如物流业务的规划需要分析与决策，物流质量的管理与控制也需要做设计等。

二、教学体系建设

现代物流强调的是实际运作，强调的是客户化服务，随着物流观念、服务、技术的发展，物流知识的更新速度在以几何级数的规律迅速膨胀。物流教育必须顺应现代物流的发展趋势，必须走学历教育与继续教育相结合的道路。

学历教育是整个社会教育体系的基础，在整个物流人才培养体系上，它起着不可替代的主导作用。经过几年的发展，北京科技大学在物流学历教育方面已经发展建设了多层次的人才培养体系，包括物流工学博士、物流工程硕士、物流工程本科以及专科等层次。

物流工程本科教育是整个社会物流学历教育的主骨架，支撑着整个学历教育体系。本科教育重视培养学生掌握坚实的基础理论，重视培养基本的专业素质，重视构筑合理的专业知识面。本科教育将为行业提供具有广泛适应性的运作人才。

本科学历教育体系的核心是教学计划。教学计划必须符合物流科学与技术体系的基本需要，必须满足物流实践的需要。

经过深入的研究探索，物流工程专业（本科）设计了以下专业课程体系。

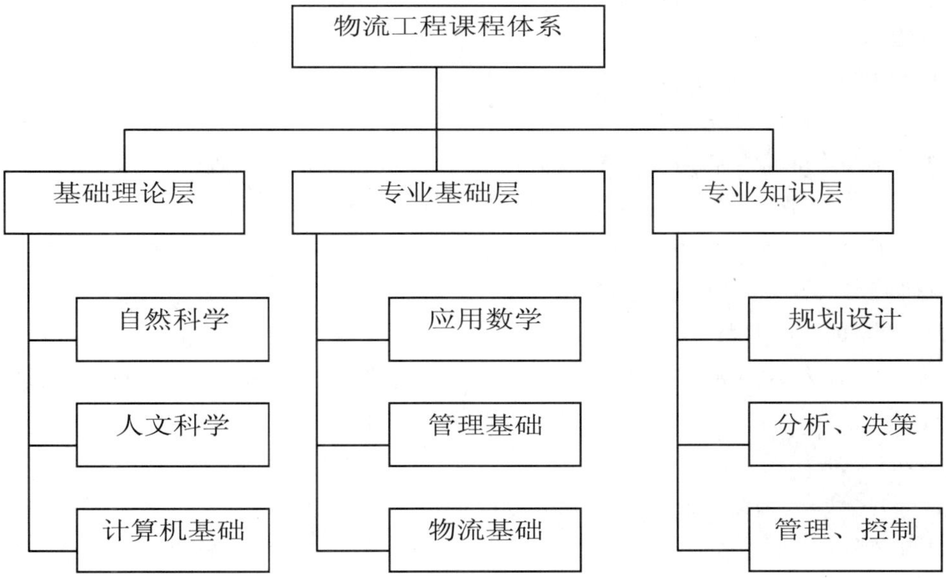

（一）基础理论课程

基础理论课程体系为物流工程专业构筑自然科学、人文社会科学、计算机技术基础。培养学生正确的思维方式，具备认识问题、分析问题的基本素质。

自然科学理论课程系列：高等数学、工程数学、物理学、工程力学等；

人文科学课程系列：社会主义理论、政治经济学、外语等；

计算机基础课程系列：计算机原理、计算机网络技术、数据库技术等。

（二）专业基础课程

专业基础课程强调培养学生的专业素质，包括运筹学、物流学、工业工程概论、系统工程概论、企业管理、财务与会计概论。

（三）专业课程

专业课程阶段采取系列化、模块化的课程设置方式，通过课程组合使学生形成一个良好的专业知识结构。

规划、设计类：包括设施规划与设计、配送中心规划与设计、物流技术及装备、物流管理信息系统等课程；

分析与决策类：包括物流系统仿真、物流系统诊断与评估、物流系统优化等课程；

管理与控制类：管理体系课程强调在物流管理体系与营销体系的建设、业务流程、人员管理、财务管理等方面使学生了解物流企业的组织结构优化、业务流程整合，培养学生的组织管理能力、业务运作能力。包括物流管理、物流企业流程再造、物流成本管理、市场营销、客户关系管理、人力资源管理、质量管理等。

三、实验室建设

为了加强物流工程方向的本科生和研究生的培养和在物流工程领域的研究工作，提高物流工程技术科学研究与人才培养水平，推动现代物流技术研究，北京科技大学正在努力建设一个处于国内先进水平的物流实验室，并使之成为从事物流自动化技术的基础研究与技术开发的实验研究基地。

（一）实验室的建设目标

教学实验：具备为本科生和研究生进行 10 种左右实验的条件；

科学研究：形成开展物流规划、物流配送、自动化分拣、自动化仓库、物流信息采集系统等方向的研究的良好条件；

技术推广：成为物流技术的交流以及技术推广的基地，为物流企业、物流设备企业提供技术服务，形成自我发展的良性循环。

（二）实验室的主要建设内容

自动化物流系统：包括自动化立体仓库模型系统、立体仓库自动控制与管理监控系统等；

配送中心分拣作业实验系统：包括 PICK TO LIGHT 数字分拣系统、基于 RF 技术的物流信息采集系统、条码打印与识别系统；

物流管理信息系统：包括仓储管理系统（WMS）、配送管理软件等；

物流规划与仿真软件：包括物流系统仿真软件、配送中心规划设计软件、货架设计与有限元分析软件等。

（供稿：北京科技大学）

北京物资学院

北京物资学院始建于 1980 年，先后隶属于国家物资局、物资部、国内贸易部，1998 年 10 月划归北京市管理。北京物资学院作为教育部最先批准开设物流管理专业的高校，十几年来一直注重物流系统与技术方面的研究与教学。经过十几年的发展，北京物资学院已经构建了物流系、物流研究中心以及物流系统与技术实验室三大体系。

20 世纪 80 年代初，物理理论传入我国，物资学院由王之泰教授牵头，开始了对物流领域的研究。经过 20 年的发展，已经建立起较系统完善的教学科研体系，在我国物流领域，发挥了重大作用，已取得的科研成果达数十项，与国外多个大型企业和院校建立了合作关系。80 年代末，学院设立了物流管理专业，自 1994 年开始招收物流专业本科生，是我国较早开设物流专业的大学。2001 年初教育部在专业目录外特批我学院设立物流管理专业，首创全国第一个物流系。物流系下设物流管理，物流系统工程两个专业方向。物流系的建设集理论教学与实践研究、信息管理、对外交流与合作三位于一体。我们认为，物流理论的研究、物流对经济的影响、物流信息系统的建立、物流专业人才的培养将是本世纪经济可持续发展的关键。因此，北京物资学院组建了以多名国内物流资深学者为骨干的物流系，并积极与国内外物流研究教育机构联系，拓展研究领域。2002 年 7 月物流管理专业被北京市教委批准为重点专业，现已成为北京物资学院的名牌专业，为社会培养了近千名专业人才，在业界享有很高的知名度。

物流专业是在研究商品的生产、流通、消费各环节规律的基础上,寻求获得最大空间和时间效用的管理技术。重点研究我国加入 WTO 后与国际物流相关的技术与系统;城市物流系统的规划、管理与设计技术;物流与环境的相关内容以及与工商企业物流管理相关的供应链管理、电子商务的物流支持系统、物流信息系统等现代技术和管理方法。

物流专业开设有完善的课程体系,包括:(1)物流理论基础体系、(2)物流功能体系、(3)物流运作管理体系、(4)物流服务对象体系。开设的专业课程分为专业基础课、专业课、专业任选课和任意选修课四大块。这些课程主要是:物流学概论、物流系统论、物流运筹学、物流管理学、物流经营学、物流成本会计、物流信息系统、物流系统规划、交通运输管理、运输经济学、仓储管理、生产与运作管理、配送中心规划与设计、物流设计技术、物流实务、供应链管理、电子商务基础、国际物流、运输学、物流设备、国外物流发展史、商品学、包装学、专业外语、配送中心论、城市物流学、市场营销、市场调查与预测、国际贸易、金融学、期货概论、公共关系、国际商法、税收概论、技术经济学、人力资源管理、财政学、组织行为学、经济地理等。

本专业具备现代化教学和科研所必需的基础条件。其中,"物流系统与技术实验室"于 2001 年 11 月被被北京市教委、北京市科委联合评定为北京市重点实验室,这也是国内首家物流实验室。该实验室配备先进,包括多媒体计算机、宽带网;与德国西门子物流有限公司等国内外著名物流软件、物流设备厂商合作,共同组建物流技术实验室,实验室的建设,为物流系统的研究、物流的实践教学起到辅助作用。从 2001 年 11 月,物流实验室在市教委的支持下,计划在几年内投入数百万元人民币进行建设,其中部分资金用于实验室开放性课题,资助其他科研单位以及个人进行物流领域应用研究。2002 年 10 月,北京市物流系统与技术重点实验室正式挂牌,该实验室不仅是北京市市级重点实验室,而且在全国范围内也是惟一一个物流领域的实验室。该实验室是物流系统、技术的应用平台,我们希望通过这一平台,将现代高科技引入物流领域,提升和改造传统行业的水平,适应和满足国民经济日益发展的需要。同时,通过物流应用技术的研究,促进物流技术成果的转化。

物流研究中心是物资学院物流的科研基地。它成立于 2000 年初,它的成立意味着物流教育领域的重大变革,从人才培养逐步向国民经济的主战场进军,将理论研究通过研究中心逐步转化成生产力。经过几年的努力,我们的科研力量逐步壮大、物流理论向纵深延展、科研实践水平进一步提高。物流研究中心多次承担国家级、省部级课题、企业物流方案设计,并多次获奖,已经成为物流专业的研究、咨询基地。

物资学院物流系物流管理专业师资力量雄厚,汇集了一批国内知名的物流专家学者,如王之泰教授、陈梅君教授、崔介何教授、邬跃博士、翁心刚博士等等,这些专家理论研究扎实深入、教学经验丰富,在国内外物流界享有很高的盛誉。物流系的师资队伍中,副教授以上职称 7 人;具有博士学位的 3 人,硕士学位 8 人。专职教师队伍拥有扎实的理论功底和丰富的教学经验。从年龄结构、知识结构和职称结构看比较合理,可以满足该专业人才培养的需要。

目前,物流系有在校生 431 人,副修专业学生 304 人。

北京物资学院在物流领域久负盛名,毕业生就业形势良好,很多学生毕业前就已经被企业预定。学院物流系与很多知名企业建立有良好关系,各大中型企业纷纷来学院召开应届毕业生物流专场招聘会。毕业生多数就职于大型企业,如联想、海尔、同方、三九医药、家乐福、大唐电信、中国移动、中国电信、中外运、北汽福田等等;还有少部分同学进入政府机关、教科文单位,部分同学选择考研、出国深造。据不完全统计,2002 年物流专业毕业生就业率达 97%,其中有 18%的学生进入大型生产企业、18%的学生进入商业企业、37%的学生进入物流企业、6%的学生进入 IT 行业、6%的学生进入政府机关、6%的学生进入教科文部门、6%的学生考入研究生或出国继续深造、3%为其他。

(供稿:北京物资学院)

北京工商大学商学院

一、概况

北京工商大学是1999年6月经教育部批准，由北京商学院和北京轻工业学院正式合并，同时机械工业管理干部学院并入组建而成的，是北京市重点建设的大学。设有商学院、经济学院、会计学院、法学院、化工学院、计算机学院、信息工程学院等二级学院。学校现有教职工1 400人，其中专任教师600人中有教授、副教授260人。学校现有全日制本科生10 000人，硕士研究生650人，高职生700人，成人学历教育7 000人，外国留学生百余人。北京工商大学组建前后已培养硕士研究生和本专科生60 000多人。在商学院设立的物流管理专业是北京工商大学历史较长专业之一。

二、教学情况

北京工商大学是我国较早从事物流管理教学的高等院校之一。北京商学院1981年开始开办"仓储运输管理"专业，1993年北京商学院牵头进行了在我国设立"物流管理"专业的可行性论证，建议国家教委设立"物流管理"专业。1993年国家教委同意正式设立"物流管理"专业，原有的"仓储运输管理"等专业一起并入"物流管理"专业，国家教委同意北京商学院1993年开始招收"物流管理"专业本科生。1999年受国家教育部本科专业目录调整和学校合并的影响，"物流管理"本科专业停招一年，但在学校领导的支持下，2000年开始以"市场营销(物流管理)"名义恢复招生，2002年国家教育部正式批准北京工商大学恢复招收"物流管理"本科专业。从1987年开始，北京商学院招收企业管理专业、物流管理专业方向的硕士研究生，当时与中国社会科学院数量与技术经济研究所共同培养，1999年开始改在管理科学与工程专业下面招收物流管理方向研究生。到2003年为止，北京工商大学物流管理专业累计招收本科生1 500人左右，已经毕业1 300多人，同时共培养国内硕士研究生15名、留学生(研究生)4名，还为约1.5万名留学生(本科生)、其他专业的本科生提供了许多物流管理相关课程的教学。该校与瑞典哥德堡大学有着良好的合作关系，2002-2003年该校教授何明珂连续两年担任瑞典哥德堡大学商学院的访问教授，并为哥德堡大学"货物运输与物流管理"国际研究生项目的研究生讲授3.5学分的课程《China′s Logistics Management》，2002年哥德堡大学教授阿内·严森来校进行了交流，同年哥德堡大学四名学物流管理的研究生也来该校进行研究和学习。

北京工商大学具有雄厚的物流高等教育师资队伍。20年的"物流管理"办学历程，使该校积累了丰富的办学经验，培养和锻炼了一支高素质的、稳定的物流高等教育队伍。该校现有物流管理核心课程任课教师8名，其中教授2名，副教授3名，讲师3名，获得博士学位的教师2名，获得硕士学位的教师2名，具有出国进修、培训经历的教师3名。有3人次在全国主要物流相关协会、学会担任副会长、副秘书长以上职务。

北京工商大学的物流管理专业培养方案比较完善。该培养方案在1993年、1999年进行过两次大的调整，2001年以来，又对原有教学计划和培养方案进行了进一步修改，现在的培养方案既能体现"专注流通领域的物流，兼顾供应链物流；专注物流学科建设，兼顾物流实际应用；专注物流管理，兼顾物流技术与工程"的特色，又比较符合该校的培养定位，符合人才市场的要求，该方案多年来，一直都是不少高校进行物流管理专业建设的重要蓝本，国内许多大学后来开展物流高等教育时都直接或间接地采用了该校的培养方案和教学计划。该校的教学改革一直走在前列，较早地为本科生开设了《物流与供应链管理》、《物流系统论》这些课程，并且有两门课程(《物流与供应链管理》、《配送系统规划》)直接采用英文原版教材，任课教师直接用英语授课，2002年开始一门研究生课程也完全用英语讲授。该校的双语教学一直处在全国同类高校的前列，该校物流管理专业的双语教学在1997年还曾获得过北京市优秀教学成果二等奖。2000年以来，每年到该校进修物流管理相关课程的其他大学的教师都有10名以上。该校较为成熟的课程包括:《物流系统论》、《物流系统分析与设计》、《物流信息系统分析与设计》、《物流管理专业英语》、《配送系统设计》、《供应链管理》、《物流战略与运作管理》、《国际物流》、《商品质量与检验》等。

北京工商大学"物流管理"专业的毕业生具有较高的综合素质。15名学生本科毕业后直接考入美国大学继续攻读"物流管理"、"供应链管理"、"城市交通规划"、"运作管理"博士学位,5名学生研究生毕业以后高分考入美国攻读"物流管理"、"供应链管理"、"城市交通规划"、"运作管理"等专业方向的博士学位。据不完全统计,北京工商大学"物流管理"专业毕业生中现有博士学位或者正在攻读博士学位的约有45名,现有硕士学位或者正在攻读硕士学位的约有600人。不少学生分配到著名企业如:海尔、华为、美的、TCL、长虹、摩托罗拉、爱立信、西门子、索尼、现代等生产企业,中外运、中远、中海、中集、中储、海福、宝供、新科安达、马士基、大通、FEDEX、UPS、TNT、EXEL、OOCL、太平洋、深九、山九、捷利、共速达等物流公司,以及沃尔玛、家乐福、欧倍德、欧尚、万客隆、宜家、东方家园、上海华联、上海联华、深圳万佳、山东三联集团、大连商场、国美电器、苏宁电器等国内外各大知名流通企业。目前专门在北京工商大学设立的企业奖学金有"宝供物流奖学金"、"普诺玛"奖学金等。北京工商大学"物流管理"专业已经成为一个具有较大社会影响的专业,每年许多著名公司主动上门预约毕业生,该校物流管理专业的毕业生现在供不应求,该校的毕业生不少已经成长为用人单位的骨干力量,深受好评。

三、物流研究

北京工商大学在物流与供应链管理研究方面非常活跃,取得的研究成果不少在国内属于领先水平。比如,在物流学科体系、物流概念、物流系统的结构、物流系统的功能、物流系统的原理、物流系统的分析与设计、物流中心与配送中心、物流网络、物流与配送服务评估、流通领域的物流、小订单的物流系统设计、单品管理等方面具有领先的研究成果。全体教师在最近5年均有过参加国家级科研项目的经历,该校共有8位教师参与了国家"九五"重点科技攻关项目《生鲜食品物流冷链关键技术集成与示范》的研究,该校牵头组织进行了《中华人民共和国物流术语标准》的研究,该项国家标准已经于2001年8月开始在全国实施。2000年以来,集体编写出版了国家自学高考独立本科段教材《电子商务与现代物流》和网上多媒体课件,完成了《零售企业物流管理技术准则》、《零售企业配送服务评价指标体系》等国家级科研课题等。同时完成了多项企业物流管理、物流战略规划咨询课题,正在进行《中关村数字物流港战略规划与项目建议》的研究。1993年以来,全体教师共公开发表论文160多篇,其中国内一级刊物发表30余篇,完成国家级和省部级科研项目10项,出版专著和著作30余部,在国内外物流会议上发表论文23篇。该校专家何明珂教授2000年、2003年分别代表中国仓储协会、中国物流与采购联合会在法国巴黎、瑞士卢森召开的国际仓储与物流联盟、国际采购联盟世界会议上宣读论文。自1997年起,该校与国内著名物流公司宝供物流集团开始每年主办一次"物流技术与管理发展高级研讨会",负责策划和实施每年一度的"宝供物流奖学金",这个研讨会受到了全国人大、国务院、国家经贸委、国务院发展研究中心、交通部、铁道部以及许多省市领导的好评和大力支持,对推动我国物流产业的发展起到了极大的推动作用。

北京工商大学商学院长期以来一直为企业提供物流管理方面的企业内训服务。已经服务过的企业包括:联想集团、美的集团、中国航天集团、中国电子物资集团、北京市建材集团、浙江物产集团、东方家园、物美集团、西单赛特商场、国贸中心商场、超市发集团、小白羊超市、北京市商业储运公司、中外运、中远、中邮物流、宝供物流集团、深圳中海物流公司、深圳共速达物流公司等。

同时该校还与清华大学、北京大学、中国人民大学等许多单位一起举办过物流管理方面的研讨会,或是联合举办物流管理培训班等。

培训的课程包括：物流系统论、物流系统分析与设计、连锁企业配送中心规划与设计、物流战略与运作管理、物流信息系统分析与设计、供应链管理、商品质量与检验、电子商务与现代物流等。

该校在北京、深圳、广州还开展物流管理硕士课程进修班培养，该课程班已经连续开办5届。

该校物流管理学术带头人为何明珂教授和张海燕副教授。他们将科研、教学和企业服务紧密结合，为该校物流管理高等教育的开展开创了一条新路。何明珂教授的专著《物流系统论》是我国物流理论界第一部系统阐述物流理论的学术著作，这是一部充满开创性的研究成果，同时被认为是国内领先性和前沿性的物流研究成果，受到学术界和企业界的好评。他带领全体教师参加的一项名为《物流管理专业<专业英语>教学与实践研究》的项目获得了北京市优秀教学成果二等奖。张海燕副教授在物流管理专业培养方案和教学计划方面具有深入研究，在国际物流方面具有较深造诣，是北京工商大学物流管理专业学科建设的骨干之一。以何明珂教授、张海燕副教授为代表的北京工商大学物流管理教研室的教师们多年来还坚持为企业提供物流教育、培训、咨询等服务，这既锻炼了师资队伍，同时又解决了不少企业的实际问题。该校教师还与美国、澳大利亚、英国、瑞典、芬兰、法国、日本、香港、台湾省等国家和地区的物流专家们保持着紧密的联系。

（供稿：北京工商大学商学院教授　何明珂）

西南交通大学

西南交通大学是一所以工为主，工、理、管、经、文、法综合发展的全国“211工程”建设重点大学，是教育部本科教学优秀学校。

交通运输学院是西南交通大学具有悠久历史的院系之一，复建于1956年，其前身是铁道运输系，现有交通运输规划与管理博士学位授权点；有交通运输工程一级学科博士后流动站（2003年经教育部批准，下设物流工程博士学位授权点、交通工程博士学位授权点、交通安全博士学位授权点）；有交通运输规划与管理、安全技术与工程两个硕士学位授权点；有物流工程、交通运输、交通工程、交通运输安全与信息工程四个本科专业、两个省重点人才培养基地及三个省（部）级重点实验室。学院具有专科、本科、硕士、博士、博士后流动站完整的教育体系，专业覆盖了铁路运输、公路运输及城市道路交通、现代物流系统的规划、设计、组织、管理、安全等领域。学院师资力量雄厚，现有博士生导师8人，教授14人，副教授13人，聘有客座教授26人，各层次的学生总数达2 000余人。教学科研硕果累累：出版各类专著教材20余部，发表学术论文400余篇，科研项目200余项，科研经费总数达数千万元。

物流本科专业于2001年开始面向全国招生，现有在校大学生100多名，硕士、博士研究生近40人。学院设有物流工程系，有教授5人、副教授5人、讲师13人、实验室员1人，专门从事物流领域的教育、教学、科研、实验室建设，从1997年以来已培养物流方面的博士近10名，硕士近50名。在物流教育方面，开设有本科、硕士、博士，以及自考专科、专升本、网络教育专科、工程硕士等多层次学历教育。物流工程本科专业的主干课程包括运筹学、交通工程学、数据库管理系统、现代管理基础、运输组织学、运输市场营销、物流经济、电子商务、物流系统工程、供应链与现代物流管理、物流规划、物流信息系统、仓储技术与管理、企业物流与第三方物流等。

物流研究所成立于1997年，先后主持和参加了国内深圳、上海、成都、重庆、广州、郑州、贵阳等地的物流规划、物流企业咨询，主持完成了四川省、铁道部、教育部的物流研究项目。主要的研究领域有：1.物流园区规划；2.物流发展战略；3.铁路货运物流化；4.物流信息化；5.物流需求分析；6.物流技术经济评价；7.仓储管理与控制。

目前，西南交通大学的物流教育、研究同日本物流协会、日本大阪产业大学、英国南开普敦大学、美国阿肯色大学、堪萨斯大学等有密切交流。

（供稿：西南交通大学）

中国人民解放军装甲兵工程学院

一、学院装备物流管理专业教学与师资情况

装甲兵工程学院作为全军综合性院校，一直从事装甲装备保障与管理方面的本科教学、研究生培养以及相应的科研学术工作，在装备保障与管理方面具有丰富的理论研究成果和实践经验。军事装备物流是管理学院科学与工程学科重要的研究方向之一，目前，学院承担着专科、本科和硕士研究生的培养任务。

学院从20世纪80年代末，就一直开展了该专业的人才培养工作，当时专业名称为“器材管理”。该专业的开设，为部队培养了大批从事装备器材管理的技术干部。这些干部现已经成为部队装备器材管理的中坚。目前，在该研究方向，已经有教授3人、副教授7人、博士后1人、博士5人。其中，总装“1153”人才培养对象第一层次1人，第二层次3人。有的兼任管理科学与工程学会会员、全军包装标准化委员会委员、军事运筹学会会员。已经培养了本专科生数百人。同时，承担了许多总部赋予的大型科研项目。

二、学院装备物流管理专业主要研究内容

（一）装备物流管理

现代物流发展迅速，已经成为许多城市或企业集团的新的经济增长点。将现代物流理论和技术引入装备器材管理中，就形成了军事物流学的分支——装备物流管理。

其研究特色是紧密围绕我军装备保障现行体系和特点，结合现代物流理论和技术，以如何更好地解决我军器材物资的计划、筹措、储存、供应、运输与保管、保养等一系列问题为目标。主要研究内容有：装备物流管理理论体系研究；装备物流军地一体化问题研究；装备物流信息管理及信息化建设研究；装备物流供应链管理研究；装备物流储存自动化技术研究；装备物流资源可视化技术研究；装备物流储备布局与储备结构研究等。

（二）装备物流管理信息化

装备物流管理信息化是指在装备物流管理全过程中，利用计算机技术、网络技术等一系列现代信息技术，通过对装备物流管理过程信息资源的深度开发和广泛利用，不断提高装备使用与管理水平、确保战时保障能力，提高机关装备物流管理、决策的效率和水平。

主要研究装备使用阶段保障过程中如何利用信息技术和手段，实现装备使用阶段器材保障资源信息的自动收集、快速处理、有效及时利用，从而达到对装备进行全系统、全过程、全方位管理与保障的目的。该方向以部队现装备物流管理为研究对象，以研究构建现代信息管理平台下的装备物流管理新模式为出发点，以信息技术和手段在装备物流信息资源管理中的应用为主要研究内容，以现代管理理论和方法与信息化建设理念相融合，实现装备物流管理信息存储的数字化、业务处理的自动化、数据传输的网络化、信息管理与使用的集成化、决策分析的智能化、资源分布的可视化，全面提高我军装备保障水平为建设目标。

装备物流管理与装备物流管理信息化的研究贯穿于装备保障的全过程，对新时期我军装备保障的建设举足轻重。将21世纪技术领域的两大制高点，信息和物流引入到我军装备保障领域中，并结合军队实际进行创新研究，学术价值重大。其研究成果的应用，必将带来我军装备保障模式的新变革，使其更加适应军委新时期战略方针和新时期军事斗争准备的要求，因此，该研究方向具有重要的作用和意义。

三、学院装备物流管理专业主要研究成果

装备物流专业近年来，围绕部队建设，进行了多项科研工作。其中，“全军装甲装备器材保障信息化建设”项目，已经在全军装甲部队、各个军区和总部实施应用，军事经济效益显著，专家鉴定意见为居国内领先水平。“装甲装备技术保障信息化”项目，也已经在全军各级部队得到了广泛应用。完成了CALS战略的研究及对在我国武器装备领域推行CALS战略的有关问题探讨，先后完成了“装甲装备器材存储可靠性”、“装甲装备器材管理研究”、“全军装甲器材网络管理信息系统”、“装甲器材便携式管理信息系统”、“应急器材资源保障系统”、“器材管理多媒体教学系统”、“装甲装

备动用研究"、"外军技术保障"、"装甲装备器材业务培训系统"、"装甲装备器材包装、保养新材料、新技术研究"等多项科研课题，先后获得军队科技进步二等奖4项，三等奖8项。出版了《装甲装备器材管理》、《装甲装备器材仓库管理》、《装备管理》、《装备技术保障概论》、《装备综合保障工程》等学科著作，发表论文90多篇。在装备物流管理与装备保障信息化研究方面居军内领先水平。

（供稿：装甲兵工程学院）

中国人民解放军后勤指挥学院

中国人民解放军后勤指挥学院是我军后勤领域的最高学府，是最早从事军事物流科研、教学的军队院校，也是目前惟一可以培养军事物流管理专业博士研究生的授权单位。现将该院军事物流专业教学情况简介如下：

一、军事物流专业介绍

自1952年后勤学院(后勤指挥学院的前身)建院以来，一直担负着军事后勤指挥、管理及各专业勤务保障理论的研究和教学任务，先后为军队培养了大批各级、各类后勤指挥军官。1984年1月，为了满足军队后勤现代化建设和战争准备的需要，中央军委签署命令，在后勤学院成立全军第一个仓库教研室，承担开创军事仓储学科、培训全军仓库领导干部的任务。教研室在王宗喜教授的领导下，开拓性地完成了各项科研和教学任务，创造了当年建室、当年开训的"教育史上的奇迹"，开展了全军仓库领导干部轮、培训教学和军事仓储专业大专学历教育。80年代末，为迎合现代物流的发展趋势，学院将现代物流的先进思想和理念，引进并融合到军事后勤领域，依托学院在军事后勤各专业理论研究的优势，在军事仓储学科的基础上，协同军事交通运输、物资管理等相关专业，大力推动军事物流学科建设。1994年开始招收军事仓储、军事运输、交通保障等专业硕士研究生，1999年开始招收军事物流管理专业博士研究生。经过十几年的发展，现已构建起较完善的军事物流理论和课程体系，形成了结构合理、专业互补的教学科研人才队伍。至今为止，共发表军事物流相关论文2 000余篇，出版专著、教材60余部，培养出了大批的军事物流技术骨干和管理人才、硕士研究生、博士研究生；现有教授3名、副教授8名，具有博士、硕士学位的教员9名。

二、军事物流理论体系建设

构建完善的理论体系是学科建设与人才培养的基础。学院教研室成立后，积极开发、研究军事仓储理论，在短短的几年内，先后创编、出版了《军事仓储学》、《军队仓库管理学》、《仓库领导概论》、《仓库战时勤务》、《仓库管理手册》、《仓库物资管理》等10余部专著、教材，建立和完善了军事仓储学科理论体系。1993年，以"首创军事仓储学科"荣获全国高校优秀教学成果国家级二等奖、军队级一等奖，填补了我国军事科学领域的一项空白。在此基础上，学院坚持理论创新，积极拓展研究领域，大力推动军事物流理论研究与实践，1994年初，出版全军第一部军事物流专著–《军事物流概论》，之后，展开了对军事物流战略理论、系统理论、动力理论、结合部理论、物流场理论、军地一体化等理论的系列研究，先后创编出版了《物流场理论及其应用》、《仓储论》、《军事仓储前沿理论》、《军地物流一体化理论》等专著，2000年，集十几年理论研究之大成的综合性研究课题《军事物流理论开发与应用》，荣获2000年度宝供物流理论创新一等奖，这标志着军事物流理论研究日臻成熟。

三、军事物流课程体系建设

军事物流专业研究生的课程设置由三部分组成：公共必修课、专业必修课和选修课。其中，公共必修课主要包括外语、政治、军事等基础课程；专业必修课主要指核心专业课程；选修课主要是针对学生自身知识结构和研究方向所开设的拓展知识面、夯实专业基础的相关课程。尽管对于博士、硕士等不同层次的研究生，其培养目标不同，课程设置的侧重点也有所区别，但在具体课程设置时，都强调了指技合一、军地兼容。现将军事物流专业研究生所开设的课程(不包括公共必修课)介绍如下表：

序号	课程名称	学习对象	学时
1	现代军事后勤理论	博	40
2	军队后勤管理理论	博	40
3	军事物流管理理论	博	60
4	物流系统论	博、硕	40
5	综合物流与供应链管理	博	40
6	军事交通运输管理理论	博、硕	40
7	军事物流概论	硕	40
8	军事物流系统设计	博、硕	40
9	物流成本管理	博	40
10	物流信息管理	博、硕	40
11	专业英语	博、硕	60
12	军事物资筹措与供应	硕	40
13	军事仓储学	硕	60
14	军队仓库管理学	硕	60
15	库存控制与管理	硕	40
16	军事经济学	硕	40
17	军事运输	硕	60
18	交通保障	硕	60
19	军事运筹学	博、硕	40
20	经济法	博、硕	20
21	网络营销	博、硕	20
22	生产运作管理	博、硕	20
23	国际货运与仓储	博、硕	20
24	电子商务概论	博、硕	20
25	组织行为学	博、硕	20
注	1、包括博士、硕士研究生专业必修课和选修课； 2、部分课程采用校外选课或外聘专家的形式。		

四、军事物流专业教学特色

经过近20年军事物流教学实践，后勤指挥学院已经形成了自身的专业教学特色，主要表现为：

（一）坚持开放办学，谋求联合发展

为了实现优势互补、资源共享，提高办学质量，多年来，军事物流专业始终坚持开放办学的指导思想，在“联合”上求发展。一是加强军内联合。在不断推广、深化机关、院校、部队“三位一体”办学模式的同时，加强与军内院校联合育人，与现已开设物流专业的装甲兵工程学院、后勤工程学院、空军后勤学院、军械工程学院等军队院校积极合作，共享教育资源，交流育人经验，取得较好效果。二是加强军地联合。1999年，后勤指挥学院王宗喜教授提出了“军地物流联合发展”的思想，并在此思想指导下，与北京科技大学、北方交通大学、北京物资学院及北京工商大学等四所设有物流专业的地方高校组成了“北京地区军地物流学术研究协作网”，通过互聘讲课、相互选课、联合攻关、学术交流等形式共同培养物流人才。与此同时，后勤指挥学院还与宝供物流集团公司等地方物流企业建立合作关系，通过学生实习、在岗培训等方式联合培养军队物流研究生和企业物流员工。这些合作既整合了教育资源、又提高了育人质量。

（二）强化实践环节，注重实验教学

为了提高人才培养的针对性，在军事物流专业教学中，学院非常注重对学生实践能力的培养，利用各种实验手段和实践机会，促进其理论与实践的结合。一方面，积极筹建军事物流工程实验室，完善实验平台，为学生创造模拟现实的条件，增强其对军事物流理论的理解和掌握；另一方面，创造一切机会安排学生参与课题研究，到机关、部队及地方企业实习，通过具体实践，锤炼学生的科研及实际工作能力。

（供稿：中国人民解放军后勤指挥学院）

上海海运学院

上海海运学院长期从事交通运输与物流专业学科的教学、科研工作。从20世纪80年代开始讲授物流学课程，经过学院长期的物流学科发展的积累，目前已经形成覆盖物流各相关学科领域的研究和教学体系，以及力量雄厚的教师群体。

一、相关本科专业

（一）物流管理

学院是开办物流管理专业较早的高校之一，

该专业是学院的品牌专业，重点线招生。

（二）交通运输

该专业已有 50 年历史，专业特色是水运管理。该专业师资力量雄厚，毕业生遍布各港口与航运企业。物流课程是该专业的核心课程。该专业是学院的品牌专业，重点线招生。

（三）工商管理（国际航运）

该专业是学院的品牌专业，由远洋运输业务专业发展而来。以很强的英语应用能力以及娴熟的航运管理业务知识为特色，毕业生深受行业欢迎。物流课程是该专业的核心课程。该专业重点线招生。

（四）法学（海商法）

海商法一直是学院的特色专业方向，办学历史较长，已成为法学界的海商法教学和研究中心，毕业生深受行业的欢迎。目前该专业在保持自己的特色的前提下，正在向物流法规的教学和科研方向拓展。

（五）经济学

该专业的前身是水运经济专业。其毕业生分布于各港口和航运企业以及相关的政府和院校机构。物流课程是该专业的核心课程。该专业在保持自己的特色的同时，积极发展物流经济的教学和研究。

（六）国际经济与贸易（电子商务）

该专业整合了学院经济贸易系和计算机系的师资力量，培养适应现代物流发展要求的复合型商务管理人才。

（七）机械设计制造及其自动化（物流装备）

该专业由港口机械设计与制造专业演变而来。毕业生主要分布于港口企业以及港口机械设备制造企业。近几年来，该专业开始向物流装备方向拓展。

（八）工业工程（物流工程）

该专业方向结合我院长期形成的专业学科特长，毕业生适用于从事企业和社会的物流工程设计、规划与管理工作。

（九）航海技术

该专业是学院具有特色的品牌专业，以培养远洋船长为目的，实行半军事化管理，毕业生获得高级船员所需的各种适任证书。

（十）轮机工程

该专业是学院具有特色的品牌专业，以培养船舶轮机长为目的，实行半军事化管理，毕业生获得高级船员所需的各种适任证书。

（十一）交通工程

该专业主要培养从事交通运输规划、设计等方面的专门人才，包括从事物流规划、设计以及相关工程项目管理工作。

（十二）港口航道与海岸工程

该专业主要培养从事港口、航道及海岸工程及相关工程的规划、设计和施工等工作。

二、相关研究生专业

（一）交通运输规划与管理

具有博士学位授予权，自 1980 年开始招生，专业特色是水运管理。该专业师资力量雄厚，该专业现开设有物流规划与管理的研究方向。

（二）国际法学

主要专业方向是海商法，在国内已形成较强的研究力量。

（三）产业经济学

自 1980 年开始招生，侧重于交通运输和物流产业经济学的研究。

（四）载运工具运用工程

侧重于航海技术、航运安全等研究。

（五）交通信息工程与控制

侧重于交通（特别是航运）及物流的信息及交通控制研究。

（六）工程硕士（交通运输工程）

主要培养交通运输高级技术和管理人才，物流技术与管理是其中重要的研究领域。

（七）工商管理（MBA）

学院 MBA 的特色是物流管理，开设有物流管理的课程，设置物流管理的研究方向。目前已有教育部的 MBA、国家经贸委 MBA 以及 EMBA 等多种培养模式。

三、相关高等职业教育专业

（一）港口物流与自动控制

培养港口物流设备与自动控制方面的高等技术应用型人才。

（二）集装箱运输管理与外轮理货

培养从事集装箱运输管理、集装箱码头管理和外轮理货管理方面的高等技术应用型人才。

（三）物流管理

培养操作型、应用型、技能型的现代物流企业管理方面的高等技术应用型人才。

（四）国际航运管理

培养航运业务能力较强的实用型人才。

四、物流专业学科相关的实验室

（一）货运代理模拟实验室

通过计算机模拟实验方式，使学生熟练地掌握集装箱货运代理业务的具体操作流程，以及各种单证的填写要求。

（二）进出口贸易业务实验室

通过计算机模拟实验方式，使学生熟练地掌握货物进出口业务流程，以及各种业务单证的填写要求。

（三）航海驾驶操纵模拟实验室

通过船舶驾驶器的操纵训练，在虚拟环境下，初步掌握船舶操纵技术。

（四）轮机管理模拟实验室

在虚拟的船舶机舱环境下，学生熟悉各种仪表，进行设备的故障诊断，初步掌握机舱设备管理的技能。

（五）港口起重机操纵模拟实验室

在虚拟的起重机驾驶室内，通过起重机操纵训练，使学生初步掌握设备的驾驶操纵技术。

五、相关科研机构

（一）物流研究中心

整合全校各学科的物流专家、教授，从事综合性的物流项目研究与开发。

（二）航运仿真中心

交通部重点实验室，该中心以计算机控制和仿真为技术平台，以海洋运输、港口设备、电气与自动控制系统以及物流管理、港口管理、船队组织、航运企业营运为仿真对象，是一个集科学研究、模拟仿真、技术开发与人才培养为一体的大型开放性综合实验中心。

（三）航海科学研究所

研究方向：航海电子系统设计；航海模拟系统开发；航海运用软件设计；航海安全保障；自动导航；航道工程应用分析等。

（四）海商法研究中心

下设国际海上公约研究组、海事研究组、中国海上法规研究组和资料室。研究方向以应用研究为主，立足国际航运，研究国际公约及海事处理案例，为建立我国海商法及为我国海事处理解决理论和实际问题。

（五）上海国际航运研究中心

直接参与上海国际航运中心的建设及其相应课题的研究和咨询工作。该研究中心设有国际航运政策与市场、港口经济与管理、信息咨询与服务等研究室。

（六）水运经济科学研究所

主要从事运输系统技术与经济分析、交通运输规划与管理现代化、航运现代化管理、综合物流技术、航运政策、运输产业发展、港航企业计算机管理系统等。

（七）港口机械质量监督检验测试中心

具有国家质量技术监督局颁发的计量认证合格证书，是法定授权对外出具公正数据的产品质量检测机构。

（供稿：上海海运学院）

山东大学

山东大学是我国较早开展物流技术研究和物流教育的高校之一。早在1986年1月，以原山东工业大学自动化系（现山东大学控制科学与工程学院）李希霖教授为首的课题组承接了某军区军械维修器材配送系统的设计、研制任务，历时5年，在完成科研任务的同时，培养了一批物流方向的硕士、博士研究生。从此，山东大学开始了现代物流技术领域的研究，先后承担过多项国家级科研攻关项目和企业实际应用项目，在物流与仓储系统、物流系统的优化、调度和智能控制技术以及机器人货物识别与拣选等方面形成了自己的特色和优势，积累了丰富的物流硕士、博士人才培养经验。

随着物流产业在我国经济领域的迅速崛起，物流人才供需矛盾日益突出。而山东大学以往培养的物流方向硕士、博士研究生主要进入了教育、科研机构继续从事物流领域的研究，远远不能满足市场对物流人才的渴求。2002 年，山东大学在控制科学与工程学院组建成立了现代物流工程系，下设现代物流研究中心(承担科研和物流方向硕士、博士研究生培养任务，现有 38 名研究生在读)和物流工程本科专业，旨在培养具备较宽广领域的现代工程科学和现代管理科学基本知识，系统掌握现代物流专业知识与技能，能在国家产业政策机构、科研机构、物流企业、工商企业相关部门从事物流系统规划设计、现代物流技术装备应用开发、企业物流系统集成与管理、及相关工作的复合型高级物流技术人才。为了尽早出物流人才，2003 年除招收 50 名 2003 级本科物流工程本科专业新生外，还在本校 2001 级工科类本科学生中招收了 50 名同学，直接转入物流工程专业三年级学习。至此，山东大学形成了从本科、硕士研究生到博士研究生的多层次物流人才培养体系，满足市场对物流人才多样化的需求。

为适应现代化社会发展的需要，培养基础知识扎实、适应面宽的复合型高级物流技术人才，山东大学本着知识与能力相结合、以能力培养为主的教育思想，在整个物流工程专业课程体系安排上，不仅强调多元化，还突出特色，力求做到“宽口径、厚基础”。山东大学物流工程本科专业的主要课程有：现代物流学、现代管理学、数据结构、面向对象程序设计、数据库设计与开发、微型计算机原理与应用、电子技术基础、自动控制原理、应用统计学、自动化数据采集与监控、系统工程概论、物流系统规划设计、物流系统三维建模与计算机仿真、软件工程、现代物流技术与装备、自动化仓储设计与管理、电子商务与物流信息化、配送与运输规划、现代生产物流系统、项目管理、供应链管理、智能识别技术、决策支持系统等。整个课程体系形成一个有机整体，体现了物流工程专业计算机技术、自动化技术、信息技术、控制工程、机械工程与管理科学相结合的特点。

为了提高学生的实践能力，山东大学非常重视实验基地和实验室建设，坚持走产、学、研相结合的道路。目前现代物流工程系拥有多个现代化物流实验室，包括物流自动化实验室(AS/RS LAB)、物品识别技术实验室(ADC LAB)、集成化物流管理软件实验室(IMHS LAB)、物流虚拟仿真实验室(SIM LAB)，其中“物流自动化实验室”，拥有全套自动化立体仓库设施，包括 2 个巷道、4 排立体货架共 152 个货位、自行研制的自动转向堆垛机 1 台、日本 SK 工业机械手 1 台等自动化物流系统设备。完善的实验体系，可为本科生、研究生、社会各界人士提供先进的实验平台。已为本科生开设了物流系统规划设计分析、智能识别技术、物流系统三维虚拟仿真、仓储设施与管理、现代生产物流监控与调度、电子商务与物流信息系统等专业实验。

在世界发展瞬息万变的今天，汲取国内外先进知识，吸收和借鉴国内外多方面的成功经验至关重要。山东大学非常注重对外交流合作，每年邀请国内外著名学者来讲学或作专题报告，组织学术骨干到国内外著名高等学校及研究中心学习和调研，积极参加国内外高水平的学术会议和高科技产品博览会，举办国际学术会议，营造了良好的学术氛围。这些学术活动对山东大学的物流学科建设、教学管理、人才培养起到了非常重要的作用。长期的教学和科研实践，已使山东大学拥有一支精通现代物流先进技术的专家队伍，其中现代物流工程系有博士及博士后 2 人，硕士 12 名，有 10 多名青年骨干，他们曾在国外知名大学学习并进修现代物流管理及信息技术，具有先进的理论基础和丰富的实践经验。

(供稿：山东大学)

中山大学

中山大学位于我国改革开放前沿的广东省，由孙中山先生于 1924 年创办，并亲笔题写“博学、审问、慎思、明辨、笃行”校训。学校现有 3 个校区，总面积达5.04平方公里，分别坐落在珠江之畔和南海之滨。广州南校区占地1.17平方公里，北校区占地0.39平方公里；珠海校区占地3.48平方公里。各校区树木葱茏，绿草如茵，景色秀丽，均是陶冶情操、读书治学的胜境。

早在1935年，学校就开始招收研究生。建国以来，中山大学一直是全国重点大学，也是我国首批博士、硕士学位授予单位和建立首批博士后科研流动站的单位之一。90年代，由国家批准率先在华南地区设立第一所研究生院，建立起学士、硕士、博士完整的人才培养体系。

中山大学具有深厚的历史渊源和优良的学术传统，鲁迅、郭沫若、冯友兰、周谷城、俞平伯、陈寅恪、王亚南、王力等蜚声海内外的专家学者都曾在中山大学任教。学校名家大师荟萃，熏陶着一代代莘莘学子，形成了良好的学术风气，不少才华横溢的毕业生成为社会各界的杰出人才。

中山大学是一所学科门类齐全的综合性大学，目前设有19个学院及研究生院、软件学院、网络教育学院和高等继续教育学院。全校共有具有博士、硕士学位授予权的一级学科11个，博士学位授权点104个，硕士学位授权点166个，专业学位授权点11个，9个博士后科研流动站，20个国家级重点学科和31个广东省重点学科。全校有79个本科专业，6个国家级基础科学研究和人才培养基地，还具有国家大学生文化素质教育基地和中国的第一个大学生体育训练基地。目前各类在校学生40 400人，其中博士研究生1 970人、硕士研究生5 440人、在职攻读专业博士硕士学位1 250人，本科生17 100人，外国留学生近450人。

全校共有教职工11 850人，其中博士生导师400人，教授660人，副教授1 000人。其中包括中国科学院院士3人、中国工程院院士3人。学校还拥有2个国家重点实验室和2个国家重点学科专业实验室，2个教育部重点实验室，4个教育部人文学科重点研究基地， 4个卫生部重点实验室，5个广东省重点实验室。中山大学图书馆已被教育部确定为高教文献保障体系华南地区中心，是中国高等教育文献保障体系的7个中心之一。学校拥有7所附属医院。迄今为止，中山大学已与美国、加拿大、日本、澳大利亚、英国、法国、德国等国家和地区的100多所著名大学、学术机构和团体建立了学术交流关系，并与其中的40多所签署了交流协议。

2002年底教育部正式批准中山大学设置物流管理专业，并于2003年正式招生。在此之前，该校已从2000级和2001级学生中通过高架桥方式选拔一批学生转入物流管理专业学习。目前，已有本科生60人，硕士研究生（管理科学与工程专业物流管理方向）5人，博士研究生（世界经济专业国际物流管理方向）2人。物流管理专业现有教师11人，其中教授4人、副教授4人、讲师3人，11人中具有博士学位的10人。

中山大学物流管理专业旨在培养理论基础扎实、知识面广、适应性强的开放型、创新型和复合型的现代物流技术与管理高级专门人才。在培养过程中注重理论与实际相结合，着重培养学生分析问题和解决问题的能力，要求学生在校期间必须掌握现代物流技术与管理的理论与方法以及相关的法律、法规，毕业后能够运用所学的知识从事现代物流系统分析与设计、现代区域物流规划、企业物流战略与规划制定、现代物流企业经营与管理等理论研究或实务工作。目前，已与深圳中海物流有限公司、广州本田公司、广州钢铁股份有限公司、广州合生创展房地产公司、深圳华为公司、香港中文大学等单位建立了合作关系。

中山大学物流管理专业开设运筹学、生产运作与管理、物流系统分析与设计、供应链管理、物流企业管理、物流配送与运输管理、物流作业成本管理、市场营销学、物流技术与装备、物流企业战略管理、电子商务与物流信息化管理、采购与仓储管理等专业主干课程。

为了推动现代物流业的快速发展，努力服务于社会，服务于经济建设。中山大学于2002年7月成立了“中山大学现代物流技术与管理研究中心”。目前，该中心有专职科研人员9人，兼职人员若干人（兼职科研人员，视项目需要从校内外聘请，以项目合作方式开展工作）。中心在学校和学院两级领导的关心和支持下以及在全体教学与科研人员的共同努力下，计划用3–5年时间把自身建设成为具有国内一流水平的集教学、科研以及职业培训为一体的科研实体和物流技术与管理人才培养基地。

中大物流中心的主要工作是从事现代物流系统分析与设计、区域物流战略与规划、企业物流系统设计、物流配送中心设计、企业供应链管理等方面的科研、教学、培训和咨询等工作。目前，中心正在积极筹建物流实验室，为物流科研和教学提供良好的条件。同时也正在与一些著名企业商谈有关物流方面的产、学、研合作事宜，积极利用社会资源，发展自己，回报社会。中心正在启动一些科研项目和企业物流管理人员的培训工作。

（供稿：中山大学）

大连海事大学

大连海事大学是我国水路运输领域的惟一一所重点大学，历史悠久，在海内外享有较高的知名度。交通运输管理学院伴随着海事大学（原大连海运学院）的诞生而成立，已有50年的历史，为我国交通运输业尤其是海运业培养了大批精英人才。

物流工程专业是在多年开设国际多式联运专业的基础上，为适应社会发展而在国内较早设立的。学院设有物流系统工程研究中心，拥有结构合理的学术梯队和雄厚的科研实力，在该领域具有较强的科研能力。学院是工学硕士、博士学位授权点，开设有物流系统工程研究等专业方向。

交通运输管理学院现有教授6名，副教授20余名，留学博士7名，享受国务院政府特殊津贴教师2名。教师队伍学缘结构合理，学科带头人在全国同行业中有较高的知名度，在国家及省部级的专业组织中担任着许多重要职务。学院参加了许多学术组织，发挥着积极的作用。

交通运输管理学院依据人才市场的需求及学院特点在多年开设国际多式联运专业的基础上，为适应社会发展而在国内较早设立物流工程专业的，于2001年11月向国家教育部申请开设"物流工程"专业。2002年国家教育部批准成为全国仅有的两所有物流工程专业的高等院校之一。

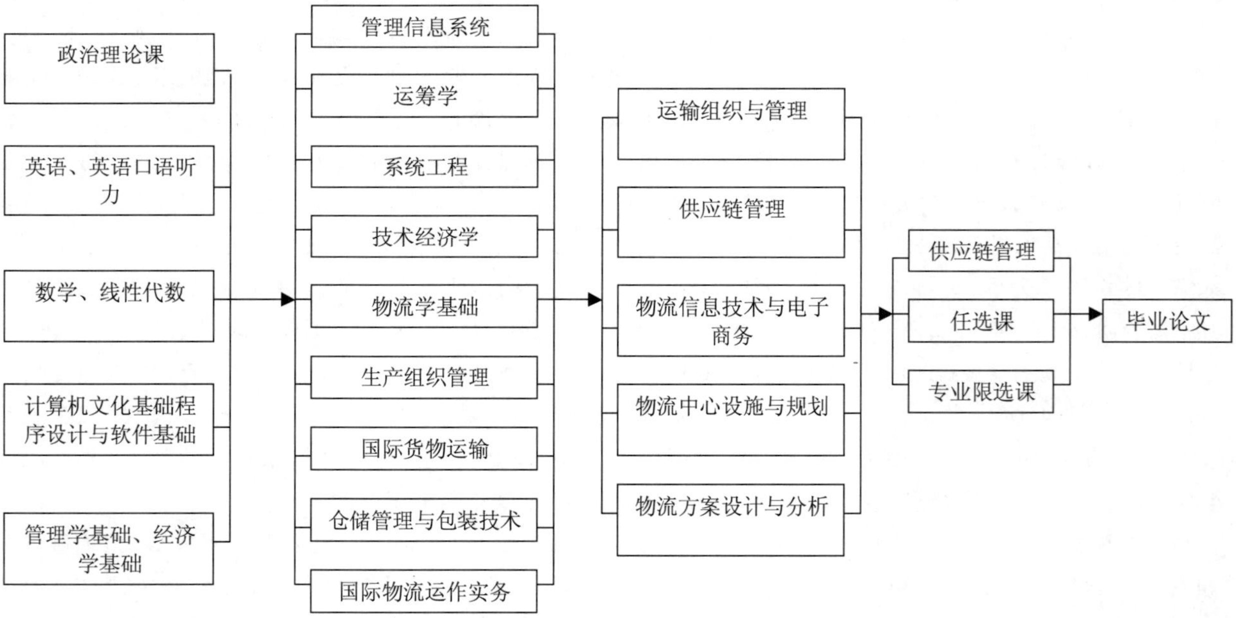

物流工程专业选课指导图

物流工程专业本科教学是为培养适应社会主义现代化建设需要，具有创新精神和现代意识，掌握物流工程及相关学科基础知识和必要的专业知识技能，在德育、智育、体育方面全面发展的高综合素质的物流工程高级管理人才。开设的主要课程：邓小平理论概论、马克思主义政治经济学原理、英语、体育、高等数学、线形代数、计算机应用基础、运筹学、管理学基础、经济学基础、物流学基础、生产组织管理、系统工程、仓储管理与包装技术、运输组织与管理、物流中心设施与规划、物流信息技术与电子商务、物流方案设计与分析、国际物流运作实务、供应链管理等。

学院从1996年起，已在交通运输管理专业开设物流方面的选修课程，学生选修比较踊跃。

在实践教学方面，学院目前与企业签订的学生实践基地有4个，每个假期和毕业实习期间都派学生去物流企业参加社会实践，全国最著名的一家物流企业宝供物流为该校学生设立了奖学金。近期，交通运输管理学院与厦门一家公司达成协议，该公司将向我院赠送一套“物流管理系统模拟”软件试用版，以弥补学生实践方面的不足。同时，学院还成立了物流研究所，研究最新物流学科的前沿动态。

交通运输管理学院在物流工程领域承担了多项省部级，及国家大型企业的重大科研课题，许多省市的物流规划研究项目已通过评审，在物流业的发展当中发挥了重要的指导作用，多次获得省部级奖励。2002年，交通运输管理学院物流系统工程研究所辽宁外运物流课题项目组与辽宁外运物流公司合作在米其林轮胎公司（世界500强企业，在世界轮胎行业中居首位）中国物流服务项目竞标中，一举战胜众多国际著名物流公司最终夺标，充分证明了该院在物流项目研究与开发、管理等方面已经具有世界先进水平。

交通运输管理学院多次举办了各类物流培训班及物流讲座，每年聘请国内外专家、学者、兼职教授等作学术报告，经常主办各种国际或国内物流研讨会及报告会等，2000年成功举办“现代物流发展国际论坛”、2001年主办“现代物流及港口发展高级研讨会”，2002年又承办了“第二届全国高校物流教学研讨会”。学院学术气氛活跃，理论及实践研究深入。

（供稿：大连海事大学）

武汉理工大学

武汉理工大学物流工程系现有98名专任教师，其中教授16人，副教授47人、博士生导师7名、高级工程技术人员4人、国家级专家2人、省级专家2人，国务院特殊津贴享受者10人。该系现有港口装卸技术实验室(交通部重点实验室)及物流技术与装备实验中心各一个，实验室面积8 821平方米，实验设备总值966万元。主要仪器设备有400KN结构疲劳试验机、链斗卸船机试验台、动态信号仪、静动态数据采集仪、eM-Plant软件、ANSYS结构分析软件、集装箱关键部件（卷筒、钢丝绳)综合实验台、滑轮性能及疲劳实验台等，可承担结构静动态强度实验、大型结构疲劳实验、缺陷结构承载能力实验、集装箱关键部件(卷筒、钢丝绳)综合实验、滑轮性能及疲劳实验、基于无线网络集装箱装卸机械群远程监控与调度系统实验、散货力学与散货机械实验、AS/RS系统实验等。“港口物流技术与装备教育部工程研究中心”和“武汉港口机械质量监督检验测试中心(通过国家技术监督局计量认证)”的研究基地设在该系。

目前物流工程系设有“机械设计制造及自动化”、“工业工程(管理类)”、“物流工程”和物流管理四个本科专业。在“机械设计制造及自动化”专业中，按市场需求及学缘分布分为港机、机电、液压、模具设计制造等专业模块，“物流工程”分为物流技术、物流自动化和物流系统工程等专业模块。在学科建设方面，该系设有“机械设计及理论”、“机械制造及其自动化”和“机械电子工程”3个硕士学位专业，以及“机械设计及理论”、“机械制造及其自动化”2个博士学位专业。“机械设计及理论”学科为交通部重点学科，是十五“211”建设单位。

多年来，紧密结合我国港口物流技术与装备中急需解决的关键技术和新产品研究开发需要，逐步形成了以“现代物流装备与技术”和“物流系统规划管理”为核心的稳定的研究方向，并在散体力学及大宗散货接卸技术、起重机械现代设计方法与理论、气固二相流、失效分析及智能监控、诊断技术、物流系统预测理论及方法、物流系统计算机仿真等方面取得了丰硕的研究成果，承担有国家经贸委、教育部、交通部、湖北省及各大企业委托的科研课题100余项，形成了明显的特色和优势。在上述研究方向上，近五年来累计获国家级奖1项、省部级奖20余项，出版著作19部，发表论文700多篇，其中被EI、SCI、ISTP收录的有30余篇，科研经费近2 000万元。

该系面向全国物流产业，在教学和科研上以物流技术与装备、系统自动化、物流信息、物流管理为主，全面服务于港口、工厂及交通运输领域的物流工程。在人才培养方面着重培养面向21世纪全面发展的从事物流技术、装备及物流管理规划、设计、评价和创新工作的高级专门人才。

目前在读本科生1 148名，硕士研究生84名，博士研究生52名。

一、物流工程系现有办学层次包括：

1.本科：每年招生人数370人，就业率98%以上，25%考取硕士生。

机械设计制造及自动化(港机、机电、液压、模具设计制造等专业模块)

物流工程本科专业

工业工程(管理类)本科专业

“物流管理”本科专业

2.专科：“物流管理”专业，每年招生人数50人，近50%升本科。

3.工程硕士：每年招生人数75人。

机械工程领域，培养港口物流设备与管理方面高级人才。目前在日照港、天津港、张家港、宁波港和大连大起集团开办该专业硕士班。

物流工程(工业工程)领域，目前在深圳盐田港、武钢集团、湛江港务局等企事业单位开办该专业硕士班。

4.通全日制硕士：每年招生人数60人；培养现代港口装卸技术及装备、现代物流技术、物流系统规划与仿真、工程理论及应用等专业方向的工学硕士。

5.博士：每年招生人数20人；接着物流信息化关键技术研究、分布式虚拟现实研究与应用、物流工作流程管理与仿真等专业方向的工学博士。

6.“物流管理”培训班：受交通部科教司委托，为交通运输行业和物流企业开办各类物流短期培训班，培养企业急需的物流专业紧缺人才。

二、研究队伍与方向

本系有以中国机械工程学会物流工程分会前理事长孙国正教授、教育部物流工程研究中心主任陶德馨教授为首的，以面向21世纪物流工程发展的一支结构合理的研究队伍。近年来，通过不断努力，已形成如下研究方向。

1.物流系统规划的理论和方法的研究；

2.离散系统仿真研究；

3.自动化立体仓库一体化技术研究；

4.物流自动化系统的数字化接口及模块化设计；

5.现代物流标准检测体系研究。

近三年内物流方面的科研项目有：国外物流业的发展及对社会经济的影响、世界物流发展现状与趋势研究、集装箱机械群远程监控与调度系统研究、空港行李设备管理信息系统研究、基于城市交通管理系统研究、张家港港务局港口物流中心发展战略研究、上海港港口物流中心研究、湖北省交通运输发展物流战略研究、港口机械系统作业效率匹配及设备资源优化配置研究、中远武汉区域公司发展战略研究、出租车管理调度系统开发、多货类多船型港口装卸生产作业系统优化配置研究、基于无线局域网的集装箱堆场机械调度与监控系统研究、深圳航空港物流园区规划等。

（供稿：武汉理工大学）

大连铁道学院

一、管理系成立

大连铁道学院管理系成立于1985年。始称管理工程系，1998年经院内系部机构调整后，改称现名。现有教职工36人，其中教授1人，副教授12人，93%的教师具有硕士以上学位。管理系现有：会计学、市场营销（设市场营销和物流管理两个专业方向）、工商管理三个本科专业以及工商管理专业的第二学位。十几年来先后已有1 500余名本专科毕业生走上了工作岗位。目前在校本科生700余人。

管理系下设会计学、市场营销、工商管理、经济管理四个教研室。教学设备齐全，设有模拟会计室，先进的投影设备，可供一个班学生进行会计实习；设有微机室，35台高档微机可供一个班学生进行微机操作，配备物流管理系统、财务管理系统、金碟和用友ERP系统等供教学实践。

近年来，管理系在系领导班子的领导下，锐意进取，以科研促教学，紧密结合学科优势，面向社会，积极投入到市场经济建设的主战场中，在科研方面有了很大发展，共承担省、部、市级科研项目19项，科研经费近54万元，出版专著和教材18种，发表论文185余篇，获论文及科研成果奖、教学成果奖17项。

参与大连市多家企业的管理策划及信息化建设。与中国商业技师协会联合开展物流职业人员业务技术资格培训。

二、市场营销专业

市场营销专业旨在培养掌握现代市场营销及国际营销理论与实务、能从事各类企事业单位的经营管理、商务策划、物流管理、网络营销、市场推广、客户管理等工作的高级专门人才。本专业学生主要学习市场营销及工商管理方面的基本理论和基本知识，得到营销方法与技巧方面的基本训练。在教学中将通过课程教学、读书研讨、案例讨论相结合的形式，培养学生运用实证研究方法分析和解决问题的综合能力，以及良好的人际沟通技能和团队精神。

本专业设有市场营销和物流管理两个方向。1993年起招收物资管理专科，1996年起招收物流管理本科，1999年国家专业目录调整，物流管理专业并入市场营销专业，2003年申请恢复。已向社会输送物流管理人才300余人。市场营销专业覆盖工商企业组织管理、企划与制作、财务管理、物流管理、市场营销管理与运作的岗位群。毕业生可从事市场营销、物流管理、计划与文秘、公共关系、企划、财务管理等工作。

（供稿：大连铁道学院）

武汉大学商学院

武汉大学是国家重点教学科研型高等院校（2002年国家教育部批准可以自办专业六所重点高等院校之一），武汉大学商学院涵盖经济学、管理学两个学科门类。有理论经济学、应用经济学、管理科学与工程、工商管理4个一级学科。其中理论经济学具有一级学科博士学位授予权并设有博士后流动站。有9个博士点，18个硕士和工商管理硕士（MBA、EMBA）专业学位点。西方经济学和世界经济为国家重点学科，政治经济学、“发展经济学与国际经济发展”项目为国家“211工程”建设项目。“经济发展研究中心”是教育部100所人文社会科学重点研究基地之一。

武汉大学商学院具有雄厚的师资队伍，商学院有专任教师242人，其中教授75人，含博士生导师49人，副教授85人。此外还聘请了张培刚、董辅■及诺贝尔经济学奖获得者米勒等国外著名专家、学者为兼职或客座教授。商学院的学科体系完善，现设有12个系和美国加拿大经济研究所、经济研究中心等若干个研究所、研究中心，还有一个《经济评论》杂志社。学院现有16个本科专业，同时还有国家经济学基础人才培养基地、国际数理经济实验班、国际数理金融实验班及国际经济与贸易中法双学士学位班。

武汉大学商学院有良好的办学条件，现拥有5 000平方米的办公楼，院图书分馆藏书近40万册，中外文期刊1 300余种，设有加拿大资料中心、欧洲中心、世界银行藏书点。学院还设有实验中心、多媒体教室，拥有先进的教学实验设施。

从2001年起，武汉大学商学院在企业管理（物流管理专业方向）硕士研究生、工商管理硕士（MBA）中，设立物流管理研究方向。

2002年12月物流管理本科专业通过武汉大

学专业论证和批准,于2003年8月正式开始招生。

2002年5月物流管理本科专业通过武汉大学东湖分校专业论证和批准,于2002年8月正式招生。

2002年5月物流管理本科专业通过湖北省、国家教育部高等教育自学考试论证和批准,于2002年8月已正式招生。

2002年4月商学院、校继续教育学院与香港民爱(国际教育机构)签署了联合培养物流管理专业本、专科协议。

主要课程设置:运筹学、管理学、物流管理、微观经济学、宏观经济学、物流信息系统、会计学、统计学、财务管理、市场营销、经济法、生产与运作管理、供应链物流管理、物流与电子商务、物流企业战略管理、物流技术与应用、物流成本学、第三方物流、仓储与配送管理、物流系统模拟、区域物流、物流系统规划与设计、国际物流管理等课程。

在物流研究方面，主要在区域物流、商贸物流、企业物流、配送中心设计、物流园区规划等方面开展研究。

(供稿:武汉大学商学院)

郑州工程学院

郑州工程学院始建于1959年,原隶属于原国内贸易部，现为中央与河南省共建的一所以工科为主,兼有文、理、经济、管理、艺术、法学等学科的多科性高等院校。在文理渗透、管工结合的学科交融氛围中,起步于1992年的郑州工程学院物流学科已经建成了教育、培训、研究三位一体的物流学科体系,在国内物流业界具有重要的地位。

早在1994年,当绝大多数企业和社会公众还不知道什么是“物流”的时候,郑州工程学院就经国家教育部批准在国内率先开设了物流管理专业,成为国内最早开办物流管理专业的高校之一,尽管1998年本科专业目录调整时撤并了该专业,但是，该校一直没有间断物流管理专业建设和人才培养,2002年又经教育部批准将物流管理方向恢复为物流管理专业。物流管理专业着力培养具备扎实的工商管理、国际贸易和物流管理理论与实践知识，了解国内外物流发展趋势和相关政策法规,熟悉物流管理的运作方法和物流信息技术、设施设备的应用分析,具有物流科学研究、物流系统分析、物流项目策划、物流方案设计等专业技能的高层次复合型人才。

为了提高学生的培养质量，物流管理专业实施了“合格特色”的培养模式,按工商管理类招生,两年后学生选择专业，以拓宽学科基础，突出特色；在学生中成立了科研协会，设立学生科研基金;成立了考研沙龙,鼓励学生考研,实现以学生“科研和考研”促学风建设的目标。学生的综合素质普遍很高,仅98级物流管理专业两个班的学生中就有10人在《中外管理》等全国核心期刊上发表18篇学术论文。由于措施得力,保证了教育质量,1999年承办物流管理专业的工商管理系被评为河南省“教育质量年”活动先进集体。

郑州工程学院已为社会培养了500多名物流管理高级人才，许多学生在校期间就被企业抢先预定,毕业生首次就业率百分之百,并有几十名学生考上国内外知名高校的硕士研究生。毕业生遍布全国各地的工商企业、物流公司、政府机构、大中专院校,受到用人单位的普遍欢迎,许多人已经成为国内物流业界的领军人物。目前,该校已经国家教育部批准开设了电子商务本科专业,与电子商务的结合，将使物流管理专业人才培养更具特色。

(供稿:郑州工程学院)

郑州航空工业管理学院

郑州航空工业管理学院是一所普通的经济管理类高等院校,主要专业包括经济学、国际经济与贸易、会计学、财务管理、统计学、工商管理、市场营销、人力资源管理、信息管理与信息系统、英语、法学、工程管理、计算机科学与技术等。物资经贸系的前身是物资管理系，是我国最早从事物资管理教学与研究的机构之一,1992年将物资管理专业改为物资管理工程(在企业物资管理的基础上加大工业工程、信息管理的比重)，同年又增设了物资经贸专业(从生产企业物流扩大至流通企业物流)。由于1998年国家教育部第四次本科专业目录修订中取消了物流管理专业，所以从1999年学院撤消了物资管理工程及物资经贸专业。然而，随着物流业的快速发展、物流人才需求量的上升，物流教育滞后于物流业发展的问题日益突出。而学院在长期的物流管理类课程教学与科研的基础上，积累了丰富物流管理专业的办学经验，所以向教育部申请增设(恢复)物流管理本科专业，2002年教育部批准了物资经贸系关于重设物流管理专业的申请，经过多年的发展，学院在物流管理专业人才培养方面积累了丰富的办学经验，已经建立起较系统完善的教学科研体系，在我国物流领域，发挥了重大作用，已取得的科研成果达数十项。

以前，由于行业隶属和管理体制上的原因，开设的物资管理工程及物资经贸专业在河南省、航空工业系统都有重要地位。20年来，物资管理工程及物资经贸专业的毕业生在河南省和全国范围内的航空工业系统的物资管理岗位上担任重要职务，为河南经济和我国航空工业的发展做出了重大贡献，学院也积累了丰富的办学经验。

1.物流管理专业的建设：物流管理专业的建设集理论教学及实践研究、信息管理、对外交流与合作三位于一体。我们认为，物流理论的研究、物流对经济的影响、物流信息系统的建立、物流专业人才的培养将是21世纪经济可持续发展的关键。物流管理专业的组建是以多名物流学者为骨干，并积极与国内外物流研究教育机构联系，拓展研究领域。

2.主要研究领域：物流系统设计、物流规划、物流管理、企业物流、物流信息系统、物料管理等方面。介于学院在管工结合、服务微观管理的办学特点，以及我们多年与航空工业企业的合作，学院物资经贸系在物流基础理论研究、特别是企业物流实践研究领域中处于较高的水平。

3.组成结构：物资经贸系下设物流管理，国际贸易，经济学三个教研室，

4.科研成果：学院拥有一支稳定的高素质师资队伍，有多年来从事与物流管理专业课程的教学与科研工作经验。近年来出版学术专著10部、发表论文百篇，取得的物流管理研究成果如下。

(1) 论著：《现代物流–新的经济增长点》、《工业企业物资供应与管理》、《现代工业企业物资管理》、《有色金属》、《国际商务英语合同与谈判》、《期货交易与管理》、《国际贸易实务》、《电工学》、《交通运输管理大全》，自编教材《流通经济学》、《储运管理学》等。

(2)课题：

航空企业物流软技术研究(1997航空部自选课题Z97003)；

航空生产企业物流优化研究(1997航空科学基金课题97J5507)；

储运企业(河南久凌)管理信息系统(1999河南省横向课题)；

储运企业(河南久凌)物流再造管理信息系统(2001河南省横向课题)；

先进制造技术的多目标评价理论与方法研究(1997国家自然科学基金项目79700022)；

质量功能展开理论方法与应用(国家自然科学基金项目7950008)；

企业过程再造的理论、方法及其应用(国家自然科学基金项目79600023)；

通用期货与结算管理系统(1995年)；

金苹果商务管理系统(2000年取得国家版权)；

工业企业物资管理课程建设(1997郑州航院一类课程)；

河南省交通运输发展对策研究(1994河南省科委重点科研项目)；

吉林省物资集团物流基地可行性研究报告(中国物流与采购协会委托国债技改研究项目(2002))；

企业物流定位与物流再造研究(河南省教委软科学项目2002)。

(供稿：郑州航空工业管理学院)

长沙理工大学

长沙理工大学(原长沙交通学院)于2000年

开始为交通运输专业的本科学生开设“物流工程”方向，2003年经国家教育部批准正式开办物流工程本科专业。该专业以交通专业为依托，结合物流工程知识体系，培养学生具有扎实宽厚的经济学、管理学和现代物流理论基础等知识，能把握物流产业发展规律，掌握现代物流管理知识和基本技能，能在国家相关产业政府机构、科研机构、工商企业、物流企业等单位从事物流管理与物流方案设计以及相关科研、教学等工作的高级专门人才，现有学生300余人。

该校物流研究所成立于1999年，4年来先后承担了省部级“交通物流技术发展战略”、“常德物流中心规划设计”、“港口物流系统仿真”、“湖南省物流协调发展研究”、“湖南省公路水运业结构调整与规划研究”、“传统运输企业向现代物流企业转化研究”等十余项课题，并招收了物流研究方向21名硕士研究生。

师资力量较为雄厚，有教授5人，副教授10人，讲师12人，以上人员中有5人分别在同济大学、长安大学、武汉理工大学在职攻读物流方向博士学位，其中具有博士学位的8人，有2人由交通部选派赴德国专修物流一年。该校在此专业上已形成由具备深厚理论基础并具较强科研能力的专家学者作为学科带头人，一批锐意进取、勇于创新的青年学者为基础的学术梯队。

研究方向：物流规划、物流供应链管理、物流技术经济、物流技术与装备、物流企业管理、交通运输规划、物流管理信息系统等。

对外服务：物流中心规划设计、物流配送技术、仓储技术、货运站场规划设计、企业物流系统设计、咨询与培训等。

专业成果：近年来已由人民交通出版社、机械工业出版社出版系列教材“物流管理”、“国内外物流案例”、“物流与供应链管理”、“现代综合运输系统”、“物流管理信息系统”、“电子商务与物流”、“现代物流设备与运用”和“交通枢纽与港站”。并在全国有影响的专业杂志和会议上发表论文80余篇。

（供稿：长沙理工大学）

上海第二工业大学中外运国际物流学院

为适应现代物流新兴产业发展的需求，上海第二工业大学中外运国际物流学院于2000年新开设物流管理专业，同年招收一个班43名学生。在以后的几年中随着物流的升温，每年都招生4个班200人左右。

本专业的人才培养目标，旨在培养具有创新精神和现代意识的德智体美全面发展的、掌握物流的基础理论和专门知识、具备物流组织管理能力和市场开拓能力、能优化实施物流方案的中高级技术应用型人才。

学院将高职教育定位于一种大众化的教育，在保证基础理论含量够用的同时，更加注重应用能力的培养。它不以取得学历证书为主要目的，而是学历证书与资格证书并重。专业教育计划的系统性与以能力为中心的课程模块并重，专业教学计划的完整性与专业课程的相对独立性相结合。它更突出表现为通过一门专业课程或一组模块课程的学习，有一技之长的获得或更多知识的扩展。通过课程设置，建立起既符合经济建设和社会发展目标，又切合学校自身优势，同时又能满足市场需求的具有高职教育特色的课程体系。课程内容先进，理论上、技术上与社会发展同步或略有超前。具体在专业建设方面我们主要做了以下一些工作。

一、加强师资建设，努力建立一支高素质的专业教师队伍

师资队伍建设是高职人才质量的保证。为此，一方面在每位教师课程方向定位的基础上，选派教师到有特色的高校进行专业进修学习。另一方面广泛与行业接触，使教师不断了解行业运作情况、标准和操作惯例，使所培养的高职人才不仅具有应用性、技术性，而且还具有较强的职业针对性。目前，学院有专业教师68名，其中具有副高级以上专业技术职称的教师25名。平时学院以开展专业教研活动为抓手，积极探讨并解决教学过程中的问题，坚持教学工作的日常检查。在规范教学过程中倡导教学的创新。

二、加强实践性教学基地建设，突出专业教学的针对性和适用性

建立高职产学实践基地可充分依托企业先进的技术、设备、工艺等以提高教学质量和管理意识的优势。在教学计划中，实践实训环节学时数占总学时的43%，确保学生在专业知识实习、专业课程实习和毕业实习中不断学习并掌握行业标准及操作惯例等。使学生能较快进入角色，缩短适应期以满足企业的期望，充分体现技术应用型人才的优势。

我们还聘请有关专家参加物流专业专家指导委员会，参与教学计划的制定和指导实习实训环节的工作。

目前，学院已签约的物流管理专业实训基地的企业有中外运、上港集箱、华星集装箱货运有限公司、申景国际物流公司、农工商配送中心、新金桥国际物流公司等。

三、积极筹建实验实训室为学生提供良好的物流工程环境

筹建物流各环节的流程运作实训室，使书本知识能运用于实际操作之中，使学生能掌握物流各功能整合的整体管理和运作能力。另外，积极引进物流运输、仓储、配送、报关、国际贸易等操作软件。物流运作计算机模拟操作，充分体现高职操作动手能力强的特色。

四、加强专业课程和教材建设以提高专业建设的内涵

理论课程体系的基本内容：

1.公共基础知识。德育、体育、大学英语、计算机应用基础、英语函电与外贸英语、管理信息系统、高等数学(包括运筹学)、经济法、管理学原理、经济学、市场营销、会计学、统计学、实用文书等。

2.物流基础理论知识。物流学、物流设施与设备、物流技术、国际贸易实务、商品检验与包装、仓储、运输、运输地理、运输工程等知识。

3.物流专业能力知识。国际贸易运输、国际货运代理、报关实务、集装箱运输技术、集装箱运输实务、多式联运、运输保险、供应链管理、数据库应用基础、可视化编程、物流信息管理等。

同时，开设公共及专业选修课，提供一些人文学科方面的实用课程和专业发展方面的实用课程，培养学生的专业素质、文学素养和综合素质，为毕业后多渠道择业提供方便。

学院在总结教学实践的基础上编写出版了现代物流教学系列教材一套13种，以满足教学的需要。

五、注重物流行业准入，积极培养学生一证多能的综合素质

为突出教育的针对性和适用性，专业建设中注重物流行业准入和获得职业资格的要求，组织学生参与物流能力上岗证书、国际货运代理、报关员证书的考证。

（供稿：上海第二工业大学中外运国际物流学院）

中国民航学院

中国民航学院物流管理专业归属交通工程学院承办，是我国航材管理和航空物流人才的培养基地。其前身是航空材料管理与外贸和工业工程(物流管理方向)，具有较长的办学历史。

一、专业培养目标

本专业培养掌握物流管理的专业技术，并能将物流管理的理论应用于物流领域；掌握相关的民航专业知识；掌握现代管理理论和方法、具有现代经营管理理念和创新意识、能熟练掌握外语和计算机应用的高层次技术性管理人才。

二、培养方向

生产型企业的物流管理、专业物流企业、港口、机场、航空公司、科研单位、高等院校以及其他与物流相关的事业单位和社会团体等。

三、主要专业课程设置

物流管理、市场营销、运筹学、管理学、生产与运作管理、经济学、交通运输工程学、供应链管理

四、师资情况和实验室

本专业拥有教授2名，副教授3名，讲师4名，均具有硕士、博士研究生学历。本专业拥有物流工程实验室和立体化仓库实验室，教学设备完善，办学条件优越。目前除了培养“物流管理”四年制本科生外，还在“交通运输规划与管理”学科招收物流管理方向的硕士研究生。

（供稿：中国民航学院交通工程学院）

东北财经大学

东北财经大学位于辽东半岛最南端的海滨城市–大连，是辽宁省所属的一所以经济学、管理学为主，包括管理学、经济学、法学、文学、理学五大学科门类的多科性大学。

东北财经大学始建于1952年。建校50多年来，学校共为国家培养了全日制本、专科生45 000人，博士、硕士研究生3 074人，函大夜大毕业生34 000余人，是全国培养财经管理人才数量最多的大学。毕业生分布在国家各级政府管理部门、各类公司、企事业单位、高等院校和科研机构，已成为经济建设的骨干力量，有的还担任了重要领导职务。

东北财经大学下设20个学院，4个系和3个教学部。并拥有两个国家重点学科。2002年，获批准为现代远程教育试点学校。

全校现有25个本科专业，均有学士学位授予权。学校本科学制为四年，面向全国招生和就业。MBA教育中心是全国第二批17个试点单位之一，在2000年国务院学位办进行全国MBA教学评估中荣获第二名，列清华大学之后。学校现有一个博士后流动站、二个一级学科（应用经济学、工商管理）博士点，下设14个二级学科博士点；23个硕士点；具有博士、硕士学位授予权。

学校现有本、专科生10 447人，研究生2 389人、外国留学生144人，函授、夜大等成人教育学生7 231人。国际汉语文化学院吸引了来自日本、韩国、美国、加拿大、南非等国家的留学生前来学习。

东北财经大学拥有一支力量比较雄厚的师资队伍，现有教师629人，其中教授141人（含博士生导师40人），副教授226人。东北财经大学具有教授评审的终审权和博士生导师遴选权。学校先后派出200余人出国访问、讲学、进修和参加国际研讨会，与美、英、加、日、德、澳、法、俄等14个国家的39所大学签署合作协议。其中国际商学院的3+1、3+2项目（与德国美因兹大学等高校合作）、与日本立命馆亚洲太平洋大学的2+2项目、与加拿大西安大略大学的3+1、2+2项目是我校走向国际化办学的标志。

东北财经大学现有产业组织与企业组织研究中心、经济研究所、史图研究所等26个研究机构，设有东北财经大学出版社和东北财经大学杂志社。《财经问题研究》创刊于1979年，为全国经济类核心期刊，面向国内外公开发行，在全国同类学术刊物评比中一直位居前列。学校拥有一支实力较强的专兼职结合的科研队伍，1997年以来，学校承担各级各类课题234项，获得资助金额448.3万元，其中国家社会科学基金会、国家自然科学基金会、教育部、国家科委资助科研项目和课题63项。仅在2001年，该校科研成果总数就达1222项，其中发表论文1025篇，出版专著23部，出版教材100部，出版译著8部，完成课题66项。

东北财经大学具有良好的办学条件。学校地处大连市黑石礁海滨，环境幽雅、气候宜人，占地面积50多万平方米，建筑面积36万平方米。图书馆馆藏中、外文书籍109万册，中外期刊9万余册。学校设有网络信息管理中心，拥有电子阅览室和多个多媒体报告厅、多媒体教学实验室、多媒体语音室，1999年落成的综合教学楼面积28 000平方米，极大地改善了办学条件，其中的国际会议中心可承办大型国际会议。校内铺设有千兆宽带网，MBA学院组建的多媒体网以专线联入INTERNET。另外，还设有卫星地面接收站和闭路电视系统等现代化教学设施。学校各类运动场地近5万平方米，新建有现代化的网球场和乒乓球馆。

学校以“高标准、国际化”为工作指导思想，以培养“有知识、会做人、善做事的现代人和创业者”

为人才培养目标,遵循着“博学济世”的校训,不断调整课程体系,优化课程结构,深化教学科研、人事制度、后勤改革,严格治校,把工作重点转向提高教育质量上。1999 年学分制和教师聘任制的实施使提高教学质量有了制度上的保障。

东北财经大学工商管理学院是学校所属二级学院,成立于 1994 年 7 月,是全国较早成立的工商管理学院之一。学院依托东北财经大学经济学、管理学科的整体优势,在继承传统学科优势的同时,不断发展新兴专业。学院现设有工商管理、市场营销、人力资源管理、物流管理四个本科专业,并拥有企业管理的硕士、博士点。学院积极推进国际交流与合作,目前与英国萨瑞大学服务管理学院、韩国忠南大学经商大学等学校开展了广泛的学术、办学及互派留学生方面的交流与合作。在国内,学院把自身优势和社会教育资源相结合,与中央电大合作开展了工商管理专业(专升本)的远程开放教育,拓展了办学空间。

学院拥有一支高素质的教师队伍,学院现有专职教师 40 名,其中博士生导师 3 名,教授 15 名,副教授 12 名,讲师 5 名。其中具有博士学位或博士在读的占教师比例 50%。

学院的物流管理专业于 2002 年由国家及辽宁省教育主管部门批准设立,该专业在沿袭和传承东北财经大学原物资经济管理、贸易经济的专业优势基础上发展建立,于 2003 年面向全国招生。本专业将依托该校管理学科的优势,致力于培养精通现代物流运营与管理的高层次复合型人才。本专业的教学侧重理论和实践的结合,采取内外结合的方式,将“以教师为引导,以课堂为园地,以模拟实验室为平台,以企业为基地”进行全方位的物流管理人才的素质教育。学生毕业后可以到大型流通企业、跨国公司、专业物流服务公司、咨询机构、高等院校、科研机构以及政府有关部门从事物流管理和研究工作。除了大学开设的公共基础课以外,本专业将开设流通概论、物流概论、运筹学、企业战略管理等 4 门专业基础课和供应链管理、仓储管理与包装技术、物流客户关系管理、配送中心运营与管理、电子商务等 5 门专业方向课,以及绿色物流、物流方案设计与分析、国际物流、质量管理、技术经济学、物流信息管理等多门专业选修课。

本专业面向全国招收考生,实行 4 学年的基本学制,并实行弹性学分制,修满学分、英语通过国家四级后授予管理学学士学位,并具有硕士和博士研究生等后续培养层次教育。

(供稿:东北财经大学)

沈阳建筑工程学院

一、物流工程专业现状及办学特色

(一)专业现状

沈阳建筑工程学院物流工程专业是辽宁省首批设立的本科专业之一,于 2003 年开始招生。我院的物流工程专业立足于借鉴和吸收国内外教学、科研成果与先进经验,培养适应社会主义现代化的需要,具有坚定正确政治方向,德智体美全面发展,能够从事物流工程系统设计、策划与管理;物流装备设计与研究;物流信息系统开发;物流企业规划与管理,并能综合运用现代物流技术、计算机技术和管理信息技术的融工学、管理学两大学科的高级复合型专门技术人才。

沈阳建筑工程学院物流工程专业设在交通与机械工程学院,现有专职教师 14 人,其中高级职称人数 9 人,具有博士学历(含在读)7 人,具有硕士及以上学位的教师占教师总数的 80%,目前师资结构合理,学术带头人及骨干教师分工明确,具有较强的教学、科研及应用开发能力。近几年已承担完成国家级、省部级等科研项目 30 余项,发表科研论文 200 多篇。目前物流工程教研室与德国慕尼黑工业大学、新加坡成工有限公司等建立国际合作关系,与国内兄弟单位建立了密切合作关系,为提高本专业及相关专业的办学水平和层次奠定了坚实基础。

为配合物流工程专业的发展与建设,特成立沈阳建筑工程学院提升与物流技术研究所。下设物流计算机仿真和物流装备两个实验室。物流工程计算机仿真实验室主要是通过计算机仿真与模拟，了解物料运输、存储等动态过程的各种统计性能，如运输设备的利用率、输送线路的畅通、物流的周期等。物流装备实验室主要研究物流装备，生产物流装备的核心是自动化立体仓库及其相配套的机械设备、信息采集系统、计算机控制系统，含高层货架、自动化巷道堆垛机、输送设备等。该研究所对外承担纵向和横向科研与开发任务。

（二）办学特色

物流工程是集机械、电子、光学、信息及控制等技术为一体的新兴交叉学科。自动化生产物流系统包括自动化立体仓库、巷道堆垛机、无人引导搬运车、工业机器人、计算机监控信息系统等，其新技术装备、新技术应用的含量高，是极为活跃的科研领域。学院确定了以现代物流装备与信息技术为主要发展方向，自动化立体仓库巷道堆垛机、起重运输机械及其控制技术、自动化立体仓库计算机管理系统、生产物流系统计算机辅助设计研究与仿真为主体的科研发展规划。在办学特色上，紧紧结合交通运输专业的办学优势，依托交通土建工程、机械设计制造及其自动化、计算机信息系统及工程管理等与物流工程相关的专业，侧重于物流系统的技术与工程知识运用。辽宁省是制造业大省、交通运输业强省，沈阳建筑工程学院地处中心城市沈阳，辐射作用强，办物流工程专业外部环境优越；学院学科齐全、办学条件完善、工程技术学科基础雄厚，可充分发挥交通运输、机械、管理、计算机等学科专业的支撑作用。

二、物流工程专业人才培养模式及课程设置

物流工程是一门新兴学科，具有综合性、交叉性、应用性的特点，不同于物流管理，物流管理的专业特征是从管理的角度认识物流，而物流工程强调物流系统的工程技术知识以及知识结构的延伸与提升，强调物流工程计算机模拟研究、物流仓储、立体仓库、条码识别、GPS 定位导航及包装设备等高新技术运用与实施，强调区域物流系统的集约化经营研究以及实践运作能力；同时，加强物流管理、电子商务等相关知识学习，使其具备现代物流技术的综合应用开发能力。

物流工程专业的毕业生可以快速适应工商企业、交通运输行业和物流相关部门的社会物流、生产物流和绿色物流方面开发应用、管理、营运等工作。物流专业的毕业生供不应求已是不争的事实。

（一）人才培养模式

在人才培养模式上，坚持现代物流工程人才不但要具有较好的物流工程系统的基础理论，同时要掌握物流工程中的物流装备的应用技能，强调物流工程专业的基本理论与实践需求的相互融合，构建坚实的物流工程专业知识平台。在物流工程计算机模拟研究、物流仓储、立体仓库、条码识别及包装设备等研究方面加大投入，强调物流实物及物流工程过程中的实践运作能力。同时，加强物流管理相关知识，使其具备一定的现代物流技术和综合应用开发能力。在教学方法上，运用现代教学方法，特别是利用 CAI 课件等多媒体教学，既增加了课堂信息量，又激发了学生的学习热情。

此外，注重吸收国外先进物流工程系统运作模式及经验，已与新加坡成工物流有限公司等企业建立了联合办学合作关系，以培养具有国际物流运作能力的专门人才。同时，与辽宁省交通厅、辽宁省高速公路管理局等部门进行双向交流，加强学生实际运作能力的培养。

（二）课程设置

在课程结构设置上，确保与专业的培养目标及专业特征的一致性。既突出了物流工程与交通运输相融合的课程设置特点，又坚持多学科相互融合。本专业课程按公共基础课和专业理论课分类设置，其中专业理论课又按照技术基础课、计算机技术课、物流工程专业课以及选修课设置。主要包括：程序设计、电工电子技术、交通运输学、计算机应用基础、运筹学、供应链管理、管理信息系统、计算机辅助设计、物流学、物流信息化技术与信息系统、网络与通信技术、机械原理及设计、现代物流技术及装备、仓储与搬运装备、仓储管理与包装技术、系统仿真、传感器及测试技术、物流工程、载运工具运用技术、现代物流设计与仿真、电子商务及平台设计、国

际物流运作实务等。其中,实践教学环节共40周,主要包括专业素质训练、认识实习、物流配送中心设计等课程设计、毕业实习及毕业设计。

该专业修业年限四年,授予工学学士学位。

(供稿:沈阳建筑工程学院)

西华大学(原四川工业学院)

西华大学(原四川工业学院)是教育部2002年批准设置物流管理本科专业的首批院校之一。该校物流管理专业隶属汽车与交通工程系,拥有教授3人,副教授3人,博士和在读博士4人,在物流管理和物流工程领域具有较强的科研和教学实力。现有在校学生60余人,2003年计划招收本科生120人,专科生60人。西华大学同时拥有四川省劳动厅批准组建的西华汽车职业技能培训学校,一直在四川省范围内开展物流和汽车行业职业技能培训。目前,该校物流管理专业在物流系统规划和运作优化、物流信息系统开发领域已初具成效,在邮政运输、医药物流、汽车零配件物流行业积累了一定的经验和成果。西华大学正在建设西南地区惟一的综合性物流管理实验室,其总体目标是成为集科研、实验、学术交流、人才培养于一体的物流学科建设和科研基地;成为西南地区在物流领域制定行业政策、物流规划时的重点依托平台;成为企业进行物流网络布局、流程设计、运作优化、管理咨询等工作的服务中心。实验室力争在2006年以前建设成为西南地区高校中技术先进、影响力广的实验室之一,达到现代化装备齐全,技术成型,成果丰硕的目标;在2010年前,逐步由以教学为主的物流实验平台发展为全方位的物流科研平台和高级物流人才培养中心。

(供稿:西华大学)

浙江大学管理学院

浙江大学管理学院从20世纪90年代中期开始开展物流管理方面的教学、研究及应用,与国内外众多的著名大学、物流公司建立了联系,并取得了丰富的成果。

目前,浙江大学管理学院设有物流管理、电子商务、信息管理与信息系统等本科专业,并已培养物流与供应链管理、电子商务等方向研究生50多人。

已承担多项国家级、省部级和政府企业委托的物流管理方面的研究项目,如:我国发展电子商务政策与策略研究(国家自然科学基金),电子商务发展规律与我国电子商务发展战略研究(国家社会科学基金),流程工业供应链的集成化管理(浙江省自然科学基金),信息化与流通体制的革命(浙江省社科基金),现代公路运输智能交通信息系统(浙江省科技厅重点项目),义乌市现代物流管理系统总体设计方案(浙江省科技厅项目),浙江省港航信息化建设规划(浙江省交通厅项目),浙江省公路客货运道路运输发展规划(浙江省交通厅项目)等,积累了丰富的物流管理研究成果。在物流运输系统规划、物流系统规划决策支持技术、物流管理信息系统体系结构、供应链协同等方面的研究处于先进水平。

师资雄厚、梯队合理。学院拥有从事物流管理教学和研究的教授、博士和海外留学回国人员20余人。此外,学院拥有先进的计算机网络和教学设施,建有"电子商务实验室"、"企业管理计算机模拟实验室",并正在筹建"物流管理实验室"。

(供稿:浙江大学管理学院)

长安大学

长安大学物流管理专业由经济与管理学院承办,已形成了物流管理本科专业、交通运输规划与管理(二级学科)硕士研究生(物流管理方向)和交通运输工程(一级学科)博士研究生培养体系,截至2002年底已有交通运输规划与管理(物流管理方向)三届硕士研究生毕业。

长安大学物流管理专业师资力量强大,博士生导师已增至4人;硕士生导师将增至12人。有多名教师出国考察、学习物流和供应链管理。出版了《高级物流学》(获陕西省高校科技进步奖)、《供应链管理》、《道路运输组织学》、《运输经济学》等一系列物流管理专著、教材。

长安大学经济与管理学院有物流管理研究所和多个强有力的学科力量支撑物流管理专业，专业教学、科研实力雄厚，成果丰硕。20世纪90年代中期就协助交通部举办了“国际交通物流研讨会”，进行一系列有关课题研究；近年来，在《中国软科学》、《交通运输工程学报》、《交通运输系统工程与信息》、《综合运输》等学术刊物发表物流管理方面论文二百余篇；拍摄了《物流现代化实践》教学片(2002年人民交通出版社出版)；完成了省科技厅“陕西省第三方物流发展战略研究”等几十项省部级和横向课题研究，获省部级及其他科研奖项十余项。其中有：“道路运输发展政策研究”(获中国公路学会科学技术一等奖)、“公路客货枢纽等级条件及布局”(获陕西省科技进步二等奖)、“陕西省物流业发展战略研究”、“焦作市区域物流系统研究”(获河南省交通科技进步奖、焦作市科技进步二等奖)、玉林市新团物流园区工程可行性研究、嘉峪关市物流发展规划研究、运城市物流中心研究、企业第三方物流方案研究等。经济与管理学院正在筹建具有国际先进水平的供应链物流管理实验室。

（供稿：长安大学）

河北经贸大学

河北经贸大学是经国家教育部批准的具有高等学历教育招生资格的全日制普通高等学校，是河北省省属十所骨干大学之一。

河北经贸大学设在河北省省会石家庄市，分北、南、东、西四个校区。校园地域开阔，环境幽雅，空气清新，是办学的理想场所。全校拥有图书馆4座，藏书100余万册；建有电子阅览室、计算机房、语音室、多功能教室、多功能学术报告厅、专业实验室和模拟实验室等先进的现代化教学设施。学校占地面积220万平方米，建筑面积42万平方米。现有全日制在校生18 000多人，是一所拥有经济学、管理学、法学、文学、工学、理学六大学科门类的30多个本科专业、14个硕士点的多科性大学。学校面向河北、天津、黑龙江、吉林、辽宁、山东、山西、内蒙古、陕西、河南、浙江、湖北、湖南、云南、宁夏、甘肃等16个省、市、自治区招生。

学校师资力量雄厚，现有教职工2 000余人，其中教授、副教授400余名，博士及博士后45名，硕士生265名；有一批做出突出贡献的中青年专家和享受政策特殊津贴的学者、教授；此外还常年聘请兼职教授近百人和多名外国专家学者来校任教。

近年来，学校先后承担了国家“863”计划、国家社科基金、国家自然科学基金、国家教育部社科基金、省博士专向基金、省社科基金等项目近200项。出版专著、教材1 000余部，在国内外刊物上发表论文4 000余篇，科学发明17项，获省部级以上奖励105项。

学校重视国际交流与合作，现与美国、英国、俄罗斯、韩国、加拿大、日本、比利时、新加坡、菲律宾等16个国家建立了广泛的校际联系，并互派专家学者访问和讲学。

2002年底教育部正式批准河北经贸大学设置现代物流管理专业，并于2003年开始招收本科生。该专业设在河北经贸大学商贸学院。

商贸学院是河北经贸大学的骨干学院，本科设有贸易经济、市场营销、电子商务和现代物流管理四个相互支撑的专业。学院现有贸易经济、市场营销、电子商务和物流管理四个教研室和产业经济、流通科学两个研究所。该院的产业经济学学科1996年被评为河北省重点学科，1999年被评为河北省优秀重点学科，2002年被评为河北省优秀硕士学位授权点。

河北经贸大学的现代物流管理专业面向企业、经济管理部门以及教育科研单位培养理论基础扎实、知识面广、适应性强，具有创新能力、实践能力的应用型高级物流管理专门人才。毕业后能够从事现代物流系统分析与设计、现代区域物流规划、企业物流战略与规划制定、物流企业经营与管理的教学、科研和实际工作。河北经贸大学的现代物流管理专业开设商品流通学、商品学、物流学导论、企业物流管理、配送管理、物流信息管理、供应链管理、运输管理、仓储管理、物流系统分析、物流成本管理、市场营销学、电子商务等专业课程。为了保证人才的培养质量，学校投资建立了物流管理实验室。商贸学院有一支优秀的教学科研队伍。在专业课教师中，现有教授8人，副教授10人，博士3人，硕士18人，许多教师不仅具有丰富的教学经验，而且参加过许多大中型企业的营销、管理、物流方面的策划、咨询或培训，具有丰富的实践经验。

河北经贸大学商贸学院始终坚持党的教育方针，把培养社会主义事业的建设者和接班人作为自己的根本任务，把人才培养类型的目标定位于培养具有创新能力和实践能力的经济管理人才，并围绕这一定位大力开展教育教学改革，探索新的适应21世纪需要的人才培养模式，以应对新世纪我国加入世贸后组织人才竞争的新形势。在研究生教育方面，实行了校内导师与校外实践导师相结合的“双导师制”；在本科教育方面，他们在教改实验班推行了“学期论文”、“导师全程负责制”、“课程实践”等举措，并收到了较好的效果。截至目前，该学院已向社会输送了近4 000名本专科毕业生和硕士研究生。其中许多人已成为各级岗位上的领导干部、经济战线上的管理骨干、教育与科研领域的专家学者。该学院的人才培养质量得到社会的认可。

（供稿：河北经贸大学）

华侨大学经济管理学院

华侨大学是在周恩来总理关怀下，于1960年由国家创办的一所综合性高等学府。著名国务活动家、前全国人大常委会副委员长廖承志为首任校长。现任校长为全国政协委员、博士生导师吴承业教授。建校40多年来，华侨大学培养的近6万余名毕业生遍布海内外，其中境外校友3.2万余人。改革开放以来，学校的各项事业得到了大发展，取得了令人瞩目的成就，目前已发展成为具有博士、硕士、学士和预科等层次较为齐全的办学体系，涉及理、工、文、经、管、法、哲七大学科门类，包括6个博士点、40个硕士点、45个本科专业的多科性综合大学。拥有信息科学与工程、材料科学与工程、机电及自动化、经济管理、外国语、华文学院等16个院系及32个科学研究机构。拥有9个省部级重点学科、14个同等学力申请硕士学位授权点和10个副教授任职资格评审专业。在校各类学生1.6万余人，其中来自22个国家和地区的境外学生1 600余人。学校占地面积近70万平方米，建筑面积49万平方米，图书馆藏书100万册，中外期刊4 000多种，现代电子图书馆也已建成。现有教职工1 598人，专任教师中有377人拥有高级职称，具有博士学位130多人。此外，还有现代技术教育中心、文娱体育活动中心、学生公寓、学生餐厅、医院等设施齐备、国内先进的教学科研公共支撑系统。

学校按照“面向海外、面向港澳台”的办学方针，加强对外学术交流和科技合作，不断调整专业设置和学科方向。本着“加强基础、拓宽专业、重视实践、培养能力”的原则，深化教学改革，实行学分制，以适应海外.港澳台社会和祖国内地经济建设对专业人才的需求，为海内外学生未来的就业和继续深造奠定坚实基础。

华侨大学董事会由华侨、港澳同胞、归侨等各界著名人士组成，在香港、澳门设有办事处。

华侨大学本部坐落在我国历史文化名城、著名侨乡福建省泉州市，依山面海、气候宜人。海外侨胞、港澳同胞捐建的陈嘉庚纪念堂、陈守仁经管大楼、承露泉、侨总图书馆、捷中资讯大楼、杨思椿科学馆、李克砌纪念楼、菲华教学大楼、敬萱楼、椿萱楼、泉清楼、华丰楼、教锯楼、莲雪楼、楠芬楼、永亮锦云楼、进强楼、回咤体育馆、丁氏体操馆、金川活动中心、秋中湖和体育场等设施，雄伟壮观，为师生提供了学习和生活的优美环境。

华侨大学重视加强对外学术交流与科技合作，是一所外向型的高等学府。目前学校已与日本、美国、加拿大、澳大利亚、菲律宾、马来西亚等国家和香港、澳门、台湾等地区10余所高等学校建立交换留学生、合作科研、互派访问学者和进修教师等校际友好协作关系，经常邀请国际著名学者来校讲学。

今日的华侨大学正致力于把学校建设成为

"以工程学科为优势，以华文教育为特色，国内先进、在国际上有一定影响、具有良好声誉的综合性华侨高等学府"而努力。

华侨大学经济管理学院成立于2000年9月，学院现有国际经济、工商管理、管理信息科学、旅游、市场营销和电子商务等6个系、3个研究所、1个实验中心，有博士点2个，硕士点7个，本科专业9个，省部级重点学科2个，全国高职高专示范点1个，现有各类在校生近4000人；已经完成或在研的国家级课题10余项，省部级课题40余项。学院现有教职工125人，专职教师100人，其中特聘教授1人，博士生导师7人，正副教授45人，博士和在职博士生24人。

学院的物流管理专业于2003年经由国务院侨办和教育部门批准设立，并于2003年面向全国招生50名。本专业将依托我校经济与管理学科的优势，致力于培养掌握物流管理基本理论知识和业务技能，具有物流管理实务和理论研究的基础能力，能适应企业物流管理需要，具备物流系统设计和物流经营、管理、决策的高层次复合型物流管理专门人才。本专业的教学将以"理论、实践并重，校内、校外同步"为指导思想，注重理论与实际、课内与课外两个结合，在培养学生理论素养的同时，同步加强实践能力、动手能力和解决问题能力的培养。学生毕业后可以到大型流通企业、跨国公司、专业物流服务公司、咨询机构、高等院校、科研机构、政府有关部门及各类港口、码头和机场等物流企业中从事物流业务操作及相关管理、研究工作。本专业将开设仓储管理学、物流设施与设备、商品检验与养护、现代物流管理学、物流中心设计与运作、采购决策与库存控制、物流信息系统、电子商务与物流、物流系统论、物流与供应链管理、物流系统分析与设计、现代物流与自动识别技术、国际物流、物流管理数量分析等课程。

本专业面向海内外招生，学制4年。毕业生各科学习成绩合格，且通过大学英语四级考试，可授予管理学学士学位，并有机会继续攻读学院企业管理专业的硕士和博士研究生。

(供稿：华侨大学经济管理学院)

武汉商贸学院

武汉商贸学院物流工程系是在经过了6年调查研究，深入广泛筹措，并从专业定位、人才需求、师资力量、实习实践基地建设、毕业生就业去向等方面充分准备的基础上，于2002年9月经湖北省教育厅批准设立的。

一、培养目标

本专业以适应社会主义市场经济和现代化建设的需求为目标，培养具有创新精神和现代意识的德、智、体、美全面发展的，掌握现代物流管理的基础理论和专门知识，具备现代物流组织管理能力和市场开拓能力的应用型中高级技术管理人才。

二、课程设置特色

强调理论知识的针对性、实践技能的应用性。按照"基础理论知识适度，技术应用能力、知识面较宽、综合素质高"的特点，突出应用能力、操作能力。

以技术应用能力和基本素质培养为主线。按照CBE模式把所有课程整合成能力模块，形成网络状课程体系，系统培养工作能力。

（一）素质结构

具有良好的职业道德、爱岗敬业、创业创新、诚实守信的行业规范，具有形成技术应用能力所必需的基础理论知识和物流专业知识；具有较强的综合运用各种知识和技能，解决实际问题的能力；具有良好的交往、表达、理解、分析、社交、动手操作、终身学习以及适应环境变化的能力。

（二）知识结构

掌握为培养良好的职业道德、敬业精神、团队合作精神所必需的人文知识和科学素养；掌握熟练阅读、理解物流设备、设施的使用安装说明，物流方案实施必备的外语知识；掌握计算机基础应用和物流管理信息系统操作初步设计所必须的知识；掌握物流设施设备、物流技术、运输、仓储、联运、配送、商品分拣包装、供应链管理的基本理论与业务知识；掌握物流学基础、经济学、管理学、市场营销、经济分析、运筹学等基本理论知识。

（三）能力结构

外语能力：熟练掌握一门外语。

业务能力：具有较强的物流业务组织管理能力，物流业务推广销售能力，计算机物流系统操作、管理、优化能力。

适应能力：具有较强的人际交往能力、协调能力、公关、谈判能力。

创业创新能力：运用所学专业知识、技能，解决实际问题的能力。

（四）课程设置及体系

1.理论课：

(1)公共基础课。职业道德、毛泽东思想概论、邓小平理论概论、马克思主义哲学原理、高等数学、运筹学、大学英语、计算机应用基础、市场营销、商务谈判等。

(2)物流基本理论知识。物流管理基础、物流机械设备应用与管理、经济地理、物流技术、物流企业仓储管理与实务、食品保鲜技术、物流企业财务会计。

(3)物流专业能力知识。供应链物流学、运输与配送、电子商务与物流、物流信息系统、采购实务、国际货物与通关、物流包装实务、第三方物流企业经营管理、客户服务。

2.实习实践课：

(1)物流仓储管理实训实习。

(2)物流运输配送实习。

(3)连锁经营企业配送实训实习。

(4)报关实习实训。

(5)电子商务物流实训。

（五）实习实践基地

物流工程系与第三方物流企业、生产企业、交通运输企业、商业企业建立了实习实践协议，与中国物资储运总公司湖北分公司、红桃K集团、上海锦江麦德隆武汉洪山商场、武商集团量贩公司、武铁物流公司等已经建立了对口实习、培训、就业通道。因此，可以保证学生教学、实践的基本要求。本系还与上海市大型物流企业中储发展股份有限公司上海事业部草签了联合办学协议，学生在院本部学习两年，再赴上海实习实践一年，把学习–实习–实践–就业有机结合，建立物流人才培养直通车。

三、毕业生就业方向

本专业毕业生主要从事现代物流商品保管、运输、配送、装卸、搬运、包装、流通加工等，在第三方物流企业、交通运输企业、仓储企业、生产企业物流部门、商品流通企业业务以及与之相关的市场调查、预测、采购、经营管理、信息处理、咨询服务等工作。

（供稿：武汉商贸学院）

南开大学

当今世界经济的高速发展使现代物流成为了许多国家广泛应用的技术并取得了巨大的经济和社会效益。随着我国经济的快速发展，特别是加入WTO后，引进现代物流技术，发展现代物流产业，培养现代物流人才，已经成为我国当前最为迫切的任务。

南开大学现代物流研究中心是集教学科研于一体的学术机构，中心成立于1999年。早在1985年，南开大学就在研究生教学中开设了现代物流课程，积累了丰富的现代物流学科理论与教学经验。中心成立后，完成了一大批国家政府部门、地方政府以及物流企业、工商企业委托的重大课题项目和咨询项目，受到了有关部门和专家的高度评价，有些项目还填补了我国在该领域的空白，处于国内领先地位。

面对国内现代物流人才紧缺的局面，南开大学现代物流研究中心视培养人才、解决急需为己任，致力于现代物流高层人才的培养教育事业。2000年制定了《关于建立现代物流人才教育培训体系的方案》，并开始了方案的具体实施工作。经过近年来的努力，南开大学现代物流研究中心在培养现代物流专业人才方面取得了突出的成果，中心的教育培训体系主要包括四个层次：

一、计划内博士和硕士研究生教育

南开大学是国内较早开始现代物流专业研究生教育的学校。研究生阶段的培养目标在于通过三年系统、深入的专业化研究，使学生不仅具备扎实的理论基础及独立进行科研工作的能力，而且能够成为在物流企业和企业物流领域进行实际策划、管理和运营工作的高级复合型人才。课程体系包括中级和高级宏观经济学、中级和高级微观经济学、产业经济学、高级管理学、信息经济学、现代物流学、系统工程、运筹学、物流系统规划、物流与供应链管理、物流技术、物流信息系统、电子商务与现代物流、物流策划与流程开发等。研究生阶段的教育注重学生理论水平的提高和实践能力及独立科研能力的培养,使得学生毕业后不仅能够在企业中从事高层次的物流设计、管理、运营工作,在政府部门从事物流的宏观管理工作,而且还能够在高等院校和专业培训学校进行与现代物流相关的研究与教学工作。多年来,该专业方向的计划内研究生逐年增加,但仍然呈现供不应求局面。

二、面向在职人员的研究生教育

2002年,经教育部和国务院学位办批准,南开大学与香港理工大学共同举办了物流学硕士研究生班。学生经过两年的学习,修满规定学分,并通过论文答辩,颁发香港理工大学硕士学位证书。该班是我国第一个中外合作现代物流硕士研究生培养项目,首期在天津、北京、青岛三地共招生近100人。经过合作双方一年多的努力,该项目获得了圆满成功。经过双方高质量的课程教学,使学生系统地学习了国际上先进的现代物流理论知识,为我国培养了具有实践经验的高层次的物流专业人才。同时在项目的运作过程中,中心通过引进国外先进的教材和教学方式。进一步提高了学科建设水平,同时也积累了一些与境外合作办学的经验。2002年10月份,国务院学位办组织专家组对该项目进行了评估,获得了很高的评价,并批准继续举办第二期。

三、中级层次的研修班教育

高级层次的研究生培养教育,由于多种原因,不能尽快满足国内现代物流业发展对专业人才的急需,因此,中心开设了物流学研究生课程班以及研修班项目。2002年5月,经天津市学位委员会批准,中心开始招收物流学研究生课程班学生。经过两年的学习,修满规定的学分,由南开大学研究生院统一颁发结业证书。同时学生还可以继续申请学位。目前招生报名工作正在进行。此外,中心还为在物流工作岗位上,急需系统学习现代物流理论及技术操作知识的管理人员,开设了现代物流研修班。研修班共开设8-10门课程,全部为现代物流专业课程,受到需求单位的欢迎。

四、普及型物流培训

为了及时快速地推广普及现代物流知识,南开大学现代物流研究中心多次与国家有关部委和多个省市密切配合开展了各类现代物流培训活动。培训课程由南开大学教授主讲,同时还邀请了香港、台湾、新加坡等地区和国家的教授专家讲课,参加培训的有各政府部门领导,也有各类物流企业经理和业务主管人员。培训班的课程都突出了运用现代物流基础理论,结合国内外现代物流发展趋势来分析工商企业如何加强物流管理,现代物流企业如何提供良好的物流服务的特点,受到了社会各界的好评,为推动天津市现代物流的发展起到了重要的作用。

总之,当前现代物流产业正处于蓬勃发展时期,现代物流专业人才的培养既是当前最为迫切的任务,又是一项具有长期战略意义的工作。对此,南开大学现代物流研究中心有着高度的责任感与使命感,同时有信心也有能力为社会各行各业提供常规化、专业化、多样化的人才培养服务,以培养出更多的物流专业人才,为我国经济发展做出更大贡献。

(供稿:南开大学现代物流研究中心)

沈阳工业大学

沈阳工业大学是辽宁省重点建设的高等院校,已列为国家第一批招生录取院校。该校开设的物流管理专业,2003年2月获国家教育部正式批准,于2003年7月开始面向全国招生。

一、物流管理专业开设背景

现代物流(Logistic)作为一种先进的组织方

式和管理理念，被广泛地认为是企业降低物耗、提高劳动生产率以外的第三利润源泉，其管理活动已被纳入到整个企业管理的全过程，为企业价值链的每一个环节提供增值服务，与企业主体经营活动发挥协同作用，构筑起企业核心竞争优势。

随着世界经济的高速发展和全球化趋势的日益突出，现代物流理论和技术在国际上得到了空前的应用和发展，并产生了巨大的经济效益和社会效益。90年代起，美国、英国、日本和法国等一些经济发达国家的大学，都相继开设了物流专业。产业对物流专业人才的需求有增无减，成为就业市场中的一个亮点。

近年来，中国对物流市场的需求正逐年上升，预计到2010年，中国物流市场将每年平均增长30%，中国加入WTO后，将逐步开放公路货运、商品分销、仓储设施等领域，并承诺在三至四年内取消对分销辅助服务(租赁、速递、仓储、运输、广告、技术监测分析、包装)的限制，允许外商建立全资分支机构；此外，以新型流通方式为代表的连锁经营、物流配送、电子商务等发展迅速，各大企业对物流人才的需求也急剧上升。在此大背景下，现代物流业的作用和地位将空前提高。但在快速增长的同时，物流人才的严重缺乏已成为制约中国物流业发展的最大瓶颈。如今，物流专业毕业生日渐走俏，供不应求的局面，足以佐证引进和发展现代物流理论和技术，培养现代物流经营管理的高级人才，已成为当务之急。

二、培养目标

该专业旨在培养拥有扎实的管理学、经济学知识基础，具备现代物流专业知识，系统了解现代物流各相关领域的概念及其运作理念，掌握现代物流各相关岗位基本流程及其操作技能，具有较强分析解决物流管理实际问题的能力，能在工商企业和物流管理机构等部门从事现代物流实践的实用型专门物流人才。

三、师资科研力量及办学条件

该校物流管理专业师资力量雄厚、学科实力强、实验室条件和教学设施优越。现拥有教授3人、副教授6人、讲师6人，其中博士3人。此外，还拥有沈阳工业大学现代物流发展中心、沈阳工业大学管理科学与工程研究所属下的物流与供应链管理研究室等专业研究机构。目前，已完成与物流管理研究领域相关的国家级科研项目3项，省部级科研项目7项，公开出版物流与供应链管理专著4部，在核心以上期刊和重大学术会议上发表相关学术论文100余篇。

学校具有相当规模的图书馆、现代化教学设施及多媒体教学楼。拥有可供学生上机的计算机500余台，管理学院还拥有图书资料室和实验中心。实验中心拥有现代物流与电子商务实验室、管理案例研究实验室、管理远程教育实验室和实验中心机房。物流与电子商务实验室安装有在线显示大屏幕，大型服务器与80台计算机实现了联网，并配备物流模拟、供应链管理和FRP、RM等实验教学软件以及最新教学光盘。今后，将进一步扩展现有物流模拟软件功能和填充部分课程的CAI课件；管理案例研究实验室可进行互动式案例分析和讨论；管理远程教育实验室安装有在线显示大屏幕、电光板和互动传音设施；实验中心机房拥有联网的计算机80台和CAI软件。

四、课程特色

采用教师自创的独特的物流实战培训方法：“推您下水学游泳”，要求学生广泛参与提出、分析和解决企业的实际物流问题，帮助学生最大限度降低供应链上的各种物流成本。短小精悍的实战互动、内容翔实的课程讲义、精心编写的测试试题、轻松幽默的集体游戏，都使得原本十分枯燥乏味的物流教学也显得生动活泼，更使学生在最短的时间里全面掌握和灵活应用企业物流的实战技能。

具体而言，该专业办学特色突出如下几点：

1.结合现代物流管理特点，突出本专业的专业化、规模化、信息化和国际化的办学特色；

2.强调物流、信息流和资金流的有机结合；

3.重视物流管理与网络经济、电子商务的整合性。

此外，课程所涉及的模拟教学等，在学校新建物流与电子商务实验室授课。该实验室安装在线显示大屏幕，并将大型服务器和80台计算机实现联网，配备现代物流模拟教学软件、SCM、DRP和ERP系统、CRM等实验教学软件。保证一人一机，图文并茂地进行多媒体演示和多向互动的案例讨论。

五、课程设置

依据上述培养目标，该专业主要学习与现代物流相关的经济、管理和技术方面的专业课程，

使学生真正受到现代物流方法和技术、技能方面的严格训练，具有理论与实际相结合、分析和解决问题的基本能力。为此，计划开设以下8门主干课程：物流管理学，物流系统设计，物流信息系统，供应链管理及客户关系，现代物流与电子商务，第三方物流理论与实务，仓储与运输管理学，流通经济学。

六、物流管理方面的策划、咨询与培训

沈阳工业大学现代物流发展中心自成立以来，一直秉承着“产学研相结合”的理念，与社会各界建立了良好的关系和沟通。现代物流发展中心凭借着其出色的师资队伍、雄厚的研究力量及物流管理领域的多年经验，为企业和政府部门提供了现代物流管理方面的策划、咨询与培训。

策划培训咨询的内容主要包括：

1.企业物流系统流程再造；

2.企业供应链管理；

3.企业物流信息系统的设计和开发；

4.第三方物流企业的流程再造及运营；

5.配送中心、分销中心的建立和管理；

6.城市物流体系规划；

7.电子商务环境中的企业物流系统规划。

（供稿：沈阳工业大学）

（注：鉴于我国物流业界的教学机构分布广泛，又因我们人力、时间及联系方式所限，一些教学机构未能列入其中，请予谅解，也希望这些教学机构能与《年鉴》编辑部联系，以便在下一部《年鉴》中予以选介。）

物流研究机构

（排名不分先后）

国家计委综合运输研究所

综合运输研究所建制于1959年，历经中国科学院、交通部、国家经济委员会领导。1988年6月国家机关体制改革后，综合运输研究所隶属国家计划委员会，并作为国家计委宏观经济研究院的组成单位。

综合运输研究所是我国宏观经济管理部门所辖的惟一的综合性交通运输研究机构，从国家、地区经济发展及行业协调的角度，研究交通运输与国民经济的关系，研究交通运输业中铁路、公路、水运、航空和管道各种运输方式综合发展和综合利用问题，为国家及地区发展交通运输提供决策参考，为运输生产和交通建设项目提供评估和政策咨询。

综合运输研究所具有国家颁发的甲级工程咨询单位资格证书（工咨甲9603006），主要业务范围为铁路、公路、港口河浚工程、民航、城市规划、编建议书、可研、评估报告及市快速轨道交通。

综合运输研究所的主要研究咨询范畴是：

综合运输发展战略和总体规划；

交通运输经济、技术、安全、投资、运价及可持续发展政策；

各种运输方式管理模式、经营机制、运输市场的发展与规范；

现代物流理论及应用研究；

集装箱多式联运及特殊货物运输的组织与管理；

旅客运输、城市交通发展战略、规划与对策；

交通建设项目可行性研究与评估；

计算机技术在交通运输中的应用；

智能交通研究与应用；

交通运输咨询服务；

高中级运输管理人员专业培训。

综合运输研究所下设学术委员会、编辑委员会及6个科研处室职能部门，以及二个独立核算的经营性咨询公司，现有职工70人，其中科研人员53人。高级科研人员所占比例为65%，享受国务院颁发的“政府特殊津贴”的有9人。

物流研究室是国家计委综合运输研究所的主要研究部门之一，也是国内最早从事物流理论与应用系统研究的单位之一。在其十余年的工作历程中，在现代物流的基础理论研究与实际推广应用等领域进行了深入细致的研究与实践，为促进我国交通运输及其他相关产业开展现代物流服务进行了大量的基础推进工作，在制定区域物流规划与建立企业物流解决方案等方面积累了一定经验，完成了一大批相关研究成果，为推进现代物流产业在我国的健康稳定发展、建立产学研一体化的现代物流发展体制进行了有益尝试，并拥有一批具有丰富理论与实践经验的高水平科研人员。

物流研究室的主要研究领域包括综合运输系统规划与建设项目可行性研究、物流基础理论研究、企业内外部物流系统设计、物流技术推广与应用和交通运输企业管理与营销策略研究等方面。其主要研究成果：

我国现代物流业发展政策研究；

中心城市物流发展政策研究；

华中物流中心总体规划；

华中物流中心建设启动项目实施方案；

云南省建设面向东南亚的现代物流中心总体规划；

云南省交通运输向现代物流转型研究；

合肥市现代物流发展规划；

合肥物流园区建设可行性研究；

中国综合运输体系与环境发展研究；

香港、深圳及珠江三角洲地区集装箱港口协调发展研究；

北京市“十五”交通运输及邮电发展战略研究；

新世纪初期陕西省综合交通发展规划；

新疆维吾尔自治区公路建设与管理改革研究；

招商国际有限公司现代物流发展咨询；

重庆公路运输总公司现代物流发展战略；

通技国际储运公司现代物流发展战略；

建设杭州湾交通通道的社会经济性分析；

江西长运上市募资项目可行性研究；

深圳华南国际集装箱中心可行性研究；

威海市综合交通发展规划；

天津西青物流中心建设可行性研究。

（供稿：国家计委综合运输研究所）

北方交通大学物流研究所

一、概述

北方交通大学物流研究所成立于1986年，依托北方交通大学经济管理学院工商管理系，并与中国铁路物资公司等各物流企事业单位，以及中国物资流通协会学术委员会、日本物流研究机构等研究机构有着良好的合作关系，是我国最早从事物资管理教学与研究的机构，经过多年的发展，已具有从专科、本科、硕士及博士完整的教学体系，成为产、学、研相结合的科研教学型机构。其主要从事物流学的教学与科研工作，也是我国第一个具有物流学博士学位授予权的专业学术单位。2001年经国家教育部批准成立博士后流动站，目前正积极进行着博士后流动站的建设工作。

二、研究方向

物流研究所的物流研究，侧重于研究同现代生产经营、科技发展相适应的物流管理理论和方法，应用现代科技成就阐明和揭示物流活动的规律，发展物流的理论、方法和工具，提高物流的效率。其研究内容涵盖了物流研究中的基础理论研究、技术与方法论研究、实证过程研究和应用研究。主要研究方向包括：流通管理工程、物流系统分析与供应链管理研究、物流发展与物流创新战略研究、物流信息管理与企业物流信息化研究。

（一）流通管理工程

综合运用管理理论、经济理论、经济与管理的分析研究方法，重点研究商品流通原理与规律，商品市场的形成、发展及其管理、市场营销等问题，应用并创新适合于现代商品流通的理论、方法和手段。研究专题涉及商品流通功能、要素、职能及其流通产业化，商品流通的效率与效益，商品流通的经济分析，市场营销的理论、模型与方法，商品流通的服务、质量及价格等方面。

（二）物流系统分析与供应链管理

综合运用现代管理理论与分析方法、系统理论与现代科学技术方法，研究“物”在社会经济系统中的管理及合理实现过程。研究专题有：物流系统的分析、设计、实现与评价的理论与方法，物流供应链的分析、设计与评价方法，物流系统的协调性研究以及物资的合理使用和质量管理等。

（三）物流发展与物流创新战略研究

本方向主要研究：物流的发展战略、物流的战略管理、物流创新的模式、物流创新的战略。主要研究特点是：紧密结合中国的国情，借鉴国外先进的研究成果，达到既能解决实际问题，又具有理论上的先进性和领先性的双重目标；不仅要对物流创新具有指导作用，还要揭示物流创新的一般规律，并且要研究新技术革命对物流创新的影响和要求。

（四）物流信息管理与物流信息化

本方向针对物流信息化的相关问题，探讨信息经济的理论及方法，重点研究掌握物流信息系统规划、开发、管理和评价的方法与技术，以及电子商务下的物流问题。

三、研究人员

物流科学研究所现有教授7人（博士生导师3人），副教授8人（硕士生导师8人），讲师、助教29人。研究人员中有在国内外有较高造诣的学者，以及在学科领域中做出了贡献的学术带头人。由于研究人员有坚实的基础理论、广博的专业知识、较强的适应能力，以及有创新和团队精神，深受社会合作单位的好评。

四、科研成果

物流研究所在物流系统设计、配送系统设计、条形码应用研究、物流管理咨询与案例研究等方面有较好的研究方法和较高的研究水平。近年来主持、参与并完成国家、部委、地方政府、企业等委托的物流研究项目近60项,其中国家自然科学基金课题3项,省部级课题以及其他课题8项,这些项目针对国民经济及物流改革与发展中所面临的重大问题进行了研究,提出了切实可行的思路和建议,得到学术界和有关实际管理部门的高度评价。“九五”期间取得的部分重要成果有:

《我国物流发展政策研究》;

《国家标准〈物流术语〉的制定》;

《铁路物流产业转变经济增长方式实现经营管理现代化的研究》;

《铁路物资总公司配送中心系统》;

《北京市物流“十五”规划》;

《特大城市固体废弃物发生源管理研究》;

《廊坊区域国际物流中心研究》;

《以芜湖为中心的安徽省物流规划研究》;

《三峡工程电力工程的物流管理》;

《李宁公司物流系统整合》;

《联想公司(面向IT业的第三方物流企业的发展研究)》;

《宝供物流研究》;

《北京市地铁总公司物资设备管理信息系统》;

《秦皇岛电力公司物资管理信息系统》。

(供稿:北方交通大学物流研究所)

北京昊鼎物流科技公司

(北京科技大学物流研究所)

北京昊鼎物流科技公司是由我国著名物流学家、中国物流与采购联合会副会长、北京科技大学物流研究所所长吴清一教授创办的为企业提供物流咨询和物流解决方案的高科技企业。公司拥有一批在国内物流界享有较高知名度的教授、博士、高级专家及咨询顾问,与美国、德国、日本等国家的著名物流机构具有广泛的战略合作伙伴关系。依托北京科技大学雄厚的科研力量和资源以及公司丰富的物流案例经验,竭诚为制造企业、分销企业、商业连锁企业、物流企业及政府机构等提供全方位的物流服务。主要包括:

一、物流咨询

物流系统的分析与评估;

物流网络的优化;

配送系统;

物流管理信息系统的导入;

企业物流系统诊断与优化;

物流企业的运营与管理;

物流设施的规划与建设。

二、物流规划与设计

区域物流发展规划;

物流企业发展规划;

物流园区、物流中心的战略规划;

配送中心、自动仓库规划与设计;

企业物料搬运系统规划与设计;

物流管理信息系统规划;

电子商务物流系统规划。

三、主要案例

山西省物流发展规划;

中国邮政物流发展总体方案;

云南邮政物流发展规划;

空港物流园区战略规划;

北京五元物流中心规划;

南海国际物流中心发展规划;

营口港物流园区总体规划;

东莞松山湖科技园物流园区规划;

芜湖现代物流园区总体规划;

无锡市生产资料物流中心规划;

蓬莱物流园区战略规划;

神州数码华南物流系统规划;

安徽烟草集团物流系统规划;

恒基 B2B 直销网物流系统规划；

德国拜尔化工物流运输系统战略规划；

日本商船三井物流战略规划；

穗黔物流有限公司物流解决方案。

北京昊鼎物流科技公司将继续以专业的精神和不懈的追求，真诚服务于客户，为客户提供尽善尽美的、具有前瞻性和可操作性的物流解决方案。

（供稿：北京科技大学物流研究所）

北京物资学院物流研究中心

北京物资学院在物流科研领域具有专业权威性，物流研究中心成立于 2000 年 1 月，物流研究中心的研究人员由国家级专家、博士、硕士研究生组成。他们中的很多人都是国内有影响的物流专家并在国内外物流协会组织担任重要职务，有些还同时兼任政府和企业的咨询专家、咨询顾问。研究中心除承接国家省部级、地方政府以及企业委托的物流研究项目以外，还组织各种针对当前热点问题的研讨会。中心的研究方向主要是政府物流规划、企业物流战略规划、物流信息系统开发与应用、物流中心规划与建设等方面，同时还提供国内外物流情报，为国内外企业定制调研报告。经过不断努力，研究中心已经在国内外物流信息的掌握、物流基础理论研究、物流实践研究以及政府、企业物流系统规划与设计等领域中处于全国领先水平，并已经被社会所承认，科研成果逐步转化为生产力，逐渐成为全国物流理论研究中心、物流教学实践中心和全国物流信息中心。

目前，物流研究中心已经为很多地方政府和多家企业包括国家级重点企业提供了物流系统诊断、物流系统规划设计、物流软件开发、物流网站建设、企业物流技术咨询以及管理人员的培训等方面的服务，有些规划还被列入当地“十五”规划。2002 年承担的较为重要的科研项目如下：

一、科研成果—政府及大型企业集团物流发展战略规划

1.国内贸易部“北京市物流环境实证研究”课题，并获内贸部科技进步三等奖及宝供物流理论创新三等奖。

2.国家标准“物流术语标准化”研究课题。

3.国家科技部“十五”重点项目“物流信息化系统关键技术研究”课题可行性研究及立项工作。

4.北京市科委“中心城市物流及配送方式研究”。

5.北京市教委“物流系统统计指标体系研究”。

6.北京市商委、北京市计委“北京商业物流发展规划”。

7.郑州市物流发展规划。

8.邯郸市物流发展规划。

9.中国邮政物流发展规划。

10.烟台市物流十五发展纲要。

11.北京市大运河开发研究。

12.首都城市物流系统量化研究。

13.北京市流通企业供应链问题研究。

14.电子商务下的物流支持系统。

15.烟台市城市物流系统发展规划。

16.中国现代物流发展报告(蓝皮书)。

17.邯郸城市物流系统发展规划。

二、科研成果—企业物流战略及园区规划

1.杉杉集团配送中心建设方案。

2.广州经济开发区物流发展定位。

3.温州双屿物流中心规划。

4.新疆广汇集团物流发展战略。

5.杭州万向集团商贸新城规划。

6.广东龙骏物流中心规划。

7.通州马驹桥物流园区发展规划。

8.澳柯玛公司全国物流区域发展战略规划。

9.广东远成集团物流发展战略。

10.北京某公司配送方案比较研究。

11.江苏某公司服装配送中心设置方案。

12)北汽福田物流战略规划。

13.中国烟草总公司发展战略。

14.联想零备件配送中心方案设计。

15.中国塑料城物流发展战略规划。

研究中心 2002 来出版学术专著 8 部、译著 3 部，发表论文百篇，其中国外学术刊物 6 篇。获省部级奖励3次，崔介何副教授的《物流学概论》获宝供物流普及奖；邬跃副教授等人的《北京市物流环境实证研究》获内贸部科技进步三等奖以及宝供物流理论创新三等奖；多名学生获宝供物流奖学金以及国内外著名企业物流专项奖。

（供稿：北京物资学院物流研究中心）

北京高科物流仓储设备技术研究所

北京高科物流仓储设备技术研究所是中国最早研制、开发、生产自动化立体仓库的企业之一，专门从事自动化物流领域的技术咨询、开发设计、生产制造、安装调试、维护保养及相应公用设施配套等系统工程的综合业务服务，在计算机信息管理系统、自动化控制系统、起重运输机械等方面具有很强的综合设计和管理能力。在国内率先独立完成了上海远洋国际集装箱储运有限公司和天津港保税区物流分拨中心等第三方物流企业的自动化立体仓库项目，并通过第三方物流信息系统对进口、出口、代存中发生的分拨、报检、报关、装箱、运输等业务流程进行综合管理，结合自动化立体仓库的快速实时货物入出库，实现物流信息化，物流自动化。

2002年，研究所独立完成了天津港保税区物流分拨中心的设计、制造、安装调试工作。天津港保税区物流分拨中心目前是国内拥有最大的自动化物流系统的第三方物流中心，其中自动化立体仓库有28排×64列×13层共23296个托盘货物单元，由14个巷道堆垛起重机进行入出库自动作业，并配备有一整套水平输送机系统完成叉车和堆垛起重机的作业衔接。计算机管理控制系统采用实时控制级—监控级—信息管理级等三级联机在线控制方式，设有计算机监控、摄像头监视、大屏幕CRT投影等多种监控方式。计算机管理信息系统通过以太网快速连接，监控计算机和各执行设备之间采用Profibus总线技术连接。

计算机管理信息系统以仓储信息管理为基础，应用条形码技术实现业务处理流程和多种对外数据接口方式；以企业网站为基础，为客户提供在线查询、在线交易、在线结算等服务；以信息流、资金流、物流的管理为基础，以客户服务为中心，充分考虑与其他系统之间数据交换和单据的跟踪处理过程，为客户提供一站式服务和多式联运的解决方案，为分拨中心今后拓展国内、国际业务提供基础。

建立该物流中心，能将运输、储存、装卸、搬运、包装、流通加工、配送、信息处理等活动进行集成和运作，能为客户提供一体化的物流服务；具备了仓储信息管理、业务流程管理和信息交互平台（通过国际互联网Internet），为客户提供畅通、方便、快捷的一站式服务，满足国内、国际客户对物流信息进行实际状态跟踪和网上业务往来的要求；实现了海关、金融、保险“三检”物流企业的联网，为物流过程中各方所需的商务决策活动提供必要的条件；提供进出口货物的报关、代办货物检验、检疫及通关等业务，进出口集装箱的装卸、倒运、堆存，相关的海运、空运、铁路和公路运输、公路转关运输业务，保税和非保税货物的仓储、拆装箱、加工、分拨与配送业务，各类货物的全程或部分代理业务，代办海运、空运货物的定船、定载、装箱、发送等业务；对进口商品分拨时可采取大批量进库、分批量出库的方式达到保税、缓税的目的，客户可减少资金占压，提高资金利用率。

（供稿：北京高科物流仓储设备技术研究所）

北京机械工业自动化研究所

北京机械工业自动化研究所是国家大型高科技企业，致力于工业自动化单元技术、集成技术及其相关配套技术的发展与应用，自动化研究所技术实力雄厚，多年来积累了丰富的工程实践经验，具备从基础技术、新产品开发到系统集成的综合能力。

自动化立体仓库是现代物流系统中迅速发展的一个重要组成部分，它具体节约用地、减轻劳动强度、消除差错、提高仓储自动化水平及管理水平、提高管理和操作人员素质、降低储运损耗、有效地减少流动资金的积压、提高物流效率等诸多优点。与厂级计算机管理信息系统联网以及与生产线紧密相连的自动化立体仓库更是当今CIMS及FMS必不可少的关键环节。

围绕自动化仓储系统自动化所开发了多种自动化系统硬件设备及软件产品，如：不同类型的库存管理软件、系统仿真软件、图形监控及调度软件、堆垛机输送机控制软件、条形码识别跟踪系统、搬运机器人、码垛机械手、自动运行小车、货物分选系统、堆垛机认址检测系统、堆垛机控制系统、货位探测器、高度检测器、输送系统、码垛系统，自动输送小车等产品。

控制系统采用先进的现场控制总线直接通讯的方式，真正做到计算机只监不控，所有的决策、作业调度和现场信息等均由堆垛机、出入库输送机等现场设备通过相互间的通讯来协调完成。

每个货位的托盘号分别记录在堆垛机和计算机的数据库里，管理员可利用对比功能来比较计算机的记录和堆垛机里的记录，并进行修改，修改可自动完成和手动完成。

系统软、硬件功能齐全，用户界面清晰，便于操作维护。

堆垛机有自动召回原点的功能，即无论任何情况，只要货叉居中且水平运行正常时，可按照下达的命令自动返回原点。这意味着操作人员和维护人员可以尽量不进入巷道。智能的控制系统，可以实现真正的自动盘库功能，避免了以往繁重的人工盘库工作，减轻了仓库管理人员的工作强度，同时保证了出库作业的出错率为零。

监控管理系统包括数据管理、入库管理、出库管理、查询、报表、单据与盘库、报警、监控与动画等模块。

自动化研究所先后参加了第二汽车制造厂立体库、上海虹桥机场国际货运立体库、天水长城开关厂FMS板材立体库、上海宝钢总厂备件立体库、国家863计划中CIMS实验工程立体库、济南第一机床厂中央立体库、株洲南方航空动力机械有限公司物流系统、仪征化纤股份公司涤纶长丝立体库、广东震德塑料机械厂有限公司零部件自动化立体库等40余座自动化仓库的建设，这些自动化仓库都达到了当时的国内最高水平，有的达到了国际先进水平。

（供稿：北京机械工业自动化研究所）

对外经济贸易大学大田物流研究中心

对外经济贸易大学大田物流研究中心成立于2001年5月15日，是我国首家由政府、企业、院校三方共同组建的物流研究机构。中心的宗旨是强化物流研究领域政、产、研之间的紧密结合，推动我国物流业快速发展。中心汇集了我国物流研究领域的顶尖人才。以先进的管理和运作方式，面向全国进行开放式研究、培训和服务。中心的主要功能有：承接研究项目；培训物流师资和物流人才；出版学术刊物《物流世界》。

2002年中心研究项目成果主要包括：

《中心城市物流发展政策问题研究》；

《来华跨国公司物流服务需求调查》；

《物流配送管理的优化模型与优化技术》；

《推动我国现代物流发展的战略与措施研究》；

《国内公路运输市场调研》；

《中国医药物流市场调研》等。

中心主办的"2002年中国现代物流发展高峰会"在对外经济贸易大学召开。由中国交通运输协会主办，中国航务周刊承办，中心参与支持的"中国物流高层论坛"在北京友谊宾馆举行。

在2002年揭晓的首届"中国十大物流风云人物"中，研究中心专家委员会成员丁俊发、王之泰、王德荣、王树生和高级顾问罗开富等5人榜上有名。

2002年联邦快递公司在研究中心设立联邦快递物流基金。

2002年中心开辟"物流大讲堂"，邀请物流界专家学者在北京、山东、海南等省市成功举办了数十场各类培训讲座，深受会员欢迎。

研究中心出版的《物流世界》双月刊是面向全国的业内学术交流期刊。《物流世界》从理论与实务的双重角度探索物流领域内的学术问题及技术问题，同时也追踪时代热点、物流技术前沿和相关的物流信息，为广大物流领域的实践者和研究者提供一个专业的学术舞台，并以其实用性和权威性服务于广大运输企业和货主航商。其读者群集中在国内跨国公司、各大知名企业、外贸企业、与物流相关的企业，以及国内有关的物流研究机构。

2001年9月《物流世界》创刊以来受到了广大读者朋友的热切关注，他们为本刊的内容和栏目设置提出了许多建设性的宝贵意见和建议。目前期刊发送量已达7 000余册。

（供稿：对外经济贸易大学大田物流研究中心）

国务院发展研究中心市场经济研究所

国务院发展研究中心市场经济研究所（以下简称市场所）是中国政府研究和制定流通政策的权威参谋部门。市场所的科研力量十分精干，由国内流通和市场研究方面的专家组成，长期从事我国流通体制与市场体系的发展与改革问题研究，有丰富的理论与文献积累，并以其高质量的咨询研究报告和丰富的著述成果在学术界与政策咨询研究界享有较高的地位。

自1999年以来，市场所开始进行物流产业发展及其政策的相关研究，并在2001年发表了《中国物流产业发展前景与政策》的研究报告，在政府层面、物流学术界和物流企业中得到了广泛的好评，并获得2001年宝供物流奖励基金物流理论创新二等奖。

2002年，市场所在物流领域的主要有两方面的研究活动，一是支持所内研究人员完成了国务院发展研究中心青年研究基金项目《现代信息技术与中国物流产业的发展趋势》，形成两篇研究报告《现代信息技术对物流产业发展的影响》和《中国物流产业适应现代信息技术发展的对策》，刊载在国务院发展研究中心调查研究报告2002年第143期（内部资料），并公开发表在《财贸经济》2003年第1期。这两篇文章目前已被《中国经济时报》、《国际商报》《物流技术与应用》等10多家报刊杂志转载。二是参与原国家经贸委、国家计委、国家统计局等部委和天津市等地方政府就物流统计指标体系、物流规划等政策问题讨论，并就相关政策制定提供了咨询意见。三是广泛参与国内举办的各种物流会议、研讨会，宣传中国物流产业的发展前景、基本政策，促进各方面对物流产业及其发展的认识。

（供稿：国务院发展研究中心市场经济研究所）

中邮科技物流公司

2002年，公司根据邮政院党组提出的“立足邮政，面向社会”的总体发展战略目标，坚持邮政系统内外市场并重，实现两条腿走路。在按时、保质完成工程任务的同时不放松科研开发工作，广泛地进行了市场开拓，时时跟踪了烟草、医药、汽车等行业的市场需求动态。

首先，克服了工期紧、任务重等困难，完成了天津市邮政局、石家庄邮区中心局、南京邮政局、湖南省邮政局长沙第二枢纽、安徽省邮政局、济南邮区中心局、杭州第二邮政枢纽7台扁平邮件自动分拣系统的设计生产任务。天津、南京、长沙、济南局的扁平件工程通过了终验，其他几个局的工程也通过了初验，正处在试运行阶段，等待局方的终验。

其次，天津天药药业股份有限公司立体库工程是中邮公司加入物流行业的第一个物流系统集成工程，在没有工程经验可寻、工期紧张的条件下，组织了专门的研发小组，冒着炎炎的烈日，查资料、设计方案、加工生产，最终按工程进度完成了工程的生产任务，得到了用户的好评。

再次，为辽宁北方出版物配送公司加工生产了图书批销中心包装分拣线系统、拣选车设备和称重核对系统。

最后，2002年7月以后，公司集中科研力量，加紧进行柳州卷烟厂三个自动化立体库工程（配方库、辅料库、成品库）的设计生产任务，2002年底，按照合同期限，完成了自动配方库的安装生产任务。目前，已经开始了成品库和辅料库的设计生产和安装工作。

2002年，公司在确保工程施工任务的同时，十分重视技术力量的充实和科研工作的开展。经过多方商讨，同瑞典NDC公司建立了合作伙伴关系，派工程师专门赴瑞典进行技术培训，学习国外先进的AGV激光小车的技术，应用于公司的产品中，提高了公司产品的技术含量，增加了市场竞争力。同时，购买了美国的AUTOMOD物流仿真软件，使公司设计的技术方案更能满足实际的需要，缩短了设备研发周期，为用户提供了最优的设计方案。该技术在国内只有少数几家企业拥有。另外，为了储备公司的技术力量，同奥地利ROBOTECH公司也进行了合作，购买其先进的堆垛机技术，自己独立设计制造堆垛机。

2002年，公司实现了科研和工程任务双丰收，签订工程合同11项，合同总额数千万元。

（供稿：中邮科技物流公司）

交通部水运科学研究所

交通部水运科学研究所是交通部直属骨干科研机构，是全国水路交通行业多学科综合性应用开发研究所。建所47年来，始终站在我国水路交通科技攻关前沿，在水运发展战略及水运系统工程、港口装卸系统流程自动控制、水运管理信息及传输技术、港口装卸工艺及装备、港口环境保护及劳动安全卫生领域承担国家和交通部重点科技攻关任务，成为提高行业技术进步的主力军。近两年来，水运所取得科研成果39项，11项科研成果分别获得国家和省部级奖励。完成科研项目经费2 200万余元，为港口、航运企业提供技术支持和服务110余项，科研成果在近60项国家重点工程建设中得到应用。

2002年水运所承担的“面向二十一世纪水运发展战略研究”项目分获“全国优秀工程咨询成果二等奖和交通部一等奖”；“煤炭装卸码头自动控制系统研制”和“海上船舶溢油应急计划研究”两项目获“中国航海科技二等奖”；“集装箱码头计算机模拟”、“新型除尘装置”、“海港规划建设宏观管理及决策支持系统关键技术研究”、“港口离散自控系统的开发研究”、“沿海运力运量平衡方法研究”、“油品储罐火灾爆炸事故模拟研究”、“港区集装箱箱流控制技术研究”等7个项目获“中国航海科技三等奖”。

2002年水运所主持了我国西部交通科技项目“西部内河港物流系统开发”，该项目结合重庆港现代综合物流改造工程，重点研究西部内河港口物流组织运作模式；开发港口物流的关键基础信息系统；解决诸如港口物流电子商务平台操作模式、物流网络组织技术、网上物流谈判和交易机制、网上支付、CA认证等建立物流企业信息系统和电子商务平台的技术开发和应用的问题；研究应用无线通讯/GPS/GIS等先进技术手段、提升物流企业运作水平和竞争能力的方法。该项目旨在为整个西部地区物流发展提供关于信息系统和电子商务平台的示范工程，带动一批西部内河港口的现代综合物流改造，提高港口的生存和发展能力。

“加快交通融入物流政策研究”是水运所承担的交通部前期工作项目，该项目采用定性和定量分析相结合、理论与实际相结合、近期和远期相结合的方法，通过广泛调查研究和充分征求各部门专家意见，全面分析我国物流业发展现状和现代物流发展趋势，分析影响我国物流发展的主要原因，结合市场经济和管理体制改革，对我国交通业物流发展的优势进行评价，研究解决我国交通物流发展的主要问题，借鉴发达国家物流发展的管理经验和先进技术，提出我国政府对加快交通融入物流发展应采取的措施。

设在水运所综合试验场的交通部重点实验室有：港口物流装备与控制工程实验室，2002年交通部投资240余万元扩建了集装箱港口智能运输试验系统功能。

（供稿：交通部水运科学研究所）

复旦大学现代物流管理研究中心

复旦大学现代物流管理研究中心成立于1999年。研究中心依托复旦大学雄厚的科研力量，从事物流与供应链管理方面的教育和研究，推动学校、企业和政府间的合作，并实施国内外物流与供应链管理方面的咨询和培训项目。

培养高级的物流管理人才是复旦大学现代物流管理研究中心的中心任务之一。研究中心成立以来，已为社会输送了一批专业的物流高级管理人才，其中已培养的物流方向的博士10余名、硕士10余名、工商管理硕士(MBA)80余名。

在学术研究方面，复旦大学现代物流管理研究中心已取得了较好的成绩。研究中心的成员已在国际SCI杂志、国内权威和核心杂志上发表百余篇论文，成为国内物流教育研究领域的一支重要力量。目前,承担国家自然科学基金项目“二层网络决策和企业竞争策略设计”、“经济均衡的随机决策模型与方法”和“供应链管理绩优模型理论与方法”等3项,国家社会科学基金“基于环境的逆向物流管理”,以及国际合作项目“绿色运营和物流管理”等。

复旦大学现代物流管理研究中心还注重理论与实际的结合，在努力做好物流教育和物流研究的同时，中心承担了多项物流咨询项目和培训项目。主要的咨询项目包括：

区域城市物流规划:近几年为四川泸州市、浙江温州市、上海外高桥保税区等地区进行物流规划设计和咨询。

物流管理的决策支持系统和过程模拟:近年来还成功开发多种应用物流管理决策软件系统，包括先进的生产计划和采购系统，最优运输路线和调度系统,供应商选择和评价系统,汽车市场需求与生产预测和分析系统,以及网络设计和供应分配系统等。

企业物流系统及供应链优化:为GM、联合利华等世界500强以及联华超市、宝钢集团、上汽集团、外高桥股份、天津钢管等著名的企业成功地进行了物流管理咨询项目。

复旦大学现代物流管理研究中心与美国麻省理工学院、加拿大蒙特利尔大学、日本神户大学等多所世界著名大学保持着紧密的合作伙伴关系。

（供稿:复旦大学现代物流管理研究中心）

解放军后勤工程学院现代物流研究所

解放军后勤工程学院现代物流研究所是专业从事物流教学、研究与开发的科研机构，成立于1987年1月,1992年取得国家首批物流专业硕士授予权,现有研究人员25名,其中教授3名、副教授8名,博士4名、硕士18名,硕士生导师6名,其研究方向涵盖自动控制、信息技术、流程管理、成本控制与优化决策等各个领域，是一个知识结构、学历结构、职称结构和年龄结构较为合理的高素质人才群体。

后勤工程学院现代物流研究所主要承担管理工程(物流管理)本科专业(军队生)、管理工程(物流管理)本科专业(地方生)和仓储自动化大专专业教学任务，是我军中高级物流管理人才的主要培养基地，也是西部地区重要的物流人才培养中心。作为管理科学与工程学科和后方专业勤务(仓储勤务)学科建设的主要承担单位,现代物流研究所形成了物流管理与自动化、物流管理信息系统、智能决策理论与技术和军事物流4个具有特色的研究领域,近年来,公开出版教材、专著20余部,发表论文200余篇，出席国际国内学术交流会议30余次,为国内外同行所关注。管理科学与工程学科具有硕士学位授予权，是重庆市重点建设学科,设有管理信息系统、物流管理、工程管理和项目管理4个研究方向,军队生和地方生均可报考;后方专业勤务(仓储勤务)是全军重点建设学科,设有军事物流、战备物资储备规划和战时物资保障3个研究方向,只招收军队现役军官。

经过20多年的发展,后勤工程学院现代物流研究所已具备较完善的实验研究条件，建有物流信息研究室、物流仿真研究室、物流安全技术研究室、物资养护研究室和物流教学科研实习基地等,形成了日臻完善的实验教学科研体系。

后勤工程学院现代物流研究所具有建筑工程规划设计甲级资质，是全军仓库机械化自动化学会自动化专委会所在单位、重庆市物流协会会员(常务理事)单位和重庆市现代物流促进中心发起单位,主要从事军队、地方物流领域的各项科学研究、技术开发、规划设计、工程咨询、人才培养和业务培训等业务。近5年,完成了全军仓库网络化系统建设工程、仓库综合管理应用平台、仓储管理辅助决策系统和仓库自动化工程项目设计等重大任务，主持或合作承担军队和地方企业各类科研及工程项目40余项，积极开展物流管理咨询活动,开办了6期物流人才培训(研讨)班,为重庆市培训物流人才800多人，获军队科技进步二等奖4项、军队科技进步三等奖10项以及地方省部级二等奖2项、三等奖5项。目前,承担国家自然科学基金项目2项、全军重点科研项目5项,重庆市重点项目3项,国家大型物流技改项目2项,有力地支援了地方经济建设和西部大开发。

（供稿：解放军后勤工程学院现代物流研究所）

南开大学现代物流研究中心

南开大学现代物流研究中心是集现代物流教学与科研于一体的学术机构。中心自1998年成立以来，在学校的领导下，在各级政府的重视与支持下，以一支精炼的教学与科研队伍，实干的精神和高效率的工作，在现代物流领域做了许多卓有成效的工作，取得了较突出的业绩。2001年6月，李岚清副总理视察南开大学时，曾对南开大学在现代物流方面的教学与研究成果给予了充分肯定。

进入2002年以来，中心以勇于创新、开拓进取、扎实工作的精神，在现代物流的理论研究、教学培训、对外合作以及信息建设等方面取得了显著的成果，被评为天津市“十五”立功先进集体。

一、加强理论研究，保持领先地位

南开大学是全国较早开展现代物流教学及理论研究的高校之一，南开大学现代物流研究中心近年来先后承担了国家自然科学基金、国家社科基金、国家软科学基金、教育部博士点基金以及有关部委委托的课题多项。在2001年完成了天津市政府委托的《天津市现代物流发展纲要》和部分工商企业咨询项目后，2002年又完成了国家计委委托的制定《2020年中国现代物流发展战略》的课题研究；完成了国家统计局委托的《中国物流产业核算制度及统计核算体系研究》的课题项目，这些项目填补了我国在该领域的空白，获得了同行专家的高度评价；中心还组织大陆、香港、台湾的部分专家学者，完成了国家经贸委委托的《中国现代物流发展报告（蓝皮书）》的编辑出版工作，目前，该书已在全国发行。

中心除开展研究工作外，2002年还成功地举办了两次现代物流方面的研讨会。2002年4月份，中心与兄弟院校共同发起，在南开大学召开了“两岸三地现代物流学术研讨会”。参加会议的两岸三地专家、学者共100多人，台湾、香港地区的十几所大学、企业界人士30多人参加；大陆参加会议的有国务院研究室、国务院发展研究中心、国家计委、国家经贸委、交通部等部门的领导；清华大学、北京大学、北方交大、南京大学、西安交大以及部分著名物流企业界人士，天津市政府王述祖副市长也到会发言。会议期间两岸三地专家学者就两岸三地现代物流领域的热点问题以及两岸三地在该领域的交流与合作进行了研讨，这是一次规模较大、学术界和企业界共同参与而且参加人员层次和研讨水平较高的一次会议，这次会议对于加强两岸三地现代物流领域的学术研究，促进交流与合作，提高研究水平起到了重要作用。为了加强物流学科建设，6月22日中心又与其他高校共同发起在南开大学召开了两岸三地物流学科建设会议。国务院研究室、教育部教学研究中心的有关领导、台湾东吴大学、香港理工大学以及国内部分重点高校的专家学者出席了会议。会议紧紧围绕中国物流专业教学及学科建设进行了热烈的讨论，并形成了会议纪要报教育部，为加强中国物流专业学科建设提供了重要决策建议。

二、搞好教育培训，培养专业人才

随着国内外经济的高速发展，培养现代物流人才已经成为我国当前最为迫切的任务。南开大学是国内开设现代物流课程较早的高校之一，早在80年代，南开大学就在硕士研究生中开设了现代物流课程，积累了丰富的经验。面对国内物流人才紧缺的局面，中心视培养现代物流人才为己任，制定了《关于建设现代物流人才教育培训体系的方案》，并开始了方案的具体实施工作。中心对现代物流人才的培养教育主要分三个层次进行：

一是硕士和博士研究生学位人才培养。为了解决高层次人才的急需，中心在培养计划内研究生的同时，又经教育部和国务院学位办批准，与香港理工大学联合成功地举办了现代物流硕士研究生班，首期招生100余人，该项目经国务院学位办专家组评审，给予了高度评价，并批准继续举办第二期。

二是中级层次的研修班教育。经天津市学位

委员会批准，中心开始了现代物流研究生课程班的招生工作，目前招生报名工作正在进行。

三是普及型物流培训。为了及时快速地推广普及现代物流知识，中心与市政府密切配合，举办了多期现代物流培训班，培训班课程从理论到实践，深入浅出，受到了社会各界的好评。

三、开展对外合作，全面提升水平

加强对外交流与合作是南开大学取人之长、补己之短，提高自身水平的有效途径。2002年以来，中心在开展对外交流与合作活动方面取得了较大成效。2002年中心多次派人赴香港理工大学访问。10月23日南开大学副校长逄锦聚教授、现代物流中心主任刘秉镰教授、王迎军教授应邀赴香港理工大学访问，同时中心主任刘秉镰教授还应邀为香港理工大学航运及物流管理学系学生讲课。2002年6月份，在台湾东吴大学多次来南开大学访问并签订了两校间合作协议后，南开大学现代物流研究中心第一次率团赴台湾东吴大学访问。期间还召开了现代物流研讨会，两岸物流学术界和企业界有关专家共商物流发展事业。通过以上活动的开展，进一步密切了南开大学与香港理工大学、台湾大学的合作关系，从而使中心的教学与科研工作有了很大的改进与提高。除以上对外联系以外，中心还聘请国家政府主管部门专家和国外著名高校的教授为中心兼职研究员，并邀请他们来中心授课并开展合作研究。目前，已有美国麻省理工学院、美国加州大学埃尔文分校、英国克兰费尔德大学、加拿大多伦多大学、新加坡国立大学、韩国高丽大学、韩国海洋大学的学者来中心开展学术活动。总之，随着中心在现代物流领域知名度的提高和实力的增强，中心对外交流与合作将进一步扩大，从而凝聚更多的教学与科研力量共同发展。

四、建立信息网络，广泛宣传交流

随着南开大学现代物流研究中心各项工作的全面展开，中心投入力量，进行了南开物流信息化的建设。中心网页对日常办公、教学、科研、信息服务以及图书管理等方面提供强大的功能支持，使中心对内管理与对外交流达到了更高的水平。

（供稿：南开大学现代物流研究中心）

清华大学深圳研究生院现代物流研究中心

清华大学深圳研究生院现代物流研究中心是清华大学全资单位，集“产学研”于一体，致力于培养国内高水平的物流专业人才(包括博士后、博士生、硕士生)、承担国家及地区重大课题、开发在国内有大的市场前景的软件产品。中心主要专业方向涵盖物流综合运输；物流信息技术；企业物流管理；物流仓储；物流及货运场站规划；物流环境分析。重点研究方向有：(1)物流系统规划设计；(2)货物运输与智能交通；(3)物流信息技术；(4)供应链管理；(5)绿色物流与逆向物流；(6)物流中的人因学；(7)物流技术装备与自动化；(8)物流系统仿真。

研究中心已正式获准在国内率先设立“物流工程与管理”学科，招收全日制博士生、硕士生。

2003年中心着力于实验室建设和教材编写工作，实验室第一期建设基于实体的仓储优化及管理系统，基于实体的货运优化调度管理系统，基于实体的生产物流管理系统，一期建设经费全部到位；年底前中心计划完成近10本教材的编写任务。一年中完成和正在进行的重要项目有：物流规划理论与方法研究；物流园规划设计CAD集成系统研发；物流网站商务与信息增值服务公用平台研发；新疆石油管理局物资供应物流系统规划；北京中关村数字物流港软硬件系统总体设计。其中，在中关村数字物流港项目中，在国内物流界首次系统完整地运用了超大规模数据库技术、智能交通技术、多点多货种适时配送技术、GPS、GIS技术；物流园规划设计CAD集成系统项目已获准成为“2003年度深圳市产学研联合开发工程重点项目”。

（供稿：清华大学深圳研究生院现代物流研究中心）

山东大学现代物流研究中心

山东大学现代物流研究中心是国内最早开

展物流研究的机构之一，在现代物流理论研究、技术转化、实际运作及研究生的培养方面走在了全国同类型中心的前列。山东省物流工程中心就设在这里。近年来，先后承担了国家多项高科技研究课题，其中包括国家"十五"高科技攻关项目"网络化分布式仓储管理及库存控制技术"，国家科技部"十五""物流与电子商务"领域关键技术攻关单位；国家自然科学基金项目"集成化物流系统设计、规划与仿真"；山东省十大高新项目"基于电子商务模式的物流系统研究及产业化"；山东省火炬计划项目"大集成化物流信息平台的研究与产业化"等，其中"九五""十五"攻关课题三项，国家自然科学基金一项，其他省部级课题及企业课题十六项。

山东大学现代物流研究中心始终紧跟世界先进物流理念，技术研发方向主要包括：现代物流系统规划、设计技术；虚拟现实的三维物流仿真技术；集成化物流系统的管理、调度与系统集成技术；敏捷供应链技术、基于GPS的运输系统调度技术；基于供应链的全面质量控制技术等先进技术。在物流系统规划设计、物流信息平台建设、企业物流系统集成与优化、三维仿真等领域处于国内领先地位。参与了美国UGS、美国3i等公司牵头的多项大型物流项目的技术支持和服务，在国外先进的、商品化的、高可靠性的软件平台上，开发出了企业采购、生产、仓储、运输、分销、仿真等方面的各种功能软件。利用先进的物流管理思想与实施水平，先后为云南红塔集团、海信集团、大长江摩托集团、南京物资集团、温州市交通局、三角轮胎股份公司、广东华宝空调器厂、南京小河国际物流配送中心、澳柯玛集团、轻骑集团等国内大型企业的物流和供应链系统进行了咨询、规划、设计、实施服务，积累了丰富的实践经验，逐渐形成了一套切实有效的面向不同行业的集成化物流系统解决方案。

（供稿：山东大学现代物流研究中心）

北京起重运输机械研究所

北京起重运输机械研究所创建于1958年，是原机械工业部直属的国家一类科研所，主要从事起重机械、运输机械、装卸机械、工业车辆、水利机械等各种物料搬运设备的新技术开发和新产品的研制。承建各类自动化立体仓库和架空索道工程，承担大型露天矿、港口、料场和工厂企业的物流规划设计和物料搬运成套设备的系统设计与工程承包，是国内物料搬运和物流规划的惟一甲级设计单位。

该研究所是我国首次开发研制立体仓库设备的单位，也是全国物流仓储行业的归口研究所，是中国物流仓储专业委员会的理事长单位。在行业中技术处于领先地位，本行业的所有标准都是本所负责起草和归口管理的。本所有雄厚的设计力量、多年的实践经验、优秀的研究和设计队伍。现有在职职工430人，其中教授级高工25人，高级工程师135人，工程师120人。

2002年度共研制成功交付使用的物流工程项目有10余个，使该所累计竣工自动化物流工程超过120个，市场占有率继续保持全国第一。新签物流项目有12项，合同额创历史新高。

2002年12月底建成了神州数码上海物流配送中心，该中心是神州数码在全国进行IT产品接收和配送分销的主要平台，也是国内首座公开招标竞标的大型自动化配送系统。该中心实现了与ERP系统的实时连接，运转稳定高效。

2002年4月份签约并开始实施北京双鹤药业股份有限公司物流配送中心项目，该物流中心位于北京东郊，规模宏大，技术先进、组成复杂。该配送中心占地1万多平方米，分上下两层，是集采购、储存、拣选配送为一体的多功能、高效率、符合GSP标准、经济实用、满足年配送金额超过20亿元的自动化配送中心。

2002年5月份签约并开始建设北人印刷机械有限公司自动化立体库，该立体库将与MRPII实现连接。

2002年8月份签订并开始建设北京双鹤药业股份公司自动化立体仓库。该立体仓库中高架库区8巷道约22 000个货位；有小件存储货架系统和冷冻、冷藏、毒麻品库，有8套新型快速堆垛机；有两层与6个车间紧密相连的输送机系统；此外还有1套集成化物流管理系统。

（供稿：北京起重运输机械研究所）

华中科技大学管理学院
物流与供应链管理研究所

2002年是华中科技大学管理学院物流与供应链管理研究所取得众多成果的一年。

在物流与供应链管理的理论研究方面,本研究所的研究人员完成了大量的科研项目。马士华教授主持研究的国家863/CIMS(计算机集成制造系统)课题"基于供应链的缩短多阶响应周期的管理模式研究"进展顺利、教育部博士点基金项目"支持供应链管理的CALS体系结构及组织管理技术研究"已接近尾声,云南省教委项目"供应链与拓展云南省流通市场研究"已通过专家鉴定(达到国内先进水平);刘志学副教授承担了国家自然科学基金项目"供应链物流管理模式与我国汽车供应链案例研究"对我国汽车供应链管理的案例从理论的高度进行了深入研究,理论研究成果发表在European Journal of Operational Research、The Journal of Grey System等国际学术期刊及管理工程学报等国内高水平期刊上,共发表论文60余篇。本研究所的论文在国内期刊论文中具有很高的引用率。

在物流与供应链管理的实际应用方面,本研究所为企业、政府等组织和部门提供了高水平的物流咨询和物流发展规划服务。其中代表性项目如中国外运总公司福建厦门公司海沧物流中心发展规划与可行性研究、江苏省海安县物流园区发展规划等企业委托的项目、武汉储运公司物流信息系统开发项目、中国物流与采购联合会项目"我国物流企业分类、主要功能与运作模式研究"、"江阴长江港口综合物流园区规划研究"等。这些项目的完成,为企业和政府决策提供了科学依据,为企业提高竞争力做出了贡献。

在著书立说方面,由本研究所教授编写的著作和教材在国内市场上十分受欢迎。主要有由物资出版社出版的《运输与配送》、《物流中心设计与运作》、《采购管理与库存控制》、《物流信息系统》等教材;由电子工业出版社出版的《网际时代的供应链管理》(译自国际知名的美国埃森哲公司专家撰写的著作),等等。

国家863/CIMS课题"集成化供应链管理运作模式与方法研究"获得湖北省科技进步二等奖。

(供稿:华中科技大学管理学院物流与供应链管理研究所)

北京中物联物流规划研究院
(中国物流与采购联合会物流规划研究院)

北京中物联物流规划研究院是由全国性物流行业组织中国物流与采购联合会设立的综合性物流研究机构,其基本宗旨是:传播物流知识,帮助政府和企业提高物流管理水平,提升物流研究和咨询服务水平,促进中国物流理论研究和实践的健康、稳定、快速发展,

北京中物联物流规划研究院是一家具有超强人才优势的专业化物流研究机构,由中国物流与采购联合会常务副会长、经济学家丁俊发教授为名誉院长,吴润涛、陈文玲教授等为高级顾问,牟惟仲教授级高工为院长,并由物流业内何明珂、江志强、王耀球等二十多位专家组成研究班子,研究院的专家研究学科领域包括物流理论研究、物流园区规划研究、物流计算机信息系统研究、物流技术设备研究、企业管理咨询等多方面。

北京中物联物流规划研究院不但拥有丰富的专家资源和为政府、企业咨询服务的经验,还与国内主要的物流研究院所、高校保持着密切的联系,同时与具有甲级工程咨询、设计资质的设计院以及数家国外的物流咨询公司建立了战略合作关系,这一切都保证了北京中物联物流规划研究院(中国物流与采购联合会物流规划研究院)为政府、部门、地区、企业及国内外各类客户提供物流咨询服务的质量。

目前,北京中物联物流规划研究院已经完成并正在进行的项目包括《郑州市现代物流业发展规划》、《邯郸现代物流发展规划》、《江阴市长江港口物流园区规划》、《吉林省现代物流基地可行性研究报告》等,并已为鲁北化工、天发控股等多家上市公司及北京物美集团、吉林省物资集团、国家储备局等数十家企业提供管理咨询服务。相信随着为企业和政府服务内容的不断深化,咨询服务

规范程度不断的提高，北京中物联物流规划研究院将树立其行业内优质服务的品牌形象，成为中国物流咨询服务机构的领先者。

（供稿：北京中物联物流规划研究院）

湖南物流研究中心

积极开展现代物流管理知识的传播工作，取得良好效果。先后组织三次现代物流管理知识培训，多次组织有关企业经理进行物流管理经验交流与考察活动，主办湖南省首届物流高层论坛。

服务地方经济发展需要，组织进行“物流与区域经济发展”、“商贸流通现代化与物流战”、“环洞庭湖区域粮食物流运作管理体系的创新”等研究工作。为企业提供了物流管理绩效评估、物流战略研究、物流管理运作流程优化等咨询服务。

组织编写出版现代物流运作管理丛书。组织完成中南(湖南)国际物流园基地项目研究工作。组织完成企业配送体系建设研究工作。完成有关部门物流管理制度研究工作。

2003年的主要工作计划是：进一步壮大研究中心的研究队伍，强化研究能力；加强与企业的紧密联系，组织多种形式的交流活动；主办物流论坛，组织物流知识培训；组织课题研究，为企业提供物流管理咨询服务。

（供稿：湖南物流研究中心）

郑州工程学院物流研究所

郑州工程学院物流研究所是为加强物流学科建设，在中国粮食物流研究培训中心基础上成立的专门研究机构，该所汇集了学校物流管理、物流技术、包装工程、机械制造及其自动化、商品养护、建筑工程、工商管理、国际贸易等领域的15位优秀的专家学者，主要研究现代物流业及区域物流规划、企业物流战略的规划与实施、供应链中的采购与库存管理、客户关系管理、物流与供应链的绩效评价等物流企业和企业物流的理论与实践问题。

研究所在长期的研究和实践中取得了大量研究成果。完成了国家“九五”科技攻关项目《粮食四散流通关键技术》等12项国家及省部级项目和15项其他课题，获得省级二等以上奖励4项。承担的2项联合国粮农组织资助的粮食流通市场研究项目和河南省小麦转化研究等项目，受到联合国粮农组织和河南省政府的高度重视，研究成果两次在联合国粮农组织举办的国际研讨会上作为主题报告。发表物流管理方面的学术论文150多篇，出版了《21世纪现代物流实用丛书》(一套5本)、《物流包装实务》、《庄子商务物流》等著作。目前仍承担着国家“十五”攻关项目《国家粮库建设智能决策系统研究》、河南省软科学研究项目《河南省物流业发展战略及企业物流管理创新研究》等项目。该校物流管理专家参加了郑州市物流业发展战略规划方案的全程论证工作，保证了该方案的顺利出台。目前，郑州工程学院已成为中国物流学会和河南省物流协会常务理事单位。

（供稿：郑州工程学院物流研究所）

北方交通大学现代物流研究所

北方交通大学是教育部直属国家重点大学，有一百多年的办学历史。交通运输学院是全国较早设置的交通运输管理工程学科，是在该领域具有硕士、博士学位授予权及设置博士后流动站的单位，是最具实力和特色的国家级重点学科。近年来又向现代物流及供应链管理学科领域拓展，在此基础上组建了北方交通大学现代物流研究所，开展该领域的科学研究、技术开发、规划设计、工程咨询、人才培养和业务培训，取得突出成绩。

现代物流研究所现有教授3名、副教授4名、讲师4名，博士后1名、博士生19名，硕士生12名。现代物流研究所主要从事以下各种业务：

一、科学研究及技术咨询

以其雄厚的技术力量及丰富的科研经验，承担有关部委、省市及相关企业委托的现代物流发展规划、物流发展项目可行性研究、企业物流解决方案咨询、物流系统设计、管理信息系统开发等各类科研及咨询项目，例如主持完成的《我国集装箱运输发展政策和系统配套技术》、《内地与香港间过境运量预测分析研究》、《平湖物流中心市场及可行性研究》、《铁路运输业向现代物流领域拓展的总体规划及实施措施》、《在新疆建设中国西部国际商贸物流中心发展战略研究》、《青钢集团现代物流管理解决方案研究》、《中国机车车辆工业现代物流及供应链管理创新研究》、《在武汉舵落口建设现代物流中心方案研究》、《合肥现代物流中心建设发展方案研究》、《江铃汽车集团物流外包解决方案研究》等等。

二、教学和人才培养

在现代物流与供应链管理、现代物流系统规划与设计、交通运输规划理论与方法、集装箱运输及多式联运等多个学科方向招收博士后流动站工作人员，定向、非定向及委托培养等多种培养形式的博士研究生和硕士研究生，为国家和企业培养运输与物流管理方面的高水平专门人才。

三、国内外学术交流及专业培训

积极参与国内外现代物流及供应链管理等领域的学术交流，与美、德、意、澳、港、台等国家和地区保持良好的交流与合作关系，跟踪本学科前沿发展。与境内外诸多机构联合举办多种形式的现代物流业务培训和项目考察；与亚洲物流科技有限公司合作组建北方交大亚洲物流研究中心，为香港与内地相关企业提供技术支持和咨询服务，受到业界的好评与欢迎。

（供稿：北方交通大学现代物流研究所）

北大光华－迪辰物流与供应链管理研究中心

北大光华–迪辰物流与供应链管理研究中心是由北京大学光华管理学院和招商迪辰有限公司共同创建的。中心的宗旨有三。

第一，要成为我国物流与供应链管理方面的高级管理人才教育培训中心。

第二，要成为国内领先、国际一流的物流与供应链管理研究的权威机构，为大幅度提升我国企业供应链竞争力做出有力支持。

第三，要成为我国企业供应链管理的资源中心，为企业提供数据、管理咨询和交流等各种资源。

光华–迪辰物流与供应链管理研究中心具有雄厚的师资力量和一支集北大光华和众多国内外一流专家的研究队伍。此外，招商迪辰在当前中国信息物流和供应链管理服务业的专业背景下为中心提供了有效实用的实践经验。中心依靠众多国内外一流研究与实践人员的共同努力，致力为中国企业竞争力的提升做出贡献。

(供稿：北大光华－迪辰物流与供应链管理研究中心)

中南大学物流工程研究所、物流工程教研室

中南大学物流工程研究所、教研室成立于2002年5月，依托在交通运输工程学院，其前身是货物运输研究室和教研室，在货物运输领域有近50年的教学与科研积累。相关研究所、实验室有运输经济与管理、运输组织、交通规划与信息等研究所、交通运输与物流工程综合实验中心。

自1999年起设置物流技术与管理、物流工程研究方向，并将在交通运输工程博士学位授权一级学科下设置“物流工程”二级学科。1999年以来，已招收物流方向硕士研究生20余名（含工程硕士10名），毕业5名；博士研究生6名；并在交通运输本科招生中设置了物流工程专业方向，招收本科生60名。目前，物流专业的研究生就业形势很好，交通运输专业本科生中从事物流课题和分配到物流企业的也占50%以上。物流工程的主要专业基础和专业课有：交通运输学，运筹学，现代管理基础，市场营销，经贸法规，物流系统工程，物流系统规划，供应链管理，集装箱运输，特殊物流技术，运输枢纽与总图，物流配送理论与中心设计，仓储自动化，电子商务，物流机械技术，物流标准，包装工程，物流信息系统等。

该学科现有主要教学和科研人员21人，年龄在50岁以下的占100%，教授4名（其中博士生导师3名），副教授5人，讲师12名；具有博士学位的4名，在职攻博的6人，100%的教师具有硕

士学位或正在攻读硕士学位。

主要研究方向可涵盖物流技术、物流经济与管理、物流系统优化、物流规划与设计、物流法规、物流信息、物流机械与设备、仓储自动化等多个领域。同时,承担物流规划、设计与管理的咨询、物流培训与教育等工作。

近年来主持或承担省部级和国家级项目30余项,地方政府及企业委托项目40余项,获国家科技进步奖一等奖一项, 国家教学成果二等奖一项, 省部级科技进步奖二等奖二项和教材奖二等奖一项,科技进步奖三等奖三项、四等奖一项等。主编专著教材9部,公开发表论文200余篇,其中被EI、ISTP和SCI收录15篇。

(供稿:中南大学物流工程研究所、物流工程教研室)

长安大学经济与管理学院物流研究所

长安大学经济与管理学院设有物流管理研究所,在物流管理专业教学机构、人员的基础上,以课题为主线广纳研究人才,形成教学、科研相互促进的团队运作机制。研究所的主要任务是:加强与外界的学术联系、信息沟通,承揽运输、物流和供应链管理类科研项目;提供运输、物流和供应链系统规划与管理的研究与模拟教学的计算机实验环境;丰富交通运输、物流及供应链管理科学研究和理论教学的内容,拍摄教学片以提高专业教学质量。目前的主要研究方向有:(1)物流发展战略、发展规划研究;交通运输发展规划与管理研究;(2)物流、供应链管理和交通运输工程项目可行性研究;(3)物流和供应链管理方案设计、物流技术及标准、法规等研究。

物流管理研究所近年来, 出版了《高级物流学》(获陕西省高校科技进步三等奖)、《供应链管理》、《道路运输组织学》、《运输经济学》等一系列物流管理专著、教材,拍摄了《物流现代化实践》教学片(2002年人民交通出版社出版);在《中国软科学》、《交通运输工程学报》、《交通运输系统工程与信息》、《综合运输》等学术刊物上发表了物流管理方面论文200余篇; 完成了几十项省部级和横向课题研究,获省部级及其他科研奖项十余项。

近年来完成省部级及其他科研项目主要有:

道路运输发展政策研究(交通部项目;中国公路学会科学技术一等奖)、公路客货枢纽等级条件及布局(交通部项目;陕西省科技进步二等奖)、陕西省第三方物流发展战略研究 (陕西省科技厅项目)、陕西省物流业发展战略研究、焦作市区域物流系统研究(河南省交通科技进步三等奖、焦作市科技进步二等奖)、玉林市新团物流园区工程可行性研究、嘉峪关市物流发展规划研究、运城市物流中心研究、丹东市物流业发展规划、Q企业第三方物流方案研究、宁波市道路运输业发展规划、西藏自治区道路运输业发展规划等。

物流管理研究所目前正在筹建具有国际先进水平的供应链物流管理实验室, 参加了国内外物流项目研讨活动,为一些物流园区、物流中心的规划、运作和管理提供了良好的咨询服务。

(供稿:长安大学经济与管理学院物流所)

信息产业部/重庆市
邮政自动化控制技术重点实验室

信息产业部/重庆市邮政自动化控制技术重点实验室是由重庆邮电学院邮政自动化研究所和重庆邮电学院电子商务研发中心组建而成。主要研究方向包括:物流自动化技术、供应管理与物流配送、电子商务系统及其关键技术、蓝牙控制网络与现场总线技术、检测技术及仪表等。该实验室组建了以国家863计划自动化领域专家为主任的学术委员会,现有博导、教授、副教授、博士、博士生等研究人员30余人,并聘请多位相关领域的著名专家兼任客座教授,形成了一支结构合理、科研能力强、富有创新精神的科研队伍。

该实验室近年来在物流自动化、供应管理与物流配送、电子商务、蓝牙控制网络与工业以太网技术等领域取得了一系列显著成果。完成或在研的科研项目包括国家高技术研究发展计划(863计划)项目“邮政通信物流网最优计划调度系统及监控系统(863-511-843-002)”、“基于‘蓝牙’技术的工业现场设备、监控网络及其关键技术研究

(2001AA413620)”和科技部创新基金项目、国家标准起草项目、部(省)级项目在内的20余项。近年来获得多项省部级奖励；出版专著和行业技术标准共五本；发表学术论文50余篇并有多篇论文被EI等三大检索工具检索；获实用新型专利1项、申请发明专利2项、申请实用新型专利3项。同时还与国内外多家单位建成了良好的合作关系，与美国罗克威尔(Rockwell)公司共建有自动化控制实验室并设立有罗克威尔奖。

为了适应我国物流行业向自动化、信息化和智能化发展的需要，该实验室综合运用二维条码技术、蓝牙技术、数字成像技术、微控制器技术、闪速存储器技术、嵌入式Web技术、数据库触发手机短信息技术、液晶显示技术和触摸屏技术，充分将各种技术的优势与独特的物品投递数字化签名确认方法进行有机的结合开发了“物品投递确认系统”，该系统不仅能够实现从物品接收到投递全过程的数据共享以及信息之间的相互核对，还可向用户提供准确可靠的验证投递状态、避免欺诈等多种服务。可广泛用于物品递送、产品跟踪、生产流水线管理、仓储管理、销售渠道管理、产品防伪等领域。

作为“物品投递确认系统”的配套设备，本实验室还开发了基于蓝牙通信的数字签名与物流信息采集掌上终端、嵌入式蓝牙无线数据通信装置、基于蓝牙通信的便携式收据打印机和投递确认信息手机短信与E-mail反馈自动发送系统等。另外，本实验室还开发了电子票据系统、智能化仓储管理系统、智能化物品配送管理系统、运输车辆综合管理系统和基于蓝牙技术的物流跟踪系统等。

（供稿：信息产业部／重庆市邮政自动化控制技术重点实验室）

武汉商贸学院现代物流研究所

武汉商贸学院现代物流研究所是依托学院物流工程系，集教学、科研、咨询服务于一体的现代物流研究专业机构。该所科研和师资力量雄厚、主要涉足物流产业政策、区域物流规则、物流信息系统、超市及连锁企业物流、生产制造企业物流、供应链管理、物流人才培训等。

研究所成立将近一年来，已开展了以下研究工作：受武汉市武昌区政府邀请，参与规划并制订了武汉市江南物流园区章程，把武铁物流公司、省物资储备局三三七处、武铁武北货运中心、万吨冷库、武昌车辆厂等企业资源有机整合，形成都市物流园区，充分利用各企业现有物流设施，为发展武汉物流产业作贡献。

参与中国物流与采购联合会《现代物流系列教材》编审委员会工作，组织编写了普通高等院校物流及相关专业教材。

参与制订《物流师国家标准》。经中国物流与采购联合会授权，研究所与湖北省劳动和社会保障厅职业技术鉴定指导中心合作，在武汉商贸学院培训部开设全国新职业统考考前培训，承担包括物流师、营销师、电子商务师、人力资源师、物业管理师等职业工种的国家职业资格培训鉴定。这一考前培训使研究所能广泛接触物流企业，并在科研课题选取、实习实践基地建设方面提供了广泛的合作机会。

2002年底，由商贸学院发起，中国物流技术协会主持，在北京成功召开了全国部分职业院物流专业教学与教材编写座谈会。在此基础上，又在武汉召开了物流专业职业教育与培训教材编写研讨会。华中科技大学管理学院徐天亮、刘志学等专门研究物流的教授、中国物流技术协会会长牟惟仲教授高工参加了会议。会议决定，由中国物流与技术协会主办，武汉商贸学院承办全国高职高专物流专业建设研讨会，会前准备工作已在紧张进行，会议将在2003年下半年如期举行。

（供稿：武汉商贸学院现代物流研究所）

（注：鉴于我国物流业界的研究机构分布广泛，又因我们人力、时间及联系方式所限，一些研究机构未能列入其中，请予谅解，也希望这些研究机构能与《年鉴》编辑部联系，以便在下一部《年鉴》中予以选介。）

物流培训机构

（排名不分先后）

北方交通大学

作为我国最早从事物流教学与研究的国家重点大学，北方交通大学非常重视对社会进行物流管理专业的培训。从1982年开始为国家储备局、中国人民解放军海军、铁道部、铁路局和铁道工程局培训物流管理的干部，先后开设了10个干训班，培养学生近500人；还通过夜大和函授培养了众多的函授生和夜大生。近年来，在硕士研究生培训班以及MBA培训班方面，也开始了相应的物流管理培训方向，为北京市、深圳市、民航系统、广州铁路集团、昆明铁路局等单位培养了大量的高级物流管理人才，物流管理成为北方交通大学MBA培训的主要特色之一。于2002年北方交通大学作为主办单位，受国家教育部高等教育司委托（教高司函[2002]116号），主办首届“全国高校物流管理专业教学与课程建设骨干师资培训班”。培训班于2002年11月11-15日在北方交通大学举行，全国100多所院校近300人参加了此次培训班，在物流人才市场需求、物流专业学科建设与示范课、加强物流实验教学和物流行业发展分析方面进行了深入的探讨、教学演示和培训，取得了良好的效果，并由教育部颁发了培训证书。此次培训为全国高校物流管理专业建设和师资队伍培养发挥了重大作用，受到国家教育部的好评。

（供稿：北方交通大学）

北京昊鼎物流科技公司

北京昊鼎物流科技公司致力于供应链过程物流和信息流的整合与重组，是从事物流咨询与培训的专业研究与咨询机构，并与北京科技大学物流研究所合作，为各类企业、政府机构提供了多层面的物流培训，包括：物流证书培训、企业物流培训及在职物流研究生学历教育。

主要培训对象为高级物流管理人员、物流系统规划设计工程技术人员、物流运作人员。

主要培训课程分为20个课程模块。（见表）

课程序号	课程名称
A001	现代物流概论
A002	供应链管理
A003	物流解决方案制定
A004	区域物流发展战略规划
A005	物流园区建设
A006	企业物流管理
A007	物流成本管理
A008	现代物流技术
A009	配送中心规划
A010	配送中心信息系统
A011	配送中心运营与管理
A012	物流设施与设备
A013	物流企业策划
A014	物流企业营销
A015	设施规划与设计
A016	物料搬运系统设计
A017	物流系统分析与评估
A018	典型物流系统设计
A019	物流信息化技术
A20	库存管理与控制

主要培训客户：

北京双鹤药业集团、神州数码物流中心、新疆新特药民族药公司、北京用友软件集团、海尔集团、伊利集团、中国邮政、深圳邮政、京卫药业集团、首都钢铁公司、酒泉钢铁公司。

（供稿：北京昊鼎物流科技公司）

北京物资学院物流研究中心

自1994年北京物资学院在全国率先开办物流专业以来，就不断整合已有的资源，吐故纳新，逐步开展了针对社会不同层次需求的物流专业培训，使物流从概念走向实务。通过专业培训使企业从认知物流到注重发掘、培育企业的核心竞争力、创造新的利润增长点。在此期间我们伴随企业成长，企业成功的经验支持我们将物流专业培训越办越好。随着技术的日新月异、环境的变幻莫测、竞争的显潜俱在，物资学院更加注重经验的积累、知识结构的更新、培训方式和技巧的创新，作为物流业的开拓者、培育者，深感责任重大。惟有中国物流行业的整体水平提高，在这片沃土上才有可能培育出一批批优秀的物流企业，提高物流领域的整体竞争力。新经济时代是一个学习决定命运的时代，从这个角度讲，物流培训教育的好坏在一定程度上决定了物流行业的成败。因此，我们在吸收国外先进经验的同时，结合国内企业的需求，培育了一批又一批的物流精英人才。

作为国内首家开设物流专业的高等院校，北京物资学院拥有雄厚的师资力量，完善的课程体系，先进的教学设备以及过硬的物流资源设施–物流系统与技术重点实验室。

目前具体提供以下形式的培训服务：

一、合作办学

1.在职物流研究生教育

2.面向社会的物流管理双学位教育

二、咨询式培训

咨询式培训是基于现实物流理论与实践的差距，将咨询与培训结合，以解决问题为导向，通过诊断、培训、牵引、发掘与实践辅导等步骤，全面发掘企业内力，并根据具体问题提出解决方案，伴随业务发展逐步开展培训。

三、长期定制内训

定制内训是企业基于自己未来的发展方向，对员工逐批进行的专项培训，为了促使它的成功举办，需要企业与培训师充分沟通和交流，并在此基础上作相应的培训总结和反馈。

四、短期脱产培训

短期脱产培训是时间相对集中、内容相对系统的培训，目前，我们主要以企业为单位集中进行培训。它的特点是紧密结合企业实际问题，进行有针对性的、解决企业问题的企业内部短期集中培训。建立起企业对物流的结构化、概念化的认识，拓展思维模式。

五、举办研讨会

北京物资学院将进一步利用行业的号召力，和对业内资源的整合能力，通过举办不同层次，不同方面的研讨会，搭建企业交流物流问题的平台。

六、出国考察

借助与外国政府、高校和物流企业的长期合作关系，带动国内企业进一步多渠道开拓资源，以促进我国物流行业在巨人肩膀上博采众长，跨越式成长。

七、主办展会

物流行业是一个技术性、专业性很强的行业，我们将通过展会这个平台，促进企业更好地交流和探索。

八、成立网校

随着网络的普及和应用，网络学习已逐步成为现实，我们将整合目前国内已有物流网站，相关专家和课件适时推出。

九、2002年培训成果主要如下：

1.建立了北京物资学院物流系统与技术实验室网站，作为物流培训和业内人士交流的平台，网址：http://www.lstl.org。

2.与北京师范大学联合组建北京师范大学珠海校区物流学院，培养既能适应现代物流管理需要，又能从事物流系统优化设计和物流经营、管理、决策的应用型、复合型、创新型的高级物流专业管理人才。

3.为贵州商业储运公司定期进行物流研究生班培训。

4.为青岛澳柯玛等生产企业定制短期内训。

5.为中外云久凌公司等物流企业定制短期内训。

6.为国内开设物流专业的高校进行专业师资培训。

(供稿:北京物资学院)

北京中交协物流人力资源培训中心

北京中交协物流人力资源培训中心是在中国交通运输协会领导下,由中交协物流研究院、北京现代卓越管理技术交流中心共同组建的。该中心在2002年8月引进了世界上最早的物流与运输专业认证体系即:ILT物流职业资质认证体系。ILT是英国皇家物流与运输学会的英文简称。英国皇家物流与运输协会是在1999年6月由两所具有百年历史的英国物流学会和英国交通运输学会合并而成的,它是目前世界上最具有权威的物流专业组织之一。ILT的职业认证体系已经得到了世界上大多数国家和地区以及物流专业组织的广泛认可,还得到了世界著名学府的广泛认可,如英国物流与运输专业著名大学,并已经成为国际物流公司聘用物流专业管理人才的尺度。

自2002年8月引进此项目以来,培训中心已经成功的举办了二期培训考试,全国有近600多名的学员参加了培训考试,其中近400名的学员已经顺利取得了ILT的职业认证的证书。这批学员掌握了当今世界上最先进的物流管理体系和最完整的物流操作技能,他们将对我国的物流业的国际化起到一定的推广和带头作用,对我国的物流业的发展奠定了基础。因此培训中心将继续深入开展英国皇家物流与运输学会的物流行业四级职业资质认证的培训及对考试合格学员实验员颁发职业资格证书的工作,在我国的每个省市都设有北京中交协物流人力资源培训中心的考试培训代理机构。同时,培训中心还会根据需要将逐步与国外有关院校及企业单位合作,共同开展物流学历教育和短期培训工作,并加强物流与运输远程教育系统及物流与运输信息技术的开发与咨询工作,为我国物流业做出贡献。

(供稿:北京中交协物流人力资源培训中心)

上海现代物流人才培训中心

上海现代物流人才培训中心是上海首家经认证批准的物流培训点和考核点,“中心”具有一流的专家团队、现有专职教学、研究人员及资深专家50余人,其中副教授及高级工程师职称者28人,其物流及ERP的教学、科研成果反映了国际该类专业领域发展的最新动态。“中心”长期以来致力于现代物流及ERP知识的普及推广,应用研究和科研开发;从事现代物流及ERP教程引进、物流及ERP教育项目推广,并与国际各专业研究机构及教育部门有着良好的合作关系。“中心”以为社会培养符合企业需求的现代物流及企业资源计划应用人才为宗旨,在受政府委托开展认证教育的基础上,通过面向全国的开放式教育和资格认证推进计划,将与国际专业领域研究同步的现代物流及企业资源计划教育推向社会,为中国企业参与国际市场竞争做出贡献,是上海地区最具现代物流教学规模专业培训机构之一,为社会各界输送了大量物流优秀人才。

该中心经过不断发展,以一流的教育理念,灵活教学方式,雄厚的师资力量服务于广大企业和个人。现致力于现代物流及ERP培训,培训产品主要有:

1.受上海市紧缺人才办公室授权,进行现代物流初、中级培训,是全市规模最大、办学最规范的物流专业培训基地。2002年培训物流初、中、高级人才近1 500人。

2.举办ERP人才初、中级人才培训,为社会培养企业资源计划运用与管理人才。

3.各类企业的委托,为企业提供个性化的内部培训,提高企业员工的素质,为企业的整体发展战略及目标服务。

4.现代物流课程研修班:

(1)现代物流高级研修班:了解国际物流最新资讯,国外最新物流理论成果,明确国内行业定位,指导企业发展方向。适合物流经理、物流总监等高级管理人员。

(2)现代物流行业培训课程：根据学员特点分行业深入探讨现代物流在各行业的运作特点，介绍目前国内物流行业的最新发展动向。特别适合不同行业的团体培训和同类专业人士参加。

5.开展网上远程教育，实现面授和函授相结合，满足学员多方面的需求。

为不断提高教学和服务水平，本中心还将连续推出各种培训新产品，更好地为广大企业和各级各类专业人士服务。

(供稿：上海现代物流人才培训中心)

深圳市物流与仓储协会

2002年，深圳无论是海空港还是六大物流园区，其建设都明显提速，跨国物流公司纷纷进驻，民营的物流企业也发展迅猛。物流业的发展引发了对现代物流人才的极大需求。2002年深圳首届物流人才招聘会上统计表明，到2010年，深圳对高级物流人才的需求将达到1–2万人，对中、初级物流人才的需求将达到10万人左右。

物流人才已经被列为深圳市紧缺人才之一，但从目前国内物流人才的培养情况来看，物流人才的拥有量仍远远滞后于实际发展需要且供不应求。为缓解物流人才的紧缺对物流业发展的瓶颈制约，深圳市物流与仓储协会一直致力于物流人才的培训和引进。纵观2002年，协会举办的相关培训活动如下：

1.短期培训。协会邀请北京商学院及瑞典哥德堡大学的物流专家，举办“物流配送网络的规划与设计”的培训班，并剖析了瑞典及欧洲物流业的发展情况；针对物流企业中普遍存在的营销薄弱的现状，协会还举办了物流营销培训班，介绍现代物流营销的基本知识。

2.相关政策培训。物流企业的具体业务与海关、商检等政府部门的相关政策法规密切相关，为帮助企业了解并掌握这些知识，协会联系政府部门的相关领导，为企业讲解这些法规并现场答疑，协助企业与政府建立顺畅的沟通联系渠道。

3.物流从业人员资格认证。协会与中交协物流培训中心合作，引进英国皇家物流与运输学会(ILT)的国际物流资质认证并在深圳地区推广。经过我协会的认真准备和精心组织，已成功举办两期培训和认证考试，并在深圳引起很大的反响。

4.物流人才招聘会。在加强物流人才培训的同时，协会还致力于人才的引进工作。2002年12月，在深圳市物流办、交通局、人事局和经贸局的大力支持下，协会在深圳高交会成功举办了“深圳市首届物流人才招聘会”，深圳市副市长王穗明、深圳市政府副秘书长唐杰、深圳市政府副秘书长王敏及市交通局、市经贸局、市人事局等政府部门领导现场考察了招聘会的企业，近三万人次的社会物流人才和来自全国各地及深圳本地的高校应届毕业生参加了本次招聘会，参加招聘的企业有盐田国际、招商物流、深圳航空公司、机场集团、中国国际海运集装箱公司等知名公司，累计招聘岗位1500多个。

2003年，深圳市物流与仓储协会计划继续培养满足物流企业需求的现代物流人才，并与国内外的一些知名教育培训机构合作，开拓物流人才培养的新局面。

(供稿：深圳市物流与仓储协会)

深圳综合开发研究院

综合开发研究院(英文简称CDI)，作为国家级研究机构，为满足经济转型时期培养高水平、复合型、国际型人才的需要，于1995年成立了具有社会办学许可证、具备独立事业法人资格的培训中心。

经过10年的努力，综合开发研究院培训中心逐步建成以经济学学科为主、以博士学位为最高层次的多学科、多层次的人才培养基地，配备了多媒体教室、讲演厅、会议厅等现代教育设备设施。研究院培训中心师资力量雄厚，不仅有马洪、高尚全等著名的经济学家、博士生导师，还有一批在改革开放中崭露头角的学术研究新人，人员中70%以上具有副教授、副研究员以上高级职称和博士、硕士学位。

物流管理教育与培训是培训中心的主要方向之一。培训中心利用自身的研究力量，与美国物流管理协会(CLM)、北京工商大学、美国俄亥俄州立大学、香港明爱教育机构合作，开展了学历教育项目、短期培训项目、国际培训项目等物流教育活动。综合开发研究院培训中心目前拥有教授、副教授职称或拥有博士学位的物流教师7人，可以讲授英文的物流专业课程。2002年共举办各类物流培训项目12个，培训各类学员350多人。

研究院主要培训项目：

一、物流学历教育项目

1.企业管理物流方向研究生进修班。经广东省高教厅及北京市教委批准，综合开发研究院培训中心于2002年起在广东与北京工商大学合作，开办企业管理物流方向研究生课程进修班，开设12门课程，以北京工商大学物流管理硕士的课程为主，部分课程(供应链设计)采用国外教材。课程教学采用学分制，学员可以单科进修，如符合条件也可以修满硕士研究生课程，申请物流管理硕士学位。授课方式为在职培训，利用晚上和周末时间集中授课。目前有学员32名，上课地点在综合开发研究院深圳银湖培训基地。

2.筹备项目。美国俄亥州立大学是在北美物流领域排名前三名的著名高等学府，有兰伯、库珀等一批国际知名的物流教授。综合开发研究院培训中心已经与费歇尔学院达成合作意向，合作开办物流管理工程硕士课程。学期9个月，开设12门课程，其中6门由综合开发研究院师资用中文讲授，6门课程由美国教授用英文讲授，计划2003年9月开始在深圳、上海、北京同时招生。

二、物流短期培训项目

1. 对企业的短期培训项目–物流总监高级课程班(主要课程略)。

2.对政府及行业主管部门的短期培训(主要课程略)。

三、物流国际培训项目

1.注册物流总监项目(CLO)。与美国俄亥州立大学费歇尔学院合作，开设六门课程，师资由综合开发研究院与美国一流物流学家组成，以管理及战略培训为主，针对物流企业高层管理人员，学员毕业，获得美国俄亥州立大学CLO证书。本项目为物流管理工程硕士项目的一部分，计划2003年9月开学。

2.香港学生国内物流实训项目。本项目与香港明爱教育机构合作，安排、接待香港物流企业和学生到深圳进行物流理论与中国物流实际操作培训。短期项目每期两天一晚，包括专家讲座、企业参观、案例研讨。同时提供1个月、3个月的全日制培训，提供1–3个月的中国企业实习机会。2002年共组织接待学员4批200多人。

3.中国学员境外培训项目。该项目与美国物流管理协会、加拿大UBC大学、美国俄亥州立大学合作，主要是一周至一个月的短期课程，包括课堂教学、教学参观及参加美国物流协会年会、圆桌会议等活动，每年组织4批，目前共有85名学员参加了活动。

（供稿：深圳综合开发研究院CDI培训中心副主任、博士　王国文）

快步易捷（广州）信息服务有限公司

作为中国第一家提供系统化物流管理培训的公司，快步易捷早在2000年底就与澳洲管理学院合作开办了系列物流管理培训课程。培训由中国和澳洲经验丰富的资深物流专业人士担任讲师，力求从物流策略和实际经验两方面给学员带来真正的现代物流管理知识。整个课程充分吸纳讲师和学员的实际经验，并广泛引用国内外的案例来分析问题。

在走过了两年多的探索与发展之后，作为国内领先的物流培训机构，秉承“权威性”、“系统性”、“互动性”的培训特色，2002年快步易捷继续与澳洲管理学院合作开办了一系列高级物流管理培训。课程涉及“运输管理”、“一体化商业物流”、“仓储和分销管理”、“存货管理”、“供应链管理”等物流管理的诸多方面。来自国内外近200家公司的300多名物流管理人员分别参加了在北京、上海和广州三地循环举行的各模块课程。学员普遍反映课程内容系统实用、授课方式多样互动，而且通过培训结成的物流人际网络也对他们的事业和生活有着很大的价值。随着第一轮六门课程的结束，陆续有部分学员拿到了由澳洲管理学院颁发的物流管理专业文凭。实践证明该课程适用于中国物流行业并深受欢迎。

除公开课培训外,2002 年快步易捷还为国内近十家知名企业提供了客户定制的内训课程。其中包括光明乳业、华润物流、加德士、长春一汽、天音通信等。我们针对不同企业的培训需求,在充分研究培训对象的情况和具体问题的基础上,从实用性的角度出发,编制有针对性的培训教材,突出培训重点,力求直接、高效地协助各公司解决实际的困难与问题。

由快步易捷首创的“体验式”和“咨询式”的培训模式也使众多学员在轻松愉快的气氛中培养了自己动手解决实际问题的经验与能力。

加德士公司在 2001 年邀请快步易捷公司举办了为期两天的“存货管理”内部培训,取得存货降低 35%的丰硕成果后,2002 年再次聘请快步易捷公司为其讲授主题为“物流客户服务”的培训课程。

光明乳业物流总监在快步易捷提供的物流内训的总结中写到 “快步易捷的内部物流培训课程始终围绕我们所关切的问题, 对光明物流现状进行了充分地探讨,达到了理清现状的目的,使我们意识到可以从哪里开始起步,自己动手解决问题;“体验式”的培训模式也使我们获得更好的参与机会, 能够在开放舒畅的环境中表达自己的观点与意见。而且快步易捷的培训讲师具有扎实的现代物流管理专业知识, 能够很好地调动学员的积极性,鼓励我们提出建设性问题。”

2003 年快步易捷将一如既往地担当中国物流培训的排头兵,除了与澳洲管理学院的合作外,还将联手其他国外著名学术机构及知名专家推出一系列新的培训课程:内容将会涉及“零售供应链管理系列课程”、“行业物流管理系列课程”及“供应链运作参考模型课程”。快步易捷也将充分发挥“既有专业、系统的物流理论知识”,“又有成熟、实际的运作经验” 的优势为成长中的中国物流企业提供“个性化”的培训课程。

(供稿:快步易捷(广州)信息服务有限公司)

长安大学物流管理研究所

长安大学经济与管理学院以物流管理研究所和多个强有力的学科力量支撑物流管理专业,能够将物流理论密切联系实际, 在物流管理专业教学方面深受社会欢迎。近年来,长安大学经济与管理学院在全国、陕西省以及西安市的交通运输协会、道路运输管理部门、工商企业进行物流及供应链管理讲座、研讨等活动 266 次。如与陕西省道路运输协会合作, 承担过中国交通运输协会组织全国交通运输管理干部的《高级物流学》、《现代物流运作实务》 等讲座; 参与陕西省物流协会主办的《现代物流系统规划设计》讲座;在西安市城东、城西交通运输管理站等的组织下,在工商企业、运输企业举办了多种类型的物流管理培训班, 进行了《物流基本知识》、《高级物流学》、《供应链管理》等课程讲授;在中远集团国际货运有限公司、南京王家湾物流中心、玉柴机器集团、中国北车集团西安车辆厂、深圳市交通局客货服务中心等国内著名企业进行了《现代物流学》、《高级物流的理论、实践与发展》、《物流系统规划设计》、《区域物流信息平台的构建》、《供应链管理》等专题讲座。

经济与管理学院还承担着交通部每年两期全国经理厂长工商管理知识培训任务,近年来每期都设有物流管理课程和专题讲座,受到全国交通运输管理干部的好评。

(供稿:长安大学)

深圳万德企业顾问联合机构

创建于 1999 年 9 月的深圳万德企业管理顾问中心(现改名为“万德企业顾问联合机构”),很早就开始重视企业物流人才的培训,并于 2001 年末成立了物流部, 专门负责物流方面的咨询与培训。2002 年初,该中心网站“万德企业管理顾问”(Http://www.szwonder.net)特别开设了“物流培训及咨询业务专栏”。该中心与北京、上海、广州、深圳、台湾、香港、日本等国内外物流行业诸多著名高校、著名物流企业、著名物流咨询机构、数十名著名物流专家结成了战略合作伙伴, 合力为企业开展物流顾问与培训业务。该中心开设了物流综合类、物流企业类、制造企业类、连锁企业类等四大类 20 余门物流培训课程, 推出了 20 余种物流咨询项目, 为国内特别是珠江三角洲、长江三角洲、闽浙赣地区的数百家企业提供了物流培训和咨询服务，获得了广大企业的好评。

（供稿：深圳万德企业顾问联合机构）

大连现代卓越管理咨询公司

作为一家专门从事项目管理、物流培训和咨询的专业公司，大连现代卓越管理咨询公司在中英双方合作签字之后不久，即2002年8月19日就在大连日报发布了ILT进入中国的消息得到了大连物流界的热烈反馈。2002年10月公司获得中国交通运输协会的ILT物流资格认证的授权，成为大连地区惟一的考点和培训机构。同时公司与大连市物流业的主管部门–交通口岸局，物流业的大公司–港务局、中海物流、宝供集发物流等，与大连市的各物流专业研究机构，包括海事大学、理工大学、财经大学、铁道学院均建立了密切的联络，为全国的ILT培训提供了一批高素质的教师。

公司2002年12月29日成功举办了首次大连市ILT国际物流部门经理资格认证考试。参加考试人员16人，其中11人通过考试，成功获得了ILT物流部门经理资格证书，还有12人获得培训证书，考试通过率达到78%以上。2002年4月7日，大连现代卓越管理咨询公司在中山大酒店举行了首期大连ILT国际物流资格认证颁证仪式，大连市交通口岸管理局物流处刘明学处长、大连海事大学交通运输管理学院徐天方教授等参加了颁证仪式，并为获得ILT物流部门经理资格证书的学员颁发了ILT证书，同时徐天方教授还为到会的人员做了“关于现代物流人才的培养”的专题知识讲座，受到与会人员的交口称赞，并在社会上引起了强烈反响。

2002年10月，大连现代卓越管理咨询公司在得到ILT授权后，开展了一系列扎实有效的工作，先后通过新闻媒体、说明会、专题讲座等形式向社会普及推广现代物流管理知识。随着大连市物流经济进入跨越式发展阶段，相继引发的问题很多，最典型的就是物流人才的短缺问题。物流企业缺乏专业物流人才，一些传统的货运代理、仓储运输企业变为物流公司，其经营管理与物流管理规范化标准相去甚远，企业的经营发展面临着人才短缺的瓶颈，物流人才的培养已经成为企业迫在眉睫的需要。ILT职业资质证书的引进恰好解决了物流企业的燃眉之急，填补了我国物流知识体系的空白，使企业懂得了不掌握现代物流知识，不拥有现代化的物流管理人才就难以在全球经济一体化中立于不败之地。

首期ILT职业资质证书的获得者们在大连市的物流企业界引起了强烈的震动，受到大连市专业物流公司的在职人员、行政管理部门人员、非物流专业人士以及看好物流发展前景的人士等的极大关注，极大的促进了公司以后工作的开展，截至2003年6月，已有16人报名参加ILT二级认证考试、11人报名参加三级认证考试，这充分证明ILT资格证书必将在大连市得到更大范围的普及，使大连市的物流管理水平进入到一个崭新的阶段。

（供稿：大连现代卓越管理咨询公司　林　琳）

天津市物资贸易学校

为适应天津市在“十五”期间重点发展现代物流产业的需要，实现天津市建设北方经济中心和国际港口大都市的目标，以充分发挥人才培养的智力支撑作用，天津市现代物流实用人才培训基地于2002年10月24日正式揭牌成立。基地坐落在天津市物资贸易学校内，基地通过这所具有40年办学历史的中职学校和北京物资学院天津函授站开展物流专业教学培训工作，培训基地着眼于物流企业实际应用操作人员的培养，面向社会开展教育培训，对提升天津市乃至华北地区物流企业员工的业务素质提供优越条件，为提高整个物资流通企业的经营规模和经济效益发挥显著的智力支撑作用，为天津市“十五”期间现代物流支柱产业的发展提供有力的人才智力保障，为国家的经济建设和社会发展贡献力量。

培训基地在教学设备、师资队伍和科研水平等方面显示出独具特色的优势，其中包括北京物资学院客座教授王之泰、陈梅君、邬跃、翁心刚等一批当今国内物流专家、学者，通过研究当今世界物流产业发展的实践，对我国发展现代物流业形成了系统的理论，为基地教学培训提供了有力保证。加之天津市物资贸易学校为天津市建校历史较早的、专门从事物资经济领域教学的中职学校，拥有一批经验丰富的师资队伍和教学水平，为开展教学培训创造了一定的条件。

基地现有专兼职教师220人，其中副教授以上职称的占一半以上。基地在天津设有10余个实践场地，为学员提供了实际锻炼的机会。

培训基地的宗旨是：面向实际，服务企业。

办学理念是：传授新知，推介新需，培训新人。

基地目前设在天津市物资贸易学校内，面向各物流企业提供物流管理的学历教育和各种层次的岗位培训。

2002年开展物流教学培训情况介绍

天津市物资贸易学校招收现代物流专业（中专）286人。

北京物资学院天津函授站招收物流管理专业大专预科生166人。

基地开办物流专业知识培训班5期，参加培训者330人次。

（供稿：天津市物资贸易学校）

21世纪中国电子商务网校

21世纪中国电子商务网校(Http://www.ec21cn.com)创建于1999年，是由北京网路畅想科技发展有限公司主办的专门从事网上远程教育的培训机构，网校汇集了国内一大批电子商务与现代物流的专家学者，主要开设电子商务和现代物流专业的系列网上课程。

该校作为中国电子商务协会指定的远程教育平台，在2003年抗击非典中，成功地组织全国166所高等院校的2 000名学生参加网上《电子商务》免费课程的学习。中国电子商务协会高等院校工作委员会办公室设在21世纪中国电子商务网校。

该校基于互联网技术，陆续开设了电子商务专业系列课程、物流管理专业系列课程，近期受中国自动识别技术协会委托开设《自动识别技术与应用》课程、受中国物品编码中心和中国条码技术与应用协会委托开设《条码技术与应用》课程，学员打破时空限制通过Internet学习网络课程，还可以在网上与专家讨论、与学员交流、完成作业与考试。

与传统的先有面授而后过渡到网络的教育方式相反，该校实现了先网络教育而后向网上培训和面授培训相结合方向发展，近年来成功地举办了多次现代物流与电子商务高级培训班，拥有全国著名教授专家组成的师资队伍。

该校开发的电子商务模拟软件、第三方物流管理模拟系统软件、远程仓储管理模拟系统软件等在国内拥有一百余家用户，为国内数十所高校提供现代物流与电子商务实验总体解决方案，填补了我国电子商务专业和物流管理专业实验室软件产品自主知识产权的空白，现已获得国家版权局批准的计算机软件著作权产品四个。

（供稿：21世纪中国电子商务网校）

中国物流与采购联合会培训部

中国物流与采购联合会培训部是中国物流与采购联合会下设的专业培训机构。主要从事全国高等院校、中专、职高的物流教学指导工作，在全国范围内统一开展“物流职业经理”、“物流师”、“国际采购与供应链管理”等职业培训和认证工作。对国内物流市场发挥规范和引导作用。

一、目前主要工作内容

1.承担全国物流人才培训专业委员会秘书处的工作。该专业委员会经国家民政部批准成立，中心任务是对全国物流教学和职业培训进行指导和管理。主要工作：一是对全国物流人才市场需求进行调查预测。二是对我国物流学科建设进行规划并向国家有关部门提出建设性意见。三是组织专家编写全国物流教学和职业培训精品教材。四是统一开展全国物流师资培训。五是定期召开全国物流教学研讨会。六是受教育部和中国物流学会委托，承担其他物流课题研究工作。

2.负责“物流师”国家职业标准培训、认证专家委员会办公室工作。受国家劳动与社会保障部的委托，已组织专家编写并制订了《物流师国家职业标准》。培训教材与题库编写将于2003年底完成，培训认证工作也将于2003年底开展。作为全国统考项目，根据“考培分离”的原则，“物流师”的培训认证工作，将在“专家委员会”的监督管理下由国家劳动与社会保障部和中国物流与采购联合会（全国物流标准化委员会）共同操作实施。

3.负责ITC“国际采购与供应链管理”的培训认证工作。国际贸易中心（International Trade Centre——ITC）是联合国与世贸组织（WTO）下设的全球性经济组织。作为对全球发展中国家经济人才的支持，ITC“国际采购与供应链管理”的培训认证工作受到发展中国家政府的高度重视，是全球范围的培训认证体系。在经过2年系统准备的基础上，该项目将于2004年初在中国推广，并由中国物流与采购联合会负责实施和管理工作。

4.开展“物流职业经理”培训认证工作。针对目前混乱的物流培训市场状况，根据物流和生产企业及有关行业机构的呼吁及要求，为规范物流培训市场，打造物流培训品牌，中国物流与采购联合会决定在全国范围内统一开展物流职业经理管理培训班。在联合会的统一组织管理下，集中了全国各高等院校、企业及科研单位的专家，面对物流和生产企业的各级物流管理人员、大、中专在校生及其他希望进行物流职业培训的人员，开展初、中、高三个级别的职业培训。通过短期培训的方式，将物流领域内的最新理念、物流信息和技术、物流案例等及时传授给学员。

5.根据企业需求和实际情况，有针对性地对不同物流企业和生产企业开展物流、采购和供应链管理方面的专业培训。

6.与国外行业协会和组织机构合作，开展物流和采购方面的学历和非学历人才培养工作。定期组团出国考察培训，组织开展各种类型的物流研讨会和高峰论坛等。

二、培训部工作目标

1.提供中国最大的物流培训平台；

2.推动中国物流采购行业职业化进程；

3.培养中国职业化物流采购人才；

4.提升中国物流采购产业国际竞争力。

培训部全国各地分支机构表

机构名称	联系人	电　话
北京恒信高科管理科学研究院	王胜利	010-62193880
中关村学院	周　伟	010-62347022
中软冠群软件技术有限公司	秦俊峰	010-62146980
浙江省现代物流人才培训中心	郑　梁	0571-85023927
广东新世纪物流管理培训中心	万志坚	020-87604656
深圳博维企业管理咨询有限公司	谢　青	0755-26942179
黑龙江圣华对外科技咨询培训中心	郑春萍	0451-86608079
苏州良捷物流培训中心	陈庆良	0512-65321988
山东博远物流培训中心	王明寿	0531-7909999
湖南金太阳新世纪文化传播中心	胡　健	13911766426
沈阳智源职业经理人培训中心	马忠宪	024-22791428
江西省人事厅人才流动中心	贺志伟	0791-6371579

（供稿：中国物流与采购联合会培训部）

（注：鉴于我国物流业界的培训机构分布广泛，又因我们人力、时间及联系方式所限，一些培训机构未能列入其中，请予谅解，也希望这些培训机构能与《年鉴》编辑部联系，以便在下一部《年鉴》中予以选介。）

中国物流专家

（按姓氏笔画排序）

丁俊发

丁俊发，原国内贸易部党组成员、总经济师，国家国内贸易局副局长，除担任行政领导外，主要研究方向为流通经济学、消费经济学与现代物流学。现为中国物流与采购联合会常务副会长、中国物流学会常务副会长、中国市场学会副会长、国际采购联盟理事，研究员、政府特贴专家。在同济大学、华中科技大学、北方交大等7所高校任兼职教授，在一些省市任物流顾问。

丁俊发同志较早进入物流理论的研究与实践，是中国现代物流业发展的积极倡导者与推动者，被一些同行称为"中国物流推销员"。1990年，他出任物资部物资体制综合改革试点领导小组组长，重点是推动物流配送的发展，在部党组领导下，重点抓了无锡、石家庄、沈阳三个点，受到社会各界广泛关注。在90年代，他先后发表了《论配送的十大关系》、《推行代理制、配送制是生产资料流通的一场革命》、《对配送工作的再认识》、《高度重视现代物流对经济建设的巨大作用》等文章，提出了国际物流发展的五大趋势，对中国物流业的发展提出了五条建议，许多观点具有超前性。进入新的世纪，丁俊发同志把推动中国物流业的发展为己任，主编了《中国物流》、《加入WTO——中国流通业面临的机遇、挑战与发展》等著作，提出了中国物流业发展战略、启动中国物流人才教育工程、七大区域物流设想、现代物流与城市发展、现代物流与中国经济发展等重大问题，参与了不少省市的物流规划设计，推动了物流界的国际交往，组织编写物流教材，担任《中国物流年鉴》主编，在《人民日报》、《经济日报》、《经济参考报》等许多报刊上发表了几十篇物流论文，听他作物流演讲的有上万人，被评为2001年度全国十大物流风云人物。

丁俊发同志1998年以来主编过9本著作，300多万字，二次获部级科技进步一等奖，一次获国家图书奖。他的流通理论、消费思想、物流理念受到理论界的一致好评，被《中国市场》杂志评为对中国市场有影响的25位经济学家之一。

丁以中

丁以中，女，上海海运学院教授、博士生导师。本科毕业于北京清华大学工程物理系，后于上海交通大学管理学院取得硕士与博士学位。

主要研究方向：物流系统规划。

近年来，承担上海海运学院博士生、硕士生、MBA与本科生的多门课程的主讲工作，其中包括"管理科学"，"管理学"，"管理运筹学"，"管理经济学"，"系统工程"，"交通运输网络规划与模型"，"系统动力学"，"管理与组织（英语）"，"决策技术（英语）"等课程。近年来完成科研项目十余项，其中一项获国家教委科技进步奖二等奖。出版交通部重点教材一本，海运学院教材一本。1993年与1999年两次作为国家教委派出的访问学者在美访问一年，参与了美国的教学与科研工作。参加了国际会议"INFORMS"并作大会发言。在2000年至2002年承担的硕士生课程"管理科学"和MBA课程"决策分析"中，采用Spreadsheet教学法在教学中进行了尝试，收到了很好的效果。

丁克义

丁克义，男，高级经济师、工程师，大学文化。1968年从北京大学无线电系毕业后，分配到秦皇岛港务局工作，直到 1992 年调离。在秦皇岛港务局期间，历任火车司炉、局办主任、副局长等职务，期间还在秦皇岛船检局担任过 10 年验船师，自 1992 年来先后担任招商局漳州开发区总经理、中国交通基建投资公司总经理、香港招商局仓码有限公司总经理、招商局蛇口工业区党委书记、招商局蛇口工业区总经理等职，现为招商局蛇口工业区顾问、深圳市仓储与运输管理协会专家委员、美国物流管理协会中国分会主席。

长期从事物流运输的管理工作，对物流，特别是港口物流的各个环节均了如指掌并有独特的见解。从 2000 年开始，在从事物流企业管理的同时，专注于第三方物流的理论与实务研究，先后应邀出席了各种高层次的物流研讨会并作了广受欢迎的主题发言，在《中国港口杂志》、《经济参考报》、《蛇口消息报》等公开刊物上发表了数十篇理论文章，其中在《蛇口消息报》上开辟的“宜之浅谈物流”专栏在招商局系统和深圳市引起了广泛的关注。

在担任招商局蛇口工业区总经理和招商局物流集团董事长期间，积极推动招商局蛇口工业区和招商局物流集团致力于发展现代物流业，并使其成为深圳市乃至广东省重点扶持发展的现代物流企业。

马士华

马士华，男，1956 年出生于天津，博士、教授、导师。现任华中科技大学管理学院副院长、物流与供应链管理研究所所长教授、博士生导师。加拿大多伦多大学和蒙特立尔大学做访问学者。兼任教育部高等教育管理科学与工程教学指导委员会委员、中国物流学会常务理事、湖北省机械工程学会工业工程专业委员会秘书长、武汉市第三届科技专家委员会委员、《工业工程与管理》杂志编委会委员等社会职务，享受国务院政府特殊津贴。

长期从事生产运作和物流、供应链管理方面的教学与研究。主持过 1 项国家自然科学基金课题、3 项国家高技术 863/CIMS 课题、3 项国家自然科学基金专项课题、2 项教育部课题和 2 项省基金课题，以及数十余项企业委托的供应链管理和物流管理有关的咨询、规划项目，取得了一批具有较高水平的研究成果。其中，国家 863/CIMS 课题“集成化供应链管理模式与运作方法研究"获湖北省科技进步二等奖、云南省“供应链与拓展云南省流通市场研究”项目被专家评价为达到国内领先水平、《供应链管理》获宝供物流理论创新二等奖等等。还主持研究了中国-加拿大大学工业合作伙伴项目“通过供应链降低电厂备件库存及提高服务的战略研究”、中国外运总公司福建厦门公司海沧物流中心发展规划与可行性研究等一批应用型项目。目前正参与“十五”科技攻关项目—电子商务与现代物流技术研究、开发及示范工程，负责“现代物流重大关键技术攻关及其在行业中的集成应用”课题中的现代物流运输系统的调度及优化技术研究工作；主持用友软件公司 U8 产品事业部“信息化管理环境下中国中小型企业的管理知识体系—工业企业供应链管理”研究项目。

2000 年 4 月出版了国内第一本供应链管理的专著《供应链管理》，在社会上产生了很大的影响，是国内物流与供应链管理研究、应用方面有影响的学者之一。此外，还出版了《网际时代的供应链管理》（译）、《动态联盟——项目管理新模式》、《工程项目管理实务：范式、方法与管理表格》、编著国家重点教材《生产与运作管理》（第二作者）等若干著作，在国内外重要期刊和学术会议上发表论文 80 余篇。

王之泰

王之泰，男，1939 年出生，重庆人，1962 年毕业于天津大学化学工程系。现为北京物资学院教授，博士生导师、中国物流学会副会长、民建北京市委员会名誉主委、全国政协委员。曾任北京物资学院系主任及副院长，中国人民政治协商会议全国委员会常委、委员，曾任北京市政协副主席、北京市人民代表、常委等职。

在教学和研究主要领域是“商品学”、“物流学”，尤其在物流学领域成绩颇丰，获奖作品有：

《城市物资配送系统》获物资部科技进步二等奖;《论配送》获学会优秀论文奖;《配送的研究》获国家教委科技进步三等奖;《现代物流学》是国家"八五"重点出版物,获国内贸易部科技进步二等奖;《物流手册》获全国优秀畅销图书奖;《再生资源学》获国家教委科技进步(甲类)三等奖及内贸部科技进步三等奖。

主要著作有:《现代物流学》、《ABC分析在资材管理中的应用》、《物流学及其应用》、《物流手册》、《物资管理学》、《物资管理经济学》、《建材产品学》、《非金属产品学》等。

"配送"是王之泰教授于1986年在国内首先提出的,对这一领域的介绍作品有《论配送》(1986)、《再论配送》(1999)、《配送中心研究》(1987)、《配送中心形成与发展研究》(2000)。

近两年研究方向又向宏观经济、金融、教育经济及教育方面发展,发表几十篇有关经济及教育方面的文章。如在教育方面发表过《做好穷国办大教育》、《为教育体制改革献策》、《教育产业——一个新的经济增长点》等文章;在经济方面发表了《为国有企业解困,为股市扩容献策》、《复苏方策论》、《把经济的健康发展放在经济工作的首要位置》、《经济环境与市场形态》、《探索有效商品流通的道路》、《融资体制难以支撑货币政策》、《综合物流中心探要》、《物流的价值发现》、《构筑中国的物流平台》等文章。

王德荣

王德荣,研究员,中国交通运输协会常务副会长,北京中交协物流研究院院长,国际物流与运输学会(CILT)名誉院士。

自2001年以来,受原国家经济贸易委员会、原国家发展计划委员会、地方省市以及企业的委托,王德荣教授先后组织并主持了多项课题的研究。其中一些研究成果已为政府采用。如由原国家经贸委委托的"中国物流发展经济政策研究",在通过由10个部委局专家的评审后,已由原国家经贸委作为重要的决策依据,拟定了"关于鼓励我国现代物流发展的若干政策意见"(讨论稿)。由原国家计委委托的"2001-2020年中国物流发展战略研究"、"2001-2020年中国交通运输发展战略研究",将为编制第十一个五年计划提供参考。"厦门市运输物流发展规划"、"茂名市物流发展规划"、"中国集装箱控股集团物流发展战略研究"、"北京亚之桥物流发展战略研究"等课题的研究,为地方和企业发展物流,提供了依据。

自2002年起,王德荣教授组织了与美国乔治亚理工学院、新加坡国立大学亚太物流研究院关于"2002年中国物流供应商调查报告"和"2003年中国物流用户调查报告"的合作研究,对中国物流目前的供需状况做了深刻的剖析。研究报告(中英文两个版本)将通过合作双方的网站向全球发布。

为了推动中国物流人才的培育,于2002年成功地引进了世界上权威的物流注册职业经理人认证体系:英国皇家运输与物流学会(ILT)的物流职业认证体系,目前已完成首批学员的培训和认证工作。2003年,又再次引进了美国运输与物流学会(AST&L)的AST&L注册物流职业经理人认证体系。

2002年,被评为首届"中国物流十大风云人物"之一。

王 佐

王佐,男,1957年10月出生。江苏省扬州市人。现任中国北方工业公司投资部副总经理、高级工程师,中国物流学会常务理事、特约研究员,中国物资流通学会物流技术经济委员会委员,中国技术经济研究会高级会员、特聘研究员。

1982年2月毕业于江苏大学(原镇江农机学院)农业机械化系,获工学士学位。1989年1月-1991年1月,在中国社会科学院研究生院数量经济与技术经济系硕士研究生班学习,并师从李京文院士攻读"物流技术经济学"在职博士学位,获结业证书和硕士研究生班毕业证书。

长期从事设备管理工程和物流技术经济学研究,以及流通企业的经营管理、资产重组和结构调整改革实践。曾任国家林业部北京林业机械研究所助理工程师，江苏工学院（原镇江农机学院）管理工程系设备工程与管理专业教师，中国人民解放军后勤指挥学院物资教研室少校讲师，中国兵工物资总公司高级工程师、总经理办公室副主任、机电处主持工作的副处长和经营管理处副处长。著有《设备管理工程概论》、《设备状态监测与诊断技术》、《物流技术经济学》（获中国人民解放军后勤指挥学院优秀教材三等奖）、《物资经营决策方法》、《现代管理技术经济大辞典》“物流经济篇”等教材和专著。

迄今，发表论文、译文和专题研究报告140余篇。主要的有：《论技术经济学研究》、《军队后勤技术经济学浅论》、《物流配送服务技术经济分析原理》、《历史唯物论的数学分析》、《论流通企业的组织结构调整》、《市场营销与战略联盟》、《论资金的集中统一管理》、《向生产企业回归》、《资产重组是企业一生的机遇》、《用物流的理念发展物流产业》、《电子商务与物流》、《信息技术与物流》、《拒绝物流“泡沫”》、《物流企业如何应对电子商务的挑战》、《什么是现代物流》、《发展物流产业与政府市场定位》、《从物流到供应链管理》、《企业如何拓展第三方物流》、《全球物流运作——前途光明但任重道远》、《用物流知识提炼物流信息》、《论物流企业的战略调整》、《论物流企业的资源整合》（获2002年中国物流学会首届年会一等奖）、《激活物流市场的支撑点》（获第三届中国国际物流高峰会论文二等奖）、《论物流理念研究》、《论物流产业研究》、《论物流成本研究》等。

王宗喜

王宗喜，男，中国人民解放军后勤指挥学院教授、博士生导师，全军优秀教员、全军院校教书育人先进教师；军事仓储学科创始人、军事物流学科带头人、中国物流网主持人，我国著名军事物流专家；国务院学位委员会军事学科评议组专家、中国军事科学学会会员、中国物流学会副会长，中国机械工程学院理事、中国物流与采购联合会专家委员会委员、总后勤部高级专业技术职务评委会副主任委员，享受国务院“政府特殊津贴”。

长期在部队仓储一线及部队高校工作，有着丰富的军事物流（仓储）管理实践经验，并享有崇高的学术威望。王宗喜教授累计授课达15 000多学时，为部队培养仓储、物流领导干部近千名、博士及硕士研究生30余名、物流业务人员3 500多名；先后完成专著、教材30余部，发表学术论文120多篇，获国家及军级科研、教学奖10余项，其中专著《军事物流概论》填补了我国军事物流理论的空白，由王宗喜带领的课题组完成的《军事物流理论及其应用》，荣获2000年宝供物流理论创新一等奖。

在2002年，他主持筹建全军第一个“军事物流工程实验室”，完成方案论证；主持完成“徐州市现代物流发展规划”，且通过鉴定，已颁布实施；主编的物流专著《军地物流一体化》已正式出版，同时在军内外的重要期刊上发表了《论军地物流联合发展》、《发展军事物流，推动军事后勤变革》、《关于物流专业教育与人才培养问题》等多篇论文。

王国华

王国华，男，北京科技大学物流研究所副所长，副教授，中国机械工程学会高级会员、中国废钢铁应用协会常务理事、中国机械工程学会物流分会副秘书长，中国金属学会废钢铁分会秘书长，中国物流企业协会高级顾问，《中国物流年鉴》编委会编委。

王国华从事中国物流事业的教育、宣传开拓和研究工作，多次参与组织行业性、全国性、国际性物流会议和物流培训班。早期（1993年）参与策划创建北京科技大学物流研究所、物流工程专业（本科）和《物流技术与应用》杂志。开设和主讲“现代物流概论”、“供应链管理”、“物流技术与装备”、“回收物流与资源利用”等多门本科生及研究生的物流理论基础课和物流专业课程，主持承担和参与20多项国家攻关项目、省部级和企业物流研究课题及设计项目，获得过国家科技进步奖、国家85科技攻关重大科技成果奖和省部级科技进步奖。编著多部教学讲义和学术专著(《物流学》、《现代物流技术》、《机械设计基础》、《物料搬运技术与装备》、《连续运输机械设计手册》、《物料搬运设备手册》、《金属循环工程》、《机械设计基础》等多部著作和数十篇论文。被多家物流企业聘为顾问,经常应邀到全国地区性和行业性会议做物流专题报告,并多次接受中央电视台采访。

2002年以来发表的学术论文有:《我国工业企业物流现代化及其特征》(《中国物流与采购》(核心期刊)2002年6期)、《我国工业企业物流现代化的发展对策》(2002年7期)、《工业企业物流现代化的发展战略与模式》(2002年13期)、《我国制造业物流的现代化思考》(《航空制造技术》杂志(中文核心期刊)2003年第五期)等十数篇,做物流相关专题报告十数场,2002年以来承担及参与的物流科研和物流咨询项目有:武汉钢铁公司二热轧生产物流计算机系统;攀钢北海钢管厂生产物流管理系统;××部队自动化立体仓库技术研究;××部队仓储物流系统设计等。

王　微

王微,女,国务院发展研究中心市场经济研究所研究员,国务院发展研究中心中国发展出版社副总编(副局长),经济学博士。

主要从事商品流通、市场、价格和消费等领域的政策研究。目前已经向国务院将有关部门提供了仅20余篇政策研究报告,部分政策建议得到了国务院有关领导同志的肯定。主编并参与著述了《商品分销网络》、《中国市场发展报告》、《中国经济结构调整战略》等著作近10部。主持了国家社会科学基金、国家科委、国务院发展研究中心等多个国家级研究课题和国际合作研究课题。曾任国际经济合作与发展组织(OECD)顾问,在荷兰、新加坡、香港等国家和地区的大学和研究机构中从事过讲学和研究活动。

自1999年开始跟踪、研究中国物流业的发展状况,参与主持和执笔的《中国物流产业发展现状与政策》研究报告在政府层面、物流学术界和物流企业中得到了广泛的好评,并获得2001年宝供物流奖励基金物流理论创新二等奖。

2002年度主持了国务院发展研究中心青年研究基金项目《现代信息技术与中国物流产业的发展趋势》,形成两篇研究报告《现代信息技术对物流产业发展的影响》和《中国物流产业适应现代信息技术发展的对策》,刊载在国务院发展研究中心调查研究报告2002年第143期(内部资料),并公开发表在《财贸经济》2003年第1期。这两篇文章目前已被《中国经济时报》、《国际商报》《物流技术与应用》等10多家报刊杂志转载。

作为物流专家,2002年参与了国家统计局、原国家经贸委、原国家计委等部委关于《现代物流统计指标体系》、》《现代物流发展规划》等重大科研项目的讨论和提供咨询意见。同时在中国人民大学、北京物资学院、天津南开大学等高等院校担任客座教授,主讲了多场关于物流产业发展、物流发展政策的专题讲座。此外,在2002年国内举办的各种物流会议、研讨会上发表演讲近20次。

王耀球

王耀球,男,汉族,1945年11月出生,湖南湘潭人,1968年毕业于北方交通大学材料系材料技术供应专业。毕业后在成都铁路局贵阳分局先后担任管库员、材料员及计划员,从事企业物资管理工作实践达十年。1979年考入北方交通大学材料系读研究生,1982年获工学硕士学位。毕业后留校任教。1990年以访问学者身份由国家教委公派到法国巴黎道路与桥梁中央研究院,进修半年,研究散装水泥的流通及合理使用。回国后,先后任物管系主任及工商系主任,目前担任物流科学研究所所长。

主要研究方向为物流管理理论及方法论,先后承担省部级物流领域的研究课题8项,发表有关论文70余篇。主要代表著作有《2001年中国物流发展报告》、《中国铁路物资流通》、《条码技术与电子数据交换》、《创新—企业之魂》、《商海撷珠》、《市场营销学》(新版),是国内外颇具知名度的物流专家之一。

研究领域：

流通管理基础理论的研究；宏观上研究伴随物资流通过程中所发生的商流、物流、资金流与信息流的技术与经济问题，微观上是结合企业的生产过程掌握物资采购、存储及消耗与回收再生的规律，科学的规划企业内外物资流通的组织实施过程。

中国物流采购联合会委托邯郸现代物流规划，2001-2002；

中国物流采购联合会委托“2001年中国物流发展报告”的编写，2001-2002；

中国物流采购联合会委托“郑州市现代物流规划”的编写；

国家科委下达“物流系统标准化规范”研究(973项目)2002-2003；

物流术语标准的制定，1998-2002。

近期发表的论文：

《论我国当前的物流产业》；

《核心竞争力概念辨析》；

《制造企业能独享第三利润源吗》；

《电子商务在银行业应用的焦点—电子银行业务》。

王晓东

王晓东，女，现任对外经济贸易大学国际经济贸易学院国际运输与物流系主任，副教授。曾先后就读于南开大学国际经济系、对外经贸大学国际经贸学院，分别获得经济学学士、硕士学位。1999年，前往美国威斯康星州立大学麦迪逊分校(University of Wisconsin,Madison)进修物流与供应链管理。

主要著作及论文：

教材《国际货物运输实物》(参编)，对外经济贸易大学出版社，1999年。

《现代物流管理》(主编)，对外经济贸易大学出版社，2001年。

《“鞭子效应”与企业物流管理》(论文)，发表于《国际贸易问题》，2001年5月。

2002年2月翻译出版《企业物流管理》(机械工业出版社出版)，主持及参与的课题包括制造企业的物流战略规划；全球化对国内运输、物流业的影响；运输业国际竞争力的探讨等。

王笑京

王笑京，男，1986年毕业于国防科技大学，获硕士学位。现为交通部公路研究所副所长，博士生导师，研究员。现为中国交通工程学会副理事长，亚太智能交通系统协会执行局成员，北京工业大学、武汉理工大学、长沙交通学院兼职教授。

主要研究方向为物流技术、智能交通系统、信号处理和交通工程。现为国家“十五”重大科技专项“电子商务与现代物流技术研究、开发及示范工程”专家组成员。曾负责国家“九五”科技攻关项目“中国智能运输系统体系框架的研究”、国家基础性研究项目“中国智能交通系统标准体系研究”、国家技术创新项目“网络环境下不停车收费系统技术开发和产业化”等项目。获交通部科技进步一等奖(1989、1993)，第二届世界青年发明博览会金奖。

王国文

王国文，男，经济学博士，中国综合开发研究院物流管理研究中心主任，主任研究员，美国物流管理协会中国圆桌会秘书长，中国物流学会理事，《中国物流与采购》、《港口经济》编辑委员会委员，深圳市现代物流发展咨询委员会委员。

长期从事物流产业管理工作及研究工作，熟悉、掌握供应链管理、港口、航运、陆路运输、国际货运代理、仓储、物流配送等物流环节，对第三方物流发展战略、供应链重组、物流区域发展战略有深入的研究，曾先后主持深圳市物流产业政策研究、物流园区规划研究、共速达物流股份有限公司发展战略规划、南沙物流城发展战略规划、江苏昆山(花桥)国际物流产业基地发展规划、万店通便利连锁及物流体系研究等重要课题的研究工作，参加了汕头市物流产业规划、中山市物流产业规划的评审，组织、参与深圳机场集团、赛格三星、招商局物流集团等多家企业物流咨询培训工作，先后为清华大学、北京工商大学、香港理工大学、美国乔治亚理工学院、香港明爱教育机构教授物流课程，被聘为国家经贸委、中国交通部全国物流培训的特聘高级物流培训师。主要研究成果有《国际集装海运理论与价格初探》，《深圳市物流产业政策白皮书》，《深圳市配送货的产业政策研究》，《深圳市共速达物流发展战略研究》，《深圳国际物流定位与深港物流关系》，《第三方物流的概念及选择》，《物流与供应链管理的理论解析》，《欧盟一体化对国际物流的影响》，《国际物流的制度因素研究》、《深港物流关系研究》，《全球物流发展趋势研究》，《第三方物流转型战略研究》等，并在区域物流与经济发展战略规划研究、高科技产业研究、环境保护研究等方面积累了丰富的经验；先后到美国斯坦福大学、明尼苏达大学、比利时安特卫普大学访问学习；多次参加国际学术研讨会，主持多项国际交流、国际培训项目。

王铁宁

王铁宁，男，1962 年 7 月出生，装甲兵工程学院技术保障工程系教授，博士研究生、硕士研究生导师。

主要研究方向：信息管理、装备物流管理、装备保障。

长期从事装备物流管理和装备保障信息化方面的教学与科研工作，为院管理科学与工程学科带头人。曾被评为总参“三个一”第二层次培养对象，总装“1 153”人才第二层次培养对象，获全军教学优秀人才奖“银奖”，为全军包装标准化委员会委员。

在教学方面，指导了多名硕士研究生。授课累计学时超过 1 000 学时。作为院管理科学与工程专业学科建设带头人，几年内，使得学院管理科学与工程专业硕士点的建设从无到有，从小到大，形成了现有一批学术水平较高的教员队伍，有多名博士、硕士研究生的具有较大发展潜力的学科。

在物流多媒体教学改革方面，作为学院计算机多媒体辅助教学的倡议者之一，担任了学院首次重点课题“装甲车辆计算机辅助教学系统”的项目组长，负责学院装甲车辆计算机多媒体辅助教学系统的开发，在项目组的领导下，课题取得了重要成果。有关子项目获国家教委 CAI 评比一等奖 1 项，三等奖 1 项。总装系统多媒体评比一等奖 2 项。

结合我军器材管理实际，主编了“装甲装备器材管理”，“装甲装备仓库管理”两本专著，计 50 余万字，由解放军出版社出版。这两本专著，建立了我军装甲器材管理和器材仓库管理的理论体系，作为全军装甲器材管理干部和器材仓库管理人员的培训教材，现已下发全军部队使用。翻译出版了“持续采办与寿命周期保障”译文选，对 CALS 在我国的推广应用起到了促进作用。发表学术论文 40 余篇。协助总装通保部筹建了器材信息管理中心和 2 个装备物流多媒体培训教室。

在科研和科技开发等方面，先后承担了多项国家和军队科研课题，均为课题负责人及主要参加者。其中包括：国家重点课题“信息技术及其应用研究”；企业重点课题“烟草商业企业配送中心网络管理信息系统”、“北京卷烟销售公司和烟草供销公司计算机网络管理系统”；军队课题“全军事业经费预决算系统”、“全军装甲装备器材网络管理信息化建设”、“武器装备管理信息化建设”等。先后获军队科技进步二等奖 2 项，三等奖 4 项，省部级科技进步三等奖 2 项。

王　丰

王丰，男，1964 年 10 月出生，四川邻水人，后勤工程学院副教授、硕士研究生导师，中国人民解放军总后勤部优秀教师。1994 年毕业于后勤工程学院，获军事学硕士学位。现任全军仓库机械化自动化学会人才培训专委会副主任委员，自动化专委会理事，重庆市物流协会常务理事，重庆市科委物流专业评审专家，后勤工程学院物流工程教研室主任、现代物流研究所所长。主要研究方向：军事物流、物流系统工程等。

主要课题：承担了军事物流系统模型及应用

研究（国家自然科学基金70102008）；"和平医药连锁经营与物流系统建设技改项目可行性研究"（国家经贸委国债技改重点项目）；"重庆市军民一体化物流体系建设研究"（重庆市社科项目）；"重庆市沙坪坝区商业物流发展研究"（重庆市项目）；"重庆上桥物流园区建设研究"（与企业合作项目）；军事物流模拟中心建设（军队项目）；全军仓库自动化调查分析（军队项目）；战备物资储备系统优化（军队项目）；石油储备与国家军事安全（军队项目），后方仓库自动化监控解决方案（军队项目）等30多项课题，获得军队科技进步奖5项。

主要著作：公开出版了《军事物流学》（中国物资出版社）、《现代物流概论》（人民交通出版社）、《现代物流管理实例分析》（中国石化出版社）、《军事仓储管理》（后勤工程学院）、《油库安全管理》（中国石化出版社）、《油库安全技术》（中国石化出版社）、《联合战役油料保障研究》（解放军出版社）、《空军战役油料保障研究》（解放军出版社）等著作15部。

主要论文：发表了《重庆市物流发展战略探讨》（物流技术）、《加快西部现代物流发展的思路》（第三届中国国际物流高峰论坛论文集）、《物资储运企业管理效益模糊综合评价》（物流技术）、《我国医药物流发展情况分析》（第三届西部物流研讨会论文集）、《军事物流技术经济模糊综合评价》（后勤工程学院学报）、《我军仓库自动化现状与分析》（仓储管理与技术）、《战备物资储备布局模拟研究》（军事系统工程12届年会论文集《军队建设与军事系统工程》）、《军民兼容物流体系建设研究》（《军事经济研究》）等论文120多篇。

王法兴

王法兴，男，1954年10月出生，山东人，管理硕士，现为大田集团总裁并任中国对外经济贸易大学大田物流研究中心主任及兼职教授。

毕业于北京大学哲学系，曾先后在中国机械进出口总公司、中国能源机械进出口公司、中国车辆进出口公司、对外经济贸易合作部贸运司等单位担任重要职位。从事外经贸工作和国际运输行业管理工作近30年，曾到国外学习先进管理知识，获管理硕士学位，是有先进的管理思想和理念，拥有丰富的企业经营管理和政府行业管理经验，擅长战略策划与系统管理运作。同时对现代物流颇有兴趣与研究。在其担任原外经贸部贸运司司长以及从事物流企业管理工作期间，将国外现代物流的理念与技术在中国进行推广与宣传，尤其组织参与、研究：《对英、法、德、瑞欧洲四国物流考察报告》、《第三方物流给生产企业带来的好处》、《货代企业如何向物流企业转型》、《中国医药物汉发展的前景》等重要报告，对促进我国物流运输业的发展做出了不懈努力与贡献。

韦先义

韦先义，男，1944年8月出生，四川省宣汉县人，大学本科学历。1963年8月入伍，1968年从事军队物资工作，1978年从事军队物资专业教学科研工作。1987年至1996年先后主持论证并创办《军队物资》杂志，组织论证并创办了军队物资经济研究中心和军事信息经济学科专业。现为军事经济学院科研部技术5级副教授，管理科学与工程专业硕士研究生导师，中国信息经济学会常务理事，中国物流学会常务理事，湖北省社会科学研究会副会长，湖北省科技期刊编辑学会常务理事，《中国军事后勤百科全书物资勤务卷》编审委员会委员，中国人民解放军物资经济研究中心常务干事兼副秘书长，军事经济学院杂志社社长，《军队物资》杂志主编。

2002年，着重研究了军队采购制度改革的理论与实践问题和现代物流条件下的军事物流与军事采购发展问题，在军内外报刊上发表10多篇有重要创新成果的研究论文，其主要研究成果有：《与时俱进 推进军队采购制度改革理论创新与实践发展》、《军队采购制度改革的理论创新和实践》、《军队采购制度改革大事记》、《军队采购改革创新问题研究》等。其中《军地物流一体化发展探讨》获第三届中国国际物流高峰会和首届中国物流学会年会优秀论文奖，《中国军事后勤百科全书》物资勤务卷获总后勤部军事后勤百科全书编纂领导小组颁发的突出贡献奖。此外，还完成了将《军队物资》更名为《军队采购与物流》的可行性论证和更名，使更名后的《军队采购与物流》杂志很好地适应了现代物流的发展趋势和全国推进军队采购制度改革的需要。

田学军

田学军，男，1964 年出生，1984 年获上海交通大学机械工程专业学士学位、1987 年获硕士学位，1993 年获北京科技大学物流工程专业博士学位。曾任北京科技大学物流研究所副所长、研究员，中国物流与采购联合会物流规划研究院副院长。现任中邮物流有限责任公司业务总监，国家邮政局科学技术委员会常务委员，中国物流学会常务理事。

主要研究方向：物流战略规划、供应链管理、第三方物流、电子物流等。

2002 年研究成果及论文：

主持完成《德国 BAYER 公司上海化工项目产品分销物流方案》（与德国 SYSCON 公司合作）、《日本 MOL 公司中国物流战略》（与美国 MANALYTICS 公司合作）、《云南省邮政物流发展十年战略规划研究》、《南海国际物流中心发展规划》、《北京顺义空港物流园区项目分析与方案设计》、《北京五元物流中心总体规划》、《国外物流现状与发展趋势》等研究、咨询项目，在有关会议与刊物上发表《我国物流发展现状与政策方向》、《电子物流及其在中国的发展》、《国外物流市场运作模式及其启示》、《我国物流业发展趋势与投资风险分析》、《区域物流发展模式》、《现代物流与中国邮政》、《中国邮政物流发展战略》等论文。

冯　浩

冯浩，男，1962 年生于北京市，1984 年 7 月毕业于上海海运学院水运管理专业，学士学位；1993 年 3 月毕业于挪威海运学院国际航运专修班。1991 年 7 月调入国家计委综合运输研究所从事研究工作。现任物流研究室主任，副研究员。研究领域包括交通运输发展战略与政策、综合运输系统规划、物流理论及技术的发展与应用、船舶技术经济论证、企业经营管理战略和交通运输项目经济评价等。先后共主持和参加国家、地方及企业研究项目四十余项，出版专著及论文集 4 部，发表论文数十篇。

主持和参加的主要研究项目有：

我国现代物流业发展政策研究，国家计委宏观院研究项目，课题负责人；

招商国际有限公司现代物流发展规划，招商国际公司委托项目，课题负责人；

云南省建设面向东南亚的现代物流中心总体规划，云南省经济贸易委员会委托项目，课题负责人；

合肥物流园区建设可行性研究，合肥新站开发区管委会委托项目，课题负责人；

通技国际储运公司现代物流发展战略，2002 年通技公司委托项目，课题负责人。

2002 年公开发表和出版的主要论文有：

《物流规划的有关问题探讨》（《综合运输》2002.7）；

《中国现代物流发展现状》（《2002 中国物流高层论坛论文集》，2002.10）；

《关于当前我国现代物流发展中的若干认识问题》（《综合运输参考资料》2002.4）；

《物流规划的基本方法与内容》（《北京现代物流发展研讨会论文》2002.4）；

《我国现代物流业发展政策研究》（《宏观经济研究》2002.6）；

《物流发展规划制定的基本原则与案例比较》（北京现代物流企业研修班，2002.5）。

包起帆

包起帆，男，教授级高级工程师，工作于上海国际港务（集团）有限公司。

1981 年毕业于上海第二工业大学机械系。1981 年起，先后完成了 100 多项技术革新和发明创造，获得了15项国家专利。设计了较先进的专用抓斗系列。1996年起，着手推进现代港口物流业的发展，开辟了我国第一条内贸标准集装箱航线，结束了我国港口间杂货运输无标准集装箱航线的历史，引发了我国内贸水运工艺的重大变革。2001年他担任上海港分管技术和基建的副局长，组建了上海港技术中心，努力推进技术创新。负责我国最大集装箱码头—外高桥四期的建设，并成为多项国家级技术创新项目的领头人。

曾获得国家发明奖3项、国家科技进步奖1项、交通部和上海科技进步奖11项，在日内瓦、巴黎、匹兹堡、北京等国际发明博览会上获得金奖11项，并在国内外杂志上发表了近40篇学术论文。国家级有突出贡献的中青年专家，连续3次被评为全国劳动模范。

龙军生

龙军生，男，从2002年3月起任北京大学光华管理学院物流与电子商务系副主任，北大光华迪辰物流与供应链管理研究中心常务副主任。从事零售业竞争模式、供应链管理、机构投资、企业信息化的研究和教学。现在正进行的研究项目有：供应链竞争战略、物流网络设计、供应链运作绩效评价体系、与供应链标杆建立。

1992.8-2002.8 任美国北卡莱洛州大学计算机系终身教授，从事企业信息化研究和教学，多次主持了美国商业部出资为5 000万美元的三个生产企业竞争力和敏捷性提升项目，包括用信息技术整合销售自动化，ERP和供应链管理来实现企业敏捷性。专长为一体化信息技术在管理创新和业务流程再造上的应用。

1995.6-1998.7 任美国加州硅谷的海神技术公司副总裁，主管开发PC为基础的并行服务器产品的工程管理。为公司的四个创办人之一。

1998.7-1999.6 任美国IBM公司软件部顾问工程师，从事大规模商业应用软件开发，开发了IBM下一代商业软件公共平台及行业解决方案，这个项目最终成为了Java EJB的技术基础。

1999.6-2000.3 任美国美林证券公司全球金融衍生物部助理副总裁。管理全球主要资金市场（伦敦，纽约，东京，香港）的企业标准数据，领导开发CPR系统。

2000年3月至2002年3月：美国摩根斯坦利公司机构证券投资执行系统经理。管理东京证券市场上的机构交易的日常运营操作。领导开发摩根斯坦利公司的组合交易系统及其相关的风险控制，结算和清算系统。支持风险类和大踵机构交易业务。

主要研究的项目有如下几项：

1995-1996年，主持了美国商业部的ATP (Advanced Technology Program)中有关应用IT系统整合的手段，使供应链中的计划和制造环节快速整合、协调，以获取制造企业的快速反映能力(Agility)和全球竞争力；

1996-1998年，主持了美国商业部的ATP (Advanced Technology Program) 中有关通过整合供应链中的计划，制造，销售和采购环节，使企业内部的整个供应链环节形成一个整体，实现了企业对市场和供应商变化进行快速反应，从而提升企业的全球竞争力；

1997-2000年，共同主持了美国商业部的ATP(Advanced Technology Program)中通过有效的对意外变化进行快速反应的研究，在供应链中的计划，制造，销售和采购环节上，加入智能性意外非正常事件的快速处理能力，大幅度提高企业的应变能力和市场竞争力。采用了大量的电子商务与对战略联盟的支持技术；

2002-2003年，为青岛天悦建材设计采购联盟的销售网络结构和物流系统、配送决策、仓储策略、信息系统支持；

2002-2003年，为我国最大的煤机制造商，张家口煤炭机械厂，制定大幅度提升企业经营状况的竞争战略；

2003年，与亚洲物流合作，制定中国企业供应链运作的诊断与评价体系；

2002年，为北京实创科技总公司制定可持续发展的战略咨询；

2002年，为广西桂林安厦公司管理制度与制理机制提供管理咨询。

史　峰

史峰，男，博士，1956年出生于湖南。中南大学教授、博士生导师。1981年毕业于湖南师范大学数学系，获学士学位；1986毕业于长沙铁道学院应用数学专业，获硕士学位；1998年毕业于北方交通大学交通运输规划与管理专业，获博士学位；2000年在英国纽卡素大学（University of Newcastle upon Tyne）交通运输研究所做高级访问学者。主要从事交通运输与物流规划理论的应用研究。现任中南大学交通运输工程学院院长，中国铁道学会高级会员，中国铁道学会《铁道学报》编委，湖南省技术经济与管理现代化研究会副理事，铁道运输专业教学指导委员会委员。

近年来共主持和承担省部级及以上科研项目10余项，其中2000年获国家科技进步一等奖，1999年获铁道部新科技进步一等奖，1997年获湖南省科技进步三等奖等多项成果奖。参编专著2部，在国内外重要刊物上发表论文40余篇。铁道部青年科技拔尖人才，铁道部有突出贡献的中青年专家，全国铁路总工会火车头奖章获得者，享受国务院政府特殊津贴。

任兴洲

任兴洲，女，毕业于吉林大学经济系，获经济学硕士学位。现任国务院发展研究中心市场经济研究所副所长、研究员。兼任中国商业经济学会理事、中国消费者协会理事、全国日本经济学会理事。

主要从事：价格理论与政策、市场体系建立与市场规则的建立与完善、流通体制改革与流通产业发展、信用体系与制度、服务领域的发展与改革等方面的研究。1992年–1993年，赴日本国一桥大学经济研究所进行客座研究。

主要著作与论文：

《中国市场发展报告》(副主编)，中国发展出版社，1994–1998年。《商品分销网络–走向成功的金钥匙》(主编)，中国商业出版社，1997年。

《中国商品市场》(主编)，湖北省人民出版社。

《建立社会主义市场经济体制基本框架综合评价》(合著)，经济科学出版社。

《中国批发市场的发展与统一市场的建立》、《促进商品批发交易市场规范化发展的政策建议》、《中日流通业对外开放的比较研究》、《调整消费政策，应对买方市场》、《消费政策调控体系的建立与供求关系调整》、《中国市场化进程》、《中国流通政策的形成与发展》、《中国加入WTO对分销服务领域的影响及其应对措施研究》、《物流发展的体制和政策领域存在的主要矛盾和政策建议》、《入世对中国市场体系建设的影响及对策研究》、《商品的社会化配送与物流服务》、《经济鉴证类社会中介机构规范化发展的政策研究》、《加快建立中国社会信用管理体系的政策建议》等论文若干篇。

牟惟仲

牟惟仲，男，1940年1月生人。任中国物流与采购联合会物流技术装备专业委员会主任；中国物流流通技术开发协会理事长；中国物流学会副会长；共同推进物流发展联席会议主席；中国菱镁行业协会副会长；中国计算机用户协会市场分会主任。1964年毕业于天津大学化工系，分配在二机部第一设计院从事研究与设计工作，1978年调国家物资总局科技教育司负责科技管理工作。现为中国物流与采购联合会物流委员会负责人，教授级高工。先后组织完成了国家“七五”、“八五”、“九五”攻关项目——“清洁煤燃烧技术研究”、“固体废弃物资源化”、“建材连锁配送关键技术的研究与开发”及“跨世纪的中国流通发展战略研究第七课题商品流通现代化及关键技术研究”。牟惟仲获得有国家专利，并获得国家物资部、国内贸易部技术进步一、二、三等奖。近年来作为项目和起草负责人完成了国家标准“物流术语”编制工作，已于2001年8月1日开始实施。

近期主要业绩：

组织选题申报国家“九五”攻关项目“建材连锁配送关键技术的研究与开发(项目负责人,已完成)；

参加国家“九五”攻关项目“跨世纪的中国流通发展战略研究”主持第七子课题“商品流通现代化及关键技术研究”(已完成)；

主持国家标准 GB/T18354-2001“物流术语”的编制工作,主要起草人之一。已完成并颁布实施；

曾主持“邯郸现代物流发展规划”项目,作为项目负责人,现已完成;作为项目负责人,正在主持“江阴港口综合物流园区规划”和“郑州现代物流业发展规划研究”;为一批物流企业、事业机构的物流业发展、配送中心、物流园区、物流中心的建设作了咨询工作。

许胜余

许胜余,男,高级工程师,华联超市股份有限公司总工程师、东华大学教授,是我国第一位把第三方物流和物流基地概念介绍到中国的物流专家。

现任中国物流与采购联合会常务理事、上海市物流学会副会长、中国物流示范(实验)基地专家评审委员会委员、《中国物流年鉴》编委、中国连锁经营协会零售信息技术专家、上海连锁协会咨询专家、上海紧缺人才培训工程《现代物流培训与考核》项目咨询专家、《集装箱化》杂志编委、《国际商业技术》杂志编辑等。

2002 年重点研究供应链控制条件下的物流管理，完成了《商业企业物流资源整合的策略》、《连锁商业配送中心向第三方物流转变的可行性》和《上海现代物流紧缺人才培训工程》等重大课题的研究;并以华联超市的物流系统为试点,取得十分可喜的成果。成功地实现了华联超市物流系统的转制，由连锁企业的成本中心转变为独立经营的第三方物流企业,成为利润中心。特别是库存管理策略也由原先的传统方式转变为实施自动补货的联合库存管理系统，大大地提升了商业物流系统的效率和效益。

在不少大型物流研讨会发表了大量学术报告。撰写了《物流配送中心管理》、《现代物流管理教程(初级)》、《现代物流管理教程(中级)》、《现代物流管理》等著作;发表了《现代物流是推动连锁经营高速发展的强大能力》、《从一体化物流到供应链物流》、《现代物流的补货——ECR》、《企业物流的资源整合》及《连锁便利店的经营管理与物流配送》、《第三方物流企业的发展战略与经营策略》、《美国第三方物流的经营与管理》、《自动分拣系统》、《我国发展现代物流产业的潜力和前景》、《当代物流经营环境中国物流业的现代化》等论文近 20 篇。

朱道立

朱道立,男,毕业于复旦大学,教授、博士生导师。1983 年在法国著名的国力巴黎高等矿业学院获博士学位。曾在上海交通大学管理学院、加拿大蒙特利尔商学院、麦吉尔大学讲学,后在世界著名的蒙特利尔大学交通运输研究所工作。1998 年受复旦大学之聘,回国任教。现任中国物流学会副会长,上海物流学会副会长,复旦大学管理学院管理科学系系主任，复旦大学现代物流管理研究中心主任。

长期从事于管理科学和物流管理的教学和科研工作，强调理论研究和应用实践的密切结合。在管理科学和运输科学国际顶级杂志上发表了大量的论文,在复杂系统优化、交通网络的分析和计算以及单调性理论等方面的研究成果,达到世界先进水平。1998 年以来,致力于在中国推行现代物流和供应链管理,并创建复旦大学现代物流管理研究中心和复旦物流网,受到国内外的关注和好评。

几年来,为 GM、联合利华等世界 500 强以及联华超市、宝钢集团、上汽集团等著名的企业成功地进行了物流管理咨询项目。同时,还为四川泸州市、浙江温州市、嘉兴市、上海外高桥保税区等地区进行物流规划设计和咨询。

目前,承担国家自然科学基金项目"二层网络决策和企业竞争策略设计", 国家社会科学基金"基于环境的逆向物流管理", 以及国际合作项目"绿色运营和物流管理"等。

近年来, 还成功开发多种应用物流管理决策软件系统,包括先进的生产计划和采购系统、最优运输路线和调度系统、供应商选择和评价系统、汽车市场需求与生产预测和分析系统, 以及网络设计和供应分配系统等。

刘志学

刘志学, 男, 湖南武冈市人,1963 年 8 月出生,管理学博士,华中科技大学管理学院副教授、网络营销与战略研究所副所长, 中华人民共和国《国家标准·物流术语》主要起草人之一,加拿大蒙特利尔大学高级访问学者。中国物流学会理事;中国物流技术协会常务理事;中国市场学会理事;中物联物流规划研究院特聘研究员。

研究方向为现代物流管理、供应链管理;自 2001 年以来,主要致力于供应链物流管理方面的研究。2002 年,获得国家自然科学基金资助,主持研究《供应链物流管理模式与我国汽车供应链案例研究》课题研究;获得中国物流与采购联合会资助,主持《我国物流企业分类、主要功能与运作模式研究》课题研究;受中国物流与采购联合会和江阴市人民政府委托,主持《江阴长江港口综合物流园区规划》研究,成果报告获得江阴市人民政府和评审组专家的高度评价:"达到国内同类规划的领先水平";主持与参加多项关于企业物流管理课题的咨询和研究; 参加多项物流规划课题的论证与鉴定。主编的《现代物流手册》一书获"全国畅销图书奖";论文《关于大规模定制物流的思考》获"首届中国物流学会年会优秀论文二等奖"。

刘 武

刘武,男,1994 年创办了广东宝供储运有限公司,现任宝供物流企业集团董事长、总裁。他率先在中国运用现代物流的理念为客户提供物流一体化服务,并建立起覆盖全国的物流运作网络和物流信息网络; 率先在中国将国际工业化标准—GMP 的质量保证思想运用在物流服务上,确保了运作质量稳定可靠; 并在 1999 年经国家工商局批准注册成立中国第一家物流企业集团。2001 年,刘武被中央电视台、《国际商报》等五家物流主流媒体评为"中国十大物流风云人物"。2002 年,宝供被中国物流与采购联合会授予"中国物流示范基地"称号;被广东省人民政府评选为"广东省流通龙头企业;被广州市委、市府授予"广州市先进私营企业"称号。近年来,中央电视台、凤凰卫视、《华盛顿邮报》、《中国日报》、《经济报》 等多家媒体纷纷对刘武及所创造的"宝供发展模式"进行了报道。

在领导宝供物流企业集团走向成功的同时,长期致力于中国整个物流行业的发展与进步。1997 年至今,发起并组织了第一至第六届物流技术与管理发展高级研讨会。2000 年,他在中国设立了第一个面向物流领域的公益性奖励基金。每年斥资 100 万元, 无偿奖励在物流科技开发和推广、物流理论研究和人才培养及物流管理工作中取得突出成绩并做出卓越贡献的各类优秀人才。他现担任了中国交通运输协会物流分会副会长、中国物流与采购联合会副会长、广东省商业联合会副会长、大连海事大学兼职教授、中国人民解放军后勤指挥学院客座教授等社会职务。

刘秉镰

刘秉镰,男,1955 年 3 月出生,天津人。南开大学现代物流研究中心主任; 南开大学交通经济研究所教授、博士生导师;南开大学城市与区域经济研究所所长。兼任中国软科学研究会常务理事;中国区域科学研究会常务理事; 中国交通运输协会常务理事;中国物流学会副会长;美国物流协会理事;台湾东吴大学客座教授。

长期从事交通经济和物流学方面的研究。出版论著有:《中国现代物流发展报告》、《港口与城市经济发展》等。发表论文有:"经济全球化与我国国际航运业”、“中国物流业的发展特征及趋势”、“我国各类物流企业发展特征及走势”、“中国发展物流业的结构效应及发展对策”等。还承担了多项省部级重点科研课题及各地区、企事业单位所委托的项目。其中《天津市现代物流发展纲要研究》被天津市政府采纳，产生重大社会效益和经济效益。天津市有关部门根据该项目成果招商近1亿美元。2002年年底结项的《中国物流产业核算制度及统计核算体系研究》项目具有极强的应用性，对提高我国物流产业发展具有指导性作用，对国家制定宏观经济政策提供重要参考。

近两年主要就物流学科建设、物流产业分析、物流规划与政策等领域开展研究工作。期间正在完成教育部博士点项目“现代物流产业与城市竞争力研究”、国家软科学研究计划项目《我国现代物流产业与区域经济发展研究》等。

刘　凯

刘凯，男，1946年3月出生，教授、博士生导师。1969年唐山铁道学院本科毕业；1982年北方交通大学硕士研究生毕业，获工学硕士学位；1990年俄罗斯圣·彼得堡国立交通大学博士研究生毕业，获技术科学博士学位。历任北方交通大学科技处副处长兼科技开发部主任、北方交通大学交通运输学院常务副院长兼运输管理工程系主任。现任北方交通大学交通运输学院现代物流研究所所长，兼任北方交通大学交通学院亚洲物流研究中心主任、香港物流协会顾问、广东丰禾现代物流有限公司顾问、中国铁道学会运输委员会理事、中国集装箱标准化技术委员会委员、中国交通运输系统工程学会常务理事、多家学术刊物编委等，被评为部级有突出贡献中青年专家，享受国务院特殊津贴，获詹天佑科技发展人才将称号。

长期从事现代物流及供应链管理、交通运输规划与管理方面的科研、教学及研究生指导工作，是该学科领域的知名专家与学科带头人。

主要研究方向：现代物流与供应链管理、现代物流系统规划与设计、交通运输规划理论与方法、运输生产布局与资源优化配置、运输市场营销理论与实践、集装箱运输与多式联运。

近年来主持完成省部级、与境外合作及与企业合作科研项目70余项，取得一批有较高理论水平与实际应用价值的科研成果，获得较为显著的经济与社会效益，先后获国家科技进步二等奖1项，铁道部科技进步二等奖3项。包括：《我国集装箱运输发展政策和系统配套技术》、《内地与香港间过境运量预测分析研究》、《平湖物流中心市场及可行性研究》、《铁路运输业向现代物流领域拓展的总体规划及实施措施》、《在新疆建设中国西部国际商贸物流中心发展战略研究》、《青钢集团现代物流管理解决方案研究》、《中国机车车辆工业现代物流及供应链管理创新研究》、《在武汉舵落口建设现代物流中心方案研究》、《合肥现代物流中心建设发展方案研究》、《江铃汽车集团物流外包解决方案研究》等等。在国内外学术会议及学术刊物发表论文100余篇，与多个国家和地区的研究机构与高等学校建立有密切的学术交流与科技合作关系。

主要著作：《现代物流导论》、《现代物流技术基础》、《运输市场营销》等。

刘仲英

刘仲英，女，教授、博士生导师。1943年出生于上海，1967年毕业于清华大学无线电电子学系，现在同济大学经济与管理学院管理科学与信息系任教。中国物流技术协会常务理事，上海市信息办现代物流信息技术专家委员会委员。

长期从事管理信息系统专业的教学和研究，主要应用领域有物流管理和工程管理等。主要研究方向为集成化供应链及物流信息系统研究；信息技术与物流变革研究；信息管理和信息系统的理论、方法及应用研究。

曾主持了原国内贸易部八五重点项目：“无锡市物资局综合信息系统”（1990-1993），1994年12月获国内贸易部科技进步二等奖。该项目是原内贸部在无锡市进行配送试点的项目之一，同时还负责了“无锡市机电公司信息系统分析与设计”等课题。

近年来主持的项目有:“集成化集装箱码头工程项目信息管理系统”,2002年获上海市科技进步三等奖,上海市港务局科技进步一等奖;湖北省科技厅软课题:“管理信息系统柔性研究”;横向课题:“建材连锁超市经营管理信息系统”等。

目前承担的项目有国家自然科学基金项目“企业知识管理系统柔性评价及柔性决策模型研究”;教育部博士点基金项目“虚拟配送中心运作模式研究”等。

主要著作有高等教育物资类重点教材“管理信息系统分析与设计”,1993年由中国物资出版社出版。近年来发表论文70余篇,代表性论文有:“基于解决资源冲突的配送中心流程优化”、“关于企业物流过程再造的思考”、“虚拟配送中心的多层矩阵式组织结构研究”、“配送计划模型探讨”、“虚拟配送中心的建设与运作”等。

指导博士学位论文有:“配送中心优化运作的理论与方法”、“集成化供应链绩效评价体系研究”、“基于资源整合的虚拟配送中心运作模式研究”等。

刘　伟

刘伟,男,1959年出生,上海海运学院教授、博士生导师。同济大学管理工程博士,先后在法国巴黎第一大学、加拿大雷克海德大学做访问教授。现任中国物流行业协会高级顾问、中国长江技术经济学会理事、中国企业管理协会、中国企业家协会高级管理咨询顾问、交通部软科学专家。

主要研究方向:运输技术经济、物流规划。

主讲“供应链管理”、“国际运输与物流”、“International Business(MBA)”、“运输经济学”、“经济管理定量方法”、“运输企业国际化经营”等课程。

发表40余篇论文,著作有《供应链管理》、《国际航运实务》、《水运基础设施发展论》、《中国航运发展报告》等8部。主持科研有国家自然科学基金项目(加拿大国际发展署联合资助)“Quantitative Research and Modeling on the Influences and Substitution Effects of Telecommunication Development on Logistics in China”和“临港自由贸易区发展研究”两项、国家科委项目“内河水运交通运输体系优化研究”、“宝钢国际物流发展战略”、“南通市现代物流规划”、“无锡高新技术园区物流发展规划”等项目,获得成果30余项。1997年获上海市政府“育才”奖。

孙家康

孙家康,男,1960年3月生,硕士学位,共产党员,高级工程师。1982年毕业于大连海运学院航海系船舶驾驶专业获得工学学士学位;1987年毕业于中国人民大学企业经济管理专业获得经济学学士学位;2001年毕业于大连海事大学获得交通运输管理专业硕士学位。

1982年加入中国远洋运输公司,曾先后负责散货船、油轮、杂货船、多用途船、重吊船和集装箱船的船队营运组织工作,在不定期船经营和班轮经营方面成绩卓著,是中国从事集装箱运输管理工作的第一批从业人员之一。曾经担任天津远洋公司箱运科科长,航运处副处长,中远集装箱运输总部三部副经理、经理及二部经理,中远集团总公司运输部总经理,中国远洋运输(集团)总公司总裁助理和集团新闻发言人,中国贸易仲裁委员会/中国海事仲裁委员会仲裁员、中国交通运输协会物流企业分会理事,中国航海学会理事及学会下设危险货物运输专业委员会副主任委员,英国保赔协会董事,电子提单注册组织BOLERO下设BAL董事、中国物流与采购联合会常务理事,《中国物流年鉴2002版》编委会委员。现担任中远香港集团副总裁兼中远太平洋公司总经理。

对现代物流和供应链管理颇有研究,自1997年起即带领有关业务人员开始着手研究物流业的发展动向,研究并参与规划中远集团物流发展战略,2000年9月该规划得到中远集团领导层批准并开始实施,使得中远集团物流业在最近几年得到了长足的发展。2001年,参与领导了中国远洋物流公司的组建工作,并在2002年从中远集团的层面对中远物流公司的经营做出了重大贡献。还曾在全国现代物流工作座谈会等会议和相关杂志发表过《走创新之路，创物流品牌》等多篇物流方面的论文，是物流经营和国际航运管理方面的专家。

孙宏岭

孙宏岭，男，教授，河南省西华县人，长期从事现代物流学的教学和研究。现任郑州工程学院经济贸易系主任，中国粮食物流研究培训中心副主任，郑州工程学院物流研究所所长。1989-1992 年赴日本留学，1998-1999 年作为高级访问学者赴日本早稻田大学学习研究，曾赴美国及欧洲国家短期培训及考察。兼任中国物流与采购联合会规划设计院特邀研究员，中国物流学会理事，中国粮食经济学会理事，粮食运输分会理事，河南省营销协会专家委员会专家，河南省物流协会常务理事。先后完成科研项目 8 项，其中省部级以上奖励 4 项，参与国家重点工程项目设计 4 项，完成可行性研究报告、物流企业及企业物流的策划、物流规划等科技咨询与服务项目 6 项。发表学术论文 60 余篇，其中在国际学术期刊及学术会议上发表学术论文 10 余篇，在核心期刊上发表论文 20 余篇，主编学术著作 8 部。主要讲授“现代物流学”、“运输学”、“粮食流通学”、“配送中心设计与管理”等课程。

汝宜红

汝宜红，女，1953 年 10 月出生，江苏吴县人。现任北方交通大学经济管理学院教授、博士生指导教师，兼任中国科学院软件研究所电子商务技术研究中心客座教授，及为中国物流学会常务理事、中国机械工程学会高级会员暨物流工程分会理事、中国铁道学会会员等。

2002 年新增主持项目：

2002-2004，城市建筑固体废物发生机理及产业结构优化模型研究，国家自然基金项目；

2002-2003，资源管理网络课程，教育部；

2002-2003，《物流学》精品教材，北京市（预定2003 年 6 月中国铁道出版社出版）；

2002-2003，中铁一局集团物资工贸有限公司物流发展策划，横向（已完成）；

2002-2003，重点行业电子商务与现代物流技术服务体系，国家科技攻关计划。

新增参加项目：

2002-2003，电子商务在奥运中应用模式的研究，863 计划。

新增发表论文：

《入世后我国物流的投资方向》（《中国物流与采购》，2002.7）；

《企业集团物资部门融入现代物流的对策》（《中国物资流通》，2002.4）；

《铁路客车固体废弃物理化性质研究》（《铁道学报》，2002.4）；

《铁路客车固体废弃物重金属元素分析及治理研究》（《中国安全科学学报》，2002.3）；

《内地典型城市物流规划现状之比较》（Logistics（香港），2002.3）；

《北京市连锁业配送中心的现状及发展规划》（Logistics（香港），2002.4）；

《西部传统物资企业发展现代物流研究》（Logistics（香港），2002.5）；

《面向奥运的北京物流发展对策研究》（Logistics（香港），2002.6）；

新近主编教材：

《配送中心规划》（北方交通大学出版社，2002）。

邬 跃

邬跃，男，1983 年毕业于北京经济学院物资管理系，1988 年留学日本流通经济大学，获得经营学硕士和经济学博士学位，主攻物流学，1996 年回国。现为北京物资学院物流系主任、北京市物流系统与技术重点实验室主任、北京物资学院物流研究中心主任、中国物流学会常务理事、北京市双高人才测评委员会委员。兼任中国物流与采购联合会、中国物流学会常务理事，日本物流协会会员以及中国交通运输协会物流企业分会副秘书长等职务。曾任北京物资学院管理工程系国外流通研究所所长、《国外物资管理》杂志主编。

主要研究领域为企业物流经营管理、配送中心以及物流结点规划建设研究。

翻译、写作出版著作有《物流经营论》、《现代中国物流研究》和《现代企业物流管理》、《城市物流学》、《配送中心论》。

承担过多项部、市级科研项目以及企业委托项目：

科技部"九五"重点项目"三峡建材连锁配送关键技术研究"第一课题、国家标准"物流术语"、国家科技部"十五"重点项目"物流信息化系统关键技术研究"、北京市教委"物流系统统计指标体系研究"、北京市科委"中心城市物流模式研究"、北京市物流环境实证研究、北京市"十五"期间物流规划前期研究、北京市科委"中心城市物流及配送方式研究"、北京市商委、北京市计委"北京市十五期商业物流发展规划"、郑州市物流发展规划、邯郸市物流系统发展规划、中国邮政物流发展规划、烟台市"十五"期间现代物流发展规划、杉杉集团配送中心建设方案、温州双屿物流中心规划、新疆广汇集团物流发展战略、通州马驹桥物流园区发展规划、武汉农资物流公司发展战略定位、澳柯玛公司全国物流区域发展战略规划等，并多次获奖。

近期在学术刊物上发表论文多篇，有《论精益物流》、《中国物流研究的现状及展望》、《第三方物流——待发育的市场》、《综合物流中心探要》、《中国需要第三方物流》和《华东地区物流环境分析报告系列 1–4》。

多次参加国内外物流学术研讨会并担任大会主持及论文评审委员会委员。现担任国内很多企业、物流园区的顾问。

李允杰

李允杰，男，高级工程师，1956 年毕业于抚顺石油学院，长期从事油品储运工程的设计工作。其主要业绩有：

负责青海省格尔木至西藏拉萨成品油管道工程的全面设计工作，该工程于 1972 年勘察设计，1973 年动工，1976 年投产。该管道是国内第一条长距离顺序输送多种油品的管道，该管道工程荣获国家优秀设计奖和国家科技进步三等奖。

负责抚顺石化公司南输成品油管道工作的设计工作，该管道工程于 1993 年设计，1995 年投产，管道设计顺序输送多种油品，全线采用 SCADA 等中控制管理，是国内第一条大型商用成品油管道。

参加了镇海炼油厂的原油及成品油管道工程，海口美兰机场油品管道工程的设计，抚顺石油工厂油品储运工程，湖南长岭炼油厂的油品储运工程，河南洛阳炼油厂的油品储运工程等设计工作。

工作期间，在《油气储运》杂志上发表过数篇有关油品储运方面的文章，并参与了石油集团和石化集团共同组织的《中国油气管道》一书的编写工作。2000 年，在《成品油流通现代化探讨》一书中，发表了《国内外成品油管道运输及效益比较分析》等文章。

李力谋

李力谋，男，1939 年 10 月出生，河北赤城人。曾任美国华运公司副总裁兼司库，中国对外贸易运输总公司财务部副总经理、中外运——敦豪国际航空快件有限公司董事兼副总经理，现任中国国际货运代理协会副会长兼秘书长。

研究重点：中国国际货代业的发展、现代企业管理、快递业务等。

主要论文有《外企是怎样开年会的》、《企业应如何开会》、《速递业务与邮政专营的区别》、《桎梏：快递业发展之困》、《快递为促进交流而生》、《促进快递的健康发展》、《快递的历史特点和作用》等。此外，还曾著书《外贸运输财务英语常用函、句、词汇编》。

近两年曾多次应邀或参加会议进行演讲，其中有 2001 年 3 月 19 日在北京和 2002 年 5 月 28 日在北京两次关于快递问题的演讲；2002 年 8 月

16日在银川中国市长协会西部开发物流研讨会上的《物流的背景、现状和发展》的演讲。

李 川

李川，男，1953年出生，高级经济师，深圳市中海物流有限公司总经理，深圳市物流与仓储协会会长，深圳市现代物流业发展咨询委员会委员。曾先后被华中科技大学管理学院、北京工商大学聘为兼职教授，被中国物资流通技术开发协会聘为常务理事，同时也是《物流技术与实务》丛书的编委、《现代物流系列教材》编审委员会委员，中国物资出版社现代工商营销物流系列教材编审委员会委员。

学术研究：

长期从事物流实际工作，对物流管理特别是生产配送领域造诣深厚，中海物流公司首创“四流合一”和“多对多、多对一”配送模式，是全国保税物流的一面旗帜。1999年，“跨世界的中国流通发展战略研究——流通体制改革与流通现代化”被原国家国内贸易局评为科技进步奖一等奖。“物流管理信息系统(MIS)的开发与应用”在2000年3月获得中国物资流通技术开发协会特等奖。

主要论文：

《对现代物流运作模式的认识和探索》、《论符合我国特色的国际物流运作模式》、《现代化物流企业的信息化管理》、《中海物流的信息化实践》、《现代物流企业的运作模式》。

李伊松

李伊松，女，北方交通大学物流所副所长，副教授，博士。现任中国铁道学会物资管理委员会物流理论学组副组长。主要研究方向：物流系统与供应链研究。

1984年毕业于北方交通大学材料管理专业，获学士学位。1984-1986年在铁道部物资总局/总公司北京办事处从事业务管理工作，1986年重回北方交通大学攻读硕士学位研究生，1989年取得北方交通大学物流管理工程方向工学硕士学位后，留校从事教学、科研工作。

2002年，主持《胜利油田物流供应链管理发展战略》课题，作为主要参加者，参加了《北京奥运物流系统规划研究》、《大连开发区现代物流规划》、《胜利油田现代物流与供应链管理发展战略研究》、《北京服务贸易发展中物流体系研究》。

以第一作者公开发表论文有：

《关于建设物流基地的探讨》(《中国物流与采购》，2002年4期)

《中国大陆物流高等教育及其思考》(Logistics [香港],2002，vol4)

参编的专著与教材有：

《2001中国物流发展报告》(中国物资出版社2002.7)

《MBA辅导教材—管理学》(北京大学出版社2002年)

沈绍基

沈绍基，男，1983-1998年在原商业部、原国内贸易部从事储运行业管理工作，其中：1992年主持论证中国第一批物流配送中心建设试点方案；1996年任国内贸易部商品物流配送中心发展建设专家咨询委员会副秘书长；1997年任国内贸易部商品物流配送中心发展建设领导小组办公室副主任；1998年任中国仓储协会秘书长；1993年3月倡导组织成立了华运通物流有限公司并任总经理；2000年7月出任华运物流实业公司总经理。2001年11月任中国仓储协会副会长，2002年12月任北京电子商务协会副会长。

在物流理论上具有一定的造诣，一直致力于推动我国传统储运业向现代物流业转变，已发表物流方面的论文几十篇。1992年，主要执笔起草并以商业部文件下发的《关于商品物流(配送)中心发展建设的意见》、1996年与他人联合撰写的《发展物流配送中心的几点看法》，至今还是许多储运、物流企业发展现代物流配送的参考性文件。1999年、2000年、2001年，先后3次代表中国仓储协会发表《中国物流市场供需分析报告》，在业内引起了较大反响。另对国际物流业的发展情况比较熟悉，1997年，执笔起草的《美国物流管理与技术的考察报告》，曾作为国内贸易部的参阅文件转发全国。2002年先后负责编写《中国物流年鉴》和《中国物流发展蓝皮书》有关仓储业方面的章节，主持国家科技部重大基础性项目《物流配送标准规范》中的《第三方物流服务规范》、《第三方物流作业单证体系》的研究和编写工作。

汪　鸣

汪鸣，男，1964年3月出生，国家计委综合运输研究所副所长，国内知名物流专家，中国物流学会副会长，南开大学客座教授。1986年毕业于西安公路交通大学交通运输管理专业，1994-2001年任物流研究中心主任、副研究员。长期从事交通运输发展政策、规划、战略、企业经营管理以及物流理论、政策和物流企业发展战略、经营管理研究，在现代物流理论研究与实物操作领域具有较深造诣，主持和参加国家、地方及企业各类研究项目40余项，出版专著及论文集5部，发表论文数十篇。

2002年主要研究成果：

广西现代物流发展规划；

全国物流发展纲要；

合肥市现代物流发展规划；

首都高速公路网与国民经济的关系及促进作用；

云南省建设面向东南亚的现代物流中心总体规划；

中国加入WTO后物流产业政策研究。

2002年主要发表文章：

《物流产业的复合特征及若干问题》(《天津现代物流》2002.1)

《物流园区热潮中的冷静标尺》(《中国航务周刊现代物流周刊》2002.4.22)

《澜沧江物流何时走向平静》(《中国企业报》2002.2.28)

《加入WTO要为中国物流业“清障”》(《改革内参》2002.13)

《现代物流的发展与管理》(《宏观经济研究》2002.11)

《2002年中国物流区域发展规划》(第5次中国物流专家论坛，2002.2)

何铁夫

何铁夫，男，现为中国物资流通学会常务理事、物流技术经济委员会副主任，北京科技大学物流研究所顾问、中国物流与采购联合会物流规划研究院特约研究员，高级经济师。

长期从事仓储、运输企业管理工作，熟悉各种运输方式，掌握各类仓库、各种物资仓储的操作以及仓库的规划、建设。是较早参与学习、引进国外物流概念者之一。上世纪80年代，主持起草了《合同法》中的《仓储合同实施细则》，并撰写《物资储运企业发展中的几个问题》等文章；主持编写《起重运输机械技术革新资料汇编》。1997年在亚太国际物流会议上，演讲了《如何提高国际集装箱门到门运输的比例》，并聘为该会学术论文评选委员。

近年，参与起草了国家标准《物流术语》，获得部级科学技术进步二等奖等。是一位既有一定理论又有丰富实践经验；既了解宏观又熟知微观的物流专家。现任中国物流学会常务理事、物流委员会副主任，北京科技大学物流研究所顾问、《中国物流年鉴》编委、《现代工商营销物流系列教材编审委员会》委员等职。退休后一直参与物流联合会等社团、院校、企业的一些有关物流的研讨、咨询、评审、教材审核等工作。

近期参加的物流规划咨询项目有：北京空港物流园区、北京五环物流中心、云南省邮政物流、山东龙口市。2002年，实地考察了宝供、南方、九川、中海等南方先进物流企业。

何明珂

何明珂，男，1962年出生，湖北人，博士，教授。现任北京工商大学商学院党总支书记，兼任中国物流与采购联合会副会长，中国仓储协会常务理事。国家邮政百科技委常委，兼任瑞典哥德堡大学访问教授。是“物流技术与管理发展高级研讨会”、“宝供物流奖励基金”的主要策划人之一，曾多次赴英国、法国、瑞典工作和学习，并曾担任多家国内外著名公司顾问，为许多企业和政府部门提供了专业咨询。

1994年被授予“北京市优秀青年骨干教师”称号，1995年被确定为北京市“百人工程”人选，1996年获北京市优秀教学成果二等奖，1997年被评为部级专家，2002年获中国物流学会论文一等奖。曾被推荐赴中南海为国务院领导举办讲座。到2002年底，共在180多个高层次物流研讨会上进行过演讲，直接听众达2万人左右，累计演讲时间超过450小时。曾在北京大学、清华大学、中国人民大学、北方交通大学等著名高校举办过讲座，或为博士、硕士授课。

主要研究兴趣有：物流系统理论与方法、供应链管理、电子商务与现代物流、流通技术与方法、连锁经营与配送等。1993年以来共发表论文100余篇，出版著作24部，其中专著2部，共计约200万字。代表作有专著《物流系统论》（中国审计出版社2001年8月出版）。完成国家计委“九五”科技攻关课题3项，其他国家级重要科研项目2项，完成省部级研究项目6项。主持《中华人民共和国标准-物流术语》（GB/T18354-2001）研究，并作为第一完成人。

2002年何明珂教授带领北京工商大学的科研小组主要承担的研究项目包括：中央级科研院所基础性研究专项《电子商务与现代物流标准规范研究》中的《零售企业物流管理技术准则》和《零售企业配送服务评价指标体系》及北京市重点实验室课题《LD-CED物流网络模型及其应用研究》等。这些项目2002年均已取得研究成果，其实施对我国物流与配送行业的发展或企业的物流管理具有重要指导意义。

2002年何明珂教授发表论文6篇，有《物流系统的治理结构》（《北京工业大学学报》，2002.1）、《小订单的物流与客户服务系统设计》（《物流》，2002.6）、《中国企业实施供应链管理的环境及对策分析》（《市场营销导刊》，2002.2）等。

2002年何明珂教授还为全国一些高校、著名跨国公司、国内外学术研讨会以及几个城市的班子领导进行过34场讲座。

吴清一

吴清一，男，1935年6月出生。现任中国物流与采购联合会副会长、托盘专业委员会主任、中国物流示范（实验）基地评审委员会副主任；北京科技大学物流研究所所长；物流技术与应用杂志主编；中国机械工程学会物流工程学会理事；东京工业大学客座研究员，德国多特蒙德大学客座教授，我国著名物流学家。

吴清一教授师承“日本物流之父”平原直先生，是将现代物流概念最早引入中国的学者之一，并长期从事中国物流事业的启蒙与开拓工作。在北京科技大学组建物流研究所，创立物流工程专业，创办《物流技术与应用》杂志，指导培养了硕士生和博士生数十名。承担过多项物流研究课题，获得过国家科技进步奖、重大成果奖和冶金部科技进步奖。发表过《物流学》、《现代物流技术》、《现代物流基础》、《设施规划与设计》、《物料搬运系统》等多部著作和数百篇论文。多次参与和组织全国性、国际性物流会议举办物流培训班，应邀到全国各地发表演讲，并在中央电视台举办物流电视讲座。

主要业绩：

组建北京科技大学物流研究所和物流工程教研室；在北京科技大学创办物流工程本科专业（已有五届毕业生），并直接指导、培养了硕士生和博士生20余名；创办《物流技术与应用》杂志；发表过《现代物流技术》（音像教材）、《设施规划与设计》、《物流学》、《物流基础》等著作和数百篇论文；承担过多项物流研究课题（包括“七五”攻关、“八五”攻关与省部级项目），获得过国家科技进步三等奖、国家“八五”攻关重大成果奖、冶金部科技进步二等奖；多次接受企业委托进行物流系统的诊断、改善、规划与设计,以及参与物流企业的经营策划等;多次参与组织全国性、国际性物流会议。积极从事物流普及活动,组织过数十次物流培训班,到各种会议和厂矿基层企业进行过二百余次物流讲演;积极从事国际交流活动,以物流研究所和《物流技术与应用》杂志编辑部为基地,和日、德、美等国物流界建立了良好的合作关系;努力倡导网络时代物流业的健康发展,积极推动我国托盘事业的发展,倡议组织托盘行业协会,开展托盘国际交流。

近年组建北京昊鼎物流科技公司,为我国蓬勃发展的物流事业提供技术咨询服务,两三年来,完成的主要项目有:恒基 E-MARKETPLACE 直销网物流解决方案规划;中国邮政物流发展总体方案规划;石家庄铁路配送中心规划;芜湖港储运公司现代物流园区总体规划;廊坊国际物流中心发展战略及规划;长春一汽汽车零配件 JIT 配送系统规划;北京空港物流园区规划;北京双鹤药业配送中心咨询;德国拜尔化工物流运输系统;日本商船三井物流战略咨询;神州数码华南物流系统规划;安徽烟草物流发展规划;新疆新特药民族药公司配送中心规划与咨询;云南邮政物流发展规划;穗黔物流有限公司物流解决方案咨询;南海国际物流中心发展规划等。

吴润涛

吴润涛,男,东北大学经济系毕业。现任中国物流学会(原中国物资流通学会)顾问。

从 1949 年开始,半个世纪以来,一直从事我国物流管理、教学和科研工作,是我国老一代物流学者和管理工作者。曾先后在原东北贸易部储运局、辽宁省商业厅储运处主管物流管理工作,约 30 年。1979 年调到北京商学院物流管理系从事物流教学;1981 年到中国社会科学院技术所,专门从事物流理论研究工作,前后 20 余年。

有长期搞物流管理的实践经验,又有专门从事物流教学和科研的理论基础。多年来,发表了许多有关物流的文章,如译文《关于 80 年代物流合理化的建议》、《物流系统化的必要性》;论文《关于中国物流业发展沿革及现状》、《社会主义中国的物流管理》等约百余篇;及译著《物流手册》、专著《物流学及其应用》等。这期间,积极发起、筹备召开了三次全国物流年会和研讨会。并先后编辑出版了三届《物流论文集》,在我国物流界广为流传,收效很好;倡议、筹备成立了“中国物流研究会”和“中国物流技术经济委员会”,为推动我国物流理论研究,提高物流管理水平,发展我国物流事业,发挥了很大作用。

吴耀华

吴耀华,男,1963 年 9 月出生,1996 年于清华大学获工学博士学位,现为山东大学现代物流研究中心主任、教授、博士生导师,兼任中国机械工程学会理事、物流工程学会副秘书长、美国制造工程师学会资深会员、国家科技部十五攻关“现代物流与电子商务”领域专家组成员。

长期从事物流技术的开发与应用研究,作为技术负责人先后参加了济南军区后勤部、华宝空调器厂、广东大长江摩托集团、云南(玉溪)红塔烟草集团、青岛澳柯玛集团、海信集团、南京小河国际物流中心、威海三角集团、轻骑集团等国内大型企业集成化物流系统项目的总体方案设计、开发、实施和技术支持等工作。

近 5 年来,承担并完成国家自然科学基金项目、国家十五科技攻关项目及省部级科研课题十余项,主要包括:集成化物流系统设计、规划与仿真、网络化仓储与自动化控制技术、大集成化物流系统平台研究及产业化、快速模具技术的研究与应用、基于电子商务模式的物流系统、现代企业生产物流信息集成技术研究、威海三角轮胎一体化物流系统等。

多次在国内外大型物流研讨会上作报告,在国内外重要刊物上发表学术论文数十篇,出版的主要专著有《现代生产物流系统及其仿真》、《物流系统与典例》等。

苏雄义

苏雄义，男，1959年10月1日出生，台湾省台南县人。1981年毕业于台湾交通大学运输工程与管理学系，1992年取得美国马里兰大学企管博士学位。

现任职务：

东吴大学企业管理学系/所专任教授

东吴大学供应链与物流管理研究室召集人

南开大学现代物流研究中心特聘讲座教授

“两岸三地现代物流合作协议”台湾区工作小组召集人

阳明大学医务管理研究所兼职教授

台湾物流协会理事

台湾管理科学学会供应链管理委员会副主任委员

台湾工业技术研究院国际物流咨询顾问

台湾农学社经营与物流咨询顾问

台湾明安国际公司供应链咨询顾问

台湾工业局体系电子化项目审查委员

台湾农业委员会科技项目审查委员

台湾国科会供应链管理相关课题审查委员

台湾基隆港自由贸易港区发展咨询委员

2002年研究成果：

在著作方面，2002年6月更新《企业物流导论》为2版，由台湾华泰书局出版；2003年5月在大陆出版《企业物流总论》，由高等教育出版社出版发行；2003年5月与美国麻省理工学院知名学者David Simchi Levi等专家共同完成《供应链之设计与管理》华文繁体字版，由台湾麦格罗希尔出版社出版发行。

主要研究项目包含供应链策略联盟发展要素之研究、台湾医疗检验用品通路供应链现况与策略发展之研究、台湾医疗体系检验实验室物流管理现况检视与未来发展策略之研究、台湾医疗用品供货商供应链现况检视与发展策略之研究、电子商务之物流服务现况。

参与国家经贸委经济运行局与南开大学共同组织编写的《2002中国现代物流发展报告》，对两岸三地现代物流发展进行全面系统的回顾总结，并提出现代物流发展的战略构想，以使社会各界对现代物流发展的历史过程、发展战略以及现代物流在国民经济发展中的重要作用有所了解。

2002年10月参与筹备两岸三地专家参与美国物流管理协会年会的工作，该会自1963成立30多年历史中，首次由多位华人专家针对中华经济圈现代物流发展进行多项专题研讨，使华人在现代物流全球发展中发挥了极其重要的作用。

宋远方

宋远方，男，1957年出生，浙江省建德县人，中国人民大学工商管理学院副院长，教授，北京中国MBA发展研究会监事，北京高校管理科学研究会理事，中国现代企业管理研究会理事，中国人民大学中小企业研究中心副主任。

主要研究方向：管理信息系统，电子商务。

主要著作有：《管理信息系统》，《管理系统中计算机应用》，《技术引进--理论战略与机制》，《技术市场导论》等，是国家自然科学基金重点项目——国有大型企业活力研究模型和程序的主设计者。

陈文玲

陈文玲，女，国务院研究室综合司副司长，研究员，经济学博士。兼任中国商业经济学会副会长，中国物流与采购联合会常务理事、专家委员会委员，中国《改革与发展》论坛理事，中国市场学会信用委员会委员、中国商贸专家委员会委员、中物联物流企业认证中心专家成员等。

主要学术观点：

系统地研究并提出了社会化大流通的新理论；最早提出在知识经济时代，实物经济与虚拟经济共同构成了现代经济的两种基本形态；较早提出调整和优化我国经济结构的对策建议；研究并明确提出我国发展现代物流的巨大潜力和政策建议；最早研究并提出流通产业是先导性、导向性产业，正在从末端行业转向高端行业；研究对外开放和中国加入WTO后的应对措施，从比较高的角度，综合性地提出入世后我国市场竞争将发生十大变化，在全国产生了较大影响；系统考察研究了美国的信用体系，并结合我国实际情况提出了加快中国信用体系建设的对策建议。

主要研究成果：

出版著作、译著11部（其中合著3部），计150万。发表论文、调查报告等190篇，计110万字。主要发表在《经济学动态》、《财贸经济》、《管理世界》、《世界经济》、《中国经济时报》、《经济参考报》、《经济日报》等报刊杂志上。参与1999年、2000年、2001年、2002年度中央经济工作会议文件、《政府工作报告》和国务院一些重要文件起草。做了有关扩大内需、中国加入世贸组织问题、现代物流、市场经济秩序、信用问题、开拓农村市场、农业节水、第三产业发展、纺织业应对WTO、经济适用房发展、药品市场、保健品市场、棉花市场等多方面的重点调研，向国务院领导提出了政策建议，不少调查报告得到国务院领导的重要批示，对工作起到了积极推动作用。

陈自业

陈自业，男，1937年1月出生，湖南长沙人。高级工程师，中国民航协会代秘书长，中国企业联合会培训工作委员会委员。

主持过农业航空数十项课题鉴定。上世纪80年代以来，组织并参加农业航空科研试验项目，有8个项目获奖。其中1项获国家科技进步三等奖，5项获部级科技进步一等奖、二等奖和三等奖；另2项获民航总局技术改进二等奖和三等奖。1994年，完成《农业航空按面积计费标准体系研究》。另发表论文80余篇，是《中国民航通用航空事业的发展》一书的主编及作者之一。1991年，编著出版《农业航空文集》一书。1993-1995年，组织、主持、实施"旅客话民航"活动及其研究，被评为技术改进一等奖、进步三等奖，并于2002年荣获"旅客话民航"10周年优秀个人。1981年在庆祝通用航空创立30周年活动中，被评为局直机关通用航空先进工作者。1988年在我国纪念飞播造林30周年活动中，获中国民航总局、林业部和中国人民解放军共同颁发的荣誉证书。2002年获中国航空学会管理科学优秀工作者。1997年和2001年组织举办全国民航现代物流与航空货运研讨会并编辑出版论文集。2002年《整合、提升航空货运、适应、融入现代物流》论文，获中国首届物流与采购新闻大赛优秀奖。

陈一雄

陈一雄，男，现任大荣货运股份有限公司董事长及台湾物流协会理事长。

自接掌台湾物流协会以来，致力于会务及各项业务的推动，举办各种研讨会、讲座、国内外观摩活动及出版物流专业书籍，以推广物流观念，提升物流技术，并举办各种层级的专业物流课程，广泛为工商业及物流业培训各层次所需的物流人才，积极与物流相关部门协调及提出建议，以创造良好的物流经营环境。

2002年起随着台湾加入WTO，企业全球化已成为全世界的主流发展趋势，陈一雄领导台湾物流协会也积极推动会务的国际化，除了已加入"国际仓储物流协会世界联盟"（简称IFWLA）成为正式会员外，更希望与大陆及各国物流相关协会加强交流、合作，共同追求物流业的更美好远景。

陈梅君

陈梅君，女，1943年出生。1965年，毕业于北京矿业学院（现为中国矿业大学）工程经济系物资管理专业。中国物资流通协会物流技术经济委员会会员、中国物资储运协会常务理事、中国物流与采购联合会理事。

与中国物资储运总公司总经理洪水坤合作，主编《物流运作案例》由中国物资出版社2002年1月出版。与物流博士张亦弛合作，撰写的《物流国际化研究》一文，发表在《中国流通经济》杂志2002年第1期上。此文受到同行专家的好评，并被《中国人民大学书报》资料中心全文转载。

于2002年被中国物资出版社聘用为“现代工商营销物流系列教材”编审委员会的委员，相继出版了一批现代物流系列教材，如《物流管理基础》、《企业物流》等书。

2001–2002年期间，参加研制由中国物流与采购联合会受邯郸市政府和郑州市政府的委托所立的《邯郸现代物流发展规划》与《郑州现代物流业发展规划》研究项目，现都已完成，并经国内权威专家鉴定，给予了充分的肯定。

陈春益

陈春益，男，1991年取得美国普林斯顿大学博士，返回台湾后，任职于台湾交通部运输研究所，后转任至台湾国立成功大学交通管理科学系从事教职工作，目前为该系系主任、物流管理室主持人，并兼任电信管理研究所所长。

1994年设立物流管理研究室，积极从事物流相关课题之研究，研究主题涵盖陆海空不同运输工具以及国内、国际不同地域范畴，主要研究成果有：

1.两岸/国际物流：大陆台商物流（含鞋品物流、两岸物流据点部署）、亚太物流中心相关研究等。

2.陆运：物流园区规划（含台北都会区、高雄港）、物流中心相关研究（含区位选择、配送规划以及车队管理等）、救灾物流体系相关研究等。

3.海运：货柜航商营运管理（含收益管理、货柜航线设计、空柜调度）、货柜码头/货柜场营运管理、高雄港发展为物流港相关研究等。

4.空运：飞机排程、登机门指派等。

近一两年，陈教授发表的论文，主要包括下列各篇：

1.两岸/台湾物流：

(1)两岸经贸互动下物流发展之探讨；

(2)两岸物流据点部署之探讨；

(3)现代物流之“分”与“合”兼论台湾物流之发展。

2.救灾物流：震灾物流体系之研究

3.配送物流：

(1)汽车运送业新车配送路线规划问题之研究；

(2)新车装载问题之研究；

(3)油罐车调度问题之探讨；

(4)宅配业配送路线规划之探讨。

4.海运业营运管理：

(1)定期货柜航线网络设计模式之研究；

(2)不定期船运航线规划问题之研究；

(3)港区货柜场门型起重机移动路径之研究；

(4)货柜排程模式之研究。

陈治亚

陈治亚，男，博士，1958年出生于湖南，中南大学教授，博士生导师。1982年本科、1990年研究生毕业于长沙铁道学院运输专业，获工学学士和工学硕士学位，1998年毕业于长沙铁道学院概率论与数量统计专业，获理学博士学位。主要从事交通运输技术经济和物流理论研究。现任中南大学副校长，兼任中国交通运输协会青年科技工作者委员会委员，湖南省技术经济与管理现代化研究会副理事长，铁道运输专业教学指导委员会副主任等。

近年来在国内外重要刊物上发表论文50余篇，公开出版专著教材4部，先后主持和参加省部级以上课题10项，有多项获省部级科技成果奖。

张文杰

张文杰，男，1939年12月出生，北方交通大学经济管理学院物流研究所教授、博士生导师，南开大学现代物流中心兼职研究员，广东外语外贸大学国际经贸学院客座教授，中国物流学会副会长。

主要研究方向是物流系统分析及管理系统工程，曾主持和参加国家科委及铁道部等软科学研究项目30余项，其中《微机局域网物资管理信息系统》获部级科技进步奖；公开发表学术论文100余篇，其中《论物流管理数学模型》获铁路高校优秀论文奖；主编《现代综合物流管理》、《管理运筹学》、《中国铁道物资流通》等专著和教材10余部，其中《物资管理系统工程基础》获铁道部优秀教材奖。

工作近40年来,教学成绩显著,科研成果突出,1991年荣获中国铁道学会先进工作者称号,1993年享受国务院专家津贴,1996年成为我国第一批物资流通工程博士点的博士生导师。

2002年物流管理学科教育业绩:

以现代物流与供应链管理、物流系统分析与设计、企业经营战略等研究方向培养博士研究生6名、硕士研究生2名、MBA研究生3名。

2002年科学研究成果:

完成国家科学技术部专项基金研究项目《中国基础研究管理信息系统的研究开发与应用》并通过科技部评审;完成省市级科学研究项目《安徽省以芜湖为中心的区域物流规划》和《大连开发区综合物流基地规划》并通过专家评审;主持立项两项北京市科委研究项目《北京服务贸易发展中物流体系研究》和《北京奥运物流体系规划研究》;主持立项北方交通大学教学改革研究项目《物流管理专业系列教材建设》。

2002年论文著作:

论文"区域经济与现代物流"获中国物流学会首届年会优秀论文二等奖;主编北京市精品教材《电子商务下的物流管理》一部;发表学术论文《2002年中国物流市场发展趋势分析》、《第三方物流与中国铁路货运发展战略》、《2008年北京奥运物流关键问题研究》等6篇。

张智文

张智文,男,曾就读于清华大学经济管理学院博士研究生,并获得博士学位,曾留学美国,现被清华大学、吉林大学、北方交通大学、武汉科技大学等国家重点高校聘为教授和博士生导师。

现就职于国家科学技术部高新技术发展及产业化司。"九五"期间,组织实施了全国清洁汽车行动,全国智能交通系统相关技术攻关及示范工程。长期负责主持国家汽车及交通领域科技发展战略研究及科技攻关项目的组织管理工作,"八五"、"九五" 期间组织完成了20余项国家重大科技攻关项目。所取得的科技成果在行业中具有开创性和先导性,对推动行业的技术进步起到了重要作用。

"十五"以来,重点负责主持国家现代物流及电子商务领域技术发展及重大关键技术攻关,国家"863"计划机器人主题相关领域的研究工作。组织制定中国现代物流及电子商务发展战略及框架、研究制定相关政策及标准,组织电子商务相关法律法规的研究、组织全国区域物流系统的集成技术攻关,组织该领域重大科技攻关项目示范工程的实施。指导多所国家重点高校博士、硕士研究生开展电子商务与现代物流关键技术的研究,开展全国示范区域、相关行业、企业等技术骨干的培训和讲学工作。

在长期的工作中积累了丰富的国际合作经验,与美国、欧洲、亚太地区等国家政府机构、相关行业协会开展了电子商务与现代物流领域技术交流与合作,建立了长期友好的合作关系。

张晓萍

张晓萍,女,1945年12月出生,清华大学教授。1970年毕业于清华大学,并留校任教。1984-1985年赴德国HANNOVER大学做访问学者。1998年4月,赴澳门大学讲授研究生课"系统仿真原理与应用"。1984年开始从事物流方面的研究,曾参加国家863CIMS-ERC研究,负责物流系统软件设计与开发。该系统通过国家科委验收,国家教委鉴定,获美国大学领先奖。曾参加国家863CIMS重点应用工厂华宝空调器厂物流系统总体设计,嘉陵摩托车厂CIMS系统方案设计。先后主持开发了5个企业的管理信息系统。

目前,主要研究方向为:面向供应链的物流信息系统、供应链管理中的库存控制策略、物流系统仿真与模拟等。

并主编出版了《现代生产物流与仿真》、《系统仿真原理与应用》、《锻压过程自动控制》、《材料加工企业管理信息系统》、《机械电子工程》等五本专著。其中《现代生产物流与仿真》获清华大学优秀教材二等奖。

上世纪90年代末以来,多次为企业进行物流方面的培训与咨询。现任全国高等学校机电教学指导委员会委员、中国机械工程学会会员,中国工业工程专家。

张　锦

张锦,男,1963年6月出生,四川剑阁人。现任西南交通大学交通运输学院副院长,中国物流与采购联合会委员,中国城市交通规划学术委员会理事,四川省铁道学会理事,成都市人民政府科技顾问团顾问,成都市物流协会副会长。

长期从事物流系统规划、城市交通规划等领域的教学、科研活动,主要研究方向为:物流规划、城市交通规划与管理、轨道交通系统规划等。

1994年作为主研完成的《成都市货流预测及货运交通系统规划》项目获四川省科技进步二等奖,1997年所著论文《中国城市道路交通控制系统发展研究》获全国城市与公路学术年会优秀论文一等奖。

累计完成部、省(市)、横向委托的各级科研项目20余项,总科研经费300多万元。近年主要承担的科研项目有:2000年主持完成成都市交通局项目《成都市收费公路站点规划及远程控制系统研究》;2000年主持完成铁道部研究基金项目《物流需求预测与运输量预测方法研究》;2000年主持完成四川省科委项目《现代物流中心需求预测与选址研究》;2000年主持完成深圳市运输局项目《深圳市公交站点调查与规划》;2001年主持完成铁道第二勘察设计院项目《运量预测理论研究及预测软件研制开发》;2001年主持完成成都市规划设计研究院项目《成都物流基地规划及用地布局研究》;2001年主持四川电信实业集团项目《电信集团现代物流发展战略研究》;2002年主持铁道第二勘察设计院项目《重庆轻轨新Ⅰ号线若干技术问题研究》;2002年主持完成铁道第四勘察设计院项目《广州—珠海城际间快速轨道交通系统运量预测研究》;2002年主持教育部“十五”国家重点规划教材《物流系统规划》项目;2003年主持铁道第四勘察设计院项目《高速铁路及客运专线客流预测系统》;2003年主持重庆华渝集团与中国航天工业供销总公司项目《重庆西南物流中心可行性研究及中心详规》。

累计在各种学术刊物及会议上发表论文20余篇。主要学术论文有:《交通运输系统供给与需求的平衡趋势分析》;《中国城市道路交通控制系统发展研究》;《Assignment Theory and Application of ITS》;《物流中心需求预测与选址评价的研究》;《网络管理在ITS中的应用》;《重庆轨道交通一号线规划调整的分析》;《全程物流条件下物流园区信息系统规划与布局的研究》;《基于规则控制的ITS系统集成》;《成都市“十五”及2015年现代物流信息化规划》等。

张声书

张声书,男,1938年5月出生,四川省自贡人,1963年毕业于四川财经学院工业经济系。毕业后历任北京经济学院讲师、北京物资学院副教授、教授、北方交通大学兼职教授。从1986年起担任北京物资学院副院长、院长职务,同时兼任许多社会职务。

长期从事流通经济与管理的教学和研究工作。主要著作有《社会主义物资经济管理》、《物资经济学》、《中国通货膨胀》等,曾多次获得部委级科技进步奖,并荣获国务院特殊津贴中青年专家。

张建卫

张建卫,男,1957年9月生,中共党员,硕士,高级国际商务师。1977年2月至1980年7月在北京对外贸易学院外贸英语系学习。1980年7月至1981年7月在中国对外贸易运输总公司财务处工作;1981年7月至1985年7月在海外企业管理处工作;1985年7月至1988年3月在租船处工作,任科长;1988年3月至1992年12月派往美国华运公司工作,任总裁助理;其中1990年

9月至1992年4月，在美国纽约州立大学海运学院攻读运输管理硕士，1993年1月至1996年3月历任中国对外贸易运输总公司租船部副总经理、总经理；1996年3月至1997年2月任中国对外贸易运输总公司总裁助理兼中国租船公司总经理；1997年2月至今任中国对外贸易运输(集团)总公司常务董事、副总裁；2002年8月至今任中国外运股份有限公司(香港上市公司)执行董事、总裁。1996年至1998年在中欧国际工商学院学习，获MBA学位，现在华中科技大学管理学院攻读管理学博士学位。

担任的社会职务有：中国海商法协会副主席，中国物流与采购联合会副会长，中国集团公司促进会理事，中国交通运输协会物流分会副会长，中国企业改革与发展研究会理事，中国海事仲裁委员会仲裁员。

张海燕

张海燕，女，1956年8月7日出生。1982年7月毕业于北京工商大学(原北京商学院)。现任北京工商大学商学院副教授，物流管理教研室主任，硕士研究生导师。主要研究方向：物流管理理论与方法。

2002年主要科研成果有：国家级“973”项目《物流配送关键标准研究·零售企业物流管理技术准则》，国家级“974”项目《物流配送关键标准研究·配送绩效评价指标体系》，北京市重点实验室研究项目《LD-CED物流网络模型研究与应用》，北京市商业储运公司发展战略规划等。参与编写的论著与教材有：《电子商务与现代物流》(国家教育部自学考试指定教材，任副主编)，经济管理出版社出版；《连锁企业配送管理》(主编)，物资管理出版社出版；《世界级供应管理》(译著)，电子工业出版社出版。

陆　江

陆江，现任中国物流与采购联合会会长、中国物流学会会长、亚太物流联盟主席，第九届、第十届全国政协委员。

2002年3月，与其他两位政协委员联合提交的“关于加速发展我国现代物流业”的政协提案，不仅在经济界政协委员中引起强烈共鸣，还在数千件政协提案中被评为全国政协第九届优秀提案奖。提案所提出的问题引起国家有关部门的高度重视，有些建议已被陆续采纳，这些措施必将对我国物流产业的发展产生深远影响。

2002年初，在新加坡召开的第28次亚太物流联盟大会上，被推选为亚太物流联盟主席，这也是我国首次担任这一国际组织的主席国。上任后，致力于推进中国物流企业界、物流社团组织、物流研究机构与亚太地区物流与采购领域的交流与合作，并于2002年5月将国际物资与采购管理联盟第73届执委会和第29届理事会争取到在我国的上海举行。此次会议的成功举办，加深了世界各国物流与采购界专家、企业家对中国物流市场和企业的了解与认识，也进一步扩大了我国物流与采购领域在国际上的影响。与此次会议套开的首届中国企业国际采购论坛大会，吸引了来自亚太地区各国的400多名嘉宾出席，促成了国内物流与采购企业与国际同行的多项合作，在国内物流与采购界产生了较大的影响。

作为中国物流学会的会长，亲自撰写了“加强物流理论研究推进物流产业发展”、“21世纪物流：建设有活力的产业社会的原动力”、“加快流通现代化进程促进物流企业战略转型”、“口岸大通关带来口岸大物流”等一批重要文章，分别在《人民日报》、《经济日报》、《中国物流与采购》杂志等报刊登载，引起业界较大反响。在他的积极推动下，中国物流学会于2002年11月，在广东南海成功举办了我国首届物流学术年会，年会汇集来自各界的物流学术论文200多篇，其中有60多篇获奖，使我国物流理论与学术研究水平上了一个新台阶。

陆大明

陆大明，男，教授级高级工程师，北京起重运输机械研究所所长。

1982年毕业于东北重型机械学院，同年起在北京起重运输机械研究所工作，现任所长职务。长期从事物流设备及系统的研发工作，在物流仓储行业享有声誉，是该领域的学科带头人。曾先后负责主持了十多项重大工程项目，开发了多种适应自动化立体仓库的AS/RS集散控制系统。在堆垛机控制单元、分配输送设备控制单元、系统监控、认址识别、故障诊断、系统容错等方面进行了卓有成效的工作，成功地完成了我国成套物流仓储设备向国外的首次输出。领导的项目组在国内的许多重大物流系统的工程招标中战胜国内外著名厂商而中标。曾先后获机械部科技进步三等奖、一等奖，国家科技进步三等奖，享受政府特殊津贴。于1995年破格晋升教授级高级工程师，并在国际会议和专业刊物上发表过多篇论文。

主要论文：

THE APPLICATION OF AUTOMATED HI-GHRISE WAREHOUSE IN LIGHT SENSITIVE SUBSTANCE INDUSTRY；

《国航公司散货处理系统设计研究》；

《宝塑集团立体库总体设计研究》；

《我国物流技术装备新发展及市场发展趋势》；

《物流系统的开发与应用》；

《自动化物流仓储系统的新技术》；

获国家、省部级科技奖：

化工部第一胶片厂纸基立体库成套设备（国家科技进步三等奖，机械部科技进步一等奖）；

无锡电影胶片厂立体库成套设备（机械部科技进步三等奖）；

联想电脑公司集成化物流系统（机械工业联合会科技进步一等奖）。

周　云

周云，男，1957年11月出生，高级工程师。1982年毕业于西安公路交通科技大学，曾就职于北京交通管理干部学院，任公路运输管理教研室负责人。1986年调入北京起重运输机械研究所，从事物流技术装备研究与开发，物料搬运行业管理。1996年起任中国机械工程学会物料搬运分会秘书长，2000年学会更名为中国机械工程学会物流工程分会，连任秘书长。目前主要从事物流工程技术研究、物流规划与设计。

主持“埋刮板输送机系列设计”，“中国起重运输机械行业数据库”开发，国家重点科研课题“重大技术装备包装研究”主要参与者。参与主编《重大技术装备包装规范》、《连续输送机械设计手册》，组织编写《中国现代物流大全》，发表过《物料搬运技术发展动向》、《现代物流对繁荣区域经济的能动作用》、《中国的工业企业（制造业）物流》等文章。

周溪召

周溪召，1964年出生，上海海运学院教授、博士生导师，现任上海海运学院工商管理系主任。

主要研究方向：交通运输网络规划、智能交通系统。

1988年和1991年毕业于同济大学应用数学系，获理学学士学位和硕士学位；1996年毕业于同济大学道路与交通工程系交通工程专业，获工学博士学位。

讲授课程：交通运输网络平衡理论、网络分析、交通运输网络规划、智能交通系统、交通理论与运输规划软件、数理统计、决策分析、系统工程、运筹学与最优化理论等。在《系统工程学报》、《系统工程理论方法应用》、《中国公路学报》、《城市规划》、《同济大学学报》、《上海交通大学学报》等国内外核心学术刊物和一些重要的国内外学术会议上共发表（含合作）学术论文52篇。另外，作为主编之一出版了《Proceeding of The First Asian EMME/2 User Conference》国际会议论文集，主编完成上海海运学院教材1本，参与完成交通部重点教材1本。主持省部级项目5项，参与完成各类科研项目8项。先后得到国家教育部、交通部、上海市科委和上海市教委等基金的资助。1996年获上海市科技进步三等奖，1999年列为交通部优秀青年骨干教师培养对象,2001年获上海海运学院“招商”优秀教师一等奖。

周建亚

周建亚,男,1944年7月出生,江苏省常熟市人,大学本科、教授。中国物流学会会员,中国物流技术协会会员。20世纪60年代进入湖北省高等教育厅师资培训班学习,毕业后在原第一机械工业部武汉机械学院任教。1973年进入湖北省物资系统从事业务管理、职业教育培训、科研等工作。1982年到湖北省物资学校任教,并担任湖北省计划管理干部学院客座教授。现任武汉商贸学院物流工程系主任,武汉商贸学院现代物流研究所所长,国家职业技能鉴定所所长。

在长期的工作实践和教学活动中,深感物流工作的重要,因而较早开始现代物流技术的研究。在担任湖北省贸易科技学校现代物流与连锁经营专业学科带头人期间,该专业被湖北省教育厅评为首批省级惟一的物流管理重点专业。

主要著作有:原国内贸易部中等专业学校统编教材《商品储运》,市场营销系列统编教材《仓储与运输实务》、《市场营销学》,湖北省物资厅、劳动厅《保管、运输人员职业资格鉴定培训教材》等。并先后在《中国物资流通》、《中国物资》、《湖北物资经济》、《湖南物资经济》、《中国物资报》等刊物发表论著40余篇。其中《湖北省物资企业十类人员能力考核办法》被湖北省教育厅、人事厅、物资厅联合下发全省贯彻实施,取得了明显的社会效益和经济效益。

参与策划、编审了《商贸企业物流》、《物流企业客户服务》、《物流包装实务》、《食品保鲜技术》、《第三方物流企业经营与管理》、《物流企业信息资源管理》、《国际货物与通关》、《物流企业仓储管理与实务》、《冷冻仓库设备安装与应用》、《超市物流》等教材,并已正式出版发行。这些教材成为中国物流与采购联合会指定教材。

现承担的科研项目:湖北省“十五”职业教育科研规划课题《关于我国现代物流人才培养》,任课题组长。现承担的社会工作是全国营销师职业资格论文答辩委员会主席(湖北省)。

周乃如

周乃如,女,汉族,1941年6月生于河北省丰润县,教授,郑州工程学院副院长。1965年毕业于哈尔滨建筑工程学院供热、通风、空调专业,毕业后在铁道部第一设计院从事供热、通风、空调工程设计工作,1973年2月到郑州粮食学院(现郑州工程学院)至今。

多年来从事教学、科研、科技开发及行政管理工作,从1988年起,历任硕士研究生导师,以项目负责人承担过“六五”、“九五”国家科技攻关项目及省部级科技攻关项目;主持编写过“气力输送原理与设计计算”、“通风除尘与气力输送”、“粮食防爆通风”等多部著作,其中“气力输送原理与设计计算”被评为河南省好书一等奖,并被收入到“中国优秀科技图书要览”中;以第一作者在学术刊物上发表论文40余篇;在粉尘防爆方面有一定的建树,先后完成了多家面粉厂的除尘改造、广州黄埔港的除尘防爆工程、天津港的粉尘治理工程、北京东郊粮库的粉尘治理工作、郑州二粉厂气力压运等工程设计项目;以第一完成者曾获国家科技进步三等奖一项,商业部科技进步二等奖一项,国内贸易部、河南省科技进步三等奖二项;1986年被评为商业部优秀教育工作者;1992年评为河南省高校科技活动积极分子;1992年获商业部部级优秀专家;1993年获国家特殊津贴专家;1998年评为河南省小麦大面积高产项目有贡献积极分子;1995年被选为中国粮油学会食品专业委员会理事;1986年起历任中国机械工程学会粮食气力输送专业委员会常务理事;1999年以来任中国粮油学会食品分会副会长,中国物流学会副会长,哈工大校友会河南分会常务副会长,河南省七届政协常委,九届全国政协委员等。

2002年以来又发表论文4篇。主编的《粮食工业通风与气力输送》正待出版,2003年2月,“九五”攻关项目《散粮储运关键技术和装备的研究开发》获国家科技进步二等奖(主要完成人),完成港口科研项目2项。

杨东援

杨东援,男,1953年1月出生,教授、博士生导师。现任同济大学副校长,建设部交通工程技术中心副主任、同济大学分中心主任等职。1997年由同济大学出版社出版了专著《交通规划决策支持系统》,共发表学术论文80余篇。目前已培养博士15人、硕士10人,共指导博士后3人,其中2人已出站,在读博士生35人、硕士生7人。

自1982年以来,长期从事城市交通规划、交通需求模型、智能交通系统、物流系统规划等方面的研究工作。

近年来,主持完成的与物流规划与管理方面相关的项目有:上海市智能运输系统战略规划研究、上海市智能运输系统框架体系研究、深圳市"十五"及2015年现代物流业发展规划、苏州市现代物流规划、甘肃省物流发展规划、宁波现代物流发展规划、上海市现代物流业发展规划、上海市物流信息系统规划、汕头市现代物流发展规划、上海市浦东新区现代物流发展规划、南京市现代物流产业发展规划、上海市国力运输公司转制方案研究。

目前正在进行的项目有:集成化物流规划设计、仿真及评价技术研究与开发项目(交通部项目)、现代物流体系框架研究(科技部项目)、渤海石油物资供应公司现代物流系统规划、防城港市物流系统规划等。

杨长春

杨长春,男,湖北京山人,1964年2月出生。中共党员,1980年考入北京对外贸易学院对外贸易系国际贸易专业,1985年本科毕业,1988年6月获经济学硕士学位,继而留校任教。主讲《国际运输》、《对外贸易运输概论》、《国际运输公约》、《海上货物运输》、《集装箱运输与多式联运》、《国际运输与物流专题》等课程。出版相关专著十余部,主要代表作有:《中西部地区的对外开放》、《国际运输公约条款逐条解释》、《国际货物运输实务》、《实用国际贸易大辞典》、《集装箱与多式联运》、《国际经济反欺诈案例》丛书和《现代物流》系列丛书等。译著《营销战》再版多次。发表有关国际运输、国际贸易和国际营销方面的论文、文章和译文100余篇。1994年赴加拿大卡尔顿大学做访问学者,1995年被破格提拔为副教授,并开始指导硕士研究生,1996年被评为北京市优秀青年骨干教师,1997年被授予"北京市优秀青年教师"称号,1998年在英国曼彻斯特大学进修,1998年摘取霍英东教育基金会青年教学奖。

1999年12月获经济学博士学位,并担任对外经济贸易大学研究生部副主任。2001年5月担任对外经济贸易大学物流研究中心常务副主任,6月晋升为国际运输与物流专业教授。

其主要社会兼职有:中华人民共和国海事仲裁委员会仲裁员、国家物流研究院专家委员会委员、中国外运空运发展股份有限公司独立董事、《中国航务周刊》和大田集团高级顾问、中国国际贸易学会国际贸易理论研究委员会委员、中国WTO研究院特约研究员,英国皇家物流与运输学会在华从业资格与等级证书考试专家委员会委员,对外经济贸易大学中国物流俱乐部理事长。

杨　赞

杨赞,男,大连海事大学管理学院院长,教授,博士生导师。

研究方向:港口管理、规划与经营,物流。于1978年3月就读于大连海运学院航海系,1983年4月就读于神户商船大学商船学研究科,1985年3月获得工学硕士;1991年2月至2000年4月于大连海运学院任副教授;其间1992年10月至1993年9月作为访问学者留学日本熊本大学工学部,1994年4月至1997年3月就读于神户大学并于1998年3月获得神户大学工学博士;从2000年2月起任大连海事大学教授、博士生导师。

在日本学习工作期间，主攻航运经济和港口规划与管理，围绕这一领域的问题发表了近20篇学术论文。参与科研课题多项，其中"日本集装箱港口网络布局规划研究"的研究成果被日本运输省(现日本国土交通省)采纳。

1998年归国后，积极开展港口管理与经营方面的研究，发表了10多篇论文，参与了多次国际学术会议、讲座。在港口管理与经营、物流领域得到了国内业界和同行的广泛认可。其新出版的学术著作有《多式联运与物流管理》、《物流规划理论与实践》等。

近5年来完成或正在进行的国际合作项目1项，国家计委、科技部、教育部项目1项，国务院部门项目1项，省市政府项目4项，企事业单位委托科研2项。总计项目数9项，其中基础研究1项，应用研究7项，技术开发1项；各项科研项目研究经费合计94万元。

研究项目包括：

港口营销研究(比利时政府，2001.9–2002.9)；

基于对策论的水域开发利用主体权益评价方法研究(教育部，2000.1–2002.10)；

我国滚装汽车发展研究（交通部水运司，2001.11–2002.9)；

大连陆港(物流)基地项目可行性研究(大连市甘井子区政府，2001.11–2002.4)；

辽宁省物流发展规划（辽宁省政府，2002.7–2002.11)；

渤海湾滚装船安全运输问题研究（山东省交通厅，2002.10–2003.6)；

西部内河港口物流发展模式研究（交通部西部项目办，2002.12–2003)；

交通运输安全评价体系研究(山东省交通厅，2003.4–2004.4)。

季建华

季建华，女，上海交通大学管理学院党委书记兼副院长，教授，博士生导师，上海交通大学运营与物流管理研究中心主任。曾于1990年和1998年分别到法国和加拿大作为访问学者进行"成组技术生产管理"和物流管理方面的合作研究。长期从事运营与物流管理方面的研究与教学。近几年主要研究方向是社会化的集成物流管理和逆向物流管理。

2000年12月，在国内较早地翻译了供应链管理丛书《重构新千年零售业的供应链》、《供应链设计与管理》、《开发供应商合作伙伴关系》，对供应链理念的普及起了很大的推动作用。多次在国内大型物流研讨会上做专题发言。

近年来发表论文30多篇，主持国家自然科学基金项目一项，上海市计委课题一项，企业物流规划及物流优化设计项目十多项。

2002年完成和进行的科研项目有：

国家自然科学基金项目"我国社会化集成物流的理论和实证研究"，课题负责人；(2000–2002)

国家教育部社会科学基金重点项目"面向制造业的逆向物流激励机制研究"，课题负责人；(2003–2005)；

上海汽车工业发展教育基金项目"上汽集团'一体化管理'研究"，课题负责人；(2002)；

上海海关课题"企业守法风险自动评估系统"，课题负责人；(2001–2003)；

上海市石化课题"上海石化物流一体化、系统化优化方案"，课题负责人；(2002–2003)。

2002年发表的论文有：

《面向供应链的全员生产维护管理模式》，《供应链一体化整合民营制造企业的探索》，《浅议第三方物流》，《中国民营第三方物流企业的现状及其对策》等。

范　棣

范棣，男，现任招商迪辰集团有限公司董事长；招商迪辰(亚洲)(HK:0632)有限公司董事局主席；北京大学光华管理学院教授；北大光华–迪辰物流供应链研究中心副主任。1986年考入北京大学，在著名经济学家厉以宁教授的指导下攻读博士学位；1988年在诺贝尔经济学奖获得者弗里德曼教授推荐下赴美，在加州大学柏克莱分校攻读经济博士学位；其后在美国南加州大学获经济管理博士学位，在学期间发表学术论文百余篇。

曾任中国人民银行总行体制改革处副处长、金融研究所副主任，中国权威的金融月刊《金融研究》主编，招商银行总行高级顾问，香港友联银行副总经理，中国四十四家最大企业之一的招商局集团董事、财务总监，世界著名的美国波士顿咨询公司咨询顾问，美国1990研究所研究员，美国Interlink.公司总裁等。

主要专业经验：

谙熟中、港、美三地的资本市场、融资渠道及资产运营管理。亚洲金融风暴期间，出任招商局财务总监，成功融资数百亿资金，帮助招商局安然渡过危机。出任招商迪辰董事长，成功收购香港上市公司启祥集团。

在战略规划、方案策划方面有极强的专业经验。1984–1988年间，参与国家经济体制改革与金融体制改革的重大项目研究及政策实施。1989–1996年间，曾多次参与国际组织对中国经济发展的咨询研究工作。1997–2002年间，为国内及香港的许多著名企业做过若干战略管理咨询。

在业务创新与战略管理上有成功的实践经验。1994–1995年出任美国Interlink公司总裁，成功使其扭亏为盈。1996–1997年，出任招商银行总行高级顾问，开创了该行的投资银行业务及国际资本市场业务及国际资本市场业务；出任香港友联银行副总经理，建立了中港跨境业务的风险监管制度；创办招商迪辰，成功地将其由一个电子商务公司转型成为全国科技物流领域中的领导企业。

宗蓓华

宗蓓华，女，1944年出生，上海海运学院教授、博士生导师，交通部重点学科建设学术带头人，大连海事大学客座教授。兼任中国港口协会理事，中国港口杂志社副社长，上海港口协会理事，上海港口杂志副主编，上海太平洋区域经济发展研究会交通运输专业委员会副主任，美国ITE协会会员。主要研究方向：物流发展战略与现代化管理。

1993年起享受国务院颁发的政府特殊津贴，1995年被评为交通部交通系统优秀教师奖，1996年获交通部吴福–振华教学基金会优秀教学工作者奖。出版《港口战略管理》(独著)、《国际航运惯例》(合著)、《机构编制标准的研究与制订》(合著)、《运输经济学》(合译著)、《港口工艺学》(主编)、《中国港口与运输实务》(副主编) 等6部；发表论文50篇。主持完成科研项目30项，其中国家自然科学基金课题1项，承担完成部级课题7项，承担省、部级子课题6项；与香港理工大学合作课题1项，香港和记黄埔三角洲港口有限公司委托项目1项，其他企业委托课题10余项。完成课题中有三项部级项目交通部科技进步三等奖。

洪水坤

洪水坤，男，1955年10月出生，浙江萧山人。经济学研究生，高级经济师。毕业于复旦大学新闻系，工商管理研究生结业。中国物资储运总公司总经理兼中储发展股份有限公司董事长，中国诚通集团董事。中国物资储运协会会长，中国交通运输协会物流企业分会副会长，中国物资流通学会副会长，中国物流与采购联合会常务理事。

长期从事储运技术和管理、物流企业运营与管理工作。担任中国物资储运总公司总经理后，领导中国物资储运总公司，实施从传统储运向现代物流企业转变的发展战略，通过中储股份上市、组织体制改造、整改、业务重组等大胆探索和实践，使一个濒临破产的国有物流企业扭亏为盈，成为国家重点物流企业。使“优质、高效、便捷、周到”的中储品牌得到普遍认同，显示出组织与运营国有大型物流企业的能力。中储成为国家重点物流企业，被授予“中国物流实验基地”。

钟荣钦

钟荣钦，男，现任台湾物流协会秘书长。自

1993年物流联谊会(台湾物流协会的前身)成立至1995年台湾物流协会正式设立迄今，带领秘书处团队执行会员大会及理监事会所通过的各项计划。

台湾物流协会目前拥有会员厂商250多家企业、个人会员100余人,会员厂商包含制造业、流通业、物流业、物流资讯与设备及学术研究单位等。为服务会员厂商、提升业界物流经营管理能力,协会历年来举办了座谈会、研讨会、训练会、发表会、海内外观摩考察、展览会、海外交流会等,共计200余场次,参与人数达数万人次,成效卓著。

秘书处有系统地企划多种物流专业人才培训课程,及海外物流观摩研修团,多年来为台湾业界培训了很多物流专才。此外,企划、编辑了《行职业展望——物流业》一书及2000年、2001年的《台湾物流年鉴》,协会本身每年出版《物流新世纪》年度特辑杂志,提供工商业界参考、学习。

在台湾加入WTO后，国际贸易及海外投资活动会更为扩大，物流管理技术的持续提升及服务范围的扩大,将成为台湾物流产业发展的重点,台湾物流协会愿意与世界各地物流组织交往,创造互惠互利的机会。

骆温平

骆温平,男,1960年9月出生,杭州人,现任上海海运学院经济管理学院教授，硕士生导师。2000年12月毕业于荷兰Erasmus大学，获博士学位。1982年上海海运学院水运经济专业毕业留校任教。其中1995年10月至1996年7月在荷兰 Erasmus大学做访问学者,后继续攻读博士学位,研究方向为比较物流。主讲过的课程有《物流管理》、《第三方物流》、《技术经济学》、《经济学》等。

目前主要研究物流与供应链管理，第三方物流、国际物流比较等。编著出版《物流学》、《第三方物流:理论、操作与案例》、《物流与供应链管理》、《Cross-Cultural Logistics》等教材与著作4部。国内外发表论文20多篇,其中“Cross-Cultural Logistics: A Literature Review and Propositions”在英国《International Journal Of Logistics: Research and Application》发表。近年来主持“第三方物流在供应链整合中的作用”、“上海中货发展物流的可行性规划”、“外代物流服务的市场与操作方法”、“惠而浦物流与供应链咨询”等省部级与企业委托课题多项。

姜大立

姜大立,男,1967年1月出生,湖南宁乡人,后勤工程学院副教授、硕士研究生导师。1998年毕业于西南交通大学,获工学博士学位。主要研究方向为:物流工程与管理、人工智能及应用、军事物流等。现任中国自然科学基金委员会管理学科同行评议专家,重庆市科委物流专业评审专家,重庆市物流学会信息化专委会副主任委员，后勤工程学院现代物流研究所副所长，后勤工程学院物流工程教研室副主任。

主要课题:近年来主持或主研“军事物流系统模型及应用研究”(国家自然科学基金70102008);“全军仓库自动化网络规划与建设”(军队项目);“和平医药连锁经营与物流系统建设技改项目可行性研究”(国家经贸委国债技改重点项目);“三峡库区红太阳医药连锁经营与现代物流技改项目可行性研究”(国家经贸委双高一优项目);“重庆市军民一体化物流体系建设研究”(重庆市社科项目);“重庆渝中中央商务区现代物流发展研究”(重庆市项目);“重庆上桥物流园区建设方案研究”(与企业合作项目);“重庆长江水运物流方案设计”(与企业合作项目);“重庆商业储运物流中心建设方案设计”(与企业合作项目);“重庆精通集团仓库管理信息系统开发”(与企业合作项目);“重庆解放军某部后勤业务集成信息系统开发”(军队项目);“虚拟仓库模型及应用研究”(军队项目); 仓库自动化人才培养方案论证(总后重点课题)等10余项研究,获得有关科技与教学成果奖5项。

主要著作:公开出版《现代物流装备》(首都经贸大学出版社)、《现代物流》(中国高等教育出版社）、《军事物流学》（中国物资出版社）、《现代物流概论》（人民交通出版社）、《后勤管理优化》（重庆出版社）、《仓库自动化系统》（后勤工程学院）等专业著作 8 部。

主要论文：近年来发表物流信息化发展研究（第三届西部物流研讨会论文集）、军民兼容物流信息平台研究（军事系统工程 12 届年会论文集《军队建设与军事系统工程》）、供应链管理发展趋势（综合运输）、西部电子商务与物流配送模式研究（商品储运与养护）、Solving Vehicle Routing Problem with Time Windows by Genetic Algorithm (ICCT2002)、Full Load Routing with Multiple Depots: A New, Network Flow Based Algorithm (ICCT2002)、易腐物品配送中心连续选址模型及遗传算法（系统工程理论与实践）、太极物流药品供应链管理现状及发展研究（物流技术）、虚拟军事物流系统发展研究（后勤工程学院学报）、应用高新技术提高军队仓储后勤保障能力（仓储管理与技术）、高素质军事物流人才培养研究（物流科技）、军事物流专业实验室建设与发展研究等论文 40 余篇。

施 欣

施欣，男，1966 年出生，上海海运学院教授、博士生导师。现任上海海运学院管理系主任，兼任交通部专家委员会委员，中国交通运输协会理事。

主要研究方向：物流管理、交通运输预决策理论。1994 年毕业于上海交通大学工业管理工程系，获工学博士学位。曾在复旦大学和荷兰 ARASMUS 大学从事过博士后研究。为研究生（MBA）和本科生开设管理学原理、财务管理以及交通运输管理类专业课程 13 门。完成科研项目 23 项，有 4 项课题获省部级科技进步奖。曾先后得到国家自然科学基金、国家教委资助优秀年轻教师基金、上海市“科技启明星计划”和上海市“曙光计划”的资助。出版个人专著 3 本，合作编著出版著作 2 本，在全国同学科核心学术刊物发表学术论文 42 篇。

此外，还作为副主编编辑出版了《跨世纪人才论中国交通》、《中国交通研究与探索》论文集。代表作有：《现代水运企业管理理论方法与应用》（著作）、《港口竞争对策模型研究》（论文）。近年来，曾先后荣获上海市新长征突击手、全国交通系统优秀教师、上海市育才奖、国务院特殊政府津贴、全国交通青年科技英才、全国霍英东高校优秀年轻教师奖、浦东十大杰出青年等荣誉称号。

徐天亮

徐天亮，男，1944 年 12 月生，大学本科，中共党员，教授。1969 年 7 月毕业于原华中工学院无线电工程系，1970 年分配到四川珙县电信局工作，任技术员。1980 年到华中科技大学任教。曾任物资管理教研室副主任、教研室主任、管理工程系副主任，现任华中科技大学管理学院副院长，兼任中国物流与采购联合会常务理事、中国物流学会副会长、中国物资流通技术开发协会副理事长。

长期从事物流管理和企业管理方面的教学和科研工作，主要研究领域有物流管理、企业战略管理等，负责承担“统进分销、连锁经营模式及辅助决策支持系统研究”、“三峡物资配送关键技术——配送中心集成管理信息系统”等省、部级科研项目多项，获省、部级科技进步奖二等奖一项、“九五”国家重点科技攻关计划优秀科技成果奖一项。

2002 年主要著作：

主编《运输与配送》教材（中国物资出版社. 2002.5）

2002 年主要论文：

《加速传统储运向现代物流业转化》（《中国物资流通》，2002 年 4 期）；

《本科物流类专业设置与培养分工》（《高等工程教育研究》，2002 年 2 期）；

《改进管理 强化功能 积极参与国际物流市场竞争》（《物流技术》，2002 年 3 期）；

《中美“物流”定义的分析与比较》（《中国物资流通》，2002 年 9 期）；

《我国第三方物流的现状与发展思路》（《中国物资流通》，2002 年 10 期）；

《第三方物流》(《中国物流年鉴》(2002))。

2002 年主要科研：

江阴长江港口综合物流园区规划主要担承者；

武汉储运物流管理信息系统项目负责人。

徐寿波

徐寿波，男，1931 年 9 月 16 日出生，浙江绍兴人。中国工程院院士，国家计委研究员、学术委员、教授、博士生导师。创办全国第一个《能源》杂志、《能源基地建设》杂志、《技术经济研究》杂志、《中国技术经济科学》杂志、《中国物流》杂志首届副主编、《物流技术》杂志首届副主编。

在物流研究方面，是我国第一本物流学著作《物流学及其应用》主编之一，并首次发表了物流技术经济学的文章："关于物流技术经济研究的几个问题"；"物流技术经济"。另"中煤四运是我国煤炭物流的总形势"，获中国物流研究会二等奖。40 多年来，在综合能源工程学和技术经济学两个学科领域共取得理论和应用成果 300 多项，获全国科学大会奖、中国科学院、中国社会科学院、国家计委和北京市各种奖励，其中获科技进步奖 7 次。

2002 年主要物流成就：

在北方交通大学学报（社会科学版）2002 年第一、二期上连续发表题为《关于物流科学理论的几个问题》和《关于物流的科学分类问题》两篇学术论文。2002 年，还在中国物流学会首届学术年会以及由教育部委托北方交通大学主办的首届全国高校物流管理专业教学与课程建设培训班上做了相应的学术报告，受到与会者的好评。

索沪生

索沪生，女，毕业于哈尔滨工业大学机械制造工艺与设备专业和英国 Cranfield 大学管理学院物流与运输专业，获 Cranfield 大学研究硕士(MPhil)学位，并被授予博士称号。曾在英国 NFC 货运公司(现为 Exel 全球物流公司)和英国运输部工作。任交通部公路司处长，中国交通运输协会物流分会副秘书长，中国公路学会汽车运输学会理事，中国道路运输协会理事，欧美同学会会员，英国 Cranfield 管理学会会员。被南开大学、对外经济贸易大学聘为兼职教授、研究员。

对西方物流发展和物流企业运作、发达国家公路运输管理及政策法规、国际公路运输及有关国际公约等领域有较深入的研究。数十次作为中国政府代表团成员，中国物流专家、运输专家参加有关的国际会议和国际运输谈判。参与国内有关部门、有关省市物流发展政策和规划研究，多次为国内有关企业、院校讲授物流课程。

在国内外刊物上发表了数十篇学术文章，主要有：

《一门与交通运输极为有关的新学科——物流管理学》、《关于物流的译法——Logistics 与 PD 的不同》、《物流的发展与公路运输业企业经营战略的转变》、《融入物流》、《物流——他山之石可以攻玉》、《英国的公路运输政策》、《英国的公路运输管理》、《运输业向现代物流的发展和融合》、《公路运输业发展物流服务的研究》、《欧洲物流考察及相关思考》以及专访《物流"索"道之处》、《挑战的是政府，应战的是企业——索沪生谈入世后我国物流发展》等。

桂寿平

桂寿平，男，1953 年 1 月出生，华南理工大学交通学院副院长、华南理工大学智能交通系统与物流技术研究所常务副所长、教授。兼任中国机械工程学会高级会员，中国仓储协会常务理事，全国起重机械标准化技术委员会委员，广州市物流专业技术委员会主任会员。

长期从事物流装卸机械与物流技术研究，获国家科技进步三等奖一项、电力工业部科技进步二等奖一项、广东省科学技术三等奖一项。

2002 年发表的论文主要有：《流动式起重机伸缩臂架自振频率的计算》(《起重运输机械》，2002.05)，《系统动态学在区域物流系统中的应用》(《起重运输机械》，2002.07)，《区域物流系统动态学模型的建立与合理性检验》(《交通与计算机》,2002.06),《物流企业ISO9002标准认证及其实施》(《物流技术》,2002.05),《构建珠江三角洲区域物流平台的意义》(《珠三角现代产业》,2002.10),《港机配件供应管理的问题及其解决办法研究》(《港口装卸》,2002.06),《ANALYSIS AND RESEARCH OF REGIONAL LOGISTICS PLATFORM》(PROCEEINGS OF THE 4TE INTERNATIONAL CONFERENCE ON MATERIAL HANDLING&LOGISTICS SYSTEM CHINA RAILWAY PUBLISHING HOUSE,2002.11),《Crack analysis,test and quality control of repairing technique or damaged steel structure roof frame》(SPIE The International Society for Optical Engineering,2002(ET检索))。

主要研究课题有:南海市物流发展战略规划(2002.05)。

秦明森

秦明森,男,1966年毕业于中国科技大学应用数学系,所学专业为运筹学及数理统计。毕业后分配到原国防科委20试验基地技术部,从事国防科研工作,曾任技术室主任等职务。1981年转业到原国家物资局物流技术研究所工作,开始了物流技术的研究和开发工作,历任副所长、总工程师等职务,技术职称为教授级高工。是《物流技术》杂志社专家组成员,贵阳普天物流公司的技术顾问,武汉商贸学院物流管理专业兼职教授。除从事物流技术的研发工作外,还涉足于物流教育工作。

2002年主要成果有以下几项:

主编大型物流工具书《物流技术手册》,该书内容丰富,出版发行后受到广大读者的欢迎和好评。另外,还编著了物流普及书籍《物流作业优化方法》,已于2003年初出版发行。

研制和完善"物流管理支持软件LMSS",此软件是物流管理决策的分析计算软件,可以辅助企业提高物流管理水平和经济效益。现已通过互联(www.logisticstcch.com\wlsw.asp)发布和软件光盘进行推广应用。已有部分企业和学校进行试用,效果较好。

编写物流教材《物流决策分析技术》、现已基本结稿,准备在武汉商贸学院物流管理专业试用。

为适应电子教学的需要,正在研制一种功能比较全面的《投影教学软件》,仿照网页的屏幕格式,把教学内容显示在屏幕上。多种内容通过一个主屏调用或控制。其中"讲课提纲和重点"与"教学书内容"可组织在同一个屏幕上,相对位置可随时调整,同时可以在授课中调用"图片"或查阅"参考资料","例题分析"与"调用计算软件"联结在一起,题意分析后可以马上进行计算,这套投影教学软件使用很方便,可以大大减轻教师的劳动强度,并能提高教学质量。现已制作了《物流决策分析技术》的投影教学软件,并给部分科技人员做了表演,演示后大家认为这种尝试很有价值,值得推广。

真　虹

真虹,男,1958年出生,上海海运学院教授、博士生导师、教务处处长。复旦大学管理科学与工程专业博士学位。现为中国港口协会理事,交通运输学科专业指导委员会水路运输分委员会副主任、秘书长,中国交通运输协会物流专业委员会理事,上海航海学会水运管理专业委员会副主任。主要研究方向:物流规划与管理、物流信息管理。

主讲港口管理、港口装卸工艺、仓储与保税、物流信息管理等课程。承担40多项科研项目,包括国家自然科学基金"信息流与交通运输相关关系的研究",承担交通部项目"港口工程CAD系统开发研究"获交通部科技进步二等奖,"海南省交通运输三十年发展战略相关关系研究"获交通科技进步三等奖,承担物流课题有"南汇区物流园区发展规划"、"浦东新区在上海推进现代物流产业发展过程中的定位和思路"、"芜湖港朱家桥公司汽车(汽车零件)配送、钢材配送市场分析和运作策划研究"等。

发表论著90多篇,著作主要有《集装箱运输学》、《仓储经营管理》、《综合物流与信息管理》、

《物流企业仓储管理与实务》、《港口装卸工艺》、《港口管理》、《港口生产调度过程优化》等。荣获全国交通系统优秀教师、上海市高校优秀青年教师、国务院政府特殊津贴，并为交通部"十百千"第一层次人才培养对象和交通部重点学科学术带头人培训对象。

梁智敏

梁智敏，男，现任香港物资流通协会会长、香港特区政府物流发展局委员及职业训练局运输物流业训练委员会委员。1982 年香港理工大学运输学系高级文凭，1996 年获取澳洲 RMIT 大学运输及物流学系学士及 1999 年香港大学运输政策及规划硕士。

曾在公用事业、制造业、贸易、顾问公司等机构任职；部门包括运输部门、销售部门、采购部门、物流部门；行业包括汽车及零件、电器及计算机产品、纸品等；物流及供应链中的生产计划、原材料的需求、采购与供应、供应商的优化、零配件和成品的储运、销售及配送、供应链的推行及计算机系统在这些部门的应用；服务地区包括整个泛太平洋。

在各大机构任职时所研究的项目包括：仓库的分布及建设、车队的信息化、运输路线的规划、信息系统的实施等；应用在香港国际机场物流中心的筹备开发；超级市场冷冻仓库的建立、香港政府物料供应处物流中心的评核、百货公司的经营规划、供应链管理及计算机系统的改动、设计开发仓库管理软件、在电讯制造厂推行供应链、实施仓库管理软件、国内数个物流园区或中心的规划以及中、日、韩第三方物流市场的研究调查以及编写大学本科的物流及供应链教材各一套。

梁海山

梁海山，男，1966 年 10 月出生，毕业于西安交通大学。现任海尔集团副总裁。

1988 年进入海尔集团，在海尔集团"赛马不相马"的用人机制中迅速成长为集团的中坚力量。先后担任海尔电冰箱股份有限公司质量部长；海尔集团公司认证中心、干部处处长；海尔空调本部长、党委书记、总经理；海尔集团副总裁、物流本部长、家居集成筹备推进本部本部长等职。自担任海尔集团物流本部本部长以来，在物流的组织、观念、技术、管理等方面着手创新，使物流变成了海尔集团又一新的利润源泉。2001 年，海尔"一流三网"现代化物流管理模式，被中国物流与采购联合会授予"中国物流示范基地"；专家评论"海尔是中国物流管理觉醒的第一人"。由于对物流管理模式的突出贡献，2001 年被青岛市政府授予青岛市第一个"突出贡献人才特别奖"。海尔物流的创新包括：

1.物流组织创新：成立海尔物流推进本部，成为海尔集团第三方物流企业，其服务对象从集团内向集团外延伸。

2.物流观念创新：物流企业保证高节奏的 JIT（准时制）生产，即在最低库存下实现 JIT 采购，JIT 材料配送和 JIT 成品配送。提倡仓库是流动河流而不是水库，提高物流速度是关键等新观念。

3.物流技术创新：建立企业的物流技术体系，是提高物流速度的保证，包括：物流容器的单元化、标准化；保管、搬运的机械化、自动化；信息的条码化和自动化识别；基于 Internet 技术的信息实时管理(ERP)和网络化。

4.物流管理创新：实施供应链管理一体化战略等，首先提出企业物流的同步模式管理。海尔物流通过整合内部资源使外部资源得到迅速优化。

阎 洪

阎洪，男，四川大学数学学士，日本东京电气通信大学信息管理硕士，美国卡内基梅隆大学商学院运筹学及工业管理硕士、博士。之后，加入美国波士顿顾问公司成为管理顾问，参加过多家跨国公司在东亚地区，特别是在中国内地的市场策划，发展战略研究，以及公司运作分析。现为香港理工大学工商管理学院物流系教授，兼系副主任，并担任学院工商管理博士课程副主任。还兼任国内多所大学管理学院兼职或客座教授，及学术顾问等职。

来源于香港政府及大学的主要研究项目："供应链网络的建立、管理及评估"，"物流管理中的环保管理问题"，"物流服务供应商管理的机制"，以及"信息共享在供应商管理中的作用"。这些研究不但取得了一定的理论突破，并对生产实践中的库存，运输等方面的问题进行了分析研究，在实际应用中取得明显效果。

来源于香港政府及工业界的主要应用课题："第三方物流服务指标系统"，"化工产品在中国内地的供应链设计及发展"，"电信产业管理信息共享及资源共享的机制问题"等。

近两年于多本国际学术杂志上发表的学术论文包括几个反面。"应用数学模型对物流网络的分析"，"发展研究用于评估物流链的效率及过剩的DEA模型"，"供应链管理中信息共享的分析及模式"，"第三方物流及逆向物流服务中激励机制问题"，以及"大公司间资源共享的监管及政策制定模式"。

翁心刚

翁心刚，男，北京物资学院研究生部主任，副教授，中国物流学会常务理事，南开大学现代物流中心客座教授、北京中物联物流规划研究院特邀研究员。1983年7月毕业于北京经济学院物资管理系获工学学士；1992年4月毕业于日本流通经济大学获经营学硕士；1999年4月毕业于日本流通经济大学获经济学博士。

1983年开始在北京经济学院物资管理系任教，1985年到北京物资学院工作，1989年至1999年间，二次赴日本留学，先后学习6年，主攻物流管理，对现代物流有较深研究，近十几年来，一直致力于现代物流的教学和研究。在区域物流规划、物流企业经营管理、企业物流管理等研究领域有较深造诣。

2002年的主要研究成果和科研项目：

1.《物流管理基础》(中国物资出版社，2002.01)；

2.研究项目有：《郑州市现代物流发展规划》、《北京市现代物流产业实证研究》、《基于环境保护的工业废弃物回收物流系统研究》、《中日现代物流业比较研究》等。

高伟杰

高伟杰，男，1946年1月出生，中国远洋运输（集团）总公司副总裁。1967年4月参加工作，1974年至1981年先后在交通部远洋运输局、中国驻英使馆商务处从事海运管理工作，1982年至1987年任中远美国公司总裁，1988年至1990年任中远英国公司副总经理，1991年至1995年先后任中远总公司航运部集装箱联合办公室主任、航运部副总经理和中远集装箱运输总部副总经理，1995年至1996年任中远(集团)总公司发展部总经理，1996年至1997年5月任中远（集团）总公司运输部总经理，1997年5月至今任中远集团副总裁。

现担任中国贸易仲裁委员会/中国海事仲裁委员会仲裁员，中国物流与采购联合会副会长，中国交通运输协会副会长兼物流企业分会副会长，中国航海学会副会长，中国船东协会副会长，中国海商法协会副会长，西英保赔协会董事，《中国物流年鉴》编委会副主任。

对现代物流和供应链管理颇有研究，自上世纪90年初即开始关注世界物流业的发展动向，领导制定了中远集团物流发展战略，为中远集团物流业的发展指明了方向。近年来，一直致力于中远集团由全球承运人向全球物流经营人转变的战略制定和实施工作并组织实施了中远集团班轮和物流单元结构重组工作。还多次在全国性现代物流会议和相关杂志发表过《入世后中国现代物流浅析》等多篇物流方面的论文，是物流和国际航运管理方面的专家。

黄国雄

黄国雄，男，福建福州市人，1937年出生。中国人民大学经济学院教授、博士生导师。毕业于中国人民大学贸易经济专业，长期从事商业管理工作，有丰富的商业实践，1980年调北京商学院任教，担任教研室主任、系副主任，商业研究所副所长，商业经济系主任。1990年调中国人民大学至今，曾担任贸易经济系主任、总支书记、市场调查所所长。现兼任中国商业经济学会副会长、中国高校商业经济研究会副会长兼秘书长、北京市商业企业管理协会副会长等。

长期从事商业理论研究，主编了商业理论创新丛书，著有：《商业经济学》、《商业经济与管理》、《现代商学通论》、《市场调查学》以及《社会主义市场经济十大观点》、《流通产业慎对电子商务》、《构筑现代物流政策框架》、《构筑现代供应链管理模式》等，是我国著名的商业经济专家和学术带头人。

2002年发表了《零售新解》、《流通新论》、《流通产业是基础产业》等多篇论文，以独到视野论证流通力是社会生产力重要构成部分。流通产业属基础产业，要摆正流通地位，重视流通发展，在物流理论上，他提出：一是现代物流是商业概念，不是传统运输的延伸和发展；二是现代物流整合的概念，不是单一的物质转移过程；三是社会化概念，要统筹策划，合理安排；四是企业的概念，不是政府的行为；五是经济发展的概念，需要一系列配套措施，不能一拥而上，想上就上。

黄有方

黄有方，男，上海海运学院教授，博士。现任上海海运学院副院长、上海海运学院物流研究中心主任、《上海海运学院学报》主编，兼任中国物流学会副会长，交通部全国海洋运输情报网网长，中国港口协会常务理事，中国工程机械学会副秘书长兼学术委员会副主任，中国港口协会港口自动化分会副理事长等。在国内外刊物、学术会议上发表论著40余篇（本），负责或为主完成科研项目近30项，主要研究方向为现代物流信息化理论与应用，现代物流综合环境与城市发展，现代港口管理、诊断、控制一体化相关技术等。

2002年完成的主要论文和科研项目有：

1.Huang Youfang, Zhen Hong, China's WTO Membership: the Impact on its Shipping and the Counter Strategies, international conference on shipping and logistics strategy in the 21st century, June 20, 2002, Seoul, Korea；

2.从信息技术看中国物流业现状，企业物流与供应链管理、实践在中国研讨会，2002年8月2–3日，上海，海神诺富特大饭店；

3. 中国港口集装箱物流信息技术现状与发展，Pan Pacific Port Conference, 2002.10, Oakland, USA；

4.石来德主编，徐宝富，黄有方副主编，《当代科技论坛–中国工程机械学会2002年年会论文集》（汕头大学出版社，2002.04）；

5.黄有方，史建民等：交通部重点科技项目：机电设备多维信息特征提取与识别技术研究；

6.黄有方，史建民等：上海港务局，新双峰海轮作业数据通信系统研制；

7.黄有方，史建民等：上海港务局，集装箱装卸桥远程监测与诊断的研究与开发。

黄福华

黄福华，男，1963年7月出生，湖南华容人。湖南商学院副教授，湖南物流研究中心主任，湖南省现代流通理论研究基地首席物流专家。中国物流学会理事，湖南省管理科学学会秘书长，湖南省市场学会常务理事。

1984年毕业于北京商学院企业管理专业，1998年晋升管理学副教授。主要承担管理学、物流管理、企业管理等课程教学。主要研究方向是物流管理与零售企业物流，近年来出版《管理学》（合著）、《现代企业物流运作与管理》（合著）、《现代物流运作管理精要》、《现代商业企业物流运作管理》等6部著作，并主编现代企业物流运作管理丛书，公开发表专业论文60多篇；主持国家社科规划基金课题1项，主持完成省部级立项研究课题4项；参与有关立项研究课题4项；参与湖南省物流政策研制工作；主持完成企业委托研究课题10多项。成功组织和主办了湖南省首届物流高层论坛。

黄中鼎

黄中鼎，男，1946年8月出生，江苏海门人，中共党员，上海第二工业大学经济管理学院副院长，经济管理副教授。本科学历，1982–1984年分别在中央党校和中国人民大学进修国民经济管理和工业经济管理。长期从事经济管理的教学和科研工作。2000年开始主持物流管理专业的教学教改工作。最近担任高职高专现代物流管理系列教材编委会主任，并主编《现代物流管理学》和《企业物流管理》。

康 宁

康宁，男，1963年出生，中共党员。1986年毕业于上海铁道学院运输管理专业，并获学士学位；2000年获得清华大学工商管理硕士(MBA)学位。现任国家邮政局网路运行部副主任，中邮物流有限责任公司副总经理。主要负责中国邮政实物网路的指挥调度、组织管理以及邮政物流经营、物流网络组织工作。

长期从事全国邮政干线实物网的指挥调度工作，在运输网络组织、优化等方面具有较高的理论水平和丰富的实际管理经验。1988年和1992年曾分别在澳大利亚TNT公司、日本邮政大学学习。1994年，主持编制并组织实施的《建立相对独立的快速、高效干线邮运网实施方案》，为中国邮政全面推行邮区中心局体制打下了坚实的基础。1999年到2001年间，曾作为主要负责人之一，组织了全国邮政网路的组织优化工作，实现了邮政信函、包裹、特快专递以及报刊等业务的全面“提速”，提高了邮政服务水平，进而提升了邮政市场竞争能力，有力地促进邮政业务的迅速发展。此外，还参与组织了中国邮政航空快速网的建设工作。同时还是国家邮政局邮政综合计算机网干线邮运指挥调度和邮区中心局内部生产作业等两个应用子系统工程实施工作的负责人。

他是《中国邮政物流发展总体方案》和《中国邮政物流发展实施方案》研究项目的主要领导者和直接参与者；是邮政开展物流业务的推动者和中邮物流有限责任公司的创办者之一。2002年以来，积极筹备创立中邮物流有限责任公司，并担任主管市场经营和网络运行的副总经理。在中邮物流公司和各省公司的共同努力下，2002年全国邮政物流业务完成15.8亿元，比上年增长近60%；并同时创立了以雅芳配送项目为代表的邮政现代物流“三流合一”的运作模式，为全国邮政一体化“精益物流”的发展积累了宝贵经验。多次在有关物流的会议上发表过演讲，先后在全国邮政地市局长营销培训班、全国邮政中青年干部培训班、国家邮政局机关干部培训班讲授《中国邮政与现代物流》。曾在《中国邮政报》上发表过题为《中国邮政发展物流若干问题的思考》的文章。

崔介何

崔介何，男，1948年1月6日出生，教授，现任北京物资学院物流系物流管理教研室主任。2002年申请加入中国物流学会。

在国内公开刊物上发表多篇论文，主要有：《仓库装卸搬运设备的设置与配套要讲究经济效益》、《谈物流系统工程》、《谈谈废旧物资物流》、《谈谈物流合理化》、《物流概念的历史与未来》等。1988年出版了个人专著《物流概论》，1989年担任副主编出版了《现代物资管理简明辞典》，1993年参加全国经济专业技术资格考试“物资经济专业”的编委会工作，并负责大纲筹划和写作工作，1995年参加国家863计划(编号863–306–04–05–4)《商品流通智能化综合管理及决策支持系统》研究(1997年3月通过国家鉴定)，1997年出版个人专著《物流学概论》，1998年参加中、日联合科研项目《中国现代物流研究》，1999年主持完成原内贸部《流通加工研究》课题，2000年主持完成北京市重点课题《电子商务下的物流支持系统》,2001 年参加了《首都绿色流通事业发展对策研究》课题。

2002 年分别主编出版了《企业物流》和《电子商务与物流》(中国物资出版社)。2002 年 8 月开始主持北京市商委《北京市物流业现状及趋势研究》工作。在《中国流通经济》杂志发表了《发展我国物流配送的再思考》论文(2003.06)。2003 年 8 月出版了个人专著《物流学》(由北京大学出版社出版,60 万字)。目前正主持北京市重点课题《北京市物流高等人才需求与物流高等教育研究》。

从上世纪 80 年代至今共完成科研课题 11 项,其中国家级一项,部级三项,北京市级四项,院级及企业合作三项。出版专著(译著等)七部,论文 39 篇,参编其他著作 12 部,共计 256 万字。

陶德馨

陶德馨,男,教授。1968 年毕业于武汉水运工程学院港口机械设计与制造专业,1980 年起从事专业教学和科研工作,主讲“疲劳强度理论”、“机械结构失效分析”、“钢丝绳受力分析”等研究生课程,曾参加国家七五攻关、国家计委重大新产品开发等项目,主持部级重点科研项目 2 项,获国家发明三等奖(1997 年,序 3)、国家科技进步三等奖(1993 年,序 16)、国家教学成果二等奖(2001 年,序 4)和交通部优秀教材二等奖(1996 年,序 2)各 1 项,主编教材及著作 3 部;1997 年任教授,1998 年任博士生导师,现指导博士生 8 名、硕士生 5 名。

近年来主要研究方向有:物流信息系统与控制;虚拟测试与智能监控诊断;起重机关键零部件高性能化。

主要学术职务有:港口物流技术与装备(教育部)工程中心主任、《交通企业管理》杂志社社长、中国机械工程学会物流工程学会理事、湖北振动工程学会副理事长等。

程国全

程国全,男,1960 年 12 月出生,北京科技大学物流研究所副所长,副教授,中国学会理事。自 1990 年起,开始从事设施规划与设计研究及物流系统规划理论研究与应用,2000 年赴瑞典学习 AGV 系统技,曾获北京市科技进步二等奖。

主要研究方向:现代物流系统规划与设计、物流管理信息系统开发、自动化物流系统、计算机辅助物流系统规划软件开发等。

曾经主持参与了多项物流战略规划、物流园区规划、企业物流系统规划等项目。主要有:中国邮政物流发展总体方案规划, 山西省物流发展规划研究,芜湖港储运公司现代物流园区总体规划,安徽烟草集团物流系统分析与战略规划, 云南邮政物流发展规划, 北京市顺义空港物流园区项目分析与方案设计,蓬莱物流园区战略规划等。

主持开发了各种物流信息平台建设开发、计算机辅助物流系统规划设计软件开发项目, 主要有:南海屈臣氏网上采购物流信息平台系统设计,东联货架系统规划与分析系统, 配送中心布局与规划软件(DCLS),钢结构货架计算机辅助设计软件(RCS),货架有限元分析软件(RAS),企业系统布置设计软件(CALP)等。

发表了有关物流理论研究、系统规划、物流信息平台开发等数十篇专业论文。策划、主编了现代物流系统规划系列丛书等多部专著, 其中包括:《“设施规划与物流分析”课程设计指导书》,《实用设施规划与设计》,《系统布置设计在化工厂规划中的应用》等。

谢如鹤

谢如鹤,男,博士,1963 年出生于湖南。中南大学教授、博士生导师, 交通运输工程学院副院长, 物流工程研究所所长, 大连铁道学院兼职教授。1983 年和 1988 年分别获得长沙铁道学院运输专业学士和硕士学位;1999 年毕业于北方交通大学运输管理专业,获工学博士学位。2000 年作为高级访问学者在英国 Leeds 大学运输研究所访问学习。1994 年和 1998 年分别破格晋升为副教授、教授。主要从事运输及物流管理的研究与教学。兼任中国铁道学会高级会员、铁道运输专业教学指导委员会委员、国际制冷学会委员、中国制冷学会理事等学术职务。

近年来在国内外重要刊物上发表论文60余篇,公开出版专著教材4部,先后主持和参加省部级以上课题12项。其中作为负责人主持的项目获省科技进步二等奖(第一,2002)和三等奖(第二,2001)各1项,获国家计委科技进步三等奖1项(第三,1997),获铁道部科技进步四等奖1项(第三,1997)。1997年被评为铁道部青年科技拔尖人才并获詹天佑青年科技奖,1999年被评为铁道部优秀教师,2001年享受国务院政府特殊津贴,2002年被评为湖南省优秀留学回国人员,2002年被选拔为湖南省学科带头人培养对象。

董千里

董千里,男,长安大学教授、博士生导师,长安大学学术委员会委员,经济与管理学院运输管理系主任;中共党员,教工第一支部书记;南京市交通局、南京王家湾物流中心名誉顾问;1995-2000年交通部"全国运输经济(公路、水路)专业技术资格考试"命题专家组成员;陕西省道路运输协会理事。1991年在澳大利亚参加TNT运输与物流管理项目培训;2000年在德国参加货运与物流管理研究。主要研究方向:交通运输规划与管理、物流与供应链管理。

1.独立编著《高级物流学》(北京:人民交通出版社,1999年4月);《供应链管理》,北京:人民交通出版社,2002年8月;主编《道路运输组织学》(第二主编)(北京:人民交通出版社,1998年8月)、参编《汽车运输企业管理》、《汽车运输企业市场营销学》等著作、教材10余部。撰稿并参与拍摄《物流现代化实践》(北京:人民交通出版社,2002年8月)。

2.在《中国软科学》、《中国公路学报》、《交通运输系统工程与信息》、《北方交通大学学报》、《交通运输工程学报》、《综合运输》等学术刊物发表论文:基于供应链管理的第三方物流战略研究、区域综合物流信息平台的构建与功能研究、第三方物流三种服务模式评析、我国物流业发展的几个问题思考、第三方物流战略设计与实现的思路、注重第三方物流的培育和发展、立体交叉周边区域的企业选址条件与决策分析、第三方物流形成理论及实践的基础研究、运输企业介入供应链管理的策略研究、物流战略管理研究等60余篇。

3.主持陕西省软科学研究计划项目《陕西省第三方物流发展战略研究》、主持或参加《陕西省物流业发展战略研究》、《Q企业第三方物流方案研究》、《玉林市新团物流园区工程可行性研究》、《高速路网与道路运输一体化发展研究》、《新亚欧大陆桥陕西段道路运输战略地位与作用研究》以及《新乡运输公司现状分析与发展对策研究》等研究项目10余项,参加了西安市新筑物流园区规划等咨询活动。

4.主要获奖项目有:公路客货枢纽等级条件及布局,获陕西省科技进步二等奖(1999年3月);高级物流学,获陕西省高校科技进步三等奖(2001年9月)等省部级和其他奖8项。

戢守峰

戢守峰,男,1958年出生,沈阳市人,1995年3月获(日本)北海学园大学经济学硕士学位;2000年3月获日本大学商学院商学博士学位。现任沈阳工业大学现代物流发展中心主任、物流管理教研室主任、管理学院教授。兼任中国市场学会理事、日本商业学会会员、日本消费经济学会会员、沈阳市政府市场建设专家咨询组成员及多家企业顾问,并担任沈阳市首届营销技能大赛总评委、辽宁省首届汽车销售顾问电视大赛总评委。

主要研究方向为物流与供应链管理及流通经济。先后曾参与国家自然科学基金项目1项、支持省社会科学基金项目1项、完成市直部门委托科研课题2项及多项企业横向科研项目;在物流国际会议上作学术报告3次;在国内外期刊报纸发表学术论文50余篇。

主要著作及论文有:

专著《日本商品流通交易习惯的实证分析》(日文)(日本木马书馆出版社,2001年),主编《现代物流管理新论》(中国传播出版社,2003年),主编《现代市场营销学》(北京工业大学出版社,2002年),译著《图解供应链管理》(科学出版社,2003年),参编《市场营销与流通战略》(日文)(日本白桃房出版社,2001年),论文《The Logistics to Inaugurate the Center City Economic New Increment》("2002管理科学与工程国际会议"(ISTP),2002.08),论文《现代流通中的利润空间分析(上·下)(国际商报,2003.06.21·28)。

近年来,创办的沈阳工业大学现代物流发展中心,一直秉承着"产官研相结合"的理念,与社会各界建立了良好的关系和沟通,为政府和企业部门成功提供了现代物流管理方面的策划、咨询与培训。主要客户有:辽宁省交通局、辽宁北方物流集团、沈阳市计委、沈阳市商业局、沈阳商业城集团、神州数码沈阳分公司、沈阳副食集团、沈阳张士开发区物流中心、红梅集团等。

靳　伟

靳伟,男,1945年1月出生,辽宁省抚顺人。1968年大连外国语学院日语系毕业。1979年开始接触中外物流学者、教授和企业高层负责人,潜心研究物流理论及实践方法。1981年起在中外物流专业刊物上登载文章,举办物流讲座;多次赴国外考察、参加国际物流会议。1985年与我国物流界元老、著名学者吴润涛研究员、王之泰教授合译的《物流手册》,作为中国第一本物流工具书,获得全国优秀畅销书奖。1990年至1991年,应日本物流系统协会邀请,赴日本专门从事物流课题研究,并获得"国际物流管理士"称号。现任北京科技大学物流研究所副所长、《物流技术与应用》杂志常务副主编、中国物流与采购联合会托盘专业委员会部长、高级经济师、物流专家。

历任中华人民共和国物资部对外经济合作司亚非处处长、中华人民共和国国内贸易部国际合作司亚非处处长、中国物资再生利用总公司党委副书记(副司局级)、中国环保产业有限公司总经济师等职。

主要著作有《最新物流讲座》,合译著有《物流手册》、《物流管理入门》、《日本仓库收费标准》等。

2002年6月起,担任中国物流与采购联合会托盘专业委员会秘书长,负责组织托盘行业企业开展托盘及集装单元化物流研究、托盘生产和使用、托盘标准化及托盘国际交流;在《中国物流与采购》杂志上连载"现代物流系列讲座";编写了《最新物流讲座》;为中国物流学会2002年年会提供的论文获三等奖;赴日本考察现代物流管理。

缪立新

缪立新,男,清华大学交通工程设计研究所所长,清华大学深圳现代物流研究中心主任,美国堪萨斯大学访问教授。中国物流与采购联合会常务理事;中国物流年鉴编委会编委;中国城市交通规划学术委员会专家委员;曾任国家计委高新技术发展指南修编委员会交通组组长,国家计委智能交通产业发展规划专家委员。

曾先后主持涉及交通、基础设施建设、物流、信息技术类国家纵向、横向及国际合作重要项目20余项。

在2002年,主持清华大学"物流工程与管理"学科规划,主持物流学科国际合作培养研究生重大项目,主持清华大学物流重点实验室建设。主持完成和正在进行的主要的物流科研项目有:(1)物流规划理论与方法研究;(2)物流园规划设计CAD集成系统;(3)物流网站商务与信息增值服务公用平台研发;(4)深圳市现代物流岗位职业模块化考试大纲、培训教材和考试题库编写;(5)北京中关村数字物流港软硬件系统总体设计。

翟学魂

翟学魂,男,快步易捷公司首席执行官。清华大学理学和管理学双学士。中国知名的物流策略和物流信息系统专家之一;中国物流与采购联合会常务理事；长期担任 PGL 奖励基金评估委员会的物流信息专家。

在流通领域服务创新、战略规划、物流信息系统的分析、设计以及物流信息平台的策划、实施等方面有着独到的专长和成功的运作经验。

在国内著名媒体上发表了十余篇文章。主要著作有：《从 EDI 到 XDI》、《分销网络的 IT 系统》、《快步模式:引领第三代分销网络》、《切割分公司土豆构建立体轴分销》、《物流 IT 系统——现代物流的灵魂》、《新经济在哪里》、《中国供应链的未来》等。其中《物流 IT 系统——物流的灵魂》、《现代物流存在的三个问题》和《供应链模型在企业中的应用》等被多家媒体转载，在物流界内引起广泛反响。

2002 年翟学魂带领快步易捷公司主要致力于研究和实践在以下三个领域的物流及供应链管理问题：

研究深度分销型企业物流体系的建设与改造，且最早提出了通过提升预测和计划能力降低总企业库存的观点；研究如何建立和改善连锁零售型企业的物流平台，并最终通过信息系统的更新使企业的物流改革成为现实；研究资产型运输企业的管理。

2002 年应邀参加了中国第四次、第五次物流专家论坛、第三届中国国际物流高峰会、全球华人投资论坛、中国企业现代物流发展高级研讨会、中国食品与饮料零售与分销会议等大型研讨会议，并发表专业演讲数十场，其中“区域性物流枢纽的市场定位和规划”、“行业领袖企业的供应链战略及实施”、“信息技术在供应链管理中的应用”、“2002 年物流市场发展趋势”等发言受到了业内人士的广泛欢迎。

黎基雄

黎基雄，男，香港理工大学航运及物流管理学系的助理教授，及该学系与管理学系合办的全球供应链管理(荣誉)理学士学位课程的课程主任。获得香港理工大学市场学文学士学位及工商管理哲学博士学位。之后在北京首都师范大学修读中国语文及文化和在美国麻省理工学院修读供应链管理等课程。在理大校内致力教学及研究工作，范畴包括供应链管理、物流管理中的信息科技应用、质量和营运管理，及物流管理中的组织行为。他亦曾在公营及私营机构参与质量管理，采购及供应管理和物流管理等担任顾问工作。黎博士的研究文章曾在多个国际性学术会议发表及被多份国际性的学报刊登；近期的研究著作包括：

Lai, K. H., Weerakoon, T. S. and Cheng, T. C. E. "The state of quality management implementation: a cross-sectional study of quality-oriented companies in Hong Kong", Total Quality Management, Vol.13, No.1, 2002, pp.29-38.

Lai, K. H., Ngai, E. W. T. and Cheng, T. C. E. "Measures for evaluating supply chain performance in transport logistics", Transportation Research: Part E, Logistics and Transportation Review, Vol.38, No.6, 2002, pp.439-456.

Lai, K. H. and Cheng, T. C. E. "Initiatives and outcomes of quality management implementation across industries", OMEGA - The International Journal of Management Science, Vol.31, No.2, 2003, pp.141-154.

Lai, K. H. "Market orientation in quality-oriented organizations and its impact on their performance", International Journal of Production Economics, Vol.84, No.1, 2003, pp.17-34.

Lai, K. H. and Cheng, T. C. E. "Supply chain performance in transport logistics: an assessment by service providers", International Journal of Logistics: Research and Applications, 2003 (forthcoming).

霍佳震

霍佳震，男，1962 年 5 月出生，安徽芜湖人，管理学博士、教授、博士生导师。现任同济大学研究生院培养处处长、经济与管理学院管理科学与信息系副系主任。中国物流技术协会会员、上海市建设和管理委员会科技委员。兼任多家物流软件公司顾问。

长期从事管理信息系统、物流管理专业的教学与科研工作，研究方向为管理信息系统、企业物流系统及信息化、供应链管理与电子商务。

近年来主持及参与完成的主要项目有：美国UTC基金；中国供应链优化的定量分析；国家自然科学基金；集成化供应链绩效评价体系研究；国家自然科学基金；基于闭环供应链的多级库存优化研究；国家教委“九五”规划项目“商业连锁经营和配送中心信息系统问题研究”。为使研究工作理论联系实际，先后主持了包括上海宝钢集团、联华超市公司在内的十多家知名企业的管理咨询及信息系统设计项目。

出版的专著有《集成化供应链绩效及其评价》；参与编辑《企业管理概论》，并获教育部优秀教材二等奖。已在国内重要刊物和国内外学术会议上发表学术论文30余篇。主要论文有“连锁超市配送中心管理信息系统建设方案探讨”、“集成化供应链整体绩效评价体系构建”、“集成化供应链整体绩效评价指标的量化研究”、“基于供应链的零售商绩效评价体系研究”等。

戴定一

戴定一，男，1947年8月10日出生，上海人。中国物流与采购联合会副会长兼科技信息部主任，中国物流信息中心主任，高级经济师。

1984年毕业于中国社会科学院研究生院数量经济专业，获得硕士学位。1984年分配到原国家经委信息中心工作，负责宏观经济分析并参与国家经委信息系统的建设。1988年在美国商务部普查局做访问学者进修一年。1989年开始在中国物资信息中心（中国物流信息中心前身）工作，从事生产资料市场监测、分析、预测工作和全国生产资料市场统计信息系统建设工作。曾获部委级科技进步一等奖、二等奖，获得国家政府特殊津贴，获得内贸部有突出贡献的中青年专家等称号。

同时，还任中国信息协会预测委员会常务理事、中国电子商会常务理事等职。先后在各种报刊杂志上发表论文数十篇，出版过译著《数理经济学》、专著《物资经济统计》、《直面WTO》等。

2002年的工作主要有：组织全国物流与采购信息化优秀案例评选活动，并出版了《2002年物流与采购优秀应用案例精选》，主持财政部委托的课题《加入WTO与我国物流产业的财税对策研究》，组织南海国际物流论坛，参加中国物流学会并获得论文一等奖。

鞠颂东

鞠颂东，男，1946年9月12日出生。北方交通大学经管学院教授，博士生导师，“欧美同学会”会员。曾任北方交通大学研究生院常务副院长、经济管理学院院长。现任北方交通大学教务处处长，兼任中国物流学会理事、中国数量经济学会常务理事、中国成本研究会理事、全国MBA教育指导委员会委员、中国高等学校教学研究会理事、中国铁道学会物资管理委员会副主任、中铁现代物流科技股份有限公司独立董事等职务。享受国务院颁发的政府特殊津贴。

主要从事现代物流与供应链管理的基本理论、物流企业发展战略、企业及区域物流发展规划等方面的研究工作。

2002年完成了3项科研项目：

1.国家计委与亚洲开发银行合作的“2020年的中国”项目，对“西部地区的交通建设与管理”进行了专题研究，对西部地区的交通历史及现状、交通中长期发展规划、交通运营管理、交通发展政策思路、西部地区物流问题进行了深入的剖析。最终形成的研究成果以《西部大开发战略研究》（中国物价出版社）专著形式出版；

2.铁道部项目“国有企业战略性改组中建立铁路运输企业竞争机制的研究”；

3.合同项目“中铁一局集团物资工贸有限公司物流发展策划”。

2002年以来在《数量经济技术经济研究》、

《铁路物资科学管理》等刊物及“中国南海国际物流论坛暨中国物流学会首届学术年会”上新发表了“西部物流与区域经济发展”、“区域经济的发展对地区物流需求的影响”、“供应链条件下的采购管理”、“试论铁路运输行业内部竞争的条件”、“西部物流发展问题研究”等5篇论文。

魏　凤

魏凤，女，高级工程师，吉林大学聘任兼职教授，交通部公路科学研究所交通物流工程研究中心主任，交通行业电子商务与现代物流生产力促进中心主任。交通部信息领域专家组成员，多个省、市聘为交通、物流信息化建设专家顾问。

“九五”末期在国家科技部工作，曾组织并参与国家“九五”重点科技攻关“国家清洁汽车行动”，“中国智能运输系统体系框架”等项目的研究，担任总体协调组组长。现为国家“十五”重大科技攻关“电子商务与现代物流技术研究开发及示范工程”项目管理办公室成员，中国标准协会理事、中国标准协会物流技术标准工作组组长。作为课题负责人，负责组织并承担国家“十五”重大科技攻关“物流关键技术攻关及其在行业中的集成应用”、“运输系统优化调度”、“区域物流集成平台技术研究与开发”，国家基础公益项目“物流配送标准体系及关键标准研究”、国家基础数据库中的“物流综合基础数据库建设与供享”等多项课题。作为主要研究人员参加“现代物流发展战略的研究”、“现代物流体系框架的研究”等项目的研究工作。参与若干个国家级电子商务与现代物流示范城市的组织协调和策划。

魏际刚

魏际刚，男，1974年生，经济学博士，清华大学21世纪发展研究院博士后研究员，吉林大学商学院兼职教授、深圳市现代物流业发展咨询委员会委员。

从事产业(运输与物流)经济和区域经济等方向的研究，在《数量经济技术经济研究》、《中国软科学》、《中国铁道科学》、《中国物流与采购》等国家中文核心期刊发表40余篇文章，出版《运输业发展中的制度因素》(独著，经济科学出版社，2003)、《集装箱多式联运和综合物流：形成机理与组织协调》(合著，中国铁道科学出版社，2001)，担任《中国科学技术普及发展报告(1978-2002年)》一书编委(科学技术文献出版社，2002年12月)。

主持完成包括新疆石油管理局物资供应总公司发展现代物流策划方案、深圳市现代物流岗位职业资格模块化考试大纲、培训教材和试题库编写等科研项目。

（注：鉴于我国物流业界的专家学者分布领域广泛，又因我们人力、时间及联系方式所限，一些专家学者未能列入其中，请予谅解。在此希望各有关物流研究机构及媒体和专家学者积极向《年鉴》编辑部推荐在物流领域有一定研究成果和学术成就且影响较大的专家学者，或告之联系方式，编辑部将在下一部《年鉴》中予以选介。）

第七部分

企业物流及案例

企业物流

2002年,中国的企业物流有许多积极进展,企业物流仍是物流的主体,是推动物流发展的重要力量。总体上来看,企业内物流体系正在不断形成和成长。下面主要谈一谈制造业和商业企业物流的发展情况。

一、制造业物流

2002年,制造业的物流有了长足的发展与进步,有几个方面比较突出:如企业开始着力物流挖潜,建立物流体系;企业加大投入,提升物流的科技含量;逆向物流开始受到重视。

(一)企业开始着力物流挖潜,建立自己的物流体系

2002年,国内的企业从关注能否参加第三方物流,转变为专注于塑造自己的内部物流体系,因为他们发现:首先,物流公司并不容易产生利润;第二,成立物流公司并不能自动解决任何物流的问题。物流不是简单的外包或者成立物流公司的问题,问题的关键是物流是整个企业运作的后台发动机,核心的问题是企业如何通过整合物流体系,使管理能力得到一个非常大的提升。物流管理能力从根本上决定了物流的成本和物流的效益。

一些制造业企业认识到物流是企业的"第三利润源泉",将自己的仓储运输部门独立出来,建立自己的物流体系,以整合分布在不同部门的物流资源,降低企业的物流成本,提高企业的效益,促进企业物流合理化,如制造业的海尔、长虹、联想等都已经建立或正在筹建自己的物流体系。

以家电业为例。曾经风光一时的家电业2002年感到压力骤增,一方面国内市场价格战经久不息造成企业效益普遍下滑,而商业资本还想进一步挤压上游厂商利润空间,另一方面,入世后跨国公司开始强势进入,并逐步蚕食国内企业的市场份额。内外交困的局面下,家电企业意识到要想突出重围,除了加紧对自身资源的整合改造,提高核心竞争力以外别无他途。于是,一场物流变革在家电业中掀起。

以网络著称的TCL在各地的营销及物流人员就有3万人之多,一年光维持这一网络的费用就多达数亿。TCL不得不痛下决心进行整改缩编,并进行信息化改造。TCL的对手长虹则在现有网络优化上下功夫,大力缩短配送时间,还提出可以根据顾客的特殊需求来制订产品的物流情况,从而使产品无形增值。华帝则在中国家电业率先推出了特许连锁经营模式,让各连锁店与公司电子商务平台连接,加大整个销售网络的信息共享,最大限度降低了流通成本。

如今的家电业竞争,已经不再局限于生产成本、营销手段等传统方式,物流竞争开始占有重要地位。谁能更快速更有效更经济地完成物流环节,谁就在竞争中占有先机。向现代物流这个大方向迈进,进一步整合优化企业物流链条,已经成为大部分中国家电企业的共同目标。但在探索实现企业物流最优化的道路上,不同企业根据自身特点和需求采取了不同的物流模式,比较典型的有海尔模式、安得模式、安泰达模式。

海尔以订单为中心的一流三网物流模式已经具备现代物流的特征,在海尔眼里,物流就是利润,它已经被提升到核心竞争力的高度。海尔物流本部成立一年时间,海尔的库存时间就由30天减至13天,可见海尔物流对海尔业绩贡献之大。海尔模式的好处是在取得收益的同时,海尔还可以

统一规划并完全掌握集团的物流运作。但这种大而全的企业物流模式也带来一些不可避免的机制性问题，所以海尔物流也有向社会化方向发展的迹象。

安得物流公司在所有权上并没有完全独立，美的仍然作为控股方施加影响，但对于美的其他产品事业部来说，它却是不折不扣的第三方。事实证明美的把物流业务剥离出来交给安得是相当明智且成功的，安得的存在不但使美的的整体物流成本大幅降低，而且还能成为美的的赚钱机器。三年来安得物流已经粗具规模，2002 年收入达到 3 亿元。其外部业务已占到 40%，最近还成立了提供高端物流服务的安得供应链技术公司，合作伙伴是东泽电器。

2002 年科龙、小天鹅、中远联手打造的安泰达公司，其经营思路着眼于对厂家整条物流供应链的整合以缩减隐含成本。有别于安得模式的是，小天鹅和科龙只作为参股方，将其业务委托给安泰达。由于还没有独立核算，业务也全部来自科龙和小天鹅，所以还不是一家标准的第三方物流公司。业内认为这是一种稳妥的改革办法，既达到了降低物流成本的目的，又避免了大的震荡，但以后肯定是要独立出去的。安泰达已经开始接受其他公司的业务，更是要对小天鹅和科龙的物流系统进行彻底整合。小天鹅从中得到的收益是立竿见影的：2002 年的物流成本就下降了 22%。

（二）加大投入，提升物流的科技含量

一些著名工业企业开始重视企业采购系统与物流系统的流程再造。如青岛海尔、青啤、海星，如上海大众、一汽、二汽集团，如中石化、中石油、中海油，如联想、TCL、华为、上海实业等等。在 2002 年他们对物流业的启动起到了带头羊的作用。许多企业对物流的投入在增加，使物流的信息化水平得到提升。

以青岛海尔集团为例，在对企业进行全方位流程再造的基础之上，建立了具有国际水平的智能化物流体系，使企业的运营效益发生了奇迹般的变化。

海尔集团投资成立的海尔电子商务公司，全面开展面对供应商的 B2B 业务和针对消费者个性化需求的 B2C 业务。通过电子商务采购平台和定制平台与供应商和销售终端建立紧密的互联网关系，建立起动态企业联盟，达到双赢目标。在海尔搭建的电子商务平台上，企业和供应商、消费者实现互动沟通，使信息增值。

海尔通过 BBP 系统的上线，建立了与供应商之间基于互联网的业务和信息协同平台。该平台通过它的业务协同，不仅可以通过互联网进行招投标，而且可以使供应商足不出户地了解与自己物流管理业务相关的信息。对于非业务信息的协同，SAP 使用构架于 BBP 采购平台上的信息中心为海尔与供应商之间进行沟通反馈提供集成环境非业务数据的集中存储和网上发布。

海尔的物流改革，是一种以订单信息流为中心的业务流程再造，通过流程再造，构筑起海尔的核心竞争能力。在流程再造的基础上，海尔形成了“前台一张网，后台一条链”（一张网是海尔客户关系管理网站，一条链是海尔的市场链）的闭环系统、构筑了企业内部供应链系统、ERP 系统、物流配送系统、资金流管理结算系统和遍布全国的分销管理系统和客户服务响应系统，形成了以订单信息流为核心的各子系统之间无缝连接的系统集成。前台的 CRM 网站作为与客户的“零距离”；后台的 ERP 系统可以将客户需求快速触发到供应链系统、物流配送系统、财务结算系统、客户服务系统等流程系统，实现对客户需求的协同服务，大大提高对客户需求的响应速度。

在满足用户个性化需求的过程中，海尔采用计算机辅助设计与制造，建立计算机集成制造系统。在开发决策支持系统的基础上，通过人机对话实施计划与控制，从物料资源规划发展到制造资源规划和企业资源规划。还有集开发、生产和实物分销于一体的适时生产制，供应链管理中的快速响应和柔性制造系统以及通过网络协调计划与生产的并行工程等。这些新的生产方式把信息技术革命和管理进步融为一体。

海尔的 E 制造是根据订单进行大批量定制。

海尔 ERP 系统每天自动地生成向生产线配送物料的 BOM，通过无线扫描，红外传输等现代物流技术的支持，实现定时、定量、定点的“三定”配送。实现 E 制造需要制造系统，现在海尔在全集团范围内已经实施计算机集成制造系统生产线可以实现不同种类的产品的混流生产。海尔电脑建成国内首条 FIMS 柔性电脑生产线。海尔电脑从接到订单到出厂，中间的每一道工序都是在电脑系统的集成管理和严格监控之下完成的。为了使生产线的生产模式更加灵活，海尔有针对性地开发了 EOS 商务系统、ERP 系统、DM 磁盘管理系统、PTM 产品跟踪管理系统、TM 自动测试、JIT 三定配送系统等六大辅助系统，正是因为采用了这种 FIMS 柔性制造系统，海尔不但能够实现单台电脑客户定制，还能同时生产千余种配置的电脑，而且还可以实现 36 小时快速交货。

下面一组数字将从侧面说明物流“革命”给海尔生产带来的变化；整个集团呆滞物资降低 73.8%，仓库面积减少 50%，库存资金减少 67%；7200 平方米的物流中心吞吐能力相当于 30 万平方米的普通平面仓库；供应商由原来的 2336 家优化到 978 家，同时国际化供应商的比例上升了 20%；在中心城市实现 8 小时配送到位，区域内 24 小时配送到位，全国 4 天以内到位；100%的采购订单由网上下达，采购周期由平均 10 天降低到 3 天，网上支持已达到总支付额的 20%。

（三）逆向物流初现端倪

2002 年 11 月份，一场突如其来的主机瘫痪事故，让国内知名的电子商务企业和光集团的 ERP 系统全线停滞，对于每分钟要跑几万条数据的和光 ERP 系统来说，全线停滞就意味着企业的整个运转将衔接不上。在这个紧要关头，为和光提供 ERP 设备的 IBM 展现出了自己最优质的 IT 售后服务技能：从分析出是磁带记录器发生问题到备件从广东运到沈阳，它们只用了四天时间就全部完成。在这场危机面前，一贯奉行超前理念的 IBM 靠有效的逆向物流管理为自己赢得了效率和尊重。

无独有偶，在国内 IT 企业中，逆向物流管理体系的建造也正蔚然成风。联想电脑、神州数码、华为集团等国内 IT 行业的先锋们已不约而同斥巨资引进了一套名叫 I2 的供应链管理系统，开始向逆向物流管理要效益。IT 物流新方向：信息化代替存货，物流服务专业化。

与一直在聚光灯下闪耀着光彩的“第三方物流企业”相比，一般生产制造企业的物流部门仿佛一只微光的蜡烛置身于黑暗的市场角落，长久不为大众所知。但现在，在全球 IT 行业显现衰退迹象、亏损和裁员声一片，众多 IT 巨擘开始纷纷向服务转型的时候，IT 企业的物流管理部门开始率先凸现出自己独特的作用，尤其在降低成本、快速满足市场需求方面，一些硬件厂商已经认识到，逆向物流管理和正向物流配送体系一样重要，也已成为决定企业核心竞争力强弱与否的一个重要因素。

根据不同产业形态，逆向物流管理被分为投诉退货、终端使用退回、商业退回、维修退回、生产报废与副品 5 大类。对 IT 企业的售后服务这一块来说，逆向物流管理主要是备件的物流管理。任何 IT 产品都难以完全杜绝硬件故障，而如果出现硬件故障，服务工程师手中有没有备件就成为服务成功与否的关键。于是，众多 IT 厂商都纷纷设立了备件物流管理部门，但究竟如何作好备件物流管理，大多是一头雾水。

清华同方在全国范围内拥有 300 多家签约服务代理商，其总部备件管理部其实就是一个备件物流中心，为方便全国代理商提货，公司在华北、东北等六个大区分别设立了部分备件储存中心。服务代理商在交纳一定数额的押金后，便可取得一定量的备件用于日常维修使用。但由于客户需求的突发性和急需性非常强，往往给备件物流中心造成极大的库存压力。

解决问题的办法之一是用信息化代替库存。国际 IT 物流的发展方向正是如此。国际知名的戴尔电脑公司是一家用直销手段拓展客户资源的硬件厂商，它们根据订单生产，在服务方面也是这样，戴尔公司依靠它发达的信息系统迅速了解用户的需求，并迅速处理用户的需求。与戴尔相似的，还有IBM、惠普、康柏等公司也都是依靠它们各自强大的信息系统来支持其售后服务网络和逆向物流管理体系。而在国内只有联想和方正等少数几个企业采用这种形式来管理备件物流。

方正的模式是，备件库存主要由总部大库和各地分库承担，各个服务代理商逐渐向“零库存”方向转化。方正公司拥有所有服务代理商可以共享的管理信息系统，代理商从网上下订单，总部接到后，可根据各地分库的库存情况决定是由分库发出备件还是由总部发出备件，并下发相应指令，这样一来，可以大大提高备件流转的效率。

另一个办法是走专业化物流服务的道路。随着社会分工的不断深入，越来越多的厂商开始倾向于将自己并不擅长或难以带来丰厚利润的业务转移出去，或是彻底剥离，如出售、转让、重组等，或是外包给专业的公司。而逆向物流管理，也有越来越多的IT企业欲将其外包。但是令许多国内厂商困惑的是，国内很难找到符合要求的第三方物流公司承揽该项业务，已进入中国的国际物流巨头如UPS、联邦快递等，其服务领域尚待拓宽，尤其是专为逆向物流管理而铺设的网络系统也没有完全到位。此外，很多国内IT厂商也难以承受这些跨国物流巨头们高昂的服务价格。

二、商业物流

自改革开放以来，随着整个经济管理体制进一步转向市场经济，社会资本也依照市场规律开始进入不断增长、前景看好的商业，而商业中的零售业得到了飞速的发展；市场的角色也在发生着转换，特别是推行连锁经营以来，连锁超市、便利店、大型超市中心等新业态纷纷出现，在我国部分大城市和沿海地区，迅速成为中国零售业变革中的新事物，它的发展对我国商业传统的销售方式既是一种突破，又是一种挑战。我国的零售业逐步走上规模化的道路。

中国是21世纪国际超级市场的主战场。2001年中国加入世界贸易组织，2002年诸多世界著名零售集团以连锁方式、规模化地进入中国，由于他们拥有较强的竞争能力，在中国的零售市场不断扩大市场份额。同时，更多与世界同步发展的最先进的营销与管理技术也在中国出现，这对中国零售业形成较大冲击和影响。

2002年，中国本土的零售企业更加重视物流问题，加大物流的投入，从降低物流成本入手，提升企业的核心竞争力，在激烈的商战中战胜对手。而进到中国的国外的商业零售企业，更是努力适应中国的经济实际，发展具有中国特色的物流。

2001年，国内零售业前100强总销售量为1000多亿元人民币，物流费用即便按总成本的10%计算，2001年零售百强的总体物流费用也达到100亿元。面对这一丰厚的市场蛋糕，以超市为发展平台的第三方物流公司将成为这一市场的最强有力争夺者，而且随着这部分资本的逐渐膨胀，来自于超市的第三方物流公司有可能成为整合中国物流资源的主力。

（一）商业企业和多方联合投资建设物流公司

2002年上海华联超市与外商控股的秋雨环球物流股份有限公司组建华联物流有限责任公司。据悉，后者由美国环球投资有限公司、台湾秋雨有限公司和新加坡新科安达有限公司三方组成。新加坡新科安达公司是亚洲一流的第三方物流提供商，擅长于零售供应链管理、仓储管理和系统集成服务，1995年该公司进入深圳后，已在中国28个地方设有网络。台湾秋雨物流公司则是专业物流公司，在文化产业第三方物流方面拥有经验，擅长于建设物流中心的整体规划与咨询顾问，包括电子标签拣货系统、自动分类系统等，秋雨公司在上海和四川的合资伙伴主要从事图书发行业务。而美国环球投资公司是一家专业的投资公司。

华联物流的高层透露，此举一方面为华联超市引进了外资，另一方面则将隶属于超市部分的物流配送体系独立出来做强做大。华联超市以上海为中心，在沪、京、宁等地已设有5座现代化管理的相互联网的配送中心，初步形成了全国物流配送框架，向公司分布在全国的近千家零售店配送。其仓储面积8万平方米，库存量90万箱，日均吞吐量达15万箱。华联现代物流网络的搭建，为提高该超市商品的周转速度，降低产品的物流成本提供了强有力的后台支持。

1.现代物流链降低超市成本。有专家指出，中国的商品生产能力很强，但商品和消费者没有真正地联系起来，物流链条运转相对较慢，超市单纯依靠生产商或者经销商的物流系统已不能满足超市高速扩张的运作。同时就成本而言，传统意义上的操作流程也很难实现物流设备与物流活动的合理化配置，从而用尽可能少的物流成本，获得尽可能高的服务水平。以日本企业为例，企业经营的主要成本中，生产成本占48%，销售成本占27%，物流成本占21%，利润额则为4%。企业在降低生产成本方面，如原材料、人工费用等方面，早已没有潜力可挖，而惟一还有压缩空间的就是占总成本21%的物流成本。为此，许多有资金实力的大超市开始转变物流策略，自建大型配送中心，直接与生产厂家对接，建设新的物流供应链。

同为上海龙头的联华超市前不久投资5 000多万元，聘请日本株式会社冈村制作所设计制造了总面积近1万平方米、科技含量与规模均属国内之最的联华便利物流配送中心。据称，该中心通过高智能电脑控制系统，调控整条流水线上商品的进、出、存、拣。单店商品拆零配置时间从4分钟降至2分钟以内，拆零差错率从千分之六提升到万分之一以下。车辆调度也全部由计算机完成，并根据门店路程远近，优化配送路线。

2.大型配送中心服务社会化。作为华润万佳的大东家，华润创业则借收购母公司物流业务的计划，意图重组整个华润集团的物流业务。华创的核心战略已经确定：以零售业华润万佳为龙头，带动集团分销业务发展。这其中，物流无疑起着重要的作用。

据了解，推动华润集团整合物流业务的动力，是眼下集团内部与物流有关的业务。资产分散、资源分散带来的管理分散，导致难以产生规模效应，进而令成本上升。华润于2002年年底将物流资源整合完毕，将其全部打包装入华创，使之更好地为集团的零售和其他与供应链有关的利润中心提供物流服务，从而打造第一方物流；与此同时，它还想乘机将已经做了两年的第三方物流做大，形成强大的社会化物流服务提供商。这就是华润物流所确定的“1+3模式”。虽然这一设想因其他原因而暂时搁浅，但不能否认，无论是超市本身，还是零售集团内部，都在将物流作为利润提升的突破口之一。

（二）医药流通业建立医药现代配送中心

2002年，浙江省经贸委决定，将英特药业、宁波医药公司、温州医药商业集团等7家医药商业流通企业列为改革试点单位，试点改革要求企业建立医药现代配送中心，发展连锁经营。事实上，我国医药流通领域目前正掀起一轮医药物流建设的热潮，其中方式主要有国家政策扶持、地方政府引导、企业战略合作、企业内部资源优化、外资合作等。这些项目的兴建，反映出我国医药商业企业正积极探索新的发展模式，通过医药物流中心的建设完成企业发展的战略布局，形成自身的规模与竞争优势，以应对日益国际化的市场竞争。

我国目前现有药品流通商业企业1.6万多家，由于药品在我国被作为特殊商品，长期以来医药流通领域一直未对外资与民间资本开放。医药流通企业在经营方式上基本沿袭计划经济的模式，营销方式、经营理念还较为滞后，致使企业的市场占有率和市场集中度低，企业的经营成本高，医药流通商业企业的整体经济效益低下。

入世后，医药流通领域的封闭性即将被打破。我国现有医药流通企业在流通组织规模化、营销地区全国化、流通技术和设备科学化、经营行为规范化等方面，同欧美发达国家相比差距较大，不利于参与日益国际化市场竞争。为此，我国在医药行业“十五”规划中提出，要加快我国药品分销业的重组步伐，未来5年，我国将培育5至10个面向国内外市场、多元化经营、年销售额达50亿元以上的特大型医药流通企业集团；促进建立40个左右年销售额达20亿元以上的区域性医药流通企业集团。医药业的物流热也许才刚刚开始。

（三）商业企业开始尝试第四方物流

首创中国“第四方物流”概念的广州安得物流公司2002年11月23日迎来了首个吃“螃蟹”者——广州东泽电器有限公司，双方共同签署了战略合作协议书。这也意味着广州电器零售“地头蛇”东泽首次将仓储物流全面外包。东泽电器总经理吴卫平表示，借助安得平台，东泽运营成本将降低25–30%。

根据协议，安得将为东泽电器度身订做从供应商到经销商，再从经销商到单一客户的一整套涉及货物运输、仓储、货物跟踪、顾客退换货服务、代收货款服务、信息交换、单据流转等环节的供应链解决方案。同时东泽将利用安得遍布全国68个大中城市上百个物流仓储基地，进军全国市场。

面对外资流通企业的强大冲击力，尤其是广州国美咄咄逼人的进攻势头，东泽确实要自救。要争取价格上的优势首先得降低成本，东泽高层对此心知肚明。在商品价值链中，物流成本是最容易因资源利用不足或环节过多而居高不下的。东泽自救要走的最关键一步便是降低物流成本。在2001年与美国第三大ERP信息系统服务商JDE公司合作，投资500万元上马ERP信息系统后，东泽确实尝到了商品售价下降至少15%的甜头。但东泽要想进军全国市场，还需要彻底解决东泽物流管理的所有问题。如果自建物流系统，要具备相应的人才、车辆、仓库、信息系统等条件，这是一笔不菲的支出。

对于安得而言，接下东泽这一大客户，意在打造高端物流这一品牌。在安得物流公司总经理蒋波眼里，导致我国物流成本居高不下的根本原因是“两个没有”：没有制订合理的物流解决方案，没有高端的咨询科学指导。不久前成立的广州安得供应链技术公司要实现的正是要将这两个“没有”转化为“有”。这也正是蒋波脑海里的“第四方物流”，从第三方物流中“孵化”出的高端物流。

而东泽，则是实施该方案的第一块试验田。东泽的成功与否关系着安得打造高端“第四方物流”品牌的成功与否。安得也表示，在短期内不考虑新的合作伙伴，因为该方案具有“排他性”。在签署合作协议的当日，东泽便高调地宣称，仓储物流交给安得后，东泽成本将会大幅下降，反映到商品价格上将有25–30%的下降空间。一般情况下，第三方物流发展处于中等水平的情况下，成本将下降1.2–1.5%，处于低水平时期将会下降0.7%。也就是说，要使东泽成本下降近30%，其第三方物流的运转必须达到超优质水平。这似乎是东泽对“第四方物流”的期待，但也表明东泽欲降低成本的迫切心理。

东泽称，与安得的合作是全方位的合作。东泽看中了安得更重要的东西，就是安得在全国68个大中城市设立的业务网点和管理遍布全国的100多个仓库。这为东泽进军全国市场提供了先决条件。据了解，眼下，安得即将实施的物流方案是为东泽在深圳的扩展打通物流渠道。

东泽把进军全国市场的筹码押在了“第四方物流”上，结果如何，目前还是未知数。在更多人眼里，“第四方物流”作为第三方物流上升到意识形态的产物，虚多于实。安得如何为东泽提供确实有效的物流解决方案，而不仅局限于简单的仓储货运、单据流转等传统物流？在解决方案面前，东泽又将有多大的魄力和远见卓识去“快刀斩乱麻”？这些未知答案，势必引起更多人的关注。

（特约撰稿：北方交通大学　王耀球
兰洪杰　田　源）

原国家经贸委
34家现代物流工作重点联系企业名单

序号	企业名称	序号	企业名称
1	第一汽车集团	18	中铁集装箱运输中心
2	联想进出口有限公司	19	中铁快运有限公司
3	青岛海尔零部件采购有限公司	20	中国集装箱控股公司
4	青岛啤酒集团	21	上海大众交通（集团）股份有限公司
5	昆明照明设备集团有限公司	22	山东济南汽车运输总公司
6	山东东大化工集团	23	美集物流运输（中国）有限公司
7	中国物资储运总公司	24	马士基物流（中国）有限公司
8	新华书店总店	25	宝供物流企业集团有限公司
9	北京医药股份有限公司	26	华运通物流有限公司
10	上海物资（集团）总公司	27	深圳市中海物流有限公司
11	联华超市有限公司	28	天津大田航空代理公司
12	天津市物资集团	29	国家邮政局
13	中国远洋运输（集团）总公司	30	上海外高桥（集团）有限公司
14	中国对贸易运输（集团）总公司	31	深圳平湖物流基地
15	中海物流有限公司	32	亚洲物流科技（中国）有限公司
16	青岛港务局	33	快步易捷（广州）信息服务有限公司
17	中国国际航空公司	34	中企网络通信技术有限公司

（资料来源：国家经贸委经济运行局）

企业物流案例

物流公司案例

中远集团努力打造中国物流“旗舰”

一、做强航运，壮大物流

多年来，中远集团一直致力于企业改革，力求通过深化改革增强企业的核心竞争力，使自己在市场经济中立于不败之地。

（一）历史沿革

1993年，以中国远洋运输集团总公司为核心组建了中远集团，同年成立了中远集装箱运输总部，实现了集装箱运输的统一经营。1995年，中远开始对陆上货运企业进行了重大改组和调整。这次整合，是对集团成员中的中汽总公司、外轮代理总公司以及各远洋运输公司下属货运公司的陆上货运资产进行重组，成立了中远国际货运有限公司，形成了中远统一的全国货运网络。1997年，对中远船队按照专业化生产要求又进行了经营战略性调整，形成了集装箱运输、散货运输、杂货运输和油轮运输等专业化船队。同时，对海外地区的众多业务机构进行归口管理，成立了香港、新加坡、美洲、欧洲、日本、澳洲、非洲、西亚、韩国9大区域公司，并先后在这些区域公司内组建了物流公司或物流部。2000年，中远集团又根据全球经济的新形势，制定了由全球承运人向以航运为依托的全球物流经营人转变的发展战略。

（二）今日中远

2001年，为了进一步提高中远核心产业的国际竞争力，实现“一业为主、三业支撑”的长期发展战略（其中一业是指航运物流主业，三业是指修造船业、房地产业和金融业），中远聘请了著名的科尔尼管理咨询公司作为改革顾问，借鉴国际上著名班轮公司和物流公司的成功运作经验，进一步整合重组航运核心产业，优化资产结构和业务流程，保持经营业绩持续改进和核心业务可持续发展能力；同时，力图通过增强核心竞争力，大力扶植拓宽物流领域，进一步合理组织、利用全球航运和物流资源，向全球客户提供优质的承运和现代物流服务，提高超越竞争对手的核心能力，使中远在国际航运和物流行业处于领先地位，实现做强航运、壮大物流的宏伟目标。

通过此次改革，中远将成立专门的物流公司，新公司的物流资源将十分丰富。以国内为例，堆场面积将近140万平方米，其中集装箱堆场面积为48万平方米；仓库面积将达15万平方米，其中保税仓库面积逾3万平方米；将拥有1 000多台各式车辆，其中集卡600多辆；还有300多台装卸设备；业务网点将遍布全国各地。同时，中远还逐步将海外各区域公司的物流资源纳入新的物流公司的管理体系，实现中远物流的全球化经营。今后，中远在海外将依靠合作伙伴，在国内将凭借硬件设施、信息管理和综合服务等优势，依托自身良好的货运、仓储、多式联运服务实力，为广大客户设计经济周到的物流方案并提供从区域配送到后续加工等多种形式的物流服务。尽快实现由全球承运人向全球物流经营人转变的战略目标。

二、为物流装上奔腾的“芯”

（一）搭建网络平台

1996–1997年，中远完成了集团TDI中心和EDI网络建设，该EDI网络基本覆盖了国内50多家货运网点和外代网点，实现了对海关和港口的EDI报文交换，并通过北京EDI中心实现了与GEIS EDI中心的互联，连通了中远集团海内外各下属公司。1997年1月，中远集团总公司正式开通了WWW.COSCO.COM.CN网站。中远美洲公司、中远欧洲公司、中远集运、中远散运、广州远洋等各下属单位的英特网网站也相继建成，为中远开辟了一条通过英特网与外界通讯，加速中远信息流转的新途径。2000年7月，中远集团成立了网络公司并推出了一系列措施，在优化现有有形网点布局的基础上，通过强化基于英特网的中远网建设，实现有形网点的一体化和网络化，建立起可以同时服务中远内外的综合网络体系，以此来实现中远在全球范围内配置航运和物流资源的目的。

（二）电子订舱魅力无限

1997年中远率先在国内同行中推出了计算机电子委托订舱业务。这一业务的开展，突破了传统服务中的速度慢、效率低、工作量大、差错率高的问题，将PC机直接送到客户的办公桌上，使客户足不出户便可办理货物出口业务流程中的委托订舱、单证制作、信息查询等多种业务手续。在电子订舱基础上，中远紧跟国际上最先进的网上营销手段，经过不到一年的艰苦开发，终于通过国际互联网向全球客户推出了具有网上订舱、中转查询和信息公告等多项业务操作功能的国际货运网上服务系统，从而使全球互联网用户均可直接在网上与公司开展商务活动。中远推出的整套网上营销系统，具有较强的双向操作功能和较高的服务效率。其中电子订舱系统可使每一位网上用户在任何地区和时间内，通过互联网与公司开展委托订舱业务、任何一位客户只要具备上网条件，都可足不出户地直接访问公司的电子订舱系统。货物运输及中转查询系统则体现出方便、快捷、准确的操作特色。这项功能可使客户对货物实行动态跟踪，在网上随时查询单证流转、海关申报状况、进出口及中转货物的走向等相关信息。信息公告系统还可以在最短的时间内将中远有关船期调整、运价变化等情况在互联网上做出及时反映。电子商务的成功开展，提高了营销手段的科技含量，仅上海口岸，当年就与107家大客户实现了计算机联网。目前中远货运公司全系统80%以上的网点已推广应用了网上电子定舱，来自电子定舱的货量达到公司总揽货的70%。

三、骄傲的中远服务

继推出使客户方便的“一站服务”和直接参与客户经营的“绿色服务”之后，中远在物流服务方面还在延伸——

（一）让货物始终掌握在客户手中

通过提高营销的科技含量，将目标市场集中定位于跨国公司和大型基本建设项目上。中标三峡工程运输项目就是中远不久前获得多个大型成功项目中的一个案例。三峡工程是全国首屈一指的超巨型工程，其左岸电站共安装14台700兆瓦水轮发电机组，法国阿尔斯通、瑞士ABB集团、加拿大通用电气以及德国的西门子等欧美著名大型水电机厂商共同组成联营体成为该次设备的供应商，机组设备将在9个国家的17个工厂进行制造加工，其中水轮机单机容量达70万千瓦，是目前世界上最大的水轮机组。参加此次三峡工程进口设备运输招标的共有9家国内外知名的国际运输企业。客户的需要就是“万无一失”。而运输单件达430吨重的水轮机，在长江航运史上就从未有过先例，为此，中远搜集了上千份的长江水文、气象、航道等资料，在此基础上分析了各环节的难点、重点，独家运用自行编制的计算机决策系统进行反复仿真模拟，独家并在国内首次运用全球卫星定位系统(GPS)，变客户过去被动了解设备动态，为24小时全天候主动掌握设备动态。先进的科技手段在客户心中培养出这样一种独特的营销理念：“货物始终掌握在客户自己手中”。

（二）以客户满意为中心，提供整体解决方案

近年来，中远在开发物流项目过程中，以客户满意为中心，注重整体解决方案，在实践中取得了一定成效。如上海通用汽车项目是上海市1998年一号工程，总投资15.2亿美元，是中美两国迄今为止最大的合资企业。该公司从北美进口CKD汽车散件，其海运、保税、港口卸货、内陆运输等整体运作方案是由中远设计的，并获得了合作成功，目前年运量达到6000FEU。保伦鞋业是美国最大的鞋业销售商，该公司每年从中国进口大量鞋类产品，并且原材料大多配套进口。每月分别从深圳、厦门、上海、青岛、天津出口成品鞋约2000×40′HQ并保持增长的良好势头。中远向该公司及时推出了内陆运输–港口集中存储–品质检验–拼图

装箱–分批出库–通关装船–目的地交货等全过程服务，受到了客户的欢迎，其中青岛地区的操作受到了客户的高度评价。同时，中远还积极加大与保伦鞋业的合作力度，在福建厦门，一个现代化的物流仓库于2002年10月份建成并投入使用。2000年，中远下属的深圳中通储运公司成功地开发了深圳"百事可乐"物流项目，为该地区最大的饮料生产商百事可乐提供完善的仓储服务。深圳中通储运公司针对该项目作业量大，规格不一，品种众多，货值不菲等特点，为百事可乐提供了一整套操作合理、执行完备的操作流程和操作保障系统，保证了零货损、零货差的仓储质量，同时相应降低仓储成本，最大限度地满足了百事可乐的要求。

（三）贴近客户，设计详尽物流服务方案

2001年初，中远聘请了美国著名的美智管理顾问咨询公司作为中远的物流顾问，以重要客户青岛海尔集团为目标客户，开展了长达5个月的物流示范项目研究。开展此项目的主要目的就是在为具体的物流客户设计详尽的物流服务方案的基础上，树立中远作为第三方物流经营人的服务典范；同时更加明确自身在物流市场的定位，促进中远物流的快速发展；也为中远进一步的物流服务扩展指明方向和长期发展战略。通过示范项目，还提高了中远自身物流管理人员的业务素质。

海尔集团是国际上著名的消费类家电产品、计算机产品和通讯产品供应商，产品种类多达9 000多种，出口产品遍及全球，海尔每年出口计划中80%的产品装配中远船舶。此前，中远与海尔合作建立了智能化配箱系统、装箱条形码管理，并相互联网，在中远下属的青岛中货的计算机平台上实现了数据交换。目前，中远已在全国6个地区的省内、市内、城市间实行成品配送服务。中远此次示范项目选取的是海尔集团电冰箱的青岛/欧洲出口供应链，具有一定的代表性，因此，示范项目的设计理念、方法和方案可直接应用于海尔集团的其他出口产品和出口区域。同时，对于中远面对的类似的产品和客户，具有很大的推广和借鉴价值。

（四）良好服务，成功获得长久合作

在实际工作当中，中远总能以良好的服务，赢得客户的充分信任，很多情况下都是从小业务做起，逐渐地做到大业务，并最终与客户成为长期合作伙伴。例如，中远与厦华电子集团之间的合作。两家公司的业务合作是从厦华三宝电脑配送开始的。1997年，厦华电子集团与韩国三宝计算机株式会社在中国共同投资组建个人电脑生产企业，产品主要出口美国。从1999年起，厦华三宝电脑开始进入国内市场。厦华三宝成立之初，其韩国投资方就要求寻找一个有实力的物流服务供应商，提供分拨、配送、仓储和库存管理等物流服务，中远下属外代总公司凭借在国际货运行业的服务优势和良好声誉而成为最佳人选。外代总公司作为独家服务供应商为厦华三宝的产品提供在中国范围内的分拨、配送服务。内容包括：根据客户指令制订服务计划、工厂提货、安排长途运输、货物保险，建立中心库、短期仓储和库存管理并根据客户指令配送货物，以及上述各阶段的信息反馈。

同时，外代总公司根据厦华三宝的要求，在沈阳、北京、上海、郑州、西安、重庆、武汉、广州、昆明等城市设立了分拨中心，使业务范围达到全国20多个省市。2000年，外代总公司负责配送的电脑产品超过15万件。外代总公司还为厦华集团订制了服务方案，专门开发了"物流信息系统"，从客户发出服务指令到外代将货物交给最终用户的整个物流过程的信息交换都在互联网上实现。厦华将物流服务外包给外代后，把更多的精力集中于产品开发和售后服务，产品销量成倍增长；据厦华集团内部统计资料显示，通过将物流业务外包，厦华电脑的物流费用较前期下降了30%。

基于双方在电脑产品物流业务方面的成功合作，厦华集团总裁郭泽理先生专程到北京，与外代总公司商谈开展全面合作事宜。2000年8月，厦华集团下属的移动通讯公司的手机配送业务交由外代操作，并已开始在全国范围内运行，该项目从一开始就在互联网上运行，目前已经达到每月配送数万套的规模。

（五）融入客户，建立紧密型合作关系

中远在为客户服务的过程中，经常根据合作

的程度,尽量地融入客户的体系中去,为客户提供许多增值服务,并在可能的情况下与客户结成紧密型的合作关系,即与客户合资或合作成立单独的法人实体,更好地为客户服务。中远下属的中远货运公司和广东科龙电子有限公司、江苏无锡小天鹅电子有限公司合资成立的安泰达公司就是一个很好的例子。

科龙公司和小天鹅公司都是国内著名的家电生产企业,产品包括电冰箱、空调和洗衣机等,以前他们的产品都是通过分包的形式交给不同的物流供应商操作。2000 年,科龙公司在国内分包的电冰箱近 90 万台,空调近 50 万台;小天鹅分包的洗衣机就达 140 万台。两家公司也有自身的物流系统,但弊病颇多,而市场上的物流供应商的资质又良莠不齐,所以如何选择优秀的物流供应商对两家公司来说就显得尤为重要。他们在选择第三方物流公司时,要求他们提供的服务必须达到专业化、社会化、功能与系统服务系统化、业务运作网络化、管理手段与设备自动化、经营全球化等标准。而中远下属的中远货运公司所具备的条件与他们的要求的契合度很高。如果双方合作,对他们降低成本、提高对外服务质量、提高运营效率有巨大的帮助。

正是在这样的背景下,中远货运公司、广东科龙电子有限公司、江苏无锡小天鹅电子有限公司合资成立了全国首家按照全新物流模式运作的家电物流企业–安泰达公司,中远货运公司在该公司占股比额最大。安泰达公司的经营目标是逐步最终全面接手科龙和小天鹅的全部物流业务,并最终发展成为中国最大的家电行业物流专营企业和专业化的第三方物流供应商。该公司成立以来,试营运了广东到北京、广东到江西的物流业务,取得了良好的运营效果,既为科龙和小天鹅节省了可观的物流成本,又为中远带来了良好的物流收入,成功地实现了“双赢”的目标。

(供稿:中国远洋运输集团总公司)

快步易捷与安泰达共同进行物流规划

一、项目背景

经济一体化和全球网络化催生了现代物流,而物流过程的优化使企业的财务状况得以明显改善。快步易捷作为国内首家以财务驱动为目标的供应链管理公司为制造商、分销商、零售商及第三方物流供应商等供应链各个环节的客户提供先进可行的物流解决方案,尤其是针对竞争日趋激烈的现代家电产业的物流整合进行了有效的实践。

随着中国加入 WTO,家电行业面对海外诸多国际品牌的登陆,纷纷认识到不仅要向消费者提供有竞争优势的产品,更需要有一个可靠而高效的后勤体系在成本控制的同时来保障标准不断提高的客户服务水平。

供应链总成本的变化将直接影响企业利润,国内家电行业的领先企业科龙、小天鹅也意识到通过战略外包实现物流重组可以大幅度降低企业总体费用。与此同时,国内著名的物流企业“中国远洋运输集团”在 2001 年初也调整了自身的整体战略,希望从家电行业入手,进而向 3PL 方向成功转型。在这样的背景下,这三家在中国商界举足轻重的企业做出了合资建立一个专业化的家电物流服务平台的战略选择。

二、客户需求

这一创新为中远带来上百亿规模的第三方物流启动业务,而对科龙和小天鹅来说则为物流重组建立了运作实体。

战略既定，实施则需要回答一系列关键问题：

科龙、小天鹅均有各自的全国仓储、运输体系，有不同的流程和信息系统；如何整合为一个高效的物流运作服务网络？现有的人员怎么办，设施怎么办？

从原材料采购、进出口物流、分拨物流到零售配送，很多物流环节，从哪里开始？

新的物流企业服务内容是什么，如何收费？

为了系统地回答这些问题，将战略决策转化为战略实施方案，三家企业向全球及国内最优秀的咨询顾问公司公开招标。经过慎重考虑与考核，最终，中远、科龙和小天鹅共同组成的董事会选择了快步易捷担任了安泰达物流规划项目的合作伙伴。

三、快步易捷解决方案

家电行业的显著特点是销售有明显的季节性，从物流方面看，库存的高价值和物流的高成本又使得任何一家单独家电企业难以真正降低物流成本。基于这种情况，安泰达作为未来的家电行业物流平台，是所有客户之间的一座桥梁，它所起到的协调和平衡作用是任何一家独立家电企业根本无法做到的。而这种协同无疑是一个行业服务标准能够建立并被大家认可和执行的前提。

而在启动实施计划中，快步易捷更是明确地指出，在启动阶段，改建全国物流配送中心的布局和科龙、小天鹅两家公司的业务整合是工作重点。其中这两家公司作为启动客户能否成功地通过安泰达的物流服务，整合内部的物流体系，并获得显著效益极其关键。

快步首先对科龙、小天鹅的物流现状进行了审计，选择供应商、选用运输工具、确定运输路线、确定每次运货批量、跟踪在途货物、有效利用仓库、确定最佳库存量、确定库存时间、提高服务水平做好自动补货、订单管理等，有效的控制物流成本。在操作中做好物流信息传输、整理、统计、分析、控制的整合。这样，物流信息平台的雏形就建立起来了。

同时，通过对科龙、小天鹅两家集团的供应链现状的深入调研，快步易捷项目组发现，要想从以前专为某一企业服务的物流部门转型为家电行业的专业物流平台，安泰达还需要在仓储管理、运输管理两个方面进行整合。

小天鹅和科龙原有的仓储系统管理比较零散，审计发现企业仓储管理上的问题主要体现在租用仓库分散不均匀，租用面积利用率低，仓库信息化程度低，仓库存货不合理。快步公司与安泰达一起整合仓储系统，建立一套物流中心、物流基地选址模式，根据两家企业的实际情况，分析规划、优化物流中心的分布。同时利用仓库存储模型，对仓库的高效利用、最佳库存量的确定、库存时间的确定、自动补货的设置等进行了科学规划，这样，科龙和小天鹅可以共享基础设施。

在运输管理方面，安泰达公司的运输管理并不是简单地采用运费最低的原则，将运输任务交给原企业自备车队或社会运输服务机构。而是经过认真的综合分析，确定设计运输批次、规模，确定规划运输路径、确定选择运输单位和控制运输质量的标准，以及提高装载率和实车率等等。

安泰达公司启动期的两家客户各自的产品正好在季节性上可以互补，这使得安泰达公司的资源搭配和物流总成本都得到最优化。

四、项目成果

根据快步的实施方案，安泰达配置相应的人力资源，经过一段时间的运作，效果显著，实时、可靠的数据和稳定的响应时间为安泰达带来了实际收益，目前，安泰达已经顺利接收了科龙、小天鹅的全部业务并可以提供仓储、运输之外的一些增值服务，使得库存管理能力大大提高，实现了在不降低服务水平的前提下总成本达到最低的要求，体现了高效物流系统的“第三利润源泉”作用。

通过第一阶段的整合的顺利完成，安泰达公司建立了一套运作标准，这是安泰达启动阶段的里程碑式的成果，为今后真正实现家电物流平台的运作奠定了基础。

安泰达的顺利启动，第一要归功于该公司的管理层。他们一开始就把安泰达定位为国内最大的家电物流平台，要为家电行业提供全方位物流解决方案和行业标准的服务。这样的高起点才会使他们想到要用一个专业的解决方案来启动安泰达公司的业务。其二，快步的专业化解决方案为安泰达的业务整合过程做出了远景规划和近期目标，使业务整合的每一步骤都有条不紊地进行。而为了更有效地启动项目，快步易捷更为安泰达量身定做了一套为期两天的培训课程，分别面对管理层面和操作层面的员工进行培训。

作为专业化的第三方物流公司，安泰达尽管还不能为企业提供精确的生产计划，但是标准化的仓储、运输运作；准确及时的信息数据传送、专业的企业形象都为家电生产企业提供了更好的计划、生产、销售的支持。客户得以集中精力在其核心业务上，全力以赴地适应新的市场变化，从而无论从运作上还是管理上都能实现规模效益，达到“双赢”的目的。

按照快步易捷的实施方案，安泰达公司已经开始运作，它的发展目标不是一家传统的运输企业，更不是一个车队，而是专业化的第三方物流供应商，通过科学而规范的管理来创造和体现它的价值。初期以股东的物流业务为公司的主要业务来源，随着安泰达的发展和成熟，逐步引入其他家电客户，既学习国外物流公司的经验，也结合中远物流的经验，逐步在全国建立起一个功能完善、服务周到、领先同行的家电物流平台。

（供稿：快步易捷公司市场部）

上海百岁物流为石油、汽车等行业提供的物流服务

上海百岁物流有限公司是一家能够提供从仓储、运输、配送、流通加工到国际货代的一体化物流服务的专业第三方物流供应商，为多家世界500强企业和国内知名企业提供全面的、综合的物流服务，在第三方物流行业中有着广泛的影响力。

百岁物流的销售额以每年两位数字以上的速度递增，资产总量近亿元；2000年被吸纳为中国道路运输协会会员、2002年获得国家货运三级资质认证、2002年获得ISO9001的质量认证，2003年获中国市场研究中心3A级信誉企业认证，赢得了客户的充分信任和业界的不断赞誉。

一、百岁物流与BP石油的合作

英国石油BP是全球化工领域的领导者之一，2002年排名世界500强第4位。百岁物流与BP公司合作将近3年，在2002年10月之前，百岁物流作为其华东区运输供应商为BP提供单一的运输服务。

2002年10月，百岁物流公司专门成立了BP项目部，并挑选经验丰富的专业人士担任项目经理。为BP项目实施更好的仓储管理，百岁在合适的地区挑选了全新的室内物流仓库作为BP华东地区的配送中心(CDC)，面积达8 500平方米，分为6个仓库。根据BP产品的不同特性和包装合理规划库区，同时配置了相应的仓库设施和设备。配送中心内接入百岁物流信息系统，配置了相应的网络和电脑设备。BP所需的库存信息、货物在途信息和所有结算信息都可以通过百岁的物流信息系统查询，同时BP可以通过百岁专设的ID和密码实现网上下单和实时查询所有信息。BP公司对HSE的要求非常高，结合这一特点，百岁对所有从事BP项目运作的相关人员加强HSE教育，从而推广至全公司所有员工。

在这之后，百岁开始为BP提供华东地区的物流配送项目，收货对象为上海、浙江、江苏、安徽、河南地区的经销商、工业企业、全国范围的超

市卖场、部分城市的特约维修站及加油站等，收货点多达500多个。建立配送中心后，存储的BP产品增加到了500多种，除原先单纯提供运输服务时承接的车辆润滑油外，又增加了工业用油众多品种。配送中心的管理还包括产品的区位销售代码管理、改包装、贴标签、流通加工等多项增值服务。由于百岁物流提供的服务使BP的物流成本大为降低。

此外百岁还为BP提供整合的物流服务，包括原材料从港口到BP深圳工厂的运输，产品从工厂到上海RDC的多式联运、上海RDC到华东地区的配送和上海RDC的管理。百岁还提供驻深圳工厂的装卸劳务服务，负责BP深圳工厂原材料和成品的装卸。

回顾与BP的合作历程，百岁物流凭借优质、高效的服务不断地取得了BP公司的认可，并通过不断地延伸服务范围实现了与客户的共同成长。百岁物流希望并有信心通过自身的努力，在不久的将来能为BP公司提供从采购到销售的整个供应链的物流服务。

二、百岁物流与斯柏克林（Sparkling）的合作

斯柏克林是李嘉诚集团旗下的企业，在饮用水行业中是一个响当当的品牌，年销售18升桶装水30万桶。公司拥有送水车21辆，其中6辆卡车，15辆面包车，车队的管理成本高居不下，人员管理难度大，物流组织管理、控制能力较弱。这些物流管理上存在的问题制约了上海市内饮用水配送服务的能力和水平，影响了客户满意度，同时也抑制了生产环节的正常运作。公司新上任的总经理拥有先进的物流理念，意识到物流配送是其生产经营的关键，是企业生存与发展的命脉。为专注于自身的核心业务，并挖掘第三利润源，公司决定把并不擅长的物流业务外包出去。

百岁与斯柏克林合作后，接收了斯柏克林的全部车辆与大部分人员，并对其车辆进行了改造，使车况大为改善。百岁承接了上海市范围内的饮用水配送，配送对象为水站，超市、卖场和便利店，大型楼宇，家庭用户和企事业单位；同时也负责空桶、退货的逆向物流服务。目前可供斯柏克林项目调用的车辆达40辆(包括斯柏克林自有车辆)，确保紧急情况下和业务增长时的车辆需求。结合斯柏克林项目的具体要求，百岁制定了具体的规范化操作培训手册和计划，不断提升一线运作人员的服务意识与技能。

斯柏克林饮用水在上海共有50多个二级配送网点（水站），平均每天送水量达8 000–9 000桶，具有小批量、多批次的特点，要提高配送的时效性，提升客户满意度存在一定的配送难度。为此百岁物流在上海地区所有配送车辆上安装了GPS/GSM卫星定位系统，从而实现对车辆的有效跟踪和控制。同时在具体操作细则上制定了详尽的单证控制流程，具体包括送货单、提货单、退货单的交接，仓库提货交接，客户收货交接，紧急送货与非正常送货处理，空桶、退货交接与回单交接等各环节，并注重百岁物流信息系统的运用、突发事件处理、业务持续改进系统等的管理。

通过物流业务外包，斯柏克林的市内配送环节有了明显的起色：配送环节简化了，配送成本下降幅度达30.03%，同时缩短了对客户订单的响应时间，提升了客户满意度；由于百岁提供了充足的运输资源，为斯柏克林不断增长的销售额提供了有力的物流运作支持，使物流服务成为斯柏克林巩固、扩大市场份额的强有力手段之一。

三、百岁物流与德尔福汽车空调的合作

上海德尔福汽车空调系统有限公司是由上海汽车空调厂与美国德尔福汽车系统公司合资组建的国内最大的汽车空调系统开发制造商。公司员工920人，具备年产50万套汽车空调系统的生产能力。公司的研究开发中心是本行业惟一经国家认证的国家级技术中心。

上海百岁物流公司依托在浦东强大的物流资源优势，加上随着德尔福业务不断发展对物流外包产生的必然需求，最终双方达成合作协议，签订了为期七年半的物流服务合同。

百岁物流成立了专门的项目小组，紧贴客户进

行日常运作。百岁物流为德尔福提供了逾15万平方米的仓储面积，负责德尔福公司市内配送、全国各城市配送、仓储管理等相关整合物流服务。

百岁物流根据德尔福每日生产计划，将所有下线成品通过百岁自有车辆短驳至百岁仓库，根据德尔福发货指令，配送至德尔福客户终端。上海市内配送涉及德尔福客户（包括上海大众、上海通用等），外地收货点包括德尔福异地仓库和德尔福客户工厂。由于德尔福的很多客户（如上海通用、南京飞亚特）都实行零库存管理，所以对送货准时率要求非常高，否则就会造成生产线停产。为此百岁对运作服务人员进行了详尽的培训，明确其职责；在车辆资源调配上，配备足够车源，对某些客户响应时间特别紧的实行专人专车；在车辆信息跟踪上，实行专人动态跟踪和联系；在紧急突发事件处理上，建立一套有效的响应机制和处理办法，以保证服务的稳定和优质。

在仓储管理上，由于德尔福产品的周转频率高，仓库内设置了安全库存报警系统，并实行先进先出的原则。为了提高客户订单的响应速度，德尔福的客户通过基于INTERNET平台的系统对接直接下订单至百岁仓库，然后由百岁将仓库内的原材料运送至德尔福生产现场。这样就避免了订单先到德尔福后转到百岁，节省了时间。此外百岁还为德尔福提供增值服务，对德尔福汽车零部件所需的周转箱进行管理：每次送货将上次空周转箱拉回并返回仓库，然后根据德尔福生产计划将空周转箱及时送至其工厂生产车间；对周转箱进行定期维护保修。另外，对于某些德尔福供应商的零部件在仓库内进行包装加工，然后直送德尔福客户手中。

此项目是成品销售物流的一个整合性项目。百岁物流非常重视这次合作，将项目真正提到客户供应链管理环境下的物流管理的高度来运作，着重解决以下几个问题：低成本准时的物流管理；物流信息的准确运送、信息反馈与共享问题；物流系统的敏捷性和灵活性问题；供需协调实现无缝供应链连接问题。

德尔福有关负责人表示，现阶段双方合作内容以销售成品物流为主，随着百岁运作日趋成熟，可考虑让百岁物流进一步承接其采购物流项目，最终形成整合供应链物流管理。而百岁物流也将为德尔福项目投入专有性投资，在车辆配置、仓库设施等方面的总投入将达到3 000万元。

（供稿：上海百岁物流有限公司）

兰剑物流的制造行业一体化物流系统解决方案

兰剑物流作为物流领域知名的系统集成商，以提供一体化物流系统解决方案为核心，致力于物流系统的规划设计、物流设备的制造安装、物流信息系统三大业务领域。公司以领先的物流管理知识与技术，为众多行业提供物流系统的规划、设计与建设。经过10年的快速发展，公司的客户已经遍布全国各地，物流软件和设备的技术处于国内领先水平，“集成化物流系统IMHS”通过国家版权局著作权登记；与日本上市公司KITO合资成立北京凯拓兰剑物流系统集成有限公司，致力于世界先进物流设备的引进、应用与产业化。

行业背景

目前，制造行业物流信息化建设进入快速发展阶段，提高行业的整体物流管理水平和信息化建设水平对整个经济保持快速发展的意义深远。

兰剑以丰富的项目实施经验不断总结创新，为制造业量身定做物流系统一体化解决方案，该方案在威海三角轮胎、云南玉溪红塔烟草集团，青岛澳柯玛集团、轻骑集团、广东大长江摩托车集团等众多制造企业成功实施，效果显著。

一体化方案概述

制造业物流系统一体化解决方案围绕产品生命周期的全部物流信息进行管理与控制(如下图)。

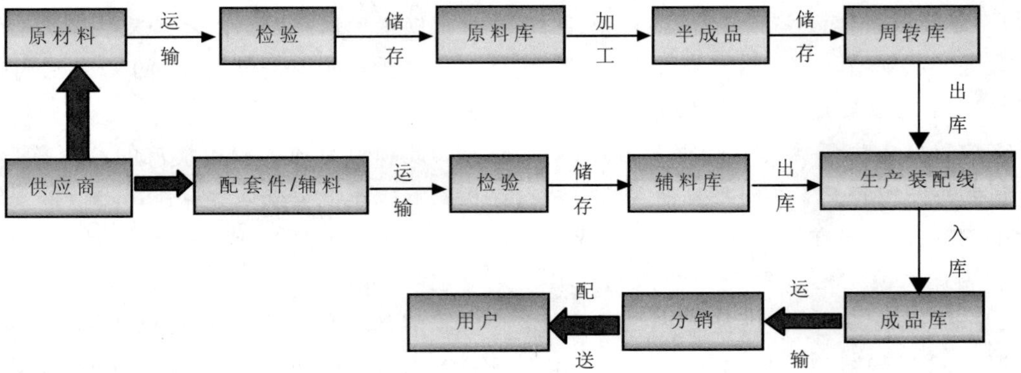

它的核心是创造敏捷制造生产物流系统，兰剑运用先进的物流管理理念、技术和设施使企业在采购、仓储、配送、分销等各个环节围绕生产物流系统进行集中控制，实施一体化的管理，使企业物流系统更加优化，支持企业准时生产，敏捷制造、零库存等先进的管理理念的实现。

一体化解决方案特点

1.该解决方案以我国制造行业客观实际条件和需求为基础；

2.实现原材料入库、生产线供应，成品、半成品下线、产品包装、成品入库、库存控制，出库发货到销售的全过程进行物流优化设计、全过程的信息化管理与调度；

3. 采购计划由兰剑 AMS（敏捷制造系统）下达，实现采购进度与生产计划同步计划，统一控制的目的；

4.车间生产管理由计划控制变为执行控制；

5.实现仓库管理与装卸搬运的机械化、自动化、半自动化，并与自动化立体仓库的现代设备进行系统集成；

6.实现运输与仓库的网络化、分布式管理；

7.实现车间在制品管理和成本核算管理。

一体化解决方案系统结构(图见下页)

一体化解决方案功能模块(表见下页)

一体化解决方案实施效果

* 符合制造业特点，方便高效的管理工具。

* 实现信息共享。为经营决策和日常管理提供可靠的依据。

* 建立健全符合现代企业管理的管理流程。使企业经营管理高效运转。

* 建立高效严密的生产管理计划控制流程。实现从销售，计划生产到成本核算全程控产体系。

* 建立授权机制，杜绝越权操作所产生的工作过错和泄密，确保系统安全可靠。

该软件已经在云南红塔集团、济南烟厂、广东大长江摩托车集团、南京小河物流中心等项目中得到广泛的应用。经过物流系统改造前后的企业相关指标如下：

范围	效果
物流费用	物流成本降低 45%
生产销率	生产效率提高 30%
仓库管理水平	实现先进先出、库存超期报警等功能
仓库管理人员	人员减少 60%
信息化程度	实现时时性、自动性、准确性
库存占用资金	降低 50%

一体化解决方案系统结构

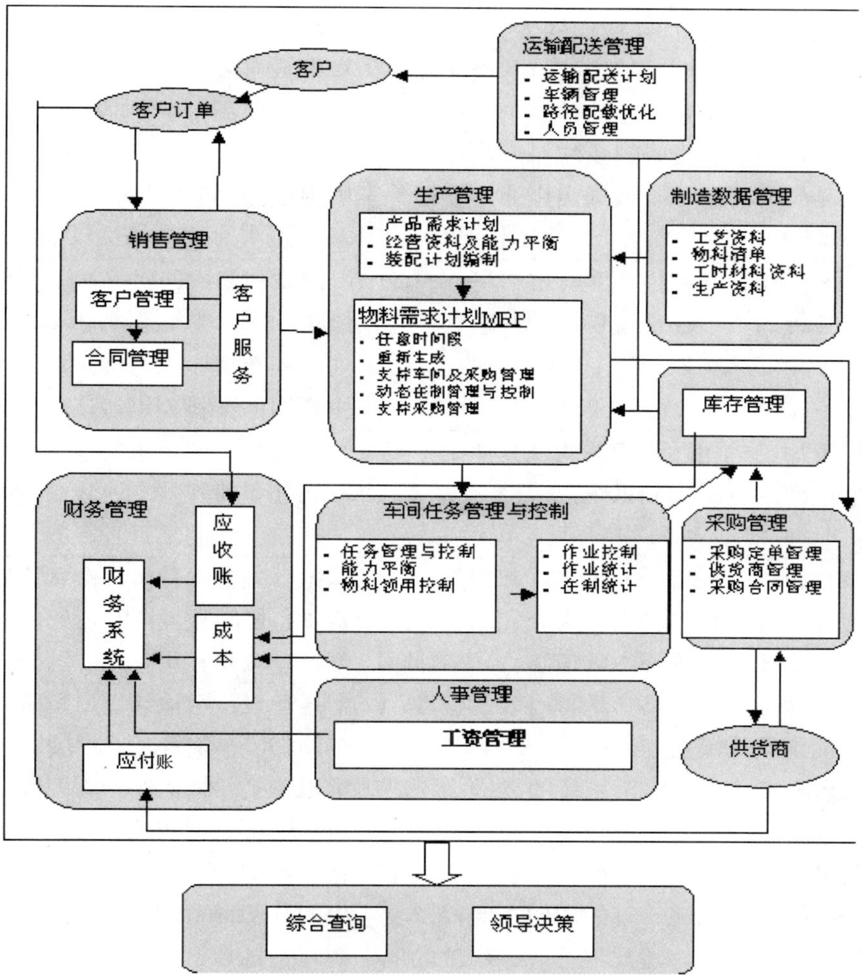

一体化解决方案功能模块

功能名称	基本功能	基本模块
订单管理	客户订单是企业生产、销售、发货的依据，是企业物流系统的驱动起点。	订单录入；订单查询；订单统计；订单打印；
主生产计划管理	生产管理的切入点，是生产活动的纲领文件，说明企业计划生产什么，生产时间，生产多少。由它驱动物料需求计划（MRP）产生生产系统其他的各类计划。	基础数据输入；生产计划制订；生产负荷管理；生产计划维护；
物料需求计划管理	根据主生产计划和库存资源，依照产品数据和工艺数据，制订出产品的所需各种零部件的制造计划和采购计划。	计划参数输入；物料需求计划的制订及调整；下达计划；生产考核报告及统计报表；

采购管理	对采购全过程进行管理和控制。	供应商档案管理；采购申请单管理；接收管理；退货管理；结账处理；查询及统计报表；
库存管理	库存管理的主要功能是处理各类库存业务，能够使企业合理地控制物流和库存保有量，及时准确地反映企业当前各种物品的库存量，有效提高企业库存管理精度。	基础数据输入；收货管理；检验管理；入库管理；库存管理；盘库管理；出库管理；发货管理；退货管理；仓库费用管理；报表管理；仓库设备管理；
产品数据管理	对产品制造过程中的各种资料进行有效的管理与维护，实现资料的共享。	标准资料维护；物料主信息的输入及维护；物料清单数据输入及维护；制造过程数据输入与维护；资料维护历史查询；资料查询；
车间生产管理	用于加工车间，装配车间及其他生产类型车间的生产控制系统。	资源资料维护；车间任务资料查询；车间任务管理；计划分配；物料领用处理；工序完工处理；查询统计；
销售管理	销售管理系统将企业销售管理按其业务流程实现计算机管理。为企业的生产经营提供及时准确的市场信息。	基础数据管理；客户信息管理；销售价格；合同管理；发货处理；单据处理；查询统计；
运输配送系统	对运输配送种各环节进行有效的管理，节约企业物流费用，缩短客户服务时间，实现与 GIS、GPS 等系统的集成。	配送管理；运输计划；配送计划；行车管理；车辆管理；驾驶员管理；查询报表；维修及保养管理；保险及事故管理；系统集成；
成本核算及财务处理	财务处理主要完成企业的财务管理工作，在加强物流管理的同时，监控资金流的动态变化，是与现行财务软件的接口模块。	相关费用输入；工单成本的计算；费用的分配；成本计算；成本账务处理；资料查询；财务审核；财务分析；

随着跨国公司、大企业进入中国的制造业和流通业，市场对现代生产物流系统的需求就更为强劲。能够为企业实现敏捷制造的现代物流信息管理系统必将推动整个行业的发展，为我国的制造业创造更大的利润空间。

（供稿：济南兰剑物流科技有限责任公司）

三联物流走出信息孤岛，步入“零环节”

三联物流描摹的是这样一幅图画：王先生想买冰箱，于是他来到居所附近的一家三联家电连锁店，这个以陈列各类家电产品为主要功能的连锁店更像现在的汽车展示厅，在销售人员的帮助下王先生大致了解了各种品牌冰箱的性价比，打算购买A厂家生产的冰箱b。王先生下的订单通过这家连锁店的信息采集系统迅速传递到三联家电总部的ERP系统中，并通过系统接口自动传达到厂家的信息系统。冰箱b生产完成后，由专业物流配送人员根据订单上留下的地址送到王先生家。

这是个基于异常通畅“信息流”的过程，这个过程物流所涉及的环节减到了最少，三联称此为“零环节物流”。

“零环节”意味着高效率和低成本。三联物流中心总经理高金玲说，在成本方面，三联物流的费用率可以达到0.5%。而国内百货业的费用率通常为3%至40%不等，上海华联的物流在全国是目前最好的，其物流费用率也只达到1%。高金玲认为，三联物流的费用率水平将是最先进的。

一、对接上下游供应链

显然，“零环节”需要一个基于ERP基础上的物流信息平台，这是信息畅通的前提。三联家电总经理崔葆瑾说：“未来的三联家电更像一个网络化的物流企业，这个网络化的企业会把目前错位的家电供需链重新‘拉直’回来。”

2001年4月，三联家电与JDE公司合作开发的ERP系统成功上线，三联家电成为国内第一家全面引入ERP管理的商业企业。

通过ERP系统，三联家电实现了商品进销存数据的共享，总部与连锁店（中心店）做到了及时相互了解商品的进销存和价格等方面的信息，实现对连锁体系的商品配送和调剂，而且连锁店内部也实现了零售管理系统，不仅随时看到自己销售明细、毛利，还可随时监控库存成本、采购质量，通过分销管理系统，随时向总部下达电子采购、查询总部库存、促销等方面的信息。据悉，目前，已有15家上游连锁店实现BtoB改造，在2003年底，将有100余家连锁店可完全实现这种改造。

在三联物流规划中，同样希望借助企业的ERP改造，构筑与供应商之间集计划、采购、库存、销售及财务管理为一体的系统，建立快速的市场反应体系。但是，上游供应商并非都已实现了ERP系统的运转，对接并非容易完成。

像海尔、TCL、联想等内部有成熟的ERP系统在运转，有自己的电子商务平台，有的小供应商就没有信息系统。据介绍，三联开发了一个“补货系统”。这些企业可以在三联的系统中进行自己的商品进、销、存数据的维护，三联家电与这些企业的交易也是自动在该系统中进行的，这些企业基本上不需要什么投资，只需要一台计算机终端连入lnternet即可。

与上下游企业实现对接后的好处，三联如此归结：

A、提高双方交易的速度，加速商品流与资金流的周转。

B、为上游厂商提供更准确详细的产品销售数据。

C、为上游供应商提供第一手的市场资料，它可以在第一时间，掌握其产品在三联体系内的销售、库存、促销信息。节省了上游供应商进行市场调研的时间成本与物质成本，并且增加了信息的准确度。

D、清楚详细的往来账目，可以通过网上对

账，避免原来的工作模式产生的糊涂账。

E、交易信息的跟踪，可能跟踪每一笔交易的执行情况与进度，从中得到大量的库存、销售数据、顾客需求、商品流向等信息，使销售和配送达到精确。并且真正做到集团采购，得到相对较低的价格，由于销量与库存的透明，可以达到降低物流成本、运输成本、库存成本以及车辆油耗等一系列的目的。

目前，三联在一定程度上已经实现了上游供应商、三联家电总部、下游连锁店及分销商的全面对接，商流、信息流、资金流部分在网上完成。三联家电配送有限公司总经理刘学勤介绍，联想、TCL、海尔等生产企业与三联已经开始了电子商务联盟方面的尝试。海尔至少有7款空调是由三联家电客户反馈信息特别订制的，系统的无缝对接保证了厂家和商家对客户需求的快速反应能力。

另据介绍，世界排名第二的家电巨头伊莱克斯拟将该企业已建成的物流系统与三联家电物流平台对接，伊莱克斯已经建成了覆盖信息收集、生产、区域销售等环节的物流配送系统，但尚不能与终端销售环节对接。

三联认为，最大的改变是将拥有全面、有效的客户管理系统。

二、吸引厂商联盟

2002年，三联亦曾联盟来自中国乃至国际家电产业链上游的家电巨头海尔、联想、西门子、伊莱克斯、惠尔普、海信、TCL、科龙、美的、实达、长岭、松下、澳柯玛、小鸭等众多家电生产厂家及下游的诸多销售商与三联集团联合发出倡议，建设集信息流、资金流、物流于一体的家电生产、流通、消费的新型家电供应链体系，避免恶性竞争，构造中国规模最大、技术领先、效益显著的家电电子商务联盟。

据介绍，联盟即形成整体的供应链，大幅降低企业的流通成本，多家厂商共用一个物流中心和供应链，避免生产企业分别建立各自的物流中心造成的资源、人力、资金的浪费。

其实，三联物流更多地要依赖于上游厂商的加盟合作，所以，三联集团总裁张继升公开表白，绝不仅是渠道企业的物流整合，而是要建成一个以三联这个流通企业为核心，依托上下游企业，集信息流、资金流、物流于一体的家电供应链体系。

他还进一步解释说，长期以来，尽管家电业大都实现企业内部的信息化，但由于采用的系统各异，上下游互不连通，成为一个个“信息孤岛”，最终导致全国家用电器全面大幅度过剩。

据分析，利用ERP系统与上下游客户的对接，通过定向采购的方式，将货物从供应商那里直接送达卖场，减少了至少两个中间环节。据测算，货物直流能使费用率降低14%，这是一个双赢结果。这样既节约了大量的物流费用，又大大缩短了货物流转时间，因此能够吸引众多生产厂家的广泛合作。

三、打造标准化精细管理

目前，三联正在完善物流管理系统。据介绍，在ERP运行基础上，三联家电自行研发的“物流管理信息系统”也成功运行。据悉，这一系统设计了车辆调度系统、商品收发货和盘点系统，主要由货运仓储管理模块、车辆跟踪服务模块、结算管理模块、物流资源交易服务模块及客户关系管理模块5大模块组成。精细化管理是物流平台运行稳定的保障。

高金玲解释说，譬如，物流管理系统的运行之前，仓库保管员是执行货物“全程”跟踪工作的，比如负责保管冰箱的人从冰箱入库到冰箱出库。而现在，货物管理实现了“流水线”式管理，即保管员“专业”分工，收、发货业务分别由指定人员执行订单指令。

另外，对物流来讲，货物的在库管理相对容易，但货物出库以后的动态管理则非常难。在三联家电物流中心，物流管理系统收到ERP系统传过来的销售订单信息后，如果需要对一个批次的商品派车，就点击车辆窗口，根据事先录入的信息选择驾驶员，并增加一个批次，系统内对派出的每一辆车的出车时间、交接(车辆回来)时间、送达时间，都有事先制定的计划跟踪管理信息，工作人员实时对这些信息进行维护补充。装车时，库工通过盘点机将已装车的货物信息上传，系统内的车辆跟踪服务模块就可以收到，这样就有了实际出车时间，再根据系统传过来的实际到达目的地的时间信息，就可详细分析这一路线是否顺畅，每月有一个安全送达率的统计考核。

据介绍，三联家电物流中心目前是山东省规模最大的家电物流中心，网络遍布山东省及周边地区，已具备市内配送 8 小时到位，区域配送 24 小时内到位的配送能力，可支配的社会化运输车辆 200 余部车，2001 年，物流中心承担了 20 亿元的实际物流配送量。

（供稿：郇　丽）

和众奥顺为北京某超市提供的物流服务

一、企业简介

北京和众奥顺达物流有限公司 2000 年成立，注册资金 1 000 万元，是一个拥有近 2 000 万元固定资产的中型物流公司。和众物流隶属于年产值数亿元的北京市领先的运输集团—和众运输集团。和众物流拥有近百辆各种型号的运输车辆和近 10 万平方米的普通和立体货架仓库。该企业自从 1998 年通过 ISO9000 质量体系认证以后，连续 3 年获得北京市交通局的先进企业称号，并荣获国家部委的嘉奖。

和众物流致力于发展第三方物流服务，旨在为客户提供稳定、可靠、持续、全面和个性化的物流运营方案，以帮助客户得以集中资源在核心的业务上并获得更大的发展。

二、服务内容和形式

（一）服务的形式

和众物流为北京 A 超市全面提供物流（正向物流和逆向物流）服务，为其北京地区的所有连锁超市提供配送服务和北京地区中心库房的管理。具体如下图：

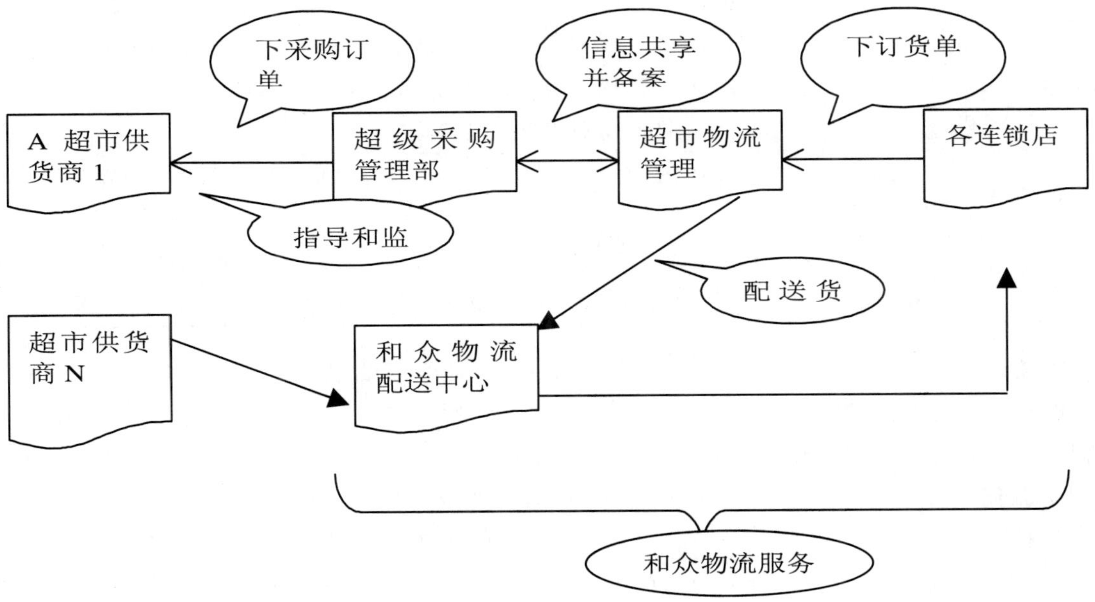

（二）服务的内容包括

仓库管理作业——包括商品从入库到出库之间的装卸，搬运，流通加工，区域规划等一切作业。具体有，入库商品规划，验货，收货，入仓，堆码，以及在此过程中所使用的搬运工具及人力规划，货位的管理等；仓库的盘点，商品的养护。

库存管理作业——出入库和所有库存调整的记录和垛卡的规范和管理；库存量的日报和周转率的分析，安全库存的报警，库存产品的分析

运输配送的管理——派车计划及出货路线的选择，装车调度，在途管理，跟踪紧急情况的处理，客户签收，运输费用的分析等

流通加工服务——贴条码，退货的回收，换货，换包装，标签粘贴，拆零，重新包装，等等

信息管理功能——使用条码技术，仓库信息系统兼容，库存报表，商品的日期，结算报表，运输报表，在线实时查询，下订单和跟踪功能，一些增值物流分析报告和方案

时间窗口——平时周一至周六，早 7:30–晚 6:00，周日和平时加班提前通知即可，在销售旺季可以提供 7 天 24 小时服务随时收发货。

三、运作模式

和众物流专门成立项目组包括项目经理、库房主管、客户服务代表、运输主管、仓库组（收货，拣货，理货和发货）和信息技术专员指定为 A 超市服务。A 超市公司的管理人员将服务标准和要求向物流供应商提出，并共同形成合作项目组，制订前期的流程和规划。在日常的运作过程中，定期沟通和指导物流服务商的工作。

其模式的具体分析如下：

公司/部门	岗位	任务/职能	责任
超市/采购	采购员	负责寻找分析市场各行业产品和供应商，谈判和签约	对其产品线的利润，销售额负责
超市/物流	物流专员	负责制订物流的流程，单据包括物、财和信息三位一体的运作方案；同时监督和管理第三方物流服务商的服务水平并加以评测	对整个物流的运转流畅负责，对物流的服务水平负责，与财务密切合作对结算部分负责
超市/物流	订单处理员	接受各连锁店的定单，通知物流服务商，并传递其间的信息	对订单的处理和执行状况部分负责
和众物流/运作部	项目经理	与超市百利具体主管经理和专员制定运做程序、单据、信息系统的接口，服务质量的控制等等	对物流中心的服务负责
和众物流/运作部	仓库组（组长及组员）	具体的收货、理货、发货、商品的管理、盘点、调整等等	对库房的准确率，码放，效率负责
和众物流/运作部	运输组（组长及组员）	接受运输指令，安排和执行运输，卸货，与商店交接，并返回签收单据	对运输的质量，时效性，速度等负责

四、运作流程

上述所提到的物流运作模式包括的几个主要流程有：产品入库流程，出库流程，盘点流程，单据交接流程，退货流程等。

（一）入库标准操作程序

产品入库之前必须明确超市对于商品收货的标准（电器类，食品类，日用百货类等），码放的标准，商品的存储要求（FIFO 先进先出，分生产批次，是否有温度要求，主品和赠品的分别管理等等一系列要求，然后结合到货的情况，规划一下不同产品系列的不同区域，便于提高取货的效率。

商品在到货时一旦发现有破损，立即用数码

相机拍照并及时通过电子邮件的方式传输给客户和发货方，方便查找原因。

入库单分四联，一联仓库管理员存档，一联交给系统录入员，一联交给 A 超市物流部门，一联交给 A 超市的财务。

（二）出库标准操作程序

超市出库验收的标准操作程序

岗位人	超市物流	和众配送中心	单据/关键点
订单处理员	接受各店来的订货单		EDI 或传真
订单处理员	处理并分类	接受订单	及时处理，数量，产品，收货点
库存管理员		比较库存	与系统中库存比较，自动对比，可以采用库存的报警管理
库存管理员		对于缺货的立即反馈给超市物流	系统生成补货计划（根据历史销量，当月，当周销量，加上促销信息等决定补货计划）
单据处理员		生成发货单	数量，种类，收货点等
单据处理员		交给运输调度	交接单
单据处理员		系统中减库存	
运输调度		安排车辆配送	配载，路线，速度和服务
		送货到各店	及时
		将单据交回	

（三）退货回收的标准操作程序

超市退货的标准操作程序

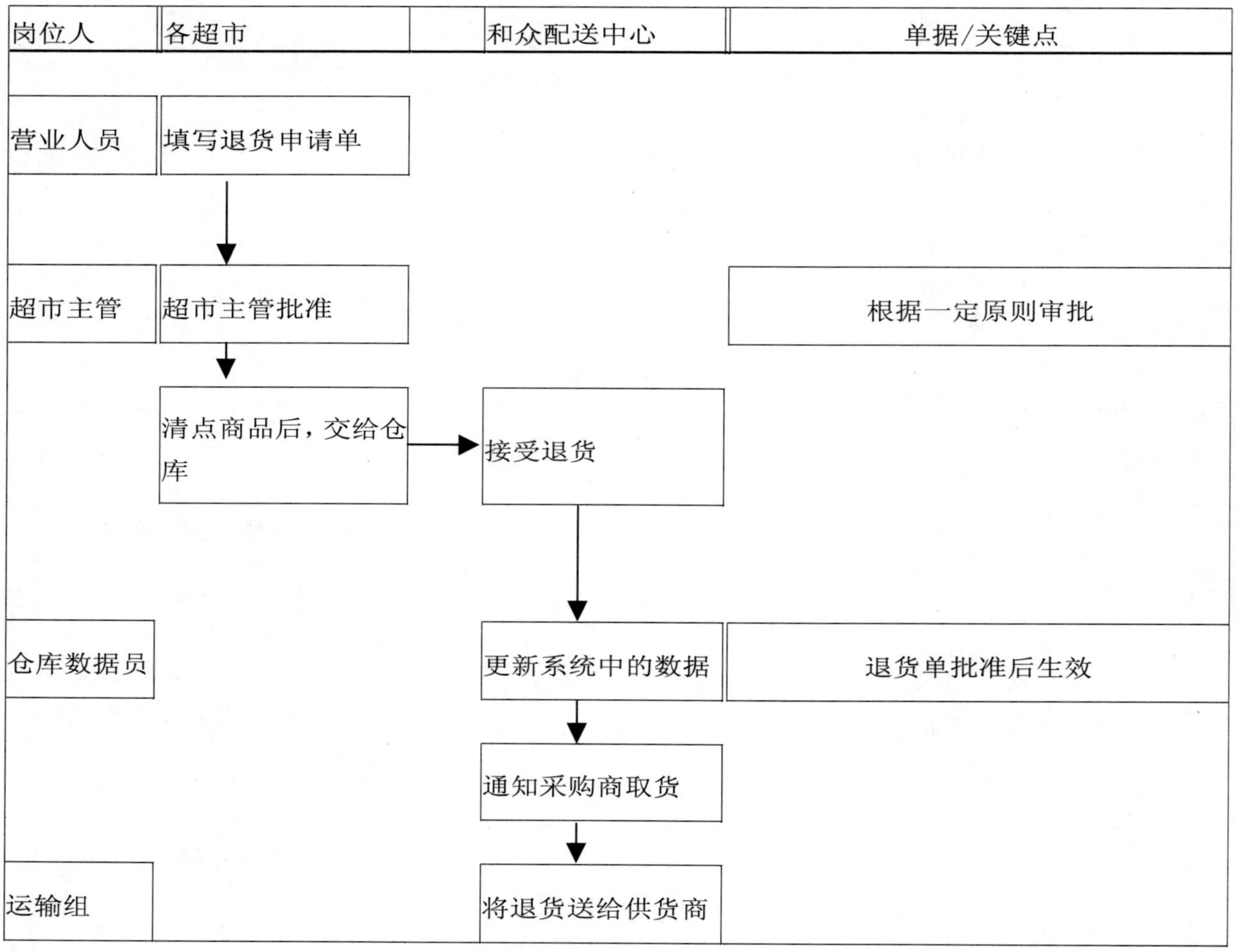

（四）盘点和单据的操作程序

双方共同确定物流环节中有效的来往单据；

确定单据的联数和签字环节（尤其考虑财务结算）；

制订盘点计划（系统打印盘点表格，确定盘点的时间点，人员和盘点方法和步骤）；

盘点的安排和双方共同人员的参与；

盘点结果的调整。

五、管理信息系统

WMS（仓库管理信息系统 Warehouse Management System）和 TMS（运输管理信息系统 Transportation Management System）用于将整个物流过程中的所有信息加以管理起来，并随时可以做到让客户随时在线查询，通过单据和运作中的信息点的提炼和录入系统，可以从不同层面掌握和监控仓储和运输中的过程，并及时发现问题并加以解决。

WMS 系统将所有产品的基本特性描述包括长，宽，高，重量，码放的特殊要求，基本包装单元，规格，单位托盘的标准数量等等记录在系统中，并可以通过电算化的过程，主动计算出产品流通量，并将数据定期以电子表格的形式产生出来，帮助客户管理层面的分析和决策。

其主要模块包括：

出入库管理

盘点损益管理

库房定义管理

货物调拨管理

货物转移管理

产品定义管理

客户合同管理

TMS系统--针对所有运输环节包括接受客户委托,制单,装车,在途司机的管理,回单的处理,车辆的核算,费用,成本等等所有环节均包含在内。

结算管理/查询管理模块均为满足客户个性化的统计和报表的要求而设计的，可以随时随地生成所需要的报表。

六、效益评估

A公司将物流外包给和众物流能够带来的效益体现在以下几点：

将非核心竞争力的环节——储存和配送环节外包，可以使公司将有限的资源更好的集中在市场营销,品牌塑造,商场促销,产品采购管理等核心环节上,避免了资源分散,能够取得更好的效果；

与自己建造物流中心包括仓库和购置车辆相比,费用可以降低较多,减少一次性的投入,使用社会第三方已经拥有的资源来为自己的物流环节服务比自行搭建物流设施的成本低的多；

提高了服务水平，因为对于提供服务的第三方物流和众来说,服务的水平必须达到A超市的要求,最重要的是两者之间是契约关系,通过合同将服务与被服务的关系，服务必须达到的水平约定好,并要求服务方去做到,较比在一个公司内部跨部门的协调要更容易推动的多；

减少资金投入，尤其不需要在物流设施上投入资金而购置较大的固定资产，只需要使用物流公司现有的固定设施即可。

（供稿:北京和众奥顺达物流有限公司）

中国物流公司第三方物流服务案例

一、汽车物流案例

长期以来,汽车物流一直由于其品种繁多,对生产物流和配送物流要求复杂，及对信息系统的及时性和准确性要求高，而和超市物流一起被物流圈内人士公认为最复杂的两块领地，令很多大型的物流公司不敢轻易介入。

经过对客户需求的仔细了解和认真分析,中国物流为某新型轿车生产企业提供了物流管理的方案,协助该汽车企业整合供应链,来达到物流成本的整体降低和服务水平的提升。中国物流公司负责该汽车企业的售后配件和生产线配套JIT配送服务的全面外包业务。在此项目中,中国物流具体负责该汽车企业在东北的售后服务配件全国分拨中心的建立与管理，以及在客户所在地生产基地的生产物流的管理。

中国物流围绕着供应链上的库存控制、客户服务水平(配送及时性和准确性)这两个重点,提供全面的第三方物流服务。通常对于这些大型的复杂的第三方物流项目,均需有至少3个月多则半年的筹备期,但中国物流公司以高效的工作速度在短短的2个月内完成了整个项目的前期筹划工作。

（一）项目管理

项目小组的建立:由营运总监监控,项目经理领导，中国物流公司在最短的时间内组建了专门的项目小组,并制订了严密、完善的项目计划及时间表。

运作团队:由来自于大型物流公司的、具有丰富的物流运作经验及良好的客户服务意识的人员所组成的运作团队在较短时间内完成了运作体系的建立及团队的磨合。

（二）资源准备

仓库选址：利用集团内部的强大的物流基础设施网络，中国物流公司在最短的时间内完成了仓库的选址。其中售后服务配送中心面积近 4 000 平方米、距汽车制造厂仅 3 公里的路程；生产配送中心面积 5 000 平方米，距生产基地 5 公里。中国物流公司在短短的一周时间内完成了仓库的谈判、合同的签署。

仓库改造：由于汽车配件对于仓库环境的严格要求，为确保客户的产品在储存的过程中不发生质量问题，中国物流投资 150 多万人民币对原有仓库进行了大规模的改造。根据汽车物流的操作流程将仓库划分为不同的功能区，使用环氧树脂对全部仓库进行了地面硬化防尘处理；并在仓库内建立了多层立体货架和轻型检料架，使仓库的利用率达到最高。

信息系统的建立：通过对整个标准操作流程（SOP）的了解和与客户的详细的沟通，中国物流公司的专业 IT 人员完成了对原有大型物流系统的客户化改造，使该系统完全能满足汽车物流对大容量的库存信息的及时、准确的要求。通过系统对库位库存的跟踪，中国物流公司真正意义上达到了汽车配件先进先出的操作要求，使客户的库存控制达到最优化。

（三）库存管理

中国物流主要通过库存状态的实时监控，以及对销售和生产需求的深入分析，进行库存的计划和管理。其中，对于售后服务配件的库存，中国物流在充分掌握销售基本数据的基础上，利用 DRP（分销需求计划）系统的原理，综合销售预测、客户所处地理位置、当前库存水平、供应商的供货周期等因素，制订采购补货计划和安全库存水平。对于生产物流的库存管理，中国物流主要是通过与华晨汽车生产部门合作，围绕生产计划所产生的物料需求分解，结合现有库存及在途库存情况，制订 JIT 的采购计划。同时，对库存结构进行了分析，按照物料的价值、供应周期、物料的物理性质、使用频率等多种因素，将库存分成 A、B、C 三类，分别给予不同程度的关注。在整个库存管理的过程中，中国物流充分利用成熟的物流管理信息系统，进行信息的实时查询和分析，为库存的决策提供了有力的支持。

（四）客户服务水平的管理

中国物流在为客户提供第三方物流服务的过程中，自始至终把满足内部和外部客户的服务水平需求放在首要的位置去考虑。在售后服务配件的全国配送的工作中，中国物流重点考虑的是对于遍布全国各地的客户，如何能够对订单需求做出及时反映并保证库存的可供性，以及按照承诺的时效，准时和安全的进行配送。

（五）实际运作管理

1.售后服务配件物流管理。短短几个月，该分拨中心共操作了近 1 200 个品种的配件的入库、分包装及配送。为全国近 60 家服务站提供同城或异地的多点的门到门的配送服务。

由于售后服务配件的特殊性，所有出库的产品均需进行再包装和贴标签的工作。为确保对近 1 200 个品种的配件的再包装和贴标签的准确性，中国物流公司指定专人负责该项工作，对整个流程进行监控，并将在操作过程中出现的问题与客户进行及时的沟通，使再包装和贴标签工作的质量得到了保证。

该品牌轿车以其具有竞争力的价格及独特的市场营销策略迅速在国内的轿车市场上打开了生动的局面。与此同时，全国各地服务站对于售后服务配件的需求也日益紧迫。为确保配件的配送能跟上客户的整体市场营销计划，基于良好的客户服务意识，中国物流公司的运作团队投入了大量的人力物力，在 10 天内按质按量的完成了总共 25 张订单，每张订单近 500 个品种的大批量分包装、贴标签及配送。每天的配送量超过 22 500 件配件以上。

中国物流公司完善的全国运输网络不仅能达到客户要求的同一城市多点配送的服务，而且通过中国物流公司专业的运输操作人员对不同城市的运输路线最优化的安排，使客户的运输成本降低至最低水平。

2.生产物流管理。对于该品牌轿车的生产配件的近 5 000 平方米分拨中心的物流项目，中国物流公司的项目小组在近 25 天的时间内与客户一起完成了从项目制定到所有仓库改造、标准流程制定及团队建立、培训的过程。

作为惟一的生产和采购物流服务提供商，中国物流为该汽车企业实施了生产物流外包的项目。中国物流在距离其生产基地 5 公里的地方，选择了一个面积为 5 000 平方米的仓库作为生产配送中心。这个生产配件中心的主要功能是管理部件采购入库的运输，以及物料的存储及上线的组配（包括拆包装、组配进专用器等）。中国物流通过该生产配件中心，为该客户提供了采购运输和收货管理、仓储管理以及 JIT 方式的生产上线配送管理。截至 10 月底，中国物流平均每天处理 30 家以上的采购收货订单，分拣和储存 300 种以上的部件，并对生产线提供 15 次以上（约 16 500 个配件）的及时配送（JIT）。作为仓储管理和采购物流管理的工具，中国物流利用实时的信息系统来辅助关键的业务流程，以保证库存的可视性，并且同客户的管理信息系统实现库存状态实时监控的信息共享。对于正常生产拉动，能够保证在收到生产物料配送指令的 3 小时内，完成库内拣货、拆包装、组配专用器具、装车和配送上线等所有工作。对于紧急的生产拉动，能够在收到指令后 30 分钟内完成配送发运。

二、石油化工项目案例

（一）市场分析

中国物流公司的另一个重点服务行业是石化与化工行业，该行业的物流需求非常复杂，主要表现在产品种类多，而各类产品对物流的要求各不相同。比如一家石化企业，它的产品从原油到润滑油，从塑料粒子到尼龙纤维，有些产品属于危险品，有些属于普通货品，而各家石化和化工行业的企业都是世界五百强企业，他们对安全、环保、健康（EHS）都有严格的要求。

中国物流现在操作八家世界五百强石化和化工行业的客户，其中包括塑料粒子、液体试剂、尼龙纤维、润滑油和油漆等。对石化行业的客户来说，他们在中国的销售主要根据地域市场的分布集中在几个大区，在各个大区根据渠道特性分别采用经销商供货和直接供货两种。中国物流在接到客户的物流需求数据后，一般情况下会根据销售数据设计模型进行测算，考虑产品销售的集中度，为客户选择最佳的物流网络和运行模式。

以一家塑料粒子石化客户为例，由于国内市场销售量较难预测，加上石化产品必须缴纳进口关税，这家公司选择在上海外高桥和广州黄埔两个保税区对其货品进行保税，然后在收到销售部门的订单后发送给客户。在新的生产和销售策略的推动下，这家公司的销量将在一年内增加五倍，而销售范围将扩大到山东和四川等地区。原来的物流模式已经不能适应新的需求，物流成本因为销售覆盖面积提高而增加，客户服务质量因为保税品的清关速度难以控制。

（二）解决方案

为了更好地为这家客户优化物流网络，降低物流成本和提高客户服务质量，中国物流承接了全国物流管理的任务。

第一步，中国物流选择了新的到岸模式，建议这家客户的产品从上海、广州和青岛三个港口到岸，从而以低成本覆盖了上海、江浙、山东和广东这些主要市场的需求，降低了从上海发往山东的干线运输成本。

第二步，在比较干线运输成本后，中国物流选择通过火车把货品发送到四川。

第三步，中国物流根据各个地区的销量特性和终端客户的需求决定在广州黄埔和青岛进行产品保税，在上海实行保税和非保税并存，在成都实行非保税的普通仓库。通过这几步的分析和决策，这家企业能够最大限度的降低关税的资金成本和干线运输的物流成本。同时，上海能够快速地完成运输和配送地需求。

在分析和决策优化的物流网络和运行模式后，中国物流开始为客户在各个地点准备项目的实施工作。在上海，中国物流的项目经理直接和客户进行沟通，管理到岸后的所有报关、检验、入库等工作。在广州和青岛，中国物流选择了港区内的保税仓库作为当地的配送中心，并利用当地的货代公司协助报关等工作。在上海和成都,中国物流选择了具有铁路专用线的仓库设施作为储存和发送的基地。同时,中国物流利用自身的运输网络和运力资源,把客户的货品以集约的模式发送给直销客户和代理商。

现在,中国物流为这家石化企业管理上海5 000平方米、广州4 000平方米、青岛2 000平方米和成都2 000平方米的配送中心以及负责从这些配送中心发送到客户的所有过程。相对于传统的运输车队和仓储公司来说,中国物流提供的整体物流方案重点解决了总体的网络成本问题,而不是在单一节点的仓库成本或运输成本上下功夫。同时,中国物流根据石化和化工企业的特性提供的物流方案,提供了多家企业共享的物流平台和标准规范的物流管理服务,为客户节省了物流成本,也提高了客户的运营效率和服务质量。

(供稿:中国物流公司)

亚洲物流的全程物流方案

亚洲物流科技有限公司(以下简称亚洲物流),于1998年在香港联合交易所上市(股份编号:0862),为亚洲领先的物流技术、供应链管理解决方案及咨询服务提供商。集团之总资产值为港币3亿6千万元,资金雄厚,实力强大。

一、全程物流一体化解决方案

全程物流一体化解决方案(以下简称全程物流方案),是亚洲物流基于先进的供应链管理思想,结合生产型企业的物流战略和物流实务,而提出的生产企业物流解决方案。全面物流一体化解决方案是,以企业全程物流管理为核心,从原材料采购、生产、销售、客户服务、财务管理等各相关环节,剖析企业的物流全过程,为企业进行结构解析和流程再造,并全面承担起企业的物流业务和物流运作,是针对物流管理的一步到位解决方案,使企业能从繁杂的物流事物中解脱出来,从而专注于自己的主业,集中精力发展自己的核心竞争力。

全程物流一体化解决方案包括三个部分:

(一)物流咨询管理服务

物流管理咨询服务:以企业全程物流管理为核心,提供专业的管理咨询、流程重组、物流信息系统建设、项目实施与管理。具体步骤如下:

1.由专业的物流咨询小组进行前期的现场调查,初步了解企业的以物流部为核心,以原材料采购,生产,销售,客服,财务,管理等为相关环节形成一个物流"业务链"的现有物流流程后,进行结构解析和流程再造,并与企业共同探讨方案的适用性,共同给出适用于企业的正"业务链"流程。

2.根据达成共识的流程,提供权利、责任分配方案。与企业相关管理部门共同确认适合的核心流程-操作流程、管理流程、相应的管理规范和管理要点,及未来的发展方向、阶段目标。

(二)平台服务建设

平台服务建设:为企业开发建设物流管理平台,包括自动仓库管理,作业流程管理,在途运输管理服务系统,终端数据驱动管理,物流全程信息管理平台等模块。

1.亚洲物流拥有成型的产品-LPCM。LPCM是一套基于数据仓库、计算机网络、无线通讯等先进技术,依托亚洲物流丰富的物流行业经验,集信息管理、过程控制、实体物流管理服务于一体的专业性物流全程咨询管理系统。LPCM信息管理平台包括WMS、OFM、TMS、TDM、LIM等管理功能模块,企业可根据自己的实际情况进行选择与组合。

2.自动仓库管理(WMS)。作为仓库管理系统,

WMS拥有完整的分布式静态和动态数据库，由于采用通用的开放接口，可以与ERP等管理系统集成。

3.作业流程管理(OFM)。OFM作为流程管理系统，可以对原有作业流程进行客观分析和有效梳理，使之运转便捷高效，它包括货物接收流程、分检出库流程、分检作业流程、多点提货流程、多点配送流程和整车运输流程六套综合性子系统。

4.在途运输管理服务系统(TMS)。以GPS全球卫星定位系统在线监控为辅助手段，为企业提供从销售中心到物流中心以及最终客户的全程动态信息监控管理服务，并通过独有的分段数据库实现“半程”管理，使企业对物流过程中的变动及事故做出主动及时的响应。

5.终端数据驱动管理(TDM)。通过在途信息数据、客户端数据以及企业仓储管理系统有效链接，使下游信息迅速回传，自动生成企业生产、销售和库存状况数据。为企业生产安排提供透明、及时、高效的数据保障。

(6)物流全程信息管理平台(LIM)。企业全程物流信息管理平台(LIM)由定单管理、作业票管理、在途监控管理、车辆管理、仓储管理、货品管理、物流财务管理、客户管理等子系统组成，并与企业MIS系统形成有效桥接构成企业完整信息管理体系。

(三)物流管理结果总承包

采用承包企业的物流管理职能，如仓储、运输等的方式，尽量不破坏目前企业的运作体系，而重点在规范操作和加强管理，确立和明确管理目标。

亚洲物流可与企业一起商讨承包价格和承包范围，同时，可向企业提供下资源：

风险规划与管理；

向下环节索赔；

质量控制与评价，相关部门协调；

GPS货物跟踪硬件提供；

全国200个服务点中贵司可用的点；

贵司相关人员的专业培训；

与各承包商合作的招标策划，合同编制和实际管理等；

所托运货物的保险；

异地建库、转运、转包等的支持；

每阶段报告(规划、分析)，流程每阶段(不超过30天)的检查与调整。

二、亚洲物流的支持及服务体系

通过全国160多个城市共200多个主要分布点的联网运作，形成了基于互联网的中国覆盖面最广的省际公路物流服务网络，为客户提供实体物流运营综合服务；

遍及全国干线的3 000辆装备GPS车载信息终端的电子化车队；

遍布全国的200家物流服务站网络；

IBM专项研发的双平台卫星定位系统(GPS、GIS技术)；

在途管理系统；

行业资源的综合利用。

三、全程物流方案带给生产企业的优势

全程物流方案可以有效降低生产企业的物流成本，提高企业的核心竞争力。具体说来，全程物流方案能够给企业带来如下的优势：

降低营运成本，提高服务质量；

解决资源有限问题，专注核心业务发展；

提高企业的运作柔性；

降低市场风险。

在我国这样资金相对短缺、企业实力相对薄弱的环境里，生产企业利用全程物流方案获得亚洲物流的创新能力和专业技能，以实现自身难以完成的新产品开发和市场开拓等问题。尤其是在我国已经加入世界贸易组织的情况下，建立物流联盟，减少物流费用支出，提高企业的竞争力，将给生产企业带来巨大的实际利益。

(供稿：亚洲物流科技有限公司)

三联与厦华的供需链战略物流联盟

一、实施背景

从2000年起，我国家电业在历经10多年的高速增长后，陷入经营困难的境地。家电业的微利时代全面到来，生产者和经销者的利润之低，已经超过了他们所能承受的极限。据行业测算显示，当前中国彩电厂家自建的销售网络中，一台彩电的营销费用要占到总成本的15%以上。为了寻找新的利润源泉，厦华选择了专业第三方物流企业联盟进军家电业。厦华总经理郭则理说，厦华的核心能力是技术创新，这是厦华今后的重点，而物流等服务方面的工作则应交给像三联这样更专业、运作成本更低且更有优势的企业去做。

二、示范模式

2002年9月份，三联与厦华电子股份有限公司正式签署了“全新供需链战略物流联盟”协议，双方共同尝试运作这种全新的家电生产、流通的供需链体系。厦华在山东的物流部门已经全部取消，基于商流和信息流而产生的所有物流环节都交给三联来解决，双方商流、信息流、物流全面对接，三联取代并升级厦华原传统的物流、分销运作模式。通过这种模式，三联不仅仅是物流提供商，更是供需链的整合者，而厦华更专注于产品研发、设计和生产，降低了在山东的运营成本，提高了企业的核心竞争力。通过测算，该模式运营后，将可为供应商节省流通、交易成本30%左右。

三、业务操作

厦华山东区域在济南设立RDC一个，省内包括所有有关货物干线运输、仓储管理、市内配送、不良品回收等物流管理工作均由三联物流负责。

（一）制订科学规范的操作流程

所有业务操作都按照服务标准设定的工作和管理程序进行，先后制定了出/入库管理、干线运输管理、客户配送管理、退/换货管理、货物返厂管理、信息系统操作管理等工作程序，每位员二、每个工作环节都按照设定的工作程序进行，使整个操作过程井然有序，提高了服务质量，减少了差错。

（二）提供24小时的全天候服务

针对客户24小时服务的需求，实行全年365天的全天候工作制度，周六、周日（包括节假日）均视为正常工作日，厦华随时出货，三联随时有专人，专车提货和操作。在通讯方面，相关人员从总经理到业务人员实行24小时的通讯畅通，保证了对各种突发性情况的迅速处理。

（三）提供门到门的延伸服务

普通货物运输的标准一般是从中转站到中转站，由货主自己提货，而快件服务的标准是从门到门，桌到桌，而且货物运输也在全程监控之中，因此收费也较高。三联对厦华的普通货物虽然是按普货标准收费的，但提供是却是门到门，库到库的快件服务，这样即使厦华的货物运输及时，又保证了安全。

（四）提供创新服务

从厦华的角度出发，推出新的更周到的服务项目，最大限度地减少货损，维护厦华的信誉。为保证厦华的货物在运输中减少被盗，在运输中间增加了打包、加固的环节，为防止货物被雨淋，又增加了一层塑料篷布。为保证急货按时送到客户手中，建立了应急运输措施，解决了客户急、难的问题，让客户感觉到在最需要的时候，三联都能迅速及时地在解决。

（五）充分发挥三联的网络优势

经过将近17的建设,三联在山东全省以及周边地区拥有了比较紧密的物流营销网络，这是三联发展物流服务的最大优势。通过三联物流网络，在省内为厦华提供服务的网点已达到130余个，实现了提货、发运全过程的定点定人,信息跟踪反馈,满足了厦华的需求。

（六）对客户实行全程负责制

三联物流对运输的每一个环节负全责，即从货物由工厂提货到异地运输等各个环节负责。对于出现的问题,积极主动协助客户解决,并承担责任和赔偿损失,确保了厦华的利益。

四、运营对比

厦华与三联联盟后，减少物流人员及办公等费用83.3%,装卸费用降低29.95%,并且仓储费用降低45.12%。极大地降低了运作成本。库存占有成本比率减少了70.9%，库存资金的利用率得到了有效改善，并且大大提高了供需链物流响应速度。

五、结论

三联与厦华结成的战略合作伙伴关系是以共赢为目的的,三联通过此项联盟合作,预计仅物流业务将增加年收入40万元，创收纯利润24万元左右。同时,此战略联盟的最终目标是通过实施家电群体供需链管理,整合上下游资源,精心打造基于英特网的信息支持平台，进一步降低供需链成本,提高企业的经济效益。

（供稿:三联家电物流中心）

北京大学为Z公司提供的供应链改进方案

一、公司概况

Z公司是我国能源工业装备的市场领袖，其主要产品占有三分之二的市场份额。Z公司的历史可以追溯到30年代的民族制造业。公司始终坚持技术进步、技术创新,引进消化吸收国际先进的机械制造技术。公司按照ISO9001质量管理保证体系的思想和模式要求,从保证产品质量的基础制造单元及其管理控制要素入手,建立起了完善规范的质量管理保证体系,获得了中国质量管理协会质量保证中心国家ISO9001质量保证体系的认证。

在过去的20年里,Z公司一直走在我国大型制造业信息化的前列，为我国的大型国有企业通过信息化提升企业竞争力做出了贡献。今天在我国经济全面转向市场化和我国进入WTO后,面临着强有力的国外竞争者,Z公司的首要目标是大幅度提升企业竞争力。

Z公司的产品为大型矿山机械,顾客主要为全国14个大型矿务局。我国的能源需求不断增长，矿山机械市场增长而稳定。由于Z的产品属于磨损大的产品,其的生命周期为3年。因此,Z公司的产品市场变化较小而可预测。市场变化小意味着Z公司所需的库存应该较小，降低成本是有效的途经。建立一条低成本供应链是Z公司的目标。

Z公司总资产为8个亿，负债率在75%以上。2002年销售额为5个亿,职工有4 000余人，人均销售额为12 000元。税后利润为400万,人均利润为1 000元。Z公司库存常年在2.5亿左右,资金周转率为1.2,不能回收的应收款高达1.5亿左右。公司的市场反应速度为3个月,也就是从顾客下定单到收到产品需要3个月。

二、公司运作情况

Z公司采用定制的方法满足顾客的需求。由于每一个矿山的具体情况不同，所需的矿山机械产品需要特别定制。也就是按顾客的定单,进行产品设计,然后组织生产供货。整个供货完成周期为3个月。但是,很少有定单在3个月以内完成。顾客常以供货不按时,拒绝付款或者放弃定单。前者产生坏账,后者造成不能再用的库存。公司领导亲自拿着定单,走过整个过程只需要28天。几乎所有公司产品完全由自己生产,企业是大而全的典型。

沿着企业内部的供应链环节,Z公司有5个主要功能部门:销售、设计、计划、采购和制造。表1里表示了这5个部门的基本运作情况。我们可以看出Z公司是一个典型的50年代的大型国有制造公司,主要业务部门的业务流程以部门的功能为重点,部门之间的业务流程基本上相互独立、缺乏整合。管理制度特别是考核体系停留在上世纪80年代的分片包干的责任制的水平上。

表1 Z公司主要部门的情况

部门	主要业务活动	主要考核指标	与其他部门的业务关联
销售部	销售员跑市场，推销公司的产品，接定单；管理成品库存。	销售额（包干）	接定单只需低价。几乎不与计划生产部门发生关系。
计划部	制订生产计划、采购计划	及时制订计划	采购计划与财务无联系；不向销售部提供计划信息；不管制造部的计划准确性和执行情况。
技术部	按定单设计产品	产品创新和数量	参入和提供销售的技术支持
采购部	采购原料；采购质检；管理原料库存	原料库存（包干）	从计划部接收采购计划，处理生产部的原料领取。
生产制造部	执行生产计划；管理在制品库存	制造成本控制（包干）	从计划部接收生产计划；从采购领料。

三、企业信息化的状况

从20世纪80年代以来,Z公司在信息化建设中取得了长足进步,成为国家“863”CIMS和CAD示范企业。设计部门已逐步实现了CAD化,现在设计手段强,产生新产品的能力强,设计周期大大缩短。

Z公司通过国家863高技术研究发展计划的CIMS项目,自己开发并成功实施了MRP。近年来,公司开发和实施了供应链管理和客户关系管理系统,形成了自己开发和管理的ERP核心系统。通过ERP的实施,公司将以计划为中心的业务流程和管理制度建立起来了。计划部门的劳动生产率提高了10多倍(25人下降为3人)。更重要的是企业的反应能力增强了20多倍(计划制定周期从14天下降到了半个小时以内)。在实施ERP的过程中,公司基本上没有对管理制度进行改动,大部分50年代已来的大型国有制造企业管理制度沿用下来了。信息化后,企业竞争力未有显著的改进。

四、问题的初步诊断

Z公司的问题主要反映在成本高和供货完成率低,2.5个亿的库存和1.5个亿的回款坏账是资金周转率低和利润率低的原因,不确定的供货周期是造成供货完成率低的原因。表2中,列举了高库存和不确定供货周期的原因。一句话来说,供应链的各个环节是分离的,都对高库存和不确定的长周期有贡献。要解决这些问题必须沿供应链对整个业务流程和管理制度(考核体系)进行改革和创新。

五、改进的建议

下面北京大学光华管理学院沿Z公司的供应链环节,对Z公司的业务流程和管理制度提出一些改进意见,使该公司的总成本下降(主要是库存

表 2　　**Z 公司的供应链环节上的问题**

供应链环节	问题类型	问题描述
销售部	业务流程	对顾客需求稳定的市场，缺乏市场追踪和市场预测。这对有效营销，不生产市场不需要的产品有重要意义。
		缺乏与计划和财务部门的业务流程整合。销售时不知生产计划，导致接了不能按时完成的定单，造成库存和回款问题。
		销售流程缺乏与财务部业的务流程整合，导致接了没有资金保障的单和定单延迟，或者接了赔本的定单，造成财务和利润损失。
	管理制度	成品库存由销售部管，但库存量不在销售部考核。导致销售对库存控制不感兴趣。有扩大库存的趋势。
		定单按时完成率不在考核中，导致接不能完成的单。
		定单所产生的额外成本不在考核中，导致接赔本的单，或由于要安排所接的单，需要改动生产制造计划，而带来附加成本。
设计部	业务流程	缺乏对制订制造清单和基础数据的控制，导致计划部门利用错误的数据制订计划，在制造部门引起高成本的纠正。
		与财务部的成本控制流程脱节。任何工程和设计改变不能得到成本估计，造成不计成本的改进。
	管理制度	没有控制通用部件和鼓励模块化设计。CAD 使新设计很方便，但是带来了大量为某个顾客的特定设计，使库存不能为其他顾客的产品所利用。公司的高库存和设计部门有着密切的关系。
		由设计更变和设计数据不准而引起的成本没有在考核体系内。使成本控制在设计阶段缺乏控制。
计划部	业务流程	不能为销售部提供现有生产计划，使之不能确定正确供货日期。
		不能为设计部门提供对设计更改和计划更改的成本数据，使之不能有效控制设计所产生的成本。
		缺乏对制造部门的反馈的处理。
	管理制度	对销售和设计部门的支持不在考核之内。
		计划的准确率不在考核之内。
采购部	业务流程	库存管理分散：成品在销售部，在制品在制造部，原料在采购部。
		对供应商没有制度化的管理：评价，选择和考核。应该选择可考、小批量、周期短的供应商以降低成本和缩短采购周期。
	管理制度	以原料库存量为主的考核，使采购部门通过关系将采购来的物料交给库存不用考核的车间，导致当需要的车间领料时，采购不无库存，但公司则有库存在另外车间。常导致工期延误，不能按时完成定单。
		缺乏对缺货率的考核。很多工期延误和不确定性就是有于采购部门采购计划执行不好缺货产生的。
制造部	业务流程	制造计划的执行缺乏规范。生产计划下达后，如何执行全在车间，缺乏有效的控制，导致订单完成率不确定，工期长。
	管理制度	目前的成本定额包干的考核太粗糙。需要做到订单水平和实际成本的核算。

下降)和增加供货的可考性(提高定单完成率)。表 3 总结了改进的建议。

表 3　　**Z 公司的供应链环节上的改进建议**

供应链环节	建议类型	建议描述
销售部	业务流程	在销售部中增加下列业务活动：产品追踪、市场预测、配件供应。
		订单必须通过 ERP 的确认，才能给出交货期。
		订单必须通过 ERP 确认不亏损，才能定价。
		成品库存管理交有采购部（库存管理者）。
	管理制度	增加考核指标，订单按时完成率，和有销售所导致的附加成本。
设计部	业务流程	对制造清单和基础数据的控制负责，以减少计划的错误率。
		增加对新设计的申查控制。不要无限制的产生新设计，以从根本上减少库存的可能。
		任何工程和设计改变必须从 ERP 中获得成本估计，以控制不必要的设计更改。
	管理制度	增设通用部件的比率。鼓励设计部通过采用通用件和模块设计来降低库存。
		增设非核心部件的外协比率。通过提升外协率来降低成本，缩短制造周期，整合外部资源。
		增设设计更变和设计数据不准而引起的成本指标，使成本控制在设计阶段得以实施。
计划部	业务流程	通过 ERP 支持销售部对生产计划的查询和新定单的供货日期的确定。
		通过 ERP 为设计部门提供对设计更改和计划更改的成本数据，使之有效控制设计所产生的成本。
	管理制度	增设对销售和设计部门的支持水平的考核指标。
		增设计划的准确率的考核指标。
采购部	业务流程	管理所有库存：成品、在制品和原料。
		增加对供应商管理的内容：评价、选择、考核。
	管理制度	增加缺货率的考核指标，使工期延误的可能性下降。
制造部	业务流程	规范制造计划的执行，减少生产执行的不确定性。
	管理制度	增加订单水平的和实际成本的核算指标。

六、结论

从上面这些建议中，可以看见供应链管理的整体思路，也就是供应链的各环节是相互影响的，这需要从整体上考虑，以求整个供应链的成本最低。单从制造上，是无法使总成本最小的。在这个案例中，产品的设计环节和采购环节对库存和供货完成率有着很大的影响。此外，公司的外协战略和供应商管理也能帮助企业降低成本和缩短周期。

在改进时，业务流程创新是非常重要的，但是相应的管理制度，特别是考核体系的调整，是保证改进成功运作的关键。那些与其他部门整合的或关联的指标是保障整个供应链优化的手段。另外，像以上所述的 ERP 系统，部门之间相关联指标的有效应用需要有信息系统的支持。

(供稿：北京大学光华管理学院　龙军生)

上外物流借助 IBM 信息系统提高效率，降低成本

中国加入 WTO 之后，上海作为核心口岸城市，其物流发展正以每年 30%的速度递增。2001 年，上海港集装箱量为 600 万箱，到 2002 年已升至到 840 万箱，预计 2003 年将突破 1 000 万箱。目前，上海港已从世界第五大港升级到第四大港。对此，上海实业外联发国际物流有限公司总裁徐峰认为："在这样的市场机遇面前，不能把企业做大就等于倒退"。

位于外高桥口岸的上海实业外联发国际物流有限公司(简称"上外物流")，主要定位于"第三方进出口物流"，总投资 10 亿元人民币，在外高桥保税区拥有 5.5 万平方米的保税仓库和 2.5 万平方米的集装箱堆场。该公司倡导"多点化"经营，力争两年内在全国的重要城市建立 20–30 个服务网点，并将上海本地的库区扩张至 15 万平方米，而所有这些都离不开信息技术的有力支撑。徐峰也曾说，"我们现在很大程度上依靠这个信息系统揽活，客户看到我们的管理模式很放心。"上外物流就是借助物流信息系统力减成本，革新库管模式的。

一、慎选供应商

2001 年 5 月，上外物流着手考虑信息化建设，开始寻找可靠的 IT 供应商。

49 家 IT 公司参加了上外物流仓库管理系统项目的公开招标，最后著名的物流软件供应商易通捷软件科技(EXE)胜出，对此次竞标，上外物流总裁徐峰表示："我的标准是软件系统要适合第三方物流企业的业务。第三方物流的货品具有不固定性，无法在系统中对货品进行一成不变的定义，这就要求系统具有高度的灵活性，这一点只有易通捷软件科技(EXE)的软件可以做到。

除了易通捷软件科技(EXE)以外，IBM 作为项目的总集成商，负责全部一期(仓库管理系统)和二期(企业资源规划系统)的系统集成工作。

二、构筑新模式

经过一年多的密切合作，一期仓库管理系统终于在 2002 年年底正式上线运行。系统带来的第一个好处就是大幅度降低了人力成本。

上外物流的库区面积达 7 万平方米，而且是多点分布的，这种规模的库区和这样复杂的货品管理，通常至少需要 200 名库管员才能完成。据仓储配送部总经理裘谷威介绍："上了信息系统以后，7 万平方米的库区现在只需要 30 多个库管员。"

不仅如此，仓库的管理模式也彻底发生了改变。而利用信息系统来管理货品，统一指定货品的库区位置，库管员只需按照指令操作即可，不必再整天守着自己的库区。在徐峰看来，"这样做不但工作效率提高了，库管效率和精确度也上去了，而且最关键的是，库存风险下来了。"

为配合信息系统，上外物流还建立了一套完全保障系统。设置专人每天盘库，以保证信息的准确无误。总裁徐峰说，"我们公司的员工不像传统物流企业那样是执行库存操作的，他们的主要工作是对进出货品和库存货品进行检查和核对。这个由信息系统带来的革命性变化，可以支撑公司向更大的规模发展。如果现在要扩大 2 万平方米的库区，最多只增加 1–2 名库管员就可以胜任。"

IBM 已于 2003 年 3 月开始为上外物流实施企业资源规划(ERP)项目。该项目的目标是实现对货品的流程管理，包括运输过程监控、报关过程监控、资金回收以及各种其他服务。到那时，上外物流的信息化建设将实现既定的目标–使信息化管理成为企业拓展市场，提升竞争力的利器。

(供稿：国际商业机器(中国)有限公司(IBM))

制造业案例

潍坊柴油机厂的全新库存管理模式

一、企业简介

潍坊柴油机厂(简称潍柴),具有50多年的发展历史,是中国内燃机行业重点骨干企业,是中国500家最大工业企业、100家最大外贸出口企业之一。

潍柴主要生产斯太尔WD615、WD618、道依茨226B、中速机6160A、W6170、W8170、R系列、单缸机系列、12VE230ZC和L+V20/27、气体机等11大系列柴油机,功率覆盖范围8-1 200千瓦,有600多个变型品种。产品广泛应用于重型汽车、大客车、各类工程机械、农用机械及发电、排灌和船舶动力。

潍柴引进了奥地利斯太尔WD615、WD618柴油机,产品排放达欧Ⅱ标准。斯太尔发动机在重型汽车和工程机械配套市场上占主导地位,ZL50装载机配套市场达60%以上,船舶、发电、军车、大客车等配套市场也不断扩大,其中中速机船舶市场份额占据70%以上,形成中高速并举大进大出大产出的发展格局。

二、需求分析

现代企业发展的一个非常明显的趋势就是经营全球化、虚拟化、核心化,其表现是强化业务的核心化,专注于塑造自己的核心能力,发展自己所擅长的核心业务,潍柴近5年的快速发展就足以说明这一点。产品生产加快、品种多、顾客要求高,使得产品生产或产业的链条越来越长、节点越来越多,所以物流与供应链的科学管理非常重要。当今市场竞争激烈,产品生产周期越来越短,这意味着,如何有效的整合周边资源、形成快速高效的采购供应链以及在第一时间将新产品推向市场是非常重要的。企业靠单一的品种去占领市场的时代已成为历史,多品种经营是企业的必然选择,然而每多一个品种,就会多好多个仓库,生产、采购的批量越大,库存管理费用就越大,制造费用就会增加等等。实践证明:物流与供应链的管理中存在许多降低成本的潜力和增加效益的机会,不同的管理方式、管理办法、技术和服务水平带来的成本差异非常明显。

三、采用VMI管理模式

基于产品生产加快、品种多、批量大以及潍柴厂在供应链上居于主导地位,与供应商之间建立了有效地信息沟通机制及两者相互信任实现双赢的实际,潍柴积极运用VMI (Vendor Managed Inventory)供应商管理的库存模式,把供应商各自分散的物流管理需求进行有效地整合,在厂区附近设立仓库,为供方提供客观条件;同时改变收货标准,即货物所有权的改变促使供方降低库存,共同承担配送成本,使各方的物流费用均有所降低。另外,通过本部、第三方物流及重要供应商信息处理系统,使供应商第三方物流本部三方的库存变的完全透明,从而满足了市场竞争日益加剧,实现准时制生产(JIT)的需要,且使库存物料降到最小。以斯太尔发动机为例:斯太尔发动机外协件按零库存管理标准要求,引入第三方物流,在实现物料配送信息共享后,由第三方物流按班次将各类零部件直送斯太尔发动机分拣区域,分拣后配送至装配线工位(三班生产),提高了工作效率。

四、效果评析

采用VMI管理模式后,规避了企业物资积压风险,加速了资金周转,节约了贷款利息,资金占用减少8 000万元,平均存货周转天数由原来的28天降到6.3天,其中斯太尔发动机降到1.75天,使存货成本显著降低。现代物流、仓储管理模式的采用有效地解决了产量加大、品种增多、库容不足制约生产的矛盾，企业整体效益、核心竞争力提升，实现了准时制(JIT)生产，极大的满足了客户需求。同时整个供应链上的库存总量也明显降低，随着企业实力的增强与供方的战略合作关系逐步形成以及VMI在实践中的不断完善，将为第三利润源的挖掘开辟更加有效的途径。近期潍柴将斥资2000万元全面推进信息化建设，使供应链管理更大能量释放，通过实施有效的全球化供应采购策略，使企业物流管理更趋于完美，以打造中国第一动力品牌、迎接WTO的挑战。

（供稿：潍坊柴油机厂采购部副部长　王长亮）

选准市场　强强联合　资源互补　共同发展

——吉林邮政物流与修正药业集团合作案例

一、项目合作背景

1.企业发展背景。吉林修正药业集团股份有限公司位于雄伟的长白山麓，占地20万平方米，注册资本5 000万元，职工总数7 900人，资产总额16.7亿元。2 000年实现产值7亿元，销售收入5.6亿元，利税2.5亿元，是吉林省制药行业的龙头企业，是一家集科研、生产、销售于一体的大型现代化股份制药集团。

吉林邮政局隶属国家邮政局，负责本省邮政经营与行业管理。具有遍布全省各地的营业受理局所、投递服务网点和运输配送网络。全省现有邮政营业网点1 400余处，邮政运输车辆近1 000台，邮路500条，邮路总长近10万公里。全国联网的邮政综合计算机网、183网站、185客服中心及邮政物流网站、邮政仓储配送中心均已建成并投入使用。形成了一个以省会长春为中心、覆盖全省城乡、沟通全国、连接世界的邮政物流网络。

2. 物流市场现状。修正药业在全国30个省300多个地、市建立了分公司和办事处，每年用于物流支出的成本高达2 800万元。邮政在介入修正药业的物流配送之前，已有多家非邮政物流企业为其提供物流配送，虽然这些物流公司也提供BtoC服务，但普遍缺乏地面服务基础设施支撑及配送查询跟踪管理经验。受网络资源与配送能力的限制，这些物流公司在一些地区，特别是对边远地区的配送无法满足修正药业的要求，而且在整个配送过程中，物品破损、时限延误、违规操作等原因使修正药业蒙受了巨大的经济损失，且这些物流企业不能提供产品分销服务，从而制约了修正药业的规模化、效益化发展。因此，修正药业也开始有意寻找新的物流服务供应商。

二、合作思路与内容

吉林省是全国的农业大省，80%的人口分布在广大农村与偏远地区。修正药业的药品贴近百姓消费，具有在各类城市社区特别是广大农村地区药品销售与开发的市场前景。修正药业计划在省内各县市乡镇率先建立修正堂大药房，面向社区、农村，开办药品连锁直销业务。同时搭建依托长春、通化两市的药品生产基地，辐射全国各地药品营销网络平台，以实现企业自身的战略整合与资本扩张。

吉林邮政敏锐的意识到这一发展契机，与修正药业签订了合作协议，并着手在以下几个方面全面开展合作：

1. 修正药业利用吉林邮政在各地的场地资源，在长春建立一级药品配送中心一处，省内各地级市建立二级药品配送中心八处。利用吉林邮政的营业网点资源，在全省1 000处邮政支局独家建立修正堂大药房连锁机构，经营药品批发与零售，并协助修正药业逐步在全国各地邮政网点推广和建立修正大药房连锁店。

2.吉林邮政负责向修正药业提供由生产车间至一、二级配送中心至省内各地经销网点的物流配送服务，同时利用全国邮政物流网络资源为修正药业提供由吉林省至全国各地药品批发站及分销网点的物流配送服务。

3.修正药业利用吉林邮政“185”语音接入平台，并在全国各地租用“185”台席，向用户提供修正药业“投医问药”咨询及末端配送服务。此外，利用综合计算机网及邮政“绿卡”网为修正药业提供全国及全省代收货款的服务。

4.吉林邮政利用已有的户外媒体、DM邮送广告、邮资封(片)、企业拜年卡、邮资票品等宣传手段进行修正药业的产品业务宣传、企业形象宣传及各类广告策划。

三、营销策略与经营成果

企业竞争是市场经济的必然产物，邮政企业参与物流业务的市场竞争，从一开始就紧紧贴近市场，按现代企业市场营销方式进行市场运作。在开发物流市场上，一是进行市场调查、细分目标市场、选准目标行业、评估合作伙伴优势。药业是吉林省较发达的产业，资源丰富，修正药业又是具备现代企业管理制度，实力雄厚、技术设备先进、产品具有较强竞争力，市场前景广阔的企业。二是制定市场营销策略。通过市场调查选定药业为目标市场后，经过邮政各级部门详细论证，选择方案营销作为市场开发的切入方式，制订内容较为翔实、具有较强操作性、双方优势明显、合作前景十分广阔的营销方案。三是定位沟通。沟通方式和质量是合作成功的前提，吉林邮政通过从营销人员到项目经理至各级领导，分层次、分级别与修正药业不断洽谈、沟通。定位沟通分三个步骤：1.找出与合作伙伴之间的可能性共同点，如双方品牌、知名度、信誉、资源。2.明确邮政与其他竞争对手的明显优势，如邮政点多、面广、线长。3.寻找双方合作的利益点。

2003年4月，修正药业的第一批分销药品通过吉林邮政开始向省内、外配送，至此双方的合作正式启动运行。在省内，吉林邮政在9个地市局为修正提供了9个药品物流配送中心；在省外，吉林邮政与业务相关的省市邮政部门建立了密切的联系与协作，以不同于邮政传统作业体制的运行机制组织修正产品的配送，使修正的药品能够及时、准确、安全的送达各地。目前，修正产品的配送准点率98%以上，信息反馈率100%，物品完好率99%。客户满意99%。

四、项目体会

通过与修正药业的良好合作，吉林邮政的体会是：

1. 准确的市场定位是项目成功开展的前提。农村医药市场前景广阔，潜力巨大，要搞好市场调研，增强创新意识，丰富业务种类，找准发展业务的切入点。

2. 健全的组织网络是项目成功开展的基础。省、市、县邮政局分工明确、职责清晰，专业主管部门及时出台修正药业的业务管理办法与操作流程，对规范作业标准，确保合作顺利进行，推动业务健康发展起到了积极的促进作用。

3. 灵活的策划营销是项目成功开展的条件。宣传策划要上下联动，突出效果。农村地区是药品监督管理的薄弱环节，一度时期内，假冒伪劣药品泛滥，农民缺乏鉴别能力，邮政利用自身良好的信誉通过各种途径进行广泛宣传，为业务发展创造了良好的外部环境。

4. 有效的行政支持是项目成功开展的保证。修正药业的项目合作得到了吉林省邮政局各级领导与部门的高度重视，省局主要领导亲自参与项目的督导与谈判，并上升为“一把手工程”来抓，邮政各级领导的重视与修正药业的远见卓识，最终促成了双方的全面合作。

(供稿：吉林省邮政物流局局长　孙宝军

业务管理　施向群)

中铁现代物流与某医药流通企业的合作案例

医药物流市场是许多第三方物流公司都力争进入的市场，考虑到医药产品的特殊性及国家的相关政策，第三方物流公司与医药企业如何合作达到双赢的效果，是物流公司和医药企业需要共同研究、探讨和实践的问题。下面就中铁现代物流科技股份有限公司与某医药流通企业（以下简称客户企业）的合作案例作一下介绍。

一、背景和目标

(一)关于中铁现代物流科技股份公司

中铁现代物流科技股份有限公司是由中国铁路物资总公司在对内部优质物流资源进行系统整合的基础上，联合其他六家发起人共同设立的大型第三方物流公司，具有雄厚的铁路背景。总部设在北京中关村高新技术园区，在北京、上海、天津、广州、哈尔滨、大连、武汉、西安、成都、昆明等主要枢纽城市下辖10个区域分公司和一个提供信息技术支持的控股子公司，并控制协调遍布全国的200多个配送中心及作业部。依托自有功能独特的物流信息平台和坚实的铁路运输支撑，形成了以枢纽城市为核心、覆盖全国的网络体系。

公司拥有一批经验丰富的高素质物流专业人才，在物流及其衍生服务领域，以一体化第三方物流服务为主体，兼具第四方物流功能。能根据不同客户的要求，通过对特定物流活动的计划、组织、协调与控制，为其专门设计并提供从仓储、装卸、搬运、理货到运输、配送及信息管理于一体的个性化定制物流服务，使客户在提高效率和降低成本上实现双赢。

公司现已进入上市辅导期，争取成为中国资本市场物流概念第一股。

(二)关于客户企业

随着中国加入WTO，药品分销市场的全面放开，医药零售市场面临更为激烈的竞争环境，医药流通领域具有巨大市场潜力，如何高效、低成本运作医药零售企业的物流业务，成为制约企业发展的关键因素。随着国家医药流通体制的改革，医药连锁企业获得了空前的发展。客户企业以其先进的经营理念，科学的连锁经营管理模式，在北京市及国内迅速建立了品牌知名度，成为国内医药流通企业的龙头。目前客户企业已进入全国连锁零售企业百强，全国医药连锁企业排名第四，北京市医药零售额排名第一。在北京市场，客户企业以年药品零售额达3亿。在国内医药零售市场具有越来越高的知名度。

(三)双方合作预期达成如下目标

1.降低客户企业的物流成本；

2.以专业化的物流服务，提升客户企业的物流运作水平；

3.建立良好商业合作伙伴关系，提升双方的品牌知名度。

二、中铁现代物流对客户企业物流运作的建议

基于合作过程中对客户企业产品及其物流业务的了解，中铁现代物流科技股份有限公司提出如下建议。

(一)配送流程管理

流程即信息的产生、传递、单据的处理及各相关作业的先后顺序。就我们所了解的情况，总的来说，目前配送是根据零售店的需求拉动来安排流程的，而零售店的需求是由其销售状态决定的。客户目前的系统还很难做到或只能部分做到对70-80家零售店所销售药品常用3000-4000种、最多

8000种的每日销售状态进行时实追踪、监控，并反映在配送中心的库存变动上。因此各零售店的补货需求是无规则的，配送中心的配送管理是被动型的。中铁现代物流科技股份有限公司的思路是：对所有零售店的销售状态进行分析，对其补货要求进行分类，为满足主要需求而采取定期分批配送的做法，增加配送管理的计划性，变被动配送为主动配送。

（二）库存管理

这里的库存概念是指零售店货架上待售产品数量及配送中心各层库区中产品的货位分配。在对各零售店(尤其是销售量大)所售产品历史数据分析的基础上，对销售的产品进行分类，并按类别在零售店内设置不同的最低库存，在不影响配送中心总库存保障水平的前提下，适当提高销售贡献率大的产品的店内库存，在有条件的零售店内，调整店内和配送中心的库存分配结构。当销售低于最低库存时，由配送中心及时补货。同时在配送中心各层库区中，将销售贡献率大的产品存放在靠近拣货、配货区近的货位，依次存放不同种类的产品，增加配货的方便性，提高配货作业的效率。

（三）配送运输管理

运输管理要考虑装载方案、车型选择、路线优化等因素。中铁现代物流根据每日配送业务量的大小及配送地点，设计装载方案，并调用与装载量相匹配的车型，同时优化行车路线，尽量减少装载次数，减少返程空驶率，提高运输经济性。

（四）增加应急配送

在常规配送的基础上，中铁现代提供应急配送服务。对个别性、临时性、急迫性配送需求，中铁现代物流科技股份有限公司能够提供灵活的配送服务，以提高客户对市场的响应速度。

（五）提高配送产品外包装的标准化程度

目前外包装作业随意性较大，包装箱外形尺寸、规格不太一致，这样既浪费空间，又不便于识别，作业效率很难提高。

三、体会

通过与客户企业的合作，中铁现代物流科技股份有限公司得出以下几点体会：

1.第三方物流公司不但要具备先进的物流理念，同时更应具备实际操作和管理经验，这是与客户合作的基础；

2.对客户来说，降低物流成本是其物流业务外包的终极目标，通过中铁现代物流的运作，客户企业的物流成本年降低20%以上；

3.中铁现代物流在现代企业制度基础上构建了管理机制，确保公司管理灵活，指挥有力，运作高效，确保满足客户需求为中心，坚持始终如一地为客户提供优质服务目标的实现。

(供稿：中铁现代物流科技股份公司)

天正集团如何应对供应链新潮

进入经济快速发展的21世纪，企业的经营环境越来越复杂多变，企业间的竞争也出现了多样性和不断演进性。随之竞争对抗性的越来越强，新动态竞争条件下的竞争，使企业的竞争战略发生了根本性的改变，市场竞争已不单单表现为企业与企业间的竞争，而表现为供应链与供应链之间的竞争。为了适应新的竞争条件和顺利实施新的竞争战略，企业传统的、落后的管理模式被先进、高效的新管理模式所替代已成为必然。当前，当供应链浪潮扑面而来时，代表“横向一体化”管理思想的供应链管理已成为企业管理模式革新的最佳选择。天正集团公司下属10多个公司、年销售额达46亿人民币，作为中国民营十强中极富竞争力的企业之一，要具有超前发展意识，及早认识企业供应链及其管理所潜藏的巨大价值，明确确定天正集团在供应链中的定位，借助于其实现自我快速发展。

一、供应链及其管理的概念

供应链是指在满足服务水平的同时，为了使系统成本最小，而采用的把供应商、制造商和顾客有机地结合在一起的非正式组织，是介于市场制和等级制之间的混合运行体制，是一种纵横的、一体化经营的运作模式，一种基于“竞争–合作–协调”机制的以分布企业、集成和分布作业协调为保证的集成化管理模式。

供应链管理作为一种全新的管理思想，强调通过供应链各节点企业间的合作和协调，建立战略伙伴关系，将企业内部的供应链与企业外部的供应链有机地集成起来进行管理，达到全局动态最优目标，最终实现“双赢”或“多赢”的目的。“双赢”思想、“合作”思想和“集成”思想，这是贯穿供应链管理始终的三个核心思想。

二、实施供应链管理可以带来的效果

PRTM公司前一时期进行的一项关于集成化供应链管理的调查表明，通过实施供应链管理，企业可达到以下多方面的效益：

效益指数	效益指标
总供应链管理成本(占收入的百分比)降低	10%
中型企业的准时交货率提高	15%
订单满足提前期缩短	25%-35%
中型企业的增值生产率提高	10%
绩优企业资产运营业绩提高	15%-20%
中型企业的库存降低	3%
绩优企业的库存降低	15%
绩优企业在现金流转周转期上具有比一般企业少	40-65天

这些数据表明，供应链企业在不同程度上都取得了极好的效果，能取得这样的成果，完全得益于供应链内企业的相互合作，相互利用对方资源的经营策略。采用供应链管理模式，可以使企业在最短时间找到最好的合作伙伴，用最低的成本、最快的速度、最好的质量赢得市场，受益的不止一家企业，而是一个企业群体。

三、天正集团应对供应链浪潮的策略

结合供应链及其管理理论，考虑天正集团的具体情况，主导思想应定位在既要发挥本集团自己主动性、自己局部范围内的主导性优势，又要重视学习别人的长处的原则。天正集团应在参与供应链运作中扮演以下两种角色：其一是，该集团下属各公司为协作企业参与以世界著名跨国公司为核心企业的国际化供应链，即简称协作参与型供应链；其二是以天正集团为核心企业，构造出一条供应链，即简称核心主导型供应链。在这两条供应链中天正集团所扮演的两种角色所对应的管理思想的出发点和工作重心应是大不相同的。

（一）协作参与型供应链

以天正集团下属各公司为协作企业参与以世界著名跨国公司为核心企业的国际化供应链活动应该作为天正集团公司近期工作的重点。21世纪，中国将是世界的制造工厂，中国的制造业将迎来他们的春天。天正集团公司目前在国内来看，确属较大的企业，但与国际化的大型跨国企业相比仍相对较小，且管理、技术水平还有差距，供应链运作更缺乏实战经验，在作为协作参与者参与国际化供应链活动中要着重做好以下几方面的工作：

1.由于近几年来天正集团在本行业中有上佳的表现，该公司受到NOVAR、GE、日立等多家外企的青睐，合作的前期考察接连不断，这也正是国际化的供应链在向天正招手，天正集团决心牢牢把握这样难得的好机会，虚心向在供应链管理方面具有丰富经验的国际化企业学习，转变思想观念。

2.积极主动地配合外商做好考察工作，同时仔细研究外商考察的项目条款，综合分析其要求的真正意图所在，把他们的企业和天正集团本企业做对照，系统分析本企业现行管理模式与其要求之间的差异，勾画天正集团溶入国际化供应链管理的战略。

3.利用先进的信息技术是实现供应链管理的基本要求，天正集团在溶入国际化供应链前，必须搭建好为供应链提供支持的信息系统平台。在这一点上，该集团要充分应用现有的两方面来支持：A国际化大公司有意把天正集团纳入其供应链，他们即使从他们自身的利益点出发，也会为天正集团建立信息平台提供一定程度上的帮助，天正集团在提高鉴别能力的同时，把其当作一种资源来充分应用；B天正集团正与上海申鼎公司在MRP方面进行初步协商合作，此项目的合作必然为该集团信息平台的建设提供了很好的支持，在此项目勾画设计中，要充分考虑对供应链支持，手段可以是建立电子商务，建立电子数据交换系统EDI等。

4.借助与为供应链提供支持的信息系统平台上，要真正深入理解供应链管理的实质。供应链管理模式可以实现主动进入需求方的工作进程，在需求方没有提出要货之前，供应方就可以安排自己的生产、销售活动。依据这种主动进取模式，该集团对所从事的各项业务流程进行优化设计，切实降低库存、成本，提高快速反应能力，满足供应链上游企业对本集团的要求，天正集团的供应链运作要真正与国际标准接轨。这样，天正集团才真正溶入到国际化企业供应链中，从参与国际化供应链中受益。

（二）核心主导型供应链

天正集团公司作为一个国内大型企业，拥有自己的多方主导性优势，所以要充分发挥这方面的明显优势，以天正集团公司为核心企业构造出一条供应链进行运作。但就目前而言，这还只能是一个奋斗的目标，因为天正集团在供应链方面基础建设及运作经验都相当缺乏，现在的重点是为构造核心主导型供应链作前期的基础性准备工作，具体地说应从以下几个方面来进行。

1.构造信息系统，进行信息资料的储备。供应链体系的良好运行必须以流畅的信息流通渠道以及丰富的信息资源为保障。制造企业实施ERP系统是一种发展趋势，天正集团也应对这方面进行可行性研究，在实施ERP项目规划时，要考虑本集团作为供应链核心企业对ERP提出的特殊要求，二者须能很好兼顾及扩展。

2.对外协户进行规范、培植。供应链的高效运行要求链上的每一个节点企业高效的、协调的配合其他节点运作。集团应向参与专家主导的供应体系的相关企业灌输供应链思想，同时逐渐用供应链的一些要求对他们进行规范。通过这些努力，从供应链下游企业角度来看，可以培植出相互合作关系较为稳定，但数量相对较少的能符合天正制订的供应链“游戏规则”规范要求的合作伙伴，建立起“天正”牌供应链运作体系。

3.2003年，集团公司要进一步提高原配件质量，提升产成品质量。借助于这个契机，可以对外协单位进行再一次的筛选，在此过程中，不仅要考察天正集团现阶段的生产及产品质量情况，而要借助于象ISO9002质量保证体系、ISO14000环境质量体系等等来考察天正集团用体系来长久、稳定的保持他们的产品质量的能力。这样建立的长期合作关系才可能有一个较为扎实的基础性保障。

4.着手准备对供应链进行知识管理的基础工作，首先，以天正集团公司各方面知识为基础建立供应链的知识库雏形，要对自己所现有的知识进行识别、分类，进行加工和提炼，形成系统的、不断发展的知识资产。建立的供应链的知识库要达到具有系统性和便于查找的要求；其次，设定有权限共享。知识管理直接目标是提高知识创新与运用的效率、使成员间的知识水平达到协调与优化。在供应链中实施知识管理是提高供应链运行效率的有效措施，能大大加速供应链建设进程。集团内部共享知识，可以很快提升企业竞争力，协作成员共享知识可以增强粘合力，这两者对于供应机制的运作都是极为有力的支持。

若积极参与协作参与型和核心主导型两种供

应链,哪一种成功都是取得的胜利,但如若只参与协作参与型供应链,那么发挥不了的优势,也永远长不大,也不能把“天正”的品牌推向世界;反之,如若只参与核心主导型供应链,那么由于实力及经验暂时不足,会很大程度上影响发展速度,也许会耽误了自己的发展的极好机遇。参与两种类型的供应链运作,正如人用两条腿走路,就可以持续不断的向前发展。

(供稿:浙江省乐清市柳市天正电气股份有限公司总经理助理　石进)

科健手机物流服务案例

一、公司简介

智联物流有限公司是一家全国性网络化的物流公司,成立于2001年5月,由香港智联物流有限公司和深圳智雄电子有限公司共同出资组建。公司是一家专业的第三方物流公司,定位在高科技电子产品的全程物流服务,服务内容包括货物的仓储、运输、包装、装卸、搬运、配送、流通加工、物流信息服务、供应链物流一体化及物流解决方案等。目前智联物流网络已覆盖全国28个省市,有深圳、北京、上海、广州、南宁、福州、长沙、南京、杭州、合肥、南昌、成都、重庆、武汉、贵阳、昆明、郑州、太原、西安、兰州、银川、乌鲁木齐、济南、青岛、石家庄、天津、沈阳、长春、哈尔滨、海口等30家全资子(分)公司,物流合作伙伴达160余家,并与民航快递、邮政物流等建立了战略合作伙伴关系。

二、客户简介

中国科健股份有限公司成立于1984年,隶属于中国科学院,是深圳证券交易所的第一家高科技上市公司(深股0035,中科健A),是最先介入数字信息技术研制发展的中国企业之一。

中国科健现年产手机500万部,继1998年成功地推出了第一部国产品牌的科健中文数字GSM手机后,又成功研制了中国第一部中文双频手机KGH-6380,并已通过国际权威机构FTA的质量认证。目前科健公司已被列入国家手机定点生产厂家,科健手机也被列入国家火炬计划。

三、产品物流特点

手机由于其时尚性强、降价速度快、市场响应速度快等特点,因而使其物流具有以下特点:

重量轻、包装小;

价值高;

配送时效要求高;

运输要求高。

加之,往往一部手机的配件多达10种以上,并且存在着消费者7日退机、《三包法》要求的15日内更换机和15日外维修机等相当复杂的售后物流。

手机的促销品、宣传品物流也是手机配套物流中的一个重点和难点,品种多,包装多样化,配送要求高。

所以要做好手机物流,特别是做像科健这样在全国知名度高,市场覆盖地域广的老牌手机生产厂商的全程物流确非一件易事。

但是,一旦做好了科健手机的全程物流,国内外其他品牌的手机物流就显得非常容易。因为科健手机的销售模式囊括目前在国内销售的所有手机的销售模式,即有国外品牌常采用的全国总代理制或省级代理制,又有自建营销渠道的自营销售模式,还有专卖店销售模式。

手机物流并不仅仅是手机的仓储、运输和配送等简单的物流服务，还有手机的IMEI号或ESN号管理(俗称手机身份证)，熟练掌握三包服务要求的售后物流，以及辅助产品诸如促销品、宣传品的物流。

智联物流公司之所以能成功地做好科健手机及其宣传品的全国销售和售后物流，就是因为公司有一批熟悉手机等通讯产品结构及性能特点，能够专门为手机物流定制一套专业化个性化解决方案的行业人才，我们创造的快速反应机制——24小时全天候响应客户的紧急需求；柔性管理机制——临时设站，解决旺季的物流难题；预先筹划机制——做好运输高峰季节的物流等是我们提供优质物流服务的有力保障。同时公司以网络覆盖广、配送方式全、价格合理、配送速度快和服务质量好赢得了专业手机物流的口碑。

网络覆盖广　智联物流一直以来，都以完善全国性物流网络作为目标，为了配合科健这一大客户在全国销售和售后业务的顺利开展，智联特地在西南、东北、西北增设了多个物流节点，使其物流分支机构达到目前的30个，物流合作伙伴达160余家，并且设立了4个区域分拨中心，从而在效率上和服务上支持了科健业务的开展。

配送方式全　为了保障科健市场销售和售后工作的顺利开展，智联物流在全国范围内采取灵活多样的配送方式，根据产品特点(手机、促销品、宣传品)及安全性时效性要求，灵活采用空运、汽运、特快专递、直供等形式来满足客户不同时期，不同时效性的要求。选择什么样的配送方式，主要从四个方面来考虑，一是快捷，二是安全，三是成本适宜，四是专业化配送

价格合理　由于智联公司物流网络健全，再加上在全国范围内建立了4个区域分拨中心，与民航快递、邮政物流等建立了长期稳定的战略合作伙伴关系，区域物流合作伙伴数量多达160余家　因此公司物流服务在业内具有很强的价格优势。

配送时效快　现阶段的智联物流网络不但可以实现所有一级城市的24小时门到门服务．而且在区域配送领域拥有专业的优势，保证货物直达二级、三级乃至四级市场。时效：一般为一级城市24小时，二级城市36小时，三级城市48小时。

服务质量优　智联物流公司在全国各分公司都有一个客户服务中心或客户服务部，并在每个服务点设有客服电话，由工作人员不断与客户沟通，从而及时了解产品情况和送货情况，并根据客户的需求和反映提供各种附加增值服务。

智联具有强大的信息技术支撑系统，在全国30个分支机构全部用的是同一个系统支撑，整个系统通过internet网络进行管理，总部对各种数据可以追踪、查询，公司的客户管理、销售管理、库存管理、行政管理、财务管理等都是通过计算机完成，整个公司的营运督导、反馈都是在计算机网络上运行，这样为公司提供了科学决策的依据和准确、快速运行的保证，从而提高了公司的经营效益。

针对手机物流的特点，智联公司现已建立起一支专业手机物流管理团队，公司提供的优质全程保险服务，确保货物的安全性，同时加强流程各环节的控制和监督。在科健手机物流过程中，我们的安全性得到了广大手机经销商的普遍认可。手机串号(IMEI号和ESN号)管理软件系统也是我们为手机物流提供的增值服务。

作为目前智联公司的大客户之一，智联公司针对科健手机项目从思想层、制度层、行为层、技术层和服务层5方面编写了约8万字的《科健物流项目操作手册》，并制定了23项物流作业评估指标对科健手机物流全过程进行评估。

在业界，智联物流作为专业手机物流公司已经被普遍认同，同时智联在其他产品如电子、电器、医药等方面的物流亦有不俗的表现。

（供稿：深圳智联物流有限公司国内物流部经理　程克洲）

开辟绿色食品服务形象窗口 创立诚信快捷配送服务体系

温州市乌苏里江绿色食品物流中心是黑龙江省乌苏里江企业集团绿色食品开发有限公司的子公司,注册资金 2 000 万元。并在温州市拥有日产100吨的现代化精米加工厂〔乌苏里江米业(温州)公司,总投资 1 000 万元〕一座。乌苏里江企业集团绿色食品开发有限公司是一家集种植开发、生产加工、营销服务为一体的股份制公司,注册资金 2 100 万元, 公司依托黑龙江省农垦建三江分局 55 万亩绿色食品水稻基地和 5.81 万亩有机食品水稻基地,致力于有机、绿色食品的研制开发、精深加工、物流配送和营销服务。

公司组建之初便根据企业内部的资源配置状况,结合企业生存的外部市场环境,着眼于国内外市场发展前景确立了:开辟绿色食品服务形象窗口,创立诚信快捷配送服务体系的经营宗旨。

一、建立统一、稳定、通畅的供应链

(一)品牌联合

公司充分利用"乌苏里江"品牌的内在生态价值和市场广泛认知度,结合黑龙江省有机、绿色食品的资源优势,先后同黑龙江省 40 多家绿色食品生产企业建立了长期稳定的供货合作关系。品牌联合经营使公司实现了规模经济, 优化了产能利用率、库存周转率等物质效率指标,稳定和降低了采购、生产各环节运作的综合成本。

(二)销区建工厂,异地分装销售

绿色食品大多为农产品初级加工品, 成品由于受气温、贮藏、运输等多方面因素的制约,经产地加工运到销区后,产品的鲜度大打折扣,而且中途运输中包装物的破损和玷污率极高, 大大削弱了在市场中的竞争优势,基于以上原因,公司在温州建立了乌苏里江(温州)米业,又相继在天津、昆明投资建立两个米厂,并在天津、上海、南昌、太原、西安、广州建立了 6 个物流配送中心,完成了华北区、西北区、西南区、东南区物流配送网络的布局。这样,既保证了食品的鲜度和外包装的整洁度,又降低了物流配送过程中的综合成本,增加了市场的竞争力。

二、搭建终端销售网络平台,降低物流配送成本

为解决配送成本高,物流运作难度大、交货期长、送货不准时等运作瓶颈,公司在各物流配送中心所在区域,加大对社区终端销售网络的建设,取消了中间商分销的环节、降低了中间费用。

三、发展公益事业,共同打造 3PL

公司为专注于对市场网络建设和品牌建设两个核心竞争力的打造,先后在上海、天津、北京等地运作由公司和社区物业和街道办及社区下岗人员共同组建的 "乌苏里江 4050 社区配送服务网络",由公司统一服务监督、配送管理和货源供给,将社区物业和街道办及社区下岗人员组建成第三方物流公司 (3PL),3PL 的规模效益降低自身的物流成本,同时,为社会解决了失业人员的再就业问题。

四、倡导、推行"亲情服务",创造核心客户服务价值

为培养"乌苏里江"忠实的品牌消费者,公司除要求公司销售、配送员工及公司经销商在第一时间准确及时完成 FTF(face-to-face)交货服务外,还必须定期对消费者进行登门拜访,虚心听取客户和消费者的意见和建议, 经公司认真汇总反馈信息后,及时对产品的质量、配方、规格、包装等进行调整。

图一 **乌苏里江绿色食品物流配送流程**

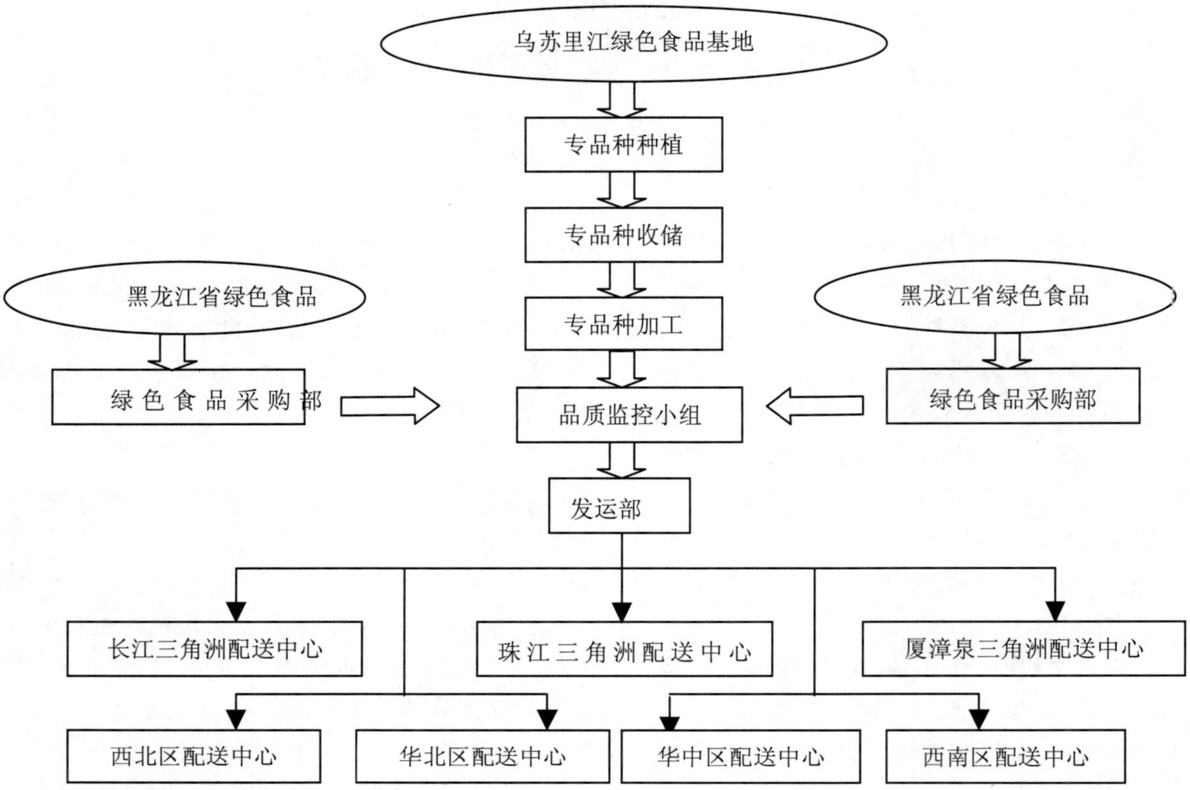

图二 **配送中心作业流程**

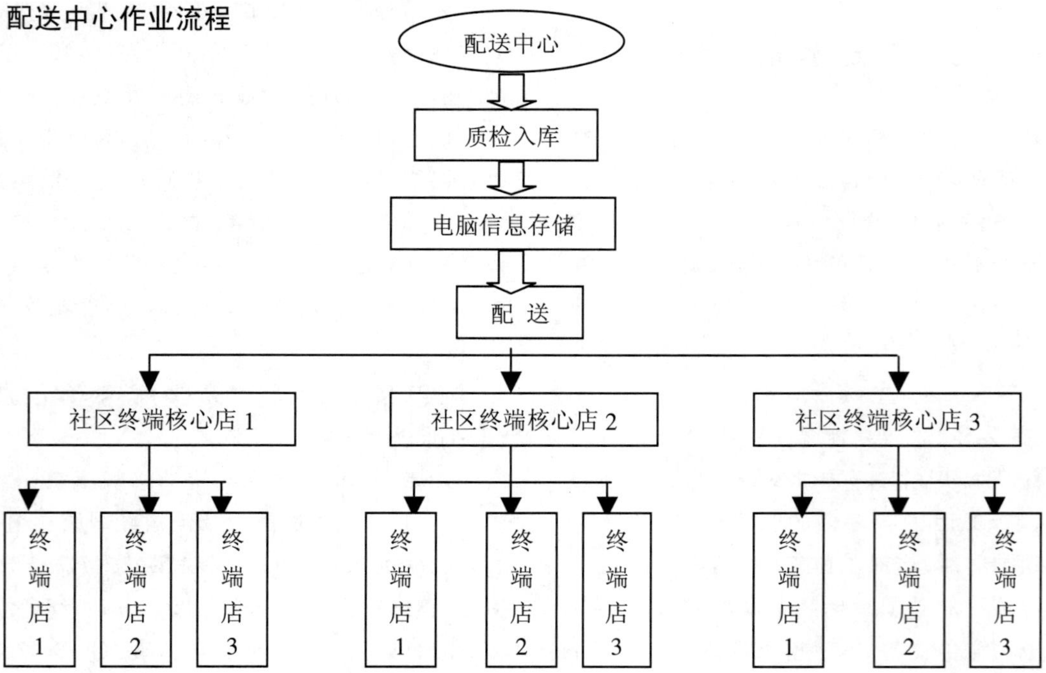

五、加强员工培训，提升物流配送服务水平

在商品同质化的今天，商品经营中服务的好坏是决定商品差异化的重要因素，对物流企业来讲，物流配送的服务水平优劣对企业的生存和发展尤为重要。因此，公司特别强调员工加强以下几方面的服务意识培训：订单处理时间的及时性、货款确认的准确性、交货的及时性、订单供应的及时性和准确性、交货时间的及时性、如何提高送货服务质量、理货执行的认真度等。

目前，公司经营的有10大类，72种规格的商品，其中包括米、面、油、酒、杂粮、山野菜等土特产品、有机食品。为进一步拓宽经营范围，扩展社区终端网络建设，实现多元化经营，取得规模效益，最大限度增加企业自身经济效益和社会效益，乌苏里江绿色食品物流中心将加快对黑龙江省优质绿色食品的集并。最终，在全国市场构建庞大的乌苏里江绿色食品成熟的物流配送销售网络，完成黑龙江省绿色食品全国的营销网络平台的建立，打造规模化、效益化的乌苏里江“绿色巨人”。

（供稿：温州市乌苏里江绿色食品物流中心有限公司董事长　闫晗）

东大化工开发第三利润源的物流管理整合案例

山东东大化学工业集团公司(以下简称“东大化工”)是国家大型企业，现有职工2 200人，年实现销售收入7亿元。该公司主要产品有：环氧丙烷、聚醚多元醇、聚氨酯、离子交换树脂、二乙烯苯、医用胶塞等，公司通过ISO9001国际质量体系认证，是山东省136家重点企业集团、省级文明单位。

1998年，东大化工在濒临破产的严峻形势下，实施开发第三利润源的物流管理整合(以下简称“物流管理整合”)，有效地降低了运营成本，经济效益显著。通过推行物流管理整合，1998-2000年，企业开发第三方物流，降低成本1 397万元、降低采购成本1 910万元，根据市场预测调整库存增加收入300万元，盘活存量资产1 300万元，减少库存资金占用4 770万元，实现直接经济效益4 600余万元。该企业先后在北京、上海、济南、青岛等地作经验报告10多场，吸引许多国内大中型企业来东大化工参观、考察和学习。

一、物流管理整合的理论依据及特点

（一）理论依据

1.供应链管理理论。供应链是指以某企业为核心，由该企业与其供应商、分销商和最终用户连接而成的物流和信息流链条。供应链管理就是核心企业通过调控企业的物流、信息流和资金流，对整个链条上的节点企业进行协调和管理（即跨企业边界进行管理)，联合众多企业或组织组成利益共同体，从战略层次上把握最终用户需求，通过相关企业的有效协作，获得成本、时间、效率、柔性等方面的竞争优势，最终提高用户对核心企业的品牌认知度。

2.物流管理理论。现代物流管理理论认为，企业物流系统包括输送、保管、包装、装卸、流通加工、物流信息等环节，它是社会物流大系统的重要组成部分；企业的物流系统与第三方物流之间存在着相互替代的关系，企业可以根据自身需要来选择第三方物流替代的程度；随着“第一利润源”(节约原材料)和“第二利润源”(提高劳动生产率)的开发潜力越来越小，企业物流系统的改进对于从根本上降低运营成本、增加利润、构筑竞争优势具有越来越重要的作用，被认为是“第三利润源”。

根据物流管理理论，为了有效地开发第三利润源，企业应当从整体上对物流系统进行设计、规划和管理；根据企业规模、物料和产品特点、供应商和用户分布、社会物流的发展状况等因素，来决定如何实施物流管理整合，从而实现系统最优、整体成本最小而利润最大。

（二）特点

1.企业内部活动集成。实现企业物流管理整合，需要把企业物流系统的各项活动看做是相互联系的一个系统，由分散到集中，将采购、运输、仓储、配送、销售等物流职能都集成到物流公司，由物流公司统一接受用户订单，并在市场预测的基础上，安排企业各环节活动，实现按订单生产。

2.企业外部资源整合。企业物流管理整合并不局限于企业边界之内，还要拓展到企业外部，包括与供应商建立战略联盟、与竞争者建立双赢关系，满足用户的个性化需求。

3.企业内部物流社会化。企业物流系统是一个开放系统，可将系统内的某些职能市场化，按市场规则运作，如将运输职能、部分仓储职能社会化，积极开发和利用第三方物流等。

二、物流管理整合的实施

实施开发第三利润源的物流管理整合，东大从改革运输体制、开发第三方物流入手，与供应商和分销商建立起了战略合作伙伴关系，并以信息技术为支撑，对物流组织体系、产销业务流程、仓储管理模式进行了有效的改造，整合了企业的物流系统，成功地开发了第三利润源。

（一）开发第三方物流

受传统体制影响，许多企业自身物流系统运作费用高、效率低。早在1994年，东大化工通过对运输车辆公开招标拍卖、推行运输路线竞价买断、调整货物包装运输方式，积极开发第三方物流，仅车辆购置费用节省就达300万元；在运输量每年增幅达50%的情况下，运输费用增幅不到10%。

（二）建立战略合作网络

面对全球经济一体化和中国加入WTO后的新形势，企业一改过去那种不重视供应商、客户利益的做法。一方面坚持“多赢”原则，发展与供应商和分销商的战略合作伙伴关系，与竞争对手结成动态战略联盟；另一方面进入客户经营过程，从而形成一个战略合作网络，不断提升企业的竞争力。东大化工与世界上最大的环氧丙烷制造商美国Lyondell公司签署协议形成战略合作伙伴关系，并租用日照岚山港储罐，进口环氧丙烷用于生产聚醚，使东大化工的聚醚生产能力迅速扩大到7万吨/年，不仅避免了原料价格波动带来的负面影响，而且扩大了企业的规模优势，提高了产品附加值；与齐鲁石化、山东农药、中银电化、青岛化工厂等企业结成战略合作伙伴，稳定了原料供应；经认真磋商划分市场空间后，与亨斯迈聚氨酯（中国）有限公司建立战略合作联盟，确定目标市场，进一步发展成为贸易伙伴关系，从而双方都取得了较好的效益；东大化工同德国Bayer公司首先从商务合作入手，互相销售对方的产品，在此基础上，东大利用拜耳技术，产品进入国际销售网络，成为拜耳的生产基地。

（三）整合物流组织体系

健全的组织体系对于实现物流管理的规范化和高效率具有决定性意义。许多企业的物流职责分别由一些独立的部门承担，物流活动各环节之间缺乏有机的联系，不能实现有效的绩效考核。东大化工通过成立物流公司，人员全部实行竞争上岗，重新对物流系统进行整合，完善物流管理及职能，实现了从优化单项物流活动向优化整体物流系统的转变。

（四）再造产销业务流程

1.将面向库存的业务流程转变为以客户为中心的业务流程。物流公司统一接受订单，并根据订单要求，统一安排从原材料采购到产品交付等一系列作业活动。这一流程将获取目标客户的订单作为物流管理整合的中心，企业的采购、供应、生产、运输等方面的管理都围绕这一核心来进行，最大限度缩短物流通达时间，降低整个流程运行成本，大大提高客户满意度。

2.实施周作业计划，实现产销动态平衡。物流公司根据订单和市场预测及时向生产部门反馈信息，调整生产计划，使企业对市场和用户的反应更加敏捷，最大限度满足客户的个性化需求，实现销售、库存、生产三者之间的持续动态平衡。

（五）重构仓储管理模式

1.在提高效率的前提下，减少库存环节，逐步取消“二级仓库”。

2.根据市场预测合理调整库存，减少长线原材料的库存积压。根据国内外市场信息，适时合理地调整库存。对于市场价格波动不大、能保障供给的原材料，力争实现“零库存”。

3.盘活存量资产，实行无资金占用仓库管理制度。仓库保管人员定期提报物资清单，公司各部门研究后，以替代使用、顶账、拍卖等方式加以盘活。对使用量较大的备品备件，通过协商将仓库无偿提供给供应商使用，企业随用随取，只需根据一定时期的实际用量与对方结算以减少库存。

（六）搭建信息技术平台

企业在科学规划好物流工作流程的基础上，运用计算机手段，开发企业资源计划系统（ERP），为物流管理整合提供信息技术支持，具体包括有财务管理子系统、销售管理子系统、采购管理子系统、仓储管理子系统、生产计划子系统、成本核算子系统等。

（七）完善绩效评价体系

建立完整的物流管理绩效评价体系，形成科学有效的激励机制，是实现物流管理整合目标极其重要的一环。既要制定、实施科学的价格激励政策，又要加强对业务流程的考核，准确核算运输、仓储、生产、配送等不同的环节之间的成本和效益，实现物流系统的整体优化。

实施物流管理整合，开发第三利润源，东大化工从中获取了可观的经济效益，在市场实践中也是切实可行的。

（供稿：山东东大化学工业集团公司
总经理助理兼物流公司副总经理　张钦岳）

辽河油田物流管理软件的应用

一、企业简况

辽河油田公司是一家国有超大型联合企业，主要从事石油与天然气的勘探与开发，在中国500家最大规模企业中名列前茅。该公司的原油年产量为1 500万吨，天然气年产量为17亿立方米，是仅次于大庆油田和胜利油田的第三大油田，其开发重油和高凝点油品的技术在国际上居领先地位。在持续稳定开发和生产石油与天然气的同时，辽河油田还积极开拓多种经营，年销售收入超过30亿元。

二、需求分析

1995年，随着国有资产的大规模重组，应用先进的信息管理技术已经成为国有大中型生产制造企业提升企业战略管理重要手段。作为中国石油天然气股份有限公司重要组成部分之一的辽河油田公司，在不断发展壮大的同时，对于企业资源的管理要求也越来越高，受到来自企业信息化管理要求的冲击也越来越强烈。

辽河油田对物流信息化管理的需求主要体现在以下三个方面：

一是辽河油田作为我国的第三大油田，需处理不同种类、不同规格的物资达10万余种，每年处理收发料记录达百万条以上，这就要求系统具备超大型的容量和良好的运行状态。

二是辽河油田的十几个仓库散布于盘锦、盘山、沟邦子三处，要达到对信息资源的统一控制并不容易，对仓库资源极易造成浪费，而物资如果不能及时供应，设备一旦出了问题将直接影响到石油的产量，这就要求系统达到资源的共享和信息的时时互通。

三是辽河油田在1995年时正处在计划体制调拨和市场经济采购两个交互的经济体制转型期，能否同时处理好这两种体制下的物资流通的各个环节，也是系统是否灵活机动的一个重要方面。

三、解决方案

针对辽河油田物流管理的特殊要求，光彩未来软件技术有限提出如下解决方案：

1.把物流管理软件系统分成采购管理、设备管理、质检管理、合同管理、仓储管理、库存管理、调度管理、编码管理、销售管理、经销管理等14个子系统、366个模块，进行独有的模块化设计，按照国际化的开发标准，把设计的系统整合成特别适用于物资流通领域大中型企业的物流ERP管理系统。

2.将从物资采购到记账、仓储、发料、运输等各个环节统一集成到一个操作和控制环境中，从而对数量庞大、品种繁多的信息流和零散的仓库站点的数目巨大的物资流进行统一管理和调配，采用FTP协议点对点拨号链接，实现了资源共享，时时互通。

3.采用ORACLE数据平台，解决系统的信息和数据量的储备问题，并且引入代码机制，解决系统本身特定的条件限制。

四、光彩未来物流管理软件的特点

大量的模块化设计，组合功能得心应手；

灵活的字典化功能，满足企业随心所欲；

丰富的多功能程序，适应企业工作之需；

卓越的权限分级，管理更有效、更安全；

强大的数据库支持，和全球技术发展同步；

跨越硬件平台设计，适应多种硬件环境；

多种应用方式，可适合各种应用模式。

五、开发企业简介

光彩未来软件技术有限公司（原北京海淀未来电脑研究所）是国内规模较大的专业软件公司。公司国内总部设在北京，注册资金5 000万元，海外总部设在香港，公司在上海及深圳设有大区办事处，在国内拥有11家软件开发基地有限公司，每家基地注册资金为2 000万元，公司的业务主体以软件开发、系统集成为主，包括各行业信息化建设整体解决方案的设计和实施及增值服务。该公司一贯坚持“了解需求为项目开发之本，完善服务为服务客户之道”的原则，在此原则的基础上以“强势的开发能力、近千名开发人员、时效的开发周期、满意的维护服务”打造光彩未来的光彩品牌！

六、效果评析

辽河油田公司选择了光彩未来软件公司进行物流管理软件的开发，7年来该系统仍运行良好。光彩未来物流管理软件在辽河油田物资管理中的实施与应用，取代了其原先传统的人员手工记账方式，实现了辽河油田物资采购销售仓储运输全面业务和财务核算的一体化；加快了辽河油田相关物流业务的重组，增强了企业的核心竞争力。

（供稿：辽河油田公司）

福田商品车销售物流的成功整合

一、企业背景

北汽福田股份有限公司是一家跨地区、跨行业、跨所有制的新型上市公司,公司产业经营领域发展为与“行”和“住”相关的汽车、农业装备、建设、金融四大产业。由于汽车产业生产事业部分布于北京、山东、湖南省等几个省市,物流资源分散,因此给商品车的销售物流带来较大的影响。在销售物流整合前,各生产事业部各自为政,资源不能充分利用,物流成本得不到降低,在商品车的储运上牵制了营销部门过多的精力,在一定程度上影响了福田产品的竞争力,福田商品车销售物流的整合就是在这种情况下提出的。

二、销售物流的整合

为了对福田公司的部分物流业务进行统一管理,2002 年 5 月 6 日福田公司成立了北京福田物流有限公司。福田物流公司成立以后,提出了“建立两条主线、三个平台,实现一个目标“的发展思路。根据此发展思路,公司制定了发展的三个阶段,即:第一阶段物流资源优化整合(2003-2004 年),第二阶段:供应链发展阶段(2004-2005 年),第三阶段:物流产业化发展阶段(2006-2010 年)。在销售物流整合的过程中,具体采取了以下措施。

(一)整合福田公司内部资源

成立福田物流公司后,物流公司先后接管了客车分公司、怀柔汽车厂、诸诚汽车厂、欧曼量重卡厂的储运科物流业务,由福田物流公司统一管理。通过对人员结构、业务流程、信息系统等进行调整和统一规划,福田公司销售物流分散的现状得到了很大的改观,具体体现在:

1.简化手续、优化业务流程。福田物流公司成立后,专门由物流管理科对商品车的入库计划执行→入库复检→现场管理→出库→车辆在途监控等环节进行规范,简化了部分烦杂的手续,对整个商品车的储运流程进行了优化,大大提高了物流速度。

2.加强商品车运输在途监控,提高商品车运送及时性。为了提高商品车运送及时性,福田物流公司在所辖的部分运输车辆上实行了手机短信定位,随时对车辆在途情况进行监控,遇到特殊情况及时采取紧急预防,保证商品车及时送达。

3.严格商品车出入库计划考核,保证最小库存量。严格执行入库计划,杜绝超计划入库的现象出现,及时执行出库计划,使各生产事业部的库存量达到最优化,即满足了市场需求,又保证了生产部门生产的需要。

(二)整合外部资源

外部资源的整合,主要从以下几方面着手:

1.优化现有运力资源,建立福田欧曼形象车队。在成立福田物流公司以前,各生产事业部的运输任务由众多运输单位承运,责任主体过于分散,不易管理。福田物流公司接手后,逐步淘汰了部分服务质量不到位的运输单位和个人,着重培养拥有 50 辆性能良好运输车辆的运输大户。给有意向购买福田欧曼重卡的用户提供咨询服务,建议用欧曼重卡承运福田其他车型,该措施既能宣传福田车,又能用福田车提升福田物流品牌。

2.建立多个卫星办事处,充分利用各种资源。为了充分利用社会货源及运力资源,在充分调研的基础上,福田物流公司在全国货源及运力资源较为丰富的城市建立了 8 个卫星办事处,构筑福田物流大网络。在业务拓展的过程中,各卫星办事处先后进入当地的生产企业,组织合理运输价格的货源，为各区域到该办事处所在城市或地区的运输车辆及时提供服务，提升福田物流的知名度。福田物流计划 2004 年 6 月前组织 2 万辆社会车辆，为成为真正的第三方物流企业奠定基础。

福田商品车销售物流的成功整合，为福田物流逐渐由企业物流转型为物流企业提供了案例参考，也为物流产业成为福田公司第五大产业奠定了坚实的基础。

（供稿：北汽福田股份有限公司）

冠生园的第三方物流

一、冠生园简介

冠生园集团是国内惟一一家拥有“冠生园”、“大白兔”两个驰名商标的老字号食品集团。近几年来集团生产的大白兔奶糖、蜂制品系列、和酒、冷冻微波食品、面制品、素易鲜等新产品市场需求逐步增加，集团生产的食品总计达到了 2 000 多个品种，其中糖果销售近 4 亿元。市场需求增大了，但运输配送却跟不上。集团拥有的货运车辆近 100 辆，要承担上海市 3 000 多家大小超市和门店的配送，还有北京、太原、深圳等地的送货运输。由于长期计划经济体制造成运输配送效率低下，出现淡季运力空放，旺季忙不过来现象，加上车辆的维修更新，每年维持车队运行的成本费用要上百万元。为此集团专门召开会议，研究如何改革运输体制，降低企业成本。

二、冠生园加快发展第三方物流

冠生园集团作为在上海市拥有 3 000 多家网点并经营市外运输的大型生产企业，物流管理工作是十分重要的一项。他们通过使用第三方物流，克服了自己搞运输配送带来的弊端，加快了产品流通速度，增强了企业的效益，使冠生园集团产品更多更快地进入了千家万户。

2002年初，冠生园集团下属合资企业达能饼干公司率先做出探索，将公司产品的配送、运输全部交给第三方物流。物流外包试下来，不仅配送准时准点，而且费用要比自己搞节省许多。达能公司把节约下来的资金投入到开发新品与改进包装上，使企业又上了一个新台阶。为此，集团销售部门专门组织各企业到达能公司去学习，决定在集团系统推广他们的做法。经过选择比较，集团委托上海虹鑫物流有限公司作为第三方物流机构。

虹鑫物流与冠生园签约后，通过集约化配送，极大地提高了效率。每天一早，他们在电脑上输入冠生园相关的配送数据，制订出货物最佳搭配装车作业图，安排准时、合理的车流路线，绝不让车辆走回头路。货物不管多少，就是二、三箱也送。此外按照签约要求，遇到货物损坏，按规定赔偿。一次，整整一车糖果在运往河北途中翻入河中，司机掏出 5 万元，将掉入河中损耗的糖果全部“买下”做赔。

据统计，冠生园集团自去年 8 月起委托第三方物流以来，产品的流通速度加快，原来铁路运输发往北京的货途中需 7 天，现在虹鑫物流运输只需 2 到 3 天，而且实行的是门对门的配送服务。到去年年底，5 个月来集团的后勤管理费用节约了 40 万元。由于第三方物流配送及时周到、保质保量，使商品的流通速度加快，使集团的销售额有了较大增长。此外，更重要的是能使企业的领导从非生产性的后道工序、包装、运输中解脱出来，集中精力抓好生产这个产业，更好地开发新品、提高质量、改进包装。

三、案例评述

第三方物流机构能为企业节约物流成本，提高物流效率，这已被越来越多的企业，特别是中小企业所认识。据悉，美国波士顿东北大学供应链管理学系调查，去年《财富 500》中的企业有六成半都使用了第三方物流服务。在欧洲，很多仓储和运输业务也都是由第三方物流来完成。

作为老字号企业的冠生园集团，产品规格品种多、市场辐射面大，靠自己配送运输成本高、浪费大。为此，他们实行物流外包战略，签约虹鑫公司，搞门对门物流配送，而自己腾出精力抓生产、开发新品，提高质量、改进包装。结果 5 个月就节约了 40 万元费用，产品流通速度加快，销售额和利润有了较大增长。

按照供应链的理论来说，当今企业之间的竞争，实际上是供应链之间的竞争，企业之间产品、规模相同，谁的成本低、流通速度快，谁就能更快赢得市场。因此，物流外包充分利用外部资源，也是当今增强企业核心竞争力的一个有效的举措。

（供稿：上海物资流通行业协会）

神龙公司物流项目的规划与实施

神龙公司 10 多年来的物流项目规划设计和实施，包括了物流系统能力建设、系统合理化改进、物流系统规划、新项目物流系统发展规划、物流系统成本分析和第三方物流研究等多方面的内容。如何使系统整体最优是神龙公司的追求目标。

物流具备 6 个特性：系统性、服务性、动态性、后生性、先行性和哲学性。这些特性决定了物流系统规划特殊的工作流程和工作方法，显示出物流是企业第三利润源泉的地位，并能够实现企业的核心竞争能力。

归纳起来，系统工程与传统工程相比，有以下三个方面的差别：

(1)方法整体化。系统工程研究的对象是系统，是一个整体。研究过程也是一个整体。这种方法的特点是先看整体、再看部分；先看全局、再看局部；先看长远、再看当前；先看宏观、再看微观。

(2)技术应用综合化。系统工程致力于综合各种学科和技术领域所获得的成就，是各种科学技术有机的配合，达到系统整体效益优化。

(3)目标最优化。最优化是系统工程所追求并能够达到的目标，运用系统工程处理实际问题就是运用系统观点和最优化方法对系统进行分析、设计、制作和运转的过程。合理的建立起系统模型并对其进行全面的分析和评价，最终完成系统优化。

现选取神龙公司物流项目的几个实例，介绍如下。

一、后卸货站台过渡平台的选择

货物装卸口即站台是物流大系统的一个“瓶颈”部位，此处的物流能否通畅直接影响到物流大系统的正常运转。站台过渡平台是集装箱平板车与零部件仓库之间的一个物流环节。这个设备的正确选择关系到物流

大系统的“瓶颈”消除，从而保证物流大系统的通畅。

为了保证集装箱平板车的掏箱作业，需要配置 4 台站台过渡平台安装在后卸货站台处，以调节站台和集装箱平板车的高度差，使叉车平稳安全的掏箱卸货。

通过对国内、国外站台过渡平台设备的了解和分析，1996 年购置了德国 Hafa Stekvn3500 型

液压式站台过渡平台，使用后证明，这种设备使用性能很好。但设备价格稍高。于是，在再次增加设备时，改选了法国 Auto Manu 30.2410 型机械式站台过渡平台。设备单价降了 3.5 万人民币。

德国 Hafa Stekvn3500 型液压式站台过渡平台为液压控制，随动性好，与集装箱平板车搭接平滑可靠，台体可以镶嵌在厂房内，具有良好的工作环境，自动化程度高，操作简便。但维护保养的难度大于机械式。

法国 Auto Manu 30.2410 型机械式站台过渡平台为全机械控制，靠重力压缩弹簧和机械锁定完成与集装箱平板车的搭接，搭接的平滑性差。台体置于厂房外，集装箱平板车定位困难，工作环境差，安全性差。但机构少，维护保养方便。

国产机械式站台过渡平台属仿制产品，试用后证明其可靠性差，故障多，开动率低。现已弃之不用。

下表是三种站台过渡平台的性能价格比较

	法国机械式	德国液压式	国产机械式
设备交货状态	需重新改造，加附加装置	即可投入使用	仍需不断调试
工作条件	在室外，环境差	在室内，良好	室外艰苦
设备单价	9.5 万	13 万	
雨棚单机价	3 万	0	
安全台单机价	0.15 万	0	
人力资源单机价	0.875 万	0	
单台设备总投入	13.52 万人民币	13 万人民币	
4 台设备总价	54.08 万人民币	52.0 万人民币	

通过比较可知：以系统观念来分析，配置 4 台站台过渡平台，选择液压式站台过渡平台，总投入会减少 2.1 万人民币.并且设备整体性好，工作安全可靠。而单纯考虑购置成本，选择机械式，尽管设备首次采购价格低于液压式，但这点利益已被设备改造费用、人力投入费用所抵消。而且机械式的使用效果差、安全可靠性差、设备的整体性被破坏、厂房外观受损害。如果把使用工况、厂房环境、安全条件、设备功能和设备价格等综合起来考虑，把站台过渡平台看成从货源到零部件仓库这个系统中的环节来考虑，无疑选择液压式平台才是合理的。

其物流特性表现为：

系统性——仓储系统自成一体，但与明细表系统、包装系统、搬运系统等紧密相关。

服务性——为总装车间待装配的国产件和 KD 件准备场地

动态性——设计初期，设计依据不明确时，按经验数据估算设计；随着制造明细表逐步完善和装配工艺的不断明确，物流设计就要不断修正。后生性表现为–只有等工艺基本确定，零件包装方式逐步明确时，才能开展设计工作。

先行性——集装箱货场的土建设计、招投标、施工需要早与使用时间开展。

哲学性——既要保证生产系统的可靠运行，又要让库存成本最低，这就是矛盾的对立统一。

二、电瓶叉车的选择

叉车是物流搬运设备，是物流搬运子系统中重要的要素之一，它决定了物流效率。叉车选型的合理与否实际上是物流搬运子系统能否高效合理运行的关键。而物流大系统中最重要的功能要素之一就是搬运，因此，物流搬运子系统的合理化也是物流大系统合理化的关键。

为了完成零部件的机械化搬运和装卸车业务，需采购 4 台叉车。神龙公司对车型和厂家进行了综合性的比较，以便完成最合理的资金投入。

	国产电瓶叉车	日本力之优电瓶叉车	国产内燃叉车
型号	CPD20B	FBA20P	CPCD20-W
设备采购单价	9.5 万	19.5 万	11
充电机	1.2 万	标准配置，采购价含	
备用电瓶	0.8		
电瓶寿命	2	6-10 年	
折算成相同寿命	2.4-4 万		
开动率	40-60%	90-100%	
折算成相同开动率	19.5 万		
单台总价	35 万	19.5 万	
4 台总价	140 万元人民币	78 万元人民币	44 万元人民币
备件单价	相对便宜	相对昂贵	相对便宜
维修难度	拆卸/分析/诊断	自动诊断	拆卸/分析/诊断
维修工时	多	少	多
人力资源投入	多	极少	多
备件贮备量	多	少	多
电瓶保养	复杂	简单	
噪音	大	极小	很大
污染	无	无	大
操作灵便性	一般	好	差
外观	一般	好	一般
性能价格比	不好	最佳	一般

通过上表分析可知：各种设备所涉及的成本不仅是其首次的采购成本，更大的是它的运行成本和效率成本。如果选用进口叉车，单从有形的价格分析，总费用就减少了 62 万元人民币。用户真正需要的是工作效率高、运行成本低、可靠性高、开动率高和故障率低的设备。如果仅仅考虑设备采购单价、设备国产化、维修备件单价，而盲目追求国产只会造成高成本、、低效益。因此，选择故障率低、可靠性高、开动率高、操作方便、维修少而简便的进口叉车，其性能价格比最好。

其物流特性表现为：

系统性——仓储系统自成一体，但与明细表系统、包装系统、搬运系统等紧密相关。

服务性——为总装车间待装配的国产件和 KD 件准备场地

动态性——设计初期，设计依据不明确时，按经验数据估算设计；随着制造明细表逐步完善和装配工艺的不断明确，物流设计就要不断修正。

后生性——只有等工艺基本确定，零件包装方式逐步明确时，才能开展设计工作。

先行性——集装箱货场的土建设计、招投标、施工需要早与使用时间开展。

哲学性——既要保证生产系统的可靠运行，又要让库存成本最低，这就是矛盾的对立统一。

三、垃圾标识的选用

随着环保意识的逐步加强，人们对自己的生存环境提出了更高的要求。企业是环保的重要环节之一，工业垃圾的分类存放是环保最基本的要求。

为了完成对工厂垃圾的分类存放，以便顺利通过国家ISO14000的检查,必须对垃圾存放点进行标识。标识点约3000个,标识方法可有两种选择:一是采用不干胶标准标识,二是采用金属牌标识。

下面就是两种垃圾标识的性能价格比较。

	标准不干胶	金属牌	备注
标识总投入	0.9-1.2万	6万	
辅助标识复印纸投入	0	0.072万	
人力资源投入	0	2万	
总投入	0.9-1.2万元人民币	8.1万元人民币	资金投入相差6.9-7.2万
规范化程度	高	低	
工作难度	小	大	
工作有效性	高	低	
维护保养	容易	复杂	
外观	美观	难看	
人力资源投入	少	多	

通过比较可以看出：采用标准不干胶标识，将降低资金投入6.9–7.2万元人民币。这不仅提高了工作双效(效率和效益),并且给该项工作的合理化改进打下了良好的基础。因为,标识更新、容器清洁等都十分方便。相反,仅仅考虑标识的豪华气派，以为这样一来会提高通过ISO14000验收的可靠性，就会造成极大的浪费和后遗症。因为,当容器被污染时(多发事件),清洁不便,当标识被损坏需要更新时,就会损坏容器,从而造成浪费。

其物流特性表现为：

系统性——仓储系统自成一体，但与明细表系统、包装系统、搬运系统等紧密相关。

服务性——为总装车间待装配的国产件和KD件准备场地

动态性——设计初期,设计依据不明确时,按经验数据估算设计；随着制造明细表逐步完善和装配工艺的不断明确,物流设计就要不断修正。

后生性——只有等工艺基本确定，零件包装方式逐步明确时,才能开展设计工作。

先行性——集装箱货场的土建设计、招投标、施工需要早与使用时间开展。

哲学性——既要保证生产系统的可靠运行，又要让库存成本最低,这就是矛盾的对立统一。

四、生产计划和订货计划的协调

实物流、信息流和资金流的有机配合对于一个优化的物流系统来说是至关重要的。通常,人们认为:物流设施和生产物流量与生产规模成正比,即当生产量增加时,物流设施的需求量也增加,库存量必然增加,零部件资金占用增大;当生产量减少时,物流设施的需求量也减少,库存量也必然减少,零部件资金占用减少。

当生产计划随市场的变化需要进行动态调节时,生产计划受市场拉动是弹性的。而订货计划受供货周期和合同条款的限制是相对刚性的。在企业自营全部或绝大部分物流业务的前提下，情况就发生了变化。这时,当生产量降低时,就会造成库存量大于消耗量,出现资金流滞停,出现包装容器和仓储面积的紧张，以至需要增加包装容器和仓储面积的配置。生产量减少的越多,需要增加的物流设施就越多。当生产量增加时,就会出现库存量等于或小于消耗量，造成包装容器和仓库的闲置,造成资金无效占用。

因此,当生产计划与订货计划尚不协调时,整车库存的局部减少，并不能降低物流系统的总成本,相反增加了物流设施的投入。这里出现了“效益背反”。

长此以往，原本高效合理的的物流系统的效

能就会遭到严重破坏，降低了物流系统的整体经济效益。

这样，采用第三方物流和建立物流信息平台，就值得着重考虑。利用信息平台，使主机厂、供应商和提供物流服务的第三方之间信息共享，通过无纸化的网络信息传递，高效准确完成各自的工作，达到生产计划和订货计划的协调，从而，大幅度降低物流系统成本，实现三赢。

其物流特性表现为：

系统性——仓储系统自成一体，但与明细表系统、包装系统、搬运系统等紧密相关。

服务性——为总装车间待装配的国产件和KD件准备场地。

动态性——设计初期，设计依据不明确时，按经验数据估算设计；随着制造明细表逐步完善和装配工艺的不断明确，物流设计就要不断修正。

后生性——只有等工艺基本确定，零件包装方式逐步明确时，才能开展设计工作。

先行性——集装箱货场的土建设计、招投标、施工需要早与使用时间开展。

哲学性——既要保证生产系统的可靠运行，又要让库存成本最低，这就是矛盾的对立统一。

（供稿：神龙公司）

某医药企业构建销售物流系统

作为某咨询公司医药行业信息化应用咨询顾问，通过对医药企业销售体系的流程再造，在销售系统设计中融合物流管理思想，进行组织结构调整，从而实现销售和物流的无缝连接，达到医药企业流程优化、业绩增长的目标，大幅度地提高企业的市场份额，提高企业的竞争优势。

一、医药企业构建销售物流系统的必要性

（一）医药流通企业的现状

我国医药流通业一直是医药行业中最薄弱的环节。据统计，2001年全国具有三证的药品批发企业共有1.65万家，零售企业11.9万家，年销售规模超过2000万元的企业不到5%，销售额最大的中国医药集团公司和上海医药股份公司分别为60多亿元，仅占医药市场销售总额的8%左右。

与发达国家相比，我国医药商业企业主要存在以下问题：

1.规模小、数量过多、网点布局不合理；

2.由于企业经营成本高、管理手段落后、体制僵化、市场开发和服务能力较弱，整体经营效益不高；

3.由于企业实力不足，难以进行有效的大规模扩张、占领市场；

4.医药流通秩序混乱，无序竞争、过度竞争现象严重；

5.管理手段落后，计算机管理信息系统没有普遍建立，人员素质普遍较低，培训体系不完善，专业人员和管理人员匮乏。

国内医药行业整体的发展还处在不规范、低水平、小规模的不成熟阶段。随着国际医药巨头对中国医药市场的冲击，国内医药行业面临着非常严峻的挑战。而国家的宏观政策，也加强了对医药行业的管理。

（二）医药企业对销售物流系统的需求

针对医药流通企业现在的政策环境和业务模式，通过对医药流通企业销售物流系统的整合和优化，实施销售物流系统进行了企业流程优化（BPI），重新获得了对企业成本和物流的有效控制，从而更好地优化了企业的销售渠道，达到了很

好的预期效果。随后，可以对企业进行其他方面的业务流程优化。

医药流通企业的竞争已经是白热化了。中国药品业处在大动荡、大改组的年代，大集团化角逐的格局已经形成。国内其他企业严重的药品仿制和外资企业的进入，使得竞争格局严重恶化。如果只停留在现在的产量、规模和营销渠道、营销方式上，没有自己的核心优势，势必会在竞争中处于劣势。一些企业在进行战略布局的同时，没有足够地考虑销售物流系统的优化，从而会在运营过程中出现瓶颈，影响企业的进一步发展，同时导致成本的进一步攀升。尤其是在全国各地建立起办事处和销售公司的企业，其成本控制、销售物流系统的搭建，更显得重要。

（三）医药流通企业的面临的问题

对于很多的药品销售公司来讲，由于繁重的销售任务和激烈的市场争夺战役，没有更多的时间来考虑提升系统的优势，由于在乎一城一池的得失，没有流程变革的动力，甚至阻碍变革的推动。另外，由于医药企业比较高的利润率，还没有看到节约成本的迫切性。衔接需要有个过程，但一向把数字指标作为考核一个企业主要业绩的营销部门和企业的管理层，面对着企业的一时下滑，感到难以理解，企业内部及社会各方面众说纷纭。

医药流通企业有关业务的部门包括各地分公司或办事处、业务处、仓储处、运输公司和财务处等。在全国的销售，适时监控各地的销量、存货、销售计划和业绩报告，对各地办事处的费用进行控制，统一制定全国的销售策略，集中对各生产厂报销售计划，使得生产厂能够有很好的生产计划，采购部门的采购计划也能够更加切实可行。

组织结构和业务流程导致在销量迅速攀升后，一度出现了混乱，具体出现的问题如下：

1.在各地经销商的库存中，各地业务人员为了自己不缺货，往往多要货，导致公司整体的货物计划失效。医院的库存水平不能真实反映出来，及时能够反映，其成本也是很大的。

2. 仓管员签库时不清楚车队可分配车辆，出现客户拿到货却不能及时运走的情况。不管是分公司或客户均感到十分不便。

3.在各地仓库的管理中，各地仓储由各地分公司控制，仓库储存量的设置没有统一地安排，缺乏科学依据，有时出现两个地方销售情况类似，但库存量差一倍的情况，因此影响公司整体库存管理水平，增加公司整体营销成本。仓储处只有调度权和库房管理权，没有库存决定权，库存决定权在业务处，业务处主要职能是处理业务，而非管理库存，以至于库存管理被分为两个部门行使职权，导致效率低下、责权不分。

4.各运输公司都有自己的跑单员，负责按客户或分公司的要求去仓储中心取提货单，效率很低，跑单员为取到货在各仓库间到处奔波。运输公司另一个恼火的地方是委托运输单，委托运输单由业务处开，有时业务处并不知道运输处可调度车辆，在此情况下开据出来运输方式使得运输处不能更有效地调度自己的运力。

5.陷入这一混乱局面的还有财务处。首先是现有管理给客户造成了不应有的时间损失，其多年来执行开发票即做账的制度，产品脱销时，造成已交款的客户手里持有大量提货单长时间提不到货；其次，是对各地办事处的控制；财务部负责按预算控制各地办事处的费用支出，但往往得不到各办事处当月的实际支出，更不要说对每个业务员的费用进行控制了，由于没有可行的系统甚至办事处负责人也不能及时得到这些数据，为此各地办事处的费用超支已成了常事，预算控制几乎成了一纸空文。

6.商务部更是疲于奔命，各地销售人员不太喜欢商务人员，他们又没有足够的能力、权力来的到经销商、医院的真实销量，应收账款高，玉缩货款难。

以上种种问题造成销售成本不断升高，对市场响应速度滞后，从而影响公司的整体销售能力和客户服务水平。落后的物流管理已成为公司发展销售能力和提高企业竞争力的瓶颈。依靠以往的感性经验难以解决这些管理问题，只有引进先进的管理理念和信息技术，及时、准确掌握第一手的业务数据，才能有效控制和管理日益扩大的销售网络。

为了更好地解决医药企业特有的销售物流体系，我们提出了“科学规划物流体系，全面流程管理”的战略规划。在此规划的基础上，利用先进的信息技术，快速准确地将全国各地的信息汇总到总部，及时处理和分析庞大的数据，全面支持管理水平的提升。

二、医药企业销售物流系统实施策略

根据目前的实际情况，包括对销售体系3–5年的发展预测，构筑统一的电子商务平台来管理面向全国的销售网络。电子商务领域处于国际领先水平的销售物流系统来解决集中控制和分布经营的问题。由医药流通企业和XXX联合成立项目组，实施业务管理流程优化(BPI)以及销售物流系统软件。

项目组对现有物流系统进行了根本性地分析，认为出现上面问题的根本原因在于：未能很好解决集权与分权之间的矛盾，各职能部门信息不共享。如较突出的仓库问题(经销商库存)，仓储处难以得到实时的各地分仓库库存，因而不能对分仓库进行有效的集中控制。

(一)实施策略及目标

依据BPI的思想项目组提出总的实施策略是：“总体规划，目标明确，重点突破，分步实施”。

同时确定未来销售物流系统应达到如下目标：

优化采购环节，从而提高产品的质量；

降低库存量，减少产品的周转周期，降低企业运行成本；

提高企业管理水平，加强企业营销能力；

减少客户资金占用期，提高企业服务水平；

提高企业信息准确度和及时性，从而提高企业决策能力。

一些效益不佳的医药企业主要弊端是控制力不强，业务流程不科学和计划不科学。根据这些问题，制订项目近期目标：建立销售物流系统，这个目标可以分为三个层次：

第一层次建立基本销售物流信息系统，重新制订业务流程，采用计算机系统实现这个流程，拥有比较完善的数据查询系统和数据管理系统；

第二层次是在第一层次的基础上，建立比较合适的销售物流管理系统，如销售业务考核系统，客户信用管理系统，市场分析系统，计划管理系统和营销管理系统；

第三层次是前二个层次的基础上，提高系统的智能化程度和业务自动化程度，建立销售物流决策支持系统，如库存智能管理、库存周期自动确定、市场预测、销售分析和财务分析等，在全国销售网络上实现电子商务。

根据以上所述，医药流通企业改进物流系统基本点是在改进业务流程，合理分配权限，简化处理环节。首先的着眼点是仓储管理，因为从物流作业的角度来看，存货决策的特点是风险大、影响也大。存货决策需要对特定的存货进行分类，然后负责将其装运到具体的市场或地区，并以销售量预测来确定一系列的物流活动；同时存货计划的制定对生产部门也至关重要，它是生产计划制订的基础。从资金负担数量和在总资源中的相对比例就可以知道，存货是企业具有重要意义的一个核心成本，即在不影响市场的情况下，将药品仓储量下降几个百分点，可以急剧提高企业利润。而从供应链理论的角度出发，重新设计供应链过程以减少存货是可行的。

(二)改进措施

整个供应链的改进包括以下措施：

重新划分业务处的功能职责，将之重点放在销售业务处理、销售计划制定和销售数据分析；

加强仓储处力量，建立统一的仓储中心，利用销售物流系统的Internet B/S体系结构实现对各地分仓库的实时控制，使仓储中心具有完整的库存管理能力；

优化“定单处理流程”，利用销售物流系统的销售工作流管理规范销售过程，实现销售信息、药品实物、财务账、现金流之间的一致统一；

利用销售物流系统中强大的预算管理功能实现了对各分公司、各业务员销售及费用预算的事前计划、事中控制、事后核算分析。

中国邮政拓展戴尔物流业务

一、合作背景

戴尔计算机公司是一家著名的跨国企业。自1998年8月进入中国并在福建厦门设立“中国客户中心”以来，戴尔计算机(中国)公司成长迅速，其单位付运量在中国十大电脑供应商中名列前茅。

戴尔公司在中国地区的第一个物流服务商为D公司(已合作三年多)。D公司在BtoB大规模运输方面经验丰富，并在一定区域内可提供BtoC服务，但其缺乏地面服务基础设施及配送经验，不能完全满足戴尔公司的物流需求。因此，戴尔公司有意寻找其他物流服务供应商。

中国邮政拥有全国的营业、投递服务网点和运输网络，具备开展大型物流项目的良好资源。当中国邮政将发展的目光聚集于现代物流服务时，戴尔公司进入了中国邮政的视野。

二、展开合作

2000年7月，国家邮政局与戴尔中国总部管理层就中国邮政与戴尔计算机(中国)有限公司的合作达成共识。2000年8月起邮政开始与戴尔公司接触，经过七轮艰难的谈判，以及邮政的反复论证、现场演示、实地考察、模拟运行等过程，戴尔公司最终认可了邮政的物流运作和项目管理能力，并与邮政共同研究确定了戴尔物流项目服务流程。中国邮政成为戴尔公司的第二个国内物流服务商，自2001年2月起为戴尔公司提供福建、广东两省的整机配送、特快专递、限时递、特殊项目物流配送等服务。

三、合作方案

为了满足戴尔公司个性化、高品质、高标准的服务需求，中国邮政在充分借鉴国际大型物流服务提供商成熟运行经验的基础上，研究制订了戴尔计算机配送一揽子解决方案，对生产作业、配送时限、信息跟踪等制定了明确的服务要求，调整适应戴尔的生产模式和运作方式。

福建邮政受国家邮政局委托成立了戴尔项目工作组，并在厦门设立戴尔邮件配送中心，以不同于传统作业体制的运行机制组织戴尔邮件配送，提供全方位的物流服务：

提供24小时派驻服务。

对戴尔邮件进行二次分拨及二次包装。

接受戴尔公司订单信息，并将相关数据登录上网、发布。

每天制订并调整运输计划，计算运输成本，以达到最佳配置，并严格符合戴尔公司时限要求。

对戴尔邮件的接收、运输、仓储管理、配送服务进行全过程的跟踪及监控，防止质量事故的发生。

为戴尔公司物流管理部门提供完善的售后服务、解决客户投诉、提供整改报告。同时，对戴尔公司的特殊需求及时反应。

每天提供POD报告，每月底提供库存报告。

解决突发事件。

与戴尔物流部密切合作，提高合作深度和广度。

四、效果评析

自戴尔项目开展以来，邮政配送服务基本达到戴尔公司的要求，戴尔邮件配送率达98%以上，信息反馈率100%。戴尔公司对邮政的网络优势和配送能力也给予充分肯定。经双方协商，2001年12月戴尔项目扩展到广西、海南；2002年3月戴尔项目正式完成戴尔公司与邮政的信息链接(E-TRACK)，实现了戴尔公司与邮政的物流信息一体化，戴尔公司通过E-TRACK也加强对邮政配送戴尔邮件的全过程监控。

随着戴尔公司在中国的经营战略和销售策略的不断调整，邮政的资源优势将在戴尔物流合作中进一步发挥；同时邮政物流服务经验的丰富，也有利于扩展戴尔项目合作的范围和深度。中国邮政应抓住机遇，通过整合自身物流资源，培养邮政物流专业队伍，全面提升邮政综合实力，为更大规模介入戴尔公司物流业务及全方位拓展现代物流市场奠定基础。

DELL项目是中国邮政进军物流领域，与国际大型跨国公司开展合作的一次有益尝试，因此该项目的运作对中国邮政在物流领域的进一步发展具有典范作用。

DELL项目的成功实施，其意义不仅在于中国邮政创造了收入和利润，更重要的是为中国邮政培养了一批懂得现代物流运作经验的实务型人才，为中国邮政积累了宝贵的现代物流管理及运作经验，并提升了中国邮政在中国物流界的品牌影响力。

（供稿：福建省中邮物流有限责任公司　郑万鸣
福建省邮政局　林　希）

正泰集团采用自动化立体仓库提高物流速度

正泰集团公司是中国目前低压电器行业最大产销企业。主要设计制造各种低压工业电器、部分中高压电器、电气成套设备、汽车电器、通信电器、仪器仪表等，其产品达 150 多个系列、50 00 多个品种，20 000 多种规格。“正泰”商标被国家认定为驰名商标。该公司 2002 年销售额达 80 亿元，集团综合实力被国家评定为全国民营企业 500 强第5位。在全国低压工业电器行业中，正泰首先在国内建立了 3 级分销网络体系，经销商达 1 000 多家。同时，建立了原材料、零部件供应网络体系，协作厂家达 1 200 多家。

一、立体仓库的功能

正泰集团公司自动化立体仓库是公司物流系统中的一个重要部分。它在计算机管理系统的高度指挥下，高效、合理地贮存各种型号的低压电器成品。准确、实时、灵活地向各销售部门提供所需产成品。并为物资采购、生产调度、计划制订、产销衔接提供了准确信息。同时，它还具有节省用地、减轻劳动强度、提高物流效率、降低储运损耗、减少流动资金积压等功能。

二、立体仓库的工作流程

正泰立体库占地面积达 1 600 平方米（入库小车通道不占用库房面积），高度近 18 米，3 个巷道(6 排货架)。作业方式为整盘入库，整盘出库，库外拣选。其基本工作流程如下：

（一）入库流程

仓库二、三、四层两端六个入库区各设一台入库终端，每个巷道口各设两个成品入库台。需入库的成品经入库终端操作员键入产品名称、规格型号和数量，控制系统通过人机界面接收入库数据，按照均匀分配、先下后上、下重上轻、就近入库、ABC 分类等原则，管理计算器自动分配一个货位，并提示入库巷道。搬运工可依据提示，将装在标准托盘上的货物由小电瓶车送至该巷道的入库台上。监控机指令堆垛将货盘存放于指定货位，同时，在入户机上形成入库单。

库存数据入库处理分两种类型：一种是需操作员在产品入库之前或入库之后，将已入库托盘上的产品的名称(或代码)、型号、规格、数量、入库日期、生产单位等信息在入库客户机通过人机界面而输入；另一种是空盘入库。

(二)出库流程

底层两端为成品出库区，中央控制室和终端室各设一台出库终端，在每一个巷道口设有一LED显示屏用于提示本盘货物要送至装配平台的出门号。需出库的成品，经操作员键入产品名称、规格、型号和数量后，控制系统按照先进先出、就近出库、出库优先等原则，查出满足出库条件且数量相当或略多的货盘，修改相应账目数据，自动地将需出库的各类成品货盘送至各个巷道口的出库台上，经电瓶车将之取出并送至汽车上。同时，出库系统在完成出库作业后，在客户机上形成出库单。

(三)回库空盘处理流程

底层出库后的部分空托盘经人工叠盘后，操作员键入空托盘回库作业命令，搬运工依据提示用电瓶车送至底层某个巷道口，堆垛机自动将空托盘送回立体库二、三、四层的原入口处，再由各车间将空托盘拉走，形成一定的周转量。

三、立体库主要设施

(一)托盘

所有货物均采用统一规格的钢制托盘，以提高互换性，降低备用量。此种托盘能满足堆垛机、叉车等设备装卸，又可满足在输送机上平衡运行。

(二)高层货架

采用特制的组合式货架，横梁结构。该货架结构美观大方，省料实用，易安装施工，属一种优化的设计结构。

(三)巷道式堆垛机

根据本仓库的特点，堆垛机采用下部支承、下部驱动、双立柱型式的结构。该机在高层货架的巷道内按X、Y、Z三个坐标方向运行，将位于各巷道口入库台的产品存入指定的货格，或将货格内产品取出运送到巷道口出库台。

该堆垛机设计与制造严格按照国家标准进行，并对结构强度和刚性进行精密地计算，以保证机构运行平稳、灵活、安全。堆垛机配备有安全运行机构，以杜绝偶发事故。其运行速度为4–80mm/min(变频调速)，升降速度为3/16 m/min(双速电机)，货叉速度为2–15 mm/min(变频调速)，通信方位为红外线，供电方式为滑触导线方式。

四、计算机管理及监控调度系统

该系统不仅对信息流进行管理，同时也对物流进行管理和控制，集信息与物流于一体。同时，还对立体库所有出入库作业进行最佳分配及登录控制，并对数据进行统计分析，以便对物流实现宏观调控，最大限度地降低库存量及资金的占用，加速资金周转。

在日常存取活动中，尤其库外捡选作业，难免会出现产品存取差错，因而必须定期进行盘库。盘库处理通过对每种产品的实际清点来核实库存产品数据的准确性，并及时修正库存账目，达到账、物统一。盘库期间堆垛机将不做其他类型的作业。在操作时，即对某一巷道的堆垛机发出完全盘库指令，堆垛机按顺序将本巷道内的货物逐次运送到巷道外，产品不下堆垛机，待得到回库的命令后，再将本盘货物送回原位并取出下一盘产品，依此类推，直到本巷道所有托盘产品全部盘点完毕，或接收到管理系统下达的盘库暂停的命令后进入正常工作状态。若本巷道未盘库完毕便接收到盘库暂停命令，待接到新的指令后，继续完成盘库作业。

正泰集团公司高效的供应链、销售链大大降低了物资库存周期，提高了资金的周转速度，减少了物流成本和管理费用。自动化立体仓库作为现代化的物流设施，对提高该公司的仓储自动化水平无疑具有重要的作用。

(供稿：浙江正泰集团公司生产采购中心)

奥康鞋业物流运作模式

奥康集团创建于1988年,是一家从3万元起家,发展至拥有6亿多元资产,年销售额达到10.7亿的民营企业。奥康是浙江省重点骨干企业、中国百强民营企业,该公司产品获得首批国家免检产品称号,并连续三届蝉联中国真皮鞋王称号。奥康拥有三大针对不同目标市场的品牌:奥康、康龙和美丽佳人。据统计,奥康15年来生产量足以使浙江人的每人都拥有一双奥康鞋。

面对中国皮鞋业供大于求的不争事实,奥康集团通过对公司物流系统不断地改革与完善,终使奥康跨过了众多企业难以解决的物流瓶颈问题,使企业始终处于良性循环的发展轨道。

一、物流模式演进变革

奥康在物流系统建设的道路上有过几次的反复。1998年以前奥康基本上是沿用“以产定销”的营销模式,总部生产部门生产什么,营销人员就推销什么,代理商就卖什么。这一套物流模式在奥康的发展过中起过比较重要的作用,因为这样总部的“主动权”比较大,但在运作这套模式的过程中,矛盾也逐步暴露了出来:由于总部信息的片面性,形成了“以我为主”、“自己说了算”,最后导致与市场需求的脱离,特别是导致了库存的加大,利润的降低。

1999年,奥康生产、营销两分离,全面导入订单制,即生产部门生产什么,不是生产部门说了算,而是营销部门说了算,而营销部门则根据市场的信息、分公司的需求、代理商的订单进行信息整合,最后形成需求,向生产部门下订单,这叫订单制,也叫以销定产。这种订单制的实施,实质上就是把生产部门变成了营销部门的OEM(加工厂家),这样,奥康的订单制、以客户为中心的物流运作模式得以慢慢形成。在整体思路以订单制为中心的物流模式中,奥康还通过对其中的几个“关键词”进行了改造,使得整个系统的运行有了保障。

二、物流运作无网不胜

很多消费者可能都有这样一种经历,电视台上有些大打广告的产品,当你心动准备去购买的时候,跑遍了所在城市的每一个角落,也找不到他们的踪影。这是一个典型的终端不完善的表现,也是物流“不流”、“难流”的原因之一。

在这个“网络为王”的时代,谁拥有了完善而健全的终端,谁的终端渗透能力强,谁就能够不断适应消费者的需求,掌握全面的市场信息,为物流的工作开展提供依据,从而在市场的变化中占领先机。奥康现在除了在台湾、香港、澳门三地没有营销机构外,在全国31个省、直辖市、自治区都拥有了自己的营销网络,106个营销机构,2 800多家连锁专卖店,1 000多家店中店,并在意大利的米兰成立了境外分公司,在西班牙的马德里设立办事处。强大的终端网络,促使奥康物流“能流”、“速流”。现在奥康产品,三天之内就可以通过专卖店及商场专柜等终端出现在消费者面前,实现了营销工作的第一步“买得到”。

三、物流运作速度为王

现代市场的竞争,就是比谁看得准、谁下手狠。特别是对皮鞋行业而言,许多是季节性的产品,对于这种类型的产品,就是比时间,比速度,对于一些畅销的品种,如果你能抢先于你的对手一星期上货、一个月出货就抢先占领了市场。而对于市场的管理终极目的也在于此,如果你的产品慢于对手一步,就会形成积压。所以说市场的管理说到底是对库存的管理。

传统的库存管理主要通过手工做账与每月盘点的方法来实现，这种方法在企业处于中小阶段还能适应，但是企业发展到一定阶段后，特别是面对当今市场高速运行、皮鞋季节分化日益明显的态势，不能及时清晰地对库存结构及数量做出准确地反映，就会在企业的运营中出现非常被动的局面。有时你的库存处于警戒线后，你必须在一个月后，经过全国大盘点后才可以得知，而这时，当你想进行调整的时候已经有些晚了。

为此，奥康与中国最大的软件商之一用友公司进行合作，着手建立了全国营销的分销系统，对每个分公司、办事处配备电脑，并与总部电脑进行链接，使各网点与总部进行联网，最后达到信息快速共享的目的。这样，总部与分公司、分公司与终端网点的信息沟通、反馈及处理就全部在电脑上操作完成。形成一个快速的信息反应链，这样每个销售分公司的销售网点每天的销售就一目了然。现在，无论到奥康全国任何一个分公司、办事处的任何一台电脑上，都可以了解到公司产品的库存总数、当天销售、累计销售、某一类型产品的数量及尺码，总部对一些畅销品种就能马上做出反映，打好时间战，产品的南货北调迅速完成，促进了总部的决策活动与全国物流整体把握，把全国物流风险降低，提高整体的经济效益。

四、物流运作信息至上

在奥康的内部有一种共识：在金钱贪污、物品贪污、信息贪污中，最可怕是的信息贪污。

信息的重要性由此可见一斑。为此，奥康设立专职的信息部门，负责收集全国信息。现在奥康总部专门设立了一个由20多人组成的信息部门，负责收集分析研究全国的市场信息，为公司的生产、营销、开发提供依据。同时，每个分公司、每个专卖店也落实专人负责信息工作，并与总部进行对接。信息人员依据工作分工，每天收集来自全国各分公司、办事处、一线的信息；在全国收集不同季节、不同类型的产品信息，并及时反馈到开发部门，为开发工作提供依据；常年收集市场终端信息，为公司的市场规划提供依据。总部则每天利用晨会，对信息筛选、分析并分流后，交由相关部门处理，并对前一天的信息处理结果进行反馈。公司还通过每天的《信息汇总》、每周的《信息汇总》、每月两期的《营销快讯》、E-MAIL等载体将信息落实传达到相关人员，为他们的工作提供依据。特别值得一提的是，每天全国每个专卖店、商场专柜都将当天的销售情况经由一定的渠道层级反馈到总部。为此，总部每天都能及时而又准确地了解到当天产品的销售情况，从而对市场做出迅速而又准确的反应。

这样，奥康通过对信息的收集和有效的处理，对市场的需求做出准确的反应，从而不断调整自己的物流工作，进而降低了库存，提高了效益，市场的竞争能力不断的增强，企业效益连年递增。

现在的奥康，企业经营实现了三个零：物流管理零库存、企业经营零运营资本、物流配送零距离。企业的市场占有率得到了进一步提高，2002年，据全国商业信息中心统计，奥康皮鞋市场占有率位居全国第二位。

(供稿：奥康集团)

涟源钢铁集团物流信息化咨询案例

在市场竞争白热化、全球化的今天，为了建立起高效科学、面向未来的管理体系，迎接加入WTO所带来的多方面的挑战，涟钢实施了业务流程重组和IT规划，为涟钢的ERP实施上线打下坚实的基础。在此过程中，为实现与国际接轨，涟钢采用SAP公司提供的ERP系统，实现现代化管理功能。

一、企业背景

涟源钢铁集团有限公司地处湖南省娄底市，始建于1956年，是湖南省首家钢铁企业，于1958年建成投产。目前，涟源钢铁集团有限公司是国家特大型企业，拥有职工2万多人，年产钢220万吨，是中国最大500家和国家重点支持的300家重点企业之一。

面对加入WTO后日益激烈的市场竞争和国内钢铁行业迅猛扩张的严峻挑战，涟钢确定了“十五”规划，以加速实现涟钢由量的积累到质的飞跃。“十五”期间，涟钢的主要工作就是集中精力快速并优质地建设好超薄板带钢连铸连轧生产线。到“十五”末，形成年产钢320万吨的综合生产规模，钢铁主业年收入达到75亿元，非钢收入达到主业收入的30%以上。公司主导产品由目前的型材、棒材、线材发展为具有高附加值的超薄板带材；主要生产线工艺设备、技术和主要技术经济指标达到国际先进水平；企业组织结构调整取得突破，组织结构进一步规范和完善，形成一体化运作、集约化经营、多元化发展新格局。

涟钢的整体架构是一个庞大的系统集合，现在由三部分构成：一是湖南华菱管线股份有限公司涟钢事业部（涟钢资产进入华菱管线后上市的部分），二是涟源钢铁集团有限公司（非上市部分），三是湖南华菱管线股份有限公司涟钢事业部（在建工程，由华菱管线涟钢事业部、华菱集团、涟钢集团公司共同投资），目前所说的涟钢一般是指前两者。

涟钢为了提升企业管理水平，增强企业的核心竞争力，适应国际市场竞争环境，计划2002年底到2003年初开始实施ERP项目。为确保ERP项目的成功实施，涟钢提出进行业务流程重组和企业IT规划的管理咨询。

二、需求分析

涟钢业务流程体系中主要存在以下问题：

涟钢的业务流程中缺乏战略目标实施的执行分解体系和管理手段，导致只有高层对战略负责，而各级部门和干部只对具体的任务负责，缺乏对战略体系中的职能战略目标的责任分担。

纵向管理、横向合作中信息的不透明，导致供应链中信息阻塞和效率低下；在库存管理方面，在途物资未计入到库存实物报表中，不能真实地反映库存水平，影响采购计划的精确度，而采购价格预测和监控，过多地基于经验和制定者的判断，制订计算方式的不透明，使采购部门多有怨言。多级仓库、多级管理，不仅增加了内部传递的运输费用和仓储费用，更提高了数据传递失真和资金沉淀的可能性。

质量管理部门缺少改善顾客服务，降低质量成本的有效机制。

绩效度量体系对于业务流程的运作质量检测和结果评估缺少有效性。

缺少对整个业务流程体系的协调与控制手段，以成本的付出换取流程的正常运转。

信息技术的应用停留在手工电子化的阶段，人为造成“信息孤岛”和重复投资。

因此，在涟钢信息化咨询实施中，需要在涟钢的管理模式及流程现状和将要选择的ERP系统件找到一个平衡点。

三、解决方案

涟钢认为，要迎接挑战，实现长远目标，涟钢集团必须把握以下五个方面：

明晰未来的发展方向。涟钢集团的管理团队需要清晰地定位涟钢的使命——涟钢为什么要存在；涟钢的远景目标——涟钢要成为什么样的企业；涟钢现在的主营业务是什么，为了未来的发展，还需要发展哪些业务；为实现企业的目标，涟钢应该选择什么样的发展路径。

要客观、公正、科学地评估涟钢积累的现有资源与能力。包括涟钢拥有的人员队伍、市场份额、销售渠道、合作同盟关系、政府资源、资产设备、品牌、技术专利等。

在分析涟钢面临的外部环境的基础上，结合涟钢的资源能力分析、总结涟钢的优势与劣势、机会与威胁，确立涟钢在下一步发展中的要建立的优势，有所为有所不为，在未来将要形成竞争优势的环节进行的集中资源投入，使之积累成为涟钢长期发展的核心资源，并带来长期持续的战略竞争力。

将业务流程优化、组织变革与信息技术应用紧密结合，以流程优化带动组织结构的调整与变革，以信息技术的有效应用支撑流程与结构的优化。

全面考虑涟钢的业务模式（包括业务特点、主业务流程、运营模式等），组织结构（包括管理结构、职能结构、技术结构），企业资源（包括人力资源、技术资源、隐性资源等）和IT基础，制定在涟钢发展战略指导下的经营管理模式以保障涟钢近远期目标的实现和长期核心竞争力的构建。

基于以上考虑，在经过严格的招标议标程序后，涟钢最终聘请北大纵横管理咨询公司合作这一管理咨询项目。涟钢在北大纵横的帮助下，完成了组织结构的设计、业务流程的优化重组，并通过招标过程，选择了SAP公司的ERP系统，搭建涟钢信息化实施的平台。

四、方案实施

目前的涟钢，组织结构调整已经结束，新的业务流程开始实施。2003年3月，涟钢正式进入ERP实施阶段。第一期拟先上采购、仓储、销售和财务四大模块。该阶段正在进行。

五、效益评估

由于涟钢信息化咨询的成功实施以及对涟钢的组织结构进行了有针对性的调整，理顺了涟钢集团内部的业务流程，为涟钢集团带来了显著的经济效益。

（一）缩短生产周期

业务流程优化后，新的流程体系应将销售、生产计划、质量控制、成品出厂、货款结算、业绩计算等采用集中统一管理，强化物流控制手段，加快生产线上在制品的流动，减少物流的在库滞留时间，加快生产节奏，缩短产品的生产周期。如果生产周期可以缩短一天，按2002年涟钢的销售额42.21亿元计算，可增加收益1 156万元(按100%产销率计算)。

（二）加快销售货款的回收

生产周期缩短一天，订单、生产过程的信息共享与透明将提高运输的及时性，建设成品出厂周期可以比现在缩短一天，相应的销售货款回收也提前一天。按2002年涟钢的销售额42.21亿元计算，每年可增加的银行存款利息为：(42.21×6.8%)/365×1=78万元。（注：银行的贷款利息按6.8%计算）

（三）强化产品质量管理

产品质量控制手段的加强有利于增加高技术、高附加值产品的生产比例，扩大市场占有份额，增进企业的竞争能力。

（四）提高资源的利用率

业务流程的优化和信息技术的应用，将使生产、物料管理、设备管理、销售紧密的联系到一起，从而保证了存货保持在最合理的水平。设备以最合理的方式运转，产品能够满足顾客需求，并且以最有效方式运送到顾客的手中。从整体上提高企业的资源和生产能力的利用率。

（五）顾客/合作伙伴满意度的提高

顾客/合作伙伴的满意程度主要体现在他们的需求是否能够得到及时地满足，业务流程优化后，将继续推行按订单生产的方式，将销售导向转变为市场导向，这意味着顾客/合作伙伴的个性需求可以得到充分的重视，并且可以及时得到所需的产品和服务。同时由于合作伙伴的所有信息都被统一管理，可以实施信息的共享，企业可以为合作伙伴/顾客提供更多、更好的服务，从而极大地帮助企业提高顾客/合作伙伴的满意度。

（六）提高供应商的表现

采购管理流程的建立和梳理，将实行对供应商的统一管理，实现供应商基础交易信息的采集与共享。一方面，细致完整的历史采购记录有助于企业挑选最合适的供应合作伙伴，以最短的订货提前期，获得最好的性价比；另一方面，供应商的有效等级分类，有助于供应商与企业之间建立长期稳定的合作关系。

（七）提高信息准确性，更好的决策支持

为了在竞争中生存并打败竞争对手，企业不仅要考虑当前的情况，还要为未来打算。这就意味着对各种信息的使用与管理。新的业务流程体系下，借助信息技术的应用，实现各项业务数据的有效集成，将企业作为一个整合的系统，实现信息的分权限的有效共享，使决策者能够方便、及时、准确地获得所需的信息。

六、经验总结

涟钢在开展 ERP 实施前进行了信息化咨询，而不是直接聘请实施商来进行 ERP 实施，有效地避免了实施商在进行业务流程和组织结构调整时的倾向性，更好的确保了涟钢的管理模式与 ERP 系统先进管理模式之间的顺利转换，使其成功的概率增加；

实施“一把手”工程与全员参与；

培训与人力资源工作同步进行，保证 ERP 系统上线前数据的顺利采集。

（供稿：涟源钢铁集团）

雷允上药业物流信息化成功应用

雷允上药业有限公司是中国著名的传统医药企业，集批发、连锁、加盟等经营方式为一体的综合性大型医药公司，“雷允上”这一老字号源自 1734 年的苏州诵芬堂药铺。雷允上拥有的九芝图商标，是中国最早的药品商标，雷允上生产的六神丸，其药方为国务院绝密档案库收藏品，其在国内市场达到 80%的占有率。

一、药品连锁配送需求

在公司规模不断扩大、业务管理不断规范的情况下，雷允上药业的老系统无法满足药品连锁经营需要。雷允上总部、配送中心和零售门店均分隔异地，信息滞后，管理混乱；商业批发和各零售门店独立采购，药品质量、价格均难以控制；总部难以对商业批发、零售、配送中心进行统一管理，缺乏先进管理工具，GSP 规范难以贯彻；各部门信息系统不统一，有些部门处于手工管理，业务、财务系统之间不能实现自动衔接；总部与配送中心之间数据传输奇慢，信息流滞后于物流和资金流，不能实现数据信息远程实时共享；原有系统平台落后，系统运行在 DOS 环境下，不具备多任务、多进程的系统管理功能，原采用的小型数据库系统性能及稳定性和安全性较差。这些问题都严重困扰着这家百年老店在现代医药连锁企业的激烈竞争中生存发展。

企业要走信息化之路已是不争的事实，而医药连锁业作为流通零售领域典型又特殊的行业，信息化管理的必要性和迫切性更是不言而喻。就全国来说，医药行业是一个较早开始实行信息化的行业之一，信息化的程度较高，具备一定的信息化建设基础。随着医药流通体制、医药卫生体制和医疗保障制度改革的深入发展，处方药与非处方药分类管理的全面推行和定点药店的实施，药品零售业已成为医药行业极为重要的组成部分。在国内医药市场持续稳定增长和不断开放的条件下，药品连锁经营业在迅速发展的同时也面临着日益激烈的竞争。要适应医药连锁业的市场竞争，走信息化是势在必行。

雷允上的信息化管理的落实存在一个结合的问题，即现代化的信息管理手段如何同传统的医药行业特性有效结合。一方面，要通过药业供应链的先进理念来改变传统的管理思想，另一方面，供应链系统只有融入到企业中去，才可能真正发挥其应有的作用。

雷允上药业多元化、业态大、商品品种多、数量少(相对于批发业务)、服务对象多、交易发生频率高、多货主、价格波动的特点以及药品的特殊属性，相对于一般的商店或超市来说，其销售、储运规范又是非常严格的，必须遵循国家药监局的GSP规定；另外，门店数量较多，信息量大。这些特点形成了雷允上物流信息系统建设过程中的难点问题。

二、信息化的解决方式

针对以上“症状”，博科在项目启动初期就开始了全面细致的调研和分析工作，理清各个业务部门职能权限，优化业务流程，在系统设计时充分考虑到行业特点，确定了解决难点问题的方案，使系统真正满足雷允上的实际需要，以管理先进、符合规范、合理可行为目标，力助雷允上提高效率、降低成本，减少差错、规范执行GSP规定。

雷允上强调内因与外因的真正结合。雷允上坚持要以全新的管理理念为指导、以信息流为核心、简化操作的总体设计思想，必须做到结合自身实际运作情况；博科则对其整个业务操作流程进行设计和改造，充分体现管理先进和合理可行的原则，同时在软件设计方面采用架构平台技术，保证了系统良好的延展性，充分考虑了雷允上未来企业发展的需要。

三、信息技术开发企业简介

上海博科资讯股份有限公司是国内最大的企业管理和协同商务解决方案供应商之一，也是拥有自主知识版权最多的管理软件厂商。博科资讯秉承高端低调、专业务实的企业

风格，专注于领先技术产品研发，成为中国技术型管理软件领导厂商。目前，博科资讯有员工1100人(其中技术人员占75%)，分支机构23家。2002年，CCID集团授予博科资讯“物流及SCM方案满意奖”和“制造业ERP实施效果满意度金奖”。根据CCID及《计算机世界》市场调查机构数据显示，博科资讯在高端财务、物流、审计等领域均居国内市场第一。

四、效益评估

整个系统实施完成以后，这家百年老店将先进的管理理念和前沿的信息技术融入其中。

全面实施了目前所有门店的配送和信息化管理，能满足今后大规模连锁发展的需要；

根据GSP认证检查评定标准，全面实现了进销存、财务管理、成本核算、连锁配送、连锁零售、办公自动化、物料管理和决策分析的网络管理；

真正实现了企业物流(药品配送)、资金流、信息流的一体化管理；

彻底实现了对药品的单品管理；

有效实现了智能化批号跟踪、药品效期、药品保管、药品加工、药品调拨、同品替换、要货计划(平时一天内响应，紧急要货4小时内即可响应)、自动配货、调价的自动化管理；

减少人为错误，提高数据的准确性和及时性，避免过期药品的出现，防止畅销药品缺货，减少滞销药品；

合理控制药品库存、改善库存结构、加快资金周转、减低成本、提高了部门间协同运作能力，提高了企业综合竞争力和盈利水平。

总体来说，整个雷允上药业已经实现了统一管理，统一采购，统一核算，统一配送，统一价格，对下辖各连锁门店及内部各部门进行统一协调管理，构建了整个公司的信息化网络，实行无纸化办公，以信息流加快物流的速度。

（供稿：上海博科资讯股份有限公司　张志国）

优化企业供应链
胜利油田实现物流管理创新

胜利油田是中国第二大油田，胜利油田有限公司是中国石油化工集团公司的龙头企业。近年来，随着世界经济一体化、中国加入WTO，国有企业已经融入全球经济大潮之中，胜利油田既面临着来自国内国际市场、同行业间更加激烈的竞争，同时也面临着拓展生存空间、参与国际市场竞争难得的发展机遇。作为油田生产链条中重要环节的物资供应部门，一方面要跟上胜利油田生产建设、外拓市场的发展形势，必须实施物流与供应链管理，以满足胜利油田降低生产成本、增强市场竞争力、提高经济效益的要求；另一方面，随着胜利油田主力油田相继进入开发中后期，地质结构日趋复杂、生产变化快、用料计划随意性大、物资供应时间性强，这些特点也给物资供应部门提出了更高的要求。针对以上这两方面的要求，胜利油田物资供应处积极学习并借鉴吸收推广应用现代物流先进的管理理念，结合油田物资供应工作实际，充分发挥物资采购主渠道作用，大胆探索，勇于创新，大力深化内部物资体制改革，优化企业供应链，在实践中逐渐形成了一整套具有胜利特色的、科学实用的企业物流管理体系，不仅提升了整个油田的物流管理水平，而且大大提高了油田的整体经济效益。

供应链管理是围绕核心企业，通过信息流、物流、资金流的控制，从采购原材料开始，制成中间产品以及最终产品，最后由销售网络把产品送到消费者手中的物流配送，是将供应商、制造商、分销商、零售商与最终用户连成一体的功能网链模式。胜利油田物流链有其自身的特点，它从根本上摈弃了计划体制下只注重某个环节、某个活动、某个方面最优的思路，而是寻求整个物流系统协调优化的方法。从本质上讲，胜利物流系统是从采购开始经过存储、物资配送到达用户，然后结算，经过环环相扣的链，能够充分利用油田物资系统资源，以最低的成本、最高的效率、最优的服务，实现物资供应，节约采购成本，保证油田生产，达到了作为现代物流实现“第三利润源泉”的基本要求。下面就胜利油田物流链管理作一介绍。

一、胜利油田供应链管理的基本内容

供应链是各种实体构成的网络，网络上有信息流、物流、资金流，这些实体包括供应商、运输公司、仓库、配送中心、用户，一个完整的供应链始于供应商，止于最终用户。管理的主要部分包括采购、质检、存储、配送、结算等等。

（一）物资采购

采购是供应链中最重要的一环，经过多年实践，胜利油田物资供应处采取了发挥批量采购优势、引入竞争机制的物资采购战略思想。

一是对主要物资实行招标订货，成立专门的招议标办公室，制订相关制度和办法，按照公平、公正、公开的原则，坚持质量、价格、服务三者兼顾，大力开展招标活动，注重产品的功能性价比，优选货源，经过多年的摸索，从根本上实现了从传统采购方式向招标采购方式的转变。

二是对不具备招标条件的物资实行“合同会签制度”，主要物资30万元以下、其他物资20万元以下不具备招标条件的，一律实行议标订货。订货过程由三人议标小组共同完成，不能一人独自操作。议标订货实行“阳光交易”，增加采购透明度，履行合同会签制度。合同会签由价格、市场、合同、管理、质检、纪检监察、招议标等7部门组成，任何一个部门对相关内容有质疑均可以拒绝签字，杜绝了物资采购中的不正之风，确保了采购行为的规范严谨。

三是按照以网络技术信息化改造提升传统产业的思路,大力推进网上采购,建成具有现代化水平的物资采购电子商务中心,配备完善计算机信息设备,开发并推广物资采购电子商务,开辟了一条物资采购的“快速车道”。2002 年,整个油田网上采购物资金额 20.53 亿元,节约采购资金 560 万元。

四是发挥集中批量采购优势实施战略采购,建立稳固货源渠道,提高采购效率,保证货源稳定,降低采购成本。近几年先后与宝山钢铁公司、天津钢管公司、包头钢铁公司等大型企业达成战略采购协议,结成战略伙伴关系,供需双方互惠互利实现“双赢”,仅此油田每年降低采购成本就达 2700 万元。

(二)完善物资运输系统,开展配送服务

胜利油田物资供应系统经过近 40 年的建设发展,已经在全国 13 座大中城市建立了 11 家驻外办事处,位于油田基地的物资总库拥有总长为 11.6 千米的 6 条铁路专用线、上百台运输车辆,基本形成了辐射面广、传输快捷具有相当规模的油田物资供应运送网络。同时,全油田有 60 个二级供应站分布于山东东营、滨州、德州、淄博等八个城市数万平方千米的油区。这些二级供应站上接油田物资供应处,下连油田成百上千个地震队、钻井队、采油队、作业队等一线生产队,是胜利油田物流与供应链管理中的中间链条,与目前的物资供应处总库形成物流的实体网络,网络之间有便捷的公路交通。

在油田物资供应工作上,我们充分利用这些优势,结合供货厂商配送网络以及分布在全国各地的办事处,形成了具有胜利油田特色的物资运输系统。它能够帮助我们及时掌握物资采购信息、运送的动态、运送信息,便于统筹调度,有效地解决物资供求的“瓶颈”问题,尽可能地将因为运输延误等原因所造成的损失降到最低。

为方便油田生产建设,提高服务水平,物资供应处利用油田主要供应物流网络网点交通方便的有利条件,从 2001 年开始积极开展物资配送工作。组建物资配送中心,负责协调发料,并建立起全油田的物资配送网络,确立二级单位专兼职人中、配送地点。按照生产单位的实际需要,将物资直接送到各供应网点,实行采购、发料一体化,大大节约了物资储存、运送成本,并且使生产急需物资进一步靠近现场,保证了油田的稳定、高效生产。2003 年,物资供应处在不断扩大配送品种保证油田一级仓库对二级供应网点配送的基础上,把配送服务又往下拓展,延伸为二级供应网点向三级单位、三级单位向小队配送的二、三级配送,最终在整个油田实现以配送为主、自提为辅,配送范围覆盖全油田的物资发运模式。

(三)质量检验

胜利油田物资检验所拥有比较高的检验资质,2001 年 1 月通过了山东进出口商品检验检疫局注册金属材料检验实验室复核,成为油田同行业中的权威质检机构。2002 年 8 月经中国石化集团批准设立“中国石化油(套)管质量监督检验中心”,具备了在中石化系统内部油(套)管质量进行监督检验的职能。近年来,由于油田物资系统不断加强质量管理工作,从采购事前把关到不合格物资后处理,都有一整套非常完备的运行措施。一是对资金大、重大成套设备、生产用关键性材料要求及时供货的物资实行驻厂监造,对局属专用管生产企业而制定的检验措施采取驻厂抽检的措施,通过对“生产前、生产中、生产后”三个阶段的监督控制,检验工作变被动为主动,确保了产品质量,杜绝劣质产品进入生产领域。二是逐步扩大检验物资覆盖面,从最初的石油专用管材、破乳剂等的检验,到现在检验范围已扩展到钢材、化工等九个大类 115 个品种类别,年检验物资货值总量达 20 多亿元。三是对质量不合格的物资,本着对油田对用户负责的态度,作退货处理或向厂方提出索赔。

(四)物资存储

胜利油田物资供应系统拥有 1 266 栋库房,总面积达到 148 万平方米,物资总库及油料公司成品油库是油田物资的主要集中存放地,其中物资总库是中石化集团最大的仓库,占地 216 万平方米。为了降低库存资金占用,降低产品成本,加速资金周转,增强企业盈利能力。物资供应处充分利用电子商务的信息支持,利用代储代销、零库存等现代化管理手段,把库存量控制到最佳数量,减少了人力、物力、财力支出,库存由1999年末的20亿元降到2003年6月底的8.5亿元。

(五)网上结算

为进一步完善物资采购管理电子商务系统,物资供应处开发了网上实时结算系统,并于2002年2月28日开始试运行。物资领用网上结算的实施是胜利油田器材收发和内部银行结算一个新的里程碑。网上结算的实施,使物资供应处和有限公司各单位每天发生的业务实现当天结算,做到"日清日结"。与存续公司各单位的结算更加快捷、高效。围绕这套系统,供应、财务部门制定了《网上结算物资领用管理制度》、《网上结算内部管理暂行办法》、《IC卡安全管理制度》等相关制度。构建了系统运行环境,进行系统安装和调试,数据库的安装和网络配置。对业务科室安装了IC卡机和相关程序,对库房进行了网络布线和IC卡机的安装,建立了科室、库房和财务共同认定的初始库存。该系统运行后,大大提高了资金的流动速度和器材发料效率。

(六)供应商管理

物资供应处充分利用买方市场的有利条件,借鉴国际先进的供应商管理经验,采取供应商网络化管理。在全国优选信誉较好、资质高、服务优的供应商加入油田物资采购网络,各种采购行为必须在网络内供应商中进行(招标除外),不仅降低了由于频繁更换供应商资质审查所需成本,有效地降低了采购风险,也便于管理。同时建立年审制度,对供应商的供货行为进行综合考察,根据供应商的信誉对供货厂商网络进行动态管理。对于价格、质量、服务不能满足生产的供应商,取消油田市场准入资格,清理出油田物资市场,有效地维护了油田物资采购网络的合理有序。

二、优化供应链管理的措施

(一)建立物资商务平台,推动物资管理现代化

物资供应处依靠自身技术优势开发建立的物资采购网站,是以电子商务为特征的物资采购网站,是中国石化集团第一家企业物资采购电子商务网站,它以先进科学、公开公平竞争的采购方式使采购行为实现了规范化、程序化和智能化,加快了采购交易速度,进一步降低了采购成本,增强了采购的透明度。一是实现了与所有二级单位的联网,建立二级需求计划上报系统,规范计划上报行为、提高计划上报的准确性和缩短计划上报的时间,达到资源信息共享、各单位的库存情况在网上一目了然,减少了物资储备的盲目性,提高了库存资金使用率。二是编制开通了内部计划审核、价格监督、质量监督等合同会签系统,建立健全价格信息库、质量信息库,保证网上会签通过后自动生成合同,大大提高了工作效率。三是实现了供应商管理网络化,实现了由业务人员操作改为计算机根据有关资料自动生成。减少订货过程中的人为因素影响,保证了订货过程中的客观公正。通过这一物资采购网络平台,使油田内部二级供应站计划提报、供应处计划平衡、计划分割、计划审核以及物资采购、供应、结算全部在网上得以完成,形成了手段先进、功能强大且比较完整的网上物资供应链,引发了油田物资供应的一场技术革命,极大地提升了整个油田的物资管理水平。

(二)转变观念,树立用户至上原则,提供优质高效服务

转变观念,树立用户至上原则,丰富服务内涵,拓展服务外延,才能更有效地提高竞争力,最终赢得信誉、赢得市场。一是推行系统化服务,体现服务创新的工作思路,把优质服务作为主要工作内容,从计划提报、物资采购、检验入库到物资配送,实行全方位服务。二是推行快速便捷高效服务。本着"简化程序、提高效率、强化监督、深化服务"的原则,进一步修订完善业务流程,确保各个环节更加紧凑,实现服务的优质高效。三是推行跟踪服务。遵循"把麻烦留给自己、把方便让给用户"的宗旨,从落实资源到配送服务所有环节,全部由供应处来承担,使用户真正体会到上帝的感觉、享受到满意的服务。

(供稿:胜利油田有限公司物资供应处)

安泰达公司为小天鹅提供第三方物流服务

一、安泰达公司产生的背景

随着经济全球化的发展，竞争越来越激烈，小天鹅和科龙面临着深刻的转变，尤其是在分工协作的现代家电产品生产中更为突出。不仅需要企业提供有竞争优势的产品，而且需要企业提供及时完善的服务。目前家电企业内部的制造成本越来越接近，而可靠有效的物流运作正是家电企业共同关注的热点。小天鹅和科龙这两家企业清楚地认识到，作为中国家电行业的大公司，既没时间也无专门技术去完成他们要做的每件事。要想在竞争中占优势的公司就必须对供就链一体化进行改造，就必须从物流链的创新与改造着手，物流外包是行之有效地降低成本的手段。

COSCO是中国运输行业的龙头企业，新型综合物流企业。它也在积极利用它们的物流强项寻求与物流资源丰富的企业结成战略联盟。

这三家企业拓展物流的共同愿望经过认真的商谈，决定组建第三方物流公司。由中远集团属下的中远国际货运有限公司、香港远洋网络有限公司、广州经济技术开发区建设创业投资有限公司占有60%股权，科龙集团、小天鹅集团分别占有20%股权，而具体经营按照现代化的规范运作办法由董事会推荐总经理，具体人员和机构设置完全授权总经理。共同投资组建的广州安泰达物流有限公司在广州正式挂牌揭幕，宣告全国最大的家电物流平台正式启动。

安泰达公司实行第三方物流是在传统“物流”概念基础上的新突破。过去物流在很长一段时间里，工厂都是自己做自己的，有自己的储运系统，这种小而全的做法，效率不高。安泰达是独立于生产商、批发商、零售商的物流企业，利用它的专长整合客户的资源，为生产商、批发商、零售商提供专业化的物流服务，这就是“第三方物流”。这是一项长期的战略。科龙和小天鹅都有着良好顾客关系以及能为顾客营销作出努力的合作者群体，是这两家企业继节约原材料的“第一利润源”，提高劳动生产率的“第二利润率”转向高效物流系统的“第三利润源”，对从事第三方物流业的安泰达公司来讲，与顾客一起共命运是今后获利的重要保证。

二、安泰达公司的定位

“第三方物流”的内涵是指由物流劳务的供方、需方之外的第三方去完成物流服务的物流运作方式。第三方就是指提供物流交易双方的部分或全部物流功能的外部服务提供者。在某种意义上可以说，将分散的功能要素集合成一个物流系统。它是物流专业化的一种形式。

安泰达公司以用户满意为目标，提供全过程、全方位的现代物流服务。它通过实物流动、实物存储、信息流动和管理协调，对供给链中的产品在各供给链参与者之间进行管理，以便获得最大的运作效率和效益。

安泰达公司的运作初期是先为小天鹅和科龙两家股东服务，然后再开始为社会服务。当然安泰达公司在股份的设置上也为今后的发展留下了很好的窗口。包括吸收新的股东入股，逐步地用良好的服务来发展自己。

物流企业应提供整合区域仓储、运输企业的总和体现，总部必须掌握企业内涵的实质及客户资源；物流以连锁为基础提供区域范围内库存、仓储和运输等管理服务，用网络系统将客户信息集中于总部；物流整合连锁环境下的供应链，提供标准化的供应链管理。

三、安泰达的业务方针

（一）高起点

引进现代物流理念，使用先进的信息技术，建立专业化精英管理团队。

（二）高速度

现代商业社会，"快鱼吃慢鱼"，如果其他公司抄袭我们的商业模式，安泰达就陷于被动地位。所以，应尽快将股东现有物流业务注入安泰达，让安泰达尽快成熟起来。

（三）模式创新

目前中国还没有一家纯粹意义上的第三方物流供应商，安泰达所做的业务模式在中国还没有先例，所以它的业务模式需要创新，应充分利用安泰达与科龙、小天鹅的资产纽带关系，使双方的业务达到无缝连接、利益一致。

四、安泰达的经营模式创新

（一）安泰达公司脑力外包，借梯登高

尽管安泰达公司继承了 COSCO 的核心物流技术，但是这两家大股东分别分步在广东和江苏，同时分别在辽宁、吉林、湖北、浙江有自己的合作企业，产品的流向分布全国。为了探索最佳的途径，公司决定借外脑，通过招标选定具有先进跨国物流重组经验的快步公司作为合作伙伴，与他们一起制定科学的操作流程和管理流程。目前，他们将调整这两家企业在全国的周转库，调整他们的运输流程，使成品物流速度提高，物流成本将下降 10%。

（二）安泰达公司的业务外包，潜力巨大

安泰达公司十分精明，根据目前国内运输能力过剩，运输手段逐步完善的趋势，果断决策，不进行固定资产的再投资，采用委托代理的形式，运用自己成熟的物流管理经验和技术，为客户提供高质量的服务。这也就是以综合物流代理为主的第三方物流运作模式。

安泰达公司从事综合物流代理业务的主要思路为：不进行大的固定资产投入，低成本经营和如市原则；将主要的成本部门及产品服务的生产部门的大部分工作委托他人处理，注重建立自己的销售队伍和管理网络；实行特许代理制，将协作单位纳入自己的经营轨道；公司经营的核心能力就是综合物流代理业务的销售、采购、协调管理和组织设计的方法与经验，并且注重业务流程创新和组织机制创新，使公司经营不断产生新的增长点。

安泰达公司为了提高管理效率、降低成本运作，不但要提出具有竞争力的服务价格，还必须采取以下措施：坚持品牌经营，产品（服务）经营和资本经营相结合的系统经营；企业的发展和目标与员工、供应商、经营商的目标和发展充分结合；重视员工和外部协作经营商的培训，协助其实现经营目标；建立和完善物流网络，分级管理，操作和行销分开；实行优先认股的内部管理机制，促进企业不断发展；组建客户俱乐部，为公司提供一个稳定的客户群。

由此可见，安泰达公司可使科龙、小天鹅和更多的委托者物流成本降低、公司业务扩大，从而集中精力强化主业。

五、安泰达为小天鹅提供物流服务的操作办法

安泰达的操作方法可以概括为：一个平台（物流信息平台），两个整合（仓储系统、运输系统），三个流动和四个考核。

（一）物流信息平台

安泰达首先根据小天鹅和科龙的资源和信息进行认真的调研，选择供应商、选用运输工具、确定运输路线、确定每次运货批量、跟踪在途货物、有效利用仓库、确定最佳库存量、确定库存时间、提高服务水平做好自动补货、订单管理等，有效的控制物流成本，在操作中做好物流信息传输、整理、统计、分析、控制的整合。

（二）两个整合

1.仓储系统整合。小天鹅和科龙原有的仓储系统管理比较凌乱，主要体现在租用仓库分散不均匀、租用面积利用率低、仓库信息化程度低、仓库存货不合理。安泰达和快步公司正在整合仓储系统，建立一套物流中心、物流基地选址模式，根据两家企业的实际情况，分析规划、优化物流中心的分布。同时利用仓库存储模型，对仓库的高效利

用、最佳库存量的确定、库存时间的确定、自动补货的设置等进行了科学规划，主要方面包括商品订货量的确定、盘点(循环盘点、总盘点)，商品转库、调拨，脱销、断档商品分析，超过最大、小于最小库存预警、商品保质期预警等。

2.运输系统整合。安泰达公司的运输管理并不是简单地将运输任务交给原企业自备车队或社会运输服务机构。而是经过认真的综合分析，确定设计运输批次、规模，确定规划运输路径、确定选择运输单位和控制运输质量的标准以及提高装载率和实车率等等。安泰达在为企业提供销存物流系统解决方案中做到物流、配送系统等在满足顾客需要的前提下达到物流成本(运输费和存储费)最小的目标。

（三）有效控制和三个流动

安泰达公司认真做好供应商、制造商、分销商、终端用户的物资流、信息流和资金流，进行有效的控制和管理，实现产品供应链全过程的价值和经营行为的最优化。

（四）安泰达公司四方面的服务监控

安泰达公司努力做好到货率、经济性、信息性和安全性对物流进行有效的监控，确保客户利益。

六、安泰达公司自己的利润源

以品牌作为基础，向加盟者收取加盟费，这是加盟者为获取品牌经营权必须付出的费用。

过物流连锁网络向企业提供第三方物流服务，利润产生于提供全程物流价格与内部控制实际分项成本(仓储、运输、配送)的差额。

迅速扩大企业的运作规模，使业绩与融资能力相应提高，逐步争取上市，进一步增强公司的竞争力。

七、安泰达目前的运营服务

安泰达目前通过运输的招标开始实施储运的整合，已经为小天鹅节约了10%的运输成本。但这只是物流整合的第一步，物流与储运的区别在于，物流是与企业的整个供应链紧密结合的为实现客户的需求而采取的管理手段，而储运只是其中的一个部分。就像发动机不能称做汽车一样，储运也不能与物流等同。物流的整合应该在全面的参与整个的销售、采购的决策与实施后，为企业量身定制其整个供应链的优化方案。其中也包括了企业组织结构的调整和企业业务流程的重组。

安泰达目前所取得的成功是靠小天鹅各级领导的支持，如果没有这样的支持许多工作将无法开展。安泰达目前的工作重心是：在巩固和发展目前储运整合的成功基础上，进一步与小天鹅的销售和采购等部门沟通，努力融入小天鹅的供应链体系，并着手设计一个符合小天鹅企业实际情况和有价值、可操作的物流整合方案。

在此基础上要进一步推动企业的组织机构的调整和整个供应链的优化组合。

安泰达的发展方向有以下几个方面：

（一）规范化的运作

马士基、中外运等世界级第三方物流企业的实践证明：业务流程不规范是造成配送延误的根本，延误通常是在货物的转运当中发生的。

安泰达今后必须按照跟国际接轨的惯例，做到业务流程标准化、服务灵活化、降低成本、资源优化、改进现金流以及先进的信息平台。

（二）配合供应链整合，物流空间更大

目前科龙和小天鹅正在进行供应链的整合，从采购开始经过生产、分配、销售最后到达用户，这不是孤立的行为，而是一定流量的环环相扣的“链”，当然安泰达的物流活动将受这一供应链决定的制约的，例如效益观和库存观，供应链上各环节都有不同的利益和观念，各功能之间存在天生的冲突也是难以避免的，但是由于现代管理和现代技术可以提供总体的信息使各个链节共享，因此可大大扩展视野，使之能从总体上管理整个“链”而不是如同过去那样只管理各链节之间的“接口”，或只管其中一部分链节。安泰达公司在物流管理的基础上结合供应链管理实际上就是把物流和企业全部活动作为一个统一的过程来管理。因此，安泰达的业务空间将越来越大。

八、效果评析

在不增加投入，也没扩大产出的条件下，小天鹅通过初步调整物流资源配置,2002 年使企业采购的 19.93 亿元的成本降低上亿元。2003 年小天鹅又与科龙联合采购招标,双双得益,在原材料涨价的前提下,小天鹅又降低了 4 000 万元成本。物流通过对接又降低了 7%的物流成本。小天鹅公司物流整合追求的是“速度效益”。这对许多中国企业来说是一个新概念。速度效益的实现需要企业流程的全方位支撑,还有赖于与信息化、国际化市场竞争要求相适应的企业行为的全面创新。

速度是一个综合指标,小天鹅近年来的各种重大决策以及调整改造的各项步骤都与速度有关。改善资金流的一个关键步骤就是第一次从银行获得承诺,使产品销售货款异地转账的最高时限控制在 24 小时。在 2003 年 1 月 16 日开始实施的小天鹅、安泰达与国内 10 家物流企业的运输合同中有一项条款:中标方自接到安泰达公司发货计划单之时起,须在 6 小时工作时间内派车到达指定仓库提货。而且通过了考核准点发车率(小天鹅公司的产品从走下生产线到发货的最长间隔时间是 6 小时)、准时到达率(每天物流速度保持 500 公里)和安全可靠率。不仅提高了物流的速度和质量,而且降低了隐性损失,目前小天鹅物流整合节省下来的巨额成本费用,可以看成是小天鹅集团追求的速度效益的一部分。

尽管降低成本并不是物流整合最重要的目标,但是这个效益的取得也不是孤立的。没有以往的管理基础和企业制度基础,物流整合就无法操作。相对于整个企业的速度效益来说,资源优化配置是一个连续不断的过程。小天鹅过去 10 多年的管理创新和企业制度再造,为如今企业物流改造提供了一个必不可少的前提。

(供稿:安泰达公司)

与时俱进的科龙物流管理

科龙公司作为中国家电业巨子,专业生产空调、冰箱、冷柜、小家电多种系列产品,同时进行多品牌运营。生产基地分布在顺德、成都、营口、南昌、扬州、杭州、吉林等地区,销售网络遍布全国各地,公司进行物流管理的广度和深度面临着较大的困难,原有的物流管理状况存在着许多问题,如机构臃肿,业务重叠,效率低下,成本较高等。

2001年底,科龙集团的产权正式走向清晰化,所有制性质由原来的国有企业转为民营企业。在新形势下,科龙集团 ST 摘帽的剩余时间相当紧迫,成本压力巨大,为此,作为科龙集团重要利润来源的物流业务,迅速成为集团公司的关注焦点。以顾雏军董事长为核心的领导班子,制定了资源整合、深化管理、提高效率、控制成本的战略要求,由物流部门转化为业务行动,坚决贯彻实施。通过一年多的努力,企业的物流变革取得丰硕成果,为企业的扭亏为盈做出了重要贡献。科龙集团在物流业务上的变革主要是经历了物流整合、第三方物流管理、物流综合成本管理、信息化管理等大的阶段性飞跃。科龙物流业务变革的经验是:

一、长远的物流战略规划

1.引入第三方物流,使储运式物流过渡到分销物流,最终实现供应链物流一体化。

2.实施物流综合成本管理,使“隐性成本”显性化,追求综合成本的最低化。

3.物流布局上,以生产基地为中心,各生产基地兼顾物流配送中心角色,设立大区域配送中心和分公司中转仓,建立辐射全国的物流配送体系,在市场需求、响应速度、数量充足等达到最佳的协调。

4.制订前瞻性人力资源规划，要求管理者具备当代先进的物流知识结构，掌握先进的物流管理技术，理论与实践相结合，内部培养、选拔与外部招聘引进相结合。

二、务实创新的物流理念

物流理念在科龙集团是管理者价值观、态度、信念的指导，对于企业各层面的运作起到潜移默化的作用。

1.强调“门对门”的运输及配送，一次配送到位，减少不合理的周转；加大工厂到用户的直送比例，强调柔性物流，减少配送中心的作用。

2.务实创新。不追求盲目和标新立异的物流模式，而根据产品特点，选择适宜的物流模式，追求综合成本与效率最佳结合，不断追求管理和业务模式的创新，以变革创新作为永远不变的真理。

3.服务信念。物流首先是一项服务工作，必须得到企业内各部门、合作伙伴、客户、社会满意，没有满意的服务认同，物流工作永远也是失败的。

4.成本领先。物流工作在顾客满意的基础上，必须“物超所值”，真正做到“物美价廉”，超越顾客期望，才能实现长远的发展。

三、第三方物流战略

作为国内传统的家电企业，科龙原有的产品中转运输、本地仓储一直由本企业车队负责，由于管理体制和人员素质的影响，管理费用支出相当大，而且效率较低。随着物流业务外包的发展趋势，科龙公司与国内大型互补性企业结成物流战略联盟，成立由中远集团、科龙集团、小天鹅集团共同投资成立的不以盈利为目的的第三方物流公司—安泰达公司，科龙集团控制本企业的物流价格资源，管理业务统一外包给安泰达公司，包括计划调度、运输管理、仓储管理、费用结算、质量保证等业务，充分利用三家企业的物流业务规模、物流网络优势，共同经营，降低物流运营成本。

1.自有车队转制。企业自有车辆的运输能力在计划经济时期对产品的运输起了较好的保障作用，但目前已不能适应客观形势的需要。自有车辆运营费用过高，驾驶员积极性不大、管理困难，弊端明显，改革成为势在必行。2001 年正式进行大车队转制，并成立了专门的领导小组，反复讨论，统一认识，在大车队人员中选择了有一定管理经验的原车队长担任法人，注册成立了顺龙达运输公司，科龙将 26 台货车全部评估后过户给顺龙达，2001 年科龙的广东省内的运输、过仓业务以一定的价格给顺龙达，2002 年后运价则根据市场价而定，并吸纳了新的运输车队参与运作，降低了成本，提高了服务质量。如产品破损率只有 0.01%、包装破损率只有 0.1%，均低于产品质量指标。

2.业务外包。对运输、仓储业务进行统一招标，成立招标工作组，集中了财务、审计、法律、物流等专业人才，献计献策。整个招标活动始终贯彻了公开、公平、规范、专业的原则，并不断总结经验。例如招标信息在顺德报上公开发布、采用明标，招标结果当场公之于众，严格审核参与投标车队的合法资格，对以往参与过恶性竞争的车队取消其投标资格，大量引入新的车队参与竞争、对投标后在规定时间内不签订运输合同的车队取消其投标保证金、与小天鹅达到了反向物流协议、将反向物流进行捆绑招标、对仓库进行大面积转换等，通过规模化和竞价招标降低成本，正是在以上一系列措施的保证下使得科龙的运输价格下降了、运作更规范、顺畅化。

3.二次配送。为更好地服务于营销一线，由安泰达公司在一些重点城市尝试开拓二次配送业务，成立仓储中心办事处，具有独立的机构和管理职能，组织销售区域内的契约型车队、仓库等运作资源，根据客户的需求，进行不间断的补货，同时与销售分公司、各生产基地进行产销衔接，及时储备货源，通过畅顺的物流供应，把仓储费用、运输费用、库存保有成本、缺货损失降到最低，实现以销售指导配送，以配送促进销售的良性循环。

四、物流整合战略

1.物流业务整合。众所周知，科龙的空调、冰箱、冷柜、小家电公司均是集团公司属下的子公司，是独立的法人单位，其中冷柜公司是与三洋公司合资的，转制前的物流配送渠道是各不相同的，各子公司在业务上的独立运作，使得物流成本居高不下。这种分散的物流模式，它的缺点是规模相对较小、成本较高、物流能力利用率低，既不能让单个部门的物流达到优化，也不能达到整体上的物流优化。因此科龙首先整合了本公司内部资源，打破了过去部门分割、条块分割的现象，将冰箱、空调、冷柜、小家电的仓储业务、运输业务统一规划，使运量增大、产品达到互补，实行集中仓储、集中发送。

2.物流运输整合。科龙集团对运输货源与运力进行了整合，改变了过去单一产品发运引发的配车困难、起运点高的弊端，以前冷柜产品 40%靠零担高价运输，小家电处于创业初期，要货量达不到整车，通过整合运输资源后，缓解了冷柜、小家电的运输压力，冷柜现在只有 10%左右的零担运输，其他数量与冰箱、空调配整车发运，单台价格在原来零担价格的基础上降低了 70%–80%，时间提前了 3–6 天。

在运输招标上将小天鹅从江苏回广东的回程物流作为我公司车队招标的吸引点，由于运量增大，有回程运输，此线路招标后运价下降了 9.5%。同时公司将反向物流也推入了管理日程之中，由于退货、回收、调货等政策，形成了反向物流现象，以前需要反向物流运输时，都是临时找几家车队报价，比价再请车，不仅成本高，而且响应速度慢，现在我们将反向物流与顺德本地的物流捆绑招标后，回程运价下降了 40%，响应速度加快了 3 天。

3.物流仓储整合。由于仓库规划不合理及历史原因，科龙公司在顺德总部分布了 40 多个大中型仓库，作业半径达到南北 30 公里，产品分布不集中，导致仓库利用率不高，汽车装货一单多仓，中转过仓随意，物流效率较低。物流人员从计划入手，由运输计划调度员制定所有产品统一的过仓计划，从源头抓起，根据生产计划结合现有库存结构，在数据分析基础上制订每天的过仓计划，及时调整各仓库的库存结构，形成了四大产品的仓储发运片区，仓储资源得到最大利用。通过调仓、换仓，将四大类产品集中存放，撤消小型仓库、10 公里半径外仓库，租用大型仓库及自行建造大型仓库，进行集中管理和降低物流费用的发生。

科龙与小天鹅联手整合仓储资源，率先开始了行业物流整合的先河，由于公司实力强、储存量大，加大了我公司的招标砝码，同时又为合作伙伴提供了透明的参与竞争的机会，因此吸引了众多规模大、实力强、有专业管理水平的仓储公司参与投标，仓储的成功招标不仅优化了自身的仓储资源，而且降低了储存费用，并建立了相关的物流网络。在南京进行的仓储招标试点中，在小范围公开发布信息后，有七八家有实力、大型的仓储公司积极参与，结果南京某一仓储公司中标，仓储费用整体下降 7%，管理水平得到了提升，双方在双赢的基础上建立了友好的合作关系。

五、物流综合成本战略

一直以来，物流管理中重视显性成本，忽视隐性成本的缺点没有得到足够的重视。科龙集团在传统的物流成本管理的基础上，推进综合成本管理，除了运输、仓储、装卸、保险等费用管理外，还引入了存货保有成本、反向物流成本、质量成本控制。

科龙集团年销售近百亿，用于旺季销售的产品准备导致了库存产生的必然性，而如何进行合理的库存准备是一个预测风险极大的行为，即使是 5 亿元的产品库存，由于空调产品的季节性和新技术的更新换代，如果按 10%跌价损失，也是5 000 万元的损失，同时也随之产生了5 000 万元的机会成本损失和由此而产生的仓储费用损失、库存盘点损失。存货保有成本往往都是若干年存在的，是衍生性很强的费用产生源，对其必须进行库存分析及控制，提高预测和计划的准确性。反向物流成本主要是全国各地中转仓由于销售、管理、历史遗留问题等原因，造成产品降级、报废、失效等问题，需要返回制造基地形成的运输、仓储、装卸、返修、降级、报废、检测损失。这类损失成本通常是正常产品成本的 60%–80%，而且难以继续销售，长期占用仓储费用。质量成本是指在物流过程中,由于运输防护、装卸质量、仓储环境等原因,造成产品损伤降级、报废、返修等损失。

科龙公司对各项成本进行分科目建账记录,统计发生的金额和原因,形成分析报表,落实到责任部门及责任领导,并进行考核处理。其次加强各级管理和监控,建立考核指标体系,使责任落实到营销部门、物流部门,通过全过程、全员的工作质量来减少不合理费用的产生。综合成本采用年度弹性预算的方式进行控制,分解到每月指标,通过月度完成情况的监控,防止费用失控。对于运输费用和仓储费用,统一由公司财务部的招标小组进行招标,在能力和服务满足的基础上,以价格低者准予承担公司的业务,将费用控制在适宜的目标值上。坚持开展月度物流经济活动分析,控制预算指标,分析问题点原因,提出并实施改进,进行有效性检查,持续提高成本控制能力。

六、信息化管理战略

1.业务流程优化。通过销售物流过程的分析,明确销售部门、中转仓库、本地仓库、运输车队的业务关系,对物流业务流程进行优化及重组,使职能型管理向流程型管理转变,并在信息管理系统中设定,将实际业务运作集成在计算机系统进行,缩短时间、空间的距离,进行协同办公。

2.业务与财务一体化接口。各种运输、搬运、装卸、仓储业务一旦发生,根据事先设定的单价、次数、公里数等,自动生成费用,方便查询、统计,与财务系统形成畅顺的连接,各项结算业务一目了然。实现了对实物库存的分类管理,将库存数据有机地分为两部分,锁定库存和可用库存,建立对开单未提库存数据的监管,将在途库存纳入管理范畴,实现了完整的库存数据管理,杜绝了库存不足而过量开单、仓库存位不准改单的现象,保证了发货指令的准确性和有效性,订单响应时间达到 4 天,收发准确率达到 99.996%.

3.条形码管理。在销售物流的各环节,条形码是产品的身份凭证和状态查询的依据,科龙集团投入了近百万购买设备和软件系统,实现了生产线与厂区成品仓、厂区成品仓与本地仓库、本地仓库与中转仓、中转仓与商业单位之间的周转过程录入,达到产品状态、产品流向、质量责任等的查询,各种销售指标的统计等,为决策与计划提供准确的信息。

在生产过程中,现场采集包括关键零部件等的生产数据,为产品质量的控制提供数据基础。产品成品入库、出库、调货时,通过条形码扫描的方式,建立起与单件产品一一对应的条形码数据库。

定期或不定期对市场销售产品的条码进行抽查,通过条形码数据库查询,可快速、有效地辨别市场零售产品是否为指定区域销售产品,配合有关制度奖罚,从而有效控制货源,确保“区域代理制”销售模式的有效贯彻落实。对产品真假有怀疑时,通过条形码数据库查询,快速、有效地鉴别了产品的真伪。

在售前、售后服务过程中,建立起以条形码为主要标识的信息跟踪机制,产品售出后,要求用户将标有条形码序号的回执寄回公司,根据需要将其录入形码数据库。退换货及维修结算时,通过条形码数据库查询、用户回执、电话回访,确认维修信息的真伪,防止维修结算漏洞;通过条形码数据库查询和生产信息的查询,分析产品市场质量问题的原因,为产品质量改进提供指引。

成品仓库在成品入库,通过条形码扫描的方式,如实记录产品实际入库时间。出库时,通过条形码数据库系统查询,可指导仓库实现先进先出的发货管理;通过条形码数据库系统查询,对成品仓库的先进先出管理进行监控和处罚,从而确保成品库存先进先出管理的实现。

4.库存分析。通过 ABC 类分析法为相关部门提供信息支持。每日、每月为营销本部、生产部门提供进出存状态及数据分析,我们按各产品所占销量的比例得出 ABC 类产品,A 类产品是占整体销量 70%的产品、B 类占 20%、C 类占有 10%,通过区分 ABC 类产品明确营销本部、生产部门哪些是重点产品,哪些产品由于库存保有天数不足而需要加产,哪些是滞销产品需要减产,平衡了产销关系,使库存数量、库存结构得到了明显改善。

5.库龄管理。对产品的库龄必须进行统计汇总，才能贯彻先进先出的原则。通过条形码的查询,可以根据编码规则,统计某些时期、型号产品的库龄情况，为管理者及时处理老产品提供准确的信息，防止由此产生的折旧、跌价等损失和色差、老化、功能失效等问题。

6.堆码管理。通过仓库管理模块,设定子仓、仓位和堆位，在业务发生时在计算机模拟位置输入对应的产品型号、数量、进入时间、质量状态,即可随时在模拟图中查询该位置的产品情况，在整堆、移堆的时候,也可以完成堆的合并和分离,真正做到信息与实际操作同步,进行可视化管理,使大仓库或复杂仓库的管理工作变得更容易、更高效率。

7.全程跟踪。信息系统对客户提交的发货计划进行全程跟踪,实现了运作管理的“一杆到底”,通过对客户的发货计划号管理，从定单的下达到发运调度、在途跟踪、到货确认、回单的返回、质量信息等全程数据在信息平台上一目了然。原来产品送货单是手工撰写,容易出现错误,而且工作量大,现在采用电脑打单,统一了格式、容易跟踪、结算方便。

物流信息系统的即时性、准确性和强大的统计、查询功能,为企业营销管理、物流管理提供了准确的数据支持，使领导者在正确的数据基础上进行决策,对于新产品开发调研、营销策划、销售政策、竞争策略、产品促销、营销分析等工作发挥了重要作用。

科龙集团通过这两年的物流变革，在人才和经验上取得了较好的积累,管理水平不断提高,但对于物流供应链的宏伟目标还只是起步阶段,任重道远,科龙物流管理在未来的工作中,仍然需要紧跟当代最新的物流理论和技术，遵循“系统规划,技术提高,深化管理,创新机制”的原则,通过不懈努力,实现物流供应链一体化管理。

(供稿:科龙集团物流管理部　张海军　黄剑)

石家庄卷烟厂可持续发展的制胜之路

纵观石家庄卷烟厂这几年的发展变化，透过数字的不断刷新可以看到，几年来石家庄卷烟厂经受住一个又一个的考验,仅 2002 年就实现利税 8.5 亿元,比去年提高 1.55 亿元;一、二类烟销售 2.85 万箱,比去年增加 2380 箱;三类烟突破 6.77 万箱,比去年增加 2.72 万箱;单箱利税达到 2 400 元，比去年增加 420 元; 固定资产增值 2 700 万元,国有资产保值增值率达到 125%,全员劳动生产率人均达 64.6 万元,利税指标自 1999 年以来,已连续四年保持高速增长，年平均递增 20%。2002 年上缴税金在全市名列榜首,在全国 100 多家烟厂中，综合效益指标也由 1997 年的 97 位跃升至 33 位,实现了四年四大步的跨越式发展。一个企业实现一年的快速增长容易，但连续几年的快速增长却实属不易,特别是在市场瞬息万变、竞争激烈的今天，石家庄卷烟厂持续发展的背后展示的是拥有现代化管理理念以及不断创新企业经营管理的机制，具有较高水准的机械化程度的大型卷烟生产企业。

一、可持续发展资源的再认识与逐层整合

几年来石家庄卷烟厂紧紧抓住使企业可持续发展的资源进行再认识与逐层整合，选择适合企业新的发展方向把各个分散的资源在某一点上进行融会,最终产生了强大的爆发力,从而带动企业

的长足发展。该厂不仅将人力、技术、财务视为资源，而且将经验、管理模式、推新的机制，成功的典范以及公共关系等均视为资源，资源的利用过程就是不断整合的过程，从而产生新的成果。

首先对人力资源进行整合。创造人力资源得以发挥的环境和机制，新经济条件下的企业不是雇佣劳动的机构，而是激励劳动，让劳动价值真正得以体现的工具。在日益激烈的市场竞争中，人力资源开发的关键性战略地位越来越凸现，企业要发展，人才支撑是关键，不断引进高科技研发人员，采取灵活多样的方法，对职工进行素质教育，并通过开展职工技能鉴定等提高员工的整体素质。对中层管理人员实行竞争上岗，绩效考核，使得人尽其才，各司所能。

在财力资源上，将过去的简单出入账变为智能型财务管理，有计划的调控资金，提高企业清算和营运能力。对货款回收进行考核，从而加快了货款回收率。通过调整原材料结构，使库存结构更加合理，减少了资金占用。利用好国家政策“借低还高”，减少贷款额度，以及对资金实行了分级归口管理等，使石烟资产负债率由 1998 年的 81%，降低到 2002 年的 54%，大大低于同期国有企业平均资产负债率，盘活了企业资金。为加强成本管理，将各项成本费用指标进行科学分析后，层层分解到车间、部门，纳入考核体系。

与此同时，对会计基础工作进行规范化达标，将制单、收票、审核、计账等全部规范化，去年还率先在全省行业工业企业开通了网上银行结算，极大地方便了银行账户余额的实时查询，简化了银行转账手续，提高了工作效率和资金利用率。

在车间、处室通过样板车间、文明处室的创建，将每个车间、部门智力资源和经验进行整合，并全面推广。在管理上，石烟领导层清醒地认识到管理的优劣决定企业的优劣，自然决定企业的生存，但是，如果方法不当，会制约了人的发挥、提高与发展，因此，他们将加强管理的核心始终是紧紧围绕建立发展，促人认真负责，勤奋工作的管理机制进行，由此，企业各方面的工作难点，都会有很多人主动想办法去解决，有更多的人以不断创新的姿态，努力推进各方面的工作。建立了扎实的企业基础管理体系。为了夯实企业的管理基础，几年来该厂坚持持续地推进目标管理，对全厂各部门工作进行严格细致的界定、检查与考核，实现了部门间管理的协调与规范，使部门的工作目标与企业效益目标达到一致，形成强大的合力，为了参与更高层面上的竞争，该厂导入先进的管理模式，2001 年率先在全国同行业一次性通过了 ISO9001:2000 版的质量认证，并先后获得英、法、两国国际论证证书，顺利地实现了与国际先进管理的对接。

二、可持续发展比较优势的巩固与提升

企业的持续发展，除了省局正确的领导和政策支持外，拥有一个团结、务实、勤政的领导集体是企业发展的关键，以严金虎为厂长的新领导班子自 1998 年上任以来，能够以企业发展为己任，严于律己，廉洁奉公，大事讲原则，小事讲风格，带领全厂职工真抓实干，不断创造着一流业绩。

石家庄卷烟厂是一个年产 34 万大箱的大型企业，无论规模还是结构在全国卷烟大市场中并不占优势，但几年来能够持续地发展，正是他们正确认识和把握住了比较优势后扬长避短所取得的成绩。几年来，在不断拓展市场的同时，狠抓管理，紧紧围绕降低成本做文章，由于成本控制较好，使得该厂如“灵芝”等一二十元较低挡的卷烟尚有利润空间，在目前该厂结构并不高的情况下利税利润率达到 18%，这在全国众多烟厂中并不多见。

石家庄卷烟厂的一个优势就是有规避风险的机制与制度。该厂一年原辅材料采购约 2 亿元资金，稍有疏忽将给国家造成重大损失，为此，他们建立了严格的合同会签、审批程序和审计制度，抓好开源节流工作，在物资采购上率先在全省同行业实行公开招标，比价采购，阳光交易，规范了进货渠道，增加了透明度，保证了产品质量，并按照该厂提出的“严、细、实”的工作作风，不断将此项工作完善与细化，从计划的编制到采购的

实施，都要考虑各类物资的配套、库存情况以及市场信息做到周密安排。目前该厂工程十万元、单笔采购五万元以上的项目全部实行招标，为了提高采购质量、降低成本，他们又建立了价格台账，深入市场了解信息，及时地分析市场走势、价格变动，分析厂家成本，为了建立长期稳定的客户，他们从去年开始推行对供应商的资质论证工作，在市场销售上该厂也坚持规范经营，在市场激烈竞争中，很多厂家靠搭配奖品、回扣、抛售等不恤血本的做法，该厂并不盲从，而是着眼于长远发展战略考虑。已当选为2003年全国人大代表的严金虎厂长说："规范经营、稳中求进是我们的基本方针，恶性竞争最终会尝到苦果，我们不图急功近利，我们要稳扎稳打，不断培育我们的市场"。正是坚持了这样一个方针，该厂几年来脚踏实地，步步为营，追求在扎实基础上的进步，建立了自己较稳定的市场。由于规范经营的指导思想和规避风险的制度保障优势，该厂赢得了发展的机遇和市场，在结构调整上也具有相对优势，中高档烟是支撑该厂效益的主要产品，几年来通过大力实施名牌战略，一、二类烟比例的不断增高，仅"石家庄"系列就由1999年的3万箱/年发展到目前的近10万箱/年。

另外该厂还拥有人才优势和技术优势。几年来十分注重技术人才的吸收与利用，持续引进大学生，建立科学合理的人才培训开发机制和多层次、多内容的人才激励机制，对在职员工进行技术培训与再教育，对人才重点培养，合理使用，并从待遇上给予倾斜。他们时刻瞄准世界最先进最优秀的技术，加强引进与合作，几年来，先后与著名的美国HI公司，法国曼氏公司等进行卷烟加香加料研究，并与中科院、郑州烟草研究院等进行低焦油卷烟的研制，极大地提高了产品开发的科技含量。他们还在省内率先引进了PASSTM7000卷烟机。几年来，石烟从烟丝的存储、发酵设施到制丝生产线、卷接包设备，均进行了彻底的更新换代，先后投入1.5亿元从德国、英国、意大利引进先进的卷接包设备，并采用全新的工艺技术，为生产优质卷烟打下坚实的优势基础。

三、可持续发展核心竞争力的再造与发挥

核心竞争力是使企业立于不败之地的最后屏障，全面、严格、科学的管理是生产力的重要体现，是保证企业持续、快速发展的重要手段和有效措施。石家庄卷烟厂由于实施严格、规范、科学的管理，大大降低了成本，增加了效益，成为该厂参与竞争的核心竞争力之一。在管理上他们不断深化和细化，坚持持续改进。2000年时在现场管理上，在实现了物品的定位标识化、窗明几净、地见本色漆见光等的严管理氛围上，将管理又上升到更高一个层次。2000年被评为"石家庄市文明单位"，对于管理上的持续改进和取得的成绩，他们有自己的见解。严金虎厂长在取得贯标认证会上说："取得认证不是目的，而是提高管理的手段，是一个新的起点，是参与更高层次上管理的竞争"。因而，全厂在加大开发新产品力度的同时，持续提高管理水平，在保证产品质量的同时，最大限度地降低成本。增强参与竞争，抵御风险的能力。

一个企业要发展须有灵魂做支撑，有灵魂就是有文化，企业文化是企业生存与发展的动力，它是一种凝聚人心，提升企业竞争力的无形力量和资产，对外它是企业的一面旗帜，对内它是一种向心力，企业文化实质上也是人本素质的开发，因为人才是企业核心战略资源，因此，注重企业文化和人本管理是企业走向成功的途径之一。该厂将企业的信用问题，团队精神，企业经营理念等都列为企业文化范畴。该厂建立的有特色的企业文化是又一核心竞争力的体现。由于职工素质的提高，企业文化的逐步推进，形成的良好的企业文化氛围，职工由要我干转变为我要干，真正树立起了企业主人翁意识，职工以企业的发展为已任，积极献计献策，提合理化建议，许多被采用的合理化建议对企业产品质量的提高，经济效益的增长起到了极大的推动作用。

四、可持续发展中互动效应的强势切换

在发展中，石烟管理者充分认识到互动对企业的杠杆作用，因此他们用互联互动思维代替垂直分割思维，形成企业内外部弹性的网状结构。

企业效益与员工凝聚力的良性互动。在2000年石家庄卷烟厂就提出了实现企业效益与职工收入的同步增长，企业的“善待企业，善待职工”以情治厂的文化理念，使得企业领导关心职工，千方百计地调动员工的劳动热情和聪明才智，又让职工在企业发展的同时，努力实现自己的抱负，职工的劳动热情与聪明才智带动了企业的发展，企业又拿出资金重奖有功之臣，提高职工待遇，员工感觉到他们与企业之间是“风雨同舟、荣辱与共”的关系，从而自觉实现个人价值目标与企业价值目标的趋同，该厂先后投入400多万元用于支持员工的发明和技术攻关，共取得各类经济技术创新成果180余项。在2001年的经济技术创新活动中通过对设备进行改造，在保证产品质量的前提下，使原来只能用醋酸过滤咀的设备改为用丙纶过滤咀，仅此一项年降低成本300多万元。仅2002年7月，该厂便有5项QC成果分别在国家和省级QC成果评比中获奖。

市场销售与生产的良性互动。通过开展“以市场为中心，转变观念”的教育，在全厂职工中树立起了“生产围绕销售转，销售围绕市场转”，“一切为了市场”的大营销理念，优质的产品质量赢得了消费者，强有力的现代营销手段拓展了市场，提高了结构，反之又促进了生产。

设备投入与产品创新的良性互动。由于石家庄卷烟厂不断进行设备更新与改造，使得在产品结构调整中占有了主动，抓住了市场机遇，有了设备的工艺保证，使得产品质量有了保障，产品结构和质量的提高，带来良好的企业效益，企业又可引进更先进的设备，先进的设备为规模扩张奠定了基础。规模从25.8万箱增长到34万箱，增长了32%。

企业管理创新与员工素质提升的良性互动。企业严格的管理，培养了职工良好的习惯，随着职工素质的不断提高，许多制度已成为广大职工的自觉行动，使得管理更上一个台阶。由于管理与职工素质的互动，推动了严、细、实管理，通过完善合同管理，合理消化库存，盘活固定资产，堵塞漏洞等，使得挖潜增效硕果累累。

面对新世纪充分市场化的竞争，面对加入世贸组织及与国际接轨，面对信息、知识经济时代，石烟不得不作更多的思考：充分的市场竞争，意味着竞争会更加激烈；我国经济与国际接轨，意味着要面对更加强大的竞争对手；这一切，预示了企业间竞争的残酷及企业生存的难度，尽管石烟曾经取得了持续的发展，在浩瀚的商海中，面对未来挑战，他们决定向着可持续发展理想化、理性化境界迈进，以全新的姿态挑战未来。学习、借鉴、裂变；求新、求异、求发展；思考、碰撞、升华。同时，他们也看到了良好的发展机遇，随着企业内部改革的进一步深化，企业的经营机制日趋合理，企业经营战略决策更具科学性、前瞻性；职工素质的提高，对塑造企业核心文化奠定了基础；随着企业核心竞争力的增强，企业参与市场竞争的能力增强；通过国际市场的接轨，构建全国统一的大市场，为产品提供了拓展空间；企业组织结构的调整将改变厂发展空间相对狭小的格局，为实现异地搬迁提供了机遇。在希望与发展同在，机遇与挑战并存之时，他们决定把握好机遇，争取参与更高层次上的竞争，更高水平上的发展。在市场的搏击中勇立潮头。

（供稿：石家庄卷烟厂　李燕茹）

商业案例

上海联华生鲜食品加工配送中心的物流运作

联华生鲜食品加工配送中心是我国国内目前设备最先进、规模最大的生鲜食品加工配送中心，总投资6 000万元，建筑面积35 000平方米，年生产能力20 000吨，其中肉制品15 000吨，生鲜盆菜、调理半成品3 000吨，西式熟食制品2 000吨，产品结构分为15大类约1 200种生鲜食品；在生产加工的同时配送中心还从事水果、冷冻品以及南北货的配送任务。连锁经营的利润源重点在物流，它是企业的核心竞争力，2%的物流配送费率（即配送一定价值商品所需得物流配送成本），低于沃尔玛4.5%的水平，为整个联华的快速发展提供了强有力的保证和支持。物流系统好坏的评判标准主要有两点：物流服务水平和物流成本，这两点好像有些矛盾，一个设计优秀的物流系统就可以做到鱼和熊掌兼得；本案例（联华生鲜食品加工配送中心）就是其中在这两个方面都做得比较好的一个物流系统。本案例中的软件系统，是由上海同振信息技术有限公司开发完成的。

生鲜食品加工配送由于商品的特殊性是物流系统中复杂程度最高、管理最难、服务水平要求最高的。生鲜商品按其秤重包装属性可分为：定量商品、秤重商品和散装商品，按物流类型分：储存型、中转型、加工型和直送型；按储存运输属性分：常温品、低温品和冷冻品；按商品的用途可分为：原料、辅料、半成品、产成品和通常商品。生鲜商品大部分需要冷藏，所以其物流流转周期必须很短，节约成本；生鲜商品保值期很短，客户对其色泽等要求很高，所以在物流过程中需要快速流转。两个评判标准在生鲜配送中心通俗的归结起来就是“快”和“准确”，本文下面分别从几个方面来说明一下联华生鲜配送中心是如何做到“快”和“准确”，实现2%的物流配送费率的。

一、订单管理

门店的要货订单通过联华数据通讯平台，实时的传输到生鲜配送中心，在订单上制定各商品的数量和相应的到货日期。生鲜配送中心接受到门店的要货数据后，立即生成到系统中生成门店要货订单，此时可对订单进行综合的查询，在生成完成后对订单按到货日期进行汇总处理，处理时系统按不同的商品物流类型进行不同的处理：

1.储存型的商品：系统计算当前的有效库存，比对门店的要货需求以及日均配货量和相应的供应商送货周期自动生成各储存型商品的建议补货订单，采购人员根据此订单再根据实际的情况作一些修改即可形成正式的供应商订单。

2.中转型商品：此种商品没有库存，直进直出，系统根据门店的需求汇总按到货日期直接生成供应商的订单。

3.直送型商品：根据到货日期，分配各门店直送经营的供应商，直接生成供应商直送订单，并通过EDI系统直接发送到供应商。

4.加工型商品：系统按日期汇总门店要货，根据各产成品/半成品的BOM表计算物料耗用，比对当前有效的库存，系统生成加工原料的建议订单，生产计划员根据实际需求做调整，发送采购部生成供应商原料订单。

各种不同的订单在生成完成/或手工创建后，通过系统中的供应商服务系统自动发送给各供应商，时间间隔在10分钟内。供应商收到订单后，会立即组织货源，安排生产或做其他的物流计划，这样这个供应链的绩效得到了提高，体现在速度和质量上。

二、物流计划

在得到门店的订单并汇总后，物流计划部根据第二天的收货、配送和生产任务制订物流计划，计划包括人员安排、车辆安排、批次计划、线路计划、生产计划、配货计划等。

1.线路计划：根据各线路上门店的订货数量和品种，做线路的调整，保证运输效率。

2.批次计划：根据总量和车辆人员情况设定加工和配送的批次，实现循环使用资源，提高效率；在批次计划中，将各线路分别分配到各批次中。

3.生产计划：根据批次计划，制订生产计划，将量大的商品分批投料加工，设定各线路的加工顺序，保证和配送运输协调。

4.配货计划：根据批次计划，结合场地及物流设备的情况，做配货的安排。

物流计划设定完成后，各部门需按照物流计划安排人员设备等，所有的业务运作都按该计划执行，不得更改。在产生特殊需求时，系统安排新的物流计划，新的计划和老的计划并行执行，互不影响。

三、储存型物流运作

商品进货时先要接受订单的品种和数量的预检，预检通过方可验货，验货时需进行不同要求的品质检验，终端系统检验商品条码和记录数量。在商品进货数量上，定量的商品的进货数量不允许大于订单的数量，不定量的商品提供一个超值范围。对于需要重量计量的进货，系统和电子秤系统连接，自动去皮取值。

捡货采用播种方式，根据汇总取货，汇总单标识从各个仓位取货的数量，取货数量为本批配货的总量，取货完成后系统预扣库存，被取商品从仓库仓间拉到待发区。在待发区配货分配人员根据各路线各门店配货数量对各门店进行播种配货，并检查总量是否正确，如不正确向上校核，如果商品的数量不足或其他原因造成门店的实配量小于应配量，配货人员通过手持终端调整实发数量，配货检验无误后使用手持终端确认配货数据。

在配货时，冷藏和常温商品被分置在不同的待发区。

四、中转型物流运作

供应商送货同储存型物流先预检，预检通过后方可进行验货配货；供应商把中转商品卸货到中转配货区，中转商品配货员使用中转配货系统按商品再路线再门店的顺序分配商品，数量根据系统配货指令的指定执行，贴物流标签。将配完的商品采用播种的方式放到指定的路线门店位置上，配货完成统计单个商品的总数量/总重量，根据配货的总数量生成进货单。

中转商品以发定进，没有库存，多余的部分由供应商带回，如果不足在门店间进行调剂。

三种不同类型的中转商品的物流处理方式：

不定量需称重的商品

设定包装物皮重；

由供应商将单件商品上秤，配货人员负责系统分配及其他控制性的操作；

电子秤称重，每箱商品上贴物流标签。

定量的大件商品

设定门店配货的总件数，汇总打印一张标签，贴于其中一件商品上。

定量的小件商品(通常需要冷藏)

在供应商送货之前先进行虚拟配货，将标签贴于周转箱上；

供应商送货时，取自己的周转箱，按箱标签上的数量装入相应的商品；

如果发生缺货，将未配到的门店(标签)作废。

五、加工型物流运作

生鲜的加工按原料和成品的对应关系可分为两种类型：组合和分割，两种类型在 BOM 设置和原料计算以及成本核算方面都存在很大的差异。在 BOM 中每个产品设定一个加工车间，只属于惟一的车间，在产品上区分最终产品、半成品和配送产品，商品的包装分为定量和不定量的加工，对于称重的产品/半成品需要设定加工产品的换算率(单位产品的标准重量)，原料的类型区分为最终原料和中间原料，设定各原料相对于单位成品的耗用量。

生产计划/任务中需要对多级产品链计算嵌套的生产计划/任务，并生成各种包装生产设备的加工指令。对于生产管理，在计划完成后，系统按计划内容出标准领料清单，指导生产人员从仓库领取原料以及生产时的投料。在生产计划中考虑产品链中前道与后道的衔接，各种加工指令、商品资料、门店资料、成分资料等下发到各生产自动化设备。

加工车间人员根据加工批次加工调度，协调不同量商品间的加工关系，满足配送要求。

产品入箱贴外箱物流标签，由流水线输送到成品待发区，待发区将产品按路线和门店放入笼车。在加工过程中记录车间之间原料成品转移，投料的记录计量，完工的记录计量，这些计量都通过车间的电子秤联网系统，自动纪录数据并返回到业务系统中。加工的包装机械自动实现商品的检货分检，业务系统从包装系统中采集加工结果，并对结果进行处理与核对，最终形成各门店的实配数据。

在加工完成后需要对原料和成品的耗用进行试算平衡，检查异常。各商品成本核算使用耗用原料的成本全额分摊到产成品/半成品中，计算完工产品的成本，同时按照标准的BOM表和实际的加工计算加工得率(损耗率)，并形成投料对照表，供考核用。

六、配送运作

商品分捡完成后，都堆放在待发库区，按正常的配送计划，这些商品在晚上送到各门店，门店第二天早上将新鲜的商品上架。在装车时按计划依路线门店顺序进行，同时抽样检查准确性。在货物装车的同时，系统能够自动算出包装物(笼车、周转箱)的各门店使用清单，装货人员也据此来核对差异。在发车之前，系统根据各车的配载情况出各运输的车辆随车商品清单，各门店的交接签收单和发货单。

商品到门店后，由于数量的高度准确性，在门店验货时只要清点总的包装数量，退回上次配送带来得包装物，完成交接手续即可，一般一个门店的配送商品交接只需要5分钟。

（供稿：上海联华生鲜食品加工配送中心）

新疆农资公司推进“农佳乐”连锁配送工程

新疆农资(集团)有限责任公司是由新疆维吾尔族自治区供销社控股，集科工贸一体化、产供销一条龙的具有一定规模和实力的企业集团。公司注册资本1.479亿元，管理和使用的净资产11.54亿元，拥有仓储设施43.2万平方米，铁路专用线累计6公里，年仓储吞吐量超过100万吨，年销售额达20亿元以上。

一、发展连锁经营、建立市场网络的做法和体会

自1998年国务院《关于深化农资流通体制改革的通知》(国发[1998]39号)下发至今已经有四年时间，在这四年中，新疆维吾尔族自治区农资市场发生了深刻的变化。自1998年下半年起，新疆农资公司陆续在南北疆交通枢纽和农业大地县组建了11个配送中心，各配送中心一方面面向市场直接销售，另一方面继续加强与各地、州、市、县农资公司的联合与合作，采用“一套资金、封闭运行、联合经营、差率分成”的办法，利用地、县农资公司的网络进行销售，也解决了各地、县农资公司资金不足的问题，有力地帮助、支持了一些地、县农资公司共同参与市场竞争，在合作中求生存、在联合

中求发展,增强了抵御市场风险的能力,保证了农资商品的供应,巩固了市场占有份额,取得了比较明显的成效,市场占有份额逐年回升。

1.学习和借鉴连锁经营先进经验,结合新疆实际,确定农资市场网络建设总体方案。

“农佳乐”连锁经营市场网络建设的总体思路是:重构适应市场经济条件下的现代营销网络,引入连锁配送新型业态、实施全区供销社农资连锁配送为农服务工程。通过联合、重组、改造、嫁接等方式,打破传统经营机构,引进连锁经营、物流配送、电子商务等现代流通方式和高科技管理手段,建立安全、顺畅、高效的农资流通现代网络体系,把质优价廉的农资商品和“农佳乐”服务送到千家万户的农民手中,充分体现新疆农资“农佳乐”扎根农村、服务农业、造福农民”的企业宗旨。

2. 新疆维吾尔族自治区党政领导和有关部门对“农佳乐”网络建设给予了高度重视和大力支持。

网络建设运作前期,新疆农资公司就发展“农佳乐” 连锁配送现代流通业态的构想及时向自治区党委、政府及有关部门进行了汇报,因此,在网络建设的具体实施中得到了大力支持。自治区人民政府达列力汗·马米汗副主席在百忙中抽出时间,相继三次分别参加了“农佳乐”连锁总部、和田地区、巴州“农佳乐”连锁网点的挂牌仪式,并对新疆农资公司发展连锁经营新型流通业态给予了高度评价,新闻媒体进行了及时的报道,取得了很好的宣传效果。自治区经贸委已把新疆农资公司“农佳乐” 连锁经营列为自治区推进流通现代化试点单位,并上报国家经贸委申请列入国家流通行业连锁经营试点单位。自治区工商管理部门在营业执照等手续的办理上也提供了便利,这些都为网络建设提供了很好的外部支持。

3.及时组织培训,提高员工对连锁经营的认识。

为了推行新的经营业态,提高职工的综合素质,确保网络规范运作,新疆农资公司从去年 7 月份起及时组织连锁经营各网点的业务、财务骨干、中层管理人员参加专业理论知识培训,共举办连锁经营培训班四期,培训经营一线员工 260 多人。通过培训使广大干部职工从理论到具体业务运作上对连锁经营这一现代流通业态都有了进一步的了解和掌握。

4.始终坚持为“三农”服务的宗旨,得到了广大农民的欢迎。

在“农佳乐”连锁经营中新疆农资公司确立了“农佳乐扎根农村、服务农业、造福农民”的为“三农”服务的企业宗旨,严格执行“六统一”(统一标识、统一进货、统一配送、统一价格策略、统一服务规范、统一核算)经营管理模式规范运作,制定了“农佳乐庄严承诺:假一赔十、积极配合政府打击假冒伪劣”的企业承诺。在网络运作过程中,新疆农资公司认真落实上述宗旨和承诺,得到了政府、执法部门和农民的好评和欢迎。

5.网络建设的扩大促进了商品销售的增长。

通过近一年的努力,网络建设工作取得了迅猛发展,以“农佳乐”为统一品牌的连锁经营机构已遍布全疆 14 个地州市、58 个县,县级覆盖率达到 70%。截至去年 12 月 10 日,新疆农资公司在建立 11 个配送中心的基础上,共投入资金 1 800 万元,建立了 21 个分公司、8 个控股公司、2 个参股公司、1 个全资子公司、184 个直营店、100 个加盟店、54 个农资服务专业合作社、连锁经营网点累计已达到 327 个,超额完成了去年市场网络建设任务。

二、目前网络建设工作中存在的几个问题

一是农资连锁经营在新疆维吾尔族自治区尚属新型经营业态,是一个新生事物,与此相关的政策法规尚不配套完善,加之个别地区存在的地方保护主义,因此,在基层办理“农佳乐”连锁经营工商、税务等手续及开展经营活动时仍然遇到了一些阻力;

二是网络体系建设规模大、速度快,管理的难度加大了,由于缺乏专业人员,一部分连锁店的规范管理没有完全到位,特别是对加盟店的管理没有完全到位,仍然存在一定的经营风险;

三是“农佳乐”品牌的社会知名度还不够高,还需要通过大力的宣传和规范的服务加以提升和

扩大；

四是由于新疆特殊的地理环境，新疆地广人稀，经济发展相对落后，与连锁经营相配套的网络电子信息化系统的建设还比较滞后。

三、继续规范完善并不断扩大网络建设规模，向“宽带网”发展

2003年市场网络建设的工作重点是加强连锁经营规范管理，继续延伸流通渠道，拓宽经营范围，抢占终端零售市场，不断巩固和扩大市场占有份额，逐步建立连锁经营终端营销服务网络体系，积极开拓新的经营领域，促进经营多元化发展。

一是对已建成的327个“农佳乐”经营网点按照公司制定的连锁经营各项管理办法和“六统一”的经营管理模式规范运作，不断提高网络管理水平和服务质量，提高“农佳乐”的知名度和品牌效应。

二是继续做好新疆维吾尔族自治区农资系统的联合与合作，不断扩大网络建设规模，实现“农佳乐”连锁网点到2003年末达到410个的目标任务。

三是实施“宽带网”经营战略，重新整合网络资源，把新疆农资公司经营的化肥、农药、农膜、烟花爆竹、再生资源、边销茶等商品逐步纳入“农佳乐”网络经营；努力开拓种子、饲料、农机具、兽药等商品进入网络经营，依托“农佳乐”网络开展棉花等农副产品的收购业务。把“农佳乐”连锁网络打造成“产业链”和“宽带网”，使“农佳乐”连锁经营网络上下贯通，既成为工业品供应的网络，又成为农副产品收购的网络。以此带动国内外化肥、农药等各类涉农商品加盟到农佳乐网络中来，并逐步实现对名优商品的新疆总代理、总经销，确保商品资源充足，使企业真正步入多元化经营发展之路。通过3至5年的努力，使“农佳乐”品牌遍布全疆村村镇镇，扎根于千家万户的各族农牧民心中。

(供稿：新疆农资公司　武卫)

武汉中百物流系统第三方解决方案

一、项目背景

武汉中百集团股份有限公司是商业系统上市公司之一，自1997年开始，重点发展连锁企业，2000年初，被武汉市政府定为现代连锁企业重点扶持单位。计划到2005年，将发展成为大中型仓储超市60家，便民超市直营店300家的大型商业连锁企业。随着中百集团经营商品品种的增多，经营范围的扩大，经营店分布的迅速增长，中百集团非常重视物流中心的建设，成立的全资子公司武汉中百物流配送有限公司，是经过国家经贸委批准的第八批国债技改项目，其业务范围涉及第三方物流配送；商品保管、储运；商品的批发、零售以及物流项目的设计、规划与咨询等。

上海同振信息技术有限公司接受武汉中百集团的委托，为其设计建设符合国际潮流的现代物流系统。本系统将负责处理武汉中百仓储大卖场、便民超市的进货、仓储、配送等业务以及其他社会批发、配送业务，根据物流中心建设目的，以及多种服务对象，多种客户的业务特点，本系统定位在独立的第三方物流配送管理系统。本系统同时为各客户总部提供物流中心中心运作的完整信息及各种数据，包括各种业务数据、总部做账和结算依据，以及各种统计报表。

二、系统功能简介

武汉中百物流管理系统在设计之初，就定位在能够提供分客户管理，未来能够扩展到自主经营的第三方物流管理系统，并且具有国内领先的

物流运作体系。在武汉中百物流公司和上海同振信息技术有限公司的通力配合下，设计出了一套符合现代物流思想和管理理念的信息系统，其本框架如下：

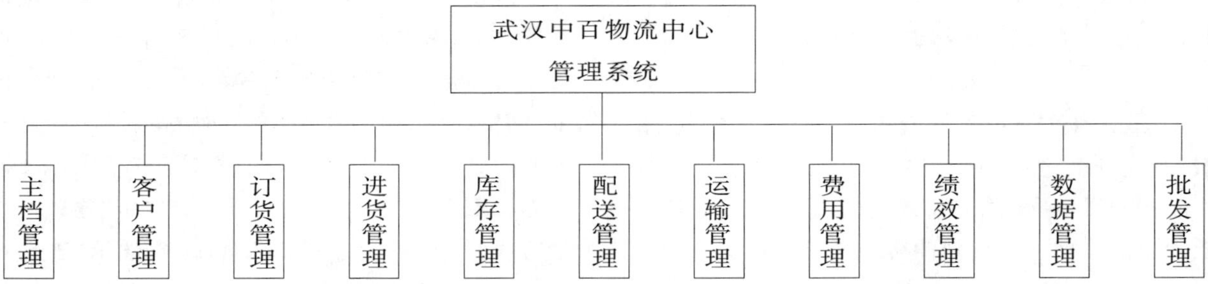

该系统的基本脉络为客户管理、物流中心管理、仓库管理、运输管理。

1. 客户一般为大型零售企业或生产企业，将库存商品或者产品通过第三方物流服务提供商存储和运输：

通过客户管理系统维护客户基本资料、物流合同等信息；

通过数据传输系统，客户将主档传输到第三方物流系统；

客户每日依据门店要货、供应商采购订单，通过数据传输系统向物流中心下达进货、发货指令；

通过客户管理系统，客户查询相应的业务运作；

每月按照合同，根据费用类型，生成物流费用，提供结算。

2.物流中心是整个第三方物流的处理中枢维护各客户的基本主档：

接受各客户指令，将指令转化成仓库的各类单据，并制订采购、运输计划，将各指令下发给各个库区；

根据仓库反馈信息，分析运作情况；考核绩效，生成物流费用等；

批发业务。

3.库区按照物流中心指令，进行相应的入库、出库操作：

仓位管理：合理分配商品的存储仓位、分拣仓位；

收货：按照物流中心指令，手持终端收货，并自动提示仓位；

库存管理：盘点、损益等库存作业，ABC、周转率等库存分析；

自动补货：依据商品的存储、分拣信息，提示补货安排；

整箱分拣：依据先进先出(FIFO)原则，按仓位分拣整箱商品；

DPS分拣：使用DPS分拣拆零商品。

4.运输管理：

排车管理：依据GIS系统，自动排出最优门店路线，确定车辆；

出/回车管理：司机出车回车登记，记录包装物等。

三、系统其他特点

1.充分考虑现代物流的各种情况，适用范围非常广泛：

支持存储型、中转型、加工型多种物流类型；

支持标准超市、大卖场、便利等多种业态；

支持整箱、拆零配送，支持生鲜配送。

2.采用大量先进设备：

数字显示分拣系统(Display Picking System, DPS)；

自动分类机(Sorter)；

堆垛机及托盘车；

输送带；

温控系统；

自动包装系统；

条码、物流码；

无线手持终端(Handle terminal,H/T)。

3.先进的理念和控制：

仓位管理：自动定仓，系统提示一个主要仓

位，两个备份仓位；结合物流码管理库存，全程无线手持终端操作，更直观、更方便；

自动补货系统：每日依据库存信息、商品仓位对照信息，按照 FIFO 原则、满足率，智能化生成补货单；

可视化库存：将三维库存映射到电脑屏幕，仓位库存一目了然；

自动排车系统：GIS 自动排车、图形化显示效果；

自动费用处理：分客户、分类别的定义费用项目、公式；从各个业务层次，按照事先设定的公式，自动提取应收费用明细与合计；

绩效考核：目标制定–考核–改进的管理理念；工作量量化管理。

四、项目启示

配送中心的扩展：目前很多零售企业都建设有配送中心，可大多数配送中心都没有充分发挥配送中心的存储运输能力。而且零售企业都有着不同业态的发展策略，现有的配送中心系统会面临很大的系统问题。从武汉中百物流管理系统我们可以看到，将配送中心作为一个第三方物流公司独立运作，既可以发挥配送中心的最大潜力，又可以合理解决企业内部的物流运作。

第三方物流的增值服务：现在社会上的第三方物流公司很多，所以要在激烈的社会竞争下脱颖而出，就需要我们能够真正提供全方位第三方物流服务。这就意味着我们不仅能做到完成客户下达的指令，还能提供客户相关物流信息、最优化库存运作提示等，从而改造客户的供应链环节。

第三方物流的外包：第三方物流为客户提供物流外包业务，同样的，第三方物流公司也可以将自己的业务外包给专业公司，从而使每个物流环节都能做到最专业、成本最低。比如可以利用外协车辆运输，租用专用仓库存储专用商品等。

（供稿：武汉中百集团股份有限公司）

小白羊超市智能化配送中心

小白羊超市配送中心是一个智能化的配送中心，所谓“智能化”就是采用了计算机人工智能，实现对商品的仓位管理、先进先出管理、保质期管理和配送路线管理，最大限度的降低人工成本，减少商品和落地次数，实现零库存，从而提高工作效率，加快商品流转和资金流通。

小白羊超市配送中心地处南三环与南四环之间的马家堡地区，这里交通便利、环境优美，投资 1 200 万元改造的智能化配送中心建筑格局合理，储存面积大，既有 6 000 个仓位的高位货架的库房，又有面积达 500 平方米的收货平台、800 平方米的配货平台以及 1 200 平方米的停车场地，院内宽敞，道路平整，方便大型车辆集装箱进出，有利于商品的整出和快进快出，库房内部货架整齐、架与架之间距离适宜，便于高位叉车穿行，平台的罩棚气垫恢宏，可以从多个方向同时装卸货物。

小白羊超市配送中心引进的双机热备份系统，使小白羊配送中心的数据处理能力空前提高，系统的稳定性也大大加强。已具备每天 24 小时全天候的配货和送货能力。

一、订单

配送中心与总店的计算机系统紧密连接在一起，配送中心与供货商的订货可以通过小白羊自己的电子商务平台，自动传给供应商，供应商也可以随时了解到自己的商品在小白羊各店销售情况、库存情况等。

二、准确的“仓位”管理

（一）入库

供货商把商品送到配送中心，经过预检处预检后，发送到主服务器，当收货处输入实收数量和保质期天数后，计算机会自动生成并打印出仓位码。仓位码包括商品、数量、质量以及商品应存放在哪个区、哪个货架、哪个仓板，理货员按仓位码把商品运送到计算机指定的仓位存放。

这里说的仓位管理是指计算机管理商品的细化程度，对商品直接管理到仓板，什么商品应该放在哪个库的哪个货架的哪个仓板完全由计算机指定，不是靠人，也不是靠经验。也就是说，什么商品放在什么地方不是长期固定的，而是动态的。因为货架大小是固定的，但某种商品的数量不是每次都是相同的，今天可以放在这个仓板，明天就可能放在另外的仓板，而不需要靠人看什么地方有空，就放在什么地方，如果靠人去做，时间长了就找不找商品了。这是计算机智能化管理和传统管理的最大优势。

（二）出库

传统的出库管理，商品放在哪里是一定的，出库单一来，人就去那个地方找，全凭经验和记忆。计算机管理就不同了，不管谁当班，只要按手持终端扫描的结果或计算机打印出的配送路线图取货。这就是计算机智能化管理的好处。仓位管理类似于酒店的“客房管理”。

三、严格的“先进先出”管理

先进先出管理是指对一种商品不同时间的进货实行批次管理，进的早就要出的早，进的晚就要出的晚。

在指定库位时发现某仓板上有某种商品，计算机就能把货安排在另外的空仓板上，它决不允许后来的货压住先来的货，这便于商品先进先出。先进先出管理，好比是要有“先来后到”。

四、灵活的“保质期”管理

一般情况下，计算机管理要求严格按照先进先出原则去做，它决不允许货架上的货后进先出，这就保证了商品不过期，全部在保质期内配出。但是，当遇到某一批后入库的商品保质期短的时候，计算机不再机械地执行先进先出的原则，而是一改常规，主动指定必须先出保质期短的这批货，以免商品过期造成损失，这在人工管理中是不可想象的。

保质期管理，是对商品“先进先出”的补充和完善，单纯按先进先出，没有保质期管理就可能会使商品过期。

五、“配送路线”管理

配送路线管理有两个含义：一是指在为门店配送时走捷径，不走重复路线，这有利于提高工作效率，减轻劳动强度。现在为小白羊50余家门店配送，只需要叉车在库房内走一圈，所有门店的货一次配齐，大大减轻了劳动强度，节省了大量时间。二是装车时，必须按计算机指定的顺序装车，因为先装哪个店的货，再装哪个店的货，最后再装哪个店的货是计算机按照最优路线设计好的，装车是最优方案，送货也是最佳路线，如果用上北京市地理信息系统，送货将更加方便。

六、与实用电子商务紧密结合

没有强大的计算机支持系统，就谈不上现代化的配送中心，更谈不上现代物流技术。小白羊花巨资投入配送中心的信息技术建设，现在配送中心所有业务工作都在计算机的严格管理控制之下。

配送中心与总部的计算机系统紧密连接在一起，配送中心与厂家的订货通过小白羊自己电子商务平台自动传给供应商，通过小白羊自主开发的B2B，供应商也可以随时了解到自己的商品在小白羊各店的销售情况、库存情况等。庞大的网络，现代化的微波通讯信息设备用背靠背天线，与几十公里以外的总部时时通讯，真实地验证了“企业信息系统为企业管理服务，企业管理通过技术手段加强管理能力”。

七、拆零配送

随着小白羊超市便利店的不断开发，小白羊

超市成立了拆零配送,新的拆零配送成立后,小白羊超市在配送中心设置了近 800 个拆零仓位,用于满足便利店多批次小批量配货，现在小白羊超市有能力每天完成 10 场配货,能支持自己开百家便利店。

除此以外，小白羊超市不仅可以快速地为自有门店配送，而且还有更强的对社会网点配送的能力,实现第三方配送,同时,小白羊还根据实际情况提出了加盟配送的思想，利用内部闲置资源和计算机软件的支持扩大进货量,降低进货成本,提高综合毛利,靠物流事业进一步发展壮大,真正成为一家民族企业。

（供稿:小白羊超市连锁总店　宋彦斌）

北京世佳经贸集团“四流合一”创流通运营新模式

北京世佳经贸集团系股份制民营企业，成立于 1992 年。集团下属世佳商贸公司、世佳物流有限公司、世佳美臣电子商务有限责任公司。该集团共有员工 298 人,其中管理人员 29 人,占员工总数的 11.3%，管理人员中大学本科、专科毕业生 20 人,共占管理人员的 60%。到 2000 年底集团总资产达 5 000 万元,2000 年销售额达 8 000 余万元。集团成立 9 年来,不断探索、创新,开创出以百货销售为基础、物流配送为依托、电子商务为纽带,商流、物流、信息流、资金流“四流合一”的流通运营新模式。

一、市场创新

（一）商品销售 -“四流合一” 的基石

1992 年,世佳是以经营传统商业的批发零售起家的。而世佳的经营管理又与传统商业截然不同。

世佳与传统商业的重大区别在于：

选准市场切入点——在传统商业尚无概念的状态下,以“家居”商品迅速打开市场；

代理品牌-在传统商业刚刚觉醒开始起步之时,以品牌为龙头,以代理为形式,大幅度占据市场份额；

连锁-在传统商业沉陷于“大商场热”的情况下，世佳率先掌握了连锁这种世界上最先进的业态形式;在北京的连锁企业艰难探索、进展缓慢的状态下，世佳紧紧把握住连锁的核心——统一进货、统一配送,已经建起自己成熟的前台销售网络与后台配送系统。

（二）物流配送 -“四流合一” 的桥梁

1997 年,世佳在商品销售基础上,将自己扩展为全国第一家多层次、专业化、全方位的社会化物流配送中心,再次占据市场制高点。

1.世佳物流配送体系包括：

功能:集散加配送,辅之以展示、信息与结算服务。

商品:以日用百货、家用电器、包装食品为主。

顾客:①工业企业及供应商；

②各种业态的零售商；

③网上商店；

④普通消费者。

方式:B to B、B to S、B to C 式。

2.世佳与其他各种类型的物流配送企业的重大区别在于：

国有批发储运企业相比——受国有批发萎缩的影响,国有储运企业市场份额减少,基本上未完成仓储→物流的转型,政府“喂奶”难于完成市场化；

与商业企业自有物流配送中心相比——自有物流配送中心往往是为企业内部服务的封闭系

统,如果想为其他企业提供第三方物流,难于取得信任;

与国外物流企业相比——国内政策限制刚刚放开,国外企业一时难以"本土化"。深入市场、完善接口面临诸多难题。

(三)电子商务－"四流合一"的翅膀

2000年10月,世佳在商品销售、物流配送的基础上,正式推出自己的电子商务系统,实现了"鼠标+水泥",跨入网络经济,使传统与现代商务互动,走上"四流合一"之路,以创新再次领先市场。而世佳的电子商务与其他电子商务公司仍然截然不同。世佳电子商务与其他电子商务公司的重大区别在于:

1. 与"烧钱"、"泡沫"式电子商务公司相比——其他电子商务公司的目的往往在于融资;世佳在于市场拓展的实际需要。其他电子商务公司往往要新建自己的分销系统,物流配送成为制约瓶颈有电子而无商务;世佳则有成熟的销售、配送支撑;

2.与"专业店"式的电子商务公司相比——其他电子商务公司只经营某一大类高附加值且不易引起质量争议的商品,经营品种少;世佳则品类齐全、种类众多;

3.与大型商场的电子商务公司相比——大商场的电子商务公司是以一个商场面对千百万消费者,是"一对多"模式;世佳则以自己的众多销售网点面对消费者,是"多对多"模式。物流成本相差悬殊,社会资源的利用率截然不同。

正因为如此,当众多电子商务公司泡沫破灭或难以为继的时候,电子商务却为世佳的腾飞插上了翅膀。

二、管理创新

世佳经贸集团所涉足的商品销售、物流配送、电子商务三大相关领域,是有些企业只做其中一项却未必能取胜的领域,其中的商品销售、电子商务很明显是经常有企业亏损倒闭的领域,而物流配送则是一般企业没有相当实力不敢轻易触及的领域。世佳占领三大领域,取得健康长足的发展,并开创了当今最先进的"四流合一"流通运营新模式,在同行业中外于领先地位。这是因为世佳以市场创新为先导,以管理创新做后盾。

(一)管理意识创新

世佳的先天优势在于与诸多高等院校的著名教授有着千丝万缕的联系,这使得世佳有着众多民营商贸企业不具备的深刻理论背景。世佳以理论为指导,将国有企业的优势,"老商业"的经验融入自己的经营管理之中。世佳更有着自己的亲身实践。理论、经验、实践的"三位一体"形成了世佳独特的市场意识,使得世佳的决策超而又稳健。

1997年,在很多人还不知道物流配送为何物的条件下,世佳筹建自己的物流配送体系。此项投资在当时需要冒巨大的财务风险,但世佳决策层清醒地分析了市场形式,认识到物流是现代商品流通的重要节点,它对整合商流、信息流、资金流,构建现代流通体系,具有不可替代的作用。因而大胆拍板,抢占了市场先机。

理论、经验、实践的"三位一体"使世佳的决策者成为理智的管理者。

(二)管理理念创新

世佳经营宗旨:最真实的商品、最真诚的服务、最真心的奉献。

世佳经营理念:真诚、自信、实干。

世佳口号:"我为世佳、世佳为我"。"在客户面前,我代表世佳。"

世佳战略思路:以规范化树立企业形象,以社会化占领市场,以专业化提高效率。

世佳战略构想:以商流促物流,以物流促商流,商物并举,滚动发展。

(三)机制创新

世佳建立并不断完善集团的激励机制与约束机制。世佳建立之初,就建立了自己完整的管理制度体系。每位员工都有自己的岗职手册。随着公司业务、结构变化,随时修改、更新使公司处理各种问题时有章可依、有章必依、执章必严、违章必纠。

世佳决策层高瞻远瞩,以"人"为中心,实行人本管理。集团大力加强员工培训,提高企业整体素质。集团积极推行"温情管理"。管理中主张以"情"

为本。鼓励员工在各自岗位上无私奉献,同时为员工个人发展提供成长空间。

（四）企业形象创新

随着“四流合一”流通运营模式的成型,世佳引起了外界的普遍关注,世佳也提出了创建品牌企业的目标。

2000年开始更新策略,采用如下方法进一步塑造企业形象:

加大对外宣传力度;

拓展对外业务合作;

加强政府机关沟通;

参加行业协会组织;

参与社会公益事业。

（五）服务战略创新

世佳公司提出了“最真实的产品,最真诚的服务,最真心的奉献”的兴业宗旨,要求各业务中心完整、准确地将这一理念贯彻到每位员工的心里,落实到流程的每一环节中,让员工时刻意识到“在客户面前,我代表世佳”。同时,该公司不断强化服务约束体制,做到对服务违规发现及时,处理及时,弥补及时,并要求员工将个人利益与公司利益相结合,将客户需求视同公司需求,以保证客户投诉率的降低和客户满意度的提升。服务战略的实施,进一步为世佳商贸集团成功打造四流合一的流通运营新模式提供了有效的保障。

（六）物流管理信息系统创新

物流管理信息系统以世佳物流有限公司代理业务配送流程为基础,以物流企业方便快捷的完成配送工作、保证配送作业、准确保存配送数据为目的,以分布式库存监控系统、运输优化调度系统为核心,同时通过3PL作业支持系统,客户关系管理与商业智能系统实现企业商业活动与物流系统的整合,从而帮助企业在经营过程中对相关物流过程进行全面的动态监控,切实提高运作水平。

客户联络中心(客联部):实现工作人员与客户进行联络,交互式的工具,客户通过/WEB/WAP/交互式语音服务确认身份和服务请求,通过处理后,生成详细需求,传送给其他子系统,完成各项功能,答复客户请求。

配送中心(运输调度部):将计划任务分配给具体运力(承运人和承运工具)并予以实施的平台。它对整个任务运行过程进行运力优化、路线优化、实时跟踪,以提高整个配送过程的服务质量和客户满意度。

仓储中心(仓储管理部):可从级别、类别、货位、批次、单件等不同角度反映物品数量、库存成本和资金占用情况的多层次的管理系统,它有效帮助企业的仓库管理人员对库存物品的入库、出库、移动和盘点等操作进行全面控制和管理,以达到降低库存、减少资金占用,杜绝物料积压与短缺现象,提高客户服务水平的目的。

管理营销中心(总部):整个系统的核心控制所在。它汇聚方方面面的数据并据此对其他部分进行控制和监督,同时建立市场开发、财务管理、绩效管理等辅助决策的支持系统。

通过上述四大业务中心,世佳的物流管理信息系统可有效施以下诸多功能:

仓储管理(WMS);

调度和订单处理;

客户关系管理(CRM);

业务控制和订单管理;

支持并提供数字化管理;

货物实时跟踪和定位(GIS和GPS);

运输管理和绩效考核;

准确成本核算;

网上物流服务;

报表统计和辅助决策。

这套专门为世佳公司定制开发的物流管理信息系统,不仅符合第三方物流企业的业务要求,而且具备以下特点:准确性、灵敏性、易用性、安全性。

（七）系统实施的良好效益

完善的功能带来了良好的效益。系统实施后,世佳物流在充分利用资源、加快资金周转、提高服务水平以及节约运行成本等方面都取得了良好的效果。

世佳的物流管理信息系统,使企业的管理者得以随时了解各部门的运行情况,并据以实时调集相应数据的统计和分析报表,为决策提供参考依据。它根据动态的库存状况及订单情况分析市场走势，根据当前的财务信息调整资金运转，根据人员的绩效考核情况调节人力资源，从而提高了世佳的整体管理水平，为其扩大规模拓展业务奠定了良好的管理基础，成为世佳“四流合一”模式制胜的王牌　。

三、效果评析及发展规划

通过多年的努力工作和业务实践，世佳取得了重大的社会效益和经济效益，从创业期的5万元发展到现有总资产5 000万元，销售额从年三四百万元到近亿元，每年的平均增长速度均超过一倍以上，2000年的商品配送总额达18亿元。

面对已取得的成绩，世佳经贸集团居安思危，开始着手进行下一轮的发展规划。公司提出“以规范化树立企业形象，以社会化占领市场，以专业化提高效益”的战略思路和“以商流促物流、以物流促商流，商物并举，滚动发展”的战略构想，计划利用现有的配送基础和市场优势，进一步扩大物流规模，建立国内一流的物流配销中心。该计划的具体目标是：引进先进的物流理念及物流配送管理方法，加强人员的专业化培训，提高管理人员专业素质，建立一支现代化、高素质物流专业队伍；建立两到三个10万平方米的标准化、现代化的商品配销中心、300辆至500辆的配送车队、现代化的信息管理系统和1000人的配送队伍及200家分配送站，实行全天候、无盲点、全方位的市内配送，通过B to B、B to S和B to C的集成配送及国内国外干线物流，发展成为国内一流的物流配销中心。总的指导思想是：“立足北京，带动周边，辐射全国，衔接国际物流”。在电子商务方面，世佳计划充分利用自身优势，综合社会资源，把电话购物和网上购物结合起来，脚踏实地地开展电子商务，努力将8890建成国内最活跃、最具特色的电子商务网站。

网络经济时代的商品流通，不再是将商品从生产者转移到消费者手中那样简单。因此商品流通企业也不能仅仅只停留在传统的媒介作用上，而应该将自身的各项功能，整合成一个和生产者和消费者时刻保持互动关系的体系。这个体系要能够以最低的成本，实现商流、物流、资金流和信息流在流通环节各个节点上的高效畅通。这是对现代流通企业的最高最求，同时也是世佳人在新的世纪中孜孜追求的目标。

（供稿：北京世佳经贸集团）

和黄天百欲作超市物流的领跑者

2002年3月，做事一向低调的华普超市在北京总部爆出新闻——华普超市与国际物流业大腕和黄天百物流公司签订合作协议，由“和黄天百”负责其物流配送业务，此举引起了业界的关注。为此，记者采访了和黄天百物流有限公司。

一、强强联手，开拓内地物流市场

“和黄天百是香港和记黄埔同英国天美百达集团的合资企业，合作目的是在全国范围内提供物流及供应链管理服务，目标是成为中国最大、效率最高的物流公司”。和黄天百物流有限公司总经理任刚向记者介绍道。

“和记黄埔”，“天美百达”两个享誉世界的集团公司，使得“和黄天百”一出世就与众不同。和记黄埔在我国拥有多年的运作经验，其主要业务涉及房地产、零售批发、酒店、通讯及港口管理；作为全球最大的港口管理公司，和记黄埔目前已参与我国8大港口的运作，包括厦门港，深圳盐田港和上海集装箱码头。

天美百达集团是一家总部设在英国的国际物流服务供应商，世界排名和七位，是全球最大的第三方物流公司之一，在全世界30多个国家拥有员工33 000余人。

“和黄天百集两家优势于一身，结合其对地方市场的了解和最前线的物流管理技术工作经验于一体”。说起和黄天百的合资背景，任刚不无自豪。

和黄天百物流公司只用了很短时间就在内地建立了物流网络系统，并以北京、上海、广州、成都及沈阳等为中心，使其服务可覆盖300多个城市。

二、发挥优势为超市企业度身定造物流方案

和黄天百物流公司为了实现成为中国最大、效率最高的物流服务供应商，自1997年成立以来，在全国各地建立了一个广阔的物流网络系统。且为配合运作，他们还可以提供从0.9吨小车到40英尺的货柜，敞篷车或箱式车，普通车或冷藏车等各种车辆。

凭借其先进的物流技术，和黄天百物流物流公司利用其物流网络和供应链管理经验，致力于为客户提供详细精确的物流解决方案。能为客户提供全球供应链管理、电子解决方案及度身定造合理的物流运作方案。

与百佳超市和物美超市的合作是它的两个杰作。

1998年1月1日，和黄天百与零售商百佳超市订立了一个为期5年的物流服务合同，其目标是使百佳超市的物流运作更趋现代化。在未与和黄天百订立合百佳超市的供应商直接将货品送至广东地区的各家店铺里，此系统给百佳超市带来了一系列的供应链上的不便而且管理效率低。

为此，“和黄天百”在深圳边界北部的石岩镇，为百佳超市的物流运作系统建立了一个占地10 000多平方米的西式中央配送中心，利用极佳的实践经验和现代管理技术，为百佳超市购置结构系统和机械操作设备，其培训操作员工和管理人员已建立起行之有效的运作系统。一些主要考核指标，如货仓执货服务水平，残损率以及工作效率，以天美百达环球运作系统的标准来衡量。使百佳超市的管理效率大大提高，降低了物流成本，便于集中精力发展自己的核心业务，增强核心竞争力。

与“百佳”的成功合作，为“和黄天百”带来了良好的声誉，同时也赢得了诸多客户的青睐，接着就有了与物美超市的合作。

2001年1月，“和黄天百”为北京物美超市有限公司度身定造了一套物流配送系统。

和黄天百物流公司接管了位于北京丰台区的物美配送中心。针对物美超市供应链管理与物流配送方面出现的一些问题，和黄天百经过几个月的努力和双方的通力合作，使得一个现代化的配送中心已粗具规模，并保持着良好的运作状态，为物美公司北京地区80多家连锁店铺提供了良好的配送服务。

和黄天百接管后，为其引进先进专业的物流管理系统，与物美的信息系统以EDI方式对接，消除了对人员的依赖，提高了工作效率。设计了合理的立体货架，配备了相应的专业物流设备，并将仓库分为多个专业功能区，对货物的进出情况进行分析，根据分析结果安排货位，使出入库及运输管理在实际运作中做到流程清晰，提高配送中心的容量和仓库使用率，降低了库存。

用先进的货位管理系统代替了传统的人工专人记账管理，使设备得到了有效合理的分配和利用。

根据现代配送中心的管理要求和物美业务的具体情况建立可行的操作流程，保证了各个环节工作到位。

系统对商品的保质进行跟踪，并定期提供商品保质期报告，保证货物先进先出，有效管理库存。

采用供应商预约送货的方式，加强对供应商的管理，做到收货工作的计划性与预知性，并进行

运输安排,作好装车和运输计划,做到了人力的共享和资源管理分配,提高车辆装载率,提高运输效率,节约运输成本,提高送货的准时率。

不断培训员工,并引进有经验的人带动新人,使员工理解了新的管理方法，熟悉流程和新的操作工具的使用。

员工熟悉岗位后安排轮流上岗，最终使每位员工胜任所有操作;设立了专门的客户服务中心,及时处理意见,解决问题,增强了客户的信任和配合。

这些方案的实施，物美超市率先在国内零售业建立了第三方物流配送体系，使自己的运作模式与国际接轨，在采购与供应链环节上符合国际规范,从而有效地节约了企业运营成本,大大地提高了商业连锁化程度。

不事张扬,踏踏实实,和黄天百物流有限公司在为超市企业度身定造物流解决方案的同时,也在不断探索第三方物流的发展，他们现正努力朝着既定目标——带动内地企业走向世界而奋斗，成为我国最大、效率最高的第三方物流公司。

（供稿:和黄天百物流有限公司）

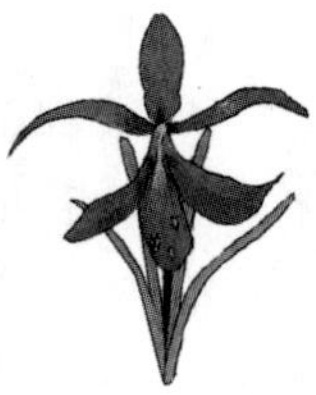

物流技术装备应用案例

深圳市千亦禾供应链技术股份有限公司应用VMI的实例

深圳市千亦禾供应链技术股份有限公司(EH)是以供应链管理为核心,专心致力于制造企业供应链物流的全过程服务,是国内首家规范运作的供应链整合服务提供商。千亦禾通过参与客户在采购、运输、仓储、报关、IT、配送、国际结算等业务的诸多环节,凭借公司现有的资源优势为客户设计供应链物流管理的最优方案,同时为客户提供从咨询到实施3PL操作的全功能物流服务。

一、前言

VMI即“供应商管理用户库存”是近年来国外兴起的一种先进库存管理方法。由于受到国内有关政策的限制,这种先进的库存管理始终难以在外商加工贸易企业中实施。深圳市千亦禾供应链技术股份有限公司受深圳某大型IT制造企业的委托精心设计和研发一套实施方案,将受委托管理的物流中心从用户自管库存模式成功地转化成VMI,成为深圳市首创,实现了在不与现行法规相冲突前提下的管理创新。

二、关于VMI

Vendor Managed Inventory即“供应商管理用户库存”,简称VMI是国际上新近发展起来的供应链库存管理方法。它以EDI/IT、IT代码、条码、条码应用标识符、连续补给程序等技术为支持,通过供需双方极为密切的信息共享,克服“需求放大效应”导致的供求信息失真,使供应商在用户的允许下设立库存,确定库存水平和补给策略并拥有库存控制权。VMI以系统的、集成的管理思想进行库存管理,使供应链系统能够获得同步化运作。实现VMI的好处是供应商能以最低的库存水平快速响应用户的需求,使供需双方避免了不必要的库存浪费。

三、VMI突破的障碍

国际上一些对时效需求强或更新换代速率高的行业企业非常注重采用VMI库存管理以规避高库存带来的经营风险。在我国投资设厂的外商投资企业特别是对于母公司为跨国公司的企业来说对在自己集团内部实施统一VMI运作有着强烈的愿望。然而由于中国海关和税政监管模式的限制,在国内的加工贸易企业中一直很难推行VMI的运作。在现行的监管模式下,企业向海关和税务当局承担的法律责任同库存所有权是一致的。而在VMI模式下,要求企业在向海关和税务当局承担的法律责任不变的前提下把库存所有权交给供应商。这就要设计一个能为监管当局、用户、供应商、物流服务商都能接受认同的解决方案来消除这些障碍。

四、我们的创新

深圳市千亦禾供应链技术股份有限公司(EH)作为深圳某大型IT制造企业的物流服务商,本着“客户的需求就是我们的动力之源”的服务理念,深刻理解客户意欲实施VMI的战略意图,帮助客户改良了运作模式。不仅协助客户提升市场竞争力,也进一步密切同客户的战略合作关系。EH精心设计、研发的这套解决方案充分征求了深圳政府有关部门的意见,得到了他们的支持和鼓励。该方案的主要思想是在不逾越中国现行对加工贸易企业监管规则的前提下,采用严格的有约束力的协议条款,明确供应商、生产商、EH各自的法律责任和职责,有机统一地在VMI模式下进行库存管理运作,实现了管理创新。我们相信这种创新对深圳乃至珠江三角洲其他意欲实施VMI运作的加工贸易企业有着积极的借鉴意义。

(供稿:深圳市千亦禾供应链技术股份有限公司)

CaCss 中软冠群

中软冠群公司

www.ca-css.com

中软冠群软件技术有限公司（简称中软冠群）于2001年由Computer Associates（简称CA）及中国计算机软件与技术服务总公司（简称中软总公司）携手成立。中软冠群结合母公司的优质资源及专业知识，将核心产品研发中心设在北京，面向全球市场，提供国际领先的解决方案。除中国市场外，中软冠群亦致力于拓展国际市场，包括欧洲、北美、印度、东南亚、韩国、香港及台湾等市场，并已在大中华及其他亚洲国家建立了合作伙伴网络。

一、先进的技术产品应用于物流和供应链管理

中软冠群的模式无疑是软件领域成功的探索，其ES/1产品基于CA公司的全球领先的物流、ERP解决方案，结合本地研发的强大优势，使得ES/1能直接站到巨人的肩膀上，同时借助中软强大的研发力量，可以真正做到对用户的需求量体裁衣。

在物流管理和物流信息化方面，中软冠群提出了“1+3”的发展口号。所谓“1+3”是指满足企业第一方物流和第三方物流的需要，建设全新的物流管理信息化平台。秉承“1+3”的思路，中软冠群选择了食品、医药、汽车、烟草、家电、零售、石化、第三方物流行业作为重点行业用户。这些行业，在物流配送方面都有着独特的需求，在“1+3”方面的特点尤为明显。

中软冠群在成立短短的两年时间里，取得了相当大的成功。拥有像中国对外贸易运输(集团)总公司、东风汽车股份有限公司、华润物流有限公司等一大批成功的客户。正是这一批客户的成功实施，更进一步印证了ES/1产品的高度灵活性和适应性。

二、中外运与中软冠群密切合作

中外运自2000年初，制定并实施了面向21世纪的企业发展战略，其目标是把中外运从一个传统的外贸运输企业建成按照标准服务流程和规范体系运作、国际化、综合性的大型物流企业集团。

要提供良好的物流服务，物流作业的规范化是必不可少的。而要实现物流作业的规范化，物流作业信息化管理是极其重要的组成部分。

在物流业务起步初期，中外运就制定了企业信息化建设的整体实施方案。1999年底，在经过认真细致的考察调研工作之后，中外运决定与美国CA公司合作，引进了美国CA公司研发的、具备先进物流管理理念的物流信息管理系统。经过一段时间的产品培训、技术实施，中外运很快就建立起一套先进的、具有中国特色的物流营销体系和业务操作体系。

该系统在引进国际上先进、规范的管理体系的同时，为中外运在业务数据综合分析，实现用户统一服务窗口、作业流程远程监控等方面提供了有力的技术保障。并且该系统具备极强的功能扩展能力，为中外运进一步扩展增值服务、提高用户服务水平提供了坚实的信息支持平台。

物流信息系统的应用，对中外运迅速占领市场、提高服务质量、降低运作成本等方面起到了关键的作用，对整个企业成功地由传统货代运输企业向现代物流企业转型起到促进作用，也对企业进行改制提供了相应的技术保障条件。

中外运清楚地认识到，该物流信息管理系统

的许多深层次的功能还有待进一步发掘、应用,一些周边的功能还需充分发挥, 在该系统的基础上,同时考虑到中软冠群现在成为美国 CA 公司在亚太区全力推动物流信息化建设的合资公司,中外运将与中软冠群公司合作,进一步开发、完善、提高,将该系统建设成为功能强大、服务内容广泛的,采用先进网络技术、计算机技术的高级物流电子商务平台,为进一步参与全球市场竞争奠定基础。

三、东风汽车运用整车物流仓储系统

东风汽车的整车物流管理由于客户服务要求高、周转速度快、流程复杂以及整车管理本身要求单车各种数据完整、及时和准确,因而包含了极其复杂和灵活的管理内容,中软冠群在 ES/1 系统的基础上开发出整车物流管理系统,并采用条码管理对数据进行实时收集,对东风汽车股份有限公司的汽车生产入库、整车平面仓储、销售流程控制、整车运输、整车各种改装、退换流程提供了有效的实时管理控制, 以及内容丰富详实、形式生动的水晶数据报表,大幅度提高了东风的整车管理水平,为客户带来了切实的经济效益和社会效益。

四、华润物流采用中软冠群的 ES/1

华润物流香港总部和分布在中国内地的数十个分公司或办事处经营各类物流仓储、配送、运输业务,拥有丰富的第一手的物流经验以及专业人才。2002 年初,华润物流转为采用中软冠群的 ES/1 产品。

为配合华润集团以零售驱动的分销发展战略,华润物流正在整合已有的物流服务设施与人员,创建"1+3"物流配送体系,为此,华润物流正积极筹划面向未来的新一代物流管理信息系统。

华润物流所隶属的华润集团是一家跨行业跨业态的集团公司,拥有丰富的可供研发未来物流供应链管理系统的企业资源,能为提取未来物流行业的需求共性,提供试验、测试的平台。华润物流与中软冠群双方在原有杜邦仓库项目以及上海华润物流项目合作的基础上,2003 年 4 月双方进一步签订了全方位的战略合作伙伴协议,双方经过反复论证,决定依托华润物流和中软冠群的共同优势在中软冠群 ES/1 的基础上, 共同致

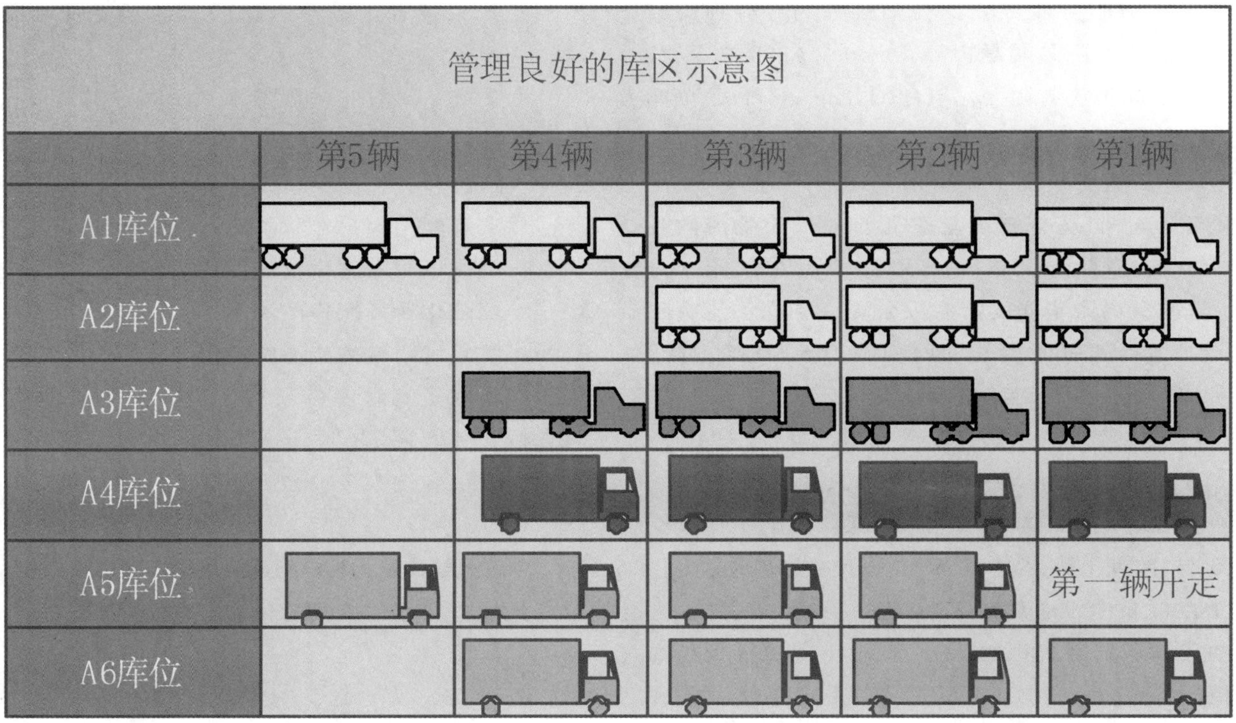

力于推出现代物流管理信息系统的全面解决方案。前期分析设计阶段正在进行,将马上进入详细设计阶段。该新系统推出了覆盖第三方物流企业(TPL)所有核心业务,同时包括第一方物流企业的解决方案,包括制造企业 ERP 系统整体解决方案与集成。该系统在原来中软冠群 ES/1 的底层技术架构基础之上,采用 JAVA、CORBA 等计算机先进技术推出全新的基于 B/S(浏览器/服务器)的完整解决方案,同时在功能上扩展到了运输管理与在途监控,以及与 GPS、GIS 的集成技术方案。目前,双方还合作实施了华润思捷的项目,于2003年 5 月在北京 SARS 扩散最严重的时候,华润思捷的项目却有条不紊地进行着上线工作,与2003 年 6 月初顺利完成。

杜邦项目背景:

杜邦集团(DuPont Group)经过近两百年的发展,现已成为世界上历史最悠久、业务最多元化的跨国企业集团,分布在全球的制造厂多达 180 余家,遍布全球 70 多个国家和地区,市场遍布世界 150 多个国家和地区。

杜邦深圳公司销售杜邦产品,其在大陆及香港的物流服务业务委托给第三方的专业物流商华润物流有限公司承担。

华润物流有限公司(CRC Logistics)是华润(集团)有限公司全资附属专业化的第三方物流供应商,其前身华夏企业有限公司,于 1949 年在香港建基立业,从事海运业务,逐渐扩展至物流内各个领域,华夏企业(集团)有限公司自 2001 年 1 月 1 日起更名为华润物流有限公司。华润物流有限公司为杜邦服务的仓库面积约为 5000 平方米,平均每天的业务量为 3–4 个集装箱。

实施信息化之前存在的问题:

库存数据不准确,准确率只能达到 90%左右。杜邦的产品有一定的保值期,由于库存数据不准,致使有些货物实际已经超过保值期,而在库存报表中没有体现;货物经过严密包装,不同的货物从外观上很难区分,经常出现发错货物的情况;业务人员的工作强度大,人工操作易出现人为地错误,库存数据的提供不及时;每次出库或入库后,人工修改报表,速度慢,错误率高,对于入库的货物没有有效的检验核对的手段,不能及时发现到达的货物是否准确,经常出现货物和批次号不对应的错误,不能有效控制在途的货物等问题。

解决方案:

针对客户的需求,我们提供了一整套的专业化物流解决方案;

* 采用 ES/1 logistics 模块作为系统的核心;

* 借用现代的网络通讯技术,为华润物流、杜邦公司构建了一个广域的工作环境;

* 使用条码扫描技术来辅助货物的核对、入库上架、拣货、理货及出库核对,实现了仓库操作的无纸化办公;

* 实现先进先出(FIFO)的拣货原则;

* 提供了各种报表数据,客户能通过 internet 及时查询,并自动下载 excel 文件;

* 对在途货物进行有效的管理。

效益分析:

* 仓库准确率由原先的 90%左右上升到 99%左右;

* 大大减轻了操作人员的劳动强度及错误率;

* 提高了对客户的服务水平及客户满意度;

* 应用 Barcoding,提升仓库管理技术的科技含量,减轻劳动量,减少错误率;

* 实现网上客户对货物库存的查询;

* 提高了对在途货物的跟踪管理;

* 规范化业务操作的流程;

* 建立集团整体专业物流形象;

* 建立了实时库存账,可依各货主账号,随时自行查询库存量;

* 提供 e 化服务,转型为专业国际物流服务体系。

中软冠群本着为客户创造最大价值的服务宗旨,致力于为推动我国物流信息化事业的发展而努力。

(供稿:中软冠群公司)

北京爱创无线网络仓储管理系统在海尔的成功应用

海尔集团创立于1984年,18年来持续稳定发展,已成为在海内外享有较高美誉的大型国际化企业集团。为应对网络经济和加入WTO的挑战,海尔从1998年开始实施以市场链为纽带的业务流程再造,以定单信息流为中心带动物流、资金流的运动,加快了与用户零距离、产品零库存和零营运成本“三个零”目标的实现。业务流程再造使海尔在整合内外部资源的基础上创造新的资源。目前,海尔物流、商流、制造系统等都已在全球范围内开始社会化运做。海尔集团坚持全面实施国际化战略,已建立起一个具有国际竞争力的全球设计网络、制造网络、营销与服务网络。为了使仓储管理信息化,海尔通过与北京爱创世纪科技有限公司合作,建立了以无线通讯网络为基础的仓储管理系统,在解决仓储管理操作人员的流动性问题的同时,实现了数据的实时采集和传输。在海尔仓储信息管理系统的组建中成功地应用了RF无线管理信息系统。

无线实时仓储管理系统是北京爱创世纪科技有限公司开发的、以条码技术为核心线索,应用无线网络通讯技术和无线手持电脑终端,结合C/S和B/S体系结构,建立的自动化实时仓储管理系统。

一、RF无线管理系统的建立基础

针对于系统需求,从技术角度而言,系统的建立应考虑以下条件。

(一)ERP/MRPII/MIS系统的建立与完善

建立无线商品数据管理系统的基础是:有一个运行良好的后台管理系统做支持,在此基础上才能发挥无线系统的高效作用。如果没有一个好的应用环境,无线实时管理系统的作用将会局限在无线网络内部,对于企业整个“大环境”起不到任何作用,作用将会非常单一。

(二)实时数据采集

由于人员操作的流动性及采集数据处理的非延时性(实时性)的要求(采集上来的数据,需要实时提供给其他作业部门操作),系统设计必须采用无线网络技术和移动无线手持终端。

(三)货品条码化

条形码技术是一种自动识别技术。无线网络采用条形码技术是整个技术体系的核心之一;在现在的商品流通过程中,条码是货品的惟一标识,现代商业管理(包括工业仓储管理系统)的基础是商品/货品的条码化。

(四)货位规范化

自动化的仓储管理必须借助条码技术实现货位管理规范化。大环境的建立还需要小环境的配合,货位的规范化显而易见地可以提高整个系统应用的效率。

二、基于仓储管理的RF无线管理系统

RF无线仓储管理管理系统实现可以大幅提高仓储运作与管理的工作效率,大幅度减少了现有模式中查找货位信息的时间(经检测可以缩短2/3左右),提高了查询和盘点精度(精确度可以99.95%以上),大大加快出、入库单的流转速度,增强了处理能力。同时系统的实现还减少人力资源浪费,由于采用了人力资源动态综合分配,经统计可以减少20%左右,最重要的是提高了人员的利用率,减少了不必要的耗费。因此,仓储管理信息系统可以满足现代物流管理模式下仓储管理系统的需求。

三、RF 无线管理系统应用的特点

（一）手持终端不需要网络连接线

通过无线信号的发送和接收，以往的网络连接线已经不再需要了，省去了复杂的布线并减少了出差错的记录。

（二）灵活的移动和变动的结构

手持终端在工作场内可以随意地移动，不受限制，所以网络结构是变动的。

（三）能在任何时间，任何地点操作和检索资料

在无线网络信号覆盖范围内，手持终端登陆系统后可以随时自由地工作。

（四）实时性资料的收集和传输提高工作效率

数据通过无线信号传输，可以做到需要什么资料具有实时性。

（五）方便的管理模式，准确快捷的信息交流

简化了以前的网络管理模式，现在只要保证几个点的安全使用即可完成整个网络的管理工作。

（六）友好的中文交互式界面

Server 端和 Client 端都是中文界面，适合于中国式的操作。

四、应用效果

由于整个过程使用了 RF 条码无线实时双向通讯技术，使得操作变得简单容易；

单个管理流程没有手工和纸张单据；

一个步骤通过主系统紧紧相连，每一项新任务都是主系统接受到上一任务完成指令后的下达；

条码技术的应用是仓储物流系统真正与 ERP 系统的完美结合；

用高科技的管理方式，提高企业形象。

（供稿：北京爱创世纪科技有限公司　倪仕朋）

上海贝尔阿尔卡特 ERP 实施案例

上海贝尔阿尔卡特股份有限公司（简称上海贝尔阿尔卡特）是一家外商投资股份制企业，公司是在上海贝尔转股改制后，与阿尔卡特在华主要业务合并而成。作为中国最重要的电信设备和全面电信解决方案供应商之一，上海贝尔阿尔卡特一贯重视企业信息化建设和现代管理建设。早在 1994 年，公司就引进了 SSA 公司的 MRP 管理软件，1995 年正式启动了 MRP，财务部、生产部等部门也有自己的管理信息系统。但 MRP 仅仅局限于物料管理，没有财务和销售等信息，没和财务、销售集成。随着企业的发展和市场的变化，MRP 显得越来越力不从心。为了提升管理，提高管理效率和对市场的反应速度，1998 年 10 月，上海贝尔阿尔卡特正式决定上 ERP。经过 14 个月的努力，1999年，上海贝尔阿尔卡特正式启动了 ERP，在国内较早地应用企业资源管理。

一、艰难的开端

相比 MRP 而言，ERP 是企业资源管理新的发展阶段。它不只是计算机的应用问题，而且是一种全新的管理方式。除了物料管理以外，ERP 还包括了财务、生产、销售、人事等广泛的内容，需要纳入设计和调整的内容相当多，导致系统设计相当复杂。

（一）业务流程繁琐

上海贝尔阿尔卡特拥有世界先进的通信设备制造平台，能够设计制造的产品涵盖了交换、移动、传输、数据、网络应用和多媒体终端等，生产工

艺复杂,业务流程多。ERP是个开放互通的系统,需要包容生产、销售、财务、人事管理等流程。而当时上海贝尔阿尔卡特实行的MRPⅡ管理对销售、财务、人事等都没有要求。因此,要引入ERP,就要对企业管理各方面的业务流程都了如指掌,将各部门原来相对独立的业务流程进行整合和成文,并诊断现行的业务流程是否合理,对不合理的流程进行调整甚至重新设计。

(二)基础数据准备复杂

引入ERP,需要整理供应商、用户、物料、生产、销售、财务、人事等等各项数据,将这些数据整合成一个连贯的系统。而当时上海贝尔阿尔卡特各部门使用着不同的系统,系统并不互联,信息也不互通。在不同的部门,即使是同一种物料,也有不同的编码,有不同的业务流程。显然,这项基础数据的准备工作,是一块上海贝尔阿尔卡特启动ERP不得不啃的不折不扣的硬骨头。

(三)观念转变难

刚刚听说ERP时,人们对它存在两种截然不同的态度。有的人把它"神化",对它抱着不切实际的期望,认为有了ERP,公司管理的一切问题都能迎刃而解。而有的人则害怕,担心ERP这种全新的管理和技术会夺取自己的工作机会,让人下岗。针对这些错误的认识,上海贝尔阿尔卡特组织了多次培训,并在公司内部网上开通了有关ERP的专题,在内部刊物、宣传栏上系统的介绍了ERP知识。此外,上海贝尔阿尔卡特还组织了讨论和学习,理清了人们的头绪。通过形式多样的学习,上海贝尔阿尔卡特上上下下都了解了ERP到底是什么,它能给公司和员工带来什么,面对ERP,自己该做些什么……

二、欲上ERP,选好软硬件

"工欲善其事,必先利其器"。欲上ERP,选好软硬件。上海贝尔阿尔卡特引入ERP的第一步,就是根据企业的特征和需要,慎重选择软硬件。

在软件上,上海贝尔阿尔卡特的选择标准是能否满足公司的全部需要。SAP R/3就是此时吸引了人们的视线。SAP R/3能够满足上海贝尔阿尔卡特在物料、生产、销售、财务、人事等方面的需要。此外,SAP R/3使用范围广,是ERP应用的龙头,《财富》世界500强中大多数企业引入ERP时使用的就是SAP R/3软件系统。由于时间紧,涉及部门多,而且当时主要问题是解决部门业务集成问题,所以上海贝尔阿尔卡特引入ERP主要运用了SAP R/3有关销售、生产、供应和财务4个方面的模块。

在操作系统上,上海贝尔阿尔卡特则使用UNIX操作系统。上海贝尔阿尔卡特用户多,负载要求高,并需要随时增添用户和设备,而UNIX系统具有开放互通的特点,正好适合了上海贝尔阿尔卡特的要求。

而硬件平台则选择了SUN公司的产品,由两台服务器和一个磁盘阵列构成。

经过多次升级和优化,上海贝尔阿尔卡特ERP管理软硬件系统运行有序。2年多的事实证明,SAP R/3和SUN软硬件是有效、安全、稳定的。

三、ERP:集成公司主要业务因素

根据先易后难、先解决紧迫问题的原则,上海贝尔阿尔卡特第一批引入的ERP模块是MM(物料管理)、SD(销售与分销)、PP(生产计划)、PM(工厂维护)、FI(账务系统)、CO(财务控制)和AM(资产管理),集成了上海贝尔阿尔卡特的销售、生产、供应和财务4个最主要的业务因素。原上海贝尔改制、上海贝尔阿尔卡特股份有限公司成立后,公司业务覆盖范围更广,ERP应用也随之扩展。

(一)销售

用来帮助企业销售人员完成客户档案、销售报价、销售订单、客户定金、客户信用检查、销售发运处理、销售发票处理等一系列销售管理事务。主要有销售订单生成、建立,销售合同跟踪,发货拣配,报价支撑体系,销售主数据维护等,其中销售主数据维护包括用户数据、定价。通过它,用户可以及时了解到销售过程中每个环节的准确情况和数据信息,销售人员可以清楚地知道所有动态业务数据以及相互关系。

（二）生产

按照预测的销售前景来编制生产大纲；再按主生产计划的排程，编制物料需求计划，据此采购原材料和零件，并安排部件的生产，以期将在制品、原材料及成品控制在最优水平上。此外.根据物料需求计划的结果核算能力，调整主生产计划，尽量维护能力的平衡。主要包括中长期预测计划、生产控制和生产主数据维护4项，其中计划有主生产计划、物料需求计划，生产控制有生产订单生成、确认等，而生产主数据维护则包括物料清单、工作中新工艺路线。

（三）财务

对企业在经营过程中的财务活动和财务关系产生的日常账务、财政报表、费用、固定资金、流动资金、专用资金、销售收入和财务支出等内容进行管理。以财务为中心的集中管理使企业彻底解决了各项财务核算和账面核对不准确等问题。同时还具有进行多单位集团管理、多币种涉外业务以及大量系统决策分析等功能。包括应收应付账款、成本控制和资产管理3项，其中成本控制又有预算和成本中心控制等。

（四）供应

包括库存管理、库存盘点、采购、物料主数据维护和供应商主数据维护等内容。

根据业务需要和公司的发展，以后上海贝尔阿尔卡特还将优化ERP，在适当时机引入HR（人力资源管理）、PS（项目管理）、WF（工作流程管理）和IS（工业方案）等模块。

四、ERP：管理再上新台阶

作为国内最早引入MRPⅡ和ERP的高新技术企业之一，近10年来，上海贝尔阿尔卡特尝到了实施ERP的甜头。ERP，使上海贝尔阿尔卡特的管理再上新台阶，既提升了管理水平，又加快了内部库存周转，也提高了公司整体上对市场的反应速度。

ERP集成了公司的主要业务，拥有了市场销售、财务预测、生产能力和调整资源调度等方面的功能，成为企业进行生产管理与决策的重要辅助平台。ERP有助于公司理顺市场订单–采购–生产–销售–财务流程，根据市场需求合理安排生产，完善财务管理，实现物流、资金流和信息流的资源共享。启动ERP以后，从批准采购申请起，各部门的预算费用就纳入公司的资产管理，管理人员只要打开计算机，就能查看公司的资金使用情况，了解销售成本、应收账款和应付账款等因素。

ERP的启动，也适应了上海贝尔阿尔卡特结构调整的步伐，理顺了企业运行机制。长期以来，上海贝尔阿尔卡特形成了重生产的“橄榄型”结构，随着通信产业的变革、市场竞争的加剧和企业的发展，这一结构不能适应。1998年起，上海贝尔阿尔卡特开始进行结构调整，逐步构建了高层统领全局、销售服务平台/事业部/研发平台/制造平台横向服务于用户、资源管理部门纵向对内服务和支撑的二维运行矩阵管理的全新结构，形成了重市场和科研的“哑铃型”结构。启动ERP与公司结构调整同步进行，也有利于公司形成内部高效运作、对外快速反应、充满活力的组织。

从微观上看，启动ERP，加快了库存周转，大大降低了上海贝尔阿尔卡特的经营成本。启动ERP之前，一般需要2个半月才能平衡库存，而启动ERP后，利用SUN的E5500运行相关的模块，只要4–5小时就能平衡。原来上海贝尔阿尔卡特的库存周转一次需要240天，1999年，刚刚启动ERP后，这一时间就立即缩短为180天，减少了四分之一。经过1年运转后，库存周转只需89天，更减少了将近三分之二的时间。2001年，上海贝尔阿尔卡特又将周转周期缩短到76天，不及原来的三分之一时间。新公司成立后，周转周期更短、效率更高了。

ERP，一个集成的管理系统，一条连接公司各个业务流程的纽带，谱写了上海贝尔阿尔卡特管理的新篇章。上海贝尔阿尔卡特，正利用ERP的现代管理方式，朝国际一流通信企业的目标迈进。

（供稿：上海贝尔阿尔卡特股份有限公司　陈德智）

中软公司 GPS 全球定位与 INTERNET 网络

现代物流是一个巨大的系统工程,包括制造、采购、仓储、货代、运输、配送、销售、电子商务管理系统诸多环节。GPS 技术应用只是其中的一个重要组成部分,要与 INTERNET 互联网、GPRS/CDMA/GSM 无线通信、GIS 电子地图地理信息、ERP 管理软件、EDI 电子数据交换及企业数据库管理等系统紧密配套连接,才能充分发挥出高科技带来的整体效益,从而达到最大限度降低物流成本、提高物流运营效率、加强调度管理能力,实现“零库存”的最终目标。

北京中软英特信息技术有限责任公司在从事十年的 GPS 研发的基础上,为物流企业“量身定做”了适合不同企业需求的网络版 GPS 监控调度平台,并不断升级、改进、完善。

一、物流企业的现状和需求

(一)分类

物流企业通常分四大类。一类:“中”字头传统运输、仓储企业;二类:生产、制造业分离的物流企业;三类:新兴第三方物流公司;四类:有资本与技术优势的跨国物流商。其中第三方物流在市场占主导地位。

(二)问题

现代物流在我国尚属起步发展阶段,属于过去的传统模式向现代模式转型阶段,与发达国家相比面临着许多有待解决的问题。如(1)基本建设、配套性、兼容性。(2)科技含量、系统功能。(3)信息化、管理、体制。(4)人才素质、服务质量等问题。其中信息流通不畅,即在有市场需求的情况下,车辆无法找到货源,而货源也无法找到车辆,信息的自我封闭是制约现代物流技术应用的关键。

(三)需求

物流企业对采用高科技手段提高运营效率有着迫切需求,但要根据企业的条件及市场需求,本着由小到大、以点带面、先单系统再发展网络系统的原则,与相关系统配套,逐步发展。据统计第三方物流企业有 19.8%运用 GPS/GIS 技术,从而实现了实时的全过程、全方位、全系统、调度监控管理车辆、人员、货物及信息交换,安全可靠、快捷方便地提高整个物流系统的运营效率。针对不同物流企业的需求。北京中软英特信息技术有限责任公司研发了各种适用物流车辆的 GPS 车载单元及系统。

二、特点及功能

GPS车载单元及系统集 GPS、GIS、GSM/GPRS 通信网、Internet 网、数据库为一体,实现了物流企业基本需求。

(一)特点

网络版多中心:无论在任何地方只要有 PC 机和一根电话线能上网(Internet)即可为监控中心,适合全国联网的物流企业各分中心共同监控管理、数据信息共享。

方便、可靠:车上的 GPS 单元设置安装方便、操作简单,定时通过短信方式发送车辆位置等信息。

电子地图:全国及主要城市电子地图、地理信息数据共享,且不断更改。在 GSM、CDMA 覆盖区域均可进行定时监控。

高性能价格比:指挥中心是在网上,因此只需上网和话费,无需其他投资。3000 元左右一辆车载设备,GPS 数据短信及运营服务费仅 140 元/月。

相关连接：与相关信息资料库多种格式兼容，系统容量大，多数据接口。

（二）基本功能

监控管理：任意调度中心（分中心）均可监控全部车辆位置等信息，可单车或车队。

动态查询：通过“历史回放”可查询某车任意时刻（年、月、日、时、分、秒）的车辆轨迹信息。

地图缩放：1:10000的各城市电子地图可无段式缩放，自动提示车辆道路周边的单位图标及信息。

数话兼容：GSM/CDMA的通信方式可双方数、话沟通，进行信息交流。

报警显示：当有意外情况发生可手/脚动、自动报警，中心声、光、电显示提示。

大小窗口：可同时打开大、小窗口，分别显示全局与局部地图，方便查询。

轨迹回放：大容量存储数据可连接回放、查询显示历史数据。

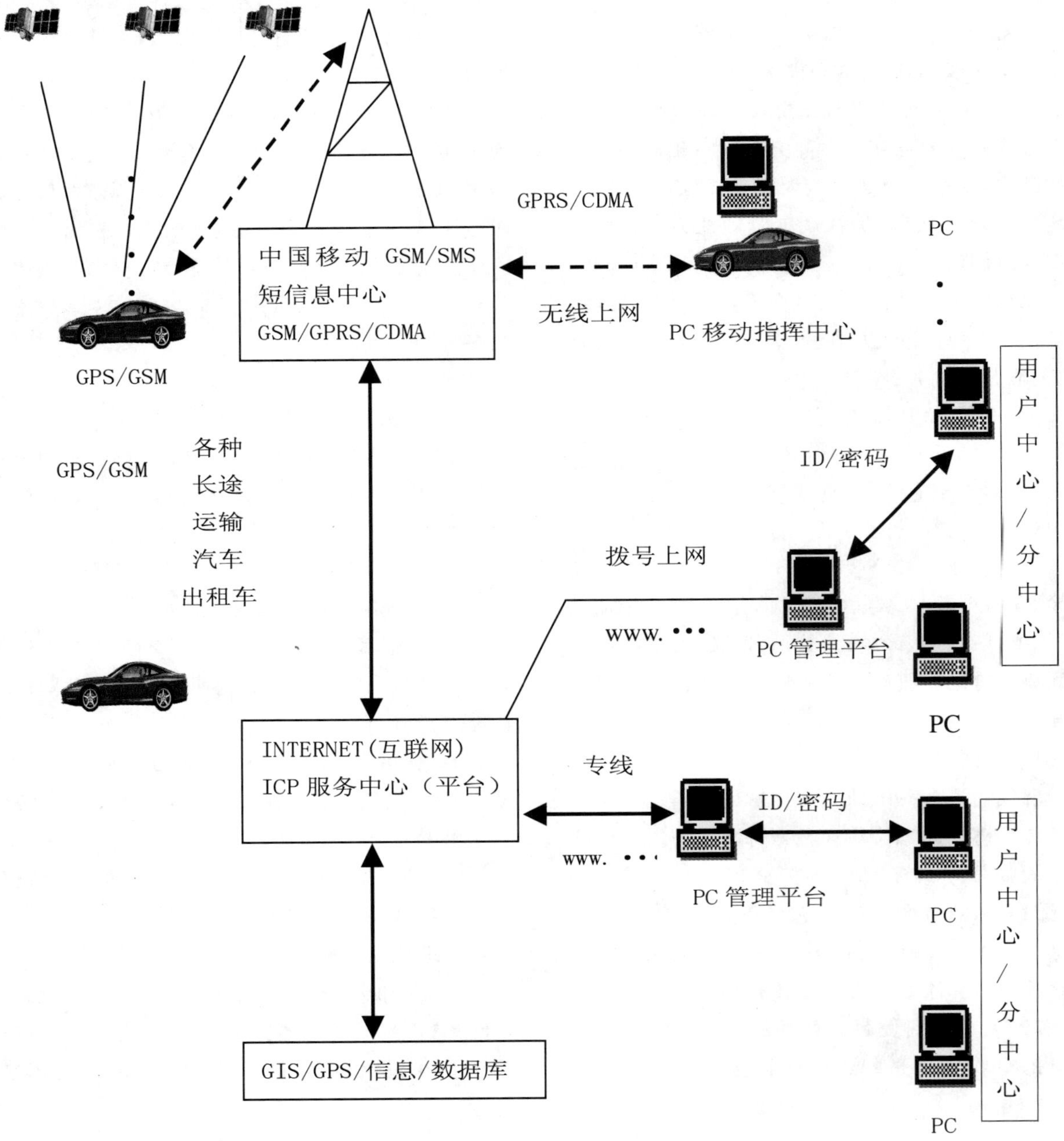

三、原理框图

该系统目前是在中国联通的通信网络平台上进行的，可在全国联通网任意覆盖的地区连接使用。也可根据用户的要求不断升级和更新，超过2000辆以上的用户可建立DDN专线，从而提高运营速度，方便管理。现以在部分物流企业运行，提高了效率，受到了欢迎和好评。

（供稿：北京中软英特信息技术有限责任公司）

北京高科物流仓储设备技术研究所与天津保税区国际物流分拨中心的合作

一、企业简介

北京高科物流仓储设备技术研究所是中国最早研制、开发、生产自动化立体仓库企业之一，专门从事自动化物流领域的技术咨询、开发设计、生产制造、安装调试、维护保养及相应公用设施配套等系统工程的综合业务服务，在计算机信息管理系统、自动化控制系统、起重运输机械等方面具有很强的综合设计和管理能力。该所在国内率先独立完成了上海远洋国际集装箱储运有限公司和天津港保税区物流分拨中心等第三方物流企业的自动化立体仓库项目，并通过第三方物流信息系统对进口、出口、代存中发生的分拨、报检、报关、装箱、运输等业务流程进行综合管理，结合自动化立体仓库的快速实时货物入出库，实现物流信息化、自动化。

2002年，北京高科物流仓储设备技术研究所独立完成了天津港保税区物流分拨中心的设计、制造、安装调试工作。天津港保税区物流分拨中心是目前国内拥有最大的自动化物流系统的第三方物流中心，其中自动化立体仓库有28排×64列×13层共23 296个托盘货物单元，由14个巷道堆垛起重机进行入出库自动作业，并配备有一整套水平输送机系统完成叉车和堆垛起重机的作业衔接。其具体实施方案如下。

二、实施方案

（一）计算机管理控制系统

计算机管理控制系统采用实时控制级—监控级—信息管理级等三级联机在线控制方式，设有计算机监控、摄像头监视、大屏幕CRT投影等多种监控方式。计算机管理信息系统通过以太网快速连接，监控计算机和各执行设备之间采用Profibus总线技术连接。计算机管理信息系统以仓储信息管理为基础，应用条形码技术实现业务处理流程和多种对外数据接口方式；以企业网站为基础，为客户提供在线查询、在线交易、在线结算等服务；以信息流、资金流、物流的管理为基础，以客户服务为中心，充分考虑与其他系统之间数据交换和单据的跟踪处理过程，为客户提供一站式服务和多式联运的解决方案，为分拨中心今后拓展国内、国际业务提供基础。

（二）物流管理信息系统

物流管理信息系统总体网络结构示意图如下：

物流管理信息系统包括仓储信息管理、业务流程管理和客户服务系统三部分，是企业现代化仓储物流和信息流管理的中心。其中仓储信息管理和业务流程管理属于企业内部应用系统，与客户服务系统之间通过防火墙和路由器隔开，确保资料安全，为客户提供在线技术支持和信息查询等增值服务，为企业挖掘潜在市场、扩大市场份额、提高收入和利润率提供技术保证。

在操作现场，配备RF无线条形码手持终端，实时采集收发货、托盘上码货货物等信息；配备遥控触摸屏，快速处理现场人机状态对接；配备大屏

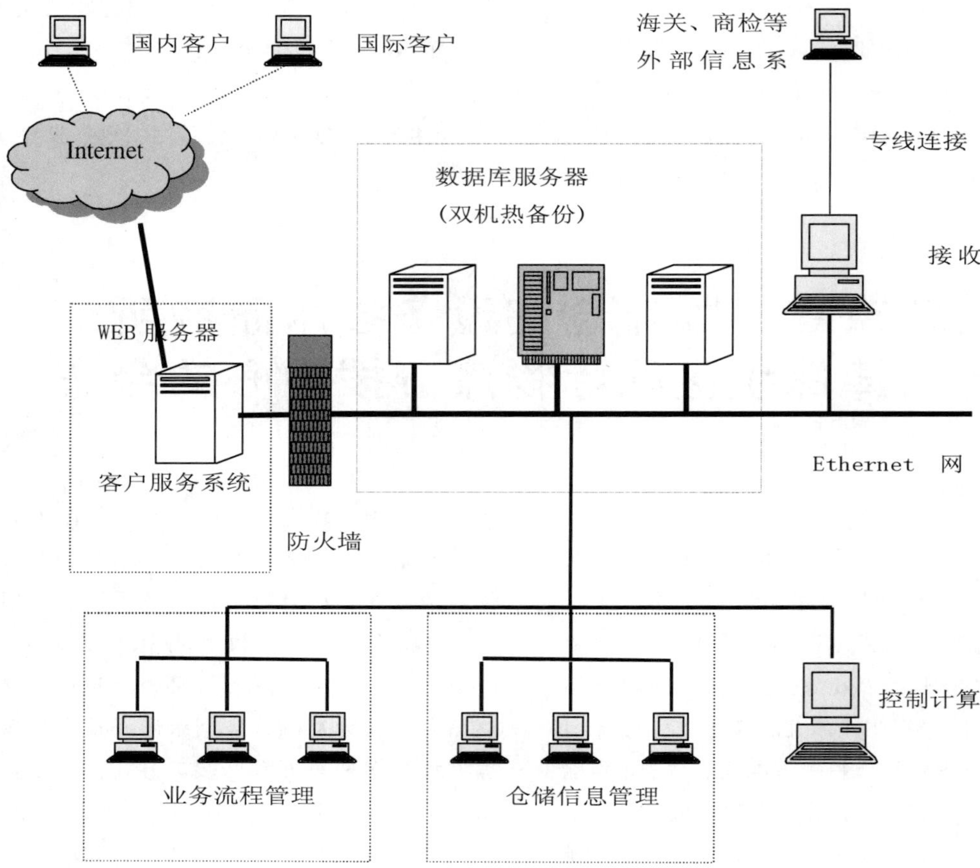

幕 LED 显示屏,实时显示出库或拣选出库所有信息;配备自动调焦彩色摄像机,实现中控室和海关同时监控现场情况;配备固定条形码,实现货物入出库跟踪;配备横向输送机,实现货物各巷道最优分配,快速完成同一票货物入出库,最大限度提高作业效能。在计算机监控系统中配置大屏幕 CRT 动态仿真显示系统,显示各设备的实际运行状态,并且有中文提示。计算机监控系统记录设备运行的所有历史数据,为设备维护保养提供可靠的第一手资料,保证了设备的长期可靠运行。

三、效果评析

建立该物流中心,能将运输、储存、装卸、搬运、包装、流通加工、配送、信息处理等活动进行集成和运作,能为客户提供一体化的物流服务;具备了仓储信息管理、业务流程管理和信息交互平台(通过国际互联网 Internet),为客户提供畅通、方便、快捷的一站式服务,满足国内、国际客户对物流信息进行实际状态跟踪和网上业务往来的要求;实现了海关、金融、保险"三检"物流企业的联网,为物流过程中各方所需的商务决策活动提供必要的条件;提供进出口货物的报关、代办货物检验、检疫及通关等业务,进出口集装箱的装卸、倒运、堆存,相关的海运、空运、铁路和公路运输、公路转关运输业务,保税和非保税货物的仓储、拆装箱、加工、分拨与配送业务,各类货物的全程或部分代理业务,代办海运、空运货物的定船、定载、装箱、发送等业务;对进口商品分拨时可采取大批量进库、分批量出库的方式达到保税、缓税的目的,客户可减少资金占压,提高资金利用率。

(供稿: 北京高科物流仓储设备技术研究所)

太原刚玉物流工程有限公司
堆垛机提速的系统方法

太原刚玉物流工程有限公司是我国最早开发和生产物流设备的厂家之一，是中国起重运输机械协会仓储机械分会和中国钢协冷弯型材分会的理事单位。该公司拥有雄厚的技术开发、设计、制造能力，有完善的组织管理机构和技术队伍。太原刚玉物流工程有限公司于1998年通过了英国摩迪公司ISO9001质量体系认证，2000年又通过了ISO9001:2000版本的认证。

近年来太原刚玉物流工程有限公司加大技术创新力度，产品结构大大改善，各项性能大大提高，尤其是堆垛机运行速度突破230m/min，为我国物流行业填补了空白。该设备现已在西安某部队仓库投入使用，2003年4月经国家质量权威部门全面检测，堆垛机各项性能良好，运行平稳可靠，各项技术指标均达到标准要求。部分检测数据如表所列。

项　目	运行速度	起升速度	停准精度	货叉下挠	噪　音
要　求	0-230m/分	0-40m/分	±10mm	<20mm	84dB>
实　测	0-230m/分	0-40m/分	3mm	16mm	max83dB

堆垛机运行速度提高，不是简单的转速改变，因为它不是一个独立的单一系统，它受到多种因素的制约，是一个动态变化的多因素系统。它不仅涉及自身各项技术参数的改变与综合性能的提高，还涉及其他相对独立因的制约，需要多项技术的创新和改进。更需要新技术的支持。它是个系统工程，必须通过系统的方法，才能保证高速运行状态下各项功能的实现。

高速运行要解决的关键技术是振动和噪音的控制以及频率、速度、扭矩三者的最佳匹配，这些关键技术的解决关联到诸多因素，如关联图所示。

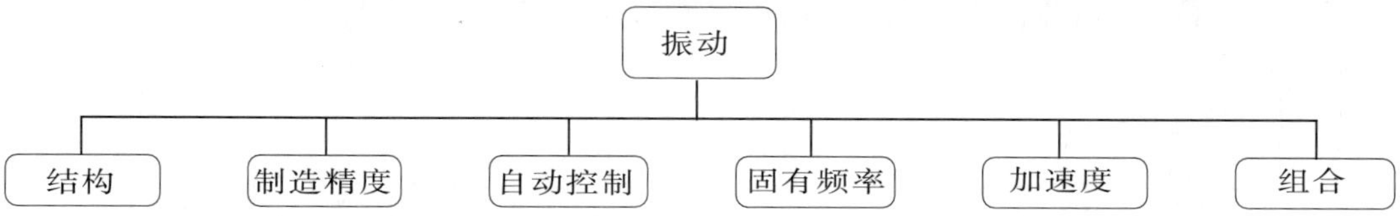

关联图

高速运行状态下，要实现对振动和噪音的有效控制，对各项技术指标和性能提出更严格的要求，它需要对相互关联的诸多因素综合控制协调治理。只有把堆垛机作为一个系统加以分析研究，明确各因素因果关系及内在联系，通过对各因素的重组改变，才能保证高速状态下堆垛机的正常运行。按照堆垛机运行规律，当运行速度超过100m/min时，噪音曲线将出现拐点，急剧增强。而

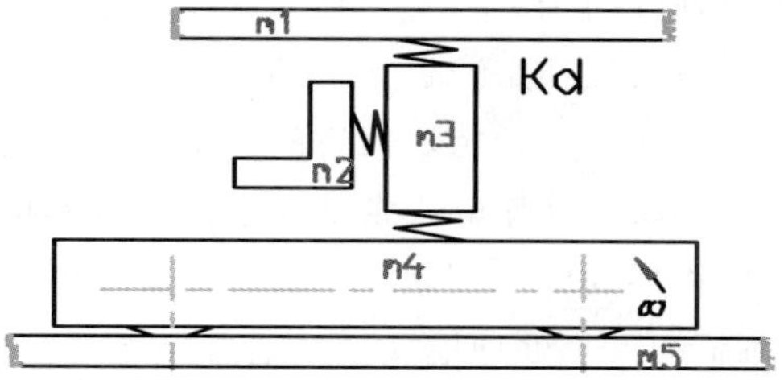

振动力学模型图

噪音控制的根本是振动的有效控制。

结合堆垛机结构的振动力学模型图，通过对关联因素的综合分析，采取以下隔振减振措施。

1.堆垛机、货架、运行道轨是一个有机整体，如果三者固有频率接近，必然产生共振，为避免共振，运行道轨与货架、导轨与货架采取了不同方式的特殊隔振措施，实现了良好的减振效果。

2.堆垛机整体构件设计，均采用型材，提高了刚度减轻了自重。

3.合理设计轴系结构，避开共振的临界转速。

4.运动部件的配合精度，特别是运行轮轴线的平行度精度，是平稳运行的关键，因此下横梁轴孔采用数控镗铣床一次装夹完成全部加工要素。

5.钳口式断绳保护结构复杂，采用了独立滚轮斜面的失重同步制动器专利技术，取消了所有连杆与弹簧构件，简化了结构。

6.为降整机驱动及低起升功率，采用了弹性能曳引装置专利技术，它的重量是传统曳引装置的1/10。置于立柱底部。结构紧凑。

7.立柱箱体内设置阻断结构，降低共鸣效应。

8.在构件连接处采用弹性阻尼隔振技术。

9.在构件上对振源加载，采用了振源负荷减振专利技术。

10.运行道轨采用特殊加工工艺措施，提高平稳性，并采取特殊隔振结构避免与货架的共振。

11. 在导向轮运行系统，采用了复合材料滚轮，收到良好的减振降噪效果。

堆垛机运行速度的改变，采用变频调速，要确保频率、速度动态变化条件下输出扭矩的恒定，频率、速度、扭矩三者的最佳匹配是关键，如何进行快捷筛选，优化组合，需要科学的方法，通过实践我们总结出一套优选程序，解决了这一关键。

堆垛机起动要在17m短的距离内由零速提高到230m/min，又要在10m短的距离内由230m/min减到零速，实现零速停车，这一高精度要求，采用传统的I/O控制及光电认址控制方式远远不能满足要求，为此太原刚玉物流工程有限公司采用了效率高，差错少的现场总线技术，以及“激光测距定位+变频器闭环矢量调速控制”技术，按距离确定运行曲线，实现绝对认址，无级调速，零速停车，保证了堆垛机起步加速和减速停车的平稳，同时确保频率改变时输出扭矩的恒定。

（供稿：太原刚玉物流工程有限公司）

自动化分拣系统的发展与应用

一、概述

传统含义上，分拣就是把不同的物品按照一定的原则分门别类，实现物件有序的空间位置搬移。在以前，往往是通过人工的方式来完成这样一个工作，通过人的感觉器官的识别并经过大脑的分析处理做出动作的决定，在借助手或其他工具来实现物件的分拣处理。随着现代科技的高速发展，原始的人工处理模式不能适应经济的发展，这时具有高技术含量的自动化处理模式逐渐成为现代分拣的主要方式。通过各种设备可以判别物件的体积、重量或者颜色等物理属性，也可以自动识别各种载体信息，依照不同的管理要求而设定的不同处理逻辑关系达到分拣的目的。由于大量的采用计算机控制技术，现代化的分拣处理系统已经可以实现高效、准确的物件分拣工作，并且广泛的运用在邮政、航空、烟草、药品以及服装等行业，发挥着巨大的作用。

传统意义上的分拣只是利用了其中一部分的作用，实际上分拣的目的并不仅仅局限在“分配”上，在现代物流发展的过程中，“分拣”的概念也是一个逐渐发展的过程。现在,分拣的目的除了实现“分配”的过程还要达到“组合”的目的,也就是说通过现代化的处理手段分拣已经不是简单的点对面的关系,而是面对面的关系。这种关系使得自动化的处理设备较之以前的人工处理方式不是简单的以功能模块的形式出现,在越来越复杂的环境要求下逐渐成为以系统处理模式的形式来实现高效快捷的工作。

二、分拣的基本原理

为了达到最基本的自动化分拣目的,需要四个部分的组成(如下图所示)。在控制系统的协调控制下实现物件从供件系统进入分拣主机进行分拣后由下件系统完成物件的物理位置的分类,从而达到物件分拣的过程。

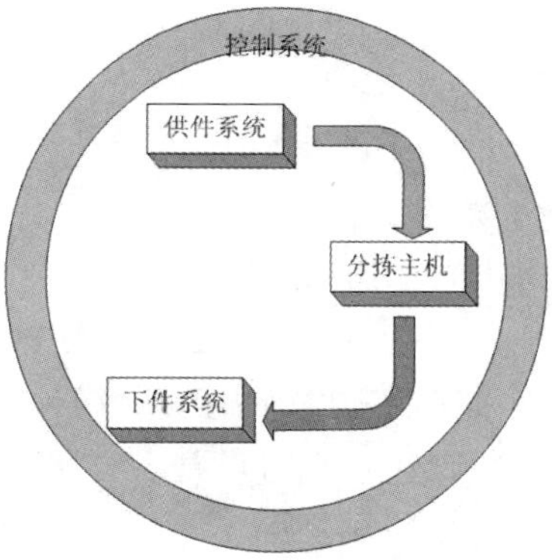

供件系统是为了实现分拣主机的高效、准确的处理而存在的,因此,这个系统并不是绝对必需的。它的目的是为了保证等待分拣的物品在各种物理参数的自动测量过程中通过信息的识别和处理,准确的送入高速移动的分拣主机中。由于供件系统的处理能力往往取决于主机,因此在一般的运用场合为了配合主机的高速、高效运转常常需要配备一定数量的高速自动供件系统以保证分拣的需要。同时在一些场合(比如低速自动化分拣过程)中,对主机的供件也可以由人工的方式来完成。

分拣系统是整个系统的核心部分,是实现分拣的主要执行系统。它的目的就是为了实现具有各种不同附载信息的物件在一定的策略逻辑关系的基础上实现物件的分配与组合。从形式上,分拣系统可以是多个运载单体(或功能段)连接而成的能够循环运行的载体链,也可以是单个载体独立形成的单向载体路径,但一般前一种形式较为普遍。

随着科学技术的发展,分拣系统正朝着高速智能化的方向发展,控制技术也越来越复杂,系统组成越来越紧密,实现的功能也越来越丰富,这些都是社会经济发展的必然结果。通过近30余年的发展,分拣系统已经成为一个集声、光、电、气以及新技术、新工艺的高精度机电高度一体化的智能处理设备,这也就使得分拣机技术成为一项具有较高档次技术的系统设备。

下件系统是分拣处理的末端设备,它的目的是为分拣处理后的物件提供暂时的存放位置,并实现一定的管理功能。因此下件系统的变化由于使用环境的不同常常会较大,所以根据不同的处理要求常常会使下件系统的具体形式各种各样。同时为了达到一定的管理功能,下件系统已经不是简单的供分拣后的物件暂时存放,通过与各种电子器件的结合可以实现对数量、体积、重量等物理参数的检测和显示,同时还能将这些信息传递给主控系统来处理。

控制系统是整个分拣处理系统的大脑和神经,它的作用不仅是将系统中各个功能模块有机的结合起来并协调之间的工作,更重要的是控制系统中的通信机能够与上层管理系统之间进行数据和管理策略的交换,通过这种交换使分拣系统成为整个物流管理系统紧密联系不可分割的一部分。

三、自动化分拣是物流发展的需要

在传统的作业体系中,很大程度上是依靠人工处理为基础来实现分拣的功能,由于在初期人工处理模式具有单体初期费用低廉,智能化程度相对较高等优点使得很多企业在业务处理量不大的情况下更愿意采用这种能直接产生效益的方式。

但是随着社会服务整体水平的提高,企业在激烈的市场竞争中逐渐感到原有的物质基础具有一些无法克服的问题：

人员处理过程的不确定性无法实现准确的处理要求，处理物件的工作精度低下，造成系统的处理成本升高；

在多品种的分拣作业中，由于人工自身的条件局限无法达到系统期望的高效作业的要求，使得服务响应的速度降低；

虽然人工的初期投资较少，但是其维持费用是一条不断上升的曲线，总体消耗是相当巨大的，直接造成企业利润的降低；

人本身具有的思想和情绪使无法恒定的去评估企业的处理能力，一方面造成亢余余量的增加从而增加成本，另一方面无法给市场决策提供准确的数据基础。

以上这些还不是基于人工处理造成问题的全部，如果仔细的分析，实际上还有很多方面，这些弊病在企业面对现代社会高效、高质量服务的要求下就显得无能为力。而自动化分拣处理系统完全能够适应现代物流“面对面”的复杂分拣和组合的需要，依靠高度一体化的机电配合能够实现高效、高精度的分拣任务。

四、自动化分拣的实际运用案例

现代化的自动分拣处理系统在国内的发展已经近30年的历史，大致上经历了四个阶段：引进阶段、仿制阶段、自主开发、优势阶段。

从开始引进技术到仿制设计再到拥有自主知识产权最后到同类型设备的综合性能参数指标达到并超过国外先进水平，这方面贵阳普天为国内的自动化分拣技术水平的提高做出了一定的贡献。

自动化分拣系统可以运用在各种行业的内部处理中，下面就其在速递业务中的运用作简要的介绍。

分拣系统的基本组成有：供件系统、下件系统、分拣主机。

物件通过信息识别由供件系统送至分拣主机中，控制系统在核对物件的识别信息无误的情况下，控制分拣主机将物件分拣到下件系统的预定格口中，从而达到多品种的物件实现高精度分配与组合。不同种类的物品被分配到不同格口中，而每一个格口中又有不同种类的物件存在，这样一个分配在组合的过程通过自动化的分拣系统一次性的在高速运动中高效完成。

通过采用自动化分拣处理系统达到了以下目的：

提高了企业的服务质量，加快了响应处理时间；

提高了企业的内部管理水平，保证了物质、信息、资金流动的通畅；

降低了仓库库存的总量，降低了经营成本；

提高了市场竞争力。

五、结束语

总之，自动化分拣系统是一个用户定制化相当高的系统，它的作用随着运用经验的增加已经深入到企业的管理流程中去。在当前社会需求越来越个性化的时代特点日渐显著，企业要想获得更大的市场份额就必须面对巨大的品种数量对应于各种各样需求组合的局面，在这样的情况下如果还依靠人工的方式来处理是无法实现的，只有自动化的分拣处理系统才能解决这样的问题。所以，物流自动化的发展必然需要自动分拣处理系统，分拣系统将成为自动化处理系统的关键部分。

（供稿：贵阳普天万向物流技术股份有限公司）

efuture ONE SCM CRM VMI 系统应用

efuture ONE SCM CRM VMI 系统是北京富基旋风科技有限公司为国内流通领域量身定做的企业级供应链数字管理平台，是基于 VMI 和 CPFR 完整运营管理理念，实现零售商与供应商信息交互的大型电子商务交易网站。该系列产品面向网络环境和电子商务事件的应用集成，完成 POS-ERP 所不能完成的全程供应链管理功能，把供应商、制造工厂、分销网络和客户等纳入了企业的管理资源范围，建立一种跨企业的合作、计划、预测和补货供应链业务管理系统。

以下是 efuture ONE SCM CRM VMI 系统在国内几家公司的应用案例。

一、中国百盛集团供应链管理平台

（一）企业简介

中国百盛集团是马来西亚金狮集团在中国最大的投资项目，其先进的国际经营管理与中国特色成功结合，使其成为中国最成功的百货连锁企业。百盛于 1994 年 3 月 26 日进入中国市场，现在在全国已有 35 家连锁店，年营业额超过 70 亿。

（二）应用 SCM 系统

富基公司在中国百盛基础门店信息系统之上，于 2000 年 3 月完成其电子商务项目（e-SCM，www.parkson.com.cn），该项目获得国家原内贸局电子商务示范工程，其成功引起业内广泛关注。该系统旨在帮助企业挖掘信息资源，整合供应链基石，加速企业物流、资金流周转，提升企业竞争实力。通过 SCM 系统可为供应商提供远程登录和基本 Web 的查询服务，且可提供多种品类分析报表、市场分析功能，同时提供网上订单、网络补货、网上对账、网上支付等强大功能，使供应商足不出户可了解其商品营销动态，实现了零售商与供应商之间端到端管理，帮助供应商及时准确获取商品经营信息，节省营运成本。

目前，集中管理着全国 30 多个店的 SCM 数据交换，已经有 2 000 多家供应商、10 万个品种参与了平台交易，每年实现 70 多亿元的交易额。百盛供应链平台的开通，每年为百盛带来的直接商业利润率达 1.2%，成为百盛一项稳定的“第三方利润”。

（三）效果评析

通过这套 SCM，供应商也获益不菲。供应商可以在互联网上得到来自百盛的同类商品排行榜、自己产品的单品库存分析、销售分析、ABC 分析、绩效分析以及历史销售数据等。SCM 项目的实施，有效地提高了百盛配送中心和库存管理效率，缩短了供应商的订货补货周期，增强了整个流通环节供应链采购和结算效率的作用。

富基与百盛合资成立的富基盛佳电子商务有限责任公司开启了中国百货业第一个企业级电子商务管理平台。

在百盛项目实施之后，富基又先后与武汉中商、长沙友谊阿波罗集团等商业企业合作，以类似的模式组建了负责运营其电子商务业务的合资公司。

二、武汉中商集团供应链管理平台

（一）实施 SCM 平台

2000 年 5 月，富基与武汉中商集团成立了武汉中商旋风电子商务科技有限公司，其供应链平台为：www.eschangchina.com（中国易商网）。该系统利用现在前沿的如 WebServices、XML 等互联网技术或者标准，实现与供应商的系统互联和数

据重用。中国易商网于2000年11月开通,通过互联网、SCM系统向供应商提供数据信息和相关

（一）企业简介

海尔集团创立于1984年,18年来持续稳定发展，已成为在海内外享有较高声誉的大型国际化企业集团。产品从1984年的单一冰箱发展到拥有白色家电、黑色家电、米色家电在内的86大门类13 000多个规格的产品群,并出口到世界160多个国家和地区。2002年,海尔集团实现全球营业额711亿元、海外营业额10亿美元。

（二）应用CRM系统

海尔集团提出了决胜在终端的市场理念之后,尝试过多种联网方式。2000年底,富基公司凭借多年来的商业联网经验和能力承接了海尔终端IPOS联网系统的开发,该系统的主要功能是用来采集海尔全国各门店的当日进销存数据，并在每月中提交订单。该系统在2001年下半年由海尔集团42个工贸公司共同推广使用。为了对从终端采集回来的数据最大化的利用,海尔于2001年4月就开始建立CRM客户关系管理网站。目前,CRM网站已经在海尔得到了充分的利用。

（三）CRM终端数据的采集方式

其终端数据的采集主要是通过以下几种方式来完成：

1.海尔专卖店通过IPOS系统传进销存数据；

2.商场柜台主要通过语音报数系统将每天的销量报到工贸数据库,再上传致总部；

3.联网系统,诸如与武汉中商、济南三联等大型零售终端系统的联网数据交互。如海尔、三联的联网系统采用目前最先进的SOAP通讯方式,通过Web Service服务来进行数据交互。

（四）开发并推广VMI系统

2003年5月,海尔集团决定成立联网实施项目小组,在全国大经销商全面推动联网工程。为了迅速推广,高效实施,富基公司开发了VMI客户端产品,在客户企业的服务器上安装程序,该程序无需直接访问对方企业的数据库，只需建立一张中间表,对方将每天的数据定时导入中间表中,客户端就会通过服务直接从中间表中将数据取过来再传给服务器端，定时传输的时间可以根据机器的运行状态自行配置。

该系统只需要一小时的时间就可以完成。现在该联网方式已经完成试点，并会迅速在全国各大经销中得到推广。

海尔集团80/20原则正好也是此次VMI推广的指导思想。目前,具备联网条件的企业只占海尔经销的20%，但他们的销量却占海尔销量的80%，这样海尔集团就能够通过联网系统及时准确的掌握自己产品的销量,而且数据准确,并用来直接对直销员做工资,保证了员工的利益,同时也避免了人为误差等客观情况。该项目的推广基本取代了以前的人工操作传数或报数系统，数据的处理周期由以前的一天变为实时传输，给海尔在系统和流程优化中也提高到一个新的台阶，同时也证明了富基公司多年来在商业企业所取得的联网经验和技术开发能力。

富基公司立足于打通商业流通和工业流通的供应链接点，协助流通巨头建立工商协同的价值联盟。“海尔VMI”的成功为此提供了完善的技术准备。

（供稿：北京富基旋风科技有限公司市场总监 穆健玮）

条码技术在物流管理中的应用

制造业是一个强调效率和准确性的行业，物流过程的不协调对于生产效率有重大影响。物料仓库的杂乱、生产备料的复杂及采购计划的烦琐几乎是所有制造企业共同的难题。管理信息系统的实施在一定程度上解决了这个问题，但是这样的系统仅仅提供了一种管理机制，其有序性大多数情况下只体现于虚拟的计算机世界，在具体操作上仍然会存在很多困难。

数据采集是众多困难中比较重要的一个，在物流过程的各个阶段都要进行数据采集的工作。如果数据采集出现失实，其影响范围可能遍及整个物流体系。在某些行业中，如果没有自动化技术，人工方式的数据录入差错率可能高达5%-8%，其负面影响可想而知。在某种程度上，多数信息系统本身没有数据智能性，它们的效率取决于输入数据的质量。数据采集的质量在相当大程度上左右了物流信息系统的成败。

20世纪40年代条码技术已经粗具雏形，到20世纪70年代发达国家已经广泛应用了条形码技术。时至今日，条码的应用遍及各行各业，印刷在物品外包装上的条码，像一条条经济信息纽带将世界各地的生产制造商、出口商、批发商、零售商和顾客有机地联系在一起。

条码技术在制造业物流管理中的应用是全方面的。不应该把条码看做仅仅是键盘输入方式的替代，在实际应用中，由于条码提供了过去可能无法实现的管理特性，使用条码也许会大大改变原有的供应链管理模式。从这个意义上说，条码技术的实施对物流管理来说是一个BPR（业务过程重组）的过程。以下论述的仅仅是条码技术在物流领域应用的少数几个示例。

一、物料管理

对于生产型企业，物料管理是企业资源计划的重要内容。在物料管理中应用条码带来的好处是多方面的。首先，条码可以作为WIP（Work In Process）状态的标识，准确确定目前物料的消耗与供给情况；其次，条码对物料的标识为建立产品档案奠定了基础。通过条码反映的数据，管理者可以很容易的得知某一成品的关重件的来源与批次，这些数据可以作为物料管理的反馈输入，形成物料管理控制的闭环。

在国内条码应用于物料管理已经有很多成功案例，如上海大众等大型生产企业。北京南开戈德自动识别技术有限公司在化工企业中成功的实施了条码化的物料管理，取得了很好的效果。

二、质量控制

对于工业仪表等工艺复杂、质量要求高的生产企业，质量控制是一个十分重要的问题。条码同样可以应用于在质量控制之中。南开戈德在国内某大型仪表厂成功实施了条码化的质量控制体系。在这一体系中，所有的配件和操作都以一维条码标识，操作人员在完成某一操作时都需要扫描该条码进行记录。中心CIMS系统会根据扫描结果更新当前的质量控制记录。

在成品检测完成时，该成品的工艺记录已经相当完善。此时可以利用条码打印机将所有的加工记录形成一个二维条码打印出来，该二维条码标签粘贴在仪表的内表面。在返修时，只要扫描此二维条码就可以立即得知该仪表的生产日期、所用零件的批次等信息。在此基础上可以更好的进行物料管理和售后服务。

三、作业管理

作业管理中对条码的应用主要体现在条码成为联系工作流各环节的工具。以仓储作业为例，验货、备货、分拣、上架等环节之间的联系是很复杂的。在传统的操作方式下，业务中心与仓储工作人员之间一般以纸面单据交流，完成工作流的衔接。在应用条码之后，可以借助无线局域网建立半自动化的作业管理方式。业务中心通过无线网络将业务指令直接下达到仓储工作人员，仓储工作人员通过手持终端接收指令，并扫描条码确认工作准确无误的完成，仓储工作人员的工作完成情况又即时传回业务中心得到确认。

较之纸面单据，利用条码和无线网络可以大大提高工作效率，同时条码也大大减低了误操作的可能，促进了工作流的改进。

四、仓储管理

仓储管理实际上是条码在物流管理应用的传统领地，其应用已经贯穿出入库、盘点、库存管理等多方面。在出入库过程中，条码可以加快出入库的速度，也能减少出入库操作的差错。

条码在仓储管理中带来的最大的变化是在盘点业务，传统的手工方式盘点一般利用纸笔记录，效率不高同时存在数据失实的可能。在利用了条码后，就有可能采用自动化技术。例如在某仓库中使用了手持终端，现在的盘点方式只需要利用手持终端扫描箱体，所有盘点数据都会记录在手持终端中，手持终端也会自动处理盘点重复等错误。手持终端数据可以很方便的导入到管理系统中去。

在库存管理中，条码另一个重要应用在于货位保证。物流管理系统在做资源计划时，常常需要引用货位信息，但是传统方式下的货架操作，难于避免货物与货位信息的脱节。往往出现的情况就是，物流管理信息系统指示在某处出库某样物品，但操作工将叉车开到货位后却发现并不存在这样的物品。条码技术不仅可以标识所有物品，同样也可以标识货位。要求只有扫描了货位条码和货物条码后才能完成上下架过程，就可以确保货物的货位信息总是准确的。

条码在物流信息系统中应用当然绝对不止如上几个方面，在配送、分拣等其他环节都会发现条码的用武之地。条码在物流管理中的应用是业务过程重组的一部分，在具体实施中，应用好条码可以大大提高业务的整体运营效率。

物流作为一个宏观系统，条码应用只是较小的一块。但它的应用却可能为物流管理带来革新性的变化。目前国内物流业对于条码的应用多数还处在摸索阶段，这也代表着创新的可能性仍然很大。北京南开戈德自动识别技术有限公司是国内最大的条码自动识别技术提供商之一。北京南开戈德自动化识别技术有限公司的重点主要放在为国内制造业企业和软件商提供条码技术支持。在制造业条码应用也只是有一些心得体会，北京南开戈德自动识别技术有限公司愿与物流界同仁共同为中国物流现代化进程添砖加瓦。

（供稿：北京南开戈德自动识别技术有限公司　曹　睿）

VNA 叉车的战争

——人上型 Man-UP VS 人下型 Man-Down

随着 VNA（Very Narrow Aisle 非常窄巷道的缩写）高位货架仓库及 VNA 叉车在中国大地上蓬勃发展，我们看到仓库越建越高，各种进口品牌型号的叉车竞相亮相；我们可以看到有瑞典的 BT、ATLET，德国的 LINDE、STILL、JUNGHEINRICH，美国的 CROWN、RAYMOND、HYSTER 等不同品牌不同型号的叉车。VNA 叉车有两大阵营：人上型(MAN-UP)和人下型(MAN-DOWN)。在激烈的市场竞争中，各个厂家或代理商都在施展浑身解数，通过各种方式展示自身品牌的 VNA 人上型和 VNA 人下型叉车相对于其他品牌的优势。然而，我们是不是应该先从根本上先来探讨一下人上型和人下型的区别？

让我们先来看一下 VNA 叉车的发展史，大约在 15 年以前，出现了第一台人下型 VNA 叉车，如同现在的人下型 VNA 叉车，驾驶员的视野被复杂的门架结构和电线、液压管路系统所阻挡；尤其是在高位(7 米以上)的时候，由于看不清堆放货物的位置常常会发生误操作，造成货物被碰坏、横梁被撞弯等事故。于是人们又想出了采用高度显示及高度预选定位系统和摄像头+监视器系统来解决以上问题；但是由于当时计算机及电视摄像系统的不发达，以至于价格非常昂贵，其成本占到总成本的 1/3 还多。所以人们出于降低成本的目的又制造出了人上型 VNA 叉车，以解决人的视线问题。然而，随之也出现了人在高位操作的安全问题；于是在欧洲、美国制定了许多标准规定来要求人上型 VNA 叉车的安全性。最后人上型 VNA 叉车的门架及车体很大很重很结实，又配上了许多传感器、安全系统等，价格也变得非常昂贵。这就是我们现在市场上见到的人上型叉车的前身。

了解了发展历史，我们再来讨论一下人下型 VNA 叉车和人上型 VNA 叉车各自的优缺点。

人下型 VNA 叉车：

优点：处理整托盘货物，速度快；由于人在下面，更安全；价格便宜。

缺点：不能拣选货物，视野差。

人上型 VNA 叉车：

优点：可以处理整托盘货物也可以作拣选用；货物堆高的高度更高；视野更好。

缺点：速度慢，操作员安全性差；价格贵。

其中有些观点在 5 年以前或许是成立的；然而，现在我们经过分析研究以后就产生了不同的看法。

1.随着现代科技的不断发展，计算机技术及电视摄像系统的不断完善，使得高度显示及高度预选定位系统和摄像头+监视器系统的价格也变得很便宜，于是造成了现在人下型 VNA 叉车比人上型 VNA 叉车便宜很多。而且人下型 VNA 叉车上的摄像头安装在货叉的侧面，其视角覆盖了整个托盘的底部和货架横梁的同一水平，对于堆放货物来说非常精确、方便、整齐、快捷。再配合高度显示和高度预选装置的使用。完全解决了人下型 VNA 叉车视野差的弱点。

2.拣选(ORDERPICKER)的概念，要怎样才能做拣选，对于货架、叉车、托盘来说都要求不同。

(1) 对于托盘的要求，用最常用的欧洲托盘(800WX1200L)来说，如果用来整托盘存储，那么应该从 800W 处进叉，深度为 1200mm，这样就可以把整个仓库的存储量用到最大。而如果需要进行拣选作业的话，那么托盘在货架上的方向将转 90 度，从 1200L 处进叉，深度为 800mm，这样整个仓库的存储量会下降 20–30%。如果 1200mm 深度，则很难拣到托盘上的所有货物；如果采用 800mm 深度，则很容易拣到托盘上的所有货物。操作工的手臂长度是有限的，可操作的范围也是受限制的。

(2)对于货架的要求，货架深度要小，而且货架每层的高度要变大。货架深度小，则托盘可以横置在货架上。还用欧洲托盘(800WX1 200L)来说，可以用 800W 作为深度方向，1 200L 作为进叉方向。只有这样操作员才能拣选到托盘上的所有货物。另外，在拣选叉车上的托盘进叉方向相同。

货架每层的高度要相对变大；通常整托盘堆放时，货架和托盘之间的操作间隙只需 150mm 就可，而如果要进行拣选作业时，那么货架和托盘之间的操作间隙要求至少 300mm 才可(还要根据货物的不同尺寸)。

所以做拣选功能会浪费仓储空间，降低空间利用率。

(3)货物不同，做拣选的动作也不同；如果货物较大、较重，那么采用高位的拣选叉车设备就会对拣选带来困难——操作员只能站在驾驶室内，搬动较大、较重的货物不方便，易造成操作员疲劳。所以通常采用低位拣选叉车设备。这样做拣选作业，操作员无须站在车内，而可以走到车外进行拣选，这样就解决了较大、较重的货物的问题。另外，通常仓库中的拣选比率为 8/2，即 80%的货物整托盘存储，20%的货物需要有拣选作业；笔者认为，这种情况下我们就可以只在货架的底层作为拣选用，底层以上采用整托盘堆放；避免高位拣选叉车设备的拣选困难及带来的安全问题。如拣选的比率更低 5%左右时，我们完全可以采取把整个托盘取出到巷道外拣选的方式，这样更经济、方便。

小件货物的拣选作业，可以采用中、高位拣选叉车设备，但笔者建议不采用托盘堆放方式，而采用现国际上流行的固定柜格式/抽屉式货架；这样可以达到节省空间、方便拣选的特点。

(4)如果采用人上型 VNA 叉车同时作整托盘搬运和拣选作业，会造成操作员不采用正确的拣选搬取动作，而代之以拖拽动作--因为操作间隙不够，距离太远，手拿不到。这样会造成货架上托盘的移动，货物掉落，托盘滑落；或托盘摆放位置偏斜不整，取整个托盘时造成困难。

综上所述，我们可以得出结论：人上型 VNA 叉车可以同时具有整托盘堆放和拣选功能的说法过于勉强。也就是说，人上型 VNA 叉车的拣选功能只停留在理论上，而没有实际操作的意义，把拣选功能作为人上型 VNA 叉车比较人下型 VNA 叉车的优势也是不成立的。

3. 视线问题是人上型 VNA 叉车最初发明制造的初衷，随着时代与科技的进步，人下型 VNA 叉车有了高度显示及高度预选定位系统和摄像头+监视器系统解决了视线问题。让我们再来看一下人上型 VNA 叉车的视线，由于操作员是随驾驶室同时升高的，操作员的视线只是从上往下看托盘及货物；并不能看清货叉及托盘底部的状况。然而对于整托盘堆放来说，看清楚货叉及托盘底部的状况显然更为重要；从这种意义上说，人下型 VNA 较人上型 VNA 叉车更好。

我们可以得出，优先采用人下型 VNA 叉车的十大理由：

1.速度快；

2.视野更好；

3.价格便宜，成本低；

4.高效率，更经济；

5.更安全；

6.提高存储量；

7.增加仓库利用率；

8.托盘堆放整齐美观；

9.维修保养容易，费用低；

10.配合其他设备，达到更加合理、实际的拣选作业功能。

经过上面的分析后，我们不免要问：为什么还需要人上型 VNA 叉车？人下型 VNA 叉车不是都能解决几乎所有的问题吗？不，我们还需要人上型 VNA 叉车，因为在提升高度 12-15 米时，人上型 VNA 叉车是我们惟一的选择。

(供稿：陈 磊)

博创仓储物流系统公司文档管理一体化解决方案

一、企业背景

博创仓储物流系统公司是一家专门提供自动化仓储物流解决方案的高科技企业，为用户提供一流的系统方案论证、咨询、设计、实施、维护、培训等全方位服务。博创在国内首次将自动仓储技术引入了制造业和流通业之外的办公领域，建立了博创独有的、从软文档(数据文件)到硬文档(纸质文档或磁盘光盘等)的管理，包括智能文件柜及其相关管理软件在内的一体化解决方案。该系统与博创办公自动化系统整合在一起，全面实现了文档的查询、提取、管理的自动化。

二、需求分析

目前市场上有多种多样的文档存放装备，如：文件柜、文件架、密集架等。这些装备的缺点表现为：

不能做得很高，高度超过 2 米时取物变得困难；

不能放得过密，否则在过道中曲身或爬高时非常不便；

文档查寻不便，普通文件架是静态的，密集架可以做成半自动的，但无法精确寻址定位，比如密集架打开时展成两面墙，左右侧各格中都是文档，取档时定位困难；

档案管理大多采用微机管理，先进的文档管理软件以及计算机网络系统与普通文件架或密集架没法联结，且设备档次不相匹配。

如果您想最大限度地节省空间及存取时间，并希望管理系统管理到原始档案，博创的自动文档存取系统，是您的最佳选择。

三、解决方案

（一）博创自动仓储系统的原理

博创自动仓储系统，采用垂直循环的水平翻转原理，在计算机控制下将需要提取的物品以最短路径自动送到存取口。

该系统采用垂直循环的水平翻转原理及 PLC 电气系统设计的智能文件柜及自动旋转货柜，可以充分利用地面至天花板的空间，节省地面空间 30–70%；文件信息一经输入，软件将迅速判断其空间位置，并控制运动序列进行最短路径运动，实现物到人前，节省存取时间；可以通过柜体本身的控制系统实现运转，也可通过上位计算机进行操作与存取管理，具有好的独立性和系统完整性；可以一台计算机访问多柜，也可通过多台计算机访问单台或多台柜，易于实现网络化管理并与其他计算机管理系统集成。

（二）博创自动文档存取系统的构成

博创为业界提供了一个包括纸质文档（记录凭证等原始文档）和电子文档（数据文件）自动存取与管理的一体化解决方案，它是这样实现的：

把文档或文档索引放在磁盘光盘上，形成电子文档，或称软文档；

把原始文档（纸质文档或称硬文档）或磁盘光盘放到柜子里；

电子文档的查阅与操作通过计算机及文档管理软件来实现；

纸质文档或磁盘光盘的自动存取通过我的智能文件柜来实现。

四、效益评估

博创的智能文件柜可以节约存储空间，节省存取时间。文档管理软件与智能文件柜紧密集成，从而形成博创独有的、从软文档到硬文档，包括文档自动存取设备及其相关管理软件在内的一体化解决方案。

博创自动文档存取系统有如下优点：

充分利用地面到天花板之间的高度，比传统方式节省地面空间 30–70%；

在浩如烟海的文档中，将要寻找的文件在几秒或十几秒内送达智能文件

柜的存取口，节省存取时间数倍；(线速度可达 6 米/分)

本身具有数控系统，可单体使用，同时也可与上位计算机连接，一机控制多柜的运行；

管理系统具有强大的检索与报表生成功能，在计算机发出出入库的指令，文件柜便可进行运转动作；

全封闭结构，有效防止未被授权者的存取，安全洁净；

表面喷塑，外形美观大气，绝对提升形象；

操作者不屈腿、不弯腰、不伸臂、不爬高，操作台符合人体工学原理，减轻存取者的劳动强度；

柜体呈单元式结构，现场组装，方便迁移与扩容。

（供稿：博创仓储物流系统公司）

长春国富开辟汽车货运新时代

随着我国经济的发展，特别是现代物流业的发展，公路运输的需求越来越大，同时，随着道路建设的发展，高速公路里程数的快速增长，公路运输方式和运输法规必然会与国际接轨，封闭厢式货车以其安全、可靠、卫生、美观等优势将会在我国得到普及，汽车货运即将步入一个新时代，随之而来的是厢体制造业的春天。

一、"高技术"打造"车厢王国"

成立于1999年1月的长春国富车厢制造有限公司是专业生产货运汽车组合式封闭车厢及其衍生产品的公司，是美国车厢协会会员、房车协会会员、中国工商银行AA级信誉企业、中国汽车改装行业理事长单位。同时，作为修订国家厢式货车生产技术标准项目的主要起草单位和国家《货运汽车厢体规范与安全》标准项目起草组长单位，其产品具有可异地安装、标准化、规范化、系列化、轻量化及规模化生产等特点，目前组装工艺等19项技术已获或已接受申请在公示期内中国国家专利。

目前，"国富车厢公司"以欧美先进的拼装组合技术为研究开发的基点，结合中国厢车的市场价格和道路实况，坚持国际水准的生产及技术定位，自主开发了目前我国规模最大、专业化程度最高、体现国内组合式封闭车厢最高水平的生产线。该生产线的建立，标志着我国组合式封闭车厢生产技术已跻身世界一流水平。产品被国内用户誉为"中国组合式封闭车厢第一品牌"。

与国内同类企业相比，"国富车厢公司"的产品具有很多突出特点及优势。

（一）计算机技术全面应用

通过计算机模拟技术，进行有限元振动应力分析及厢板自振固有频率测试，从而为公司进行结构优化设计提供了理论依据及数据。通过自主开发的计算机CAD、CAQ与CAM系统（以下简称"DQM"软件），在几秒钟之内就可以确定其加工工时、材料成本、车体重量等多项基本数据，迅速算出各种构件尺寸并完成工艺下料图。这一计算机管理信息系统，是"国富车厢公司"采用先进的生产模式和现代管理技术，实现业务流程和管理的合理化的最重要的技术支持手段。

（二）专业化设备和规模化生产

可以完全实现从板材开卷到组合模块铆接的全程机械化流水作业。"国富车厢公司"现阶段的生产能力单班产量已达1万套/年，设计能力可达10万套/年。

（三）标准化、规范化、系列化、轻量化

"国富车厢公司"严格按照国际标准进行产品生产，通过计算机技术运用，可以完成28 600种尺寸规格的不同变化组合，可覆盖各类货运汽车底盘，产品具有极大的市场适应能力。它还高度重视结构设计的最优化，材料的科学、合理使用，保证了产品轻量化目标的实现。"国富车厢公司"用彩钢、铝材做的9.2米规格的车厢，重量仅为660公斤，比用方钢、冷轧板做的同样规格的车厢轻740公斤。近年来，很多用户在利益驱动下，要求生产厂家生产重型厢式车，这样不仅会造成各种资源的巨大浪费，而且对公路路面造成很大的破坏，同时还减少了运输过程中的有效载荷，增加空车行驶中的负载，加大了燃料及设备耗损费用。不重视车厢设计、制造的轻量化指标，而增加空驶油耗、载重油耗给用户带来的利益损失会更加明显。

（四）全面贯彻ISO9000质量认证体系，严格控制生产质量

（五）性价比高

“国富车厢公司”产品价格略高于国内的其他产品，但其抗氧化、抗腐蚀性能和产品的通用性、互换性及轻量化、使用寿命长等优异品质，使产品具备了很高的性价比。

（六）模块化组装（供应）

“国富车厢公司”的产品完全不同于传统的直接焊接作业方式，采用的是先进的拼装组合技术（规模化生产的必由之路）。五块厢板可以运送至全国任何一个地方进行装配，并可以直接上门为客户安装，完全改变了中国传统车厢改装企业等客上门的陈旧经营模式，其方便快捷，省工时，异地安装，通用性、互换性强等突出特点，对于推动中国封闭式厢车的发展，具有开创性的意义。

（七）专利权保护

“国富车厢公司”申请了CKD营销模式、组合式封闭车厢及组合式型材等发明、实用新型等19项技术专利（正在申请的还有5项），设置了技术壁垒，将有效防止假、冒、伪、劣产品对市场的影响和冲击，维护企业的合法权利和利益。

（八）与国外技术同步发展

“国富车厢公司”是美国车厢协会、房车协会会员单位，接受其技术、业务指导；同时，还与国外的同行企业建立了良好的合作关系，可随时进行技术交流与沟通，可以做到与国外先进技术的同步发展。

二、通过战略联盟进行行业整合

“国富车厢公司”生产的组合式封闭车厢产品尚属新产品，填补了国内空白，具备明显的成长期特性，市场空间巨大，且与国内同行产品的差异化程度大。因此，“国富车厢公司”充分发挥行业优势，2001年12月12日，在上海正式发起成立了中国汽车改装行业战略联盟，成员包括主机厂、原材料供应商、汽车改装企业等。

“国富车厢公司”以年单班产1万套，并在4年内逐步增加至10万套/年的产量，供应各种标准车型、不同材质的组合式厢板，供联盟成员企业使用。通过战略联盟，适应公司进行市场资源的整合需要，推广CKD、SKD连锁经营模式。“国富车厢公司”自主开发研究的CKD（Complately knocked Down）全拆散模式生产系统是国际车厢组合技术的一项划时代革新成果，解决了长距离按标准供货的问题，为建立更为广阔的连锁经营网络和售后服务提供了先决条件。同时还采用了CKD经营模式，促进产品机械化规模生产和网络销售规模经营，扩大生产基地的辐射范围，使运输成本降低到最小程度，快速提升了产品的核心竞争能力和国内外市场的开发与拓展能力。

目前，石家庄新星汽车改装厂的CKD生产线已建立完成。另有哈尔滨建成机械厂、山东济宁东岳汽车改装厂、唐山春光厢式货车制造有限公司等9家企业已达成连锁经营协议。今年内将发展至20家左右的CKD节点公司，100-160家SKD节点公司，在此基础上明年再发展10家左右的CKD和50-80家的SKD节点公司，从而形成“国富车厢公司”全国连锁完善的营销体系和保证企业高速成长的发展模式。

在未来的五年里，“国富车厢公司”将以组合式封闭车厢产品为基本发展平台，一是向开发衍生产品新型蓄冷、房车、环保特装、军品等专用车领域发展；二是通过与主机厂配套及与政府、优秀物流企业合作发展城市“货的”，进而全面进军现代物流领域。同时，通过企业产品、企业行业优势地位、经营业绩及“中国公路运输业革命“的理念，在2004年运作上市。我们相信，“国富车厢公司”站在我国汽车货运新时代的前端，必将成为专业化、国际化、世界一流的现代物流设备制造企业。

（供稿：长春国富车厢制造有限公司）

其他类型案例

传化集团倾心打造浙江省首个现代化物流基地

2002年4月18日，位于钱江二桥南端萧山出口处，占地560亩，总投资3亿元人民币，具有明显交通优势和经济强势的浙江省首个现代化物流基地——传化物流基地举行了隆重的开业典礼。

一、物流基地，现代物流的发展基石

随着经济全球化持续发展，科学技术水平不断提高，以及专业化分工进一步深化，浙江省的物流发展进入了一个全新的阶段，利用先进信息技术和物流装备，探索对传统物流环节进行有效整合，实现一体化、信息化、高效化运营方式，降低物质消耗、提高劳动生产率以外的第三利润源，已经成为物流业内、众多制造企业和政府关注的一个焦点问题。

传统物流往往将大量成本浪费在运输配送、仓储保管过程中。大量企业沿袭传统习惯，自己组建车队，建造仓库。有的企业自己雇用车辆，单向运输。所有这些造成物流成本居高不下，物流资源利用率严重不足。物流不仅没有形成企业的第三利润源，而且仍在扮演成本黑洞角色。据世界银行估算，中国物流成本占GDP的16-20%，2002年即为15 000亿元人民币。而美国还不足10%。

迫使企业自己解决物流运输的重要原因是中国的物流产业还存在许多问题。国内传统的物流经营大多存在技术含量低，资源利用率低、管理水平低、信用低、服务质量低、素质低等问题。中国仓储协会的调查表明，我国物流技术基本处于半机械化水平，手工操作仍是众多企业的主要形式。机械化、自动化、信息化、智能化任重道远。仓储资源、信息资源、运输资源普遍挖掘不够，仅以汽车回程资源为例，闲置率竟高达80%。如果说技术含量低和资源利用率低是我国物流的共同问题，管理水平低、信用低、服务质量低、素质低则是我国物流服务业的突出问题。在物流市场，普遍存在散、小、乱状态，各类货物集散无序，彼此各自为政，所有这些管理问题严重制约着物流服务的健康成长。管理水平低造成物流服务业信用低、服务质量低，所有这些严重阻碍了物流服务对物流客户的吸引力。

物流基地作为物流的一个平台，它可以有效整合各种物流资源。通过货源与车源整合，可以尽快实现物流交易；通过仓储与运输整合，可以极大降低库存量；通过物流信息整合，可以在第一时间获得所需物流信息；通过技术整合，可以普遍提高物流科技含量；通过管理整合，可以普遍提升物流企业的管理层次；通过企业整合，可以促进交流与合作；通过国外与国内物流企业整合，可以缩短国内物流的差距；通过上述的全面整合，可以实现高效、快捷、低成本、高质量。物流基地在整合资源过程中实现物流资源的互动、互补，建立向现代物流迈进的基础平台。

物流基地作为物流一个结点，它是构建全国物流网络的基础单元。没有物流基地的整合功能，就没有全国物流网络的真正建立。现代物流需要现代物流网络，现代物流网络需要网络的每一个结点具备现代化的基础，物流基地通过区域的物流现代化建设，奠定了全国的物流现代化基础。物流基地通过区域的物流现代化建设可以推动其他区域的物流现代化建设。惟其如此，在日本、欧、美等发达国家一些产业区，如美国的硅谷，意大利的服装城，德国的汽车城等，都相应建立了规模庞大的物流基地。

二、传化物流基地，区域经济发展的需要

传化物流基地的成立，为杭州地区乃至浙江全省的广大物流企业健康快速发展，不但营造出了安全、优美、规范有序的发展环境，而且还可以促成物流企业、货代企业形成群体的积聚效益，全面促进与改善物流企业之间的竞合关系，实现优势互补、共同繁荣。同时，能增强工商企业核心竞争力，大幅度降低物流成本，改善投资环境，推动区域经济的健康发展。

发达国家的统计资料表明：现代物流业的发展将对国民经济的增长发挥支持和带动作用。以日本为例，20 世纪 80 年代到 90 年代，物流业每增长 2.6 个百分点会使日本国民经济总量增长一个百分点；深圳 90 年代初到 90 年代后期，物流业营业收入每增长 1.5 个百分点会使深圳的国内生产总值增长一个百分点。同时，现代物流通过更科学、更合理、更集约地衔接生产、交易、消费等经济循环过程，能够加快国民经济运行的节奏和效率，节约成本，提高产品的附加值和经济增长质量，改变浙江经济的增长方式，实现从粗放型发展向集约型发展转变，提高经济运行的档次。

城市经济活力与区域竞争力的高低取决于区域内微观个体(企业)的竞争力。浙江省的区域经济虽然发展很快，但具有核心竞争力的企业不多。随着经济全球化的发展，要保持区域经济的活力，培养一批具有国内、国际核心竞争力的企业十分必要。随着信息技术的发展以及 Internet 的兴起，一直扮演辅助角色的物流管理在塑造企业核心竞争力中起着越来越重要的作用：一是广泛的采购有效地发挥了国家和地区之间的比较优势，降低了产品成本；二是利用物流信息可以将元器件、零部件的品质保持在最高水平；三是企业借助物流技术和信息系统提供个性化、独特化产品，满足顾客的独特要求，确立竞争优势。

国内外城市经济发展表明：没有大流通就没有大产业，没有大物流就没有大流通，城市物流产业的发展对于城市产业结构的调整至关重要。连锁、代理、配送的发展必须依靠现代物流的支撑。现代物流的发展能够改变传统的流通方式和流通增长方式，有力地推动现代商品流通业等第三产业的飞跃发展，使物流、资金流、信息流的运转速度加快，促进企业间的竞争，优化产业结构，提高资源利用效率，全面提升区域经济的运行质量。

目前许多跨国公司和国际先进企业在选择新的区域市场和生产基地时，着眼点逐步从优惠政策转向综合投资环境，都非常注重当地的物流设施和物流服务水平。物流环境的优劣已经成为投资者评价一个地区投资环境的重要内容。周边省市物流产业的发展，既为我省经济发展创造了条件，也给我省区域发展环境带来日益增大的竞争压力。加快发展现代物流业已成为必然选择。

传化物流基地正是在这个大背景下诞生的，传化希望通过物流基地的平台支持，成就一批现代意义上的第三方物流企业，从而推动区域经济的发展。

三、传化物流基地，传化战略发展的需要

传化物流基地是浙江省首批规划建设中的现代物流基地，是浙江省电子商务试点单位之一，2002 年荣获全省道路运输诚信企业金鼎。传化物流基地是传化集团“十五”时期发展战略的重要组成部分，是继精细化工、日用化工、高科技农业之后的传化第四大产业。

经过十多年的发展，传化集团已经成为一个省内著名的大型企业集团。随着经济实力和经营能力的不断积聚，传化人开始寻找新的投资机会与发展机遇。

物流产业作为一个政府倡导与重点扶持的产业，当然很自然地进入了传化的视野，在深入了解的进程中，传化还发现物流产业是一个社会效益与经济效益结合得很好的产业，其巨大的市场潜力可以有效地支撑其社会效益的充分发挥，投资物流产业有着良好的投资回报。这与传化的社会责任感理念和“健康领先、永续发展”的追求是相一致的。

事实上，传化集团对物流的关注，基于自身的基础。早于 1997 年 5 月，传化集团就成立了专业的第三方物流企业仓储运输公司，该公司通过一

系列的管理变革和产权制度改革，极大地调动了各方面积极性，仅1998年一年时间就为集团节约了运输成本300多万元，运输费用下降了40%以上。这是传化在流通领域挖的第一桶金，正是这第一桶金使传化深刻体会到物流对企业经营成本的意义，传化人悟到了物流改革和物流产业的魅力，一个物流的春天正在来临。2000年，传化开始酝酿开拓物流产业，并进行了多方调研和考察，坚信现代物流企业的发展必须建立在物流基地的平台上才能更好地实现。2002年，传化物流基地项目调研成熟并正式开始投资建设。

从关注物流到物流基地的立项，传化人以自己的敏锐把脉物流的发展，虽然物流如潮，一开始，就有着许多不可把握的因素，充满着竞争势态及政策方面的滞后，但传化人由衷欣慰于社会对物流的关注及逐步的理解和认同。物流基地的建设也得到了省、市、区领导与各级政府部门的肯定和关心，国家经贸委蒋贵黔副主任，卢文舸、叶荣宝副省长，萧山区区委、区政府、区人大、区政协四套班子等领导先后到基地现场视察指导，这更增添了传化人的信心。

从1997年开始踏上物流变革的征程，说明传化人的投资理念也正在由创业初期的战术层面跟进性策略向现在的战略层面的前瞻性决策过渡，这是企业发展的必然。同时，5年的物流运作，使传化培育了一大批有知识、有实践、有才干、有社会责任感的物流人才，凭借传化集团自身的品牌优势，加上基地海陆空立体交通圈得天独厚的地理位置优势和位于世界第三大都市经济圈“长江三角洲”南部的经济强势，传化人有能力、有实力、有信心开拓现代物流领域，使物流产业成为推动传化集团发展的支柱产业之一。

四、传化物流基地，拥有得天独厚的优越环境

海陆空立体交通圈的中心地位以及“长江三角洲”南部的强势经济圈，为传化物流基地提供了天然的理想驻所。

（一）立体的交通圈

传化物流基地位于钱江二桥南端萧山出口处，地处钱塘江南岸，北有钱江二桥、钱江三桥直接与杭州相连；东距宁波北仑港出海口180公里；距上海200公里；距离萧山国际机场10公里，萧山火车站3公里，浙赣、杭甬铁路在附近交汇。同时，基地紧靠沪杭甬高速公路和104国道线，并毗邻省道杭金公路和在建中的杭金衢高速公路，与浙东运河和钱塘江、富春江、浦阳江也相距不远。

（二）强势的经济圈

传化物流基地位于世界第三大都市经济圈“长江三角洲”的南部。在这块土地，面积仅占全国1%，人口不足6%，年产值却占全国总产值的18%。在浙江省，全国“百强县市”就占20个，萧山是其中最具代表性的一员。传化物流基地的半径10公里内就容集了众多的开发区、商业区和市场，其中国家级开发区就有4个，2001年仅4个开发区的技工贸总收入就达到了523.6亿元。采购、销售“两头在外”的区域经济特色和巨大的现实物流量，提供了物流的需求资源。

五、传化物流基地，拥有功能齐备的服务体系

传化物流基地包括信息管理、交易、专业仓储、专业运输、转运和流通配送6大中心，以及管理咨询、业务服务、生活服务3大配套功能。通过6大中心和3大配套功能，传化物流基地正在和已经形成集约化、规模化的物流设施集中地与多种物流线路的交汇地。

（一）信息中心

传化物流基地的信息系统充分借鉴国外的现代物流模式，充分考虑物流现状。该系统采用现代与传统兼容、多种运作方法并行、系统逐步升级的技术策略开发而成。它不仅具备先进的信息交换、信息管理以及多种通信技术的接口等能力，同时适应我国目前物流管理现状。它不仅具有物流配送、智能化仓库管理、运输优化调度、自动化结算、客户远程登录货物、车辆货物实时跟踪查询、进出口和通关管理、EDI、条码、IC卡等现代物流功能，同时充分考虑系统的可操作性、管理的可维护性、

运行的可实现性。该系统采用多层分布式系统结构，可以通过internet互联。信息中心借助强大的系统平台和信息资源平台，可以提供货物、运输、仓储、交易、在途、价格、客户反馈等大量信息服务；可以提供和物流相关的经营、业务、生活和配套信息服务；可以提供信息的委托收集、分析和策略服务。将来传化物流信息中心要和国内大型和主要物流基地和中心建立信息交换业务，届时还要提供其他省市和地区的物流基地远程信息服务。

（二）交易中心

交易中心总建筑面积10 758平方米，营业用房总面积7 476平方米，交易大厅近600平方米，共三层，有300多间商务用房。交易中心每天定期发布来自全国各地的货源信息、车源信息、仓储信息。现已初步形成了近20万辆的货运车辆网络。来自全国各地的200余家物流及货运、货代企业已进驻传化物流基地开业运作；每天已有近千条货源信息、超过一千条车源信息在交易大厅发布交易，日均货物交易量近万吨、日货运配送交易额达300万元人民币；目前，传化物流基地正在与国内100多家大型专业运输公司进行接洽合作，计划采用总包大型工商企业物流方式，培育和推动传化物流基地的企业茁壮发展。

（三）专业仓储中心

仓储中心规划用地面积250亩，可建110 000平方米仓库。一期在建仓储建筑面积10万平方米，拟设专业仓储中心与大型零担中转仓库。专业仓储中心可以为工商企业度身定造仓库，提供个性化服务。仓储中心可以采用计算机库存管理或手工管理。管理方式由仓储客户决定。目前传化物流基地为仓储客户提供如下形式的服务：(1)库存管理；(2)仓位出租；(3)按单承建仓库；(4)出租土地，客户自己建造并使用仓库。专业仓储中心是仓储客户的“仓储管家”。为了做好管家，传化物流基地开发了仓库管理系统加强管家功能。该系统除了自动化的管理仓库的日常运作外，还包括了货物接收、货物定位、货物存放、订单管理、货物提取、货物补充、货物发运、自动货位调整、自动补货、报警等方面功能。在传化物流基地的规划中，还将建立数码仓库管理系统，真正实现优质、高效、便捷、周到的服务标准。

（四）运输中心

运输中心设有87 000平方为米的停车场，同时可停车1 200辆。目前每天有近千辆大型货车进驻停车场。运输中心将不断同国内运输公司实现战略联盟，组建由车队、个体车主组成的运输联盟队伍。联盟车队成员享受传化物流基地发布的全国各地货运信息，保障来回行程满载，可以实现成本更低、质量更优、效率更高的运输服务。运输中心将与信息中心联合，运用GPS（全球定位系统）、GIS（地理图形查询）、ITS（智能运输系统）等现代化信息技术和物流技术，进行车辆管理和实时追踪，保证货物安全快捷。

（五）转运中心和配送中心

转运中心充分发挥传化物流基地的地理位置优势，集约铁路、公路、水运、空运，实现综合运输和多式联运的最有效转化。转运中心占地5 000平方米。随着业务的发展，基地的能力增强，传化将进一步开拓配送业务。

（六）管理咨询

管理咨询配套功能为6大中心及其中心彼此协调提供管理配套、人员培训、专案咨询。

（七）业务服务

业务服务提供工商、税务、运管等政府职能部门工作的现场一条龙服务；提供银行、保险、商务、通信、网络等各项支持服务；提供汽配汽修等辅助服务。目前基地进驻了工商银行……。设有一条龙服务的服务中心。

（八）生活服务

提供餐饮、商店、住宿、娱乐、通信、后勤、物业等满足客户生活方面需求的服务。物流基地现有住宿用房5 600平方米，可同时容纳950个客户入住，可以同时满足不同住宿消费需求的客户。基地内达45 000平方米的绿化面积，营造了绿色与自然的人文环境。

六、传化物流基地，共同成就事业的平台

传化集团致力于打造的是一个充满阳光的产

业，一个充满魅力的基地，一个充满生命力的物流企业群。

随着现代物流观念的深入，社会各界已在充分关注物流，但真正支持物流建设的仍是少数。现代物流的建设是一项社会性的工程，非一家之力所能成就，也非两三家的热情付出所能达到。它需要理智的思考，更需要真诚的投入。

在传化之前，没有成熟成功的国内物流基地建设模式可以借鉴，但传化人以自身的敏锐目光以及强烈的责任感把握着中国物流的发展，致力于走出一条适合中国国情的物流建设之路。

这是传化人所倾心构筑的、充满希望的工程！

自 2001 年初开始建设到今天，传化物流基地仅用了一年的时间，就已高标准地建立起了全省首家服务功能设施齐全的大型现代化物流基地。与此同时，内部的组织建设、队伍建设、人员培训、市场营销、客户服务等多项工作都在同步推进，实现了一期工程建设完工与服务设施配备到位、业务交易迅速攀升的喜人预期目标，为开业以后迅速实现隆市奠定了坚实的基础。

本着"社会责任感"的思想理念，本着"为您成就事业，以推动区域经济发展为己任"的经营理念，传化物流基地正在与国内 100 多家大型专业运输公司进行接洽合作，同时整合了一大批社会车辆资源，现已初步形成了近 20 万辆的货运车辆网络。来自全国各地的 200 余家物流及货运、货代企业已进驻传化物流基地开业运作；每天已有近千条货源信息、超过一千条车源信息在交易大厅发布交易，日均货物交易量近万吨、日货运配送交易额达 300 万元人民币，每天有近千辆大型货车进驻停车场；凭借良好的社会形象与卓越的商业信誉，已对区域内多家大型工商企业物流进行业务总包，再分包给基地内物流企业，培育与推动物流企业快速发展。

为您成就事业，对第三方物流企业而言，意味着在传化物流基地平台上拥有更广阔的发展空间，更有利于推动企业向现代物流迈进。

为您成就事业，对物流客户而言，意味着在传化物流基地将获得成本更低、时效更快、质量更优的物流服务，意味着国内、国际两个市场的竞争能力提升。

为您成就事业，对国内外物流企业而言，意味着物流的跨国联盟，意味着发展的契机。

可以预见，在不久的将来，传化物流基地将与全国一千家以上大型专业运输公司建立战略联盟，与全国各地物流基地进行信息互通，形成覆盖全国的完善的运输及信息网络。同时引进一批国内上规模的物流企业进驻传化物流基地，进一步发挥传化物流基地的市场积聚效应。届时，每天将有超过 10 000 条货源信息、10 000 条车源信息进场交易，可以同时为半径为 100 公里的 20 000 家以上的工商及厂矿企业提供现代化的、高质量的物流服务，每天货物交易流通量将达 500 多万吨。建成的 10 万平方米以上的专业仓储中心与大型零担中转仓库，满足周边工矿企业对零担配送、外地大型工矿企业来浙江销售中转仓储服务的需要。

这是一个实践的基地，一个培育的基地，一个整合资源的基地，一个提升物流效率的基地。在这个基地上，入驻的企业将成就出一番事业，在浙江乃至全国，也必将迎来现代物流发展的全新高潮，成就出一番新的物流事业来，当然，作为建设主体，传化集团也必将获得新一轮发展。

（供稿：浙江传化集团）

北京通州物流产业园区

一、园区情况

北京通州物流产业园区是北京市人民政府于2002年1月22日批准成立的市级开发区将北京通州物流产业园区列为市级开发区，是北京市商业物流发展规划确定的三大物流基地之一，已列为北京市2003年60项重点工程之一。

园区位于通州区马驹桥镇，北京市六环路以北，凉水河以南，京津塘高速公路以东，距市区15.5公里，距首都机场30公里，距天津塘沽新港120公里，规划面积5.04平方公里。京津塘高速公路和北京六环路于此交汇，并与京沈、京哈、京开高速公路相连，区位及交通优势突出。

二、功能定位

1.内陆口岸功能。可设置海关、卫检、动植物检疫检验机构，为以北京为生产、加工基地或者最终销售市场的制造商、分销商提供储存、保管、运输、加工、货代等服务。

2.货物集散功能。接收通过各种运输方式的到达的货物，并进行分拣、储存，将本市发出的货物进行集中，通过直接换装方式向外发运。

3.配送功能。通过物流基地内的物流配送中心实施对客户的商品配送服务。

4. 流通加工功能。包括商品的包装整理、加固、换装、改装、条形码印制等等。

5.商品检验功能。商品检验与养护等。

6.物流信息服务。物流状态查询、物流过程跟踪、物流要素信息记录与分析、物流客户关系管理、物流决策支持、物流公共信息平台等。

三、园区规划

物流园区规划为首都城市功能性基础设施，辐射全国乃至亚太地区的重要物流枢纽。为北京市进出货物的集散和大型厂商在全国及亚太地区采购和分销提供物流平台。园区主要依托天津港、京津塘高速路和城市六环路，建成“以商品流通业为主的大型综合现代物流基地”，最终发展成公路–海运国际货运枢纽型物流园区。

园区控制性详细规划方案由北京城市规划设计研究院编制，规划对园区内土地的使用功能作了科学地划分。包括：生产企业物流用地、第三方物流用地、物流配送用地、物流研发用地、物流设备生产用地、集装箱和保税仓库用地、物流运输企业用地、中心公建区等。园区规划部局符合现代物流企业发展的要求。现代物流基地的特点是集约化、规模化、专业化、功能化和枢纽化。因此，物流产业园区一方面应靠近铁路货运站、港口、机场等，并与高速公路、城市快速路、铁路等有方便的接口，具有良好的运输条件，另一方面要接近服务对象，配送商品距离短、速度快。

四、基础设施建设情况

园区基础设施建设已于2003年6月全面启动，并按照“十通一平”的标准进行开发建设，包括道路、雨水排放、污水排放、中水回用、供水、供电、供暖、天然气、通信、宽带、有线电视等市政工程。具体情况如下：

道路：一期2.5平方公里的5条主干路网正在加紧建设中，在总长度7 760米基础上，逐步完善路网建设。

供电：园区现有2万千伏安变电站2座，解决一期入区企业用电问题，3年内在园区新建一座11万千伏安变电变电站。

供热：园区采用分区域集中供热方式为入驻

的企业提供供热。

供水：园区将建设日供水量 5 000 吨水厂一座，为入驻企业提供生产、生活用水。

雨水：园区地下排水工程已部分完成，道路的排水沟槽已竣工。

污水：园区将建设污水处理厂一座，用于入区企业污水排放。

中水：园区内将铺设中水回用管道，用于企业绿化、消防等。

天然气：利用陕西天然气进京输气线在马桥镇内的预留口，建调压站为园区用户供气。

通讯：园区内现有电话局 10 万门电话交接箱一座。

网络：宽带网接入设施已经进入园区内，可随入驻企业的需要进一步扩容。

有线电视：园区内已开通拥有 45 套节目的电视系统。

五、发展目标

3 年内形成北京粗具规模、规划科学、基础设施完备、管理规范、运营效益好的物流园区；5 年内建成华北地区较大并辐射环渤海经济圈的物流产业园区，提高北京的综合竞争力，带动华北地区和环渤海经济圈地区的经济结构调整，促进经济发展；10 年内发展成为全国规模较大、整体实力较强、具有极强影响力的物流产业园区，辐射全国及亚太地区。

（供稿：北京通州物流产业园区管理委员会）

北京空港物流园区

北京空港物流园区是 2002 年 6 月 6 日经北京市人民政府批准成立的市级开发区，是北京市规划的三大物流基地之一，也是北京市惟一的航空公路国际货运枢纽型的物流园区。总占地面积 6.2 平方公里，西距市区 15 公里，东距天津港 180 公里。位于首都国际机场北侧，与扩建的首都国际机场整体规划、合理布局，最终实现与机场新货运区“无缝对接”。周边六环路、机场高速、京承高速、京密快速、顺平快速、城市轻轨、京承铁路构成四通发达的交通网络。现代汽车城、国际会展中心、空港工业区、出口加工区、北方微电子基地、航空城、奥运赛场环绕四周，与物流园区相互映衬，共同发展，构成了气势宏大的空港经济圈。

大力发展物流产业、建设现代化物流园区，是首都向国际化大都市迈进的需要；是全面建设首都流通现代化，应对入世挑战的需要；是迎接 2008 年奥运，完善首都城市功能的需要。在北京市“三地一港”的物流规划格局中，空港物流园区在市、区政府和各有关部门及社会各界的大力支持下，全体员工以只争朝夕的精神忘我工作，“千方百计抓招商，争分夺秒建市政”。自 2002 年 7 月初组建以来，各项工作都进展迅速，初步取得了在首都物流产业发展格局中的领先地位，受到了普遍的肯定和赞扬。2002 年 11 月 13 日，空港物流园区被列为北京市三大物流基地中惟一重点建设的试点园区；2002 年底被列入北京市政府 2003 年 60 项重点工程之一。

在招商引资方面，园区根据自身的特点，确立了以航空物流为起点，以公路物流为依托，铁路与海运物流为补充的集综合性及专业性为一体的国际一流物流园区的发展方向。在投资导向上，主要吸引航空物流、第三方物流、新业态商业物流、流通型加工企业、高新技术制造业、物流技术与咨询、物流信息与培训等类企业入驻。截至 2003 年上半年，园区招商形势喜人，半年里签订协议（意向）的项目13家，总投资额60.5亿元,其中包括多家国内外知名物流企业；完成26家企业的注册工作，累计注册资本金3亿元。目前还与多家国际、国内知名企业进行洽谈，多数项目正一步步向前推进，为园区下一步的发展奠定了良好基础。

经过半年多的努力，德国富朗霍夫物流研究所（Fraunhofer IML）、美国美斯物流咨询公司（Manalytics International）、北京科技大学物流研究所共同完成了园区的项目分析和方案设计。北京市城市规划设计院完成了空港物流园区控制性详细规划，并得到了首规委的批准，园区“坚持高起点设计”得以充分体现。一年之计在于春，在2003年早春的大好时光里，空港物流园区开始了市政建设，投入2.1亿资金用于一期市政工程的启动，这标志着园区的建设又迈上新的台阶。为了抓住难得的发展机遇，在保证建设标准的前提下，我们将以最快的速度完成市政工程，保证在国庆节前完成一期市政设施建设。目前，数家企业为了尽早入区发展，已开始进行设计，与园区同步进行建设，体现出对园区极大的信心。为抢占物流产业发展的制高点，我们还将加快以物流信息及多式联运交易中心为核心的国家一级货运主枢纽建设。与交通局密切配合，并加强与市信息中心、国家部委的横向联合，加速起动。该项目是物流园区的核心与灵魂，是物流领域的制高点，同时又带有公共性、基础产业性和前瞻性。它的建立，对于培育新型的第三方物流企业，提升传统货运业态，整合物流资源和交通运输资源，降低物流成本，推动交通运输现代化建设；高效使用巨大的公路资源，规范货运市场秩序；促进现代流通业的发展和空港口岸“大通关”工作；推进首都向国际化大都市迈进都将起到积极的作用。

众所周知，完备的市政基础设施和优惠政策固然重要，然而投资者更加看重的是综合投资环境。为此，员工素质及其服务水平将是我们变劣势为优势，强力推进各项工作的制胜法宝。园区全体员工秉承“延伸为企业服务的内容无止境，拓展为企业服务的范围无界限”的服务理念，以“全天候在岗、24小时在线”，随时提供优质服务的标准，积极为企业排忧解难，帮助企业与政府部门沟通情况，解决兴办物流企业过程中各项审批手续办理问题以及企业遇到的其他困难。

空港物流园区将抓住国家和北京市大力发展物流产业的有利时机，坚持“高起点设计、高标准建设、高水平管理”的行动指针，遵循统一规划、合理布局、分期实施、软件到位、设施先行、建设与招商同步推进的原则，重点抓好招商引资和规划建设，抢占物流领域的制高点。全体员工以“流通世界，开创未来”为己任，团结创新，奋发有为，力争3–5年内，把空港物流园区建设成为规划科学、功能完善、技术先进、运转高效、管理规范的国际一流的现代化物流园区。

（供稿：北京空港物流园区）

沈海物流园区依托大项目发展大物流

沈海物流园区建设在大东区东陵西路以北，东站货场铁路线以南，西至沈海热电厂，东至大二环高官台街。物流园区规划占地150万平方米。园区用地划分（按企业性质）为：第三方物流企业用地、物流软件开发企业用地、物流咨询培训公司用地、物流设备生产厂商用地共四类。按照6:1:1:2的比例，第三方物流企业用地90万平方米；物流软件开发用地15万平方米；物流咨询培训公司用地15万平方米；物流设备生产厂商用地30万平方米。

其功能包括：货物集散功能、多式联运货物中转功能、配送功能、流通加工功能、商品检验报关功能、物流信息服务功能、物流咨询与培训功能、商品展示功能。该园区正在构建两大关键平台，即整合铁路、公路综合运输网络、构筑现代化综合交通运输平台；基于国际互联网，运用EDI技术搭建公共物流信息平台。

在此基础上形成三重物流圈，即：(1)1小时左右高效配送物流圈。建设物流园区–物流中心–配送中心体系，并以此为依托，服务于沈阳市内。(2)24小时内分拨及终端配送物流圈。以园区为中心，其他城市物流设施为依托，服务于全国各城市。4小时辽宁中部区域，8小时省域，12小时东北区域，24小时全国各城市。(3)48小时内与国外物流网络接轨的国际物流圈。加速与国外相对成熟的物流网络的对接，完成国内外物流的一体化。

园区将重点建设六个物流中心：一是以大明集团信息大厦为依托，市外贸库、省外贸库为仓储中心，建设占地40万平方米的汽车零部件配送中心；二是以东果集团为中心，以沈东果库为仓储中心。发挥城乡结合部的优势，建设占地20万平方米的农副产品及鲜果配送中心；三是以储运一库为仓储中心，以沈阳商业城集团储运公司为依托，建设占地20万平方米日用工业品配送中心；四是以市干鲜果品批发市场为龙头，建设占地20万平方米的干果及小食品配送中心；五是以大型、现代化的食品加工企业为依托，建设占地面积20万平方米的绿色食品配送中心；六是充分利用沈阳东站和沈阳东站东货场等物流基础设施，实行集装标准化，运输机械化，建设占地面积30万平方米的集装箱堆放场。与此同时，充分发挥沈阳东站内陆港优势，继续做好金杯客车绿色通道的物流配送。力争到2010年将园区建成大型社会化物流服务和国际商贸后勤基地。

（供稿：沈阳市商业局　许云诚）

（注：有些物流企业虽然在物流方面开展工作比较好，但因我们人力、时间及联系方式所限，未能收入，请有关企业见谅。同时也希望这些企业积极与我们联系，将该企业的物流发展状况及案例推荐给《年鉴》编辑部，以便在下一部《年鉴》中予以介绍。）

附录

物流调查报告

欧洲物流考察报告

2003年4月中上旬，所考察的欧洲物流企业是德国的Rhenus Logistics物流配送中心、西门子德马泰克(SIEMENS DEMATIC)、国立富朗霍夫(FRAUNHOFER)物流研究院、荷兰的VANDERLANDE产业公司、西班牙的巴塞罗那港口物流中心、意大利MENCARANI公司。这些企业涵盖了物流业的多个领域,通过对它们的考察,对于欧洲物流公司的运作方式有了一定的了解，感觉到欧洲的物流公司在物流各个环节上都开辟了业务，全程物流服务的能力很强，同时物流设备非常先进,自动化程度较高。

一、德国Rhenus Logistics公司吉森物流配送中心

(一)Rhenus Logistics公司概况

该公司是一家提供综合物流服务的集团公司,该集团每年的营业额超过8.4亿欧元,并拥有5 000多名员工,分布于60多个国家和地区。无论是采购、仓储或是配送,作为全程物流服务的提供商,Rhenus都会通过有效地组织供应链的各个环节，通过提供可处理复杂业务的仓库功能,为客户提供有效整合物流资源的个性化解决方案。Rhenus开发基于互联网的电子商务平台,通过此平台确保物流的各个过程准确、及时和具有灵活性。

1.Rhenus公司的优势。有效的整合资源–企业中不同的IT系统可以简单地通过Internet与Rhenus的电子商务平台对接,从而可以使企业更方便的对货物进行全程跟踪，及时了解全程物流服务提供的状态；

优质的全程服务–Rhenus的电子商务平台可以整合合作伙伴系统，创造出一个连贯的处理过程,提供优质的全程服务；

完整高效的信息提供–可以在任何时候提供关于操作过程的各类信息。

2.各个环节的服务如下：

采购:Rhenus能及时、有步骤地控制从生产线到仓库的采购流程。物流中心可为客户提供:来货的检查;过渡时期的存储;库存管理;指示分拣;定时定点运输。

生产和装配:此环节主要是为客户量身订做。为了确保提供最有效的物流解决方案，整个物流链的每个细小环节都会被详细分析。Rhenus可以作为装配过程中的一部分，或者是一个系统的供应商。

运输的组织:Rhenus能提供给客户最有效、最经济的运输解决方案。

配送与控制:Rhenus自有的配送仓库和特殊仓库能提供弹性的处理货，并及时有效地配送到贸易公司或是最终客户。主要服务包括:货物的接收和分派;库存管理;贴标签;分拣;运输;各类外贸货物的报关手续。

(二)观感

在Rhenus参观对其能提供全程物流服务印象极深,该公司的物流中心有现代化的立体仓库,所有的分拣、储存全部自动化控制,在仓库管理中大量的应用先进的条形码技术，除了提供仓储功能外，该公司的主要盈利点还在于为客户提供全套的增值服务,从事货物的包装、加标签、配送、产品的售后跟踪和维护等,如:他们帮德国一家香水品牌做各项标签,并负责分发到各个销售点,他们为德国宾得相机做售后跟踪等。该公司接待人也介绍到,公司拥有大量的客户,为客户提供准确、及时的服务十分重要,同时,现在更多的是能为客

户提供个性化的服务，针对不同领域客户的需求，为它们量身订制物流方案。

但考察人员感觉到如此先进、投资大的立体仓库在中国要根据具体情况进行决策，德国由于人工昂贵，因此通过全自动化代替人工，可以降低成本，但中国的实情是人力资源较丰富，人工便宜，一般物流企业如果按德国那样投入大规模的立体仓库可能会造成成本过高，从而难以吸引客户。

二、西门子德马泰克（SIEMENS DEMATIC）

（一）西门子德马泰克（SIEMENS DEMATIC）公司概况

西门子德马泰克是提供综合物流技术服务公司。西门子德马泰克为港口、机场、邮政、制造、零售、配送和第三方物流等行业设计、制造、安装了数千套物流系统，其解决方案还覆盖了包括食品和饮料、高消耗日用品、电气、电子、化工、医药、汽车等诸多领域。

西门子在邮政自动化领域久负盛誉。作为邮政自动化领域分拣及识别系统的领先者，该集团安装的15 000多个邮件分拣系统正在全球30多个国家使用。并与邮政公司紧密合作，开发生产用于标准信函、扁平件、内部邮件及包裹的分拣、派送的自动化、高效系统。

西门子德马泰克为天津港提供的无线网络系统，使码头操作人员通过手持无线终端在各个工作点上进行岸边检货、检查桥、海关验箱、集装箱修箱、冷藏箱检查等不同工作的同时完成数据实时输入与确认。

（二）观感

在西门子没有具体参观他们的生产基地，只是听有关部门的介绍。从它们的介绍可以看出，西门子在自动化领域是全球的领先者，同时公司目前相当重视开拓中国的业务，为此将他们在亚洲的总部移至上海。

但他们也承认早期对中国市场的理解并不十分到位，业务开拓的空间仍未打开，西门子提供的解决方案在中国内地普遍较为昂贵。

三、德国国立富朗霍夫（FRAUNHOFER）物流研究院

（一）德国国立富朗霍夫（FRAUNHOFER）物流研究院概况

成立于1981年，是德国国家物流研究院，专门从事物流管理咨询、物流系统规划、供应链设计与优化、物流信息系统设计等，拥有160名科学家，在汽车、医药、日用品、电子等行业完成了大量咨询项目，年项目收入1 600万欧元。

该研究所的主要领导人库恩教授在物流界享有盛名，对物流理论及实际应用有着较深的见解。由他领导的团队，在对企业物流提供方案上有较强的优势，他们已成功的为多家企业提供了物流解决方案，并且通过先进电脑技术为企业的物流方案提供虚拟物流模型，让理论和实际有了较好的连接，使得物流解决方案更趋完善。

（二）观感

考察人员参观了研究院的各种实验所，它们对物流的各个环节均有涉及。印象较深的有：关于物流包装的各种试验，为了让企业使用最佳的产品包装，从而在整个物流过程中所受的损耗降到最低，该研究所做出包装在运输过程中可能遇到情况的模拟机，为企业做综合的测试，然后得出结论，此项业务深受企业欢迎。此外还有智能的分拣系统和智能机械人的模型。所有这些，都让考察人员深深的感受到，德国的物流研究与企业联系非常紧密，理论能很快的应用到实践中去。

此外，还参观了“配送塔”，这将在近期内推广到各个住宅小区内的新零售供应方式。客户可通过互联网对想要的货物下定单，然后系统会通过物流公司把货物送到指定的配送塔并以手机短信发给客户密码，客户即可在配送塔内取到相应的订货，货款的结算也能过互联网在信用卡上扣除。此配送塔可24小时运作，可以节省大量的人力和物力。

四、荷兰的VANDERLANDE产业公司

（一）荷兰的VANDERLANDE产业公司概况

该公司是著名的物流系统的设计者与生产者，为很多的产业集团都开发了不同的物流系统。

该跨国公司总部位于荷兰,成立于 1949 年,专营综合物质处理系统的开发与生产,营业额超过 1.8 亿欧元。该公司在荷兰、比利时、德国、法国、西班牙、英国、中国香港、南非和美国都建立了客户中心。在斯堪的纳维亚、东南欧和非洲东北部都驻有客户代表处。

该公司为很多的工业部门提供了系统,如行李处理、仓储和配送、快递服务、装配等。并为机械和控制功能设备(包括计算机工程与软件开发)提供系统概念、工程设计、3D 系统模拟、项目管理、制作、传递、安装、代理、质量保证以及各种服务。

Vanderlande 产业设计与工程设施占地面积为 9 000 平方米,6 000 平方米的高级设计中心,15 000 平方米的生产厂房、客户中心与客户代表处。Vanderlande 产业有掌握高级概念技术、创新设计、最新工程与制造技术和项目管理工具的专业人才为客户解决物流问题,在客户预算内按时高质完成客户的项目。

该公司注重以下几方面的技术:有效的配送中心、配送方法、分拣技术、经营货品管理、订单配送、交叉分拣、紧凑性分拣货物、货物发送方案、时装配送、行李搬运系统。

(二)观感

参观了该公司的生产线,物流设备和应用系统非常先进,尤其是行李搬运系统,效率高、速度快、准确率高,他们的行李线时速可达 40 公里/小时。他们也相当重视亚洲的业务,香港国际机场就是近年来他们提供成套物流设备及方案的成功样例。

五、西班牙的巴塞罗纳港口物流中心

(一)概况

巴塞罗那港位于西班牙的卡泰罗尼亚州,为西班牙带来的经济收入超过了 8 亿欧元,是驱动欧洲经济增长的四个地区之一。巴塞罗那港有 313 条定期航班,连接世界 400 个港口,日处理货柜超过 3 500 个,是地中海地区最主要的远洋运输主力。港口每年管理超过 700 000 辆运输车辆,高附加值的货物运输占货物运输的 54%,80%的货物都是用货柜运输的。巴塞罗那港是地中海地区最重要的联运平台,24 小时快速电子通关程序,拥有 Portic,是目前欧洲第一个运作中的电子商务平台,它提供电脑化文档交流服务,降低成本与减少货物在码头的停留时间。

该港口的物流中心是欧洲南部最好的物流中心,一期占地 66 万平方米,工业仓库面积占 25 万平方米,办公楼面积占 6 万平方米。目前,有超过 50 家的公司在此进行商务运作。

(二)观感

由于时间仓促,没有对巴塞罗那港口物流中心进行较深入的考察,对于该物流中心的具体营运模式不是十分的了解。参观实地时,可以看到许多著名的企业均在此物流中心设有仓库,如:ABX、Danzas、Fundacion cares、HONDA 等。接待人介绍说,该物流中心仓库的经营方式有三种:一是卖地给客户,由客户自行起仓,自主经营;二是起好标准的仓库,租用给相应的客户;三是与客户签订合约,按客户的要求起仓库,然后租用给客户,客户需按合约使用仓库一定的年限。

通过参观,考察人员认为依托于港口的物流中心极具发展前景,不但可以带动港口货量的提升,同时还可成为货物的中转、加工中心。

六、意大利 MENCARANI 公司

意大利 MENCARANI 公司是传统的运输及仓储型的公司转变成第三方物流公司,该公司主要从事陆路运输,在意大利的主要城市均有节点。该公司目前的经营仍以传统业务为主,信息系统的应用不算十分的先进。

该公司目前的仓储管理仍比较原始,据该公司的负责人介绍,该公司目前也从事第三方物流业务,为一家意大利电视设备公司提供配送、仓储一条龙的服务。

通过参观,考察人员感觉到此家公司与中国现在转型做第三方物流的运输企业十分相似。

七、小结

1.欧洲物流业之所以快速发展,是与科技进步,尤其是 IT 技术的发展及相关产业的合并联盟

分不开的。目前,基于互联网和电子商务的电子物流正在欧洲兴起，以满足客户越来越苛刻的物流需求。

2. 连接生产与消费的供应链在空间距离上正在变得越来越长,但时间却大大缩短了,使得市场的需求有利于那些拥有丰富的资源和专长并且能够提供多样化服务的大型经营商,从而使传统的零散、分割的经营方式被打破,取而代之的是新兴的不同运输方式之间的组合。如当今正出现能提供各种运输方式和具有跟踪与仓储能力的大型公司,并且,这种公司极有可能在物流行业中占主导地位。

3.物流外包的趋势明显。

在欧洲运作一个配送中心成本极其高昂,管理要求十分苛刻。这包括高昂的人力成本、苛捐杂税、繁文缛节及经营限制措施。欧洲这方面的成本要比美国高两倍以上。所以,那么多的公司在欧洲开店都要把物流管理和运作外包出去也就不足为奇了。

公司和企业专注于自己的核心能力，他们要保存资本实力，他们还想利用第三方物流商的杠杆作用及其实际经验来减少配送分拨成本，提高服务水平。

物流服务全程化正成为趋势。处于最高层次的是那些超大型第三方物流服务商，这些物流服务商为制造厂家提供广泛的增值服务等，为其产品提供优化配置服务，促进其产品在欧洲范围内不同市场的销售业务快速发展，包括对销售到不同语言国家的产品提供条形码、包装和产品安装的服务。

（撰稿:南海保力得物流发展有限公司总经理 唐庆林）

欧洲物流运营模式的调查与思考

2002年10月下旬，中国物资储运协会赴欧洲物流考察团一行13人，在团长韩冰的带领下，考察了ABX物流公司不莱梅和纽伦堡的配送中心，以及德国汉堡物流公司(ALG)等物流企业。

ABX物流公司的运作方式和扩张速度给考察团留下了深刻的印象。ABX在物流各个环节上都开辟了业务，全程物流服务的能力很强，它不单单是个第三方物流公司，也具有第四方物流的功能。

ALG公司利用欧洲各国转出口的便利条件，转口贸易做得很大。该公司将商流和物流结合起来，其供应链的长度已经超出物流本身，这也是我们应该研究和参考的。

一、ABX-- 欧洲新崛起的第三方物流公司

（一）ABX概况

在2001年上半年中国航运商务网公布的欧洲前10位的物流公司中，我们还找不到ABX的影子，但是，在我们访问这家公司设在不莱梅和纽伦堡的配送中心的时候，该公司的管理人员充满信心地告诉我们，该公司已经成为世界前10位、欧洲第三位的物流公司，并且正在进一步扩张。这是一个在1998到2000年两年多时间里迅速发展起来的物流公司，它的投资、车队、库房等物流设施都不是自己的，但是ABX却可以实实在在地提供全程物流服务，他们采取贷款投资、租赁仓库、与运输公司合作等方式，建立了世界范围的陆海空立体化物流网络，迅速成为世界物流界的新贵。

1.ABX的来历：ABX不是习惯上的缩写，它就是公司的名字。它的前身在1993年时是一家包裹速递公司，1995年进入世界24家最大物流公司排名，1996年在荷兰开了分公司。1997年与投资方德国铁路一家石油公司的合作不太好，分开后由比利时铁路投资，效果比较好，改名为ABX公司，总部在布鲁塞尔。1998年买了3个公司，1999年买了8个公司，2000年到现在还在继续买进公司，不断扩张。

2.ABX物流集团的经营模式是：宏观管理，区域经营。分公司业务独立，保持特色；总公司全面管理，发挥协调作用。ABX的宏观管理是协调各分公司的业务，为客户提供全过程的物流服务，而不仅仅做物流的某个环节。区域经营的策略是考虑到各地的习俗和文化都存在很大的差异，如果按照一个模式进行管理是不会顺利的，这些公司应服膺水土，按条件成长。ABX的贷款额度很大，所以它的每一个项目都要保证能够赚钱。ABX在欧洲分公司的业务，总公司可以协调，可以制定最佳物流解决方案，进行最合理的运输。总公司在汉堡、鹿特丹、不莱梅等城市间协调业务，使物流更加合理、快捷，提高物流效率。

3.ABX的发展模式主要是购买公司，很少合作。但他们认为，在东欧、中东和非洲地区，可以考虑选择合作的方式。ABX在亚洲，主要是香港和台湾的面料和玩具方面的物流业务，选择独资或购买的方式。他们正在考虑越南和缅甸的业务问题。而在中国，还没有购买计划，更没有合作计划。但是，ABX不排除在任何有发展的地区购买企业或进行合作。

4.在世界上，ABX的网络密度比较大，现在正在寻找新的客户，不断开拓新的发展空间。ABX发展门到门的服务，配送迅速，但仍按普通标准收取费用。ABX正在统一业务流程；加强服务，不断增加市场占有率；与客户建立伙伴关系，获得多赢的效果，努力使各方都能达到自己的目的。

5.ABX 的分公司每年都要向总部汇报情况，公司一张面孔对外，顾客在任何地方看到的ABX,价格、服务、流程都是一样的,不会给顾客差异感。ABX 的结算是以各个分公司为结算单位。

6.ABX 每年有超过 2 万个集装箱到达安特卫普港;3 万箱到达鹿特丹;5 万箱到达不莱梅和汉堡;在南部港口,每年处理 7.5 万个标箱,大部分通过西班牙和意大利的港口。

7.ABX 主要业务分为三个部分:公路运输、合同物流(仓储、包装等与仓储紧密联结的业务)、海运和空运。这三项业务,覆盖了物流全过程的各个环节。在 ABX,公路运输、铁路运输、海运以及空运都有自己的特点。网络密集的配送中心,是ABX 立体物流系统的核心,可以满足客户对 ABX 提供全程物流服务的需求。

(1)公路运输。这是 ABX 最重要的业务,主要为欧洲客户服务，目前是 ABX 物流营业额最高的部分,占其总收入的 38%。ABX 物流的公路运输网覆盖整个欧洲,为整个欧洲的陆上运输活动提供了物流支持。客户依赖 ABX 的公路运输系统,使业务在欧洲大陆畅通无阻。ABX 运用信息技术组织运输服务，并使用了卫星定位系统。在一些国家，公路运输的情况已经非常令人满意,只需要内部发展。但是,在一些国家,ABX 的地位仍然显得薄弱,ABX 在欧洲服务最弱的部分是在奥地利。ABX 在欧洲公路运输的从业人数达到 1 万人,共设办事处 264 个,业务延伸到 12 个国家。见表 1

表1　ABX公路运输在欧洲各国的分布情况

国家	职工人数(人)	办事处(个)
德国	2 902	70
法国	2 895	81
意大利	1 195	56
比利时	989	10
荷兰	600	7
西班牙	498	18
瑞士	291	5
英国	196	6
土耳其	194	6
爱尔兰	98	2
葡萄牙	100	2
奥地利	42	1
总　计	10 000	264

(2)合同物流。这部分主要包括分拣、包装、配送以及仓储等业务，是以配送中心为核心向外延伸的业务。在世界范围内,物流市场越来越显现出广阔的前景,ABX 想通过仓储业务和管理把供应链环节的上下游联系起来。ABX 正在快速开发,使他们可以提供仓储以及上下游等所有物流环节的服务。ABX 认识到物流是所有综合服务的基础,应努力开展一站式服务。ABX 有两个发展方向:在欧洲向小镇延伸,在全球做世界性的第三方物流公司。

ABX 现在认识到，仓储发展的余地很大,不仅仅提供仓储和分拣服务，还进行换包装和配送等服务。

ABX 可以将货物从大的配送中心分拨到小型的配送中心,再由小型配送中心送到用户手中。

ABX 在欧洲的仓库面积达到了 166 万平方米,仓库从业职工 2 500 人,其中,ABX 在德国就有 34 个配送中心。见表 2

表2　ABX在欧洲的仓库情况

国家	仓库(平方米)	职工人数(人)
法国	600 000	1 290
德国	360 000	475
意大利	380 000	450
比利时	105 000	85
其他	220 000	200
总　计	1 665 000	2 500

(3) 空运和海运。依靠世界性的物流网络，ABX 能提供全球性的物流服务，且价格低廉。ABX 已经开发了一整套具有附加值的服务项目,每个分公司有权利处理所在地区的业务,在货物经过的地方都有自己的理货许可证。海运

和空运在ABX共占38%的业务量，位居ABX三大业务的第二位。ABX通过运输和物流量的增加为用户提供完整的物流服务。现在，在海运和空运领域，ABX着重开发欧洲（斯堪地那维亚和英国）、亚洲（新兴国家越南和缅甸）和美洲（美国、加拿大以及南美）的业务。ABX空运和海运在世界的覆盖较广，在36个国家以ABX的名称运作，在80个国家通过代理或合作者的身份进行运作。见表3–4

表3 ABX空运和海运基本情况

国 家	职工总数	办事处
欧洲	1 430	108
亚太	935	47
美洲	735	39
非洲	400	10
总 计	3 500	204

表4 ABX总体情况

<table>
<tr><td>2001年营业额</td><td colspan="2">29亿欧元</td></tr>
<tr><td rowspan="5">国家</td><td>37个</td><td></td></tr>
<tr><td>欧洲</td><td>14个</td></tr>
<tr><td>亚太</td><td>12个</td></tr>
<tr><td>美洲</td><td>8个</td></tr>
<tr><td>非洲</td><td>3个</td></tr>
<tr><td>办事处</td><td colspan="2">500个</td></tr>
<tr><td>职工总数</td><td colspan="2">16 000人</td></tr>
</table>

（二）ABX不莱梅配送中心

德国的不莱梅物流中心，我国物流界人士多有耳闻，资料也比较齐全，我们将在报告后面附上相关资料。处于不莱梅物流中心的ABX配送中心，仓库作业面积4 000平方米，仓库内分为分拣区域和暂存区域，各占2 000平方米，是一个集DC和TC型仓库于一体的配送中心。中心进出货口100多个，24小时服务，采用条码管理，IT技术应用良好，用户任何时候都可以查询货物的位置，无论是在卡车上还是仓库货位上，都可以查到。

ABX不莱梅配送中心在过去不收存需要存较长时间的货物，随着业务的开展，他们发现仓储延伸业务还有较大的空间，就改变了原来的策略，划分出了储存的区域，收存存期较长的货物入库。但是存期超过一个星期的货物仍然不受欢迎。

奔驰汽车在不莱梅有一个分厂，ABX不莱梅配送中心配送该厂的汽车零配件（在不莱梅物流中心里，还有其他的配送中心为这家奔驰厂配送零配件）。在仓库内部，有一套自动化的设备，简单、明快、实用且费用很低，我们将在后面谈到纽伦堡配送中心时重点介绍。

据ABX的管理人员说，马士基物流在很细微的物流环节上不做，但是ABX可以做到物流的每一个环节。

这个配送中心夏天处理很多箱货物，仓库里都是零件，大概一个月处理1 500吨配件。仓库的长途运输是最重要的收入来源。这个配送中心是1995年时开始使用的，仓库的100多个进出货口需要专人负责管理，使车子能尽量停到最近的货口。

公司的运输车辆上都喷有ABX的标志，但是车辆都不是ABX自己的，仓库也不是自己的，是租用德国铁路公司的仓库。ABX其他的仓库也都是租用的。仓库安装新设备都要与房东商量，房东也可以作为股东投入资金，双方分清投资额度。租用运输车、设备以及仓库，对ABX来讲都很划算，可避免公司过于庞大。这是ABX的经营管理原则，如果一切都是自己的，投入太大，负担太重，如赶上经济不景气，公司会非常困难。ABX认为应该投入容易改变的项目，投入很多钱去建一家仓库，假如业务只需要使用一半，就会造成浪费。现在，ABX的这种管理方式在欧洲很流行，但是工会不喜欢，会引起劳动纠纷或罢工，因为这种管理方式不利于就业，员工今天不知道明天还有没有工作。

（三）ABX纽伦堡配送中心

位于纽伦堡物流中心里的ABX配送中心热情地接待了我们，还特别设置了欢迎牌。该中心经理以全面开放的姿态，向考察团介绍情况，有问必答，包括控制室在内的办公室和作业区域都带领我们进行参观和介绍，并允许随意拍照，使考察团成员感到ABX的实力和友好态度。

1.仓库基本情况：纽伦堡配送中心是ABX在德国第二大分公司(最大的分公司是汉堡配送中心)，四年半前建设，用了6个月的时间建成。仓库建设费用1 500万欧元，总面积6万平方米，办公室加库房面积13 000平方米，库内270米长、50米宽，共有130个货口，每天处理货物折合标准集装箱120个，业务十分繁忙。为保证货物的安全，这里设有自己的保卫部门，并在仓库四周建有铁栏。

2.仓库工作时间：这里每周周日0点开始营业，周五23:59分停止工作，周末休息，工作日是24小时服务。在办公室里由文员处理数据和单据，货单上会反映所有的货物信息，并使用条码进行处理。收货和送货是分开管理的，夜间办公室都有值班人员，一直守候在计算机旁边，处理夜间到货。仓库共有职工146个，没有临时工，职工三班倒，每个职工每天工作7.5个小时，由于仓库自动化程度较高，这些职工已经足够。

3.客户情况：纽伦堡配送中心有1 000多个客户，每天信息系统要处理约2 000个客户信息，进出500吨货物，不急的货可留6个小时。处理的货物品类非常多，危险品等限制性货物不经营。

4.IT系统：ABX的业务软件是买的德国邮政的，使用前进行过小的改动，整个公司都有内部局域网，不莱梅配送中心从网上就能够看到纽伦堡的货物状况。这套软件的功能很适合ABX的业务，软件能专门管理客户自提货物，在客户自提货物后，数据库里就马上销掉；还有电脑配货系统，可以管理到卡车里的货物，控制卡车空间，避免配载不足，急件可以先装车。货单能显示货物的位置，可以打印每单货物的身份证–条码，根据记录处理，处理完或没处理完的货物都提示清晰，不会使客户的货物出差错。这套软件还有差错追溯系统，收发错了的货物，可以追踪到出现差错的环节。

5.监控系统：按照欧洲法律规定，在室外可以使用录像机监视，库房内部是不允许的，对工作环境监视太严格是不被法律允许的。但是法律条文只是不允许把所有的地方都监控起来，所以，ABX在仓库内部还是安装了监视器，监视仓库内最重要的部位。这种安全的设备，使整个德国的ABX公司每年节省700万欧元保险费。仓库所有的录像内容，在四个星期之后自动删除，如果需要查看的话，至少有3人以上才可以证实资料正确。

6.仓库内部的自动化设备：这是本次考察最令人感兴趣的地方。ABX的配送中心装备了这样的自动化设备：单轨槽式自动小车。小车的轨迹覆盖了所有的货区和货位。根据指令，小车可以自动到达指定位置，也可以人工处理。小车的样子与我们国内仓库使用的手动叉车很相似，在车的底部有一个很小的芯片，这是小车的控制中心(脑部)，通过它，可以根据条码信息，把货物放在车子上，条码贴上后，用扫描器扫描，小车自动移动到货位(ABX的条码编码是使用德国邮政编码的缩小方式)。

这套自动设备的槽式轨道长约500多米，共有150部自动小车，每个小车最大载重1.5吨。轨道槽间距三厘米，小车之间互不影响，操作简单。小车的安全性能非常好，在人不注意的时候撞上车子不会受伤，但为了更加安全起见，仓库要求职工穿安全鞋。信息输入后，小车自动到达货位，当车子被拿出轨道后，芯片的数据自动删掉。电脑能够自动计算小车到达货位最短的路线。从开始运行到现在，四年多时间里，整个系统只有五个小时故障，运行状况很好。

这套自动设备操作简单，投资少，而且不会破坏包装。根据经理先生介绍，一套这样的设备(包括小车)只需3万欧元(欧元与人民币比价约1:8.2)，ABX一次就购买10套，价格就更优惠一些。每辆小车大概400欧元。仓库里146名职工三班倒，外加这套简洁的设备，这种组合一方面有利于就业，一方面完全能够配合物流信息化管理的需要。

7.服务货物种类：周转快的货物；要求24小时送达的货物；第二天到达的货物。

8.货区划分：仓库分两部分，一部分是德国国内的货物区域，另一部分是国际和欧洲的货物区域。33个大的德国货位，30个国际货位，40个配送货位，大货位中还细分小货位，在130个进出货口上,都编写了编码,编码与所要送货的城市或区域对应,便于管理,保证前一天没送走的货先装走。

9.标准化:欧洲的标准化工作已经达到了很高的水平,仓库使用欧洲标准托盘、标准厢式货车、欧洲标准表格和标准条码等。

10.托盘:ABX使用欧洲标准托盘。包装数量、破损情况都可以有记录,机器不认的货物,由人工处理。ABX出去多少个托盘就要回收多少个。贵重物品需要较好的包装,因此ABX还有自己特有的托盘,像可折叠的箱子。按照欧洲标准规定,一个托盘上最多三件一个包装(关于托盘其他方面的问题,后面还会专门谈到)。

纽伦堡物流中心四周的环境非常好,仿佛就在森林里。物流中心作业对周围居民没有影响,中心离高速公路一公里,交通方便;铁路也很近,连接方便;还有一条运河。这一带由于条件好,有6 000多人在这个物流中心从事物流工作。

二、德国汉堡物流公司(ALG)——营销+物流

德国汉堡物流公司(ALG)的业务分两大块:一块是自营外贸进口和转口业务,其中的物流业务自己操作;另外一块是物流服务,向有需要的客户提供物流服务。

进口和转口是德国汉堡物流公司的主要业务。转口的产品在整个欧洲出口都比较方便。德国汉堡物流公司从香港采购玩具,从新加坡进口电脑和科技产品,用集装箱运到欧洲,汉堡物流公司主要是收取这些集装箱,改包装和换说明书。一些产品还向东欧出口,电脑出口俄国。还有在麦当劳能拿到的玩具,都是公司自己采购的。

ALG过去有自己的运输车队,有15部卡车。随着业务的逐步发展,因运输车辆的成本太大,ALG现在自己不养卡车了,卡车都是雇佣的。

ALG库房面积4 000平方米,现在正在建筑新的仓库,在汉堡周围的地区,将发展到一万平方米。在库房内部,货物堆跺比较马虎,他们不怕包装损坏,因为他们要换包装、换文字、换说明书。我们看到每个托盘上有三台电脑,三层托盘交错摆压、十字叠放在一起,一直到屋顶,非常令人担心会损坏货物。我们去的时候,仓库刚刚收到120个集装箱,库内很满,接待人员介绍说下周还有50个集装箱要收进来。这里每周要处理100个集装箱,每个集装箱的货物都要换包装。仓库正式员工9个人,忙不过来的时候,就雇佣短工。仓库的管理软件是由一家德国较有名的软件公司开发的,这里是汉堡物流中心最大的配送中心。

换包装的工作不在这里,要运到另外的分公司换包装,这里只管集装箱掏箱业务(与中储股份黄岛物流中心业务定位一致)。管理人员介绍,在灯光、电源等安全管理方面有消防员巡视,且不必付钱。ALG自称可以提供全程物流服务。看来,由于货流速度太快,短工多,给仓库管理带来一定的困难。

这里有集装箱掏箱口12个,两栋库房平行建设,各有6个站台。两栋库房之间的卡车通道留得很窄,十分节约空间,占地相对减少很多。这主要得益于两个仓库的集装箱站台的设计非常合理,不是我们国内看到的从库的一头一直到另一头全部的高站台,而是在每个进出口建一个单独的站台。一栋库房的站台是全封闭的,另一栋是开放式的,开放式站台上方都有雨搭覆盖。这种站台的设计在国内还很少见,使考察团感到很可借鉴。

三、我们的观感

(一)仓库建设问题

1.关于仓库类型:欧洲的仓库类型与美国和日本的基本相似,已经没有存货期较长的仓库了,即使像ABX这样对暂存货物让步的公司,也不欢迎存期超过6天的货物。在欧洲的物流中心里,基本上都是专业化的分拣和配送中心,属于暂存型、分拣型和智能型仓库。目前在中国储运行业,还没有真正的DC型和TC型仓库,更没有物流组织十分到位的产物-分拣中心,我们还都是存货型仓库。其原因是物流的组织工作还达不到这样的阶段。但是我们一次又一次地看到了先进模式,所以应该把握经济发展趋势和相关的机遇,在做具体

业务的同时，要十分关心分拣中心、配送中心向我们靠近的速度，不断增强自己的实力，在设备和人员上都要跟进物流发展进程，一旦时机成熟，能够迅速抓住机遇，适时转型。

2.ABX 全面管理、区域经营的思想很适合中国物资储运总公司。中储总公司在没有能力统一组织物流活动的时候，可以分区域发展，按不同的特点成长。分布在各地的仓库，应盯紧地方物流动向，并与地方政府保持良好的关系，使我们的仓库能适时向通过型仓库转变，提升中储在现代物流中的地位。

3.仓库建设的问题。新仓库建设的设计应该遵循某种准则，避免盲目建设。在新仓库设计上，要把客户情况、货物特点、建设单位、仓库经营者等各方面的意见融合在一起，博采众长。ABX 租用库房，或与投资建设仓库的投资商合作，仓库按照 ABX 的思想建设后，由 ABX 租用，房东和物流公司是一种合作关系，这也很值得我们思考借鉴。在国内库房大量闲置的情况下，我们是否真的需要花大笔的费用建设新的库房？改造和租用行不行？中储股份上海沪南的经验值得推广。

4.仓库的信息化问题：我们参观的欧洲物流公司没有自己开发软件的，大多是请著名的软件公司开发，或直接买进适合自己的软件修改以后使用。

5.仓库的自动化设备问题：现在，自动化立体仓库、流水线作业的分拣中心等，物流设备很多，我们应该根据仓库实际业务情况、职工就业问题等，从实际出发，选择最适合我们的设备和运作方式。ABX 配送中心的槽式自动化小车系统，与我们比较接近，希望能够引起业界同行注意。

6.仓库在调剂运力上拥有支配作用：欧洲所有运输公司都是通过配送中心进行运输活动，仓库因为掌握着货源，在使用运力上拥有支配运输部门的优势。欧洲仓库不养自己的车队，但并没有出现物流不畅的问题。我们在整合社会车辆方面是具有主动权的，要学会用、学会管、学会支配。

7.对仓储功能的认知有回归的趋势：零库存只适合生产类企业，其他行业还很难做到。所以，ABX 对暂存货物的配送、改包装和由此延伸出的业务有了新的认识，在业务不够饱满的情况下，不莱梅配送中心划分出了暂存货物的区域。在发展现代物流的道路上，我们应该注意物流服务的多元化、多种模式和不同的结构。

8.新建仓库货口与站台模式：根据我们目前的经验，是否可以这样划分？

货口：缩进式（货口嵌入仓库墙壁）；

突出式（货口突出仓库墙壁）；

紧密排列式（货口一个紧挨一个）；

分列式（隔一段距离设置一个货口）。

站台：延伸式（从仓库一端一直到另一端全部建成站台）；

分布式（间隔一端距离建设一个站台）；

封闭式（封闭突出的货口）；

开放式（不封闭货口，但有防雨棚或雨搭）。

9.欧洲仓库状况和管理水平有差距：新型的著名的物流公司管理都比较严格，业务发展状况也很好。一般性的仓库，在消防、安全、货物完好率以及码垛等方面也多有不足。

（二）物流中心的分布特点

欧洲每一座城市都有仓储区域，进而发展成物流中心。欧洲物流中心集中在距离城市 30 到 50 分钟车程的地方，建筑形式基本为一层的库房，建在高速公路两边。厢式货车掏箱的库房，进出货物的进出口紧密排列，ABX 的分拣中心进出口都超过 100 个。

（三）欧洲物流的支柱——公路运输

欧洲的公路运输十分发达，高速公路上南来北往的各种货车很多，法律规定在周五晚 12 点到周日晚 10 点之间，货车不许行驶，各个高速路休息站停运休息的货车很多。一些必须要运输的货物，要得到许可才可以在周六、日运送。欧洲的高速公路上，大卡车的密度非常大，公路运输是整个欧洲物流最重要的部分。欧洲的卡车司机是很幸福的，首先是卡车的性能优良，设计舒适，高速公路四通八达，道路条件优良。在欧洲，卡车运行秩序井然，厢式货车非常普遍，非厢式货车都有苫布苫盖，苫布上多涂有各种个性化的广告或宣传画。卡车司机每天有法律规定保障休息，每辆营运的车辆上都有一张光盘，记录汽车行驶的速度、里程、连续行驶时间以及起收车时间，在行驶一段时间后规定司机必须休息。特别是每周五晚 12 点到周日晚 10 点之间，法律规定大卡车不允许上路，卡车司机休息。在高速路两边，设有许多休息站，周六、周日有许多卡车停在那里，一些卡车将货厢架在那里，车头开走。欧洲人都十分珍视休息的权利。厢式货车标准化，给予了物流活动最好的支持。

（四）欧洲的托盘问题

欧洲标准托盘是 1 200cm×800cm 和 280cm×120cm×100cm 两种；工业托盘的标准是 100cm×100cm×200cm；还有 100cm×100cm×100cm（一米见方），装一些易碎或贵重的物品。托盘大都是木制。在欧洲还有一些国家不执行这个标准，致使托盘不能按数量收回，也无法交换，只好把托盘的费用计算进物流成本中。欧洲一只托盘的价格是 7.5 欧元，所以托盘的使用增加了物流成本。执行托盘标准的问题很重要，如果大家都使用标准托盘，那么出去多少个，换回多少个就可以了，可是现在还不行。

在欧洲还没有托盘租赁公司，只有制造托盘和出售托盘的公司。欧洲卡车运输大量使用托盘，损坏率比较高。为了降低物流成本，欧洲出现了一次性托盘，便宜到差不多免费使用。但是，一次性托盘很容易损坏，性能也不够稳定，用起来不太令人放心。德国最大的生产托盘的公司在科隆。

三年前，欧洲对托盘专门进行了改革，规定对托盘和货物进行包装，因为保险公司已经腻烦了运输物品的丢失和破损的赔偿。按照法律规定，托盘要和货物一起用塑料薄膜包紧，一个托盘最多允许装三件货物。包装托盘需要专用的机器，如果在运输途中小偷或司机偷窃运送的物品，就没有办法恢复包装，收货人清点货物时马上就能看出来，这样可以较大限度地保证货物的安全。比较贵重的物品使用不透明的塑料包装，一般性货物使用透明塑料包装。

（五）选择发展模式问题

有关现代物流的境外考察学习活动，近些年不断展开，我们对现代物流概念已经基本了解，日、美、欧洲等物流模式也都耳濡目染。现在是到了选择什么样的模式更适合我们的时候了，我们可以根据不同的企业情况做出选择。我们应该从参与先进物流管理入手，比如派工作人员到国外物流公司工作、实习，接受包括物流操作在内的培训，在理念到位的情况下，培养更高层次的人才，为提高我们的管理水平进行更加实际的工作。

考察团团长：韩 冰

成员：吴宝琛 于世宏 程绍岩 刘柏廷 王印桐 王军海 董艳民 张俊礼 刘建华 李雪清 甘家园 刘洪波

（供稿：中国物流与采购联合会）

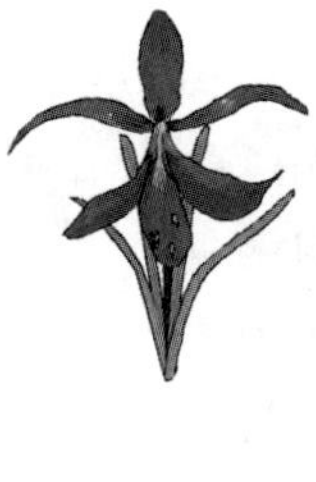

南非现代物流和商品流通考察报告

经中国物流与采购联合会领导批准,2002年10月25日-11月9日，中国物流与采购联合会组织部分物流企业和生产资料批发市场赴南非共和国进行了2周的考察活动。考察期间,我们专程拜会了南非工商部(the dti)、南非物流与管理协会(LOGISTICS MANAGEMENT CC)、南非贸易投资促进会(TRADE &INVESTMENT SOUTH AFRICA BUSI-NESS UNLIMITED),重点考察和参观了南非空港物流中心(SOUTH AFRICAN CARGO)、维多利亚港口、VIAMAX物流中心、隆天国际发展有限公司(LONGWAY)和ROBOR钢材制业中心等物流和生产企业。通过考察,我们对南非的经济现状、商品贸易和现代物流的发展有了进一步了解,其经济建设的经验和大力推进现代物流的进程在很多方面值得我们认真学习和借鉴。

现将考察的有关情况报告如下：

一、南非经济和商品流通一般现状

南非是非洲大陆最南端的国家，国土面积122万平方公里。其地理位置得天独厚,气候条件十分优越,物产和旅游资源丰饶,是世界三大贵金属黄金、钻石、铂金的主产地,其中南非生产的黄金占全世界总产量的28%。

15世纪中叶,白种人登上了南非大陆,开始了对南非长达几个世纪的漫长开发。1910年,由白种人组成了联合政府,1961年5月31日宣布成立的南非共和国也仍然是一个白人政府。白种人的长期统治,带来了欧洲的文明,带来了先进的文化和技术，推进了南非大陆现代工业文明的进程,但同时种族歧视、种族隔离制度不但造成了尖锐的民族矛盾,也导致了黑人生活的日益贫困化。一直到曼德拉黑人政府成立前，这种带有鲜明的白人殖民地色彩的特征几乎渗透到南非经济和商品流通领域的各个环节。

考察南非经济和社会环境，以下四个方面值得我们特别关注：

第一,经济实力雄厚。南非国土占全非洲陆地面积的4%,人口约4 000万,但GDP却高达1 600亿美元,占全非洲的22%以上,年出口总值占全非洲出口的40%。南非人均国民生产总值约为4 000美元,不但位于非洲的前列,也大大高于我国的这一平均数字。

第二,自然资源丰富。南非位于大西洋和印度洋交汇处,九个省份大部分都处在沿海地区,海洋资源取之不尽。除了贵金属外,南非草场广袤,牧业、食品加工业发达,同时,由于在早期开发过程中,环保规划合理,使南非森林覆盖率很高,生态环境优良。

第三,两极分化突出。南非是世界上两极分化最严重的地区。南非是典型的私有制和市场经济国家，长期的种族歧视和殖民地掠夺制度使庞大的社会财富日益向少数白种人手里集中，他们掌握着国家的主要资源,垄断了基本的生产资料,导致了大多数黑人日益走向赤贫化。在约翰内斯堡,我们看到,一方面,白人豪宅错落,另一方面,却是大片的黑人棚户区,十几家共用一个厕所、一个自来水管,生活十分困苦。曼德拉政府执政以后,包括现任黑人政权姆贝基政府，虽然改变了种族隔离制度,提出了解决黑人贫困的种种措施,但难以在短期内加以改变。

第四,社会问题严峻。南非目前主要面临着两大社会问题:一是艾滋病,黑人中每10个人就有3个人是艾滋病毒携带者;二是黑人失业率过高,几乎高达50%。由此而带来了社会治安的大量隐患，如盗窃、抢劫等罪案频发，成为净化投资环境的最大障碍。

南非独特的经济和社会环境决定了其商品流通的基本特点：

一是商品流通体系发达。借助先进、畅通的物流设施和信息平台，南非商品流通沿用西方市场经济国家的制度，批发业和零售业都很发达，大宗商品和生产资料主要依靠代理，面向直接用户和零售商，零售业主要是连锁和超市，在约翰内斯堡，有位列全球第三的大规模百货超级市场。

二是中低档商品市场众多。种族隔离制度取消以后，黑人大批进入城市，他们是一个庞大的低消费群体。为满足市场需要，各种中低档的市场应运而生，其组织模式和运作情况与我国遍布城乡的集贸市场十分相似，这种市场的消费主体主要是黑人。

三是商品经营和物业经营分离。南非的商品经营，很少有我国百货商店那种情况，物业的所有者同时就是商品的经营者，而是物业经营和商品经营严格分开，一个大超级市场往往是由租赁场地的几十家甚至上百家的精品店和专卖店构成。由于物业经营和商品经营各有各的经营规律，这种专业化的经营往往可以使利润达到最大化。这和我国目前仍然强调商家不允许租赁柜台、强调统一经营，以防止假冒伪劣的要求是完全不同的。在南非，很少听到假冒伪劣商品泛滥的事情。

总体来看，南非的商品流通既表现了市场经济高度成熟的一般特点，也反映了发展中国家在市场经济早期的种种特征，这主要是由于种族隔离制度铲除以后，黑人的经济行为逐步成为国家经济的主体，是白人经济和黑人经济混合体的一种体现。

二、南非现代物流的主要特点

南非是一个按照市场经济模式建设起来的发展中国家，经过多年的努力，已经建立起了比较完整的现代工业体系。特别是南非的物流业和交通业十分发达，港口、高速公路、货运、仓储等物流设施具有很高水平，其流通的现代化程度不低于一些发达国家。

在考察中，给我们印象较深的有以下几个方面：

（一）交通发达，设施完善

南非拥有全非洲最好的公路与铁路运输网，全非洲32 000公里的陆上运输网，三分之二位于南非境内；南非有8座国际机场连接国内外各大航线，全世界有60多家航空公司的班机飞入南非；南非的6个海港都是世界上最重要的国际海运航线，其中Richard's Bay是天然深水港，1976年启用，虽然经营时间不长，但目前已经成为世界上最大的煤炭运输港。

（二）重视规划，布局合理

南非在早期建设中，充分吸收发达国家的经验，高度重视交通与物流设施规划的科学性与合理性，在处理自然资源开发与维持生态平衡、物流设施建设与环境保护等方面都十分谨慎，避免了一般发展中国家通常由于资源的过度开发而不利于可持续发展的种种问题，在保持高效、通畅、便捷的现代物流的同时，生态环境保持良好，是世界上最适于人类和动物种群生存的国土之一。由于规划布局合理，许多重要的基础物流设施一旦建成，就可以长期发挥作用。如位于夸祖鲁-纳塔耳省的德班港和西开普省的维多利亚港，都是这方面的经典建设。

（三）物流标准应用广泛

物流的标准化是实现流通现代化的最重要的手段和标志。除少数技术性法规外，南非政府在企业中很少采取强制性的标准推广措施，南非标准局主要是制、修订和介绍国际标准，至于企业采用不采用，完全是企业自己的事情，这和我国的标准化工作情况不完全一样。虽然如此，南非企业却都普遍重视物流标准的推广与应用，这主要是市场竞争特别是国际竞争的需要。为了适应经济全球化，南非企业在生产和经营中主要是大规模采用国际标准。不仅集装箱、叉车、托盘、仓库货架如此，其他物流设施也都积极向国际标准靠拢。如考察的CARGO货运中心，他们在买进和租用运输机的同时，即按照国际标准的要求，同时订购了相应的货箱，这种货箱的尺寸和飞机货舱容量完全匹配，在不同型号的大型运输机中都是通用的，适应了企业开拓国际市场的需要。

（四）政府大力扶持“第三方物流”

南非的“第三方物流”公司很多，他们优势在于依托互联网和现代信息技术，通过整合物流设施资源和组织规模化的物流，实现供应链的有效衔接。降低企业的供方和需方成本，加速商品流通。南非政府对“第三方物流”公司给予积极扶持，主要就是服务，帮助它们解决资金、税收、客户等各方面的问题。如这次我们在拜会南非工商部时，他们特意安排了一家“第三方物流”公司 VIAMAX 与我们见面，介绍公司情况，并积极寻找与中国企业做生意的机会。

（五）物流行业协会作用突出

南非物流行业组织的作用十分明显，政府部门并不涉足物流的具体组织环节，主要依靠协会去解决。南非物流与管理协会 1996 年成立，共有个人会员 150 个，会费一年 250 美金。协会也吸收政府部门作为会员。该组织的机构设置很有特点，突出实体性物流。如它们设有招商、海运、储运、铁路、公路、大众物流、采购、直接零售点等多个部门，突出了专业特点，更适宜为各类不同行业的会员提供有针对性的特色服务，因而在会员中有很强的号召力和凝聚力。这个协会活动的主要方式是企业咨询、举办物流论坛、建立业务联系网、引进国际智力等。

（六）企业物流现代化水平很高

企业物流是供应链的第一道环节，这个环节整合的优劣往往决定整个供应链运行水平的高低。由于南非企业普遍重视内部物流，因此企业物流一般具有较高的现代化水平。一是普遍采用计算机技术进行生产线和仓储控制。在 CARGO，管理人员不必到电脑中心，用手持电脑就可以在现场随时了解和控制货物的进出，大大提高了仓储管理效率。二是企业物流与销售物流衔接流畅。ROBOR 的生产线运行情报也同时进入销售商的电脑终端，使产品一下线就可以很快进入销售物流，有效地提高了企业“零库存”水平。三是物流向专业化发展，集约经营，企业基本上不建仓库、车队，完全依靠社会“第三方物流”，许多物流设施也都是租用的，使产品成本实现了最大限度的节约。

三、南非商品流通和物流发展对我们的启示

南非虽然和我国同为发展中国家，但是由于市场经济机制成熟，其商品流通和现代物流的发展过程是充分市场化的过程，在很多方面值得我们借鉴和思考。

（一）政府为企业服务，也为行业组织服务

南非政府很少对经济实施直接的干预行为。无论是商品流通的发展还是现代物流的推进，政府就是千方百计为企业服务，这其中也包括为行业组织服务，因为行业协会由企业构成，为协会服务也就是为企业服务，为经济发展服务。这种服务是积极主动、自觉自愿的，是政府的职责，并不是协会“争取”来的。我国到目前为止，仍然处在计划体制向市场体制的转型期，政府的职能仍然过于集中。这就在客观上使行业协会处于一个可有可无的境地，政府仍然是市场的主体。因此，从长远看，进一步转变政府职能，更好地发挥行业组织的作用，让企业和行业组织真正成为市场主体，建立规范的市场经济管理体制模式仍将是我国经济体制改革过程中一项十分重要和十分迫切的任务。

（二）联合会要逐步向专业物流服务方向发展

我会在为生产资料和物流企业会员服务过程中已经取得很大成绩，正在逐步形成自己的形象。但总的来看，特色服务、品牌服务还不够。其中一个重要问题是，围绕专业物流，专业化机构设置还不突出。目前，我们只有物流技术委员会、托盘专业委员会和采购专业委员会。为更好地吸引会员和企业，更好地提供不同特色的服务，还应多设立一些专业化的物流委员会，如连锁、港口、铁路、储运、海运、汽车等，依托有关单位开展业务活动，突出业务特点，增强对不同行业的物流企业的吸引力。这一点，南非物流与管理协会的作法可资借鉴。

（三）物流标准化工作要向大规模采用国际标准靠拢

标准化是推进现代物流发展的核心和基础性环节。我国加入 WTO 以后，国内外物流市场的衔接更加紧密，只有大规模采用国际物流标准，才能使我国的物流企业、物流技术与设施、物流管理迅速与国际市场接轨，加快推进我国现代物流的发展，也才能使我国的企业以标准化的产品、标准化的设施、标准化的技术参与国际竞争，最大限度地赢得国际市场。全国物流标准化技术委员会即将成立，在这方面我们首先应当做好以下工作：1.搜集和了解国际物流标准制修订现状，组织力量进行翻译和出版；2.参考国际标准，制订我国的物流标准体系；3. 进一步考察欧美日等发达国家物流标准化工作情况，特别是国外企业实施标准的情况；4. 以国际物流标准统一各部门和各类不同物流企业的认识，形成推进现代物流的合力。5.大力提高我国企业对采用和贯彻国际标准的认识，帮助它们正确面对国际市场；6. 清理我国不符合 WTO 精神的带有强制性的物流标准或条款，通过标准主管部门拆除贸易壁垒。

（四）大力推进企业物流与社会物流的相互融合

社会物流（第三方物流）可以向企业内部物流延伸，企业物流也可以向社会物流拓展，在这个过程中，只能共同发展，不可能对任何一方进行人为限制。特别是在我国目前物流发展还比较滞后的条件下，社会物流还不能够完全满足供需双方的物流需求时，大力推进企业物流，鼓励他们凭借实力，向社会物流延伸，求得最大经济效益，满足社会需要，不能说不是一个比较切实的办法。“第三方物流”要壮大、要发展，也必须了解企业物流，了解不同企业的不同物流市场需求，才能找到企业物流与社会物流的最佳结合点。总之在市场经济体制中，现代物流的演进也同样会是一个充分市场化的过程，试图由“第三方物流”完全取代企业物流，是不切实际的，也不可能得到市场的认同。

考察团成员：孟国强　方华琳　朱国庆　周纪东　李炳森　林道竹　杨　振

（撰稿：中国物流与采购联合会）

澳大利亚、新西兰物流考察报告

应澳大利亚 ATC 贸易文化交流中心和新西兰美可伯国际集团公司的邀请，由中国物流与采购联合会组织的部分省市物流企业学习考察团，于 2003 年 2 月 26 日-3 月 12 日对澳大利亚、新西兰物流业现状、物流企业形态、流转过程、配送中心功能、仓库装卸作业自动化等方面内容进行了学习、交流。安排此次实地考察的单位有澳大利亚 ESSO 物流生产企业，新西兰 PBT 物流配送中心等单位。

积极推进流通现代化是我国经济工作提出的一项战略性任务。随着我国加入 WTO 及物流业的对外开放，加快企业物流技术引进，是企业适应市场变化，降低流通成本，加快流通效率，提高经营运行质量和效益的有效途径。也是企业引导和促进市场消费，减少中间环节，加强生产领域和消费领域的联系，培育和开拓市场的重要举措。在我国，物流的发展滞后已经成为经济增长的“瓶颈”。学习世界发达国家物流领域的先进技术和管理经验，研究、借鉴国外发达国家的科学作法及有益的经验，就显得十分必要。

这次参观学习考察的主要目的是通过深入了解澳大利亚、新西兰物流业的现状，学习先进管理经验，并结合国内实际，探索我国物流业发展的有关方式、方法，更好地推动物流业的现代化技术与管理水平。

从这次考察、学习看，内容比较丰富、广泛。参观了 FARMNERS 大型仓储式超市；考察了澳大利亚现代化的微机控制系统和仓储运输系统；对奥克兰 COUNTDETON 物流配送中心进行了实地参观。了解了澳洲大型物流公司现代化订单管理作业、仓储管理作业及配送管理作业系统及物流成本管理模式；商讨了物流领域中信息技术；研讨了澳大利亚“第三方物流”的经营管理理念和运作模式。从接待单位看，大家普遍认为外方在业务交流及情况介绍方面是非常重视和认真的。通过交流与座谈，大家感到收获颇丰，体会较多，受益匪浅。但由于国情差异，有些问题和内容未能全面、系统地了解与掌握。在此，只有把初步了解的有关情况进行归纳总结，并从以下方面作报告。

一、企业概况及经验

（一）悉尼汽柴油加油机工厂

悉尼是澳洲第一大城市，位于澳大利亚新南威尔士州的东南部，南太平洋岸边，是澳大利亚最大的港口城市，是澳大利亚的经济、贸易、交通、文化的中心。代表团与澳大利亚物流服务公司的 SCOTT 先生举行了“物流管理与供应链”的座谈。澳方接待 SCOTT 先生对物流的概念、物流管理的控制因素、市场预测、仓储运输、客户需求的处理、物品发货及支付、物流的服务质量、例外情况的处理、利润控制、物资管理、案例分析、企业责任等方面内容进行了详细论述。

SCOTT先生向我们介绍了企业对物流的理解和认识：他认为物流概念的启蒙源自军队后勤，此词在军队创造了后勤管理（LOGISTICS MANAGEMENT）的概念，后逐渐广泛应用在民用商业操作。他认为物流是一门组织与服务的艺术。

据 SCOTT 先生讲，成功的物流管理需要掌握以下三要素：市场预测；存储能力的预测；财务管理预测。同时，还需对质量管理、准时送货管理、特殊情况管理、电子数据资源管理等进行随时监控。

——市场预测。关键在于库存不能过大。要努力降低成本，就必须估计到可能的需求。既不能过多采购、又要保证供应。

——预测存储量。悉尼是货物的运输中心，运货到世界各地。物流要准时将货物运送到目的地，要制定合理的运输路线、货运时间、储存数量，要平衡库存与供货的时间，存储核心是控制采购，过多为浪费，过少则缺货、要掌握每一个货物品种的存储计划和存储成本。

——货物存储。要分类管理，进货要检查数量、质量，用条形码将货物进行分类，供货要及时收回货款，否则停供。

国外客户对产品质量要求较高，十分重视物流质量。要求货品在没有损坏前提下，将物品按承诺时间，准时送到正确的交货地点。

有效的物流管理有三项综合的运作：市场预测需求；高效 IT 信息技术支持系统；仓库的进出材料控制。

全团参观了 ESSO 石油公司，该厂是制造石油泵，加油机的专业制造厂，生产汽柴油加油机有45年的生产、销售历史。生产规模在世界排名第一，产量占世界供应总量的 45%，其零部件分销亚洲、日本等地区。

Gibarco 企业的加油泵和自动售油器是集销售汽油、柴油和 LPG 为一体，产品分为一管、两管、四管和六管几种型号，采用了全球最先进的设计形式和最先进的技术。加油泵和自动售油器都符合当地政府和国际的制造标准。

产品具有：

环境保护措施；

多种速度和长度型号；

终生免费维护；

管道泄漏探测；

智能控制系统等。

销售特点：

方便的中央管理自动销售机屏幕操作；

商品的存货管理；

强大的管理系统和零售前台综合性电子现金记账系统。

承诺根据您的需求量身定做并提供高质量的售后服务：

汽油泵生产、安装和售后服务超过 70 年的领导地位；

设备安装为您提供专业的帮助；

各州首府都设有服务人员机构；

维护人员随时满足您的维护需要。

在澳大利亚期间，我们感觉到全面质量管理，特别是 ISO9000:2000 贯标工作也是非常重视的。SCOTT 先生在交流中多次强调，物流的一个最重要的驱动力就是整个行业全面采用质量管理。考察组感到厂商为满足各种顾客不同需要和期望来设计物流系统，致力于完善的质量管理系统来增强顾客满意度。

物流业务管理是集现代运输、信息网络、存储管理、营销策划等许多门类于一体的多学科、多领域的综合管理科学，希望我国物流业发展中借鉴重视质量创新这一理念。

（二）新西兰澳克兰物流配送中心

新西兰人口 380 万，国土面积 27 万平方公里，人口与国土面积相比，可谓是地广人稀。新西兰主要是由南岛和北岛组成，约 75%的新西兰人居住在北岛，居住在南岛的居民只有 25%。

考察团考察了奥克兰物流配送中心。配送中心的业务起始于 1972 年，公司建立的基础是：员工用高标准的职业水平，公司采用高科技和追求高质量，保证安全性，全心全意为客户提供优质的服务。

30年来，中心仍然是 100%的私人企业，由 baker 经营。加入此公司的股东有：BULK(1991 年)，COURIER(1997 年)，组成了一个稳固的联盟，名为 Pbt 集团。提供全面的信息化综合性物流配送服务，集团的特别之处在于他多元化和方便的配送。

奥克兰物流配送中心是该市区四家物流中心业务量最大，营业额最多的一家企业。公司营业仓库是 2000 年建设使用，总面积为 9 000 平方米，设计使用年限 10 年，但由于业务量的增加较快，2003 年营业额预计比上年增加 40%，其中运货量比去年增加百分之 25%，公司正在建设新库房，比现库房增扩面积 2.5 倍，预计年底搬迁。

中心在全国有 15 个分支机构、从业人员 450

名职工。主要业务包括收货、装卸、分类、打包、公路运输、快递等内容，也有火车运输、港口运输等。

勤奋和谐的服务态度是该集团引以为荣并以此与其他集团相媲美。这种方式贯穿整个业务，从正常的分支机构，服务条件到正在实施的扩张和技术革新。这些高质量的工作，全身心的付出，营造出了一个别具特色、情趣、综合的业务环境。

其主要职能包括：

货车和运货时间衔接；1 小时内确认装车运货情况；正确、适时地开具发票；礼貌操作。

至于配送中心的设施建设，地方政府一般不参与管理，建设地点与规模由中心根据当地土地价格、建设规划合理性确定建设地点与规模。中心每天运送货物 4 600 吨，根据货物价格不同，进行分类收费，一般为每吨 30–60 澳元，每加存 1 小时收 5 澳元。该中心收费价格在当地并不很低，但货运量在当地排名第一，其主要原因是特色服务：即一流的搬运质量和一流的搬运速度，并承诺在奥克兰北岛 12 小时以内将货物按质按量送到客户手中。

中心面临的挑战是装备技术。随着业务的扩展和客户价值的提升，公司对技术的依赖性日益增大。每人一台电脑，网络连接，存储信息，互相传递。pblink 网为中心节约了时间和金钱。

质量承诺。中心 1994 年通过了 ISO9001 质量保证认证，是当地第一个获此认证的货运分销企业。系统管理提高了整个公司业务服务质量与水平。

配送中心外租一汽车运输公司。新西兰运输业为私有制。运输公司按中心的品牌、文化服务于客户。运输公司对运送安全是非常重视的。认为这与职工、客户及公众利益紧密相连。无论是散货、易碎货物或是超大货物的运输，公司都能提供有针对性的运输管理。

二、收获与体会

（一）通过考察学习，考察组认为企业物流管理要着重抓好以下几项内容：

1.运输管理。包括：运输方式、服务方式、运输路线的选择；车辆调度与组织等。

2.存储管理。包括：原料、半成品和成品的储存策略；储存统计、库存控制、养护等。

3.装卸搬运管理。主要包括：装卸搬运系统和作业组织等。

4.包装管理。主要内容包括：包装容器和包装材料的选择；包装技术和方法；包装系列化、标准化、自动化等。

5.流通加工管理。主要内容包括：选定加工场所；机械配置；加工技术与方法；作业流程。

6.配送管理。主要内容包括：配送中心选址；配送机械的配置与调度；制订配送作业流程。

7.物流信息管理。主要指对反映物流活动、物流作用和物流特点的信息进行搜集、加工、存储和传输等。

8.客户服务管理。主要指对物流活动相关服务的组织和监督等。

（二）通过参观、学习，感到我国物流业还存有差距

1.物流业尚未得到充分重视。根据对国内众多生产企业、流通企业的调查表明，物流业还没有得到企业领导和业务部门的充分重视。很多企业没有建立现代物流的观念，有的企业把物流看做是一种可有可无的辅助工作，没有将物流看成是优化生产，集约化市场经营的一个关键环节。

2.物流管理水平不高。物流管理是企业管理的重要组成部分。但是就目前多数企业而言，管理机构设置，还没有专门的物流组织；从财务核算管理上也没有专门物流成本核算和物流财务分析。由此，带来诸如原材料、半成品等存储、等待、搬运等环节滞留时间较长、占用空间较大、重复物流作业较多、运输路线偏长、占用资金较多、经济效益较差等不良效果。

3.缺乏现代物流技术的有力支持。现代物流运作方式与企业生产方式、生产规模和销售方式等密切相关。现今社会经济的生产方式向规模化、全球化、专业化方面发展，在客观上要求强有力的规模化、系统化、网络化的现代物流技术为支撑。

从硬件技术观察,我国一些企业的仓储设备、物流设施等相对落后,企业的设备更新、改造等工作仍很繁重。从软件技术看,充分发挥现有物流设备和能力方面多未实现。近些年,虽然我国在物流设备的引进、研制、生产等方面取得长足发展,但基于多方面原因,如观念、体制、资金等原因,制约了企业技术发展。

(三)对发展我国现代物流业的一点看法

中国加入WTO,这对发展现代物流配送体系创造了良好的发展机遇。加快建设现代物流配送体系必须着眼高标准、现代化,集物流、商流、信息流于一体。

物流业发展要坚持:

1.以市场信息为先导。发达国家的物流设施现代化程度相对较高。澳、新两国的物流领域均实现了高度的机械化、自动化和计算机化。企业物流在作业时,所使用的铲车、叉车、货物升降机、传送带等机械其应用程度较高;配送中心的分拣设施、拼装作业安排宛如生产企业的生产流水线一样,非常先进,操作使用数码分拣系统,大大提高了物流企业的工作效率和准确性。在物流企业计算机管理系统被广泛应用,EDI(电子数据交换)系统,提高了信息在国际间传输的速度和准确性,使企业减低了单据处理成本、人事成本、库存成本和差错成本,改善了企业和顾客的关系,提高了企业的国际竞争力。

随着信息技术的高速发展,我国传统仓储运输物流要乘势而上,尽快地改变原有物流粗放型的管理与运作模式,缩短与世界上先进的电子物流供应链运作的差距。建议物流企业要广泛普及计算机实际应用。在设计自有计算机配送管理系统过程中,学习先进的计算机物流管理系统,采纳前瞻性强的设计方案,如条形码管理系统、安全库存警戒系统、EDI系统等软件网络。通过发展运输实时跟踪定位系统、运输路径优化的地理信息系统、全球网络定位系统、三维条形码技术和红外线感应系统等新型信息技术,将运输仓储电子化管理过程与网络财务支持系统、电子商务融为一体。由此提升物流的科技含量,改变目前低水平操作模式,从长远来看,可解决资金重复投入的浪费问题。

全力推进电子商务和分销网络建设。电子商务网络不仅能把物流、商流、信息流集聚功能融为一体,而且能把传统仓储、运输、贸易业提升到现代化管理的高度,实现管理、物流技术创新。以电子商务为依托,可增强配送服务的即时性、时效性、准确性。同时可以大大降低国际贸易和国际流动的运营成本。对于现代物流业发展来说,物流信息平台的建设与物流基础设施的建设具有同等重要的地位。

2.完善配送中心功能,提高整体物流效率。配送中心具有减少仓库建设和人工成本,增加存货透明度等功能。配送中心一般都广泛采用各种高科技手段,如信息化管理系统、电子数据监控系统、现代化立体仓库、条形码扫描等,同时还包括整套的供应链方案设计、港口电子网络化管理、仓库进出货自动化管理、卫星定位系统等。对物流配送产品要吸纳银行、保险机构加盟,增强企业资信度。发展现代化的物流配送中心,就必须拥有先进的物流信息管理系统,包括库存管理系统、业务管理系统和车辆管理系统。通过参观、考察,我们认为物流设备的采用只要符合企业当前的业务运作需要即可,并非越先进越好。

3.加快我国现代物流配送体系建设,要根据各地产业特点,重点开拓自由贸易、科学布局综合物流场址。

发展物流业要立足现有的基础和优势。充分利用现有的经营网点和营销网络。要学习国外物流先进管理经验、物流技术和物流设备,加强与大工业合作,加强与世界著名物流集团合资合作,采取资产联合、存量置换等形式,建设现代物流设施,尽快与国际市场接轨,向集约化、集团化、国际化方向发展。以适应进入WTO后国际物流的运作规则,为推进新一轮经济建设起到积极作用。

4.通过对物流企业ISO9000质量认证,建立标准服务体系,创服务品牌。

积极推进物流系统的标准化。现代物流业对运输仓储资源进行高度的整合,所以标准化程度要求很高。如果没有各国统一的标准,国际物流水平很难提高。重视标准化作业流程的研究和实施,充分发展管理的作用,改变设备不足与落后带来的低效率,实现管理出效益的战略目标。

5.发展绿色物流。现代物流业的一个发展趋势是绿色物流,其目标是解决好与物流相关的能源、环境、交通安全等问题。

通过考察、交流,使我们与国外同行建立了联系,沟通了情况,为今后的工作交流、联系打下了基础,对指导、提高物流业管理工作水平将起到积极、有益的帮助。

考察组成员:崔志强　许西记　韩玉和　徐晓明　颜景武　王　光　李　伟　王舒铭

（撰稿:中国物流与采购联合会）

日本、新西兰物流考察报告

21世纪物流：建设有活力的产业社会的原动力

应日本物流系统协会、新西兰物流与运输协会邀请，2002 年 11 月 17 日–12 月 2 日，我们考察了日本、新西兰物流业。在考察期间，中国物流采购联合会组织与日本物流系统协会（JILS）、日本能率协会（JMA）、新西兰物流与运输协会（LTNZ）进行了业务交流，重点考察了日本丰田物流中心（Toyota L&F）、Autobacs、山九株式会社、日本烟草东京物流基地、株式会社良品计划、新西兰奥克兰港。在考察中我们深切地感受到，物流作为一种服务方式，已经渗透到社会经济生活的方方面面，它不仅决定了企业活动的效率，甚至决定了人们生活的方便性和舒适性。正如日本物流系统协会常务理事稻束原树先生所说的，在 21 世纪，物流将成为建设有活力的产业社会的原动力。

一、全体最适化：日本物流发展的本质特征

1.日本物流发展迄今已有 30 多年的历史，对物流的认识也有一个不断深化的过程。不管物流的概念怎么发展，日本物流不断追求更高层次的最适化的发展轨迹是相当清晰的。按照发展重点不同，日本物流大致经历了 3 个发展阶段。第一个阶段是从 20 世纪 60 年代到 80 年代中期，物流发展的重点是企业内部物流的最适化。日本最初发展物流是从制造业开始的。丰田汽车制造公司是日本物流发展的先驱者之一，现在日本物流系统协会会长仍由丰田公司总裁张富士夫担任，足见丰田公司在日本物流发展中的地位和作用。丰田生产方式(Toyota Production System)以杜绝浪费为目标，在连续改善的基础上，采用准时化与自动化的方式和方法，最大限度地追求制造产品的合理性。丰田公司认为，最理想的物流就是消灭运输，如果必须运输，则按准时化进行运输，即在必要的时候，运输必要数量的必要产品。准时制(Just in time) 现在成为日本物流的一个重要理念，但最初是由丰田公司率先应用于汽车装配线作业中的，并采用看板管理的方式加强上下工序的联系，成为丰田生产方式的一个核心内容。丰田公司生产调查部部长中山清孝曾说：“丰田生产方式的形成与发展过程始终是物流系统的改善过程。”

2.第二个阶段是从 20 世纪 80 年代中期到 90 年代中期，物流发展的重点逐渐由单个企业的部分最适向全体最适发展。随着社会从工业经济社会向信息经济社会过渡，市场竞争出现了新的特点，竞争的重点逐渐由商品的价格竞争转向差异化竞争，由规模竞争转向速度竞争。同时，由于日元大幅度升值，迫使日本企业将国内工厂大举向海外转移。这些促进了日本制造业生产方式的变革，逐渐由大批量生产转向多品种小批量生产，并采取柔性生产方式，能够对产品的品种、规格、数量的市场变化做出迅速敏捷的反应。要适应市场竞争的变化和制造业生产方式的变革，仅靠单个企业提供物流往往是不够的，必须通过企业间的战略合作追求物流全体最适，以满足日益快速和个性化的物流需求。

3.供应链管理（SCM）思想集中体现了物流全体最适化的需要。无印良品（MUJI）的经营方式就是供应链管理的一个成功的案例。无印良品原是西友百货旗下的一个品牌经营店，1989 年从西友百货中分离出来，目前已成长为拥有 274 家国内店铺、22 家海外店铺，年营业额达 1 125 亿日元

的大型专卖店，所有的店铺只经营无印良品一种品牌。无印良品经营的一个显著特点是，尽管不拥有自己的工厂，但所有经营的商品都是自主开发、自选材料、委托加工生产的。这种独特的柔性的经营方式，成功地适应了多品种、小批量生产，以及产品品种、规格、数量快速变化等信息经济时代新的市场要求。无印良品1980年诞生时经营的品种只有40种（其中家庭用品9种、食品31种），20多年内迅猛发展到包括日用品、服装、家用电器、家具及装饰用品等领域5 000多个品种。

4.第三个阶段是以1997年《综合物流施策大纲》和2001年《新综合物流施策大纲》为标志，物流已经开始在经济全球化、环境保护和改善国民生活等更高层次上追求全体最适化。主要发展目标包括：(1)为适应经济全球化需要，发展具有国际竞争力的高效发达的物流系统，强化国际物流据点的功能。(2)为解决地球温暖化、大气污染等各种社会问题，在物流领域要控制排放，促进运输方式转换（在2010年，铁路和海运在长途杂货运输中的分担率要超过50%），建立以废弃物资再利用为目标的静脉循环型物流系统，加强对意外事故等安全问题的应对。(3)为适应国民老龄化、生活多样化和电子商务的发展，要放宽对物流业的管制，大力发展高附加值的物流服务，为消费者提供便利，在城市内既要考虑物流的畅通，也要使维护国民生活的物流与舒适的都市生活相协调。

5.物流要追求全体最适化，标准化和信息化是基础和关键。为了提高物流作业效率，改善工作环境，日本尽可能采用托盘(Pallet)装卸货物。据JILS综合研究所调查，采用托盘装卸与人工装卸相比，在降低物流成本方面成效显著，货主企业可降低成本74–55%，运输企业则可降低成本96–59%。但日本物流由于是从单个企业或单个行业发展起来的，大多采用符合自己公司或行业的托盘规格，托盘标准化大大落后于欧美国家。1970年，日本制定了JIS（日本工业标准），目前符合JIS规格的托盘运输量只占托盘运输总量的66.1%。日本托盘费用较之欧美高出2–3倍。日本《新综合物流施策大纲》提出，要“在平成17年(2005年)，将能用托盘装载的货物中的托盘装载率提高到约90%，标准托盘的比率达到与欧美相同的水平”。与物流标准化不同，日本物流信息化在世界却是领先的。日本有效地利用IT技术，开发出有助于创造安全、畅通、舒适的道路交通环境的智能交通系统(ITS)，许多企业已采用物流电子数据交换(EDI)，导入供应链管理(SCM)思想，取得了良好的效果。可以说，信息化已开始对企业的竞争力产生越来越巨大的影响。

6.日本物流从制造业开始，一步步追求全体最适化发展，推动了日本物流技术不断进步和整体水平稳步提高。这一点，可以从日本物流成本的变化中得到体现。日本关于物流成本的公开调查是从1965年度开始的，以后每10年进行一次，这就是所谓的“10年定点观测制度”。日本主要制造业物流费用占营业额的平均比重，1975年高达10.2%，此后经过物流技术与运作模式的不断改善，缓慢下跌或横向调整，到了2001年度跌至调查开始以来最低点7.1%。与美国相比较，1994年以来，全部行业物流费用占营业额的平均比重，美国大体上呈上升趋势，日本则呈下降趋势。2001年，日本全部行业的平均比重为5.5%，主要制造业为7.1%，均大大低于美国全部行业的平均比重9.2%的水平。

二、物流的“心脏”：物流中心和物流基地的发展

1.制造业物流发展的一个重要成果，就是在对仓储管理进行变革的基础上，形成了许多独立的社会化物流中心。丰田汽车制造公司在全日本有许多联合生产厂家，原来每个厂家生产的零部件都存放在各自管理的仓库中，按一定时间运送到丰田汽车的总成品安装车间所属的仓库。后来，公司把仓库从单个生产厂家中分离出来，成立专门的仓储中心，集中存放和管理零部件，直接供应总成品安装车间。这一变革意义十分重大，它促使日本出现了专门从事仓储管理的社会化物流中心。物流中心上游连接制造企业或进出口免税仓库，下游延伸到分散的各种店铺，日本物流协会常务理事稻束原树先生将它形象地比喻为“人的心

脏”。从 20 世纪 70 年代开始，日本一些大型厂商如日立、三洋、东芝、富士、松下等，纷纷设立了独立的物流中心。这些物流中心最初主要承担集团内部的物流业务，随着服务能力的不断提高，开始承担社会上的一些物流业务，逐渐向第三方物流(3PL)企业转型。如日立物流株式会社 2002 年的营业额约为 2 000 亿日元，其中来自于日立集团内和来自于社会上的订单各占 4 成，剩下的 2 成来自于大楼和工场的搬迁作业。

2.日本物流中心一般占地面积不大，但立体化和自动化程度较高。日本烟草东京物流基地每年处理 600 多亿支香烟，占地面积只有 27 383 平方米，建筑面积只有 11 373 平方米，进货、分选和配送均由计算机自动控制，平均每 0.01 秒挑选一条香烟，是日本烟草公司技术力量与计算机技术高度结合的产物。Aotobacks 是一个立体化仓库，高达 30 米，拥有一整套自动化库存管理、高效率分拣传输设备和及时配达的物流系统，每天处理 250 个店铺近 10 万份物流配送服务订单。物流中心连老板加在一起不到 100 人，通常这样的物流系统在发达国家至少需要 400 人。Aotobacks 一个重要的服务理念，就是尽可能减少店铺工作量，让店铺更加专注为顾客服务。因此，物流中心按照店铺的要求，将 90%的商品包装拆开，以保证货物到店后能够迅速上货架。为了确保商品配送能够准确及时送达，日本物流中心都建立了一整套严格的规章制度，各环节的作业安排必须严格按规定时间完成，并且都有严格的作业记录。

3.物流基地是具有一定规模和综合服务功能的物流集结点。物流基地的概念最早出现在日本。日本国土面积相当于美国的 1/25，山地还占了 70%，人口却占美国的 47%。由于城市人口密度较大，日本政府为缓解城市交通拥挤，以及减少大气污染物质的排放，在市区周边的环状道路附近和沿海地区，建立了大型物流基地。如日本政府统一规划、集资，在东京近郊的东南西北部分别建设葛西、和平岛、阪桥和足立 4 个现代化的物流基地。为使城市内的道路交通畅通无阻，日本一般对市内建物流设施有严格的规定，必须在市内建筑物内建货物处理设施，以商业地区为中心设置共同的货物处理设施和卡车停车区。物流基地一般是公路、铁路、航空、水运等两种或两种以上运输方式的结点，集中了大规模物流设施和装备，能够通过规模管理、统一协调和信息共享，实现效率和效益的最大化。充分考虑物流需求是日本物流基地建设的一个重要原则。如东京物流基地主要集中在沿海地区的千叶县，那里也是工业基地和进口保税区的集结地。

三、向物流领域渗透：运输企业变革的方向

1.运输是物流的一个重要的功能环节。在日本，运输公司直接承揽的业务极少，主要为物流公司提供运输服务。一家物流公司的运输车队也通常由自有车辆和其他多家卡车运输公司的车辆共同组成，采用统一的标志。例如，日本 JR 铁路公司就很少自己承揽运输业务，而是为物流公司、邮政部门及快件公司提供运输服务。在物流总成本构成中，运输一般占有很高的比重。20 世纪 90 年代，日本运输费用占物流总成本的比重一直保持在 65%左右，而美国一般不超过 60%。(见下表)

2. 随着制造商和销售商逐渐实行多批次、小批量生产和订货，在交货时间上按日、甚至按小时提出要求，以尽可能地降低存货持有成本，物流配送更加强调快速准确送达，运输企业也加快了自身的业务调整和变革，通过延伸服务链条，逐渐向物流领域渗透，有的甚至转变为第三方物流企业。山九株式会社原来主要从事大件运输业务，后来通过业务转型，逐渐转变为第三方物流企业。目前，山九株式会社国际物流、港口物流和内陆物流的营业额占整个营业额的比例已上升到 52%，与西浓运输株式会社、邮政事业厅、信州名铁运输株式会社、博运社 4 家物流和运输企业建立了长期战略协作关系。

3.随着经济全球化发展，港口在物流发展中的地位和作用越来越突出。日本自 80 年代以来商品进出口总额稳居世界前列，1998 年日本商品进

日本、美国物流成本构成比较

年度	日本(单位：兆日元)						美国：（单位：100亿美元）					
	运输		仓储		管理		运输		仓储		管理	
1991年	30.8	63%	15.9	32.5%	2.2	4.5%	35.5	55.9%	25.6	40.4%	2.4	3.8%
1992年	30.1	63.3%	15.3	32.2%	2.2	4.7%	37.5	59.0%	23.7	37.3%	2.4	3.8%
1993年	30.4	65.1%	14.2	30.4%	2.1	4.5%	39.6	60.0%	23.9	36.3%	2.5	3.8%
1994年	29.3	64.6%	14.1	31.1%	2.0	4.4%	42.0	59.0%	26.5	37.3%	2.7	3.8%
1995年	31.7	66.9%	13.6	28.7%	2.1	4.5%	41.1	53.2%	30.2	39.1%	3.0	3.9%
1996年	31.4	65.9%	14.1	29.6%	2.1	4.4%	46.7	58.3%	30.3	37.9%	3.1	3.9%
1997年	31.3	65.0%	14.7	30.5%	2.2	4.6%	50.3	59.1%	31.5	37.1%	3.3	3.9%
1998年	29.9	64.6%	14.3	30.9%	2.1	4.6%	52.9	59.7%	32.4	36.6%	3.4	3.9%
1999年	29.3	65.3%	13.6	30.3%	2.0	4.5%	55.4	60.2%	33.2	36.1%	3.5	3.8%

出口占世界总额6%，仅次于美国、德国，成为世界三个最大的贸易强国之一，其对外经济贸易活动在很大程度上直接左右着世界贸易和资本市场的变化方向和趋势。但同亚洲其他国家相比，日本与港口相关的物流成本已不具有竞争优势，近年来国际港口的集装箱年吞吐量也一直增长缓慢。《新综合物流施策大纲》提出要从“硬件”和“软件”两个方面着手，强化港口的国际物流据点功能。发展目标是，力争在21世纪初，将进出口集装箱的陆上运输费用降低到1997年的70%；到2015年，将从货船入港到集装箱从堆场运出所需时间，从现在的3–4天减低到2天。

4. 港口在新西兰运输业中占有十分重要地位，全国共有大小港口16个，其中4个是集装箱港，每年进出口货物约75%是通过海运出入的。奥克兰港是新西兰最大的国际货运港，每年承担了全国价值68%的进口和33%的出口。它还是全国最大的集装箱港口，每年承担了集装箱进口的55%和出口的45%。奥克兰港对奥克兰地区经济尤其是制造业影响相当大，奥克兰是新西兰最大的生产和消费基地，其经济的32%和制造业原料的60%都是由奥克兰港提供的。奥克兰港的功能不仅是吞吐货物，它还通过利用先进的信息和网络技术，建立进口集装箱跟踪系统，为客户提供门对门物流增值服务。

四、行业协会在推进物流发展中起到重要作用

1.在日本和新西兰，行业协会在推进物流发展中扮演着重要角色。值得重视的是，尽管物流涉及很多产业部门和功能环节，但日本和新西兰都注重根据物流发展的需要，加强物流行业社团的整合。日本物流系统协会是1992年由当时的日本物流管理协会和日本物资管理协会两家协会合并成立的，新西兰物流与运输协会是2001年由新西兰物流协会与新西兰运输协会合并成立的。

2.日本《综合物流施策大纲》和《新综合物流施策大纲》尽管是由日本国土交通省和经济产业省提出、内阁会议审议通过的，但前期的行业调查和政策研究工作，则是由日本物流系统协会和日本能率协会承担的，《大纲》的具体贯彻和推进工作，也主要由行业协会组织。例如，为了推进环保型物流的发展，日本物流系统协会组织开展了“关于环保型物流系统标准化的调查”(Logistics Environmental Management System)。日本物流系统协会还根据物流发展的需要，在推进物流发展方面主要做了以下几个方面工作：(1)推进物流信息化建设，进行了物流信息系统的总体设计和贸易模式的开发，通过互联网提供“物流年度统计数据库”等信息服务。(2)建立物流人才培训和教育体系，针对不同层次、不同专题，举行各类物流专题

论坛、研讨会及物流技术管理师等资格认定讲座。(3)推进物流技术革新，举办各类物流展会。如2002年10月，在千叶县举办规模较大的“2002国际物流综合展”(Logis-Tech Tokyo 2002)，来自国内及美、英、荷和中国等11个国家和地区的321家公司参加了展会。(4)加强国际交流与合作。2002年派遣了“访欧物流调查团”、“访美物流调查团”，接待了相关国际物流机构，发行了英文版会刊《Logistics System》。

3.新西兰物流与运输协会是一个历史悠久的全球范围的行业组织，1922年由皇家特许成立，来自30多个国家的33 000位物流与运输的从业人员加入。新西兰物流与运输协会的主要功能包括：(1)代表物流与运输行业从业者提供一个权威的声音，供政府部门和相关组织考虑，从而对行业施加影响。(2)提供物流、运输和供应链管理等方面的教育和培训机会，以及不同等级的得到国际认可的专业资格认证。(3)组织国际学术交流与合作。(4)利用互联网发布行业相关信息，编辑协会季刊和月刊NZ商业杂志。

五、几点认识和体会

1.要根据国情选择物流发展模式。与日本等发达国家相比，我国国情有所不同。日本人力资源短缺，人力成本相当昂贵，每小时在1 000日元(相当于70元人民币)左右。我国人力资源丰富，人力成本较低，这是我们的比较优势。我国物流发展还刚刚起步，需要借鉴发达国家先进的物流技术和管理经验，但国外经验必须与我国国情相结合，不能照抄照搬，要有所创新，走我们自己的路。我国在发展现代物流时，要注重发展劳动密集型物流服务业。在物流基地建设方面，我们应吸收日本成功的经验，但绝不能生搬硬套。近几年，随着我国物流业发展不断升温，我国许多地方越来越重视物流基地的建设。据有关资料，我国目前已有近50个中心城市在规划建设物流基地或物流园区。但也要清醒地认识到，物流基地建设必须与当地物流市场需求相结合，切忌建起后无人进驻，有场无市。当前尤其要重视利用现有的物流资源进行改造和提升，不能都搞新的。一些地方不顾市场需求，动辄圈地，盲目投资，上物流基地项目的做法，应当引起高度重视。

2.既要重视社会物流的发展，更要重视制造业物流的发展。日本物流发展的经验表明，物流的社会化和现代化是从制造业物流的高度发展开始的。应当说，物流社会化尤其是第三方物流的加速发展，是物流发展的一个重要方向，我们要积极推进。但从我国物流发展现状看，要充分利用和整合企业现有的物流资源，积极推动企业物流的发展，在此基础上逐步推进物流社会化、专业化发展。因此，企业物流与社会物流的共同发展，将是一个相当长的发展过程。我国目前经济增长主要依赖于制造业的增长。我国40%以上的国内生产总值、50%的财政收入、80%以上的出口及接近75%的外汇收入，均来自制造业。目前制造业物流构成了我国物流的主要力量。但由于长期受计划时期“大而全、小而全”管理体制和经营思想的影响，我国制造业物流发展水平相当低，发展速度相当缓慢。这也是制约我国经济发展的一个重要因素。根据推进新型工业化的要求，大力改造和发展制造业物流，对于进一步提升我国制造业的市场竞争能力，具有重要意义。

3.要对传统仓储企业进行整合和改造，向现代物流中心转型。与日本等发达国家相比，我国仓储管理相当落后，亟须加快变革和提升。我国仓库资源规模较大，仅流通领域的仓库面积就达3亿多平方米。但我国仓库普遍功能不强，大多只有商品储存功能，很少有物流配送功能，而且分散在各个企业中，仓储管理社会化程度不高。由于我国仓储管理落后，仓储设施资源利用率平均还不到40%,导致物流效率普遍低下。我国商业流通环节的库存平均周期为1.5个月，其中零售环节为2个月。美国、德国和日本制造业库存平均周期为5天；非制造业(含批发和零售业)库存平均周期是4天。在我国整个商品生产销售中，用于加工制造的时间仅为10%左右，而物流过程占用的时间几乎为90%。因此，我国要发展现代物流，必须对传统仓储企业进行整合和改造，向现代物流中心转型，以提高物流服务水平和资产利用效率。

4.要把物流标准化和信息化当成推进物流现代化的一项基础工作来抓。国外物流的发展经验表明，在信息技术尤其是网络技术迅猛发展的形势下，物流标准化和信息化是推进物流现代化的基础。与世界发达国家相比，我国物流标准化、信息化程度差距很大。物流作业环节使用的设备，以及包装、运输和装卸等流通环节，都缺少必要的行业标准和行业规范，导致物流效率普遍不高。我国目前托盘总数约为 7 000 万个，但规格、标准不统一，难以与国际规格接轨，增加了企业出口成本，降低了企业国际竞争力。我国物流企业大多还没有物流信息系统，不同物流模式的信息系统设计落后，信息缺乏相互链接和共享。我国物流业要在更大范围、更广领域和更高层次上参与国际经济技术合作和竞争，必须从基础工作做起，大力推进物流标准化和信息化进程，尽快与国际物流接轨。推进物流标准化和信息化，尤其要注重从我国国情出发，向实用、低成本和有客户需求方向发展。目前，我国有关物流的标准涉及很多部门，各部门大多从自身利益出发，制订各自的物流标准，阻碍了全国统一的物流标准体系的形成，亟须从体制调整入手，成立全国物流标准化委员会，切实从物流一体化发展的需要出发，推进物流标准化进程。

5.要充分发挥物流行业协会在推进物流发展中的重要作用。由于体制的原因，目前我国与物流相关的行业协会很多，职能定位不明确，相互竞争激烈，开展活动雷同，不利于物流行业的正确引导、合理整合和一体化发展。应当借鉴国外的经验，进一步加强物流行业协会之间的职能调整和业务整合。物流行业协会在推进物流发展方面作用很多，从我国物流发展的现状看，当前最重要的一项工作，是加大物流人才教育和培训工作的力度。这几年，尽管我们在物流人才教育和培训方面做了大量基础性工作，包括开展多层次的物流学历教育、物流在职培训，还准备推出物流资格证书培训，但距离物流业对人才的需求还有不小距离。我国物流人才十分短缺，尤其是缺乏实用型物流人才，缺物流管理师和物流技术师。因此，今后物流培训要结合我国物流发展的具体实践，注意引进、消化和吸收国外先进的物流培训方法和培训教材，着力培养物流实用型人才。

考察团团长：陆江

成员：何黎明　洪水坤　靳平生　陆昊兴　胡大剑　李友生

（撰稿：中国物流与采购联合会）

芬兰、丹麦物流情况考察报告

应芬兰物流协会和丹麦物流与采购协会的邀请，以马毅民副会长为团长的中国物流与采购联合会代表团一行 8 人，于 2002 年 6 月 22 日–7 月 7 日赴北欧进行了访问，拜访了芬兰物流协会，考察了瑞典宜家家居连锁店、沃尔沃卡车生产厂、丹麦 BAUHAUS 建材连锁店等单位。代表团就国外物流协会的现状、职能、组织结构、运作机制等问题，以及物流在企业供应链中的作用进行了重点考察，并向国外同行介绍了中国物流与采购联合会和中国物流状况，促进了双方的交流与合作。代表团认为，国外物流协会和物流企业的一些做法，值得我们借鉴和学习。

一、芬兰物流协会有关情况

北欧四国（芬兰、瑞典、挪威、丹麦）紧邻波罗的海，独特的地理位置，使其航运业十分发达。进入 20 世纪 80 年代，随着其经济的快速发展，以及经济全球化和科学技术水平的发展，航运业逐步向大的物流业发展。芬兰物流协会就是由原来的运输经济协会过渡到物流协会，1995 年又与原材料管理协会合并，成立包括运输、仓储、采购等行业的芬兰物流协会。协会领导机构是由 15 人组成的主席会，由会员代表大会选举产生。主席会成员三年改选一次，15 位主席成员每年换选 5 人。主席是由主席会选举产生，任期一年，可连选连任。协会专职人员 9 人，由总裁和工作人员组成。总裁由主席会聘用，工作人员由总裁决定聘用。该协会现有会员 4 150 家，其中个人会员 4 000 名，单位会员 150 家。协会内部机构设置分为会员部、培训部、杂志部、网站等部门。协会经费来源主要有三方面，一是会费，个人会员 36 欧元/年，单位会员按规模为 150–900 欧元/年；二是培训费；三是广告收入。

协会的主要职能有：(1) 为会员提供信息服务。每年出版 9 期物流杂志免费向会员发放，介绍物流管理、物流新技术以及最新物流信息。如第五期杂志刊登了由中国物流与采购联合会承办的在上海召开的国际采购联盟理事会情况和在上海举办国际物流展的消息。协会还通过自己的网站发布即时信息和协会活动情况；(2) 教育培训工作。协会培训中心开设短期、中长期物流采购培训班，每年培训人员达 600 名，合格者发放物流采购资格证书；(3)组织召开研讨会。每年召开 4–6 次会员研讨会，研讨会内容是根据会员要求和当前热门的问题确定，通过研讨会交流物流管理和技术方面的新经验；(4)反映行业的呼声和要求，向政府部门提出发展物流行业的建议及行业发展规划。如该协会近几年先后向政府提出了：关于加强大专院校物流专业和提高物流师资水平的建议；关于鼓励物流自动化投资的建议；关于采用更大的卡车用于森林工业运输的建议；以及向政府报送物流采购行业 2010 年发展规划等。

二、沃尔沃卡车厂、宜家、丹麦 BAUHAUS 连锁店有关情况

沃尔沃集团的业务包括三个卡车厂和客车、建筑设备、航空航天设备、金融服务等，这些企业遍及世界各地。我们考察的沃尔沃卡车生产厂位于瑞典哥德堡，是沃尔沃集团三大卡车厂之一。这家工厂主要是卡车车架生产厂和卡车总装厂。卡车总装的零部件除车架由本厂自行生产外，其余零部件是由沃尔沃其他工厂或由社会协作生产送至此地，在车架上组装制造卡车，工厂按用户订单每天生产载重 16–90 吨的卡车 98 辆。本厂生产

的卡车车架除自用外，同时还供应其他卡车生产厂。据介绍，过去工厂库区存放原材料及汽车零部件、配件数量较大，所有进厂的原材料、零部件、配件都要先入库，再从这里发往各车间。现在沃尔沃已对生产和物流流程进行了重组，建立了高效通畅快捷的企业物流体系，实行“准时制”生产，使工厂能够及时得到零配件，像车头、发动机以及一些昂贵的部件已由供方按时直接送达车间装配线，不再进入仓库，这些部件做到了“零库存”。每天有约 60 辆卡车装载零配件及原材料运至工厂，保证生产的正常进行。工厂内的仓库比过去大大缩小，实际是厂内的小配送中心，主要存放些品种多、规格小的零配件，货物的存、取、码放、运输都是由电脑控制的机器运输车完成，全部自动化。

宜家是一家主营家具的跨国型连锁企业，宜家总部在荷兰，在全世界 30 多个国家建立了 170 家商店，目前在我国北京、上海开设了商店。我们考察参观的这家店是 1965 年宜家在瑞典开设的第三家店，也是目前全世界最大的宜家店，经营面积 5.5 万平方米，客流量 300 万人/年。考察中我们看到商店基本由经营区、临时库区、餐饮区、儿童娱乐区和结算区五部分组成，经营区是市场的主体，分家具和生活用品两部分。宜家店始终把家具放在突出位置，以家具为中心进行摆设，根据卧室、客厅、办公室、餐厅、卫生间、厨房等不同的生活、工作和学习空间，设立不同档次风格的样品间，样品间既提供整体价格、也提供单件家具价格，消费者可根据自己的爱好选择。据介绍，宜家在世界各地的商店所售商品品种款式，以及商店风格都是一致的，做到统一订购、统一进货、统一配送、统一定价。宜家在西欧、北欧、北美、亚洲都设有采购中心和办事处，形成了遍及全球的采购网络。总部通过计算机管理网络系统随时掌握全球各店的经营信息，指挥物流配送中心统一进货配送。

丹麦 BAUHAUS 是经营五金、建材、家庭装饰材料、家居用品的连锁集团。创建于 1984 年，总部设在德国，在丹麦设分部。在欧洲共有 180 家连锁店，其中丹麦 9 家、瑞典 9 家。我们参观的这家连锁店是较大的一家，经营面积 6 000 平方米，经营品种 8 000 多种，有员工 175 名，每天销售约 100 万丹麦克朗。据介绍，丹麦分部有 25 名采购人员，负责丹麦和瑞典 18 家连锁店的货物采购和配送任务。各连锁店需补充商品时，只需提前一天向分部要货，分部的配送中心即可在次日将货送到。配送中心的产权属于总部，由分部管理，运输车辆是向社会运输公司租用。

另据介绍，丹麦政府十分重视大型超市的建设规划，凡开设经营面积 3 000 平方米以上大型超市，必须经政府批准，以保护中小企业的利益。

三、几点启示与建议

(一)发挥好协会的桥梁和纽带作用。

芬兰物流协会总裁在介绍协会情况时讲到，协会除了做好会员管理、培训、信息服务等工作外，他们十分注意发挥协会的桥梁和纽带作用，反映行业的呼声，引起政府的重视。如上面已经提到的，近几年他们根据会员的要求和发展现代物流的需要，向政府提出了多项有关物流业发展的建议和 2010 年物流发展规划，据讲，政府很重视这些建议，有的已经被政府采纳，芬兰总理还给他们发了亲笔信。可见芬兰物流协会的桥梁纽带作用是发挥得比较好的，政府对他们的工作也是很满意的。我们联合会成立以来，经过大家努力工作，在全国物流行业中，虽有一定影响，但由于我国法制建设尚不十分完善，社团的法律地位、作用、职责等尚未在法律上予以明确，政府的职能转变还有待进一步深化，许多工作必须得到政府的支持和授权或委托，协会要成为真正有权威的全国性行业组织，离不开政府的支持和培育。而当好政府的助手，发挥好桥梁纽带作用既是协会的重要职责，又能扩大协会对政府的影响，从而进一步得到政府的支持。建议今后联合会的工作重点，除进一步做好对会员单位的各项服务，维护会员单位的权益以外，同时要加强为政府的服务工作，当好政府的助手，特别是要向政府部门多反映企业、行业的问题、意见和政策建议，尽快制订行业规范，向政府提出行业发展规划和有利行业发展的各项建议。

（二）做好物流人才培训工作。

芬兰物流协会可以说，既是行业协会，也是物流技术和教育协会，教育和培训工作是协会最为重要的职能之一。在芬兰一些主要大学都设有物流和采购专业，教授物流和采购课程的老师差不多都是物流协会会员，会员中也包括部分在校物流和采购专业学生。芬兰物流协会对物流、采购培训工作非常重视。在协会9个专职工作人员中，有4人专门负责培训工作。并与瑞典物流协会合办培训中心，拥有教师20名。培训中心根据行业内企业的实际需要和不同对象，开办2天、4天、8天短期培训班，或更长时间的中长期培训班，培训对象主要是物流企业的在职人员再学习和新求职人员上岗前的专业培训。经培训合格的，由协会发给物流和采购资格证书。有此证书者，各企业将会优先录用。因此该协会的培训中心在业内有一定影响，参加培训的学员也较多。芬兰每年毕业于大学物流专业的学生有150人，而参加协会培训的学员每年有600多人。为什么该协会培训中心发放的培训证书会被业内企业认可，是否由政府授权？他们回答：没有。他们主要靠培训质量，培训内容符合企业当前的实际需要。目前我国物流正处于起步阶段，近两年发展很快，但物流人才极其匮乏，尽快培育物流人才是当务之急。从长远计划，我们要继续向政府呼吁加强大学院校的物流教育，设立物流采购专业，培养中、高级物流采购人才；但对我们联合会而言，更应把工作重点放在对从事物流采购行业的在职人员，开展多层次的物流培训，提高他们的业务素质，以适应现代物流发展的需要。这既是联合会的重要职责，又有助于联合会的自养。在这方面，芬兰物流协会的做法，有些可以借鉴：1.根据行业的实际需要和不同对象，开办多层次的专项培训班；2. 建立相对稳定的教师队伍（可以兼职），以利提高教学质量；3.在北京建立培训中心，逐步减少在外地办班，以降低培训成本和提高培训实效。如需在外地办班，可结合实验基地、示范企业举办，有利于联系实际，学习先进技术和管理；4.发放培训证书，逐步做到被企业认可。

（三）在大力推进第三方物流的同时，积极研究和改善企业物流。

北欧各国是物流业比较发达的国家，全球最大的航运公司马士基航运公司总部就在丹麦。但总体看，各国的第三方物流所占的市场份额并不算太高，一般在国内物流作业总量的20%左右。据芬兰物流协会介绍，目前芬兰工商企业把全部物流业务外包给第三方物流承办的并不太多。大多数企业采取部分物流业务由第三方物流业者分包的“合同物流”。一般情况是企业的外部运输，基本由第三方物流企业承担；企业销售物流中商品中转、储存和配送，也有相当一部分由第三方物流承担，但企业采购供应物流，特别是企业内部物流，包括企业内部仓库管理、库存控制、原材料、零配件由仓库到各生产线的配送、半成品在各生产环节的转移搬运、残次品和废弃物的回收以及产成品下线到出厂等物流活动，大多数还是由企业自己的物流部门承担，或与上级（总部）的物流部门共同承担。主要原因是企业采购、供应物流，与生产过程关系密切，有的基本是生产过程的一部分，且生产所需原材料、零部件品种繁杂、使用批次多、批量小、与生产流程衔接的要求高。这些特点使有些物流作业是第三方物流难以完全取代，有的即使由第三方物流来承担，未必能做到整体上的最优化。为了降低物流费用，获取企业“第三利润”，北欧工商企业对改善企业物流都比较重视。一方面把他们认为适宜外包的物流业务交由第三方物流承担，一方面努力改善企业内部物流。如我们考察的VOLVO(沃尔沃)卡车厂，原来所有生产用原材料、零部件都由本厂的仓库储存，库存数量较大。经生产和物流流程重组，现在他们已把重量大、占用资金多的部件，如发动机、前后桥总成等，交由第三方物流按“准时制”生产要求直接从供方企业配送到企业的生产线，既提高了效率，减少了库存资金的占用；同时又把原仓库改造成一个厂内的配送中心，按生产要求，准时地把多品种的小型零配件配送到各生产线。

我国现代物流目前还处于初步发展阶段，第三方物流完成的物流作业量，按金额计算，还只占全国物流总支出的2%。因此，可以说，目前我国物流运作的主导力量不是第三方物流，而是第一方或第二方物流，也可以说是企业物流。我们说物流是企业“第三利润的源泉”，关键就是要提高工商企业的物流水平，加速资金周转，降低物流费用，提高物流效率。而要提高企业物流效率，降低物流费用，一方面要加快第三方物流的发展，提高第三方物流业者的管理能力和服务水平，尽量使工商企业的部分或全部物流业务外包给第三方物流承担，帮助工商企业获取“第三利润”。但基于目前我国第三方物流还非常薄弱，要赶上发达国家水平，并非一朝一夕就可实现的。因此，要在总体上降低我国物流费用，降低物流总支出占GDP的比重，还必须依靠工商企业自身努力改善企业物流。改善企业物流，并不一定都要自己建立先进的物流中心（有能力的也可以），而是要充分利用现有物流资源，重组物流流程，加强物流管理，从而控制和减少库存、降低物流费用，提高物流效益。

因此，我们联合会，一方面要大力倡导和推进第三方物流的发展，同时要积极宣传、研究并帮助改善企业物流，促进我国整体物流水平的提高。

（四）物资供销企业要根据新的形势，不断改善营销方式。

计划经济时期，由于物资短缺，生产企业怕供不应求，以大量进货、增加库存来保证生产、建设需要。物资企业也是以大进大出为主要营销方式。现在形势发生根本变化，大多数物资供大于求，生产企业不需要大量库存来保生产。为降低流通费用和库存资金占用，要求供方企业采取少批量、多批次供货，尽量减少库存或实现“零库存”，特别是大型、贵重物资直接供应到生产线。谁能较好地适应生产企业这种要求，谁就能成为其原材料或设备的供应商。因此，物资企业必须适应这种变化和要求，努力成为生产企业供应链的一部分，按照生产企业的要求，提高柔性化的高附加值的服务，既有利于生产企业，又有利于自身发展。

团长：马毅民

成员：徐苗文　王玉娣　李厚圭　陆昊兴　耿永平　张国强　张斌

（撰稿：中国物流与采购联合会）

俄罗斯、印度物流考察报告

交流物流发展经验　开拓南北国际市场

以丁俊发为团长的中国物流与采购联合会代表团一行6人，于2002年9月2日-17日赴俄罗斯和印度进行考察。代表团先后在俄罗斯访问了莫斯科物流联合会、圣彼得堡工商经贸发展委员会、中国友谊商城、上海贸易中心、巴利捷赫(Baliteh)公司等，在印度访问了印度物流协会、迈科(Mico)汽车工业有限公司、韦普罗(Wipro)信息技术公司、信息系统(Infosys)公司、摩沙(Mokshs)信息技术公司等。通过此次考察，代表团对俄罗斯和印度有了进一步的了解，中国与俄罗斯、印度都是近邻，地大物博，人口众多，市场巨大，在许多领域互补性较大，因此，扩大双边经贸和物流领域的交流与合作具有很大潜力。

一、中国与俄罗斯、印度的经贸合作稳步发展

俄罗斯位于欧洲大陆的东部和亚洲的北部、中部，面积约1 707.54万平方公里，居世界第一位。俄罗斯联邦是原苏联面积最大、人口最多、经济最发达的加盟共和国。苏联解体后，俄罗斯全盘接受美国等西方国家推荐的经改药方，采取"休克疗法"，推行以大规模私有化和全面自由化为核心的激进经济改革，经济连年下滑。1999年受卢布贬值和国际市场油价上扬以及普里马科夫政府大幅调整经济政策，加强国家宏观调控等内外多种因素的综合影响，俄经济呈现好转势头。2000年，普京总统继续推行稳健的社会经济政策，致力改善国内投资环境以吸引外资，加紧推行税制改革，促进了国内工业复苏和经济发展。

中俄两国是山水相邻的友好邻邦，近年来，随着两国战略合作伙伴关系的确立，双边经贸关系也取得了稳步健康的发展。2000年，双边贸易额走出近年来的徘徊局面，达到80亿美元的历史最高水平，同比增幅达39.9%。其中，中国向俄罗斯出口22.3亿美元，同比增长48.7%；从俄罗斯进口57.7亿美元，同比增长36.73%。目前，俄罗斯是中国第九大贸易伙伴，中国也是俄罗斯的第六大贸易伙伴。从进出口商品结构来看，中国向俄罗斯出口的主要商品有各类服装、鞋类、粮食和机电产品等；从俄罗斯进口的主要商品有铝锭、化肥、成品油、原木、纸浆等。

朱镕基总理访问俄罗斯时指出，中俄双方在经济上各具优势，互补性强，只要共同努力，就一定能迅速使双边经贸关系上升到一个崭新的水平。他指出，俄罗斯有丰富的自然资源，如石油、天然气和森林资源等。双方在这方面的合作将很有前途。俄罗斯在高新技术，包括航天技术等方面都具有世界一流的优势。在这一方面，只要我们相互信任，加强合作，就会为经贸合作的快速增长奠定很好的基础。他认为，中国方面的优势是农业。中国的粮食、油料、肉类、蔬菜和水果，都非常丰富，而且价钱便宜，完全可以向俄罗斯大量出口。中国的彩电、空调、电冰箱、洗衣机等消费品生产最近几年得到了很大发展，中俄两国可以采取加工贸易方式在这方面进行合作。

印度共和国位于南亚次大陆，面积约300万平方公里，面积居世界第七位，人口约10.27亿，居世界第二位。印度从1991年开始实行经济改革，近年经济增速较快，国内生产总值(GDP)年增长率达6%。2000-2001财政年度，印度全国GDP总量为4 598亿美元，人均GDP约450美元。印度的三大产业在国民经济中均占有重要地位，三大产业占国民经济的比例(以1999-2000财政年

度为例)分别为:第一产业占29%,第二产业占24%,第三产业占47%。印度的六大基础工业产业为石油、石化、煤炭、电力、水泥和钢铁,但印度六大核心产业的成长率已由前一年的8.1%衰退至去年的2.2%,而印度IT产业的成绩正蒸蒸日上。近年来,印度软件出口每年以60%的速度增长;2000年,印度的软件出口总额达到62亿美元,占印度全部出口额(440亿美元)的14%。根据麦肯锡公司的预测,2008年印度软件产值将达到850亿美元,其中出口创汇达500亿美元,占印度出口总额的33%。

中印双方的友好交往是人类文明史上的重要篇章,中印经贸近年平稳发展。1991年双边贸易额仅为2.56亿美元,到2000年已增至29.14亿美元;2001年,中印双边贸易额进一步增至35.96亿美元,同比增长23.4%。预计2002年双边贸易额可以超过40亿美元。印度是中国在南亚地区最大的贸易伙伴。中国对印度主要出口商品是:生丝、杂豆、纸张纸浆、松香、焦炭、医药产品、轻工业品、纺织品、化工品、食品、金属制品、机械设备等。中国自印度主要进口商品是:铁矿砂、铬矿石、宝石、钢材、皮革、植物油、南药、化工原料等。

朱镕基总理访问印度时说,近年来,中印高层交往增多,双边贸易连年保持两位数的增长,2001年达到30多亿美元,其他领域的合作交流不断扩大,两国就扩大合作签订了一系列重要协议。中印双方经济快速增长,互补性强。扩大合作与交流潜力巨大,前景广阔。

二、积极开拓俄罗斯、印度南北国际市场前景广阔

2002年将是俄罗斯为加入世贸组织采取大动作的一年,也是最为关键的一年。加入世界贸易组织必定会对俄罗斯社会经济生活各方面,以及对国际贸易格局产生巨大而深远的影响,对中国企业发展与俄罗斯的经贸合作也提供了广阔空间和新的机遇。加入世界贸易组织之后,按世界贸易组织的规则,俄罗斯必须从根本上修改完善法律制度,增加透明度,严格执法,按国际惯例和市场机制组织经贸活动。这有利于中国公司按正规途径进行报关纳税、销售和结算,有利于参与公平竞争,减少、避免和解决经济纠纷和摩擦,从而使我国企业的合法利益得到保障。为适应俄罗斯须将关税水平降低到5%的标准(目前的平均关税水平为25%),俄罗斯政府已经从2001年1月1日起,调整归并进口商品名目,把目前的7种税率减为4种,将3 500多种商品的进口税降到20%以下,另外11 000多种商品的税率也将降低。这为降低进口成本,扩大出口潜力,提高中国具有传统优势的商品在俄罗斯市场的占有率提供了机会。

为适应俄罗斯加入世贸组织之后的发展趋势、市场竞争与贸易规范的要求,充分发挥中俄两国资源互补的优势与潜力,不断提升两国的经贸发展水平,以及为两国良好的战略协作伙伴关系充实经济基础,许多中国企业逐渐提高了认识,开始重视俄罗斯市场,努力发挥优势,扬长避短,争取捷足先登。众所周知,俄罗斯的轻纺与日用品工业不够发达,有很多机会可以利用。中国的各类服装、鞋类、食品、家具、建材、玩具、药品及家用电器等多种产品,不仅可以直接出口,合资生产经营,就地销售或出口第三国,还可以带动相关技术设备、商品和劳务的出口。如俄罗斯森林资源丰富,但采伐加工缺人手、设备资金和技术,市场需要建材和家具;中国劳动力丰富,也有必要的设备,需要木材。若能找好合作伙伴,派出工人,带去设备,加工木材部分出口国内或其他国家,还可以联合生产适销对路的家具等等。此外,在俄罗斯利用双方的各自条件进行蔬菜、水果的种植和食品加工也是很有前途的事情。如黑龙江省东宁国际经济技术合作公司自1992年以来在俄承包或合作经营农场,种养结合,农副互补,工贸一体,多种经营,取得了较好的效益。8年间,共执行合作项目300多个,外派1.2万人次,成交额达2.2亿美元,创利1 000多万元人民币。还有巴利捷赫(Baliteh)技术公司,该公司是进入俄罗斯市场比较早的中国公司,经营餐饮、贸易、食品加工和机电产品。该公司能够从实际出发,灵活经营,充分调查和利用中国和俄罗斯市场

资源,积极开展投资少、见效快的项目。特别是在经销塑料加工机械的过程中,公司逐步与俄罗斯工厂合作,利用廉价的厂房和技术工,组装和销售来自中国质量好、价格低的塑料加工机械,同时为其他合作企业生产塑料产品。另外,在科技开发合作领域,俄罗斯有许多具有世界先进水平的工艺技术,但是因资金匮乏尚处于研发或实验阶段,中方企业可以有选择地进行一些合作开发,引进国内,联合试验和生产,以缩短独自开发研制的周期,并大大节省费用。

同时,许多中国企业也深深体会到:提高产品质量是根本,树立品牌意识是核心。俄罗斯政府正在整顿市场秩序,逐步取消不规范的商业经营模式,并将陆续关闭一些跳蚤市场,代之以现代化的大市场、超市和商城。中国企业不仅要在提高质量,改善产品结构,扩展经营领域,树立品牌形象等方面狠下工夫,还要遵纪守法,规范经营,诚实守信,提高自身素质,不断适应市场和环境的变化,增强竞争能力,实现从低档、低效的粗放式经营向质优高档品牌的经营方式转变,从根本上改变中国商品在俄罗斯市场上的形象,充分地发挥中国企业开拓俄罗斯市场的潜力。

1996年中俄总理会晤达成协议,中国政府决定在莫斯科开设中国商城——俄罗斯中国友谊商城,这是国有商业在海外惟一的投资项目,也是中国在俄罗斯最大的投资项目。友谊商城是综合性大型百货商场,位于莫斯科新村街4号,建筑面积1.6万平方米,环抱地铁站,毗邻火车站,人流密集,交通十分便利,每天从商城周边经过的人流超过10万人次。友谊商城的宗旨是:重塑中国商品形象,扩大对外出口。友谊商城确立了中国商品的良好品位和形象,成为中国商品开拓俄罗斯市场的重要载体。商城里60%的商品是中国产品(包括外国企业在中国定牌生产的),除了“海尔”、“海信”、“格兰仕”电器,“李宁”服装和“兆峰”陶瓷等中国名牌商品外,商城还特设了中国茶馆、餐厅和中医诊所。中国友谊商城的形象已经初步确立,影响力也越来越大。现在,商城里客流量明显增加,虽然租金水平相当于俄罗斯一流的中央百货商场,但已租的有四五家想扩大面积,排队候租者也已达30多家,其中有不少国际知名品牌。

2002年1月俄罗斯上海贸易中心有限公司也正式成立,总部设在圣彼得堡市。该公司由上海最具实力的企业集团共同出资组建,充分利用双边政治、经济和地缘优势,全方位、多层次推动中俄经贸、科技和文化的交流与合作。主要业务为:进出口贸易、服务贸易和投资合作。该公司以“诚信合作、共同发展”为经营理念,立足当前,着眼未来,优势互补,将逐步成为跨国型、多元化、综合性的现代企业。

20世纪90年代以来,印度全面推行经济改革,经济快速发展,年均增长6%以上,已经建立起比较完备的经济体系。印度的第十个五年计划中,经济要增长8%,到2010年,印度人均收入将达到现在的两倍。印度政府始终坚持对外开放,把印度经济发展纳入全球经济之中,从而加快了印度经济全球化的进程。1996年大选上台组成的德维·高达政府和其后的古杰拉尔政府,坚持了拉奥政府重新启动的印度经济全球化进程,明确表示“任何以就业为导向的、与农业密切相关的、创造就业机会的和引入新技术的以及扩大出口的外资,我们都欢迎”。1998年大选中上台的瓦杰帕伊联合政府在施政纲领中允诺:“认真研究全球化的影响,制订适合我国国民经济状况和要求的时间表”和“我们将出台有关世界贸易组织问题上的计划”。

为此,印度政府首先是实行了自由进口政策。1993–1994年度几乎完全取消了进口许可证,对外贸易快速增长,到1999–2000年度,进口贸易额增加到472.12亿美元。其次是积极引进外国投资。向外国商人开放股市,允许他们在印度股票市场投资,还允许他们在印度金融部门投资。同时也允许外商在一直受到保护的石油、天然气、电力及旅游等领域进行直接投资。再次是大幅度降低进口关税税率,使印度的关税税率更适合世界贸易组织的要求。印度签署的国际信息技术协议承诺:信息技术及其产品可自由输出输入,到2000年95种商品的关税降至零。另外是扩大服务贸易领域的对外开放。在有利于吸引外资、引进技术和增加就业的前提下,向外商开放33种服务领域。印度将逐步使卢比成为可兑换货币,并允许印度公司在海外证券市场上从国际金融市场融资,同时支持印度公司从事海外投资,走向世界。

印度加速经济全球化进程给经济发展带来了重要影响,在传统产业不断发展的同时,信息产业等新兴产业增长最快。印度的软件产业是在政府的持续推动和美、欧市场的强力拉动下发展起来的,世界银行的调查评估显示,印度软件出口的规模、质量和成本等综合指数名列世界第一。目前在全球按客户要求设计的软件开发市场上,印度已占据了16.7%的市场份额,全球500强企业中有185家公司把部分业务外包给了印度的IT公司、有135家企业使用的是印度制作的软件。如今的印度,超过1 000人的软件公司有上百家,前五位的公司基本只做软件开发,员工人数都在5 000人以上。印度软件公司中有170家公司获得ISO9000质量标准认证,是世界上获得质量认证软件企业最多的国家。不论是印度数一数二的IT企业韦普罗(Wipro)信息技术公司和信息系统(Infosys)公司,还是摩沙(Mokshs)信息技术公司等中小IT企业,都十分注重企业文化和科学、规范的管理。其主要共性体现在:第一,高度重视企业的国际化,不断增强国际竞争力。第二,高度重视软件的服务加工,核心业务主要集中在IC设计、电信和系统集成等三大领域。第三,高度重视软件产品的质量。从人员培训、软件开发的标准化、系统化管理,到软件最终的质量检测,无一不按照国际标准来要求,到2001年,全世界通过软件企业最高质量认证(SEI-CMM 5级)的企业只有72家,印度就有42家,而仅班加罗尔一地就有19家。第四,高度重视软件人才的培养,促使企业跨越式发展。

由于特殊的产业优惠政策、低廉的劳动力成本、充裕的高素质人才和语言优势,印度也成为西方跨国公司投资软件业的首选之地。据印度国家软件园统计,2000-2001年度,班加罗尔排在前10名的软件出口企业中,就有6家是国外大跨国公司,如Digital Equipment,Lucent Technology,HP,IBM,Philips等。西方跨国公司利用自身的市场资源、资金优势和管理经验,成为印度软件产业发展的引导性力量。我国深圳华为公司也在班加罗尔设立了一家子公司,经过3年的运作,目前已有员工600多人(其中印度员工500人左右),并已于2001年通过了SEI-CMM 4级认证。

近年来,印度的服务业、生物化工、电信业的发展速度也很快,特别是印度的制药行业取得了飞速发展。多家印度制药企业的年销售规模已经超过了1亿美元,而且企业的国际化程度高,在世界医药市场上的影响力大。为了打开西方市场,印度的制药企业还收购了一些欧美企业。1996年,印度Sun Pharmaceuticals公司收购了美国底特律的Caraco制药公司,进入了美国市场;印度最大的制药公司Ranbaxy收购了拜耳的非专利药子公司Bayer Basics,进入了德国市场。印度2000年非专利药的出口额为16亿美元,预计2005年达到50亿美元。除了软件和制药以外,印度在农产品、海产品、矿石、建材、有机化学、专业服务和视听器材等方面也具有一定实力,印度企业与中国企业也有多方位的交流与合作。同时,印度企业也希望与中国的纸张纸浆、焦炭、医药产品、轻工业品、化工品、金属制品、机械设备等生产和制造企业直接交流与合作,从而进一步降低交易成本,提高市场占有率。另外,1999/2000年印度政府大力推行第二阶段经济改革,主要目标是发展基础设施,中国煤炭建筑总公司抓住这一机遇,利用其人才、技术、设备和管理优势,不断开拓业务,承接各种基建项目。

印度是我国在南亚地区最大的贸易伙伴,两国在经济上有三个共同点:第一,两国都是发展中国家;第二,两国居民都有较多的个人存款;第三,两国的经济改革都在进一步深化。朱镕基总理访问印度时指出,中印是两个最大的发展中国家,我们的人口加起来占世界的1/3。在新的世纪,我们都肩负着促进自身发展、推动人类进步的历史使命。中印关系稳固了,亚洲团结、稳定、繁荣的希望就增大了。我对中印关系的发展充满信心。让我们着眼长远，增进信任，扩大合作，开辟中印两国友好关系的新纪元。为推动两国合作迈上新台阶，他建议：一是鼓励两国人民多往来，加深了解。为扩大两国人员往来和商贸合作，中国东方航空公司开通了从北京到德里的定期航班，中印两国将实现直接通航。二是欢迎印度工商界朋友到中国开拓商机，也继续鼓励本国企业到印度投资办厂。三是建议尽快召开中印经济科技联合小组第七次会议，确定今后一个时期经贸合作的具体事宜。中印也需要加强在世界贸易组织中的协调和区域经济组织中的合作。

三、俄罗斯、印度积极推动现代物流业的发展

莫斯科物流联合会长期致力于推进俄罗斯现代物流理念、技术、设备和管理的现代化，积极组织各种形式的培训班、研讨会和展览等活动，开展行业自律，制订行规行约，参与行业标准和国家标准的制订修订，协调政府的管理职能，为现代物流产业发展提供良好的制度环境。多年来，俄罗斯的各种运输形式都得到了较大发展，并建立起了统一的运输系统。俄罗斯铁路干线长 8.76 万公里，占世界铁路干线的 7%；铁路货运量占世界的 35%；公路长 75 万公里，汽车运输是俄罗斯最主要的运输方式，占全国全部货运的 80%；内河航线 10 万公里；空运航线 80 万公里(包括 20 万公里的国际航线)。莫斯科物流联合会还利用会刊和网站大力提倡现代物流资源的整合，强调运输(铁路、公路、水运、航空、管道五大运输)、储存、装卸、搬运、包装、流通加工、配送、信息处理的整合效应。现在，俄罗斯的天然气、石油和石化产品等都是通过管道运输等多式联运来完成，专业化管道运输比铁路运输便宜 50%，同时多式联运可以利用有限资源降低成本、提高效率。

圣彼得堡工商经贸发展委员会在大力促进俄罗斯工业和商贸经济发展的同时，还积极推动俄罗斯海洋运输业和港口建设的发展，鼓励多种形式的合作与交流，提倡现代物流技术和管理。据介绍，海洋运输是俄罗斯统一运输系统的重要组成部分。目前，俄罗斯商船差不多遍及世界各个海域，到达 124 个国家、1 100 多个港口。海运货物主要有煤、木材、矿物产品、谷制品、盐、机器设备等。80 年代以来，俄罗斯在海洋运输中不断进行更新改造，广泛采用先进现代物流技术和设备，从而进一步提高海运过程的机械化和信息化管理水平。

莫斯科物流联合会也大力提倡现代物流的精髓——为客户服务的理念：为客户选择最合理的运输方式、最短的运距、最适宜的包装、最少的仓储、最快捷的信息、最合理的费用、最佳的服务，是物流企业的根本原则。目前，俄罗斯许多港口运用了现代物流技术，货物装卸设备实现了现代化，为货主改善了服务条件，使货物发送和装卸能力得到极大提高，提高了货物周转率，如圣彼得堡港口提高装卸作业量 4.6%，实际装卸能力达到 790 万吨。2002 年 1–5 月份，俄罗斯海港共装卸货物 3 900 万吨，与 2001 年同期相比，货物装卸量增加了 13.7%。

印度物流协会成立于 1975 年，是国际采购联盟的成员，现有 34 个分会，5 500 多个团体和个人会员。印度物流协会大力开展物流学历教育，开设了本科和研究生课程，另外还有采购经理证书班、采购员证书班和国际供应链管理证书班。该协会每年都要组织国内和国际的大型培训班、研讨会和展览会等，并积极参与各种形式的国际活动，不断扩大协会的影响力，促进发展经贸、技术和管理等方面的交流与合作。协会为会员提供全方位培训服务的同时，还参与行业标准和国家标准的制订修订，开展学术、商贸和社会福利的研究，出版发行会刊，积极推广采购经理指数，鼓励青年学者和管理者的创新精神和竞争意识。

据印度物流协会介绍，印度铁路是印度主要运输手段之一，总长度居亚洲第一位，世界第四位。公路运输发展较快，已承担了全国货运量的 50%，为世界最大的公路网之一。公路承担着全国 80%的客运量和 60%的货运量。政府计划“十五”期间在全国修建 1.3 万公里的公路，其中“新德

里–孟买–加尔各答”一带 6 000 公里的公路预计 2003 年完工，剩下的 7 000 公里将连接印度的北部、南部和东部各邦，预计 2007 年完工。在空运方面，目前政府正在让国内的两大航空公司进行私有化改造。海运能力居世界第 18 位，海港 150 多个。孟买为印度最大港口，海运的 1/5 和集装箱运输的 1/2 经过这里；其他重要海港有加尔各答、马德拉斯、科钦、果阿等。国内航空货运量为 2 亿多吨/公里，国际货运量 4 亿多吨/公里；航线通达各大洲主要城市。印度有新德里、孟买、加尔各答、马德拉斯和特里凡特琅五个国际机场；国内机场 88 个。

印度物流协会强调现代物流要以信息技术为支撑，信息网络技术是现代物流的生命线。该协会利用印度信息产业发达的优势，开设电子商务课程，提高企业信息化水平，努力开展与物流、采购和供应链有关的信息技术和管理的推广活动。由于协会为物流企业和 IT 企业创造了一个交流与合作的平台，许多物流企业和 IT 企业以及个人也都加入到协会，积极参与协会的各种活动，加强沟通，增进了解，达到多赢。印度迈科汽车工业有限公司、韦普罗(Wipro)信息技术公司、信息系统(Infosys)公司和摩沙(Mokshs)信息技术公司都是协会的会员单位，他们之间互相学习、支持、交流与合作，共同推动印度现代物流业的发展。迈科公司的发展壮大，也得益于现代物流技术和管理的应用。

印度迈科 (Mico) 汽车工业有限公司于 1951 年成立，德国博世(Bosch Group)集团占有 60.5% 的股份。博世集团成立于 1886 年，业务遍及全世界 130 个国家和地区，公司员工总数超过 22 万人，产品涉及汽车装备、工业技术、消费品和建筑智能化等三大领域。博世集团作为世界上最大的汽车原厂配套装备的独立供应商，有 120 个生产设施基地，印度的迈科公司就是其中一个。迈科公司属加工贸易型企业，有 2 个子公司和 3 个工厂，主要生产燃油喷射系统、喷油嘴和喷油器、火花塞和电工工具等产品。迈科公司运用现代物流技术和管理，以“速度+质量”为原则，与 2 000 多家供应商联网，并形成产业链，同时，逐步建立起 4 000 多个销售和服务网点。公司在印度的汽车零配件市场和汽配售后服务方面占主导地位，特别是博世品牌汽车零配件分销服务业务，2001 年公司销售总额近 40 亿美元，利润 6 000 多万美元，出口额近 5 000 万美元。

四、几点体会

（一）开拓南北国际市场，离不开政府的支持和企业的参与

互为最大邻国的中国和俄罗斯，几年来两国战略协作伙伴关系发展顺利，成果显著。1996 年，叶利钦总统访华时与江泽民主席达成共识，建立中俄总理定期会晤机制，总理会晤机制下设八个分委员会，包括经贸、能源、运输、航天、核能、银行等。中俄两国政府不断巩固两国间业已存在的友好合作关系，而且进一步规划两国关系的未来发展。普京总统曾表示，俄罗斯高度重视发展俄中关系，俄决心与中国发展全方位、多层次、高水平的关系。他指出，《中俄睦邻友好合作条约》是指导双边关系发展的纲领性文件。两国高层及其他各级别的交往日益密切，政治互信达到更高的水平；经贸等各领域的务实合作迈上了新台阶，并呈现继续扩大的势头；双方密切配合，对加快上海合作组织建设、维护本地区和平与稳定发挥着重要作用。江泽民主席也指出，该《条约》潜力的挖掘将使俄中两国在政治、经济、军事、人文以及其他领域的协作得到进一步的深化和扩大，并有利于我们两国在国际事务中进行更加密切的配合。经贸合作是发展两国关系的基础，对于充实两国战略伙伴关系也至关重要。

同样，中国和印度互为重要的邻国，也是世界上最大的发展中国家。朱镕基总理访问印度时表示，中印两国友谊源远流长。中印相互学习、共谋发展，不仅造福于我们两国人民，也是对人类社会进步的巨大贡献。纳拉亚南总统也表示，印度和中国都是文明古国，都在取得较快的经济发展，是世界上两支重要的政治和经济力量。经济发展、友好相处的印度和中国相互学习、相互支持，将为世界的和平与发展做出积极贡献。

中国和印度都已成为世贸组织成员，俄罗斯也会很快加入WTO。因此，中国、俄罗斯和印度的企业应该抓住机遇，积极参与开拓南北国际大市场，促进双边贸易平衡、持久和深入的发展。相对来说，中国企业在天时、地利、人和等方面都具有一定优势，应在政府的支持下，大胆实施“走出去”战略，积极应对，扬长避短，不断开拓创新进取，充分利用好国内和国际市场资源，把南北国际市场与中国市场联成一体，为中俄、中印的经贸交流与合作做出应有的贡献。

（二）发展现代物流业，离不开企业的壮大和行业协会的推动

20世纪80年代以来，跨国企业在全球范围内对采购、生产和营销进行统一布局，提高信息化和规模化程度，从而实现降低交易成本和物流成本，不断扩大市场占有率。跨国企业的专业化分工越来越强，供应链管理越来越重要，同时物流环节的外包也成为提高企业核心竞争力的重要手段。传统的运输、仓储、码头、货代和批发零售等企业逐渐转型，成为提供供应链管理服务的第三方物流企业。现代物流企业的发展，与其客户的物流服务需求、生产制造和批发零售等企业的经营规模及范围密切相关。因此，生产制造和批发零售等企业需要进一步壮大，经营规模越大、经营范围越广，作为非核心业务的物流管理和运作外包的可能性就越大，现代物流业发展的速度就越快。另外，仓储运输企业、第三方物流企业、物流IT企业以及物流中心的发展壮大，也为生产制造和批发零售等企业提供了更好的发展空间。

发展现代物流业，需要企业间的交流与合作，同时也需要为企业提供交流与合作平台的行业协会的大力推动。莫斯科物流联合会和印度物流协会，能够积极引导和促进整个行业的发展，大力开展科技、教育、培训和国际交流活动，推动现代物流技术和管理的应用，培养了大批现代物流技术和管理人才，并且积极寻求政府对物流产业发展的支持。

（三）加入WTO，提高企业国际竞争力，离不开科技和管理人才的培养

近年来，尽管俄罗斯高校财政状况困难，政府对高校的拨款还是逐年递增，2001年比2000年增加了46%，2002年比2001年又增加43%，这在国家各项预算中是增长最快的。俄罗斯利用各种教育和培训形式，源源不断地为各行各业培养出了大批科技和管理精英，尤其在航空航天、军事、数学、物理、化学、信息等领域仍是人才济济。因此，教育水平高、重视人才培养，使俄罗斯企业不断提高国际竞争力，始终孕育着巨大的发展潜力。

印度软件产业短短十几年中从无到有的发展“奇迹”，也绝不是一个孤立、偶发的经济现象，而是印度独立50余年来在经济建设、教育科技、外交安全和社会发展等方面所实施的各种战略与政策的一项综合性累积成果。印度软件产业发展的最大特色是在经济、科技及教育政策基础上，成功地实施从“人才链”到“人才网”的人才资源开发战略。凭借这种“人才链”的传承机制，使得科技知识在积累中得以创新与发展，并通过商品化、产业化结合必要的生产要素形成高新技术的“产业链”。以拉曼教授为代表的高科技人才链、其他多层次的科技人才链、软件人才链与海内外泰米尔企业家的人才链等为基础，在各种政策因素的正面推动下，通过“软件园”和“电信港”计划的实施，形成了班加罗尔、海德拉巴、马德拉斯“软件产业金三角”，结成一个印度软件科技人才的国际网络。培养科技和管理人才是印度软件产业从南部起飞的重要条件，也促进了印度的软件产业的标准化、法制化、现代化和国际化水平，实现了跨越式发展。

团长：丁俊发

成员：陆昊兴　马正武　胡长顺　李晓斌
杨天庆

（撰稿：中国物流与采购联合会）

国外物流

国外发展现代流通产业情况

2002年8月5日，国务院办公厅第10期《参阅文件》刊载了原国家计委办公厅的文章《国外发展现代流通产业情况》，并加了按语。按语全文如下：

国务院副总理李岚清对国办秘书局《信息参考》第53期刊登的“国外发展现代流通产业情况”一文批示：这篇短文写得很好，建议增印给国务院各部门和各地领导同志一阅。计划经济与市场经济的重大区别之一，就是前者为生产决定流通和消费，而后者则是消费(市场)、流通决定生产。但至今还有许多同志对社会主义市场经济条件下流通的重要性特别是现代流通方式和产业的重要性认识不足，这势必大大制约我国先进生产力和竞争力的发展。根据国务院领导同志批示精神，现将本文印发各地、各部门参阅。

《国外发展现代流通产业情况》全文如下：

一、现代物流业发展是综合因素作用的结果

现代物流是指原材料、产成品从起点至终点及相关信息有效流动的全过程。它将运输、仓储、装卸、加工、整理、配送、信息等方面有机结合，形成完整的供应链，为用户提供多功能、一体化的综合性服务。20世纪80年代中期以来，随着经济全球化和信息化进程的不断加快，物流业作为具有广阔前景和增值功能的新兴服务业，在全球范围内获得迅速发展，被称为“现代物流革命”。

从需求角度来看，制造业全球生产体系的形成、零售业全球化的分销和配送体系的发展，是构成推动物流产业升级的主要利润空间和来源。从供给角度来看，企业采用“第三方物流”形式，通过资源整合提供完整高效的“供应链管理”，是新兴业态获取产业利润的主要模式和手段。从产业发展环境来看，国际贸易和投资自由化的推进、高度发达的交通通讯基础设施、国际通用运输仓储标准的推行、渠道衔接通畅的多式联运设施、社会化程度较高的物流生产组织等，是支撑物流产业升级的主要因素。

二、现代物流业成为企业提高国际竞争力的重要手段

(一)企业的竞争要求使物流管理成为核心目标

20世纪80年代以来，从市场需求变化趋势看，市场范围在空间上不断延伸，原来分割的国家或区域市场正逐渐演变成一个统一的全球市场。同时，产品生命周期越来越短。为了实现争夺市场和降低成本的双重目标，跨国公司一方面在全球范围内进行生产和营销体系布局，另一方面通过提高及时供应减少库存以降低成本，物流管理成为企业管理中的关键环节。

(二)制造业全球生产体系是推动现代物流业发展的主要动力

目前制造业的全球发展趋势，是跨国公司根据其全球战略需要，在全球范围内对生产和营销进行统一布局，构建全球生产体系。这一生产配送模式的重大变革，刺激了国际物流的发展和物流资源在全球范围内的整合。例如美国通用汽车公司，仅在北美地区就拥有30多个制造厂以及10多个主要供应商，公司建有完备和灵活的国际物流系统。

(三)新兴零售分销业态是促进现代物流业发展的重要因素

近年来，国际零售分销业态发生了根本变化。通过不断整合，大大提高了规模化程度，遍及全球的连锁经销网络和采购配送网络逐步形成。这一

新兴业态成为促进现代物流业发展的重要因素。美国的沃尔玛、法国的家乐福等都是实现规模化、网络化、连锁化经营的零售企业的典型。连锁经营必须由高效的物流配送系统来支撑,其成功与否,很大程度上取决于配送系统是否完善。随着全球连锁经销网络的发展,现代国际物流也随之得到长足发展。

(四)“第三方物流”提供“供应链管理”是物流升级的基本模式

在竞争压力下,生产和零售企业对物流管理形成强大需求。同时,物流环节的外包生产,也成为企业专业化分工以提高其核心竞争力的重要手段。在此激励下,传统的运输、仓储、码头、批发零售等企业纷纷转向提供供应链管理的“第三方物流”企业。这类企业的发展趋势是增强物流管理功能,扩大物流的高增值服务。

三、不同国家和地区的现代物流业发展各有特点

不同国家和地区现代物流业的发展有很大区别,主要表现为:

一是目标市场不同。美国物流业的发展是以国内市场为基础,逐渐向全球市场扩展。日本是以海外市场为主,国内市场为辅。香港和新加坡的国际都市经济特点,使其成为依托港口和地域优势,发展国际物流的枢纽。

二是企业组织结构不同。美国的生产和零售企业之间的批发环节作用较弱,生产企业是通过生产、销售的网络,零售企业是通过采购、销售的网络,建立起物流业的基本构架。日本是在生产和零售之间发展综合商社的组织形式,批发商的作用较大,发展配送网络和系统是其物流业的一大特色,因此,日本物流组织的社会化程度比较高。

三是各国政府在发展物流业中所起的作用有所不同。如美国政府的鼓励政策,重点之一是理顺产业运作机制。20 世纪 80 年代初,美国政府制定了汽车运输业管理法案,放松对汽车运输的管制。此后,又陆续通过了一系列的运输改革政策,目的是减少国家对运输业的控制和约束,推动运输业更接近于自由市场体系。重点之二是在物流技术方面积极推进多式联运,在其颁布的《多式联运法》中明确提出,发展国家多式联运运输系统是美国重要的运输发展政策。美国《2000-2005 年运输部战略计划》指出,21 世纪美国运输系统的四大特征之一是多式联运。

日本物流业的发展与美国有所不同,日本政府在鼓励物流业发展中发挥了较强的导向作用。一是提高物流社会化程度,大力提倡混载化。日本通产省倡导发展“城市内最佳配送系统”,即围绕某个标准轴心,将城市内无规则发生的各种方向、数量、时间的货运需求加以汇总,实行混载配送。在政府大力提倡下,日本各个行业,从零售业、批发业、物流业到生产企业,对实现物流共同化、混载化都比较积极。二是非常重视物流园区的建设,从 20 世纪 60 年代至今,日本已建成 20 多个平均占地 74 公顷的物流园区。

四、发展现代物流业的几个要素

(一)搭建信息平台

20 世纪 90 年代以来,信息技术的不断发展,互联网与电子商务应用的广泛普及,大大降低了国际贸易和国际物流的运营成本,使国际物流得以长足发展。目前,国际物流的效率在很大程度上取决于新兴信息技术的应用程度,其发展趋势是建立智能化运输系统。通过发展运输实时跟踪定位系统、运输路径优化的地理信息系统、全球网络定位系统、三维条形码技术和红外线感应系统等新型信息技术,将运输仓储电子化管理过程与网络财务支持系统、电子商务融为一体。目前对于现代物流业发展来说,物流信息平台的建设与物流基础设施的建设具有同等重要的地位。

(二)完善配送中心来提高整体物流效率

在欧洲物流业发展过程中,配送中心具有相当重要的地位。其作用包括:减少仓库建设和人工成本,增加存货透明度,加强物流的流程控制。由于欧洲各国的国情不同,物流发展模式也不尽相同。在目前的物流配送中心中,既有加工配送型,也有单纯储存配送型;既有专业产品如汽车配件、

食品配送等，也有像德国不莱梅、西班牙马德里的综合物流中心；既有物流与展览展销的结合，也有跨区域的综合集成空运、海运、铁路、公路的全球物流配送中心；既有企业投资的，也有政府、社会、企业共同投资的。配送中心一般都广泛采用各种高科技手段，如信息化管理系统、电子数据监控系统、现代化立体仓库、条形码扫描等，同时还包括整套的供应链方案设计、港口电子网络化管理、仓库进出货自动化管理、卫星定位系统等。

（三）注重发挥市场机制的作用

在鼓励现代物流业发展的过程中，各国(或地区)都高度重视市场机制的作用。如日本在建设物流园区过程中，由于考虑到物流企业投资大、回收期长、社会效益显著等特点，政府对参与物流园区建设的企业提供了政策优惠。将园区内的地块以生地的价格出售给各物流行业协会。协会以股份制的方式在会员中招募资金，用来购买土地和建造物流设施，同时成立专业公司来专门运作。协会成员出资不足的部分，可通过银行提供长期低息(为正常贷款利息的30%)或无息贷款。此外，政府积极为物流园区进行相关配套设施的建设，统一规划物流园区内的交通、道路、绿化、教育、娱乐设施等项目，形成齐全的服务功能和良好的生态环境。由于物流园区的地价升值，投资者也得到相应的回报。

（四）绿色物流

现代物流业的一个发展趋势是绿色物流，即在物流业发展中将环保和可持续问题放在重要位置。其目标是解决好与物流相关的能源、环境、交通安全等问题。目前，日本正抓紧制定《新综合物流施政大纲》，其重点之一就是要减少大气污染物排放，加强地球环境保护，对可利用的资源进行再生利用，实现资源、生态和社会经济良性循环，建立适应环保要求的新型物流体系。

（五）推进物流系统的标准化

现代物流业对运输仓储资源进行高度的整合，所以标准化程度要求很高。如果没有各国统一的标准，国际物流水平很难提高。目前，美国、欧洲基本实现了物流工具和设施的统一标准，如托盘采用1 000mm×1 200mm标准、集装箱的几种统一规格及条码技术等，大大降低了系统运转难度。在物流信息交换技术方面，欧洲各国不仅实现企业内部的标准化，而且也实现了企业之间及欧洲统一市场的标准化，这就使各国之间的系统交流更简单、更具效率。韩国产业资源部正在起草的物流发展五年计划中提出推行物流设施的标准化，为此将建立一套物流设施认证体系，以保证包装机、运输车辆、传送带等物流设施和设备的质量。同时，韩国将与中、日展开更密切的合作，以降低物流成本，创建一套现代化的物流信息系统，包括统一条形码、电子文本标准化等。

（六）重视物流人才培养

随着现代物流业的高速发展，人才成为发展的重要条件之一。发达国家的经验证明，发展现代物流业，关键是具备一支优秀的物流管理队伍。在物流人才需求的推动下，美国已经形成了较为合理的物流人才教育培训体系。首先，建立了多层次的物流专业教育，包括研究生、本科生和职业教育等多个层次。许多著名的高等院校中设置物流管理专业，其中部分高等院校设置了物流方向的研究生课程和学位教育，形成了一定规模的研究生教育系统。其次，在美国物流管理委员会的组织和倡导下，全面开展物流在职教育，并建立了美国物流业的职业资格认证制度，如仓储工程师、配送工程师等职位。所有物流从业人员必须接受职业教育，经过考试获得上述工程师资格后，才能从事有关的物流工作。日本也非常重视在职培训，日本物流管理协会的在职培训分为两种：一种是长期培养，为期6个月，其中有30天时间是听专门讲座，其他时间讨论、交流经验，目标是提高综合性物流管理能力；另一种是短期(3-5天)培训，主要是专门课题培训。

（供稿：国家发展和改革委员会宏观经济研究院
对外经济研究所　林大建）

美国物流

一、美国企业的物流管理效率达到了创纪录的水平

(一)规模和背景

2001年，美国商业物流系统成本总支出占当年国内生产总值（GDP)102 100亿美元的9.5%，是自1980年以来的最低水平，也是自1991年以来美国当年物流成本总支出绝对值的首次下降。美国年度物流研究报告撰稿人Rosalyn Wilson(在运输行业有23年工作经验的咨询顾问)和Robert V. Delaney(Cass Information Systems公司副总裁）认为这主要是因为美国企业有效地控制了存货水平和美国的物流系统更具有灵活性。

虽然美国官方在2001年3月份才正式宣布经济进入衰退期，但一般认为美国的经济衰退实际上从2000年第三季度就开始了。这意味着总体市场销售的疲软，以至于在2001年的大部分时间里，包括制造业、批发业和零售业在内的月度存销比（Inventory-sales ratio——也称为存货销售比率，指的是一个工业部门或一家公司在一定时期内的存货与其销售额或交货额的比例。如果这一比例增长，就说明存货的增长超过了销售的增长，就应当考虑压缩生产；如果这一比例下降，就说明销售的增长超过了存货的增长，应当考虑增加生产以满足客户的需要)一直在1.42-1.45个月之间徘徊，只是到了年底才将可供应存货量降低到1.4个月的水平。相对而言，美国2000年的存销比为一季度1.31个月，二季度末1.32个月，四季度末为1.36个月。

但有趣的是，在这个过程中美国的存货资本却经历了连续6个季度即18个月的下降。尤其是在2001年，一季度和四季度的经济增长率分别为1.32%和1.39%，但却伴随着存货资本增长率的显著下降，分别为2.16%和2.19%。

事实上，2001年，包括农业、采掘业、建筑业、公共事业、服务业、制造业、批发业和零售业在内的美国商业存货资本总计为14 400亿美元，同比减少380亿美元。其中物流系统管理效率的提高应当是功不可没。

(二)结构性分析

据Delaney先生的第13期美国物流研究年度报告“Understanding Inventory —— Stay Curious”，2001年，美国商业物流系统总成本，包括存货持有成本、运输成本和物流行政管理成本在内总计为9 700亿美元，比2000年减少支出330亿美元，同比下降3.6%。具体的物流成本规模和结构如表1所示。

其中，根据Alford-Bangs公式，即由L. P. Alford和John R. Bangs创立于1955年的“企业存货持有成本分配模型”测算的存货持有成本为3 280亿美元，占全部物流成本的33.8%，同比减少490亿美元，降幅达9.8%。其中，利息支出同比下降42.1%；与存货有关的税收、过时、折旧和保险成本同比下降了4.4%；而仓储成本则与上年持平。由此可见，存货持有成本下降的主要原因是由于存货占用资金的利息支出大幅度下降。

需要说明的是，Delaney先生对2001年的存货持有成本费率取值为22.8%。这是测算存货持有成本的重要的经验系数。其中，存货占用资金利息计算所需的利率系数按年均商业承兑汇票贴现率3.8%取值(2000年的取值为6.4%)。其余各有关费率系数均按Alford-Bangs公式中的推荐值，包括保险费率0.25%，仓储费率0.25%，税费系数0.5%，运输费率0.5%，搬倒费率2.5%，贬值系数5.0%，过时系数10.0%。

表 1　　2001 年美国物流成本　　单位：亿美元

一、	存货持有成本（全部商业存货价值 14400 亿美元）	3 280
1	利息	550
2	税费、过时、贬值、保险	1 950
3	仓储成本	780
二、	运输成本	6 000
1	公路运输	4 940
2	城际卡车运输	3 330
3	本地卡车运输	1 610
4	铁路运输	380
5	水路运输（国际 190，国内 90）	280
6	油料管道运输	90
7	航空运输（国际 70，国内 170）	240
8	货运代理	70
9	与发货人相关的成本	50
三、	物流行政管理成本	370
四、	全部物流成本	9 700

资料来源：Rosalyn Wilson & Robert V. Delaney, Understanding Inventoy—Stay Curious, 13 h Annual “State Of Logistics Report” (2002).

2001年，美国运输成本为 6 000 亿美元，占全部物流成本约 62.0%，同比上升 100 亿美元，升幅 2.6%。其中，卡车运输成本 4 940 亿美元，同比增长率为 2.7%。但是，分不同的行业，货运量分别下降了 5–10%不等。一些规模比较大经营也比较好的零担运输（LTL）公司如 Roadway Express 和 Yellow Freight System 公司均报告说在三季度的货运旺季营业收入却下降了近 10%。同时，由于设备利用率低、保险费率高和燃油涨价等因素的影响，卡车运输公司的利润率普遍下降。据 BBT Capital Markets 公司的报告，2001 年，约有 4 280 余家卡车货运公司破产倒闭，是 1994 年以来最多的一年。这还不包括拥有 5 辆卡车以下的承运人。

美国的卡车运输占到货运市场的 80%以上，占全部物流费用支出的 50%以上。所以，卡车运输对美国货运市场的重要性，和卡车运输成本对美国物流总成本变化的重要性是不言而喻的。

2001 年美国铁路货运成本为 380 亿美元，比上年增加了 20 亿美元，增长率为 5.6%，是卡车运输市场增长率的 2 倍多。这主要是由于铁路运输公司提高了多式联运服务的可靠性，使得能够从卡车承运人那里争取到更多的长途整车货运业务。铁路运输公司还努力在一些非竞争性的交通时段设法提高货运费率的选择性。

同期，包括内河航运和国内国际海运在内的水运成本比上年增加了 20 亿美元。油品的管道运输成本则与上年持平。国内和国际航空货运成本比上年下降了 30 亿美元，其中美国国内空运市场份额下降了 20 亿美元。这主要是由于美国有 41 个州在 1995 年解除了对卡车货运市场的管制，使得诸如 Federal Express、UPS、Airborne 和 BAX 等从事隔天（second day delivery）快递服务的物流公司均增加了地面卡车运输的运作来代替空运。国内货代成本（扣除了代收费用以后）为 70 亿美元，比上年增加了 10 亿美元。与货主相关的费用支出主要包括货主企业运输设备的装卸费用和货运部门的运营费用等。

物流运作管理成本为 370 亿美元。该项物流成本一直是按照物流费用总支出的 4% 来测算的。

必须指出的是，9·11 事件以后美国所采取的一系列安全措施必将对美国物流系统的效率、物流成本，尤其是运输成本产生深刻的影响。

（三）趋势观察

应当说，对物流成本的考察除了要研究属于时间断面的当年成本结构，更要研究物流成本历史数据的变化趋势及其与GDP的关系。

表2给出了1981年至2001年美国物流成本与GDP关系的详细数据。

图1则是根据表2的部分数据绘制的自1981年至2001年的美国物流成本（Total Logistics Costs）指数变化趋势图。

总体上看，21年来，美国总的物流费用支出下降了40%多。其中，运输成本（Transportation Cost）下降了24%。但自1991年以来，美国运输成本基本上维持在当年GDP的6%左右。这反映了美国运输市场已经是一个充分竞争的市场。同期存货持有成本（Inventory Carrying Cost）下降了60%多，得益于快速可靠的运输手段，更准确的预测、更完善的物流系统设计和通讯手段等的支持，使得美国的企业可以减少存货并将存货更加集中存放。显然，存货管理效率的提高是美国物流系统效率提高的最主要的驱动力所在。

但这并不意味着企业仓库规模的必然缩小。据美国《仓储管理》（Warehousing Management）杂志发布的年度报告《Big 50》，2001年经营1 000万平方英尺，即约93万平方米以上仓库的公司达27家，比2000年增加了9家。这50家公司所经营的仓库总面积达6 851万平方米。其中最大的10个公司所经营的仓库面积占到近50%的份额。美军的国防后勤事务局（Defense Logistics Agency）以拥有730万平方米自建仓库而取代2000年的第一名UPS公司（2001年租用专用合同仓库622万平方米）名列榜首。零售业巨人Wal-Mart则因拥有约465万平方米自建仓库而名列第三。第四到第十名分别为Excel（专用合同仓库），Kmart（自建仓库），General Motors（自建仓库），APL Logistics （公共仓库/专用合同仓库），Sysco（自建仓库），Fleming Co.（自建仓库），Tibbett & Britten Group NA（租用公共仓库）。

如图1　曲线所示，美国物流成本的变化主要是由存货持有成本的变化决定的。所以，Delaney先生在他的报告中强调指出：每个从事物流管理的人都必须把注意力放在存货资产上，“要始终保持对存货的好奇心”。

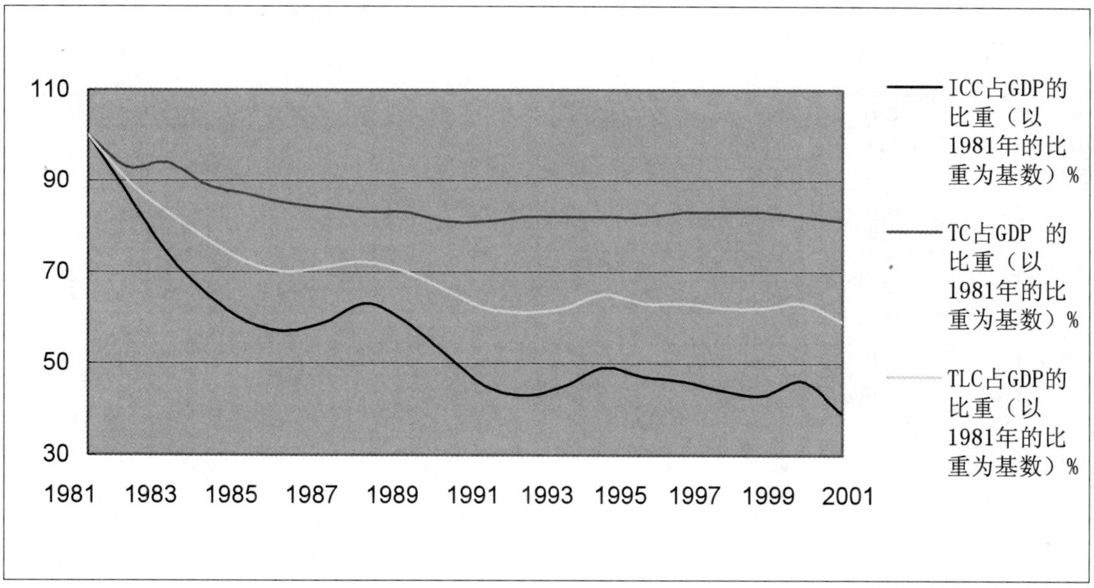

图1　1998-2001年美国物流成本指数变化趋势图

表 2 1981-2001 年美国商业物流系统成本与当年 GDP 的关系 单位：亿美元

年份	名义 GDP（单位：万亿美元）	全部商业存货价值 (VOABI)	存货持有成本比率 (ICCR) %	存货持有成本（ICC）	运输成本(TC)	物流行政管理成本 (LAC)	全部物流成本(TLC)
1981	3.13	7 470	0.347	2 590	2 280	190	5 060
1982	3.26	7 600	0.308	2 340	2 220	180	4 740
1983	3.54	7 580	0.279	2 110	2 430	180	4 720
1984	3.93	8 260	0.291	2 400	2 680	200	5 280
1985	4.21	8 470	0.268	2 270	2 740	200	5 210
1986	4.45	8 430	0.257	2 170	2 810	200	5 180
1987	4.74	8 750	0.257	2 250	2 940	210	5 400
1988	5.11	9 440	0.266	2 510	3 130	230	5 870
1989	5.44	10 050	0.281	2 820	3 290	240	6 350
1990	5.8	10 410	0.272	2 830	3 510	250	6 590
1991	5.99	10 300	0.249	2 560	3 550	240	6 350
1992	6.32	10 430	0.227	2 370	3 750	240	6 360
1993	6.64	10 760	0.222	2 390	3 960	250	6 600
1994	7.05	11 270	0.235	2 650	4 200	270	7 120
1995	7.4O	12 110	0.249	3 020	4 410	300	7 730
1996	7.81	12 400	0.244	3 030	4 670	310	8 010
1997	8.32	12 800	0.245	3 140	5 030	330	8 500
1998	8.78	13 170	0.244	3 210	5 290	340	8 840
1999	9.27	13 810	0.241	3 330	5 540	350	9 220
2000	9.87	14 780	0.253	3 740	5 900	390	10 030
2001	10.21	14 400	0.228	3 280	6 050	370	9 700

年份	TLC 占 GDP 的比重 %	ICC 占 GDP 的比重 %	TC 占 GDP 的比重 %	ICC 占 GDP 的比重（以 1981 年的比重为基数）%	TC 占 GDP 的比重（以 1981 年的比重为基数）%	TLC 占 GDP 的比重（以 1981 年的比重为基数）%	GDP 的百分比（以 1981 年为基数）%	TC 的百分比（以 1981 年为基数）%
1981	16.2	8.3	7.3	100	100	100	100	100
1982	14.5	7.2	6.8	87	93	90	104	97
1983	13.3	6.0	6.9	72	94	82	113	107
1984	13.4	6.1	6.8	74	94	83	126	118
1985	12.4	5.4	6.5	65	89	77	135	120
1986	11.6	4.9	6.3	59	87	72	142	123
1987	11.4	4.7	6.2	57	85	70	151	129
1988	11.5	4.9	6.1	59	84	71	163	137
1989	11.7	5.2	6.0	63	83	72	174	144
1990	11.4	4.9	6.1	59	83	70	185	154
1991	10.6	4.3	5.9	52	81	66	191	156
1992	10.1	3.8	5.9	45	81	62	202	164
1993	9.9	3.6	6.0	43	82	61	212	174
1994	10.1	3.8	6.0	45	82	62	225	184
1995	10.4	4.1	6.0	49	82	65	236	193
1996	10.3	3.9	6.0	47	82	63	250	205
1997	10.2	3.8	6.0	46	83	63	266	221
1998	10.1	3.7	6.0	44	83	62	281	232
1999	10.0	3.6	6.0	43	83	62	296	243
2000	10.2	3.8	6.0	46	82	63	315	295
2001	9.5	3.2	5.9	39	81	59	326	265

二、第三方物流市场的增长率明显放慢

在美国 9 700 亿美元的物流费用支出中，有一部分是用来在市场上购买物流服务，即支付给第三方物流企业(3PL)的，由此形成了所谓的第三方物流市场。

2001 年美国第三方物流市场规模为 608 亿美元，同比增长 7.4%，占物流总成本的比重为 6.3%。这是由美国权威的 Armstrong & Associates Inc.公司发布的测算数据。(参见表 3)

虽然由 Accenture 咨询公司第二次主持并由美国东北大学(Northeastern University)第 9 次实施的面向美国 500 家最大的制造业公司和 20 家顶尖的全球第三方物流服务供应商的年度调查表明有 74%的企业希望在未来 3 年内将外购第三方物流服务的预算从 25%提高到 34%，但据 Armstrong & Associates Inc.公司的数据，2001 年美国第三方物流市场的增长率只有 7.4%，而 2000 年的同比增长率却为 24%。较低的增长率直接反映了美国经济的滑坡。但是，增值的仓储和分销服务的增长率却独树一帜，达 13.3%。有专家认为，这是因为仓库管理软件系统和供应链事件管理系统的一体化运行为客户提供了更好的存货可见性，进而增强了第三方物流服务供应商在仓储或分销领域的增值服务 (Value-Added Services) 能力。

表 3　　2001 年美国第三方物流市场规模和结构

	3PL 服务供应商	总收入（亿美元）	同比增长率%
1	专项合同运输	83	2.5
2	国内运输管理	175	3.6
3	增值的仓储服务/分销	153	13.3
4	本土的国际物流运作	157	7.5
5	3PL 软件	40	
6	总的合同物流市场	608	7.4

资料来源：10th Who's Who In Logistics? – Armstrong's Guide to Third Party Logistics Service Providers, Armstrong & Associates Inc. Stoughton, WI

表 4 是 Armstrong & Associates Inc. 公司给出的 43 家美国 3PL 公司在北美地区市场按营业收入净值的排名。表中的营业收入数据是根据 3PL 公司自己的报告或者是由 Armstrong & Associates Inc.公司测算的。

值得一提的是美国军方已经开始进行采购第三方物流服务策略试点，目的旨在降低后勤成本和提高后勤服务效率。2001 年 4 月美国军事交通管理司令部通过招投标将总值 3 300 万美元的属于美国东南部三个州的经过选择的军事运输合同授予休斯敦的 Eagle Global Logistics 公司。该公司实际是一个货代公司。它所提供的物流服务仅限于除水运外的各种形式的国内运输，具体的就是在军事基地配货，然后运往目的地。所处理的货物不包括爆炸品。

三、有关的新发现和原因分析

（一）采用新的北美产业分类系统对物流系统效率评价产生影响

2001年 7 月，美国商务部的人口普查局开始切换并采用新的产业分类标准——北美产业分类系统(NAICS)，使得美国的经济结构发生了新的变化。在新的行业分类目录中，有些承认了高技术的发展如光缆制造、蜂窝通信和计算机软件复制等。有些反映了新兴的业务如寻呼和环境咨询等。有些则考虑了企业经营模式的变化如床上早餐旅馆、仓储俱乐部、电话推销办公室和信用卡保险等。

表 4　美国 3PL 公司在北美地区市场的营业收入　单位：百万美元

3PL Name	Net Revenue	Gross Revenue
Danzas AEl lnc.	3 965	3 965
Exel plc-Americas	1 633	2 319
UPS Supply Chain Solutions	1 479	2 271
Penske Logistics	1 036	2 523
Ryder	1 022	1 454
Schneider Dedic ated Operations	1 013	1 013
Tibbett & Britten Group Americas.lnc.	846	846
National Traffic Service	800	800
Menlo Worldwide Logistics	708	2 023
EGL.lnc (Eagle)	644	1 672
TNT Logistics North America/CTl	634	735
Expeditors lnt'l of Washington,lnc.	607	1 652
AmeriCold Logistics,lnc.	550	700
J. B. Hunt Dedicated Contract Services	549	549
USF Logistics	542	542
northAmerican® Logistics	525	570
Caterpillar Logistics Services,lnc.	484	484
Ruan Transportation Mgmt Systems	460	580
C. H. Robinson Worldwide	457	3 090
APL Logistics	420	714
Laney & Duke Terminal Whse Co.	300	300
FedEx Suppy Chain Services	283	435
Pacer Global Logistics Services	275	1281
LM-Logistics	260	32 000
USCO Logistics	259	313
Werner Dedicated	230	230
BAX Global Supply Chain Management	223	355
Swirt Transportation Co.,lnc.	213	213
GENCO Distribution System	210	210
Airborne Logistics Services Division	210	210
NFl lndustries	209	246
DSC Logistics	205	205
Schneider Logistics lnc.	185	2 200
Hub Group,lnc.	181	1 316
Cardinal Logistics Management	180	180
Logistics lnsights Corporation	158	390
Jacobson Companies	150	150
Kenco Logistic Services	150	190
Standard Corporation lntegrated Logistics	127	127
New Breed Logistics	120	120
Total Logistic Control,Llc.	114	135
Ozburn-Hessey Logistics	100	100
Saddle Creek Corporation	100	100

产业分类标准的变化对物流费用的结构性分析立即产生了影响。如在老的标准产业分类系统（SIC）下，2000 年 3 月美国的月度存销比为 1.31，而在新的产业分类标准下则为 1.37。实际上，美国商务部经常采用新方法和数据来测算经济活动。如 1987 年就由于 1986 年的税制改革而调高了批发商存货的价值。1996 年，从固定加权物价指数方法切换到环比加权物价指数方法。1999 年，美国商务部又重新将企业对计算机软件的投资划归最终产品。这些都对存货价值数据产生影响。

研究表明，从 1981 年至 2001 年，制造商的存销比变化在两种产业分类系统下的离散度很小。批发商的存销比变化曲线在两种产业分类系统下基本上是重合的。同期零售商的存销比却完全是离散的，每个月度的存销比数据都不相同。而零售商持有的都是产成品库存。一方面是由于市场销售的疲软导致存销比的升高，另一方面却是存货资产连续 6 个季度即 18 个月的下降。所以，Delaney 先生认为继续在原有的宏观数据的框架内来分析问题已经无法获得有关存货资产变化的新知识，必须另辟蹊径。

（二）关于存货资产结构的新发现

俄亥俄州立大学（Ohio State University）的供应链管理研究小组于 2001 年 11 月发表了对美国存货水平历史数据的探索性研究分析报告。该小组 2000 年 1 月开始接受 ProLogis 公司的委托，研究全球 1 000 个最大公司对仓库的需求情况。

但是，在研究市场对仓库的需求的同时，该研究小组顺便分析了自 1979 年到 1999 年间美国约 8 000 家上市公司的存货资产变化情况。企业的存货资产被分为三类：原材料存货，在制品存货和制成品存货。重点考察了存销比的变化，并在 1999 年的数据中剔除了销售额在 1 亿美元以下的公司。

这些公司被分成 14 个行业和 94 个部门。研究表明，几乎所有 14 个行业原材料和在制品的存销比都是下降的。但是，其中有 9 个行业的制成品存货的存销比在过去的 21 年中要么是上升了，要么是没有什么变化。研究认为，企业可以通过精益制造等方法来加大对原材料和在制品存货的控制。但制成品存货至少部分是由客户和营销组织决定的。

在过去的 22 年中，制成品存销比减少的行业包括汽车零部件，计算机和电子产品，工业耐用消费品，造纸和包装，以及制药业。其中计算机和外设制造部门的原材料，在制品和制成品存销比的下降被 LaLonde 教授称之为“戴尔效应”。

在过去 22 年中制成品存销比增加或不变的行业有：服装，纺织，化学，电器和机械设备，食品，家具和家庭用品，医疗产品，包装消费品，和批发零售业等。就服装行业的情况来看，制成品的存销比在 1996 到 1999 年是增加的，这正好对应于美国经济的强劲增长。LaLonde 教授将这种现象称之为“沃尔玛效应”——供应商持有存货以保持其在沃尔玛分销系统中的地位。

最令人惊奇的是食品部门。其原材料、在制品和制成品的存销比在过去 22 年中几乎没有什么变化。

另一个意想不到的发现是，拥有较高水平成品存货的公司却具有较高的毛利水平。维持高水平存货是因为他们负担得起为提高其产品的可得性而发生的相关费用。比如，ProLogis 公司所定位的全球 1 000 个最大的仓库使用者所租用的仓库全部是用来分销制成品的。

但是，只是用宏观数据已经不能够解释这些现象。所以，必须仔细考察个别公司的微观指标以便理解物流运作过程中正在发生的变革。

（三）制成品库存水平居高不下的原因分析

1. 产品种类增多导致制成品存货水平增加。比如，当可口可乐公司把柠檬香料加入其饮料时，就产生了 58 种存货项，有节食的、普通的、瓶装的和罐装的等。

2.由于分销权从制造商向大零售商转移导致制成品存货水平增加。因为制造商必须持有适当水平的制成品以保证可靠的服务和提供始终一贯的产品可得性。所以，持有较高水平的制成品存货在某种程度上可能反映了企业良好的品牌管理和营销战略。

3.公司间的整合也是导致制成品存货增加的一个原因。如在过去的22年中,食品类公司的数量已经从49个减少到30个。

4. 有专家认为：企业追求货运成本的节约——采用不那么可靠的货运方式，整合订单成大批量发货，和减少发货次数——也是导致存货水平增加的原因。运输费用的节约不一定能够补偿持有更多存货的费用增加。

5.从供应链管理的观点来看,在当今的经济环境条件下,零售商的力量大于制造商,而制造商的力量又大于他们自己的供应商。所以,所谓供应商管理存货实际上是“供应商持有存货”。买方说了算。所以,供应商必须为买方建立存货导致制成品存货的增加。这时卖方承担了所有的持有存货的风险。

如克莱斯勒公司向杜邦公司购买油漆，是按杜邦公司为每辆车喷漆的量付费的。克莱斯勒公司在原材料和在制品存货科目中就没有油漆这一项。杜邦公司已经把油漆的销售划为服务。

再如沃尔玛公司一直是用POS数据订货和补充库存的。现在,正在试验用这些数据激发向供应商付款。卖一个,算一个。现在,缺货和货损成本将全部落在供应商身上。应付和应收账款科目都可以取消了。

6、高水平的制成品存货与高水平毛利的关系就在于，用存货的可得性作为营销的武器和服务的优势。提供高水平的服务并获得相应的回报。对制成品存货的管理是一项市场营销活动，在目前的服务密集型的经济中非常重要。

当物流服务开始应用由事件驱动的存货可见性系统软件来管理制成品库存的时候，市场营销与物流的界限就变得模糊起来。

（特约撰稿：中国北方工业公司高级工程师　王　佐）

德国物流

德国是欧洲物流业最发达的国家之一，物流服务几乎涵盖了社会生活的方方面面，物流业已经成为德国经济发展中重要的组成部分。尽管德国经济近年来受全球经济低迷情形的影响，2001年的GDP仅增长了0.6%，2002年只有0.2%，国内各行业发展不景气，但物流业一枝独秀，依然呈现出良好的发展态势。

一、物流基础设施相对完善和发达

德国物流基础设施相对完善。四通八达的运输线路、现代化的海空港口和规模大、设施配套、技术先进、自动化水平高的物流中心、仓储设备等构成了德国相对完善的物流网络，为高效率的社会物流系统形成奠定了坚实的基础。

德国运输基础设施十分发达，公路、水路、铁路和航空运输全面发展。

（一）高速公路

德国高速公路已有60多年的历史，目前全国跨地区的公路网总长大约23.1万多公里，其中1.1万多公里是高速公路，这是仅次于美国的世界上最长的高速公路网。德国的公路被分为联邦级、州级和乡镇级三等，公路密度居世界之冠。

（二）铁路运输

德国铁路始终是大宗货物运输以及联运方面不可缺少的运输工具，因此联邦政府投入巨资推动铁路网的现代化。20世纪90年代开始将新研制的城际特快车(ICE)投入使用，其CE的设计时速为300公里，允许时速为280公里，实际时速则控制在250公里以内。其他高速路段的建造正在规划欧洲联营。

（三）航空运输

德国航空业十分发达，有完善的航空运输网。成立于1955年的汉莎航空公司是德国最大的航空企业，也是世界上重要的航空公司之一。其总部所在的法兰克福机场既是德国最大的机场，也是欧洲的空运枢纽，排名世界十大机场之列。其他的国际机场还分布在柏林–脉帕霍夫、柏林–特格尔和柏林–舍内弗尔特、不莱梅、杜塞尔多夫、德累斯顿、埃尔富特、汉堡、汉诺威、科隆/波恩、莱比锡、慕尼黑、明斯特/奥斯纳布吕克、纽伦堡、萨尔布吕肯和斯图加特等地，构成了完善的航空网。

（四）水路运输

德国历来重视发展内河航运，其天然河道基本上是南北走向。为了沟通东西部的天然河道，德国共开挖了总长度达1 800公里的多条运河，从而在全国形成了四通八达的总长约7 300公里的内河水运网。目前德国的内河年货运量在2亿吨以上，约占全国货运总量的1/4，最重要的水路是承担了大约2/3内河航运货运的莱茵河。德国的主要港口有汉堡、不来梅港、威廉港、吕贝克和罗斯托克。其中最大的海港是汉堡港。

面对世界经济的发展和欧洲一体化进程的加快，联邦政府深刻认识到未来10年物流量将有较大幅度的增长，加之德国在欧洲的政治、经济影响日益扩大以及其地理位置的特殊性，德国将成为欧洲最重要的过境物流流量大国，东西向物流量负荷将大大增加，预计未来10年过境物流量将增加50%。因此，德国对未来的物流业基础设施发展做出了相应地规划。

德国公路未来的发展目标如下：(1)创造一个有效的交通干线网，能满足长期的交通需要，同时能改善交通安全，减少对环境的影响，并顾及土地规划的利益，以使交通建设投资达到最大的整体经济利用率；(2) 交通不仅为经济发展提供支撑，而且还要为公民的自由流动提供可能性；(3)欧洲联盟内自由的交通市场必须是经济和环境容许并能承受的；(4) 创造高效率的东西向交通分布网，以适应东西向交通负荷的增长和克服长期以来欧洲分裂的局面，加快欧洲统一的进程；(5)在客流量和物流量不断增加的同时，必须减少交通对人类和环境造成的影响。因此要尽可能减少交通堵塞和机动车辆空驶，同时，促进交通重心向铁路交通和水路交通转移；(6)开拓连接城市和乡镇居民区的交通线路，以保证城乡居民的出行便利，提高其生活质量；(7) 提高交通网络中公路的质量，增加公路的数量，提高公路网的运输能力，处理好公路、铁路、航空运输之间的关系，促进综合交通运输的协调发展，发挥综合运输网络的整体效益。德国铁路公司(DB-AG)计划在 2005 年前投资 400 亿欧元用于铁路新线建设、含路网改造和购置新型机车车辆，以加速铁路现代化进程。

二、大型物流企业加速转型与扩张

德国的大型企业如 BASF、奔驰、宝马、MIO 炼油厂等其原材料、零部件、产成品的供应、仓储、分配、运输都有赖于物流企业提供的综合物流服务。这种高度社会化物流服务的流行主要是因为德国物流企业所提供的物流服务相对完善。特别是在目前欧洲经济区域一体化和市场竞争日益激烈情况下，物流企业加速了从传统业务向现代物流业的转型，并进行相应的区域性或全球性扩张。

德国邮政是欧洲最大的物流服务公司，年营业额高达 275 亿马克。德国邮政为适应经济全球化的要求，在激烈的信函、快递和物流市场竞争中取得优势，德国邮政实施了全方位扩张战略，通过一系列收购行动，迅速成为欧洲领先的物流公司，并跻身世界物流企业十强之列。德国邮政已经由过去的国家邮政局发展成为一个提供物流、信息流和资金流综合服务的世界级上市公司。具体措施：1.扩大业务范围。随着业务的发展，德国邮政越来越感到发展大件整车和零担运输业务十分必要，因为占物流市场 80%的 BtoB 物流业务，主要是以大件类货物为对象。为此，德国邮政花费巨资收购了 DANZAS 物流公司，该公司是一家主要从事大件和整车运输的企业，其运输和货物中转网络遍及整个欧洲，并延伸至世界各地。德国邮政以 DANZAS 公司为基础，将购入的其他公司的物流部门并入该公司，使客户和业务范围迅速扩大，成为德国邮政独立运行的物流业务板块。2.建立全球网络。为迎接世界经济一体化的挑战，德国邮政始终将建立全球物流网络作为取得竞争优势的重要途径。为此，德国邮政展开了从欧洲到美洲的一系列收购行动，通过在原 DANZAS 公司基础上整合其他购入公司物流部门的网络资源，迅速构建起名副其实的德国邮政世界网。目前，DANZAS 集团已在 150 多个国家开展业务。3.提供“一站式”服务。德国邮政收购各种类型的物流公司，就是想通过向客户提供综合性服务来达到扩大市场份额的目的。为此，德国邮政以 DANZAS 公司的解决方案部为基础，将各收购公司的物流解决方案部门和专业人员整合在一起，针对一些特定的行业，通过对行业知识的深入了解和行业物流服务经验的积累，运用先进的物流理念和技术手段，为客户量身订制物流与供应链解决方案，在世界范围提供真正的“一站式”服务。同时，将 DANZAS 各事业部之间以及整个德国邮政世界网内的交叉销售作为业务增长的重要手段。

P&O 国际仓储与运输公司是德国大型的物流供应商之一，主要经营国际及欧洲范围内的集装箱和商品汽车运输业务，该公司不仅在汉堡、安特卫普拥有参股的集装箱和滚装码头，而且在莱茵河上拥有 5 个全资集装箱和滚装码头，不仅拥有自己的船队、车队，而且还广泛地与其他物流配送中心合作，实施商品快速分配，年营业额约 25 亿马克。

另外，德国铁路股份公司也是欧洲最大的物流公司之一，年营业额约为 75 亿马克。

三、政府大力促进物流发展规划和建设

德国政府在促进和引导物流业发展中做了大量的工作。联邦政府在统筹考虑运输干线、主枢纽规划建设的基础上，通过广泛调查生产力布局、物流现状，根据各种运输方式衔接的可能，在全国范

围内规划物流园区的空间布局、用地规模与未来发展。为引导各州按统一规划建设物流园区，德国交通主管部门还对规划建设的物流园区给予资助。州政府则在提供建设所需要的土地、公路、铁路、通讯等交通设施，把物流园区场地出租给物流企业，与其按股份制形式共同出资，由企业自己选举产生咨询管理委员会。该委员会代表企业与政府打交道，与其他物流园区加强联系，但不具有行政职能；同时还负责兴建综合服务中心、维修保养厂、加油站、清洗站等公共服务设施，为成员企业提供信息、咨询、维修等服务。

1.做好物流的发展规划、建设和协调工作，在全国规划了 40 个物流中心及货运中心。合理的规划，使物流中心形成网络，各州政府和地方政府围绕着规划中的物流中心，积极做好选址、征地工作，并负责物流中心地面以下的基础设施建设以及连通物流中心的道路、铁路的建设，同时，通过政策调整、引导企业从事专业物流业务，为物流企业提供一个良好的经营环境。

2.推动各种运输方式协调发展，形成综合运输网，由于德国的公路上车辆多、道路拥挤，公路运输的压力大，政府一方面通过增加燃油税，另一方面建立物流中心，并考虑环境保护问题，将一部分货源从公路引向铁路，使铁路运输为公路运输分流。所以，在促进物流发展的过程中，货物的位移要合理地通过各种运输方式进行，充分发挥综合运输的作用。

3.加强公路、铁路、港口的基础建设，所有的运输基础设施均由政府投资建设，政府的资金一方面通过税收转为投入，另一方面通过土地的置换来获得。

4.政府监督物流中心的建设，引导有条件企业进入物流中心，吸引大企业和国际性的物流企业进入物流中心。

四、着眼于综合效益的物流相关政策

德国联邦交通部在 2000 年度交通报告中全面地阐述了综合化交通运输政策。德国交通部认为，交通运输政策应从经济、社会和生态这三个主要视角进行综合考虑。其任务是确保人们的出行和物资运输，同时把交通发展所产生的负面后果限制在可承受的程度内。根据德国在欧洲的地域位置和国情，综合化交通运输主要包括以下 10 大方面的内容：

1. 增强贯彻落实欧洲交通运输政策的力度，建立安全的、与环境协调的、在欧洲范围内有互操作性的开放的交通运输系统；

2. 把建设德国东部交通体系放在优先位置，恢复东西方向铁路、公路和水路通道并使之达到足够的运输能力；

3.同步执行土地规划和交通网发展规划。把居民聚居区对居住、就业、购物和休闲的综合配套设施与减少交通负荷、避免增加交通流量结合考虑；

4.建设能力强大的交通设施。在继续发挥公路在客货运输中的关键作用的同时，通过改革提高铁路的竞争地位，减轻公路的运输负担，大力支持发展短途公共旅客运输，改善国内水运的竞争地位；

5. 完善各种交通运输方式组成的交通网络。在客运方面，优化铁路客运和民航客运，把国内短距离航空运输转移到高速铁路运输；在货运方面，加强联合运输，特别要大力发挥铁路在联合运输中的作用；

6.建立公平公正的竞争条件，从税收方面采取措施，为各种交通工具在欧盟范围和德国境内建立公平的竞争环境；

7.提高交通安全程度。把提高各种交通方式的安全性放在最优先的位置，加强法规宣传、监管和相应的技术措施；

8.改进环保。对汽车按时间表强制采用 Euro-4 和 Euro-5 号排放标准，进行税收改革；强制规定公路、铁路和空港建设时的减噪环保投资比例；

9.促进技术创新。特别是对节能、少排放汽车和生态燃料的研发，以及对交通信息技术的开发应用；

10.支持交通研究。以“流动性与交通研究计划”开展智能交通、生态交通等课题研究。

（特约撰稿：清华大学深圳研究生院现代物流研究中心　魏际刚　缪立新）

日本物流

一、日本政府对物流的管理

日本实行政府主导型的宏观经济管理体制，以自由市场经济为主，以政府对经济的宏观控制、引导和调节为辅，各种经济行为围绕市场经济这个核心，在平等的经济环境和条件下，相互竞争，共求发展。政府工作的着眼点在于创造良好环境，搭建竞争平台，维持正常经营秩序，让企业自己施展本领，政府尽量减少行政干预和包办代替。

日本政府负责物流管理的部门主要是经济产业省和国土资源省，与物流管理相关的其他政府部门有：经济企划厅、科学技术厅、建设省、环境省、农林省、邮政省等。经济产业省主要负责从流通整体的角度考虑物流产业的政策、标准、结构、布局及发展战略等；国土运输省侧重交通运输和仓库管理；经济企划厅侧重中长期计划；科学技术厅侧重物流科技及物流效率；建设省侧重物流基础设施建设施工；农林省侧重农副产品、粮食、食品物流；邮政省侧重邮政物流。各部分工合作，各司其责，由日本总理府抓总的协调，重要法律、法规必须在内阁会议上通过。日本政府管理物流的方式和手段主要有如下几种。

（一）法律、政策制约，辅之以行政指导

日本政府十分重视法律、法规和产业政策，曾制定了诸如《公路运输法》、《海上运输法》、《港湾法》、《仓库业法》、《流通市街地整备法》、《物的流通基本政策》、《石油管道运输事业法》、《综合物流施政大纲》、《新综合物流施政大纲》等。政府制定这些法律、法规，并进行严格监督检查，发现违法违规行为立即取缔和惩罚，从此制约不正当经营行为。为了防止个别企业垄断和独霸市场，国家颁布禁止垄断法，由日本公正交易委员会负责监督检查。日本物流产业政策的特点是以实现合理的产业结构为目标，多种方式并用。一是发放补助金；二是税制优惠；三是长期低利贷款；四是行政指导。所谓行政指导，就是通过劝告、提示和建议等形式进行行政干预，使企业在行政压力下顺应政府运行轨道。

（二）计划、统计、预测指引方向

日本政府不冈时期和经济发展阶段制定的各种计划，对规范和指导日本物流产业的发展，起到了很好的指导作用。比如全国综合开发计划、中期经济计划、扩建交通设施构想、新经济发展计划、港湾扩建5年计划、产业结构设想、第三次全国综合开发计划、第四次企库扩建五年计划等对日本物流业的发展方向和目标都有明确定位。所起到的指导性作用也十分明显。

为了提高政府的政策制定水平，确保行政工作的权威性，日本政府各物流主管部门都很重视统计、预测和调查研究工作。经济产业省、国土运输省、农林省、经济企划厅都没有调查统计部或调查课(科)。政府要求各行业团体定期上报相关数据，由政府统计部门汇总后向民间公布，以使企业了解掌握整体情况，确定本企业经营发展战略。日本经济产业省的《通产统计》、《通产白皮书》，国土运输省的《日本物流年鉴》等都是日本物流企业重要的经营指导大纲和参阅资料。

（三）充分发挥经济杠杆的调节作用

通过减免税收、低利贷款、发放补助金、技术援助、价格管制以及项目投资等方式，引导企业顺应自己的意志行事，是日本政府进行宏观经济调控的重要手段。经济产业省对建设物流设施和进行物流设备投资，通过日本政策投资银行贷款，比率达到40%;对建设共同配送设施,最多可发放60%的补助金。经济杠杆可以引导企业顺应政府意志,沿着国家设定的目标前进,是一种十分有效的调节手段。

(四)充分依靠民间团体的桥梁纽带作用

日本政府与企业之间没有行政隶属关系,政府一般不直接管理企业。在政府与企业中间,通过民间团体承上启下,发挥桥梁和纽带作用。民间团体将政府的意向转达给企业,同时把企业的意见和要求报告给政府,使两者之间经常保持上下沟通,减少隔阂,避免误解。民间团体的工作内容包括:调查研究、宣传、启蒙、普及;人才培养教育;经验总结与表彰;国际合作与交流;统计、咨询及出版等。重要的民间团体由相关政府部门认可。

(五)审议、咨询与调查研究

为了准确决策,避免政策失误,日本政府非常重视调查评交、咨询和审议工作。中央政府各机关设立的咨询、审议机构多达200多个,其中经济产业省32个,国土运输省11个。产业构造审议会、运输经济审议会、中央批发市场审议会、运输政策审议会等都有相当的知名度。经济产业省产业构造审议会中设立的流通部会和国土运输省运输经济审议会中设立的物流部会,在参与日本物流政策审议,加强政府与企业之间的联系中发挥了重要作用。由于这些审议机构名义上是总理大臣和各省、厅主管大臣的咨询机构,办事机构设在政府机关内,广泛吸收学者、教授、专家、企业决策者、工会、干部和消费者等各类人员参加,代表各方利益,所以讲座研究问题能集中各方利益,有普遍的代表性。在政府与企业之间也有一定信誉度,能够起到调节和疏导作用。

(六)统一规划建设物流基础设施

由于铁路、公路、港口、仓库、配送中心等物流基础设施的建设,占地面积大、投资多、涉及面广、社会性强,必须由政府统一规划、布局和立项。日本政府从60年代起就根据不同时期经济发展和人民生活水平,结合自然地理位置、交通运输条件和货物流向、流量等因素,在东京和大阪等大城市统一规划、统一布局,有计划、有步骤地开辟流通业务区,建设商业批发交易市场、流通中心、仓库团地、卡车终端等商流和物流设施。在东京外围,政府指定了五个流通业务区,在大阪指定了两个,目前,已在22个城市建设了24个流通业务团地。

二、日本物流民间团的体重要作用

日本的民间经济组织多达2万多个,大部分企业都分别加入相关的民间组织,许多企业同时是多个民间组织的会员。日本的民间经济组织大体分为两大类,一类是同行业企业团体,如日本汽车工业会、日本钢铁联盟、日本电力事业联合会、日本仓库协会、日本托盘协会等;另一类是跨行业的企业团体,如日本生产性本部、日本能率协会、日本商工会议所等。

日本的民间团体在经济活动中占有重要地位,是政府和企业之间的桥梁和纽带。其主要作用有:为本团体会员提供业界最新信息、资料、个人培训和咨询服务;收集本行业企业的意见和要求,代表本行业向政府反映,以得到政府的理解和关照;政府的意志和大政方针通过行业团体转达给企业;协调本行业企业之间的利益冲突,如抑制竞价销售、一致对外等;组织会员企业与国外开展国际交流与合作,主要形式有:主办国际会议,组团出国访问考察,接待国外团组来访,参与国际组织相关活动;召开各种学术会、经验座谈会和表彰会,为本行业企业提供相互交流的机会和场所,总结经验、表彰先进;举办各类培训,意向培养专业人才;编辑出版杂志、书籍,开展多种形式的宣传、普及活动;举办展览,展示会员企业的业绩和成果。

日本的民间团体有特殊法人、社团法人和财团法人之分,这些团体在日本经济社会中有一定的地位和影响,其中一些团体组织的负责人是政府退休官员担任,带有一定行政色彩。1970年成立的日本最知名的物流团体日本物的流通协会和日本物流管理协会,经由日本经济产业省和国土运输省认可,于1992年6月合并,重新组建了社团法人日本物流系统协会。日本经济界四大团体,日本经济团体联合会(联团联)、日本商工会议所

(日商)、经济同友会(同友会)和日本经营者团体联盟(日经联),在日本经济界占有主导地位,颇有影响和实力,代表日本统治阶层的利益,与执政党和政府决策人关系密切,这些经济组织的作用不可低估。

日本与物流机关的民间团体有:社团法人日本物流系统协会、社团法人日本物流团体联合会、社团法人日本卡车协会、社团法人日本产业车辆协会、社团法人日本搬运车辆机械协会、社团法人日本托盘协会、社团法人日本能率协会、社团法人港湾物流信息系统协会、社团法人日本港运协会、社团法人日本仓库协会、社团法人全国通运联盟、社团法人日本冷藏仓库协会、社团法人日本国际港湾货物流通协会、社团法人日本民营铁道协会、社团法人铁道货物协会、社团法人航空货物运输协会;财团法人港湾现代化促进协会、财团法人全国地区通运事业协同组合、财团法人全国通运事业协同组合联合会、财团法人日本货物运输协会组合联合会、财团法人全国快递协同组合联合会、财团法人全国卡车交通互助协同组合联合会、财团法人全国通运业联合会、财团法人全国卡车终端协会、财团法人流通系统开发中心、财团法人全国铁路货物运输联合会等。

三、日本物流现状

(一)物流环境

进入20世纪90年代后,日本由于“泡沫经济”崩溃,经济一直处于“景气低迷”状态。银行呆坏账的严重困扰,长期的消费不振,制造业大量移师海外引起了国内生产“空洞化”,老少人口增加形成的有效劳动力不足以及物流不畅、交通拥阻造成的废气污染、噪音、震动公害等都给物流业的发展带来了种种障碍。

日本虽然是第二经济大国,拥有世界最大债权,但随着国际市场供大于求矛盾的愈发突出,使依靠贸易立国的日本经济不得不再次接受考验。因国内市场容量十分有限,基本建设规模的扩张已没有太多的余地,刺激消费也难以看到明显效果,制造企业面临更大幅度的“减量经营”压力,物流企业也难免受到冲击,在狭缝中寻找出路。

日本政府在新的经济发展形势下,为了早日走出困境,在世界经济全球中继续维持固有地位,展开了大规模的经济结构改革,把物流放在突出地位,在产业政策、法律法规等各方面为物流业的发展创造条件,大开绿灯。1997年日本内阁会议通过了《综合物流施政大纲》,事隔仅仅四年,2002年12月,日本内阁在讨论通过“经济结构改革与创新计划(第三次跟踪)时又迫不及待地决定进行修改,制定了《新综合物流施政大纲》,可见日本政府对物流的高度重视。

在《新综合物流施政大纲》精神指导下,日本经济产业者、国土交通省等相关物流主管部门进一步加大了物流工作力度,采取了许多积极的步骤和措施。2002年底,经济产业省为了加快亚太地区托盘利用和标准化进程,作为政府项目,委托社团法人日本托盘协会开展亚太地区托盘现状调查,已分别派人对韩国、新加坡、泰国、菲律宾、印度尼西亚和我国的托盘生产和使用情况进行了考察,2003年3月4日和6日,由日本托盘协会会长任团长、政府官员参加的大型访华团分别在北京、上海举办了研讨会,韩国政府官员和韩国托盘协会副会长一行5人也特意来华参加了会议。

(二)物流现状

1.货物运输。2000年日本国内货物总运输量为63.708亿吨,比1999年的64.456亿吨减少了7 476万吨。按吨公里计算,2000年的总货运量为5 778亿吨公里,比1999年的5 602亿吨公里增加的原因主要是运输距离拉长,运输车辆的使用由企业自备车转向社会专业运输企业车辆的。从各种运输工具的运输吨位的比例来看,卡车运输占总运输量的90.6%,与1999年相比,略有下降;内航海运(沿海运输)占8.4%,比1999年略有上升;铁路占0.9%,与1999年持平。从各种运输工具的运输吨公里的比例来看,卡车运输占54.2%,比1999年略有下降;内航海运(沿海运输)占41.8%,比1999年上升了0.8%;铁路占3.8%,比1999年的4%略有下降。

表 1

日本历年货物运输量统计表

年度	合计	铁路		公路		内航海运(沿海运输)		航空	
	千吨	千吨	比重(%)	千吨	比重(%)	千吨	比重(%)	千吨	比重(%)
1965	2 616 397	243 524	9.3	2 193 195	83.8	179 645	6.9	33	0.0
1970	5 253 192	250 360	4.8	4 626 069	88.1	376 647	7.2	116	0.0
1975	5 025 721	180 616	3.6	4 392 859	87.4	452 054	9.0	192	0.0
1980	5 981 364	162 827	2.7	5 317 950	88.9	500 258	8.4	329	0.0
1985	5 597 256	96 285	1.7	5 048 048	90.2	452 385	8.1	538	0.0
1990	6 776 257	86 619	1.3	6 113 565	90.2	575 199	8.5	874	0.0
1992	6 725 372	82 402	1.2	6 101 706	90.7	540 410	8.0	854	0.0
1993	6 430 496	79 259	1.2	5 821 537	90.5	528 841	8.2	859	0.0
1994	6 445 996	78 948	1.2	5 810 374	90.1	555 764	8.6	910	0.0
1995	6 643 005	76 932	1.2	6 016 571	90.6	548 542	8.3	960	0.0
1996	6 798 734	73 558	1.1	6 177 265	90.7	546 909	8.0	1 002	0.0
1997	6 677 063	69 228	1.0	6 065 384	90.9	541 437	8.1	1 014	0.0
1998	6 397 912	60 369	0.9	5 819 881	91.0	516 647	8.1	1 015	0.0
1999	6 445 607	58 685	0.9	62 046 830	91.0	522 602	8.1	1 061	0.0
2000	6 370 842	57 337	0.9	57 719 828	90.6	535 151	8.4	1 074	0.0

表 2

日本历年货物运输量统计表

年度	合计	铁路		公路		内航海运(沿海运输)		航空	
	百万吨公里	百万吨公里	比重(%)	百万吨公里	比重(%)	百万吨公里	比重(%)	百万吨公里	比重(%)
1965	185 726	56 678	30.5	48 392	26.1	80 635	43.4	21	0.0
1970	350 264	63 031	18.0	135 916	38.8	151 243	43.2	74	0.0
1975	360 490	47 058	13.1	129 701	36.0	183 579	50.9	152	0.0
1980	438 792	37 428	8.5	178 901	40.8	222 173	50.6	290	0.1
1985	434 160	21 919	5.0	205 941	47.4	205 818	47.4	482	0.1
1990	546 785	27 196	5.0	274 244	50.2	244 546	44.7	799	0.1
1992	557 073	26 668	4.8	281 599	50.5	248 002	44.5	804	0.1
1993	535 661	25 433	4.7	275 885	51.5	233 526	43.6	817	0.2
1994	544 491	24 493	4.5	280 587	51.5	238 540	43.8	871	0.2
1995	559 002	25 101	4.5	294 648	52.7	238 330	42.6	924	0.2
1996	573 196	24 968	4.4	305 510	53.3	241 756	42.2	962	0.2
1997	568 880	24 618	4.3	306 263	53.8	237 018	41.7	981	0.2
1998	551 555	22 920	4.2	300 670	54.5	226 980	41.2	985	0.2
1999	560 161	22 541	4.0	307 149	54.8	229 432	41.0	1 039	0.2
2000	577 8	21 958	3.8	255 402	44.2	241 534	41.8	1 156	0.2

日本货物运输量的变化与经济发展现状关系十分密切，由于经济长期不景气，生产规模基本没有大的变化。运输的货物大部分是轻、薄、短，所以，据日本经济审议会和产业构造审议会的预测，在2010年以前，日本的货物运输量将年均负增长1%左右。

2.物流机械设备生产与销售。社团法人日本物流系统协会物流系统机械恳谈会组织的日本全国物流系统机械生产与销售现状调查结果表明，立体自动化仓库、桥式吊车、无人搬运车、分类机、分拣机、货架、传送带等25种物流机械(不含叉车)，2001年日本全国的生产值为2 344.69亿日元，比2000年减少了4.8%。叉车的调查统计另由社团法人日本业车辆协会负责，2001年日本国内叉车的销售量为69 244台，出口量为29 147台。2001年日本自动化仓库的产量为1 912座，各种吊车、台车、搬运车合计产量为1 309台，分类、分拣机械产量为437套，垂直式和水平式回转货架产量为474组，电动和手动式移动货架产量为5288组。从总体情况来看，25种物流系统机械中有16种处于产量下降状态，自动仓库出现了五年来的最低值，惟有传送带销售数量上升。

3.物流费用。社团法人日本物流系统协会的调查结果表明，1999年日本总物流费用为44.9日元，占GDP的8.74%，是历年的最低值，说明日本的物流效率在明显提高。在物流费用中，运输费占GDP的5.7%，保管费占GDP的2.7%。大体与美国的情况处于同一水平(见表3)。

表3　**日本物流费用在GDP的比重**

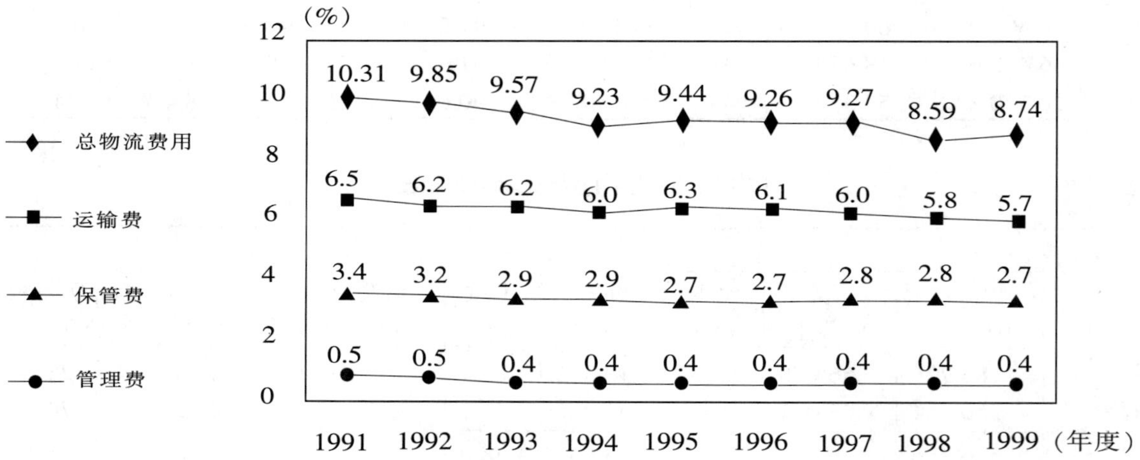

资料来源：社团法人日本物流系统协会

4.日本大型物流企业

日本的物流企业大部分是中小型企业，大型物流企业虽然邮量很小，但营业额占的比重很大。

四、日本物流发展动向

(一)停息化

为了使日本中小企业也能普遍利用EDI（电子数据交换)进行数据传输，信息共享，日本经济产业省委托财团法人流通系统开发中心研究开发了标准EDI信息系统，目前已逐步在医药、食品辅助材料、水果、服装等行业推广使用；为了发展国际贸易，提高港口物流水平，经济产业省已委托社团法人日本物流系统协会研究开发国际通用港口EDI信息系统(GEDIS)；为了使日本国内货主与国外货主进行快速有效的数据传输，节约通关时间，降低进出口成本，日本国土运输省正在积极推进口岸手续一站式服务化，计划在2003年实施贸易金融EDI信息系统。

表 4　**日本大型物流企业（部分）一览**

企业名称	成立日期	主要业绩
日本铁路货物运输株式会社(简称 JR 货运)	1987 年	原来曾是国营铁路运输企业，因经营不善长期赤字。民营化经营况状好转。2001 年货物运输量为 3 957 万吨，营业额达 1 607 亿日元。
日本通运株式会社	1937 年	历史悠久，实力强大，全球业务网络，海、陆、空运输业务综合实施，鼎盛时期职员人员达 5 万之众，在国际物流界享有盛誉。2001 年营业额为 1 兆 2 700 亿日元。
大和运输株式会社	1919 年	日本最早的小件快递“宅急便”业务的开拓企业，宅急便业务一直处于领先地位，2001 年快递包裹邮量 9 亿 4 790 万个，营业额达 8 197 亿日元。快递业务占全国总业务量的 40%。
佐川急便株式会社	1957 年	1957 年靠快递业务发迹，目前快递业务仅次于大和运输，处于第二位。2001 年快递包裹业务量为 8.1845 亿个，营业额达 7 231 亿日元。
日本邮船株式会社	1922 年	远洋运输知名企业，主要从事海运集装箱运输和客轮运输。2001 年集装箱运输量为 310 000 标箱，营业额达 1 兆 1 429 亿日元。
商船三井株式会社	1878 年	远洋运输知名企业，以海运集装箱运输和石油煤炭等原材料运输为主，2001 年集装箱运输量为 130 000 标箱，营业额 6 939 亿日元。
川崎汽船株式会社	1919 年	远洋运输知名企业，以海运为主。拥有集装箱 5 500 个，货轮 13 艘。2001 年集装箱运输量为 280 000 个标箱，营业额 5 710 亿日元。

（二）共同化

在日本经济长期不景气的情况下，企业面临节约成本压力越来越大，特别是中小企业，抓紧作战、单枪匹马的经营已经很难维持生存，所以迫切需要物流配送的共同化和信息共享；城市里为了缓和交通拥挤，缩短货物装卸时间和减少地皮成本，也逐渐推行市区内繁华地段的货物共同配送，同时装卸货；此外，政府还鼓励企业加强协作，尽量利用第三方物流和城市物流园区、配送中心等公用物流设施。

（三）标准化

日本《新综合物流施政大纲》中规定，在 2005 年以前，能进行托盘化作业的货物，托盘的利用率要求在 90%以上，标准化托盘的利用比率要求达到 50%。但目前日本标准托盘的利用的率仅为 20%，今后日本政府决定推行 1100mm×1100mm (T11 型)托盘。T11 型托盘经过 2002 年国际标准化组织 ISO 的 DIS (Drast International Stand)投票，已基本列入了国际 ISO 标准，有待下一次投票进行技术性修正。

（四）国际化

在经济全球化进程中，日本经济因 10 多年的持续低迷，国际物流也出现了不景气现象。特别是大型港口的吸引力下降，被香港、新加坡超过，韩国釜山港和中国上海港吞吐量大幅上升，也使日本港口产生了危机感，担心推动国际竞争力。因此日本在《新综合物流施政大纲》中提出的奋斗目标中，特别强调加强港口建设，实现港口设施 24 小时开放作业，把货物出港时间由原来的三天缩短到两天，实现通关、检疫、船员登陆申请一站式服务，申报可电脑化。为了促进更大地区物流合作与交流，实现地区物流标准化，日本政府不仅出资委托相关物流团体开展亚太地区和物流现状调查研究，还拟出资资助亚太邻国成立物流团体。

（五）环保化

日本政府已于2002年6月批准了1997年通过的《京都议定书》，并于2002年3月制定了《防止地球暖化施策大纲》。日本政府为了降低废气公害，特别是汽车二氧化碳的排放量，决定实施补助金制度。1亿日元范围的防止废气、减少环境污染的开支，政府可以补助三分之一的费用；为了降低环境公害，政府拟减少卡车运输比例，转向使用铁路和轮船运输；在法律法规方面，2000年4月日本原生劳动省和经济产业省颁布了《包装容器回收再生法》；2000年6月，环境省颁布了《循环型社会基本法》；2001年4月，该省同时又颁布了《废弃物循环法》、《废弃物处理法修正法》；2001年4月，原生劳动省和经济产业省颁布了《家电回收再生法》，2001年11月，建设省颁布了《建筑资材回收再生法》。

日本经济产业省、国土交通省等机关省厅均制订了补助金预算方案，对物流信息化、共同化、标准化、国际化和环保化采取积极的资金补助措施。

（特约撰稿：北京科技大学物流研究所副所长　靳　伟）

英国物流

欧洲各国发展物流业比较早，在物流业的发展方面一直走在世界的最前沿。英国的物流业发展水平是欧洲现代物流业发展的代表，其发展状况及其走势呈现出了自身与众不同的特点，特别是最近几年来，英国在物流产业上具有明显的特色。国内物流管理体制基本采取的是政府监督控制、企业自主经营的市场运作模式。科技进步，尤其是IT技术的发展及相关产业的合并联盟，促进了英国现代物流业的快速发展。

一、英国运输业的发展现状

（一）海上运输

英国是四面环海的岛国，外贸的绝大部分依赖海运。以重量计算，海运占全部进出口的95%，按金额计算则占外贸进出口额的77%。1994年英国和欧洲大陆的隧道开通后，火车和汽车运输的货运量也仅占到总量的2%左右。英国是传统的海运国，也是世界上主要的海运国家之一。目前英国约有617个港口(含渔港)，年总吞吐量约5.7亿吨。

表1　英国港口总吞吐量（1990-2000年）　单位：千吨

	1990年	1991年	1992年	1993年	1994年	1995年	1996年	1997年	1998年	1999年	2000年
总吞吐量	491 968	494 631	495 651	506 224	538 130	548 230	551 243	558 530	568 502	565 614	573 050

数据来源：英国运输部网站 http://www.dft.gov.uk/

英国港口的管理主体大约可分为三种：

1.公共托拉斯港(Public Turst Port)，属于地方公共自治体管理的非盈利港口，其管理委员会由港口主要用户、财政界、政府官员(多数由运输大臣任命)组成，到1999年，这类港口有96个，除米尔福德、多佛尔港外都是小港。

2.自治体管理港(Municipal Port)，属地方自治体所有并经营，目前这样的港大约有300个，如朴次茅斯港、拉姆斯盖特港，其余港口规模较小。

3.民营港(Company Port)，完全由民间公司进行管理和经营，目前这类港口是英国港口的主力，数量不到200个。现英国第一大集装箱港——费利克斯托港就是从原来的民营港逐步发展起来的。

从1990年到2001年英国国际集装箱货运量的平均增长率达到5.5%，其增长速度超过了英国国内生产总值的增长率，挂靠英国港口的各家国际集装箱班轮公司的船队不断扩大。集装箱船的单船运力从几百标准箱，上升到几千标准箱，发展趋势是8 000到10 000标准箱的巨型集装箱船，这对港口的配套设施、服务等方面都提出了更高的要求，因此近几年，英国政府和港口码头经营人在港口建设方面不断加大投资建设力度(见表2)，扩建和改造基础设施。英国的港口及港口企业与欧洲大陆同行相比更注重发挥自身的货物装卸功能，而将物流配送设施布置在港口外的内陆地区。如梅赛码头港务公司投入大量资金在利物浦多式联运码头建设–一项位于自由港地区内占地30公顷的物流设施，其中包括一座8万平方米的仓库。此外该公司还在伯根哈德码头兴建了“散货产业园区”，并投资100万英镑建设6座仓库。

表 2　　**英国港口基础设施投资一览(1990/91-2000/01)**　　单位：百万英镑

	1990/91	1991/92	1992/93	1993/94	1994/95	1995/96	1996/97	1997/98	1998/99	1999/00	2000/01
政府投资	130	115	107	123	120	165	150	200	240	250	205

数据来源：英国运输部网站　http://www.dft.gov.uk/

英国的大港口数量较少，但港内基础设施较为先进,总吞吐量前 10 位的港口所占全国总吞吐量的比例高达 2/3 左右(见表 3)。英国的几个主要的集装箱港码头一直处于世界集装箱码头百强之列(见表 4)。伦敦作为世界海运市场的中心和世界的金融和贸易中心，其海上保险业覆盖了世界 25%的业务量。伦敦港的货物中枢港口地位不如以前,但是它凭借着实力强大的海事附属服务业,目前仍保持着世界顶尖的海事中心的地位，连续多年一直处于英国总吞吐量前 10 位港口之首。

表 3　　**英国总吞吐量前 10 位港口（2000 年）**

位次	港　　口	总吞吐量（千吨）	所占比例（%）
1	格里姆斯比和伊明赫姆(Grimsby&Immingham)	52 501	9.16
2	蒂斯和哈特尔浦(Tees&Hortlepool)	51 473	8.98
3	伦敦(London)	47 892	8.36
4	福斯(Forth)	41 143	7.18
5	萨洛姆湾(SullomVoe)	38 204	6.67
6	南安普敦(Southampton)	34 773	6.07
7	米尔福德港(MilfordHaven)	33 768	5.89
8	利物浦(Liverpool)	30 421	5.31
9	费里克斯托(Felixstowe)	29 686	5.18
10	Orkneys	22 798	3.98
	合计	382 657	66.78
	全国	573 050	100

表 4　　**英国主要集装箱港吞吐量(1997 年)**

位次	港　　口	吞吐量(千 TEU)	占全国之(%)	世界位次
1	费里克斯托	2 251	37.2	15
2	南安普敦	891	14.7	44
3	格里姆斯比和伊明赫姆	580	9.6	68
4	利物浦	460	7.6	77
5	伦敦	403	6.7	84
6	梅德韦	395	6.5	85
	以上 6 港合计	4 980	82.3	
	全国总计	6 057	100	

数据来源：英国运输部网站　http://www.dft.gov.uk/

英国最大的集装箱港–费利克斯托是香港和记黄埔集团(HutchinsonWhampoa)公司的子公司。1998年该公司收购了拥有英国第6位的集装箱港口梅德韦的港区泰姆斯波特(Thamesport)和邻近费利克斯托港驶向欧洲大陆的轮渡港–哈威蒂港。这样该公司所属的集装箱码头总吞吐量就占到英国总量的44%。该港在全球集装箱港口吞吐量连续多年位于前20名之内。(见表5)

表5　**全球集装箱港口吞吐量排序**

名　次	1991年	1999年	2000年	2001年	2002年
1	新加坡	香港	香港	香港	香港
2	香港	新加坡	新加坡	新加坡	新加坡
3	高雄	高雄	釜山	釜山	釜山
4	鹿特丹	釜山	高雄	高雄	上海
5	釜山	鹿特丹	鹿特丹	上海	
6	神户	长滩	上海	鹿特丹	深圳
7	汉堡	上海	洛杉矶	洛杉矶	
8	洛杉矶	洛杉矶	长滩	深圳	
9	基隆	汉堡	汉堡	汉堡	
10	纽约	安特卫普	安特卫普	长滩	
11	横滨	纽约	深圳	安特卫普	
12	东京	迪拜	丹戎不碌	巴里港	
13	长滩	费利克斯托	巴里港	迪拜	
14	安特卫普	东京	迪拜	纽约	
15	圣胡安	巴里港	纽约	不来梅港	青岛
16	费利克斯托	丹戎不碌	东京	费利克斯托	
17	不来梅港	焦亚陶罗	费利克斯托	马里兰	
18	迪拜	神户	不来梅港	东京	
19	奥克兰	横滨	焦亚陶罗	青岛	
20	曼谷	不来梅港	横滨	焦亚陶罗	天津

数据来源：　《国际集装箱化年鉴》(1992、2000、2001、2002)

(二)铁路运输

英国是世界上最早建设铁路的国家,国内的几家铁路公司较长时期内一直实行国有化,由英国铁路局直接统一经营管理。在20世纪中后期,英国铁路公司由于长期投入不足,设备老化,服务质量每况愈下,以致造成长期严重亏损的局面,使政府不堪重负。为摆脱日益沉重的财政负担,英国保守党政府于1992年7月发布了有关铁路系统私有化的白皮书,内容主要包括英国铁路局将其管理的所有客运业务、货运和包裹运输业务全部转让给私有企业承担,私营企业有权经营客运和货运铁路网。

国有铁路的私有化吸引了大量的私人投资,建立了铁路运输与其他运输手段的竞争机制,起到了提高效率的作用。《铁路法》的颁布,使得私人部门的货运经营者获得铁路网的使用权，从而极大鼓励了各公司和企业充分、有效地利用铁路运输货物。英国铁道公司(Rail track)积极寻求私人部门的资金,用于改善铁路网和基础设施。据不完全统计,为了提高铁路运输能力和效益,投入铁路建设、维修、基础设施建设和车辆更新等项目的资金(包括海峡隧道铁路建设的中长期资金),已累计300多亿英镑(英国政府运输部提供了1440万英镑),这是近20多年来从未有过的铁路投资高潮(见表6)。

表6 英国铁路基础设施投资一览(1990/91-2000/01) 单位:百万英镑

	1990/91	1991/92	1992/93	1993/94	1994/95	1995/96	1996/97	1997/98	1998/99	1999/00	2000/01
国有铁路	693	840	939	762	890	900	1 178	1 430	1 823	2 012	2 404
其他铁路	1 183	1 169	1 301	1 094	1 117	1 103	1 131	708	580	1 170	399
总计	1 876	2 009	2 240	1 856	2 007	2 003	2 309	2 138	2 403	3 182	2 803

数据来源:英国运输部网站 http://www.dft.gov.uk/

到目前为止,占有和管理英国铁路设施(铁道、信号灯、桥梁、隧道、车站和仓库)的英国铁道公司拥有的资产现已包括16 000公里的铁道,40 000座桥梁、隧道和高架铁路,2 500个车站和1 000个货物联运总站。从全国范围来看,英国全国铁路的总里程在近10年来几乎没有增减,多数的线路是客、货运混跑,而货运专用线在总里程中所占比重很小,这在一定程度上制约了英国铁路货运业的发展(见表7)。由于英国政府相对于欧洲其他发达国家的政府比较忽视铁路的发展,认为铁路这种运输方式已经过时,对铁路投资相对不足,进而造成主要从事大宗商品(煤、焦炭、钢铁、建筑材料和石油)的英国铁路货运业在货运量方面缓慢下降,货物周转量的增速也比较缓慢。(见表8)

表7 英国铁路总里程(1991/92-2001/02) 单位:公里

	1991/92	1992/93	1993/94	1994/95	1995/96	1996/97	1997/98	1998/99	1999/00	2000/01	2001/02
电气化	4 886	4 910	4 968	4 970	5 163	5 176	5 166	5 166	5 167	5 167	5 167
非电气化	11 702	11 618	11 568	11 572	11 503	11 490	11 490	11 493	11 482	11 485	11 485
总里程	16 588	16 528	16 536	16 542	16 666	16 666	16 656	16 659	16 649	16 652	16 652
货运专线	2 267	2 211	2 179	2 183	1 664	1 632	1 632	1 621	1 610	1 610	1 610

数据来源:英国运输部网站 http://www.dft.gov.uk/

英国政府在2000年制订了一个运输现代化的10年规划,拟投资1 800多亿英镑用于基础设施建设,其中公路600亿,市政建设600亿,铁路630亿。在铁路的这630个亿当中,政府将拿出290亿(120亿补贴给营运公司,70亿投入线路,40亿改造西海岸干线,60亿建设海底隧道联结线),其余由银行和私人融资340亿。重点重整英国港口范围内的基本多式联运路线,争取大幅度提高货运量。

英国原有的铁路货运企业通过优化升级,逐步向具备现代物流理念的物流企业转变,随着物流全球化进程的加快,国内的大企业强强联合,进一步扩大自己在世界物流市场上的份额。如2000年3月,曾引起国际物流界广泛关注的物流业兼并重组的事件是著名的英国铁路货运公司(NFC)和英国另一家从事海运和货代的公司–远洋公司(OCEAN GROUP)之间的合并。NFC擅长陆上货物配送,而OCEAN GROUP擅长高科技产品的海运业业务,它们的强强联合使世界上250家最大公司中的2/3成为新合并公司的客户。

(三)公路运输

英国的公路建设一直走在世界的前列,其人均的公路占有量也较高,由于现代科学技术在交通运输业中的广泛应用,基础设施包括高速公路

表 8　　英国铁路货运周转量/运量(1991/92-2001/02)

(a) 货物周转量(按货类分)									单位：万亿吨公里		
	1991/92	1992/93	1993/94	1994/95	1995/96	1996/97	1997/98	1998/99	1999/00	2000/01	2001/02
煤炭	5.0	5.4	3.9	3.3	3.6	3.9	4.4	4.5	4.8	4.8	6.2
金属	2.4	2.3	2.1	1.7	1.7	—	—	2.1	2.2	2.1	2.4
建材	2.5	2.5	2.3	2.5	2.3	—	—	2.1	2.0	2.4	2.8
石油	2.0	2.0	1.9	1.8	1.8	—	—	1.6	1.5	1.4	1.2
其他	3.4	3.3	3.5	3.8	3.9	11.2	12.5	7.1	7.6	7.4	7.0
合计	15.3	15.5	13.8	13.0	13.3	15.1	16.9	17.3	18.2	18.1	19.7
(b) 货运量（按货类分）										单位：百万吨	
煤炭	75.1	67.9	48.9	42.5	45.2	52.2	50.3	45.3	44.3	45.7	46.1
金属	17.8	15.9	15.8	16.9	15.1	—	—	—	—	—	—
建材	17.7	15.8	16.1	16.8	11.5	—	—	—	—	—	—
石油	10.0	9.5	9.0	8.1	6.3	—	—	—	—	—	—
其他	15.3	13.2	13.4	13.0	22.6	49.6	55.1	56.8	47.6	49.7	48.3
合计	135.8	122.4	103.2	97.3	100.7	101.8	105.4	102.1	91.9	95.4	94.4

数据来源：英国运输部网站　http://www.dft.gov.uk/

网等建设资金的大量投入，英国的公路货运业得到了快速的发展，公路运输线路通车总里程、高速公路里程不断增加。(见表 9、10、11)

道路状况的改善促进了公路货运业的发展，为了适应变化的市场和满足客户的需要，一些条件较好的公路货运企业，看准方向，及时调整经营战略，从单纯的“车轮”公司，迅速转向以运输本业为基础，同时提供包括仓储、包装、配送、订货等多种服务的物流服务公司。他们满足社会需求的能力越来越大，因此，自货自运减少，社会营业性专业运输得以发展壮大。自 20 世纪 80 年代以来，英国营业性专业运输所承担的运量持续上升，而自货自运部分所承担的运量则基本维持在上世纪 70 年代的水平，没有发展。现在从运输企业发展起来的“第三方物流”公司，一般都是原来的一些大型运输企业的分公司，它们在利用运输资产的基础上，扩展运输功能，提供更为综合性的物流服务。

英国政府为了建立一个完善的促进物流发展的市场环境，帮助原来的公路货运企业转型而采取了一系列的措施，创造一个开放的、透明的运输市场。政府逐步放宽对运输市场的经济管制，而加强安全管制。放宽与经济有关的管制，如运力的投放、运价、市场进入和退出的条件、运输种类的限制(如 3.5 吨以上载重量的货车营运线路的规定)等，政府不再严格控制，主要由市场进行调节，但加强对安全方面的管理，如运输经营资质的认证、有关规制和标准的制订以及监督实施等涉及全社会的公众利益的问题。

上个世纪 70 年代以后，英国的公路路网已基本完成，主要问题已经不是大规模基础设施的建设问题，而是提高运输效益，提高运输的安全性、经济性的问题。因此近一二十年来，英国政府在运输方面关心和研究的主要问题是运输的畅通性、安全性、物流、可持续发展，以及随着经济全球化而带来的国际贸易和国际运输的高涨。在制订自身的发展目标和发展政策时具有一定的前瞻性。在路网建设的同时，根据政府的指导来建设物流中心(包括各种运输站场设施、货物运输枢纽)，由于物流中心设在公路、铁路、港口、空港等交通枢

表 9　　英国铁路基础设施投资一览(1990/91-2000/01)　　单位：百万英镑

	1990/91	1991/92	1992/93	1993/94	1994/95	1995/96	1996/97	1997/98	1998/99	1999/00	2000/01
公共投资	4 291	4 408	4 625	4 731	4 675	4 228	3 583	3 267	2 927	3 010	3 319
私人投资	50	29	129	81	86	102	375	251	278	63	47
总计	4 341	4 437	4 754	4 812	4 761	4 330	3 958	3 518	3 205	3 073	3 366

表 10　　英国公路运输线路长度及构成(1991-2001 年)　　单位:公里

	1991	1992	1993	1994	1995	1996	1997	1998	1999	2000	2001
公路通车总里程	359 966	362 310	364 212	364 966	366 999	368 821	369 867	371 543	371 914	391 707	392 408
高速公路	3 033	3 063	3 061	3 092	3 118	3 181	3 250	3 295	3 316	3 421	3 428
主干道	14 030	14 058	14 081	14 081	14 047	14 274	14 264	14 392	14 460	13 742	13 830

表 11　　英国公路货运周转量/运量/平均运距(1991-2001 年)

	1991	1992	1993	1994	1995	1996	1997	1998	1999	2000	2001
货物周转量(万亿吨公里)	124.6	121.3	128.6	137.8	143.7	146.8	149.6	151.9	149.2	150.5	149.4
货运量（百万吨）	1 505	1 463	1 523	1 597	1 609	1 628	1 643	1 630	1 567	1 593	1 581
平均运输距离(公里)	83	83	84	86	89	90	91	93	95	94	94

数据来源：英国运输部网站　http://www.dft.gov.uk/

纽,用于社会性货物大进大出的一个集散地,且具有多项功能，在社会物流系统供应链中有较高的地位,对于提高社会的运输效率、物流效率等都具有非常重要的作用。因此物流中心由政府来进行总体规划,征集土地,进行规划建设,政府提供这样一个平台，吸引企业到这些物流中心（货运中心)来经营运作,进而形成由线和节点组成的运输网络，大大提高现有公路路网和其他综合运输设施的效益,以充分地发挥运输效益、物流效益。

物流服务的发展使营业性专业运输力量得以发展,现代化大型运输企业不断崛起。这些企业为了适应物流市场一站式门到门服务的趋势，多建立起综合的多式联运网络，将远洋干线服务和包含其他运输方式的多式联运网络相结合，为客户提供紧密联系且成本效益高的服务。将驳船、卡车和集装箱火车等交通工具结合使用来确保提供及时可靠的物流服务。例如,随着英国公路运输压力的日益增大，大型物流企业东方海外集团就使用英国集装箱火车“东方海外快运”将英国的南安普敦(Southampton)与曼彻斯特(Manchester)连接起来,开创了多式联运的一种新模式。

物流业的快速发展带动了各地经济的增长，使得英国连续几年的 GDP 增长率高于欧盟其他国家，英国的一些小城镇也得以迅速崛起。2003年 1 月公布的一项有关英国最佳工作城市的权威调查显示,小城镇米尔顿·凯恩斯高居次席,排名超过了伦敦、曼彻斯特以及伯明翰等大城市。正是由于该镇得天独厚的地理位置、便利的铁路交通系统和四通八达的高速公路网络所构建的便捷的物流网络,吸引了象克莱斯勒、大众、美孚等知名企业进驻,而由 30 年前还是一个名不见经传的落后小村庄逐渐成为英国重要的物流中心之一。

（四）航空运输

英国全境拥有民用机场 139 个，供航空运输使用的近 100 个。管理模式有四种：一为地方政府和地方议会所有和管理的机场，约占 30%，如曼彻斯特、伯明翰机场等；二为英国机场公共控股公司所有并管理，如伦敦的希思罗等 7 个大型机场；三为民航局直接管理和组织运营的偏远机场，约占 10%；四为由私人经营的小型机场，约占一半左右。英国的民用航空比较发达，机场基础设施建设和航空控制管理的投资近些年来不断增加（见表 12），业务不断扩大。

表 12　**英国机场基础设施及航空控制管理投资一览(1990/91-2000/01)**　单位：百万英镑

	1990/91	1991/92	1992/93	1993/94	1994/95	1995/96	1996/97	1997/98	1998/99	1999/00	2000/01
公共投资	193	231	250	225	205	140	171	216	140	161	163
私人投资	385	230	182	279	434	443	463	565	540	509	566
总计	578	461	432	504	639	583	634	781	680	670	729

数据来源：英国运输部网站　http://www.dft.gov.uk/

英国用于货运的机场主要有伦敦希思罗国际机场、曼彻斯特机场、格拉斯哥机场、爱丁堡机场、基域机场、斯坦斯特德机场等。由英国机场管理局(BAA)直接管理的伦敦希思罗、基域和斯坦斯特德三大机场 2002 年全年的货运量总和达到 166 万吨，对应 2001 年增幅为 2.2%。伦敦希思罗国际机场已经连续多年位于全球十大货运量机场之列（见表 13）。

表 13　**2000 年全球十大货运量机场(国际航线)**

排名	机场名称	地区	载货量(吨)
1	香港	香港	2 240 152
2	成田	东京	1 875 760
3	樟宜	新加坡	1 682 489
4	安克雷治	阿拉斯加	1 613 393
5	金浦	汉城	1 597 108
6	法兰克福	法兰克福	1 523 677
7	希思罗	伦敦	1 298 610
8	迈阿密	迈阿密	1 297 575
9	肯尼迪	纽约	1 276 563
10	斯希普霍尔	阿姆斯特丹	1 222 595

数据来源：http://www.szairport.com；国际空中货物协会网站；国际公共交通联盟网站

英国从事航空货运业的龙头——号称全球第五大货运航空公司的英国航空既没有一架属于自己的货机，也没有客货混装的机型，甚至货运部门也不是独立的公司，然而英航在货运领域取得了非凡的成就。据官方统计，英航每年的货运操作量达到 1.51 亿 ATK(吨公里载货量)。仅在伦敦希思罗机场，每天就装卸 1 500 辆货运卡车的货物。公司在运力构成上采取了灵活的投资和经营策略，主要采取租借货机的方式来运营。在亚太地区，通过与日本航空公司、大韩航空公司、长荣航空公司的合作，控制着一些货运舱位；并且经常根据市场变动开设包机服务。英航耗资2.15亿英镑，在伦敦希思罗机场建立了一个规模很大的货运中心。操作人员每天都要进行大量的分拣操作，为货品包装箱贴上标签，然后配送到不同的国家和销售渠道。除了常规的分拣中心之外，里面还设有一个专门处理鲜活食品的独立货运中心，可以根据超市需求，在机场内完成分拣操作，直接把货品配送到货架上去。除了希思罗机场，该公司还拥有2个类似的全球货运中心，这些服务设施和服务项目的推出，使得原本是航运企业的英航能够满足客户日益延伸的需求，把货运变得更加简单。

表14　**英国主要货运机场货物运量**（1990/91-2000/01）　单位：千吨

	1991	1992	1993	1994	1995	1996	1997	1998	1999	2000	2001
Heathrow	655	755	846	963	1 032	1 040	1 156	1 209	1 265	1 307	1 180
Gatwick	202	190	197	222	229	267	265	274	294	319	280
East Midlands	8	11	30	55	81	104	126	123	128	178	195
Stanstead	33	53	61	83	89	103	126	179	174	166	166
Manchester	66	75	84	91	80	79	94	101	108	117	106
Prestwick	13	16	12	14	20	22	34	40	41	41	43
Belfast	24	22	24	26	30	27	25	25	26	31	32
Luton	25	24	21	10	12	16	21	26	23	33	23
Birmingham	26	19	17	19	21	19	20	18	29	9	12
Glasgow	15	15	18	18	13	11	11	8	9	9	6

数据来源：http://www.carnoc.com; http://www.baa.co.uk

二、英国物流信息化建设

英国电信业务的发展一直处于国际领先地位，从1981年英国开始迈向电信自由化进程，目前是世界上电信市场高度自由化的国家之一。1981年的电信法将当时政府拥有的General PostOffice(GPO)分为邮政省和BT公司。曾经作为惟一垄断者的BT在1984-1993年间完成了私有化过程，同时与当时的新兴运营商Mercury公司开始竞争，Mercury公司后来分为两家公司，分别为目前的Wireless UK和NTL。特别是英国从1995年开始在电信监管体制引入“有效竞争”，促进了电信业务的迅猛发展。截至2001年9月，英国共有3465万条固定线路(包括ISDN和ADSL)。

经过再次重组后的英国电信公司目前是全球第二大综合性通信公司，其在国内的电信市场上一直占据较大的市场份额，居于垄断地位（见表16），公司近期表示将创建一个覆盖全国的无线局域网，使公众能够方便地通过无线方式获得网络资源。计划在机场、旅馆、饭店等公共场所安装大量的无线接口，预计到2005年，安装的接口总数

表15　**英国电信基础设施概况（截至2001年底）**

项目	数值
地理范围	241 752平方公里
人口数	6 000万
人均GDP	23 707美元
电话主线数	3 464.6万
电话主线普及率	57.80%
移动电话用户数	4 492万
移动电话普及率	74.90%

数据来源：《通信企业管理》2002年第9期，徐玉，《英国电信市场分析》

将达到4 000个，使用膝上型电脑和掌上电脑的用户将能够通过无线局域网接口访问互联网和收发电子邮件，并且英国电信还计划发起针对企业用户的无线服务。此外英国电信公司在2002年11月与微软公司签订了新的战略联盟协议，由此成为微软在欧洲的主要电信合作伙伴，在向居民和公司用户推广动态宽带的应用方面展开合作。它们之间的联盟是以英国电信与微软公司的现有业务上的合作为基础，包括XboxLive及web服务项目等。

表16　BT在各业务领域的市场份额（2001年）

	整个行业（百万英镑）	BT（百万英镑）	BT价额
简单电话业务			
国内电话	3 400	2 300	67
国际电话	1 200	600	50
其他电话业务	4 500	2 900	65
本地业务	4 000	3 500	85
租用线	1 800	1 200	66
蜂窝电话	6 900	1 600	23
网络互联收入	6 500	2 500	38
其他	13 100	5 800	44
总收入	41 400	20 400	49

数据来源：《通信企业管理》2002年第9期，徐玉，《英国电信市场分析》

现代物流与传统物流的最大区别就是信息，它取代了传统物流中运力作为第一要素的地位。现代物流信息使管理简约化，同时通过信息网络将世界各地的业务伙伴联结起来，置于同一个信息平台上，实现资源共享，确保物流信息快速、可靠地传递，大大提高工作效率。英国电信业完善的基础设施和英国电信公司等多家电信企业提供的优质服务，建立起一个高效、合理、畅通的现代物流信息系统，充分发挥电子商务所具有的优势，充分利用互联网技术来完成物流全过程的协调、控制和管理，实现从网络前端到最终客户端的所有中间过程服务，并且通过大量的复杂的企业间电子化信息互动，实现产品最简单、准确、快捷的物理流动过程，即实现现代物流的电子化（e-logistics）。

电信业的发展进一步促进了现代电子物流的发展，发挥电子物流强大的功能，实现系统之间、企业之间以及资金流、物流、信息流的无缝连接。电信企业为其他企业建立敏捷的供应链系统提供了强大的技术支持。建立起来的物流信息平台，可以实现企业之间的信息资源共享，并推进物流企业逐步应用地理信息系统（GIS）、全球定位系统（GPS）、计算机电话集成、无线互联技术等先进的信息技术手段，实现现代物流意义上的配送优化调度、动态监控、智能交通、仓储优化配置等物流管理技术。

三、英国物流管理模式

一个国家现代物流的发展，不仅需要先进的物流理念来指导，还要有一个完善的法律政策环境作支撑。英国一直致力于构筑综合性物流体制，在20世纪60年代末期，英国构建了物流管理机构。开始阶段是以工业企业高级顾客委员形式出现的，协助企业制订物流人才的培训计划，组织各类物流专业性的会议，到了70年代，正式组建了全英国物流管理协会。该协会会员多半是从事出口业务、物资流通、运输的管理人员。协会以提高物流管理的专业化程度，并为运输、装卸等部门管理者和其他对物流有兴趣的人员提供一个相互交流的中心场所。

英国一直强调综合物流理念，并致力于发展综合物流体制，该国全面规划了物资的流通业务模式，这一模式强调为用户提供综合性的服务。物流企业不仅向用户提供面向铁路、公路、水路、航空多式联运的服务，也向用户出租仓库并提供其他配套的物流服务。在这一思想下建立的综合物流中心向社会提供有以下几类业务：配送系统；办理海关手续；提供保税和非保税仓库；货物担保；医疗服务；消防设备；道路和建筑物的维护；铁路专用线；邮政电传系统；代办税收等。

英国多功能综合物流中心的建立，对整个欧洲影响很大，也形成了英国综合性的物流体制。此外，计算机辅助仓库设计、仓库业务的计算机处理等技术的发展，使得计算机技术在英国的物流体系中起到了举足轻重的作用。

英国的道路运输市场管理是通过运输营运执照制度展开的，自 1933 年实行的控制运输能力的执照制度，限制持有执照的专业运输企业车队的规模和经营范围，以保护铁路的货源。经过半个多世纪的发展，英国的道路运输执照制度经历了以保护铁路为目标，到以安全、效率和环境为目标，以及从着重数量控制到着重质量控制的执照制度的演变过程。

英国目前的道路运营执照制度主要关心的是安全，通过对进入道路运输行业的经营者的质量控制，而达到安全的目标。营业执照的发放专门由一个发放执照的管理部门负责，分设于英格兰、威尔士和苏格兰所划定的各个交通区域之内，在北爱尔兰的道路货物运输的营业执照则由该省的环境局负责。营运执照的质量控制制度是基于对营运执照持有人的质量控制，即对营业执照持有者安全、合法和以适当的专业技能经营的能力，用适当的程序加以核实。

四、英国第三方物流发展现状

物流的发展对英国的公路货运业产生了巨大的影响，并逐步使公路货运企业融入到物流的发展进程当中。相对与传统的储运而言，第三方物流产业是一个新兴产业，在过去十几年里，英国的第三方物流服务业发展势头迅猛，其物流外包的程度比在美国的发展更为广泛。在 20 世纪 80 年代、大多数英国新成立的物流分拨配送中心逐渐认识到需要采取更灵活的方式，提供全新的服务，以满足新兴的欧盟国家的需求，在 90 年代得到迅猛发展，这些公司和企业专注于自己的核心能力，本着深化劳动分工的思想，而将仓储、配送等流通业务交给第三方物流商来操作，运用第三方物流商提供的专业化服务来降低交易成本，提高客户服务水平。

英国的物流服务最有特色、做得最成功的是同食品零售商业结合在一起的货物配送。20 世纪 80 年代以来呈现出对物流发展具有影响的两大趋势：一是国内各个超级市场为了增加盈利，千方百计扩大营业面积，而减少库存面积，以增大销售额。他们采用 JIT 适时管理法，由配送中心为本地区的若干家超市提供仓储和送货，而大部分超市基本没有仓库，通常由一个配送中心负责本地区内该超市集团所有零售店的配送业务。由于库存面积减小，直接导致零售商对诚实守信、服务质量优秀的运输企业产生须臾不可缺少的需求和依赖，从而导致竞争的另一大趋势：商家开始启用“第三方物流”。这样，一小部分具有较强实力的运输企业便开始进入某些超市集团的物流链中。最初，他们只是帮助商家经营运输，逐步扩大到经营仓储、包装加工和配送等业务，成为这些商家密不可分的经营伙伴。不仅在同商业结合方面，英国的公路运输企业在与制造业相结合的物流服务方面也有许多发展和创新。所有这些发展和创新，都基于这样一个特点，就是单纯的运输经营已经不能满足客户的需求，运输企业要向提供多种服务的“物流”服务公司转化。这些企业在物流业务方面的开拓和进展，从根本上说是由于服务对象的需求变化而引起的：如在制造业中采用 JIT 即时库存管理，在商业零售业中由大型连锁商场和超市集团形成的供应渠道和配送方式的变化，和广泛采用的 POS 技术、快速反应(QR)货源跟踪战略等，都直接影响到对运输服务所提供的内容和质量的要求，呼唤着新的、高层次的运输经营方式和运作方式的出现。外部需求的变化，以及技术上的成熟给运输业进入现代物流创造了条件。

英国的第三方物流企业划分为几个层次，处于最高层次的是那些超大型第三方物流服务商，如EXEL物流公司等，这些物流服务商为制造厂家提供广泛的增值服务，以实现产品的优化配置，促进其产品在欧洲范围内不同市场的销售业务快速发展，包括对销售到不同语言国家的产品提供条形码、包装和产品安装的服务。英国EXEL第三方物流公司是世界十大物流企业之一，也是英国最大的物流企业。该公司分为欧洲部、美洲部、开发和自动化部、技术和全球管理部以及亚太部5大部门，全球网点达到1300个。目前，该公司分为3家运营子公司，EXEL（原NFC公司）、MSAS全球物流公司和CORY ENVIRONMENTAL。MSAS是世界上规模最大的货代之一，提供多式联运、地区配送、库存控制、信息技术和供应链解决方案等服务。CORY ENVIRONMENTAL是英国规模最大的废品处理公司之一。公司业务遍布英国与爱尔兰、美洲、欧洲大陆、非洲及亚太地区，主要集中在配送、运输管理和环境服务三个方面，按净收入分别占58%、39%和3%；按运营利润，分别占62%、28%、10%。2002年初，EXEL开始接管摩托罗拉公司在美国、欧洲和亚洲地区的半导体产品配送业务。与MERCEDES BENZ ESPANA签订了协议，为其提供供应链服务。而且EXEL近期收购了TOTAL物流公司，整合二者的资源，进一步提高在国际物流市场上的份额，此外EXEL和UPS还加强合作共同为福特公司欧洲的供应链系统进行了大规模改造。

据统计，在2002年欧洲十大物流企业当中英国占据了四席，EXEL继续成为欧洲2002年营业额最多的第三方物流经营商，总收入达23.32亿欧元，高出排名第二的荷兰TNT速递公司达2亿欧元之多。此外，英国的Wincanton物流与铁行集团的物流业务合并，总营业额20.98亿欧元，排在第三位；凯恩斯物流排在第五位，天美百达物流名次有一定下降，但仍占居第七的位子。在2002年全球20大班轮公司运力排名中，英国的铁行渣华以406 654万TEU居于第三位，总体来看，英国的大型物流企业在国际物流市场上具有很强的竞争力。

英国国内较低层次的第三方物流主要是指一种欧洲独特的行业——国际货运代理，这个行业以资产投入为基础，从事基本的运输、仓储、通关及包装服务，通常是以特定产品和特定地域为核心。虽然英国许多大型第三方物流服务商若干年前是以这种服务起家的，但国内的数以千计的国际货运代理公司中大多数是从过去欧洲国家的通关服务行业中分离出来的，其中多数目前还仍然维持在提供基本的物流服务上，它们技术相对落后，资源比较匮乏。英国的第三方物流服务与其他国家的一个显著不同点在于中间商的环节上，在英国，中间商仅用于国际物流，在国内运输作业上仍然采取传统的直接与众多的运输公司交易的做法。虽然这样做可以使托运人能够得到较低的运价，但其交易成本也相对较高。

总体看来，英国的物流企业中，以空运、快递、陆运为主要业务的公司居多，而且当中的绝大部分是资产密集型企业，大多拥有物流设施和网络。那些具备快运业务背景的综合企业在发展现代物流业的过程当中拥有巨大的发展潜力。

英国的第三方物流增长速度在5-10%之间；物流增长因行业而不同，由于市场越来越成熟，目前合同物流已经占到40%左右，而零售物流增长则相对缓慢。在工业物流里，外包合同率很低，因此有较大的增长空间，估计在20%以上。英国第三方物流市场的发达程度与其国家本身的经济发达程度密切相关，据调查，20世纪90年初，英国的货物配送领域中，由“第三方物流”承担的营业额占货物配送市场总份额的32%，而到1997年，在英国使用“第三方物流”服务的已达70%以上。从整个欧洲来看，2002年德国的第三方物流占市场份额的23%；在法国，占27%；在英国，占34%，这个比例在所有欧洲国家当中是最高的，说明英国的第三方物流市场是比较完善的而且发展潜力巨大。（见表17）

表 17　　**欧洲第三方物流市场概况表**　　单位：百万美元

国别	国内物流费用	3PL 物流收入	物流总支出	3PL 物流收入占物流总支出比例（%）
英国	15 485	8 150	23 635	34.48
法国	18 784	6 911	25 695	26.90
卢森堡	119	40	159	25.16
荷兰	4 848	1 620	6 468	25.05
比利时	2 914	971	3 885	24.99
爱尔兰	734	238	972	24.49
德国	26 528	8 047	34 602	23.33
瑞典	2 610	373	3 374	22.02
丹麦	2 175	543	2 718	19.98
芬兰	1 662	415	2 077	19.98
奥地利	2 746	637	3 383	18.83
西班牙	5 655	1241	6 896	18.00
葡萄牙	673	137	811	16.89
意大利	12 002	1 771	13 873	12.77
希腊	690	85	775	10.97
总计	42 884	17 930	60 814	24.11

资料来源：http://www.56net.com

五、英国现代物流发展的走势

（一）物流技术高速发展，物流管理水平不断提高，国内物流企业的技术装备已达到相当高的水平

目前已经形成以信息技术为核心，以运输技术、配送技术、装卸搬运技术、自动化仓储技术、库存控制技术、包装技术等专业技术为支撑的现代化物流技术装备格局。其发展趋势表现为信息化、自动化、智能化和集成化。其中，高新技术在物流运输业的应用与发展表现尤为突出。现代物流信息使管理简约化，同时通过信息网络将世界各地的业务伙伴联结起来，置于同一个信息平台上，相互之间的信息交流非常方便，确保了物流信息快速、可靠地传递，大大提高了工作效率。企业通过互联网和卫星定位系统(GPS)，形成强大的现代物流信息管理系统，使之可以掌握每辆车、船、飞机等运输工具的具体位置，客户可通过系统查询到各公司的服务内容、服务方式及价格，只要在计算机上填写好委托单，再通过内部网络发送出去，物流企业就会按要求完成任务。

（二）专业物流形成规模，共同配送成为主导

专业的物流企业是伴随制造商经营取向的变革应运而生的。由于制造厂商为迎合消费者日益精细化、个性化的产品需求，而采取多样、少量的生产方式，因而高频度、小批量的配送需求也随之产生。目前，英国国内的专业物流服务已形成规模。

共同配送是经长期的发展和探索优化出的一种追求合理化配送的配送形式，是在英国境内采用较广泛、影响面较大的一种先进的物流方式，它对提高物流效率、降低物流成本具有重要意义。

（三）物流企业向集约化、协同化、全球化方向发展

物流企业向集约化、协同化方向发展，主要表

现在两个方面,一是大力建设物流园区;二是物流企业兼并与合作。

物流园区是多种物流设施和不同类型的物流企业在空间上集中布局的场所，是具有一定规模和综合服务功能的物流集结点。物流园区的建设有利于实现物流企业的专业化和规模化，发挥它们的整体优势和互补优势。

除了企业并购之外，欧洲物流业近年来纷纷摈弃“大而全”、“小而全”的传统意识,采取另一种较常见的集约化方式，即与工商企业建立战略联盟。

(四)电子物流需求强劲,快递业发展迅猛

基于互联网络的电子商务的迅速发展，促使了电子物流的兴起。

企业通过互联网加强了企业内部、企业与供应商、企业与消费者、企业与政府部门的联系沟通、相互协调、相互合作。消费者可以直接在网上获取有关产品或服务信息,实现网上购物。这种网上的“直通方式”使企业能迅速、准确、全面地了解需求信息，实现基于客户订货的生产模式和物流服务。此外,电子物流可以在线跟踪发出的货物,联机实现投递路线的规划、物流调度以及货品检查等。可以说电子物流已成为21世纪国外物流发展的大趋势。一方面电子物流的兴起,刺激了传统邮政快递业的需求和发展;另一方面,新兴的快递业发展迅猛,触角伸向全球各地。

(五)绿色物流将成为新增长点

物流虽然促进了经济的发展，但是物流的发展同时也会给城市环境带来负面的影响。为此,21世纪对物流提出了新的要求,即绿色物流。

绿色物流主要包含两个方面，一是对物流系统污染进行控制，即在物流系统和物流活动的规划与决策中尽量采用对环境污染小的方案，如采用排污量小的货车车型，近距离配送，夜间运货(以减少交通阻塞、节省燃料和降低排放)等。英国政府倡导绿色物流的对策是在污染发生源、交通量、交通流等三个方面制定了相关政策。为发展物流业,主要着手外部环境的改善和其他服务工作,并且在推进物流产业标准化方面，英国政府主要针对基础设施和装备制定基础性和通用性标准,例如统一车辆承载标准、物品条形码标准等,以保证物流活动的顺利进行。绿色物流的另一方面就是建立工业和生活废料处理的物流系统。

(六)物流专业人才需求增长,教育培训体系日趋完善

在物流人才需求的推动下，英国已经形成了较为合理的物流人才教育培训体系，即建立了多层次的物流专业教育,包括研究生、本科生和职业教育等。英国皇家物流与运输学会(THE INSTITUTE OF LOGISTICS AND TRANSPORT 简称ILT)是目前世界上最具权威性的物流专业组织。ILT物流职业资格认证是英国皇家物流与运输学会(ILT)基于物流专业人员所应具备的能力模型而设计的，按照国外惯例，实行阶梯式的培养方式,着力于实践型物流人才的培养。该认证得到了世界范围内大部分国家和地区的广泛认可和推广，国内许多著名的高等院校中都设置物流管理专业，并为工商管理及相关专业的学生开设物流课程，目前在英国，已经有35所大学开设经由ILT批准的有关物流和交通的学士、硕士及博士课程。这些举措为英国现代物流的发展提供了智力支持和人才储备。

(特约撰稿:南开大学现代物流研究中心
刘秉镰　耿松涛)

法国物流

一、法国物流在欧洲市场的重要地位

欧洲物流市场总值为 7 100 亿欧元，占欧洲 GDP的 8%，而其中法国市场总值占 1 200 亿欧元。而最近 10 年，法国的物流市场保持 10–12% 的年增长率。像美国的 FedEx 这样的国际级快递公司都将法国作为自己的欧洲物流中心，FedEx 在巴黎建立了自己的物流基地，雇佣了 1 400 个员工，每天处理 750 吨的货物，每小时的处理能力达到 30 000 个包裹。

法国的物流企业在整个欧洲起着举足轻重的作用，而国外物流企业在法国的物流市场占有

Logistics providers in France

Logistics provider	Area	Number of sites
Geodis	2 Mm^2	140
STEF-TFE	1.78 Mm^2	54
Norbert Dentressangle	1.44 Mm^2	49
Hays logistics	1 Mm^2	70
Transalliance	0.90 Mm^2	40
Easydis (Casino)	0.788L Mm^2	30
FM Logistique	N/A	14
Giraud	0.60 Mm^2	44
Faure et Machet	0.42 Mm^2	13
Tibbet & Britten	0.25 Mm^2	14
Hepner	0.2 Mm^2	N/A

图 1 法国物流企业比较

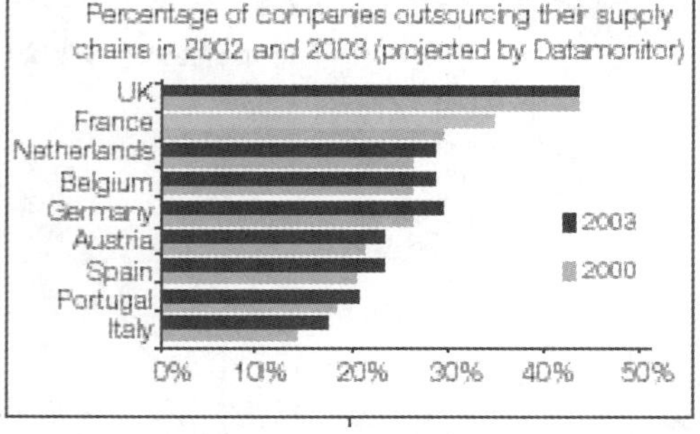

图 2　法国企业的物流服务外包比率

率仅有 28%。法国的物流企业一般也是由运输企业起家，图 1 是法国几个大型物流企业的比较。大多数物流企业是在为食品、汽车零部件、纺织品等行业提供服务。而超过 30%的法国企业都将自己的物流服务外包（见图 2）。

二、法国物流发展现状

（一）基础设施建设——运输网络

法国国土面积 55 万平方公里，东西方向和南北方向最长距离均为 1 000 公里左右，陆路运输是国内主要运输方式，公路、铁路、航运、管道运输分别占货运市场份额的 80%、14%、4%和 2%左右，空运只有微量份额。

1.公路：拥有 950 000 公里保养良好的公路，其中包括 9 300 公里的高速公路，其公路网络在欧洲是最密集的，能与西欧各国紧密联系在一起。

而且其高速公路的每公里单位车辆密度是 30 辆，大大低于欧洲国家的平均水平：44 辆（见图 4），具有良好的公路通畅状况。

另外，原有 38 000 家货车运输商，10 年来又增加了 9 000 家，专职司机达到 20 万名，增加了 30%。欧洲内部的将近 80%商品交换是通过公路完成的。借助公路和铁路降低了货运成本，使竞争优势进一步加强。

2.铁路：法国的铁路网络是欧洲最佳的网络之一，没有像北欧一些铁路那样超负荷运行，是货物分流的重要渠道。高速铁路网络实现国内城市之间、与欧洲各国之间快速、便捷的连接。形成交叉网络的公路和铁路近 5 年飞速发展。2000 年，铁路和公路的运输量达到 138 亿吨（全国总量 554 亿吨）。

法国铁路全部是国家资本，法铁公司是惟一的铁路经营者，实行集中的管理体制。遵循公用事

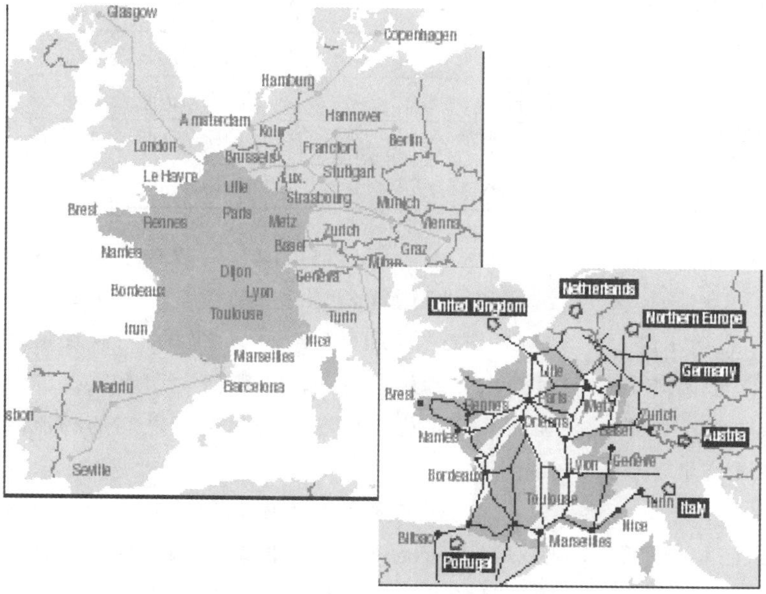

图 3　法国公路、铁路网络示意图

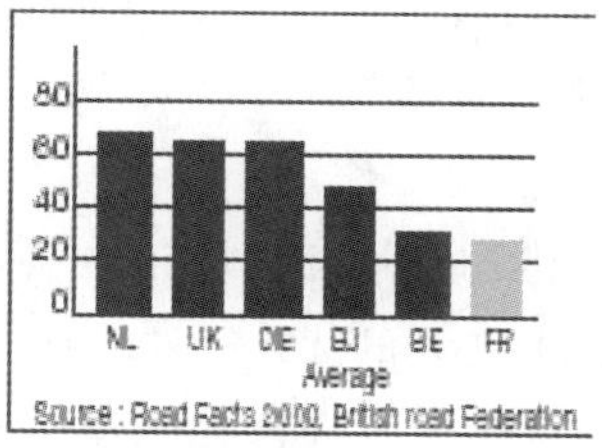

图 4　主要欧洲国家每公里单位车辆密度比较

业原则，国家对法铁公司在诸多方面，区别于一般工商企业，有一定的法律限制。法国铁路现有营业线路 3.18 万公里，客货运量分别为 8 亿人次和 1.3 亿吨左右，客货周转量分别为 600 多亿人公里和 530 亿吨公里左右，铁路货物运输处于重要地位。在铁路的发展方面，随着工业的发展和工业的逐步现代化，铁路建设和营运经历了起步、快速发展、饱和、减少和调整的过程；在经济效益上，经历了盈利、高额利润、亏损、减亏和扭亏等阶段；在货运品类上，也发生了以运输煤炭、矿建、钢铁等物资为主，逐步转向以运输高附加值的工业产品为主，煤炭、矿建物资基本消失、钢铁大量减少的巨大变化。托运人对铁路的需求，也从简单的货物位移需要，转变为要求在承诺的时间内准时、安全地实现货物的位移。

法铁公司在铁路货运品类变化的形势下，根据客户新的货物位移需求，以市场为导向，巩固和拓展货运市场，采取的措施很多，主要包括有线提速和公铁联运。法国铁路的货车时速基本都提高到 120 公里以上，南北方向的既有线有一部分提高到 140–160 公里。这种差异是市场需求的结果。在市场经济条件下，为减少资金占用和商品库存，制造商都希望在合同规定的最后时限交付货物，而分销商却希望在合同规定的时限内越早得到商品越好。法铁公司通过在既有线提速，大力开行晚 18 点承运早 8 点交付的“夕发朝至”货物列车，以满足市场需求。由于法国铁路南北方向和东西方向均不超过 1 000 公里，有这处运输需求的货物基本集中在南北流向上，因此，法国铁路时速 140–160 公里的货车完全是南北开行，而且货运大部分集中在夜间进行。目前，时速 160 公里的货运量占 7.92%。

开展公铁联运，提供全程一站式物流服务，整合铁路和公路两种运输方式的优势，经济、便捷地直接把货物送达客户指定地点，是法铁公司货运的重要特点。据巴黎第十二大学物流运输管理学院米歇尔·古斯居尔夫人介绍，20 年前法铁公司的克松先生提出“要使火车卸下的货物用自己的汽车运到货主手中”的思路，发展公铁联运。现在，法铁公司通过控股和参股控制着法国 150 多家公路运输公司，已成为全国最大的公路货运分司，2001 年营业收入达到 200 亿法郎。目前，法国铁路承运的货物有 24.9%实现了公铁联运。从法铁公司目前的企业结构看，法铁公司及其 150 多家公路运输子公司共同组成一个多式联运的集团公司。

据 STVA 汽车运输公司开发处长介绍，法铁公司开展公路运输或其他经营业务，都以投资设立子公司或参股其他企业的方式进行，在法铁公司总部设有投资管理部，专门负责投资设立的子公司的管理工作。

3.港口：法国港每年的吞吐量达到3亿吨货物，欧洲最大的15个港口有5个在法国，这5个港口2000年的货物吞吐量达到9.65千万吨。Le Havre是法国最大、欧洲第五大的集装箱港口，年吞度量达到6.5千万吨。

4.水运：法国拥有8 500公里的可航行水路，并与欧洲水路网络连接。2000年，5.87千万吨的货物通过水路运送到欧洲市场。巴黎成为法国最大的、欧洲第二大的内河港口，年货物吞吐量达到1.76千万吨。

5.航空：法国建有27个机场，包括巴黎、里昂等国际机场，这些机场年吞吐量达到1.2百万吨。

北欧的机场向来以洲际飞行而知名，但目前已全部饱和，在某些时刻甚至已近窒息，因而无法再改善服务、加速运转，也无法进一步降低费用。

法国里昂Satolas国际机场位于南欧大陆桥（从西班牙南部的瓦伦西亚到意大利东部里雅斯德港）的中点。从1984年到1998年，里昂Satolas国际机场的运输业务增长了2倍。1998年，年货运量达11.5万吨，5 200万人次。预计2010年前还将翻一番。

受这些基础设施网络之惠，从里昂出发，可在一夜之间为1.8亿欧洲人服务，这超过欧洲人口的1/2，代表欧洲2/3以上的购买力。

（二）物流投资成本与收益

在法国，因为基础设施发达，其物流成本相对其他国家来说具有很大的竞争优势。

法国的物流成本比欧洲其他国家低很多。因此其收益也是具有明显的竞争优势。

另外，除了国家总体物流成本的竞争优势，法国的很多城市物业具有物流成本方面的优势。下面是欧洲几个城市的物业平均年租金表，体现了法国城市的物流竞争力：

表1　**平均年租金**

里昂	53欧元/平方米
米兰	57欧元/平方米
巴黎	77欧元/平方米
伦敦	134欧元/平方米

（三）法国物流商

1.良好的服务水平。在产品日益全球化的今天，物流服务是一个重要的中介。生产者需要根据劳动力成本、原材料供应、财政政策等多方面因素，不断地重新部署生产；消费者则从不或很少改变其消费位置，他们要求以最低的价格、在最短的时间内得到优质的产品或服务。所有这些加上安全性，便是位于生产者与消费者之间的物流服务商的任务。

因为我们必须努力做到零库存，而同时保证消费者购买时不断货。同时，工业集成化的发展，使产品的差别日益缩小；激烈的竞争又缩小了产品的销售价格之间的差别。产品的独特性是必须发展的，物流服务可弥补产品之间越来越少的差别。

另外一个必须说明的重要因素，就是法国工业部门（当然也包括物流行业）的每小时劳动成本低于欧洲平均水平，极具竞争力：

法国17.25美元；

荷兰20.99美元；

德国25.81美元。

2.法国的社会环境。法国经济的批评者经常提及法国的罢工。总体上讲，这些争议极少波及物流业。下面给出了不能工作的时间的比较（每万名雇员一年中不能工作的天数）：

法国每年31天

英国每年43天

意大利每年238天

当一个大型的法国运输公司发生罢工时，（这种概率仅占法国全国运输业的1%），像SOTRADEL这样小一点的、中等规模运输企业，可以继续有效地为客户提供服务，在不间断服务的前提下，法国服务商可以和它的客户面对面地共同规划。

三、法国物流发展动态

（一）联邦快递与法国包裹物流控股公司签

署一项欧洲营运协定

法国包裹物流控股公司是世界四大集团之一，联邦快递公司是世界速递领域的先锋，两大公司签署了一项旨在加强各自在欧洲的业务的营运协定。该协定是两大集团采取的战略行动，将使他们成为在欧洲邮政的主要经营者。

协定于2001年1月1日生效。它可使法国国际邮政快递公司Chronopost的用户进入到世界网络中，并使用户受益于欧洲主要市场和法国包裹物流控股公司的地面设施。

联邦快递公司负责欧洲、中东、亚洲业务的罗伯特·威利沃特说："该协定使世界最主要的快递网络与最知名、信誉最佳的名牌公司联合起来，其潜在效益极为可观。联邦快递公司近几年在欧洲、中东、亚洲的业务增长是大家有目共睹的，协定的签署有助于扩大其业务量，增加其收入，加速其发展"。

该协定也将使法国邮政在欧洲以及世界包裹、物流的市场地位得到加强，并使其用户进入堪称世界典范的网络之中。该协议将取代原来由法国国际邮政快递公司Chronopost签署的有关协定，它将使法国邮政国际快递公司Chronopost以及其他持股公司向欧洲各地用户提供统一的服务项目和优质的服务质量。协议包括使Chronopost国际快递公司以及其他包裹、物流公司的快递邮件进入联邦快递世界网络之中，包括从法国、德国、英国、比利时、荷兰、意大利、西班牙、葡萄牙、瑞典、瑞士、冰岛、丹麦、挪威寄发的邮件，双方要确保各自邮件的揽收和投递工作。

（二）法国邮政强化其在国际函件市场的地位

法国邮政目前成为Brokers Worldwide公司的主要股东，占有其40%的股权。Brokers Worldw ide公司是在美洲市场上经营国际函件的主要经营者之一。Brokers Worldwide公司向使用国际函件的美洲用户提供一系列服务：揽收、交寄前的准备工作，如：贴邮票、装入封袋、打印、名址管理、初分等工作。然后再交给邮政部门邮寄。该公司1986年组建于美国费城，现有雇员300人，1999年营业额为3.8亿法郎。入股之后，Brokers Worldwide公司和法国邮政的美洲用户可以充分享用双方的业务优势。同时，寄往南美、亚洲以及一些欧洲国家邮件的业务质量也将有所改善。

法国邮政以此强化在国际函件市场的首要位置。继1999年购买国际快件处理运输公司的业务之后，法国邮政继续采取合作或收购的政策，实施其在国际市场发展的战略，实现2002年国际函件年营业额占10%的目标。

（特约撰稿：华中科技大学管理学院
教授　马士华）

荷兰物流

欧洲消费者对于食品的需求，是国际农产品贸易的强有力支柱，对于欧洲农产品物流市场隐藏的巨大商机，荷兰人比谁都看得更加清楚。他们知道，如果想要把食品生意或者农业产品贸易做得更加成功，就必须想方设法满足欧洲各个地区，不同层次和多种类型消费者错综复杂的需求，用中国人的话来讲，就是“公要馄饨，婆要面”，尽量分别给予满足，才能把生意越做越大。荷兰人很快就找到解决问题的策略，那就是选择地点，建立若干个农产品和食品供应的中央基地，以此作为农业产品、食品和信息的后勤结合点，然后通过这些结合点向欧洲地区的所有客户提供服务。正因为荷兰位于欧洲的中心地区，是建立欧洲农业物流基地设施的理想位置，是为欧洲地区巨大的食品和农产品市场提供物流服务的最佳中心。充分利用这一有利条件，积极发展农业物流的荷兰，在人们的心目中已经成为“通往欧洲的门户”。

目前这个所谓的欧洲“门户”有两个非常重要的支柱，鹿特丹港以及阿姆斯特丹–斯希波尔机场。对于鱼、肉、饮料、水果、粮食等货物的运输来说，鹿特丹港特别重要。因为，鹿特丹港靠近重要的蔬菜和水果种植地区，港区四周高速公路纵横交错通往内地的水路运输网络非常发达，鹿特丹港与欧盟国家水果进出口中心所在地的巴伦德雷赫非常靠近，而且鹿特丹港拥有一个传统的水果交易市场，来自欧洲各地的水果商云集交易市场，各种柑橘、苹果、葡萄从坐落在市场附近的专用码头进进出出，非常方便。荷兰的农业物流中心当然并非鹿特丹一家，荷兰还有其他分工不同的农业物流中心，如专门从事进出口可可豆的阿姆斯特丹港，经营水果批发的弗拉辛港，经营鱼、肉等冷冻食品的埃姆斯哈芬港和经营水产品的埃姆伊敦港等。但是58%以上的农业产品和食品是通过鹿特丹港、阿姆斯特丹港和斯希普霍尔飞机场运往欧洲各地。

荷兰的航空货运非常发达，例如位于阿尔斯梅尔的阿姆斯特丹–斯希波尔飞机场就是一个重要的农业产品物流枢纽，荷兰盛产的花卉就是通过这座机场连夜运送到欧洲和世界各地。阿尔斯梅尔是荷兰花卉的种植基地之一，又是欧洲花卉进出口中心，进口自非洲、南美洲和亚洲，据统计，全世界65%的花卉贸易就是通过荷兰进行交易的。

如今，在欧洲地区内的大多数农业产品和食品是通过公路运输的，占国际公路运输业的主要份额。而在荷兰公路上飞驰的货运车中，有三分之一的车辆是载运农产品和食品。当然配送保鲜、冷冻和易腐货物，在储存和运输的过程中都需要制冷和冷冻的技术设备和足够的设备容积量。荷兰的冷冻行业非常发达，现在世界上没有哪一个国家的人均制冷和冷冻容积量能够超过荷兰。活跃在这一制冷和冷冻行业的大多数荷兰公司都具有现代化的制冷和冷冻技术设备，这些冷冻公司的最大优点是工作效率高，日常开支低，充分保证运输、储存和配送。

由于欧洲地区客户越来越希望所提供的农产品和各种食品必须是新鲜货，而且要求提货和送货都要方便，随叫随到，品种要多样化，因此欧洲的农产品和食品零售商对于送货时间、速度、产品的可靠性和质量，提出了前所未有的严格要求，迫使零售商必须毫不迟疑地拿出完整的农产品和食品的供应系列。而这一切必须依靠物流供应链的不断完善和提升。荷兰人认为，一个显而易见的解决办法就是在市场的附近建立一个农产品和食品中转站，货物首先集中到这个中转站，然后再在中转站进行配送。采用这种方式就有可能保证充沛的货源，合理的配送，及时的运输和稳定、可靠、协调的供应。配送中心收到货物后，根据具体情况、条件和规范，对农产品进行分类、调制、分割、包装和储藏。配送中心的主要任务就是把农产品和食品及时运送给各个零售商。荷兰就是把这种物流操作概念实际运用到市场中。现在，荷兰正在开发新的物流和商业概念，如建立电子化农业产品交易市场，协调联运物流中心和农产品集成保鲜中心，这一切都是为了更好地预测和满足欧洲地区客户和零售商近乎苛刻的要求。荷兰的花卉和园艺中心的新式电子，交换式信息和订货系统已经建立。这种新型电子互联网系统首先瞄准国际市场的“公司对公司的电子商务”，在全球许多国家向广大客户的消费者提供服务。

这个电子虚拟物流供应链的主要优势，就是可以对物流供应链上的各个环节进行实际操作，还可以向商界和消费者提供品牌农产品供应商和零售商、访问者的记录，实现物流供应链上的信息共享，还有就是完成客户订单所需要的物流活动。正因为网上订货计划容易操作，通过英特网连接电脑信息技术系统，促使农业物流供应链就得更加活跃，由此促成了通过英特网连接起来的供应商、零售商、生产商等物流各个节点的网络系统。这样一来，信息透明度、准确度和及时性都得到提高，使得及时改进物流计划、管理、调配、优选等操作更加现实。

通过过去几年的不断努力，现在荷兰的农业产品物流服务提供人已经能够向来自世界各地的农产品和食品提供连续的物流服务。物流可不是简单的运输，需要一定的专业知识，搞农业产品物流更是如此，例如花卉物流、速冻鱼、肉和其他粗加工、深加工食品物流，荷兰的物流操作人员都必须经过考核，有具备相关行业的就业资格证书，以保证荷兰高质量的农产品物流供应链管理，能够按标准贯彻始终。

（供稿：坤 杉）

新加坡物流

2002年，在世界经济仍然不景气的背景下，新加坡物流保持了较好的发展水平，以港口物流为支撑的物流业继续在世界上保持领先地位，其中，港口吞吐量近 3 亿吨，继续保持世界第二，集装箱吞吐量为 1700 万 TEU，仅次于我国香港特别行政区，列全球第二位。

但是，中国的香港及珠江三角洲的深圳、广州等港口的集装箱吞吐总量正在接近新加坡港集装箱总量的两倍，上海港的吞吐量达到 2.6 亿吨，在总量上也在逼近新加坡港。因此，2002 年，在中国加入 WTO 后物流市场将要开放，以及世界物流市场发展格局正在发生变化的形势下，新加坡物流发展的显著特点就是走出国门，积极在中国谋求物流业的合作，通过兼并重组等手段为其优势物流业寻求新的发展途径。

一、新加坡物流业寻求对外合作发展的基本情况

（一）巩固在珠江三角洲的物流合作成果

2001 年，广州港务局与新加坡港务集团签订合约，合资经营集装箱码头，一年来集装箱吞吐量增长 32%。新加坡港务集团继在广州经营集装箱码头成功后，又积极在广州拓展现代物流业务，2002 年与广州港务局合资组建了广州鼎盛物流有限公司，首期投资达 1.6 亿元人民币，将建设一个占地约 20 万平方米的现代物流中心。整个工程包括铁路货物交接库、汽车货物交接库共 4 座，集装箱堆场以及相关的信息网络系统、装卸运输等设备。该物流中心的二期工程将扩建 10 万平方米，预计在 2–3 年后建成，全部完工后将成为中国沿海最现代化、功能最齐全的物流基地之一。

（二）积极进军中国机场物流市场

新加坡民航局属下的樟宜机场企业有限公司正积极商洽收购中国一些机场的股权，或通过共同管理提供机场物流服务的形式参与中国机场物流服务市场。这将是继新加坡港务集团 2001 年进军中国港口之后的一项新的物流合作发展项目。目前，中国机场物流发展刚刚起步，非常需要新加坡的物流软件管理系统和企业运作经验，以便尽快提升机场物流服务水平，适应国际化的步伐。

（三）积极谋求与上海的物流发展合作

2002 年，新加坡派出了由贸易发展局副局长和著名物流公司的总经理组成的物流代表团访问了上海，与中国物流企业联盟成员进行座谈，希望促进中新两国物流企业的合作交流。

（四）积极通过企业并购拓展物流市场

1997 年亚洲金融危机后，新加坡为保持其在物流业领域的地位，开始尝试企业兼并重组来拓展市场范围和提升竞争能力。2002 年，新加坡集装箱储运公司斥资 5.57 亿美元控股比利时港口管理公司 HesseNoordNatie，将集装箱经营业务网络扩展到欧洲。

尽管如此，2002 年，新加坡在与邻国马来西亚的物流业竞争中，也感受到了竞争的压力。全球第二大海运公司台湾长荣集团已经同马来西亚签订了长期合作协议，长荣将其货物中转码头由新加坡转到马来西亚柔佛州的丹戎港。位于马来西亚南部的丹戎港建于 1999 年，与新加坡港的距离只有 40 分钟车程，与新加坡港相比，丹戎港不论硬件还是软件都与新加坡港相去甚远，但收费还不到新加坡港务集团的一半，仅此一项长荣每年可节省成本 600 多万美元。另外，马来西亚还转让给长荣 10–20%的码头股份，并给予长荣集团下属的航空公司和酒店在马来西亚的种种优惠，在当前世界经济不景气的情况下，新加坡港切实感受到低价竞争冲击。

二、新加坡政府积极采取措施提高物流业的发展水平

物流业是新加坡的支柱产业之一，也是该国重要的经济命脉。为了应对亚洲包括中国、马来西亚等国家的竞争，新加坡政府做出了巨大的努力，从1997年以来采取了一系列的举措。1997年7月，新加坡物流倡导委员会制订发展纲领，同年新加坡贸易发展局联合13个政府机构，其中包括海关、经济发展局、民航局、生产力及标准局、资讯发展局、海事及港务管理局等，展开“1997年物流业提升及应用计划”。在该计划获得成功之后，新加坡政府又先后推出了“1999年物流业提升及应用计划”以及“2001年物流业提升及应用计划”。

2002年，中国地方政府也在发展物流业方面进行了许多规划和政策的制定工作，但成效并不显著，新加坡政府引导和管理政策的成功，使运输、仓储、配送等物流环节整合成“一条龙”服务，提高了效率和水平，也使新加坡物流业在参与国际及地区竞争中获得了稳步发展，这些经验值得我国积极借鉴。从2002年新加坡物流业的发展状况分析，其成功的经验主要表现在以下四个方面。

（一）坚持加快基础设施发展

负责新加坡政府物流基础设施建设计划实施工作的海事及港务管理局，自从1997年从政府架构中独立出来之后，一直致力于改善和加快物流基础设施的建设和发展。一方面引进高新技术，包括电子入闸系统和全自动化桥式吊机；另一方面，在樟宜机场附近开设物流园，吸引国际第三方物流公司在新加坡设立总部及地区性物流中心。

（二）致力于物流服务流程改造

在政府的主导下，新加坡政府出面委托专家顾问进行研究，同时鼓励物流企业积极参与，以便不断开发高效、科学的物流流程。先后完成了对物流服务流程改造具有重要作用的“物流业挑战及商机”、“货盘标准化”等研究计划。

（三）高度重视人力资源开发

新加坡拥有物流业人才的优势，但政府并不满足，积极通过人力资源开发战略的实施抢占物流业发展的制高点，通过一系列举措，提升了人才队伍的整体优势。如推出了政校合作、国际交流，以及鼓励有潜力的其他行业人才转投物流门下等多项物流人才培训计划。新加坡国立大学和美国佐治亚州科技学院在新加坡合作成立亚太物流学院，并提供双硕士学位课程等。并设立专门机构对物流学院的学生毕业发放“认可物流专业证书”（CPL）。

（四）加快物流技术进步

1999年，政府制定了物流业的科技发展纲领，以建设公共电子走廊、促进该行业的低成本电子数据交换为目标。到2002年，新加坡政府已建成“港口网络”、“贸易网络”等公共信息平台，并将推出空运业电子发票、电子付款系统及空运业电子数据交换系统等，以期通过信息技术全面提高新加坡物流业的技术水平，推进物流业的技术进步。

（五）积极开发航空物流服务

新加坡航空物流的代表是樟宜国际机场，该机场被誉为东南亚最现代化的国际机场。新加坡民航局制定了樟宜机场的发展规划，以确保机场有足够的能力应付亚太地区航空物流的强劲增长。规划建设的樟宜航空货运中心，面积达47公顷，是一个24小时运作的自由贸易区。货运中心采取一站式的物流服务模式，并提供装卸航空货物所需的设备和服务。

（六）巩固港口物流的发展地位

新加坡的远景目标是把该国发展成为集海、陆、空、仓储为一体的全方位综合物流枢纽中心。为了实现这一目标，新加坡港口最近采取了新举措。一方面，调整港口管理策略并制定新措施，准备开放港口允许船舶公司以合资方式拥有自营码头，并欢迎国际上的港口经营集团到新加坡投资发展码头。另一方面，注重技术改造，通过挖掘内部潜力来提高生产力。2002年，新加坡海事及港务管理局进行了一项试验性计划，在新加坡海港采用自动识别系统，一方面避免船舶相撞，另一方面提高港口航行的安全。

（特约撰稿：国家发展和改革委员会综合运输研究所副所长　汪　鸣）

2002年物流相关行业大事记

2002年中国物流业十大新闻

1.入世周年开放承诺兑现,物流领域控股权全面对外开放。

2002年12月11日,我国正式对外商开放国际货运代理企业的控股权。至此,在道路运输、货代、仓储、快递、辅助服务等物流领域涉及的主题行业中,我国均已按照WTO承诺对外商开放了控股权。

2.国家首次以国债资金支持物流业发展。

2002年,国家经贸委将与物流相关的技术改造项目列入国债贴息予以支持。截至2002年底,国家经贸委已经审批通过了9批与物流业相关的国债贴息项目,总数达到54个。

3.全国口岸实施大通关,进出口货物搭上无纸通关及电子支付快车。

2002年,海关总署在全国主要口岸实施大通关。随着快速通关模式、无纸通关试点、电子支付手段等便利措施的推广,我国进出口货物的通关效率明显提高。

4. 辛克成立首家外商控股合资物流公司,跨国物流巨头跑马圈地。

2002年11月19日,德国辛克国际货运公司在京成立第一家由外方控股的货运公司。在此前后,其他跨国物流巨头如丹莎、EXEL、日邮、UPS、FEDEX等,也纷纷在华增设分公司和办事处,抢在中国物流市场与国际竞争完全接轨之前跑马圈地。

5.邮政快递之争步步升级,立法层干预达成妥协方案。

起自2001年12月20日两部一局629号文件的邮政快递之争,在国家邮政局2002年2月4日下发64号文件之后步步升级。2002年9月5日,在国务院及人大法工委的调解下,两部一局下发补充通知对原有文件做出部分改动,随后四大外资快递企业到国家邮政局办理了委托手续,历时近一年的邮政快递之争暂告尘埃落定。

6.外商投资物流企业试点无人喝彩。

2002年7月20日,外经贸部在北京、上海等七地启动外商投资物流企业试点,允许外商设立合资企业经营第三方物流业务。由于可操作性不强,该政策出台之后遭到物流商和货代企业的冷遇。

7.物流配送被国家经贸委列为流通现代化工作的三项重点内容之一。

2002年初,物流配送与连锁经销、电子商务一起,被国家经贸委列为我国流通现代化工作在近期的三个重点内容。

8.《中华人民共和国政府采购法》正式出台,“阳光采购”有法可依。

2002年6月,《中华人民共和国政府采购法》经全国人大常委会表决通过,于2003年1月1日起正式实施,“阳光采购”步入法制化轨道。

9.民航重组尘埃落定,航空货运市场面临变局。

业内人士期待已久的民航重组终于在2002年10月揭开大幕,三大集团在货运业务方面纷纷借重组发力,新的航空货运市场面临变局。

10.中远、中海成立物流公司,国有航运巨头加速向物流企业转型。

2002年上半年,中远集团与中海集团先后完成内部的物流资源整合,成立了中远物流公司和中海集团物流公司。两大航运巨头加速向物流企业转型，成为本土企业应对入世竞争的典范。

（由《中国物流与采购》、《中华工商时报》、《中国经济时报》、《21世纪经济报道》等12家媒体评出）

2002年中国物流业界十件大事

1.江泽民、朱镕基在省部级主要领导干部专题研究班上指出，要大力支持和推动连锁经营、集中配送等现代流通方式。

2.《中华人民共和国政府采购法》经全国人大常委会表决通过，正式发布。

3.国家首次以国债资金支持物流发展。

4."全国推进流通现代化工作现场会"在上海召开，会议确定现代物流是流通现代化的三大发展重点之一。

5.外经贸部下发《关于开展试点设立外商投资物流企业工作有关问题的通知》，跨国物流企业加速进入中国。

6.科技部批准设立"中国物流与采购联合会科学技术奖"。

7.首部《中国物流年鉴》出版发行。

8.物流人才教育工程全面启动，在学历教育、证书培训、师资培养、实验条件和学科建设方面都有进展。

9."宝供物流"等四家企业被中国物流与采购联合会分别授予"中国物流示范基地"和"中国物流实验基地"。

10.中国物流学会举行首届年会，集中探讨物流"热点"问题。

（由中国物流与采购联合会评出）

2002年中国公路十大新闻

1.被誉为"德政工程"、"民心工程"的西部地区通县公路建设工程年内基本完成。

2.张春贤同志出任交通部党组书记、部长。

3.超限运输造成的公路路面早期损坏问题加剧，治理超限引起社会各方关注。

4.第二次全国公路普查工作圆满结束，公路里程比1979年第一次普查时增加了80万公里。

5.8月，山东、辽宁两省实现省会到每一个地市用高速公路连接。

6. 反映中华民族桥梁建设历程的鸿篇巨制–《中国桥谱》问世，江泽民主席为该书题写了书名。

7.公路建设继续保持良好发展态势，全年投资规模首次突破3 000亿元。

8.7月1日起，重庆市将"七桥一隧"捆绑收费，机动车凭年票就可以在主城区范围内畅行无阻。

9.第一届全国公路科技创新高层论坛在北京举行，公路科技得到越来越多的关注。

10.中国交通建设监理协会成立。

（资料来源：《中国公路》）

2002年中国铁路十件大事

1.青藏铁路建设进展顺利。

举世瞩目的青藏铁路建设在2001年取得首战胜利后，2002年迎战连续多年冻土，展开铺轨架梁工程。2002年完成投资53.2亿元，比计划多完成3.2亿元；已完成正线铺轨121km，架设桥梁349孔；格尔木–望昆段铺轨任务提前完成；胜利贯通了控制工程昆化山隧道和世界海拔最高的风火山隧道；完成了长江源、清水河特大桥主体工程。冻土试验研究取得阶段性成果，片石通风路基、通风管路基和热棒等技术可以有效提高冻土路基的稳定性；建立完善的医疗保障体系，开工以来未发生一例高原病死亡事故；在铁路建设史上首次引入了环保监理制度，生态环境保护取得明显成效。站后专业研究工作全面开展。2002年9月3日，青藏铁路公司成立，全面负责青藏铁路格尔木—拉萨段的建设和未来运营期青海、西藏两省区的铁路运营管理。

2.粤海通道琼州海峡轮渡工程完工。

由铁道部、广东省和海南省共同出资45亿元修建的国家重点建设工程–粤海铁路，由湛江–海安铁路、琼州海峡轮渡和海口–叉河铁路组成。其中,跨越琼州海峡的火车轮渡是我国首次集火车、汽车、散客、混装于一体的跨海运输。粤海铁路工程自1998年8月动工,至2002年底,琼州海峡轮渡工程全部完成,并成功地通过渡船、栈桥、港口的联合调试。2003年1月7日,粤海通道琼州海峡轮渡正式开通。

3.中国铁路提速实现历史性突破,秦沈客运专线试验时速达到300km。

2002年11月27日,我国自行设计制造的"中华之星"电动车在运行试验中试验速度达到了321.5km/h。中国铁路提速的这一历史性突破是在中国铁路建设的标志性工程–秦沈客运专线上取得的。这条线路的建设,使我国铁路在速度技术的掌握上,从160km时速等级提高到200km时速等级。与这条线路相匹配的,是核心技术和主要装备拥有自主知识产权的"先锋号"和"中华之星"交流传动电动车组。"先锋号"采用了动力分散的设计思路,每3辆车为一个单元;"中华之星"采用了动力集中的设计思路,全列为一个单元,由2节动力车和9辆客车组成。这两组电动车组的列车走行系统、全列车的控制系统、主变流器、牵引电动机等关键部件都是我国自主研制的。

4.国家计委举行听证会同意铁道部提出的部分旅客列车票价实行政府指导价方案。

2002年1月12日,国家发展计划委员会组织召开部分旅客列车票价实行政府指导价方案听证会,原则上同意了铁道部提出的对部分旅客列车实行政府指导价的方案。这次价格听证会是《政府价格决策听证暂行办法》自2001年8月1日颁布实施以来,国家计委主持召开的第一个听证会。对部分旅客列车票价实行政府指导价是为了运用价格杠杆的作用,调节客运市场的供求关系,特别是在铁路运输能力十分紧张、客运供求矛盾非常突出的情况下,期望在客流高峰期间,起到"削峰填谷",分流旅客的作用,以缓解铁路运能和运量的矛盾。由于铁路客运价格调整涉及广大人民群众的切身利益,让利益相关人员参与价格决策,有利于进一步提高政府价格决策的科学性和透明度,促进政府价格决策的民主化和规范化。2002年1月27日,根据国务院批准的国家计委关于部分旅客列车票价实行政府指导价的方案,铁道部公布了2002年春运票价的浮动方法,首次实施了政府指导价方案。

5.全国铁路开通运营里程超过7万km。

自1998年党中央、国务院做出加大基础设施建设力度的重大决策,铁道部抓住机遇,发起跨世纪铁路建设会战。4年来,铁路大中型建设项目建成投产38个,完成新线铺轨4 933.1km;投产4 212.3km;复线铺轨4 170km,投产4 041km;建成电气化铁路4 827km;全国铁路营业里程提前一年实现了"突破7万km"的会战目标。4年来,全国铁路(包括地方、合资铁路)建设完成投资2 177亿元,这是建国以来铁路建设完成投资最多的时期。经过4年的会战,路网规模扩大,路网结构优化,主要干线进一步完善配套,西南、西北铁路能力增强,煤运通路能力增加近亿吨,南北、华东通路进一步完善,"瓶颈"制约得到缓解,铁路会战取得了前所未有的成绩。

6.上海磁浮列车示范线建成通车。

2002年12月31日,世界第一条磁浮商业示范运营线–上海磁浮列车线试运行通车,中国总理朱镕基与德国总理施罗德参加通车典礼并试乘了首发列车。上海磁浮列车示范运营线工程于2001年3月正式开工兴建,总投资约89亿元人民币,西起上海地铁二号线龙阳路站,东至浦东国际机场,正线全长33km,设计最高时速430km,单向运行时间8min。上海磁浮列车线是连接机场和市区的大运量高速交通线,它将大大改善市区到浦东国际机场的交通条件,同时也将成为一条颇为吸引人的旅游观光线。

7.秦沈客运专线胜利铺通并通过初验。

2002年6月16日,跨世纪铁路建设重点工程秦沈客运专线全线铺通,我国第一条快速客运专线建设取得阶段性胜利。长期以来,我国铁路客货共线运行,客货互争能力的矛盾十分突出。为发展快速客运铁路,铁道部选择运能紧张的进出关通道作为突破口。秦沈客运专线起自秦皇岛站,接于沈阳北站,全长404.64km,为国家I级双线电气化铁路,于1999年8月16日开工建设。秦沈客运专线是我国铁路建设项目中技术层次最高、创新内容最多的标志性工程,设计时速达200km(预留提高到250km的条件)。客运专线建设首次采用了具有我国自主知识产权的成套快速铁路建设技术与装备,填补了我国铁路建设史上的一系列空白;全线共有桥梁221座、65km,采用先进的整体箱型梁、600t大吨位架桥机架设;首次采用一次性铺设跨区间超长无缝线路技术,最长一段达到188km;先后攻克了道砟摊铺、现场铝热焊、桥梁无砟轨道、大号码道岔铺设等技术难题,并创出日铺轨4.8km的好成绩。秦沈客运专线将于2003年初投入试运营。

8. 江总书记为T21/T22、T13/T14次列车题写"新世纪号"、"东方号"。

自2001年10月21日,我国铁路实施第四次列车提速以后,我国最新研制的新型特快列车在京沪线上首次亮相,这是我国最高档次的旅客列车。2001年11月14日,江总书记亲自视察了T21/T22、T13/T14次旅客列车,仔细查看了列车上的先进设备和设施,并分别为T21/T22、T13/T14次列车题写"新世纪号"、"东方号"。2002年4月29日、30日,"新世纪号"、"东方号"揭牌仪式分别在北京站、上海站举行。

9."中华牌"机车车辆产品大放异彩。

2002年中车南北集团既竞争又联合,优势互补,使"中华牌"机车车辆产品大放异彩。两大集团全年试制新品种机客货车、动车组、城轨车辆共62项,研发重要零部件和关键技术101项。主要的新品种机车车辆产品有:"中原之星"动力分散交流传动电动车组,"先锋号"动力分散交流传动电动车组,"中华之星"动力集中交流传动车组,"奥星号"交流传动电力机车,"雪域神舟号"大功率内燃机车,"西部之光"快速货运交流传动内燃机车,货车摆动式转向架,SS7E电力机车,DF7G交流传动内燃调车机等。

10. 陇海铁路灞河桥水害断道,9小时恢复通车,60天新桥建成通车。

2002年6月9日,陇海铁路灞河桥桥孔出现垮塌,导致陇海铁路、西康铁路客货运输完全中断,大批旅客滞留铁路沿线。险情发生后,郑州铁路局、西安铁路分局立即组织抢险,经过2 200余人连夜奋战,于10日零时抢通了陇海线,保证了连接我国东西部的大动脉贯通,把对铁路运输的损失减少到最小程度。8月18日,仅用60天时间,全长395.88km的陇海铁路灞河新桥建成通车,陇海铁路运输恢复正常。

(由《铁道运输与经济》杂志评出)

2002年中国邮政十件大事

1.邮政汇兑业务完成新旧体制转换,电子汇兑再提速。

1月1日到1月20日,国家邮政局分4批对全国31个省(区、市)的邮政汇兑业务进行新旧体制转换,使县以上邮政汇兑网点从传统汇兑向电子汇兑过渡,停止使用传统实物汇票传递。12月5日,国家邮政局又在全国31个省(区、市)1万多个汇兑网点开办2小时到账的加急汇款业务。这是国家邮政局为提高邮政汇兑的市场竞争力,从2001年2月10日打响电子汇兑大会战,并于2001年7月1日推出现金—现金24小时到账的电子汇款业务以来,对电子汇兑实行的又一次提速。

2.全国邮政工作会议召开,总结"三年扭亏"经验,提出步入良性循环的指导方针。

1月15日至17日,2002年全国邮政工作会议在京召开。此次会议是在中国邮政实现"三年扭亏"目标、开始向良性循环迈进的历史时刻召开的,具有承前启后、继往开来的重要意义。会议全面深刻地总结了中国邮政"三年扭亏"的实践和基本经验,提出了推进中国邮政步入良性循环的指导方针,并部署了2002年全国邮政部门的主要工作。

3.邮政"效益年"活动取得成效,全年收支差额可望实现1亿元。

3月25日,国家邮政局下发了《关于开展邮政"效益年"活动的实施意见》,提出了总体目标:

"今年邮递类收入比重要提高3个百分点，土建投资比重下降10个百分点，在岗职工减员1.5万人，盘活资产收益翻一番；收入质量、经济运行质量有明显提高，确保邮政服务不出现热点投诉和严重'曝光事件'"。通过开展"效益年"活动，全国邮政2002年生产经营效益明显提高，业务结构得到了有效的优化调整，全年收支差额可望实现1亿元。

4.全国邮政行业广泛开展向"优秀党员干部"王德武学习活动。

4月8日，国家邮政局召开电视电话会议，决定授予河南省平顶山市邮政局局长王德武邮政行业"优秀党员干部"称号，开展向王德武学习的活动，并以此为契机，全面加强干部作风建设，以优良的作风推动邮政实现良性循环。

5.人事部、国家邮政局表彰全国邮政系统先进集体、劳动模范。

4月25日至26日，全国邮政系统先进集体、先进个人经验交流暨表彰大会在京召开，国家邮政局党组在会上做出了《关于表彰全国邮政先进集体、先进个人的决定》。这是邮政独立运行以来首次召开的先进集体、先进个人表彰大会。12月27日，人事部、国家邮政局又对全国邮政系统先进集体和劳动模范进行了表彰。

6.国家邮政局与南方航空股份有限公司重组并合资经营中国邮政航空有限责任公司。

6月18日，国家邮政局与南方航空股份有限公司在北京正式签约，重组并合资经营中国邮政航空有限责任公司。根据合资合同，南方航空公司注资1.5亿元，收购中国邮政航空公司49%的股权；国家邮政局以51%的股权，对中国邮政航空公司实行控股。据悉，合资重组后的中国邮政航空有限责任公司注册资本达3.94亿元，公司将完全按照现代企业制度运营。双方的合作有利于充分运用各自的资源条件，打造出具有独特竞争优势的中国航空运输服务品牌，陆海空三位一体的物流配送格局将打破行业界限，有望在物流业中抢得先机。

7.全国邮政系统全面推行市(地)县局财务管理一体化工作。

9月初，国家邮政局下发了《关于实施市(地)县邮政局财务管理一体化的指导意见》，决定从第四季度起全面推行市(地)县局财务管理一体化工作。《意见》是经过一年多的时间，在反复调研的基础上推出的。

8.国家邮政局提出全面推进邮政标准化工作。

10月23日，国家邮政局召开首次全国性邮政标准化工作电视电话会议，提出以市场为导向，以企业为主体，动员全体干部职工共同参与，全面推进邮政标准化工作。据了解，我国邮政标准化工作起步于20世纪70年代。1977年3月原邮电部发布了第一个邮政行业标准——《邮政日戳》，揭开了新中国邮政标准化工作的序幕。国家邮政局成立后，先后组织制定了《邮政标准管理办法》、《邮政标准制修订程序》，发布了《邮政技术标准体系》，使标准制定工作走上了系统化、规范化的轨道。

9.邮政物流明确发展总体目标：成为以一体化"精益物流"为主的高层次物流业务的龙头。

10月28日至30日，全国邮政物流工作座谈会在北京召开。会议总结了近年来全国邮政物流工作的成绩和经验，确定了邮政物流发展的总体目标：到2005年年末，中国邮政物流将形成一个以"中邮物流"为品牌，按照现代企业制度要求，实行公司化体制运作的专业化体系，建成国内技术水平领先、基础设施完善、服务质量优良、覆盖全国的现代化物流配送网络体系，成为以一体化"精益物流"为主的高层次物流业务的龙头。

10.国家邮政局发行邮票庆祝党的十六大召开，江泽民同志为"十六大召开"纪念封题词。

11月8日，为庆祝中国共产党第十六次全国代表大会的隆重召开，国家邮政局发行《黄河壶口瀑布》小型张和《鲜花》个性化服务专用邮票各一枚。其中，《鲜花》邮票是我国发行的第一枚香味邮票。中国集邮总公司同日发行《庆祝中国共产党第十六次全国代表大会召开》纪念封一枚。江泽民同志专门为纪念封题词——"中国共产党第十六次全国代表大会”。党的十四大以来，他曾先后为中国共产党成立七十五周年、八十周年纪念封题词。

（由《中国邮政报》评出）

2002年中国民航十大新闻

1.中国民航六大集团成立，民航体制改革迈出实质性步伐。

2002年10月11日，中国航空集团公司、中国东方航空集团公司、中国南方航空集团公司、中国民航信息集团公司、中国航空油料集团公司和中国航空器材进出口集团公司在北京人民大会堂隆重举行成立大会。这是民航深化体制改革取得的一项重大成果，标志着民航发展进入了新的阶段。吴邦国副总理作了重要批示：“祝贺民航六大集团成立。希望集团公司在确保安全的前提下，尽快理顺内部关系，加强管理，以新的面貌迎接党的十六大的召开。”六大集团公司成立后，即与民航总局脱钩。民航总局将按照《民航体制改革方案》的要求，继续抓紧搞好民航行政管理体制改革、机场管理体制改革和各项配套改革。民航体制改革之后，民航总局作为国务院主管全国民航事务的直属机构，不再代行六大集团公司国有资产所有者职能，将承担民用航空的安全管理、市场管理、空中交通管理、宏观调控及对外关系等方面的职能。

2.《外商投资民用航空业规定》由民航总局、外经贸部、国家计委联合颁布。

民航总局、外经贸部、国家计委联合颁布的《外商投资民用航空业规定》从2002年8月1日起施行。根据这一规定，外商投资中国民航业的政策将进一步放宽，民航对外开放的步子进一步加大。《外商投资民用航空业规定》是按照新修改公布的《中华人民共和国中外合资经营企业法》等法律和相关规定，在对1994年国务院批准的、由民航总局和外经贸部联合颁布的《关于外商投资民用航空业有关政策的通知》（民航总局448号文）及其解释修改完善的基础上制定的。民航总局有关负责人指出，与原有的投资政策相比，新的规定扩大了外商投资范围，拓展了外商投资方式，放宽了外商投资的比例，增加了外商管理权力，更好地体现了扩大开放的要求。

3.中国航空公司定期航班总周转量在世界排名由第九位跃升至第六位。

根据国际民航组织秘书处2002年6月10日公布的2001年各缔约国航空运输统计表显示，我国航空公司定期航班完成的总周转量为138亿吨公里，比前一年增长19%，在全世界的排名由连续三年停止在第9位跃升至第6位，超过了荷兰、新加坡和韩国，成为了名副其实的航空大国。排在前5名的国家依次是：美国、日本、英国、德国和法国。上述统计数据目前尚不包括我国香港、澳门和台湾地区，按客货运输分类，我国客运完成1059亿客公里，年增16%，在世界排名连续第4年名列第6位。货运完成42亿吨公里，增幅9%，在世界排名由前一年的第9位升至第8位。

4.民航总局、国家计委、公安部、国家税务总局、国家工商总局联合下发《关于坚决打击暗扣销售和非法销售国内机票行为、规范航空运输市场秩序的通知》。

民航总局、国家计委、公安部、国家税务总局、国家工商总局2002年5月20日联合下发《关于坚决打击暗扣销售和非法销售国内机票行为、规范航空运输市场秩序的通知》。五部委局联合发布的这一通知第一次对暗扣销售国内机票的行为和非法经营销售国内机票的行为进行了准确界定，要求各地价格、公安、税务、工商、民航行政管理机关根据各自的职责，依法进行坚决打击。五部委局的打击行动促进了国内航空运输市场秩序的根本好转，为企业营造了公平竞争、良性循环的市场环境。

5.面对新的安全形势，中国民航强化安全保障措施。

2002年4月15日，中国国际航空公司CA129航班在韩国釜山附近坠毁。失事飞机是国航B767-200型B2552号飞机，执行由北京飞行韩国釜山的航班任务。当时釜山机场大雾、低能见度。2002 年 5 月 7 日,中国北方航空公司 CJ6136 航班 MD82 型 B2138 号飞机执行北京-大连航班任务时,由于人为破坏,21 时 24 分机组与空管部门失去联系,飞机于大连机场东侧约 20 公里海面失事。

面对严峻的安全形势和国内国际航空安全形势的新变化,中国民航从各方面强化安全保障措施。民航空管部门从 2002 年 7 月 12 日起对未安装机载防撞系统(ACASII)的民用涡轮发动机飞机实施严格的飞行限制,即每日 8 时至 21 时(北京时)时段内,不得在北京首都机场等 9 机场起降,不得在 A461、A593、A599 航路 8 400 米(不含)以上高度层飞行。多数航空公司已按照民航总局的要求,完成了机载防撞系统的改装工作。

2002 年 8 月,财政部同意从中央政府性基金中安排 8 亿元,支持航空公司安全保障系统建设。此项资金主要用于飞机机舱改造、加装机载防撞系统、添置货运安检设备。

6.中国民航首度使用白皮书,《2002 年航空运输发展形势展望》发布。

2002 年 3 月 12 日,2002 年中国民航白皮书《2002 年航空运输发展形势展望》发布。白皮书共包括三个部分:2001 年航空运输完成情况;2002 年航空运输发展形势展望;发展生产的政策和措施建议。

这是中国民航首度使用白皮书,也是民航总局适应民航改革后职能转变要求的一个举措。中国民航总局今后将不再给各民航企业下达生产任务指标,而代之以“白皮书”的形式对当年运输生产形势做出展望和提出发展生产的政策及措施建议。

7.中国 BSP 实现每周清算。

2002 年 3 月 18 日下午,中国工商银行完成了 3 月份第一个结算期 BSP 票款转款交易,至此中国 BSP 清算从一个月两次成功切换到每周清算,从而使中国 BSP 成为世界上为数不多的实现每周清算的 BSP 之一。截至目前,全世界 68 个 BSP 中,包括中国在内只有 6 个 BSP 实行每周清算。这标志着中国 BSP 的技术发展和现代管理又迈上一个新的台阶。

8.中国南方航空公司在国内航空公司中率先跻身世界客运 20 强。

2002 年 12 月 9 日,南方航空股份有限公司迎来了它的第 2 000 万名旅客,这标志着近年客运快速发展的南航不但稳坐亚洲五强之席并率先挺进世界航空客运 20 强。南航克服了亚洲金融危机、“9·11”事件后世界航空业的不景气以及日益激烈的国内外市场竞争带来的冲击,机队规模保持快速增长,航线不断增加,总体客运量仍保持稳中有升,今年一举成为国内首家客运量突破 2 000 万大关的航空运输企业,国际排名快速上升至前 20 位,在亚洲跻身于四强之列,创造了中国民航史上又一辉煌纪录。

9.东航武汉有限责任公司、四川航空股份有限公司分别成立,民营资本首次进入航空运输公司。

2002 年 8 月 18 日,中国东方航空武汉有限责任公司宣告成立。新成立的东航武汉有限责任公司是地方航空依托航空大集团、吸纳民营资本和高科技产业加盟而组建的跨地区、跨行业、跨所有制的多元化法人治理的新型航空股份合作公司。该公司由中国东方航空股份有限公司、武汉航空公司、上海均瑶集团、武汉高科控股集团有限公司合资组建,四家公司分别占有 40%、40%、18%和 2%的股份。公司成立后将统一使用东航的航徽、代码、服务标识,并在企业管理与服务标准方面与东航接轨。这是民航总局直属航空公司与地方航空公司成功实现联合重组的又一范例,也是民营资本第一次进入中国民航业,不仅是中国民航实现大集团、大公司战略的又一重要举措,也是中国民航深化改革的一次有益尝试。

2002 年 8 月 29 日,四川航空股份有限公司成立。这标志着四川航空公司股份制改造取得圆满成功。新成立的四川航空股份有限公司的 5 家股东为川航、南航、上航、山东航、银杏公司,持股比例分别为 40%、39%、10%、10%、1%,其中银杏公司为民营企业。

10. 我国首次在南中国海空域实施缩小飞行垂直间隔。

2002年2月21日起,中国民航根据国际民航组织亚太地区在西太平洋/南中国海地区实施缩小垂直间隔的规划,在三亚飞行情报(责任)区海洋空域实施缩小垂直间隔。这是我国首次在管制空域内实施缩小飞行垂直间隔,能否按时和成功实施将直接影响整个南中国海地区实施缩小垂直间隔的成败,国际影响较小。三亚飞行情报(责任)区海洋空域以及整个南中国海地区实施缩小垂直间隔后,将使该地区的空中交通流量增加20-40%左右,可以保证大多数航空器使用更加有利的高度层,使航空公司节省大量的航空燃油,从而节省航空公司的运行成本,提高效益。同时,也将进一步推动我国空中交通管制技术和管理水平上一个新的台阶。

(由《中国民航报》与《中国民用航空》杂志联合评出)

2002年中国国际货运代理业十大新闻

1.快递争端基本解决。

在外经贸部、中国国际货运代理协会及有关方面的共同努力下,持续近两年的快递争端基本解决。2002年7月4日,国务院办公厅对快递争端中的焦点——"私人信函"的含义做出了明确解释,"私人信函"是指各类文件、通知以及非私人属性的单据、证件、有价证券、书稿、印刷品等以外的书信。9月份,信息产业部、对外贸易经济合作部和国家邮政局联合颁布472号文件,对629号文件做出了补充规定。10月份,国家邮政局发出556号通知,简化了国际货代企业的邮政委托手续。11月初,中国国际货运代理协会与国家邮政局就委托事宜进行了磋商。到11月7日,从事国际快递的非邮政企业办理了委托手续。至此,快递争端基本告一段落。

2. 中国国际货运代理协会积极申办2006年在北京召开FIATA年会。

国际货运代理协会联合会(缩写为FIATA),是被世界各国政府、国际权威机构和非政府的国际组织公认的国际货运代理行业的代表,是国际上公认的国际货运代理行业的最高权威机构。全世界绝大多数国家的货代协会都是FIATA的会员。中国国际货运代理协会会长罗开富是FIATA的副主席。

目前中国和泰国正在积极申办2006年FIATA年会。FIATA主席DA ROS先生于2002年11月专门对北京的申办情况进行了考察。2006年FIATA年会的举办权将于2003年3月30日在瑞士召开的FIATA工作会议上决定。中国国际货运代理协会将派出以罗开富会长为首的10人代表团,专程赴苏黎世申办,力争申办成功。

3.中国货代协会成功承办"2002海峡两岸暨港澳地区货代咨询洽谈研讨会"。

2002年11月13日至15日,由中国国际货运代理协会、台北市航空货运承揽商业同业公会、台北市海运承揽运送商业同业公会、香港货运物流业协会有限公司、澳门航空货运联合会联合主办的"2002海峡两岸暨港澳地区货代咨询洽谈研讨会"在北京成功举办。此次会议除了研讨相关政策以外,还达到了促进海峡两岸暨港澳地区货代之间的相互合作、相互学习的目的。外经贸部副部长、协会名誉会长马秀红女士到会讲话,会见了FIATA主席DA ROS先生,接见了台湾、香港和澳门的专业代表团。到会代表达400多人,不仅创下了这项传统会议的规模之最,还创下了其他多项纪录,受到了社会各界的高度赞扬。

4.外商可以控股国际货运代理企业。

2002年12月11日,外经贸部发布《中华人民共和国外商投资国际货运代理企业管理办法》。办法规定,外国投资者投资设立中外合资、中外合作的国际货运代理企业中国合营者的出资比例不应低于25%,即外商可以控股国际货代企业,持股比例可达75%。

5.首届全国货代从业人员资格培训考试成功举办。

2002年9月15日,全国国际货运代理从业人员资格培训考试在全国十个培训考试点举行。

此次培训考试是在外经贸部落实全国干部教育培训“十五”《规划》后举行的第一个行业培训考试。参考人员突破了1万人，涉及国际货运代理企业约1 100多家，受到了广大国际货运代理企业的普遍欢迎，真正起到了帮助引导企业在中国加入世贸组织的新形势下，重视专业人才的培养，不断提高企业竞争力的作用。

6. 无船承运业务从外经贸部划归交通部管理。

《中华人民共和国国际海运条例》自2002年1月1日起实施。从此，无船承运业务从外经贸部划归交通部管理，我国成为美国之后专门引入无船承运人概念的第二个国家。按照该《条例》规定，很多从事海运、特别是海运拼箱业务的货代企业需要重新登记并交纳保证金后方可取得无船承运业务经营资格。

7. 中国国际货运代理协会受外经贸部委托，从2002年12月份起，办理《中华人民共和国国际货物运输代理企业批准证书》的换证和发证工作。

8.《中国国际货运代理协会标准交易条件》出台，目的是规范国际货运代理企业的交易过程，防范交易风险。

9.《中国国际货运代理企业名录》出版。

《名录》收录了2002年10月前外经贸部批准的全部货代企业名录、联系方式，重要的业内法规、国内大型货代企业介绍等。这是中华人民共和国成立以来第一部国际货代企业名录大全，名录的出版有利于规范货代市场经营秩序。

10. 中国货代行业积极配合货主协会对班轮公司加收THC进行抵制。

国际班轮公会自2002年1月15日始强行对中国货主加收THC(码头装卸费)。中国对外贸易经济合作企业协会、中国国际货运代理协会、中国外商投资企业协会多次联合发表声明，坚决进行抵制。目前，THC问题已经引起国家计委的高度重视，交通部已立案进行调查。

(由中国国际货代协会和《国际商报》联合评出)

2002年度国际航运十大新闻

1.世界经济有所回暖，航运各大指数全线飘红。

2.美西封港致使世界经济受损。

9月27日，因劳资纠纷，美国西海岸29个主要港口实行封港。封港对美国及世界相关国家(地区)的经济造成极大影响。11月23日，劳资双方达成协议。

3.“威望号”引发单壳油轮危机。

11月19日，“威望号”油轮在西班牙海域沉没。欧盟12月6日决定从2003年起禁止运载重油的单壳油轮驶入欧盟15国港口。

4.美国CSI计划全球实施。

1月，美国海关提出CSI计划。12月2日，美国海关提前24小时出具舱单规定在全球试行。

5.班轮公司征收THC遭抵制。

37家经营亚洲区域航线的国际班轮公司公布自1月15日起在中国地区征收货物作业费(THC)，遭到了中国货主的强烈抵制。

6.新加坡再次败北丹戎港。

4月3日，长荣海运撤出新加坡港，与丹戎帕勒帕斯港签署合作协议。

7.中欧签署海运协定。

12月6日，中欧签署了“中国与欧盟海运协定”，标志着中国与欧盟海运合作揭开新的历史篇章。

8.太平船务跻身全球20强。

太平船务公司首次跻身全球班轮公司20强之列。运力超过原列19名的汉堡航运(CSAV)，达到97 827TEU。

9.韩国与欧盟造船贸易纠纷升级。

10月份，欧盟就造船贸易摩擦向世贸组织起诉韩国造船企业，要求世贸组织允许欧盟向欧盟各国造船业提供6%的补贴。

10.一系列国际船舶安全管理修正案颁布。

《国际船舶安全营运和防止污染管理规则》、《国际散装运输危险化学品船舶构造和设备规则》2000年修正案等一系列修正案于2002年7月1

日正式生效。

（由《航运交易公报》评出）

2002年度国内航运十大新闻

1.《中华人民共和国国际海运条例》生效。

《中华人民共和国国际海运条例》于1月1日生效实施。截至年末，经交通部批准的国际班轮运输业务经营者126家，无船承运业务经营者683家，国际船舶运输经营者156家。

2.洋山深水港正式开工。

4月1日，洋山深水港一期工程建设开工。标志着上海国际航运中心集装箱深水枢纽港建设进入实质性启动阶段。

3.港口体制改革全面启动。

1月初，交通部等五部委组成港口体制改革工作小组，全面启动体制改革。12月19日，全国港口管理工作会议召开，我国港口管理工作进入新阶段。

4.长江口深水航道治理二期工程启动。

9月份，长江口深水航道治理一期工程通过竣工验收，二期工程同时正式启动。

5.上海港直逼全球第四大集装箱港口。

截至12月31日，上海港集装箱吞吐量突破860万TEU，有望成为2002年度世界第四大集装箱港口。

6.首家外资控股码头公司成立。

6月份，国内第一家外资控股码头公司–厦门象屿保税区惠建码头有限公司成立。

7.港口理货市场逐步放开。

7月8日，交通部发布《关于组建第二家外轮理货公司有关问题的通知》。决定逐步放开理货市场，各港口可再组建第二家理货公司。

8.澳大利亚中标广东LNG一期工程。

广东液化天然气项目一期工程资源供应招标于8月8日最终敲定。澳大利亚液化天然气公司(ALNG)中标承建。

9.长江三峡工程二次截流成功。

11月6日，长江三峡工程导流明渠截流胜利合龙，意味着三峡水库开始形成。

10.青岛船东协会制订运价协议“救市”。

为维护中国船运公司、货主、货代的共同利益，杜绝恶性竞争，由青岛船东协会协调制定的日本线运价协议，于8月20日生效并正式实施。这是行业组织发挥协调作用、自发应对市场变化的良好典范。

（由《航运交易公报》评出）

2002年中国经济十大新闻

1.十六大部署全面建设小康社会。11月8日，中共召开十六大，大会提出在21世纪头20年全面建设小康社会奋斗目标。

2.GDP突破10万亿元。2002年我国经济增长速度将达到8%左右，国内生产总值(GDP)超过10万亿元人民币。这意味着我国人均GDP达到1 000美元左右，预示着我国经济将进入新一轮加速增长期。

3. 上海获得2010年世博会举办权。12月3日，上海申办2010年世博会成功。这是中国继赢得2008年奥运会主办权后，又赢得有“经济奥运会”之称的世界博览会主办权，中国的发展又多了一个“加速器”。

4.外贸进出口超6 000亿美元，吸收外资突破500亿美元。今年我国利用外资突破500亿美元，首次超过美国，成为全球吸收外资第一大国。

在全球经济低迷的大背景下，我国外贸进出口总额超过6 000亿美元，同比增长21%。出口贸易增长尤为突出，全年超过3 000亿美元，为历年最高。机电产品出口增势强劲。

5.国务院取消789项行政审批项目。加入世贸组织后，我国加快行政审批制度改革。首批取消的789项行政审批项目正式公布，标志我国政府转变职能迈出坚定一步。

6. 国有股减持暂停，QFII正式启动。6月23日，国务院决定停止利用证券市场减持国有股，这一措施直接导致了“6.24”股市井喷行情。

11月3日，国家三部委发布通知，准许外资购买上市公司的国有股和法人股；11 月 8 日，央行和证监会又联合发布《合格境外机构投资者(QFII)境内证券投资管理暂行办法》。我国证券市场对外开放迈出新步伐。

7.全面实施再就业工程。9 月 12 日，中共中央、国务院召开全国再就业工作会议，全面部署实施就业再就业这一治国安邦的伟大工程，动员全党全社会共同努力进一步扩大就业，促进再就业。

8.电信市场呈现竞争新格局。以 5 月 16 日中国电信和中国网通成立为标志，我国完成新一轮电信体制改革。经过邮电分营、电信重组、南北分拆，改变了中国电信一家独大的局面，形成了中国电信、中国网通、中国联通、中国移动以及中国卫通、铁通公司六大基础电信企业合作竞争、400 家增值电信企业角逐市场的新格局。

9.民航重组六大集团正式成立。民航体制改革迈出重要步伐。10 月 11 日，重组后的中国航空集团公司、中国东方航空集团公司、中国南方航空集团公司三大航空运输公司和中国民航信息集团公司、中国航空油料集团公司、中国航空器材进出口集团公司三大航空服务保障集团在京宣布正式成立。

10.改组后的七大电力集团挂牌运营。酝酿已久的电力体制改革迈出实质步伐，重组后的国家电网公司、中国南方电网公司和中国华能集团公司、中国华电集团公司、中国龙源集团公司、中国电力投资集团公司、中国大唐集团公司，于 12 月 29 日在京正式挂牌运营。

（由中国产业报协会组织评选，60 多家产业报社的社长、总编辑参与投票）

2002 年中国产业经济十件大事

1.国土资源实行招标拍卖出让。7 月 1 日起，经营性土地出让一律实行招标拍卖挂牌。这一制度使政府今年获益近千亿元。涉及 37 个矿种的矿业权招标拍卖工作也在 22 个省展开，全国采矿权有偿出让价款达 1.7 亿元。江西金矿采矿权拍卖成功，开创了贵金属矿种采矿权拍卖出让之先河。

2.西气东输工程全线开工。7 月 4 日，西气东输工程举行开工典礼。

这项西部大开发标志性工程西起塔里木盆地，东至上海白鹤镇，全长 4 000 公里，途径 10 个省市区，是国内口径最大、压力最高、输量最多、距离最长的一条天然气输送管道，总投资 1 400 亿元。其工程合同总量的 57%将使用宝钢产的 X70 管材。

3.南水北调工程由规划转入实施。南水北调工程总体规划已经党中央、国务院审议并原则通过，东线一期工程于 12 月 27 日正式开工。

4.青藏铁路建设取得突破性进展。举世瞩目的青藏铁路建设今年全面实现攻坚目标。6 月 29 日开始铺轨，年底已延伸 121 公里。全线头号重点控制工程昆仑山隧道于 9 月 26 日贯通，世界海拔最高的风火山隧道于 10 月 19 日贯通。

5.长江三峡工程导流明渠截流成功。11 月 6 日，长江三峡二期工程导流明渠截流胜利合龙。此次截流水位落差大，江水流速急，施工难度大，堪称世界水利水电建设史上综合难度最大的一次截流。

6.电话用户跃居世界第一。我国电话用户总数突破 4 亿户。其中移动电话和固定电话用户均破两亿大关。电话用户总数和移动电话用户总数均居世界之冠。

7. 汽车工业产销两旺。汽车产业以一汽、东风、上海为主体加快重组步伐，推进汽车产业大发展。全年产量超 300 万辆，其中轿车突破百万辆。这意味着两年时间完成了“十五计划”。轿车推出了百种新车型。汽车销售火爆，全国个人购车占七成，北京达到九成。

8.退耕还林工程全面实施。在 3 年试点基础上，退耕还林工程于 2002 年初在全国 25 个省(区市)1 887 个县全面实施。这项规模宏大的工程是党中央国务院作出的重大战略部署，是我国可持续发展战略的历史选择。

2001 年至 2010 年全国将退耕还林 4.8 亿

亩。

9.黄金市场开放。10 月 30 日上海黄金交易所正式开业。这是我国黄金管理体制改革的重大突破,标志着我国由货币市场、证券市场、保险市场、外汇市场和黄金市场组成的金融产品交易市场全部建成,金融市场体系更趋完善。

10.宇宙飞船一年两度发射成功。3 月 25 日,我国第三艘无人试验飞船发射成功。12 月 30 日,又成功发射第四艘试验飞船。这两艘飞船均已完全进入载人实用状态,为载人航天奠定了坚实基础。

(由中国产业报协会组织评选,60 多家产业报社的社长、总编辑参与投票)

2002 年中国外经贸十大新闻

1.加收 THC 受抵制。外国班轮公会及其成员公司联合决定自 2002 年 1 月 15 日起在我国各港口全面征收码头附加费(THC),遭到中国货主单位反对。

2.广交会改革出成果。2002 年 4 月 15 日,第 91 届广交会实行重大改革。展会借鉴国际展览业展品分类,以客商为中心,按商品用途设置展区,从整体上保证了综合展的优势。展会首次分上下两期举办,到会人数和成交总额均创历史新高。

3.赢得"市场经济地位"。2002 年 7 月 31 日,加拿大海关和税务总署做出裁决,遭到反倾销指控的 4 家中国汽车挡风玻璃生产企业获胜。加拿大方面的裁决是北美第一次就个案给予中国企业市场经济待遇,也是我国加入世贸组织后的首宗反倾销胜诉案。

4.启动贸易环境调查。为了维护国内相关产业利益,2002 年 9 月 23 日,外经贸部颁布《对外贸易壁垒调查暂行规则》,这标志着我国已经初步建立贸易壁垒调查制度,中国将依据 WTO 规则,调查其他国家和地区实施的损害我国在 WTO 中权利的政策和措施,并利用 WTO 允许的手段进行应对。

5.以开放促改革促发展。2002 年 11 月 8 日,中国共产党第十六次代表大会召开,江泽民在十六大报告中提出本世纪头 20 年我国经济建设和改革的 8 大任务。其中包括:坚持"引进来"和"走出去"相结合,全面提高对外开放水平。适应经济全球化和加入世贸组织的新形势,在更大范围、更广领域和更高层次上参与国际经济技术合作和竞争。充分利用国际国内两个市场,优化资源配置,拓展发展空间,以开放促改革发展。

6. 我国境外投资管理走向量化。2002 年 11 月,外经贸部、国家外汇管理局联合发布《境外投资联合年检暂行办法》和《关于印发境外投资综合绩效评价办法(试行)的通知》,从 2003 年起全面开展年检和绩效评价工作。

7.首次采取保障措施。受中国有关钢铁企业的申请,5 月 20 日,外经贸部决定对部分进口钢铁产品进行保障措施立案调查。此后,国家经贸委和外经贸部分别召开听证会。2002 年 11 月 19 日,外经贸部发布公告,公布对部分进口钢材产品保障措施的终裁决定。这是 2002 年 1 月我国实施《中华人民共和国保障措施条例》以来的第一起立案,也是我国成为世贸组织成员后首次采取保障措施。

8.我国外贸逆风飞扬。据海关统计,2002 年 1 至 11 月,我国外贸进出口总额达到 5 601.8 亿美元,同比增长 21%。预计全年我国外贸进出口总额有望突破 6 200 亿美元大关。在全球贸易中的排名有望从第六位升至第五位。

9. 吸引外资世界排名上升。据外经贸部统计,2002 年 1 月至 11 月,我国新批外商投资企业30 728 家,比去年同期增长 34.10%,实际使用外资金额 480.11 亿美元,同比增长 14.59%。预计全年我国实际使用外资将会突破 500 亿美元大关,吸引外商直接投资有望排名世界第一。

10.世贸组织积极评价中国。世界组织通过对中国过渡性贸易政策审议,多数成员对中国政府对加入世贸组织以来所做的努力,给予了积极公正的评价。

(资料来源:《对外经贸实务》)

2002年经贸工作十大要闻

1.党的十六大确定了全面建设小康社会的奋斗目标,提出坚持走新型工业化路子。

2.国民经济保持良好发展势头,国民经济增长率达到8%,国内生产总值首次超过10万亿元人民币。全国规模以上工业企业实现利润达到5 300亿元,增长13%左右,国有及国有控股企业实现利润超过2 500亿元,创历史最好水平。

3.对外经贸工作实现了加入世贸组织第一年的平稳过渡。外贸进出口总额全年可达6 200亿元,在世界的位次由第6位上升到第5位。

4. 企业改组改造和结构优化升级迈出新步伐, 中国民航、汽车行业重组改组取得实质性进展,电力工业、黄金行业组建企业集团基本完成。劣势企业退出市场工作稳步推进, 全年共实施关闭破产项目533项。

5. 南水北调东线工程和西气东输工程开工,长江三峡导流明渠合龙, 上海磁浮示范运营线通车。

6.国家制定的扶持和促进中小企业发展的第一部专门法律《中小企业促进法》颁布,加大了对中小企业的扶持力度。国有中小企业采取多种形式进行改革,改制面已超过86%。

7.国债技改项目在实现标志性目标方面取得阶段性成果, 上年立项的1 218个项目已有456个项目建成投产,批准新立项1 004个。

8. 依法行政取得突破, 国家经贸委清理116项经济类行政审批项目, 取消和调整幅度达到46.6%。

9.全国推进流通现代化工作现场会提出以流通改革与创新为核心,加快推进流通现代化,以连锁经营、集中配送、电子商务为主要内容的流通现代化工作取得快速发展。

10. 在钢铁行业首次运用保障措施并取得积极作用,反倾销新立案10起,涉案值达592亿元,对外应诉的胜诉率大大提高。

(由《中国经贸导刊》评出)

2002年中国商业(零售)十件大事

1.具有划时代意义的“全国推进流通现代化工作现场会”在上海召开。

2002年1月,国务院在上海召开“全国推进流通现代化工作现场会”,国务委员吴仪出席。这是近年来以国务院名义召开的旨在从传统商业向现代化商业转变的一次具有划时代意义重要会议。会议提出:中国今后将大力推广连锁经营,力争经过五年时间初步确定其在商业和服务业中的主体地位。国家将鼓励有条件的连锁企业通过兼并联合、资产重组、参股控股或通过输出商标、商号和经营管理技术发展特许经营等方式,把中西部地区的连锁企业纳入现有的连锁体系中,逐步缩小地区间的差距。同时拟选择5–10家连锁示范企业,培育成大型连锁集团。进一步促进业态结构的合理化和多样化,推进传统百货店向现代大型综合超市、购物中心等业态转型和功能创新,并有计划地控制大卖场和仓储式商店的盲目发展。

2.国务院办公厅转发国务院体改办、国家经贸委《关于促进连锁经营发展的若干意见》。

9月27日, 国务院办公厅以国办发[2002]49号转发了已经国务院同意的国务院体改办、国家经贸委《关于促进连锁经营发展的若干意见》。《若干意见》包括:深化改革,积极培育一批主业突出、经营规模大、具有国际竞争力的大型连锁集团;统筹规划,加快物流配送体系建设;加强管理,提高连锁经营企业规范化水平;进一步扩大对外开放, 促进连锁经营企业在竞争中发展壮大;推动连锁经营向多领域和深层次发展。《若干意见》还要求为发展连锁经营创造良好的外部环境。一是简化行政审批手续,建立健全市场准入机制;二是实行统一纳税,促进连锁经营企业跨区域发展; 三是减少对连锁经营企业的重复检查,严格收费管理等。

3. 国债贴息优惠政策首次惠及商业企业,已有58个商品流通项目获此政策支持。

从2003年开始,国家经贸委决定把以往只用于工业企业技术改造的国债贴息优惠政策，给予一部分有市场发展前景和竞争实力的商业企业，支持商业企业通过技术改造，增强竞争力。2002年进入国债技改项目的总体金额约200个亿，其中商业连锁(包括药业连锁)约占65亿元，其供贷款企业的贴息政策为2年。目的是使改造后的连锁经营、物流配送等现代流通组织形式和营销方式得到长足的发展。已有58个商业流通项目获得国债贴息政策的支持。

4.国家新批准8家外商投资零售企业，国外新型业态纷纷落户中国。

2002年上半年，国家新批准了8家外商投资零售企业，其中连锁公司7家，百货公司1家，店铺总数28个。这8家外商投资者包括法国的家乐福、欧尚，日本的吉之岛，英国的百安居，以及台湾地区的统一集团，香港的华润集团等。与此同时，国外新型业态纷纷落户中国。继北京燕莎奥特莱斯购物中心成功试营业后，各种新型业态，如社区店、折扣店、便利店、标准超市、专业超市、超级中心、自运型大卖场等相继在我国各地开业，外商在华竞争实际上已由规模、资金竞争逐步转向业态竞争。

5.中国商业联合会正式加入“国际零售论坛”组织。

2002年6月17日，国务院批准中国商业联合会代表中国零售业申请加入国际零售论坛；同年7月，国际零售论坛接受中国商业联合会的申请，批准中国商业联合会成为该组织的第31名成员。2003年1月10日，中国商业联合会会长何济海率团赴美参加在纽约召开的第六届国际零售论坛大会以及美国零售联合会年会(第92次)。

6.中国商业联合会发布我国首部“中国零售业白皮书”。

中国商业联合会于12月用中、英文对外正式发布了2002中国零售业白皮书。这是我国首次发布的反映行业发展情况的白皮书。主要涉及五个方面的内容：一是中国零售业的基本情况；二是消费品市场；三是主要商品销售情况；四是主要零售业态商品销售经营情况；五是外商投资零售企业情况。

白皮书中公布了2001年限额以上批发企业、零售企业、餐饮企业的基本情况；2001年全国及各地区社会消费品零售总额(按行业、销售单位所在地分)；600余种主要商品供求总量及结构排队情况；2001年中国零售企业、连锁、餐饮百强排序；批发零售贸易企业重要财务指标情况；有关城镇、农村消费支出情况及分析；外商及港澳台商批发零售贸易业、餐饮业的销售经营情况。

白皮书对各种业态的未来发展作了全面预测。指出：未来5–10年，中国零售市场中15%的市场份额将由中小超市占领，大卖场的市场份额约为10%，百货店将为10%的份额，其他各种零售业态单位可能不会超过10%以上的市场份额。

7.北京零售业重组走向市场化。

通过“自由恋爱”、自愿结合的北京超市发连锁股份有限公司与北京天客隆集团公司，历经9个月的重组磨合，最终在2002年8月领了“结婚证”。从9月1日开始，双方的资产、财务、人事等统一到了新注册的北京超市发连锁股份有限公司的旗下，新公司已初显联合重组后的资源和规模的优势。这为2002年北京零售业按照市场化规则联合重组写下了浓墨重彩的一笔。而引人注目的是，由北京新燕莎集团、北京市供销合作总社、北京市二商集团等十几家股东搭建的北京商业“航母”——首都商业连锁集团，11月也发生了股权结构和高层人事的变动：物美集团携原来投放的1 000万元资金正式退出首联集团，原首联总经理、物美首席运营长蒙进暹主动辞职后，董事会已选举并通过了新的管理层。尽管存在同业竞争的原因，但业内普遍的看法是，带有行政“胎记”联合重组必然会有变数，物美的退出显示了市场力量开始在企业联合重组中发挥作用，这也有望改变零售企业“联而不合”的尴尬局面。

8.上海联华并购华商，成为年度业内最大企业并购案。

7月，上海联华宣布以人民币2.1亿元溢价参与杭州华商集团有限公司单方增资，增资后，联华超市股份有限公司成为杭州华商集团有限公司的控股公司。华商集团在浙江拥有30多家家友超市，是浙江省内最大的连锁超市，但由于自身扩张资金缺乏，因此成为并购对象。联华以50%股权成为新组建的联华华商集团有限公司的第一大股东，从而成功地实施了国内连锁业最大的一桩异地购并案。继并购浙江万家福之后，联华今年又控股了杭州华商集团，此举使联华进一步奠定了联华在浙江的霸权地位。同时联华还宣布：在5年内，在浙江省要拥有1 000家网点，销售规模超过150亿元。

9.大商集团加强编织“东北店网”，成为国内最大的百货连锁企业。

大连大商集团作为东北地区的商业龙头企业，2002年频频跨地区并购，且由单店收购转向成批收购，陆续收编了辽宁省抚顺商业城、抚顺商贸大厦、丹东国贸大厦、辽阳新世纪广场、盘锦辽河商业城；11月又跨省购并了大庆百货大楼集团，成立了由大庆地区7个商业主力店组成的大商第二个地区集团，接着又购并了牡丹江商业大厦，同时在沈阳、抚顺、葫芦岛等地新建新码特购物中心，并进军吉林，成为国内最大的百货连锁企业。目前，大商集团在东北、山东30多个城市共有店铺65个，年销售额达100亿元，年实现利税3亿元，成功地实现了低成本扩张，取得了企业增实力、员工增效益、社会增岗位、国家增税收的连环效应。

10. 湖南友谊阿波罗股份有限公司成为我国商业企业改制成功的典型案例。

湖南友谊阿波罗股份有限公司是1999年在长沙友谊(集团)有限公司和阿波罗商业城进行资产重组的基础上成立的，以零售为主，集商、工、贸、科于一体的大型商业企业集团，总资产近10亿元。近两年来，公司进行了“两个置换”的产权制度、劳动制度改革和“经营管理一体化”改革，找到了一条传统百货向现代百货业转变的有效途经，为百货业态由单店经营向多店经营、规模经营探索出了一条路子，其经验在全国引起强烈反响，并得到了国务院领导同志的好评。

（中国商业联合会对2002年的上百个“商业（零售）亮点”进行研究评估，从国家政策、重大事件、外商进入、走向世界、企业改制、社会影响等方面，推选出中国商业（零售）十件大事）

2002年中国管理软件产业十件大事

1.国家经贸委大力推动企业管理信息化。国家经贸委和信息产业部2002年3月7日联合发出《关于大力推进企业管理信息化的指导意见》(国经贸企改[2002]123号)，提出“推进管理信息化是促进企业管理创新和各项管理工作升级的重要突破口”。国家经贸委安排187亿国债资金支持国家重点企业开展信息化工作。给中国管理软件产业的发展带来巨大的商机。

2.科技部大力推进制造业信息化工程。科技部在全国广泛扶植制造业信息化示范应用企业典型，支持和佳公司总包863CIMS课题“适合中国国情的ERP软件研究”项目。该项目弥补了国内部分企业管理软件供应商开发经费的不足，也给中国管理软件产业的发展带来巨大的商机。

3.中国软件行业协会财务及企业管理软件分会网站取得巨大成功。分会网站www.topoint.com.cn或www.accsoft.org.cn在会员单位和企业管理软件用户单位的支持下，取得了很好的成绩，每天1万多人次登录网站，成为国内最大的企业管理信息化网络专业媒体。

4.中国软件行业协会主办“中国国际软件博览会”取得成功。以企业信息化为主要内容的第六届中国国际软件博览会，2002年6月在北京举行，用友、浪潮通软、和佳、南北等知名企业管理软件厂商参加了博览会。

5.用友软件股份有限公司资本运作取得初步成果。2002年初用友宣布同瑞典IFS公司合资成立北京用友艾福司软件系统有限公司，开拓大型资产设备密集型企业市场；2002年底投资北京安易软件有限公司，开拓电子政务市场，用友公司均取得控股权。

6.中介机构评价成为我国企业管理软件市场的重要评估依据。中介机构对企业管理软件市场的调查评价越来越成为社会公众对这个市场的评估依据，以赛迪顾问、计世咨询、IDC三家中介机构三足鼎立的市场评价格局已经形成，促进了企业管理软件产业的发展。

7. 国际知名大型ERP软件企业进军中国中小企业管理软件市场。中国本地ERP软件公司在我国中小企业管理软件市场的销售额，远大于国际知名大型ERP软件公司在我国大型企业的销售额。为了争夺中国中小企业管理软件市场，SAP、ORACLE等公司先后宣布进军中小企业管理软件市场，必将进一步使我国企业管理软件市场的竞争更加激烈。

8.美籍华人何经华出任用友软件股份有限公司总裁。为了加速用友软件股份有限公司的国际化进程，用友公司聘请美籍华人何经华为总裁，2002年4月份何经华走马上任，成为本土企业管理软件厂商聘请的首位外籍总裁。

9.ERP软件应用失败案例纷纷曝光。继北京三露厂ERP软件应用失败案例在《21世纪经济报道》上曝光后，哈尔滨制药厂等失败案例也纷纷曝光。在三露厂ERP失败案例中，软件供应商向客户赔偿200万元人民币。

10.投资不成功导致一些ERP公司竞争力下降。老牌ERP公司利玛由于投资方与主要经营开发人员的冲突，主要开发人员纷纷离开公司，给公司经营造成被动。台湾进入内地比较早的艾一、天心公司，也由于投资问题影响了公司在海峡两岸的经营活动。

（由中国软件行业协会财务及企业管理软件分会组织部分专家选出）

2002年中国互联网业十大焦点新闻

1.11月6日，江泽民指出："英特网的发展尤为迅速，它已成为中国新闻传媒的重要组成部分"。11月8日，江泽民在中国共产党第十六次全国代表大会上的报告中指出："互联网站要成为传播先进文化的重要阵地"，充分肯定了互联网的重要作用。

2.以出色报道"两会"、"十六大"为标志，人民网、新华网、中国网等中央重点新闻网站确立网上新闻信息发布主体地位。

3.由中国互联网协会发起并经信息产业部批准的《中国互联网行业自律公约》签约仪式3月26日在人民大会堂举行。截至11月初，全国已有1 200多家互联网行业从业单位自发签署并加入了该《公约》，其中包括大批知名网站。

4.263网络集团从5月21日起全面结束免费邮箱历史，对所有邮箱实行有偿服务，1个月内，用户从2000多万锐减到59万。随后，新浪、搜狐等网站免费邮箱开始收注册费。

5.6月16日，北京一家名为"蓝极速"的网吧发生大火，致使25人死亡，多人受伤。全国各地随后开始对网吧业全面治理整顿。国务院颁布了《互联网上网服务营业场所管理条例》，于11月15日起正式实施。

6.为进一步加强互联网出版监督管理，规范互联网出版工作，明确互联网出版机构的权利和义务，促进我国互联网出版事业健康、有序地发展，新闻出版总署和信息产业部联合出台了《互联网出版管理暂行规定》，并于8月1日起正式开始实施。

7.8月16日至18日，"2002中国网络媒体论坛"在江苏省苏州市举行。中华全国新闻工作者协会、中国互联网协会、人民网、新华网、苏州市政府等17家单位共同主办，人民网承办。112家参会单位签署了《保护网络作品权利信息公约》。该公约为网络媒体的署名及权利信息的标注问题提供了一个可行准则，迈出了网络媒体版权规范化的新一步。

8.10月22日，搜狐宣布全面盈利。随后，新浪、网易也相继宣布盈利。网络公司正逐步建立起明确的盈利模式，盈利手段日趋多元化。

9.12月19日，全国人大常委会副委员长、著名经济学家成思危先生致信人民网，以普通学者的身份对人民网所发米阿仑先生的《质疑"虚拟经济"的相关解释》一文提出了不同看法，并寄来自己所写的两篇关于"虚拟经济"的文章要求参与讨论。20日，人民网将成思危的信及其两篇文章发布上网，引起了网友的热烈反应，开国家领导人以普通网友身份参与网上交流之先河。

10.据CNNIC统计，截至10月31日，中国上网用户人数达5 800万人，比去年同期增长49.5%。另据联合国贸易发展会议11月发布的一项统计报告显示：到2002年底，全球互联网用户人数将达到6.55亿人，其中，中国网民人数居世界第二，仅次于美国。

（由人民网评出）

2002年中国信息通信业十件大事

1. 大力推进信息化被列为我国今后20年战略发展目标的重点。

党的十六大提出了全面建设小康社会的奋斗目标。"大力推进信息化"作为实现小康社会目标的重要手段，贯穿在经济发展、文化建设、政府管理和军队建设等各个领域的工作中，并在十六大报告中得到了充分体现。大力推进信息化，已被列为我国今后20年战略发展目标的重点，这将对作为信息化基础设施的中国通信业发展起到巨大的推动作用。

2.我国电信市场形成竞争新格局。

5月16日，中国电信、中国网通成立，至此，我国电信市场全局性战略重组基本完成。中国电信、中国网通、中国联通、中国移动、中国卫通、铁通公司6家基础电信企业以及4 000个增值电信企业合作竞争、角逐市场的市场新格局，对于形成公平有效的市场竞争、加快我国通信事业的发展、推进信息化建设，具有重大而深远的意义。电信改革打破了电信企业一家独大的局面，6家公司在电信市场上所占份额无一超过40%。

3.我国电话用户总数、移动电话用户总数双双跃居世界第一。

在全球电信业低迷中徘徊的2002年，中国电信业一枝独秀，以其辉煌的业绩在世界电信史上书写出浓重的一笔。截至10月底，中国电话用户总数超过4亿，达到4.0483亿户。其中固定电话用户2.09亿户，移动电话用户1.9583亿户。至此，中国电话用户总数、中国移动电话用户数双双跃居世界首位。

4.稳健务实的产业政策成效引起世界瞩目。

在全球电信业一片低迷中，中国以稳健务实的电信行业监管政策推动中国电信业快速发展的成功实践引起世界各国的关注。

5月29日，在上海召开的亚太电信部长会议上，信息产业部部长吴基传指出，信息通信业是全球经济发展的重要驱动力量，对经济的复苏和振兴发挥着不可替代的重要作用，对此我们充满信心。他同时强调：在开放电信市场的同时必须加强政府监管；发展中国家应建立适合自己特点的监管模式；市场竞争不是不要政府管制；对外开放必须规范有序。

5.政府划分频率助力，TD产业联盟诞生。

2月3日，大唐电信与西门子公司在北京成功进行了全球首次TD-SCDMA系统移动语音和图像的公开演示。10月，信息产业部出台第三代公众移动通信频率规划，将155M宽带的频率划给第三代公众移动通信，这对我国提出的、具有自主知识产权的国际3G标准——TD-SCDMA的发展将起到巨大的推动作用。与此同时，TD-SCDMA产业联盟在北京成立，大唐电信、南方高科、华立、华为、联想、中兴、中国电子、中国普天等8家知名通信企业作为首批成员，签署了致力于TDSCDMA产业发展的北京宣言。

6.汲取泡沫教训，我国互联网业步入理性发展新阶段。

在经历了网络严冬之后，中国互联网行业很快走上理性、务实、健康的发展之路。3月，十余家互联网行业的代表在北京共同签署《中国互联网行业自律公约》，半年之后，响应者达到1 200多家。11月，中国互联网业召开最高规格、最大规模的盛会——第一届中国互联网大会，吴基传部长认为，这标志着中国互联网发展进入了新阶段。

7.中国版移动互联模式吸引世界目光。

移动梦网、联通在信，这两个由中国移动和中国联通分别打造的移动互联新品牌，已深入人心。1月8日，中国联通开通运营CDMA，年内发展用户超过700余万，借此迅猛发展势头，中国联通CDMA1X网基本建成。5月17日，中国移动通信集团公司GPRS网正式商用，由此开启中国移动电话用户享用专业数据通信服务的新篇章。中国两大移动运营商以务实的精神在不同技术道路上双管齐下，大力推进2.5代走向成熟，将亿万中国人带入了移动数据应用的新时代。全新的运营思维、共赢的商业模式、日臻完善的产业链演绎出的中国版移动互联新模式正引起越来越多的关注。彩信、彩E、手机银行、手机定位……接连不断的新业务、新应用的推出更将移动互联由概念推向了务实。

8.邮航重组，抢占物流发展先机。

6月18日，国家邮政局与南方航空股份有限公司重组并合资经营中国邮政航空有限公司。南方航空公司注资1.5亿元收购中国邮政航空公司49%的股权。国家邮政局以51%的股权控股邮政航空公司。邮航陆海空三位一体的物流配送格局，有望在物流行业中率先抢占先机。

9.迅猛发展提升国际地位，中国高票连任国际电联理事国。

中国电信业的迅猛发展有力地提升了我国的国际地位。10月份，在摩洛哥举行的国际电联全权代表大会上，中国在国际电联理事国选举中以128票的高票数当选连任；在此前举行的电信标准化局局长一职的角逐中，我国推荐的候选人——现任国际电联电信标准化局局长赵厚麟获选连任。

10.拓宽融资渠道，中国电信业涌动资本潮。

在全球电信资本市场低迷的大背景下，中国电信运营商“逆市而动”，在国内外资本市场上频频出动，并且收获颇丰。10月9日，中国联通成功发行A股融资115亿元后在沪市挂牌交易，开了境外上市资产回流到国内资本市场再融资的先河。10月14日，中国移动（香港）再次发行80亿元企业债券，市场认购积极，为其此前完成的对八省移动通信公司的收购提供了有力的资金支持。11月14日和15日，中国电信分别于纽约、香港上市，迈出了海外资本战略的第一步。11月18日，亚洲网通拟以8 000万美元的价格收购亚洲环球电讯19亿美元的泛亚洲网络资产，为中国公司收购大型海外电信资产迈出了第一步。

（由《人民邮电》报评出）

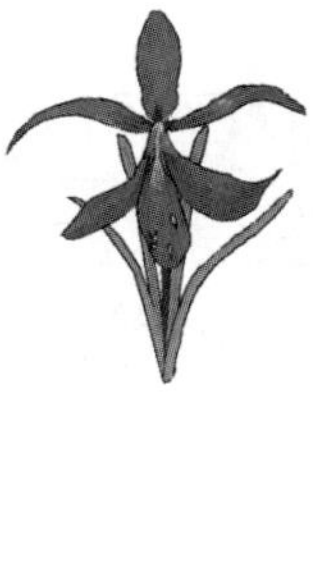

2002年物流及相关展会概览

名　称	时　间	地　点
2002 年成都国际铁路高速公路工程设备、基础设施及技术展览会	2002.03.01	成都国际会议中心
中国西部第二届物流、仓储技术与装备（成都）展览会	2002.03.27-30	成都国际会展中心
第九届中国国际包装工业展览会	2002.04.02-05	广州出口商品交易会展馆
2002 年中国宁波国际物流仓储及港口建设展览会	2002.04.02-04	宁波天马国际会展中心
第二届上海国际物流展览会 第三届上海国际道路设施和交通工程机械展览会 第三届上海国际交通电子技术和设备展览会	2002.04.03-05	上海展览中心
2002 年中国武汉商业零售业设施暨物流仓储设备展览会	2002.04.04-06	武汉国际会展中心
2002 年东北国际仓储、物流、配货中心技术及设备展览会	2002.04.10-13	沈阳国际会展中心
首届（厦门）国际仓储与物流设施技术展览会	2002.04.12-15	厦门国际会议展览中心 E 馆
2002 年中国(厦门)国际汽车、工程车及零配件展览会	2002.04.12-15	厦门国际会议展览中心
2002 年中国国际供应链和物流处理设备及技术展览会	2002.04.24-27	北京国贸中心
2002 年中国国际商业供应链暨国际现代化物流技术展览会	2002.04.25-28	北京展览馆
2002 年山东国际仓储物流及现代商业设施展览会	2002.05.13-15	济南山东现代国际博览中心
2002 中国（广州）国际自动识别技术及设备展览会	2002.05.13-16	广州·中国出口商品交易会展览馆
2002 现代商业设施及仓储、物流（郑州）展览会	2002.05.20-31	郑州·中原国际博览中心
2002 西安国际工业物流及输送机械设备展览会	2002.05.21-24	陕西国际展览中心
2002 年中国（上海）国际市政设施和交通工程机械展览会	2002.05.22-24	上海展览中心
第三届中国（上海）国际现代物流展览会	2002.05.22-24	上海展览中心
第二届中国国际地球空间信息产业技术及设备展览会	2002.05.23-28	北京中国国际展览中心
第九届华南国际机械及原料展览会	2002.05.27-30	广州对外贸易中心
沈阳国际仓储物流商业设施及技术展览会	2002.05.28-30	沈阳科学宫会展中心
天津国际现代物流展览会	2002.06.05-08	天津国际展览中心
北京国际汽车工业展览会	2002.06.06-13	北京国际展览中心
2002 中国（宁波）国际仓储与物流设施技术展览会 2002 年智能交通及自动识别技术展览会	2002.06.08-12	宁波国际会议博览中心
第七届中国国际物料搬运展览会	2002.06.11-14	上海光大会议展览中心
第三届中国大连国际海事展览会	2002.06.26-29	大连星海会展中心
第六届华南地区工业控制及自动化国际展览会	2002.07.09-12	深圳高交会馆
首届中国华南地区物流产业展览会	2002.07.15-19	深圳高交会馆
2002 年中国青岛国际物料搬运及运输系统展览会	2002.07.24-27	青岛市国际会展中心
2002（第四届）上海国际模具及制造设备展览会	2002.08.12-14	上海光大会展中心
2002 中国（青岛）国际物流展览会	2002.08.21-24	青岛国际会展中心

名　称	时　间	地　点
2002年大连城市交通博览会	2002.08.29-31	大连星海会展中心
2002年第二届安徽工业技术与设备展览会	2002.09.03-06	安徽省体育中心
2002华东（无锡）物流与仓储技术设备展览会	2002.09.04-07	无锡展览馆
第二届“中、日、韩物流技术与设备应用”交流会	2002.09.04	山东省青岛市黄海饭店
2002中国（烟台）物流展览会	2002.09.05-07	烟台国际会展馆
2002顺德国际机械及原料展　2002顺德国际塑胶及包装展	2002.09.05-08	顺德展览中心
2002河北现代商业及仓储物流设施展览会	2002.09.06-08	石家庄市博物馆
华南国际线路板及装备技术展览会	2002.09.12-14	东莞现代国际展览中心
2002中国国际港口航运博览会-第八届国际港口、 水道建设、航运和物流展览会	2002.09.17-20	上海展览中心
2002中国武汉国际物流技术及仓储运输设备展览会	2002.09.23-26	武汉国际会展中心
2002中国（上海）国际交通/物流技术设备展览会	2002.09.24-27	上海国际展览中心
浙江国际现代物流展览会	2002.09.25	浙江展览馆
2002中国西部（重庆）现代物流、仓储及运输系统展览会	2002.09.25-27	重庆技术展览中心
昆山国际仓储物流及自动化展览会	2002.09.26	昆山科技文化博览中心
第十届中国国际工业装备展览会	2002.10.10-12	上海展览中心
第四届中国国际高新技术成果交易会-2002中国国际物流论坛	2002.10.13	中国·深圳
2002中国（苏州）国际现代物流展览会	2002.10.14-17	苏州国际会展中心
2002年中国（辽宁）国际物流与仓储设施技术展览会	2002.10.14	辽宁工业展览馆（沈阳）
2002亚洲国际物流技术与运输系统展览会	2002.10.15-18	上海新国际博览中心
2002宁波国际物流展览会	2002.10.18-22	宁波亚细亚展览中心
2002南京华东商业零售业与商贸服务展览会 2002南京华东物流仓储与商业设施展览会	2002.11.01	南京国际展览中心
2002中国国际金属加工工业展览会	2002.11.05-08	上海新国际博览中心
2002年中国国际建筑机械、建材机械、工程车辆及设备展览会	2002.11.05-08	上海新国际博览中心
第五届国际机场展览会	2002.11.06-08	珠海机场
2002国际自动识别技术展览会	2002.11.11	北京国际会议中心
2002第二届国际物流（苏州）展览会	2002.11.13	苏州华东国际会展中心
2002中国国际物流及交通运输展览会	2002.11.13	北京国际展览中心
中国石油化工物流国际研讨会	2002.11.14	北京
2002中国国际工业产品仓储及现代物流设备博览会	2002.11.16	广东现代国际展览中心
2002华南国际物流与物流信息电子技术展览会	2002.11.20	广州出口交易会展览馆
2002广西国际交通建设博览会暨水运交通港口物流技术设备展览会	2002.11.26	广西展览馆（南宁）
第二届江苏国际物料搬运及输送设备展览会	2002.11.27	江苏省展览馆（南京）
第四届上海国际汽车零部件及维修设备展览会	2002.12.03-06	上海国际展览中心
第四届东莞国际机械及原料展 第四届东莞国际橡塑胶及包装展	2002.12.05-08	东莞国际会议中心
香港物流服务博览2002广州	2002.12.17	广州出口商交会7号馆

2002年重点物流论文索引

（按作者姓氏笔画排序）

1.中国发展现代物流业的政策走向	丁俊发
2.现代物流与中国经济发展	丁俊发
3.对当前中国物流业发展中几个问题的认识	丁俊发
4.与时俱进 把中国物流学术研究推上新台阶	丁俊发
5.关于启动中国物流人才教育工程的几点思考	丁俊发
6.2002 年中国物流业取得八大进步	丁俊发
7.中国现代物流业发展必须迈过三道坎	丁俊发
8.新的战略观与物流	王之泰
9.迎接挑战,规划物流	王之泰
10.把物流规划放在物流发展的优先位置	王之泰
11.构筑物流平台 推进流通现代化	王之泰
12.体制未变大举投资物流很危险	王之泰
13.论物流成本研究	王 佐
14.论物流理念研究	王 佐
15.论物流企业的资源整合	王 佐
16.论物流产业研究	王 佐
17.论物流企业的战略调整	王 佐
18.应加强军事物流理论研究	王宗喜
19.论军地物流联合发展	王宗喜
20.我国工业企业物流现代化及其特征	王国华
21.区域经济发展与物流园区建设	王国华
22.核心竞争力概念辨析	王耀球
23.制造企业能独享第三利润源吗	王耀球
24.军地物流一体化发展问题研究	韦先义
25.对中国邮政物流标准化的若干思考	田学军
26.国外物流市场运作模式及其启示	田学军
27.口岸大通关带来口岸大物流	陆 江
28.加快流通现代化进程 促进物资企业战略转型	陆 江
29.21 世纪物流:建设有活力的产业社会的原动力	陆 江
30.加强物流理论研究 推进物流产业的发展	陆 江
31.抓住机遇 强化服务 开拓创新 把联合会工作进一步引向深入	陆 江
32.关于大力发展现代物流业的提案	陆 江

33.用信息技术整合现有物流资源促进物流现代化　牟惟仲
34.对物流现代化的探讨　牟惟仲
35.物流规划的有关问题探讨　冯　浩
36.中国现代物流发展现状　冯　浩
37.物流规划的基本方法与内容　冯　浩
38.关于大规模定制物流的思考　刘志学
39.入世后我国物流的投资方向　汝宜红
40.企业集团物资部门融入现代物流的对策　汝宜红
41.关于我国物流发展过程中几个问题的思考　邬　跃
42.浅论精益物流系统　邬　跃
43.农资物流连锁的盈利模式　邬　跃
44.关于建设物流基地的探讨　李伊松
45.中国大陆物流高等教育及其思考　李伊松
46.物流产业的复合特征及若干问题　汪　鸣
47.物流园区热潮中的冷静标尺　汪　鸣
48.加入WTO要为中国物流业“清障”　汪　鸣
49.2002年中国物流区域发展规划　汪　鸣
50.物流系统的治理结构　何明珂
51.小订单的物流与客户服务系统设计　何明珂
52.中国企业实施供应链管理的环境及对策分析　何明珂
53.中国物流发展现况及有关政策建议　吴清一
54.当代物流技术的发展动向　吴清一
55.入世:我国市场竞争将发生十大变化　陈文玲
56.对发展我国物流产业的调查与思考　陈文玲
57.整合、提升航空货运　适应、融入现代物流　陈自业
58.物流国际化研究　陈梅君　张亦弛
59.探索建立社会主义市场经济新体制　张皓若
60.期望中国物流采购业的大发展　张皓若
61.开拓我国现代物流业的新局面　张皓若
62.区域经济发展与现代物流　张文杰
63.2002年中国物流市场发展趋势分析　张文杰
64.第三方物流与中国铁路货运发展战略　张文杰
65.2008年北京奥运物流关键问题研究　张文杰
66.成都市“十五”及2015年现代物流信息化规划　张　锦
67.成绵高速公路运营情况后评价研究　张　锦
68.新时期加快发展我国现代流通业的若干建议　宋　则
69.新世纪新主题:流通现代化　宋　则
70.面向供应链的全员生产维护管理模式　季建华
71.中国民营第三方物流企业的现状及其对策　季建华

72.企业非核心业务管理的新趋势：一体化管理　季建华
73.加速传统储运向现代物流业转化　徐天亮
74.本科物流类专业设置与培养分工　徐天亮
75.关于物流科学理论的几个问题　徐寿波
76.关于物流的科学分类问题　徐寿波
77.流通新论　黄国雄
78.流通产业是基础产业　黄国雄
79.物流 IT 系统——物流的灵魂　翟学魂
80.供应链模型在企业中的应用　翟学魂
81.发展我国现代物流产业的相关政策建议　戴定一　贺登才
82.我国物流信息化的现状和发展　戴定一
83.世纪之交的物资流通　戴定一
84.建立铁路物流集团的构想　鞠颂东
85.区域经济的发展对地区物流需求的影响　鞠颂东
86.供应链条件下的采购管理　鞠颂东

（注：因我们人力、时间及联系方式所限，还有许多观点独到、较有影响的文章未能收入，请见谅。同时希望广大作者将当年已发表的有关物流方面的重点文章推荐给我们，编辑部将在下一部《年鉴》中予以选介。）

北京福田物流有限公司

北京福田物流有限公司（以下简称：福田物流公司）成立一年来，在社会各界的鼎立支持下，经过公司全体员工的共同努力，建立了应公司快速发展的运作流程和规划，信息支持、策划、操作三个平台框架基本建立，并形成了覆盖全国的物流网络，服务水平和服务能得到了利益相关体的认可，主动为社会分担责任的意识得到了社会各界的好评，2003 年营运收入可超过 2 亿元。

总体发展思路和目标：

建立两条主线，完善三个平台，实现一个目标。

两条主线：

在福田公司整体发展战略指导下，以福田汽车产业销售物流为切入点，逐步向该产业供应物流、生产物流、售后服务物流、回收物流领域延伸，同时拓展农装、建设产业物流。

在全国大的物资集散地和福田生产基地周边地区设多个卫星办事处和配货中心，负责福田车辆运输业主回程配货、社会车辆回程配货，入当地第三方物流，开展有效的增值服务。

三个平台：建立信息平台、策划与咨询服务平台、业务操作与管理平台。

实现一个目标：

（1）将物流产业发展成为福田公司的核心产业；

（2）2003 年实现营业收入 2 亿元，为 2004 年实现 4 亿元打基础；

（3）2006 年当年实现营业收入 25 亿元；

（4）2010 年当年实现营业收入 100 亿元。

实现目标分“三个阶段”：即物流资源优化整合阶段（2003—2004 年）、供应链发展阶段（2004—2005 年）、物流产业化发展阶段（2006—010 年）。

北京福田物流有限公司
地　址：北京市昌平区沙河镇沙阳路
电　话：010－80722142　80722144
传　真：010－80722156
E－mail:wlgs@foton.com.cn
H t t p :ft－56.sina,net
邮　编：102206

北京福田物流有限公司怀柔分公司
地址：北京市怀柔区府前东街乙 10 号
电话：010－69626557　69686454
传真：010－69626557
邮编：101400

北京福田物流有限公司重卡分公司
地址：北京市怀柔区红螺东路 21 号
电话：010－89681862　89692296
传真：010－89681862
邮编：101400

北京福田物流有限公司诸城分公司
地址：山东省诸城市密州路西首
电话：0536－6110635　6117300
传真：0536－6110635
邮编：262200

北京福田物流有限公司沙河分公司
地址：北京市昌平区沙河镇沙阳路
电话、传真：010－80721152
邮编：102206

北京福田物流有限公司广东办事处
地址：广东省佛山市南海区桂成海八路东（原南海汽车厂）北汽福田南方分公司一楼
电话、传真：0759－6250513
邮编：523078

北京福田物流有限公司华东办事处
地址：上海安富轿车驳运有限公司转福田物流华东办
电话、传真；021－59573345
邮编：201805

北京福田物流有限公司重庆办事处
地址：重庆市渝北区龙溪镇洋河北路 33 号流行花园千帆名都四栋 16 号
电话、传真：023－61889167
邮编：40000

北京福田物流有限公司湖北办事处
地址：湖北省枣阳市枣阳福田专用汽车有限公司转福田物流
电话、传真 0710－630031
邮编：441200

京泰实业（集团）有限公司

北京物流港位于北京市东南部朝阳区十八里店，京津塘高速公路的左右两侧，是北京市有关部门批准的二类内陆口岸——朝阳口岸的基础上规划建设的，规划占地面积4.7平方公里。北京物流港已被列为北京市政府2003年60项重点工程和市政府的175项折子工程之一，是朝阳区十大重点工程之一。北京物流港是集基础性、功能性、综合性为一体的国际化新区，是海运、陆运、空运、铁路运输等多种运输方式的最佳结点。北京物流港的开发建设以发展国际物流、区域物流、城市物流及构建北京地区现代物流业、现代流通业、现代会展业和现代服务业为目标，将成为首都经济发展的新增长点。

作为北京物流港重要组成部分的北京朝阳口岸，是1994年经北京市政府批准开放的陆运二类口岸，规划用地1100亩，目前已征地699.7亩，建设有"一关三检"等部门，是北京地区功能齐备的现代化口岸和大型物流中心。2002年10月22日在京津两地政府的大力推进下，京津两地海关、检验检疫局、口岸办、港务局和陆港公司共同签署了《北京朝阳口岸与天津海港口岸直通协议书》，标志着天津港的口岸功能延伸到了北京，北京有了自己的"出海口"。京津直通模式（大通关）是北京物流港体制建设的核心业务模式，它的实现，使北京客户可直接在朝阳口岸换单、报关，变以往的二次报关、报检为一次报关、报检；京津两地运输利用电子闸口的五电系统（即电子车牌、电子时间信号、电子地磅、电子封锁、电子集装箱号自动识别系统）实施电子监管；未来北京出口客户可直接从朝阳口岸堆场提取空箱，出口货物在朝阳口岸办理结关手续，直接集港上船。

京津口岸直通将大大减少京津两地物流的中间环节，降低整体的物流成本（在原有基础上降低约10%-15%）；提高进出口通关速度，节省通关时间（在原有基础上节省2-3天）；方便报关单证的修改，使客户能更快捷的提取货物，降低安全库存，增加经济效益。预计到2005年，朝阳口岸的直通将有力地促进北京地区国际海运和陆运业务的增长，为兴建中的北京物流港注入新的活力，为支持北京地区发展现代物流业、制造业、会展业和流通业，服务奥运经济发挥积极的作用。

京泰实业（集团）有限公司

地　址：北京崇文新世界中心北办公楼12A层
邮　编：100062
电　话：010-67089988
传　真：010-67080452

同济大学经济与管理学院

TONG JI DA XUE JING JI YU GUAN LI XUE YUAN

同济大学是经国家有关部门批准的首批建有研究生院和进入国家“211”工程建设的全国重点大学。同济大学经济与管理类专业教育始于1956年，是我国较早开办经济管理专业教育的高等院校之一，也是学位办认定的MBA、MPA、EMBA教学正式单位。学院现有教职工202人，其中教授40人、副教授54人。在校本科生2300余人，硕士和博士研究生1700余人，学院汇集了经济、管理类的主要学科，设有8个本科专业、10个硕士点、2个博士点和一个博士后流动站。

物流管理是同济大学应我国加入WTO之后，物流产业迅速发展而设置的专业。2001年经批准，成为首批设置物流管理本科专业的学校之一。2002年9月迎来了同济大学首批物流管理专业的本科新生。同年，同济大学在管理科学与工程一级学科下设置了“现代物流管理”博士学位研究方向和“物流管理与信息技术”硕士学位研究方向。在工商管理一级学科下设置了“现代物流管理”研究方向。初步形成了培养本科、硕士、博士三个不同层面的高层次物流管理学历教育的结构体系。

学院一景

学院在充分发挥院内各经济、管理专业综合优势的基础上，积极开展物流管理领域的科研活动以培养既有扎实的理论，又有丰富实践的物流管理师资队伍及科研队伍，实现以科研带动教学、提高教学质量的方针。1998年以来，在相关领域先后承担了国家自然科学基金项目3项，国家863项目1项，省部级项目10多项，并承接了一批有影响的国内外横向项目。先后为美国UTC集团、上海外高桥、联华超市、宝钢集团、上汽大众汽车销售总公司等十多家国内外知名企业进行了物流咨询、信息系统设计及实施，得到了广泛的好评。通过多年的努力，已形成了将物流管理理论方法与信息技术紧密结合的特色。

同济大学物流管理专业人才培养目标是：培养具有管理学、经济学和信息技术基础知识，熟悉相关法规，掌握现代物流管理理论，能运用信息技术、信息系统的方法、手段，在物流管理领域从事物流系统策划、物流经营管理和物流信息化工作的高级复合型管理人才。目前开设的主要课程有：管理学原理、经济学、运筹学、统计学、现代物流学、生产运作管理、供应链与客户关系管理、电子商务、现代仓储管理、现代运输管理、管理建模与仿真、计算机网络与WEB技术、数据库原理及应用、物流管理信息系统、国际贸易、经济法等。

欢迎垂询

地　址：上海市四平路1239号
电　话：021－65983943
邮　编：200092
传　真：021－65986304
联系人：刘仲英

上海海运学院物流专业、学科介绍

上海海运学院长期从事交通运输与物流专业学科的教学、科研工作，是开办物流管理专业较早的高校之一。从20世纪80年代开始讲授物流学课程，经过长期的积累，目前已经形成覆盖物流各相关学科领域的研究和教学体系，以及力量雄厚的教师群体。学院现有与物流专业相关的实验室5个，科研机构7个，相关学科教授25位。

相关本科专业名称	简　介
物流管理	该专业是学院的品牌专业，重点线招生。
交通运输	该专业已有50年历史，专业特色是水运管理。该专业师资力量雄厚，毕业生遍布各港口与航运企业。物流课程是该专业的核心课程。该专业是学院的品牌专业，重点线招生。
工商管理（国际航运）	该专业是学院的品牌专业，由远洋运输业务专业发展而来。以很强的英语应用能力以及娴熟的航运管理业务知识为特色，毕业生深受行业欢迎。物流课程是该专业的核心课程。该专业重点线招生。
法学（海商法）	海商法一直是学院的特色专业方向，办学历史较长，已成为法学界的海商法教学和研究中心，毕业生深受行业的欢迎。目前该专业在保持自己的特色的前提下，正在向物流法规的教学和科研方向拓展。
经济学	该专业的前身是水运经济专业。其毕业生分布于各港口和航运企业以及相关的政府和院校机构。物流课程是该专业的核心课程。该专业在保持自己的特色的同时，积极发展物流经济的教学和研究。
国际经济与贸易（电子商务）	该专业整合了学院经济贸易系和计算机系的师资力量，培养适应于现代物流发展要求的复合型商务管理人才。
机械设计制造及其自动化（物流装备）	该专业由港口机械设计与制造专业演变而来。毕业生主要分布于港口企业以及港口机械设备制造企业。近几年来，该专业开始向物流装备方向拓展。
工业工程（物流工程）	该专业方向结合学院长期形成的专业学科特长，毕业生适用于从事企业和社会的物流工程设计、规划与管理工作。
航海技术	该专业是学院具有特色的品牌专业，以培养远洋船长为目的，实行半军事化管理，毕业生获得高级船员所需的各种适任证书。
轮机工程	该专业是学院具有特色的品牌专业，以培养船舶轮机长为目的，实行半军事化管理，毕业生获得高级船员所需的各种适任证书。
交通工程	该专业主要培养从事交通运输规划、设计等方面的专门人才，包括从事物流规划、设计以及相关工程项目管理工作。
港口航道与海岸工程	该专业主要培养从事港口、航道及海岸工程及相关工程的规划、设计和施工等工作。

相关研究生专业名称	简　介
交通运输规划与管理	具有博士学位授予权，自1980年开始招生，专业特色是水运管理。该专业师资力量雄厚，该专业现开设有物流规划与管理的研究方向。
国际法学	主要专业方向是海商法，在国内已形成较强的研究力量。
产业经济学	自1980年开始招生，侧重于交通运输和物流产业经济学的研究。
载运工具运用工程	具有博士学位授予权，侧重于航海技术、航运安全等研究。
交通信息工程与控制	侧重于交通（特别是航运）及物流的信息及交通控制研究。
工程硕士(交通运输工程)	主要培养交通运输高级技术和管理人才，物流技术与管理是其中重要的研究领域。
工商管理（MBA）	学院MBA的特色是物流管理，开设有物流管理的课程，设置物流管理的研究方向。目前已有中何MBA班、教育部的MBA、国家经贸委MBA以及EMBA等多种培养模式。

武汉理工大学物流工程系简介

物流工程系现有98名专任教师，其中教授16人，副教授47人、博士生导师7名、高级工程技术人员4人、国家专家2人、省部专家2人，国务院特殊津贴享受者10人。该系现有港口装卸技术实验室及物流技术与装备实验中心各一个，实验室面积8821平方米，实验设备总值966万元。主要仪器设备有400KN结构疲劳试验机、链斗卸船机试验台、动态信号仪、静动态数据采集仪、eM-Plant物流仿真软件、ANSYS结构分析软件、仓储物流自动化集成系统、集装箱关键部件(卷筒、钢丝绳)综合实验台、滑轮性能及疲劳实验台等。可承担结构静动态物流信息强度实验、大型结构疲劳实验、缺陷结构承载能力实验、集装箱关键部件(卷筒、钢丝绳)综合实验、滑轮性能及疲劳实验、基于无线网络集装箱装卸机械群远程监控与调度系统实验、散货力学与散货机械实验、AS/RS系统实验等。"港口物流技术与装备教育部工程研究中心"和"武汉港口机械质量监督检验测试中心"的研究基地设在该系。

目前物流工程系设有"机械设计制造及自动化"、"工业工程(管理类)"、"物流工程"和物流管理四个本科专业。在"机械设计制造及自动化"专业中，按市场需求及学缘分布分为港机、机电、液压、模具设计制造等专业模块，"物流工程"分为物流技术、物流自动化和物流系统工程等专业模块。物流管理分为:供应链管理、交通运输管理、仓储管理和采购管理等专业模块。在学科建设方面，该系设有"机械设计及理论"、"机械制造及其自动化"和"机械电子工程"3个硕士学位专业，以及"机械设计及理论"、"机械制造及其自动化"2个博士学位专业。"机械设计及理论"学科为有关部门重点学科，是"十五""211"建设单位。

多年来，紧密结合我国港口物流技术与装备中急需解决的关键技术和新产品研究开发需要，逐步形成了以"现代物流装备与技术"和"物流系统规划与管理"为核心的稳定的研究方向，并在散体力学及大宗散货装卸技术、起重机械现代设计方法与理论、气固二相流、失效分析及智能监控、诊断技术、物流系统预测理论及方法、物流系统计算机仿真等方面取得了丰硕的研究成果。承担有关部门、湖北省及各大企业委托的科研课题100余项，形成了明显的特色和优势。在上述研究方向上，近五年来累计获国家奖项1项、省部奖项20余项，出版著作19部，发表论文700多篇，其中被EI、SCI、ISTP收录的有30余篇，科研经费近2000万元。

该系面向全国物流产业，在教学和科研上以物流技术与装备、系统自动化、物流信息、物流管理为主，全面服务于港口、工厂及交通运输领域的物流工程。在人才培养方面着重培养面向21世纪全面发展的从事物流技术、装备及物流管理规划、设计、评价和创新工作的高级专门人才。

目前在读本科生1148名，硕士研究生84名，博士研究生52名。

地　址:武汉市武昌区和平大道1040#　　邮　编:430063
电　话:027-86551180　　联系人:雷敏

信息产业部

重庆市邮政自动化控制技术重点实验室

信息产业部/重庆市邮政自动化控制技术重点实验室是由重庆邮电学院邮政自动化研究所和重庆邮电学院电子商务研发中心组建而成。主要研究方向包括：物流自动化技术、供应管理与物流配送、电子商务系统及其关键技术、蓝牙控制网络与现场总线技术、检测技术及仪表等。该实验室组建了以国家863计划自动化领域专家为主任的学术委员会，现有博导、教授、副教授、博士、博士生等研究人员30余人，并聘请多位相关领域的著名专家兼任客座教授，形成了一支结构合理、科研能力强、富有创新精神的科研队伍。

本实验室近年来在物流自动化、供应管理与物流配送、电子商务、蓝牙控制网络与工业以太网技术等领域取得了一系列显著成果。完成或在研的科研项目包括国家高技术研究发展计划（863计划）项目“邮政通信物流网最优计划调度系统及监控系统（863-511-843-002)”、“基于‘蓝牙’技术的工业现场设备、监控网络及其关键技术研究（2001AA413620)”和科技部创新基金项目、国家标准起草项目、部（省）级项目在内的20余项。近年来获得多项省部级奖励；出版专著和行业技术标准共5本；发表学术论文50余篇并有多篇论文被EI等三大检索工具检索；获实用新型专利1项、申请发明专利2项、申请实用新型专利3项。同时还与国内外多家单位建成了良好的合作关系，与美国罗克威尔(Rockwell)公司共建有自动化控制实验室并设立有罗克威尔奖教奖学金。

为了适应我国物流行业向自动化、信息化和智能化发展的需要，本实验室综合运用二维条码技术、蓝牙技术、数字成像技术、微控制器技术、闪速存储器技术、嵌入式Web技术、数据库触发手机短信息技术、液晶显示技术和触摸屏技术，充分地将各种技术的优势与我们独特的物品投递数字化签名确认方法进行了有机的结合，开发了“物品投递确认系统”。该系统不仅能够实现从物品接收到投递全过程的数据共享以及信息之间的相互核对，还可向用户提供准确可靠的验证投递状态、避免欺诈等多种服务。可广泛用于物品递送、产品跟踪、生产流水线管理、仓储管理、销售渠道管理、产品防伪等领域。

作为“物品投递确认系统”的配套设备，本实验室还开发了基于蓝牙通信的数字签名与物流信息采集掌上终端、嵌入式蓝牙无线数据通信装置、基于蓝牙通信的便携式收据打印机和投递确认信息手机短信与E-mail反馈自动发送系统等。另外，本实验室还开发了电子票据系统、智能化仓储管理系统、智能化物品配送管理系统、运输车辆综合管理系统和基于蓝牙技术的物流跟踪系统等。

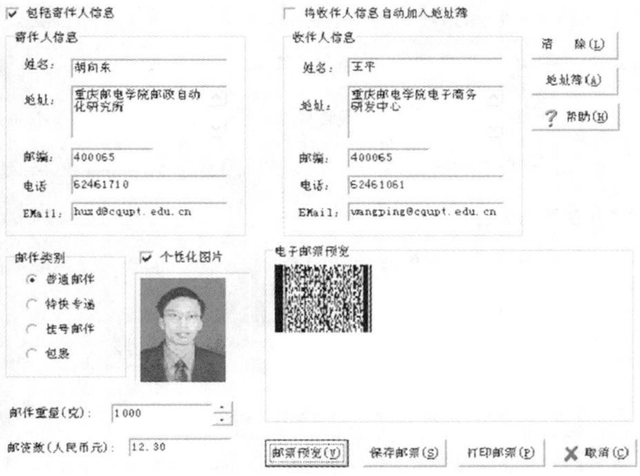

电子票据系统

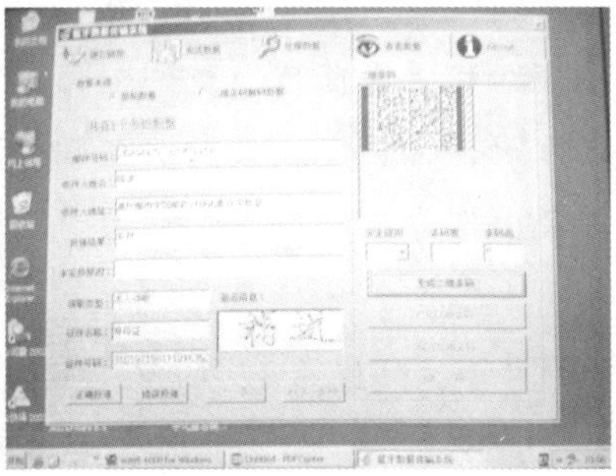

配送中心服务器接收的投递确认信息

投递确认信息手机短信自动反馈系统

基于蓝牙通信的数字签名与物流信息采集掌上终端

嵌入式蓝牙数据通信装置

基于蓝牙通信的便携式收据打印机

联系人：王　平
地址：重庆市南岸区重庆邮电学院科技大厦14层
邮编：400065
电话：023-62461061　　13908395900
传真：023-62461061
E-mail：wangping@cqupt.edu.cn

蓬勃发展的郑州工程学院物流学科

郑州工程学院始建于1959年，原隶属于原国内贸易部，现为中央与河南省共建的一所以工科为主，兼有文、理、经济、管理、艺术、法学等学科的多科性高等院校。在文理渗透、管工结合的学科交融氛围中，起步于1992年的郑州工程学院物流学科已经建成了教育、培训、研究三位一体的物流学科体系，在国内物流业界具有重要的地位。

物流管理专业建设成绩斐然

我校一直不间断物流管理专业建设和人才培养，2002年又经批准将物流管理方向恢复为物流管理专业。物流管理着力培养具备扎实的工商管理、国际贸易和物流管理理论与实践知识，了解国内外物流发展趋势和相关政策法规，熟悉物流管理的运作方法和物流信息技术、设施设备的应用分析，具有物流科学研究、物流系统分析、物流项目策划、物流方案设计等专业技能的高层次复合型人才。

为了提高学生的培养质量，物流管理专业实施了“合格＋特色”的培养模式，按工商管理类招生，两年后学生选择专业，以拓宽学科基础，突出特色；在学生中成立了科研协会，设立学生科研基金；成立了考研沙龙，鼓励学生考研，实现以学生“科研和考研”促学风建设的目标。

中国粮食物流研究培训中心大显身手

中国粮食物流研究培训中心是有关部门批准的“利用世界银行贷款改善中国粮食流通”项目中的服务性项目。中心始建于1992年，目前已建成由世界银行资助的粮食物流设施自动控制实验室，从日本引进的全套PCL自动控制设备在国内高校处于领先地位。

中心建成后，先后完成了我国“利用世界银行贷款改善中国粮食流通”项目东北走廊、珠江三角洲等地区18个粮食流通项目的可行性研究报告以及利用国债建设国家储备粮库的15个项目的可行性研究报告，并对东北地区国家储备粮库的建设进行了系统的项目后评价，受到国家有关部门的高度重视。同时对世行项目点和国家粮食储备库等单位进行了十多期物流技术、物流管理、市场营销、期货贸易、企业管理等培训。

郑州工程学院物流研究所硕果累累

郑州工程学院物流研究所是为加强物流学科建设，在中国粮食物流研究培训中心基础上成立的专门研究机构，该所汇集了学校物流管理、物流技术、包装工程、机械制造及自动化、商品养护、建筑工程、工商管理、国际贸易等领域的15位优秀的专家学者，主要研究现代物流业及区域物流规划、企业物流战略的规划与实施、供应链中的采购与库存管理、客户关系管理、物流与供应链的绩效评价等物流企业和企业物流的理论与实践问题。

研究所在长期的研究和实践中取得了大量研究成果。完成了国家“九五”科技攻关项目《粮食四散流通关键技术》等12项国家及省部级项目和15项其他课题，获得省级二等以上奖励4项。承担由联合国粮农组织资助的粮食流通市场研究项目和河南省小麦转化研究项目，受到联合国粮农组织和河南省政府的高度重视，研究成果两次在联合国粮农组织举办的国际研讨会上作为主题报告。发表物流管理方面的学术论文150多篇，出版了《21世纪现代物流实用丛书》（一套5本）、《物流包装实务》、《电子商务物流》等著作。目前仍承担着国家“十五”攻关项目《国家粮库建设智能决策系统研究》、河南省软科学研究项目《河南省物流业发展战略及企业物流管理创新研究》等项目。

电话：0371-7789906

COLL 炎黄在线物流

公共信息平台

CHINESE ONLINE LOGISTICS

一、概况

炎黄在线物流是由托普集团为主投资组建，面向IT 及电子产品制造商与经销商提供出口通关、仓储配送、物流咨询等物流服务，并向业界提供物流职业教育与技术培训的第三方物流企业。2002 年10 月，炎黄在线物流被中国物流与采购联合会命名为“中国物流实验基地”。

二、炎黄在线物流公共信息平台建设

炎黄在线物流在对物流需求研究分析的基础上，经过一年多的开发和完善，已成功开发出“炎黄在线物流信息系统（V1.0)”，实现了为各层面用户提供实用的公共信息和互动交流平台功能，系统定位于第三方物流公共信息平台，面向物流公司、仓储公司、制造商、经销商等提供物流信息服务，系统由8 个子系统、27 个模块组成。

主要智能系统包括：

- 仓储管理系统(Warehouse Management System)
- 进货作业系统(Inward Operation)
- 出货作业系统(Outward Operation)
- 库存管理系统(Inventory Control)
- 点仓作业系统(Cycle Counting)
- 物流计费系统(Logistics Billing System)

该系统主要功能有：

- 业务处理：主要包括委托单的制作处理、调度、货运、收款、付款、货损理赔、客户投诉等；
- 数据查询：可对调度情况、货运情况、收费情况、付费情况、理赔情况、客户投诉情况进行查询；
- 汇总统计：主要有业务、营运、财务、客户投诉等四个方面的各种汇总表；
- 系统维护：主要对操作员、客户、分供方、车辆等各类资料档案进行合理管理；
- 系统帮助：用户的管理、密码的修改、本系统的使用说明等。

系统结合国内外物流业务的实际需求，借鉴SAP、PeopleSoft、ORACLE Financials 等系统思想，构架于大型数据库MS-SQL Server之上，运行于LAN /Internet /Intranet上，系统融合了网络技术、计算机通信技术、数据库技术、现代物流技术 、管理信息系统(MIS)、地理信息系统(GIS)、动态规划技术、决策支持技术、电子商务等多种先进信息技术。

系统具有如下特点：

●真正贯彻以顾客为中心的服务理念。系统能提供个性化服务，对需求反应速度、送货可靠性、物流文档处理、网点分布、货物跟踪等可提供完整的物流信息和完善的决策支持，有满意度评估判断服务功能。

●设计开发实现开放性和标准化。系统结合国际标准与工业标准，满足BTOB、BTOC 对物流管理的需求，采用b/s 系统构架，为客户提供基于internet 方式的网上下单、货物状态查询等全面的物流服务。

●决策与管理的智能化。通过该系统，用户企业管理者可及时了解物流运行情况，调集相应数据的统计和分析报表，作为决策分析参考依据。

●良好的兼容性、可扩展性和可维护性。系统采用XML 技术进行信息交换，不同应用系统的接口性能良好；各应用子系统由EJB 组件包提供，相应组件通过API 调用，组件化商务功能良好。

●具有硬件／软件的独立性。跨平台应用上系统采用EJB 开发模型，继承了EJB 多层、分布式的结构模型；操作系统独立性上利用JAVA 特性实现；采用JDBC 来联接的数据库可运行在所有支持J2EE 平台的应用服务器上。

●系统实现了从销售合同签订、定单下达、采购、原材料供应、生产制造、成品销售和配送、售后服务等环节的无缝链接，系统以软件工程和项目管理的方法实现了从信息流、资金流、商流到物流全过程管理。

目前，炎黄在线物流公共信息网络平台主要服务于IBM、COMPAQ、清华同方电脑、好福电脑、日本松下等国内外二十多家IT 产品供应商及电子产品提供商。

欢迎垂询　地址：上海南汇区惠南镇城南路1288号　邮编：201300 电话：021-68020078　传真：021-68021810

山西省物流有限公司
物流基地建设概览

REVIEW OF SHANXI LOGISTICS BASE

山西省物流有限公司是由中国供应网股份有限公司、北京亿信通投资有限公司、山西八同实业集团有限公司、第四方物流（北京）有限公司共同投资发起，是中国供应网在山西的省级网络。

山西省物流有限公司在未来的几年内主要目标是构建山西省物流网络，加快现代物流建设，赢得国际市场竞争主动权。山西物流将以促进地区经济发展为主题，以信息网络为平台，以降低物流成本和向各类企业提供集约的、高效综合物流服务为中心，大力提高山西物流网覆盖地区企业及其产品在国内外市场的竞争能力，为山西的经济增长和持续发展做贡献。

现在已开始建设的山西省物流有限公司武宿物流基地是山西物流网络的中心，位于太原市与晋中市交界处武宿立交桥东南侧，北接太旧高速公路，南临秋峪公路；东南紧连太榆公路和铁路；距太原武宿国际机场1公里，区域规划面积内将涵盖华北榆次集装箱中心、机场货运中心和武宿公路枢纽中心，有充分的交通便利条件和非常广阔的集散腹地。

武宿物流基地拟集物流配送、中转联运、仓储、市场批发与商贸、生活服务五大功能为一体，整个基地呈"一个物流服务中心（联合物流配送中心）、一个综合办公中心（供应商大厦）、一个生活服务区、多个（蔬果及安全食品、机动车及配件、日用品、装潢材料、家居用品等）专业物流园区"的格局。

武宿物流基地将建成占地面积20万平方米、拥有100万立方米仓储空间的仓储中心，强大的吞吐能力将为物流网中各结点的运营提供坚实的后盾。

金融商务园区是武宿物流基地的一个重要组成部分，该园区主要建筑"供应商大厦"将为广大供应商提供一个环境优美、设施现代化的办公场所。现已开始运营的山西亿信通信用担保有限公司可以为各中小企业提供短期、中期流动资金贷款，个人贷记卡信用担保，等企业信用担保的相关配套服务。

山西武宿物流基地国际家居文化广场是太原武宿物流基地专业物流园区的重要组成部分之一。

武宿物流基地国际家居文化广场建成后将是全华北单体建筑面积较大的国际性家居商场。

运输车队以重组现有骨干运输企业、吸收分散社会运输力量为主，是物流网中的重要组成部分。避免了组建完全自有运输公司的巨额投资和营运成本，又对社会资源进行了整合，具有很高的经济效益和社会效益。

未来的山西省物流有限公司物流网由太原武宿物流基地和分别设在全省大同、阳泉、长治、晋城、临汾、侯马、运城、吕梁地区、忻州等十地市的10个物流中心及100个配送中心和虚拟仓库组成，具有交易、金融服务、仓储、配送、柔性生产等集约功能。

地址：山西省太原市新民中街55号物流大厦　　邮编：030001
电话：0351- 3039709　　传真：0351-3039700
EMAIL:yang-to@vip.sina.com　　网址：www.sxwuliu.com

甘肃省物产集团有限责任公司

甘肃省物产集团有限责任公司（原省物资局）是经甘肃省人民政府批准改制成立的，是一家具有国际进出口业务、国内物流贸易、物业管理服务、房地产开发等综合功能的大型国有物流企业。

集团公司直属35个企事业单位，共有各种类型的经营公司418个，现有职工8100人。主要经营各种金属材料、机电产品、汽车（含进口小轿车）、木材、化工、建材产品、房地产开发、名贵花卉种植、销售、IT产业相关产品的开发推广与应用、产权交易、中介拍卖、实业开发、联片供热、进出口贸易等。

甘肃省物产集团实力强大，拥有3900亩土地，18条铁路专用线，20万平方米封闭式库房，156万平方米露天物资储备货场，并具有储备6万吨粮食，5万吨成品油的专用设施等。

甘肃省物产集团经营理念是：跳出物资搞创业，多种经营求发展，招商引资上项目，挖掘潜力搞开发，诚信为本，信誉至上，我们愿在平等、互惠、互利的基础上**竭诚欢迎国内外新老朋友前来合作开发，共同创业，共同发展。**

中国物流与采购联合会副会长、甘肃省政协委员、甘肃省物流流通协会会长、甘肃省物产集团公司党委书记、总经理　刘杰华先生

2003年7月3日，省政协副主席喇敏智（右三）、李宇鸿（右二）在省物产集团公司党委书记、总经理刘杰华（左二）陪同下考察省陇西物资储运总公司。

西北物资市场钢材库区

党委书记、总经理　刘杰华（中）、党委副书记李金有（右二）、副总经理冯永哲（右一）、副总经理王月成（左一）。

润美花卉公司鲜切花生产园区
甘肃省物产集团控股企业

2003年6月25日，省人大副主任柯茂盛（左三）、原省人大副主任胡慧娥（左二）在省物产集团公司党委书记、总经理刘杰华（右一）陪同下视察西北物资市场。

欢迎垂询

地址：甘肃省兰州市南城巷135号　电话：（0931）8464646　8469892　8466429
传真：（0931）8466633　邮编：730030　HTTP://WWW.GSWC.NET

福建华丰运输有限公司
FUJIAN HUAFENG TRANSPORATION CO.,LTD.
公司简介：
福建华丰运输有限公司前身为晋江树灯联运站，是福建省民营运输企业。经营范围为普通货物运输。
公司地处晋江黄金地段青华工业区，硬件设施齐全，拥有6000m²集现代化办公的营业大厦，100多辆货车及一批进口集装箱牵引车运输设备，并配有LCS移动定位系统，以及20000m²中转场地及停车场和8000m²的仓储设施，配置电子显示系统及电脑服务网络。有一批公路运输、铁路运输、财务、统计等专业知识的高学历管理人才，同时推出十项社会化优质服务项目。本公司为了适应"WTO"市场国际化的需要，已导入ISO9001：2000质量管理体系。
经营网络覆盖全国主要大、中城市并在各地设立分公司及办事处、站点，与铁道部门联合开办东北、华北货运行包专列、西南五定班列，西南、华南、华东各省市长途直达快运，西北公路集装箱同时提供全国各地零担运输服务。提供一系列"门对门"优质服务，采用上门揽货、送货上门、发站自装、到站自卸、代收货款、仓储中转为一体的一条龙综合物流服务。
公司的发展凝集了华丰人几十年的心血，得到了社会各界的真诚合作和大力支持，它是华丰"至诚、守信、求实、优质"企业精神努力实践的结果。
我们愿与社会各界同仁和朋友携手共进，共创辉煌。
公司联系方式：
业务：0595-5692259
查询：0595-5184555
传真：0595-5661791
http://www.hffj.com
铁运：0595-5689171 5184333
汽运：0595-5685555
E-mail:HuaFeng@hffj.com
地址：福建省晋江市青阳青华工业区树灯大厦（东环机场路）
热情 诚信 快运 安全 优质

南方物流有限公司

南方物流企业集团座落于南中国的中心城市广州，其前身为广州军区后勤部南方工贸货运中心。早在1992年就以独特的商业见地进入了早期的传统物流市场，目前已经发展成为一家专业从事多式联运、仓储、包装、流通加工、信息处理等供应链一体化的大型物流企业集团。

伴随着经济全球化、信息网络化的发展，南方物流集团本着“领先时代潮流，开创现代物流”的企业理念，与全国各大铁路、港口、航空公司等建立了稳固的长期合作关系，在惠州、东莞、广州建有20余万平米的现代物流园区和中转仓；自有200余台专业箱式货车，100余台先进的配送专用货的专用装卸设备，并相继在全国设立了50多个分公司和办事处，构筑了一个覆盖全国的密集型物流网络，专门为国内外企业提供专业的第三方物流服务。

为适应世界物流行业的发展并与世界接轨，实施标准化、规范化、网络化管理，真正为客户挖掘第三利润泉。2000年，公司在业内率先通过了ISO9000国际质量体系认证，“信息管理平台”将全国的分支机构连为一体，为客户提供在线物流资讯，使南方物流完成了由传统物流向现代物流的彻底转换。

目前，公司已成功地与多家位居全球500强前列的企业及国内知名企业建立了良好的合作关系，如加拿大北电、TCL、长虹、福地彩管、美的、飞利浦、朗讯、安玻、华为技术、康师傅等。客户涵盖了家电、通讯、食品、机械、纺织、化工、家具、建材、高科技产品等各行业。为了进一步与国际物流产业接轨，南方物流在原惠州、东莞等大型基地先后投入使用的基础上，广州、北京、上海等地的大型物流配送中心正在筹建。雄厚的硬件设施、先进的管理经验、超前的物流意识、高效务实的工作作风是公司取信于客户的保证。

在充满无限生机的21世纪里，南方物流将承载着我国物流发展的世纪重托，运用现代社会的尖端科技，服务企业，贡献社会，同心协力，共演华章！

地址：广州市沙河燕岭下元岗大道5号
网址：www.nf56.com
电话：020-37083888
传真：020-37081362

新华书店总店

新华书店总店是国家一级图书、音像出版物大型批发企业。新华书店总店具有60余年的书业营销运作经验，在长期发展中，构筑了全国性的购销客户网络、仓储运输网络和资金结算网络，具备集约化、规模化经营条件。

企业机构健全，实力雄厚，拥有固定资产逾3亿元，营销面积及仓储场地近8万平方米，年物流吞吐量可达20亿元，承担了向全国5000余家各级新华书店及社会书店办理中央一级、北京地区及全国各地500多家出版社的出版物进发货业务。

近几年来，企业效益不断提升，图书市场覆盖率达90%以上，图书销售市场占有率5%－7%左右，并将逐年扩大，成为国有图书发行行业中不可或缺的重要中坚力量。

近年，本店坚持以“市场开发”为指针，积极推进代理制、寄销制和推销制，构思适应市场经济发展的新思路，推行区域发展战略，努力增强自身的实力与活力，调整资源配置，实现产业的多元化组合。目前，企业已初步构建了若干个经营系统：

以北京发行所和批销中心为主的图书期、现货采购供销系统；

以上海东华图书发行代理有限公司为主的图书区域批发系统；

以大型商场门市为主的图书音像零售连锁网络系统；

以新华音像租赁发行有限公司为主的图书、音像、电子出版物制作发行及社区连锁销售实体；

以储运公司、物流中心为主的图书物流配送系统；

以信息中心为主的与出版信息发布和出版物传统征订业务相结合的图书电子商务系统和进销业务计算机化的管理体系；

以物业管理服务为主的资产经营实体；

以书香园宾馆和中新华旅行社为主的多种经营实体。

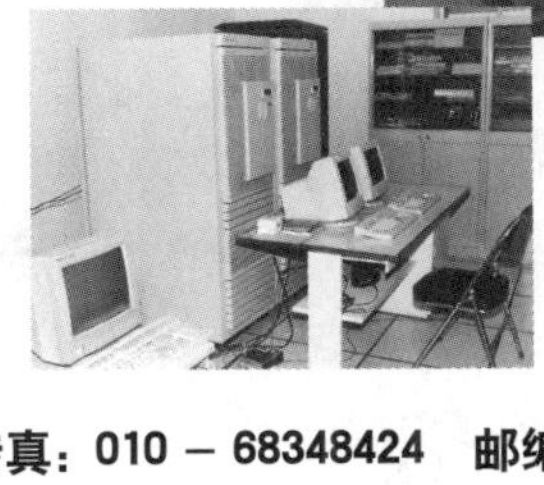

新世纪，本店将继续坚持以深化改革、转换管理、开拓经营、促进自身稳步发展的方针，力争经济效益稳步增长，把企业建设成为辐射全国的大型现代化图书流通中心。

联系地址：北京市西城区北礼士路135号　电话：010－68368595　传真：010－68348424　邮编：100037

北京良乡综合物流园区

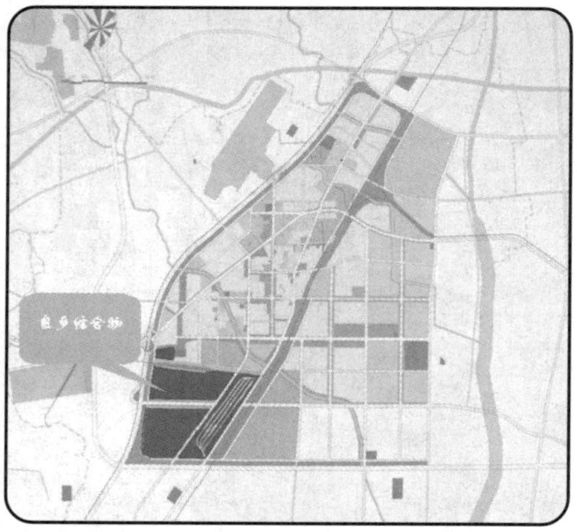

北京良乡综合物流园区是北京市以“三地一港”规划为主体的北京市现代物流网络体系的重要组成部分，被列为2003年北京市重大建设项目，园区占地6平方公里，预计投资30亿元人民币。北京良乡物流园区有限公司负责园区开发建设，2003年底正式动工。

园区位于北京西南房山卫星城南部。京广、京原等铁路干线及其联络线穿越良乡境内。京石高速公路、六环路、京保路、良黄路等其他公路交织成网，形成北京西南地区的公路放射走廊。良乡机场将发挥联航的优势，满足客户的需求。良乡地区已具备建成一个集铁路、公路、空运为一体的综合物流区所需要的区位条件。

目前北京西南公路货运主枢纽项目已经落户园区，铁道部铁路集装箱网络结点站正在规划设计中，支持园区物流、商流、信息流为一体的现代电子商务平台正在筹建。未来良乡物流园区将具备如下功能：仓储、集拼、配送、分拨、信息服务、商品展示、园区物流实验室的教育及培训。

园区将实现以规范化、规模化、网络化、国际化为建设标准，通过物流企业的聚集效应，形成一个科学规范、功能完善、技术先进、管理高效的全国一流水平的物流园区。

地　址：北京市房山区良乡政通路8号　　良乡物流园区管委会　　邮编：102488
联系人：曹鹤　安浩　高海斌　　联系电话：010-89369312　89369763　　传　真：010-89369312

北京市物资贸易学校

北京市物资贸易学校是一所市属财经类全日制中等专业学校，始建于1963年，学校坐落在二环路内南护城河畔，交通便利，环境优美。学校除进行中等职业学历教育外，还设有高中部和培训部，分别负责普通高中学历教育、大专教育和社会培训工作。学校现有教职工115人，专任教师66人，中专在校生1247人，高中在校生316人。培训部1992－2002年面向社会、社区的各类培训共12200余人次。

目前，学校设有物资经营与管理、现代物流技术与管理、市场营销、电子商务、会计、计算机网络技术、计算机维护与应用、计算机多媒体技术等11个专业。涵盖了生产资料流通、管理及大商品流通的商流、物流、信息流、资金流各个领域。学校拥有一支专业水平高、实践经验丰富的专任教师队伍，其中市级骨干教师7名，具有中高级职称的教师占75%，取得硕士学位或研究生班毕业的教师占50%，专业教师“双证率”达96%。

学校以先进的教育理念为指导，以一流的教育、教学质量为目标，在全面育人的同时，注重基础、强化技能、发展特长，努力使学生人人成才，不断满足社会、家长、学生的需求。从1998年开始，学校连年被授予“首都文明单位”、“北京市体育达标先进单位”称号。同时，学校还是“北京市综合督导合格学校”、“北京市骨干特色专业学校”、“北京市排球传统学校”及“北京市中职学校校园网评估合格学校”。

地　址：北京市宣武区右安门西街5号　　邮编：100054
电　话：010-63544553　　传真：010-63544553
HTTP：//www.wzmy.edu　　E-mail：bjwmxx@263.net
联系人：郝庆

福建省物资福州储运贸易公司

福建省物资福州储运贸易公司1960年12月成立，原名福建省物资厅福州仓库，地处福州市三八路与连江路的城乡结合部，毗邻福州铁路货运站，占地面积约150亩，内建两条铁路专用线，6台门式吊机，拥有较大的库房、货场和办公大楼等配套设施，年物资吞吐能力可达百余万吨，系福建省较早、较大、较强的物资仓储企业。

公司通过强化管理，优化服务，招商引资，参股联营，以贸促储，储贸共进，取得了显著的经济效益和社会效益。骄人的业绩，良好的诚信和优质的服务，不但受到省政府的表彰奖励，得到原福建领导的高度评价，而且吸引了更多的省内外物流客商前来洽谈合作，共谋发展，总之，储贸公司优势凸现，潜力巨大，现代物流，前程似锦。

总经理：杜岳杰

电　话：0591－7328227　7313234

传　真：0591－7328223

地　址：福建省福州市三八路56号

邮　编：350011

图为福建省物资福州储运贸易公司钢材货场一角

海口市罗牛山南北通货运有限公司

海口南北通货运市场位于海口市丘海大道118号，是目前海南省设施较齐全，管理较规范，交通较便利，规模较大的货运市场，也是海南省绿色通道物流企业联盟主任委员单位。场内设有海南省交通厅绿色通道管理办公室南北通货运市场办事处、海口市交通局运输管理处南北通货运市场办事处、海口港船务公司南北通货运市场办事处、亚洲物流（海口港）南北通货运市场办事处。市场占地面积6万多平方米，全国各地货运公司300多家，标准停车位1200多个，集货运、信息、物流、零担、仓储、冷库、汽修、餐饮、住宿、娱乐为一体。货运市场交通便利，地理位置优越，距秀英港码头3公里，新港码头5公里，与海口市罗牛山水果蔬菜批发市场相邻。

本公司以组织货车配载交易，承运海南省反季节瓜果菜运输为主，并承接全国各地零担及整车货物运输、仓储及岛内各种货物配送服务。场内实行现代化信息电脑联网，加强同行业之间的信息沟通与业务合作，以“平等互利、资源共享”为原则，成立海南省绿色通道物流企业联盟。全面维护瓜菜商和运输商权益。

公司将在“立足当前、稳健经营、面向未来、与时俱进”的战略思想指导下，秉承“诚实、守信、优质服务”的经营理念，恪守“客户至上，信誉第一”的宗旨，诚邀全国各地货运界朋友进场加盟，共谋发展，创造公司辉煌明天。

海口南北通货运有限公司总经理胡凤怀率全体员工随时恭候您的光临，竭诚为您服务。

联系电话：0898－68621582（办）0898－68659370（传）

北京西南公路货运主枢纽

北京西南公路货运主枢纽是交通部和北京市政府确定的一级公路货运主枢纽，也是北京公铁联运型物流园区的主要部分。

优越的地理区域和发达的交通组织：北京西南公路货运主枢纽地处房山区政府所在地—良乡卫星城，交通组织非常发达，西紧邻京石高速公路，南邻良坨铁路并与城市六环路及多条城市干线公路衔接，该地是北京公路和铁路货运的主要流向之一。

完善的集约化服务功能：北京西南公路货运主枢纽占地约450亩，一期工程设计年吞吐能力571万吨，信息组织量为6447万吨，建筑面积50900平方米，具有报关商检、多式联运、集货、中转及储存保管、物流中心、信息中心和商贸交易服务等功能。

一体化的配套服务：北京西南公路货运主枢纽设有加油站、修理车间、旅馆和商务中心等配套设施，工商、运管、银行、保险等政府和中介机构现场办公，为入住企业提供一站式服务，同时，北京西南公路货运主枢纽凭借发达的配送系统为入住企业提供优惠、优质的集货、分拨和配送服务。

开发和营运商极具实力：北京西南公路货运主枢纽由北京首发物流枢纽有限公司负责投资建设和运营管理，注册资本金6800万元；北京首发物流枢纽有限公司是由在高速公路建设领域创出“首发速度”品牌的北京市首都公路发展有限责任公司为主设立的，具有深厚的交通企业背景和丰富的交通组织管理经验。

北京首发物流枢纽有限公司愿以优质的服务，规范的管理，良好的地理位置，便利的设施，与工商企业、各种物流企业进行广泛的合作！

地址：北京市房山区良乡西潞南大街16号403室

邮编：102488　电话：010-69352595　传真：010-69362138　邮箱：bcdl@cdl.net.cn

风神物流

广州风神物流有限公司

广州风神物流有限公司，是由东风汽车公司乘用车公司所属深圳东风置业有限公司与香港航盛电子有限公司在广州市花都区成立的一家中外合资物流企业，是为汽车公司提供运输、仓储、流通加工、物流IT、汽车精品和油品等物流服务的综合性物流企业，通过了ISO9001：2000质量体系认证。公司注册资本2000万元人民币，占地162亩。

企业理念是：专业·服务·共创价值。发展目标是：运用现代化信息技术，现代化物流技术，建成跨行业、跨区域的专业汽车物流企业。

欢迎垂询

地址：广州市花都区风神大道12号广州风神物流有限公司　邮编：510800

电话：020-86872781　86864466　传真：020-86872781　86872203　86872733

大连海事大学

大连海事大学是我国水路运输领域的一所重点大学，历史悠久，在海内外享有较高的知名度。交通运输管理学院伴随着海事大学的诞生而成立，已有50年的历史，为我国交通运输业尤其是海运业培养了大批精英人才。

物流工程专业是在多年开设国际多式联运专业的基础上，为适应社会发展而在国内较早设立的。学院设有物流系统工程研究中心，拥有结构合理的学术梯队和雄厚的科研实力，在该领域具有较强的科研能力。学院是工学硕士、博士学位授权点，开设有物流系统工程研究等专业方向。

交通运输管理学院现在教授6名，副教授20余名，留学博士7名，享受国务院政府特殊津贴教师2名。教师队伍学缘结构合理，学科带头人在全国同行业中有较高的知名度，在国家及省部级的专业组织中担任着许多重要职务。学院参加了许多学术组织，发挥着积极的作用。

交通运输管理学院在物流工程领域承担了多项省部级，及国家大型企业的重大科研课题，许多省市的物流规划研究项目已通过评审，在物流业的发展当中发挥了重要的指导作用，多次获得省部级奖励。2002年，我院物流系统工程研究所辽宁外运物流课题项目组与辽宁外运物流公司合作在米其林轮胎公司（世界500强企业，在世界轮胎行业中居首位）中国物流服务项目竞标中，一举战胜众多国际著名物流公司最终夺标，充分证明了我院在物流项目研究与开发、管理等方面已经具有世界先进水平。

交通运输管理学院多次举办了各类物流培训班及物流讲座，每年聘请国内外专家、学者、兼职教授等作学术报告，经常主办各种国际或国内物流研讨会及报告会等，2000年成功举办“现代物流发展国际论坛”、2001年主办“现代物流及港口发展高级研讨会”，2002年又承办了“第二届全国高校物流教学研讨会”。学院学术气氛活跃，理论及实践研究深入。

我们愿与各界朋友进行广泛的交流与合作，同时欢迎各位专家学者到我院莅临指导。

电话：0411-4729330　　传真：0411-4729568
信箱：dmuglxy@dlmu.edu.cn

长安大学物流管理专业

长安大学物流管理专业由长安大学经济与管理学院开设，该专业是在具有40多年历史的交通运输专业(在教育部1998年专业调整前称交通运输管理工程)物流管理方向的基础上，于2002年起独立招生的大学本科专业，在过渡阶段继续向社会输送交通运输(物流管理方向)本科毕业生。目前长安大学已形成了物流管理本科专业、交通运输规划与管理(二级学科)硕士研究生(物流管理方向)和交通运输工程(一级学科)博士研究生培养体系，截止2003年已有交通运输规划与管理(物流管理方向)三届硕士生毕业，深受社会各类用人单位欢迎。

长安大学物流管理本科专业培养具有物流工程学、高级物流学、供应链管理、运输组织学、管理学、物流营销学、计算机网络技术、电子商务和物流法学等方面专业知识和技能的高级复合型人才。学生在校期间除了专业基础理论学习以外，还有课程设计、驾驶实习、毕业实习等实践性环节，强化学生在供应链物流方案设计、第三方物流及动态监控方案设计与运作管理等方面能力的培养。学生能够运用物流工程、计算机网络、电子商务、运筹学等技术和手段进行国际物流、区域物流、工商物流、第三方物流、产业供应链方案的规划设计和管理。学生毕业后可以在政府交通经贸管理部门、工商企业、各类物流企业和研究单位从事物流管理与研究工作。

长安大学经济与管理学院有物流管理研究所和多个强有力的学科力量支撑物流管理专业，基础理论、专业教学、科研实力雄厚。目前该专业拥有教授6名、副教授12名，博士生导师4人、硕士生导师12人，先后有多名师资出国考察、学习和研究物流管理。90年代中期就协助交通部举办了“国际交通物流研讨会”，进行了一系列有关课题研究。近年来，出版了《高级物流学》(获陕西省高校科技进步三等奖)、《供应链管理》、《道路运输组织学》、《运输经济学》等一系列物流管理专著、教材，拍摄了《物流现代化实践》教学片(2002年人民交通出版社出版)；在《中国软科学》、《交通运输工程学报》、《交通运输系统工程与信息》、《综合运输》等学术刊物发表物流管理方面论文200余篇；完成了几十项省部级和横向课题研究，获省部级及其他科研奖项十余项。其中有：道路运输发展政策研究(中国公路学会科学技术一等奖)、陕西省第三方物流发展战略研究、公路客货枢纽等级条件及布局(陕西省科技进步二等奖)、陕西省物流业发展战略研究、焦作市区域物流系统研究(河南省交通科技进步三等奖、焦作市科技进步二等奖)、玉林市新团物流园区工程可行性研究、嘉峪关市物流发展规划研究、运城市物流中心研究、Q企业第三方物流方案研究以及运输企业、物流企业发展规划等。经济与管理学院目前正在筹建具有国际先进水平的供应链物流管理实验室。

感谢您光临　　感谢您关注！　　**联系电话：029-2334506**

大连大学物流工程专业

大连大学是大连市一所拥有教育、文、史、法、理、工、医、管理八大学科门类的多学科综合性普通高等学校。学校现设有14个学院4个系，46个本科专业方向中，全日制在校生10300余人。

大连大学是辽宁省内一所开设物流工程专业的多学科地方性综合大学。物流工程专业是2003年报批招生的目录外复合型专业，现下设两个专业方向：物流系统管理与规划，物流设施与装备的研制。

本专业培养具备现代物流工程的基础理论和方法、知识与应用及创新能力，能在各种物流企事业单位从事物流管理、物流系统设计与规划、物流装备研制的理论研究、应用以及教学、科研工作的应用型高级专门人才。

本专业建设的指导思想是：在“以质量求生存，以特色求发展，以市场需求为导向，以区域经济发展为依托”的引导下，以现代教育思想和观念为指导，结合人才市场需求趋势，充分利用大连市的区位优势，以学生为主体，强化外语、计算机知识，培养社会需要的复合型专业人才，服务方向立足大连，面向辽宁，辐射全国。

目前，物流工程专业共有教师14人：其中博士6人，在读博士4人，硕士以上学历者14人，学历层次较高；具有教授职称者6人，副教授5人，讲师2人，助教1人，职称结构合理；教师平均年龄38岁，年龄分布合理。专业教师中，辽宁省“百千万人才工程”百层次1人、千层次2人。主持（承担）国家自然（社科）基金项目6项、省市级科研项目7项。师资队伍整体实力较强。

大连大学现已有物流工程专业方向的机械基础实验室、CAD实验室和自动控制实验室；计算中心、专用计算机室、多媒体实验室、ERP实验室各1个、多媒体教室3个。在建的相关项目包括：电子商务实验室1个、计算机仿真实验室1个、多媒体教室2个。此外，大连保税区物流局、金门物流公司、金鼎物流公司、大连冰山集团、用友软件公司等单位可提供学生实习基地。

欢迎各位专家学者到我校莅临指导，我们愿与朋友们广泛交流合作。

电话：0411 － 7403534
传真：0411 － 7402145

吉林大学交通学院交通运输规划与管理系

吉林大学交通运输学科始建于1956年。于1993年获得博士学位授予权，1995年被批准为交通运输工程博士后流动站，1999年获准设立长江学者岗位。2002年被批准为吉林省重点学科，并获得物流工程硕士学位授予权。交通学院交通运输规划与管理系，于2000年在交通运输专业框架内设置了《物流工程》方向，并成立了现代物流研究所。本学科为“211 工程”重点建设学科。

经多年的发展和建设，本学科形成了物流系统分析与设计、物流技术与应用、供应链管理等研究方向。本学科目前拥有物流仓储管理实验系统、车载导航与卫星定位实验系统、交通控制模拟系统、交通信息采集与处理系统等设备。近年来承担了国家自然科学基金项目6项，国家教育部骨干教师资助项目2项，博士点基金项目3项，其他部省级项目50余项。近5年内公开发表学术论文近100篇，其中被四大检索系统收录10余篇。获得交通部科技进步二等奖2项，省部级科技进步奖5项。出版教材4部。部分研究成果已达到国内领先或先进水平，获得了显著的社会经济效益。自2000年以来，陆续开设了一些物流方面的课程，举办了物流培训班、专家教授讲座多次，增设了物流实验课和物流专业实习。

本学科现有教职工18人，其中高级职称11人，中级职称3人。博士生导师3人，博士和在职博士生已占教职工总数的50%，拥有一支知识学历结构、职称结构和年龄结构合理的教职工队伍。

地址：吉林省长春市人民大街142号　邮编：130025
电话：0431-5704779　传真：0431-5705370　联系人：赵淑芝

东莞荣轩货柜码头有限公司

荣轩货柜码头位于东莞市西南部沙田镇斜西管理区。地处狮子洋东岸三角洲地带，东江南支流主航道南侧。中心位置东经113° 26′，北纬22° 55′。港池水面宽约1500米，航道水深－12米，潮差2.5米。港池宽阔，风平浪静，潮速较小，天然良港。

荣轩货柜码头是一家中外合资企业，码头岸线总长380米，水深－6.5米，设四个泊位，年通过能力25TEU，可靠泊四艘5000吨级以下船舶同时作业。公司总面积180000平方米，其中：外贸仓库4000平方米；内贸仓库3000平方米；堆场160000平方米。配备先进的机械设备，其中：全幅式40吨固定吊三台；40吨移动门吊一台；瑞士产40吨卡尔马正面吊机三台；日本产三菱大中小型叉车15辆；进口70吨地磅一台；两组620千瓦的发电机；并拥有20辆车的港口车队。

荣轩货柜码头紧接海关、边检、检验检疫局、港监办公大楼。货源腹地覆盖整个东莞市，拓展广州、深圳、惠州市郊及珠江三角洲等发达经济地区。与香港、内地20余家船务公司设有业务联络处。经营范围：承运集装箱、件杂货，船舶的联检、报关、装卸、堆存、仓储、保管、拆装拼箱、衡重、检验、清洗、维修及运输等业务。

地　址：广东省东莞市沙田镇斜西管理区
电　话：0769-8866609　8866605　8866607
联络人：钟先生
传　真：0769-8864379
邮　编：523982
Http//：www.wealth-in.com
E-mail：wealthin@21cn.com

上海外高桥物流中心有限公司

Shanghai WaiGaoQiao Logistics Center Co., Ltd

上海外高桥物流中心有限公司是上海市政府重点规划的三大物流园区之一。外高桥物流园区的开发建设公司，具有一级土地开发商的资质，由上海外高桥集团与上海国际港务集团共同投资4亿元人民币成立。外高桥物流园区国际物流中心项目已列为2003年上海市重大工程，项目用地面积103万平方米，总投资10.2亿人民币，计划21个月（2004年9月）建成。

外高桥物流园区开发建设的目标是：以营建国际中转、国际配送、国际采购三大中心为目标，全力构筑大口岸、大物流、大通关、大辐射的现代物流发展环境。按照"统一规划、主体营运、功能定位、资源共享、多家建设、协调发展"的建设方针，经过基础开发与功能提升，产业延伸与项目引进、市场开拓与联动发展三个同步建设，到2005年把外高桥物流园区基本建成适应中国入世、与国际规则对接的综合服务平台，成为区港联动先行先试、领先一步的重要载体，初步形成资源优化配置、功能科学定位、产业结构合理、物流技术先进、环境保护达标、经营专业化、规模化、集约化的一流物流园区。

公司总经理阴南华、常务副总经理邢慷弟。
地址：上海市外高桥物流园区申亚路100号
邮编：200137
总机：021－58645656
传真：021－58645022

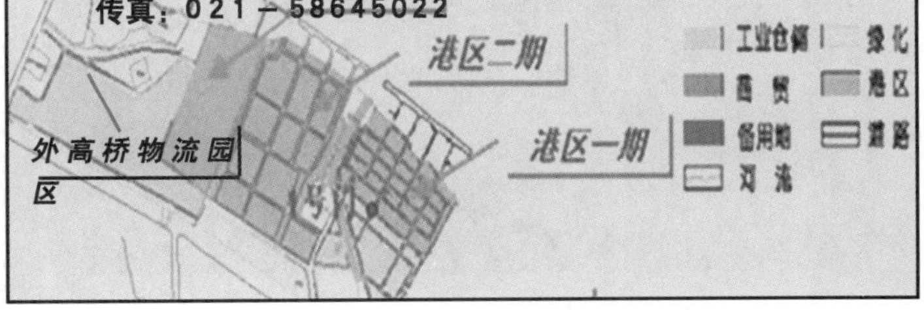

厦门港务物流有限公司

厦门港务物流有限公司成立于2001年11月，是福建省规模较大的专业性港口物流公司。公司位于厦门市湖里区海天港区北通道联检大楼五楼。

公司以港口为依托，主要从事集装箱堆存、陆路运输、货物仓储、国际货代等业务，积极拓展港口物流业的分拨配送。

公司现有员工650人，堆场21万平方米，仓库3万平方米，集装箱拖车150部，车架348部，拥有福建省规模较大的集装箱运输车队。

公司发展战略目标是：在未来几年内，以港口为依托，建设成为厦门港进出口集装箱拼箱货物的集散中心，具有港口特色的货物分拨配送中心，外贸货物的仓储中心，进出口集装箱货物的查验中心，冷藏集装箱维护中心。

公司法定代表人：曾英国
总经理：柯东
公司地址：厦门湖里海大港区北通道联检大楼五楼
电话：0592-5829369　5829950
传真：0592-5653961
E-mail：XMPL@xmport-logistics.com
公司各部门联系电话：
仓储事业部：5658007　5829992
运输事业部：6032158　5829971
箱管事业部：6037357　5829974
海沧事业部：6891371　6891367
物流部：5829980　5829568

霍各庄物流区

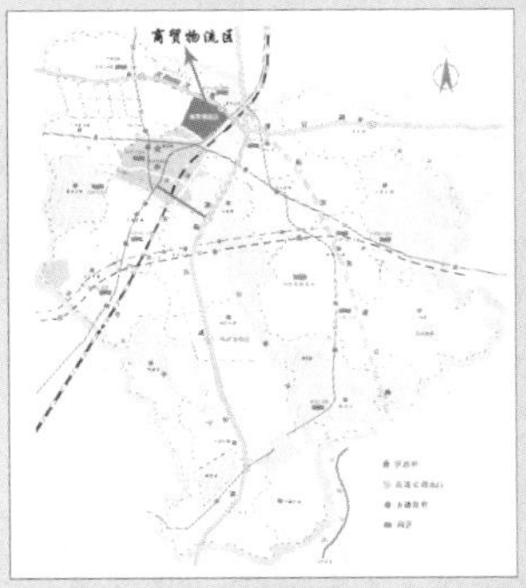

霍各庄物流区是天津市宝坻区的重点工程项目之一。它位于京沈高速公路、津蓟高速公路、津围公路交汇处，集仓储、运输、配送、电子商务、包装加工、商贸旅游等多功能的大型物流区。规划占地面积10平方公里，津蓟铁路横穿全境，居北京、天津、唐山的中心地，距北京机场、天津机场、天津新港及京津唐三大城市均在一小时车程内，公路、铁路、空运、海运资源整合好。是通往东北地区、西北地区的重要门户，商流广，资源多，招商政策优惠。目前已有华航集团、正大集团、海南罗牛山集团、天津汇峰有限公司入住该区，中国歌山集团也计划投资2亿元在该区投资商贸物流项目。

联系人：李宗国
电　话：022－29241668
传　真：022－29243851
详情请访问"中国商贸物流网"
Http://www.cnsmwl.com
E-mail:zgli@bdnet.gov.cn

武汉大学商学院物流管理

武汉大学是国家重点教学科研型高等院校，武汉大学商学院涵盖经济学、管理学两个学科门类。理论经济学具有一级学科博士学位授予权并设有博士后流动站。学院9个博士点，18个硕士和工商管理硕士（MBA、EMBA）专业学位点，16个本科专业。西方经济学和世界经济为国家重点学科，“经济发展研究中心”是100所人文社会科学重点研究基地之一。

武汉大学商学院具有雄厚的师资队伍，商学院有专任教师242人，其中教授75人，含博士生导师49人，副教授85人。此外还聘请了张培刚、董辅　及诺贝尔经济学奖获得者米勒等国外著名专家、学者为兼职或客座教授。

从2001年起，武汉大学商学院在企业管理专业硕士研究生、工商管理硕士（MBA）中，设立物流管理研究方向。2002年8月开始，《物流管理》本科专业，陆续在武汉大学—东湖分校、湖北省高等教育自学考试及武汉大学开始正式招生。

《物流管理》专业主要课程设置：物流管理、物流信息系统、供应链物流管理、物流与电子商务、物流企业战略管理、物流技术与应用、物流成本学、仓储与配送管理、区域物流、物流系统规划与设计、国际物流管理等课程。

在物流研究方面，主要在区域物流、商贸物流、企业物流、配送中心设计、物流园区规划等方面开展研究。

我们期盼与国内外的同仁，企业界的朋友进行广泛的合作。

电话：027-87682884　　联系人：颜毓娟
传真：027-87874150　　HTTP//：SBJX@whu.edu.cn

天津市现代物流实用人才培训基地

天津市物资贸易学校

天津市现代物流实用人才培训基地于2002年10月24日正式揭牌成立。通过天津市物资贸易学校这所具有40年办学历史的中职学校和北京物资学院天津函授站合作开展物流专业教学培训工作，培训基地着眼于物流企业实际应用操作人员的培养，面向社会开展教育培训。

培训基地在教学设备、师资队伍和科研水平等方面显示出独具特色的优势。基地现有专兼职教师220人，其中副教授以上职称占一半以上。基地在津设有10余个实践教学场地，为学员提供了实际锻炼的机会。

培训基地以“面向实际，服务企业”为宗旨，以“传授新知，推介新需，培训新人”为办学理念，面向各物流企业提供现代物流管理的学历教育和各种层次的岗位培训。

电　话：022-23792300　23791083　23792310
传　真：022-23792300
地　址：天津市王顶堤复康西路（康衢大酒店后）
邮　编：300384
网　址：www.tjwx.com

广西外商投资企业物资有限公司

广西外商投资企业物资有限公司成立于1997年，隶属于广西物资集团总公司。公司以经营进口日、欧、美汽车及机电设备为主。长期以来为广西的对外开放及广西的外资企业提供良好的服务。多年来公司与香港森那美集团、香港森华控股有限公司进行成功合作经营，取得了良好的经济效益。经“日产汽车”、“三菱汽车”、“雷诺汽车”等有关部门正式授权，公司成为广西首家“日产汽车南宁3S中心”、“三菱汽车三位一体特约维修中心”和“广西法国雷诺汽车三位一体特约销售商”，为广西的改革开放、经济发展做出了一定贡献。

公司以全新的经营机制和规范化管理模式，适应新时期的要求，赢得了迅速发展和良好经济效益。公司秉承“日产汽车”一贯宗旨，追求一流品质，满足顾客要求，提供满意服务。

总经理：尚阳
地址：广西省南宁市白沙大道32－1号
电话：0771－4918800
传真：0771－4919900
邮编：530031

大连港集装箱股份有限公司

大连港集装箱股份有限公司成立于2002年3月11日，注册资本3.2亿元人民币。业务范围主要包括集装箱码头装卸、储存、拆装箱；水路运输、中转、多式联运；货运代理、船舶代理。目前主要投资集装箱内外贸码头、船舶代理和集装箱综合物流运输等产业。公司将逐步整合大连口岸集装箱物流产业和信息产业等资源，形成产业体系完整，竞争能力强的综合物流产业体系，为客户提供一体化、专业化、全程无缝隙的综合物流服务。

法人代表：孙宏
通讯地址：大连市中山区港湾街7号时代大厦1101
邮　编：116001
电　话：0411-2128080
传　真：0411-2798809

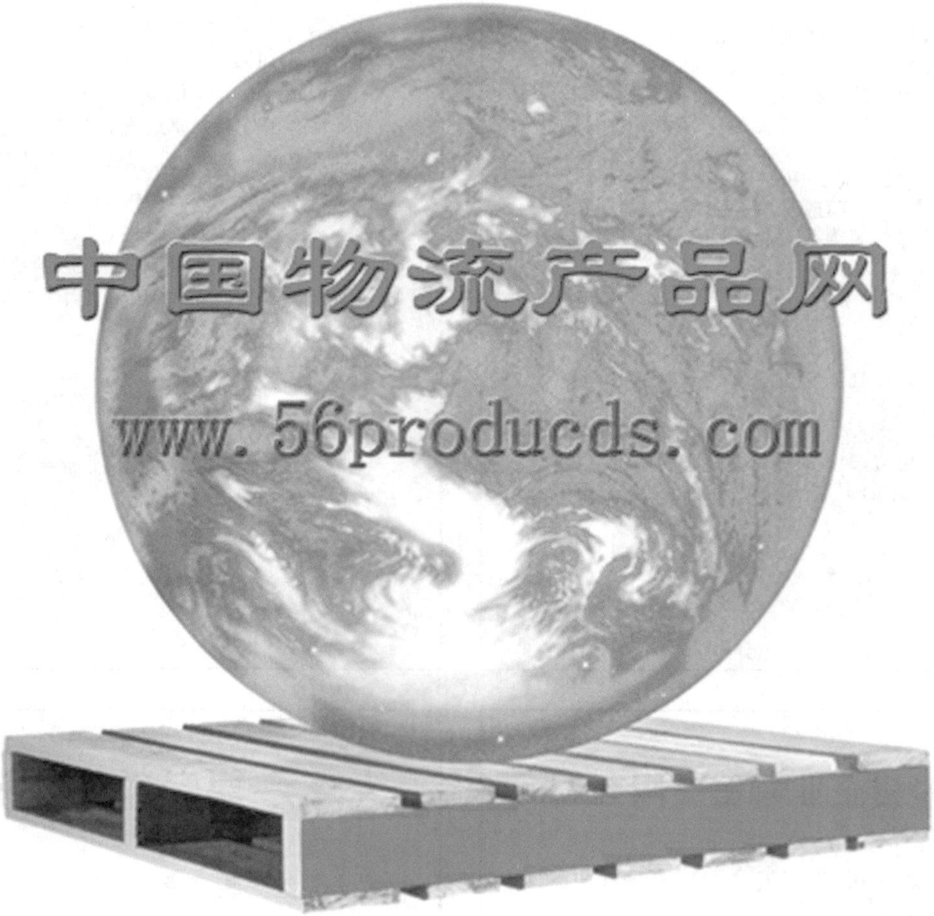
中国物流产品网
www.56producds.com

彩色广告目录

黑白广告目录

北京西南公路货运主枢纽
广州风神物流有限公司
中国兵工物资西南公司
徐州市彭城塑业有限公司(徐州市彭城塑料周转箱厂)
安必行物流顾问
上海市农业生产资料公司保税仓库
无锡市南方不锈钢市场
山西省物资产业集团有限公司
上海第二工业大学中外运物流学院
华中科技大学管理学院物流与供应链管理研究所
大连海事大学
长安大学物流管理专业
大连大学物流工程专业
吉林大学交通学院交通运输规划与管理系
重庆工商大学商务策划学院
清华大学深圳研究生院现代物流研究中心
南开大学现代物流研究中心
山东工商学院管理学院物流专业
天津大学暨成人教育学院概况
后勤工程学院现代物流研究所
东莞荣轩货柜码头有限公司
上海外高桥物流中心有限公司
厦门港务物流有限公司
霍各庄物流区
山东外运弘志国际集装箱运输有限公司
武汉华通物流有限公司
贵阳市公共交通总公司太慈桥物管中心
济南可鑫通物流咨询服务中心
武汉大学商学院物流管理
天津市物资贸易学校
广西外商投资企业物资有限公司
大连港集装箱股份有限公司
中国物流产品网

图书在版编目(CIP)数据

中国物流年鉴.2003/中国物流与采购联合会编.
北京:中国社会出版社,2003.9
ISBN 7-80146-820-1

Ⅰ.中… Ⅱ.中… Ⅲ.物流-中国-2003-年鉴
Ⅳ.F259.22-54
中国版本图书馆 CIP 数据核字(2003)第 082462 号

临时性广告经营许可证:京西工商广临字 200309102 号

书　　名:中国物流年鉴
主　　编:中国物流与采购联合会
编　　辑:《中国物流年鉴》编辑部
责任编辑:张英杰

出版发行:中国社会出版社　邮政编码:100032
通联方法:北京市西城区二龙路甲 33 号新龙大厦
电话:66051698　电传:66051713
欢迎读者拨打免费热线:8008108114 或登录 www.bj114.com.cn 查询相关信息
经　　销:各地新华书店
印刷装订:北京国彩印刷有限公司
开　　本:850×1168mm　1/16
印　　张:53.5
字　　数:1420 千字
版　　次:2003 年 9 月第 1 版
印　　次:2003 年 9 月第 1 次印刷
书　　号:ISBN7-80146-820-1/F·52
定　　价:458.00 元(上、下册)